审计理论研究：
审计主题视角

郑石桥◎著

红旗出版社

红旗出版社
RED FLAG PRESS
推动进步的力量

图书在版编目（CIP）数据

审计理论研究：审计主题视角 / 郑石桥著. —北京：红旗出版社，2017.1
ISBN 978-7-5051-4016-5

Ⅰ.①审… Ⅱ.①郑… Ⅲ.①审计理论—理论研究
Ⅳ.①F239.0

中国版本图书馆 CIP 数据核字（2017）第 020980 号

书　　名	审计理论研究：审计主题视角		
著　　者	郑石桥		
责任编辑	赵春霞		
装帧设计	人文在线		
出版发行	红旗出版社		
地　　址	北京市沙滩北街 2 号		
邮政编码	100727		
经　　销	全国新华书店		
发 行 部	010-57270296		
印　　刷	北京市媛明印刷厂		
开　　本	210mm×285mm	印　　张	39
字　　数	1030 千字		
版　　次	2017 年 6 月北京第 1 版	印　　次	2017 年 6 月北京第 1 次印刷
书　　号	ISBN 978-7-5051-4016-5	定　　价	98.00 元

欢迎品牌畅销图书项目合作联系电话：010-57274627
凡购本书，如有缺页、倒页、脱页，本社发行部负责调换。

前 言

目前的审计理论研究主要基于两个视角：一是审计一般，二是审计主体。前者不区分何种审计，研究审计的共性问题；后者区分政府审计、内部审计和民间审计，分别研究各自的基本问题。这两个视角的理论研究都取得了一些成就，然而，也存在难以解决的问题。就审计一般视角来说，只能研究一些共性的基础性问题，无法深入各类审计的基本问题，理论的针对性不够；就审计主体视角来说，能够深入研究各类审计主体的基本问题，但存在一些逻辑上的问题，主要表现在违背矛盾律和排中律，同样的审计业务问题，各类审计主体理论都在研究。为了解决上述问题，本书提出从审计主题视角来研究审计理论。

从技术逻辑来说，审计就是对特定事项与既定标准之间的一致性获取证据并发表意见。这里的特定事项就是审计主题（audit subject matter）。审计主题包括财务信息、非财务信息、具体行为、制度。审计就是围绕上述四类主题与既定标准之间的一致性收集证据并发表意见。基于四类审计主题，分别形成财务信息审计、非财务信息审计、行为审计、制度审计。财务信息审计关注财务信息是否真实，非财务信息审计关注非财务信息是否真实，行为审计关注行为是否合规合理，制度审计关注制度是否健全、是否执行。

本书区分上述四类审计主题，分别研究其各自的基本问题。这些问题包括：第一，为什么需要该类审计？这个问题的解答就是该类审计需求理论。第二，什么是该类审计？这个问题的解答就是该类审计本质理论。第三，期望该类审计干什么？这个问题的解答就是该类审计目标理论。第四，该类审计是对谁进行审计？这个问题的解答就是该类审计客体理论。第五，该类审计是对什么进行审计？这个问题的解答就是该类审计内容理论。第六，谁来做该类审计？这个问题的解答就是该类审计主体理论。第七，如何实施该类审计？从该类审计基本理论角度，主要关注该类审计方法论层面的问题。这个问题的解答就是该类审计方法理论。第八，该类审计作为一个系统，与系统环境是什么关系？这个问题的解答就是该类审计环境理论。根据这些审计基本问题，本书的内容框架如表1所示。

表 1 《审计理论：审计主题视角》内容框架

项目		审计主题			
		财务信息	非财务信息	具体行为	制度
审计基本问题	审计需求	审计需求理论	审计需求理论	审计需求理论	审计需求理论
	审计本质	审计本质理论	审计本质理论	审计本质理论	审计本质理论
	审计目标	审计目标理论	审计目标理论	审计目标理论	审计目标理论
	审计客体	审计客体理论	审计客体理论	审计客体理论	审计客体理论
	审计内容	审计内容理论	审计内容理论	审计内容理论	审计内容理论
	审计主体	审计主体理论	审计主体理论	审计主体理论	审计主体理论
	审计方法	审计方法理论	审计方法理论	审计方法理论	审计方法理论
	审计环境	审计环境理论	审计环境理论	审计环境理论	审计环境理论

本书的研究具有很大的探索性，也是我们探索审计基本理论的阶段性成果。书中不当之处，敬请读者指正。

本书得到江苏高校哲学社会科学优秀创新团队项目的支持，特此致谢。

作者

2016/2/10

目 录

绪论　基于审计主题的审计学科体系创新研究

学科体系是学科的框架设计。当学科发展到一定阶段，没有适宜的学科框架，就如同没有框架设计而建筑房屋，其效率和效果缺乏基础。近几十年来，审计学科有了长足的发展，然而，与相邻学科比较起来，这个学科的发展仍然较为落后。这种落后，一方面影响审计教育的发展，除了中国之外，其他国家很少有专门的审计学专业；另一方面也影响审计事业的发展，理论上的不清晰势必会影响审计制度之构建，进而影响审计事业之发展。所以，审计学科体系的构建具有重要的理论和实践意义，一方面，是审计学科发展的基础性问题；另一方面，它看似理论问题，其实具有深刻的实践意义，没有适宜的学科体系，审计学科的发展就会受到制约，而审计学科的落后又会制约审计人才培养和审计事业的发展。

现有文献对审计学科体系的研究主要关注两个主题：一是审计学科体系的内涵及其属性；二是审计学科体系的构成。然而，关于审计学科的研究对象、审计学科的构建框架等基础性的问题缺乏研究。本导言致力于阐述上述基础性问题，以审计主题为基础，分析审计学科研究对象和构建框架，并提出以审计主题为基础的审计学科体系。

一、文献综述

关于审计学科体系的相关研究主题包括两类：一审计学科体系的内涵及其属性；二是审计学科体系的构成。

关于审计学科体系的内涵及其属性，莫茨、夏拉夫（1990a）认为，审计是一个专门的学科领域，除了从别的学科借用各种概念和方法外，还有自身特有的概念群。这些概念是审计的性质和职能所特有的，不可能从其他学科引入。并且其他学科领域的概念和方法很少能不加修改就可接受。娄尔行、竹德操（1986）认为，审计学科体系指审计学科中一系列相互联系、相互依存的科学内容，是审计实践的科学概括。张龙平、李长爱（1992）认为，审计学科体系是审计学科客观系统中不同层次知识类别的内在逻辑结构及其变化规律的科学反映。石爱中（2005）认为，审计学属于社会科学，属于管理类科学，属于应用科学范畴，属于显性知识范畴，具有边缘性和综合性，具有理性特征，具有经验特征，具有多层次多分支的特点。

关于审计学科体系的构成，莫茨、夏拉夫（1990b）从审计理论的角度提出，审计作为一个知识体系由五个层级构成：最基础层级是其哲学基础，然后依次是审计假设、审计概念、审计准则及其实际应用。此外，一些文献从不同的角度提出了多种观点，可以归纳为二分法、三分法和四分法，大致情况如表1所示。

表1　审计学科体系构成的主要观点

类型		代表性观点	来源
二分法	观点1	审计学原理，部门审计学	周舜臣（1987）
	观点2	财务审计，管理审计	王光远（1996）
三分法	观点1	审计基础知识，内部审计，外部审计	张鸿欣（1982）
	观点2	基本审计学，财务审计，经济效益审计	娄尔行、竹德操（1986）
	观点3	基础审计学科，职能审计学科，相关审计学科	于东洋（1989）
	观点4	基础审计学科，职能审计学科，相关审计学科	张龙平、李长爱（1992）
	观点5	财务审计，管理审计，技术审计	李会太、史振生（2002）
	观点6	财务审计，绩效审计，合规审计	INTOSAI（1977）
	观点7	财务审计，鉴证审计，绩效审计	GAO（2011）
	观点8	民间审计，政府审计，内部审计	
四分法		审计学原理，财务审计，经济效益审计，专业审计学	边恭甫（1988）

上述这些文献，对于我们认识审计学科体系有较大的启发作用，也引导着审计学科的发展。然而，关于审计学科体系的一些基础性重大问题仍然缺乏研究，第一，审计学科的研究对象究竟是什么？第二，无论是二分法、三分法还是四分法，为什么是这样区分？也就是说，审计学科体系的构建框架究竟是什么？对于上述这些问题认识不清晰，审计学科体系的构建就缺乏清晰的路径。本导言在阐述上述两个问题的基础上，提出一个审计学科体系。

二、审计学科的独特研究对象

科学研究的区分，就是根据科学对象所具有的特殊的矛盾性，因此，对于某一现象的领域所特有的某一种矛盾的研究，就构成某一门科学的对象①。审计学科能否成为一门独立的学科，其关键是是否有独立的研究对象。我们认为，审计学科研究对象是审计现象。而审计现象是具有自身特征的现象，其他现象无法涵盖它们，也无法作为其他学科的研究内容。

审计现象作为客观存在有悠久的历史。公元前3000多年前的古埃及，法老委任监督官负责对全国各机构和官员是否忠实地履行职责、是否准确地记录财政收支的情况进行检查监督（文硕，1998）；公元前1000多年前的西周时期，宰夫就具有审计职掌，主要是检查百官执掌的财政财务收支（方宝璋，2006）。后来，审计分为政府审计、内部审计和民间审计分别发展。到了今天，三大主体的审计各具有特色，民间审计以会计报表审计为主；政府审计业务有合规审计、绩效审计和财务审计，不同国家各有侧重；不同国家的内部审计业务有较大差异，发达国家的内部审计以控制、风险管理和治理评价为主，发展中国家的内部审计业务具有财务审计、经营审计、管理审计兼容的

① 参见《矛盾论》，《毛泽东选集》（第一卷），人民出版社，1991年版。

特点（黄溶冰，王素梅，王旭辉，2014）。

这些各种各样的审计现象是无法否认的。然而，这些现象是否具有某种逻辑结构呢？也就是说，能否为它们建立一个分类体系呢？很显然，可以从不同审计主体的视角来对上述审计现象进行归纳，这就产生了政府审计、内部审计和民间审计。也可以从审计客体视角来归纳，这就产生了企业审计、行政事业单位审计、金融审计、工程审计、环境审计等。还可以从审计内容视角来归纳，这就产生了财务审计、绩效审计、合规审计等。按上述视角对审计现象进行归纳之后，围绕每类审计现象分别进行研究，就产生了不同的审计学分支。

无论采用上述何种视角对审计现象进行归纳，都存在一些逻辑上的问题，主要表现在矛盾律和排中律两个方面。矛盾律通常被表述为A不是非A，或A不能既是B又不是B。排中律通常表述为A是B或不是B。例如，从审计主体视角归纳的审计现象体系，政府审计、内部审计、民间审计中都可能有财务审计，此时的财务审计就成为既是政府审计，又是内部审计，还是民间审计；从审计客体视角归纳的审计现象体系，针对各审计客体的审计都可能存在财务审计，此时的财务审计就成为既是企业审计，也是行政事业单位审计、金融审计，还是工程审计、环境审计；从审计内容来归纳的审计现象体系，绩效审计中的绩效可能包括财务绩效，甚至还包括是否合规，同时，内部控制审计、管理审计、经济责任审计是财务审计、绩效审计、合规审计无法包容的。

上述这些描述显示，各类视角归纳的审计现象体系都存在一定的逻辑问题。能否找到一个不具有逻辑问题的审计现象分类体系呢？有的，按审计主题（audit subject matter）来对审计现象进行分类，就能形成一个没有逻辑问题的审计现象分类体系。

无论何种审计，都具有一个共同的要素，就是以特定事项为主题，以既定标准为基础，围绕特定事项收集证据，对特定事项与既定标准之间的一致性程度发表意见。这里的特定事项就是需要审计人员发表审计意见的事项，也就是审计主题。尽管审计现象各种各样，但是，仔细观察，都是围绕审计主题来收集审计证据，然后，就审计主题与既定标准之间的一致性程度发表审计意见。所以，无论何种审计现象，审计主题都是其基础性要素。

需要说明的是，审计主题与审计事项、审计对象不同。审计事项是审计主题的分解，为了对审计主题发表意见，必须将审计主题再分解成一些审计事项，以审计事项为单元来收集审计证据，综合所有相关审计事项的审计证据，对审计主题形成结论，例如，财务信息作为审计主题，需要分解为不同的交易、余额和列报及其认定来收集审计证据。审计对象关注的是“审计谁”的问题，而审计主题关注的是“审计什么”的问题，一般来说，审计对象应该是审计主题的主体。

那么，审计主题又有哪些呢？通过观察各种各样的审计现象，审计主题只有两类：一是信息，二是行为（鸟羽至英，1995；谢少敏，2006）。王文彬、林钟高（1989）认为，审计作为一个经济监督系统，在实践上出现了两个对象：一是审计的监督与管理控制对象；二是审计的处理对象，前者为客观存在的经济活动，后者是客观存在的经济活动信息。事实上，这里的经济活动就是行为主题，而这里的经济活动信息，就是信息主题。

一般来说，审计人员对信息主题可以发表两方面的意见：第一，信息是否真实；第二，如果信息反映的是绩效，可以将真实绩效与一定的标杆进行比较，对绩效水平发表意见。对于行为主题也发表两方面的意见：第一，行为是否合规合法；第二，行为是否合理，也就是是否存在改进潜力。审计人员无论是对信息还是行为发表意见，都需要搞清楚经济活动的本来面目，这涉及经济活动的很多要素，包括经济活动的主体（谁的行为）、地点（在哪个地点的行为）、对象（作用于谁）、时间和后果等。但是，这些要素只是作为审计证据的组成内容，审计人员并不对这些要素本身发表意见。

作为审计主题的信息就是审计客体的陈述或者认定，审计人员需要就审计客体的陈述或者认定发表意见，一般来说，这种认定或陈述是以定量的形式来表达。例如，会计报表审计是典型的信息审计，其审计主题就是会计报表信息，也就是会计报表中表达的各种认定或陈述。信息本身又可以分为两类：一类是财务信息，主要是货币计量，各类会计资料中的信息是其典型形式；另一类是非财务信息，主要是非货币计量，各类统计资料中的信息是其典型形式。以信息为主题的审计，就是对上述各类信息是否与既定标准一致发表意见。

作为审计主题的行为是审计客体的特定作为或不作为，从行为的内容和属性来看，行为可以分为业务行为、财务行为和其他行为。这里的业务行为是从事本组织或本岗位职责所发生的行为，不同的组织或不同的岗位具有不同的职责，从而具有不同的业务行为。从行为主体来看，行为区分为组织行为和自然人行为。组织行为是特定组织在履行其经管责任中具有重要影响的作为或不作为，自然人行为是特定的自然人在履行其经管责任中具有重要影响的作为或不作为。另外，对于任何行为都会有一定的制度来对其进行约束。例如，对于差旅费开支行为，一般来说，会建立差旅费开支制度，差旅费开支行为和约束这些行为的差旅费开支制度是一枚钱币的两面，如果差旅费开支制度是合规并且合理，同时还得到有效执行，则差旅费开支行为本身也就可能合规合理，否则，差旅费开支行为可能出现不合规或不合理。从审计终极目标来说，是通过审计及相关利益者的行动来抑制差旅费开支的不合规或不合理现象。但是，从审计需求和审计路径来说，既可以直接对差旅费开支行为进行审计。也可以对差旅费开支制度进行审计。如果将差旅费开支行为这类特定的作为或不作为称为具体行为，而将约束差旅费开支的制度称为制度，则行为主题可以区分为具体行为和制度。以行为为主题的审计，就是对上述各类行为是否与既定标准一致发表意见。

虽然审计主题分为信息主题和行为主题，但是二者存在密切的关系。从某种意义上来说，信息是行为的过程或结果，所以，从一定意义上来说，信息主题与行为主题具有形式与实质的关系。例如，财务信息反映的经营成果和财务状况，而经营成果和财务状况是一定主体操持一定资源的结果，体现这种主体的经营行为和财务行为。然而，就审计主题来说，信息主题主要关注信息是否真实、信息反映的绩效处于何种水平，行为主题主要关注行为是否合规合理。这两种主题能满足不同的审计需求，审计委托人在不同的组织治理模式等审计环境下，会有不同的审计需求，从而关注不同的审计主题（郑石桥，周天根，王玮，2015）。

所以，总体来说，有两类四种审计主题：信息主题，包括财务信息和非财务信息；行为主题，包括具体行为和制度。各种各样的审计现象都可以归结为上述四种审计主题或它们的组合。例如，财务审计的核心主题是财务信息审计，绩效审计的核心主题是绩效信息（包括财务信息和非财务信息），合规审计的核心主题是行为，内部控制审计的核心主题是制度，经济责任审计是综合性的，涉及多类主题。

按审计主题将审计现象归纳为财务信息审计、非财务信息审计、具体行为审计、制度审计这四类，解决了审计现象的逻辑分类体系。然而，这些审计现象是否具有独特性呢？或者说，这些审计现象是否有必要建立单独学科来研究呢？我们分别来分析这四类审计现象。

财务信息审计以财务信息为审计主题，而财务信息是会计的产品，所以，其相邻学科是会计学，财务信息审计能否作为会计学的研究对象呢？莫茨、夏拉夫（1990c）指出，把审计作为会计一分支是完全错误的，审计并不是会计一部分，审计另有渊源，它们是同事关系。会计是对财务信息的确认、计量、记录和报告，而审计是检查上述确认、计量和报告的妥当性。很显然，会计学研究的是如何生产财务信息，而财务信息审计研究的是如何鉴证上述财务信息生产过程是否符合既定标准，财务信息审计现象并未纳入会计学的研究之中。

非财务信息主要是非货币计量指标，这些信息是社会经济统计的产品，所以，其相邻学科是社会经济统计学。基于财务信息审计相同的道理，非财务信息审计也不能纳入其相邻学科——社会经济统计学之中。社会经济统计学研究是如何生产社会经济统计信息，而非财务信息审计研究的是如何鉴证上述非财务信息生产过程是否符合既定标准。

具体行为审计以具体行为作为审计主题，关注具体行为是否合规合理。当关注是否合规时，其相邻学科是法学（包括犯罪学、刑罚学、行政刑罚学、经济刑罚学等），当关注是否合理时，其相邻学科是管理诊断学。法学相关学科研究的是各类犯罪行为及其惩罚，而具体行为审计研究的具体行为包括两类：一是违规行为，二是次优行为。违规行为与犯罪行为具有一定的相似性，然而，违规毕竟不是犯罪，所以，违规行为并未纳入法学相关学科的研究；至于次优行为，完全是人类有限理性所致，与犯罪行为完全无关，法学相关学科完全不涉及这些内容。管理诊断学提示经营管理中的次优问题，并不对总体发表意见，从而也不存在对意见承担责任，主要发挥咨询功能，而不是鉴证功能，同时，也不要求具有独立性。具体行为审计可以借鉴管理诊断的方法，但是，要求具有独立性，主要发挥鉴证功能。所以，具体行为审计并不能成为法学或管理诊断学的研究对象。

制度审计关注约束行为的制度是否存在缺陷，其相邻学科是管理诊断学。制度审计能否作为管理诊断学的研究对象呢？虽然管理诊断和制度审计都会寻找制度缺陷，然而，二者存在重要区别。第一，管理诊断主要发挥制度咨询功能，而制度审计主要发挥制度鉴证功能；第二，管理诊断并不对制度整体的有效性发表意见，而制度审计则必然对制度整体的有效性发表意见；第三，管理诊断并不一定要求具有独立性，而独立性是制度审计的灵魂；第四，管理诊断由于不发表整体性意见，所以，也不会因此而承担法律责任，而制度审计则必须对审计结论承担法律责任。所以，制度审计不能纳入管理诊断学的研究对象。

总体来说，四类审计现象都未纳入相邻的学科之中。相邻学科是如此，与审计现象较远的学科就更不会将审计现象纳入其研究对象之中了。

综合上述分析，我们可以得出第一个结论：审计主题是审计现象分类的框架，由财务信息审计、非财务信息审计、具体行为审计和制度审计组成的审计现象具有独特性，是独立的研究对象。所以，审计学科具有独特研究对象，应该成为独立学科。

三、审计学科体系的构建框架

既然审计学科要成为独立的学科，那么，如何构建其学科体系呢？无疑，审计学科体系的构建是一项知识工程。Schreiber（2013）认为，知识工程是一种建模活动，模型是对现实的某一部分进行的一种有目的的抽象。这段话告诉我们，审计学科是审计现象的抽象，要根据审计现象的逻辑来构建审计学科体系。

本导言在文献综述中提到，关于审计学科体系有二分法、三分法、四分法，虽然在多数文献中并没有明确提出审计学科体系的构建框架，但是仔细分析，主要有三种构建框架：一是按审计主体来构建，形成政府审计学、内部审计学和民间审计学；二是按审计内容来构建，这就形成了财务审计、绩效审计和合规审计；三是按审计客体来构建，这就形成了各种部门审计学。每种审计学再分为理论和应用两个层级。基本情况如表 2 所示。

表 2　现有的审计学科体系

项　目		理论审计学	应用审计学
按审计主体构建	政府审计	★	★
	内部审计	★	★
	民间审计	★	★
按审计客体构建	财政审计	★	★
	企业审计	★	★
	行政事业单位审计	★	★
	金融审计	★	★
	工程审计	★	★
	…	★	★
按审计内容构建	合规审计	★	★
	财务审计	★	★
	绩效审计	★	★

注：★表示有这种审计学。

上述三类审计学科的构建框架，很显然是受到审计现象分类体系的影响，正是将审计现象从审计主体、审计客体和审计内容三个视角进行分类，相应地就产生了三类审计学科体系的构建框架。然而，本导言前面已经指出，从审计主体、审计客体和审计内容三个视角对审计现象进行分类，都存在逻辑上的问题。所以，按这些审计现象分类建立起来的审计学科体系也同样存在逻辑上的问题。

前文已经指出，按审计主题对审计现象进行分类，能建立一个具有内在逻辑的分类体系，这个体系包括二类四种审计主题：信息主题，包括财务信息和非财务信息；行为主题，包括具体行为和制度。在审计基本问题上（例如，为什么需要审计、什么是审计、审计谁、审计什么、谁来审计、审计目标是什么、怎么审计、审计与环境是什么关系），这四类主题，既有共性也有个性（郑石桥，宋夏云，2014）。正因为如此，审计学科体系也应该按每类审计现象来建立。一般审计学研究四类审计现象的共同规律、原理、技术、方法；每种审计学研究该种审计现象的规律、原理、技术、方法。而对于共同及每种审计现象的研究，再区分为理论和应用两个层级。如此一来，就形成了具有逻辑结构，并且与现实生活中的审计现象相对应的审计学科体系，如表 3 所示。

表 3　基于审计主题的审计学科体系

项　目	研究对象	理论审计学	应用审计学
一般审计学	所有的审计现象	★	★
财务信息审计学	财务信息审计现象	★	★
非财务信息审计学	非财务信息审计现象	★	★
行为审计学	具体行为审计现象	★	★
制度审计学	制度审计现象	★	★

注：★表示有这种审计学

到此为止，我们可以得出第二个结论：审计主题是审计学科体系的构建框架，审计学科体系包括一般审计学、财务信息审计学、非财务信息审计学、行为审计学和制度审计学。同时，每类审计学再区分为理论和应用两个层级。

四、审计学科各分支体系的主要内容

以上以审计主题为框架，提出了一个审计学科体系。下面，我们对每门审计学的内容做一个简要的勾画。

（一）一般审计学

一般审计学研究各类审计现象的共性，其理论层级也可称为审计基础理论，研究审计的基本问题，对这些基本问题的回答就构成审计基础理论。第一，为什么需要审计？这个问题的回答就是审计需求。第二，什么是审计？这个问题的回答就是审计本质。第三，审计谁？这个问题的回答就是审计客体。第四，谁来审计？这个问题的回答就是审计主体。第五，审计什么？这个问题的回答就是审计内容？第六，期望审计干什么？这个问题的回答就是审计目标。第七，如何审计？从审计基础视角出发，这里只是关注审计方法论层面的问题，所以，这个问题的回答就是审计方法论。第八，审计作为一个系统，与系统环境是什么关系？这个问题的回答就是审计环境。

一般审计学的应用层级可以称为审计学基础或基础审计学，研究各类审计共同的原理、概念、步骤、方法和技术等。

（二）财务信息审计学和非财务信息审计学

财务信息审计学分为理论和应用两个层级。理论层级的财务信息审计学研究财务信息审计的基本问题，包括财务审计信息需求、财务信息审计本质、财务信息审计主体、财务信息审计客体、财务信息审计内容、财务信息审计目标、财务信息审计模式及财务信息审计环境等；应用层级的财务信息审计学研究财务信息审计的原理、概念、步骤、方法和技术等。

非财务信息审计学也分为理论和应用两个层级，其研究内容类似财务信息审计学，只是审计主题由财务信息改为非财务信息。

（三）行为审计学和制度审计学

行为审计学分为理论和应用两个层级。理论层级的行为审计学研究具体行为审计的基本问题，包括具体行为审计需求、具体行为审计本质、具体行为审计主体、具体行为审计客体、具体行为审计内容、具体行为审计目标、具体行为审计模式、具体行为审计处理处罚、具体行为审计整改及具体行为审计环境等；应用层级的具体行为审计学研究具体行为审计的原理、概念、步骤、方法和技术等。

制度审计学也分为理论和应用两个层级。理论层级的制度审计学研究制度审计的基本问题，包括制度审计需求、制度审计本质、制度审计主体、制度审计客体、制度审计内容、制度审计目标、制度审计模式、制度审计建议、制度审计整改及制度审计环境等；应用层级的制度审计学研究制度审计的原理、概念、步骤、方法和技术等。

到此为止，我们可以得出第三个结论：审计学科各分支学科都有自己独立的研究对象，形成自己独立的研究内容体系，各分支学科结合起来，形成完整的审计学科体系。

五、结论

审计学科体系的构建影响审计学科的发展路径。本导言以审计主题为框架，研究审计学科体系。总体来说，本导言有如下结论：(1) 审计主题是审计现象分类的框架，由财务信息审计、非财务信息审计、具体行为审计和制度审计组成的审计现象具有独特性，是独立的研究对象。所以，审计学科具有独特研究对象，应该成为独立学科。(2) 审计主题是审计学科体系的构建框架，审计学科体系包括一般审计学、财务信息审计学、非财务信息审计学、行为审计学和制度审计学，每类审计学再区分为理论和应用两个层级。(3) 审计学科各分支学科都有自己独立的研究对象，形成自己独立的研究内容体系，各分支学科结合起来，形成完整的审计学科体系。

本导言讨论的审计学科体系构建具有重要的意义。尽管审计历史很悠久，但是，发展到目前为此，得到较好发展的主要是财务信息审计学，主要体现在两个方面：(1) 大多数的审计学著作，其实就是财务信息审计学。例如，被全球审计学界奉为“圣经”的《蒙哥马利审计学》、代表英国最高水平的《迪克西审计学》及世界广为采用的阿伦斯《审计学：一种整合方法》，实质上都是财务信息审计学。(2) 大多数的审计理论著作，其实就是财务信息审计理论。例如，莫兹、夏拉夫的《审计理论结构》、安德森的《外部审计：概念和技术》、尚德尔的《审计理论：评估、调查和判断》、汤姆·李的《公司审计：概念与实务》、弗林特的《审计理论结构和原理导论》，实质上都是关于财务信息审计的理论。

对于非财务信息审计的研究很少，除了借用财务信息审计方法外，非财务信息审计有一些新方法。例如，英格兰及威尔士审计委员会要求相关国家审计机关对公共部门的绩效指标进行审计。由于这些绩效指标大多数是非财务信息，这些审计机关采用的工作方法是，不对数据本身进行审计，而是对数据产生流程进行审计，并公布对这些流程的审计结果（Bowermna，1995）。总体来说，非财务信息审计还处于很基础的阶段。

行为审计历史源远流长，然而，对它的研究却很少（审计行为有大量的研究，但是，审计行为不是行为审计）。合规审计、舞弊审计是具体行为审计的典型代表，虽然有悠久的历史，却没有成熟的理论、原理、程序、技术和方法，从各国及国际审计组织的审计准则可以看出，并未形成公认的审计实务，凭经验审计的成分很大。

内部控制审计/管理审计是制度审计的典型代表，虽然有一定的历史，一些国家和国际审计组织也颁布了审计准则，但是这些准则都是原则导向的，职业判断的成分很大。这也一定程度上说明，这些审计的实务还较多地处于凭经验审计的阶段，与之相一致，这些领域的制度审计学也不成熟。

除了各类专业审计学，还有定位于各类审计共同基础的一般审计学，能作为共同理论基础的审计基础理论还未出现，应用层面的审计共同原理、方法、技术等还具有深厚的财务信息痕迹。

总体来说，已经发展起来的审计学，主要是财务信息审计学，非财务信息审计学、行为审计学、一般审计学、制度审计学还处于较为基础的阶段，是今后需要大力发展的领域。

参考文献

1. 罗伯特·K. 莫茨，侯赛因·A. 夏拉夫．审计理论结构［M］，文硕，肖泽忠，贾从民，冯跃，译，中国商业出版社，1990a，P19—20。

2. 娄尔行，竹德操．试论建立审计学的学科体系［J］，审计研究，1986（6）：1—4。

3. 张龙平，李长爱．关于审计学科体系的探讨［J］，贵州财经学院学报，1992（4）：28—32。

4. 石爱中．审计学的学科属性及其教学要求［J］，审计与经济研究，2005（7）：3—6。

5. 罗伯特·K. 莫茨，侯赛因·A. 夏拉夫．审计理论结构［M］，文硕，肖泽忠，贾从民，冯跃，译，中国商业出版社，1990b，P327—328。

6. 周舜臣．对建立审计学专业学科体系的商榷［J］，审计研究，1987（1）：29—30。

7. 王光远．管理审计理论［M］，中国人民大学出版社，1996 年 9 月。

8. 张鸿欣．略谈我国审计学体系［J］，财经理论与实践，1982（4）：74—79。

9. 于东洋．建立我国审计学科体系之我见［J］，辽宁师范大学学报（社科版），1989（2）：34—37。

10. 张龙平，李长爱．关于审计学科体系的探讨［J］，贵州财经学院学报，1992（4）：28—32。

11. 李会太，史振生．从 IT 审计看审计学科发展与技术审计时代的到来［J］，财务与会计，2002（2）：34—35。

12. INTOSAI（International Organization of Supreme Audit Institutions），The Lima Declaration of Guidelines on Auditin gprecepts，1977.

13. GAO（Government Accountability Office），Government Auditing Standards，2011.

14. 边恭甫．审计学原理［M］，中南财经大学出版社，1988 年。

15. 文　硕．世界审计史［M］，企业管理出版社，1998 年 1 月。

16. 方宝璋．中国审计史稿［M］，福建人民出版社，2006 年 2 月。

17. 黄溶冰，王素梅，王旭辉．国际审计学［M］，中国时代经济出版社，2014 年 3 月。

18. 鸟羽至英．行为审计理论序说［J］，会计，1995 年，第 148 卷第 6 号，第 77—80 页。

19. 谢少敏．审计学导论：审计理论入门和研究［M］，上海财经大学出版社，2006 年。

20. 王文彬，林钟高．审计对象新探［J］，审计研究，1989（3）：23—27。

21. 郑石桥，周天根，王玮．2015，组织治理模式、机会主义类型和审计主题——基于行为审计和信息审计视角［J］，中南财经政法大学学报，2015（2）：80－85。

22. 罗伯特·K. 莫茨，侯赛因·A. 夏拉夫．审计理论结构［M］，文硕，肖泽忠，贾丛民，冯跃，译，中国商业出版社，1990c，P17。

23. Schreiber，G.，Knowledge acquisition and the web. *Int. Journal of Human－Computer Studies*，71：206－210，2013.

24. 郑石桥，宋夏云．行为审计和信息审计的比较——兼论审计学的发展［J］，当代财经，2014（12）：109－117。

25. Bowermna.，M.，Auditing performance indicators：the role of the commissionin of the citizens charter initiative［J］，Financial Accountability&Management，11（2）. May 1995，0267-4424.

第一篇　行为审计基本理论

为什么要研究行为审计基本理论？其学术价值和实践价值何在？从技术逻辑来说，审计就是对特定事项与既定标准之间的一致性获取证据并发表意见，这里的特定事项就是审计主题（audit subject matter）。总体来说，审计主题包括财务信息、非财务信息、行为、制度，审计就是围绕上述四类主题与既定标准之间的一致性收集证据并发表意见。基于四类审计主题，分别形成财务信息审计、非财务信息审计、行为审计、制度审计。财务信息审计关注财务信息是否真实，非财务信息关注非财务信息是否真实，行为审计关注行为是否合规合理，制度审计关注制度是否健全、是否执行。

不同组织对上述四类审计主题的重视程度不同。我国由于经济转轨、社会转型等原因，国家治理尚未现代化，行为不合理、行为不合规、制度不合理、制度不能有效执行等问题较多，所以，行为审计是我国政府审计和内部审计的主要审计业务，这也是中国审计的主要特色。而发达国家由于国家治理较为健全，行为合理合规和制度合理及执行已经不是重要的问题，财务信息审计和体现绩效的非财务信息审计是其主要审计业务。国外也有行为审计，AICPA 颁布了专门的准则《Statement on Auditing Standards（SAS）No. 117－Compliance Audits》，IAASB 也颁布了一些相关准则，如《ISAE 3000 Assurance Engagements Other than Audits or Reviews of Historical Financial Information》。

从审计研究的现状来说，主要是研究财务审计和绩效审计，前者主要研究财务信息审计，后者主要研究非财务信息审计。大多数的审计学著作，其实就是财务信息审计学。例如，曾经被全球审计学界奉为“圣经”的《蒙哥马利审计学》、曾经代表英国最高水平的《迪克西审计学》及世界广为流传的阿伦斯《审计学：一种整合方法》，实质上都是财务信息审计学。大多数的审计理论著作，其实就是财务信息审计理论。例如，莫兹、夏拉夫的《审计哲学》、安德森的《外部审计：概念和技术》、尚德尔的《审计理论：评估、调查和判断》、汤姆·李的《公司审计：概念与实务》、弗林特的《审计哲学和原理导论》，实质上都是关于财务信息审计的理论。

行为审计方面的研究非常缺乏。国外的代表性人物是日本的鸟羽至英，他将审计主题区分为行为主题和信息主题，并在此基础上上，将审计区分为行为审计和信息审计，认为行为审计研究要关注的一些特定问题包括：审计标准需要达成共识；审计人通常被授予较大权限；审计命题往往不清晰；审计意见主要是以有限保证方式提供；审计人受伦理道德的影响较大（鸟羽至英，1995）。国内文献中，谢少敏（2006）介绍了鸟羽至英教授的研究，很少有文献专门研究行为审计。这种理论研究的缺乏，严重影响行为审计实践和相关制度的构建。例如，目前《中华人民共和国国家审计准则》的内容很简洁，对审计实践的指导未能达到需求的程度，其根本的原因就是对行为审计的研究不深入，对中国的行为审计实践中形成的规律归纳总结不够。所以，从审计实践中概括提炼行为审计规律，构建行为审计理论体系及方法体系，对于推进中国特色审计事业之发展，具有重大意义。

行为审计基本理论研究什么？有哪些主要观点？行为审计基本理论是对行为审计基本问题的系统探究，包括：第一，为什么需要行为审计？这个问题的解答就是行为审计需求理论。第二，什么是行为审计？这个问题的解答就是行为审计本质理论。第三，行为审计是对谁进行审计？这个问题的解答就是行为审计客体理论。第四，行为审计是对什么进行审计？这个问题的解答就是行为审计内容理论。第五，谁来做行为审计？这个问题的解答就是行为审计主体理论。第六，期望行为审计干什么？这个问题的解答就是行为审计目标理论。第七，如何实施行为审计？从行为审计基本理论角度，主要关注行为审计方法论层面的问题，这个问题的解答就是行为审计方法理论。第八，行为审计作为一个系统，与系统环境是什么关系？这个问题的解答就是行为审计环境理论。

基于上述八个基本问题，本篇的主要内容及主要观点如下：

（1）绪论：讨论行为审计理论框架，主要观点包括：行为审计学的研究对象是以行为为主题的审计现象，其核心内容是从众多的行为中找出缺陷行为。行为审计理论作为一个观念系统必须回答行为审计的基本问题，这些基本问题的回答就是审计理论构成要素，包括：行为审计本质、行为审计需求、行为审计目标、行为审计主体、行为审计客体、行为审计内容、行为审计机制、行为审计环境。非线性关系是行为审计核心理论要素之间的主要关系形式，行为审计和审计环境之间存在复杂的交换关系，表现为资源、压力、功能和污染。

（2）第一章：行为审计需求和行为审计环境，阐述行为审计需求和行为审计环境，关于审计需求的主要观点包括：在经管责任履行中，由于代理人的自利和有限理性，可能产生缺陷行为，委托人会推动建立应对代理人缺陷行为的治理构造，包括内部—经常性机制和外部—非经常性机制。行为审计属于外部—非经常性机制。缺陷行为审计需求程度有三个重要的影响因素：第一，缺陷行为越是严重，行为审计需求越是强烈；第二，内部—经常性机制越是有效，行为审计需求越不强烈，内部—经常性机制越不健全，行为审计需求就越强烈；第三，外部—非经常性机制中，透明机制及其他监督机制越是有效，行为审计需求越弱，透明机制及其他监督机制越是不健全，行为审计需求越强。关于行为审计环境的主要观点包括：行为审计环境是对行为审计系统有影响的因素。对于行为审计系统可以有不同的选择，不同层级的行为审计系统有各自的审计环境。行为审计对审计环境产生影响，行为审计要素构建的审计系统对审计环境的影响是行为审计产品被使用之后产生的效果。行为审计产品包括审计报告、审计决定、审计建议，不同的行为审计产品，使用之后会产生不同的效果，从而对环境发生不同的影响。

（3）第二章：行为审计本质和行为审计目标，阐述行为审计本质和行为审计目标，关于行为审计本质的主要观点是：行为审计是以行为作为主题的审计。根据各类行为审计现象的共性属性，并考虑审计一般之本质与行为审计之本质的关系，行为审计的本质概括如下：行为审计是以系统方法从行为角度独立鉴证经管责任中的缺陷行为并将结果传达给利益相关者的制度安排。关于行为审计目标的主要观点包括：行为审计目标就是人们期望通过行为审计实践活动得到的结果，包括委托人及利益相关者的审计目标和审计人的审计目标。委托人及利益相关者的目标是利用行为审计来抑制代理人的缺陷行为。审计人的审计目标是生产让委托人及利益相关者满意的审计产品的品种和质量，通过选择审计产品内容、审计产品定位和审计产品种类这些维度来控制审计产品品种，通过专业胜任能力和过程控制来控制审计产品质量。上述理论框架对我国政府审计目标达成状况具有解释力。

（4）第三章：行为审计主体、行为审计客体和行为审计内容，阐述行为审计主体、行为审计客体和行为审计内容，关于行为审计主体的主要观点包括：行为审计由何种审计机构来实施是影响行为审计效率效果的重要制度设计。行为审计由于存在审计依据、审计职业判断、审计意见类型方面的特征，使其独立性较弱，同时，行为审计还具有资产专用性和外部性较强的特征。综合上述独立性、资产专用性和外部性三个因素对行为审计主体选择的影响，一般来说，需要建立独立于代理人的审计机构来实施行为审计；少数情形下，如果存在系统的审计载体，能发表合理保证审计意见，并且市场上有具有某方面行为审计特长的专业审计机构，可以考虑将该行为审计业务外包。关于行为审计客体的主要观点包括：行为审计究竟是审计个人，还是审计单位？关于空间范围，单位和个人都是审计客体。当单位作为审计客体时，必须同时也将个人作为审计客体，一般情况下是以特定单位作为审计客体，当某类单位在某些行为上具有普通性时，该类单位可能成为审计客体；当个人作为审计客体时，多数情形下以特定个人作为审计客体，当某类个人在某些行为上具有普通性时，该类个人可能成为审计客体。关于时间范围，一般情况下，对审计客体实施选择性审计，当某类行为具有特别的重要性，或某类行为相关治理不健全从而缺陷行为较多，或者是二者同时具备时，对该类行为实施法定审计。关于行为审计内容的主要观点包括：行为理论是行为审计的基础理论，需要借鉴法学理论的行为理论，探索行为审计的行为理论，包括行为概念、行为范围、行为分类。行为审计的行为是特定的自然人或组织对其经管责任履行具有重要影响的作为或不作为，称为特定行为，包括正常行为和缺陷行为。对于特定行为可从多个维度进行分类，从行为主体角度，分为组织行为和自然人行为；从行为的内容及属性角度，分为业务行为、财务行为和其他行为。

（5）第四章：行为审计取证模式，从方法论层面阐述行为审计取证，主要观点包括：有系统的审计载体时，审计取证属于命题论证型，可以发表合理保证审计意见；没有系统的审计载体时，审计取证模式属于事实发现型，只能发表有限保证审计意见。大多数的行为审计没有系统的审计载体，只能采用事实发现型取证模式，发表有限保证审计意见；少数情形下的行为审计有系统的审计载体，可以采用命题论证型取证模式，发表合理保证审计意见。行为审计取证程序选择依赖审计载体。有系统化的审计载体且有原始记录支持时，采用命题论证型审计取证模式，审计取证过程包括风险评估和进一步的审计程序，发表合理保证审计意见；有系统化审计载体但没有记录支持情形时，采用事实发现型审计取证模式，风险评估程序基本不变，细节测试受到较大的限制，发表有限保证审计意见；没有系统化的审计载体时，采用事实发现型审计取证模式，审计逻辑步骤包括寻找疑点和围绕疑点获取审计证据，发表有限保证审计意见。

（6）第五章：行为审计标准和行为审计定性，从方法论层面阐述行为审计标准和行为审计定性，关于行为审计标准的主要观点包括：违规行为审计标准是判断行为是否违规的依据。需要借鉴法学领域的法律适用相关理论，构建违规行为审计标准选择的理论框架。违规行为判断标准的选择，首先，根据特定行为及其审计目标，初步选择拟用的审计标准；其次，将已经搞清楚的行为详态与拟用审计标准进行匹配，分别按不存在适用标准、存在单一适用标准、存在多个适用标准三种情形，初步选择违规行为判定标准；最后，判断是否存在规则悖反，确定适用的判定标准。瑕疵行为是指没有采用特定环境下合宜方案的作为或不作为。由于管理活动具有权变性，导致瑕疵行为审计标准具有较大的权变性和主观性。恰当的瑕疵行为审计标准应该是认知程度高、认同程度高、客观程度高。而要得到这种恰当的审计标准，依赖审计标准选择模式。审计标准选择模式是选择路径和选择者的不同组合，选择路径有从结果到过程和直接选择过程两种情形，选择者有代理人选择、审计人选择、审计人与代理人共同选择三种情形，不同模式得到的审计标准，其认知程度、认同程度、客观程度不同。关于行为审计定性的主要观点包括：行为审计定性就是判定缺陷行为及其类型，涉及缺陷行为理论和缺陷行为判定框架。需要借鉴违法实质理论和犯罪构成理论，构建上述理论和框架。缺陷行为理论涉及缺陷行为实质和特征，缺陷行为实质是对经管责任的危害或负面影响，缺陷行为具有经管责任危害性、缺陷性、重要性三个特征。缺陷行为判定框架涉及缺陷行为类型化和缺陷行为类型判定。缺陷行为类型化就是缺陷行为的分类体系，分为四个层级。缺陷行为判定以缺陷行为详态为依据，一方面，判定其属于何种缺陷行为；另一方面，分析缺陷行为对经管责任的危害或负面影响程度，将缺陷行为分为重大缺陷、重要缺陷和一般缺陷。

（7）第六章：行为审计重要性、行为审计风险和行为审计意见，本章关注风险导向行为审计三个密切关联的基本问题的相关理论：行为审计重要性的逻辑框架、行为审计风险的逻辑框架、行为审计意见的逻辑框架、关于行为审计重要性的主要观点如下：行为审计重要性是审计师判断行为偏差是否具有重要性的标准，是对行为偏差的最大容忍程度，具有模糊性、系统性、相对性等特征，并具有多种类型。行为审计重要性是实现行为审计目标的必要构件，恰当应用行为审计重要性，能提高行为审计效率，否则，会降低行为审计效率、增加行为审计风险。审计师需要在行为审计全过程应用行为审计重要性，将计划重要性水平、执行重要性水平体现在审计策略、审计方案之中，将评价重要性（包括数量重要性和性质重要性）体现在行为审计意见类型中。关于行为审计风险的主要观点如下：行为审计风险是指审计目标未能达成，包括审计失败风险、审计舞弊风险、未审计风险和屡审屡犯风险。审计失败风险由行为偏差风险、检查风险、定性风险组成，审计师业务素质、审计职业操守、审计质量是控制路径。审计舞弊风险由审计发现风险和审计报告风险组成，降低审计信息不对称是控制路径。未审计风险由有真实审计需求但未审计的审计客体数量决定，控制路径有两个，一是搞清楚有真实审计需求的审计客体，二是增加已审计的审计客体数量。屡审屡犯风险由未做出处理处罚决定的偏差行为数量、做出处理处罚决定但未执行的偏差行为数量、做出处理处罚决定但难以执行的偏差行为数量共同决定，严肃处理处罚、推动审计决定执行及体制机制制度整改是控制路径。关于行为审计意见的主要观点如下：行为审计意见类型区分为合理保证审计意见、有限保证审计意见，二者还有具体类型；命题论证型取证模式支持发表合理保证审计意见，事实发现型取证模式支持发表有限保证审计意见；特定行为层级审计重要性影响项目层级审计意见，项目层级审计重要性影响单位层级审计意见；审计意见类型与审计风险相关，无法表示意见这种类型不存在审计意见，事实报告型审计意见不存在针对审计总体的审计风险，其他各种审计意见类型都存在审计风险；行为审计意见的审计期望差表现为保证程度不足或过度。

（8）第七章：行为审计处理处罚（上），从方法论层面阐述行为审计处理处罚，本章关注行为审计处理处罚功能、模式和力度。关于行为审计处理处罚功能的主要观点如下：审计处理处罚的功能定位包括惩处违规行为和预防违规行为两种选择，惩处论强调公平，预防论强调效率，审计处理处罚的功能定位应该是惩处论和预防论的合并。审计处理处罚功能的作用路径包括特殊预防与一般预防。特殊预防是指审计处理处罚能防止违规者重新违规，一般预防是指通过审计处理处罚的威力来震慑有可能违规的人，从而预防违规的发生。审计处理处罚功能的作用机制是威慑效应及其发生机制。潜在违规者对审计处理处罚的判断是审计处理处罚与威慑效应之间的中介，这种判断包括对审计处理处罚确定性、审计处理处罚严厉性和审计处理处罚及时性的判断。关于行为审计处理处罚模式的主要观点如下：行为审计处理处罚对象选择有单罚制和双罚制，凡是谋取单位利益的违规行为，采用双罚制，凡是谋取个人利益的违规行为，采用单罚制。双罚制的理论基础是，违规行为是单位成员的个人行为与单位行为发生了竞合，根据违规责任自负原则，必须对违规个人和违规单位同时进行处理处罚。由于双罚制能更好地取得审计处理处罚的惩处功能和预防功能，所以，双罚制效果好于单罚制。无论是单罚制，还是双罚制，要真正发挥作用，审计客体必须是理性人，同时，审计处理处罚模式的力度必须适宜。关于行为审计处理处罚力度的主要观点如下：审计处理处罚力度存在合理区间。最佳审计处理处罚力度的确定需要以委托人及利益相关者对违规行为的容忍程度及违规行为发生的严重程度为基础。委托人及利益相关者对违规的容忍程度越低，对审计处理处罚的需求就越大；违规行为发生越是严重，对审计处理处罚的需求就越大。由于违规发现和违规处理处罚具有不同的边际成本，最佳审计处理处罚力度的确定需要与违规行为发现概率相协调，只有二者的边际投入产出比相等时，审计处理处罚力度才能达到最佳。

（9）第八章：行为审计处理处罚（下），从方法论层面阐述行为审计处理处罚，本章关注行为审计处理处罚配置和程序公正。关于行为审计处理处罚配置的主要观点如下：行为审计处理处罚配置是处理处罚的制度框架，涉及理论基础、宏观配置和微观配置三个层面。处理处罚配置的理论基础包括配置目的和如何配置两个理论问题，配置目的是惩处功能和预防功能的统一；如何配置是违规惩处相应，认为违规行为对经管责任的危害是衡量处理处罚的真正标尺。处理处罚宏观配置搭建处理处罚的主体框架，主要包括：处理处罚主体、处理处罚对象、处理处罚立法模式、处理处罚类型和位阶。处理处罚微观配置主要涉及各类处理处罚在各类违规行为上的配置，主要包括：处理处罚配置模式、处理处罚自由裁量权、针对各类违规行为的处理处罚规定。关于行为审计处理处罚程序公正的主要观点如下：审计处理处罚程序公正及其后果涉及两个基本问题，即审计处理处罚程序公正的实现路径、审计处理处罚程序公正的后果。审计处理处罚程序公正的实现路径包括两个方面：一是通过审计机构内部分权制衡来实现审计处理处罚程序公正；二是通过审计处理处罚听证来实现审计处理处罚程序公正。审计处理处罚程序公正的后果包括客观价值和主观价值，前者是处理处罚程序公正的实际效果，后者是被审计单位及其他单位的感受。

（10）第九章：行为审计整改，从方法论层面阐述行为审计整改。关于审计决定实施机制的主要观点包括：审计领域的屡查屡犯有很多原因。审计关系的各方在审计决定实施中承担不同的责任。代理人本身有责任执行审计决定；审计机关的责任是查出代理人机会主义行为后做出处理、处罚决定，并跟踪审计决定的执行；委托人最应该关心代理人是否执行审计决定，应该在审计决定执行中发挥主要作用，承担主要责任。我国政府审计领域的屡查屡犯问题是制度设计问题，审计机关“独领风骚”地执行审计决定，各级委托人“事不关己”。优化我国政府审计决定实施机制的路径是唤醒各位级委托人，让委托人在审计决定实施机制中发挥主角作用。关于审计建议生产机制的主要观点包括：政府审计对于发现的违规行为和瑕疵行为都要提出审计建议。需要借鉴知识交流理论和共享心智模式理论，分析高质量审计建议生产的关键成功因素，并用问卷数据检验这些因素的认同度。高质量的审计建议生产有三个基本条件：一是审计建议具有针对性，要求审计建议是在搞清楚缺陷行为的原因之基础上提出；二是审计建议具有可行性，要求考虑建议实施者是否具有实行建议的基本条件；三是以适当方式提出审计建议，要求以审计建议实施者能愉快接受的方式提出审计建议。关于宏观审计建议实施机制的主要观点包括：宏观审计建议是针对宏观管理中存在的体制或机制性问题提出的建议，它是建设性国家审计的重要要素。宏观审计建议相关主体有审计机关、政府、主管部门、审计对象。在有效的宏观审计建议实施机制中，政府主管部门是主角，政府是督导者，审计机关是建议的生产者，审计对象是配合者。宏观审计建议实施机制包括生产机制、质量机制、沟通机制、督导机制和跟踪机制。有效的宏观审计建议实施机制要求审计机关、政府、主管部门、审计对象在各个机制中分工协作，如果责任不清或有些主体不履行责任，则审计建议实施机制缺乏效率。关于微观审计建议实施机制的主要观点包括：审计建议是建设性国家审计的重要路径。微观审计建议是针对公共责任机构业务运营及管理所存在的问题提出建议。审计建议的实施有两个条件，第一，高质量的审计建议；第二，代理人有动力和压力。有效的微观审计建议实施机制，就是围绕这两个条件，构建由委托人、代理人和审计机关共同参与的质量机制、声誉机制、跟踪机制、督促机制和奖惩机制。今后的努力方向，一方面是审计机关要努力提出审计建议的质量；另一方面，各类委托人要行动起来。

此外，由于涉及的审计理论问题很多，不宜将所有问题的文献综述都集中起来形成整体性的文献综述。本书采取的办法是，文献综述在相关的研究主题中，没有统一的文献综述。这样的文献综述更有针对性，也更细致。

第一章　行为审计需求和行为审计环境

为什么要有行为审计？这个问题的回答就是行为审计需求理论。行为审计作为一个系统，与系统环境是什么关系？这个问题的回答就是行为审计环境理论。本章阐述行为审计需求和行为审计环境，根据这两个主题，本章内容包括：行为审计需求：理论框架和例证分析；行为审计环境：基于系统论视角。

第一节　行为审计需求：理论框架和例证分析

行为审计就是从众多的行为中找出缺陷行为并采取一些相应的后续行动。我国的审计实践中，行为是否合规合理、制度是否合规合理是非常重要的审计主题，这类审计，本质上就是行为审计。行为审计为什么会产生？不同的国家或地区对行为审计的重视程度为什么会呈现差异化？这些问题都涉及行为审计需求理论。关于审计需求的理论解释主要有代理理论、信息理论和保险理论（陈汉文，2012），尽管对于上述审计需求理论有不同的认识，但是，总体来说，这些理论对于信息审计有较强的解释力。代理理论对于行为审计有一定的解释力，然而，缺陷行为并不都源于代理问题。总体来说，行为审计需求目前还缺乏相应的解释理论。

本节以自利和有限理性为基础，提出一个关于行为审计的需求理论框架，并用这个理论框架来分析中美两国审计主题差异。

一、文献综述

关于审计需求的理论解释主要有代理理论、信息理论和保险理论。审计需求的代理理论认为，在委托代理关系中，审计是委托人与代理人的共同需求，其目的是降低委托代理关系中的代理成本（Watta，Zimmerman，1983；杨时展，1986）。审计需求的信息理论有两个分支，一是信号传递理论，二是信息含量理论。信号传递理论认为，审计就是一个信号，通过审计的一些相关事项的选择向市场传递了信号。信息含量理论认为，审计的本质功效在于增进财务信息的可信性及决策有用性（Timan，Truman，1986）。审计需求的保险理论认为，审计兼具信息价值和保险价值。财务信息使用者除了寄希望于审计师通过鉴证机制在实质上降低财务信息风险之外，还可以通过风险转移机制将其所面临的财务信息风险全部或者部分地转移给审计师（Menon，Williams，1994）。

上述三种理论中，代理理论对行为审计有一定的解释力，但是，缺陷行为并不都源于代理问题。信息理论和保险理论基本上与行为审计无关。

谢荣（2011）提出，人的行为都是有动机的，由于不同的人的价值观不同、目标不同，每个人的动机和表现出来的行为方式也不一样。为了确保社会或组织的有序性并达到某种既定的目标，对于人的行为需要加以控制和引导，审计是控制和引导的方式之一。这种观点直接涉及了针对有动机的行为之审计需求。然而，行为审计也涉及有限理性导致的非动机行为。

总体来说，关于行为审计需求还缺乏一个系统的理论框架。本节以自利和有限理性为基础，构建行为审计需求的理论框架。

二、行为审计需求：理论框架

一般来说，行为审计离不开委托代理关系，其主要目的是鉴证代理人履行经管责任时是否存在缺陷行为。代理人的缺陷行为为什么会产生？不同的缺陷行为，其产生原因不同。一般来说，缺陷行为分为违规行为和瑕疵行为。违规行为主要源于两方面的原因，一是人性自利，二是多目标委托代理关系。瑕疵行为主要是源于人的有限理性。当然，有限理性也可能产生违规行为，而自利也可能产生瑕疵行为，但是，这不是主要情形。缺陷行为产生原因大致如图 1 所示，实线表示主要原因，虚线表示次要原因。下面，我们分别来分析。

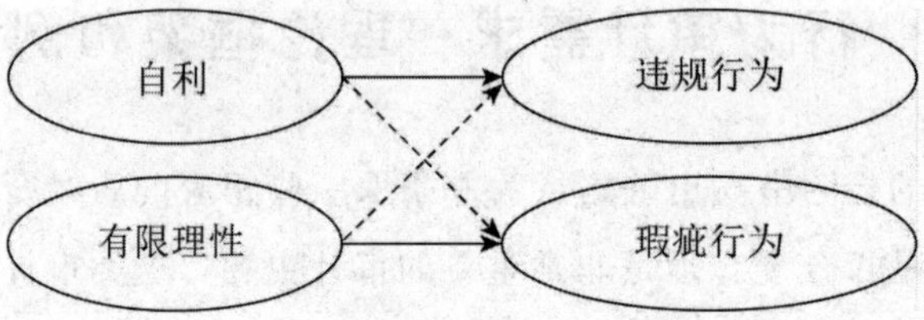

图 1　缺陷行为产生原因

（一）违规行为产生原因

违规行为是行为人违背法律法规及合约。从理论上来说，违规也可能不是故意，是由于不知道或忘记相关的法律法规及合约而出现了违规行为。但是，在绝大多数情形下，违规行为应该是故意而为，而这种故意而为，主要有两个原因，一是代理人自利，二是代理人在多目标中的理性选择。

1. 代理人自利与违规行为

代理人在履行其经管责任时，具有相当的自主权，同时，还有三个现象同时存在：第一，代理人和委托人之间存在信息不对称，代理人掌握的信息数量和质量强于委托人，并且这种信息不对称不可能消除。如果要消除这种信息不对称，委托人势必对所有事项都详细了解。此时，委托代理关系已经没有实际意义，所以，委托人给代理人授权，就意味着一定会有信息不对称；第二，激励不相容，也就是代理人目标和委托人目标存在差异，尽管委托人可以设计一些激励机制来降低激励不相容程度，但是，永远无法消除激励不相容；第三，环境不确定性，代理人的努力和环境的作用共同决定代理人掌管的组织之产出，并且环境具有变动性、复杂性，无法在组织的产出中分离出代理人努力之贡献和环境变动之影响，所以，委托人无法通过产出来判断代理人的努力程度。

在委托代理关系中，委托人会给代理人一些资源和权力，同时，也会有一些希望或要求。这些期望或要求，有的是明晰的，可以称为显性合约，有的是隐含的或理所当然的，这种性质的合约称为隐性合约。无论是通过隐性合约或显性合约，委托人都期望或要求代理人遵守相关的法律法规和合约。委托人为什么会有这种期望或要求呢？主要有两方面的原因，一方面，有些法律法规和合约本身就是委托人制定的，当然期望或要求代理人遵守；另一方面，即使这些法律法规和合约不是委托人制定的，如果违反这些法律法规和合约，可能会直接或间接地给委托人带来负面影响，委托人为了避免这种负面影响，会要求代理人遵守这些法律法规和合约。所以，总体来说，正是由于委托人源于其自身利益，会要求代理人遵守相关的法律法规和合约。

然而，代理人是否会按委托人的期望或要求去做呢？一般来说，由于委托人与代理人之间存在激励不相容、信息不对称和环境不确定性，代理人有可能背离委托人的利益或不忠实委托人意图而采取机会主义行为，例如卸责、偷懒、大手大脚、弄虚作假等，违规行为也可能是其机会主义行为的一种。就相关的法律法规和合约的遵守来说，委托人与代理人之间存在激励不相容和信息不对称，从而代理人可能出现机会主义行为。首先，是否遵守相关法律法规和合约对于委托人和代理人来说，可能存在激励不相容。也就是说，在某些情形下，对于代理人来说，不遵守有关的法律法规和合约的利益可能大于其遵守相关的法律法规和合约时的利益，所以，代理人有不遵守相关的法律法规和合约的冲动；其次，就相关法律法规和合约的遵守有关信息来说，代理人有信息优势，代理人掌握的信息数量和质量都高于委托人。正是由于激励不相容和信息不对称的存在，代理人可能出现违背委托人的期望、不遵守相关法律法规和合约的机会主义行为。第三，由于环境具有不确定性，如果违规行为得以发现，代理人可以解释其违规的原因是由于环境因素所导致，不是其自利的结果。

在行为审计的许多情形下，被审计单位领导是为了谋取单位利益而采取违规行为，这种违规，对于被审计单位领导及相关责任人来说，是否属于自利呢？我们认为，被审计单位领导及相关责任人出于谋取单位利益而采取违规行为，也属于其本人的自利行为。其原因有二：第一，既然是为单位获取利益，这些人本身也是单位的成员，其本人当然也会受益；第二，即使被审计单位领导及相关责任人不能直接获得利益，但是，谋取单位利益的违规行为是其职务行为，而每个人都从职务履行中获得相应的报酬，包括有形报酬和无形报酬，例如岗位绩效好了、得到升迁，或者是得到下属或同事的赞同等。

2. 多目标委托代理关系与违规行为

无论代理人代理的是多维度目标还是单一维度目标，代理人出于自利都可能会产生违规行为。然而，在一些情形下，多维度目标更可能引发代理人的违规行为。多目标委托代理关系与单一目标委托代理关系有较大的不同，例如，当代理人的任务有多项时，委托人往往对不同工作的监督能力是不同的，有一些工作可能比另一些工作更加难以监督。正是由于对不同工作的监督有着不同的难易程度，对易于监督的工作的过度激励会诱使代理人将过多的努力花在这些方面而忽视其他方面（Holmstrom，Milgrom，1991）。

就违规行为来说，遵守相关法律法规和合约可能是委托人对代理人要求之一，从而也就成为代理人的一个维度的目标。然而，如果代理人面临多目标，代理人会如何看待遵纪守法这个目标呢？代理人需要协调多个维度目标的履行，当这些目标之间存在矛盾时，可能会选择一定的方式在各目标之间进行选择，考量偏重一些目标，淡化一些目标，甚至舍弃一些目标。又如，委托人一方面希望代理人完成责任目标，另一方面，可能还希望代理人遵守相关法律法规和规章，当二者存在矛盾时，代理人会权衡这两个目标的重要性，可能会选择以违规的方式来完成责任目标。又如，有的领导就表示，现在许多制度不合理，如果不违规，则难以干成任何事情。在一些情形下，为了做成某些事项，可能会选择违规。

当然，代理人是否真的会选择以违规方式来完成责任目标，会基于其自己的利弊得失之考量（从这个意义上来说，在多目标情形下，选择违规也是代理人的一种出于自利的行为选择）。如果委托人对责任目标的激励程度高于遵纪守法，当二者不能同时得兼时，代理人如果放弃遵纪守法，而完成了责任目标，则得到的激励会大些。此时，代理人会选择以违规方式来完成责任目标。相反，如果委托人对遵纪守法的激励程度高于责任目标，代理人可能会选择遵纪守法，一定程度上放弃责任目标。从委托人角度来看，一般来说，代理人是否完成了责任目标，是易于监督的，而代理人是否遵纪守法，则监督难度大些。代理人当然也会预期到这一点。所以，一般来说，当责任目标与遵纪守法不能得兼时，代理人通常会将责任目标置于优先地位，违规行为可能会发生。

当前，我国的国家治理尚未现代化，许多法律法规和制度不甚合理，要完成一定的责任目标可能会受到这种不合理的约束。在这种情形下，一些单位可能会选择违规这些不合理的法律法规和制度，从而出现违规行为。对于这种情形，行为审计仍然要判断这些行为是违规行为，并且还要有后续的处理处罚。但是，在此同时，还要向主管部门提出建议，优化这些不合理的法律法规和制度，以避免这些行为继续发生。

（二）瑕疵行为产生原因

传统的经济学理论一直以经济人假设为前提，并且认为经济人是完全理性的，能够通过成本/收益或趋利避害原则来对其所面临的一切机会和目标以及实现目标的手段进行最优选择。事实上，现实生活中的人并不完全理性，并不能做出最优选择。西蒙认为，现实生活中作为的人是介于完全理性与完全非理性之间的有限理性的人。决策者无法寻找到全部备选方案，决策者也无法完全预测全部备选方案的后果，决策者还不具有一套明确的、完全一致的偏好体系，以使他能在多种多样的决策环境中选择最优的决策方案。有限理性人只寻找满意决策（Simon，1955；西蒙，2002）。

人的行为是有意识的理性，但这种理性又是有限的。也就是说，人并不能在任何情形下都做出最优选择。其原因主要有三个方面：一是环境是复杂的，人们面临的是具有不确定性的世界，因此，信息是不完全的，是有限的；二是人对环境的计算能力和认识能力是有限的，人不可能无所不知，因此，人的信息能力是有限的；三是人会受到情境的影响，在一些情形下，会做出情绪化的选择，理性在这里的作用是有限的。基于上述原因，人是有限理性的。

既然人是有限理性的，就可能产生一些对经管责任履行不利的行为，而这些行为本来可以用更合宜方案来完成，从而出现瑕疵行为。瑕疵行为不是代理人的故意行为，完全是由于代理人有限理性，没有做出当时环境条件下的适宜选择。也就是说，即使是在当时的环境条件下，如果不是受有限理性限制，代理人可能做得更好。非故意性是自利行为和有限理性行为的主要区别。某种行为对经管责任之履行带来了不利影响，如果是故意的，则是代理人的自利行为，如果不是故意的，则是代理人的有限理性行为。当然，在一些情形下，可能无法区别是自利行为还是有限理性行为，例如严重的管理混乱，究竟是代理人故意不作为，还是代理人不知道该怎么管理呢？严重的违规行为，究竟是代理人故意违规，还是代理人不知道这些相关的法律法规呢？所以，在行为审计看来，对于一些较严重的缺陷行为，即使是有限理性所导致，也应该“推定”是自利行为。

以上从有限理性角度分析了瑕疵行为的产生。事实上，在有些情形下，瑕疵行为也可能源于自利。例如，由于卸责、偷懒等而产生不作为或作为不到位，正是这些不作为或作为不到位导致了瑕疵行为的产生。

到此为此，本节从自利和有限理性两方面分析了缺陷行为的产生原因。事实上，还有许多的权变因素对缺陷行为的产生有影响。例如，文化价值观、社会环境、财政财务状况、人的道德品质、人的性格，甚至攀比、模仿都可能会导致缺陷行为的发生。由于这些因素具有权变性，在不同的情景下，具体因素也不同。本节不做深入分析。

（三）缺陷行为应对机制与行为审计需求

根据上述分析可知，在经管责任履行中，由于代理人的自利和有限理性，可能产生缺陷行为，包括违规行为和瑕疵行为。作为理性人（不一定要求是完全理性），委托人当然会预期到代理人的这些行为，并且会建立一些应对机制来应对代理人的缺陷行为。

一般来说，在应对缺陷行为的构造中，首先是内部一经常性机制发挥作用（称为第一道防线），将缺陷行为抑制在萌芽之中。内部一经常性机制包括制衡机制、激励机制和道德机制，这些机制具有两个特征，一是这些机制能够植入行为人的行为过程之中，所以，具有内部性；二是这些机制能持续经常地发挥作用，不具有选择性或弹性，只要这个机制存在，行为都不遗漏，所以，具有经常性。通过内部一经常性机制发挥作用之后，可能还存在一些缺陷行为，称为剩余缺陷行为，对于这类缺陷行为，由外部一非经常性机制来应对（称为第二道防线）。通过外部一非经常性机制对缺陷行为的再次抑制，使缺陷行为降低到可容忍的程度。外部一非经常性机制包括监督机制和透明机制。这些机制具有两个特征，第一，这些机制都是行为人行为过程之外的因素，并未植入行为人的行为过程之中，因此，具有外部性。当然，外部性可能会影响这种机制对缺陷行为的抑制，但是，也正是这种外部性，不会影响行为人的行为过程，从而不会影响行为人的正常行为之效率。第二，这些机制对缺陷行为的抑制具有选择性或弹性。也就是说，并不一定会对所有的行为都进行“过滤”，而是可以选择对特定的行为进行“过滤”，所以，具有非经常性或选择性。当然，这种非经常性可能会影响这些机制对缺陷行为的抑制，但是，也正是这选择性，使得这些机制可以灵活应用。上述各种机制的作用过程如图 2 所示。

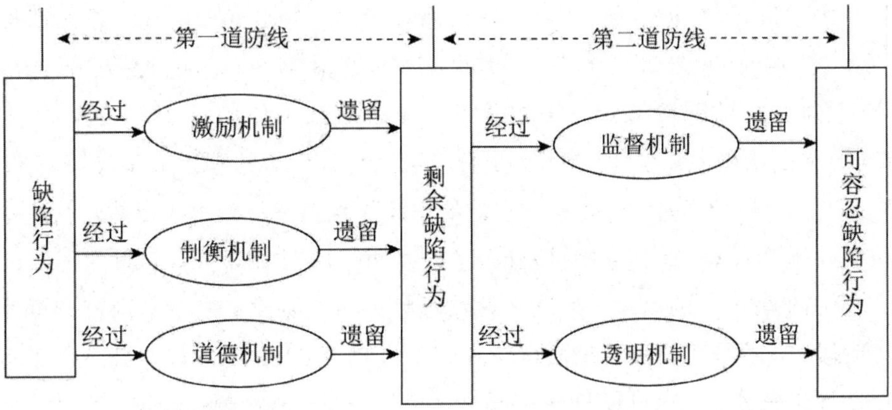

图 2　缺陷行为抑制过程

在图 2 所示的缺陷行为应对构造中，行为审计在何处呢？行为审计属于监督机制的组成部分，缺陷行为发生时，首先是由处于第一道防线的制衡机制、激励机制和道德机制来应对。出于成本效益考虑，这些机制难以将缺陷行为抑制到可容忍的水平，从而产生剩余缺陷行为。对于这些缺陷行为，由监督机制和透明机制来共同应对。在监督机制中，行为审计是其重要构成要素。一般来说，还有其他监督机制，例如，我国的国有单位还存在纪检监督，一些单位还存在类似“特务”的信息员。所以，总体来说，行为审计是应对缺陷行为的机制之一，需要与其他应对机制协调配合，从而达到抑制缺陷行为之目标。

根据图 2，缺陷行为审计需求程度有三个重要的影响因素：第一，缺陷行为本身的严重程度，这是由于代理人的自利、有限理性、多目标任务及权变因素所决定的。缺陷行为越是严重，行为审计需求越是强烈。第二，内部－经常性机制的有效性，如果内部－经常性机制对缺陷行为的抑制很有效，则剩余缺陷行为就不严重，需要外部－非经常性机制来应对的缺陷行为也就不严重。此时，行为审计需求就不强烈。相反，如果内部－经常性机制不健全，则需要外部－非经常性机制来应对的缺陷行为也就较严重。此时，行为审计需求就强烈。第三，透明机制及其他监督机制的有效性。在应对剩余缺陷行为的外部非经常性机制中，如果透明机制及其他监督机制是有效的，则行为审计需求就相对较弱，相反，如果透明机制及其他监督机制不健全，则行为审计需求就相对较强。任何一个单位，应对缺陷行为的治理构造可能会有不同的选择，内部－经常性机制、外部－非经常性机制及其内部构造可能不同，从而对行为审计的需求程度也不同。

三、行为审计需求：中美两国政府审计主题比较分析

本节以人性自利和有限理性为基础，提出了一个行为审计需求的理论框架。然而，这个理论框架是否正确呢？由于数据方面的限制，无法采用常规的统计分析方法来检验。本节用这个理论框架来分析中美两国最高审计机关的审计主题方面差异，以在一定程度上验证上述理论框架。

（一）中美两国政府审计主题差异

我国政府审计主要关注什么主题呢？让我们以审计署为例，从相关数据来看其关注的审计主题。根据审计署公告的《56 个部门单位 2009 年度预算执行情况和其他财政收支情况审计结果》，抽查 56 个中央部门已报销的 29363 张可疑发票中，发现 5170 张为虚假发票，虚假率达 17.6%。2010 年，审计署统一组织审计项目 31 项（类），查出违规问题金额 599.4 亿元，投入产出比为1∶79；2011 年，审计署统一组织审计 36 项（类），查出主要问题金额 866.8 亿元，投入产出比为1∶96；2012 年，审计署统一组织审计 25 项，可用货币计量的审计工作成果 1282 亿元，投入产出比为 1∶116；2013 年，审计署统一组织 26 个审计项目，可用货币计量的审计工作成果 2752 亿元，投入产出比为 1：252①。上述数据显示，国家审计署的关注重点是违规行为。当然，在此基础上，会跟踪其体制、机制、制度原因，提出和推进整改。但是，就审计主题来说，是行为审计。

一般而言，美国 GAO② 的审计业务发展大致可分为四个阶段：账项基础财务审计阶段、制度基础财务审计阶段、综合审计阶段、绩效审计阶段。20 世纪 80 年代，GAO 进入绩效审计阶段，绩效审计占整个审计工作量的比重已经超过 85%（李璐，2009；黄小菊，2012）。

（二）理论解析

为什么中美两国最高审计机关的审计主题会有这种差异呢？我们根据本节前面提出的行为审计

---

① http：//www.audit.gov.cn，国家审计署历年审计绩效报告。

② General Accounting Office，2004 年更名为 Government Accountability Office。

需求理论框架来分析其原因。

根据本节前面的理论框架，行为审计需求有三个重要的影响因素：缺陷行为本身的严重程度、内部一经常性机制的有效性、透明机制及其他监督机制的有效性。

从缺陷行为本身的严重程度来说，是假定没有任何应对措施的情形下，缺陷行为会达到何种程度。在这种情形下，人性的自利和有限理性是缺陷行为严重程度的主要决定因素，当然还会受到其他一些权变因素的影响。我们认为，在这方面，中美两国可能有些差异。但是，人性自利和有限理性，中美两国并不一定存在显著差异。

从内部一经常性机制的有效性、透明机制及其他监督机制的有效性来说，中美两国存在显著差异。我国还处于制度转轨、经济转型、社会转型时期，各种体制、机制和制度不完善的地方还较多，在这种背景下，“牛栏关猫，进出自如”，缺陷行为较为容易发生。正是在这种背景下，缺陷行为当然应该是我国政府审计关注的重要主题。美国的国家治理，经过较长期间的完善，已经较为健全，缺陷行为较难发生。正是在这种背景下，缺陷行为当然不应该是美国政府审计关注的主要主题。总体来说，本节的理论框架能解释中美两国最高审计机关的审计主题差异。

四、结论和讨论

我国的审计实践中，行为是否合规合理、制度是否合规合理是非常重要的审计主题，这类审计，本质上就是行为审计。本节以自利和有限理性为基础，提出一个关于行为审计的需求理论框架，并用这个理论框架来分析中美两国审计主题差异。

行为审计离不开委托代理关系，其主要目的是鉴证代理人履行经管责任时是否存在缺陷行为。缺陷行为分为违规行为和瑕疵行为。违规行为主要源于两方面的原因，一是人性自利，二是多目标委托代理关系。瑕疵行为主要是缘于人的有限理性。

在应对缺陷行为的构造中，首先是内部一经常性机制发挥作用（称为第一道防线），将缺陷行为抑制在萌芽之中。通过内部一经常性机制发挥作用之后，可能还存在一些缺陷行为。称为剩余缺陷行为，对于这类缺陷行为，由外部一非经常性机制来应对（称为第二道防线）。通过外部一非经常性机制对缺陷行为的再次抑制，使缺陷行为降低到可容忍的程度。

行为审计属于外部一非经常性机制的监督机制的组成部分，缺陷行为审计需求程度有三个重要的影响因素：第一，缺陷行为越严重，行为审计需求越强烈；第二，内部一经常性机制越有效，行为审计需求越不强烈，内部一经常性机制越不健全，行为审计需求就越强烈；第三，外部一非经常性机制中，透明机制及其他监督机制越有效，行为审计需求越弱，透明机制及其他监督机制越不健全，行为审计需求越强。

本节看似理论探讨，然而，这种理论探讨具有重要的实践意义。目前，我国的政府审计还是以行为主题为主，这是中国的政府审计特色。这种特色是由我国的国家治理现状所决定的。在国家治理未现代化的情形下，根据不同审计主题的重要程度来选择适宜的审计重点，是国家审计服务国家治理的理性选择，这里不存在先进或落后的问题。当然，行为审计本身也是有规律的。但是，我们对行为审计本身的规律总结不够，行之有效的行为审计模式还未能提炼出来，真正具有指导意义的行为审计准则也还未形成，这是今后审计理论界和实务界的共同努力方向。

第二节　行为审计环境论：基于系统论视角

行为审计效率效果受到两方面因素的影响，一是行为审计本身的构成要素状况及各要素之间的关系，二是行为审计环境。前者是行为审计的“根据”，是行为审计内部固有的根本矛盾和运动的根源，后者是行为审计的“条件”，是制约和影响行为审计存在、发展的外部因素。行为审计作为一个系统，存在系统环境，也就是“条件”。行为审计与其环境之间存在交换，一方面，审计环境对行为审计产生影响，影响其效率效果；另一方面，行为审计对审计环境产生影响，使审计环境发生改变，从而实现行为审计的社会价值。所以，行为审计与其环境因素之间的关系是一个重要的行为审计理论问题。

关于行为审计环境缺乏直接研究，相关研究涉及审计环境的内容及审计与审计环境之间的关系。本节以系统论为基础，探究行为审计与其环境之间的相互影响。

一、文献综述

现有文献缺乏对行为审计环境的直接研究，相关研究涉及审计环境的内容及审计与审计环境之间的关系。

关于审计环境的内容，有不少的研究文献，观点也存在较大的分歧。概括起来，大致有三种类型：第一种观点只承认外部环境，第二种观点承认有外部环境和内部环境，第三种观点认为审计环境分为不同层级，我们分别称其为外部观、内外观和等级观。外部观将审计环境界定为审计之外对审计有影响的因素（张以宽，1996；《中国审计体系研究》课题组，1999；陆正飞，2009；陈汉文，2009）。内外观将审计环境界定为内部环境和外部环境，认为审计内部也存在审计环境因素（王学龙，2000；河南省审计学会课题组，2000；刘明辉，2003）。等级观将影响审计的因素分为不同层级，这些因素一般包括外部因素和内部因素（许家林，1998；谢诗芬，2000；谢荣，2011）。

关于审计环境和审计的关系，一致的观点认为，审计环境会影响审计。但是，不同的文献强调的影响审计内容不同，有些文献还谈到了审计和审计环境之间的互动关系（鲍国民，1998；程新生，2001；黄溶冰，2010）。许多文献在标题甚至整篇文章中都没有出现审计环境，但是，实质上其研究的是审计环境对审计的影响，大部分的审计研究文献都属于这类研究，可以说是汗牛充栋，例如，国家治理与国家审计、公司治理与内部审计、资本市场与民间审计等（王光远，2003；刘家义，2012；潘爽，陈宋生，2014）。

关于审计环境的许多研究丰富了我们对审计环境的认识。然而，这些研究所形成的观点如此之多，让人不得要领。认识论差异的根源在于方法论。我们认为，从方法论角度来看，审计环境的研究存在如下潜力：

第一，既然是研究审计环境，首先要搞清楚的是这个环境主体究竟是谁。从表面来看，审计环境的主体显然是审计。然而，对于审计却可以有多种观察层级，例如，一个审计项目可以有环境，一个审计机构可能有环境，一个审计人员也可能有环境，一个审计行业也可能有环境，由委托人、代理人和审计人组成的审计关系也存在环境。同时，我们还可以分别考虑审计环境对某一特定审计要素的影响，例如审计环境对审计本质的影响、审计环境对审计需求的影响等。如果不确定是研究哪个主体的审计环境，则关于审计环境的看法当然会众说纷纭。现有的研究文献，并没有明确是哪个层级的主体的环境，这些泛泛而谈的审计环境，当然难以达成共识。事实上，每个研究文献都有其未明确表明的环境主体。所以，从某种程度上来说，这些文献所涉及的审计环境主体，它们界定的审计环境都是有道理的。然而，审计环境作为一个理论概念，用就事论事的方式是无法形成一致性概念的。

第二，从哲学观点来看，"根据"是决定事物存在、发展的内部原因，是事物内部固有的根本矛盾和事物运动的根源；"条件"是制约和影响事物存在、发展的外部因素。两者互相联系，互相制约。"根据"在事物发展中起主要的或根本的决定作用，不同的"根据"决定事物不同的特征和不同的发展可能性。"条件"只有通过根据才能起作用。一些研究文献将所有影响审计存在和发展的因素都作为审计环境，显然是没有区分"根据"和"条件"。从哲学上来说，只有"条件"是审计环境，"根据"是审计自身的因素，不是审计环境。

鉴于不少文献将系统和系统环境相混淆，本节从方法论上进行改进，以系统论为基础，探究行为审计系统与其环境之间的相互影响。

二、环境因素对行为审计系统的影响

根据系统论理论，环境是与系统相对应的概念，是系统之外并且对系统有影响的因素。由于选择的系统不同，环境也就不同，一个子系统的环境会成为高层级系统的要素。所以，系统与环境是相对的（贝塔朗菲，1987）。行为审计环境是对行为审计这个系统有影响的因素。然而，对于行为审计这个系统可以有不同的选择。例如，行为审计行为、行为审计项目、行为审计人员、行为审计机构、行为审计关系、行为审计行业、行为审计要素都可以成为独立的审计系统。很显然，不同层级的行为审计系统，其边界不同，所以，其外部环境因素不同。下面，我们分别分析不同层级行为审计系统的审计环境。

（一）影响审计行为的环境因素

审计行为是审计师在整个审计过程中的作为，获取审计证据、发表审计意见、做出审计决定、提出审计建议等，都属于审计行为。每个审计行为都可以看成一个系统，从而都有系统环境。例如，获取审计证据这个审计行为，由于审计载体不同，采用的审计取证方法也不同；同样的审计载体，需要的审计证据证明力不同，获取审计证据的数量、质量要求也不同。同时，审计证据的获取是审计师的行为，而审计师不同，获取审计证据的方法也可能不同。审计证据获取过程中，有缺陷行为的被审计单位可能会收买审计人员，此时，不同道德水平、不同审计监管、不同审计组构成都可能影响被收买的可能性。总体来说，对于每个特定的审计行为，都存在许多因素对该特定审计行为产生影响。

（二）影响审计项目的环境因素

审计项目一般是指对特定单位或特定事项的审计。每个审计项目都可以看作一个系统，从而都具有系统环境。审计项目的环境因素是对特定审计项目有影响的环境因素。例如，在制订项目审计方案时，首先要了解被审计单位及相关情况，在此基础上，才能编制项目审计方案。由于被审计单位及相关情况不同，项目审计重点可能不同、获取审计证据的程序可能不同、审计资源的安排可能不同。为什么会产生这些不同呢？主要的原因是被审计单位及相关情况不同，这里的被审计单位及相关情况是该特定审计项目的环境因素。又如，对于特定项目实施审计之后，能否有效地进行审计整改，这与许多因素相关，包括被审计单位本身、被审计单位主管部门、政治经济社会环境等非审计因素的影响，还包括审计体制、审计人员素质等审计因素。上述这些因素，都形成特定项目的审计环境。

（三）影响审计人员的环境因素

审计人员是审计工作的从事者，是审计行为的实施者。从某种意义上来说，也可以作为一个系统，这个系统之外且对其有影响的因素就是它的环境因素。例如，审计职业是否具有吸引力，可能对审计人员具有重要影响。而审计职业是否具有吸引力，职业收入、职业人员社会地位、职业人员生活质量、职业生涯发展路径等，都会对其产生影响。为了提高审计独立性，有些审计机关强调交叉审计，这就带来审计人员经常出差，有的甚至全年出差时间达到半年以上，严重影响了审计人员的家庭生活，甚至还带来离婚率的提高。又如，不同的审计主题会影响审计人员能力要求，如果从事财政财务信息审计、财政财务收支审计，则会计技术要求较高；如果从事资源环境审计，则会计技术要求就不同；如果从事工程审计，则可能要求审计人员具备工程技术方面的知识。总之，不同类型的审计主题，要求审计人员具备不同的专业胜任能力。再如，审计人员自身的非审计因素也可能是审计人员的环境因素，审计人员的道德水平，甚至性别、性格都可能会影响审计人员在工作中的表现，这些都是审计人员这个系统的环境因素。

（四）影响审计机构的环境因素

审计机构是从事审计工作的组织，可以作为一个系统。在这个系统之外，对审计机构有影响的因素就是其环境因素。例如，审计体制决定了审计机构向谁报告工作，从而也决定了其法律地位。不同审计体制会影响审计机构的独立性和权威性，从而审计机构工作的效率效果可能会受到影响。又如，审计机构的财务来源可能会影响其独立性，如果审计机构的资源受制于被审计单位，则审计独立性受到影响。再如，审计机构最高领导的配备可能对审计机构有重要影响。如果配备的最高领导在当地有权威，则更利于审计机构开展工作；如果最高领导还在更高层级的机构中兼任职务，则有利于审计机构开展工作。审计机构本身的人员构成也可能影响审计机构的工作，如果审计人员素质不高，则审计机构可能难以有效地应对复杂的审计工作，如果审计人员具有较高的素质，则可以不断地创新审计方式，卓有成效地开展工作。

（五）影响审计关系的环境因素

审计关系是委托人、代理人和审计人组成的关系，委托人与代理人之间有委托代理关系，代理人负责履行经管责任，审计人负责鉴证代理人履行经管责任过程中是否存在代理问题和次优问题。从某种意义上来说，审计关系也可以作为一个系统，这个系统之外对其有影响的因素就是其环境因素。例如，民间审计机构与委托人之间是合约关系，双方处于平等地位，从而民间审计机构可以独立于委托人和代理人，达到所谓的超然独立。然而，在现实生活中、许多情形下，本应由委托人与审计人协商的事，由于委托人众多，出现了由代理人代理委托人来协商（例如，上市公司选择会计师事务所，本来应该是股东会的事，事实上是由财务总监行使了，股东会不发挥实际作用）。在这种背景下，委托人与代理人几乎合二为一，这就严重地影响了审计关系的正常运行。又如，审计师对客户的依赖程度也会影响审计关系的正常运行。如果审计师的收入过于依赖特定少数客户，则审计师很难拒绝这些客户的不合理要求，审计合谋可能产生。

（六）影响审计行业的环境因素

审计行业是全部或某类审计机构的集合。民间审计、内部审计、政府审计各自是一个行业，它们组合起来，形成一个更大的审计行业。从某种意义上来说，审计行业也可以看成一个系统，在这个系统之外且对其有影响的因素就是其环境因素。

就三个行业的地位来说，虽然审计交易特征会影响其交易的运行结构，但是一个国家的经济社会结构对三个行业的地位有重要影响。在市场经济发达的国家，社会经济中各主体之间的关系更多地以合约形式体现，主体之间更多的是平等关系，在这种背景下，民间审计更有用武之地。在市场经济不发达的国家，社会经济中各主体之间的关系更多地体现为科层行政关系，主体之间更多的是上下级关系或管理与被管理的关系，在这种背景下，民间审计的有用武之地就相对较少。例如封建社会，几乎没有民间审计，但是政府审计和内部审计都在某些时候发挥重要作用。

就每个行业内部来说，也受到许多的环境因素之影响。例如，民间审计受到融资模式的影响，如果一个国家主要的融资模式是以银行贷款为主的间接融资，则证券市场不发达，这方面的审计需求也就不强；相反，如果一个国家主要的融资模式是以股票为主的直接融资，则证券市场就很发达，这方面的审计市场也就很大。又如，内部审计在一个单位中的地位，受到该单位主要领导对审计认识的影响。如果该单位主要领导认为审计主要是反腐败，而本单位腐败并不严重，这种背景下，内部审计可能就得不到重视。相反，如果单位的主要领导认为内部审计是组织治理的免疫系统，能预防、揭示和抵御本单位的各种“病毒”，则可能就会重视内部审计。所以，主要领导的审计理念影响内部审计的命运。再如，政府审计选择什么业务作为主要审计业务，是由其审计范围内各单位的情况所决定的。如果各单位的治理不健全，违规行为很多，此时，行为审计就应该成为主要的审计业务。相反，如果各单位的治理较健全，违规行为难以发生，就不应该将行为审计作为主要的审计业务。所以，正是各单位的治理状况决定了审计主题的选择。

（七）影响审计要素的环境因素

一般来说，审计本质、审计需求、审计目标、审计主体、审计客体、审计内容、审计方法都是审计要素，行为审计也不例外。我们分析审计环境对上述各行为审计要素的影响。

1. 审计环境与行为审计本质

从审计本质来说，行为审计是以系统方法从行为角度独立鉴证经管责任中的缺陷行为并将结果传达给利益相关者的制度安排。但是，在不同的环境条件下，审计现象不同，从而对审计本质的认识也有差异。舞弊审计是一种行为审计，关注舞弊行为是否存在；财政财务收支审计也是行为审计，关注财政财务收支行为是否合规；腐败审计也是行为审计，关注腐败行为是否存在。这些不同的行为审计现象，使人们对行为审计甚至审计的本质认识产生差异。例如，有人认为，审计是国有资产的“守护神”，有人认为审计是“反腐败利器”，有人认为审计是“财政财务收支的监督”，这些都是对特定环境下的行为审计本质之正确概括。但是，都只是适用于该特定情形，是行为审计本质属性的一个方面。

2. 审计环境与行为审计需求

由于行为审计是应对缺陷行为治理构造中的一个要素，所以，缺陷行为审计需求程度有三个重要的影响因素：缺陷行为严重程度、内部一经常性机制有效性、外部一非经常性机制中透明机制及其他监督机制的有效性。

缺陷行为严重程度主要由人性自利和有限理性两个因素导致，所有的人都具有上述两个人性特征。但是，不同的人，在这两方面具有差异。所以，可能的缺陷行为严厉程度也会不同。缺陷行为越是严重，行为审计需求越是强烈。

内部一经常性机制是应对缺陷行为的第一道防线，如果这道防线有效，则由第二防线来应对的缺陷行为就较少。相反，如果这道防线不健全，则由第二道防线来应对的缺陷行为就较为严重。所以，内部一经常性机制越有效，行为审计需求越不强烈，内部一经常性机制越不健全，行为审计需求就越强烈。

外部一非经常性机制包括监督机制和透明机制，行为审计是监督机制的组成部分，需要与透明机制及其他监督机制协调发挥作用。所以，透明机制及其他监督机制越有效，行为审计需求越弱，透明机制及其他监督机制越不健全，行为审计需求越强。

上述人性、内部一经常性机制、外部一非经常性机制中的监督机制和透明机制，都是行为审计需求的环境因素。

3. 审计环境与行为审计目标

行为审计目标包括终极目标和直接目标，终极目标当然是抑制缺陷行为，直接目标包括行为的合规性和合理性。合规性是判断行为是否符合法律法规或制度，而合理性是判断行为本身是否存在改进的潜力，在现有条件下，能否做得更好。那么，在实施行为审计时，究竟是选择合理性目标，还是合规性目标，或者是二者并重？这受到一些权变的环境因素之影响。如果合规性方面的问题较为严重，则应该以合规性目标为主；如果合理性方面的问题较多，则合理性目标当然要成为重点；如果两方面的问题都严重，则二者并重。而某方面的问题是否严重，则是由许多的权变因素所决定的。例如，我国的“三公经费”审计，其审计目标可以包括合规性和合理性，但是在目前的情形下，关注重点还是合规性。

4. 审计环境与行为审计主体

行为审计一般具有一定的资产专用性及外部性，所以，多数情形下，行为审计业务要由委托人自己建立的科层组织来审计。但是，不同的行为，与特定组织的黏性不同，在审计组织选择方面可能出现一些差异。例如，如果将行为区分为业务行为、财务行为、其他行为，则财务行为的黏性相对较弱，而业务行为的黏性相对较强。如果要实行审计业务外包，则财务行为可以作为首选。又如，对行为的合规性、合理性进行判断，行为的合规性判断相对较为容易，而行为的合理性判断相对较为困难。如果要选择业务外包，合规性审计可以作为首选。

5. 审计环境与行为审计客体

审计客体可以分为组织和自然人。但是，是以组织为审计客体，还是以个人为审计客体，受到一些权变环境因素的影响。例如，我国有经济责任审计，以主要领导为审计客体，而国外并没有类似的审计，它们是以组织作为审计客体。出现上述差异的原因，就是影响行为审计客体选择的环境因素。一般来说，对于主要领导的约束激励机制如果较为健全，以主要领导为客体的审计需求就不强烈，否则，就需要以主要领导作为客体来实施审计。另外，还要看主要领导的行为责任与组织的行为责任能否分离，如果二者不能分离，则主要领导行为责任与组织行为责任合二为一，此时，单独以主要领导作为审计客体也就失去意义。

6. 审计环境与行为审计内容

行为审计的行为是特定的自然人或组织对其经管责任履行具有重要影响的作为或不作为，称为特定行为，包括正常行为和缺陷行为。但是，行为是一个具有广泛内容的范畴，按行为属性，可以分为业务行为、财务行为、其他行为。上述诸多的行为内容中，行为审计关注哪些行为？是关注业务行为，还是关注财务行为，甚至还关注其他行为？或者是，对于所有的行为都予以关注？一般来说，需要根据审计委托人的需求及审计供给能力来确定行为审计内容。一般来说，财务行为是需要关注的。但是，业务行为是否要纳入审计的内容，还要看与其他专业的监管部门之间的分工协调。例如，对于行政单位、事业单位的行为审计，一般不将业务行为纳入，而对企业、金融机构进行审计时，要将业务行为纳入。其他行为是否要关注，要视具体的情形而定。例如，在一些情形下，如果劳动用工问题较多，而人力资源管理可能要纳入行为审计。

7. 审计环境与行为审计方法

行为审计方法论涉及的内容较多，审计取证模式、审计定性、审计处理处罚、审计建议都属于方法论的范围。

就行为审计取证模式来说，不同取证模式的选择依赖审计载体。有系统化的审计载体且有原始记录支持时，采用命题论证型审计取证模式，发表合理保证审计意见；有系统化审计载体但没有记录支持情形时，采用事实发现型审计取证模式，发表有限保证审计意见；没有系统化的审计载体时，采用事实发现型审计取证模式，发表有限保证审计意见。

就行为审计定性来说，一方面涉及定性标准的选择，另一方面还涉及将缺陷行为分为重大缺陷、重要缺陷和一般缺陷。定性标准的清晰程度不同，审计定性不同。同时，许多的情景因素会影响缺陷行为严重程度的认定。

就行为审计处理处罚来说，涉及审计处理处罚的功能、模式、力度、配置、程序等，而这些方面的不同选择是基于环境因素的影响。

就审计建议来说，涉及高质量审计建议的提出及其实施，而无论是提出高质量审计建议，还是落实审计建议，都涉及许多权变的环境因素。

三、行为审计系统对审计环境的影响

行为审计对审计环境的影响是指行为审计作为一个系统对系统之外的因素之影响。很显然，这里的系统也可以有不同层级的选择。限于本节篇幅，我们选择行为审计要素系统，从这个层级的行为审计来分析其对审计环境的影响。

由行为审计要素构成的行为审计系统对审计环境的影响，事实上也就是行为审计产品被使用之后产生的效果，也就是审计目标达成程度。

从行为审计产品来说，包括审计报告、审计决定、审计建议，不同的审计产品，使用之后会产生不同的效果。

审计报告对被审计单位是否存在缺陷行为发表意见。这种审计意见至少有两方面的作用，第一，被审计单位及相关责任人的缺陷行为被披露，这种披露，对于其纠正缺陷行为具有一定的作用。同时，对于抑制其以后再发生同类缺陷行为具有抑制作用。第二，对于类似的被审计单位及相关人员具有警示作用，对于抑制其策划或发生同类缺陷行为具有一定的作用。当然，如果审计报告能够公开，则社会公众或利益相关者知道了这些缺陷行为，对于被审计单位及相关责任人也会存在一定的负面影响。正是审计报告上述作用的发挥，可以使得缺陷行为越来越少，从而发挥了行为审计对审计环境的影响。

审计决定对被审计单位及相关责任人的违规行为进行处理处罚，这种处理处罚具有三方面的作用，第一，被审计单位及相关责任人对于其违规行为承担了责任，体现了公平原则。第二，审计处理处罚一方面可以纠正违规行为，另一方面，增加了违规者的成本，使其违规行为得不偿失，可以抑制其今后的违规动机。第三，对于类似的被审计单位及相关人员，看到违规行为受到处理处罚，可以影响其对于违规行为的利弊得失之判断，从而其策划违规行为有抑制作用。总体来说，审计决定体现的审计处理处罚可以纠正违规行为并抑制今后违规行为的发生，从而使违规行为越来越少，发挥了行为审计对审计环境的影响。

审计建议是针对缺陷行为产生的体制、机制和制度而提出的改善建议，通过审计建议的实施，可以使缺陷行为产生的根源得到抑制，从而从源头上抑制了缺陷行为。从某种意义上来说，这是行为审计对审计环境最为有效的作用。所谓的国家审计促进国家治理现代化，首先就是促进国家治理的相关制度现代化，而通过缺陷行为来寻找国家治理相关的体制、机制和制度方面的缺陷，并通过审计建议的方式使体制、机制和制度得到优化，是国家审计促进国家治理现代的主要路径。

当然，审计报告、审计决定、审计建议组成的行为审计产品能否真的发挥上述作用，还决定于行为审计产品是否被真正使用。如果审计产品没有真正被使用，则上述效果难以发挥。行为审计产品的使用是行为审计委托人的事，审计机构当然有责任推动审计产品的使用，但是，最终还是决定于审计委托人。从这种意义上来说，行为审计能否发挥对审计环境的影响还是由审计环境所决定。

四、结论和启示

行为审计效率效果一方面受到其本身构成要素状况及各要素之间的关系的影响，另一方面受到审计环境的影响。本节以系统论为基础，探究行为审计与其环境之间的相互影响。

根据系统论理论，环境是与系统相对应的概念，是系统之外并且对系统有影响的因素。由于选择的系统不同，环境也就不同。行为审计环境是对行为审计这个系统有影响的因素。对于行为审计这个系统可以有不同的选择，审计行为、审计项目、审计人员、审计机构、审计关系、审计行业、审计要素都可以成为审计系统，它们都有各自的审计环境，这些环境因素对相应的审计系统产生影响。

行为审计对审计环境的影响是指行为审计作为一个系统对系统之外的环境因素之影响。很显然，这里的系统也可以有不同层级的选择。本节分析了行为审计要素构建的审计系统对审计环境的影响。这种影响，事实上也就是行为审计产品被使用之后产生的效果。从行为审计产品来说，包括审计报告、审计决定、审计建议，不同的审计产品，使用之后会产生不同的效果。

审计报告对被审计单位是否存在缺陷行为发表意见，可以使缺陷行为越来越少，从而发挥行为审计对审计环境的影响。

审计决定对被审计单位及相关责任人的违规行为进行处理处罚，可以纠正违规行为并抑制今后违规行为的发生，从而使违规行为越来越少，发挥了行为审计对审计环境的影响。

审计建议是针对缺陷行为产生的体制、机制和制度而提出的改善建议，通过审计建议的实施，可以使缺陷行为产生的根源得到抑制，从而从源头上抑制了缺陷行为。

本节的研究看似理论探讨，然而，这些理论探讨具有重要的实践意义。一方面，行为审计受到审计环境的影响，不能脱离审计环境来追求抽象的行为审计。所以，行为审计制度之构建及具体业务之实施，要考虑特定的环境因素。另一方面，行为审计不是为审计而审计，其存在的最终价值是要为组织或社会增值，而这种增值就是行为审计对环境的反作用。所以，行为审计制度构建及具体业务之实施，要找准何处能为组织或社会增值、何处增值最大，在此基础上确定审计重点。

参考文献

1. 陈汉文．实证审计理论研究，中国人民大学出版社［M]，2012 年。

2. Watta，R L.，Zimmerman，J L.，Agency problems，auditing，and the theory of the firm：some evidence [J]，Journal of Law and Economics，1983 (October)，pp. 613-633.

3. 杨时展．审计的产生和发展［J]，财会通讯，1986 (4)：4-8。

4. Timan S.，Truman，B.，Information quality and the valuation of new issues [J]，Journal of accounting and economics，1986 (Vol. 8)，pp. 159-172.

5. Menon，K.，Williams，D.，the insurance hypothesis and market price [J]，the Accounting Review，1994 (69)，pp. 327-342.

6. 谢 荣．主编，高级审计理论与实务［M]，经济科学出版社，2011 年。

7. Holmstrom，G.，Milgrom，P.，Multitask principal—agent analysis：incentive contracts，assect ownership，and job design [J]，Journal of Law，Economics&Organization，Vol. 7，Special Issue，January 1991，pp. 24-52.

8. Simon. H. A.，A Behavioral Model of Rational Choice [J]．The Quarterly Journal of Economics，1955，69，(1)．

9. 西 蒙．理性选择行为模型［M]，《西蒙选集》，首都经贸大学出版社，2002 年。

10. 李 璐．美国政府绩效审计方法的变迁及启示［J]，中南财经政法大学学报，2009 (6)：51—59。

11. 黄小菊．美国政府绩效审计与政府治理的关系及其启示［J]，审计与理财，2012 (3)：29—31。

12. 张以宽．论审计环境［J]，审计研究，1996 (5)：1—7。

13. 谢诗芬．论审计环境与审计理论结构——从会计信息化审计谈起［J]，审计研究，2000 (1)：32—37。

14. 谢 荣．高级审计理论与实务［M]，经济科学出版社，2011 年。

15. 许家林．关于审计环境的几个问题［J]，审计与经济研究，1998 (3)：3—8。

16. 王学龙．关于审计环境理论化若干问题的思考［J]，财会研究，2000 (9)：60—62。

17. 河南省审计学会课题组．论改善和优化审计环境（上）[J]，审计与经济研究，2000（8）：22－25。

18. 程新生．论审计环境与审计目标 [J]，审计研究，2001（2）：45－47。

19. 黄溶冰．审计环境对内部审计的影响 [J]，中国内部审计，2010（5）：26－27。

20. 鲍国民．试论国家审计目标的调整——兼论审计目标应适应审计环境 [J]，审计理论与实践，1998（2）：10－11。

21.《中国审计体系研究》课题组．中国审计体系研究 [M]，中国审计出版社，1999。

22. 陆正飞．政府审计环境与未来发展问题研究——国企改革与改制政后政府审计的未来发展，中国审计学会编《审计署立项课题研究报告》（2007－2008）[M]，中国时代经济出版社，2009 年 4 月。

23. 陈汉文．政府审计环境及其未来发展一基于国家建构理论的研究，中国审计学会编《审计署立项课题研究报告》（2007－2008）[M]，中国时代经济出版社，2009 年 4 月。

24. 刘明辉．以审计环境为逻辑起点构建审计理论体系 [J]，审计与经济研究，2003（7）：3－7。

25. 王光远．消极防弊·积极兴利·价值增值（一）——20 世纪内部审计的回顾与思考 [J]：1900—1960 年，财会月刊，2003（2）：3－5。

26. 刘家义．论国家治理与国家审计 [J]，中国社会科学，2012（6）：60－72。

27. 潘　爽，陈宋生．经济责任审计、盈余质量与权益成本 [J]，中国审计评论，2014（1）：67－79。

28. 贝塔朗菲．一般系统论——基础、发展和应用 [M]，秋同，袁嘉新，译，社会科学文献出版社，1987。

第二章　行为审计本质和行为审计目标

什么是行为审计？这个问题的解答就是行为审计本质理论。希望行为审计干什么？这个问题的解答就是行为审计目标理论。本章阐述行为审计本质和行为审计目标，根据这两个主题，本章内容包括：行为审计本质：基于辩证唯物主义认识论；行为审计目标：理论框架和例证分析。

第一节　行为审计本质：基于辩证唯物主义认识论

行为审计是以行为作为主题的审计，其历史源远流长。古埃及的法老委任监督官负责对全国各机构和官员是否忠实地履行职责的情况进行检查（文硕，1998），西周时期的宰夫检查百官执掌的财政财务收支（吴泽湘，2002）。这里的履行职责、财政财务收支都属于行为，这些检查都属于行为审计。当代中国审计非常关注行为是否合规，从本质上来说，都是以行为为主题的审计。然而，行为审计的理论研究却非常缺乏，严重滞后于行为审计实践。

目前，关于审计本质的观点很多，有些观点缺乏科学的方法论，有些观点是从特定的审计主体角度来概括审计本质，都未揭示行为审计本质。本节认为，认识论是以方法论为基础的，科学的认识论要以科学的方法论为基础，对于审计本质的探究如果缺乏科学的方法论，可能无法得到科学的结论。本节以辩证唯物主义认识论为基础，探究行为审计本质。

一、文献综述

根据本节的研究主题，相关的文献包括两方面，一是审计一般的本质研究文献，二是行为审计本质研究文献。

关于审计一般的本质有许多研究，主要观点有查账论、系统过程论、控制论、经济监督论和免疫系统论。查账论认为审计就是查账，是对会计资料及财务报表的检查（Mautz&Sharaf，1961；番场嘉一郎，1981；郭振乾，1995）。系统过程论认为审计是客观收集和评价与经济活动及事项有关的认定的证据，以确定其认定与既定标准的相符程度，并将结果传递给利益关系人的系统过程（AAA，1972）。控制论认为审计是为确保受托责任履行的一种社会控制机制（蔡春，2001）。经济监督论认为，审计是由专职机构和人员，依法对被审单位的财政、财务收支及其有关经济活动的真实性、合法性和效益性的独立监督（杨纪琬，1983；阎金锷，1989）。免疫系统论由刘家义（2008，2009，2010，2012）提出，它包括两方面的要义。首先，审计是治理的组成部分，其次，审计在治理构造中，主要发挥免疫系统的作用。

关于行为审计本质，相关的研究很少。国外的代表性人物是日本的鸟羽至英，他将审计主题区分为行为主题和信息主题，并在此基础上，将审计区分为行为审计和信息审计。他认为行为审计研究要关注的一些特定问题包括：审计标准需要达成共识；审计人通常被授予较大权限；审计命题往往不清晰；审计意见主要是以有限保证方式提供；审计人受伦理道德的影响较大（鸟羽至英，1995）。国内文献中，谢少敏（2006）介绍了鸟羽至英教授的研究，尚未有文献专门研究行为审计理论框架。

综上所述，现有文献对行为审计本质的研究有一定的启发。但是，关于行为审计本质还缺乏直接研究。本节以辩证唯物主义认识论为基础，探究行为审计本质。

二、认识审计本质的方法论

目前，对于审计本质有许多不同的观点，观点分歧的一个很重要的原因是方法论。从哲学观点来看，方法论决定认识论，在不同的方法论指导下，得出的认识结论可能会有重大差异。根据辩证唯物主义认识论和形式逻辑的“概念”理论，审计本质的认识过程大致如图 1 所示。

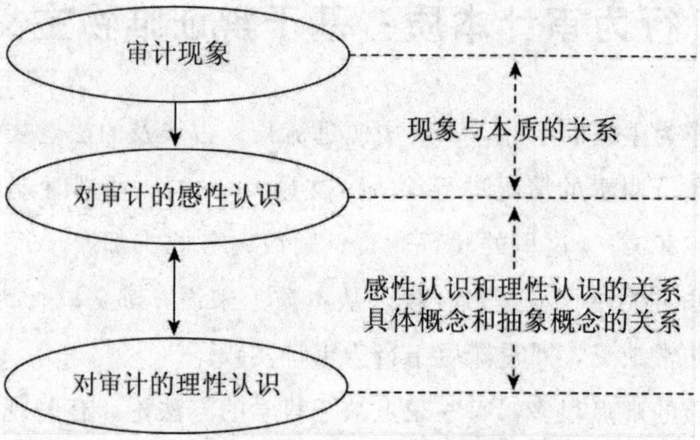

图 1　审计本质认识过程

首先，存在许多的审计现象是认识审计本质的前提，没有审计现象就没有审计本质。审计现象是审计的外在方面，是表面的、多变的、丰富多彩的；审计本质是审计的内在方面，是深藏的、相对稳定的、比较深刻的、非单纯的。审计现象是可以直接认知的，审计本质则只能间接地被认识。审计现象是审计本质的现象，审计本质是审计现象的本质。审计本质只能通过审计现象表现出来，审计现象只能是审计本质的显现，它们之间是表现和被表现的关系。可能出现的问题是，由于人们观察到的审计现象不同，对审计本质的理解可能出现差异，甚至将审计现象当作审计本质。

其次，对审计本质的认识经过感性认识和理性认识两个辩证发展过程。感性认识反映的是审计的现象，对审计的表面有了初步认识，是认识审计的初级阶段，形成了对审计的感觉、知觉和表象。理性认识是以审计的本质规律为认识对象，是对审计的内在联系的认识，是认识审计的高级阶段，形成审计的概念、判断、推理。由于认识是一个辩证发展过程，在这个过程中，感性认识和理性认识之间并无明显的分界点。所以，很有可能将感性认识的结论当成理性认识的结论，从而出现将审计现象作为审计本质的问题。

最后，虽然在感性认识过程中也可能形成一定的概念（傅小平，1992），但是，概念的形成主要是在理性认识阶段。审计概念分为具体概念和抽象概念（李建华，1990），在审计理论研究过程中，常常遇到诸如舞弊审计、财务收支审计、会计报表审计、合规审计、绩效审计、内部控制审计/管理审计、行为审计、信息审计等一系列具体审计概念。但是，可能出现的问题是，混淆审计具体概念和抽象概念的区别，将审计具体概念当作审计抽象概念。

就行为审计本质与现象关系来说，审计本质应该来源于行为审计现象，是行为审计现象的本质，而行为审计现象则是行为审计本质的显现。就行为审计本质形成阶段来说，应该是在感性认识阶段，形成对行为审计的感觉、知觉和表象。在此基础上，上升到理性认识阶段，形成行为审计本质的概念。就行为审计概念来说，相对于审计一般，行为审计是具体概念。但是，行为审计本身还可以再细分，相对于细分的行为审计来说，行为审计本质是抽象概念。

三、审计一般的本质及其与行为审计本质的关系

审计一般是各种审计现象的抽象，我们认为，从审计一般出发，审计是以系统方法从行为和信息两个角度独立鉴证经管责任中的代理问题和次优问题并将结果传达给利益相关者的制度安排（郑石桥，2016）。

这一概念是高度概括的，核心内容是各种审计的共性，可以从以下几方面进行解析：

（1）审计的内容是经管责任中的代理问题和次优问题。其中有两方面的含义，一是审计的内容只涉及经管责任（accountability），非经管责任一般不作为审计的内容，没有委托代理关系，就没有经管责任，而审计只是针对经管责任。所以，没有委托代理关系，就没有审计；二是对于经管责任，审计也只关注其中的代理问题和次优问题，代理问题源于人类的自利，次优问题源于人类的有限理性。特别需要注意的是，这里的次优问题不同于西蒙意义上的次优选择，而是指未能在当前的条件下做出适宜的选择。

（2）审计目标是鉴证经管责任中的代理问题和次优问题。也就是说，审计主要是就经管责任中是否存在代理问题和次优问题形成结论，并将这个结论传达给利益相关者。

（3）审计主题包括行为和信息两个方面。审计主题就是审计人员所要发表审计意见的直接对象，审计过程就是围绕审计主题收集证据并发表审计意见的系统过程。一般来说，审计主题可以分为两类，一是信息，通常所说的认定是其主要形态；二是行为，也就是审计客体的作为或过程。与上述两类主题相对应，审计也区分为信息审计和行为审计。

（4）审计是有系统方法的制度安排。审计是一种制度安排，这种制度安排中包含审计自身的系统方法。

（5）审计具有独立性。经管责任涉及多方面，审计不参与其鉴证的经管责任之履行，与经管责任本身没有利益关联，具有独立性。也正是由于这种独立性，审计才具有客观性。

对于审计本质的上述界定，可能有些审计现象与它不符。审计一般概括的是各类审计的共性，相当于各类审计的最大公约数，当然有些只属于某类审计个性的属性没有概括进来。但是，审计一般所概括的属性，是各类审计都存在的，行为审计也不例外。

很显然，对于审计一般之本质的上述界定会影响对行为审计本质之界定。一方面，行为审计与审计一般之间具有个性与共性的关系。所以，行为审计应该在上述属性的基础上，还要有所扩展，以体现行为审计的独特个性；其次，从概念层级来说，审计一般是抽象概念，而行为审计是具体概

念。所以，行为审计应该具有更多的内涵、更少的外延。总体来说，认识行为审计，要以审计一般为基础，然后扩展行为审计特有的属性和内涵。

四、行为审计本质

尽管审计历史很悠久，但是到目前为此，真正发展起来的审计业务类型并不多，主要包括舞弊审计、财务收支审计、会计报表审计、合规审计、绩效审计、内部控制审计/管理审计等，不同类型审计业务的审计主题归纳如表1所示。

表1　各类审计业务的审计主题

审计业务	审计主题	类　型
会计报表审计	财务及相关数据	信息审计
绩效审计（数据）	经济性、效率性、效果性数据	信息审计
绩效审计（行为）	绩效相关行为	行为审计
绩效审计（制度）	绩效相关制度	制度审计
舞弊审计	舞弊行为	行为审计
财务收支审计	财政财务收支行为	行为审计
合规审计	相关行为	行为审计
管理审计/内部控制审计	管理行为/内部控制行为	制度审计

根据表1中各类行为审计现象的共性属性，并考虑审计一般之本质和行为审计之本质的关系，对于行为审计的本质，我们有如下认识：行为审计是以系统方法从行为角度独立鉴证经管责任中的缺陷行为并将结果传达给利益相关者的制度安排。

对于这个概念，可以从以下几方面进行解析：

(1) 行为审计内容。就审计一般来说，其审计内容是经管责任中的代理问题和次优问题。对于行为审计来说，其审计内容当然离不开经管责任中的代理问题和次优问题，但是，其审计内容应该扩展行为审计特有的属性和内涵。根据这个原则，行为审计内容集聚在经管责任中的缺陷行为，包括违规行为和瑕疵行为。违规行为是指明确违反了委托人意愿或相关法律法规的行为，而瑕疵行为是指由于有限理性和自利所导致的次优问题和代理问题，也就是没有采用最合宜方案的行为或不作为，不作为是指本来可以促进经管责任履行但是没有实施的行为。总体来说，缺陷行为是存在改进潜力的行为，这些行为如果得到改善，经管责任的履行会更好。

(2) 行为审计目标。就审计一般来说，审计目标是鉴证经管责任中的代理问题和次优问题。行为审计当然也不例外，其审计目标离不开鉴证经管责任中的代理问题和次优问题。但是，行为审计需要在审计目标方面扩展其特有的属性和内涵。一方面，将需要鉴证的代理问题和次优问题聚焦于由违规行为和瑕疵行为组成的缺陷行为；另一方面，在很多情形下，除了鉴证是否存在缺陷行为外，还需要对缺陷行为进行处理处罚，从而出现审计处理处罚；同时，对于发现的缺陷行为，还需要提出审计建议，并推动这些审计建议得到实施，从而出现审计整改。所谓的“坚持批判性，立足建设性”就是对行为审计上述目标扩展的恰当描述。

(3) 行为审计主题。就审计一般来说，审计主题包括行为和信息两个方面，行为审计当然属于行为主题。但是，行为审计需要在审计主题方面扩展其特有的属性和内涵。就行为主题来说，又分为具体行为和约束具体行为的制度，很显然行为审计注意的只是具体行为，约束具体行为的制度是制度审计的主题。行为审计的核心内容就是从众多的具体行为中，找出缺陷行为。

(4) 行为审计方法。就审计一般来说，审计是有系统方法的制度安排。行为审计当然也有系统方法，但是，行为审计的系统方法有其特有的属性和内涵。主要体现在以下几个方面：第一，行为审计标准需要达成共识。当判断行为是否合规时，需要就适用的法律法规达成共识；当判断行为是否合理时，需要就合理行为的标准达成共识。在许多情形下，合理行为的标准具有较大的主观性，所以，相关各方要就判断标准达成共识，可能较为困难。第二，行为审计取证具有更多的职业判断，由于大多数的行为并不存在系统的支撑载体，所以，审计取证主要适用事实发现型，一般只能就已经发现的事实发表意见。第三，行为审计一般还需要对违规行为进行处理处罚，对缺陷行为要提出审计意见。所以，行为审计需要有审计处理处罚和审计整改，信息审计并不一定需要这些审计环节。

(5) 行为审计独立性。就审计一般来说，要求具有独立性。行为审计当然不会例外。一般认为，独立性是一个非常宽泛的概念，它实质上包含了正直性、专业水准和客观性（韩洪灵，裘宗舜，2006)。由于行为审计具有更多的职业判断，审计人的主观因素在行为审计过程上更为重要，审计人的伦理道德对正直性、客观性会产生更多的影响。所以，行为审计更需要强调审计独立性，从而也需要采取更多的预防性和惩罚性措施来保障独立性。

五、结论和讨论

行为审计是以行为作为主题的审计，本节以辩证唯物主义认识论为基础，探究行为审计本质。审计一般之本质的界定会影响对行为审计本质之界定。一方面，行为审计与审计一般之间具有个性与共性的关系。所以，行为审计应该在上述属性的基础上，还要有所扩展，以体现行为审计的独特个性；其次，从概念层级来说，审计一般是抽象概念，而行为审计是具体概念。所以，行为审计应该具有更多的内涵、更少的外延。总体来说，认识行为审计，要以审计一般为基础，然后扩展行为审计特有的属性和内涵。

根据各类行为审计现象的共性属性，并考虑审计一般之本质和行为审计之本质的关系，对于行为审计的本质，我们有如下认识：行为审计是以系统方法从行为角度独立鉴证经管责任中的缺陷行为并将结果传达给利益相关者的制度安排。

中国当代审计业务是以行为作为主题的审计主题，对于行为审计本质之认识会影响行为审计制度之构建，如果不能认清行为审计与制度审计、信息审计之区别，而是将各类审计混为一谈，则中国特色的审计制度之构建就缺乏适宜的审计理论。目前，需要以当代中国的行为审计实践为基础，并考虑其他国家的行为审计实践，对这些审计实践进行理论概括，形成系统的行为审计理论。唯有如此，才能为行为审计准则之构成奠定理论基础，行为审计才有可能成为系统化的制度安排。

第二节　行为审计目标：理论框架及例证分析

审计目标就是人们期望通过审计实践活动得到的结果，它是审计活动的起点，也是审计活动的最终归属。行为审计作为对缺陷行为的鉴证制度安排，其审计目标决定行为审计如何开展及提供什么样的审计产品。另外，审计工作是适应审计委托人的需求而开展的，审计目标必须考虑审计委托人的需求。

现有文献认识到审计目标是一个多层级的体系，但是很少考虑审计委托人及利益相关者的审计目标，并且缺乏对行为审计目标的研究。本节综合考虑审计委托人和审计人的目标，提出一个关于行为审计目标的理论框架。

一、文献综述

关于审计目标的相关研究主要涉及三个主题，一是审计目标体系，二是审计目标的影响因素（安亚人，宋英慧，1998；孟建军，2004；郭艳萍，2007），三是不同审计主体、不同审计业务类型的审计目标（秦荣生，1994；宋夏云，2006；孟建军，2004；胡春元，2003）。这些文献中，缺乏行为审计目标的直接研究，相关的研究主要是涉及审计目标体系的研究。

综观相关文献，关于审计目标体系有两种观点，一是“二层次论”，二是“三层次论”。“二层次论”认为，审计目标分为两个层级。两个层级的具体内容，不同文献有不同主张。林炳发（1997）认为，审计目标分为基本目标和具体目标；罗文彬（2002）认为，审计目标分为审计工作目标和项目审计目标；刘三昌、杨昌红（2003）认为，审计目标体系应包括审计本质目标和分类审计目标。“三层次论”认为，审计目标分为三个层级。三个层级的具体内容，不同文献有不同主张。王文彬和林钟高（1992）认为，审计目标由审计工作目标、审计报告目标和审计质量目标组成；安亚人、宋英慧（1998）认为，审计目标包括本质目标、具体目标和分类目标三个层次；宋夏云（2006）认为，审计目标分为总目标、具体目标和项目目标。

总体来说，关于审计目标的相关文献，承认审计目标是一个多次级的体系。然而，这些文献基本上都是从审计人的角度来认识审计目标，未考虑审计委托人的审计目标。很显然，没有委托人的需求，就不会有审计。所以，审计委托人肯定有审计目标。另外，现有文献主要是从信息审计特别是财务信息审计的角度探讨审计目标，行为审计目标缺乏研究。本节综合考虑审计委托人和审计人的目标，提出一个关于行为审计目标的理论框架。

二、行为审计目标体系：理论框架

（一）行为审计目标体系：总体框架

行为审计目标作为人们期望通过行为审计实践活动得到的结果，有两个层次，第一个层次是行为审计实践活动的直接结果，通常是以审计报告、审计决定、审计建议的方式出现。然而，审计作为一种制度安排，不是为审计而审计，委托人及利益相关者是要使用行为审计结果以达到其某种目标的，这些委托人及利益相关者使用审计结果之后，又会有一些结果，这也正是行为审计的终极价值所在。从这个意义上来说，委托人及利益相关者使用审计结果之后的结果，是行为审计的终极目标。所以，行为审计目标区分为直接目标和终极目标。行为审计目标当然会受到行为主题的影响，此外，还会受到一起权变因素的影响。总体来说，行为审计目标应该是以行为主题为起点的一个体系，其基本框架如图 1 所示。下面，我们详细分析这个目标体系。

（二）行为审计终极目标：委托人及利益相关者的目标

委托人及利益相关者为什么愿意花费资源建立自己的审计机构或从市场上聘请审计机构？其原因是，代理人在经管责任的履行过程中，由于其自利和有限理性，可能产生代理问题和次优问题，而这些问题对委托人及利益相关者有害。通过审计，搞清楚代理人是否存在代理问题和次优问题，是委托人及利益相关者直接采取后续行动或授权他人采取后续行动的基础。就行为审计来说，是从行为的角度，搞清楚代理人是否存在代理问题和次优问题，也就是搞清楚代理人是否存在缺陷行为，这里的缺陷行为包括违规行为的瑕疵行为。

搞清楚代理人是否存在缺陷行为，对委托人及利益相关者有什么价值？一般来说，有三方面的价值，第一，如果发现代理人存在缺陷行为，可以纠正这些缺陷行为，对于较为严重的缺陷行为，还可以对责任人进行处理处罚，从而较大程度上消除了缺陷行为对经管责任履行的负面影响；第二，对于发现的缺陷行为，跟踪其制度原因，对这些制度进行完善，可以避免类似的缺陷行为在今后重复发生；第三，正是由于行为审计制度的存在，代理人就要保持高度警觉，如果他策划什么对经管责任之履行不利的行为，要考虑被审计发现之后的后果。所以，在一定程度上，行为审计通过威胁功能发挥了对缺陷行为的抑制作用。总体来说，上述三方面的价值问题抑制代理人缺陷行为。

行为审计对委托人及利益相关者的上述价值并不会自行产生，一方面，需要审计人完成其直接审计目标，提供高质量的审计产品，没有高质量的审计产品，委托人及利益相关者使用审计产品之后，并不一定能抑制代理人缺陷行为；另一方面，即使有高质量的审计产品，如果委托人及利益相关者不能有效地使用这些审计产品，则这些审计产品的价值也难以实现。上述第一方面的问题，将于本节的后续内容中再做进一步的分析。下面，就第二方面的内容做较为详细的分析。

在审计产品质量有保证的前提下，委托人及利益相关者对审计产品的使用是审计终极价值的关键。如果审计产品不能使用，就好像一个产品生产出来后，没有消费者，这个产品的价值当然就难以实现了。一般来说，委托人及利益相关者可以使用的审计产品包括审计报告、审计决定、审计建议。审计报告的主要信息包括代理人是否存在缺陷行为、存在何种缺陷行为、缺陷行为的原因、缺陷行为的责任人，这些信息对于委托人及利益相关者评价代理人在履行经管责任的勤勉尽责有较大的价值。如果委托人及利益相关者在评价代理人经管责任履行情况时不考虑这些因素，则审计报告当然也就没有价值。审计决定主要是缺陷行为责任单位和责任人的处理处罚决定。委托人及利益相关者如果不支持缺陷行为责任单位和责任人的处理处罚，则责任单位和责任人可能不执行审计处理处罚决定，审计处理处罚的价值当然难以实现。审计建议是缺陷行为赖以产生的制度进行优化的建议。如果委托人及利益相关者不关注缺陷行为赖以产生的制度原因，从而不关注缺陷行为相关制度的整改，则审计建议的价值也难以实现。当然，委托人及利益相关者是否有效地使用审计产品，受到一些权变因素的影响，我们这里不做深入分析。

根据以上分析，关于委托人及利益相关者审计目标，有如下结论：委托人及利益相关者可以利用行为审计来抑制代理人的缺陷行为，这是行为审计的终极价值。但是，其前提是委托人及利益相关者能有效地使用审计产品。

（三）行为审计直接目标：审计人的目标

行为审计直接目标是审计人的目标，也就是生产让委托人及利益相关者满意的审计产品。我们从两个层面来分析这个问题，一是审计人能生产些什么审计产品，二是什么样的审计产品是让委托人及利益相关者满意的。

1. 审计人能生产些什么审计产品

一般来说，审计人能生产的行为审计产品是一个系列。从审计产品的内容来说，有合规性产品和合理性产品；从审计产品定位来说，有批判性产品和建设性产品；从审计产品种类来说，有审计报告、审计决定、审计建议、审计整改报告，这些审计产品的组合及它们之间的关系如表2所示。

表2　行为审计产品系列

<table>
<tr><th colspan="2" rowspan="2">产品定位</th><th rowspan="2">产品种类</th><th colspan="2">产品内容</th></tr>
<tr><th>合规性</th><th>合理性</th></tr>
<tr><td rowspan="4">建设性审计</td><td rowspan="2">批判性审计</td><td>审计报告</td><td>★</td><td>★</td></tr>
<tr><td>审计决定</td><td>★</td><td>★</td></tr>
<tr><td colspan="2">审计建议</td><td>★</td><td>★</td></tr>
<tr><td colspan="2">审计整改报告</td><td>★</td><td>★</td></tr>
</table>

注：★表示可以有这种情形。

下面，我们对表1列示的行为审计产品系列做进一步的阐述。

（1）行为审计产品内容。行为审计对于缺陷行为可以从两个角度进行审计，一是合规性，二是合理性。合规性关注是否存在违规行为，也就是审计客体是否存在违背法律法规、制度、合约等行为，如果不存在，则就没有违规行为。当然，一般来说，由于现实生活的复杂性，对于违规行为会有一定的容忍度，只有超过容忍度的才会确定为违规行为。合理性关注是否存在瑕疵行为，也就是说，审计客体是否充分利用了现有条件。如果在现有条件下，特定行为还可以做得更好，则该特定行为就是瑕疵行为。当然，在许多情形下，瑕疵行为的判定标准具有一定的主观性，并且不同的人可能认识不同，从而使瑕疵行为的判定具有一定的模糊性。从理论上来说，每个行为审计项目，既可以选择合规性审计，也可以选择合理性审计，还可以同时选择二者。然而，一般来说，合规性是基础，所以，合规性审计是其底线，而合理性审计是更高的要求。无论做出何种选择，所选择的审计产品内容可以体现在审计报告、审计决定、审计建议和审计整改报告中。

（2）行为审计产品定位。行为审计产品定位有两种选择，一是批判性审计，二是建设性审计。批判性审计定位下，审计主要关注三个问题：一是揭示缺陷行为，也就是通过系统的方法，对审计客体是否存在缺陷行为做出鉴证；二是在此基础上，对缺陷行为进行纠正；三是根据缺陷行为的责任程度，对一些责任人进行处理处罚。上述三个问题解决之后，缺陷行为得到了纠正，相关责任人得到了处理处罚。这对于抑制审计客体的缺陷行为当然能产生一定的作用。但是，缺陷行为产生的原因可能没有消除，因此，类似的缺陷行为今后还可能继续发生。为此，建设性审计就产生了。建设性审计就是在批判性审计的基础上，再做进一步的工作。第一，找出缺陷行为产生的原因，并以此为基础，提出审计建议；第二，推动对缺陷行为产生的原因进行整改，采纳审计建议是其主要内容；第三，跟踪整改结果，切实了解整改情况，确保缺陷行为产生的原因得到整改，并在此基础上提出整改报告。从理论上来说，行为审计产品定位可以选择批判性定位或建设性定位，但是，一般来说，为了实现行为审计的终极价值，需要审计人选择建设性定位。当然，在一些特殊的情形下，委托人及利益相关者可能选择自己来完成缺陷行为原因分析及其整改，此时，审计人要做的工作就是批判性定位了。

(3) 行为审计产品种类。从种类来说，行为审计产品包括审计报告、审计决定、审计建议和审计整改报告。审计报告的主要信息包括代理人是否存在缺陷行为、存在何种缺陷行为、缺陷行为的原因、缺陷行为的责任人。审计决定主要是缺陷行为责任单位和责任人的处理处罚决定。审计建议是对缺陷行为赖以产生的制度进行优化的建议。审计整改报告是对缺陷行为原因整改情况的报告。上述不同的行为审计产品具有不同的功能，能满足委托人及利益相关者的不同需求。当然，也是产生于行为审计的不同阶段。行为审计产品种类与行为审计产品定位有密切的关系。如果产品定位是批判性审计，则审计产品种类就只有审计报告和审计决定；只有选择建设性审计定位，才会增加审计建议和审计整改报告这两种审计产品。同时，审计产品种类与审计产品内容无特定关联，审计报告、审计决定、审计建议和审计整改报告，既可以选择只有合规性审计，也可以选择只有合理性审计。还可以同时选择合规性审计和合理性审计。

根据以上分析，关于行为审计产品系列，有如下结论：从审计产品的内容来说，有合规性产品和合理性产品，合规性审计是其底线，而合理性审计是更高的要求；从审计产品定位来说，有批判性产品和建设性产品，一般来说，需要选择建设性定位；从审计产品种类来说，有审计报告、审计决定、审计建议、审计整改报告。在批判性审计定位下，只需要生产审计报告和审计决定，在建设性定位下，需要要生产上述全部产品，这些产品中可以包括合规性审计和合理性审计。

2. 什么是让委托人及利益相关者满意的行为审计产品

让委托人及利益相关者满意的行为审计产品包括两方面的特征，一是品种满意，二是质量满意。二者要同时具备，即使品种满意，但是质量不高，则消费者还是不满意；当然，即使质量高，但是不是消费者需要的品种，则消费者也难以满意。如果消费者对审计产品不满意，就产生审计期望差。根据行为审计产品系列，委托人及利益相关者的审计期望差可以包括四个方面：审计产品内容期望差、审计产品定位期望差、审计产品种类期望差、审计产品质量期望差。审计人让委托人及利益相关者满意的路径，就是控制上述四种审计期望差。

(1) 行为审计产品内容期望差的控制。行为审计产品内容是指合规性审计和合理性审计的选择，审计产品内容期望差是在产品内容方面，委托人及利益相关者的需求与审计人的供给存在差异，其基本情况如表 3 所示。

表 3　行为审计产品内容期望差

项　目		审计供给		
		合规性审计	合理性审计	二者同时存在
审计需求	合规性审计	√	×	
	合理性审计	×	√	×
	二者同时存在	×	×	√

注：√表示审计需求与审计供给一致，不存在期望差；×表示审计需求与审计供给不一致，存在期望差。

表 2 显示，从行为审计产品内容来说，审计需求与审计供给存在 9 种组合，而其中正确的组合只有 3 种，所以，较容易产生审计内容期望差。为了控制行为产品内容期望差，可能有两方面的路径，一是委托人及利益相关者明确表达其审计需求；二是要求审计人在制订行为审计方案时，搞清

楚委托人及利益相关者的诉求，而不是凭自己的主观猜测来确定审计内容。

（2）行为审计产品定位期望差的控制。行为审计产品定位是指批判性审计和建设性审计的选择。审计产品定位期望差是指在行为审计定位方面，委托人及利益相关者的期望与审计人的选择之间的差异，当二者不相符时，就存在期望差，其基本情况如表 4 所示。

表 4　行为审计产品定位期望差

项　目		审计人的选择	
		批判性审计	建设性审计
委托人及利益相关者的期望	批判性审计	√	×
	建设性审计	×	√

注：√表示审计需求与审计供给一致，不存在期望差，×表示审计需求与审计供给不一致，存在期望差。

表 3 显示，从理论上来说，行为审计产品定位正确和错误的概率各是 50%。但是，根据本节前面的理论分析，一般来说，行为审计要选择建设性审计定位。所以，审计产品定位期望差主要体现在委托人及利益相关者期望的是建设性审计，而审计人提供的是批判性审计。所以，控制审计产品定位期望差的主要路径是审计人构建建设性审计的专业胜任能力。

（3）行为审计产品种类期望差的控制。行为审计产品包括审计报告、审计决定、审计建议、审计整改报告。行为审计产品种类期望差是指委托人及利益相关者期望的审计产品与审计人提供的审计产品之间存在差别。一般来说，当审计产品内容和审计产品定位确定之后，审计产品种类也就确定了。在批判性审计定位下，审计产品包括审计报告和审计决定，在建设性审计定位下，还要增加审计建议和审计整改报告。无论何种审计，合规性、合理性的内容都可以体现在审计产品中。所以，审计产品种类期望差无须单独控制，而是通过审计产品内容和审计产品定位来控制。

（4）审计产品质量期望差的控制。以上分析了审计产品内容期望差、审计产品定位期望差、审计产品种类期望差，这些期望差的控制，可以使委托人及利益相关者对行为审计产品的品种满意。但是，如果审计产品的质量不高，即使品种满意，委托人及利益相关者最终还是对审计产品不会满意。在审计产品品种确定之后，控制每种审计产品质量是一个系统工程，具有专业胜任能力的审计团队、适宜的质量控制过程是其中的关键因素。基于本节的主题，这里对审计产品质量控制不展开讨论。

上述审计人能生产些什么审计产品、什么样的审计产品是让委托人及利益相关者满意的，这两方面都可能受到一些权变因素的影响，基于本节的主题，这里对这些因素不做深入讨论。

根据以上分析，关于什么是让委托人及利益相关者满意的行为审计产品，有如下结论：让委托人及利益相关者满意的行为审计产品包括两方面的特征，一是品种满意，二是质量满意。为此，审计人需要控制审计产品内容期望差、审计产品定位期望差、审计产品种类期望差、审计产品质量期望差。

三、行为审计目标体系：我国政府审计目标达成状况及原因分析

本节前文提出了行为审计目标的一个理论框架，然而，这个理论框架是否具有解释力呢？我们用这个框架来分析我国政府审计目标达成状况及其原因，以一定程度上验证这个理论框架。尽管我

国政府审计的审计业务涉及较多的审计主题，但是行为是其最重要的审计主题。从某种意义上来说，我国的政府审计就是行为审计。所以，选择我国政府审计作为分析对象，符合本节的主题。

（一）我国国家审计终极目标达成情况

让我们以国家审计署为例，从审计绩效看国家审计的终极目标是否达成。根据审计署绩效报告，各年度查出违规金额及投入产出比如表 5 所示。

表 5　国家审计署审计绩效

时　间	查出违规问题金额或可货币计量工作成果	投入产出比
2010 年	599.4 亿元	1∶79
2011 年	866.8 亿元	1∶96
2012 年	1282 亿元	1∶116
2013 年	2752 亿元	1∶252

上述数据显示，属于国家审计署管辖范围的被审计单位，违规问题是越来越严重。所以，从总体来说，通过审计来抑制违规行为的终极目标并未达成。

（二）原因分析

抑制违规行为的终极目标未能达成的原因是什么呢？根据本节的理论框架，可能的原因有两个方面：一是审计人未能提供令委托人及利益相关者满意的审计产品，二是委托人及利益相关者未能有效地使用审计产品。当然，也可能是上述两方面的原因同时存在。

1. 我国政府审计的审计产品提供情况

长期以来，国家审计署一直坚持“坚持批判性，立足建设性”的审计定位，以免疫系统论为理论基础，以揭示机制、威胁机制和抵御机制为路径，同时关注被审计单位相关行为的合规性和合理性，开展了预算执行审计、财政决算审计、专项资金审计、行政事业审计、固定资产投资审计、金融审计、外资运用项目审计、企业审计、经济责任审计等多种类型的审计业务。各种审计类型的审计业务都以发现问题为切入点，分析问题的产生原因，在此基础上，提出审计解决问题的审计建议，并推动审计整改。2008 年以来，仅通过经济责任审计，就查出领导干部涉嫌以权谋私、失职渎职、贪污受贿、侵吞国有资产等多方面的问题，查出被审计领导负有直接责任的问题金额 1000 多亿元，被审计领导干部及其他人员共 2580 多人被移送纪检监察和司法机关处理，就向各级党委、政府提交报告和信息 32 万多篇，提出审计建议 51 万多条，促进健全完善制度 2 万多项（张通，2014）。这些数据表明，我国国家审计署提供了多品种的审计产品。当然，这些审计产品的质量本身如何，无法获取证据。

2. 我国政府审计的审计产品使用情况

在“坚持批判性，立足建设性”的审计定位下，审计产品的使用情况主要体现在两个方面，一是责任单位和责任人处理处罚情况，二是审计建议采纳情况。

我国法律法规明文规定审计机关具有处理处罚权，并且是实行双罚制。但是，许多的审计客体并没有形成对审计的足够敬畏，审计处理处罚决定执行还存在较大的空间，屡查屡犯的现象还比较突出。其中的主要原因有两个，一是审计处理处罚力度不大，二是审计处理处罚决定的执行缺乏相关各方的协同。

我国国家审计在优化体制、机制和制度方面发挥了重要的作用。然而，关于如何使审计建议得到实施，并没有成熟的模式和经验。屡查屡犯问题的存在，从一个方面表明，产生问题的体制、机制和制度并没有得到有效的整改。

综合上述原因分析，我们认为，我国国家审计终极目标未能有效达成的原因主要是审计产品未能有效使用，集中体现为屡查屡犯，主要路径为审计处理处罚力度较弱、审计处理处罚执行率不高、审计建议采纳率较低。当然，审计产品为什么不能得到有效使用，其原因较为复杂，这里不做深入分析。

四、结论和启示

审计目标就是人们期望通过审计实践活动得到的结果，包括两个层面：一是委托人及利益相关者的审计目标，二是审计人的审计目标。

就委托人及利益相关者审计目标来说，委托人及利益相关者可以利用行为审计来抑制代理人的缺陷行为，这是行为审计的终极价值，但其前提是委托人及利益相关者能有效地使用审计产品。

就审计人审计目标来说，是生产让委托人及利益相关者满意的审计产品，涉及两个问题，一是审计人能生产些什么审计产品，二是什么样的审计产品能让委托人及利益相关者满意。

关于审计人能生产些什么审计产品，从审计产品的内容来说，有合规性产品和合理性产品，合规性审计是其底线，而合理性审计是更高的要求；从审计产品定位来说，有批判性产品和建设性产品，一般来说，需要选择建设性定位；从审计产品种类来说，有审计报告、审计决定、审计建议、审计整改报告。在批判性审计定位下，只需要生产审计报告和审计决定，在建设性定位下，需要生产上述全部产品，这些产品中可以包括合规性审计和合理性审计。

关于什么是让委托人及利益相关者满意的行为审计产品，让委托人及利益相关者满意的行为审计产品包括两方面的特征：一是品种满意，二是质量满意。为此，审计人需要控制审计产品内容期望差、审计产品定位期望差、审计产品种类期望差、审计产品质量期望差。

我国政府审计管辖范围的被审计单位，违规问题是越来越严重。从总体来说，通过审计来抑制违规行为的终极目标并未达成。主要原因是审计产品未能有效使用，集中体现为屡查屡犯，主要路径为审计处理处罚力度较弱、审计处理处罚执行率不高、审计建议采纳率较低。

本节虽然是理论研究，然而其研究结论具有较大的实践价值。行为审计的终极目标是抑制缺陷行为，它是使用审计产品之后的效果，直接目标是生产让委托人及利益相关者满意的审计产品。审计产品是基础，没有适宜的审计产品当然不会有理想的终极目标之达成。然而，再好的审计产品，如果委托人及利益相关者不能有效地使用，甚至根本就不关注这些审计产品，则生产这些产品基本上是浪费社会资源。从我国政府审计的情况来看，需要解决的关键问题是如何使审计报告、审计决定、审计建议、审计整改报告纳入各级委托人及利益相关者的视野，这是今后审计制度完善的关键。

参考文献

1. 文　硕．世界审计史［M］，企业管理出版社，1998年。

2. 吴泽湘．宰夫详考——论中国审计史研究的一个误区［J］，审计研究，2002（2）：35－39。

3. Mautz.，R. K.，Sharaf.，H. A.，The Philosophy of Auditing［M］，American Accounting Association，1961，P15.

4. 番场嘉一郎，主编．会计学大词典［M］，湖北省会计学会，1981年。

5. 郭振乾．关于研究审计定义的一封信［J］，审计研究，1995（1）：24。

6. AAA（American Accounting Association），A Statement of Basic Auditing Concepts，1972.

7. 蔡　春．审计理论结构研究［M］，东北财经大学出版社，2001年。

8. 杨纪琬．关于审计理论的若干问题［J］，审计通讯，1983（12）：17—23。

9. 阎金锷．审计定义探讨——兼论审计的性质、职能、对象、任务和作用［J］，审计研究，1989（2）：7—14。

10. 刘家义．以科学发展观为指导推动审计工作全面发展［J］，审计研究，2008（3）：3－9。

11. 刘家义．树立科学审计理念，发挥审计监督免疫系统职能［J］，求是杂志，2009（10）：28－30。

12. 刘家义．积极探索创新，努力健全完善中国特色社会主义审计理论体系［J］，审计研究，2010（1）：3－8。

13. 刘家义．论国家治理与国家审计［J］，中国社会科学，2012（6）：60－72。

14. 鸟羽至英．行为审计理论序说［J］，会计，1995年第148卷第6号。

15. 谢少敏．审计学导论：审计理论入门和研究［M］，上海财经大学出版社，2006。

16. 傅小平．论概念的两重面貌和三个发展阶段［J］，现代哲学，1992（2）：13－16。

17. 李建华．论抽象概念与具体概念的区分［J］，湘潭师范学院学报，1990（1）：1－5。

18. 郑石桥．审计理论研究：基础理论视角［M］，中国人民大学出版社，2016。

19. 韩洪灵．裘宗舜，审计基础框架之变革：从独立性到可靠性［J］，当代财经，2006（3）：109－112。

20. 安亚人．宋英慧，论审计目标，当代审计［J］，1998（3）：13－14。

21. 孟建军．内部审计的增值目标及其实现途径［J］，财会通讯，2004（1）：285－286。

22. 郭艳萍．内部审计增值目标实现途径——参与企业风险管理［J］，审计月刊，2007（8）：29－31。

23. 秦荣生．受托经济责任论，东北财经大学出版社［M］，1994年12月。

24. 宋夏云．国家审计目标及实现机制研究［D］，上海财经大学博士学位论文，2006年。

25. 胡春元．注册会计师审计目标的新发展［J］，中国审计，2003（7）：51－55。

26. 林炳发．审计目标研究［J］，财会月刊，1997（11）：29－30。

27. 罗文彬．浅析国家审计目标 [J]，湖北审计，2002 (7)：10。

28. 刘三昌．杨昌红，关于建立我国审计目标体系的两点看法 [J]，经济论坛，2003 (4)：59。

29. 王文彬．林钟高，关于审计目标的研究，吉林财贸学院学报 [J]，1992 (6)：61—69。

30. 张　通．解读经济责任审计实施细则，新华财经 [Z]，2014 年 7 月 29 日。

第三章 行为审计主体、行为审计客体和行为审计内容

行为审计由谁来实施？这个问题的回答就是行为审计主体理论。行为审计是对谁进行审计？这个问题的回答就是行为审计客体理论。行为审计是对什么进行审计？这个问题的回答就是行为审计内容理论。本章阐述行为审计主体、行为审计客体和行为审计内容，根据这些主题，包括以下内容：独立性、交易特征与行为审计主体；行为审计客体：理论框架和例证分析；行为审计内容：作为审计主题的行为及其分类。

第一节 独立性、交易特征与行为审计主体

行为审计是应对代理人经管责任履行过程中缺陷行为的重要制度安排。在这种制度安排中，审计主体作为审计活动的从事者，是最重要的要素之一。现实生活中，行为审计主要是由专门建立且独立于代理人的审计机构来实施，少数情形下出现行为审计业务外包。其中的原因是什么？现有文献对审计主体选择的研究较缺乏，关于行为审计主体选择的研究基本上是空白。

本节认为，影响行为审计主体选择的基本原因有两个方面：一是如何保持审计独立性，二是如何控制审计成本。理想的审计主体就是能独立且低成本地实施行为审计的主体。基于上述认识，本节以交易成本理论为基础，结合行为审计独立性，提出一个行为审计主体选择的理论框架。

一、文献综述

查阅知网及 SSRN，现有文献缺乏关于行为审计主体的直接研究。相关的研究是关于审计主体的研究。这些研究涉及三个主题，一是什么是审计主体，二是审计主体为什么会多样化，三是如何选择审计主体。

关于什么是审计主体，有两种观点：一是单一审计主体论，认为审计主体就是指审计活动的实施者（李凤鸣，刘世林，1996）；二是多审计主体论，认为在审计关系中存在多个审计主体。例如，审计主体包括提出审计监督要求的主体（周慎，李学诗，沈延安，1995），审计主体是指审计法律关系的主体（赵玉华，1994），审计主体是审计关系中能起决定作用的一方（庞玮清，1996）。

关于审计主体多样化，谢志华（2008）认为，审计主体因其所代表的所有权不同而分为国家审计、民间审计和内部审计。国家审计源于私权对公权的制衡，民间审计源于审计主体与审计委托人相互制衡，内部审计源于内部治理结构的制衡。刘静（2014）认为，由于财产所有权和经营权两者

关系的复杂变化，形成三种不同审计主体，即政府审计、注册会计师审计和内部审计，以适应不同的经济环境，履行经济监督、鉴证和评价职能。

关于如何选择审计主体，民间审计有大量文献研究审计师选择及变更（DeAngelo，1982；Pittman&Fortin，2004）。另外，还有一些文献研究新型审计业务的审计主体选择，如环境审计主体的选择（罗恩·莱克，1999；李雪，邵金鹏，2004）、社会责任审计主体的选择（周晓惠，许永池，2011）、经济责任审计主体的选择（姚爱科，2007）、整合审计主体的选择（王爱华，刘杨，2012）。

上述这些审计主体的研究文献虽然没有直接研究行为审计主体，但是对行为审计主体的研究具有较大的启发价值。本节以此为起点，以交易成本理论为基础，结合行为审计独立性，提出一个行为审计主体选择的理论框架。

二、独立性、交易特征与行为审计主体选择：理论框架

（一）总体框架

从人性来说，一般的正常人都可能存在自利和有限理性（Williamson，1981）。在经管责任履行中，由于自利和有限理性，代理人可能产生代理问题和次优问题。为此，需要审计人对代理人是否存在代理问题和次优问题进行鉴证。委托人、代理人和审计人三者形成了一种审计关系（周勤业，尤家荣，达世华，1996）。委托人和审计人的这种关系，从本质上来说，是一种交易，可以称之为审计交易。其内容就是委托人给审计人提供资源或支付一定的对价，委托人授权或委托审计人对代理人的代理问题和次优问题进行鉴证。

委托人在这种审计交易中面临两个基本问题，一是得到真实的鉴证结果，二是以最低成本得到鉴证结果。委托人如何解决上述两个基本问题呢？委托人解决鉴证结果真实性的办法是保证审计的独立性，这种独立性的考量进而影响到审计主体的选择；解决鉴证成本的办法是选择审计交易的治理结构，通过适宜的审计交易治理结构来降低审计交易成本。而审计交易特征会决定审计交易治理结构的选择。行为审计这种交易本身具有自己的特征，这些特征，一方面会影响审计独立性，另一方面会影响交易治理结构。所以，从根源上来说，是审计主题影响了审计交易的治理构造和审计主体的独立性，进而影响了审计主体的构造。以上所述的思路如图1所示。

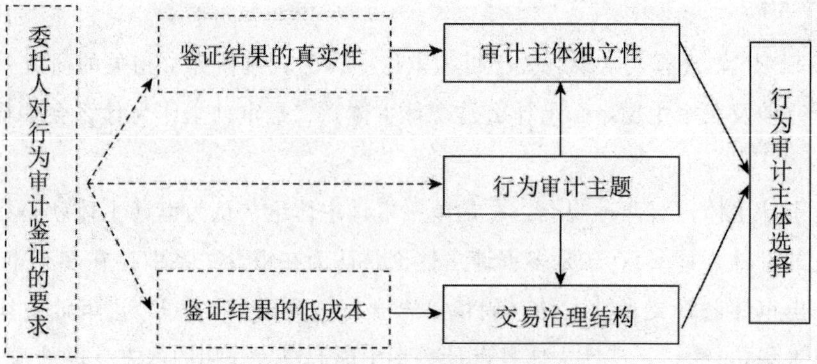

图1 独立性、行为审计主题和行为审计主体选择

（二）行为审计主题、审计主体独立性与行为审计主体选择

行为审计主题由于其自身的特征会影响审计主体独立性，而这种独立性方面的考量进而会影响

行为审计主体选择，其路径如图 2 所示。

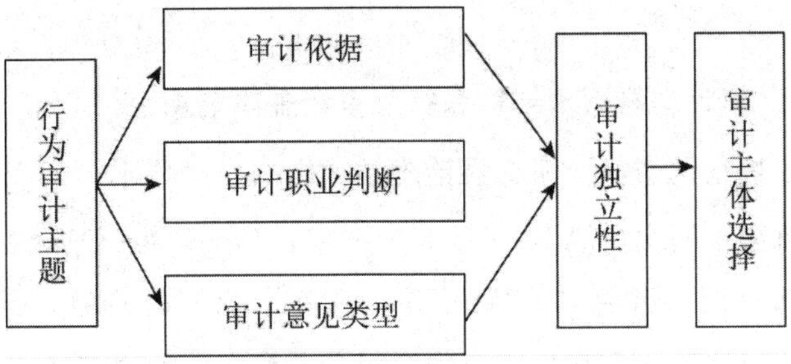

图 2　行为审计主题和审计独立性

1. 行为审计主题、审计依据和审计独立性

审计依据是审计中的既定标准，当审计依据清晰时，审计主体不需要与审计客体商量审计依据，而当审计依据不清晰时，审计人需要与审计客体商量审计依据。此时，选择何种依据可能会受到审计主体的伦理道德之影响，更可能受到审计客体的影响。正因为如此，审计主体的独立性可能受到影响。所以，审计主题的审计依据清晰程度，会显著影响审计主体的独立性。从行为审计来说，审计依据是判断代理人行为是否适宜的既定标准，是关于审计客体应该如何行为的具体规定。对于某些行为审计来说，可能存在明确的审计依据，然而，对于许多特定行为来说，什么是“既定标准”可能难以达到共识，这种审计依据的不清晰可能对行为审计的独立性形成负面影响。

2. 行为审计主题、审计职业判断和审计独立性

无论何种审计都存在职业判断。但是，行为审计中的职业判断比信息审计更多且更困难。审计职业判断是审计主体能否保持独立性的主要领域。如果不需要职业判断，则审计不独立也难以发生。审计职业判断越多，考量审计独立性的情形也就越多。审计职业判断越多，发生审计不独立的概率也就越高。由于行为审计需要更多的职业判断，对审计主体的独立性会形成显著的负面影响。

3. 行为审计主题、审计意见类型和和审计独立性

审计结论是审计人对特定审计主题给出的专业意见。事实上，也就是审计人就特定信息或行为与既定标准之间的符合程度发表的鉴证意见。

对于许多行为审计来说，由于审计命题具有多样性、非穷尽性，同时，行为审计的程序还在发展之中，也未形成有效的行为审计模式，所以，一般采用有限保证的方式发表审计意见。审计意见类型不同，意味着审计主体承担的责任不同。在有限保证方式下，审计主体承担的法律责任不容易界定，审计主体的责任意识不强，从而使保持审计独立性的主观动力也不强。这会对行为审计的独立性形成负面影响。

4. 审计独立与行为审计主体选择

由以上分析可知，行为审计主题本身的特征会对其审计独立性形成负面影响。为了抑制这些负面影响，委托人将如何选择行为审计主体呢？委托人的选择是，审计主体必须独立于代理人，不能内置于代理人所领导的组织。具体来说，委托人有两种选择，一是推动建立独立于代理人的审计机构，这个机构可以由委托人来领导。如果有更合适的体制，委托人也可以不直接领导该机构，但是不能由作为审计客体的代理人来领导该审计机构；二是从外部聘请专业审计机构对代理人进行审计。这种情形下，要注意两个问题：其一，不能由代理人操纵外部审计机构的选择，否则，外部审

计的独立性难以保证；其二，给外部审计机构支付的费用不能由代理人来操纵，否则，外部审计机构以难以保持独立性。

（三）行为审计主题、审计交易治理结构和行为审计主体选择

交易特征影响交易治理结构选择，而交易治理结构影响交易成本，所以，根据交易特征来选择适宜的交易治理结构，就会控制交易成本（Coase，1937；1960）。一般来说，交易特征包括资产专用性原则、外部性原则和科层分解原则（Williamson1981；1984；1991）。上述三项原则中，科层分解原则实际上是对科层组织能降低交易成本的解释，不是交易治理结构选择的主要原则。

下面，我们根据资产专用性原则和外部性原则来分析行为审计交易的治理结构之选择。

（1）资产专用性原则与行为审计交易的治理结构选择。随着资产专用性程度增加，市场运行形式的交易成本增加。所以，资产专用性程度决定着交易是由市场还是由科层组织来运行。当资产没有专用性时，经典的市场合约是有效的；当资产半专用时，混合组织就会出现；当资产专用性程度较高时，科层组织将会取代市场（Williamson，1981；1984；1991）。

行为审计交易当然存在资产专用性问题。DeAngelo（1981）认为，在审计过程中，审计师所使用的知识包括三类：一是通用知识，即适用于所有审计客体的知识；二是行业特定知识，即可适用于特定行业所有审计客体的知识；三是客户特定知识，即只适用于特定客体的知识。应该说，所有的审计都是针对特定代理人所领导的科层组织，都有一定的资产专用性。但是，行为审计作为一种审计主题，与特定组织的黏性较高，所以，这种审计交易的资产专用性程度较高。但是，不同类型的行为，其黏性程度不同，有些行为存在于所有的组织同类组织，并且具有一定的共同性。例如：同一类型组织的财务收支行为就是这种类型；有些行为对于特定组织，或者虽然存在于不同的组织，但是各组织的同类行为还具有显著的差异。所以，总体来说，行为审计交易的资产专用性可以区分为较高、高和很高这些不同的程度。行为审计的这种资产专用性对审计主体选择有重要影响。一般来说，委托人需要自己建立审计机构来开展行为审计，从而出现委托人意义上的内部审计；当资产专用性不是高和很高时，如果市场上有在该方面具有特长的审计机构，也可以考虑业务外包，从而出现长期合同的外部审计。

（2）外部性原则与审计交易的治理结构选择。这里的外部性是指交易一方的非合约行为给对方造成的影响，这种影响可能是正面的，也可能是负面的。随着交易外部性的增加，可能采用科层组织形式（Williamson，1981；1984；1991）。

审计交易当然存在外部性，主要体现在审计质量方面。审计人提供的审计产品如果低质量，而委托人及其他利益相关者还难以确认审计质量，这势必给委托人和其他利益相关者带来影响。当然，不同的审计交易其外部性程度不同。就行为审计来说，在多数情形下，采用事实发现型取证模式，发表有限合理审计意见，无法确定其法律责任，审计质量难以保证，外部性较高；只有少数情形下，有系统的审计载体，可以采用命题论证型取证模式，发表合理保证审计意见，审计质量可以衡量，外部性不高。行为审计交易的不同外部性程度，影响审计交易治理结构的选择。在多数情形下，发表有限合理审计意见，委托人要建立自己的审计机构，从而出现委托人意义上的内部审计；少数情形下，发表合理保证审计意见，外部性不高，委托人可能会从市场上寻找能提供这种审计服务的机构。

（四）行为审计主体选择：审计独立性和审计交易治理结构结合分析

以上分别从审计独立性和审计交易治理结构两个维度分析了行为审计主体选择，归纳起来，分析结论如表1所示。

表1　审计独立性和审计交易治理结构各自对审计主体选择的影响

项　目	维　度	特　征	对审计主体选择的影响
	独立性	行为审计主题本身的审计独立性较弱	审计主体必须独立于代理人，不能内置于代理人所领导的组织。一是推动建立独立于代理人的审计机构；二是从外部聘请专业审计机构对代理人进行审计，但是，要防止代理人操纵外部审计机构的聘请和报酬支持
行为审计交易	资产专用性	行为审计交易的资产专用性可以区分为较高、高和很高这些不同的程度	委托人需要建立审计机构来开展行为审计，从而出现委托人意义上的内部审计；当资产专用性不是高和很高时，如果市场上有在该方面具有特长的审计机构，也可以考虑业务外包，从而出现长期合同的外部审计
	外部性	在多数情形下，外部性较高；只有少数情形下，外部性不高	在多数情形下，发表有限合理审计意见，委托人要建立审计机构，从而出现委托人意义上的内部审计；少数情形下，发表合理保证审计意见，外部性不高，委托人可能会从市场上寻找能提供这种审计服务的机构

然而，现实生活中是二者同时存在，所以，需要将二者结合起来分析行为审计主体的选择。第一，从行为审计主题本身的审计独立性较弱出发，委托人有两种选择，一是建立独立于代理人的审计机构，二是从外部聘请专业审计机构，但要防止代理人操纵这种聘请和费用支付；第二，从行为审计的资产专有性出发，多数情形下，需要建立独立于代理人的审计机构，少数情形下，对于资产专用性不强的行为审计，可以考虑业务外包；第三，从行为审计的外部性出发，在多数情形下，发表有限合理审计意见，需要建立独立于代理人的审计机构，少数情形下，发表合理保证审计意见，可以考虑业务外包。

综合上述独立性、资产专用性和外部性，关于行为审计主体，有如下结论：一般来说，需要建立独立于代理人的审计机构来实施行为审计；少数情形下，如果存在系统的审计载体，并且市场上有具有该方面特长的专业审计机构，可以考虑业务外包。

三、独立性、交易特征与行为审计主体选择：中美两国政府审计业务外包分析

本节前文提出了一个关于行为审计主体选择的理论框架。然而，这个理论框架是否正确呢？由于数据所限，无法用经典的实证研究方法来检验。本节用这个框架来分析中美两国政府审计业务外包，以一定程度上来验证这个理论框架。

美国GAO审计业务主要包括财务审计、鉴证业务和绩效审计，财务审计多由监察长办公室确

定的会计师事务所具体实施，也就是说，主要采用业务外包①；鉴证业务和绩效审计由 GAO 自己来实施，85%以上的审计资源用于绩效审计（郑石桥，2012）。

美国 GAO 的审计业务外包为什么会做如此选择呢？依据本节的主题，我们将财务审计和绩效审计存而不论，我们分析为什么鉴证业务不外包。根据 GAO 的审计准则，鉴证业务是根据使用者的需求而定的，可以包括一个广泛的范围，可以是针对财务或非财务的审计主题②。鉴证行为是否合规的合规审计也属于鉴证业务，合规审计属于行为审计。根据本节前面的理论框架，多数情形下，由于行为审计的外部性、资产专用性及独立性方面的原因，一般不宜采用市场化方式来运行，所以，GAO 对这些业务外包很少。

我国政府审计业务外包较少，已经发生的外包审计业务主要是在工程审计领域，并且许多情形下，并不是将工程审计业务完全由中介机构来实施，而是从中介机构借用人员，参与政府审计机关主持的工程项目审计，事实上是对审计人员的劳务购买，而不是真正意义上的审计业务外包。我国的政府审计业务外包有三个特征：一是审计业务外包很少；二是审计业务外包主要集中在工程领域；三是工程领域的审计业务外包，许多还采用劳务购买的方式。为什么我国的政府审计业务外包会呈现上述特征呢？第一，审计业务外包很少，其原因是，行为是否合规是我们的主要审计主题，而根据本节的理论框架，多数情形下，行为审计难以业务外包；第二，审计业务外包主要集中在工程领域，主要的原因有两个方面，一是工程领域的违规行为有一定的共性，二是市场上有一些专业机构对工程领域的违规行为之审计具有一定的经验，能胜任这类业务。第三，工程领域的审计业务外包，许多还采用劳务购买的方式。其原因是，行为审计独立性较弱。为此，委托人必须采取一些措施来防止被单位操纵中介机构，采取劳务购买是确保审计质量的重要措施。

总体来说，中美两国政府审计业务外包或不外包的具体情况，与本节的理论框架之预期完全一致。

四、结论和启示

行为审计是应对代理人经管责任履行过程中缺陷行为的重要制度安排。在这种制度安排中，审计主体作为审计活动的从事者，是最重要的要素之一。本节以交易成本理论为基础，结合行为审计独立性，提出一个行为审计主体选择的理论框架。

审计人根据委托人的委托或授权对代理人是否存在代理问题和次优问题进行鉴证，从本质上来说，是一种交易，称之为审计交易。委托人在这种审计交易中面临两个基本问题：一是得到真实的鉴证结果，二是以最低成本得到鉴证结果。委托人解决鉴证结果真实性的办法是保证审计的独立性，这种独立性的考量进而影响到审计主体的选择；解决鉴证成本的办法是选择审计交易的治理结构，进而影响审计主体的选择。

由于审计依据、审计职业判断、审计意见类型方面的原因，行为审计本身的独立性较弱。为了应对这个问题，委托人有两种选择，一是建立独立于代理人的审计机构，二是从外部聘请专业审计机构，但要防止代理人操纵这种聘请和费用支付。

---

① 李威，美国政府财务报告审计意见发表的方式方法研究，2012 年 4 月 27 日，http：//www.audit.gov.cn；郭彤，政府审计将成注册会计师新业务，财会信报，2012 年 4 月 16 日。

② GAO（Government Accountability Office），《Government Auditing Standards》（2011Version）.

行为审计具有资产专用性较强的特征，多数情形下，需要建立独立于代理人的审计机构，少数情形下，对于资产专用性不强的行为审计，可以考虑业务外包。

行为审计具有外部性较强的特征，在多数情形下，发表有限合理审计意见，需要建立独立于代理人的审计机构，少数情形下，发表合理保证审计意见，可以考虑业务外包。

综合上述独立性、资产专用性和外部性，关于行为审计主体，有如下结论：一般来说，需要建立独立于代理人的审计机构来实施行为审计；少数情形下，如果存在系统的审计载体，并且市场上有具有该方面特长的专业审计机构，可以考虑业务外包。

本节的研究看似理论探讨，其实具有重要的实践价值。本节的结论启示我们，不同审计业务需要不同的审计主体来完成，否则，会影响审计效率效果。就行为审计本身来说，由于其独立性、资产专用性和外部性等方面的特征，一般不能采取业务外包的方式。所以，委托人需要推动建立独立的审计机构来实施这种审计。如果盲目借鉴信息审计的业务外包方式，则行为审计之效率效果可能就缺乏制度保障。

第二节　行为审计客体：理论框架和例证分析

审计客体主要涉及“对谁审计”或“审计谁”。根据经典的审计理论，代理人在履行经营责任过程中，由于自利和有限理性，再加上激励不相容、信息不对称、环境不确定等因素的存在，代理人可能出现代理问题和次优问题。为此，委托人会推动建立应对代理问题和次优问题的治理构造，审计是其中的重要要素（郑石桥，马新智，2012）。然而，这里的代理人究竟是谁？是单位的最高领导？还是单位的管理团队？或者是单位作为一个整体？这些问题的理解不同，审计客体选择也就不同。

现有文献认为，经管责任的代理人或履行者是审计客体，并未解释代理人或履行者的具体范围。本节从空间范围和时间范围两个维度，探究行为审计客体，构建行为审计客体选择的理论框架。

一、文献综述

现有文献对于审计客体的认识有高度的一致，那就是经管责任的代理人或履行者是审计客体（杨时展，1986）。根据本节的主题，文献综述主要关注另外两个问题，一是自然人是否是审计客体，二是组织群体能否作为审计客体。

关于自然人作为审计客体，主要集中在经济责任审计中。邢俊芳（2005）认为，历史转型期的中国，社会、经济、政治复杂变革，腐败几乎无处不在。为此，约束和内律就成为党政干部的一种必需，经济责任审计其中之一。徐雪林、郭长水（2005）认为，我国权力制约和监视体系尚不完善，所以，应当开展经济责任审计。冯均科（2009）认为，我国法制基础十分薄弱，经济责任审计较好地解决了政府以及国有单位负责人在经济责任履行方面的监视问题。戚振东、尹平（2013）认为，经济责任审计是权力安全运行自律和自控的机制设计，是现行干部管理体制实践总结的制度完善。上述这些文献，尽管视角不同，但是共同的认识是，我国领导干部的不当行为较严重，经济责任审计应当作为应对领导干部不当行为的制度安排。可以归结为组织治理不健全是领导干部成为经济责任审计客体的原因。

关于组织群体作为审计客体，主要集中在专项审计调查中。一般认为，凡是与被调查事项有关的单位和个人都属于专项审计调查的范围。所以，几乎一致地认为，某种特征的组织群体可以作为审计客体（颜志敏，2005；王志楠，2006；林图，2008；颜志敏，2010；桂春荣，2011）。

综上所述，行为审计客体之选择还缺乏系统理论框架。现有研究虽然没有直接研究行为审计客体，但是对于行为审计客体之研究具有一定的启发价值。本节从空间和时间两个维度构建行为审计客体的理论框架。

二、行为审计客体：理论框架

（一）行为审计客体组合

一般来说，审计客体就是对谁审计的问题。行为审计客体选择涉及两方面的问题：一是从空间范围来说，审计客体如何选择，从而出现单位客体和个人客体；二是从时间范围来说，审计客体如何选择，也就是对于审计客体的审计时点是否具有可选择性，有两种情形，一种是对于某类审计客体，必须在特定的时点进行审计，从而出现法定审计客体，另一种是对于某类审计客体并不要求在特定的时点进行审计，从而出现选择性审计客体。上述两个方面的问题密切相关，组合起来形成行为审计客体的多种情形，如表2所示。下面，我们对上述两个方面的审计客体选择做详细分析。

表2　行为审计客体组合

项　目		空间范围	
		单位	个人
时间范围	法定审计	★	★
	选择性审计	★	★

注：★表示有这种情形。

（二）行为审计客体的空间范围：单位和个人

一般来说，只是在少数情形下，财务信息和非财务信息与特定个人关联。一般情形下，它们难以与特定个人关联，所以，信息审计客体是以单位为主。但是，行为审计不同，其以行为作为审计内容，而行为一定是有行为者或行为主体的，所以，行为者或行为主体就是行为审计的审计客体。

1. 单位和个人是两个行为主体

从空间范围来说，行为审计客体究竟是作为行为主体的单位还是作为行为主体的个人。有一种观点认为，特定个人在单位的行为都是职务行为，个人执行的是单位意志，个人是代表单位在行为，所以，行为审计客体应该是单位而不是个人。这种观点似是而非。我们认为，作为行为主体的单位和个人应该同时作为行为审计客体。其原因如下：

第一，就个人代表单位意思的行为来说，单位和个人具有双重人格。个人在单位意志支配下，为单位利益而实施的行为当然是属于单位行为的组成部分，应该界定为单位行为。但是，个人在为单位利益而行为时，仍然具有自己的独立人格和意志。所以，单位与个人都应属于行为主体，应该同时承担行为责任（林荫茂，2006）。

第二，在一些情形下，个人的行为可能并不代表单位意志，只是其个人意思，这些行为可能是为单位谋取利益，也可能只是为行为者本人谋取利益。在为单位谋取利益时，虽然单位本身并不知情，但是个人能够实施某些行为，可能是单位管理存在薄弱环节，单位也应该为此承担责任，所以，此类行为应该由单位和个人同时承担责任。如果只是为个人谋取利益，虽然单位并不能由此获利，有时甚至还会有损失，但是谋取个人利益的行为之所以能实施，也正是源于单位管理漏洞的存在，所以，单位也应该为此承担责任。综合起来，即使是不代表单位意思的个人行为，单位和个人都应该同时承担责任，这就需要将个人和单位作为审计客体。

第三，行为审计不只是鉴证某行为是否存在缺陷，在多数情形下，对于违规行为或严重的瑕疵行为还要进行处理处罚，这是的处理处罚就涉及责任人。对于鉴证确定的缺陷行为，一般要求确定到具体的责任人，即使是代表单位意思的行为，也需要确定责任人。对于不代表单位意思的行为，更是需要将责任人作为处理处罚对象。所以，行为审计对于所有的缺陷行为，都要确定具体的责任人，这就需要将个人作为审计客体。

根据上述分析，关于行为审计客体，得出如下结论：单位和个人都是审计客体，当单位作为审计客体时，必须同时也将个人作为审计客体。

2. 单位作为审计客体的两种选择：特定单位与同类单位

虽然单位和个人要同时作为行为审计客体，但是对于单位和个人还具有不同的选择。我们先来看单位的选择。

一般来说，某一审计机构负责审计的单位应该有多个（对于政府审计来说，就是审计管辖范围；对于内部审计来说，就是全部下属单位）。在这种情形下，作为审计客体的单位就存在两种选择，一是只选择特定单位进行审计，二是选择同类单位进行审计。究竟如何选择呢？

一般来说，在多数情形下，行为审计是以项目审计的方式来开展。在这种情形下，会选择特定单位作为审计客体。然而，行为审计也可以采用联合审计和专项审计调查的方式来开展。此时，审计客体就不是特定单位，而是同类单位。

就联合审计来说，虽然对联合审计的认识不同，但是根据《中华人民共和国国家审计准则》，联合审计是指审计机关统一组织多个审计组共同实施一个审计项目或者分别实施同一类审计项目。在这种情形下，审计机关业务部门应当编制审计工作方案。很显然，此时的审计客体就不是一个单位，而是多个单位，甚至是具有某一特性的全部单位。例如，国家审计署统一组织的全国审计机关共同参与的社会保障资金审计、土地出让金审计，就是对所有的社会保障资金管理机构、土地出让金管理机构都进行了审计，这是典型的联合审计。然而，什么情形下会选择联合审计呢？一般来说，如果某类特定行为引起了审计人的高度重视，或者是成为相关利益者关注的重点问题，那么，为了彻底搞清楚该问题，就可能将所有涉及该问题的单位纳入审计范围，作为审计客体。通过对这些单位的审计，能够从整体上搞清楚该问题的状况，为相关后续行为奠定基础。

就专项审计调查来说，也存在不同认识。但是，根据《中华人民共和国国家审计准则》，就其调查范围来说，凡是与被调查事项有关的单位或个人都属于专项审计调查的范围。所以，专项审计调查会涉及某类单位，审计客体不是特定单位，而是某类单位。然而，什么情形下会选择专项审计调查呢？《中华人民共和国国家审计准则》规定，符合下列情形的，可以进行专项审计调查：涉及宏观性、普遍性、政策性或者体制、机制问题的；事项跨行业、跨地区、跨单位的；事项涉及大量非财务数据的；其他适宜进行专项审计调查的。上述规定表明，从政府审计来说，纳入专项审计调查的问题一般具有普通性的特征。也就是说，当某问题在很多单位都存在，具有一定的普通性时，就可以将存在该问题的所有单位都纳入审计范围，作为审计客体。通过对这些单位的审计调查，能够从整体上搞清楚该问题的状况，为相关后续行为奠定基础。这与联合审计具有异曲同工之妙。

根据上述分析，关于单位作为审计客体，有如下结论：一般来说，以特定单位作为审计客体，当某类单位在某些行为上具有普通性时，该类单位可能成为联合审计或专项审计调查的客体。

3. 个人作为审计客体的两种选择：特定个人与同类个人

上述分析表明，单位作为一个客体必须与个人客体同时存在，而单位客体本身有多种选择。然而，个人能否作为独立的审计客体？个人作为审计客体是否又有多种选择呢？

首先，关于个人能否作为独立的审计客体。经管责任履行中的个人，肯定有一定的行为，所以，从审计技术上来说，以个人作为审计客体并不存在困难。这里的关键是，是否有必要将个人作为审计客体。在一些情形下，如果将个人作为审计客体已经成为必要，则个人可以单独作为审计客体。此时，对于个人的行为，既可以包括其为单位利益而实施的行为，也可以包括其为个人利益而实施的行为。既可以是其全部行为，也可以是其某些特定行为。那么，在什么情形下，个人成为审计客体具有必要性呢？一般来说，应该具备以下条件：一是个人对于经管责任的履行具有重要的作用，抑制其缺陷行为，对经管责任的履行具有较大的意义；二是针对该个人的相关治理不健全，该个人出现缺陷行为的机会较多。所以，为了形成抑制该个人缺陷行为的治理构造，可以将行为审计作为其中的要素之一；三是委托人及利益相关者对该个人的关注程度较高，如果该个人缺陷行为较多，则影响较大。具备上述这些条件时，个人的行为可能成为审计内容，从而个人成为审计客体。

其次，关于个人作为审计客体时的选择。一般来说，在多数情形下，以个人为客体的行为审计是以项目审计的方式来开展，所以，会选择特定个人作为审计客体。然而，以个人作为客体的行为审计也可以采用联合审计或专项审计调查的方式来开展。此时，审计客体就不是特定个人，而是同类个人。在这种情形下，就不只是关注某一特定的个人之行为，而是关注某类个人的行为。这里的行为，多数情形下，是某些特定行为。一般来说，当某类人具有某些共同的行为，并且这些共同的行为引起委托人及利益相关者高度关注。同时，该类行为的相关治理还不健全，从而使得这类行为方面的问题具有一定的普遍性。此时，该类个人的该类行为就可能成为联合审计或专项审计调查的内容，该类人就成为审计客体。

根据上述分析，关于个人作为审计客体。有如下结论：个人可以独立作为审计客体，在多数情形下，以特定个人作为审计客体，当某类个人在某些行为上具有普通性时，该类个人可能成为联合审计或专项审计调查的客体。

（三）行为审计客体的时间范围：法定审计和选择性审计

一般来说，审计客体的选择是根据若干维度对审计范围的单位进行评估，在此基础上，根据评估的结果来选择一定时期的审计客体。也就是说，在什么时点审计某客体，主要是基于对该客体的评估而确定的，审计客体的审计时点具有选择性。

然而，现实生活中还存在另外一类方法来确定审计时点，就是在特定时点必须实施的、具有强制性的审计，这种审计称为法定审计。为什么会出现法定审计呢？一般来说，有如下三种情形：

第一，某类行为具有特别的重要性。某类行为在社会或某组织中具有特别的重要性，关注该类行为的利益相关者较多，从而需要对该特定行为进行定期审计。例如，《中华人民共和国国家审计准则》规定从多个方面对初选审计项目进行评估，以确定备选审计项目及其优先顺序，第一个方面就是项目重要程度，要求评估在国家经济和社会发展中的重要性、政府行政首长和相关领导机关及公众关注程度、资金和资产规模等。

第二，某类行为相关治理不健全，缺陷行为较多。缺陷行为是由一个整体的治理构造来应对的。如果治理构造中的其他要素较粗糙，抑制缺陷行为的效果较差，致使缺陷行为较多，在这种情形下，对于行为的需求就较强烈，从而需要对该特定行为进行定期审计。例如，《中华人民共和国国家审计准则》规定从多个方面对初选审计项目进行评估，以确定备选审计项目及其优先顺序，第二个方面就是评估项目风险水平，风险水平越高，越是要优先列入年度计划。这里实际上强调的是相关的治理越是不健全，其风险水平越高，从而越是需要优先进行审计。

第三，如果某类行为具有特别的重要性，并且相关治理不健全，缺陷行为较多，则更加需要对该类行为予以特别关注，从而对其审计时点做出强制性规定。

根据以上分析，关于行为审计客体的时间范围有如下结论：一般来说，对于审计客体实施选择性审计，根据对审计客体的评估确定审计时点；当某类行为具有特别的重要性，或者某类行为相关治理不健全从而缺陷行为较多，或者是二者同时具备时，对该类行为可能实施法定审计。

三、行为审计客体：若干制度或例证分析

以上从空间和时间两个维度分析了行为审计客体，提出了一个关于行为审计客体选择的理论框架。下面，我们用理论框架来分析我国政府审计的若干制度或案例，以一定程度上验证这个理论框架。

（一）责任人和责任单位同时作为审计客体

《中华人民共和国审计法实施条例》第五条规定，审计机关对被审计单位违反国家规定的财政收支、财务收支行为，在法定职权范围内作出处理、处罚的决定。

《中华人民共和国审计法》第四十四条规定，审计机关认为对直接负责的主管人员和其他直接责任人员依法应当给予处分的，应当提出给予处分的建议，被审计单位或者其上级机关、监察机关应当依法及时作出决定，并将结果书面通知审计机关；构成犯罪的，依法追究刑事责任。

国务院颁布的《财政违法行为处罚处分条例》第五条规定，有财政违法行为的单位，其直接负责的主管人员和其他直接责任人员，以及有财政违法行为的个人，属于国家公务员的，由监察机关及其派出机构或者任免机关依照人事管理权限，依法给予行政处分。

上述三方面的法律法规显示，对于发现的违规行为，一方面，要追究责任单位的责任，另一方面，还要追究直接责任人的责任，实行的是双罚制。既然如此，在审计过程中，就必须将违规行为确定到具体的责任人，如果不确定到具体的责任人，又如何对直接责任人进行处理处罚呢？可见，对于违规行为，我国的现行制度是将责任单位和责任人同时作为审计客体。

本节前面的理论框架指出，单位和个人都是审计客体，当单位作为审计客体时，必须同时也将个人作为审计客体。我国的现行制度规定与本节的理论预期相一致。

（二）责任人独立作为审计客体

虽然多数情形下是责任单位和责任人同时作为审计客体，但是，在一些特定情形上，却是将责任人作为独立的审计客体，并不包括责任单位。中共中央办公厅、国务院办公厅颁布的《党政主要领导干部和国有企业领导人员经济责任审计规定》第五条规定，领导干部履行经济责任的情况，应当依法接受审计监督。根据干部管理监督的需要，可以在领导干部任职期间进行任中经济责任审计，也可以在领导干部不再担任所任职务时进行离任经济责任审计。这个规定表明，领导干部已经成为独立的审计客体。为什么会有如此规定呢？有两方面的原因：第一，领导干部的所作作为，对于我国的经济社会很重要，他们的作为或不作为或如何作为，已经成为广大民众关注的焦点。第二，对于领导干部的相关管理制度还不健全，对于领导干部的权力约束激励机制还比较粗糙。在这种背景下，领导干部较容易出现违规问题。当然，就行为来说，能够将领导干部本身的行为与其所领导的单位区别开来，这是审计的技术前提。正是由于上述这些方面的原因，领导干部成为独立的审计客体。这与本节前面的理论框架之预期完全一致。

（三）一些审计客体成为法定审计项目

根据本节的理论框架，对于一些审计客体，可能出现强制性规定。我国是否有这种情形呢？目前，至少有两方面的审计已经是这种情形。

（1）预算执行审计属于每年必审计的法定审计。《中华人民共和国审计法》第四条规定，国务院和县级以上地方人民政府应当每年向本级人民代表大会常务委员会提出审计机关对预算执行和其他财政收支的审计工作报告。审计工作报告应当重点报告对预算执行的审计情况。必要时，人民代表大会常务委员会可以对审计工作报告作出决议。

（2）政府投资的工程项目，投资金额超过一定规模的，属于法定审计项目。虽然没有全国性统一规定，但是各级政府都有自己的明文规定。例如，《江苏省国家建设项目审计监督办法》第二条规定，凡以该省国有资产投资或者融资为主的基本建设项目和技术改造项目均应当接受审计机关的审计监督。《江苏省省属高校建设工程项目审计实施办法》第十六条规定，高校单项工程投资1000万元以上（含1000万元）的建设项目，必须对建设项目各阶段开展全过程审计；单项工程投资小于1000万元的建设项目，高校根据重要性和成本效益原则，结合具体情况，可对部分阶段或环节进行审计。

为什么上述两方面会成为法定审计？其原因如下：

第一，就预算执行审计来说，预算资金来源于税收，其使用情况有广泛的利益相关者，并且使用于公共领域来生产公共服务，与众多的利益相关者相关。所以，预算资金的使用情况在整个社会经济中具有很大的重要性。正因为如此，大多数的国家都将预算审计作为法定审计。我们选择的预算执行审计，主要关注预算收支行为是否合规，并且每年都要审计，所以，仍然属于法定审计。

第二，就工程审计来说，超过一定规模的工程审计作为法定审计的主要原因是这个领域的相关治理不健全，缺陷行为较多。根据中央纪委研究室委托地方纪委和有关统计部门开展的党风廉政问卷调查显示，五大领域的不正之风和腐败问题引起了受访者的高度关注。其中38.54%的受访者认为建设工程领域这一问题“比较严重”，位居五大领域的的首位[①]。正是因为工程建设领域的腐败严

① 哪些领域群众公认最“腐败”，厦门日报，2004年1月27日。

重，所以，这个领域才成为法定审计领域。

四、结论和启示

在经管责任履行中，为了应对代理问题和次优问题，需要对代理人进行审计。然而，这里的代理人究竟是谁？是单位的最高领导，还是单位的管理团队？或者是单位作为一个整体？这些问题的理解不同，审计客体选择也就不同。本节从空间范围和时间范围两个维度，探究行为审计客体，构建行为审计客体选择的理论框架。

一般来说，审计客体就是对谁审计的问题。行为审计客体选择涉及两方面的问题：一是从空间范围来说，审计客体如何选择，从而出现单位客体和个人客体；二是从时间范围来说，审计客体如何选择，也就是对于审计客体的审计时点是否具有可选择性，从而出现法定审计和选择性审计。上述两个方面的问题密切相关，组合起来形成行为审计客体的多种情形。

关于行为审计客体的空间范围，有如下结论：单位和个人都是审计客体，当单位作为审计客体时，必须同时也将个人作为审计客体；当单位作为审计客体时，一般来说，以特定单位作为审计客体。当某类单位在某些行为上具有普通性时，该类单位可能成为联合审计或专项审计调查的客体；当个人作为审计客体时，个人可以独立作为审计客体，在多数情形下，以特定个人作为审计客体。当某类个人在某些行为上具有普通性时，该类个人可能成为联合审计或专项审计调查的客体。

关于行为审计客体的时间范围，有如下结论：一般来说，对于审计客体实施选择性审计，根据对审计客体的评估确定审计时点；当某类行为具有特别的重要性，或者某类行为相关治理不健全从而缺陷行为较多，或者是二者同时具备时，对该类行为可能实施法定审计。

在我国的审计现实中，责任人和责任单位同时成为审计客体；在经济责任审计中，责任成为独立的审计客体；同时，我国还现出了预算执行审计、工程审计这些法定审计。上述这些审计的实践和制度安排，与本节提出的理论框架之预期相一致。

审计有许多基本问题，也可以说是基础性的制度构建之选择，审计客体是其中之一。行为审计要想取得其设定的审计目标，选择恰当的审计客体是非常重要的。如果审计客体选择不同，则审计效率效果将受到严重影响。当然，选择一定的审计客体是有其条件的，一方面，不能模仿他人的审计客体选择；另一方面，必须要根据相关审计环境因素的变化，对审计客体的选择也要随之变化。总体来说，根据不同的审计环境，选择恰当的审计客体是行为审计效率效果的基础性因素。

第三节　行为审计内容：作为审计主题的行为及其分类

我国的合规审计、建设性审计及中国特色绩效审计都非常关注行为是否合规等问题，这类审计，本质上是行为审计。我国的具体审计准则难以出台，其主要原因是没有区分行为审计与信息审计，对于行为审计的许多重大理论问题没有认识清楚，作为行为审计主题的行为，是其中的最基础性的理论命题。行为审计的主题是行为，然而，行为究竟是什么？包括一些什么内容呢？如何分类？这些理论问题没有得到很好的探究，行为审计没有行为理论（乌羽至英，1995），审计实践中出现了不少的困惑。本节借鉴法学理论的行为理论，对行为审计的行为理论做一探索性的研究。

一、文献综述

大量的审计学文献研究审计行为，但是，本节的行为审计与审计行为完全不同。这里的行为是需要审计人员发表意见的事项，是审计主题。由于审计学一般不区分审计主题，所以，缺乏关于审计主题意义上的行为研究。然而，法学关注的是从众多的行为中找出犯罪行为，法学的行为理论对行为审计学具有较大的借鉴价值。所以，本节的文献综述，主要关注法学中的行为理论。

由于法学坚持“犯罪是行为，无行为即无犯罪”的原则，行为成为法学理论研究的基础。为了建构一个富有解释力和理论张力的行为概念，法学家们演绎了各种各样的行为理论，主要包括：因果行为论、目的行为论、社会行为论、人格行为论。这些理论为行为概念的确立提供了不同方位的视角（马克昌，鲍遂献，1991；黎宏，1994；秦秀春，1999；叶必丰，2005；刘明研，2008）。

因果行为论认为，并不是所有的人类举动都属于行为，只有受人的意志支配的身体举动才构成行为，强调外部举动和内在意志的因果关系。根据因果行为论，行为必须具备两个特征：一是意志性，二是身体性。意志性是指行为中必须有行为人的自由意志，缺乏意志的举动形式不属于行为。身体性是指行为必须有人的身体的外部举动。因果行为论存在两方面的缺陷：一是无法解释不作为和过失行为，二是把许多不具有刑法意义的人类举动包括在了行为概念之中。

目的行为论主张行为是人为达到一定的目的而在评估各种可能结果后的有计划的行为。目的行为论尝试探求行为的本质，认为这个本质就是行为人的目的，行为就是行为人设定一定的目的然后选择实现该目的的必要手段，并操纵、支配实现该目的的因果关系的一系列举止。目的行为论在解释过失行为和不作为时遇到了困难。

人格行为论认为，行为是人格主体现实化的身体动静，是行为人人格的体现，是在人格与环境的相互作用中根据行为人的主体态度而实施的。人格行为论关注的不是行为的社会意义而是行为所反映的行为人人格，把不具有人格意义的人类举动，如反射动作、本能动作，排除在行为范畴之外。人格行为论同样失之宽泛，人格概念是一个宽泛的概念，在理解上难以统一，而对法学理解是需要统一的。

社会行为论认为凡是人类的举止，不管是故意还是过失，作为还是不作为，只要足以引起有害于社会的结果而具有社会重要性，都可以视为法学中的行为。行为的法学意义在于行为的社会性，如果行为不具有社会性，如单纯的饮食、睡眠、行走等活动，则完全不是法学所关心的。社会行为论同样遇到困难。第一，社会重要意义本身是一个宽泛的概念，在社会重要意义这一概念上不存在统一的认识，如何可以用不统一的概念去对作为和不作为、故意和过失做出统一的解释。第二，社会行为论，关注行为的社会意义和社会价值，忽略了人类行为的意志性，把一些具有社会重要意义却缺乏意志的人类举止包含在了行为的范畴当中，违背了理性原则。

上述多种行为理论中，社会行为论接受程度较高，也是大陆法国家的通说。上述这些理论虽然未直接论及作为审计主题的行为，但是，从技术上来说，行为审计就是从众多的行为中找出缺陷行为，具有准司法性质。所以，这些法学中的行为理论对于行为审计学研究具有较大的借鉴价值。

二、行为审计的行为理论框架：概念、范围和分类

审计就是审计人员针对审计客体的特定事项发表意见，这个特定事项称为审计主题。如果审计

人员是对审计客体所给出的信息做出结论，审计的主题就是信息。如果审计人员是对审计客体的行为做出结论，审计的主题就是行为。根据审计主题不同，审计区分为信息审计和行为审计。行为审计就是对行为发表意见，从技术上来说，就是从众多的行为中找出缺陷行为。所以，如何理解行为，是行为审计的基础。从基础理论层面来说，对于行为的理解，涉及三个问题：行为的概念、行为的范围、行为的分类。

（一）行为审计的行为概念

综观法学中的各种行为理论，其关键分歧在于两个方面：一是是否考虑人的主观意志或目的，二是是否考虑社会影响。这两点，对于行为审计来说，都是非常重要的。第一，法学中的行为主体主要是研究自然人，对于自然人来说，可能存在非意志活动。但是，行为审计中的行为主体，既可能是自然人，更可能是一个组织，个人当然可能存在非意志行为，对于一个组织来说，同样存在非意志行为。例如，由于有限理性，未能意识到某些管理行为的落后，这并不意味着这些行为不落后。所以，行为审计中的行为，一般不要求具有意志性。第二，就社会影响来说，如果行为不对组织或社会造成负面影响，根据成本效益原则，则行为审计一般不予以关注。所以，行为审计主要关注那些造成社会负面影响的行为（主要是对经管责任有危害或负面影响）。总体来说，行为审计对行为的理解，可以借鉴社会行为论。

借鉴社会行为论，本节将行为审计中的行为界定如下：行为是特定的自然人或组织对其经管责任履行具有重要影响的作为或不作为，一般称为特定行为。

这个概念所界定的特定行为具有以下四个特征：第一，行为的主体包括特定的自然人和组织。这里的自然人主要是作为审计客体的领导或其他人员。例如，经济责任审计是以领导作为审计客体，其中包括领导本人的一些行为。这里的组织，是作为审计客体的法人或法人内部单位。例如，预算执行审计，一个部门或一个单位的预算相关行为都成为审计内容，从而整个部门或单位也就成为行为主体。第二，行为主体的行为不一定是有意志的，也就是说，行为主体的无意志行为也应该作为行为审计的内容。法学中一些典型的非意志行为，在行为审计中并不存在。例如，精神病、梦游等，这些非意志行为在行为审计中都不会存在。但是，如果就此将非意志行为排除在行为审计之外，则就将一些需要纠正的缺陷行为排除了。例如，由于不知道某项法律法规而违反了该法规，由于不知道有先进的管理方法而采用了落后的管理方法。也就是说，缺陷行为并不一定是有意志而为之，许多情形下，缺陷行为是无意志而发生的。第三，行为的重要影响。这里的重要影响是强调对经管责任的影响，既包括对组织内部的利益相关者之影响，也包括对组织外部的利益相关者之影响，如果行为主体的行为对内部和外部利益相关者都没有影响，则这种行为也不应该是行为审计所关注的。同时，行为的影响要达到一定的程度，具有一定的重要性，如果不具有重要性，则这种行为也不应该成为行为审计关注的内容。当然，重要性的确定是具有职业判断的，并无一个放之四海而皆准的办法。第四，这种行为是在经管责任履行中发生的，与经管责任履行无关的行为不是行为审计关注的内容。此时的经管责任，就是委托代理关系下，代理人向委托人承担的显性和隐性责任。所以，这种行为是有特定范围的，称为特定行为。

（二）行为审计的行为范围

行为审计应当有一个适合的考察范围，不可能也没必要去考察所有的人类举动形式，因而在进行审计评价之前，要排除掉在审计意义上完全不重要的人类举动形式。通过把一定的作为或不作为确认为行为，而不把一些对于经营责任不重要的作为或不作为视为行为，这就为行为审计确立了一个合适的考察范围，表现出限定功能。

从行为审计视角出发，本节将行为界定为特定自然人或组织对其经管责任履行具有重要影响的作为或不作为。也就是说，只有与特定自然人或组织经管责任履行有关的作为或不作为，才是行为审计中的特定行为，否则，就不是行为审计意义上的特定行为。

无论是自然人还是组织，都具有各种行为，是否所有的活动都要纳入行为审计范围呢？回答是否定的。凡是与经营责任之履行没有关联的行为都不应该纳入行为的范围。例如，自然人吃饭、睡觉及其家庭生活或私生活等，组织层面的一些与工作无关的活动（例如，工会组织钓鱼、徒步），这些与经管责任之履行没有关联的行为加上与经营责任履行有关的特定行为，作为一个整体，形成一个一般意义上的行为概念，我们称之为一般行为，这是行为审计中的特定行为的上位概念。

行为审计的核心内容是从众多的特定行为中找出缺陷行为。所以，缺陷行为是特定行为的下位概念，它是特定行为的一个子集。这里的“众多的特定行为”，除了缺陷行为这个子集外，还包括正常行为，也就是缺陷行为之外的其他特定行为。这里的缺陷行为是指不能有效地履行经管责任的行为，包括违规行为和瑕疵行为。违规行为是指明确违反了委托人意愿或相关法律法规的行为，而瑕疵行为是指由于有限理性和自利所导致的次优问题和代理问题，也就是没有采用最合宜方案的行为或不作为，不作为是指本来可以促进经管责任履行但是没有实施的行为。总体来说，缺陷行为是存在改进潜力的行为，这些行为如果得到改善，经管责任的履行会更好。这里的正常行为是与缺陷行为相对应的，这些行为的实施对经管责任的履行产生了正面的效果。

行为审计是以经管责任为前提，其核心内容是从众多的特定行为中找出缺陷行为，所以，它的范围不是一般行为，而是特定行为，或者说，是与经管责任履行有关的行为，通过采用系统的方法，获取审计证据，将特定行为区分为正常行为和缺陷行为。

正常行为和缺陷行为，从行为的内容、属性来看，可能无差别，只是对经管责任履行产生不同的后果，缺陷行为在改进前对经管责任履行未能有效地发挥作用，改进之后才能有效地发挥作用。例如，同样是差旅费用报销，违规报销和合规报销的内容和属性是一样的。从内容来说，都是交通费用、住宿费用、餐费等；从属性来说，都是财务支出。但是，二者的区别是，一个是合规，未违反相关的法规或制度，一个是违规，违反了相关的制度或法规。通常这两种行为是在一个审计载体中，行为审计的核心内容就是从这个载体中找出违规之处，从而确认违规行为。当然，现实生活很复杂，有一些特定情形下，违规行为可能形成一个单独的载体，“小金库”就是这种情形。

总体来说，不同阶位的行为概念，归纳如图 3 所示。

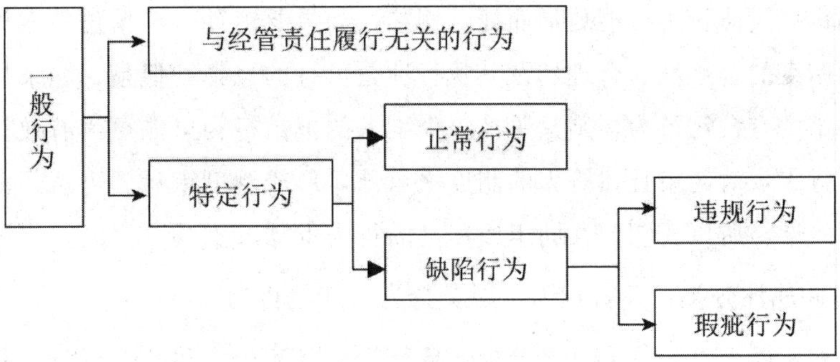

图 3 不同阶位的行为概念

(三) 行为审计的行为分类

不同阶位的行为概念为我们界定行为审计的范围提供指引。然而，正常行为和缺陷行为通常是混合在一起，形成一个较为庞大的特定行为集合。为了行为审计的有效开展，还需要对特定行为进行再分类，以方便行为审计有针对性地开展。一般来说，对于特定行为（也就是与经管责任履行有关的行为）可以从行为主体、行为标的、行为内容及属性三个维度进行分类。

1. 按行为主体分类：组织行为、自然人行为

行为审计的行为主体包括特定的自然人和组织，所以，特定行为区分为组织行为和自然人行为。组织行为是特定组织在履行其经管责任中具有重要影响的作为或不作为。不同的组织具有不同的经营责任，所以，其作为或不作为不同。例如，对于一个政府行政机构来说，其行政行为就是特定行为的主要内容。行政行为本身也有许多区分方法，抽象行政行为，具体行政行为，合议制行政主体实施的行政行为和首长负责制行政主体实施的行政行为，羁束行政行为和裁量行政行为，依职权行政行为和应申请行政行为，附款行政行为和无附款行政行为，授益行政行为和负担行政行为，要式行政行为和非要式行政行为，作为行政行为和不作为行政行为，独立的行政行为和需补充的行政行为，内部行政行为和外部行政行为，单方行政行为和双方行政行为，行政立法行为，行政执法行为和行政司法行为，自为的行政行为，授权的行政行为和委托的行政行为等，都是对行政行为的再分类（叶必丰，2005）。

自然人行为是特定的自然人在履行其经管责任中具有重要影响的作为或不作为。不同的自然人在履行经管责任中的具体职责不同，从而具有不同的作为或不作为。例如，经济责任审计中，领导人对于不同事项的介入程度不同，所以，需要将其责任区分为直接责任、主管责任和领导责任。同时，不同组织的领导人，由于其所领导的组织承担不同的经管责任，所以，党委书记和行政领导的责任内容不同，不同层级的领导人的责任内容不同，不同类型的组织的领导承担的责任内容不同，从而需要分类确定经济责任审计内容和评价标准。

2. 按行为标的分类：具体行为、约束具体行为的制度

行为审计的标的有两种情形：一是直接审计具体行为，二是审计约束行为的制度。从本质上来说，审计具体行为和审计制度具有一致性。如果约束具体行为的制度是合规、合理的，并且得到有效的执行，则在这些制度约束下的具体行为也就不存在缺陷。所以，寻找制度缺陷和寻找具体行为缺陷具有同等意义。当然，在一些情形下，如果只是关注特定个别人的特定具体行为，如果存在合

适的审计载体，则审计具体行为可能更加简捷。例如，如果要审计一个单位的差旅费用报销，可能审计其差旅费报销制度的合规性、合理性及其执行性是可行的选择。但是，如果只是关注特定个别人是否在差旅费报销中有贪污行为，则只关注该个别人的报销行为可能更为有效。一般来说，行为审计主要关注具体行为，对约束具体行为的制度之审计，形成制度审计。当然，由于审计具体行为和审计制度具有一致性，所以，它们共同组成广义的行为审计。

3. 按行为内容和属性分类：业务行为、财务行为、其他行为

从行为的内容和属性来看，行为可以分为业务行为、财务行为和其他行为。业务行为是从事本组织或本岗位职责所发生的行为。不同的组织或不同的岗位具有不同的职责，从而具有不同的业务行为。例如，企业作为营利法人要从事一定的业务行为，提供一定的产品或服务。例如，中国石油天然气集团公司的业务行为包括油气勘探开发、炼油化工、油品销售、油气储运、石油贸易、工程技术服务和石油装备制造。又如，根据《中华人民共和国审计法》及其实施条例和《国务院办公厅关于印发审计署主要职责内设机构和人员编制规定的通知》（国办发〔2008〕84号）相关规定，审计署的主要职责是：主管全国审计工作；起草审计法律法规草案，拟定审计政策，制定审计规章、审计准则和指南并监督执行；向国务院总理提出年度中央预算执行和其他财政收支情况的审计结果报告；直接审计规定事项，出具审计报告，在法定职权范围内做出审计决定或向有关主管机关提出处理处罚的建议。履行上述职责所从事的活动都是业务行为。同时，不同岗位也存在不同的职责，履行其岗位职责的行为就是本岗位的业务行为。不同岗位具有不同的岗位职责，从而具有不同的业务行为，中国石油天然气集团公司董事长和国家审计署审计长的岗位职责不同，他们的业务活动也不同。

财务行为是与资金相关的各项行为。不同的组织或不同的岗位，资金来源及使用不同，与资金相关的职责不同，从而具有不同的财务行为。对于企业单位来说，资金筹集、资金使用和利润分配是主要的财务行为。对于行政事业单位来说，财务行为主要包括预算管理、收入管理、支出管理、采购管理、资产管理、往来资金结算管理、现金及银行存款管理。同样，不同的岗位承担的财务相关职责不同，其财务行为的具体作为或不作为也不同。财务总监和总经理具有不同的财务行为，采购员和生产线上的员工也具有不同的财务行为。但是，一般来说，每个组织或每个岗位都有一定的财务行为。

其他行为是业务行为和财务行为之外但与经管责任履行相关的其他各项行为，不同的组织或岗位在其他领域的职责不同，从而具有不同的其他作为或不作为。例如，对于企业来说，人力资源管理、环境管理、公益事业等都是与经管责任履行相关的行为。对于行政事业单位来说，人力资源招聘、政府采购、物业管理、公务接待等都是与经管责任履行相关的行为。同时，不同岗位也会有不同的其他行为。例如，财务部经理和人力资源部经理相比，在人力资源方面就具有很不同的职责，从而具有很不同的行为。

上述这些行为，业务行为是中心，财务行为和其他行为是为业务行为服务的。然而，如果财务行为和其他行为出现问题，则业务行为也会受到制约。

那么，上述三类行为为什么都可能成为行为审计的内容呢？一般来说，财务行为作为行为审计内容是大家公认的。问题是，业务行为和其他行为能否作为行为审计内容呢？就业务行为来说，各类业务行为基本上都是提供某产品或服务的，一般都有相关的法律法规或规章制度，行为主体在业

务行为中遵守这些法律法规或规章制度是其业务行为的内在要求。所以，客观上需要对业务行为进行行为审计。就其他行为来说，同样需要遵守相关法律法规或规章制度，所以，同样需要进行行为审计。即使没有相关的法律法规或规章制度，为了判断业务行为或其他行为是否合理，是否存在改进的潜力，也可以开展行为审计。

以上从三个不同的角度对特定行为进行了分类。事实上，这三种分类可以结合起来，因为行为一定是有主体的，而主体的行为一定是有内容的。同时，进行行为审计时，一定要选择一定的标的。所以，三种分类可以结合起来，形成一个综合分类，其大致情形如表 3 所示。

表 3 特定行为的综合分类

行为内容和属性	行为主体			
	组织		自然人	
	具体行为	约束具体行为的制度	具体行为	约束具体行为的制度
业务行为	★	★	★	★
财务行为	★	★	★	★
其他行为	★	★	★	★

注：★表示有这种情形。

三、主要行为审计业务的审计内容分析

本节前文构建了包括行为概念、范围和分类的行为理论框架。下面，我们用这个理论框架来分析现实生活中的主要行为审计业务的审计内容，以一定程度验证上述理论框架。

（一）舞弊审计

舞弊审计关注的是舞弊行为，从行为审计角度来说，主要是关注审计客体与经管责任履行相关的舞弊行为，对于与经管责任无关的舞弊行为（例如，个人生活中的舞弊行为），一般不作为审计内容。审计客体在履行经管责任中的全部行为分为舞弊行为和非舞弊行为，舞弊审计就是要从这个行为整体中找出舞弊行为，这里的全部行为也就是本节前文界定的特定行为，非舞弊行为也就是正常行为，舞弊行为也就是缺陷行为。

对于审计客体的特定行为，可以从多个视角进行分类。从行为主体视角，自然人当然可能舞弊，一个组织也可能舞弊，所以，舞弊审计的特定行为包括自然人行为和组织行为。从行为标的视角，虽然舞弊实施依据于具体行为，但是制度缺陷是舞弊的前提，没有制度缺陷，舞弊具体行为难以实施。所以，舞弊审计并不只是关注具体的舞弊行为，还要关注与舞弊行为相关的制度。从这个角度出发，舞弊审计既要关注具体行为，还要关注约束具体行为的制度。从行为内容及属性视角，舞弊可能发生在业务行为中，也可能发生在财务行为中，还可能发生在其他相关行为中，任何一种特定行为中都可能发生舞弊，所以，舞弊审计要关注业务行为、财务行为和其他行为。

（二）预算执行审计

虽然对预算执行审计有不同的认识，但是无论如何，预算执行的合规性、预算管理的合理性都是预算执行审计的关注重点。这里的预算执行合规性、预算管理合理性，就是行为审计。预算执行

和预算管理都是预算执行行为，这些行为与预算经管责任密切相关，形成预算执行审计的特定行为。预算执行特定行为由两类组成：一是合规、合理的预算执行行为，也就是本节前面界定的正常行为；二是不合规或不合理的预算执行行为，也就是本节前面界定的缺陷行为。

对于预算执行主体的特定行为，可以从多个视角进行分类。从行为主体来说，自然人有预算执行行为，一个组织当然更有预算执行行为，所以，预算执行行为包括自然人的预算执行行为和组织的预算执行行为。从行为标的来说，预算执行行为可以是具体的预算执行行为，例如取得收入、发生支出、政府采购等，也可以是约束上述具体行为的预算管理制度。所以，预算执行审计，既要关注具体的预算执行行为，还要关注预算管理制度。从预算执行行为的内容及属性来说，预算执行本身是财务行为。但是，财务行为是支持业务行为和其他行为的，财务行为是因为业务行为和其他行为引致的，如果没有业务行为和其他行为，财务行为也就没有必要发生。从根本上来说，财务预算是业务计划和其他行为计划的财务体现，财务行为违规的原因可能源于业务行为和其他行为。因此，预算执行审计，要跟踪到业务行为和其他行为。

（三）管理审计

虽然对管理审计有不同的认识，但是无论如何，管理的合规性、合理性都是管理审计的关注重点。管理行为当然是履行经管责任不可或缺的，所以，属于本节前面界定的特定行为。这种特定行为由两部分组成：一是合规、合理的管理行为，也就是本节前面界定的正常行为；二是不合规或不合理的管理行为，也就是本节前面界定的缺陷行为。一般来说，正常管理行为和缺陷管理行为是混合在一起的，它们共同组成特定行为。管理审计的核心内容，就是要从特定行为中找出缺陷管理行为。

对于审计客体的管理行为，可以从多个视角进行分类。从行为主体来说，自然人当然有管理行为，一个组织更会有管理行为，所以，管理审计的特定行为包括自然人的管理行为和组织的管理行为。从行为标的来说，管理行为可以是具体的管理操作行为，例如市场预测、人员招聘、质量检查等，也可以是约束管理操作行为的管理制度。所以，具体的管理操作行为和管理制度都是管理审计的内容。从行为内容及属性来说，业务行为、财务行为和其他行为，都可以有具体的管理操作行为，还会有约束这些行为的管理制度。所以，各类行为都可能成为管理审计的内容。

总体来说，舞弊审计、预算执行审计和管理审计的审计内容符合本节前面构建的行为理论框架，这说明这个理论框架具有解释力和理论张力。

四、结论和启示

我国的合规审计、建设性审计及中国特色绩效审计都非常关注行为是否合规、制度是否合理等问题，这类审计，本质上是行为审计。本节借鉴法学理论的行为理论，对行为审计的行为理论做一探索性的研究，包括三个问题：行为概念、行为范围、行为分类。

与经管责任之履行没有关联的行为加上与经营责任履行有关的特定行为，作为一个整体，形成一个一般意义上的行为概念，称之为一般行为。行为审计的行为是特定的自然人或组织对其经管责任履行具有重要影响的作为或不作为，称为特定行为。

特定行为分为正常行为和缺陷行为，从行为的内容、属性来看，它们可能无差别，只是对经管责任履行产生不同的后果。缺陷行为在改进前对经管责任履行未能有效地发挥作用，改进之后才能有效地发挥作用；而正常行为则对经管责任履行产生积极效果。

正常行为和缺陷通常是混合在一起，形成一个较为庞大的特定行为集合。对于特定行为可以从行为主体、行为标的、行为内容及属性三个维度进行分类。行为审计的行为主体包括特定的自然人和组织，所以，特定行为区分为组织行为和自然人行为。行为审计的标的有两种情形：一是直接审计具体行为，二是审计约束行为的制度。所以，特定行为区分为具体行为和约束具体行为的制度。从行为的内容和属性来看，行为可以分为业务行为、财务行为和其他行为。此外，上述三种分类可以结合起来，因为行为一定是有主体的，而主体的行为一定是有内容的。同时，进行行为审计时，一定要选择一定的标的。所以，三各分类可以结合起来，形成一个综合分类。

舞弊审计、预算执行审计和管理审计作为主要的行为审计业务，它们的审计内容符合本节前面提出的行为理论。

行为审计是我国重要的审计类型，然而，目前还处于以经验为主的阶段，本节构建的行为理论，对于制定行为审计准则具有基础性作用，它有助于确定行为审计的边界，有助于选择合适的审计主题。

参考文献

1. 李凤鸣，刘世林．第二讲政府审计的主体和客体 [J]，审计与经济研究，1996 (2)：58－61。

2. 赵玉华．关于审计假设和审计主体的再思考 [J]，中国审计信息与方法，1994 (12)：22－23。

3. 庞玮清．对审计主体的一点思考 [J]，交通财会，1996 (8)：36。

4. 谢志华．审计变迁的趋势：目标、主体和方法 [J]，审计研究，2008 (5)：21－24。

5. 刘　静．试论我国三种审计主体对经济发展的不同影响 [J]，税务与经济，2014 (2)：68－72。

6. 罗恩・莱克．环境审计的新篇章 [J]，中国内部审计，1999 (3)：17－18。

7. 李　雪，邵金鹏．发挥注册会计师在环境审计中的作用 [J]，中国人口、资源与环境，2004 (4)：134－136。

8. 周晓惠，许永池．构建我国社会责任审计的双主体联合审计模式 [J]，财会月刊，2011 (2)：65－66。

9. 姚爱科．企业领导人员经济责任审计主体探析 [J]，财会通讯，2007 (6)：52－54。

10. 王爱华，刘　杨．上市公司整合审计研究发展综述 [J]，财会月刊，2012 (2)：64－68。

11. 周勤业，尤家荣．达世华，审计（上海财经大学会计教材系列丛书） [M]，上海三联书店，1996 年。

12. 郑石桥，主编．绩效审计方法 [M]，东北财经大学出版社，2012 年。

13. Coase，R. H. The nature of firm. Economica，Vol. 4，No. 16 (Nov.，1937)，386-405.

14. Coase，R. H. The problem of social cost. The Journal of Law & Economics，Vol. 3 (Oct.，

1960)，1-44.

15. DeAngelo，L. E. Mandated successful efforts and auditor choice. Journal of Accounting and Economics 4 (1982)，171-203.

16. DeAngelo，L. Auditor Independence，Lowballing ，and Disclosure Regulation [J]. Journal of Accounting & Economics，August：113- 127，1981.

17. Pittman，J. A.，Fortin，S. Auditor choice and the cost of debt capital for newly public firms. Journal of Accounting and Economics 37 (2004)，113-136.

18. Williamson，O. E. The modern corporation：origins，evolution，attributes. Journal of Economics Literate，Vol. 19，No. 4 (Dec.，1981)，1537-1568.

19. Williamson，O. E. Corporate Governance. The Yale Law Journal，Vol. 93，No. 7 (Jan.，1984)，1197-1230.

20. Williamson，O. E. Comparative economic organization：the analysis of discrete structural alternatives. Administrative Science Quarterly，36 (1991)：269-296.

21. 郑石桥，马新智．审计基础理论探索——机会主义、问责和审计 [M]，中国出版集团，2012 年。

22. 杨时展．审计的产生和发展 [J]，财会通讯，1986 (04)：4—8。

23. 邢俊芳．经济责任审计对领导干部升迁和奖惩的影响 [J]，理论前沿，2005 (5)：10—12。

24. 徐雪林，郭长水．经济责任审计对象研究 [J]，审计研究，2005 (4)：80—83。

25. 冯均科．国家审计问责客体的探讨 [J]，财会研究，2009 (10)：66—68。

26. 戚振东，尹平．国家治理视角下的经济责任审计发展创新研究 [J]，学海，2013 (2)：129—135。

27. 颜志敏．开展专项审计调查应把握的几个重点 [J]，审计月刊，2005 (3)：31。

28. 王志楠．试析专项审计调查项目的四种组织方式 [J]，审计月刊，2006 (4)：15。

29. 林 图．对专项审计调查相关问题的探讨 [J]，商业会计，2008 (11)：42—43。

30. 颜志敏．怎样搞好专项审计调查 [J]，审计月刊，2010 (10)：24—25。

31. 桂春荣．专项审计调查中的六大矛盾关系 [J]，审计月刊，2011 (6)：7—9。

32. 林荫茂．单位犯罪理念与实践的冲突 [J]，政治与法律，2006 (2)：37—45。

33. 鸟羽至英．行为审计理论序说 [J]，会计，1995 (6)：77—80。

34. 马克昌，鲍遂献．略论我国刑法上行为的概念 [J]，法学研究，1991 (2)：1—5。

35. 黎 宏．论刑法中的行为概念 [J]，中国法学，1994 (4)：74—83。

36. 秦秀春．对刑法中行为的新思考 [J]，中外法学，1999 (4)：91—94。

37. 叶必丰．行政行为的分类：概念重构抑或正本清源 [J]，政法论坛（中国政法大学学报），2005 (9)：36—46。

38. 刘明研．论刑法中行为的概念 [J]，法制与社会，2008 (12)：58—59。

第四章 行为审计取证模式

从方法论层面来说，如何实施行为审计？这个问题的回答就是行为审计方法理论，包括行为审计取证理论、行为审计定性理论、行为审计处理处罚理论、行为审计整改理论。本章阐述行为审计取证理论，根据这个主题，包括以下内容：行为主题、取证模式和审计意见类型；行为审计取证：逻辑框架和例证分析。

第一节 行为主题、取证模式和审计意见类型

从技术角度来说，审计就是围绕一定的主题收集证据并发表意见，审计主题有信息主题和行为主题两类，它们需要不同的审计取证模式，也会发表不同类型的审计意见。目前，我国的审计实践中，行为是否合规，体制、机制、制度和管理是否合理，都是重要的审计主题。这类审计，本质上是行为审计。但是，审计理论研究并没有区分信息审计和行为审计，绝大多数的审计理论都是以信息审计特别是财务信息审计为背景。行为审计理论基础的缺乏，制约行为审计规范化进程。

虽然有些权变因素会影响审计取证模式选择及审计取证模式和审计意见之间的关系，但是基础性的原因是审计主题。正是审计主题的不同，决定了审计取证模式的不同，也正是审计取证模式的不同，决定了审计意见类型的不同。本节以行为审计主题为基础，建立一个理论框架，以解释行为审计取证模式的选择及审计取证模式和审计意见类型之间的关系。

一、文献综述

关于审计取证模式有不少的研究文献（王会金，刘瑜，2006；王会金，2014），主要关注审计取证模式变迁的原因。这些原因包括审计内部原因、审计环境原因和审计对象原因等。谢志华（1997，2008）认为，审计方法的变迁是由提高审计效率与避免或降低审计风险的要求决定的。在审计方法的历史演变中，贯穿其中并起决定作用的是审计风险和审计效率的相互作用。陈毓圭（2004）认为，审计师为了实现审计目标，一直随着审计环境的变化调整着审计方法。审计方法从账项基础审计、制度基础审计发展到风险导向审计，都是审计师为了适应审计环境的变化而作出的调整。谢荣、吴建友（2004）认为，多样的、急剧变化的内外部社会环境改变了审计模式。石爱中、孙俭（2005）认为，审计对象的信息化程度改变了审计模式，它们区分了手工背景下和信息化背景下的审计模式。手工背景下的审计模式包括账目基础审计和制度基础审计，信息化背景下的审

计模式包括账套式审计和数据式审计。

上述这些研究文献，基本上都是以信息审计为背景，探究的是信息审计取证模式的变迁原因。行为审计与信息审计具有不同的审计主题，其审计取证模式不同，对审计意见类型的影响也不同。本节以行为审计主题为基础，建立一个理论框架，以解释行为审计取证模式及审计取证模式和审计意见类型之间的关系。

二、行为审计主题、审计取证模式和审计意见：理论框架

审计起始于审计目标，而实现这个审计目标的是审计意见，从审计目标到审计意见的生产有一个系统的过程，对于这个过程有不同的观察视角，有人称为审计步骤，有人称为审计循环。本节舍象其中的技术细节，将审计取证过程概括为审计取证模式。从这个层面出发，审计的逻辑过程是，首先是审计目标和审计主题；其次，在此基础上，通过审计取证模式来获得审计证据；最后，根据审计证据确定审计意见。在这个过程中，发挥基础性作用的是审计主题，一方面，它将审计目标和审计取证模式关联起来，另一方面，它还通过审计取证模式，决定审计意见。总体来说，审计的逻辑过程如图1所示。在这个过程中，正是由于审计主题不同，才产生了不同的审计取证模式，也正是由于审计取证模式不同，审计证据的充分性也不同，从而使得发表的审计意见类型也不同。下面，我们来具体分析这个逻辑过程，以阐述审计主题的基础性地位。

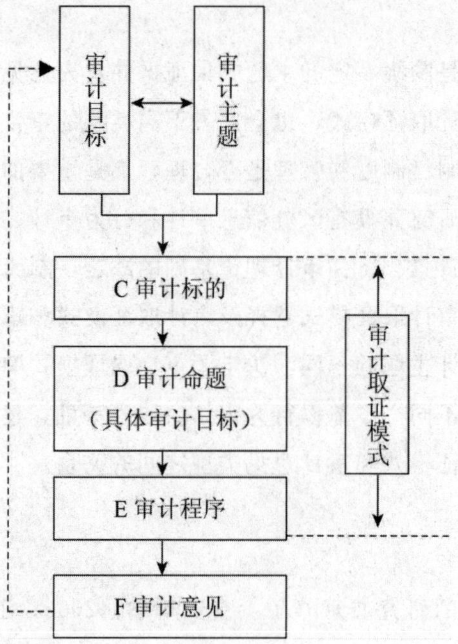

图 1　审计的逻辑过程

（一）行为审计目标和行为审计主题

审计目标就是人们通过审计实践活动所期望达到的境地或希望得到的结果。从审计人的角度出发，审计目标决定了审计人要提供的审计产品。审计目标不同，审计产品也不同。如何提供委托人所期望的审计产品呢？首先要确定的就是审计主题。审计主题就是审计人员所要发表审计意见的直接对象，审计过程就是围绕审计主题收集证据并发表审计意见的系统过程。行为审计主题是特定行为。当然，委托人也可能是先有确定了的关注领域，从而先有审计主题，然后再确定针对该领域的

审计目标。所以，审计目标和审计主题之间并不一定具有逻辑上的先后关系。但是，一般来说，审计目标和审计主题之间有一定的对应关系，一定的审计目标只能通过一定的审计主题来实现，而一定的审计主题只能承载一定的审计目标。一般来说，审计目标包括真实性、合规性和合理性三个方面。真实性关注的是信息有无虚假或错报，它是行为审计的基础，但不是行为审计主题本身的目标。合规性关注的是财政财务收支及相关经济活动是否遵守了相关的法律法规和规章制度，显然由行为审计主题来承载。合理性关注是否合理，也就是是否存在改进的潜力。从行为主题来说，可以判断行为是否存在缺陷，如果存在缺陷，则表明存在改进的潜力，所以，可以承载合理性目标。总体来说，行为主题可以承载合规性目标和合理性目标。

（二）行为审计取证模式：审计标的

审计目标和审计主题确定之后，需要一个审计取证模式来获取审计证据。这个取证模式要解决三个问题：第一，审计标的，也就是审计实施的直接标的物之确定，合规审计中的特定行为就是审计标的；第二，针对特定的审计标的，具体的审计目标是什么，也就是确定针对特定审计标的之审计命题；第三，如何证明每一个具体的审计命题，也就是确定和实施审计程序。所以，从技术上来说，审计就是一个证明过程，在确定证明之标的之后，将审计目标落实到每一个审计标的，形成审计命题，然后采用审计程序来证明每一个命题，最后根据每个命题的证明结果，形成关于审计主题的结论。不同的审计主题，在上述三个方面可能形成重大差别，从而形成不同的审计取证模式。我们先来分析审计标的。

审计标的有三个问题：一是选择审计标的，二是确定审计标的之总体和个体，三是确定审计标的之载体。

审计标的是审计实施的直接标的物，也就是审计的靶子（谢荣，1989）。不同的审计主题，其审计标的不同。就行为审计主题来说，其审计标的应该是特定行为。由于所审计的特定行为不同，行为审计主题可能有很多种。例如，针对招待费用可以专门审计，针对出国费用可以专门审计，针对员工报酬也可以专门审计，针对领导个人开支也可以专门审计。总之，每种特定行为都可以审计标的。

审计标的确定之后，接下来的问题是，确定审计标的之总体和个体。审计总体（audit scope）就是审计标的之全体，审计个体就是审计标的之个体，审计总体是审计个体的集合。不同审计主题的审计总体和个体具有不同的特征。就行为主题来说，被审计单位不一定有认定。对于行为，可以从两个角度来观察，一是行为主体，二是行为类型。所以，可以从三个角度来确定审计总体和审计个体。首先，从行为主体角度来确定审计总体和个体。也就是说，关注特定行为人的所有行为，凡是属于审计所关注的特定人的每一次行为，就属于审计个体，所有个体的集合形成审计总体。然而，任何一个人都可能存在多种行为，如果只关注特定人的行为，而行为类型又有许多种，这个角度的审计总体和个体可能很庞大。其次，从行为类型角度来确定审计总体和个体。也就是说，审计只关注某些特定类型的特定行为，凡是属于所界定的特定行为，都属于审计总体，每个特定行为都属于审计个体。然而，行为一定是人或某组织从事的，如果不确定人或组织的范围，则审计总体和个体的范围也可能很庞大。最后，将行为主体和行为类型结合起来，这种情形下，从空间范围上来说，审计总体和个体的范围是清晰的。

审计标的之总体和个体确定之后，无论是详细审计，还是抽样审计，都需要有一定的审计载体，也就是审计活动直接实施的资料、实物和人，他们或它们是被审计单位或相关主体对审计标的之记载或记忆，所以，也称为形式上之标的。不同的审计标的，其审计载体差别很大。就行为审计主题来说，由于被审计单位不一定形成相关的认定，行为审计载体有两种情形：一是没有系统化的审计载体。也就是说，对于这种审计标的并未形成系统的记录，如果有些记录，也是分散于其他的记录之中，针对该标的，并未形成特定的系统化记录；二是有系统化的审计载体。这种情形下，针对该特定行为，有专门的记录。当然，即使有专门的记录，还要区分为存在相关的原始记录和不存在相关的原始记录这两种情形。

（三）行为审计取证模式：审计命题

命题是可以被定义并观察的现象。审计命题具有两方面的含义，第一，它是审计目标的分解，所以，也可以称为具体审计目标；第二，它必须与一定的审计标的相联系，所以，也就是针对特定的审计标的需要获取证据来证明的命题。不同的审计主题在审计命题方面具有不同的特征。

特定行为的审计目标是合规性和合理性，而真实性是二者的基础。所以，结合真实性目标，特定行为的审计命题包括：发生性、完整性、准确性、截止、分类、合规、合理。发生性是审计载体中已经记录的行为是真实的，如果没有发生该行为，而审计载体中记录了该行为，则该命题是伪。完整性是审计客体所发生的所有该类行为都已经确实在审计载体中记录了，如果有些行为没有记录在审计载体中，则该命题是伪。准确性是指审计载体中对该行为相关数据特别是金额的记录是正确的，如果发生数据不符，则该命题是伪。准确性与发生性、完整性之间存在区别。例如，若已记录的行为是不应当记录的，即使金额是准确计算的，则发生命题是伪。再如，若已记入的行为是属于该特为，但金额计算错误，则准确性是伪，但发生命题是真。在完整性与准确性之间也存在同样的关系。截止是指审计载体所记录的特定行为记录于恰当的期间。如果本期行为推到下期，或下期交易提到本期，则该命题是伪。分类是指在审计载体中对特定行为进行再分类时，对行为的再分类是正确的，如果对该特定行为再分类错误，则该命题是伪。合规是指审计客体所发生的该类特定行为符合既定标准，如果有些行为违反了既定标准，则该命题是伪。合理是指该特定行为的履行不存在较大的改进潜力，如果存在，则该命题是伪。当然，如果行为审计是在真实性审计之后来实施，则上述发生性、完整性、准确性、截止、分类命题都不存在。

上述分析表明，行为审计主题有独特的审计命题，而审计命题只是确定了需要证明的命题，而这些命题能否得到证明，与审计载体相关。如果审计载体是清晰的，且有原始记录支持，则这些命题就具有穷尽性，针对这些审计载体，实施详细审计或抽样审计后，就能就每个命题，就该审计总体得出审计结论；如果审计载体清晰，但是，没有原始记录，则审计实施较为困难；如果没有清晰的审计载体，审计总体和个体确定都较为困难，则审计实施也就困难。

（四）行为审计取证模式：审计程序

审计程序（audit procedure）是获得审计证据的具体方法，它是针对特定的审计命题，从特定的审计载体中获取审计证据的技术。不同的审计命题、不同的审计载体，需要不同的审计程序。而审计命题、审计载体又与审计主题相关。所以，总体来说，审计主题是确定审计程序的基础性原因。

审计程序有两层含义：一是审计程序的组合，二是特定审计程序的性质、范围（audit extent）和时间的选择。

关于特定审计程序的组合，有两种情形：一是详细审计，二是抽样审计。究竟是选择详细审计，还是选择抽样审计，受到许多因素的影响，如审计责任、审计效率、审计环境等。但是，更为基础性的原因是审计载体。如果审计载体是清晰的，并且是有原始记录支持的，则详细审计可行，抽样审计也可行；如果没有清晰的审计载体，无法确定总体的范围，当然也就无法进行科学的审计抽样，进而也无法根据已审计的个体对审计总体做出结论，而只能就已经审计过的个体发表审计意见。所以，这种情形下，难以形成有效的抽样审计模式。

就特定审计程序的性质、范围和时间来说，当然是以审计程序的组合为前提，在这些前提下，审计命题、审计载体及相关的环境因素共同决定其选择。行为审计程序，可以借用财务信息审计程序，例如审阅、询问、观察、调查等，也发展了一些成熟的专门方法，例如重新执行和穿行测试。同时，行为审计的新方法还在不断出现，如调查问卷、设立意见箱、公布联系电话、座谈会、走访有关单位等。但是，总体来说，相对于信息审计特别是财务信息审计，行为审计程序还远未成熟，对于许多行为，还没有适宜的审计程序。

（五）行为审计取证模式：命题论证型和事实发现型

根据以上分析可知，行为审计过程从逻辑上包括审计标的、审计命题和审计程序三个维度，其基本情形归纳如表1所示。

表1　行为审计的审计标的、审计命题和审计程序

<table>
<tr><td colspan="3">审计取证过程</td><td>审计主题：特定行为</td></tr>
<tr><td rowspan="5">审计标的</td><td colspan="2">标的物</td><td>特定行为</td></tr>
<tr><td colspan="2">总体和个体</td><td>概念上可以清晰地确定</td></tr>
<tr><td rowspan="3">审计载体</td><td>没有系统的载体</td><td>许多特定行为属于这种情形</td></tr>
<tr><td>有系统的载体，但没有原始记录支持</td><td>有些特定行为属于这种情形</td></tr>
<tr><td>有系统的载体，且有原始记录支持</td><td>有些特定行为属于这种情形</td></tr>
<tr><td colspan="3">审计命题</td><td>合规，合理，发生，完整性，准确性，截止，分类</td></tr>
<tr><td rowspan="2">审计程序</td><td colspan="2">审计程序组合</td><td>审计载体不清晰时难以形成有效的抽样审计模式，
审计载体清晰地可以形成有效的抽样审计模式</td></tr>
<tr><td colspan="2">特定审计程序的选择</td><td>已经有一些方法，还未系统化</td></tr>
</table>

审计取证模式就是审计标的、审计命题和审计程序三者的组合。表1的信息显示，审计取证模式最主要的分歧在于审计载体。审计载体有三种情形：没有系统的载体；有系统的载体，但没有原始记录支持；有系统的载体，且有原始记录支持。对于行为审计主题上述三种情形都存在。

审计载体的确定对审计取证具有重要影响。如果存在有原始记录支持的审计载体，审计总体和个体都可以清晰地确定，则审计取证采取详细审计或抽样审计都是可行的；如果存在审计载体，但是没有原始记录来支持这些审计载体，审计总体和审计个体难以清晰地确定，审计实施比较困难；

如果不存在系统化的审计载体，此时，审计总体和个体都难以清晰地确定，审计实施比较困难。

总体来说，审计取证模式可以分为两种情形：一是有系统的载体且有原始记录支持，称之为有系统的载体；二是没有系统的载体或者虽然有系统的载体但没有原始记录支持，称之为没有系统的载体。

有系统的载体和没有系统的载体，审计取证模式有很大的区别。在有系统的载体时，审计总体范围是确定的，组成总体的个体也是确定的，审计命题具有穷尽性，可以按“疑错从无”和“无反证假设”，如果没有发现有相反的证据，则推定命题是成立的，这种审计取证属于命题论证型模式。在这种审计取证模式下，重要的问题是审计风险和审计效率之间的权衡。一般来说，如果要提高审计效率，就需要采取抽样审计，而抽样的不同思路，就决定了不同的审计取证模式。信息化背景下和手工背景下的审计取证模式的区别，主要也是对于抽样的依赖程度及抽样思路的不同，信息化降低了对于抽样的依赖程度，也使得抽样可以针对更加细分的审计总体。在这种取证模式下，能获取充分恰当的审计证据来证明审计命题，通过所有审计命题的证明，对审计主题发表意见，所以，称为命题论证型取证模式。

莫茨、夏拉夫（1990）指出，事实问题的逻辑过程如下：认识面临的整个问题（接受审计任务）；观察与问题有关的事实；把整个问题分解成单个的问题；针对每一个具体问题确定所要搜集的证据；选择适用的审计技术和程序；实施获得审计证据的程序；评价证据，包括证据的相关性和有效性，证据是否暗示新的问题，证据对形成判断是否恰当；形成判断，包括对单个问题的判断和对整个问题的判断。这里的论述，与本节提出的命题论证型模式基本相同。

在没有系统的载体时，审计总体或审计个体的范围不能明确，审计命题不具有穷尽性，无从使用“疑错从无”和“无反证假设”，这种审计取证模式属于事实发现型。舞弊审计是其典型形态。事实发现型只能就已经发现的审计个体形成结论，通过很多单个审计个体实施审计程序来发现这些审计个体与审计命题相关的证据。当然，从审计人员的主观愿望来说，总是希望通过很多的审计个体的审计，形成对审计总体的结论，其过程如图 2 所示。

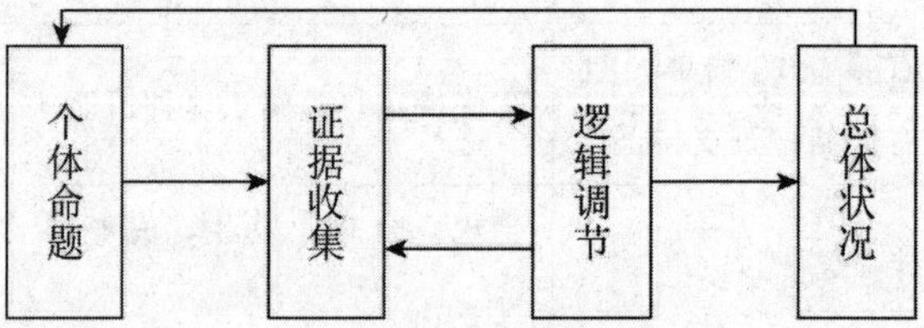

图 2　事实发现型取证模式

然而，在没有系统的审计载体时，审计总体的范围不能确定，究竟需要审计多少审计个体才能得出关于审计总体的结论，缺乏统计原理的支持。同时，由于没有系统的审计载体，对于所选定的审计个体的审计也不一定能得出可行的审计结论，正因为此，想根据抽样审计来得出总体的结论也不具有可行性。所以，这种审计取证模式下，只能审计具有载体的审计个体，无从采用详细审计，也无从按统计原理来实施抽样审计。正因为此，在没有系统的审计载体时，无法获取可行的审计证据来证明某些审计命题，进而也无法通过审计命题的证明来对审计主题形成审计意见，而只能通过对有审计载体的审计个体之审计来发现某些事实。所以，称为事实发现型取证模式。

上述关于审计主题、审计载体、审计命题和审计取证模式之间的关系，归纳起来如表 2 所示。

表 2　审计主题、审计载体和审计取证模式

审计主题	审计载体			审计取证模式
	没有系统的载体	有系统的载体但没有原始记录支持	有系统的载体且有原始记录支持	
特定行为	A√	B√	C√	AB 事实发现型，C 命题论证型

注：√表示这种情形有可能存在。

现实生活中，行为主题存在系统的载体且有原始记录支持的情形很少，所以，行为审计主要采用事实发现型模式。行文到这里，一个自然的问题是，为什么许多的行为主题不能形成系统的载体且有原始记录支持，这个问题对于审计很重要，但是，与本节的主题关联不大。一般来说，审计客体的信息系统并不是专门为审计而设计，系统地记录什么和不记录什么以及是否建立支持性的原始记录系统完全是基于其本单位的需要。当然，如果符合成本效益原则，委托人可以要求其代理人建立某些信息系统。

（六）审计意见类型及其原因

我们现在来分析审计取证模式和审计意见类型的关系。根据审计意见的保证程度，将审计意见分为合理保证和有限保证。合理保证表明审计意见的可靠程度较高，一般以积极方式提出结论。有限保证表明审计意见的可靠程度低于合理保证，一般以消极方式提出结论。所以，审计人员发表不同类型审计意见的关键因素是保证程度，而保证程度又是由审计证据所决定的。如果审计证据具有较高的支持程度，则发表合理保证审计意见，否则，就发表有限保证审计意见。

审计证据的保证程度又是由什么决定的呢？是由审计取证模式。不同审计取证模式下，审计证据的保证水平不同。在事实发现型取证模式下，由于审计总体不能确定，并且已经审计的个体并不能有效地代表审计总体，无从根据已经审计的个体来推断审计总体，审计主题无法得到验证。所以，只能就已经审计的个体且采取消极方式就发现的事实来发表审计意见，属于有限保证意见。

在命题论证型取证模式下，从理论上来说，全体审计命题得到证明之后，审计主题就得到了证明。在这种情形下，有两种选择：一是选择的样本能有效地代表审计总体。此时，能根据对样本的审计结果来推断总体状况（详细审计是抽样审计的特例），能对审计主题发表审计意见，这种情形下的审计意见采用合理保证方式；二是由于成本效益或审计产品使用者不需要较高程度的保证，抽样的样本并不能有效地代表审计总体。此时，只能就已经审计已经审计的个体且采取消极方式就发现的事实来发表审计意见，属于有限保证意见。特别需要说明的是，命题论证型取证模式下，出现有限保证审计意见，并不是技术上的原因，而是审计产品的使用者不需要较高程度的保证。

根据以上所述审计意见类型与审计取证模式的关系，再联系前面分析的审计主题、审计载体和审计取证模式的关系，归纳起来如表 3 所示。

表 3　审计主题、审计取证模式和审计意见类型

<table>
<tr><td rowspan="3">审计主题</td><td colspan="3">审计载体</td><td colspan="3">审计意见类型</td></tr>
<tr><td rowspan="2">1</td><td rowspan="2">2</td><td rowspan="2">3</td><td rowspan="2">详细审计</td><td colspan="2">抽样审计</td></tr>
<tr><td>取证模式</td><td>审计意见类型</td></tr>
<tr><td>特定行为</td><td>A√</td><td>B√</td><td>C√</td><td>A 有限保证；B 有限保证；C 合理保证</td><td>AB 事实发现型，C 命题论证型</td><td>A 有限保证；B 有限保证；C 合理保证。</td></tr>
</table>

注：1 表示没有系统的载体，2 表示有系统的载体但没有原始记录支持，3 表示有系统的载体且有原始记录支持，√表示可能有这种情形。

三、行为审计主题、审计取证模式和审计意见：对预算执行审计的分析

本节以行为审计主题为基础，建立了一个关于行为审计取证模式选择及其与审计意见类型之关系的理论框架，那么，这个理论框架能否解释现实生活中的审计现象呢？下面，我们用这个理论框架来分析预算执行审计的审计主题、审计取证模式及审计意见类型，以一定程度上验证本节提出的理论框架。

预算执行审计的审计主题是预算行为，包括预算编制、预算执行和预算报告全过程的活动及相关经济活动。从理论上来说，审计主题有两类：一是特定的预算行为，二是约束预算行为的预算管理制度。根据本节的主题，我们关注预算行为。

当以特定的预算行为作为审计主题时，如果只关注某些特定类型的预算行为，其审计总体和审计个体应该是可以确定的，例如人员经费开支是否违规、办公经费开支是违规等特定的行为，并且这些特定行为可能还存在系统且有原始记录支持的审计载体。如果只对这种类型的预算行为进行审计，可以采用命题论证型取证模式，并就这类特定的预算行为发表合理保证审计意见。当然，也有一些特定预算行为，要么审计总体无法明确界定，要么是不存在系统且有原始记录支持的审计载体。此时，审计取证模式只能采取事实发现型，也只能发表有限保证的审计意见。总体来说，如果以全部预算行为审计主题，则总体上难以确定审计总体，并且不能保证所有的预算行为都存在系统且有原始记录支持的审计载体。此时，只能就已经审计的个体并且以有限保证的方式发表审计意见。

我国的预算执行审计的审计主题一般包括全部预算行为和预算制度。所以，从总体上来说，命题论证型和事实发现型取证模式都有用武之地。但是，在大案、要案、要情、要目这些审计目标驱动下，主要采用了事实发现型取证模式，也只能就已经发现的事实来发表有限保证审计意见。

所以，总体来说，预算执行审计的审计主题、审计取证模式及审计意见类型之间的关系，与本节前面的理论框架相一致。

四、结论和启示

审计取证和审计意见是审计认知的最关键要素，并且二者密切相关。本节以行为审计主题为基础，建立一个理论框架，以解释行为审计取证模式的选择及审计取证模式和审计意见类型之间的关系。

审计目标和审计主题之间有一定的对应关系，一定的审计目标只能通过一定的审计主题来实现，而一定的审计主题只能承载一定的审计目标。行为主题只能承载合规性目标和合理性目标。

审计目标和审计主题确定之后，需要一个审计取证模式来获取审计证据。这个取证模式要解决三个问题：第一，审计标的，也就是审计实施的直接标的物的确定；第二，针对特定的审计标的，具体的审计目标是什么，这也是确定针对特定审计标的之审计命题；第三，如何证明每一个具体的审计命题，也就是确定和实施审计程序。

审计标的有三个问题：一是选择审计标的，二是确定审计标的之总体和个体，三是确定审计标的之载体。审计标的是审计实施的直接标的物，行为审计的审计标的是特定行为。审计总体（audit scope）就是审计标的之全体，审计个体就是审计标的之个体，审计总体是审计个体的集合。不同审计主题的审计总体和个体具有不同的特征。行为审计主题，如果将行为主体和行为类型结合起来，可以确定审计总体和个体的范围。审计载体就是审计活动直接实施的资料、实物和人，也称为形式上之标的。载体有三种情形：一是没有系统的载体；二是有系统的载体但没有原始记录支持；三是有系统的载体且有原始记录支持。就行为审计来说，上述三种情形都可能存在。

命题是可以被定义并观察的现象，不同的审计主题在审计命题方面具有不同的特征。特定行为的审计命题包括：合规、合理、发生性、完整性、准确性、截止、分类。

不同的审计命题、不同的审计载体，需要不同的审计程序。而审计命题、审计载体又与审计主题相关。所以，总体来说，审计主题是确定审计程序的基础性原因。审计程序有两层含义：一是审计程序的组合，二是特定审计程序的选择。关于特定审计程序的组合，有两种情形：一是详细审计，二是抽样审计。究竟是选择详细审计，还是选择抽样审计，基础性的原因是审计载体。如果审计载体是清晰的，并且是有原始记录支持的，则详细审计可行，抽样审计也可行；如果没有清晰的审计载体，无法确定总体的范围，当然也就无法进行科学的审计抽样。就特定审计程序的选择来说，审计命题、审计载体及相关的环境因素共同决定其选择。

审计取证模式就是审计标的、审计命题和审计程序三者的组合。不同审计取证模式最主要的分歧在于审计载体。总体来说，审计载体有三种情形：没有系统的载体；有系统的载体，但没有原始记录支持；有系统的载体，且有原始记录支持。财务信息主题属于有系统的载体且有原始记录支持，行为审计主题上述三种情形都存在。

审计取证模式可以分为两种情形：一是有系统的载体且有原始记录支持，称之为有系统的载体；二是没有系统的载体或者虽然有系统的载体但没有原始记录支持，称之为没有系统的载体。有系统的载体和没有系统的载体，审计取证模式有很大的区别。在有系统的载体时，审计取证模式属于命题论证型；在没有系统的载体时，审计取证模式属于事实发现型。

根据审计意见的保证程度，将审计意见分为合理保证和有限保证。审计人员发表不同类型审计意见的关键因素是保证程度，而保证程度是由审计证据所决定的，审计证据的保证又是由审计取证模式决定的。在事实发现型取证模式下，只能发现有限保证意见。在命题论证型取证模式下，可以发表合理保证审计意见。

我国的预算执行审计的审计主题一般包括全部预算行为和预算制度，主要采用事实发现型取证模式，发表有限保证审计意见，这与本节前面的理论框架相一致。

本节的结论告诉我们，审计目标、审计主题、审计标的、审计命题、审计程序、审计意见之间存在规律性联系。正是这种规律性的联系，产生了不同的审计取证模式，也正是这种规律性的联系，产生了不同类型的审计意见。审计制度之构建是一个系统工程，不能就局部论局部，必须以系统的观点来设计、完善的实施审计制度。当前，我国的政府审计还是以行为主题为主，在这种背景下，如何设计系统化的中国特色审计制度可能更加需要我们理解本节所探讨的各要素之间的规律性联系。

第二节　行为审计取证：逻辑框架和例证分析

行为审计主题是特定行为，也就是对经管责任履行有影响的作为或不作为。例如，“三公经费”都是具体的支出行为。对“三公经费”进行审计，可以审计其具体的支出行为。类似“三公经费”的行为审计还有很多，例如预算执行审计、舞弊审计、经济责任审计、管理审计、内部控制审计等都涉及行为主题。由于审计载体不同，针对行为的审计取证逻辑框架存在差异。现有文献鲜有涉及以审计主题为基础的审计取证逻辑框架之探讨。本节探究特定行为这个审计主题的审计取证逻辑框架。

一、文献综述

由于审计主题不同，有信息审计和行为审计之区分。关于信息审计取证模式有不少研究文献（谢志华，2008；陈毓圭，2004；谢荣，吴建友，2004；石爱中，孙俭 2005；罗伯特·K. 莫茨，侯赛因·A. 夏拉夫，1990；Bowermna，1995；郑石桥，2014）。关于行为审计取证之研究，国外的代表性人物是日本的鸟羽至英教授。他认为，行为审计往往缺乏确定的审计命题，通常是责任方并没有给出认定，需要审计人员确定审计命题。这意味着审计人员必须自己判断并决定审计对象的领域，由于审计命题的宽泛性和模糊性，行为审计只能提供消极保证（鸟羽至英，1995）。国内只有谢少敏（2006）在其教材《审计学导论——审计理论入门和研究》中提到信息审计和行为审计的概念，并介绍了鸟羽至英教授的研究。

总体来说，关于行为审计取证，特别是其中的特定行为取证框架，非常缺乏研究。本节以行为审计取证模式为基础，构建特定行为审计取证的逻辑框架，勾画出不同情形下，特定行为审计取证的逻辑框架。

二、特定行为审计取证的逻辑框架

在既定的审计目标和审计主题下，需要一个审计取证模式来获取审计证据以完成对既定主题的既定审计目标。审计取证模式涉及三个问题：第一，审计标的，也就是审计实施的直接标的物之确定；第二，针对特定的审计标的，具体的审计目标是什么，也就是确定针对特定审计标的之审计命题；第三，如何证明每一个具体的审计命题，也就是确定和实施审计程序。审计取证模式就是上述三方面的组合。在不同的审计主题下，上述三方面呈现差异，从而有不同的审计取证逻辑框架。下面，我们从上述三个方面来讨论特定行为的审计取证逻辑框架。

（一）特定行为审计取证：审计标的（审计总体和审计个体）

审计标的是审计实施的直接标的物，也就是审计的靶子（谢荣，1989）。一般来说，审计标的是审计主题的细分。特定行为审计，其审计主题是特定行为，但是，特定行为还可以再细分，一直要细分到每个细目具有独立的审计标准为止。一般来说，审计标准和特定行为之间具有密切的关联性，审计标准是对特定行为的要求。一般来说，不同的审计标准，会规范不同的特定行为。所以，某个总体已经有独立的审计标准了，那么，组成这个总体的每个个体，已经是一次特定行为了。具有相同审计标准的审计标的可以作为一个总体，具有不同审计标准的审计标的，一般不宜作为一个审计总体。不同的特定行为，由于约束他们的制度不同，所以，再细分的层级要求可能不同。审计标的确定之后，每个审计标的都有自己独立的审计标准。也就是说，属于同一审计标的之内的特定行为，具有相同的行为规范；而不同审计标的中的特定行为，具有不同的行为规范。

将特定行为细分到每个细目具有独立的审计标准，能够作为一个审计总体时，就可以进行审计取证了。对于每个审计标的，需要确定审计总体和审计个体，审计个体是每个审计标的单个组成要素，也就是每个细分层级的特定行为，而审计总体则是该审计标的的全部审计个体的集合。

审计总体和审计个体确定之后，还需要确定审计载体，它们是审计活动直接实施的资料、实物和人，是被审计单位或相关主体对审计标的之记载或记忆，也称为形式上之标的。对于特定行为来说，审计载体有三种情形：一是没有系统化的审计载体，对于这种审计标的并未形成专门的系统记录；二是有系统化的审计载体，但是这些记载没有原始记录支持，无法验证这些记载；三是有系统化的审计载体，并且有原始记录支持，可以验证这些记载。

（二）特定行为审计取证：审计命题

审计命题是可以被定义并观察的现象，是审计目标在审计标的上的落实，也就是针对特定的审计标的需要获取证据来证明的事项，也称为具体审计目标。一般来说，行为审计目标是合规性和合理性，但是，真实性是二者的基础，离开真实性，合规性和合理性的判断可能得到错误的结论。所以，行为审计一般要结合真实性来进行合规性和合理性审计。

从真实性、合规性和合理性总目标出发，对于形成审计标的的特定行为（也就是形成独立审计总体的每类特定行为）的审计命题或具体审计目标，包括：发生性、完整性、准确性、截止、分类、合规、合理。发生性是审计载体中已经记录的行为是真实的；完整性是审计客体所发生的所有该类行为都已经确实在审计载体中记录了；准确性是指审计载体中对该行为相关数据特别是金额的记录是正确的；截止是指审计载体所记录的特定行为记录于恰当的期间；分类是指审计载体中的特定行为确实属于该类特定行为；合规是指审计客体所发生的该类特定行为符合既定标准；合理是指该特定行为不存在较大的改进潜力。

（三）特定行为审计取证：审计程序

以每个审计总体为单元，确定审计命题之后，就需要获取证据来证明审计命题。这些获取证据的技术方法就是审计程序。审计程序的实际实施对象是审计载体，由于审计载体不同，审计程序的选择也不同。前已叙及，审计载体有三种情形：没有系统化的审计载体；有系统化的审计载体但没有原始记录支持；有系统化的审计载体且有原始记录支持。在不同的审计载体情形下，审计程序的选择不同。

1. 有系统化的审计载体且有原始记录支持

前已叙及，在有系统化的审计载体且有原始记录支持时，一般采用命题论证型审计取证模式，审计取证过程一般包括两个步骤：风险评估；进一步的审计程序。风险评估是在了解被审计单位及其环境的基础上，对风险进行估计；进一步的审计程序，是在风险评估的基础上，选择所需审计程序的组合、性质、范围和时间，并实施这些审计程序。

上述审计程序与会计报表审计的风险导向审计模式有些类似，也可以称为风险导向特定行为审计。但是，各步骤的主要内容与会计报表审计的风险导向审计模式有很大的区别。INTOSAI（2010）颁布的审计准则中对于合规审计设有专门的章节，包括：《Fundamental Principles of Compliance Auditing》《Compliance Audit Guidelines－General Introduction》《Compliance Audit Guidelines－For Audits Performed Separately from the Audit of Financial Statements》《Compliance Audit Guidelines－Compliance Audit Related to the Audit of Financial Statements》。GAO（2011）颁布的政府审计准则设置专门的《Chapter 5 Standards for Attestation Engagements》来规范鉴证业务。这些准则表明，在权威机构看来，合规审计与会计报表审计存在重大差异。下面，我们以特定行为审计为背景，对风险评估和进一步的审计程序做一简要阐述。

（1）风险的含义。会计报表审计中，审计主题是会计报表信息，风险主要是指会计报表信息错弊风险。对于舞弊、违规等行为，只要其对会计报表数据形成影响时，才作为错弊的来源予以关注，所以，这里的风险事实上是信息真实性风险。特定行为审计中，审计主题是特定行为，这里的风险是特定行为与既定标准不一致的可能性，也就是特定行为的合规性风险和合理性风险。

（2）风险评估。风险估计主要是了解被审计单位及其环境。由于要评估的风险不同，对于被审计单位及其环境的了解内容也不同，由于了解内容不同，所采用的程序也会有区别。就特定行为审计来说，风险评估时了解被审计单位及其环境的内容主要应该包括：相关法律法规；相关最佳管理实务；同类单位在该特定行为方面的情形；被审计单位对于该特定行为的审计载体；被审计单位对于该特定行为的相关内部控制；相关数据分析。

（3）进一步审计程序。进一步审计程序选择包括两个问题：一是审计策略，二是审计方案。审计策略是审计程序的组合，也就是对于控制测试和实质性测试的选择。一般来说，在风险评估阶段，如果认为被审计单位相关内部控制值得依赖，就要选择综合审计策略，也就是将控制测试和实质性测试结合起来，先对拟依赖的内部控制进行测试，然后再实施实质性测试。如果发现被审计单位的相关内部控制不值得依赖，则采用实质性为主审计策略，不实施控制测试，直接实施实质性审计程序。审计方案主要涉及审计程序的性质、范围和时间选择。它是以审计策略为基础，根据审计策略，对所需实施的具体审计程序、样本及实施时间做出安排。

由于特定行为所依赖的内部控制、所需要证明的审计命题与财务信息不同，所以，审计策略及审计方案都会与会计报表审计不同。即使是同样的审计命题，由于审计载体不同，审计方案甚至审计策略也会不同。

一般来说，由于有系统化的审计载体且有原始记录支持，在实施所有的审计程序之后，能够获得充分适当的审计证据，以支持发表合理保证的审计意见。

归纳起来，在有系统化的审计载体且有原始记录支持下，特定行为审计的审计取证逻辑框架如图 3 所示。

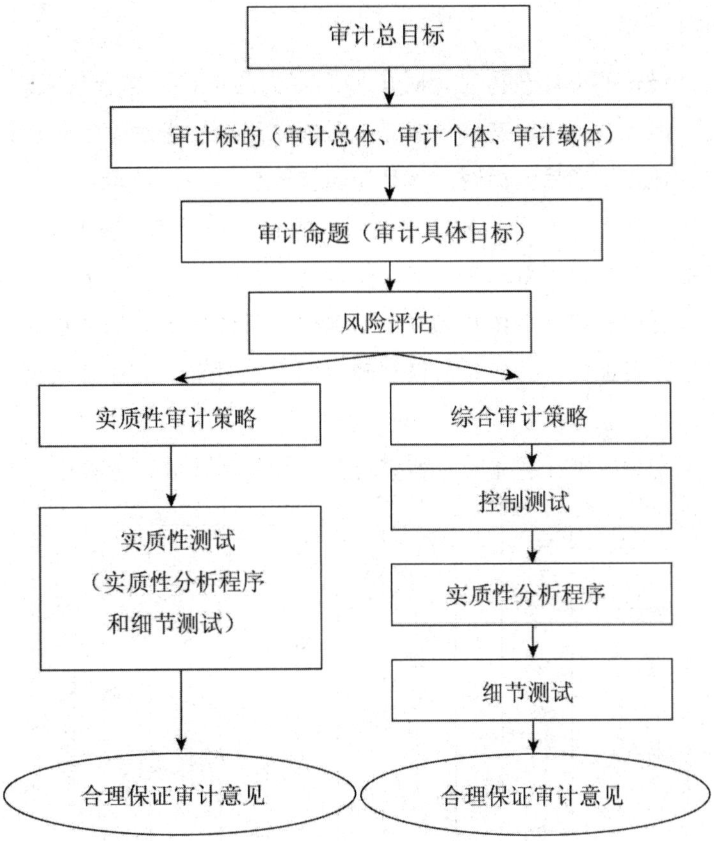

图 3　审计取证框架（有系统审计载体且有原始记录）

2. 有系统化的审计载体但没有原始记录支持

有系统化审计载体但没有记录支持情形下，风险评估程序基本不变。但是，这种情形下，细节测试可能受到较大的限制。采用事实发现型审计取证模式，一般来说，要加大分析性程序的应用。同时，以数据分析和内部控制调查为基础，确定审计疑点。在对这些疑点的细节测试中，考虑采用访谈、现金盘点、银行账户查询、设置举报邮箱等方式获取审计证据。一般来说，由于细节测试受到限制，无法获得充分适当的审计证据，只能就已经发现的事实发表有限保证的审计意见。

归纳起来，在有系统化的审计载体但没有原始记录支持下，特定行为审计的审计取证逻辑框架如图 4 所示。

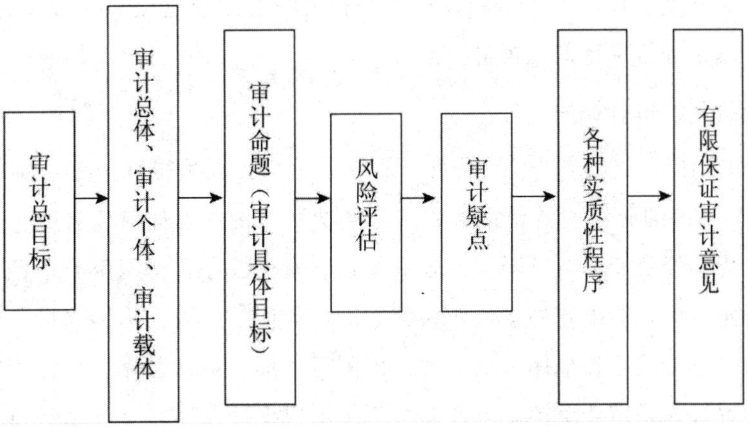

图 4　审计取证框架（有系统审计载体但无原始记录支持）

3. 没有系统化的审计载体

当特定行为没有系统化的审计载体时，对于特定行为的审计，尽管从概念上能确定审计总体、审计个体、审计命题，但是，由于没有审计载体，只能采用事实发现型审计取证模式，犹如渔翁撒网，首先是选择撒网的地点，然后再撒网。审计逻辑步骤包括两个阶段：一是寻找疑点；二是围绕疑点获取审计证据。这种情形下的审计程序之选择，类似“小金库”查找和经济犯罪侦察（戴蓬，2002；倪瑞平，李虎桓，2006；张帮志，2006；朱晓进，2011），并没有确定的模式，只有一个逻辑上的框架。由于审计总体和审计个体并无确定的载体，系统的审计抽样也无法采用。由于这种情形只能就发现的疑点来寻找证据，当然无法根据确认的疑点对审计总体发表意见，只能就已经发现的事实发表有限保证的审计意见。

归纳起来，没有系统化的审计载体时，特定行为审计的审计取证逻辑框架如图5所示。

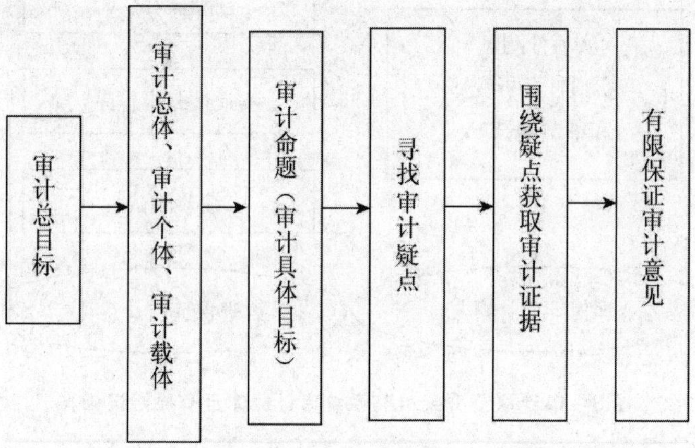

图5　审计取证框架（没有系统审计载体）

三、特定行为审计取证框架的例证分析：以“三公经费”为例

本节提出了一个特定行为审计的审计取证逻辑框架，然而，这个框架是否可行呢？我们将上述理论框架用来分析“三公经费”的审计取证，以一定程度上验证这个框架。“三公经费”指因公出国（境）经费、公务车购置及运行费、公务招待费。对于它们，可以有三种不同的审计主题选择：一是信息审计，主要关注其数据的真实性；二是特定行为审计，关注具体的“三公经费”开支的合规性和合理性；三是制度审计，关注“三公经费”相关制度的健全性和执行性。根据本节的主题，我们从特定行为主题来分析审计取证逻辑框架。

（一）“三公经费”的审计标的

“三公经费”的审计标的是对“三公经费”的细分，细分以后得到一些可实施审计取证的审计总体。“三公经费”如何细分？这要看约束“三公经费”的制度是如何建立的。根据我国现行财经制度，因公出国（境）经费、公务车购置、公务车运行费、公务招待费都有单独的财经制度，同时都有相对完整的特定行为，所以它们应该作为独立的审计标的。因公出国（境）经费作为一个审计标的，每次因公出国行为是审计个体，全部因公出国行为形成审计总体；公务车购置作为一个审计标的，每辆车的购置行为是审计个体，全部购车行为形成审计总体；公务车运行费作为一个审计标的，每次支出是审计个体，审计个体的集合形成审计总体；公务招待费作为一个审计总体，每次招待是审计个体，审计个体的集合形成审计总体。

针对上述审计标的审计取证，需要落实到审计载体，不同的单位，对于“三公经费”的记录或记载有不同的情形；同时，不同的“三公经费”审计总体，记录或记载的情形也不同。正是审计载体不同，决定了审计程序选择不同。

在构建“三公经费”审计标的时，可能出现两种不恰当的情形。一种情形是审计标的过于宽泛，例如将公务车购置和公务车运行费作为一个审计标的，这实际上是将公务车购置行为和公务车运行支出行为作为相同的行为。在这种情形下，如果实施详细审计，还基本可行；由于公务车购置行为和公务车运行支出行为具有较大的不同，本质上是不同的审计个体，如果实施审计抽样，无法根据样本来推断总体。另一种情形是审计标的过于狭窄，例如因公出国（境）经费还可以细分为国际旅费、国（境）外伙食费、公杂费、住宿费、个人零用费和城市间交通费等，如果将上述细分后的因公出国（境）经费单独为审计总体，则一次出国行为成为多个特定行为。一般来说，针对这些特定行为，不会有独立的审计载体。所以，如果作为不同的审计总体对待，可能具有对同一审计载体实施多次审计，影响审计取证效率。因公出国（境）经费和公务招待费也可能出现同样的问题。

（二）“三公经费”的审计命题

审计命题是针对特定的审计标的需要获取证据来证明的事项，也就是审计目标在审计标的上的落实。从行为主题出发，“三公经费”审计目标包括合规性和合理性，但是，在没有实施信息审计的情形下，一般需要结合真实性来实施审计。

从真实性、合规性和合理性总目标出发，“三公经费”各审计总体（或审计标的）的审计命题（或具体审计目标）包括：发生性、完整性、准确性、截止、分类、合规、合理。下面，我们以公务招待费为例来阐述其含义。发生性是指审计载体中已经记录的公务招待费是真实的；完整性是指所有公务招待费都已经确实在审计载体中记录了；准确性是指审计载体中对公务招待费相关数据特别是金额的记录是正确的；截止是指审计载体所记录的公务招待费记录于恰当的期间；分类是指审计载体中的公务招待费确实属于公务招待费；合规是指所发生的公务招待费符合既定标准；合理是指公务招待费不存在较大的改进潜力。因公出国（境）经费、公务车购置、公务车运行费这三个审计总体的审计命题与公务招待费类似。上述“三公经费”的审计总体、审计个体和审计命题归纳起来如表 4 所示。

表 4 “三公经费”的审计总体、审计个体和审计命题

审计标的		审计命题（具体审计目标）
审计总体	审计个体	
因公出国（境）经费	每次因公出国行为	发生性，完整性，准确性，截止，分类；合规；合理
公务车购置	每辆车的购置行为	发生性，完整性，准确性，截止，分类；合规；合理
公务车运行费	公务车运行每次支出	发生性，完整性，准确性，截止，分类；合规；合理
公务招待费	每次招待行为	发生性，完整性，准确性，截止，分类；合规；合理。

（三）“三公经费”的审计程序

我国于2010年开始，中央要求公开“三公经费”预算，当时，从预算科目和会计科目来说，对于“三公经费”并未单独处理。所以，当时并没有“三公经费”的系统记录（尹平，2012）。后来，由于中央对“三公经费”的重视，在预算和会计制度上逐步有了一些“三公经费”的系统记录。所以，“三公经费”的审计载体可能有三种情形：有系统化的审计载体且有原始记录支持；有系统化的审计载体但没有原始记录支持；没有系统化的审计载体。不同审计载体情形下，“三公经费”的审计程序选择不同。

1. 有系统化的审计载体且有原始记录支持

有系统化的审计载体且有原始记录支持有两种情形：一是被审计单位的信息系统中，本身就对“三公经费”审计总体有专门的系统记录并有原始记录支持，这个信息系统主要是会计信息系统，还可能包括一些业务信息系统；二是被审计单位的信息系统中，对于“三公经费”审计总体没有系统记录，但是被审计单位信息化程度较高，可以从其信息系统（特别是会计信息系统）的凭证库记录中将属于“三公经费”的审计个体找出来，审计人员自己建立一个系统化的审计载体。

前已叙及，在有系统化的审计载体且有原始记录支持时，一般采用命题论证型审计取证模式。审计取证过程一般包括两个步骤：风险评估；进一步的审计程序。风险评估是在了解被审计单位及其环境的基础上，对风险进行估计；进一步的审计程序，是在风险评估的基础上，选择所需审计程序的组合、性质、范围和时间，并实施这些审计程序。对于“三公经费”来说，两个步骤的主要内容如下：

（1）风险评估。这里的风险是指“三公经费”的真实性、合规性和合理性方面的风险。需要在了解被审计单位及其环境的基础上，进行评估。首先，了解相关法律法规；其次，了解被审计单位“三公经费”相关内部控制；第三，了解同类单位“三公经费”相关情况；第四，数据分析。主要是通过分析性程序，发现“三公经费”的疑点。例如，对于公务车运行费，可以从以下角度来进行数据分析：非司机人员经办加油支出；相关车辆所用汽油标号与其所加汽油标号不一致的油费支出；一次性加油超过油箱容量的汽油费支出；业务票据发生日期与入账日期超过多年的维修费用支出；相关票据中的经营单位业务与其税务登记中的主营范围的项目内容不一致的车辆维修费支出（王易苗，2012）。

（2）进一步的审计程序。包括审计策略和审计方案。如果被审计单位“三公经费”相关内部控制值得依赖，则采用综合审计策略；否则，采用实质性审计为主审计策略。审计方案要以审计策略为基础，根据风险评估结果，按审计命题来具体确定。我们以公务车运行费为例来说明审计方案。假定风险评估阶段发现被审计单位公务车运行费相关内部控制值得依赖，则选择综合审计方案，并且将控制风险初步评估为较低。在这个背景下，审计方案选择如下：A. 控制测试程序：确定公务车运行费相关内部控制的关键控制点，采用抽样审计方法，用重新执行、观察、审阅等程序，对内部控制执行性进行测试，并决定是否要修改控制风险初步评定结果。B. 实质性测试程序：由于公务车运行费的审计命题包括发生性、完整性、准确性、截止、分类、合规、合理共七个方面，首先，为每个命题选择适宜的审计程序性质、时间和样本，在此基础上，进行审计程序合并，对于涉及不同审计命题的相同审计程序予以合并，形成最终的拟实施审计程序表。

2. 有系统化的审计载体但没有原始记录支持

由于一些单位的预算科目和会计科目中并没有“三公经费”专门项目，相关数据需要从其他的记录中寻找。如果对于寻找到的数据没有标识其来源，“三公经费”审计载体就没有原始记录支持，我国一些中央部门 2010 年开始的“三公经费”信息就属于这种情形。在这种情形下，风险评估程序的目的是寻找审计疑点，主要包括两方面的工作：一是采用分析性程序进行数据分析；二是调查了解被审计单位关于“三公经费”相关的内部控制设计及执行情况。通过上述两方面的工作，寻找审计疑点。至于如何围绕疑点获取审计证据，由于没有适宜的审计载体，审计程序并无定式。当然，也只能就已经发现的事实发表有限保证的审计意见。

3. 没有系统化的审计载体

由于一些单位的预算科目和会计科目中并没有“三公经费”专门项目，“三公经费”分布于许多项目中，如果记录时标识不清楚，要从许多的记录中找出“三公经费”就非常困难。所以，一些单位根本就无法形成关于“三公经费”的系统记录。在这种情形下，“三公经费”审计类似“小金库”审计和经济犯罪侦察。审计逻辑步骤包括两个阶段：一是寻找疑点；二是围绕疑点获取审计证据。每个阶段的具体审计程序并没有定式。

四、结论和启示

行为审计主题是特定行为，本节探究特定行为这个审计主题的审计取证逻辑框架。在既定的审计目标和审计主题下，审计取证模式涉及审计标的、审计命题和审计程序。在不同的审计主题下，上述三方面呈现差异，从而有不同的审计取证逻辑框架。

审计标的是审计主题的细分，特定行为审计的审计标的是对特定行为的细分，一般要细分到每个细目具有独立的审计标准为止。审计标的确定之后，属于同一审计标的之内的特定行为，具有相同的行为规范；而不同审计标的中的特定行为，具有不同的行为规范。对于每个审计标的，需要确定审计总体和审计个体。审计个体是每个审计标的的单个组成要素，也就是每个细分层级的特定行为，而审计总体则是该审计标的的全部审计个体的集合。审计总体和审计个体确定之后，还需要确定审计载体，它们是审计活动直接实施的资料、实物和人，一般有三种情形：一是没有系统化的审计载体，对于这种审计标的并未形成专门的系统记录；二是有系统化的审计载体，但是这些记载没有原始记录支持，无法验证这些记载；三是有系统化的审计载体，并且有原始记录支持，可以验证这些记载。

审计命题是审计目标在审计标的上的落实，也就是具体审计目标。一般来说，行为审计目标是合规性和合理性，但是，真实性是二者的基础，离开真实性，合规性和合理性的判断可能得到错误的结论。所以，行为审计一般要结合真实性来进行合规性和合理性审计。从真实性、合规性和合理性总目标出发，特定行为的审计命题或具体审计目标包括：发生性、完整性、准确性、截止、分类、合规、合理。

特定行为审计取证程序选择依赖审计载体。有系统化的审计载体且有原始记录支持时，采用命题论证型审计取证模式。审计取证过程是一般风险评估和进一步的审计程序。由于特定行为所依赖的内部控制、所需要证明的审计命题与财务信息不同，审计策略及审计方案都会与会计报表审计不同。即使是同样的审计命题，由于审计载体不同，审计方案甚至审计策略也会不同。一般来说，由于有系统化的审计载体且有原始记录支持，审计证据支持发表合理保证的审计意见。有系统化审计载体但没有记录支持情形时，风险评估程序基本不变。但是，这种情形下，细节测试可能受到较大的限制，采用事实发现型审计取证模式，只能就已经发现的事实发表有限保证的审计意见。没有系统化的审计载体时，只能采用事实发现型审计取证模式。审计逻辑步骤包括两个阶段：一是寻找疑点；二是围绕疑点获取审计证据。只能就已经发现的事实发表有限保证的审计意见。

"三公经费"作为特定行为，可以应用上述不同情形下的审计取证逻辑框架。

在审计理论中，经常讨论审计环境对审计的影响。本节的研究告诉我们，审计环境对审计取证有重大影响，正是由于审计载体的不同，决定了审计取证逻辑框架不同，也决定了发表的审计意见类型不同。我们的审计中，行为是重要的主题，而关于行为的相关载体又有不同的情形，所以，我国审计规范化建设遇到许多困难。当然，审计也可以影响审计环境，可以通过审计，促使重要的行为都能形成完整的载体。同时，审计界还需要大力研究审计载体不完整情形下的审计取证。

参考文献

1. 王会金，刘　瑜．风险导向审计缺陷与现代模式的抉择［J］，审计与经济研究，2006（3）：22－26。

2. 王会金．协同审计：政府审计服务国家治理的新方式［J］，中国审计评论，2014（1）：16－29。

3. 谢志华．论审计方法体系［J］，审计研究，1997（5）：9－13。

4. 谢志华．审计变迁的趋势：目标、主体和方法［J］，审计研究，2008（5）：21－24。

5. 陈毓圭．对风险导向审计方法的由来及其发展的认识［J］，会计研究，2004（2）：58－63。

6. 谢　荣，吴建友．现代风险导向审计理论研究与实务发展［J］，会计研究，2004（4）：47－51。

7. 石爱中，孙　俭．初释数据式审计模式［J］，审计研究，2005（4）：3－6。

8. 陈毓圭．对风险导向审计方法的由来及其发展的认识［J］，会计研究，2004（2）：58－63。

9. 石爱中，孙　俭．初释数据式审计模式［J］，审计研究，2005（4）：3－6。

10. 罗伯特·K. 莫茨，侯赛因·A. 夏拉夫，审计理论结构［M］，北京：中国商业出版社，1990年。

11. Bowermna.，M.，auditing performance indicators：the role of the commissionin of the citizens charter initiative［J］，Financial Accountability&Management，11（2）. May 1995，0267-4424.

12. 郑石桥．审计理论结构框架：系统论视角［J］，中国审计评论，2014（1）：56－66。

13. 鸟羽至英．行为审计理论序说［J］，会计，第148卷第6号，1995，第77－80页。

14. 谢少敏，审计学导论：审计理论入门和研究［M］，上海：上海财经大学出版社，2006年。

15. 谢　荣．关于审计的对象问题－答陈文华同志［J］，上海会计，1989（3）：40－41。

16. 尹　平．基于"三公"经费公开的会计审计问题探究［J］，会计之友，2012（3）：9－11。

17. 王易苗．AO在"三公"经费审计中的应用［J］，审计月刊，2012（11）：28－29。

18. INTOSAI (International Organisation of Supreme Audit Institutions), The International Standards of Supreme Audit Institutions [S], 2010.

19. GAO (United States Government Accountability Office), Government Auditing Standards [S], 2011.12.

20. 倪瑞平，李虎桓．经济犯罪侦查思维过程论 [J]，犯罪研究，2006 (3)：2—6。

21. 戴　蓬．经济犯罪侦查难点和热点问题研究评述 [J]，公安大学学报，2002 (5)：25—30。

22. 张帮志．“小金库”审计的切入点在哪儿 [N]，财会信报/2006年/11月/20日/第B14版。

23. 朱晓进．“小金库”审计查证五法 [N]，中国审计报/2011年/6月/13日/第002版。

第五章　行为审计标准和行为审计定性

有许多内容从方法论层面研究行为审计，本章阐述其中的行为审计标准和行为审计定性，包括以下内容：违规行为审计标准选择：理论框架和例证分析；瑕疵行为审计标准选择：理论框架和例证分析；行为审计定性：缺陷行为判定的理论基础和操作框架。

第一节　违规行为审计标准选择：理论框架和例证分析

行为审计话语体系下的违规行为是违背相关法律法规制度的特定行为。这里的相关法律法规制度就是违规行为审计中的既定标准，也就是违规行为审计标准。这种标准的选择关系到违规行为鉴证结论是否正确。违规行为是我国政府审计的主要主题，一些内部审计部门也将其作为重要的主题，民间审计机构在审计过程中，对于具有重要性的违规行为也要保持警觉。所以，违规行为审计标准选择，既是重要的理论问题，又是重要的实践问题。

审计领域中违规行为审计标准相关研究主要关注两个问题：一是审计工作中如何适用法律法规，二是审计工作中适用法律法规存在的问题。这些研究注意到了违规行为审计标准选择的若干问题，但是并没有系统的理论框架。本节借鉴法学领域的法律适用相关研究成果，构建违规行为审计标准选择的理论框架。

一、文献综述

根据本节主题，在审计主题确定为违规行为的前提下，审计标准选择相关的文献包括两类：一是审计领域中法律法规适用相关研究，二是法学领域的法律适用相关研究。

审计领域中法律法规适用相关研究主要关注两个问题：一是审计工作中如何适用法律法规，二是审计工作中适用法律法规存在的问题。

关于审计工作中如何适用法律法规，成佳富（2003）指出，正确运用审计标准，要注意以下事项：审计标准的效力性、审计标准的相关性、审计标准的层次性、审计标准的时效性、审计标准的法定性。王维国、王柏人（2003）提出法律适用的如下要求：要熟练掌握审计法律；后法优于前法，新法优于旧法；法不溯及既往；法无明文不为过；特别法优于一般法；国际法优于国内法。杨红（2006）提出审计监督法律运用应遵循的原则：依法审计原则；主执法优先，共执法次之，辅执法从之的原则；下位法服从上位法的原则；审计执法监督要受行政法规规范的原则。此外，还有一些文献借鉴刑法原理研究了一个行为违反多个法条的法律适用问题（李小林，2012）。

关于审计工作中适用法律法规存在的问题，高志明（2008）分析了审计适用法律的十个错误：混用法律依据；由于认知错误导致适用法律依据错误；适用无效的法律依据；适用超越审计职权的法律规定；仅适用处罚依据，未适用处理依据；适用法律依据不完整；法律依据名称错误；有关依据表述不规范；有的以主观判断替代应当适用的法律法规；并用不能并用的法律依据。张瑞来（2013）分析了审计法规条款适用的几种易错情形：忽视例外规定片面适用原则性条款，对可能有多种结果的预备行为适用“既遂条款”，擅自行使“等字条款”解释权。崔莉莉（2014）指出国家审计法律适用中存在的问题：未准确定性审计事实；未正确适用法律冲突规则；未正确援引法律法规；未依照法定职权进行处理处罚；未遵守程序性规定；未正确行使自由裁量权。

法学领域的法律适用相关研究很多，涉及法律适用本质（谢超群，2007；房文翠，陈雷，2011）、法律适用原则（黄京平，陈毅坚，2007）、抵触法律法规适用方式（王磊，2004）、法条竞合（张开恩，1992；匡乃安，何正华，2010；张明楷，2011）、规则悖反（余军，2013）等。

总体来说，审计领域中法律法规适用相关研究注意到了违规行为审计标准选择的若干问题，但是，基本上是工作性质的研究，并没有系统的理论框架。法学领域的法律适用相关研究成果很多，对违规行为审计标准之选择有较大的启发价值。本节借鉴这些研究成果，构建违规行为审计标准选择的理论框架。

二、违规行为审计标准选择：理论框架

违规行为审计标准也就是违规行为判断标准，借鉴法律适用相关理论，这种判断标准的选择有三个逻辑步骤：首先，根据特定行为及其审计目标，选择拟用的审计标准；其次，将已经搞清楚的行为详态与拟用审计标准进行匹配，初步选择违规行为判定标准；最后，判断是否存在规则悖反，并解决存在的规则悖反，确定适用的判定标准。上述逻辑步骤大致如图 1 所示。下面，我们来阐述各个步骤（实线部分）。

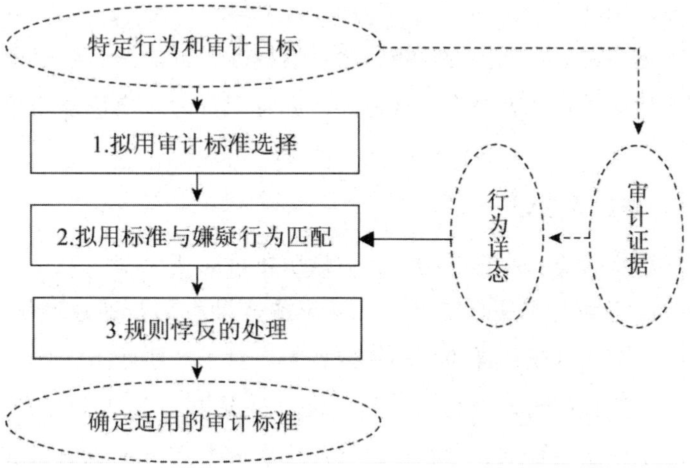

图 1　违规行为审计标准选择

（一）拟用审计标准选择

拟用审计标准的选择一般是在审计准备阶段进行的（当然，后续阶段也可能会根据了解到的具体情况重新考虑拟用审计标准），选择拟用审计标准的基础是特定行为及其审计目标，这里的特定

行为是审计作为审计主题的行为，也就是本次审计所要关注的行为，它是特定单位在特定时间的特定行为。所以，特定行为有个空间范围和时间范围。同时，审计目标也会影响特定行为的空间范围和时间范围。一般来说，在违规行为审计中，直接审计目标是行为的合规性。在有些情形下，也可能将合理性作为审计目标之一。此时，拟用审计标准的范围可能就会包括法律法规之外的标准。

由于特定行为具有特定的空间范围和时间范围，所以，就需要了解被审计单位及其相关情况，只有在这个基础上，才能正确地把握特定行为，并进而正确地选择拟用审计标准。《中华人民共和国国家审计准则》第五十九条规定，审计组调查了解被审计单位及其相关情况，为作出下列职业判断提供基础：确定职业判断适用的标准；判断可能存在的问题；判断问题的重要性；确定审计应对措施。就违规行为审计来说，这里的“确定职业判断适用的标准”，其主要内容就是拟用审计标准。根据这个准则的要求，确定这种标准，需要审计组首先调查了解被审计单位及其相关情况，然后才能确定。

在了解被审计单位及其相关情况之后，对于特定行为有了深入的理解，在此基础上，如何选择拟用审计标准呢？主要的方法是，根据相关性、时效性和地域性原则来选择与特定行为相关的法律法规（成佳富，2003；刘　燕，2007）。

审计标准的相关性是指所选择的审计标准和被审计的特定行为密切相关，可用来衡量被审计行为是否合法，也就是说，特定行为是该法律法规规制的范围。

审计标准的时效性是指审计标准不是永远有效的，它的效力受时间限制。从时间上看，各种审计依据都有一定的时效性，不是在任何时期、任何条件下都适用。这就要求在选择审计标准时，密切注意各种依据的变化，选用在被审计的特定行为发生时有效的判断依据，而不能以审计时现行的法律、法规、规章制度作为判断依据，也不能以过时的法律、法规、规章制度作为判断依据，更不能以旧的审计标准来否定现行的特定行为，或用新的审计标准来否定过去的特定行为。

审计标准的地域性是指有的审计标准受地域限制，只在一定地区内发挥效用。各地区、各部门的实际情况和发展水平也不相同，因此，其适用的审计依据也各不相同。在进行审计判断时，必须注意到地区差别、行业差别和单位差别。

一般来说，根据上述原则初步选择的违规行为判定标准，可能是一个标准的集合，包括许多的相关法律法规。这些法律法规，也就是审计客体在实施特定行为时应该遵守的法律法规，也就是这些特定行为的行为规范。

（二）拟用标准与嫌疑行为匹配

拟用标准是在审计准备阶段初步选择的，在后续阶段可能还会继续完善。行为审计准则选择的下一个逻辑步骤是将嫌疑行为与拟用标准匹配。这里的嫌疑行为是通过系统方法收集审计证据之后，搞清楚了行为详态，初步判断涉嫌违规的特定行为。对于这些涉嫌违规行为要确定其具体适用的法条，所以，需要将拟用标准与嫌疑行为进行匹配。从逻辑上来说，匹配的结果只有三种情形：不存在适用标准、存在单一适用标准、存在多个适用标准。上述三种匹配结果中，存在单一适用标准时，就转入下一个逻辑步骤。当不存在适用标准或存在多个适用标准时，怎么处理呢？

1. 不存在适用标准

对于特定的嫌疑行为，如果不存在适用标准，根据“法无明文不为过”原则，一般来说，就不宜判定为违规行为（王维国，王柏人，2003）。但是，在一些特殊情形下，审计人员可以借鉴司法领域的目的性扩张来确定适用标准。

在司法领域，目的性扩张是一种法律漏洞补充方法，是指相较于立法意旨而言，法律文义所涵盖的案型显然过于狭窄，以至于立法意旨不能完全地贯彻。所以，应将法律适用的范围扩张到原法律规定文义不包括的案型。目的性扩张所要处理的案型与法律的明文规定并不相同，它是由于立法者立法时思虑不周以至对符合立法意旨的部分案型未予规定的情形。目的性扩张以“立法目的”为判断依据，为贯彻该立法目的而放松法条的案型涵盖范围，使其适用范围扩大为该立法目的所内含的案型（纵博，2011）。

对于行为审计来说，根据有些嫌疑行为的详态，如果不判定为违规行为，可能产生不利的后果，并且这种嫌疑行为主要是钻法律法规的漏洞而发生的，行为人具有明显的机会主义动机。此时，就可以采用目的性扩张为该嫌疑行为确定适用标准。当然，对于这种方法要慎之又慎，不得恣意为之，必须合乎立法意旨。

2. 存在多个适用标准

对于特定的嫌疑行为，如果存在多个适用法条，此时的审计标准选择要分为两个步骤，首先要判断法条是否属于竞合关系，如果不属于竞合关系，则按一定的规则来选择适用法条。

（1）法条之间竞合关系的判断。借鉴司法领域的法条竞合和想象竞合理论（陈兴良，1993；张明楷，2011），违规行为判断标准的法条之间的竞合关系有两种情形：一是法条竞合，二是想象竞合。

法条竞合是指一个嫌疑行为同时符合数个法条规定的违规构成要件，但从数个法条之间的逻辑关系来看，只能适用其中一个法条，当然排除适用其他法条的情况。只有当两个法条之间存在包容关系或者交叉关系时，才能认定为法条竞合关系。从实质上说，虽然一个嫌疑行为同时违反了数个法条，但是只有一个违规事实，只是因为法律法规之间存在包容与交叉关系，也导致违规事实同时违反了数个法条。例如，对于A行为，如果在两个法律法规中都有规定，则实施A行为当然会同时违反这两个法律法规，但是，这并不表明有两个嫌疑行为。

如果判定法条之间属于法条竞合，凡是竞合的法条之间属于包容关系的，按特别法优于普通法原则选择法条，凡是竞合的法条之间属于交叉关系的，按重法优于轻法原则选择法条。特别法优于普通法原则，我们将于随后内容中解释。重法优于轻法原则是指，法条之间对嫌疑行为处罚档次规定不同时，选择一个对该嫌疑行为处罚档次高的法条作为适用法条。

想象竞合是一个嫌疑行为同时侵害了数个法律规范保护的法益，因而涉及数个法条。从实质上来说，这些法条之间不存在包容关系或者交叉关系，只是一个嫌疑行为侵害了数个法益。这数个法益是相互独立的，不存在包容关系或者交叉关系，而这数个法益又分别由不同的法条来规范，所以，一个嫌疑行为，适用多个法条。

如果判定法条之间属于想象竞合，根据“一事不再罚原则”，按从一重罪论处的原则来选择法条，也就是说，选择一个对该嫌疑行为处罚档次高的法条作为适用法条。

（2）适用标准选择的规则。对于特定的嫌疑行为，存在多个适用标准，但是经过判断，又不属于法条竞合和想象竞合，根据“一事不再罚原则”，也只能从多个法条中选择一个作为适用标准。《中华人民共和国国家审计准则》第六十六条规定，标准不一致时，审计人员应当采用权威的和公认程度高的标准。但是，如何衡量权威和公认程度呢？借鉴法律适用原则，选择适用标准的规则包括：上位法优于下位法、特别法优于一般法、后法优于前法（张开恩，1992；王维国，王柏人，2003；成佳富，2003；王磊，2004；杨红，2006；刘燕，2007）。

上位法优于下位法是有多个适用法条时，优先选择法律位阶高的法条。具体来说，中央立法优于地方立法；同级权力机关的立法高于同级行政机关的立法；同类型的立法根据其立法主体的地位确立法律位阶关系；权力机关及其组成的常设机构之间，权力机关制定的法规性文件效力等级高于其常设机构制定的法规性文件。

特别法优于一般法是指同一机关制定的法律、行政法规、地方性法规、自治条例和单行条例、规章，特别规定与一般规定不一致的，适用特别规定。这里的一般规定是指对一般人、一般事项、一般时间、一般空间范围有效的法律法规，而特别规定是指对特定的人、特定事项有效或在特定区域、特定时间有效的法律法规。

后法优于前法也称新法优于旧法，是指同一机关制定的法律、行政法规、地方性法规、自治条例和单行条例、规章，后法、前法对同一事项有不同规定时，后法的效力优于前法。

（三）规则悖反的处理

经过上述步骤对拟用标准与嫌疑行为进行匹配之后，为特定的嫌疑行为初步确定了适用标准，然而，是否真的能采用这个标准呢？还需要判断适用法条是否存在规则悖反。

法律适用中的“规则悖反”是指规则的适用结果有悖于规则的设立目的，或极不公正以至于无法让人接受。规则悖反的出现，一方面是由于法律法规不完满性，无论立法者如何殚精竭虑、审慎仔细地履行其立法职能，亦难以保证其制定的规则能够完全完满，规则悖反是法律法规不完满性的具体表象之一。另一方面，由于法律适用者对法条背后的规范意图的忽视或把握不准，以至于机械地适用法条，进而导致处理结果与道义、理性相抵触（余军，2013）。

一般来说，对于存在规则悖反的法条，要采用目的性限缩的方法来处理（纵博，2011；余军，2013）。目的性限缩是一种法律漏洞补充方法，是指基于法律法规规定的立法意旨，将依法律文义已被涵盖的嫌疑行为排除在适用范围外。目的性限缩是以立法意旨为考量的标准，将虽然包含在文义范围内的嫌疑行为，由于该嫌疑行为与立法意旨不相符，而将该嫌疑行为排除在该法条的适用范围之外。目的性限缩一定程度上能解决“合理不合法”的问题。

总体来说，经过上述三个逻辑步骤，对于特定的嫌疑行为，就确定了适用的审计标准。

三、我国政府审计领域的屡查屡犯原因分析：基于审计标准选择视角

本节前文提出了一个关于违规行为审计标准选择的理论框架。然而，这个理论框架对现实审计现象是否有解释力呢？我们用这个理论框架来分析我国政府审计的屡查屡犯，以一定程度上验证其解释力。由于违规行为是我国政府审计的重要主题，所以，选择这个分析对象，符合本节的主题。

（一）我国政府审计领域存在屡查屡犯现象

2003年，审计署推出审计结果公开制度，一大批单位被公开曝光，人们用“审计风暴”来形容审计工作报告所带来的冲击波。然而，随之而来的是，人们对审计风暴的成效有所质疑。2004年，时任审计长李金华表示，针对屡审屡犯，审计署要屡犯屡审[①]。2010年，刘家义审计长坦言，“实

① 中华工商时报，2005年10月31日。

事求是地讲，屡审屡犯的问题确实存在”[①]。2012年，一些主流媒体发出了“审丑疲劳”的感慨[②]。2013年，全国人大常委会一些委员关注到屡审屡犯，指出：“年年审计、年年犯同类错误，这是老百姓最关注的问题，也必须引起我们的高度重视。”[③] 2014年7月2日，国务院总理李克强主持召开国务院常务会议，部署严肃整改审计查出的问题。李克强总理用“牛皮癣”比喻审计查出的这些问题，“大部分都是老毛病，像‘牛皮癣’一样‘屡审屡犯’”[④]。总体来说，我国政府审计领域存在屡查屡犯现象已经是不争的事实。

（二）原因分析

针对屡查屡犯现象，审计理论界和实务界一些人士分析了屡查屡犯的原因。例如：审计发现的问题很多是体制、机制和制度上深层次存在的，不能在短期内通过审计就完全解决；处理处罚力度不够；责任追究不到位；等等[⑤]。上述这些原因当然存在，但是，审计标准适用存在的问题也是导致屡查屡犯的原因。正是由于审计标准适用方面存在的问题，使得原本不应该判定为问题的问题成为问题，这些所谓的问题当然难以整改，从而出现屡查屡犯。

根据本节的理论框架，适用审计标准的选择有三个逻辑步骤：一是提出拟用审计标准，二是将拟用标准与嫌疑行为匹配，三是判断是否存在规则悖反。一般来说，根据被审计单位有相关情况，提出拟用审计标准，只是审计准备阶段的一项工作，并不决定最终的审计标准适用。我国政府审计领域审计标准适用存在的问题主要在后面两个逻辑步骤上。具体来说，有如下两方面：

第一，拟用标准与嫌疑行为匹配，会有三种结果：不存在适用标准、存在单一适用标准、存在多个适用标准。不同匹配结果下，后续处理不同。上述三种情形中，当存在单一适用标准时，较为简单。当不存在适用标准时，一般来说，不宜确定为违规行为。但是，由于查出问题金额是我国政府审计绩效评价的重要指标，一些审计人员在选择适用审计标准时，即使没有明确的适用标准，也可能牵强附会地找一个适用标准，从而导致违规行为扩大化。对于这种违规定性，被审计单位当然难以心悦诚服，审计整改也就难以有效。当存在多个适用标准时，审计人员基本上不判断是否存在法条竞合和想象竞合。结果是，一个嫌疑行为，适用多个审计标准，在不少审计报告中存在这种情形，一些审计处理处罚指南的图书也存在这种情形（朱尧平，2006；顾树生，2013）。特别有负面影响的是，在一些审计人员的心目中，以为对于一个特定嫌疑行为，适用的审计标准越多，越是表明审计定性准确，越是表明该行为违规程度严重。这种审计执法违规了一些法律基本理念，其定性结果难以让被审计单位心悦诚服，审计整改也缺乏有效的动力。

第二，很少对适用审计标准进行规则悖反的判断。现实生活中，由于我国处于转轨时期，存在大量的新生事物，同时，一些与现行环境不相符的制度也大量存在。在这种环境下，如果只是简单机械地适用法条，则会出现规则悖反。但是，一些审计人员，只会简单机械地适用法条，不分析法条的立法宗旨，将大量的“合理不合法”的行为判定为违规。对于这种所谓的问题，一方面，被审计单位难以心悦诚服，审计整改缺乏动力；另一方面，只要制度不改，类似的问题还可能继续发

① 中国新闻网，2010年7月13日。
② 央视《新闻1+1》，2012年6月29日。
③ 半月谈网，2013年8月14日。
④ 中国经济周刊，2014年7月8日。
⑤ 新京报（北京），2013年1月17日。

生。当然，制度是否能得到完善，不是审计机关能决定的。但是，不出现规则悖反，则是审计机关可以控制的。

四、结论和启示

行为审计中的违规行为是违背相关法律法规制度的特定行为。本节借鉴法学领域的法律适用相关研究成果，构建违规行为审计标准选择的理论框架。

违规行为判断标准的选择有三个逻辑步骤：首先，根据特定行为及其审计目标，选择拟用的审计标准；其次，将已经搞清楚的行为详态与拟用审计标准进行匹配，初步选择违规行为判定标准；最后，判断是否存在规则悖反，并解决存在的规则悖反，确定适用的判定标准。

拟用审计标准的选择一般是在审计准备阶段进行的，选择拟用审计标准的基础是特定行为及其审计目标。由于特定行为具有特定的空间范围和时间范围，就需要了解被审计单位及其相关情况，只有在这个基础上，根据相关性、时效性和地域性原则来初步选择与特定行为相关的拟用审计标准集合。

拟用标准与嫌疑行为匹配是指为了搞清楚行为详态且初步判断涉嫌违规的特定行为确定其具体适用的法条。从逻辑上来说，匹配的结果有三种：不存在适用标准、存在单一适用标准、存在多个适用标准。如果存在单一适用标准时，就转入下一个逻辑步骤。对于特定的嫌疑行为，如果不存在适用标准，一般来说，就不宜判定为违规行为。但是，在一些特殊情形下，可以按目的性扩张来确定适用标准。对于特定的嫌疑行为，如果存在多个适用法条，首先要判断法条是否属于竞合关系，如果不属于竞合关系，则按一定的规则来选择适用法条。如果判定法条之间属于法条竞合，法条之间属于包容关系的，按特别法优于普通法原则选择法条，法条之间属于交叉关系的，按重法优于轻法原则选择法条。如果判定法条之间属于想象竞合，按从一重罪论处的原则来选择法条。对于特定的嫌疑行为，存在多个适用标准，又不属于法条竞合和想象竞合，要按上位法优于下位法、特别法优于一般法、后法优于前法的原则从多个法条中选择一个作为适用标准。

经过上述步骤对拟用标准与嫌疑行为进行匹配之后，还需要判断适用法条是否存在规则悖反。不存在规则悖反的法条，可以作用适用法条。对于存在规则悖反的法条，要采用目的性限缩的方法来处理。

我国政府审计领域存在屡查屡犯现象已经是不争的事实。审计标准适用是导致屡查屡犯的原因之一。

本节的研究看似理论探讨，然而，其研究结论对于完善审计制度具有较大的启发作用。就我国的政府审计来说，在审计标准适用方面，可以进行多方面的改进。第一，要根据相关性、时效性和地域性原则来选择拟用审计标准，不牵强附会地寻找审计标准；第二，要尊重基本的法律理念，树立法条竞合、想象竞合理念，做到行为与标准的正确匹配；第三，对于适用标准，要进行规则悖反的判断，尽量避免“合理不合法”定性。

第二节　瑕疵行为审计标准选择：理论框架和例证分析

瑕疵行为是指由于有限理性或自利所导致的次优问题，也就是没有采用合宜方案的作为或不作为。对于一个特定行为，判断其是否有瑕疵，最关键的问题是评价标准。同样的行为，选择不同的评价标准，会得出不同的评价结论。所以，瑕疵行为审计标准是瑕疵行为审计最重要的要素之一。现有审计类型中，管理审计是瑕疵行为审计的典型形态。关于管理审计的审计标准之研究，总体上还不够深入，但是，有一点共识，认为管理审计标准具有权变性和主观性，并不存在放之四海而皆准的客观审计标准。然而，如何在多样的可供选择审计标准中选择适当的审计标准并未得到研究。本节以瑕疵行为审计标准的权变性和主观性为前提，研究瑕疵行为审计标准之选择。

一、文献综述

根据本节的主题，相关的文献是管理审计标准研究。管理审计标准研究文献，将管理审计标准分为管理结果审计标准和管理过程审计标准。管理结果是信息，不属于行为主题，这些研究与本节主题无关。关于管理过程评价标准的研究主要涉及管理审计标准的特征、重要性及如何确定管理审计标准。

关于管理审计标准的特征，Emmanuel&Otlty（1985）指出，实践中没有一种不变的、普遍适用的管理原则可供所有组织的管理者遵循，各个组织必须因地制宜，及时有效地对环境做出反应。评价标准必须能反映出组织在管理过程中的因地制宜的能力和效果。虽然对管理审计标准的特征有不同的认识，但是，有一点共识，认为管理审计标准具有权变性和主观性（王光远，1996，2004）。

关于管理审计标准的重要性，Santocki（1983）分别于1974年和1982年对管理审计做了两次调查，结果显示，在制约管理审计发展的八个因素中，缺乏审计标准是第一位的因素。Vinten（1991）曾专门对英美两国的管理审计做了比较研究，他的结论是，英国的管理审计落后于美国管理审计的主要原因是英国的管理不像美国那样采用正式且固定的程序，从而不像美国那样更多地强调标准控制。王光远（1996）指出，没有合理的评价标准就等于没有实质意义的管理审计，有时甚至比没有管理审计还要糟糕。

关于如何确定管理审计标准，Reenbaum（1987）指出，管理过程评价标准由以下几个方面组成：得到认可的管理惯例、由职业组织所颁发的法规和准则、遵守法律的情况、同行业公司间的比较。郑石桥（2001，2011，2014）提出管理过程评价模式分为定性评价模式和定量评价模式。定性评价模式主要有质量认证模式、内部控制模式、企业升级模式和标准化模式；定量评价模式主要有工作流技术模式、平衡计分卡模式。

上述文献综述显示，管理审计标准的研究还未深入，但是，有一点是共识，这就是管理审计标准具有权变性和主观性，并不存在放之四海而皆准的客观审计标准。既然如此，如何选择审计标准就成为非常重要的问题。而恰恰这个问题缺乏相关研究。基于此，本节以瑕疵行为审计标准权变性和主观性为前提，研究审计标准之选择。

二、瑕疵行为审计标准选择：理论框架

瑕疵行为审计标准选择的理论框架，其核心问题是如何才能选出恰当的审计标准。为此，涉及三个基本问题：一是瑕疵行为审计标准的特征，二是什么是恰当的瑕疵行为审计标准，三是如何获恰当的瑕疵行为审计标准，主要涉及瑕疵行为审计标准选择模式。它们之间的关系是，瑕疵行为审

计标准的特征是基础，决定什么是恰当的审计标准，而二者共同决定审计标准选择模式，审计标准选择模式是得到恰当的审计标准的路径。上述关系如图 2 所示（实线部分）。下面，我们详细阐述这个理论框架。

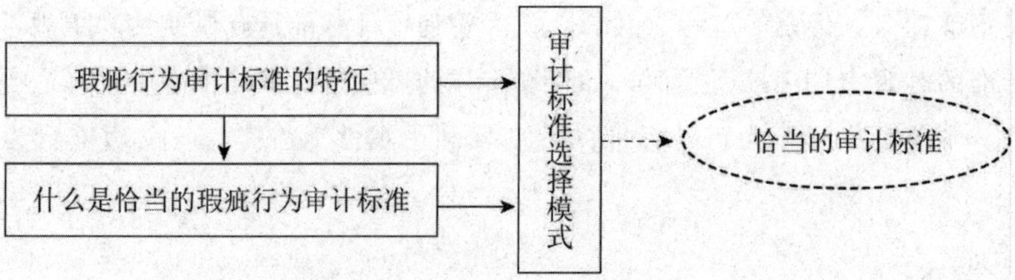

图 2　瑕疵行为审计标准选择

（一）瑕疵行为审计标准的特征

要为瑕疵行为选出恰当的审计标准，其理论条件是必须搞清楚瑕疵行为审计标准有什么特征。经管责任的履行过程就是管理过程，也就是管理行为的发生过程。所以，瑕疵行为也就发生在管理过程中，属于管理行为的组成部分。那么，能否建立一个通用的判定管理行为是否具有瑕疵的标准呢？这与管理行为的特征高度相关，如果管理行为具有常用性，则通用的评价标准也就具有可行性，如果管理行为具有权变性，则评价标准也就具有权变性。

诚然，管理具有一定的共性，例如管理思想、管理原则等都具有一定的通用性。然而，就具体的管理行为来说，则需要根据特定的环境条件来确定，即使是同样的管理思想、管理原则，在不同情景下的应用，也可能会出现差异。权变学派的代表人物非德勒认为，领导是否有效，既不是仅有领导的人格特质所决定，也不只是由领导情势所决定，既不是由领导的人格特质所决定，也不是由领导情势所决定，领导绩效取决于领导特质与领导情势的适当匹配（周世建，1989；杨瑞龙，1999）。每个组织的内在要素和外在环境条件都各不相同，因而在管理活动中不存在适用于任何情景的原则和方法。管理要根据组织所处的内外部条件随机而变，针对不同的具体条件寻求不同的最合适的管理模式、方案或方法，没有什么一成不变、普遍适用的最好的管理理论和方法。成功管理的关键在于对组织内外状况的充分了解和有效的应变策略（徐联仓，1989；文东华，潘飞，陈世敏，2009；陈寒松，张文玺，2010）。

当然，也有人认为，管理行为也可以标准化，管理标准化可以为赢得竞争奠定坚定的基础（陈一来，2001）。我国还颁布实施了 GB/T15498《企业标准体系：管理标准工作标准体系的构成和要求》（王兴元，2000）。但是，这里的管理标准绝不是不同组织的管理统一化，而是为在组织范围内获得最佳秩序，对各项活动制定规则。标准化是制度化的高级形式，这种规则是根据本组织的具体情景制定的，不是照搬其他组织的。所以，管理标准化并不否定管理活动的权变性。

既然管理活动具有权变性，对于特定的组织情景具有较高的黏性。那么，要评价特定的管理行为是否具有瑕疵，就不可能有统一的标准。这种评价标准也必须根据该特定组织的情景因素来选择，从而也具有较高的黏性，从不同组织来说，就显现为权变性。

由于评价标准具有权变性，需要就评价标准达成共识。由于审计人和被审计人之间的特殊关系，这种共识的达成较为困难。通常审计人被授予较大的权限，这给审计人员带来较大的心理负担，并且受伦理道德的影响较大。行为审计是否有所作为，与审计人员的个人素质有很大的关系（鸟羽至英，1995）。由于上述这些因素的影响，导致瑕疵行为审计标准的选择具有较大的主观性。

（二）什么是恰当的瑕疵行为审计标准

既然瑕疵行为审计标准具有权变性和主观性的特征，那么，什么样的审计标准是恰当的审计标准呢？恰当的审计标准实际上就是管理活动的恰当规范，也就是如何进行管理的方式方法，也就是适合被审计单位具体条件的管理模式、方案或方法。按审计术语来说，当某种行为不存在改进潜力时，该行为就没有瑕疵；如果存在改进潜力，则该行为就是瑕疵行为。所以，恰当的审计标准，就是如果按该标准来从事管理活动，则该管理活动不存在改进潜力。

根据上述对恰当的审计标准的界定，要就恰当的审计标准达成共识，应该具备以下条件：一是认知程度高，二是认同程度高，三是客观程度高。我们分别来分析。

（1）认知程度高。认知程度也就是认识程度。针对特定行为的管理具有粘性，需要根据特定的具体条件来选择方式方法。所以，需要对特定行为及相关的具体条件有充分的认知，只有在充分认知的基础上，才能选择出恰当的审计评价标准。审计准则要求，在审计准备阶段，要了解被审计单位及其相关情况，这种要求，在很大程度上是要求认知被审计单位。这里的认知，不只是认知被审计单位的特定行为及其相关情况，还需要了解具有可比性的单位，针对该类行为是如何进行管理的。甚至还需要了解关于该特定行为管理的相关理论研究成果。如果有相关的法律法规约束该行为，也需要详细了解。总之，只有针对特定行为，对被审计单位及相关情况具有较高程度的认知，做到知己知彼，才具备选择恰当审计标准的基础条件。

（2）认同程度高。瑕疵行为审计并不是为审计而审计，而是要通过鉴证瑕疵行为，并在此基础上，提出审计建议，进而抑制瑕疵行为。所以，这里的关键是被审计单位能否采纳审计建议。虽然较多的因素会影响被审计单位能否接受审计建议，但是从审计标准选择角度出发，被审计单位对审计标准的认同程度是影响其能否接受审计建议的重要因素。我们分别从建议接受理论和心理契约理论两个角度来分析这个问题。

首先，从建议接受理论来看，一个建议能否得到采纳会受到许多因素的影响，其中一个重要的因素是建议接受者对建议的质量评估，如果接受者对建议的质量评估不高，则该建议被采纳的可能性较小（Jungermann，1999；Harvey，Harries，Fischer，2000；郑洁，2008）。对于瑕疵行为审计来说，审计建议能否接受，会受到被审计单位对建议质量评估的影响。很显然，被审计单位对审计标准的认可程度会影响其对审计成果质量的评价。如果被审计单位对审计标准的认可程度较高，则对审计成果的质量评价也会较高，反之亦然。

其次，在心理契约理论看来，审计建议接受程度受到被审计单位与审计人之间的心理契约一致程度的影响。只有在达到较高程度的心理契约时，被审计单位才会发自内心地认可审计建议，并进而应用这些建议。如果心理契约没有达成，则被审计单位并不是发自内心地认可审计建议，对审计建议的采纳就会打折扣。而影响被审计单位对审计建议认可程度的重要原因是审计标准。如果对审计标准的认可程度高，则对以此标准为基础的审计建议认可程度也会高，反之亦然。

（3）客观程度高。客观性是不掺杂个人偏见的性质，客观程度高也就是选择的审计标准中很少掺杂个人偏见。由于瑕疵行为审计具有主观性，所以，在选择审计标准时，容易掺杂个人偏见，从而影响客观性。但是，如果选择的审计标准是掺杂个人偏见的产物，则这种标准也就难以作为衡量特定行为是否具有改进潜力的标杆。毕竟瑕疵行为审计的直接目标是鉴证瑕疵行为是否存在，其终极目标是抑制瑕疵行为，促进经管责任的良好履行，如果审计标准不客观，将本应是瑕疵行为的没有确认为瑕疵行为，或者是将本来不是瑕疵行为的行为确认为瑕疵行为，则瑕疵行为审计属于浪费资源，并不能发挥抑制瑕疵行为，并进而促进经管责任良好履行的作用。

（三）如何得到恰当的瑕疵行为审计标准：审计标准选择模式

由于瑕疵行为审计标准具有权变性、主观性的特征，所以，恰当的审计标准需要具备认知程度高、认同程度高、客观程度高这三个条件。那么，如何达到这三个条件呢？这就涉及瑕疵行为审计标准的选择模式。

瑕疵行为审计标准选择模式涉及两个问题：一是选择路径，二是选择者。关于选择路径，从理论上来说，行为审计主要涉及过程，瑕疵行为审计主要是判断行为过程是否存在瑕疵。但是，在有些情形下，如果某些行为与结果之间的关系很明显，根据结果来寻找过程也是有效的路径。所以，选择过程评价标准的路径有两种情形：一是从结果到过程，二是直接选择过程。从结果到过程，适用于过程与结果之间的关系较为明显，如果一种行为已经引发了不利的后果，则该行为过程显然存在瑕疵；反之，如果一种行为已经引发了较好的后果，则该行为过程可以认为不存在瑕疵，可以作为行为是否存在瑕疵的标杆。但是，在多数情形下，某一过程产生的结果不一定能单独显现，过程与结果之间的关系不清晰，这就无从采用从结果到过程的路径来选择审计标准，只能直接选择一定的行为方式方法作为标杆，这就是直接选择过程的路径。

关于选择者，审计关系是由委托人、代理人和审计人共同组成的，所以，他们都可以成为审计标准的选择者。从理论上来说，审计标准也就是委托人期望代理人履行其经管责任的方式，委托人应该是审计标准的主导者。但是，既然委托人将一定的事项、资源和权力交付代理人，则委托人一般就不会涉及代理人如何履行其经管责任的细节。所以，委托人不会有一个代理人应该如何履行其责任的行动方式清单。所以，一般来说，委托人难以在瑕疵行为审计标准选择中发挥主导作用。既然如此，瑕疵行为审计标准选择，主要是审计人和代理人，具体来说，又有三种情形：代理人选择、审计人选择、审计人和代理人共同选择。

以上分别分析了瑕疵行为审计标准选择的路径和选择者，而审计标准选择模式是二者的组合，如表 1 所示。不同模式下，认知程度、认同程度、客观程度不同。下面，我们分别来分析不同情形的上述三个维度。

表 1　瑕疵行为审计标准选择模式

项目		选择者		
		代理人	审计人	共同选择
选择路径	从结果到过程	A	C	E
	直接选择过程	B	D	F

从选择者来说，代理人、审计人对特定行为的认知程度不同。客观程度也不同，一般来说，代理人对特定行为的认知程度高于审计人，但是，其客观程度可能低于审计人。如果代理人不参与选择审计标准，则对审计标准的认同程度会降低。所以，从选择者角度出发，各种选择模式有如下特征：就认知程度来说，A 模式与 B 模式相同，居于较高水平；E 模式与 F 模式相同，居于中等水平；C 模式与 D 模式相同，居于较低水平；就认同程度来说，A 模式与 B 模式相同，居于较高水

平；E模式与F模式相同，居于中等水平；C模式与D模式相同，居于较低水平；就客观程度来说，C模式与D模式相同，居于较高水平；E模式与F模式相同，居于中等水平；A模式与B模式相同，居于较低水平。

从选择路径出发，从结果到过程涉及的主观判定较少，所以，有利于增加客观性。同时，根据已知的结果来选择产生该结果的过程是否能作为评价标准，也有利于提高认知程度和认同程度。所以，从选择路径度出发，各种选择模式有如下特征：A模式、C模式、E模式的认知程度、认同程度、客观程度相同，B模式、D模式、F模式的认知程度、认同程度、客观程度相同，前三者的认知程度、认同程度、客观程度高于后三者。

综合审计标准的选择者和选择路径，各种审计标准选择模式的特征归纳如表2所示。

表2 不同审计标准选择模式的特征

选择模式	特征维度		
	认知程度	认同程度	客观程度
A	较高$^{+}$	较高$^{+}$	较低$^{+}$
B	较高$^{-}$	较高$^{-}$	较低$^{-}$
C	较低$^{+}$	较低$^{+}$	较高$^{+}$
D	较低$^{-}$	较低$^{-}$	较高$^{-}$
E	居中$^{+}$	居中$^{+}$	居中$^{+}$
F	居中$^{-}$	居中$^{-}$	居中$^{-}$

注：＋表示选择路径对该维度的增强，－表示选择路径对该维度的削弱。

表2的结果告诉我们，瑕疵行为审计标准的选择，没有绝对好的模式，也没有绝对不好的模式，每种模式都有其利弊，需要根据不同的具体情况来选择适宜的模式。

三、内部审计内容的变迁：基于瑕疵行为审计标准选择视角的分析

IIA对内部审计的界定经过了一个发展的过程，根据不同阶段的内部审计定义，提炼其审计的核心内容如表3所示。

表 3　IIA 界定的内部审计核心内容

职责说明书或标准	内部审计核心内容
1947 年第 1 号《内部审计职责说明书》	会计、财务及其他业务活动
1957 年第 2 号《内部审计职责说明书》	会计、财务及其他业务活动
1971 年第 3 号《内部审计职责说明书》	业务活动
1976 年第 4 号《内部审计职责说明书》	业务活动
1981 年第 5 号《内部审计职责说明书》	组织活动
1990 年第 6 号《内部审计职责说明书》	组织活动
2001 年《内部审计专业实务标准》	风险管理、控制和治理过程
2009 年《内部审计专业实务框架》	风险管理、控制和治理过程

资料来源：根据 IIA 文献整理。

表 3 显示，从 1947 年到 1990 年，IIA 界定的内部审计核心内容在扩展，从会计、财务及其他业务活动扩展到业务活动，再从业务活动扩展到组织活动。然而，到了 2001 年，则从组织活动聚焦到风险管理、控制和治理过程。为什么会发生这样的变化呢？首先，IIA 为了内部审计的发展，逐步将内部审计核心内容从财务领域扩大到非财务领域，并且试图建立以非财务领域为主的所谓现代内部审计，从 1947 年的第 1 号《内部审计职责说明书》到 1990 的第 6 号《内部审计职责说明书》，基本上是这个思路。然而，在这个过程中，一个难以克服的困难是，对业务活动、组织活动进行审计，其评价标准究竟应该如何确定？不少的理论和实务界人士进行了探索①，但是，依然是良方难觅。其中的原因是，由于业务活动、组织活动如何运作是与其特定的情景因素相关，所以，评价这些活动的标杆具有权变性和主观性，无论用何种模式来选择其评价标准，都难以同时使这些评价标准具有认知程度高、认同程度高和客观程度高的特征。所以，恰当的审计标准难以获得。

1994 年，COSO 委员会颁布了著名的《内部控制——整合框架》，这个文献得到理论界和实务界的高度认同。所以，在所有的管理领域，内部控制终于有了一个认同程度较高的标杆。相对其他管理领域来说，对内部控制实施审计，就相对容易确定审计标准。也正因为如此，内部控制审计就异军突起。2001 年的《内部审计专业实务标准》将内部审计核心内容界定为风险管理、控制和治理过程。当然，由于大家对风险管理、内部控制、治理三者之间的关系认识不同，所以，IIA 干脆将三者同时列为内部审计核心内容。

纵观内部审计核心业务变迁，一开始时，是对管理审计充满信心。后来，由于审计标准难以确定，管理审计的发展不尽如人意。由于《内部控制——整合框架》的出现，管理审计在此领域终于有了较为“硬性”的审计评价标准，内部控制审计得以异军突起。所以，从某种程度上来说，正是审计标准制约了管理审计的发展，也正是《内部控制——整合框架》奠定了内部控制审计的发展基础。

① 例如，布拉德福·卡德默斯（Bradford Cadmus）的《卡德默斯经营审计》、劳伦斯·索耶（Lawrence B. Sawyer）的《现代内部审计实务》、布林克（Brink）的《现代内部审计—业务法》。

四、结论和启示

瑕疵行为是指没有采用特定环境下最合宜方案的作为或不作为，也就是存在改进潜力的行为。对于一个特定行为，判断其是否有瑕疵，最关键的问题是评价标准。本节研究瑕疵行为审计标准之选择。

瑕疵行为审计标准选择的理论框架，其核心问题是如何才能选出恰当的审计标准。为此，涉及三个基本问题：一是瑕疵行为审计标准的特征，二是什么是恰当的瑕疵行为审计标准，三是如何获取恰当的瑕疵行为审计标准，主要涉及瑕疵行为审计标准选择模式。它们之间的关系是，瑕疵行为审计标准的特征是基础，决定什么是恰当的审计标准，而二者共同决定审计标准选择模式，审计标准选择模式是得到恰当的审计标准的路径。

由于管理活动具有权变性，对于特定的组织情景具有较高的黏性。那么，要评价特定的管理行为是否具有瑕疵，就不可能有统一的标准。这种评价标准也必须根据该特定组织的情景因素来选择，从而也具有较高的黏性，从不同组织来说，就显现为权变性。由于评价标准具有权变性，所以，需要就评价标准达成共识，导致瑕疵行为审计标准的选择具有较大的主观性。

恰当的瑕疵审计标准实际上就是管理活动的恰当规范，也就是适合被审计单位具体条件的管理模式、方案或方法。按审计术语来说，恰当的审计标准，就是如果按该标准来从事管理活动，则该管理活动不存在改进潜力。恰当的审计标准应该具备以下条件：一是认知程度高，二是认同程度高，三是客观程度高。

由于瑕疵行为审计标准具有权变性、主观性的特征，所以，恰当的审计标准需要具备认知程度高、认同程度高、客观程度高这三个条件。那么，如何达到这三个条件呢？这就涉及瑕疵行为审计标准的选择模式。瑕疵行为审计标准选择模式包括两个问题：一是选择路径，二是选择者。选择路径有两种情形：一是从结果到过程，二是直接选择过程。选择者有三种情形：代理人选择、审计人选择、审计人和代理人共同选择。不同模式下，认知程度、认同程度、客观程度不同。瑕疵行为审计标准的选择，没有绝对好的模式，也没有绝对不好的模式，每种模式都有其利弊，需要根据不同的具体情况来选择适宜的模式。

内部审计核心业务的变迁，一定程度上说明了行为审计标准的重要性。没有适宜的审计标准，任何审计业务都将难以持续有效地开展。

本节的结论似乎有些灰色，不那么令人激动。然而，从灰色中，我们也看到了曙光。至少有三点启示可以助力瑕疵行为审计实务：第一，从已经出现负面后果的行为入手，是开始瑕疵行为审计的有效路径；第二，审计人和代理人共同选择瑕疵行为审计标准，可能是相对较为有效的办法；第三，审计人要具备相当的相关知识素养，在对特定行为的认知程度上达到专家的水准。

第三节 行为审计定性：缺陷行为判定的理论基础和操作框架

我国的审计实践中，行为是否合规、是否合理，是重要的审计主题。这类审计，本质上是行为审计。然而，行为审计目前还处于没有审计准则的阶段，其中的重要原因之一就是没有区分行为审计与信息审计，对于行为审计的许多重要理论问题认识不清楚，审计定性是其中的重要方面。

行为审计的核心内容是以审计证据为基础，对行为进行判定，确定其是否是缺陷行为（这里的缺陷包括不合规和不合理）、是何种缺陷行为。这个过程也就是行为审计定性。缺陷行为及其类型判定涉及两个层面的问题：一是缺陷行为理论，二是缺陷行为判定框架。前者从理论上阐述清楚什么是缺陷行为；后者为缺陷行为的判定提供一个操作框架。现有审计文献对审计定性有一些工作性质的研究，但是，并未涉及缺陷行为理论和缺陷行为判定框架。法学文献中，有大量文献研究违法实质理论和犯罪构成理论。由于行为审计具有准司法性质，法学中的这些理论，对于研究行为审计中的缺陷行为及其判定有较大的启发作用。本节借鉴违法实质理论和犯罪构成理论，构建缺陷行为理论和缺陷行为判定框架。

一、文献综述

本节的相关文献包括三个方面：一是违法实质理论，二是犯罪构成理论，三是审计定性。违法实质理论主要有行为无价值论和结果无价值论，有大量的文献研究。总体来说，二元行为无价值论已经成为主流观点（川端博，2003；郭剑峰，2010）。犯罪构成理论主要有四要件论和三阶段论，有大量的研究文献。总体来说，四要件论认为，犯罪构成的四大要件是犯罪客体、犯罪客观方面、犯罪主体、犯罪主观方面（李洁，1999；侯国云，2004）。三阶段论认为，犯罪构成要件包括该当性、违法性和有责性（张明楷，2010）。

关于审计定性，有一些工作性研究文献。雷远宁（2008）提出违规构成四要件：违纪构成的主体、主观方面、客体、客观方面。温兆文（1987）提出确认违反财经纪律的原则：行为主体必须是法人；行为主体主观上必须有违反财经纪律的故意；行为所侵犯的客体必须是经济法规所保护的对象；行为实施的结果具有一定危害性。蒋国发（1995）提出审计定性原则：审计证据充分原则、审计证据明确原则、审计证据公开原则。石秦（2000）认为，在审计定性过程中应当把握：坚持主客观相统一的原则；要弄清违法违纪行为人的目的；要坚持依法定性；力求规范用词。杨慧君、杨伟国（2005）提出审计定性的质量控制标准：依法定性原则、从旧兼从轻原则、逐项认定原则。班凤欣（2010）提出审计定性应当把握的几个方面：以事实为依据，以法律为准绳；准确运用法规；正确运用审计自由裁量权；规范定性及处理处罚在报告中的表述模式。

总体来说，违法实质理论和犯罪构成理论对于研究缺陷行为及其判定有较大的借鉴价值。审计定性的相关研究，虽然有借鉴上述理论的迹象，但是并未提出系统的缺陷行为判定理论及实施框架。本节借鉴违法实质理论和犯罪构成理论，构建缺陷行为理论和缺陷行为判定框架。

二、缺陷行为判定的理论基础

行为审计要以审计证据为基础，从众多的行为中找出缺陷行为，类似刑法，从众多的行为中找出犯罪行为。审计定性，就是以审计证据为基础，对缺陷行为进行判定，它涉及两个层面的问题：一是理论基础，可以称为缺陷行为理论，包括缺陷行为实质和行为特征；二是操作框架，包括缺陷行为类型化及缺陷行为构成。下面，我们分别阐述。

判断某个特定行为是否是缺陷行为，涉及两个理论问题：缺陷行为实质、缺陷行为特征，是对缺陷行为的理论抽象，它们有助于人们树立正确的缺陷行为概念，能够区分缺陷行为与非缺陷行为。

（一）缺陷行为实质

缺陷行为实质，是对缺陷根本属性的认识，从学理上来说，类似法学中的违法性实质。在法学领域，关于违法性实质，存在行为无价值论与结果无价值论之争。这里的“无价值”是指违反刑法所意图保护的价值，也就是给法律意图保护的价值带来否定性结果。结果无价值论也称为法益侵害说，这种理论认为，法律的目的是保护法益，犯罪的本质是侵害法益，因此违法性的实质是对法益的侵害与威胁（侵害的可能性）。行为无价值论也称为规范违反说，这种理论认为，法律的目的是维护社会伦理秩序，违法性的实质是违反法规范或者违反法秩序，因此违法性的实质是规范违反（杜文俊，陈洪兵，2009）。上述行为无价值论与结果无价值论都是一元的违法性实质理论，它们都具有不可克服的缺陷，只有通过一并考虑结果无价值和行为无价值才能正确地认识违法性（川端博，2003）。在今天，二元行为无价值论已经成为主流观点，这种观点虽然也强调结果无价值的重要性，但认为最终起决定作用的还是行为人的主观以及行为形态是否合乎道德、伦理、秩序等行为无价值（郭剑峰，2010）。

我们认为，从行为审计来说，应该采用结果无价值来认识缺陷行为本质。也就是说，缺陷行为的本质是对经管责任的危害或负面影响，只要对经管责任形成危害或负面影响的行为就是缺陷行为。这样认识缺陷行为本质，有如下理由：

第一，委托人为了让代理人能有效地履行其经管责任，设计了一整套治理机制，审计是其中之一。所以，从根本上来说，审计是为委托人服务的，审计要促使代理人更好地履行其经管责任。所以，审计应该关注对经管责任形成危害或负面影响的行为。

第二，从经管责任履行来说，代理人的缺陷行为源于两个方面：一是源于自利的代理问题，这是代理人的主观故意行为；二是源于有限理性的次优问题，这并不是代理人的故意行为，而是由于代理人大意、过度自信甚至无知等有限理性因素造成的。但是，无论是何种原因形成的缺陷行为，它们都对经管责任的履行造成了危害或负面影响。在许多情形下，甚至无法确定某项行为是由于自利还是由于有限理性而产生的。例如，有些情形下的错误和舞弊很难区分。所以，从行为审计来说，一般不需要考虑代理人的主观意愿与特定缺陷行为之间的关系。

第三，在法律领域，可能出现结果无价值和行为无价值之间的背离。但是，从行为审计来说，二者背离的可能性很少。行为违规或不合理，一般会对经管责任的最终履行结果形成危害或负面影响。所以，行为无价值一般也会形成结果无价值。反之，结果无价值，一般是源于行为无价值。但是，有两种情形需要特别注意：一是即使行为无价值还没有形成实际上的危害或负面影响，只要有形成危害或负面影响的可能性（类似法学中的威胁），都是结果无价值；二是某些违反外部规范的行为，从短期来看，可能给本单位带来了好的结果，但是，从长期来看，违反外部规范可能招致严厉的负面后果，所以，具有危害经管责任的可能性。

第四，由于采用结果无价值论，制度本身也是审计内容。尽管行为审计强调行为要遵守相关的制度规范。但是，制度规范本身的合规性、合理性也是审计的内容。所以，从本质上来说，行为审计并不强调对制度的维护，而是强调经管责任的履行。如果制度不利于经管责任的履行，则制度本身也需要改进。这就存在一个问题，对于审计中发现的制度不合理，而审计客体违反了这些不合理的制度，审计是否将这些行为判断为缺陷行为？我们认为，在这种情形下，应该有两个缺陷：一是不合理的制度要确定为缺陷制度；二是对于违反制度的行为，也要确定为缺陷行为，如果不确定为缺陷行为，则可能产生一些负面影响，对违规行为有诱导作用。

缺陷行为的上述本质，便于我们理解缺陷行为和正常行为，指导我们划分缺陷行为与正常行为，如图 3 所示。

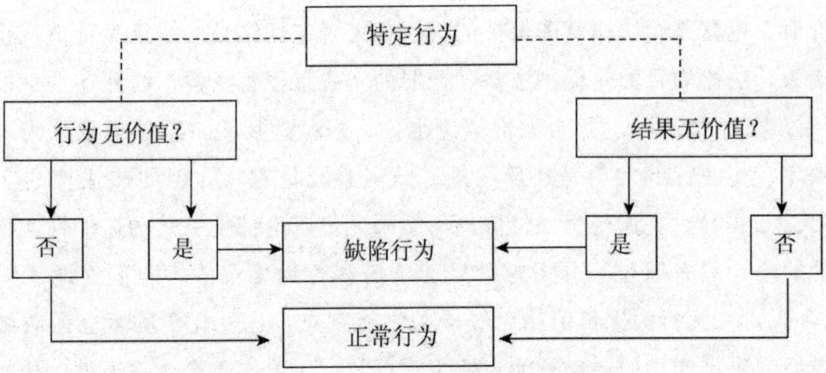

图 3　缺陷行为本质与缺陷行为判定逻辑

（二）缺陷行为特征

缺陷行为的基本特征，从学理上来说，类似于犯罪的基本特征。犯罪特征是以违法性实质为基础，对犯罪属性的概括。一般认为，犯罪基本特征包括社会危害性、违法性、情况相当严重性（邓又天，郑兴隆，1984；胡正渴，1986）。从行为审计来说，缺陷行为应该具有如下三个特征：经管责任危害性、缺陷性、重要性。

经管责任危害性，从学理上来说，类似犯罪特征的社会危害性。但是，行为审计关注的是经管责任履行中的行为，不是一般的行为。所以，行为主体的行为所产生的影响，不宜泛化到整个社会，而要限定在经管责任领域。凡是对经管责任形成危害或负面影响的，都是缺陷行为。这里的危害或负面影响，有两种情形：一是已经形成的危害或负面影响，例如已经发生的违规行为、已经实施的落后管理制度；二是潜在的危害或负面影响。也就是说，对经管责任还没有发生实际危害或负面影响，但是，存在危害或负面影响的可能性。例如，存在缺陷的内部控制，有些可能还没有对经管责任发生实际危害或负面影响，但是，假以时日，这种可能性会成为现实。

缺陷性，从学理上来说，类似犯罪特征的违法性。但是，行为审计不只是关注合规性，还关注合理性。也就是说，缺陷行为有多种类型，源于自利会产生代理问题，源于有限理性会产生次优问题，代理问题和次优问题有些可能表现为违法、违规、违章，而有些缺陷行为不一定违反明文规定的法律法规或规章，但是，它不是当前环境下的最适宜选择，而是存在更好的方案，从而存在改进的潜力。至于前面谈到的违法、违规、违章，当然需要纠正，这也是一种改进潜力。所以，总体来说，各种类型的缺陷行为，它们的共性特征是，都存在缺陷，都需要改进，都存在改进的潜力。

重要性，从学理上来说，类似犯罪特征的情况相当严重性。在这个方面，审计学与法学可能有基本相同的理念。法学中引进了量的概念，对于情节显著轻微危害不大的行为，不认定为犯罪（王志祥，2007；王政勋，2007）。审计学中，重要性水平（Materiality）是贯穿于整个审计过程的核心要素。二者的共同本质是，关注影响达到一定程度的事项，而将影响轻微的事项置之度外。就行为审计来说，尽管某个行为对经管责任形成危害或负面影响，如果这种危害或负面影响是显著轻微的，则一般就不宜将这种行为作为缺陷行为予以关注，只有对经管责任的危害或负面影响达到一定程度的行为，才需要将其作为缺陷行为予以关注。

缺陷行为的上述三个特征，便于我们理解缺陷行为和正常行为，它们层层递进，道道把关，形成了指导我们划分缺陷行为与正常行为之界限的三道“防线”，如图 4 所示。

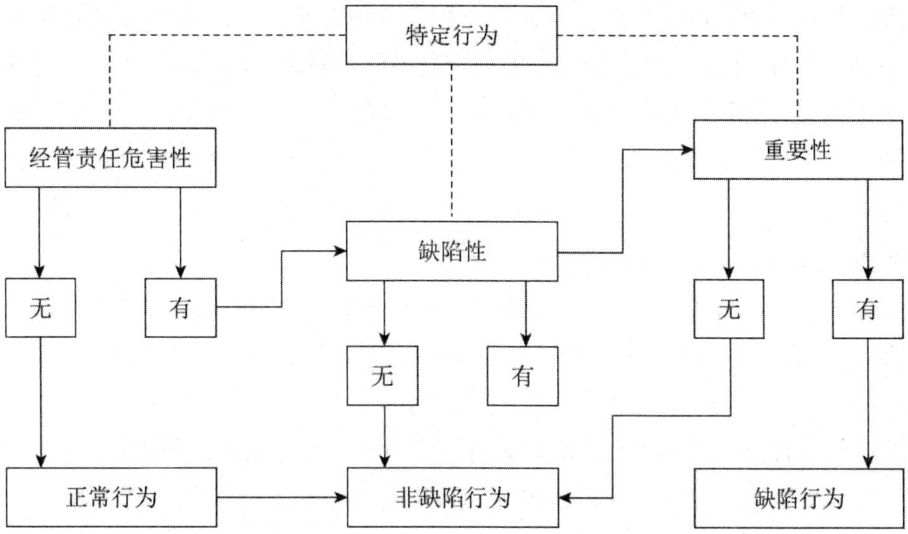

图 4　缺陷行为特征与缺陷行为判定逻辑

三、缺陷行为判定的实施框架

缺陷行为判断依赖缺陷行为的相关理论，但是，还需要实施框架。这个实施框架包括两个问题：一是缺陷行为类型化，二是缺陷行为类型判定。

（一）缺陷行为类型化

缺陷行为类型化，从学理上来说，类似法学中的犯罪类型分类。法学中犯罪类型分类，就是把犯罪概念作为属概念，将其细分为各种犯罪概念即若干种概念。犯罪类型分类由分类的母项、分类的子项和分类的标准三个部分组成。被分类的犯罪概念叫做分类的母项即属概念；分类后取得的各种犯罪概念叫做分类的子项即种概念；分类时所依据的犯罪行为的特征叫做分类的标准。例如，刑法总则的“犯罪”概念，就是分类的母项，“故意犯罪和过失犯罪”“反革命罪，危害公共安全罪，破坏社会主义经济秩序罪”等分别是分类的子项，“犯罪的主观方面”“犯罪的客体”和“社会危害程度”分别是分类的标准。事实上，各种层级的分类都是罪名，而分类的标准则是罪状，罪状需要按犯罪构成的条件进行具体描述（施庙松，1985；刘艳红，2002）。

从行为审计来说，缺陷行为是分类的母项，对其分类后取得的各种缺陷行为就是分类的子项，而分类标准则是根据缺陷行为构成对缺陷行为的具体描述，缺陷行为母项和子项共同构成了缺陷行为类型化体系（类似不同层级的罪名），分类标准也就是缺陷行为详态（类似不同罪名的罪状）。

关于缺陷行为构成及其状况，我们将于本节随后内容中讨论。这里主要分析缺陷行为类型化体系。缺陷行为可以做怎样的分类呢？一些工作性研究文献涉及审计发现问题的分类，主要有两种类型：一是对财政违规的分类，二是对全部违规的分类。

关于财政违规的分类，杜娟（2008）将财政违规分为以下类型：改变资金用途，支出超范围，编报不实，未拨付，执行不力，支出不具体，账外账，违规收入，应缴未缴资金，损失浪费，管理不善，会计核算问题；王利娜（2011）将财政资金违规分为以下情形：支出不具体，未拨付，闲置资金，支出超范围，挤占挪用，编报不实，账外账，改变资金用途，资金出借；药旭宏（2010）将财政违规分为以下类型：首先，预算编制方面存在虚报、漏报、编制项目不具体等问题。其次，预算管理方面存在执行不力、内控不严，预算资金存在风险和浪费、肆意改变预算资金的用途等问题。最后，在预算监督方面存在审计意见提及的问题不能得到完善和纠正、预算的公开透明程度不够、部门内审不到位等问题；范燕飞（2011）将财政违规分为以下类型：编报不实，挪用、挤占，改变资金用途，未拨付，支出不具体，闲置资金资产，支出超范围，账外账，资金出借。

关于全部违规的分类，郭俊照（1998）将违规行为分为三类：违反国家规定的财政收支行为；违反国家规定的财务收支行为、违反审计法的行为。

上述这些分类，对于缺陷行为类型化体系的建立有一定的启发作用。但是，由于缺乏审计主题意识，也没有建立适宜的理论基础，所以，无法成为具有包容性和可扩展性的缺陷行为类型化体系。

我们认为，缺陷行为类型化体系就是对缺陷行为的分类，首先可以分为违规行为和瑕疵行为，它们也属于缺陷行为的第一层级子项。违规行为是指明确违反了委托人意愿或相关法律法规的行为，而瑕疵行为是指由于有限理性所导致的次优问题，也就是没有采用最合宜方案的行为或不作为。

第一层级的缺陷行为子项还可以再分类，形成第二层级的缺陷行为子项。一般来说，从行为的内容和属性来看，行为可以分为业务行为、财务行为和其他行为。业务行为是从事本组织或本岗位职责所发生的行为，不同的组织或不同的岗位具有不同的职责，从而具有不同的业务行为；财务行为是与资金相关的各项行为，不同的组织或不同的岗位，资金来源及使用不同，与资金相关的职责不同，从而具有不同的财务行为；其他行为是业务行为和财务行为之外但与经管责任履行相关的其他各项行为，不同的组织或岗位在其他领域的职责不同，从而具有不同的其他作为或不作为。与此相一致，第一层级的缺陷行为可以按上述三种行为内容进行再分类，形成第二层级的分类。违规行为分为违规财务行为、违规业务行为和违规其他行为；瑕疵行为分为瑕疵财务行为、瑕疵业务行为和瑕疵其他行为。第二层级的子项还可以再分类，形成第三层级的缺陷行为子项。各类违规行为，可以按其内容进行再分类，各类瑕疵行为，也可以按其内容进行再分类。第一层级到第三层级的分类都是从缺陷行为的质方面所做的分类。而量变是质变的基础，在此基础上，还需要对缺陷行为从量方面进行分类，分为重大缺陷、重要缺陷和一般缺陷。这里的量，当然是指对经管责任的危害程度。以量为基础的缺陷行为分类，形成缺陷行为的第四级子项。

以上所述的缺陷行为类型化体系，归纳起来如表 4 所示。当然，表 4 中的每类、每级缺陷行为，还需要具体描述其行为详态。

表 4 缺陷行为类型化体系

母 项	一级子项	二级子项	三级子项	四级子项
缺陷行为	违规行为	违规财务行为	按财务行为内容细分	重大缺陷 重要缺陷 一般缺陷
		违规业务行为	按业务行为内容细分	
		违规其他行为	按其他行为内容细分	
	瑕疵行为	瑕疵财务行为	按财务行为内容细分	
		瑕疵业务行为	按业务行为内容细分	
		瑕疵其他行为	按其他行为内容细分	

（二）缺陷行为类型判定

有了缺陷行为类型化体系，如何将缺陷行为判定为某一类型缺陷行为呢？在法学领域，这类问题称为犯罪构成。目前，主要有两种犯罪构成理论：一是四要件论，二是三阶段论。

四要件论是传统的犯罪构成理论模式，源于前苏联，这种理论认为，犯罪构成的四大要件是犯罪客体、犯罪客观方面、犯罪主体、犯罪主观方面。犯罪客体，是指被犯罪行为所侵害的，而为刑法所保护的社会关系；犯罪客观方面包括危害行为、危害结果、因果关系、时间、地点、工具、方法等内容；犯罪主体是指实施危害社会的行为、依法应当负刑事责任的自然人和单位；犯罪主观方面包括故意、过失、目的等内容（李洁，1999；侯国云，2004）。

三阶段论是流行于大陆法系的构成要件理论，这种理论认为，犯罪构成要件包括该当性、违法性和有责性。该当性，也称构成要件符合性，是指构成要件的实现，即所发生的事实与刑法条文所规定的构成要件相一致；违法性是指符合构成要件的行为实质上是法律所不允许的行为，即必须是违法的行为；有责性，是指能够就符合构成要件的违法行为对行为人进行非难、谴责（张明楷，2010）。

从行为审计来说，上述两种理论都是可行的，但是，行为审计中的缺陷行为之判定，远没有法学领域的定罪那么复杂。

借鉴四要件论理论，缺陷行为构成包括缺陷行为客体、缺陷行为客观方面、缺陷行为主体、缺陷行为主观方面。缺陷行为客体是缺陷行为所侵害的社会关系，这种社会关系就是委托人与代理人之间的关系，也就是经管责任；缺陷行为客观方面指缺陷行为详态，包括行为样态、危害结果、因果关系、时间、地点、手段、方法等；缺陷行为主体是指实施缺陷行为的自然人或组织，也就是委托代理关系中的代理人；缺陷行为主观方面是指缺陷行为主体的故意或过失等。上述四个要件中，缺陷行为客体、缺陷行为主体和缺陷行为主观方面基本不变，无论什么样的缺陷行为，这三个要件基本不变，在缺陷行为判定中较为清晰。缺陷行为客观方面较为复杂，不同的缺陷行为，其详态不同。所以，总体来说，根据四要件理论，缺陷行为判定的关键是缺陷行为客观方面，也就是根据缺陷行为的详态，将其判定为某类缺陷行为。

如果借鉴三阶段论，缺陷行为构成包括该当性、缺陷性和有责性。缺陷行为该当性，是指所发生的缺陷行为与缺陷行为类型化体系中所规定的缺陷行为详态相一致；缺陷性是指行为实质上是违规或存在瑕疵；有责性是指能够就缺陷行为对行为人进行非难、谴责。一般来说，在缺陷行为判定中，缺陷性和有责性是清晰的，缺陷行为该当性较为复杂，是判定缺陷行为类型的关键。一般来说，缺陷行为该当性包括以下内容：一是行为主体；二是是危害行为；三是行为客体；四是危害结果。缺陷行为该当性的这些内容中，缺陷行为主体和行为客体是清晰的，危害行为和危害结果与四要件论理论中的缺陷行为客观方面基本相同，都是缺陷行为详态。

综合四要件论理论和三阶段论，缺陷行为类型判定的关键因素是缺陷行为详态，包括行为样态、危害结果、因果关系、时间、地点、手段、方法等。发现缺陷行为之后，根据缺陷行为详态，判定其属于何种缺陷行为。

在法学中，并不是对于所有的违规行为都要判定为犯罪，而是有明确规定，对于情节显著轻微危害不大的，不认为是犯罪（王政勋，2007）。行为审计也是如此，并不是对于所有的缺陷行为都予以关注，而是其对经管责任的影响达到一定程度之后，才予以关注。所以，缺陷行为类型化判定，还需要同时进行量的判定，根据缺陷行为对经管责任的危害或负面影响程度，将缺陷行为分为重大缺陷、重要缺陷和一般缺陷。

综合上述内容，缺陷行为判定主要有两个方面：一方面根据缺陷行为详态，判定其属于何种缺陷行为；另一方面，根据缺陷行为详态，分析缺陷行为对经管责任的危害或负面影响程度。根据影响程度不同，将缺陷行为分为重大缺陷、重要缺陷和一般缺陷，前者可以称为缺陷行为质的构成要件，后者可以称为缺陷行为量的构成要件，它们共同构成缺陷行为构件。事实上，法学领域中，也有学者提出犯罪构成要件可以分为质的构成要件和量的构成要件（刘艳红，2002），与缺陷行为构成的二要件很类似。

以上所述缺陷行为类型判定，归纳起来，如图 5 所示。

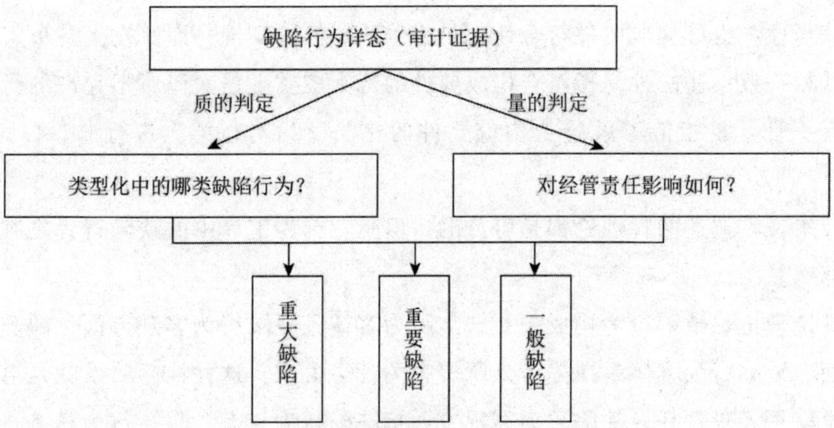

图 5　缺陷行为类型判定

四、我国政府审计领域存在屡审屡犯问题：基于缺陷行为判定视角的分析

（一）我国政府审计领域存在屡审屡犯现象

我国政府审计领域存在屡审屡犯现象已经是不争的事实。2003 年，审计署推出审计结果公开制度，一大批单位被公开曝光，人们用“审计风暴”来形容审计工作报告所带来的影响。然而，随着每年审计结果的不断公开，人们发现，许多的单位、许多的问题是屡审屡犯。刘家义审计长坦言，

“实事求是地讲，屡审屡犯的问题确实存在”[①]。一些主流媒体发出了“审丑疲劳”的感慨[②]。全国人大常委会一些委员指出：“年年审计、年年犯同类错误，这是老百姓最关注的问题，也必须引起我们的高度重视。”[③] 李克强总理用“牛皮癣”比喻审计查出的这些问题，“大部分都是老毛病，像‘牛皮癣’一样‘屡审屡犯’”[④]。

（二）原因分析

针对屡审屡犯现象，审计理论界和实务界一些人士分析了屡审屡犯的原因。例如，与问题相关的体制、机制和制度上深层次存在的，不能在短期内完全解决；审计处理处罚力度不够；责任追究不到位等[⑤]。上述这些原因当然存在，但是，缺陷行为判定存在的问题也是导致屡审屡犯的原因。正是由于缺陷行为判定方面存在的问题，使得原本不应该判定为缺陷行为的行为成为缺陷行为，这些所谓的缺陷行为当然难以整改，从而出现屡审屡犯。

根据本节的理论框架，对于缺陷行为的判定，首先，要从质上进行判定，根据一定的缺陷行为类型化体系，确定其属于何种缺陷行为；其次，要从量上进行判定，区分为重大缺陷、重要缺陷和一般缺陷。至今，我国政府审计在上述两方面都处于很基础的阶段。

第一，我国政府审计领域还没有违规行为分类体系。《审计机关审计处理处罚的规定》（已经作废）、《中华人民共和国审计法》《中华人民共和国审计法实施条例》界定了审计处理处罚的类型，并没有规定不同处理处罚类型的适用情形。也就是说，并没有一个违规行为类型化体系。国务院令颁布的《财政违法行为处罚处分条例》对不同单位和个人的不同财政违法行为分别规定了不同的处理处罚措施，这里的“不同财政违法行为”表面看起来似乎是一个违规行为分类体系，其实并不是。一方面，不同单位和个人的财政违规行为分类没有一个共同的分类框架；另一方面，违规行为也不只是财政违规，例如，金融违规、业务违规、贸易违规等都不可能纳入财政违规分类体系。正是由于没有一个共同的缺陷行为分类体系，各级审计机关在对缺陷行为进行审计定性时，就各行其事，定性不准确也就难免了。

第二，我国政府审计领域还没有明文规定将违规行为区分为不同等级。对于违规行为要从量上进行判定，区分为重大缺陷、重要缺陷和一般缺陷，不能对不同程度的违规行为一视同仁。但是，我国政府审计还没有对违规行为进行程度的区分。一方面，本节前面提到的审计处理处罚相关法律法规中，没有明文规定要对违规行为进行程度区分，更没有针对不同程度的违规确定不同的处理处罚措施；另一方面，从各级审计机关公告的审计结果及每年度向同级人大常委会所做的审计工作报告中，只能看到违规金额的绝对数额，看不到违规金额的相对金额。而不同单位的财政财务收支规模不同，相同数额的违规金额，在不同的意义上有很大的区别。不区分违规程度，被审计单位难以做到对审计定性心悦诚服，从而会影响其整改态度。

五、结论和启示

我国的审计实践中，行为是否合规、是否合理，都是重要的审计主题。这类审计，本质上是行

---

① 中国新闻网，2010 年 7 月 13 日。

② 央视《新闻 1+1》，2012 年 6 月 29 日。

③ 半月谈网，2013 年 8 月 14 日。

④ 中国经济周刊，2014 年 7 月 8 日。

⑤ 新京报（北京），2013 年 1 月 17 日。

为审计。行为审计定性，也就是缺陷行为及其类型判定，涉及缺陷行为理论和缺陷行为判定框架。本节借鉴违法实质理论和犯罪构成理论，构建上述理论和框架。

缺陷行为理论涉及缺陷行为实质和行为特征。判断某个特定行为是否是缺陷行为，涉及两个理论问题：一是缺陷行为实质，二是缺陷行为特征。关于缺陷行为实质，从行为审计来说，应该采用结果无价值来认识缺陷行为本质。也就是说，缺陷行为的本质是对经管责任的危害或负面影响，只要对经管责任形成危害或负面影响的行为就是缺陷行为。关于缺陷行为特征，从行为审计来说，缺陷行为应该如下三个特征：经管责任危害性、缺陷性、重要性。经管责任危害性是指缺陷行为对经管责任具有危害或负面影响，包括危害或负面影响的可能性；缺陷性是指行为不合规或不合理；重要性是缺陷行为对经管责任的危害性达到一定的程度，而不是轻微的影响。

缺陷行为判定框架涉及缺陷行为类型化和缺陷行为类型判定。缺陷行为类型化就是缺陷行为的分类体系。从行为审计来说，缺陷行为是分类的母项，对其分类后取得的各种缺陷行为就是分类的子项，而分类标准则是根据缺陷行为构成对缺陷行为的具体描述。缺陷行为分为违规行为和瑕疵行为，它们属于第一层级的缺陷行为子项。违规行为分为违规财务行为、违规业务行为和违规其他行为，瑕疵行为分为瑕疵财务行为、瑕疵业务行为和瑕疵其他行为，它们形成第二层级的缺陷行为子项。各类缺陷行为，按其内容进行再分类，形成第三层级的缺陷行为子项。以量为基础，对第三层级的缺陷行为再分类，分为重大缺陷、重要缺陷和一般缺陷，形成缺陷行为的第四级子项。

缺陷行为类型判定可以借鉴犯罪构成理论，既可以借鉴四要件论，也可以借鉴三阶段论。但是，行为审计中的缺陷行为之判定，远没有法学领域的定罪那么复杂。综合四要件论理论和三阶段论，缺陷行为类型判定的关键因素是缺陷行为详态，包括行为样态、危害结果、因果关系、时间、地点、手段、方法等。发现缺陷行为之后，根据缺陷行为详态，判定其属于何种缺陷行为。缺陷行为判定主要有两个方面：一方面根据缺陷行为详态，判定其属于何种缺陷行为；另一方面，根据缺陷行为详态，分析缺陷行为对经管责任的危害或负面影响程度。根据影响程度不同，将缺陷行为分为重大缺陷、重要缺陷和一般缺陷，前者可以称为缺陷行为质的构成要件，后者可以称为缺陷行为量的构成要件。

我国政府审计领域存在屡审屡犯现象已经是不争的事实。尽管导致屡审屡犯现象的原因较多，但是，违规定性方面存在的问题，也是其中的重要原因之一。至今，我国政府审计定性还没有一个违规行为分类体系，也不考虑违规行为的严重程度。

行为审计是我国重要的审计类型，然而，目前还没有规范的操作标准。本节构建的缺陷行为理论及其判定框架，对于制定行为审计的操作标准具有基础性作用。如果能够构建缺陷行为分类体系，并确定各级各类缺陷行为的详态，同时，对于缺陷行为进行量的规范，我国的合规审计、建设性审计和中国特色的绩效审计，在规范化水平上都可以得到显著进步。

参考文献

1. 成佳富．如何正确运用审计标准［N]，中国审计报/2003 年/2 月/12 日。

2. 王维国，王柏人．审计执法监督的法律适用［N]，中国审计，2003（21）：26－28。

3. 杨　红．审计监督的法律运用［J］，经济师，2006（1）：240－241。

4. 李小林．审计实务中对于一个违法行为违反多个法条的法律适用［J］，中国审计报/2012年/10月/10日/第007版。

5. 高志明．审计适用法律依据十误［J］，审计月刊，2008（9）：23－25。

6. 张瑞来．审计法规条款适用的几种易错情形及相关对策［N］，中国审计报/2013年/5月/8日/第007版。

7. 崔莉莉．国家审计法律适用中存在的问题及对策分析［J］，会计之友，2014（17）：71－74。

8. 谢超群．刍议法律适用中的逻辑演绎推理［J］，山西财经大学学报，2007（11）：249。

9. 房文翠，陈　雷．法律适用的内在约束力研究——以法律方法为视角［J］，法制与社会发展（双月刊），2011（4）：132－140。

10. 黄京平，陈毅坚．法条竞合犯的类型及其法律适用［J］，中国刑事法杂志，2007（4）：20－24。

11. 王　磊．法官对法律适用的选择权［J］，法学，2004（4）：123－128。

12. 张开恩，关于行政审判法律适用的几个有关问题［J］，河北法学，1992（3）：37－38。

13. 匡乃安，何正华．法条竞合从一重罪处罚原则的缺陷及重构［J］，人民检察，2010（14）：71－73。

14. 张明楷．法条竞合中特别关系的确定与处理［J］，法学家，2011（1）：29－46。

15. 余　军．法律适用中的“规则悖反”及其解决方法［J］，暨南学报（哲学社会科学版），2013（11）：7－11。

16. 刘　燕．如何判断和选择审计标准［J］，审计月刊，2007（11）：35。

17. 纵　博．刑事诉讼法漏洞填补中的目的性限缩与扩张［J］，国家检察官学院学报，2011（8）：116－123。

18. 陈兴良．法条竞合论［M］，复旦大学出版社，1993年版，第13页。

19. 朱尧平，主编．违反财经法规行为审计定性和处理处罚向导［M］，中国时代经济出版社，2006年。

20. 顾树生，主编．违反财经法规行为审计定性和处理处罚向导（修订版）［M］，中国时代经济出版社，2013年。

21. Emmanuel.，C.，Otlty.，D.，Accounting for Management Control［M］，Van Norstrand Reinhold Co Ltd，1985，P27-28.

22. 王光远．管理审计理论［M］，中国人民大学出版社，1996年。

23. 王光远．受托管理责任与管理审计［M］，中国时代经济出版社，2004年。

24. Santocki.，J.，Management Audit：A Job for the Accountant? ［J］，Management Accounting (London) (Jan，1983)，P35-37.

25. Vinten.，G.，Internal Audit in Persrective：A US/UK Comparison［J］，Internal Audit (Spring，1991)，P3-9.

26. Reenbaum.，H. G.，Management Auditing as a Regulatory Tool［M］，Praeger Publish-

er，1987，P31.

27. 郑石桥．管理审计评价标准研究［D]，上海财经大学博士论文，2001年。

28. 郑石桥．管理审计评价标准建立模式探讨［J]，中国内部审计，2011（1)：32－35。

29. 郑石桥，主编．管理审计方法［M]，东北财经大学出版社，2012年。

30. 周世建．论菲德勒有效领导的权变模式［J]，理论学刊，1989（5)：27－32。

31. 杨瑞龙，主编．当代主流企业理论与企业管理［M]，安徽大学出版社，1999年，P419－421。

32. 徐联仓．管理思想的权变理论［J]，中外管理导报，1989（1)：8－10。

33. 文东华，潘飞，陈世敏．环境不确定性、二元管理控制系统与企业业绩实证研究——基于权变理论的视角［J]，管理世界，2009（10)：102－114。

34. 陈寒松，张文玺．权变管理在管理理论中的地位及演进［J]，山东社会科学，2010（9)：105－108。

35. 陈一来．ISO9000族标准与优化商业银行经营管理［J]，金融论坛，2001（5)：56－59。

36. 王兴元．基于ISO9000标准模式的企业综合管理体系（SMS）研究［J]，科技进步与对策，2000（4)：11－12。

37. 鸟羽至英．行为审计理论序说［J]，会计，1995年第148卷第6号，第77－80页。

38. Jungermann，H.（1999）. Advice giving and taking. In Proceedings of the 32nd Hawaii International USING AND ASSESSING ADVICE 273Conference on System Sciences（HICSS－32）. Maui，HI：Institute of Electrical and Electronics Engineers，Inc.（IEEE）.［CD－ROM］.

39. Harvey N.，Harries C. and Fischer I. Using advice and assessing its quality［J］. Organizational Behavior and Human Decision Processes，2000，81：252-273.

40. 郑　洁．关于接受建议影响因素的实验研究［D]，苏州大学硕士学位论文，2008年。

41. 川端博．刑法总论25讲［M]，余振华译，中国政法大学出版社，2003年，第160页。

42. 郭剑峰．二元行为无价值论研究［D]，广州大学硕士学位论文，2010年5月。

43. 李　洁．法律的犯罪构成与犯罪构成理论［J]，法学研究，1999（5)：83－91。

44. 侯国云．当今犯罪构成理论的八大矛盾［J]，政法论坛（中国政法大学学报)，2004（7)：101－108。

45. 张明楷．违法阻却事由与犯罪构成体系［J]，法学家，2010（1)：31－39。

46. 雷远宁．谈谈审计违纪问题的认定和定性［J]，审计月刊，2008（5)：31－32。

47. 温兆文．审计定性处理原则的法律思考［J]，财会通讯，1987（7)：29－30。

48. 蒋国发．规范审计定性刍议［J]，上海会计，1995（5)：42。

49. 石　秦．浅谈审计定性［J]，中国审计信息与方法，2000（2)：27－28。

50. 杨慧君，杨伟国．审计定性处理质量控制的标准［J]，审计月刊，2005（5)：35－36。

51. 班凤欣．审计定性和处理处罚中存在的问题及其规范［J]，审计月刊，2010（12)：24－25。

52. 邓又天，郑兴隆．对犯罪概念的几个理论问题的探讨［J]，河北法学，1984（1)：6－9。

53. 胡正渴．对犯罪概念与犯罪构成的探索［J]，法学研究，1986（4)：67－71。

54. 王志祥．犯罪构成的定量因素论纲［J］，河北法学，2007（4）：87－92。

55. 王政勋．定量因素在犯罪成立条件中的地位——兼论犯罪构成理论的完善［J］，政法论坛（中国政法大学学报），2007（7）：152－163。

56. 杜文俊，陈洪兵．（二元）的行为无价值论不应是中国刑法的基本立场［J］，东方法学，2009（4）：79－93。

57. 施庙松．从形式逻辑看犯罪概念的划分［J］，现代法学，1985（3）：57－59。

58. 刘艳红．情节犯新论［J］，现代法学，2002（5）：77－82。

59. 杜　娟．部门预算执行审计结果研究［M］，湖南大学硕士论文，2008.11。

60. 王利娜．财政资金违规使用及整改情况分析——基于 2003－2009 年审计公告结果［J］，财会月刊，2011（2）：63－64。

61. 药旭宏．部门预算执行审计结果浅析［J］，价值工程，2010（19）：16－17。

62. 范燕飞．中国政府审计公告存在的问题研究［J］，财会月刊，2011（25）：42－44。

63. 郭俊照．审计定性依据、审计处理依据和审计处罚依据及其运用［J］，中国审计信息与方法，1998（9）：17－18。

第六章　行为审计重要性、行为审计风险和行为审计意见

行为审计的主流模式是风险导向审计，以风险导向为基础来形成行为审计意见，本章关注风险导向行为审计三个密切关联的基本问题的相关理论：行为审计重要性的逻辑框架、行为审计风险的逻辑框架、行为审计意见的逻辑框架。

第一节　行为审计重要性：逻辑框架、准则要求和例证分析

任何审计都离不开一定的审计主题，行为审计的审计主题是相关行为，核心要旨是鉴证相关行为是否符合既定标准（法律法规、规章制度及合约，下同），并将这种鉴证结果传递给利益相关者。行为审计是政府审计开展的普通审计业务，一些国家的政府审计还将行为审计作为重点审计业务。注册会计师审计都要关注舞弊及违法行为。不少组织的内部审计机构也开展行为审计业务。无论何种审计主体开展行为审计，审计重要性都是一个贯穿始终的问题。从某种意义上来说，行为审计重要性的应用情况直接决定行为审计目标的达成及效率。

尽管行为审计重要性在实务中具有重要地位，然而，关于行为审计重要性的相关研究却非常缺乏，本节研究行为审计重要性的逻辑框架，涉及三个基本问题：什么是行为审计重要性？行为审计重要性有什么用途？行为审计中如何应用重要性？

一、文献综述

关于审计重要性有许多的研究，主要以财务信息审计为背景来研究审计重要性，研究主题涉及审计重要性概念，审计重要性与审计风险、审计效率、审计成本的关系，审计重要性如何应用、审计重要性的判定标准和影响审计重要性判断的因素等方面（Messier，1983；Carpenter，Dirsmith，1992；Costigan，Simon，1995；Blokdijk，Drieenhuizen，Simunic，2003；Messier，Martinov－Bennie，Eilifsen，2005；尤家荣，1997；潘博，1999；段兴民，张连起，陈晓明，2004；谢盛纹，2007；王霞，徐晓东，2009；毛敏，2013）。

行为审计重要性缺乏直接研究文献，少量文献与行为审计重要性相关。尹平、郑石桥（2014）将违规区分为严重违规、显著违规和轻度违规，严重违规是违反相关的法律法规，已经构成犯罪的违规，显著违规和轻度违规都不构成犯罪。但是，对于显著违规，要发表否定性审计结论，并且要进行处理处罚，而对于轻度违规则不发表否定性审计结论，并且一般不进行强制性处理处罚。郑石

桥（2016）将违规行为作为缺陷行为的组成部分，在此基础上，将缺陷行为的缺陷程度区分为重大缺陷、重要缺陷和一般缺陷。上述文献虽然未直接研究行为审计重要性，但与行为审计重要性相关。

总体来说，行为审计重要性缺乏直接研究，本节研究行为审计重要性的基础性问题——逻辑框架。

二、行为审计重要性：逻辑框架

行为审计重要性可以从不同的视角进行研究，本节探索其基础性问题——逻辑框架，涉及行为审计重要性的三个基本问题：什么是行为审计重要性？行为审计重要性有什么用途？行为审计中如何应用重要性？

（一）什么是行为审计重要性？

关于什么是行为审计重要性，本节讨论三个问题：行为审计重要性的概念、行为审计重要性的类型、行为审计重要性的特征。

1. 行为审计重要性的概念

学术界对财务信息审计重要性有高度共识，认为审计重要性是指会计报表中存在的导致会计信息使用者改变其决策的错误程度，从本质上来说，财务信息审计重要性是财务信息错误可容忍程度（尤家荣，1997；赵海侠，2010）。然而，鲜有文献涉及行为审计重要性。行为审计主要关注特定行为是否符合既定标准，如果特定行为与既定标准的要求一致，就是合规，有偏差就是违规。然而，对于违规是否有容忍？如果是零容忍，也就是不允许有任何偏差，当然也就不需要重要性这个概念。如果不是零容忍，而是可以容忍一定程度的偏差，这种可容忍的最大程度就是行为审计重要性。

问题的关键是，相关法律法规、规章制度及合约能否容忍偏差呢？我们认为，应该容忍一定程度的偏差（郑石桥，陈艳娇，2016），其原因有三个方面：第一，相关法律法规、规章制度及合约作为特定行为的既定标准需要遵守，利益相关者根据特定主体对于这些既定标准的遵守情况来做出自己的决策，这些利益相关者对于特定主体的特定行为可能存在一定的容忍度，也就是说，可能一些偏差的存在并不会改变利益相关者的决策，既然如此，就意味着行为审计可以有重要性判断；第二，从成本效益原则来说，如果对于偏差行为零容忍，可能花费较大的成本，但未获得相应的边际价值，得不偿失；第三，相关法律法规、规章制度及合约本身可能存在不完善之处，偏差这些既定标准，可能并不会影响这些既定标准的宗旨。

既然如此，利益相关者对于特定主体的特定行为偏差并不是零容忍，那么其可以容忍的最大程度就是行为审计重要性。进一步说，即使特定主体的特定行为存在不高于重要性程度的偏差，仍然认为特定主体的该特定行为是合规的，利益相关者仍然不会改变其相关决策。但是，如果特定主体的特定行为偏差超出该重要性程度，则认为特定主体的该特定行为违规，利益相关者会改变其相关决策。

2. 行为审计重要性的类型

从本质上来说，行为审计重要性是可以容忍的最大偏差程度，在这个内涵的基础上，行为审计重要性具有丰富的外延，呈现出多种类型的重要性。

从行为审计重要性的相关主体来说，包括利益相关者和审计师，前者是行为审计报告的使用者，后者是审计报告的生产者。根据这两种不同的相关主体，行为审计重要性分为客观重要性和估计重要性。客观重要性是会影响行为审计利益相关者理性判断或决策的重要性，也就是这些利益相关者的最大可容忍偏差。一般来说，不同的利益相关者可能会具有不同的可容忍程度，所以，客观重要性具有多样性和客观性。同时，不同利益相关者的可容忍程度一般并不为外界所熟知，所以，客观重要性具有不可确定性的特点。估计重要性是审计师在行为审计的各个阶段合作的重要性，由于这种重要性是审计师基于相关信息的估计，所以，称为估计重要性。这种重要性可能与客观重要性存在差异，只有当审计师的估计重要性接近利益相关者的客观重要性时，审计风险会较低；如果估计重要性水平高于客观重要性水平，则审计风险增大；若估计重要性水平大大低于客观重要性水平，则会导致审计效率降低。

从行为审计重要性的判断标准来说，行为审计重要性分为数量重要性和性质重要性。数量重要性主要是从金额方面考虑重要性，有时也可能是从非金额的数量方面考虑重要性，这种重要性也称为重要性水平；性质重要性是从偏差行为的性质角度来考虑重要性，在某些情况下，某些偏差行为从数量方面来考虑可能并不重要，但是其性质特殊，可能对行为审计利益相关者的决策产生重要影响以至改变其决策，这种偏差行为就具有性质上的重要性。所以，对于偏差行为，不能只是从数量上考虑其重要性，还要从性质上考虑其重要性。

从行为审计业务类型来说，行为审计重要性可能分为财务行为审计重要性、业务行为审计重要性和其他行为审计重要性。财务行为审计关注财务收支行为是否合规，财务行为审计重要性是可容忍的财务收支行为偏差程度；业务行为审计关注业务行为是否合规，业务行为审计重要性是可容忍的业务行为偏差程度；其他行为审计是财务收支行为、业务行为之外的其他各种行为是否合规的审计，其审计重要性也是相应类型的行为偏差程度。

从行为审计重要性的应用来说，可以按重要性的层面来划分，也可以按重要性的应用阶段来划分。按重要性的应用层面，可以划分为项目层面（programme level）、特定行为层面和单位层面（entity level）重要性。这里的项目（programme）是独立运作具有独立的法律法规、规章制度及合约的事项。一般来说，审计师在行为审计中需要对项目整体合规性发表意见，任何一个这类项目，都需要其特定的适用法律法规、规章制度及合约，该类项目的利益相关者都会容忍一定程度的偏差，这就是该项目的合规重要性。这里的特定行为是项目营运的各类活动。一般来说，一个项目可以分解为项目特定行为，对于某类特定行为，利益相关者也会容忍一定程度的偏差，这就是该特定行为的合规重要性。当然，在审计工作中，这种重要性的确定并不一定是必需的。一般来说，特定行为层面重要性受项目层面重要性的约束。如果与财务信息审计类比，项目层面重要性相当于会计报表整体重要性，而特定行为层面重要性相当于交易、余额、列报层面重要性。这里的单位（entity）也就是被审计单位。在许多情形下，一个单位要遵守不少的法律法规、规章制度及合约，就会有多个项目，对于该单位整体也就存在一个可容忍最大偏差的问题，这是各个项目的偏差之集合。此外，按重要性应用阶段划分，行为审计的计划阶段、实施阶段和终结阶段都会用到重要性，所以，行为审计重要性可以划分为计划重要性、执行重要性和评价重要性。上述两种按重要性应用的分类方法结合起来，如表 1 所示。

表 1 行为审计重要性的类型（按应用层面和应用阶段）

项目		不同审计阶段的重要性		
		计划重要性	执行重要性	评价重要性
不同应用层面（归属对象）的重要性	单位整体层面	★	★	★
	项目整体层面	★	★	★
	特定行为层面	◆	◆	◆

注：★表示必须有这种重要性水平，◆表示可能有也可能没有这种重要性水平。

3. 行为审计重要性的特征

要深刻认识行为审计重要性，还需要把握行为审计重要性的一些特征，正是这些特征，使得行为审计重要性的主要职业判断特色深厚，并且不同的审计师对行为审计重要性的判断呈现差异性。关于财务信息审计重要性的特征有不少的研究（段兴民，封铁英，2003），借鉴这些研究，我们认为，行为审计重要性具有模糊性、相对性、系统性等特征。

（1）模糊性。行为审计重要性是审计师估计，而要估计重要性，审计师必须了然影响行为审计重要性的因素。不同的审计师对行为审计重要性的影响因素会产生认知差异，同时，对于特定的影响因素如何影响行为审计重要性也会有认知差异。正是这些认知差异的存在，再加上审计师的利益动机不同，不同的审计师对行为审计重要性会有不同的估计，从而使得行为审计的估计重要性不具有唯一性，呈现模糊性。

（2）相对性。一般来说，行为审计重要性标准需要根据特定的环境因素来考虑，没有放之四海而皆准的重要性标准。不同单位的重要性有差异，不同项目的重要性有差异，不同特定行为的重要性也有差异，所以，审计重要性具有相对性。

（3）系统性。行为审计重要性在审计的全过程都得到应用，但是，在审计的不同阶段，行为审计重要性有差别，从而形成了不同审计阶段的重要性，包括计划重要性、执行重要性和评价重要性。同时，行为审计不同应用层面也有不同的重要性，单位整体层面、项目层面和特定行为层面，都有自己层面的重要性。尽管行为审计重要性有多种形态，但是彼此关联，计划重要性、执行重要性和评价重要性三者密切关联，单位整体层面、项目层面和特定行为层面同样密切关联。这种多种类型、多种层面且密切关联的重要性，共同形成一个重要性系统。

（二）行为审计重要性有什么用途？

以上分析了行为审计重要性的概念、类型及特征，接下来的问题是，在行为审计中，审计重要性究竟有什么作用呢？对于这个问题，我们从三个角度来分析：行为审计重要性与行为审计目标、行为审计重要性与行为审计效率、行为审计重要性与行为审计风险。

1. 行为审计重要性与行为审计目标

行为审计的审计主题是相关行为，鉴证相关行为是否符合既定标准，并将这种鉴证结果传递给利益相关者。就审计师的审计目标来说，主要是鉴证相关行为的合规性，在鉴证合规性时，对于偏差行为会有一定的容忍程度，只有超过容忍程度的偏差行为才会确定为违规行为（郑石桥，陈艳娇，2016）。事实上，也就是鉴证相关行为是否存在具有重要性的偏差，如果存在具有重要性的偏差，则该行为就不合规，如果不存在具有重要性的偏差，则该行为就是合规的。所以，行为审计的关键是寻找具有重要性的偏差，而某偏差是否具有重要性则需要有一个判断标准，这个判断标准就是行为审计重要性。所以，行为审计重要性宽严程度与行为审计目标的范围域密切相关。行为审计重要性越是宽松，行为审计目标的范围域就越是窄小；当然，反之亦然，行为审计目标越是精细，则要求行为审计重要性越是严格（谢荣，1993）。当然，从逻辑上来说，应该是行为审计目标决定行为审计重要性标准，但是，行为审计重要性是实现行为审计目标的重要支撑之一，缺乏适宜的审计重要性判断标准，行为审计目标难以实现。以上所述行为审计重要性与行为审计目标之间的关系如图 1 所示，行为审计目标越是细致，行为审计重要性判断标准越是严格。

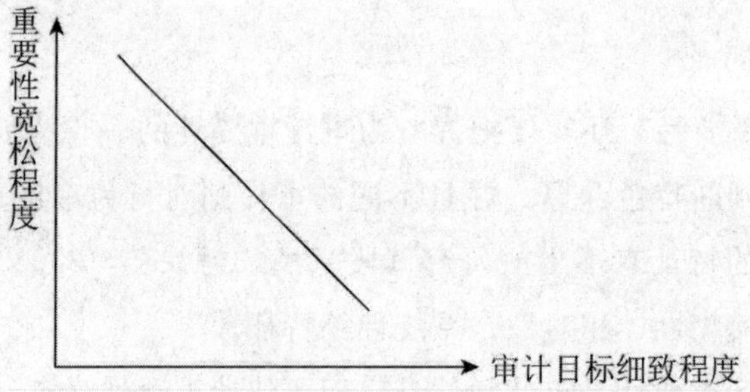

图 1　行为审计重要性与审计目标

2. 行为审计重要性与行为审计效率

行为审计的实施过程其实就是寻找具有重要性的偏差行为。某些偏差行为即使存在，也不影响行为的整体合规性，也就是说，不具有重要性。对于这些偏差行为的审计程序就可能简化，在极端的情形下，甚至可以忽略。所以，行为审计重要性为行为审计确定审计重点、设计审计方案提供了指南，凡是具有重要性的偏差行为，作为重点；凡是不具有重要性的偏差行为，可以简化审计程序。这样一来，相对于没有审计重要性指导的审计思路，在审计重要性指导下的审计思路就提高了审计效率。一般来说，行为审计重要性判断标准越是宽松，可以简化审计程序的行为范围就越广，从而审计效率也就越高，反之，如果行为审计重要性判断标准越是严格，可以简化审计程序的行为范围就越小，从而审计效率也就越低。所以，总体来说，行为审计重要性判断标准的宽严程度是行为审计效率的基础。上述行为审计重要性与行为审计效率的关系如图 2 所示，行为审计重要性判断标准越是宽松，审计效率越高。

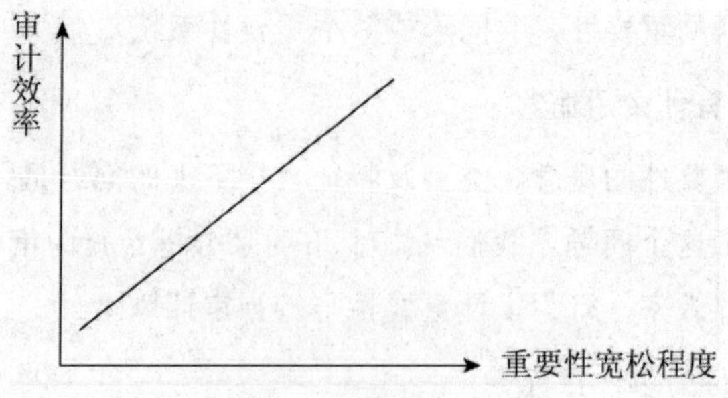

图 2　行为审计重要性与审计效率

3. 行为审计重要性与行为审计风险

行为审计重要性并不只是决定审计效率，与审计风险之间也存在密切关联，是控制行为审计风险的重要路径。如果将审计风险界定为最终审计风险，审计重要性界定为客观重要性，则审计重要性与审计风险是反向关系，客观重要性越是宽松，最终审计风险越低（中国注册会计师协会，2011），二者关系如图3所示。

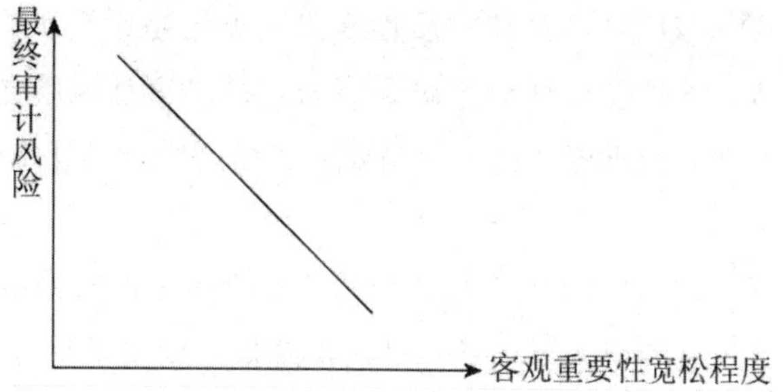

图3 客观审计重要性与最终审计风险

然而，由于审计风险有多种类型，而审计重要性也存在多种类型，所以，并不存在一个简单的结论，上述反向关系并不适宜于所有的审计重要性与审计风险之间的关系，财务信息审计是如此，行为审计也是如此。下面，我们来具体分析。

前已叙及，行为审计重要性按相关主体区分为客观重要性和估计重要性，而估计重要性按应用阶段又可以区分为计划重要性、执行重要性和评价重要性。就行为审计风险来说，可以区分为审计师评估的审计风险和审计师选择的审计风险，前者是客观存在的，审计师只是评估，这与审计重要性关联不大，而审计师选择的审计风险包括可接受审计风险、检查风险、最终审计风险。各种行为审计风险及各种行为审计重要性的匹配关系如表2所示，不同组合情形下，审计重要性与审计风险的关系可能不同。

表2 行为审计重要性与审计风险的组合情形

项 目		行为审计重要性			
		客观重要性	估计重要性		
			计划重要性	执行重要性	评价重要性
行为审计风险	可接受审计风险	组合 A1	组合 B1	组合 C1	组合 D1
	检查风险	组合 A2	组合 B2	组合 C2	组合 D2
	最终审计风险	组合 A3	组合 B3	组合 C3	组合 D3

就组合A来说，各种重要性都是利益相关者角度的重要性，也就是利益相关对偏差行为的容忍程度。由于这些重要性标准是在审计师之外客观存在的，所以，称为客观重要性。很显然，客观重要性越是宽松，最终审计风险低，二者是反向关系。然而，就可接受审计风险和检查风险来说，客观重要性越是宽松，意味着审计证据的证明力要求越低。所以，可接受审计风险、检查风险可以越高，审计风险与审计重要性之间是正向关系，而不是反向关系。

就组合B来说，审计重要性已经不是客观重要性，而是审计师在计划阶段估计的重要性。可接受审计风险、检查风险越低，要求审计证据证明力越强，审计程序越是要求谨慎，重要性标准越是要求严格，二者是正向关系；就最终审计风险来说，如果计划重要性越低，执行重要性当然也就越低，审计证据的证明力也就越强，最终审计风险也就越低，二者之间仍然是正向关系。

就组合C来说，审计重要性是实际执行的重要性，由于它是以计划重要性为基础的，按计划重要性的一定比例确定执行重要性，所以，审计重要性与各种审计风险之间的关系与组合 B 相同，也是正向关系。

就组合 D 来说，组合 D1、D2 已经没有实质性意义，关键是组合 D3——评价重要性与最终审计风险之间的关系。很显然，评价重要性标准越是宽松，最终审计风险越高；从另一个角度来说，要求的最终审计风险越低，则评价重要性标准越是要求严格。所以，就组合 D 来说，各种审计风险与审计重要性是正向关系。

综合上述组合 B、C、D，各种审计风险与各种估计重要性是正向关系，如图 4 所示，估计重要性越是宽松，审计风险越高；或者说，要求的审计风险越低，则要求估计重要性越是严格。

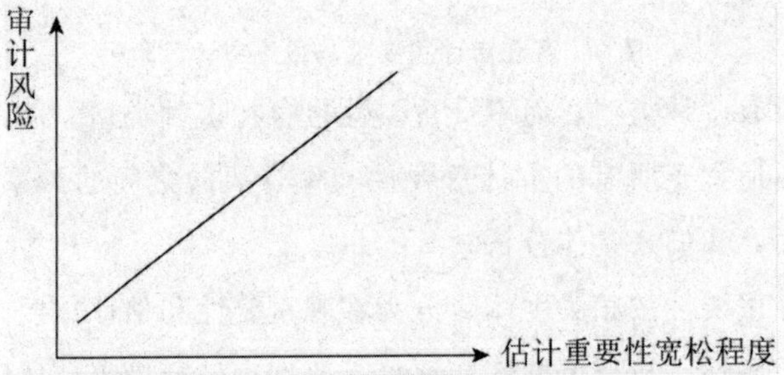

图 4　行为审计的估计重要性与审计风险

（三）如何应用行为审计重要性？

既然行为审计与审计目标、审计效率和审计风险都密切相关，接下来的问题是，如何应用审计重要性？行为审计重要性在行为审计各个阶段都会应用，在计划阶段，应用计划重要性，确定审计策略；在实施阶段，应用执行重要性，确定审计方案；在终结阶段，应用评价重要性，得出审计结论。下面分别阐述各阶段的具体应用。

1. 行为审计计划阶段如何应用重要性？

在行为审计计划阶段，审计师主要是估计重要性，数量重要性和性质重要性分别考虑。同时，还需要按单位层面、项目层面和行为层面分别估计重要性标准。

（1）无论是数量重要性还是性质重要性，都要站在利益相关者角度来确定，某种行为偏差是否具有重要性，要从利益相关者的角度来判断，不能站在审计师的角度来判断。由于行为审计的利益相关者并不披露，所以，审计师并不知道利益相关者的重要性标准。也就是说，行为审计的客观重要性并不知晓。在这种情形下，审计师如何估计重要性标准？从逻辑上来说，有两种情形：一是行为审计主要是为特定利益相关者服务，在这种情形下，审计师需要站在特定利益相关者的角度来估计重要性标准；二是行为审计并不是为特定的利益相关者服务，而是具有较广泛的利益相关者。在这种情形下，审计师要考虑各种利益相关者的需求，从中选择较为稳健的重要性标准。很显然，由于上述原因，行为审计重要性标准的选择具有较大的职业判断，可能出现差异性或不一致性。

（2）按行为审计重要性应用层面，需要区分单位层面、项目层面和行为层面分别估计重要性标准。然而，最基础性的重要性是项目层面重要性，我们先来讨论这个层面的重要性标准如何估计。类比财务信息审计，这个层面的重要性类似财务报表整体层面的重要性，其确定方法可以参照财务报表整体层面重要性确定方法。从数量重要性来说，可以考虑一些影响重要性水平的因素，选择一些基准数据，按一定的比例确定项目层面重要性水平。目前，财务信息审计已经在广泛应用一些基准数据和比例，然而，行为审计尚缺乏这些基准数据和比例。然而，一般认为，行为审计重要性水平应该比财务信息审计更加严格，也就是说，人们对偏差行为的容忍程度低于财务信息错报的容忍程度。从性质重要性来说，主要是考虑法律法规、规章制度及合约的明确要求，凡是涉嫌犯罪的偏差行为，一般具有重要性；越是涉及违反硬性规定的偏差行为，越可能具有重要性；越是谋取个人利益、局部利益的偏差行为，越可能具有重要性。

（3）行为层面重要性类似财务信息审计中的交易、余额列报层面的重要性。一般来说，行为审计中，项目要分解为行为，在项目层面重要性水平确定之后，是否要为所有的行为都确定重要性水平，从逻辑上来说，具有可选择性，一是为所有的行为都确定重要性水平，二是为某些特定行为确定重要性水平，其他行为则不确定重要性水平。然而，审计方案设计需要重要性水平的指导，所以，通常情形下，需要为所有的行为都确定重要性水平，只是在确定某些可能被利益相关者特别关注的某些特定行为时，要更加谨慎。那么，如何确定行为层面重要性水平呢？借鉴财务信息审计的交易、余额列报层面重要性水平确定方法，行为审计行为层面重要性水平的确定有两种方法：一是不分配的方法，二是分配的方法。不分配的方法是将各个行为视同独立的审计项目，根据其相关的特定情形，单独确定其重要性水平；而分配的方法，一般是将项目层面重要性水平按一定的方法在组成项目的所有行为中进行分配，主流方法是差别比率法，也可以采用德尔菲法、AHP法等。

（4）当一个单位有多个项目时，如果需要对单位整体行为合规情况发表意见，就涉及单位层面重要性水平。例如某事业单位，有提供事业经费的一般预算，有提供科研经费的专项预算，还有建设实验室的基建预算。在这种情形下，一般预算、专项预算、基建预算分别形成项目，有各自的重要性水平，并进而确定各项目内的行为层面重要性水平。然而，该事业单位作为一个整体，还应该有单位层面的重要性水平。一般来说，以各项目的金融、地位、利益相关者关注程度、社会敏感性等为基础，考虑各项权重，根据各项目的重要性水平，按加权平均的方法计算单位层面重要性水平。

2. 行为审计实施阶段如何应用重要性？

在行为审计实施阶段，审计师需要将计划阶段估计的计划重要性水平转换为执行重要性水平，并体现在审计方案中。

（1）执行重要性水平不同于计划重要性水平，一般是以计划重要性水平的一定比例来确定执行重要性水平。例如，财务信息审计中，执行重要性水平占计划重要性水平一定比例，IAASB指南给出的参考比例是60%～85%，不少会计师事务所的比例是50%～75%。行为审计中，执行重要性占计划重要性的比例，尚缺乏参考数据。一般来说，行为审计应该更为谨慎，所以，执行重要性水平占计划重要性的比例应该更低些。

（2）行为审计中，既然有了计划重要性水平，为什么还要确定执行重要性水平？主要原因是，如果按计划重要性水平来实施行为审计工作，可能忽视这样一个事实，即许多不具有重要性的偏差行为汇总起来可能导致具有重要性的偏差。所以，在审计实施阶段，确定低于计划重要性水平的执行重要性水平，并将这个重要性水平体现在审计方案中，可以将项目层面、行为层面及单位层面未更正和未发现偏差行为的汇总数超过该层面计划重要性水平的可能性降到适当的低水平。

（3）行为审计实施阶段，需要将项目层面执行重要性体现在审计方法中。审计实施是按审计方案来执行的，所以，要使审计重要性标准得到应用，必须将其体现在审计方案中，否则，就没有应用路径。一般来说，项目层面执行重要性主要体现在风险评估方案中，以评估重大合规风险，而行为层面执行重要性主要体现在进一步审计程序的方案设计之中，影响进一步审计程序的性质、时间安排和范围。需要说明的是，在审计实施阶段，对行为审计重要性的考虑，主要是关注数量重要性——也就是重要性水平，对于性质重要性并不特别考虑。其原因是，由于审计程序固有的限制，通常难以通过常规审计程序发现在数量上不具有重要性但性质上具有重要性的偏差行为。当然，这并不意味着，在审计实施阶段可以对性质上具有重要性的偏差行为不予以关注。审计师在审计过程中应该保持应有的职业谨慎，只要发现性质上具有重要性的偏差行为的线索，应该予以跟踪，以确认该类偏差行为是否真的存在。

3. 行为审计终结阶段如何应用重要性？

（1）确定最终的评价重要性标准。在审计计划阶段及实施阶段，审计师分别确定计划重要性和执行重要性。在这两个阶段，审计师对被审计单位尚未全面了解，所以，此时确定的重要性可能需要修订。在终结阶段结束后，审计师对被审计单位的相关情况已经全面掌握，所以，此时要对重要性重新做一次审视（包括数量重要性和性质重要性），以决定是否需要修订计划重要性和执行重要性，并在此基础上，确定作为最终决定审计结论类型的重要性标准。此时所确定的重要性标准就是最终的重要性，也是最可靠的重要性标准，由于是在审计终结阶段用于审计评价，也称为评价重要性。

（2）要重视性质重要性。由于性质重要性一般不具有数量重要性，所以，设计专门的审计程序以发现仅因其性质而可能被评价为重大的偏差行为并不可行，但是审计师在审计实施过程中，如果发现了性质重要性的线索，会予以跟踪，所以，审计实施过程中也可能发现一些具有性质重要性的偏差行为。所以，在审计终结阶段，审计师要根据已经掌握的审计证据，考虑性质重要性对总体评价意见的影响，并要体现在审计结论类型之中。

（3）将数量重要性和性质重要性判断同时体现在审计结论中——合理保证审计意见。行为审计由于取证模式不同，审计意见类型有合理保证和有限保证两种类型，如果是发表合理保证审计意见，则可以参照财务信息审计的相关准则将数量重要性和性质重要性判断同时体现在审计意见类型中。行为审计评价中将数量重要性和性质重要性判断同时体现在审计意见中，并就项目层面和单位层面发表合理保证审计意见，大致有四种情形：A. 偏差行为的金额或性质不重要，就可以对项目层面发表无保留意见；B. 特定行为的偏差，其金额或性质重要但不至于影响整个项目，就可以对项目层面发表保留意见；C. 项目层面的偏差金额或性质超过项目整体评价重要性水平，需要根据情况对项目层面发表否定意见或是无法表示意见；D. 项目层面的偏差，其金额或性质重要，项目层面已经发表否定意见，但是，该项目不至于影响整个单位，就可以对单位层面发表保留意见；如果该项目影响整个单位，需要根据情况发表否定意见或是无法表示意见。

（4）将数量重要性和性质重要性判断同时体现在审计结论中——有限保证审计意见。如果发表有限保证审计意见，事实上是不需要根据样本来推断总体的，所以，只是在审计报告中罗列已经发现的具有重要性的偏差行为。

三、行为审计重要性：相关准则的要求

本节以上提出了一个行为审计重要性的逻辑框架，然而，这个逻辑框架是否可行呢？我们从两

个角度来验证，一是相关准则的要求，二是若干例证分析。我们先来看相关准则对行为审计重要性的要求。虽然各种审计主体都可能开展行为审计业务，但是，政府审计开展行为审计具有普通性，所以，本节仅介绍政府审计准则对行为审计重要性的要求。

（一）中国政府审计准则的相关条款及学理分析

1.《审计机关审计重要性与审计风险评价准则》相关条款及学理分析①

第二条　本准则所称审计重要性是指被审计单位财政收支、财务收支及相关会计信息错弊的严重程度，该错弊未被揭露足以影响信息使用者的判断或决策以及审计目标的实现。

★学理分析：该条款界定了两种审计的重要性：一是财务信息审计重要性，二是财政财务收支行为审计重要性。前者指财务信息错弊足以影响判断或决策，后者指财政财务收支的错弊足以影响判断或决策。

第四条　审计人员在确定重要性水平时，应当从金额和性质两个方面综合评估总体及总体各组成部分错弊的严重程度。

★学理分析：一方面，审计重要性区分为金额重要性和性质重要性，金额重要性也就是数量重要性。另一方面，审计重要性有两个层级：一是总体层级，二是各组成部分层级。

第六条　审计人员在编制审计实施方案时，应当确定审计项目中的重要性水平，以决定审计测试的性质、时间和范围；在审计报告阶段，应当将审计发现的错弊及推断错弊金额与重要性水平进行比较，以评价审计结果，作出审计结论。

★学理分析：审计实施方案的编制要以重要性水平为基础，以确定审计测试的性质、时间和范围，这表明审计重要性在审计计划阶段、审计实施阶段的应用；在审计评价时，要将审计发现的错弊及推断的错弊金额与重要性水平进行比较，这是在审计终结阶段应用审计重要性，将审计重要性评价结果体现在审计结论中。

第七条　审计人员在判断重要性水平时应当利用专业知识和经验并考虑下列因素的影响：(1) 国家有关法律法规的要求；(2) 审计目的；(3) 信息使用者的要求；(4) 被审计单位的性质和业务规模；(5) 被审计单位的内部控制和业务风险水平；(6) 财政收支、财务收支的性质、金额、项目间的相互关系以及变动趋势等。

★学理分析：该条款确定了影响财务信息审计重要性和行为审计重要性的因素。

总体来说，《审计机关审计重要性与审计风险评价准则》界定的重要性包括财务信息审计重要性和行为审计重要性，一些条款还存在一些模糊性，但是，其与行为审计重要性相关的条款，在学理上与本节提出的逻辑框架具有一致性。

2.《审计机关审计事项评价准则》相关条款及学理分析②

第十三条　对合法性的评价，应当根据被审计单位是否存在违反国家规定的财政收支、财务收支行为，以及违规的严重程度作出评价。对合法性的评价，应当区别以下情况分别作出：(1) 如果审计中未发现被审计单位存在重要的违反国家规定的财政收支、财务收支行为，可以认为其较好地

---

① 该准则已于2010年废止，但并不影响其学理分析。

② 该准则已于2010年废止，但并不影响其学理分析。

遵守了有关财经法规。(2) 如果审计中发现被审计单位存在个别重要的违反国家规定的财政收支、财务收支行为，可以认为其除该事项外，基本遵守了有关财经法规。(3) 如果审计中发现被审计单位存在严重的违反国家规定的财政收支、财务收支的行为，可以认为其未能遵守有关财经法规。

★学理分析：根据违规严重程度，将财政财务收支区分为三个层级：较好地遵守了有关财经法规、基本遵守了有关财经法规、未能遵守有关财经法规，这正是行为审计重要性在审计结论中的体现。关于违规严重程度在审计结论中的应用，《审计机关审计事项评价准则》的规定，虽然并未从行为审计重要性的角度来认识违规严重程度，但是，在学理上与本节提出的逻辑框架具有一致性。

3.《中华人民共和国国家审计准则》相关条款及学理分析

第六十八条　审计人员应当运用职业判断，根据可能存在问题的性质、数额及其发生的具体环境，判断其重要性。

★学理分析：联系第七十一条，这里的重要性主要是指行为审计重要性，这种重要性区分为性质重要性和数额重要性，并且需要运用职业判断来做出重要性判断。

第六十九条　审计人员判断重要性时，可以关注下列因素：(1) 是否属于涉嫌犯罪的问题；(2) 是否属于法律法规和政策禁止的问题；(3) 是否属于故意行为所产生的问题；(4) 可能存在问题涉及的数量或者金额；(5) 是否涉及政策、体制或者机制的严重缺陷；(6) 是否属于信息系统设计缺陷；(7) 政府行政首长和相关领导机关及公众的关注程度；(8) 需要关注的其他因素。

★学理分析：联系第七十一条，这里界定的是影响行为审计重要性的因素，审计师在做出行为审计重要性判断时，要考虑这些因素。

第七十条　审计人员实施审计时，应当根据重要性判断的结果，重点关注被审计单位可能存在的重要问题。

★学理分析：联系第七十一条，该条款要求，在行为审计中，要将重要性判断结果体现在审计策略及审计方案中。

第七十一条　需要对财务报表发表审计意见的，审计人员可以参照中国注册会计师执业准则的有关规定确定和运用重要性。

★学理分析：根据该条款，《中华人民共和国国家审计准则》对重要性的相关条款，主要关注行为审计重要性，财务信息审计重要性的确定和运用主要参照中国注册会计师执业准则的有关规定。

第七十二条　审计组应当评估被审计单位存在重要问题的可能性，以确定审计事项和审计应对措施。

★学理分析：联系第七十一条，本条款要求，在行为审计中，要将重要性评估结果体现在审计策略及审计方案中。

第七十四条　审计组在分配审计资源时，应当为重要审计事项分派有经验的审计人员和安排充足的审计时间，并评估特定审计事项是否需要利用外部专家的工作。

★学理分析：联系第七十一条，本条款要求，在行为审计中，要将重要性评估结果体现在审计策略及审计方案中。

总体来说，《中华人民共和国国家审计准则》主要关注了行为审计重要性，尽管还存在许多需要完善之处，但是，现有的这些条款，在学理上与本节提出的逻辑框架具有一致性。

（二）最高审计机关国际组织（INTOSAI）行为合规审计准则的相关条款及学理分析

INTOSAI（the International Organization of Supreme Audit Institutions）颁布的审计准则将审计业务区分为财务审计、行为合规审计和绩效审计。其中，行为合规审计有四个准则：一是行为合规审计基本原则（Fundamental Principles of Compliance Auditing），二是行为合规审计指引——导论（Compliance Audit Guidelines - General Introduction），三是行为合规审计指引——独立开展的行为合规审计（Compliance Audit Guidelines - For Audits Performed Separately from the Audit of Financial Statements），四是行为合规审计指引——与财务审计联合开展的行为合规审计（Compliance Audit Guidelines Compliance Audit Related to the Audit of Financial Statements）。这四个准则中，除了《行为合规审计指引——导论》未涉及审计重要性外，其他三个准则都有重要性的相关条款，但是，《行为合规审计指引——独立开展的行为合规审计》和《行为合规审计指引——与财务审计联合开展的行为合规审计》是《行为合规审计基本原则》在不同情形下的具体应用，是准则要求的细化。从学理分析来说，仅介绍《行为合规审计基本原则》对审计重要性的规定就够了。

1.《行为合规审计基本原则》——一般原则

第 47 段审计师应该在审计整个过程考虑重要性

确定重要性水平是一个专业判断问题，其取决于审计人员对用户需求的理解。如果一个事项（a matter）很可能会影响目标用户的决定，就可以被认为是重要的。这种判断可能涉及个别项目（items）或者一组项目。重要性水平通常是在价值方面考虑，但它也有其他定量和定性方面。一个项目或者一组项目的固有特性可能由于本身性质导致事项变得重要。一个事项也可能是重要的，因为其发生的背景。

如上所述，合规性审计重要性有定量和定性方面，虽然定量方面通常在公共部门中发挥更大的作用。重要性应在计划审计、评估所取得的证据和审计报告中考虑。确定重要性的一个重要部分，是考虑合规或不合规（潜在的或确认的）可以合理影响目标用户决策的程度。判断重要性时需要考虑的因素包括：公共利益或期望、特殊领域的立法焦点，资金规模和要求。价值或发生概率比通常确定的重要性水平低的问题，例如诈骗，也可能被认为是重要的。重要性水平的评估需要部分审计人员全面的专业判断，并且与审计范围相关。

★学理分析：以公共部门审计为背景，界定了行为合规审计重要性的概念、特征、不同审计阶段的应用以及影响重要性的因素。这些界定与本节提出的行为合规审计重要性逻辑框架具有一致性。

2.《行为合规审计基本原则》——与审计过程相关的原则

第 58 段审计师应该评价充分适当的审计证据是否已经获得，并且形成相关结论。

在完成适当的审计后，审计师会检查审计证据以得出结论或指出问题。审计师应评估所获得的证据是否是充分适当的，以减少审计风险至可接受的低水平。该评估方法同时考虑在合规和不合规方面支持或不支持审计报告、结论或意见的证据。它还包括重要性的考虑。考虑到审计保证水平，在评估审计证据是否充分适当后，审计师应该考虑如何最好地根据这些证据得出结论。

如果从一个来源获取的审计证据和从其他地方获取的证据不一致，或者怀疑被用为证据的信息的可靠性，审计师应该决定哪些审计程序应该加以修改或增加，来解决问题并考虑影响。如果有的话，对审计其他方面也如此。

在完成审计之后，审计师将检查审计文件来确定鉴证对象是否被充分适当地检查过。审计师也应确定风险评估和重要性初步判定在证据收集中是否恰当或需要修改。

★学理分析：以公共部门审计为背景，界定了行为合规审计重要性在审计证据评价和审计结论形成过程中的作用，同时，在审计终结阶段，要考虑是否需要修改审计计划阶段确定的重要性判断。这些界定与本节提出的行为合规审计重要性逻辑框架具有一致性。

四、行为审计重要性：例证分析

本节提出了一个关于行为合规审计重要性的逻辑框架，通过对相关准则进行学理分析，一定程度上验证了这个逻辑框架的解释力。下面，我们再介绍 INTOSAI《行为合规审计指引——独立开展的行为合规审计》的七个例证分析，以进一步显示本节所提出的逻辑框架的解释力。

（一）例证 1

例证材料：某年度，一个政府机构收到教育部门的预算拨款，该预算拨款用于国际教育。该政府机构将其中的 1000 万美元用于资助海外高科技制造商。

例证分析：根据该政府机构应该遵守的法规，这个政府机构并没有权力向海外资助。1000 万美元用于海外高科技制造商属于违规行为，并且这种违规具有重要性，因为这种海外资助违背了相关主管部门的规定，也与相关立法意图相违背。

（二）例证 2

例证材料：某政府机构得到经立法机构通过的 5000 美元预算拨款，用于某特定事项。该政府机构用于该特定事项的开支实际超支 100 美元。

例证分析：该案例中，立法机构批准的预算是 5000 美元，实际开支超支 100 美元。这种偏差行为可能具有重要性。其原因是，这是立法机构明文规定的公然违背，并且考虑到该特定事项的环境因素及支出的类型，这种超支在性质上可能非常敏感。

（三）例证 3

例证材料：一个公民有权享有每月 1000 美元的抚恤金，某政府机构每月只支付 900 美元，并且这种行为是发生在立法规定之后。

例证分析：虽然对于该政府机构的财务报告来说，每月的金额可能不具有重要性，但是对于依靠抚恤金生活的个人来说，这个偏差金额的后果可能非常严重。如果这种偏差是由于该政府机构的操作系统存在缺陷所致，这个偏差还可能影响其他依靠抚恤金生活者。所以，根据这个偏差对公民及社会的影响，该偏差具有重要性。

（四）例证 4

例证材料：单亲母亲抚养的 18 岁以下孩子，每月有权享有儿童补助金。某政府机构为一个 19 岁的孩子发放了儿童补助金。

例证分析：对于接受儿童补助金的人来说，这个偏差行为可能是积极的。但是，这个偏差与法规及立法意图相悖，对于他人来说，可能是不公平的。如果这个偏差行为是由于该政府机构的操作系统存在缺陷所致，这个偏差还可能影响其他公民。根据该偏差对公民及社会的影响，该偏差具有重要性。

（五）例证 5

例证材料：根据建筑规范，楼房质量每年都要检查一次，负责检查的某政府机构，过去五年都未检查楼房质量。

例证分析：由于楼房质量涉及安全，未检查楼房一这种偏差可能是重大的。虽然未涉及任何金额，由于楼房质量涉及住房的安全，未检查可能造成重大危害。如果一旦灾难发生，未检查可能引致对于该政府机构具有重要性的财务责任。

（六）例证 6

例证材料：根据供资合约，资金接受者接受资金后，需要在一定的时间内编制财务报告并交给供资机构。规定的日期已经过了，财务报表尚未编制，也未送到。

例证分析：这个偏差行为也许具有重要性，也许不具有重要性，究竟是否具有重要性，要考虑以下因素：财务报告是否随后编制和送达了、推迟的天数、推迟的原因，这种偏差可能产生的后果等。

（七）例证 7

例证材料：根据税法，在税收征管信息系统中发现一个重大缺陷，这个缺陷是由于税收征管机构对税法的不正确理解所致。已经确认，有多个纳税人被多收税了。

例证分析：这种偏差与涉及该税收征管信息系统的纳税公民的利益相关。一些公民已经被多征税了，是否达存在其他人被多征税，尚未确定。根据这个特定环境，这种偏差关系到税收征管信息系统的缺陷，这种偏差可能是具有重要性。

第二节　行为审计风险：逻辑框架、准则要求和例证分析

随着审计取证模式的不断变迁，风险导向审计模式已经在各种审计业务中得以应用，审计风险评估及控制成为审计的核心构件，从某种意义上已经成为审计职业及审计师成败的关键因素。行为审计关注相关行为是否符合相关法律法规、规章制度及合约，从现行实务来看，同样采用风险导向审计模式，审计风险评估及控制同样是行为审计的核心构件。

由于审计风险及其控制在审计中的重要地位，围绕这些问题有不少的研究文献。行为审计风险评估及控制与一般审计风险具有一些共性，然而，由于其审计主题不同，进而导致其审计目标、审计取证、审计意见类型等多个方面都具有个性特征，所以，行为审计风险评估及控制更有其个性。但是，现有文献缺乏针对行为审计风险的直接研究。本节以风险本质的目标偏离论为基础，探索行为审计风险评估及控制的基础性问题——行为审计风险逻辑框架，涉及三个基本问题：什么是行为审计风险？行为审计风险是如何产生的？如何控制行为审计风险？

一、文献综述

关于审计风险的研究文献很多，多数文献是以民间审计从事的财务信息审计为背景来研究审计

风险，研究主题涉及审计风险的概念（阎金锷，刘力云，1998；徐政旦，胡春元，1999；谢盛纹，2006）、审计风险模型（Cushing&Loebbecke，1983；Kinney，1989；Sennetti，1990；胡春元，2001）、审计风险评估（Dusenbury，Reimers&Wheeler，2000；Messier&Austen，2000）、审计风险的产生原因及其防范（Balachandran&Nagerajan，1987；Nelson，Ronen&White，1988；鲁平，刘峰，段兴民，1998；谢荣，2003）、审计风险对审计行为的影响等（Waller，1993；Houston，Peters&Pratt，1999；谢志华，2000）。

关于国家审计风险的相关研究主要是工作性研究，有少量的学术性研究，研究主题涉及国家审计风险的本质（王会金，尹平，2000；刘力云，2003；干胜道，王磊，2006；戚振东，2011）、国家审计风险的特征（谭劲松，张阳，郑坚列，2000；张龙平，2003）、国家审计风险的类型（廖洪，1999；余春宏，辛旭，2003）、国家审计风险的原因和防范对策（杨立娟，2003；闫北方，2007；雷俊生，2011；赵息，张世鹏，卢荻，2016）。

上述文献综述显示，以民间审计从事的财务信息审计为背景的审计风险研究已经有较丰富的研究，这些研究对于行为审计有一定的借鉴意义；国家审计风险的相关研究也有一定深度，这些研究的一些结论也适用于行为审计。然而，行为审计只是国家审计开展的多种审计业务类型中的一种类型，国家审计风险与行为审计风险存在不少的差异。总体来说，行为审计风险缺乏直接研究。本节以风险本质的目标偏离论为基础，探索行为审计风险评估及控制的基础性问题——行为审计风险逻辑框架。

二、行为审计风险：逻辑框架

行为审计风险可以从多个视角进行研究，本节选择最基础性的视角——探索其逻辑框架，这涉及行为审计风险的三个基本问题：什么是行为审计风险？行为审计风险是如何产生的？如何控制行为审计风险？根据上述基本问题，本节首先提出一个行为审计风险的框架体系，在此基础上，分别分析各类行为审计风险产生的原因及其控制。

（一）行为审计风险的界定

关于什么是审计风险有不少的研究，不过，这些研究大多是以注册会计师从事的财务信息审计为背景的，其研究结论对于行为审计并不一定适用。关于什么是审计风险，有两种主流观点：一是不当意见论，二是损失可能论（朱小平，叶友，2003）。不当意见论认为，审计风险是指审计师发表与事实不符的审计意见的可能性。损失可能论认为，审计风险是指由于审计给审计主体带来损失的可能性。上述两种观点都不适用于行为审计风险。就不当意见论来说，行为审计意见有合理保证和有限保证两种情况，如果发表合理保证审计意见，需要从样本推断总体，可能出现错误的审计意见，如果发表有限保证审计意见，仅就其审计发现做出报告，并没有从样本推断总体，所以，一般不会产生错误的审计意见。所以，根据不当意见论，发表有限保证审计意见的行为审计，基本上没有审计风险。就损失可能论来说，行为审计是政府审计的重要业务，一些内部审计组织也开展这类审计业务。一般来说，对于政府审计和内部审计来说，即使发表了错误的审计意见，追究其责任也是较为困难的，行为审计业务给政府审计和内部审计带来损失的可能性很少。正因为如此，我们认为，不当意见论和损失可能论都不适宜于行为审计风险。

那么，什么是行为审计风险呢？这需要从风险说起。现有文献对风险的认识有损失论和目标偏离论两种主流观点。损失论认为，风险是损失性的可能性或不确定性，目标偏离论认为，风险是实际结果与预期结果的偏离，或者是实际结果偏离预期结果的概率（刘钧，2008）。事实上，损失论和目标偏离论具有兼容性，目标偏离论强调了风险的原因，而损失论强调了风险的结果。正是因为目标偏离了，才会有损失，如果目标达成了，也就不会有损失。所以，损失论和目标偏离论是异曲同工的。

基于对风险的上述认识，根据本节前面已经提到的行为审计主体主要是政府审计和内部审计，这些审计机构承担法律责任的情况很少，本节采用目标偏离论来界定行为审计风险。根据目标偏离论，行为审计风险是指行为审计目标未能达成或未能达成的概率。那么，行为审计目标是什么呢？虽然各个国家、各个组织对行为审计目标的具体界定可能不同，但是一般来说，可以区分为直接目标和终极目标。直接目标是审计师在行为审计项目中的目标，而终极目标是行为审计利益相关者希望通过行为审计得到的结果。很显然，直接目标是终极目标的基础，没有直接目标的履行，终极目标就没有达成的基础。但是，二者存在重大差别，就直接目标来说，应该是找出偏差行为，并就合规性发表意见；就终极目标来说，应该是通过行为审计，促进被审计单位的行为越来越合规，相关行为的合规性越来越高。

根据对审计目标的上述理解，行为审计风险可以从审计师角度和利益相关者角度分别界定。就审计师来说，行为审计风险是未能发现被审计单位存在的偏差行为，对行为合规性发表了错误的审计意见。这里有两种情形：一是审计师未舞弊，但存在过失，致使未能发现被审计单位存在的偏差行为，这种审计风险称为审计失败风险；二是审计师存在舞弊，没有发现或没有报告被审计单位存在的偏差行为，这种审计风险称为审计舞弊风险。很显然，审计师对审计风险的这种界定，很类似财务信息审计风险的不当意见论，但是，本节是从目标偏离论的逻辑得出这个结论，因为审计师的直接目标是找出已经存在的偏差行为，如果没有找出偏差，实质上就是审计目标没有达成，也就是目标偏离，所以，行为审计风险是以目标偏离论为基础的。同样，根据目标偏离论，就利益相关者来说，行为审计风险是通过行为审计来抑制偏差行为的目标没有达成，具体又有两种情形：一是根本就没有委托或指派审计机构实施行为审计，当然被审计单位存在的偏差行为不能得到抑制，这种风险称为未审计风险；二是委托或指派审计机构实施了行为审计，但是，被审计单位的偏差行为并未得到抑制，这种审计风险称为屡审屡犯风险。概括起来，行为审计风险的类型如表3所示。

表3 行为审计风险类型

风险主体	审计目标	目标偏离原因	审计风险类型
审计师	发现被审计单位存在的偏差行为	审计师存在过失	审计失败风险
	发现被审计单位存在的偏差行为	审计师存在错弊	审计舞弊风险
利益相关者	抑制被审计单位偏差行为	未委托或指派审计机构实施行为审计	未审计风险
	抑制被审计单位偏差行为	委托或指派审计机构实施了行为审计，但未能抑制被审计单位偏差行为	屡审屡犯风险

不少文献研究审计风险模型（胡春元，2001；谢荣，2003；戚振东，2011），很显然，行为审计风险的四种类型各有其风险因子，因此，难以统一于一个风险模型。本节在随后的内容中，为各种行为审计风险构建风险模型，分析其风险成因及控制。

（二）行为审计失败风险：模型、原因及控制

行为审计的审计失败风险类似财务信息审计的不当意见论，所以，可以借鉴财务信息审计风险模型来构建行为审计失败风险模型，如模型（1）所示：

行为审计失败风险＝行为偏差风险×检查风险×定性风险　　（1）

上述风险模型，在不同的审计意见类型下，运用方式不同。我们先来讨论发表合理保证审计意见时的模型运用。模型（1）中，审计师首先确定可接受的行为审计失败风险，由于行为审计的固有限制，行为审计不可能绝对保证将所有具有客观重要性的偏差行为都找出来，必须接受一定程度的审计失败，所以，行为审计风险是大于零但较低的个值。审计师具有根据具体审计项目的一些相关因素来选择可接受的审计失败风险水平。行为偏差风险是审计师对被审计单位出现具有重要性的行为偏差的估计，审计师做出这种估计的前期是了解被审计单位及其环境，然后将了解到的相关情况与特定的行为偏差联系起来，评估特定行为出现具有重要性偏差的可能性及严重程度，确定审计重点。当然，被审计单位一般会建立一定的治理机制来应对行为偏差，所以，也可以将行为偏差风险分解为固有风险和控制风险，前者指在没有治理机制的情形下，行为偏差发生的可能性，后者是治理机制不能抑制行为偏差的可能性，二者联合起来，就是行为偏差风险。但是，要尽力避免一种情形，就是在风险评估中，直接设定固有风险为100%，主要关注控制风险，这就将偏差风险评估的注意力集中到了被审计单位的内部控制，这可能误导了偏差风险评估方向。确定可接受的行为审计风险及评估行为偏差风险之后，根据模型（1），就可以确定模型（1）中的检查风险和定性风险。这里的检查风险是审计师不能找出具有重要性的偏差行为的可能性，而定性风险是对找出的偏差行为不恰当定性的可能性，这两种风险都是由审计师的审计工作所控制的，检查风险与审计取证相关，而定性风险则与审计定性相关。通常情形下，要根据审计项目涉及的特定行为所应该遵守的既定标准的复杂程度、清晰程度来设定定性风险水平，然后在此基础上，确定检查风险水平。

以上阐述的审计风险模型运用是以发表合理保证审计意见为前提的，如果审计师只发表有限保证审计意见，事实上只是对已经发现的偏差行为做出报告，在报告中对偏差行为予以定性，并不根据已经发现的偏差来推断行为的总体状况，所以，对于偏差行为评估的失败及未能找出具有重要性的偏差，并不会形成实质性的审计风险，可能的审计风险是对于找出的偏差行为做出了不当的定性。所以，行为审计失败风险简化为模型（2）所示：

行为审计失败风险＝定性风险　　（2）

根据这个模型，审计师只要对发现的偏差行为进行正确的定性，就没有实质性的审计失败风险，控制审计失败风险，就是控制审计定性风险。

以上阐述了行为审计失败风险模型及其应用，接下来，我们根据这个风险模型，分析行为审计失败风险形成的原因。根据模型（1），行为审计失败风险审计模型可能在三个方面失败：第一，确定了过高的可接受行为审计失败风险。一般来说，可接受行为审计失败风险越低，行为审计效率越低，而可接受的行为审计失败风险越高，则行为审计效率越高。审计师基于提高行为审计效率的考虑，总是想在将行为审计失败风险控制在可接受范围的情形下，提高行为审计效率。在这种思想指导下，审计师很有可能确定超出特定被审计单位应该有的可接受行为审计失败风险，确定过程的可接受行为审计失败风险，进而导致过高的检查风险和定性风险，进而导致行为审计失败。第二，行为偏差风险评估不恰当。这可能有三种情形：一是将行为偏差风险分解为固有风险和控制风险分别

评估，由于固有风险评估较为复杂，一些审计师直接将固有风险评定为高等级。在此基础上，将风险评估的重点放在控制风险评估上，而在许多情况下，行为偏差并不是内部治理机制存在缺陷，并且管理层会凌驾内部治理机制，内部治理机制对管理层操纵的行为偏差的抑制作用是有限的，所以，聚焦控制风险评估，可能导致行为偏差风险的错误认知；二是对被审计单位及相关情况了解不到位，而风险评估并不是主观臆断，如果不了解被审计单位及相关情况，风险评估就缺乏基本的依据；三是未能将了解到的被审计单位及相关情况与行为偏差风险恰当地关联起来。到目前为此，还没有程序化的方法将被审计单位及相关情况与特定的行为偏差风险对接起来，主要依赖职业判断，而这种职业判断就可能出现错误。第三，审计程序与检查风险及定性风险不匹配。审计师即使恰当地确定了可接受行为审计失败风险，恰当地评估了行为偏差风险，也恰当地确定了检查风险和定性风险，而检查风险是需要通过审计程序来实施的，审计程序通过其性质、时间和范围实现与检查风险的匹配。如果匹配不当，其结果就是实施的审计程序并不能将检查风险降低到计划的水平，从而最终的行为审计失败风险也就超出了可接受行为审计失败风险，这也是审计失败；同时，审计定性也需要一定的程序来实施，审计定性过程也可能出现不当，也会带来不当审计定性，进而导致审计失败。

以上分析了行为审计失败风险形成的原因，那么，如何控制行为审计失败风险呢？根据本节前面的分析，行为审计失败发生在三个领域：确定了过高的可接受行为审计失败风险、行为偏差风险评估不恰当、审计程序与检查风险及定性风险不匹配。就审计师角度的行为审计失败风险防范来说，主要着力点应该是在审计机构内部采取一些措施，恰当地应用审计准则，避免审计过失，主要方法有以下几个方面：第一，审计师业务素质。审计师业务素质不高是审计过失的重要原因，要恰当地应用审计准则，必须正确地理解审计准则，并能根据被审计单位的具体情况，恰当地做出决策或选择，这些都需要审计师的业务素质作支撑。正因为如此，各国的审计准则对审计师的业务素质都非常重视，除了职业资格准入以外，还特别强调后续教育。第二，审计职业操守。审计师业务素质为恰当地应用审计准则提供了基础性条件，但是，如果审计师缺乏应有的职业操守，则再好的业务素质也难以发挥作用，有时甚至走向相反方向。审计师的独立性、应有的职业谨慎、勤勉尽责等职业操守是审计师恰当地应用审计准则的前提条件。正因为如此，各国的审计职业组织都非常重视审计职业操守，颁布专门的职业道德准则，对审计职业操守予以规范。第三，质量控制。审计机构除了强调审计业务素质和职业操守外，还要加强质量控制，以预防和检查审计师对审计准则的不恰当应用。同时，由于各层级的审计师都可能出现不恰当地应用审计准则，审计质量控制一般需要分层级进行。正为如此，各国的审计职业组织都非常重视审计质量控制，建立了独立的质量控制准则。

（三）行为审计舞弊风险：模型、原因及控制

行为审计舞弊风险也属于审计失败风险，但是，与一般的审计失败风险不同，审计舞弊风险是审计师故意原因造成的审计失败，而一般的审计失败是审计师非故意原因造成的。根据审计舞弊风险的上述特征，其风险模型如模型（3）所示：

行为审计舞弊风险＝（行为偏差线索发现风险×行为偏差线索报告风险）×（行为偏差识别风险×行为偏差报告风险）×（行为偏差类型拟定风险×行为偏差类型报告风险）　（3）

该模型对行为审计失败风险模型进行了改造，将行为偏差风险、检查风险、定性风险三个风险因子进行分解，基本上都分解为审计发现风险和审计报告风险，前者指不能发现问题，后者指发现了问题，但故意不报告，而是隐匿其发现的问题。对于舞弊的审计师来说，可能在发现问题过程中出现一些故意行为，从而不能发现应该发现的问题，更有可能的是隐匿发现的问题，最终导致审计失败。具体来说，在评估行为偏差风险时，一方面，由于舞弊审计师的故意行为，致使一些行为偏差线索没有发现，这就形成行为偏差线索发现风险；另一方面，具有舞弊行为的审计师，即使发现了行为偏差线索，也可能隐匿不报，不写入审计工作底稿，从而出现行为偏差线索报告风险；在实施审计取证程序时，一方面，由于舞弊审计师的故意行为，致使一些行为偏差没有发现，这就形成行为偏差识别风险；另一方面，具有舞弊行为的审计师，即使识别了行为偏差，也可能隐匿不报，不写入审计工作底稿，从而形成行为偏差报告风险。在审计定性阶段，一方面，由于舞弊审计师的故意行为，致使一些行为偏差定性类型拟定不当，这就形成行为偏差类型拟定风险；另一方面，具有舞弊行为的审计师，即使正确地拟定了行为偏差类型定性，也可能隐匿不报，从而导致审计定性不当，这就是行为偏差类型报告风险。

总体来说，行为审计舞弊风险是审计师的故意行为，要么是不能发现问题，要么是隐匿发现的问题，所以，要控制行为审计舞弊风险，也需要从上述两个角度来进行。对于审计师不能发现问题，其控制路径与一般的审计失败风险控制并不区别，本节前面提出的从审计师业务素质、审计职业操守、审计质量控制这些路径来控制审计失败风险，也适用于审计师不能发现问题的控制。但是，由于舞弊审计师不能发现问题是故意行为，所以，上述控制措施中，审计师业务素质、审计职业操守的有效性会大大降低，审计质量控制是主要措施。对于审计师不报告发现的问题，主要是控制审计师的不报告机会，主要路径是降低审计过程中的信息不对称，避免让个别审计师完全操控审计过程或某些重要审计程序。信息不对称为审计师提供了不报告审计发现的机会。审计师是审计工作的具体执行者，每个审计师将自己所掌握的信息反馈给审计组，审计组并不是被审计单位行为偏差信息的第一掌握者，必须通过一线的审计师来获取这些信息，基于这种关系，审计师则成为掌握优势信息的代理人。在现实的工作中，审计师的素质良莠不齐，不可避免地会存在摒弃职业道德而与具有机会主义行为的被审计单位相勾结。当出现这种情况时，审计组内部的信息不对称就产生了，而这种信息不对称，正是审计师舞弊的基本条件。减少审计信息不对称有多种方法，例如，加强审计项目监管、审计机构内部实行审计权分离、采用信息化手段跟踪和固化审计取证过程、规范审计证据责任等都是有效的手段。

（四）行为审计的未审计风险：模型、原因及控制

行为审计不是为审计而审计，其终极目标是控制行为偏差，所以，应该选择那些有重要性偏差行为的审计客体进行审计。如果这些审计客体没有得到审计，这就是未审计风险。未审计风险实质上是指应该审计而未能审计的审计客体所存在的具有重要性的偏差行为未能发现及抑制，从而导致行为审计直接目标和终极目标都未能达成。根据对行为审计未审计风险的上述认识，其风险模型推导如下：

审计需求率＝有真实审计需求的审计客体÷全部审计客体

审计覆盖率＝已实行行为审计且有真实需求的审计客体÷全部审计客体

未审计风险＝审计需求率－审计覆盖率

＝（有真实审计需求的审计客体－已审计的审计客体）÷全部审计客体

＝有真实审计需求但未审计的审计客体÷全部审计客体　(4)

模型（4）显示，未审计风险由两个因素决定：一是有真实审计需求但未审计的审计客体数量。二是纳入行为审计的全部审计客体数量。一般来说，后者是由行为审计的利益相关者的审计需求决定的，审计师本身并无力控制，所以，审计师能控制的只是有真实审计需求但未审计的审计客体数量，控制了这个变量，也就控制了行为审计未审计风险。那么，审计师如何控制这个变量呢？前面的模型推导显示，有真实审计需求但未审计的审计客体＝有真实审计需求的审计客体－已审计的审计客体，这个公式表明，审计师有两个路径控制未审计风险：(1) 搞清楚有真实审计需求的审计客体，这需要审计师对全部审计客体进行行为偏差风险监测，及时跟踪各可能审计客体的行为偏差状况，将一些行为偏差轻微的审计客体排除在外，确定有真实需求的审计客体，做到选择审计客体时有的放矢；(2) 增加已审计的审计客体数量，这里又有两个路径：一方面，纳入审计的审计客体要有真实审计需求，如果审计了没有真实审计需求的审计客体，从数量上看是增加了已经审计的审计客体数量，但只是审计了没有真实审计需求的审计客体，对于审计目标的达成没有作用，无助于控制未审计风险；另一方面，要大力增加有真实需求的审计客体的数量，其手段有多种，增加审计资源、提升审计效率等各种手段都能发挥作用。

（五）行为审计的屡审屡犯风险：模型、原因及控制

对于行为审计来说，查出偏差行为是直接目标，而抑制偏差行为是终极目标。要抑制偏差行为，必须对查出的偏差行为采取处理处罚及相应的整改措施，以抑制偏差行为再次发生。行为审计的屡审屡犯风险是指由于审计处理处罚及整改措施等方面的原因，致使偏差行为在后续的时间内仍然发生，通过行为审计来抑制偏差行为的终极目标未能达成。根据对屡审屡犯风险的上述认识，其风险模型推导如下：

屡审屡犯风险＝(查出偏差行为数量－整改偏差行为数量）÷查出偏差行为数量

＝查出但未整改的偏差行为数量÷查出偏差行为数量

＝（未做出处理处罚决定的偏差行为数量＋做出处理处罚决定但未执行的偏差行为数量＋做出处理处罚决定但难以执行的偏差行为数量）÷查出偏差行为数量

(5)

模型（5）显示，对于行为审计来说，在查出偏差行为数量既定的条件下，屡审屡犯风险主要由三个因素决定：未做出处理处罚决定的偏差行为数量、做出处理处罚决定但未执行的偏差行为数量、做出处理处罚决定但难以执行的偏差行为数量。控制屡审屡犯风险主要是控制上述三个变量，具体来说：第一，针对“未做出处理处罚决定的偏差行为数量”，主要是加大问责力度，对于查出的偏差行为要根据相关法律法规及规章制度做出严肃处理，不能重视查出、轻处理处罚。当然，这里的处理处罚要有力度，如果处理处罚是轻描淡写，则与无处理处罚并无实质性区别；第二，针对“做出处理处罚决定但未执行的偏差行为数量”，主要是要提升审计处理处罚决定的执行率，如果被审计单位不执行审计处理处罚决定，相关机构要采取行动，督促甚至强制审计处理处罚决定得到执行，在这方面，审计机构当然要发挥重要作用，但是，相关机构的协同可能更为重要；第三，针对“做出处理处罚决定但难以执行的偏差行为数量”，审计机构要分析其原因，主要的原因可能是由于体制、机制和制度等存在缺陷，致使相关行为偏差难以避免，处理处罚决定难以执行。即使执行了，以后还会再次发生类似的偏差行为。针对这种情形，审计机构要推动体制、机制和制度的完善。

三、行为审计风险：准则要求

本节以上提出了一个行为审计重要性的逻辑框架，然而，这个逻辑框架是否可行呢？我们从两个角度来验证：一是相关准则的要求，二是若干例证分析。我们先来看相关准则对行为审计重要性的要求。虽然各种审计主体都可能开展行为审计业务，但是，政府审计开展行为审计具有普通性，所以，本节仅介绍政府审计准则对行为审计风险的要求。

（一）中国政府审计准则的相关条款及学理分析

《中华人民共和国国家审计准则》基本未涉及审计风险，这里对《审计机关审计重要性与审计风险评价准则》的相关条款进行学理分析①。

第十二条　审计风险是指被审计单位的财政收支、财务收支存在重大错弊而审计人员没有发现，作出不恰当审计结论的可能性。审计风险由固有风险、控制风险和检查风险构成。

★学理分析：界定了审计风险，则指没有发现财政收支、财务收支存在的重大错弊，进而作出不恰当审计结论的可能性。这本质上属于目标偏离论，形式上看是不当意见论，并且主要是以财政财务收支行为审计为背景，主要涉及审计失败风险，未涉及审计舞弊风险、屡审屡犯风险、未审计风险。将错弊风险明确区分为固有风险和控制风险，风险模型中考虑审计定性风险。

第十三条　审计人员应当保持应有的职业谨慎，合理运用专业判断，对审计风险进行评估，并采取相应的审计测试措施，以将审计风险降低至可接受的程度。

★学理分析：强调审计风险评估需要运用职业判断，并通过审计测试来将审计风险降低至可接受的程度。

第十四条　评估审计风险的步骤是：（1）在编制审计实施方案时确定可以接受的审计风险水平；（2）通过对被审计单位的调查了解评估固有风险水平；（3）通过对内部控制的测评评估控制风险水平；（4）利用风险模型计算检查风险水平，并据此确定审计测试的范围和工作量。

★学理分析：规范审计风险模型的应用步骤，这也是风险导向审计取证模式的基本思路，首先是确定可接受的审计风险水平；其次是评估固有风险和控制风险；最后是计算检查风险，并根据检查风险确定进一步审计测试方案。

第十五条　固有风险是假设在没有内部控制的情况下，被审计单位的业务和相应的会计处理发生差错的可能性。固有风险与被审计单位的管理及其环境，以及该类会计事项或业务的性质有关。审计人员在评估固有风险时应当考虑下列因素：（1）被审计单位的管理水平，包括管理人员的诚信和能力；（2）管理人员和财会人员的异常变动情况；（3）被审计单位的业务性质；（4）与被审计单位有关的法律法规的调整变化情况；（5）影响被审计单位所在部门或行业的环境因素；（6）会计人员进行会计处理时专业判断的幅度范围；（7）需要利用外部专家工作予以佐证的重要交易事项的复杂程度；（8）是否存在容易损失或被挪用的资产；（9）是否属于容易发生差错的业务领域；（10）在会计期间，特别是临近会计期末时，发生的异常或复杂的会计处理情况；（11）以前年度审计的结果等。

★学理分析：强调固有风险评估时应考虑的因素，但是，本条款似乎涉及两类审计，一是财政

① 该准则已于2010年废止，但并不影响其学理分析。

财务收支行为审计，二是财务信息审计，所以，固有风险评估的相关因素也与这两类审计相关，其中，(6)(7)(10)项目主要与财务信息错弊固有风险相关，与财政财务收支错弊固有风险关联不大。

第十六条 控制风险是指被审计单位的业务和相应的会计处理发生差错不能被内部控制防止或纠正的可能性。审计人员在对内部控制进行初步测评后，应当对各主要业务和会计领域的控制风险作出初步评估。控制风险与内部控制的健全性和有效性有关。评估控制风险应当考虑下列因素：(1)相关的内部控制是否建立；(2)经济业务以及相关控制手续的执行是否及时和有效；(3)经济业务及各控制环节是否由合格的人员执行；(4)业务活动的记录是否完整；(5)业务处理程序是否独立；(6)关键点控制是否存在；(7)控制目标是否满足；(8)控制系统是否有效地运行，各项控制是否充分发挥作用等。

★学理分析：强调控制风险评估时应考虑的因素，但是，本条款似乎涉及两类审计，一是财政财务收支行为审计，二是财务信息审计，所以，控制风险评估的相关因素也与这两类审计相关。

第十七条 出现下列情况之一时，审计人员应当将控制风险确定为高风险：(1)被审计单位的内部控制薄弱；(2)审计人员无法对内部控制的有效性作出评价；(3)审计人员不准备进行符合性测试。

★学理分析：界定在风险评估阶段可以将控制风险初步评定为高风险的三种情形。符合这三个条件中的任何一个，进一步的审计程序中就不包括控制测试。

第十八条 审计人员对被审计单位相关的内部控制进行初步测评后，认为其能够防止、发现或纠正重要错弊，且准备进行符合性测试时，不应当将控制风险评估为高水平。

★学理分析：与上一条款相呼应，界定在风险评估阶段不应该将控制风险评估为高水平的条件。符合这个条件，进一步的审计程序中就要包括控制测试。

第十九条 初步评估的控制风险水平越低，就需获得越多的关于内部控制健全和有效的证据。

★学理分析：界定控制测试的要求，对内部控制的依赖程度越高，越是要求通过控制测试获取证明力强的审计证据。

第二十条 审计人员在现场审计结束前，应当根据实质性测试结果和其他审计结果对控制风险进行最终评估。如评估结果高于初步评估的控制风险水平，应当考虑追加相应的审计测试。

★学理分析：风险评估阶段对控制风险是初步评估，并以此为基础设计和实施进一步的审计程序。审计终结阶段，需要审视控制风险的初步评估是否合适，如果初步评估时的控制风险评估过低，这意味着检查风险过高，需要追加相应的审计测试。

第二十一条 固有风险和控制风险相互联系，审计人员应当将两者进行综合评估，并据以作为评估检查风险的基础。

★学理分析：审计风险模型中是将二者分开，但是，固有风险和控制风险密切相关，要进行综合考虑，许多情形下，将二者合并称为错弊风险。要避免将固有风险直接设定为最高，将风险评估的注意力集中在控制风险。

第二十二条 检查风险是指审计人员进行实质性测试不能发现被审计单位存在的差错的可能性。检查风险水平与实质性测试的工作量直接相关，可接受的检查风险越低，实质性测试的工作量越大。审计人员应当根据所评估的固有风险和控制风险来确定检查风险，并以此决定实质性测试的数量。

★学理分析：本条款规范实质性审计程序与检查风险的关系，指导如何根据检查风险来选择实质性审计程序。但是，本条款似乎涉及两类审计，一是财政财务收支行为审计，二是财务信息审计。

第二十三条　固有风险和控制风险不能由审计人员所控制，但审计人员可以对其进行评估，并通过设计相应的检查措施，调整检查风险水平，以使审计风险降低到可以接受的程度。

★学理分析：本条款再次指明审计风险模型的应用思路，强调审计风险评估、检查风险水平确定及审计程序之间的关系。

第二十四条　审计执行期间审计风险的评估发生变化时，审计人员应当重新分析审计风险是否在最初审计方案确定的水平之内。如果审计风险超出可以接受的水平，就需要执行追加的审计测试。

★学理分析：在风险评估阶段，审计师根据对被审计单位的初步了解，评估了固有风险、控制风险，并在此基础上确定了检查风险水平，根据检查风险水平设计了进一步审计程序。在审计执行阶段，随着对被审计单位的进一步了解，如果发现当时的风险评估需要调整，特别是需要调高固有风险或控制风险时，说明当时的检查风险过高。为此，需要调低检查风险，进而需要追加审计程序。

第二十五条　重要性和审计风险之间存在反向的关系，重要性水平越低，审计风险越高。审计人员在确定实质性测试的性质、范围和时间时必须注意到这一关系，并根据情况的变化进行调整。

★学理分析：规范重要性与审计风险之间的关系，客观重要性越低，终极审计风险越高。这种关系直接会影响审计重要性与可接受审计风险及检查风险之间的关系，而这些关系是需要体现在实质性测试方案中。

第二十六条　审计人员在进行审计抽样时，应当利用所确定的重要性水平和对审计风险的评价结果，以计算样本量。

★学理分析：要求审计抽样方案中体现重要性水平和检查风险，将重要性和风险应用到审计程序之中。

总体来说，《审计机关审计重要性与审计风险评价准则》与审计风险相关的条款虽然存在审计业务背景不清晰，并且主要涉及审计失败风险的问题，但是其现有条款，从学理上来说，与本节前面提出的逻辑框架具有一致性。

(二）最高审计机关国际组织（INTOSAI）行为合规审计准则的相关条款及学理分析

INTOSAI（the International Organization of Supreme Audit Institutions）颁布的审计准则将审计业务区分为财务审计、行为合规审计和绩效审计。其中，行为合规审计有四个准则，一是行为合规审计基本原则（Fundamental Principles of Compliance Auditing），二是行为合规审计指引——导论（Compliance Audit Guidelines - General Introduction），三是行为合规审计指引——独立开展的行为合规审计（Compliance Audit Guidelines - For Audits Performed Separately from the Audit of Financial Statements），四是行为合规审计指引——与财务审计联合开展的行为合规审计（Compliance Audit Guidelines Compliance Audit Related to the Audit of Financial Statements）。这四个准则中，除了《行为合规审计指引——导论》未涉及审计风险外，其他三个准则都有审计风险的相关条

款，但是，《行为合规审计指引——独立开展的行为合规审计》和《行为合规审计指引——与财务审计联合开展的行为合规审计》是《行为合规审计基本原则》在不同情形下的具体应用，是准则要求的细化。从学理分析来说，仅介绍《行为合规审计基本原则》对审计风险的规定就够了。

1.《行为合规审计基本原则》——一般原则

第 46 段　审计人员应该在整个审计过程中考虑审计风险

审计应该将审计风险降低到可接受水平。审计风险是审计报告的风险，或者更具体地来说，是在特定环境下，审计结论及意见不恰当的风险。在鉴证业务和直接业务中都要考虑审计风险。无论审计主题是定量，还是定性，无论审计报告中是否包括审计意见或结论，审计师都应该考虑三种不同的审计风险——固有风险、控制风险和检查风险。上述各种审计风险的相对重要性取决于审计主题的性质，审计业务是鉴证业务和直接业务，以及审计是提供合理保证还是有限保证。

★学理分析：以公共部门审计为背景，确定行为合规审计采用风险导向审计模式。行为合规审计风险是审计结论及意见不恰当，分解为固有风险、控制风险和检查风险。无论何种行为合规审计业务，无论发表何种类型的审计意见，都应该考虑上述三种审计风险。这些界定与本节提出的行为合规审计风险逻辑框架具有一致性。

2.《行为合规审计基本原则》——与审计过程相关的原则

第 58 段审计师应该评价充分适当的审计证据是否已经获得，并且形成相关结论。

在完成适当的审计后，审计师会检查审计证据以得出结论或指出问题。审计师应评估所获得的证据是否是充分适当的，以减少审计风险至可接受的低水平。该评估方法同时考虑在合规和不合规方面支持或不支持审计报告、结论或意见的证据。它还包括重要性的考虑。考虑到审计保证水平，在评估审计证据是否充分适当后，审计师应该考虑如何最好地根据这些证据得出结论。

如果从一个来源获取的审计证据和从其他地方获取的证据不一致，或者怀疑被用为证据的信息的可靠性，审计师应该决定哪些审计程序应该加以修改或增加，来解决问题并考虑影响。如果有的话，对审计其他方面也如此。

在完成审计之后，审计师将检查审计文件来确定鉴证对象是否被充分适当地检查过。审计师也应确定风险评估和重要性初步判定在证据收集中是否恰当或需要修改。

★学理分析：以公共部门审计为背景，界定了行为合规审计风险在审计证据评价和审计结论形成过程中的作用。同时，在审计终结阶段，要考虑是否需要修改审计计划阶段确定的审计风险评估。这些界定与本节提出的行为合规审计风险逻辑框架具有一致性。

四、行为合规审计风险：例证分析

本节提出了一个关于行为合规审计风险的逻辑框架，通过对相关准则进行学理分析，一定程度上验证了这个逻辑框架的解释力。下面，我们再介绍 INTOSAI《行为合规审计指引——独立开展的行为合规审计》中的公共部门采购审计风险例证分析，以进一步显示本节所提出的逻辑框架的解释力。

（一）公共部门采购行为合规审计风险

表4　公共部门采购行为合规审计风险因素

序　号	风险因素
固有风险	
1	缺乏相关的采购法规
2	采购法规最近发生变化（例如，为了适应国际化要求的变化）
3	法规复杂或不清晰，或者可能有多种解释
4	采购金额很大，例如国防采购
5	以前年度审计发表采购有违背相关法规及指南的情形
6	以前年度发现的舞弊及腐败涉及管理层及关键员工
7	相关部门的检查情况（例如，商业行为正当竞争的主管部门之检查）
8	潜在供应商关于不公平竞争及偏向特定投标者的投诉
9	潜在的利益冲突
控制风险	
1	缺乏内部指引，包括缺乏清查和客观的评价标杆
2	采购业务的IT系统最近在一般控制或应用控制方面发生了变化
3	对供应商的质量控制和监督很弱
4	针对供应商遵守道德指引的控制措施很弱或缺乏
5	遵守相关法规的监督活动缺乏或质量很低
检查风险	
1	未能设计有效的审计程序（例如，执行的审计程序只涉及检查已经记录的交易，没有检查完整性；或者只是询问采购部门的员工，没有询问其他人员，例如设施管理部门、供应商及投诉管理部门的相关人员）
2	奖励方案可能导致管理层有意隐瞒或隐藏证据（例如，供应商可能贿赂或给回扣）
3	管理层可能合谋或凌驾内部控制

（二）学理分析

采用风险导向审计模型，公共部门采购业务行为合规审计失败风险＝固有风险×控制风险×检查风险。在此基础上，列示了固有风险、控制风险及检查风险的风险因素，在评价固有风险和控制风险时要考虑这些风险因素，在根据确定的检查风险来设计及实施进一步审计程序时，要考虑与检查风险相关的风险因素。总体来说，《行为合规审计指引——独立开展的行为合规审计》提供的这个例证，在学理上与本节提出的行为合规审计风险逻辑框架具有一致性。

第三节　行为审计意见：逻辑框架、准则要求和例证分析

任何审计业务都需要将审计结果传递给利益相关者，审计意见就是审计师传递审计结果的方式。行为审计关注特定行为是否符合相关法律法规、规章制度及合约，审计意见就是相符程度的专家判断，没有审计意见，行为审计结果也就难以传递给利益相关者，进而也就难以为利益相关者提供决策相关信息，行为审计终极目标也难以达成。所以，从某种意义来说，行为审计意见是行为审计的核心构件之一。

尽管行为审计意见在行为审计中有重要地位，但是，现有相关研究文献却很少，少量文献涉及行为审计意见与审计主题、审计取证模式、审计法律责任及审计期望差的关系。虽然围绕审计意见有很多的研究文献，这些研究对人们认知行为审计意见有一定的借鉴价值，然而，行为审计的审计主题是相关行为，其审计目标、审计重要性、审计风险、审计取证等诸多方面都有自己的特征，所以，行为审计意见更具有自己的个性，需要系统化的深入研究。本节拟从基础性视角来研究行为审计意见，提出一个行为审计意见的逻辑框架，涉及五个基本问题：行为审计意见类型、行为审计意见与行为审计取证模式的关系、行为审计意见与行为审计重要性的关系、行为审计意见与行为审计风险的关系、行为审计意见与行为审计期望差的关系。

一、文献综述

国内外关于民间审计意见的研究文献很多，研究主题涉及三个方面：一是审计意见影响因素（Jeter&Shaw，1995；Mutchler，Hopwood&McKeown，1997；Blacconiere&DeFond，1997；Martin，2000；Reynolds&Francis，2001；Ireland，2003；Carcello，Hermanson&Neal，2003；廖义刚，2007；曹琼，2014）；二是审计意见决策过程和预测（Felix&Kinney，1982；Dopuch，Holthausen&Leftwich，1987；Bell&Tabor，1991；Asare，1992；Matsumura，Subramanyam & Tucker，1997；Rau&Moser，1999；Arnlod et al，2001；Tucker，Matsumura&Subramanyam，2003）；三是审计意见信息含量及经济后果（Firth，1978；Elliott，1982；Bailey，1982；Doddetal，1984；Mutcher，1985；Dopuch，Holthausen&Leftwich，1986；Fargher&Wilkins，1998；Willenborg&McKeown，2001；Taffler，Lu&Kausar，2004；李增泉，1999；陈梅花，2001；李东平，黄德华，王振林，2001；杨臻黛，2007）。还有少量文献以民间审计为背景，研究审计重要性与审计意见的关系（李歆，邱瑾，2008；赵海侠，2010；蒋义宏，2005）、风险导向对审计意见的影响（蒋义宏，2005）。上述这些研究以民间审计机构从事的财务信息审计为背景，所谓的审计意见主要是关于财务信息公允性的意见。

以政府审计和内部审计为背景直接研究审计意见的文献很少，现有的少量文献并没有区分审计意见和审计建议，主要研究如何实施审计意见或审计建议（孙宁，2001；马玉，2004；汤从华，2011；刘惠萍，2016）。

也有少量文献以审计一般为背景，研究审计意见类型与审计法律责任的关系（郑石桥，2015a）、审计意见类型与审计期望差的关系（郑石桥，2015b）、审计意见类型与审计取证模式的关

系（郑石桥，2015c）、审计主题与审计意见类型的关系（郑石桥，张道潘，2016）。

上述这些文献对行为审计意见研究具有良好的借鉴价值，然而，未发现直接研究行为审计意见的文献，由于行为审计以特定行为作为审计主题，其审计意见有其独特的一些个性，需要系统化的研究，本节拟研究其基础性的问题——行为审计意见的逻辑框架。

二、行为审计意见：逻辑框架

对于行为审计意见可以从不同的视角来研究，本节从基础性视角来研究，拟提出一个行为审计意见的逻辑框架，涉及五个基本问题：行为审计意见类型、行为审计意见与行为审计取证模式的关系、行为审计意见与行为审计重要性的关系、行为审计意见与行为审计风险的关系、行为审计意见与行为审计期望差的关系。

（一）行为审计意见类型

行为审计的直接目标是寻找偏差行为，也就是判断相关行为与既定标准之间的相符程度，行为审计意见就是对相符程度的表述。从行为审计实施角度来说，行为审计可以区分为单位层级（entity level）、项目层级（programme level）和特定行为层面，这是的项目（programme）是独立运作的具有独立的法律法规、规章制度及合约的事项。很显然，单位层级分解为项目层级，而项目层级则分解为特定行为层级。从逻辑上来说，审计师可以就上述三个层级发表意见，但是，通常情况下，主要是对项目层级发表审计意见，有些情形下，也要求就单位层级发表审计意见。无论就何层级发表审计意见，我们将其发表意见的对象称为审计总体，这个总体是由许多具有共性属性的个体组成的，在许多情形下，行为审计只是对审计总体中的部分个体实施了审计，我们称为其审计样本。

一般来说，审计意见分为合理保证审计意见和有限保证审计意见两种类型，行为审计也是如此。合理保证审计意见是根据审计样本推断审计总体，是对审计总体的行为偏差状况发表审计意见；而有限保证审计意见只是报告审计发现。实质上是报告了对审计样本的发现，并没有根据审计样本推断审计总体。无论是合理保证审计意见，还是有限保证审计意见，都有多种类型。下面，我们分别阐述。

1. 行为审计意见：合理保证审计意见

由于行为审计总体的行为偏差程度不同，合理保证审计意见区分为无保留意见和非无保留意见，二者各自又有多种具体类型。

（1）无保留意见（unqualified）。无保留意见是指审计总体不存在具有重要性的行为偏差，审计总体的相关行为在所有重大方面都符合既定标准的要求（相关法律法规、规章制度及合约，下同），审计总体的相关行为整体上具有合规性。具体又区分为两种类型：一是标准审计意见，二是带强调事项段的无保留意见。

A. 标准审计意见：审计师认为审计总体的相关行为在所有重大方面都符合既定标准的要求，审计总体的相关行为整体具有合规性，并且不存在需要强调的事项。

B. 带强调事项段的无保留意见：审计师认为审计总体的相关行为在所有重大方面都符合既定标准的要求，审计总体的相关行为整体具有合规性，但是，存在需要强调的事项，以便利益相关者更好地做出相关判断。例如：预算执行中，预算调整事项的说明；税务行为审计中，税收优惠政策的获取；采购行为审计中，救灾物资在特殊情形下的采购方式。

以上所述无保留意见的具体情形归纳如表5所示。

表5　行为审计的无保留审计意见——合理保证

无保留审计意见类型	是否存在具有重要性的偏差行为	是否存在需要说明但无属于偏差行为的事项
标准审计意见	无	无
带强调事项段的无保留意见	无	有

(2) 非无保留意见 (modified)。非无保留意见是无保留意见之外的审计意见类型，包括保留意见、否定意见和无法表示意见。

A. 保留意见 (qualified)：保留意见有两种情形：一是审计师发表了具有重要性的偏差行为，但是，这种重要性并不影响审计总体的整体合规性，所以，对该具有重要性的偏差行为相关的特定项目持保留意见，但对审计总体持有肯定意见，认为审计总体在整体上具有合规性；二是审计师的审计范围受到限制，以至于无法获取充分、适当的审计证据，但是，这种审计范围并不影响对审计总体发表的合规性形成结论。所以，对受到审计范围限制的特定项目不发表意见，但对审计总体发表肯定意见，认为审计总体在整体上具有合规性。

B. 否定意见 (adverse)：审计师发现了具有重要性的偏差行为，并且这种偏差行为影响审计总体在整体上的合规性，所以，审计师发表否定意见，认为审计总体在整体上不具有合规性。

C. 无法表示意见 (disclaimer)：审计师的审计范围受到限制，以至于无法获取充分、适当的审计证据，并且这种审计范围限制所导致的审计证据缺乏影响对审计总体在整体上是否合规的判断，所以，审计师无法对审计总体在整体上是否合规发表意见。

以上所述非无保留意见的具体情形归纳如表6所示。

表6　行为审计的非无保留审计意见——合理保证

导致非无保留意见的事项	导致非无保留意见的事项的可能影响	
	具有重要性但不影响审计总体	具有重要性且影响审计总体
存在偏差行为	保留意见	否定意见
审计范围受到限制	保留意见	无法表示意见

2. 行为审计意见：有限保证审计意见

在有限保证意见下，审计师只是报告其审计发现，一般不根据已经审计的样本来推断审计总体状况，所以，我们将这种审计意见称为事实报告型审计意见，这是有限保证意见的主要情形。然而，现实世界是复杂的，如果根据已经审计的样本所发现的偏差行为就足以认定审计总体整体上不具有合规性，则审计师在报告这种发现的同时，还应该对审计总体发表否定性意见。这种否定意见并不存在根据审计样本推断审计总体状况，但是，就样本的状况就足以对总体发表否定意见。总体来说，有限保证审计意见有两种情形：一是事实报告型审计意见，二是否定意见，归纳起来如表7所示。

表7 行为审计的审计意见——有限保证

审计意见类型	是否发现具有重要性的偏差行为	具有重要性的偏差行为是否导致审计总体不合规
事实报告型审计意见	有或无	不
否定意见	有	是

（二）行为审计意见与行为审计取证模式的关系

无论何种审计业务类型，审计意见都需要审计证据来支持，审计证据的证据力不同，审计意见的保证程度也就不同，所以，审计取证模式是审计意见类型的基础，行为审计也不例外。一般来说，行为审计取证模式有两种类型：一是命题论证型取证模式，二是事实发现型取证模式。不同类型的取证模式支持发表不同类型的审计意见。一般来说，命题论证型取证模式支持发表合理保证审计意见，而事实发现型取证模式支持发表有限保证审计意见。下面，我们来具体分析。

采用命题论证型取证模式来实施行为审计，其直接目标是以合理保证找出具有重要性的偏差行为。为此，命题论证型取证模式需要将一定审计主题的行为审计目标分解为一些具体审计目标。如果将审计目标作为大命题，则分解出来具体审计目标就是小命题，命题论证型取证模式将大命题分解为小命题，这种分解具有周延性，小命题集合起来就组成大命题，所以，通过对各个小命题的证明就能证明大命题。这种审计取证模式有两逻辑过程，一是命题分解，这是从大命题到小命题，二是命题论证，这是从小命题到大命题。在这种取证模式下，由于小命题是大命题的分解，并且具有周延性，如果审计抽样方法恰当，可以根据审计样本的审计结果来推断审计总体状况。当然，这个论证过程可能较为复杂，需要较大的职业判断。多数情形下，分解出来的众多小命题的证明结果并不一致，有的经过证明得到肯定性结论。而有的小命题经过证明得到否定性结论，这种情形下，如果根据小命题的证明结果来形成大命题的结论，需要应用审计重要性，得到否定性结论的小命题如果对审计总体不具有重要性，则大命题就得到肯定性结论，否则就可能得到否定性结论。总体来说，由于这种取证模式对于大命题分解出来的各个小命题都提供了审计证据，可以根据小命题的证明结果来推断大命题的状况，所以，这种取证模式支持发表合理保证审计意见。

采用事实发现型取证模式来实施行为审计，其直接目标也是寻找具有重要性的偏差行为，但是，对于客观存在且具有重要性的偏差行为究竟能找出多少，并没有一定的保证程度，也就是说，找出多少算多少，并没有一个程度保障。在这种审计目标下，并不存在一个将一定审计主题的审计目标进行分解的过程，即使围绕审计目标提出一些需要关注的具体命题，这些具体命题的集合也不能形成具有该审计主题的审计目标。也就是说，即使存在命题分解，这种分解也不具有周延性。事实发现型取证模式不一定有命题分解和命题论证两个逻辑过程。一般情况下，可能会围绕审计目标提出一些需要关注的具体命题，但是，这些具体命题不具有周延性，这个具体命题集合起来不能组成审计目标，正因为如此，围绕这些具体命题获取证据之后，根据这个具体合理的证明情况，并不能推断审计总体的状况。所以，这种情形下，即使存在命题分解和命题论证两个逻辑，也无法对审计总体发现意见；另外一种情形是，根本就没有命题分解，只是将审计目标作为大方向，围绕这个方向来进行数据分析及其他审计程序，这种情形下获取的审计证据，当然就更无法对审计总体状况做出判断。所以，总体来说，在事实发现型取证模式下，无法根据获取的审计证据对审计总体状况做出推断，从而也就无法对审计总体发表意见，所以，只能报告审计发现——这就是有限保证审计意见。当然，本节前面已经提到，如果仅就已经发现的偏差行为就足以决定审计总体在整体上不具有合规性，在采用事实发现型取证模式下，也可能对审计总体在整体上发表否定性审计意见，这并不意味着根据审计样本推断审计总体了，而是审计样本存在的偏差行为是如此之严重，不用考虑其他未发现或推断的偏差行为，就足以对审计总体发表否定性意见了。

（三）行为审计意见与行为审计重要性的关系

本节前面提到，从行为审计实施角度来说，行为审计可以区分为单位层级、项目层级和特定行为层面，相应地，行为审计重要性也分为单位层级审计重要性、项目层级审计重要性和特定行为层面审计重要性。一般来说，审计师只在单位层级和项目层级发表行为审计意见，不同层级的审计重要性对审计意见决策的影响不同，同时，不同审计取证模式下，审计重要性的应用也不同。

1. 行为审计意见与行为审计重要性的关系——基于命题论证型取证模式

一个被审计单位可能存在多个项目，每个项目都可以分解为一些特定行为。一般来说，审计师需要在项目层级和单位层级发表审计意见，所以，审计意见与审计重要性的关系也会体现在这两个层级。

就项目层级来说，如果特定行为层级没有发现具有重要性的偏差行为，项目层级发表标准审计意见，如果存在需要说明的特定事项（这些特定事项并不是偏差行为），则发表带强调事项段的无保留意见；如果特定行为层级发现具有重要性的偏差行为，但是这种偏差行为并不影响项目层级作为一个整体的合规性，则发表保留意见，项目层级整体是合规的，但是该特定行为不合规；如果特定行为层级发现具有重要性的偏差行为，并且该偏差行为影响项目层级作为一个整体的合规性，则发表否定意见，项目层级整体不合规。

就单位层级来说，如果一个单位有多个项目，某项目层级是否定意见，如果该项目对该单位整体合规性不具有重要性，则发表保留意见，该单位层级整体是合规的，但是该项目不合规；如果一个单位有多个项目，某项目层级是否定意见，并且该项目对该单位整体合规性具有重要性，则发表否定意见，该单位层级整体不合规。

2. 行为审计意见与行为审计重要性的关系——基于事实发现型取证模式

即使采用事实发现型取证模式，审计重要性也具有价值，一是确定审计策略和选择审计重点时，可以参考审计重要性；二是报告审计发现偏差行为时，一般来说，主要报告具有重要性的偏差行为，这些应用都与审计意见类型无关。然而，本节前面已经提到，如果根据已经审计的样本所发现的偏差行为就足以认定审计总体整体上不具有合规性，则审计师在报告这种发现的同时，还应该对审计总体发表否定性意见。所以，在事实发现型取证模式下，审计师需要判断已经发现的偏差行为是否对审计总体具有重要性，如果不具有重要性，则仅报告审计发现，并不对审计总体发表意见，如果具有重要性，则对审计总体发表否定意见。

（四）行为审计意见与行为审计风险的关系

行为审计风险包括审计失败风险、审计舞弊风险、未审计风险、屡审屡犯风险，审计舞弊风险是一种特殊的审计失败风险，而未审计风险、屡审屡犯风险与审计意见关联不大，这里仅讨论行为审计意见与审计失败风险的关系。尽管行为审计的审计失败风险在本质上是未能发表具有客观重要性的行为偏差，但是，其形式上类似财务信息审计的不当意见论，是发表了错误的审计意见，出现了审计失败。就行为审计来说，审计失败有三种情形：一是对样本的审计失败，未能发现样本中具有重要性的偏差行为；二是根据样本推断总体失败，未能根据样本正确地推断总体存在具有重要性偏差行为，从而未能对总体发表否定性意见；三是审计定性失败，未能对发现的偏差行为正确地定性，从而出现定性不当。在不同的审计取证模式下进而在不同的审计意见类型下，上述审计失败能否发生的情形不同，具体来说，基本情况如表 8 所示。

表 8　行为审计意见与行为审计失败风险

行为审计取证模式	行为审计意见类型	可能存在的审计失败情形		
		样本审计失败	推断总体状况失败	审计定性失败
命题论证型取证模式	标准审计意见	可能存在	可能存在	可能存在
	带强调事项段的无保留意见	可能存在	可能存在	可能存在
	保留意见	可能存在	可能存在	可能存在
	否定意见	可能存在	可能存在	可能存在
	无法表示意见	不存在	不存在	不存在
事实发现型取证模式	事实报告型审计意见	可能存在	不存在	可能存在
	否定意见	可能存在	可能存在	可能存在

（五）行为审计意见与行为审计期望差的关系

行为审计期望差是行为审计准则的规定进而审计师的行为，与利益相关者的期望存在的差距。从具体表现来说，是审计师的审计行为与利益相关者的期望存在差距，但是，审计师的这种行为是根据审计准则来实施的，所以，并不是审计师未能遵守审计准则而产生的审计失败。行为审计期望差可能出现在多个方面，例如，对于行为审计目标，利益相关者可能既要关注相关行为的合规性，可能还希望关注相关行为的合理性，而审计准则基于可操作性的考虑，主要关注相关行为相合规性，并未将相关行为合理性作为审计目标，显然就出现审计期望差。就行为审计意见来说，审计期望差别主要出现在保证程度方面，也就是审计准则规定的审计意见保证程度与利益相关者期望的保证程度不一致，高于或低于利益相关者期望的保证程度，出现保证程度不足或保证程度过度。具体来说，行为审计意见保证程度差异如表 9 所示。

表 9　行为审计意见与行为审计期望差

项　目		审计准则规定的保证程度	
		合理保证	有限保证
利益相关者期望的保证程度	合理保证	无期望差	保证程度不足
	有限保证	保证程度过度	无期望差

表 9 显示，行为审计意见相关的期望差有两种情形：第一，审计准则规定的是有限保证，而利益相关者期望的是合理保证，出现保证程度不足，现实生活中，许多不对总体发表意见的行为审计

都属于这种情形，这可能有两方面的原因，一是审计技术不支持，二是审计准则制定者并未清楚利益相关的需求；第二，审计准则规定的是合理保证，而利益相关者需要的是有限保证，出现保证程度过度，这可能浪费了审计资源。

三、行为审计意见：准则要求

本节以上提出了一个行为审计意见的逻辑框架，然而，这个逻辑框架是否具有解释力呢？我们从两个角度来验证：一是相关准则的要求，二是用这个框架来分析若干例证分析。我们先来看相关准则对行为审计重要性的要求。虽然各种审计主体都可能开展行为审计业务，但是，政府审计开展行为审计具有普通性，所以，本节仅介绍和分析政府审计准则对行为审计意见的要求。

（一）中国政府审计准则的相关条款及学理分析

1.《审计机关审计事项评价准则》相关条款及学理分析①

第十三条　对合法性的评价，应当根据被审计单位是否存在违反国家规定的财政收支、财务收支行为，以及违规的严重程度作出评价。对合法性的评价，应当区别以下情况分别作出：(1)如果审计中未发现被审计单位存在重要的违反国家规定的财政收支、财务收支行为，可以认为其较好地遵守了有关财经法规。(2)如果审计中发现被审计单位存在个别重要的违反国家规定的财政收支、财务收支行为，可以认为其除该事项外，基本遵守了有关财经法规。(3)如果审计中发现被审计单位存在严重的违反国家规定的财政收支、财务收支的行为，可以认为其未能遵守有关财经法规。

★学理分析：审计意见是审计事项合规性评价的结论，将审计事项合法程度区分为三种程度：较好地遵守了有关财经法规、基本遵守了有关财经法规、未能遵守有关财经法规，体现了行为审计重要性在审计意见形成中的作用。正是根据违规程度不同，得出不同的审计结论，前二者属于无保留意见，未能遵守有关财经法规则属于否定性意见。当然，只是区分为三种意见类型，简化了现实需求，需要改进。

2.《审计机关审计处理处罚的规定》②

第七条　审计终结后，审计机关应对审计事项作出评价，出具审计意见书；对违反国家规定的财政收支、财务收支行为，需要依法给予处理、处罚的，依法作出审计决定，制作审计决定书；或者向有关主管机关提出处理、处罚建议。

★学理分析：审计意见是审计事项评价的结论，这种评价包括真实性评价、合规性评价和效益性评价，其中的合规性评价得出的结论就是行为审计结论。对于违规行为，还需要依法给予处理处罚。

第八条　审计意见书应当包括以下内容：(1)审计的范围、内容、方式和时间；(2)对审计事项的评价意见和评价依据；(3)责令被审计单位自行纠正的事项；(4)改进被审计单位财政收支、财务收支管理和提高效益的意见和建议。

---

① 该准则已于2010年废止，但并不影响其学理分析。

② 该准则已于2010年废止，但并不影响其学理分析。

★学理分析：行为审计要形成审计意见书，行为审计意见体现在审计意见书中。但是，审计意见中还包括审计建议。也正是因为如此，一些文献不区分审计意见和审计建议，这是需要改进的缺陷。

第十条　审计机关出具审计意见书、作出审计决定或者向有关主管机关提出处理、处罚建议前，应当由复核机构或者专职复核人员进行复核。

★学理分析：审计意见的形成有一个复核过程。

3.《中华人民共和国国家审计准则》相关条款及学理分析

第九条　审计机关和审计人员执行审计业务，应当依据年度审计项目计划，编制审计实施方案，获取审计证据，作出审计结论。

★学理分析：审计结论依赖审计证据，而审计证据依赖审计实施方案来获取。

第二十四条　审计人员执行审计业务时，应当合理运用职业判断，保持职业谨慎，对被审计单位可能存在的重要问题保持警觉，并审慎评价所获取审计证据的适当性和充分性，得出恰当的审计结论。

★学理分析：审计结论依赖适当、充分的审计证据，而这些审计证据是否需要适当性和充分性是需要审慎评价的。同时，在获取审计证据的过程中，要合理运用职业判断、保持职业谨慎、对可能存在的重要问题保持警觉。

总体来说，本节提出的行为审计意见逻辑框架能解释中国政府审计准则的相关条款。

（二）最高审计机关国际组织（INTOSAI）行为合规审计准则的相关条款及学理分析

INTOSAI（the International Organization of Supreme Audit Institutions）颁布的审计准则将审计业务区分为财务审计、行为合规审计和绩效审计。其中，行为合规审计有四个准则：一是行为合规审计基本原则（Fundamental Principles of Compliance Auditing），二是行为合规审计指引——导论（Compliance Audit Guidelines—General Introduction），三是行为合规审计指引——独立开展的行为合规审计（Compliance Audit Guidelines—For Audits Performed Separately from the Audit of Financial Statements），四是行为合规审计指引——与财务审计联合开展的行为合规审计（Compliance Audit Guidelines Compliance Audit Related to the Audit of Financial Statements）。这四个准则中，除了《行为合规审计指引——导论》未涉及审计意见外，其他三个准则都有审计意见的相关条款，《行为合规审计指引——独立开展的行为合规审计》和《行为合规审计指引——与财务审计联合开展的行为合规审计》是《行为合规审计基本原则》在不同情形下的具体应用，是准则要求的细化。从学理分析来说，仅介绍《行为合规审计基本原则》对审计意见的相关条款及《行为合规审计指引——独立开展的行为合规审计》中提出的行为合规审计意见类型。

1.《行为合规审计基本原则》相关条款

行为合规审计的保证程度

第40段　审计师执行程序来减少或者管理提供不恰当结论的风险，他们认识到，由于所有审计的固有局限性，没有审计能提供关于鉴证对象的绝对保证。这应该以一种透明的方式传达。在大多数情况下，行为合规审计不会覆盖鉴证对象的所有元素，但将依赖一定程度的定量或者定性取样。

第 41 段　行为合规审计通过保证程度提高了目标用户对审计师或其他方提供的信息的信心。在行为合规审计中，有两种程度保证：一是合理保证，表达的是，审计师认为，在所有重大方面和既定标准下，鉴证对象是否合规；二是有限保证，表达的是没有什么事项引起审计师的注意，让他/她相信鉴证对象并不合规。合理保证和有限保证在行为合规审计直接报告业务和鉴证业务中都是可能存在的。

★学理分析：上述两个段落分析了行为合规审计不能提供绝对保证的原因，并规定了行为合规审计意见的两种类型，一是合理保证审计意见，二是有限保证审计意见。

评价审计证据并形成结论

第 58 段审计师应该评价充分适当的审计证据是否已经获得，并且形成相关结论。

在完成适当的审计后，审计师会检查审计证据以得出结论或指出问题。审计师应评估所获得的证据是否是充分适当的，以减少审计风险至可接受的低水平。该评估方法同时考虑在合规和不合规方面支持或不支持审计报告、结论或意见的证据。它还包括重要性的考虑。考虑到审计保证水平，在评估审计证据是否充分适当后，审计师应该考虑如何最好地根据这些证据得出结论。

如果从一个来源获取的审计证据和从其他地方获取的证据不一致，或者怀疑被用为证据的信息的可靠性，审计师应该决定哪些审计程序应该加以修改或增加，来解决问题并考虑影响。如果有的话，对审计其他方面也如此。

在完成审计之后，审计师将检查审计文件来确定鉴证对象是否被充分适当地检查过。审计师也应确定风险评估和重要性初步判定在证据收集中是否恰当或需要修改。

★学理分析：评价审计证据否是充分适当的，在此基础上，形成审计结论。同时，审计结论的形成要考虑审计重要性及审计风险，并且要考虑计划阶段确定的审计重要性和评估的审计风险是否修改，进而是否要增加审计程序。实际上是对审计取证模式、审计重要性、审计风险与审计意见的关系提出的要求。

2.《行为合规审计指引——独立开展的行为合规审计》

《行为合规审计指引——独立开展的行为合规审计》是《行为合规审计基本原则》在不同情形下的具体应用，是准则要求的细化，但是，提出了行为合规审计意见类型。

审计结论

第 148 段　当没有识别出重大不合规情况时，结论是无保留的。无保留结论格式的例子（方括号中为适当的措辞）如下所示：基于所执行的审计工作，我们发现［被审计单位鉴证对象信息］基于［适用的标准下］在所有重大方面是合规的。

★学理分析：合理保证程度下的标准无保留意见的规定。

第 149 段　公共部门审计师在这些情况下会适当改变其结论：

a）不合规情况的重要性。根据违规的严重程度，这可能会导致：

i. 保留结论（基于所执行的审计工作，我们发现，除［所描述的例外］以外，被审计单位鉴证对象信息基于［适用的标准下］在所有重大方面是合规的……）；

ii. 否定结论（基于所执行的审计工作，我们发现鉴证对象信息不合规……）；

b）审计范围的限制。根据限制的程度，这可能导致：

i. 保留结论（基于所执行的审计工作，我们发现，除［所描述的例外］以外，被审计单位鉴证对象信息基于［适用的标准下］在所有重大方面是合规的……)；

ii. 无法表示意见（基于所执行的审计工作，我们没能够，因此不能得出结论……)。

★学理分析：合理保证程度下，审计师发现具有重要性的不合规情况，需要根据不合规情况的重要性来确定审计意见类型：具有重要性但不影响整体，就发表保留意见；具有重要性且影响整体，就发表否定意见；审计范围受到限制，具有重要性但不影响整体，发表保留意见；审计范围受到限制，具有重要性且影响整体，发表无法表示意见。

第 151 段　公共部门审计师可能认为有必要详细说明那些不影响合规性结论的特定事项。在这种情况下，公共部门审计师通过这些方法来披露：

a）强调事项段（当事项在管理层声明中被提出和披露，但并不存在重大错误，例如强调系统的弱点，或者依赖未来事件的不确定性，如当主管部门尚未决定一个项目是否符合法律）；

b）其他事项段（没有在管理层声明中提出和披露的事项，且并不影响结论的合规性。例如当不同法律之间的冲突已经被确定，需要执法机关采取行动）。

★学理分析：界定了带强调事项的审计意见。

有限保证程度的审计报告

第 156 段　在特殊情况下，这些准则可以适当修改来用于有限保证审核。如指引适用范围中说明的，在有限保证审核中，结论（方括号中为适当的措辞）通常如下所示：我们没有注意到任何事项，使我们相信［被审计单位鉴证对象信息］基于［适用的标准下］在所有重大方面是不合规的。

★学理分析：界定有限保证程度下，如何发表审核结论。

第 157 段　有限保证审核要求需要做足够多的工作来得出结论，尽管比这少的工作也可以得出有限保证结论。然而，公共部门审计师需要评估是否已获得充分适当审计证据，来得出有限保证结论。

★学理分析：即使是有限保证审核结论，审计师也需要评估审计证据是否充分适当。

总体来说，最高审计机关国际组织（INTOSAI）行为合规审计准则的审计意见相关条款与本节提出的行为合规审计意见逻辑框架具有学理上的一致性。

四、行为审计意见：例证分析

本节提出了一个关于行为审计意见的逻辑框架，通过对相关准则进行学理分析，一定程度上验证了这个逻辑框架的解释力。下面，我们再用这个框架来分析部门预算执行审计意见，以进一步显示本节所提出的逻辑框架的解释力。

（一）例证材料——预算执行审计意见

根据某审计机构公告的预算执行审计结果，将审计金额、发现问题金额及问题金额占审计金额比例和审计评价意见加以归纳，如表 10 所示。

表 10　部门预算执行审计评价意见

被审计单位	审计金额（万元）	发现问题金额（万元）	问题金额比例（%）	审计评价意见
A	419176.77	18.42＋1199.74	0.29	预算执行基本遵守预算法及相关法律规定，会计核算基本符合会计法和相关会计制度，内部管理和控制不断强化
B	62309.45	2680.52＋668.52	5.37	预算执行基本遵守预算法及相关法律法规，财务管理和会计核算基本符合会计法等相关法律和财务制度的规定
C	80820.06	697.90＋1988.59	11.09	预算收支基本遵守预算法及其他法律法规的规定，会计处理基本符合会计法有关制度规定
D	182562.98	17096.07＋7572.34	13.51	预算收支基本遵守预算法及相关法律法规，财务管理和会计核算基本符合会计法及相关制度规定
E	96958.20	599.79＋17678.06	18.85	预算执行基本符合预算法及其他法律法规的规定，本级财务管理较为规范，注重加强预算、财务以及固定资产等方面的制度建设，提高预算执行及财务核算管理水平
F	156832.31	24255.88＋6056.94	19.33	预算执行基本符合预算法及相关法律法规，财务管理和会计核算基本符合会计法及相关制度规定
G	608432.71	24738.19＋193225.75	35.82	预算执行基本遵守预算法及相关法律法规，财务管理和会计核算基本符合会计法及相关制度规定
H	635439.95	43779.87＋239152.40	44.52	预算收支基本符合预算法和其他财经法规的规定，财务管理、会计核算基本符合会计法和其他财务制度的规定
I	53209.62	44317.68＋1380	85.88	预算收支基本符合预算法和其他财经法规的规定，财务管理、会计核算基本符合会计法和其他财务制度的规定

（二）例证分析

从审计主题来看，该机构实施的预算执行审计涉及财务收支行为、会计信息和内部控制，其行为审计主要涉及财务收支行为。从公告显示的审计评价意见来看，存在两方面的缺陷：

第一，审计评价意见未考虑审计重要性，问题金额占审计金额比例从 0.29%到 85.88%，对于预算收支合规的评价意见没有变化，都是“预算收支基本符合预算法和其他财经法规的规定”，很显然，违规程度与审计评价意见没有相关性。

第二，从审计意见类型来说，“预算收支基本符合预算法和其他财经法规的规定”，属于合理保证审计意见，而该审计机构采用的取证模式是数据式审计，其实质是事实发现型取证模式。这种取证模式并不支持发表合理保证审计意见，这种类型的审计意见增加了潜在的审计风险。所以，审计取证模式与审计意见类型未能匹配，可能导致审计风险。

总体来说，本节提出的审计意见逻辑框架能分析这些审计结果公告中的审计意见所存在的缺陷。

参考文献

1. Messier.，W. F.，The effect of experience and firm type of materiality disclosure judgments [J]. Journal of Accounting Research，1983，21 (2)：611-618.

2. Carpenter.，B. W.，Dirsmith.，M. W.，Early debt extinguishment transactions and auditor ateriality judgments：A bounded rationality perspective [J]. Accounting，Organizations and Society，1992，17 (8)：709-740.

3. Costigan.，M. L.，Simon.，D. T.，Auditor materiality judgment and consistency modifications：Further evidence from SFASNo. 96 [J]. Advances in Accounting，1995，(13)：207-222.

4. Blokdijk.，H.，Drieenhuizen.，F.，Simunic.，D. A.，et al.，Factors affecting auditors' assessments of planning materiality [J]. A uditing：A Journal of Practice & Theory，2003，22 (2)：297-307.

5. Messier.，W. F.，Martinov－Bennie.，N.，Eilifsen. A.，A review and integration of empirical research on materiality：Two decades later [J]. A uditing：A Jo urnal of Practice & Theory，2005，24：153-187

6. 尤家荣. 论重要性在审计过程中的运用 [J]，财经研究，1997 (5)：59－64。

7. 潘博. "审计重要性"实际应用的若干策略研究（上）[J]，审计研究，1999 (2)：27－30。

8. 段兴民，张连起，陈晓明. 审计重要性水平/中国注册会计师执业实务丛书 [M]，上海财经大学出版社，2004 年。

9. 谢盛纹. 重要性概念及其运用：过去与未来 [J]，会计研究，2007 (2)：11－17。

10. 王霞，徐晓东. 审计重要性水平、事务所规模与审计结论 [J]，财经研究，2009 (1)：37－48。

11. 毛敏. 重要性审计程序研究：战略视角、量化模型及认知心理 [M]，中国财富出版社，2013 年。

12. 尹平，郑石桥. 国家治理与国家审计 [M]，中国时代经济出版社，2014 年。

13. 郑石桥. 行为审计定性论——缺陷行为判定的理论基础和操作框架 [J]，会计之友，2016，(17)：126－131。

14. 赵海侠. 不同重要性水平条件下审计结论类型的确定 [J]，财会月刊，2010 (3)：51－52。

15. 郑石桥，陈艳娇. 行为审计目标论：理论框架及例证分析 [J]，会计之友，2016，(9)：122－126。

16. 谢荣. 论民间审计的职业责任 [J]，会计研究，1993，(3)：53－58。

17. 中国注册会计师协会．审计/2011 年度注册会计师全国统一考试辅导教材［M］，经济科学出版社，2011 年。

18. 阎金锷，刘力云．审计风险及其应用的探讨［J］，财会通讯，1998（9）：3－7。

19. 徐政旦，胡春元．论民间审计风险［J］，审计研究资料，1999（1）：7－13。

20. 谢荣．论审计风险的产生原因、模式演变和控制措施［J］，审计研究，2003（4）：24－29。

21. 谢盛纹．审计证据、审计风险与合理保证：一个哲学视角的分析框架［J］，审计研究，2006（3）：64－68。

22. Cushing，B. E.，Loebbecke，J. K.，Analytical Approaches to Audit Risk：A Survey and Analysis［J］，Auditing：A Juornal of Pratice and Theory，1983，fall：23-41.

23. Kinney，W. R.，Achieved audit risk and audit outcome space［J］，Auditing：A Juornal of Pratice and Theory，1989，(supplement)：67-84.

24. Sennetti，J. T.，Towards a more consistent model for audit risk［J］，Auditing：A Juornal of Pratice and Theory，1990，Spring：103-112.

25. 胡春元．风险基础审计［M］，东北财经大学出版社，2001 年。

26. Dusenbury，R. B.，Reimers，J. L.，Wheeler，S. W.，the audit risk model：an empirical test for conditioned dependencies among assessed component risks［J］，Auditing：A Juornal of Pratice and Theory，2000，19（2）：105-117.

27. Messier，W. F.，Austen，L. A.，Inherent risk and control risk assessments：evidence on the effect of pervasivw and specific risk factors［J］，Auditing：A Juornal of Pratice and Theory，2000，19（2）：119-131.

28. Balachandran，B. V.，Nagerajan，N. J.，Imperfect information，insurance，and auditor legal liability［J］，Comtemporary Accounting Research，1987，3：281-301.

29. Nelson，J.，Ronen，J.，White，L.，Legal liabilities and the market for auditing services［J］，Journal fo Accounting and Finance，1988，3：255-295.

30. 鲁平，刘峰，段兴民．审计风险控制的基本模式研究［J］，西安交通大学学报（社会科学版），1998（6）：33－38。

31. Waller，W. S.，Auditor Assessment of Inherent and Control Risk in Field Settings［J］，The Accounting Review，1993，68（4）：783－803.

32. Houston，R. W.，Peters，M. F.，Pratt，J. H.，The audit risk model，business risk and audit－planning decisions［J］，The Accounting Review，1999，74（3）：281－298.

33. 谢志华．审计职业判断、审计风险与审计责任［J］，审计研究，2000（6）：42－47。

34. 王会金，尹平．论国家审计风险的成因及控制策略［J］，审计研究，2000（2）：28－34。

35. 刘力云．对国家审计风险的几点认识［N］，中国审计报，2003.06.23。

36. 干胜道，王磊．基于信息不对称的政府审计风险的控制研究［J］，审计研究，2006（1）：25－29。

37. 戚振东．国家审计风险模型构建及其应用研究［J］，审计与经济研究，2011（11）：

26—30。

38. 谭劲松，张阳，郑坚列．国家审计风险的成因与对策 [J]，广东审计，2000（5）：7—11。

39. 张龙平．国家审计风险的特殊性及其控制策略 [J]，湖北审计，2003（3）：30—31。

40. 廖洪．国家审计风险的几个问题 [J]，经济评论，1999（3）：115—117。

41. 余春宏，辛旭．国家审计风险：类型、特征、成因及化解 [J]，山西财经大学学报，2003（10）：93—96。

42. 杨立娟．关于规避政府风险的探讨 [J]，审计理论与实践，2003（11）：98—99。

43. 闫北方．国家审计风险及模型架构 [J]，商业时代，2007（8）：62—63。

44. 雷俊生．政府审计风险的程序规制 [J]，行政法学研究，2011（3）：66—72。

45. 赵息，张世鹏，卢荻．基于结构方程模型的国家审计风险影响因素研究 [J]，中央财经大学学报，2016，（7）：71—80。

46. 朱小平，叶友．"审计风险"概念体系的比较与辨析 [J]，审计与经济研究，2003（9）：11—15。

47. 刘钧．风险管理概论 [M]，清华大学出版社，2008 年。

48. Asare，S. K. The auditor going concern decision：interaction of task variables and the sequential processing of evidence [J]. The Accounting Review，Vol. 67，No. 2（Apr.，1992），379-393.

49. Arnlod，V.，Collier，P. A.，Leech，S. A.，Sutton，S. G. The impact of political pressure on novice decision makers：are auditors qualified to make going concern judgements [J]? Critical Perspectives on Accounting（2001）12，323-338.

50. Bell，T. B.，Tabor，R. H. Empirical analysis of audit uncertainty qualifications [J]. Journal of Accounting Research，Vol. 29，No. 2（Autumn，1991），pp. 350-370.

51. Blacconiere，W. G.，DeFond，M. L. An Investigation of Independent Audit Opinions and Subsequent Independent Auditor Litigation of Publicly—Traded Failed Savings and Loans [J]. Journal of Accounting and Public Policy，16，415-454（1997）.

52. Bailey，W. An appraisal of research designs used to investigate the information content of audit reports [J]. The Accounting Review，Vol. 57，No.（Jan.，1982），141-146.

53. Carcello，J. V.，Hermanson，D. R.，Neal，T. L. Auditor reporting behavior when GAAS lack specificity：the case of SAS No. 59 [J]. Journal of Accounting and Public Policy 22（2003）63-81.

54. Dopuch，N.，Holthausen，R. W.，Leftwich，R. W. Abnormal stock returns associated with media disclosure of subject to qualified audit opinion [J]. Journal of Accounting and Economics 8（1986）93-117.

55. Dodd. P.，N. Donuch. R. Holthausen and R. Leftwich，1984. Qualified audit opinions and stock prices，information content，announcement dates，and concurrent disclosure [J]. Journal of Accounting and Economics 6. 3-38.

56. Dopuch，N.，Holthausen，R.，Leftwich，R. 1987. Prdiction audit qualifications with

financial and market variables [J]. The Accounting Review (July): 431-454.

57. Elliott, J., 1982, 'Subject to' audit opinions and abnormal security returns: Outcomes and ambiguities [J]. Journal of Accounting Research, part II, 617-638.

58. Firth, M. Qualified audit reports: their impact on investment decision [J]. The Accounting Review, Vol. 53, No. 3 (Jul., 1978), 642-650.

59. Fargher, N. L., Wilkins, M. S. Evidence on risk changes around audit qualification and qualification withdrawal announcements [J]. Journal of Business Finance & Accounting, 25 (7), 829-847, July 1998.

60. Felix, W. L., Kinney, W. R. Research in the auditor opinion formulation process: state of the art [J]. The Accounting Review, Vol. 57, No. 2 (Apr., 1982), 245-271.

61. Ireland, J. C. An empirical investigation of determinants of audit reports in the UK [J]. Journal of Business Finance & Accounting, 30 (7) & (8), September/October 2003.

62. Jeter, D. C., Shaw, P. E. Solicitation and reporting decision [J]. The Accounting Review, Vol. 70, No. 2 (Apr., 1995), 293-315.

63. Mutcher, J. F. A multivariate analysis of the auditor going－concern opinion decision [J]. Journal of Accounting Research, Vol. 23, No. 2 (Autumn, 1985), pp. 668-682.

64. Martin, R. D. Going－concern Uncertainty Disclosures and Conditions: A Comparison of French, German, and U. S. Practices [J]. Journal of International Accounting, Auditing & Taxation, 9 (2): 137-158, 2000.

65. Mutchler, J. F., Hopwood, W., McKeown, J. M. The influence of contrary information and mitigating factors on audit opinion decision on bankrupt companies [J]. Journal of Accounting Research, Vol. 35, No. 2 (Autumn, 1997), pp. 295-310.

66. Matsumura, E. M., Subramanyam, K. R., Tucker, R. R. Strategic auditor behavior and going concern decisions [J]. Journal of Business Finance & Accounting, 24 (6), 727-758, July 1997.

67. Reynolds, J. K., Francis, J. R. Does size matter? The influence of large clients in office－level auditor reporting decision [J]. Journal of Accounting and Economics 30 (2001) 375-400.

68. Rau, S. E., Moser, D. V. Does performing other audit task affect going concern judgment [J]? The Accounting Review, Vol. 74, No. 4 (Oct., 1999), 493-508.

69. Tucker, R. R., Matsumura, E. M., Subramanyam, K. R. Going－concern judgments: An experimental test of the self－fulfilling prophecy and forecast accuracy [J]. Journal of Accounting and Public Policy 22 (2003) 401-432.

70. Taffler, R. J., Lu, J., Kausar, A. In denial? Stock market underreaction to going concern audit report disclosures [J]. Journal of Accounting and Economics 38 (2004) 263-296.

71. Willenborg, M., McKeown, J. C. Going concern initial public offerings [J]. Journal of Accounting and Economics 30 (2001) 279-313.

72. 廖义刚. 持续经营不确定性审计意见的动因及决策有用性——来自中国证券市场的经验证

据［D］，厦门大学博士学位论文，2007年6月。

73. 曹琼. 会计盈余二维真实性、审计意见与投资效率［D］，中国矿业大学博士学位论文，2014年12月。

74. 李增泉［J］. 实证分析：审计意见的信息含量，会计研究，1999，(8)：16－22。

75. 陈梅花. 审计意见信息含量研究——来自中国证券市场的实证证据［D］，上海财经大学博士学位论文，2001年10月。

76. 李东平，黄德华，王振林. "不清洁"审计意见、盈余管理与会计师事务所变更［J］，会计研究，2001，(6)：51－57。

77. 杨臻黛. 审计意见的决策有用性：基于银行信贷决策视角的研究［D］，复旦大学博士学位论文，2007年10月。

78. 李歆，邱瑾. 重要性与审计调整、审计意见类［J］，财会月刊，2008，(4)：28－29。

79. 赵海侠. 不同重要性水平条件下审计意见类型的确定［J］，财会月刊，2010，(3)：51－52。

80. 蒋义宏. 风险导向对审计意见的影响［J］，财会通讯，2005，(3)：44。

81. 孙宁. 依法落实审计意见　维护审计的权威性和严肃性［J］，审计理论与实践，2001，(6)：32。

82. 马玉. 教育系统内部审计应重视审计意见的跟踪督办［J］，四川大学学报（哲学社会科学版），2004，(S)：222。

83. 汤从华. 必须重视提升审计报告中审计意见和建议的质量［J］，审计月刊，2011，(1)：34。

84. 刘惠萍. 强化审计意见的刚性落实［J］，经营管理者，2016，(3)：52。

85. 郑石桥. 审计目标、审计意见和审计法律责任：基于审计主题［J］，会计之友，2015a，(4)：124－127。

86. 郑石桥. 审计目标、审计意见和审计期望差距：基于审计主题［J］，会计之友，2015b，(5)：126－130。

87. 郑石桥. 审计主题、审计取证模式和审计意见［J］，会计之友，2015c，(6)：125－133。

88. 郑石桥，张道潘. 行为审计取证模式论：行为主题、取证模式和审计意见类型［J］，会计之友，2016，(13)：119－124。

第七章　行为审计处理处罚（上）

行为审计处理处罚是行为审计方法论的重要内容，由于其内容较多，分为两章，本章包括以下内容：行为审计处理处罚功能：理论框架和经验数据分析；行为审计处理处罚模式：理论框架和经验数据分析；行为审计处理处罚力度：理论框架和经验数据分析。

第一节　行为审计处理处罚功能：理论框架和经验数据分析

行为审计鉴证的缺陷行为包括违规行为和瑕疵行为两大类。对于瑕疵行为，一般以审计建议的方式处理；而对于违规行为，则要通过审计决定的方式予以处理处罚。国家审计署颁布的《审计机关审计处理处罚的规定》规定了五类处理、四类处罚。然而，对于违规行为处理处罚的功能或目的究竟是什么？这样怎能更好地发挥审计处理处罚的功能或实现其目的？这些基础性问题是建立适宜的审计处理处罚制度之理论前提，对于它们的不同理解，会有不同的审计处理处罚制度之构建。然而，这些基础性理论问题的研究非常缺乏。本节借鉴刑罚功能理论等，构建审计处理处罚功能理论，并用这个理论框架来分析我国政府审计处理处罚问题。

一、文献综述

根据本节的主题，相关文献包括两类：一是审计领域中研究处理处罚功能的相关理论；二是法学中的惩罚功能相关理论。

针对审计处理处罚有不少的研究，主要涉及三个主题：一审计处理处罚权（张宗乾，2002）；二是如何实施审计处理处罚，例如处理处罚的原则、处理处罚的质量控制、处理处罚应注意事项等（杨文瑭，2002；陈东成，2002；马雅林，2004）；三是审计处理处罚存在的问题及对策（陈宋生，刘淑玲，2010；周生安，吕云松，2001；王秀成，2004；覃卫群，2003）。也有少数文献，从博弈论角度，发现审计处罚强度与审计覆盖率之间存在替代关系（鲁桂华，2003；郑石桥，2012a；郑石桥，2012b）。但是，关于审计处理处罚之功能的研究几乎是空白。

法学中关于惩罚功能的相关理论有三个分支：一是刑罚功能理论，二是经济刑罚功能理论，三是行政处罚功能理论，后二者主要是借鉴刑罚功能理论。大多数人认同，刑罚功能指国家制定、裁量和执行刑罚对人们可能产生的积极作用。关于刑罚功能的内容有不同的观点，包括二分法、三分法、四分法、八分法（马克昌，1995），各种观点基本上可分为报应刑论、目的刑论和合并论三类。

报应刑论认为，刑罚是对犯罪这种恶行还报的一种害恶，刑罚的本质是报应，刑罚就是因对犯罪这种恶因给予恶报而存在的；目的刑论认为，刑罚并非对犯罪的报应，而是预防将来犯罪，是保护社会利益的手段；合并论一方面承认刑罚是对犯罪的报应，另一方面主张刑罚具有双面的预防目的或一般预防目的（马克昌，1995；邱兴隆，1998；刘军，2014）。

上述文献综述显示，尽管审计处理处罚有不少的研究，但是，关于审计处理处罚之功能的研究几乎是空白。法学理论中的刑罚功能理论对研究审计处理处罚之功能有较大的启发价值。本节借鉴这些理论，构建审计处理处罚功能理论。

二、审计处理处罚功能：理论框架

审计处理处罚功能是审计处理处罚所能产生的积极作用。这种积极作用产生的前提是审计客体（也就是被处理处罚的被审计单位，下同）应该是理性人，这是审计处理处罚制度设计的逻辑前提。如同刑罚对无责任能力人无作用一样，如果审计客体不是理性人，审计处理处罚也没有作用。在理性人前提下，审计处理处罚功能理论涉及三个基本问题：第一，审计处理处罚功能的定位是什么？第二，审计处理处罚功能的作用路径是什么？第三，审计处理处罚功能的作用机制是什么？上述三个问题，构成审计处理处罚功能的理论框架。

（一）审计处理处罚功能的定位：惩处功能与预防功能合并

审计处理处罚功能包括惩处违规行为和预防违规行为两个方面，如果强调前者，就是惩处论，如果强调后者，就是预防论。惩处论类似刑罚功能的报应刑论，认为违规是对法律法规及规章的一种否定，而审计处理处罚是对违规行为的否定，通过这种否定之否定，法律法规及规章本身得到了一种肯定和维护。审计处理处罚作为一种对已然之违规行为的报应，其正当性来自它对法律法规及规章的维护和尊重。惩处论强调只对违规者施用审计处理处罚，强调审计处理处罚的程度应当与违规本身对经管责任的危害程度相适应，突出了责任自负的原则。然而，如果仅仅信赖惩处论，可能导致不需要审计处理处罚时也实施了审计处理处罚。例如，一些特殊情形的违规行为或轻微的违规行为，一般不需要进行审计处理处罚，而根据惩处论，只要有违规行为，就要惩处。另外，违规行为产生的原因是复杂的，惩处论只强调对违规者的惩处，无疑把某些社会应负的责任完全推到了违规人身上，这无疑是不公平的。

预防论类似刑罚功能的目的刑论，认为审计处理处罚不是对已然之违规行为的报应，而是对未然之违规行为的预防，审计处理处罚不应当回顾过去，而应当前瞻未来，审计处理处罚本身不是目的，而只是预防违规行为的手段，通过这一手段以达到预防违规行为、保护经管责任之履行的目的。审计处理处罚的正当性根据不在于其作为报应所追求的公正价值，而在于通过审计处理处罚所达到的预防违规行为的功利效果。预防论突出了审计处理处罚对未然违规行为的预防，强调审计处理处罚的功利效果。然而，如果仅仅信赖预防论，势必偏爱审计处理处罚的威胁效应，可能出现审计处理处罚过重；还可能提倡幅度较大的审计处理处罚规则，以便审计人员拥有较大的自由裁量权，从而实现审计处理处罚的个别化。

看来，惩处论和预防论各有千秋。刑罚功能理论中，报应刑论和目的刑论也是这种情形，所以，合并论出现了。合并论也称为一体论，主张刑罚的目的既有报应的因素，也有功利的成分，认为惩罚犯罪与预防犯罪作为刑罚的目的都具有合理性（方蕾，尹文健，1988）。审计处理处罚功能的惩处论和预防论也需要合并。惩处论强调的是公平，而预防论强调的是效率，惩处作为公正观念的集中体现，预防作为效率观念的集中体现，其统一的整体作为审计处理处罚的正当根据也成为必然。预防论的缺陷正好需要惩处论的优点来克服，惩处论的缺陷刚好需要预防论的优点来弥补。例如，具体到审计处理处罚水平上，预防论往往导致审计处理处罚过重，惩处论正好给审计处理处罚划定了上限，使得审计处理处罚不得超过报应应得范围；但惩处论导致从预防的角度来讲不需要审计处理处罚时也必须科以审计处理处罚，预防论正好解决了这一问题，为免除审计处理处罚找到了根据。

（二）审计处理处罚功能的作用路径：特殊预防与一般预防

惩处论和预防论合并的审计处理处罚功能如何发挥呢？这涉及两个问题，一是作用路径，二是作用机制。我们先来看作用路径。

借鉴刑罚功能理论，审计处理处罚功能的作用路径有特殊预防和一般预防。特殊预防是指审计处理处罚能防止违规者重新违规。一方面，通过对违规者的惩处，使得违规者能够认识到违规是可耻的，自己的违规给经管责任造成了危害，受到惩处是罪有应得，因而内心受到自我谴责，下定决心弃旧图新，不再违规，从而可以预防其再次违规。另一方面，通过审计处理处罚，加大违规者的成本，使其违规行为得不偿失，从而可以预防其再次违规。违规者像正常人一样，在进行违规行为时也评价违规机会的预期收益和成本，审计处理处罚的功能是增加违规者的成本，从而达到预防违规的目的（贝克尔，1995）。

一般预防的预防对象不是违规者，而是没有违规的、可能实施的潜在违规者。通过对违规者适用审计处理处罚，将违规行为与审计处理处罚紧密联系起来，不仅直接地惩罚了违规者，预防其重新违规，而且对潜在违规者也起到了警戒和抑制作用，这就是用审计处理处罚的威力来震慑有可能违规的人，促使他们消除违规意念，从而预防违规的发生。

特殊预防与一般预防是审计处理处罚功能发挥相互依存、不可分割的两个路径。一般来说，特殊预防是基础性的，如果特殊预防不能较好地发挥，一般预防也就失去基础。然而，两个路径由于其预防对象不同，因而，在发挥审计处理处罚功能时，各有侧重：

（1）因审计处理处罚活动阶段的不同而有所侧重。在审计处理处罚规则确定时，侧重一般预防，因为此时的审计处理处罚是静态的、一般的，它是向众多审计客体昭示违规行为的审计处理处罚后果，而不是针对具体的违规者，因此，审计处理处罚主要是为了威慑审计客体中的潜在可能违规者。在审计处理处罚执行时应侧重特殊预防，因为审计处理处罚执行的对象是具体的违规者，审计处理处罚的目的是要将违规者改造为守规者，使之不再违规。

（2）因违规者不同而有所侧重。对累次违规、经常性违规等危险性较大的违规者，应侧重特殊预防；对初次违规、偶然违规等再次违规可能性不大的违规者，侧重一般预防。

（3）因违规种类不同而有所侧重。对特殊、罕见的违规行为适用审计处理处罚，要侧重于特殊预防；对常见多发性违规行为，则应侧重一般预防。

（4）因违规态度不同而有所侧重。在审计客体整体违规率较低的时期，要侧重特殊预防；在审计客体整体违规率较高的时期，则应侧重一般预防。

（三）审计处理处罚功能的作用机制：威慑效应及其发生机制

惩处论和预防论合并的审计处理处罚功能之发挥涉及作用路径和作用机制。前面已经分析了作用路径，现在，我们来分析作用机制。

审计处理处罚功能的作用机制关注审计处理处罚功能的发生机理，我们这里主要借鉴刑罚功能理论中的威慑效应理论（郭建安，1994；梁根林，1997）。

本节前面已经指出，违规者是理性人，会像正常人一样，在进行违规行为前会评价违规机会的预期收益和成本，如果收益大于成本，会选择违规，如果收益小于成本，会选择不违规。审计处理处罚的功能是增加违规者的成本预期，从而达到对潜在违规的威慑效应（贝克尔，1995）。那么，审计处理处罚的威慑效应是如何发生的呢？

潜在违规者对审计处理处罚的判断是审计处理处罚与威慑效应之间的中介。审计处理处罚的存在、适用和执行，必须通过潜在违规者的判断这一中介。潜在违规者认为自己实施违规行为一定或很可能受到审计处理处罚，并且他因审计处理处罚而所失会大于他从违规行为中所获时，才会产生威慑作用。潜在违规者的判断包括对审计处理处罚确定性、审计处理处罚严厉性和审计处理处罚及时性的判断（郭建安，1994）。国外的许多研究结论表明，行为者对惩罚确定性的判断与其从事违规行为的可能性是负相关关系。如果认为违规会受到惩罚的可能性很大，其未来从事违规行为的可能性便很小。对惩罚严厉性的判断也与其从事违规行为的可能性呈负相关关系，如果认为某种违规会受到很严厉的惩罚，则从事这一行为的可能性便很小（拉布，1983）。一个违规者在违规之后即受到了审计处理处罚，该违规者便会认为违规一定会受到审计处理处罚，至少是受到审计处理处罚的可能性很大，从而发生了特殊预防作用。潜在或可能的违规者目睹他周围的违规者违规后受到了审计处理处罚，也会产生这种判断，从而发生了一般预防作用（魏建，宋艳锴，2006）。

既然审计处理处罚的威慑效应依赖违规者对违规成本与效益的经验判断，对于同样的审计处理处罚，不同的潜在违规者或可能违规者可能会有不同的判断。其中的原因是，他们的判断依赖经验，而经验受到许多权变因素的影响。正是这些权变因素的作用，不同的审计客体对同样的审计处理处罚产生不同的判断，这些权变因素形成了审计处理处罚与威慑效应之间的中介（梁根林，1997）。上述审计处理处罚功能的作用机制，归纳起来如图 1 所示。

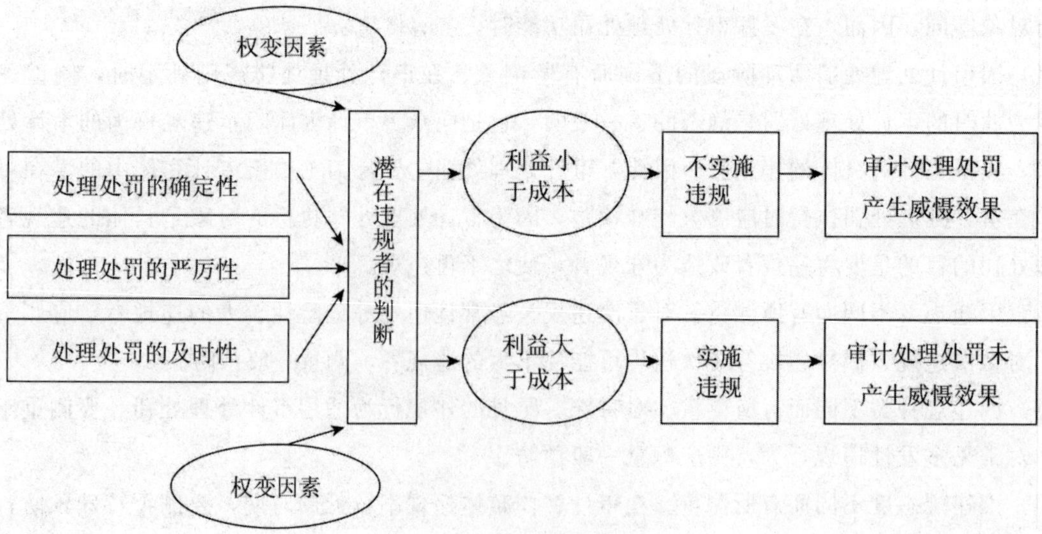

图 1　审计处理处罚功能的作用机制

三、我国政府审计处理处罚功能：经验数据分析

以上借鉴刑罚功能理论，提出了行为审计处理处罚功能理论框架。我国的政府审计主要是以行为审计为重点。下面，我们用这个理论框架来分析我国政府审计处理处罚，以一定程度上验证这个理论框架。

（一）我国政府审计处理处罚功能发挥情况

首先要解决的问题是如何衡量审计处理处罚功能发挥情况？在刑法领域，刑罚的总体效果以发案率为衡量标志，累犯率是衡量个别预防效果的标志，初犯率是衡量一般预防效果的标志（邱兴隆，1989）。然而，在审计领域，由于数据方面的原因，无法计算类似发案率之类的指标。我们拟采用“每个审计项目平均违规金额”的变动情况来刻画我国政府审计处理处罚功能发挥情况，每个审计项目平均违规金额＝违规金额/审计单位数。根据最近10年《中国审计年鉴》“全国审计机关分行业审计（调查）情况表”，不同类型审计项目的每个审计项目平均违规金额计算如表1所示。

表1　每个审计项目平均违规金额　　　单位

项目类型	2002年	2003年	2004年	2005年	2006年	2007年	2008年	2009年	2010年	2011年
预算执行	481.95	743.39	缺失	缺失	缺失	473.25	625.08	609.75	743.96	1088.96
财政决算	274.36	264.45	缺失	缺失	缺失	683.82	1028.29	696.25	1020.66	1185.93
专项资金	218.74	155.88	缺失	缺失	缺失	245.18	107.69	210.54	134.21	299.30
行政事业	91.81	92.43	缺失	缺失	缺失	103.63	104.67	116.51	112.64	166.72
固定资产投资	190.01	169.20	缺失	缺失	缺失	91.25	114.65	70.67	73.09	60.37
金融	1427.09	1244.79	缺失	缺失	缺失	6265.53	3471.27	3291.20	3664.53	6904.39
外资项目运用	127.76	354.80	缺失	缺失	缺失	128.11	227.41	178.90	952.33	149.90
企业	409.10	703.01	缺失	缺失	缺失	443.76	809.41	625.08	1035.25	886.97
其他	81.46	4.61	缺失	缺失	缺失	0.21	69.27	0	0	0.24

注：每个审计项目平均违规金额＝违规金额/审计单位数。

根据表1中的数据，我们发现，“每个审计项目平均违规金额”并不是呈现下降趋势，而是上升趋势[①]。所以，总体来说，我国政府审计处理处罚并未能发挥惩处论和预防论合并的功能。

（二）原因分析

我国政府审计处理处罚功能未尽如人意的原因是什么呢？我们从作用路径和作用机制两方面来分析。

1. 作用路径方面的原因

我们知道，审计处理处罚的作用路径有特殊预防和一般预防两个方面，而特殊预防是一般预防的基础，如果特殊预防路径未能有效地发挥作用，一般预防也难以发挥作用。

根据最近10年《中国审计年鉴》“全国审计机关分行业审计（调查）情况表”，不同类型审计

① 审计署从2011年开始公布的审计绩效报告的投入产出数据显现同样的趋势。

处理处罚决定执行率计算如表2所示。表2的数据显示，我们政府审计处理处罚决定执行率不高，对违规单位的处理处罚未能得到有效落实，特殊预防效果不好。也正是由于特殊预防效果不好，进而引发一般预防作用发挥不好。

表2　审计处理处罚决定执行率　　单位

审计项目类型	2002年	2003年	2004年	2005年	2006年	2007年	2008年	2009年	2010年	2011年
上交财政	73	60	72	70	66	60	71	66	63	65
减少财政拨款	80	42	62	74	66	84	81	96	94	94
归还原渠道资金	51	38	41	45	46	44	61	52	55	51
调账处理	83	37	58	62	112	76	12	65	49	84

注：上交财政执行率＝已上交财政/应上交财政，减少财政拨款执行率＝已减少财政拨款/应减少财政拨款，归还原渠道资金执行率＝已归还原渠道资金/应归还原渠道资金，调账处理执行率＝已调账处理金额/应调账处理金额。

2. 作用机制方面的原因

根据本节前面的理论框架，审计处理处罚的确定性、严厉性和及时性，都可能会影响审计处理处罚功能之发挥。

（1）关于我国政府审计处理处罚的确定性。表2的审计处理处罚决定执行率表明，我国政府审计处理处罚决定并不都能得到执行，这也就表明，违规不一定会有真正的处理处罚。所以，我国政府审计处理处罚的确定性方面是存在问题的。

（2）关于我国政府审计处理处罚的严厉性。通过处罚率、司法移送率、纪检监察移送率三个指数来刻画我国政府审计处理处罚的严厉性。根据最近10年《中国审计年鉴》“全国审计机关分行业审计（调查）情况表”，上述三个指标计算如表3至表5所示。数据表明，处罚率、司法移送率、纪检监察移送率都不高，这说明我国政府审计处理处罚的力度不大。

表3　审计处罚率　　单位

审计项目类型	2002年	2003年	2004年	2005年	2006年	2007年	2008年	2009年	2010年	2011年
预算执行	24	14	缺失	缺失	缺失	42	42	48	50	55
财政决算	26	32	缺失	缺失	缺失	58	46	55	50	45
专项资金	22	27	缺失	缺失	缺失	33	41	43	31	30
行政事业	14	16	缺失	缺失	缺失	30	31	25	31	41
固定资产投资	13	25	缺失	缺失	缺失	51	27	43	35	56
金融	3	3	缺失	缺失	缺失	3	4	9	4	3
外资运用项目	6	2	缺失	缺失	缺失	15	25	25	4	18
企业	8	6	缺失	缺失	缺失	20	5	29	11	28
其他	9	36	缺失	缺失	缺失	379	26			221

注：审计处罚率＝（应上次财政＋应减少财政拨款＋应归还原渠道资金）/违规金额。

表 4 司法移送率

单位

审计项目类型	2002 年	2003 年	2004 年	2005 年	2006 年	2007 年	2008 年	2009 年	2010 年	2011 年
预算执行	0.003	0.003	0.002	0.005	0.002	0.003	0.003	0.003	0.006	0.003
财政决算	0.004	0.006	0.003	0.005	0.002	0.002	0.003	0.001	0.004	0.004
专项资金	0.002	0.003	0.004	0.004	0.003	0.006	0.004	0.004	0.006	0.031
行政事业	0.004	0.006	0.006	0.006	0.003	0.002	0.003	0.005	0.009	0.002
固定资产投资	0.001	0.002	0.003	0.008	0.004	0.001	0.002	0.001	0.002	0.001
金融	0.011	0.042	0.160	0.198	0.145	0.194	0.085	0.085	0.039	0.096
外资运用项目	0.000	0.000	0.003	0.001	0.002	0.001	0.010	0.002	0.002	0.001
企业	0.017	0.028	0.027	0.036	0.032	0.034	0.024	0.017	0.011	0.017
其他	0.006	0.019	0.014	0.084	0.000	0.064	0.000	0.000	0.035	

注：司法移送率＝移送司法机关涉案人员数/审计单位数量。

表 5 纪检监察移送率

单位

审计项目类型	2002 年	2003 年	2004 年	2005 年	2006 年	2007 年	2008 年	2009 年	2010 年	2011 年
预算执行	0.148	0.007	0.008	0.015	0.007	0.006	0.007	0.017	0.015	0.006
财政决算	0.006	0.009	0.014	0.016	0.015	0.012	0.011	0.012	0.018	0.015
专项资金	0.004	0.015	0.008	0.011	0.009	0.010	0.007	0.011	0.012	0.012
行政事业	0.009	0.016	0.015	0.016	0.011	0.002	0.010	0.011	0.009	0.012
固定资产投资	0.003	0.003	0.002	0.006	0.002	0.001	0.002	0.002	0.003	0.002
金融	0.009	0.014	0.007	0.043	0.042	0.130	0.010	0.009	0.053	0.461
外资运用项目	0.001	0.006	0.001	0.002	0.000	0.001	0.003	0.000	0.001	0.003
企业	0.011	0.031	0.027	0.041	0.030	0.029	0.034	0.018	0.015	0.016
其他	0.010	0.040	0.038	0.023	0.000	0.000	0.024	0.049		0.021

注：纪检监察移送率＝移送纪检监察涉及人数/审计单位数量。

（3）关于我国政府审计处理处罚的的及时性。除了预算执行审计是每年法定审计之外，其他项目的审计时间并没有明文规定，这些项目的审计处理处罚一般会在两年之后，并不具有及时性。

四、结论和启示

对违规行为实施审计处理处罚的功能或目的究竟是什么？怎样才能更好地发挥审计处理处罚的功能或实现其目的？这些基础性问题是建立适宜的审计处理处罚制度之理论前提。本节借鉴刑罚功能理论等，构建审计处理处罚功能理论，并用这个理论框架来分析我国政府审计处理处罚问题。

审计处理处罚功能理论涉及三个基本问题：第一，审计处理处罚功能的定位是什么？第二，审计处理处罚功能的作用路径是什么？第三，审计处理处罚功能的作用机制是什么？

审计处理处罚的功能定位包括惩处违规行为和预防违规行为两个方面。惩处论类似刑罚功能的报应刑论，认为审计处理处罚是对已然之违规行为的报应，强调审计处理处罚的程度应当与违规本身对经管责任的危害程度相适应，突出责任自负的原则。然而，如果仅仅信赖惩处论，可能导致不需要审计处理处罚时也实施了审计处理处罚。预防论类似刑罚功能的目的刑论，认为审计处理处罚不是对已然之违规行为的报应，而是对未然之违规行为的预防，审计处理处罚本身不是目的，而只是预防违规行为的手段，强调审计处理处罚的功利效果。然而，如果仅仅信赖预防论，势必偏爱审计处理处罚的威胁效应。看来，惩处论和预防论各有千秋。审计处理处罚功能的惩处论和预防论需要合并。惩处论强调的是公平，而预防论强调的是效率，惩处作为公正观念的集中体现，预防作为效率观念的集中体现，其统一的整体作为审计处理处罚的正当根据也成为必然。

审计处理处罚功能的作用路径包括特殊预防与一般预防。特殊预防是指审计处理处罚能防止违规者重新违规。通过对违规者的惩处，使得违规者不再违规，从而可以预防其再次违规。审计处理处罚的功能是增加违规者的成本，从而达到预防违规的目的。一般预防的预防对象不是违规者，而是没有违规的、可能实施的潜在违规者。通过对违规者适用审计处理处罚，用审计处理处罚的威力来震慑有可能违规的人，促使他们消除违规意念，从而预防违规的发生。特殊预防与一般预防是审计处理处罚功能发挥相互依存、不可分割的两个路径。一般来说，特殊预防是基础性的，如果特殊预防不能较好地发挥，一般预防也就失去基础。

审计处理处罚功能的作用机制是威慑效应及其发生机制。潜在违规者对审计处理处罚的判断是审计处理处罚与威慑效应之间的中介。审计处理处罚的存在、适用和执行，必须通过潜在违规者的判断这一中介。潜在违规者认为自己实施违规行为一定或很可能受到审计处理处罚，并且他因审计处理处罚而所失会大于他从违规行为中所获时，才会产生威慑作用。潜在违规者的判断包括对审计处理处罚确定性、审计处理处罚严厉性和审计处理处罚及时性的判断。

我国的政府审计主要是以行为审计为重点，“每个审计项目平均违规金额”并不是呈现下降趋势，而是上升趋势。所以，总体来说，我国政府审计处理处罚并未能发挥惩处论和预防论合并的功能。其原因存在于作用路径和作用机制两方面。

从作用路径方面来说，我们政府审计处理处罚决定执行率不高，对违规单位的处理处罚未能得到有效落实，特殊预防效果不好。而特殊预防是一般预防的基础，如果特殊预防路径未能有效地发挥作用，一般预防也难以发挥作用。

从作用机制来说，根据本节前面的理论框架，审计处理处罚的确定性、严厉性和及时性，都可能会影响审计处理处罚功能之发挥。我国政府审计处理处罚在上述三个方面都存在问题。我国审计处理处罚决定执行率不高，这也就说明，违规不一定会有真正的处理处罚。通过处罚率、司法移送率、纪检监察移送率三个指数来刻画我国政府审计处理处罚的严厉性，处罚率、司法移送率、纪检监察移送率都不高。至于审计处理处罚的及时性，除了预算执行审计是每年法定审计之外，其他项目的审计时间并没有明文规定，这些项目的审计处理处罚一般会在两年之后，并不具有及时性。

总之，本节的理论框架能解释我国的政府审计处理处罚功能状况。本节的结论告诉我们，要完善我国政府审计功能，必须在审计处理处罚的确定性、严厉性和及时性方面做出改进，一方面加大审计处理处罚的力度；另一方面，要提高审计处理处罚决定的执行率。此外，还要提高审计的及时性，在此基础上，提高审计处理处罚的及时性。

第二节　行为审计处理处罚模式：理论框架和经验数据分析

行为审计鉴证的代理问题或次优问题就是缺陷行为，既可能是违规行为，也可能是瑕疵行为。对于瑕疵行为，一般以审计建议的方式做出后续处理；对于违规行为，一般要以审计决定的方式进行处理处罚。本节关注违规行为的处理处罚模式。这里的处理处罚模式是指审计处理处罚对象的选择。一般来说，违规行为是在责任人操控下以责任单位的名义实施的，审计处理处罚的对象要么是责任人，要么是责任单位（也就是被审计单位，下同），要么二者同时处理处罚。显然，不同的处理处罚对象之选择，对处理处罚效果会产生重要影响。所以，审计处理处罚模式之选择是审计处理处罚制度设计的重要内容。现有文献中研究审计处理处罚模式的很少，本节借鉴单位犯罪处罚模式理论，构建审计处理处罚模式理论框架。

一、文献综述

根据本节的主题，相关的文献包括两方面：一是审计处理处罚模式相关研究；二是单位犯罪处罚模式相关研究。

现有文献关注审计处理处罚的三个问题：审计机关的审计处理处罚权，如何进行审计处理处罚，审计处理处罚存在的问题及对策。关于审计机关的审计处理处罚权争议的焦点在于，审计机关对于有明确执法主体的事项能否进行审计处理处罚，形成了两种观点：一种观点认为有处理处罚权；另一种观点认为无处理处罚权（张宗乾，2002）。关于审计机关如何进行审计处理处罚，主要关注审计处理处罚的程序、原则、证据、不同处理处罚措施之间的关系（孙富军，2001；杨文璁，2002；蔡爱兰，2002；鲁桂华，2003；马雅林，2004，郑石桥，2012）。关于审计处理处罚存在的问题及对策，归纳起来，主要问题包括：审计处理和处罚的关系混淆；没有严格依法实施审计处理处罚权；审计处理处罚程序不够正当等，一些文献还针对上述问题提出了对策（张宗乾，1998；周生安、吕云松，2001；陈东成，2002；王秀成，2004；陈宋生，刘淑玲，2010；王万江，2011）。王家新、宋皓杰、郑石桥（2014）的研究涉及政府审计处理处罚模式，但是，主要是从政治学、文化学角度进行理论分析，借鉴法学理论不多。总体来说，审计处理处罚相关研究文献中，专门研究审计处理处罚模式特别是从法学理论视角研究审计处理处罚模式的很少。

法学领域对单位犯罪处罚模式的研究有不少文献，对于单位犯罪的惩罚有两种模式：一是只惩罚单位，称为单罚制；另一种是同时惩罚单位和直接责任人，称为双罚制。大多数文献认为，从对单位犯罪的抑制效果来看，双罚制好于单罚制（胡捷，2004；赵星，2008；丁华宇，2009；段鑫，2010；应松年，2012；石磊，2012）。

总括上述文献综述，总体来说，专门研究审计处理处罚模式特别是从法学理论视角研究审计处理处罚模式的很少，而单位犯罪处罚模式理论有较大的启发价值。本节借鉴单位犯罪处罚模式理论，构建审计处理处罚模式理论框架。

二、行为审计处理处罚模式：理论框架

行为审计处理处罚模式理论框架是关于审计处理处罚模式的理论说明，主要涉及四个问题：第

一，可能的审计处理处罚模式有哪些？第二，各种审计处理处罚模式的理论基础是什么？第三，各种审计处理处罚模式的效果如何？第四，各种审计处理处罚模式发挥作用的条件是什么？

（一）审计处理处罚模式的类型

行为审计发现的违规行为，一般需要进行处理处罚。然而，处理处罚谁呢？借鉴单位犯罪处罚模式，可能的选择有两个模式：一是单罚制；二是双罚制。单罚制只对责任人或责任单位进行审计处理处罚，双罚制对责任人和责任单位同时进行审计处理处罚。二种模式如何选择呢？

我们认为，根据违规责任自负原则，违规行为的类型决定审计处理处罚对象之选择。如果是为了单位利益而实施的违规行为，则责任人意志和单位意志达到统一，此时的审计处理处罚对象应该是责任人和责任单位，采用双罚制；如果责任人完全为了自己的利益，违规行为只是体现责任人自己的意志，此时的审计处理处罚对象应该是责任人，不包括责任单位，采用单罚制。表6详细列出了违规行为类型与审计处理处罚对象选择之间的关系。

表6 违规行为类型与审计处理处罚对象

编号	违规行为情形	是否体现单位意志	是否谋取单位利益	审计处理处罚对象	审计处理处罚模式
A	为了单位利益，单位决策，个人执行的违规行为	单位故意	是	责任单位和责任人	双罚制
B	为了单位利益，个人决策执行，单位由于管理漏洞未能及时发现	单位疏忽	是	责任单位和责任人	双罚制
C	为了个人利益，个人决策执行，单位由于管理漏洞未能及时发现	否	否	责任人	单罚制

现在，我们来分析表1中列出的三种具体情形。情形A是单位决策之后由个人执行的违规行为，这种违规行为显然是单位故意行为，并且是为单位谋取利益，这种情形下，责任人和责任单位都有过错，审计处理处罚采用双罚制。情形B并没有单位决策，但是，一些个人为了单位利益，自行决定并实施了违规行为。这种情形下，个人显然是责任人。然而，单位是否应该作为责任者之一呢？有一种观点认为，情形B的违规行为并不是单位决策的，是个人决策的违规行为，所以，单位不应该成为责任者。然而，刑罚理论中，过错并不能成为免除刑罚的理由，与此相同，单位疏忽也是一种管理过失，同样不能成为免除审计处理处罚的理由。个人决策执行但谋取单位利益的违规行为之所以能发生，其原因是单位管理存在漏洞，例如，监管失误、管理松弛、决策混乱、业务界面不清、激励机制导向错误、考评体系失衡等，这些管理漏洞或过失的存在就是单位的过错（何正贤，2007），所以，单位对于情形B下的违规行为也是责任者。情形C是个人为了个人利益而决定实施的违规行为，在这种情形下，个人显然是责任人。然而，单位是否是责任者呢？一般来说，个人违规之所以能得逞，单位肯定是存在管理漏洞的。然而，在很多情形下，个人违规是挖空心思的，由于成本效益考虑，单位的管理不可能完全没有漏洞，所以，对于这种情形下的管理漏洞，一般是不追究责任。

综合上述三种情形，看来，是否是为本单位谋取利益，是判断审计处理处罚对象的关键，凡是谋取单位利益的违规行为，采用双罚制，责任人和责任单位都要处理处罚；凡是谋取个人利益的违规行为，采用单罚制，只处理处罚责任人。上述以违规行为谋取利益来划分审计处理对象的原则，与我国司法领域对单位犯罪的确定原则是一致的。根据最高人民法院在1999年6月25日发布《关于审理单位犯罪案件具体应用法律有关问题的解释》的精神，以单位名义实施的犯罪行为是个人犯罪还是单位犯罪，其判断标准是“违法所得”的归属。盗用单位名义实施犯罪，犯罪所得被犯罪人个人私分的，就是个人犯罪；反之，就是单位犯罪。

当然，对于上述方法，在司法领域，也存在不同看法。一种观点认为，以“犯罪所得的归属”来判断是单位犯罪还是个人犯罪的方法，存在严重的缺陷。关键是要考虑单位组成人员个人的行为是否是单位自身意志的体现，而判断某行为是否是单位自身意志的体现时，要审查该行为是否经过了决策机关的同意（黎宏，2003）。我们认为，这种观点可能引起混乱。其原因有两个：第一，在许多情形下，可能无法判断违规行为是否经过决策机关同意，如果将无法判定的情形都作为个人违规行为，则单位违规可能形同虚设；第二，如果以决策机关同意为识别标志，则单位管理漏洞形成的违规行为就只能界定为个人违规行为，单位对其管理过失不承担责任，这显然不公平，也不利于单位改善管理。

（二）审计处理处罚模式的理论基础

根据本节以上的分析，凡是谋取个人利益的违规行为，都采取单罚制，对责任人进行审计处理处罚；凡是谋取单位利益的违规行为，都采取双罚制，同时对责任人和责任单位进行审计处理处罚。也就是说，一个违规行为，两个责任主体承担责任。这其中的道理是什么呢？

关于个人对其谋取个人利益的违规行为承担责任，对其进行审计处理处罚，源于违规责任自负原则，这个原则类似于法学领域的罪责自负原则。在法学领域，罪责自负原则要求，谁犯了罪，就由谁承担刑事责任，犯多大的罪，就应承担多大的刑事责任，法院也应判处其相应轻重的刑罚，做到重罪重罚，轻罪轻罚，罚当其罪，罪刑相称。审计处理处罚的违规责任自负原则就是要求责任人对自己的违规行为承担责任，有多大的违规行为，就应该承担多大的责任，审计机构也应给予其相应轻重的处理处罚，做到违规程度与处理处罚相称。

然而，对于谋取单位利益的违规行为，为什么要采用双罚制呢？由于审计处理处罚中的双罚制类似于单位犯罪的双罚制，我们先看单位犯罪双罚制的相关理论，然后再分析审计处理处罚双罚制的道理。

我国在单位犯罪的立法上确定了以双罚制为原则、以单罚制为例外的处罚规定，世界大多数国家也都是这种情形（李淳，王肖新，1998）。这其中的道理是什么呢？

国外对法人犯罪双罚制的理论解释主要有代理说和拟制说。代理说借鉴民商法的“仆人过错主人担”的原则，认为雇员或其他代理人在其职权或授权范围内，为了法人利益实施犯罪行为而产生的刑事责任，应由法人承担。如果符合或者具备法人的代理人资格的人实施了犯罪、并且该行为是在其职权或业务范围内实施的为法人谋取利益的行为，就可以追究法人的刑事责任。拟制说主张法人是法律规范拟制的产物，它已不再是一个虚拟的实体，而是一个有与其自然人成员的意志相区别意志的独立组织，法人并非在任何情况下都必须由雇员或代理人实施犯罪，法人在某些特定的情况下也可能由其自身实现犯罪，而且并不是法人组织里所有自然人的犯罪均代表该法人（赵星，2008）。

国内关于单位犯罪双罚制有多种解释理论。单罪双主体论认为，法人作为一个社会有机整体与自然人有实质的不同，但它又是由自然人组成的，法人犯罪实际上是一个犯罪、两个犯罪主体。之所以既惩罚法人自身还要惩罚其代表人或其他法人成员，是因为这些个人在法人整体犯罪中起主要作用和负重大责任，他们主观上有罪过，客观上有行为，他们是有罪责的（何秉松，1995）。双层机制说认为，法人犯罪存在着独特的双层机制，一层是表层犯罪者，这一层以法人为其主体；另一层是深层犯罪者，以法定代表人及其有关人员和直接责任人员为主体（狄维义，1991）。内容形式统一说认为，法人犯罪以自然人犯罪为形式，法人犯罪作为内容通过自然人犯罪表现出来（张春，1990）。连带刑事责任论认为，法人犯罪的刑事责任原则是连带刑事责任原则，法人与法人成员的犯罪行为相互关联，应同时追究二者的刑事责任（张文，刘凤桢，秦博勇，1994）。对立统一说认为，法人犯罪刑事责任是法人组织体的犯罪和法人内部自然人成员犯罪的结合，对于相关的自然人而言，其刑事责任的追究有赖于法人刑事责任的成立，法人犯罪是由法人组织体和应当承担责任的自然人复合而成的一个犯罪构成主体（熊选国，牛克乾，2003）。一体化刑事责任说认为，单位犯罪是由团体和团体组成人员两部分组成的一个复合体的犯罪，二者不是分工的关系，而是相互融合和互为表现的关系，双方融为一体共同承担刑事责任（林荫茂，2006）。双重人格说。认为单位犯罪构成独立犯罪的是单位，直接责任人员在单位意志支配下，为单位利益而实施犯罪时不具有独立的主体资格，并不构成单位共犯；同时，直接责任人在为单位牟利实施犯罪之外，仍然具有自己的独立人格和意志。所以，单位与直接责任人员都应该承担刑事责任（林荫茂，2006）。

上述诸种解释理论对单位犯罪的双罚制都有一定的解释力。对于解释审计处理处罚的双罚制都有一定的借鉴价值。然而，从行为审计对违规行为的处理处罚来说，最有借鉴价值的是双重人格说。这种理论的核心要素是确认违规行为的双重属性（卢勇，1999）。由于单位不具有直接的具体行为能力，违规行为当然只能由单位成员来实施，但是，单位成员的这种违规行为具有双重性，一方面，单位成员的违规行为是单位行为，单位成员的违规行为是为了谋取单位利益，所以，这种违规行为是单位意志、单位行为的实在载体。特定的单位成员的违规行为是单位违规行为的具体表现形式，在这层意义上来说，将单位成员的违规行为看作单位违规行为。另一方面，虽然说违规行为是为了单位利益，但是，单位成员之所以实施违规行为，最终也是根据他们自身的利益做出的，是他们个人意志的选择，在这层意义上来说，违规行为也是这些单位成员的个人行为。正是由于单位成员的个人行为与单位行为发生了竞合，由此产生了违规行为的双重性质，一方面构成单位的违规行为，另一方面构成单位成员的个人违规行为。正是由于违规行为的双重属性，根据违规责任自负原则，必须对违规个人和违规单位同时进行处理处罚，双罚制得以产生。

（三）不同审计处理处罚模式的效果比较

根据前面的内容，由于违规行为的双重属性，根据违规责任自负原则，对于谋取单位利益的违规行为，审计处理处罚要采用双罚制。这是从理论上解释了双罚制的道理。然而，最终是否采用双罚制，还需要考虑双罚制的效果是否会好于单罚制。只有理论上有道理，效果上有优势，双罚制才会采用。

从逻辑上来说，对于谋取单位利益的违规行为，如果采用单罚制，则有两个选择：一是只处理处罚责任人；二是只处理处罚责任单位。所以，我们需要比较双罚制和上述两种单罚制的效果差异。

审计处理处罚的目的或功能是惩处功能与预防功能的合并，其效果需要从这两个功能来考量。从这两方面的功能来说，三种可能的审计处理处罚模式中，双罚制应该好于单罚制。其原因有如下两方面：

第一，双罚制能更好地取得审计处理处罚的惩处功能。惩处功能的关键是处理处罚的公正性。越是公正的审计处理处罚，越是能得到相关各方的认可，从而，惩处效果越好。审计处理处罚双罚制与单罚制相比，对责任人和责任单位都进行了惩罚，一方面，体现了法人责任原则，承认法人具有独立人格，法人对自己行为负责，法人责任独立于其成员责任；另一方面，体现了过错与责任相一致原则，责任人和责任单位都有过错，所以，都要受到惩罚。并且，在一些情形下，如果违规较为严重，如果不处理处罚单位，只处理处罚个人，而个人的承受能力有限，所以，要想处理处罚能够得到执行，必须将处理处罚确定在个人能力能承受的水平，而这可能会背离违规严重程度，从而偏离过错与责任相一致原则。如果采用双罚制，则不存在这些问题。正是由于双罚制更好地体现了法人责任原则、过错与责任相一致原则，使得双罚制更具有公正性。也正是由于双罚制的这种公正性，其处理处罚结果更容易为相关各方所接受，从而惩处效果也更好。

第二，双罚制能更好地取得审计处理处罚的预防功能。大家知道，审计处理处罚的预防功能包括特殊预防和一般预防。就特殊预防功能来说，对违规者科处一定的审计处理处罚，就是要震慑特定的单位或个人有再违规的可能性，如果只对个人采用单罚制，由于个人的承受能力有限，处理处罚的力度不能超出个人的承受能力，所以，可能使得这种震慑作用不大；如果只对单位采用单罚制，个人可能从违规行为获益而又得不到处理处罚，从而，审计处理处罚对单位成员的震慑作用受到影响。而双罚制对单位和个人同时进行处理处罚，对个人和单位都有震慑作用，从而很好地实现了特殊预防功能。特殊预防是一般预防的基础，特殊预防作用较好地发挥了，一般预防也就有了相当的基础，双罚制在震慑已违规单位和个人的同时，也震慑了潜在的违规单位及其成员，使其放弃违规的想法，从而实现了审计处理处罚的一般预防功能（曹小凤，2010）。

（四）各种审计处理处罚模式发挥作用的的条件

无论是单罚制，还是双罚制，要真正发挥作用，必须具备一定的条件。这里的条件主要有两个方面：第一，审计客体（也就是被处理处罚的被审计单位，下同）必须是理性人，如同刑罚对无责任能力人无作用一样，如果审计客体不具有理性，则审计处理处罚对其无用。第二，审计处理处罚模式的力度必须适度。这里的适度是审计处理处罚必须保持一定的力度，力度过大或过小都会影响审计处理处罚作用的发挥。如果审计处理处罚力度过小，对于责任人和责任的利益无关痛痒，则处理处罚难以实现惩处功能和预防功能。但是，这并不意味着审计处理处罚越重，审计处理处罚效果越好。过分严厉的审计处理处罚会使相关者怀疑其公正性，使相关者由谴责违规者的违规行为转而谴责不公正，甚至同情他们，这就削弱了审计处理处罚的效果（郭建安，1994）。那么，这个力度如何把握呢？审计处理处罚的力度要求处理处罚应该与违规行为对经管责任的危害性相适应。如果审计处理处罚的力度超出违规行为对经管责任的危害性，就是处理处罚过度；如果审计处理处罚的力度低于违规行为对经管责任的危害性，这是处理处罚力度不足。无论是处理处罚过度还是不足，都无法实现审计处理处罚的功能，甚至还会产生负面影响（赖早兴，2011）。

三、行为审计处理处罚模式：我国政府审计处理处罚数据分析

以上借鉴单位犯罪处罚模式理论，提出了行为审计处理处罚模式理论框架。我国的政府审计主

要是以行为审计为重点。下面，我们用这个理论框架来分析我国政府审计处理处罚模式，以一定程度上验证这个理论框架。

（一）我国政府审计处理处罚是双罚模式类型

中华人民共和国国务院颁布的《财政违法行为处罚处分条例》第二条规定，县级以上人民政府财政部门及审计机关在各自职权范围内，依法对财政违法行为做出处理、处罚决定。《中华人民共和国审计法》第四十一条规定，审计机关对违反国家规定的财政收支、财务收支行为，依法应当给予处理、处罚的，在法定职权范围内做出审计决定或者向有关主管机关提出处理、处罚的意见。《财政违法行为处罚处分条例》（2004 年颁布）、《中华人民共和国审计法》（2006 年修订）、《中华人民共和国审计法实施条例》（2010 年修订）关于处理处罚的规定，针对责任单位和责任人都规定了明确的处理处罚类型及位阶。这些规定表明，我国政府审计处理处罚是双罚模式。

（二）我国政府审计处理处罚效果

以“每个审计项目平均违规金额”的变动情况来刻画我国政府审计处理处罚的效果，每个审计项目平均违规金额＝违规金额/审计单位数。根据最近 10 年《中国审计年鉴》“全国审计机关分行业审计（调查）情况表”，计算结果如表 7 所示。

表 7　每个审计项目平均违规金额（万元）

项目类型	2002	2003	2004	2005	2006	2007	2008	2009	2010	2011
预算执行	481.95	743.39	缺失	缺失	缺失	473.25	625.08	609.75	743.96	1088.96
财政决算	274.36	264.45	缺失	缺失	缺失	683.82	1028.29	696.25	1020.66	1185.93
专项资金	218.74	155.88	缺失	缺失	缺失	245.18	107.69	210.54	134.21	299.30
行政事业	91.81	92.43	缺失	缺失	缺失	103.63	104.67	116.51	112.64	166.72
固定资产投资	190.01	169.20	缺失	缺失	缺失	91.25	114.65	70.67	73.09	60.37
金融	1427.09	1244.79	缺失	缺失	缺失	6265.53	3471.27	3291.20	3664.53	6904.39
外资项目运用	127.76	354.80	缺失	缺失	缺失	128.11	227.41	178.90	952.33	149.90
企业	409.10	703.01	缺失	缺失	缺失	443.76	809.41	625.08	1035.25	886.97
其他	81.46	4.61	缺失	缺失	缺失	0.21	69.27	0	0	0.24

注：每个审计项目平均违规金额＝违规金额/审计单位数

表 1 的数据显示，每个审计项目平均违规金额都呈现上升趋势，这表明审计处理处罚的预期效果并未达到。

（三）原因分析

审计处理处罚的预期效果并未达到，其原因是什么呢？根据本节的前面的理论框架，无论是单罚制，还是双罚制，要真正发挥作用，必须具备两个两个条件：第一，审计客体必须是理性人；第二，审计处理处罚模式的力度必须适度。一般来说，我们不能怀疑审计客体是理性的。看来，主要的原因可能在审计处理处罚模式的力度方面。

通过处罚率、司法移送率、纪检监察移送率三个指数来刻画我国政府审计处理处罚力度。审计处罚率＝（应上次财政＋应减少财政拨款＋应归还原渠道资金）/违规金额，司法移送率＝移送司法机关涉案人员数/审计单位数量，纪检监察移送率＝移送纪检监察涉及人数/审计单位数量。根据最近 10 年《中国审计年鉴》相关数据，不同审计机关的上述三个指标计算如表 8 至表 10 所示。数据表明，处罚率、司法移送率、纪检监察移送率都不高，这些数据一定程度上表明我国政府审计的处理处罚力度不够，未能达到适宜程度。

表 8　审计处罚率

审计项目类型	2002	2003	2004	2005	2006	2007	2008	2009	2010	2011
预算执行	24%	14%	缺失	缺失	缺失	42%	42%	48%	50%	55%
财政决算	26%	32%	缺失	缺失	缺失	58%	46%	55%	50%	45%
专项资金	22%	27%	缺失	缺失	缺失	33%	41%	43%	31%	30%
行政事业	14%	16%	缺失	缺失	缺失	30%	31%	25%	31%	41%
固定资产投资	13%	25%	缺失	缺失	缺失	51%	27%	43%	35%	56%
金融	3%	3%	缺失	缺失	缺失	3%	4%	9%	4%	3%
外资运用项目	6%	2%	缺失	缺失	缺失	15%	25%	25%	4%	18%
企业	8%	6%	缺失	缺失	缺失	20%	5%	29%	11%	28%
其他	9%	36%	缺失	缺失	缺失	379%	26%			221%

注：审计处罚率＝（应上次财政＋应减少财政拨款＋应归还原渠道资金）/违规金额

表 9　司法移送率

审计项目类型	2002	2003	2004	2005	2006	2007	2008	2009	2010	2011
预算执行	0.003	0.003	0.002	0.005	0.002	0.003	0.003	0.003	0.006	0.003
财政决算	0.004	0.006	0.003	0.005	0.002	0.002	0.003	0.001	0.004	0.004
专项资金	0.002	0.003	0.004	0.004	0.003	0.006	0.004	0.004	0.006	0.031
行政事业	0.004	0.006	0.006	0.006	0.003	0.002	0.003	0.005	0.009	0.002
固定资产投资	0.001	0.002	0.003	0.008	0.004	0.001	0.002	0.001	0.002	0.001
金融	0.011	0.042	0.160	0.198	0.145	0.194	0.085	0.085	0.039	0.096
外资运用项目	0.000	0.000	0.003	0.001	0.002	0.001	0.010	0.002	0.002	0.001
企业	0.017	0.028	0.027	0.036	0.032	0.034	0.024	0.017	0.011	0.017
其他	0.006	0.019	0.014	0.084	0.000	0.064	0.000	0.000	0.035	

注：司法移送率＝移送司法机关涉案人员数/审计单位数量

表 10　纪检监察移送率

审计项目类型	2002	2003	2004	2005	2006	2007	2008	2009	2010	2011
预算执行	0.148	0.007	0.008	0.015	0.007	0.006	0.007	0.017	0.015	0.006
财政决算	0.006	0.009	0.014	0.016	0.015	0.012	0.011	0.012	0.018	0.015
专项资金	0.004	0.015	0.008	0.011	0.009	0.010	0.007	0.011	0.012	0.012
行政事业	0.009	0.016	0.015	0.016	0.011	0.002	0.010	0.011	0.009	0.012
固定资产投资	0.003	0.003	0.002	0.006	0.002	0.001	0.002	0.002	0.003	0.002
金融	0.009	0.014	0.007	0.043	0.042	0.130	0.010	0.009	0.053	0.461
外资运用项目	0.001	0.006	0.001	0.002	0.000	0.001	0.003	0.000	0.001	0.003
企业	0.011	0.031	0.027	0.041	0.030	0.029	0.034	0.018	0.015	0.016
其他	0.010	0.040	0.038	0.023	0.000	0.000	0.024	0.049		0.021

注：纪检监察移送率＝移送纪检监察涉及人数/审计单位数量

四、结论和启示

审计处理处罚模式是指审计处理处罚对象的选择。不同的处理处罚对象之选择，对处理处罚效果会产生重要影响。本节借鉴单位犯罪处罚模式理论，构建审计处理处罚模式理论框架，主要涉及四个问题：第一，可能的审计处理处罚模式有哪些？第二，各种审计处理处罚模式的理论基础是什么？第三，各种审计处理处罚模式的效果如何？第四，各种审计处理处罚模式发挥作用的条件是什么？

行为审计发现的违规行为，一般需要进行处理处罚，可能的选择有单罚制和双罚制。单罚制只对责任人或责任单位进行审计处理处罚，双罚制对责任人和责任单位同时进行审计处理处罚。是否为本单位谋取利益，是判断审计处理处罚对象的关键，凡是谋取单位利益的违规行为，采用双罚制，责任人和责任单位都要处理处罚；凡是谋取个人利益的违规行为，采用单罚制，只处理处罚责任人。

双罚制同时对责任人和责任单位进行审计处理处罚，其理论基础是双重人格说。单位成员的这种违规行为具有双重性：一方面，单位成员的违规行为是单位行为；另一方面，违规行为也是这些单位成员的个人行为。正是由于单位成员的个人行为与单位行为发生了竞合，根据违规责任自负原则，必须对违规个人和违规单位同时进行处理处罚。

审计处理处罚的目的或功能是惩处功能与预防功能的合并，其效果需要从这两个功能来考量。从这两方面的功能来说，双罚制能更好地取得审计处理处罚的惩处功能和预防功能，所以，双罚制效果好于单罚制。

无论是单罚制，还是双罚制，要真正发挥作用，必须具备一定的条件。这里的条件主要有两个方面：第一，审计客体必须是理性人；第二，审计处理处罚模式的力度必须适度，力度过大或过小都会影响审计处理处罚作用的发挥。

我国的政府审计主要是以行为审计为重点，审计处理处罚是双罚模式。以“每个审计项目平均违规金额”的变动情况来刻画我国政府审计处理处罚的效果，审计处理处罚的预期效果并未达到，主要的原因在于审计处理处罚模式的力度不够，未能达到适宜程度。

本节的结论告诉我们，审计处理处罚模式的选择固然重要，更为重要的是，审计处理处罚要达到一定的力度，如果力度不够，则任何处理处罚模式都难以发挥作用。审计处理处罚模式需要与审计处理处罚力度配合发挥发作。

第三节　行为审计处理处罚力度：理论框架和经验数据分析

行为审计发现的缺陷行为分为违规行为和瑕疵行为。一般来说，对于瑕疵行为是以审计建议的方式完成后续事宜，而对于违规行为，则需要进行处理处罚。本节聚焦违规行为处理处罚的力度。对于违规行为的处理处罚，其目的是惩处违规行为，并发挥预防功能。然而，达到上述目的，是否实行“酷刑”式的处理处罚就效果越好呢？或者，是否实行“宽容”式的处理处罚就效果越好呢？另外，审计处理处罚力度不能只考虑其效果，还必须考虑其成本，如果制度成本过大，效果再好，也是瑕疵制度。上述这些问题，可以归结为审计处理处罚力度问题①。

现有文献涉及审计处理处罚与其他措施之间的关系及审计处理处罚力度存在的问题，但是，缺陷系统的理论解释。本节借鉴法学理论中的刑罚力度相关理论，构建审计处理处罚力度理论框架，并用这个理论框架来分析我国政府审计处理处罚力度。

一、文献综述

根据本节的主题，相关文献包括两方面：一是审计领域的审计处理处罚力度之研究；二是法学领域的刑罚力度之研究。

审计领域的审计处理处罚力度之研究有两方面的文献：一是一些文献发现审计处罚强度与审计覆盖率之间存在替代关系或协同关系（鲁桂华，2003；高雷，2011；王会金，2014）；审计频度通过预期路径和预防路径对审计效果发挥作用，审计处罚通过威慑路径和心理路径发挥作用，审计频度和审计处罚的使用都有一个合理限度，审计频度和审计处罚需要相互协同地对审计效果发挥作用（郑石桥，2012）。二是一些文献涉及了审计处理处罚力度存在的问题，例如，只处理不处罚（张宗乾，1998），处理处罚轻重失衡（周生安，吕云松，2001），处罚力度存在差异（陈宋生，刘淑玲，2010），审计处理处罚尺度不够统一（王万江，2011）。

法学领域的刑罚力度之研究有不少文献。郭建安（1994）认为，刑罚的严厉程度应当适度，以使刑罚产生的痛苦足以抵消行为人从犯罪活动中获得的快乐为宜。卢建平、苗淼（1997）从刑罚资源的有效配置角度研究刑罚的最优威慑水平，认为最优威慑水平要确定在削减一定犯罪的边际社会成本等于边际社会收益这一点上。周光权（1998）从法定刑配置的合理性角度探讨刑罚攀比问题，认为只要法定刑的配置与犯罪的质和量事实上相适应时，就是实现了刑罚的正义。白建军（2001）用指数化方式比较了各种刑罚的力度。赖早兴（2011）对刑罚力度有较系统的研究，论述了刑罚力度的特征、影响刑罚力度的因素、刑罚力度确定原则、刑罚力度实现的环节等。陈屹立、陈刚

---

① 审计处理处罚力度属于审计处理处罚配置的一个方面，但是，由于具有相对独立性，本文将其独立考虑。

（2009）指出，潜在犯罪人被惩罚的概率和被惩罚的严厉程度都极大地影响犯罪成本。因而，提高惩罚概率或惩罚严厉程度都能够威慑潜在犯罪人。此外，还有一些文献研究罪刑均衡（安德鲁·温赫希，1986；游伟，2007）。

上述文献综述显示，关于审计处理处罚力度还缺乏系统的理论解释，刑罚力度理论对审计处理处罚力度的研究有较大的启发价值。本节借鉴法学理论中的刑罚力度相关理论，构建审计处理处罚力度理论框架。

二、行为审计处理处罚力度：理论框架

（一）审计处理处罚存在一个满意区域

刑罚理论发现，刑罚力度与刑罚效果之间呈倒U形关系，刑罚过轻时，犯罪会泛滥；刑罚过重时，会失去公正性，从而对刑罚效果有负面影响（戴治勇，2005）。行为审计对于违规行为的处理处罚，具有准司法性质，类似于司法机关对犯罪的惩罚，所以，审计处理处罚力度与其效果之间也应该是倒U形关系，如图2所示。

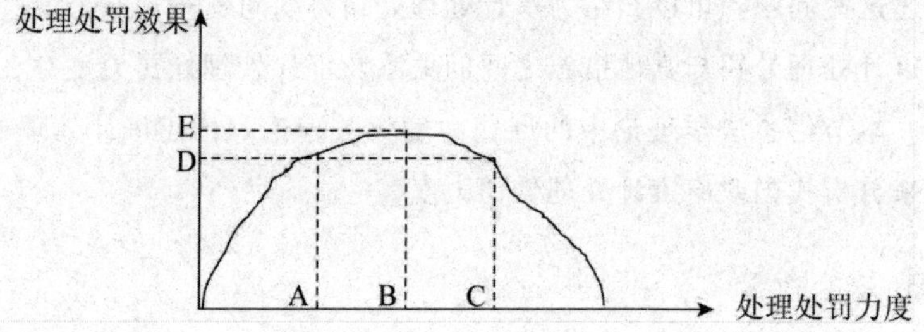

图2　审计处理处罚力度与效果

Becker（1968）认为，犯罪行为理论只是经济学常用的选择理论的扩展，用不着用道德的颓废、心理机构的欠缺和遗传等因素来解释犯罪行为，犯罪者作为理性人，在犯罪之前，会权衡犯罪的成本和收益，在此基础上做出是否犯罪的选择。所以，刑罚产生的痛苦是抵消行为人从犯罪活动中获得的快乐为宜，刑罚使惩罚的值能够超过罪过的收益（边沁，2000），贝卡里亚（2005）认为，个人如果能从越轨行为中捞到好处，就会增加犯罪推动力。既然如此，如果期望减少犯罪，则必须加大他的痛苦或成本。

行为审计对违规行为的处理处罚也存在同样的道理。图1中，当审计处理处罚力度低于B水平时，如果发现违规的概率不变，违规者从违规中获得的收益大于其成本，所以，违规者倾向于选择违规。在这种情形下，需要加大审计处理处罚的力度，增加其违规成本，从而强化对违规行为的抑制。也就是说，在发现违规的概率不变的前提下，低于B水平的审计处理处罚力度是力度不够。

在司法领域中，也不是刑罚越重，威慑效应越大。如果刑罚过重，不仅不会收到与刑罚强度相当的威慑效应，反而会产生效应递减现象，削弱以至于完全破坏刑罚应有的效应。其原因是，其一，过分严厉的刑罚会使公民怀疑其公正性，使公众由谴责罪犯的犯罪行为转而谴责酷刑的不公正，甚至同情他们，这就削弱了刑罚的威慑效果；其二，过分严厉的刑罚会削弱公民对整个法律制度的尊重，进而不再自觉遵守。非但刑罚不能产生威慑效应，违法现象还会增加（梁根林，张文，1989；郭建安，1994）。

行为审计对于违规行为的处理处罚也存在同样的道理。图1中，当审计处理处罚力度超过B水

平之后，由于审计处理处罚的力度很大，对其效果可能产生负面影响，这种负面影响源于两个方面：第一，由于审计处理处罚的力度很大，其公正性受到质疑，违规者本人及潜在的违规者对审计处理处罚并没有发自内心地接受，从而，这种处理处罚对他们以后是否违规的抑制作用受到影响；第二，由于审计处理处罚的力度很大，违规者付出的代价较大，一定程度上超出了违规者的承受能力，所以，这种审计处理处罚决定的执行难度较大。

综合上述分析，审计处理处罚力度超过或低于B水平都不合适。那么，是否只有B水平才是合适的呢？在传统的经济学理论看来，确实如此，最优决策只是一个点，而不是一个区间。但是，正如西蒙指出，人是有限理性的，决策者无法寻找到全部备选方案，决策者也无法完全预测全部备选方案的后果，决策者只寻找满意决策（Simon，1955；西蒙，2002）。一般来说，审计处理处罚力度也只能寻找满意水平，这个水平可能不是一个点（例如，B点），而一是一个区间。图1中，介于A点和C点之间的审计处理处罚力度都是满意的力度，这些力度带来的处理处罚效果介于D和E之间，委托人和利益相关者对这个区间的效果满意。

到此为止，我们可以得到第一个结论：审计处理处罚力度既不能太大，也不能太小，而是存在一个满意区间，这个区间就是合理区间。

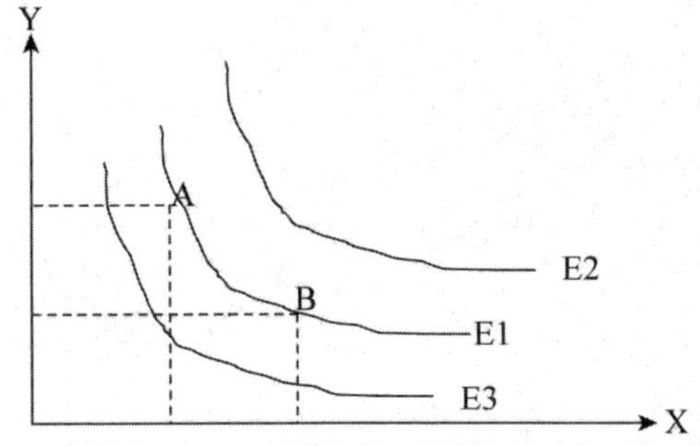

图3　等预期处理处罚线

（二）审计处理处罚存在多个均衡点

图3中，X表示对已发现违规行为处理处罚力度，Y表示发现违规行为的概率。从逻辑上来说，预期处理处罚是二者之乘积。图3中，E1、E2和E3都是等预期处理处罚线，在每条线上，各点的预期处理处罚都相等，所以，在线上的各点，预期处理处罚是无差异的。例如，A点和B点，前者被发现的概率较高，但是，处理处罚力度较低；后者被发现的概率较低，但是，一旦被发现，处理处罚力度较大。所以，总括起来，二者有相同的预期处理处罚力度。但是，不同曲线上的预期处理处罚不同，一般来说，处于E1右面的曲线（例如，E2），其预期处理处罚高于E1；处于E1左面的曲线（例如，E3），其预期处理处罚低于E1。怎么得到E2或E3呢？得到E2有三种办法：一是水平向右平移；二是纵向向上平移；三是水平向右和纵向向上同时平移，水平向右平移是在保持违规被发现概率不变的前提下，提高处理处罚力度；纵向向上平移是在保持处理处罚程度不变的前提下，提高违规被发现的概率；而同时移动是同时提高违规被发现概率和处理处罚力度。从E1得到E3的道理基本相同，只是方向不同而已。总体来说，为了改变预期处理处罚，可能有三种途径：第一，在处理处罚力度不变的前提下，改变发现违规行为的概率；第二，在发现违规行为概率不变的前提下，改变处理处罚力度；第三，同时改变发现违规行为的概率和处理处罚力度。上述三个途径得到的预期处理处罚之改变，站在违规者角度，也就是其违规的预期损失的改变，而这种预期损

失的改变，恰恰是委托人及利益相关者对违规处理处罚的预期收益之改变，也就是审计处理处罚的边际收益。

然而，上述三种途径中，如何选择呢？这需要考虑审计处理处罚的边际成本。这里的成本包括两方面：一是发现违规行为的成本，这是审计机构从选择审计客体到提交审计报告这个阶段的成本；二是处理处罚实施成本，包括做出审计处理处罚决定并执行这个决定的成本。

图 4 中，C1、C2 和 C3 都是等处理处罚成本线，在每条线上，各点的处理处罚成本都相等，所以，在线上的各点，审计处理处罚成本是无差异的。例如，C1 线上的 C 点和 D 点，前者发现违规行为的成本较高，但是，处理处罚实施成本较低；后者发现违规行为的成本较低，但是，处理处罚实施成本较高。所以，总括起来，二者有相同的处理处罚成本。但是，不同曲线上的处理处罚成本不同，一般来说，处于 C1 右面的曲线（例如，C2），其处理处罚成本高于 C1；处于 C1 左面的曲线（例如，C3），其处理处罚成本低于 C1。

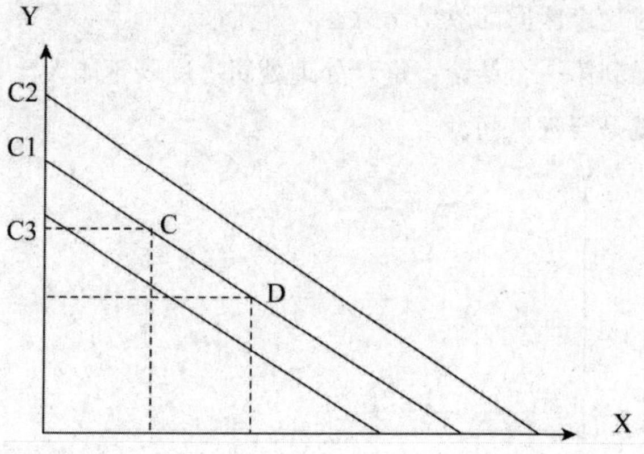

图 4　等处理处罚成本线

怎么得到 C2 或 C3 呢？得到 C2 有三种办法：一是水平向右平移；二是纵向向上平移；三是水平向右和纵向向上同时平移，水平向右平移是在保持发现违规被发现概率不变（也就是保持发现违规的成本不变）的前提下，提高处理处罚力度（也就是增加处理处罚实施成本）；纵向向上平移是在保持处理处罚程度不变（也就是保持处理处罚实施成本不变）的前提下，提高违规被发现的概率（也就是增加处理处罚实施成本）；而同时移动是同时提高违规被发现概率和处理处罚力度（也就是同时增加发现违规的成本和处理处罚实施成本）。从 C1 得到 C3 的道理基本相同，只是方向不同而已。

总体来说，为了改变处理处罚成本，可能有三种途径：第一，在处理处罚力度不变（也就是处理处罚实施成本不变）的前提下，改变发现违规行为的概率（也就是改变发现违规行为的成本）；第二，在发现违规行为概率不变的前提下（也就是发现违规行为的成本不变），改变处理处罚力度（也就是改变处理处罚实施成本）；第三，同时改变发现违规行为的概率和处理处罚力度（也就是同时改变发现违规行为的成本和处理处罚实施成本）。上述三个途径得到的审计处理处罚成本之改变，是站在审计人、委托人及利益相关者角度来考虑的，也就是审计处理处罚的边际成本。

总括起来，站在审计人、委托人及利益相关者角度来考虑，审计处理处罚的最佳点，也就是边际收益与边际成本相等之点，如图 5 所示。

图 5 中，出现了三个均衡点，每个均衡点都达到了审计处理处罚的边际收益与边际成本相等，

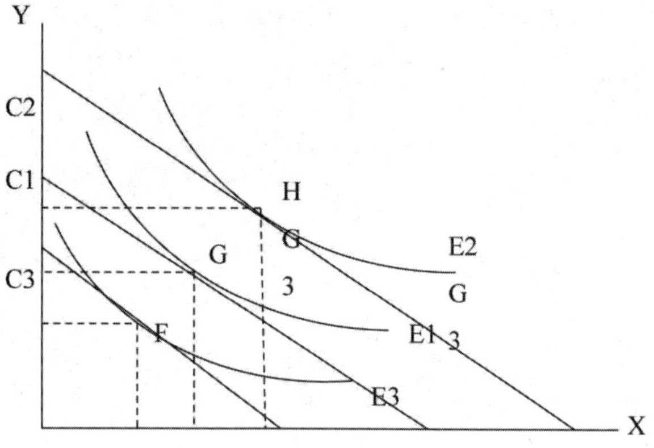

图 5 审计处理处罚均衡点

都是最最佳审计处理处罚点。然而，何处是我们所要选择的最佳审计处理处罚力度呢？从图 5 看来，G 点、F 点、H 点都达到了最佳审计处理处罚力度，但是，每种水准的最佳审计处理处罚力度有一个隐含的前提，就是审计委托人及利益相关者能接受这个水准的审计处理处罚边际成本或边际收益。例如，G 点、F 点、H 点的处理处罚边际成本或边际收益都不同，H 点最高，F 点最低，而 G 点居中。怎么选择呢？

（三）最佳审计处理处罚力度的确定

我们知道，边际是对现状的改变，所以，与审计处理处罚边际成本或边际收益相对应的是目前的违规处理处罚，如果对目前的违规处理处罚不满意程度较高，则委托人及利益相关者当然希望有较大的改变；如果对目前的违规处理处罚不满意程度不高，委托人及利益相关者当然不会希望较大的改变。所以，如果以 F 作为违规处理处罚现状的基点，如果委托人及利益相关者对该点就已经满意，边际收益和边际成本都是零；如果对现状不满意程度较高，则会希望较大的改为，所以，可能的选择会是从 F 点到 H 点，边际成本和边际收益都较大；如果对现状不满意程度并不高，则不会希望较大的改为，此时，可能的选择是从 F 点到 G 点，边际成本和边际收益都不大。

那么，委托人及利益相关者对审计处理处罚的满意度又是由什么因素确定的呢？我们认为，决定因素有两个：一是委托人及利益相关者对违规行为的容忍度（设为 T）；二是违规行为严重程度（设为 Z），T 与 Z 之间的差异越大，不满意程度越高，T 与 Z 之间的差异越小，满意程度越高。一般来说，关于委托人及利益相关者对违规行为的容忍度，审计人是无能为力，不能改变它，只能估计它。而违规行为严重程度又有两方面的主要因素：一是违规行为的发生程度，它主要由审计客体的治理构造所决定；二是违规行为的处理处罚力度。

到此为止，我们可以得出第二个结论：最佳审计处理处罚力度的确定需要以委托人及利益相关者对违规行为的容忍程度及违规行为发生的严重程度为基础，委托人及利益相关者对违规的容忍程度越低，对审计处理处罚的需求就越大；违规行为发生越是严重，对审计处理处罚的需求就越大。

审计处理处罚的需求确定之后，审计处理处罚的均衡点已经确定了，所以，审计处理处罚的边际收益和边际成本也就确定。在既定的审计处理处罚需求下，要从一个审计处理处罚均衡点移动到另一个均衡点，有三个途径可供选择：一是改变发现违规行为的概率；二是改变处理处罚力度；三是同时改变上述二者。在边际收益相同的情形下，不同的改变途径会带来不同的边际成本，从另一个角度，也就是说，相同的边际成本，会带来不同的边际收益。所以，所谓最佳审计处理处罚力度，并不只是就审计处理处罚谈处理处罚，而必须结合发现违规行为的概率，实现二者结合起来的边际成本最低。

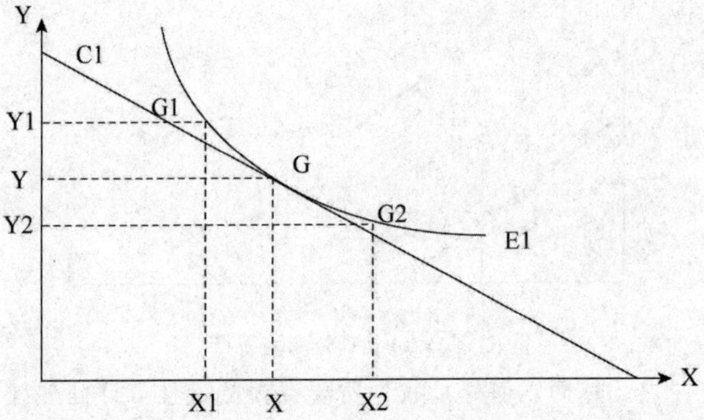

图 6 审计处理处罚力度

图 6 中，假定 E1 是委托人和利益相关者需要的等预期处理处罚线，在曲线 E1 上，任何一点的边际收益是相同。但是，不同点的边际成本不同。我们来考虑 G、G1、G2 这三点。它们有相同的边际收益，但是，边际成本却不同。G1 点的边际成本最高，G2 点的边际成本居中，G 点的成本最低。由于它们二者的边际收益相同，很显然，最优审计处理处罚点应该是 G 点。为什么相同的边际收益，边际成本却不同？主要的原因是边际成本由两部分组成：一是发现违规行为的成本，这由发现违规行为的概率决定，这个概率越大，发现违规行为的成本也就是越大；二是处理处罚实施成本，这由处理处罚力度决定，处理处罚力度越大，其成本也就是越大。一般来说，发现违规行为和处理处罚违规行为都存在边际效用递减，所以，如果对某一方面依赖过度，则总的边际成本会提升。所以，降低总边际成本的有效方法是发现违规和处理处罚违规都在一定的范围内协调配合。

现在，我们来具体分析图 6 中的处理处罚力度选择。如果要在图 6 中的 G、G1、G2 选择一点，最佳审计处理处罚力度应该位于 G 点，也就是处理处罚力度确定为 X 时，是最佳处理处罚力度。如果选择 G1 点，要求违规发现概率为 Y1，这是一种较高的违规发现概率，要实现这个概率，需要花费很大的成本；此时，处理处罚力度是 X1，这是一种较低的处理处罚力度，处理处罚的效用还存在较大的潜力，边际成本的较小增加能带来边际收益的较大增加。所以，G1 点对发现违规依赖过度，而对处理处罚依赖不足，与 G 点相同的边际收益，边际成本却高于 G 点。如果选择 G2 点，要求发现违规概率为 Y2，这是一种较低的违规发现概率，要实现这个概率，花费的成本较小，违规发现还存在较大的潜力，边际成本的较小增加能带来边际收益的较大增加；此时，处理处罚力度是 X2，这是较高的处理处罚力度，要实现这个力度，需要花费很大的成本。所以，G2 点对发现违规依赖不足，而对处理处罚依赖地过度，与 G 点相同的边际收益，边际成本却高于 G 点。G 点却不存在发现违规或处理处罚力度依赖过度或不足的问题，它较好地协调好了发现违规和处理处罚违规的关系，此时的处理处罚力度是最佳力度。

到此为止，我们可以得到第三个结论：由于违规发现和违规处理处罚具有不同的边际成本，最佳审计处理处罚力度的确定需要与违规行为发现概率相协调，只有二者的边际投入产出比相等时，审计处理处罚力度才能达到最佳。

（四）审计处理处罚最佳力度：站在违规者角度

本节以上对审计处理处罚力度的分析主要是站在审计人、委托人和利益相关者角度，而处理处罚效果要真正产生，必须要违规者在判断利弊得失的基础上有所选择和行动，如果违规者没有任何行动，则审计处理处罚只是一厢情愿的事，无法真正发挥作用。所以，我们还需要从违规者的角度来分析审计处理处罚最佳力度。

违规者作为理性人，会权衡违规的成本和收益，在此基础上做出是否违规的选择（Becker，1968；边沁，2000；贝卡里亚，2005），当预期违规收益大于预期违规成本时，会选择违规；当预期违规收益小于预期违规成本时，就不会选择违规，如图 7 所示。

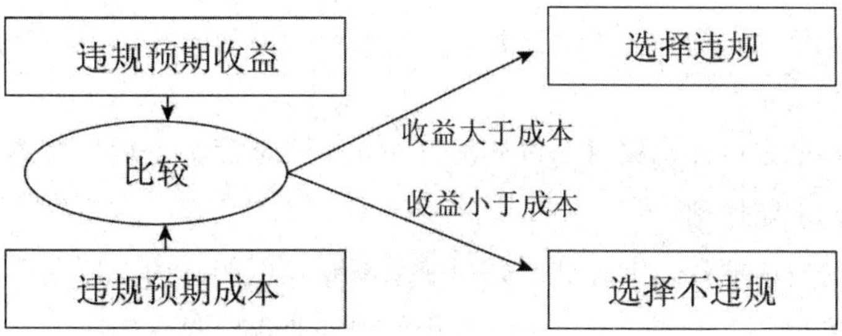

图 7　违规决策模型

违规预期收益是由违规行为本身特征所决定的，违规者无法改变它，但是，可以估计违规带来的收益。违规预期成本包括违规实施成本及违规被发现之后被处理处罚所带来的损失，而预期处理处罚损失由两个因素决定：一是违规被发现的概率；二是处理处罚严厉程度，二者共同组成处理处罚损失期望值。要提高违规者的处理处罚损失期望值，有三个途径，第一，提高违规被发现的概率，第二，加大处理处罚严厉水准[①]。第三，同时提高被发现的概率及处理处罚严厉水准。所以，违规者正是从违规被发现概率和违规处理处罚力度这两个角度来估计处理处罚损失。而违规者的处理处罚损失，正是委托人和利益相关者对违规行为处理处罚的收益。由于审计处理处罚力度改变而生产的违规者的处理处罚损失之变动，就是处理处罚的边际收益。所以，在违规发现概率不变的前提下，审计处理处罚最佳力度，是使得违规成本大于违规收益的力度。而违规收益又是由违规行为本身特征所决定的，所以，到此为止，我们可以得到第四个结论：违规行为发生越是严重，对审计处理处罚的需求就越大。本节的第二个结论中已经包括这些内容，但是，得出结论的路径不同，这里是从违规者的角度得出的结论。

三、行为审计处理处罚力度：我国地方政府审计处理处罚经验数据分析

以上借鉴法学理论中的刑罚力度相关理论，提出了行为审计处理处罚力度理论框架。我国的政府审计主要是以行为审计为重点，下面，我们用这个理论框架来分析我国政府审计处理处罚力度，以一定程度上验证这个理论框架。

（一）我国地方政府审计处理处罚效果

以“每个审计项目平均违规金额”的变动情况来刻画我国政府审计处理处罚的效果，每个审计

① 严格说来，审计处理处罚还有一个执行阶段，为了简化起见，本文将审计处理处罚决定的执行作为审计处理处罚的一个阶段。当然，现实生活中，审计处理处罚决定的执行仍然是一个需要单独考虑的重要问题。

项目平均违规金额＝违规金额/审计单位数。我国的审计机关分为四种：审计署业务司、派出审计局、特派员办事处、地方审计机关，由于无法分别计算审计署业务司、派出审计局、特派员办事处的审计覆盖率，所以，我们仅以地方审计机关的相关数据来分析。根据最近10年《中国审计年鉴》的地方审计机关相关数据，计算结果如表11所示。

表11　地方审计机关每个审计项目平均违规金额（万元）

项目	2002	2003	2004	2005	2006	2007	2008	2009	2010	2011
审计单位数（个）	142057	132748	123651	124360	136875	142158	147407	143481	157158	168183
违规金额	20910034	20362857	缺失	缺失	缺失	27913370	30962674	28870672	32906700	49211504
平均违规金额	147.1947	153.3948	缺失	缺失	缺失	196.3545	210.0489	201.2160	209.3861	292.6069

表1的数据显示，地方审计机关每个审计项目平均违规金额都呈现上升趋势，这表明地方审计处理处罚的预期效果并未能达到。

根据本节的前面的理论框架，审计处理处罚效果不好，可能有两个原因：一是地方审计机关的审计处理处罚程度并不在一个满意区间；二是审计处理处罚程度与发现违规的概率协调不同。

（二）我国地方政府审计处理处罚力度

通过处罚率、司法移送率、纪检监察移送率三个指数来刻画地方审计机关的处理处罚力度。根据最近10年《中国审计年鉴》的地方审计机关相关数据，上述三个指标计算如表12所示。上述数据显示，我国地方政府审计处理处罚力度较弱。

表12　我国地方政府审计处理处罚力度

项目	2002	2003	2004	2005	2006	2007	2008	2009	2010	2011
审计处罚率	0.15774	0.20594	缺失	缺失	缺失	0.36876	0.38563	0.45000	0.41782	0.42640
司法移送率	0.00283	0.00388	缺失	缺失	缺失	0.00184	0.00174	0.00171	0.00253	0.00203
纪检监察移送率	0.01780	0.00918	缺失	缺失	缺失	0.00409	0.00360	0.00431	0.00386	0.00283

注：审计处罚率＝（应上交财政＋应减少财政拨款＋应归还原渠道资金）/违规金额

司法移送率＝移送司法机关涉案人员数/违规金额（按百万元为计量单位）

纪检监察移送率＝移送纪检监察涉及人数/数违规金额（按百万元为计量单位）

（三）我国地方政府审计发现违规的概率

根据本节的前面的理论框架，审计处理处罚效果还受到审计发现违规概率与审计处理处罚程度之间是否协调的影响。本节前面的数据显示，我国地方政府审计处理处罚力度较弱，如果存在较高的发现违规的概率，则审计处理处罚效果也会得到改进。那么，我国地方审计机关发现违规的概率又如何呢？

从理论上来说，要发现违规，首先要对该单位进行审计；其次，在审计中能发现已经存在的违规问题。所以，发现违规的概率＝审计覆盖率×违规问题发现率。由于数据所限制，我们无法计算违规问题发现率，我们假定其处于合理保证水平，此时，关键的变量就是审计覆盖率，如果审计覆盖率高，则发现违规的概率也就是高。

审计覆盖率＝审计单位数量/（机关法人数＋事业法人数＋国有企业单位数）

机关法人数、事业法人数和国有企业单位数来源于《中国基本单位统计年鉴》和《全国经济普查年鉴》。根据上述公式和数据，计算的我国地方审计机关的审计覆盖率如表13所示。表13数据显示，我国地方审计机关的审计覆盖率较低。

表13　地方审计机关审计覆盖率

项目	2002	2003	2004	2005	2006	2007	2008	2009	2010	2011
审计单位数	142057	132748	123651	124360	136875	142158	147407	143481	157158	168183
机关法人数	1250016	1243967	1244587	1252597	1252706	1257950	1363857	1383842	1382104	1387111
事业法人数	690890	691337	682591	711772	732887	752822	825112	875131	900684	938115
国有企业单位数	59233	45812	1075343*	33709	30409	26403	1106291*	29873	28706	156323*
审计覆盖率	0.07273	0.06701	0.04118*	0.06224	0.06789	0.06978	0.04473*	0.06269	0.06799	0.06777*

（2004年、2008年、2011年外，其他年份的国有企业单位数均为限额以上单位数）

总体来说，由于我国地方审计机关由于审计处理处罚力度较弱，再加上审计覆盖率较低，使得审计的惩处功能和预防功能都发挥不好，审计处理处罚的预期效果未能达到。本节理论框架能解释我国地方政府审计的处理处罚效果。

四、结论和启示

对于违规行为的审计处理处罚，其目的是惩处违规行为，并发挥预防功能。然而，达到上述目的，是否实行"酷刑"式的处理处罚就效果越好呢？或者，是否实行"宽容"式的处理处罚就效果越好呢？另外，审计处理处罚力度不能只考虑其效果，还必须考虑其成本，如果制度成本过大，效果再好，也是瑕疵制度。上述这些问题，可以归结为审计处理处罚力度问题。本节借鉴法学理论中的刑罚力度相关理论，构建审计处理处罚力度理论框架，并用这个理论框架来分析我国地方政府审计处理处罚力度。

审计处理处罚力度既不能太大，也不能太小，而是存在一个满意区间，这个区间就是合理区间。最佳审计处理处罚力度的确定需要以委托人及利益相关者对违规行为的容忍程度及违规行为发生的严重程度为基础，委托人及利益相关者对违规的容忍程度越低，对审计处理处罚的需求就越大；违规行为发生越是严重，对审计处理处罚的需求就越大。由于违规发现和违规处理处罚具有不同的边际成本，最佳审计处理处罚力度的确定需要与违规行为发现概率相协调，只有二者的边际投入产出比相等时，审计处理处罚力度才能达到最佳。

以"每个审计项目平均违规金额"的变动情况来刻画我国地方政府审计处理处罚的效果，数据显示，地方审计机关每个审计项目平均违规金额都呈现上升趋势，这表明地方审计处理处罚的预期效果并未达到。其原因是，由于我国地方审计机关由于审计处理处罚力度较弱，再加上审计覆盖率较低，使得审计的惩处功能和预防功能都发挥不好，审计处理处罚的预期效果未能达到。

本节的发现启示我们，要优化审计处理处罚效果，需要审计处理处罚力度和审计覆盖率协调运作，从我国地方审计机关当前的情况来说，需要同时提升审计处理处罚力度和审计覆盖率。

参考文献

1. 张宗乾．关于审计处理处罚依据的探讨［J］，中国审计信息与方法，2002（3）：42－43。

2. 杨文璁．把握审计处理处罚的总体原则提升审计项目工作质量［J］，审计理论与实践，2002（10）：21。

3. 陈东成．规范审计处理处罚新思路［J］，中国审计，2002（10）：48。

4. 马雅林．审计处理处罚要坚持“五防”［J］，中国审计，2004（9）：77。

5. 陈宋生，刘淑玲．审计处理随意性的实证分析—基于审计部门1984年—2006年的经验证据［J］，审计与经济研究，2010（3）：54－62。

6. 周生安，吕云松．论审计处理处罚的准确运用［J］，四川会计，2001（10）：41－42。

7. 王秀成．解决审计处理难题，加强内部控制制度［J］，中国审计，2004（1）：81。

8. 覃卫群．浅谈审计处理处罚难的成因及其对策［J］，中国审计，2003（15）：45－46。

9. 鲁桂华．审计处罚强度与审计覆盖率之间的替代关系及其政策含义［J］，审计研究，2003（3）：55－57。

10. 郑石桥．审计频度、审计处罚和审计效果［J］，会计之友，2012（2）：9－15。

11. 郑石桥．审计机关组织模式和审计效果［J］，审计与经济研究，2012（2）：26－32。

12. 马克昌．论刑罚的功能［J］，武汉大学学报（哲学社会科学版），1995（4）：46－52。

13. 马克昌．论刑罚的本质［J］，法学评论，1995（5）：1－7。

14. 邱兴隆．撩开刑罚的面纱－刑罚功能论［J］，法学研究，1998（6）：56－75。

15. 刘　军．该当与危险：新型刑罚目的对量刑的影响［J］，中国法学，2014（2）：222－234。

16. 方　蕾，尹文健．西方刑罚理论论若干争论综要［J］，中国杜会科学，1988（6）：91－102。

17. 加里·S. 贝克尔．人类行为的经济分析［M］，王业宇、陈琪译，上海三联书店、上海人民出版社，1995年，第63－64页。

18. 郭建安．论刑罚的威慑效应［J］，法学研究，1994（3）：61－66。

19. 梁根林．刑罚威慑机制初论［J］，中外法学，1997（6）：98－106。

20. ［美］史蒂文·拉布．美国犯罪预防：理论、实践与评价［M］，中国人民公安大学出版社，1983年。

21. 魏建，宋艳锴．刑罚威慑理论：过去、现在和未来－刑罚的经济学分析［J］，学习与探索，2006（4）：193－197。

22. 邱兴隆．刑罚效果衡量初论，甘肃政法学院学报［J］，1989（1）：17－21。

23. 张宗乾．关于审计处理处罚依据的探讨［J］，中国审计信息与方法，2002（3）：42－43。

24. 孙富军．审计处理处罚应“四要”［J］，中国审计，2001（10）：33。

25. 杨文璁．把握审计处理处罚的总体原则提升审计项目工作质量［J］，审计理论与实践，2002（10）：21。

26. 鲁桂华．审计处罚强度与审计覆盖率之间的替代关系及其政策含义 [J]，审计研究，2003 (3)：55－57。

27. 马雅林．审计处理处罚要坚持“五防”[J]，中国审计，2004 (9)：77。

28. 郑石桥．审计频度、审计处罚和审计效果 [J]，会计之友，2012 (4)：26－32。

29. 张宗乾．审计处理处罚的三个误区，理财 [J]，1998 (9)：11。

30. 周生安，吕云松．论审计处理处罚的准确运用 [J]，四川会计，2001 (10)：41－42。

31. 陈东成．规范审计处理处罚新思路 [J]，中国审计，2002 (10)：48。

32. 蔡爱兰．析审计处罚程序 [J]，审计与经济研究，2002 (7)：30－31。

33. 王秀成．解决审计处理难题，加强内部控制制度 [J]，中国审计，2004 (1)：81。

34. 陈宋生，刘淑玲 [J]．审计处理随意性的实证分析—基于审计部门1984年－2006年的经验证据，审计与经济研究，2010 (3)：54－62。

35. 王万江．审计处理处罚存在的问题及对策建议 [J]，审计与理财，2011 (2)：33－34。

36. 王家新，宋皓杰，郑石桥．审计处理处罚模式及其效果：基于地方审计机关数据的实证检验 [J]，江海学刊，2014 (4)：94－98。

37. 胡　捷．论单位犯罪双罚制 [J]，安庆师范学院学报，2004 (2)：14－16。

38. 赵　星．单位犯罪双罚制问题研究 [J]，国家检察官学院学报，2008 (1)：67－71。

39. 丁华宇．论公司犯罪双罚制原则及其立法完善 [J]，哈尔滨学院学报，2009 (7)：40－45。

40. 段　鑫．单位犯罪双罚制依据新论 [J]，山西省政法管理干部学院学报，2010 (1)：62－64。

41. 应松年．行政处罚法教程 [M]，法律出版社，2012。

42. 石　磊．单位犯罪适用 [M]，中国人民公安大学出版社，2012。

43. 何正贤．单位犯罪的刑事责任理论根据初探 [J]，四川教育学院学报，2007 (9)：45－47。

44. 黎　宏．单位犯罪的若干问题新探 [J]，法商研究，2003 (4)：44－52。

45. 李　淳，王肖新．中国刑法修订的背景与适用 [M]，法律出版社，1998年，第43页。

46. 何秉松．法人犯罪与刑事责任 [M]，中国法制出版社，1991年版，第560－561页。

47. 狄维义．单位犯罪及其双层机制与双罚制 [J]，经济与法，1991 (6)：11－12。

48. 张　春．双罚制的根据－单位犯罪的两重性 [J]，法学，1990 (9)：11－13。

49. 张　文，刘凤桢，秦博勇．法人犯罪若干问题再研究 [J]，中国法学，1994 (1)：57－67。

50. 熊选国，牛克乾．试论单位犯罪的主体结构－新复合主体论之提倡 [J]，法学研究，2003 (4)：90－97。

51. 林荫茂．单位犯罪理念与实践的冲突 [J]，政治与法律，2006 (2)：37－45。

52. 卢　勇．单位成员行为的双重性与单位犯罪 [J]，华东政法学院学报，1999 (4)：22－25。

53. 曹小凤．论法人犯罪的处罚问题及我国立法的完善 [D]，河南大学硕士学位论文，2010.05。

54. 郭建安．论刑罚的威慑效应［J］，法学研究，1994（3）：61－66。

55. 赖早兴．刑罚力度论纲［J］，刑法论丛，2011（1）：184－219。

56. 鲁桂华．审计处罚强度与审计覆盖率之间的替代关系及其政策含义［J］，审计研究，2003（3）：55－57。

57. 高　雷．中国国家审计的三方博弈理论研究［J］，江苏社会科学，2011（2）：100－103。

58. 王会金．协同审计：政府审计服务国家治理的新方式［J］，中国审计评论，2014（1）：16－29。

59. 郑石桥．审计频度、审计处罚和审计效果［J］，会计之友，2012（2）：9－15。

60. 张宗乾．审计处理处罚的三个误区［J］，理财，1998（9）：11。

61. 周生安，吕云松．论审计处理处罚的准确运用［J］，四川会计，2001（10）：41－42。

62. 陈宋生，刘淑玲．审计处理随意性的实证分析－基于审计部门 1984 年－2006 年的经验证据［J］，审计与经济研究，2010（3）：54－62。

63. 王万江．审计处理处罚存在的问题及对策建议［J］，审计与理财，2011（2）：33－34。

64. 郭建安．论刑罚的威慑效应［J］，法学研究，1994（3）：61－66。

65. 卢建平，苗森．刑罚资源的有效配置－刑罚的经济分析［J］，法学研究，1997（2）：33－39。

66. 周光权．法定刑配置的合理性探讨－刑罚攀比及其抗制［J］，法律科学，1998（4）：43－48。

67. 白建军．刑罚轻重的量化分析［J］，中国社会科学，2001（6）：114－125。

68. 赖早兴．刑罚力度论纲［J］，刑法论丛，2011（1）：184－219。

69. 陈屹立，陈刚．威慑效应的理论与实证研究：过去、现在和未来［J］，制度经济学研究，2009（3）：169－186。

70. 安德鲁·温赫希．“新古典学派”、罪刑均衡与刑罚的理论依据［J］，法学译丛，1986（2）：32－37。

71. 游　伟．我国刑事法领域中的“重刑”问题－现状、成因及弊端分析［J］，法律适用，2007（3）：54－57。

72. 戴治勇．最优执法的经济学：一个实证角度的文献综述［J］，制度经济学研究，2005（1）：148－192。

73. Becker，G. S.，Crime and punishment：an econnmic approach，The Journal of Political Economy，1968（76）：169－217。

74. 边　沁．道德与立法原理导论［M］，商务印书馆，2000，P225。

75. 贝卡里亚．论犯罪与刑罚［M］，中国法制出版社，2005，P80。

76. 梁根林，张文．论刑罚目的［C］，载甘雨沛主编《刑法学专论》，北京大学出版社 1989 年版，第 251－318 页。

77. Simon，H. A.，A Behavioral Model of Rational Choice［J］，The Quarterly Journal of Economics，1955，69，（1）。

78. 西　蒙．理性选择行为模型［M］，《西蒙选集》，首都经贸大学出版社，2002 年。

第八章　行为审计处理处罚（下）

行为审计处理处罚是行为审计方法论的重要内容，由于其内容较多，分为两章，本章包括以下内容：行为审计处理处罚配置：理论框架和经验数据分析；行为审计处理处罚程序公正及其后果：理论框架和例证分析。

第一节　行为审计处理处罚配置：理论框架和经验数据分析

一般来说，行为审计对于发现的违规行为，要予以处理处罚。审计处理处罚涉及诸多问题，本节关注其中的审计处理处罚配置问题。审计处理处罚配置是指审计处理处罚种类、总量的分配和布置，以及审计处理处罚在各类违规行为上的分配和布置。很显然，它是如何处理处罚的制度框架设计，是审计处理处罚功能得以实现的重要保障，直接影响审计处理处罚的效率效果。同时，不同的审计处理处罚配置还会产生不同的实施成本。所以，审计处理处罚配置是审计处理处罚的一个重要且基础性的问题。

现有文献涉及审计处理处罚权配置、审计处理处罚自由裁量权等，然而，大多数的审计处理处罚配置问题都鲜有文献涉及。本节借鉴刑罚配置理论，构建审计处理处罚配置理论框架，并用这个理论框架来分析我国政府审计处理处罚配置。

一、文献综述

根据本节的主题，相关文献包括两类：一是审计领域中对审计处理处罚配置相关问题的研究；二是刑罚配置理论。

审计处理处罚有不少的研究文献，涉及审计处理处罚配置的研究主要有审计处理处罚权配置、审计处理处罚自由裁量权两方面的研究。关于审计处理处罚权配置，一些文献从理论上分析审计处理处罚权的属性及其配置（刘强，1996；胡智强，2009；魏昌东，2010；胡贵安，2012），但是，关注的焦点是执法主体中没有明确标明审计机关的违规问题，审计部门是否有处理处罚权？针对这个问题，有两种观点：一种观点认为，凡是法律法规的执法主体中没有明确标明有审计机关的，审计机关就没有处理处罚权；二是认为审计机关作为综合经济监督部门，可以依据不同的法律法规进行处理处罚，不管法律法规中规定的执法主体是谁，审计机关都可以进行处理处罚（张宗乾，2002；郝婷，2010；程度平，2011）。关于审计处理处罚自由裁量权的研究，主要涉及自由裁量权在审计处罚中的主要表现、审计机关行使自由裁量权的要求、存在问题及对策（陈妙松，2010；谢开盛，2013；王广庆，2013）。

刑罚配置有许多研究文献，主要涉及刑罚配置的理论基础、法定刑配置模式、刑罚配置原则、配置配置目的、刑罚配置实现路径、刑罚配置合理性（周光权，1998；周光权，2000；邓文莉，2009；蔡一军，2009；蔡一军，2011；魏柏峰，2012）。此外，还有不少文献研究各种具体犯罪的刑罚配置（欧锦雄，1998；邓文莉，2008；万国海，2008；刘宪权，2011）。

上述文献综述显示，总体来说，关于审计处理处罚配置并没有得到系统的研究，许多问题鲜有文献涉及，而刑罚配置理论的相关研究对审计处理处罚配置有较大的启发性。本节借鉴刑罚配置理论，构建审计处理处罚配置理论框架。

二、行为审计处理处罚配置：理论框架

审计处理处罚配置是如何处理处罚的制度框架设计，涉及宏观和微观两个层面。从宏观层面来说，是指审计处理处罚种类、总量的分配和布置，主要涉及审计处理处罚种类的选择和配置以及处理处罚体系的建构；从微观层面来说，是指审计处理处罚在各类违规行为上的分配和布置，主要涉及各类审计处理处罚在各类违规行为上的配置（董淑君，2004）。在此之前，无论是宏观配置还是微观配置，都有一个理论基础问题。所以，本节提出的行为审计处理处罚配置理论框架包括三个问题：理论基础、宏观配置、微观配置。

（一）审计处理处罚配置的理论基础

行为审计对违规行为的处理处罚具有准司法性质，所以，需要借鉴刑罚配置的理论基础来构建审计处理处罚的理论基础。

法学中的刑罚配置理论基础涉及两个问题：一是为什么要刑罚；二是如何刑罚。这两个问题密切相关，一般来说，“为什么要刑罚”会影响“如何刑罚”。

关于“为什么要刑罚”，基本上可分为报应刑论、目的刑论和合并论三类，报应刑论认为，刑罚的本质是报应，是要对犯罪这种恶因给予恶报而存在的；目的刑论也称功利刑论，这种观点认为，刑罚并非是对犯罪的报应，而是预防将来犯罪，保护社会利益的手段；合并论一方面承认刑罚是对犯罪的报应，另一方面主张刑罚具有预防目的（马克昌，1995；邱兴隆，1998；刘军，2014）。

关于“如何刑罚”，历史上出现过三种刑罚配置理论：同态相应的刑罚配置理论，罪责相应的刑罚配置理论，刑罚个别化的刑罚配置理论（蔡一军，2009）。同态相应的刑罚配置理论是以犯罪的具体形态为考察基点来配置刑罚的理论，该理论认为刑罚配置应当与犯罪绝对对应，也就是严格针对犯罪的形态和严重程度来对犯罪人配置绝对相同的刑罚。同态相应论折射了朴素的“公平”刑罚观，但是，这是复仇式的刑罚配置，带有野蛮性。罪责相应的刑罚配置理论是指要求以抽象化后的犯罪严重性为考察基点配置刑罚的理论，也就是应对犯罪的结果或行为以及主观过错的严重性进行抽象性的认识和评价，并以稳定的刑罚种类与其相联系。许多学者主张这种理论。黑格尔认为，犯罪是触犯法律的行为，理应受到法律的责罚，国家根据法律的规定，对犯罪人予以惩罚，以维护社会的正义（黑格尔，1996）。贝卡里亚（1993）认为，犯罪对社会的危害是衡量犯罪的真正标尺。刑罚个别化的刑罚配置理论以犯罪人之个别情况为配置基点，认为刑罚的轻重应根据犯罪人的人身危险性来配置，它以刑罚的矫正与预防为目的，认为犯罪本质应从犯罪人的反社会性格去探究，而

不能从客观行为及结果来判定。

一般来说，刑罚目的会影响刑罚配置理论。报应刑论主张刑罚配置的绝对理论，认为刑罚配置的唯一基点在于犯罪的严重性。所以，报应刑可能主张罪责相应的刑罚配置理论，也不会否定同态相应的刑罚配置理论。功利刑论主张刑罚配置的相对理论，认为犯罪的严重性只是刑罚配置的基点之一而已，最终决定刑罚配置结果是如何实现预防犯罪的功能，因而理想的刑罚配置基点应当包括两方面：首先，刑罚应与犯罪对应，大致做到“重罪重罚，轻罪轻罚”；其次，刑罚应与预防犯罪的目的相对应，尽可能实现预防犯罪的目的。很显然，功利刑论会主张刑罚个别化的刑罚配置理论，也一定程度上会接受罪责相应的刑罚配置理论。

就行为审计对违规行为的处理处罚来说，其目的或功能应该是惩处功能与预防功能之统一①，所以，需要选择这两种目的都能接受的配置理论，这就是罪责相应的刑罚配置理论。事实上，上述三种刑罚配置理论，同态相应的刑罚配置在文明社会已经没有存在的基础；刑罚个别化的刑罚配置理论强调了刑罚的特殊预防功能；而罪责相应的刑罚配置一方面体现了刑罚的公正性，另一方面则兼顾了刑罚的特殊预防和一般预防功能。所以，罪责相应的刑罚配置理论较好地兼顾了报应刑论和功利刑论。

借鉴罪责相应的刑罚配置理论，不妨称行为审计处理处罚配置理论为违规惩处相应理论，也就是说，违规行为对经管责任的危害程度是衡量处理处罚的真正标尺，要以抽象化后的违规严重性为考察基点来配置审计处理处罚，需要对违规行为的结果以及主观故意的严重性进行抽象性的认识和评价，并以稳定的审计处理处罚种类与其相联系。

（二）行为审计处理处罚的宏观配置

审计处理处罚的宏观配置搭建审计处理处罚的主体框架，主要涉及如下问题：审计处理处罚的主体，审计处理处罚的对象，审计处理处罚的立法模式，审计处理处罚的类型和位阶。下面，我们分别阐述上述内容。

1. 行为审计处理处罚之主体

行为审计处理处罚主体是指行为审计发现违规问题之后，针对该违规行为的处理处罚决定由谁来做出。这里涉及两个问题：第一，审计机构是否就是审计处理处罚机构；第二，如果审计机构是处理处罚机构，专门法律法规中没有明确标明审计机构能处理处罚的违规问题，审计机构是否有处理处罚权？

行为审计发现违规行为之后，是由审计机构来处理还是由其他机构来处理，这是审计处理处罚主体配置的基本问题。实践中有多种模式，总体来说，有两种情形：一是由审计机构来处理处罚，例如，政府审计是属于司法系列或隶属于行政部门时，就属于这种情形，许多内部审计机构也有处理处罚权；二是由其他机构来处理处罚，例如，政府审计体制属于立法机构或不隶属于任何机构时，就属于这种情形，许多内部审计机构也没有处理处罚权，而民间审计机构基本上没有处理处罚权。现实生活中的多种模式都有其存在的理由，总体来说，审计只是委托人、代理人共同构造的治理机制的组成要素之一，审计权配置到什么程度，需要从治理机制的整体构造来考虑，而不能就审计论审计。审计处理处罚权配置给什么机构，核心的问题是处理处罚的效率效果，何种机构持有这

---

① 本人另有专文论述行为审计处理处罚功能或目的。

种处理处罚权的效率效果好，这个权力就应该配置给该机构（为简化起见，后续内容中称其为审计处理处罚机构）。

接下来的问题是，如果专门的法律法规没有明确审计处理处罚机构能对该法律法规约束的违规行为进行处理处罚时，审计处理处罚机构能否对该类违规行为进行处理处罚呢？目前，有两种观点，一种观点认为审计处理处罚机构无权进行处理处罚，理由是，有关法律法规明确规定了主管部门是处理处罚主体，只能由法律法规明确规定的主管部门进行处理处罚，审计处理处罚机构没有处理处罚主体资格（刘强，1996；张宗乾，1998；张宗乾，2002）。另外一种观点认为，审计处理处罚机构有权进行处理处罚，理由是，审计相关的法律超常规赋予审计处理处罚机构具有有关法律法规的处理处罚主体资格，审计处理处罚机构据此完全有权进行处理处罚，不是越权行为（陕西省审计厅课题组，2008；郝婷，2010；程度平，2011）。

我们赞同审计处理处罚机构有权进行处理处罚的观点。专门的法律法规的制裁规则中可能没有明确法院有对违反该法律法规的犯罪行为具有司法权，这并不影响法院对这些犯罪行为具有司法权，因为法律赋予了法院对所有犯罪行为的司法权。许多的法律法规都有其主管部门，在这些法律法规的制裁规则中，明确规定了主管部门的处理处罚权，可能没有明确规定审计处理处罚机构具有处理处罚权，而审计相关法律法规赋予了审计处理处罚机构这种权力，所以，如同法院对所有犯罪行为具有司法权一样，审计处理处罚机构对所有属于审计管辖范围的违规行为都具有处理处罚权。

2. 行为审计处理处罚之对象

行为审计当然是以违规行为作为处理处罚之基础，但是，违规行为是有行为主体的，所以，行为审计要处理处罚的客体应该是违规行为之主体。借鉴单位犯罪理论，本节认为，根据违规责任自负原则，违规行为的类型决定审计处理处罚对象之选择。如果是为了单位利益而实施的违规行为，则责任人意志和单位意志达到对立统一，此时的审计处理处罚对象应该是责任人和责任单位，采用双罚制；如果责任人完全为了自己的利益，违规行为只是体现责任人自己的意志，此时的审计处理处罚对象应该是责任人，不包括责任单位[①]。

3. 行为审计处理处罚的立法模式

行为审计处理处罚的立法模式是指行为审计中对违规行为处理处罚规则的建立模式，类似于刑法中的经济刑罚立法模式。纵观世界各国，经济刑罚的立法模式有三种：普通经济刑法模式，单行经济刑法模式，附属经济刑法模式（孙建伟，1987；李建华，2001），普通经济刑法模式指把经济犯罪及其刑事责任和刑罚的内容集中规定于刑法典之中；单行经济刑法模式指专门制定经济刑法典，用以规定经济犯罪及其刑事责任和刑罚；附属经济刑法模式指把经济刑罚引入民事、商事、经济、行政等法律法规中，并在其中规定经济犯罪及其刑事责任和刑罚内容。我国的经济刑罚立法采用普通经济刑法模式和附属经济刑法模式的混合式立法模式，把经济犯罪的内容同时规定在刑法典和单行法规中（李汉军，2010；韩小莲，2013）。

从行为审计处理处罚规则的建立来说，我们主张比经济刑罚更加宽泛的混合模式，要建立三个层级的违规行为处理处罚规则，第一个层级是通用的违规行为处理处罚规则，适用于所有违规行为，例如，建立适用于党的纪律检查、行政监察、审计的违规行为处理处罚规则，这个层级的处理

① 本人另有专文论述行为审计处理处罚之模式或对象。

处罚规则可以做到各类处理处罚之间的平衡；第二层级是审计机构专用的违规行为处理处罚规则，由于审计关注的行为一般是与经管责任的履行相关，这个层级的处理处罚规则专注于经管责任履行中的违规行为；第三层级是各种专门的经济、行政等法律法规中设置专门的章节来规定对于违背本法律法规的行为之处理处罚规定。

上述三个层级的处理处罚规则中，第一层级和第二层级都属于从横向对违规行为的处理处罚之规定，二者只是规范的违规行为范围不同；第三层级属于从纵向对违规行为的处理处罚之规定，它们之间的关系如图 1 所示。

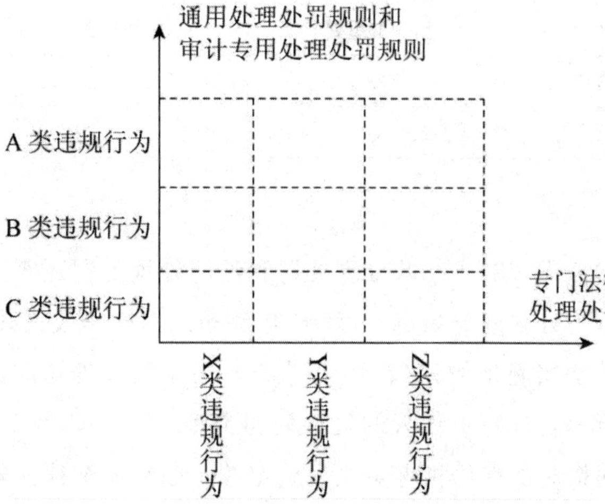

图 1　各类处理处罚规则的关系

图 1 显示，混合模式下，各层级的处理处罚规则都是针对违规行为，所以，事实上是具有多重复盖，也就是说，同一个具体的违规行为，在不同层级的处理处罚规则中都有规定。问题的关键是如何协调，从规则的阶位来说，专门法律法规最高，通用的处理处罚规则次之，审计专用的处理处罚规则最低。所以，审计专用的处理处罚规则应该包容或补充通用的处理处罚规则，而二者应该包容或补充专门法律法规。

有一种观点认为，为了避免专门法律法规的处理处罚规则与另外两个层级处理处罚规则的不协调，在专门法律法规中干脆不设置处理处罚规则。这个观点是不正确的，在专门法律法规中设置处理处罚规则，是保证专门法律法规的科学性、完整性和实际效力的需要。任何一个法律法规都必须具有假定、处理、制裁三个要素，这三个要素缺一不可，否则就不是完整的法律法规，而三要素中的制裁部分，是保证这一法律法规实际生效的关键部分，如果缺了它，专门法律法规就形同虚设（王金滨，1984）。

4. 行为审计处理处罚的类型及位阶

行为审计处理处罚措施的构建涉及两个问题：一是处理处罚类型，主要是指具体的处理处罚方式或手段；二是处理处罚的位阶，主要是指审计处理处罚因其严厉性程度不同而呈现的序列性层次。处理处罚类型和位阶是密切相关的，正是由于有不同的处理处罚类型，才会呈现位阶；也正是需要有位阶，才会出现不同类型的处理处罚措施。

审计处理处罚配置中的位阶具有重要的意义，有了处理处罚位阶，处理处罚可达到区别不同危害程度的违规行为之目的，针对越严重的违规行为，施与越严厉的处理处罚。因此，处理处罚对违规行为的抑制力将随其危害程度而上升，处理处罚发挥惩处和预防违规的功能也在此过程中得以实现。如果对于不同危害程度的违规行为施与同样严厉程度的处理处罚，则不仅会破坏委托人及利益相关者的公正情感，影响审计权威性，更会因其处置的不公正性而抑制处理处罚的惩处和预防违规行为的效果。所以，处理处罚位阶的有效配置是保障处理处罚功能的制度设计前提（蔡一军，2009）。

前已经叙及，行为审计处理处罚对象包括责任单位和责任人，而处理处罚措施基本上可以分为行政处理处罚和经济处理处罚，上述两个维度结合起来，审计处理处罚类型总体情况如表 1 所示。

表 1　审计处理处罚类型（总体情形）

项目	经济处理处罚	行政处理处罚
责任单位	√	√
责任个人	√	√

注：√表示有这种情形

然而，由于处理处罚位阶的考虑，对于行政处理处罚和经济处理处罚还需要设置不同类型，确定不同位阶。综合《财政违法行为处罚处分条例》（2004 年颁布）、《中华人民共和国审计法》（2006 年修订）、《中华人民共和国审计法实施条例》（2010 年修订）关于处理处罚的规定，针对责任单位的处理处罚类型及位阶如表 2 所示，针对责任人的处理处罚类型及位阶如表 3 所示[①]，表中的位阶是本节作者经过对各种处理处罚措施的严厉性考量之后确定的，原来的法律法规中并没有明确它们的位阶，经济处理处罚类型和行政处理处罚类型的位阶之间无对等关系。

表 2　针对责任单位的处理处罚类型及位阶

<table>
<tr><th colspan="2">经济处理处罚</th><th colspan="2">行政处理处罚</th></tr>
<tr><th>位阶</th><th>处理处罚类型</th><th>位阶</th><th>处理处罚类型</th></tr>
<tr><td rowspan="3">第一位阶</td><td>限期缴纳应当缴纳的收入</td><td>第一位阶</td><td>通报批评</td></tr>
<tr><td>限期退还被侵占的财产</td><td>第二位阶</td><td>警告</td></tr>
<tr><td>限期退还违法所得</td><td></td><td></td></tr>
<tr><td>第二位阶</td><td>没收违法所得</td><td></td><td></td></tr>
<tr><td>第三位阶</td><td>罚款</td><td></td><td></td></tr>
</table>

表 3　针对责任人的处理处罚类型及位阶

<table>
<tr><th colspan="2">经济处理处罚</th><th colspan="2">行政处理处罚</th></tr>
<tr><th>位阶</th><th>处理处罚类型</th><th>位阶</th><th>处理处罚类型</th></tr>
<tr><td rowspan="3">第一位阶</td><td>限期缴纳应当缴纳的收入</td><td>第一位阶</td><td>通报批评</td></tr>
<tr><td>限期退还被侵占的财产</td><td>第二位阶</td><td>警告</td></tr>
<tr><td>限期退还违法所得</td><td>第三位阶</td><td>记过</td></tr>
</table>

① 由于本文主题及篇幅所限，这里不评价这些法律法规中的处理处罚类型及位阶配置。

续表

第二位阶	没收违法所得	第四位阶	记大过
第三位阶	罚款	第五位阶	降级
		第六位阶	撤职
		第七位阶	开除

当然，针对责任人或责任单位的罚款，本身也存在配置问题，也有多种模式可供选择（欧锦雄，1998；徐向华，郭清梅，2006；邓文莉，2008），限于本节篇幅，这是不展开讨论。

（三）行为审计处理处罚的微观配置

刑罚配置的核心是解决犯罪与刑罚的量度对应关系问题，在范围上包括对特定犯罪的法定刑的确立和判定刑的裁量（Sebba，1978）。行为审计处理处罚的微观配置主要涉及各类审计处理处罚在各类违规行为上的配置，也就是将各类型、各位阶的处理处罚落实到各种类型的违规行为。一般来说，主要包括三方面的问题：一是行为审计处理处罚的配置模式；二是行为审计处理处罚的自由裁量权；三是针对各类违规行为的处理处罚规定。事实上，前两个问题是微观配置中较为原则性的问题，最终要体现到各类违规行为的处理处罚规定。第三个问题过于细致和庞大，限于本节篇幅，不能展开讨论，我们这里阐述前两个问题。

1. 行为审计处理处罚的配置模式

行为审计处理处罚的配置模式是指如何将各类审计处理处罚配置到各类型的违规行为。在法学领域，如何将各类刑罚配置到各种类型的犯罪称为法定刑配置模式，主要有三种模式：绝对确定模式、绝对不确定模式、相对确定模式（周光权，1998）。绝对确定模式主张刑法条文对某一犯罪只规定一个没有量刑幅度的刑种。绝对确定模式使刑罚明确化，限制法官自由裁量权，以收刑罚公正之功。但是，由于人类有限理性，无法以列举的方式穷尽地建立不同危害与不同刑罚的对应关系。所以，绝对确定模式显然缺乏针对性，无法根据每一种犯罪的具体情节判处轻重适当的刑罚。绝对不确定模式主张在法律条文中只抽象地规定对某种犯罪判处的刑罚，但并未具体规定刑种和刑度的情形。这种模式认为，设置法定刑的目的是威慑和改造犯人、预防其重新犯罪，而改变人的行为方式的种种因素也是复杂的，所以，立法者很难预设出一个使犯人改恶从善的时间和惩罚严厉程度，因此，法定刑只能是不确定的。但是，经验事实证明，绝对不确定模式不利于实现罪刑均衡。相对确定模式主张刑法条文对某一犯罪明文规定刑种和量刑幅度，并针对犯罪的情节，规定最高刑和最低刑。这种相对确定模式既有明确的限度，又在此限度内赋予法官一定的灵活性，有利于实现罪刑均衡。但是，相对确定模式存在自由裁量权问题。

就行为审计处理处罚的配置模式来说，我们倾向于相对确定模式。实现世界是复杂的，违规行为的产生原因也很多，具体情节更是多种多样，所以，无法事先设想到违规的具体状况，所以，绝对确定模式不能采用。相反，如果不具体规定各类违规行为的处理处罚类型及幅度，审计处理处罚机构可以无限制地自由裁量，可能影响审计处理处罚的公正性。所以，绝对不确定模式不能采用。相对确定模式对某一违规行为明文规定处理处罚的类型和幅度，并根据违规行为的具体状况，规定最高幅度和最低幅度。这种模式下，既有明确的限度，又在此限度内赋予审计处理处罚机构一定的灵活性，有利于实现违规与惩处的均衡。当然，这种模式下，可能存在审计处理处罚机构滥用自由裁量权的问题。

2. 行为审计处理处罚的自由裁量权

法学领域中有大量关于自由裁量权的研究（司久贵，1998；江必新，2006；董玉庭，董进宇，2007；辛建华，2009）。这些研究对于审计处理处罚自由裁量权配置有较大的启发价值。至于审计领域，本节在文献综述中已经指出，审计处理处罚自由裁量权的研究主要涉及自由裁量权在审计处罚中的主要表现、审计机关行使自由裁量权的要求、存在问题及对策（陈妙松，2010；谢开盛，2013；王广庆，2013）。

借鉴法学领域自由裁量权理论，从审计处理处罚配置视角来说，主要涉及两个问题：第一，是否需要审计处理处罚自由裁量权；第二，如果审计处理处罚需要自由裁量权，如何控制滥用这种权力。关于是否需要审计处理处罚自由裁量权，在绝对确定模式、绝对不确定模式、相对确定模式中，审计处理处罚需要选择相对确定模式，当选择相对确定模式之后，审计处理处罚自由裁量权已经成为其核心内容了。

现在的问题是，如何控制滥用审计处理处罚自由裁量权？我们先来看行政自由裁量权的控制。自由裁量权是行政过程中的重要问题，共有四种控制模式：通过规则的命令控制模式，通过原则的指导控制模式，通过程序的竞争控制模式，通过监督的审查控制模式（王锡锌，2009）。通过规则的命令控制模式认为，自由裁量是法律规则供给不足的产物，因此，控制自由裁量权的最有效的方法就是制定明确的规则，明确地表达某种命令和指令，执法者必须依照这一指令进行处理，失去了判断、选择和斟酌余地，裁量余地很小。在目前的行政实践中，各种裁量基准就是通过规则的命令控制模式的典型例证（余凌云，2008）。通过原则的指导控制模式认为，法律规则总是显得滞后的，而基本原则可以为不断变化和发展的现实提供基本调控框架，所以，原则的控制提供了原则与弹性，在承认自由裁量存在的现实及其合理性基础上，通过基本原则的指导性功能，一方面，为自由裁量权行使划定基本框架，另一方面，又使执法者保留一定的判断、斟酌和选择空间。通过程序的竞争控制模式从程序上对行政主体行使裁量权的行为进行控制，这种控制技术的要旨是，在自由裁量过程中的所有行动者在程序规则导引下进行知识交流和理性讨论，构成一种竞争和制约机制，从而防止行政裁量权非理性的行使。这种控制所强调的核心技术是当事人的有效参与，通过设定行动者的相互关系结构来使自由裁量权行使过程和结果符合理性化的要求。通过监督的审查控制模式是通过权威主体依据预先的标准对权力主体行使自由裁量权的过程和结果进行审核和判断，它是一种事后监控和矫正机制。

上述各种控制自由裁量权的模式，在审计处理处罚中都已经有所应用，不少审计机构制定了审计自由裁量基准，并且还确定了审计自由裁量的一些原则，这是应用通过规则的命令控制模式和通过原则的指导控制模式；一些审计机构实行内部机构的审计权分离，甚至是审计听证，这是应用通过程序的竞争控制模式①；所有审计机构都建立了质量控制机制，这是应用通过监督的审查控制模式。但是，我们要强调的是，各种控制自由裁量权的模式之间不是相互独立和排斥的，由于审计自由裁量权存在原因的多元性、情形的复杂性都意味着单一的控制模式无法完成对审计自由裁量权的良性控制，理想的情形应当是将不同的控制模式进行整合，形成立体的审计自由裁量权控制体系。

① 本人另有专文论述行为审计处理处罚程序。

三、行为审计处理处罚配置：我国政府审计处理处罚经验数据分析

本节以上提出行为审计处理处罚配置的理论框架，由于篇幅所限，本节不能用上述理论框架来全面分析我国政府审计处理处罚配置。但是，本节通过用经验数据来描述我国政府审计处理处罚效果，以此为出发点，从若干审计处理处罚配置因素的视角来分析其原因。

（一）我国政府审计处理处罚效果

我们采用"每个审计项目平均违规金额"的变动情况来刻画我国政府审计处理处罚效果，每个审计项目平均违规金额＝违规金额/审计单位数。根据最近10年《中国审计年鉴》"全国审计机关分行业审计（调查）情况表"，不同类型审计项目的每个审计项目平均违规金额计算如表4所示。

表4　每个审计项目平均违规金额（万元）

审计项目类型	2002	2003	2004	2005	2006	2007	2008	2009	2010	2011
预算执行	1041	1901	缺失	缺失	缺失	3453	8030	8832	7125	16072
财政决算	545	804	缺失	缺失	缺失	2290	10792	15944	7653	6884
专项资金	520	434	缺失	缺失	缺失	1698	1176	2530	2369	3252
行政事业	162	219	缺失	缺失	缺失	443	489	570	778	946
固定资产投资	368	413	缺失	缺失	缺失	412	637	719	657	366
金融	2164	4602	缺失	缺失	缺失	29533	39882	56776	77973	79543
外资项目运用	329	1119	缺失	缺失	缺失	883	1888	1168	3705	1674
企业	870	1822	缺失	缺失	缺失	2919	4085	6181	7316	21959
其他	130	17	缺失	缺失	缺失	81	688	14	2018	39
平均值	461	760	/	/	/	1377	2300	2909	2384	3716

说明：违规金额是《中国审计年鉴》中"审计查出主要问题情况"下"违规金额""管理不规范金额""损失浪费金额"三项之和，2004年、2005年、2006三年的年鉴中并没有给出"审计查出主要问题情况"项目，故缺失。

表4中的数据显示，"每个审计项目平均违规金额"并不是呈现下降趋势，而是上升趋势①。所以，总体来说，我国政府审计处理处罚并未能实现其预期效果。

（二）我国政府审计处理处罚配置存在的若干问题

从审计处理处罚配置视角来分析我国审计处理处罚并未能实现预期效果的原因，涉及宏观配置和微观配置的许多因素。由于本节篇幅，再加上公开数据方面的限制，本节仅分析审计处理处罚主体和对象两个因素对审计处理处罚效果的影响。

1. 行为审计处理处罚主体配置对审计处理处罚效果的影响

我国的审计处理处罚主体有多种情形，一是审计机关自行处理处罚；二是移送司法机关惩处；

---

① 审计署从2011年开始公布的审计绩效报告的投入产出数据显现同样的趋势。

三是移送纪检监察部门处理处罚；四是移送有关部门处理处罚。多个审计处理处罚主体存在协同问题，表现为移送处理处罚最终落实情况。根据近10年《中国审计年鉴》“全国审计机关分行业审计（调查）情况表”，上述三个方面的情况如表5至表7所示。

表5　移送司法机关案件立案率

审计项目类型	2002	2003	2004	2005	2006	2007	2008	2009	2010	2011
预算执行	46%	65%	44%	31%	38%	39%	35%	44%	54%	63%
财政决算	61%	39%	67%	57%	13%	45%	36%	100%	42%	64%
专项资金	39%	61%	33%	37%	29%	46%	67%	66%	68%	24%
行政事业	62%	58%	50%	41%	58%	65%	61%	51%	61%	45%
固定资产投资	55%	50%	39%	47%	73%	35%	79%	54%	48%	34%
金融	10%	21%	56%	25%	47%	42%	41%	38%	63%	88%
外资项目运用	100%	0%	67%	0%	80%	67%	0%	100%	20%	0%
企业	39%	44%	48%	29%	30%	70%	54%	50%	100%	52%
其他	27%	50%	20%	58%	/	0%	/	/	0%	/
平均值	47%	49%	48%	37%	44%	54%	57%	53%	68%	43%

注：移送司法机关案件立案率＝司法机关已经立案件数/移送司法机关案件数

（“/”表示该类审计项目当年并未发生移送司法机关案件）

表6　移送纪检监察部门事项处理率

审计项目类型	2002	2003	2004	2005	2006	2007	2008	2009	2010	2011
预算执行	21%	45%	28%	16%	51%	35%	42%	32%	31%	31%
财政决算	50%	40%	33%	16%	40%	41%	32%	32%	36%	54%
专项资金	33%	47%	38%	33%	39%	38%	64%	52%	51%	39%
行政事业	33%	31%	36%	26%	38%	44%	41%	50%	54%	37%
固定资产投资	38%	33%	25%	9%	46%	12%	21%	38%	56%	45%
金融	7%	50%	14%	4%	13%	4%	69%	13%	22%	0%
外资项目运用	33%	20%	60%	20%	0%	0%	50%	0%	0%	75%
企业	7%	25%	38%	19%	42%	40%	45%	24%	42%	18%
其他	100%	45%	51%	53%	/	/	0%	67%	/	100%
平均值	22%	33%	36%	23%	40%	39%	43%	42%	47%	38%

注：移送纪检监察部门事项处理率＝纪检监察部门已经处理事数/移送纪检监察部门事项

（“/”表示该类审计项目当年并未发生移送纪检监察部门事项）

表 7 移送有关部门事项处理率

审计项目类型	2002	2003	2004	2005	2006	2007	2008	2009	2010	2011
预算执行	35%	25%	55%	22%	51%	41%	47%	41%	36%	39%
财政决算	69%	49%	90%	15%	43%	48%	50%	38%	21%	42%
专项资金	91%	40%	21%	24%	32%	39%	39%	34%	51%	27%
行政事业	67%	39%	36%	25%	35%	31%	38%	39%	31%	24%
固定资产投资	46%	27%	25%	17%	22%	26%	28%	26%	28%	30%
金融	53%	45%	6%	16%	13%	7%	24%	8%	15%	13%
外资项目运用	100%	50%	13%	22%	0%	0%	8%	9%	24%	0%
企业	49%	21%	29%	28%	22%	27%	29%	31%	32%	30%
其他	40%	33%	0%	55%	0%	0%	/	0%	/	/
平均值	60%	35%	37%	23%	31%	30%	35%	33%	33%	30%

注：移送有关部门事项处理率＝有关部门已经处理事数/移送有关部门事项

（“/”表示该类审计项目当年并未发生移送有关部门事项）

表 5 至表 7 数据显示，审计移送案例或事项的落实情况并不好，其原因是审计处理处罚各部门之间的协同存在问题。

2. 审计处理处罚对象选择对审计处理处罚效果的影响

根据我国的相关法律法规，审计处理处罚对象包括责任单位和责任人，但是，现实审计生活中，对责任人的处理处罚很少。据近 10 年《中国审计年鉴》“全国审计机关分行业审计（调查）情况表”，对责任人的处理处罚情况计算如表 8 所示。

表 8 责任人处理处罚度

审计项目类型	2002	2003	2004	2005	2006	2007	2008	2009	2010	2011
预算执行	0.15	0.02	0.02	0.03	0.02	0.01	0.02	0.02	0.03	0.02
财政决算	0.01	0.02	0.02	0.02	0.02	0.02	0.02	0.02	0.03	0.03
专项资金	0.01	0.02	0.03	0.02	0.01	0.03	0.02	0.02	0.02	0.12
行政事业	0.02	0.03	0.03	0.03	0.02	0.01	0.02	0.02	0.02	0.02
固定资产投资	0.01	0.01	0.01	0.01	0.01	0.01	0.01	0.00	0.01	0.00
金融	0.05	0.09	0.18	0.32	0.23	0.39	0.37	0.47	0.11	0.61
外资项目运用	0.00	0.01	0.00	0.00	0.00	0.00	0.04	0.00	0.01	0.00
企业	0.03	0.08	0.06	0.10	0.09	0.08	0.09	0.05	0.05	0.09
其他	0.02	0.06	0.05	0.12	0.02	0.09	0.02	0.05	0.04	0.02
平均值	0.04	0.03	0.03	0.03	0.02	0.02	0.02	0.02	0.02	0.03

注：责任人处理处罚度＝（移送司法机关涉案人数＋移送纪检监察部门涉及人数＋移送有关部门涉及人数）/审计（调查）单位数

表8的数据显示，对责任人的处理处罚力度很小。

四、结论和启示

审计处理处罚配置作为审计处理处罚的一个重要且基础性的问题，本节尝试从理论基础、宏观配置、微观配置这三个方面来构建其理论框架。理论基础包括配置目的和如何配置两个理论问题，本节认为，配置目的是惩处功能和预防功能的统一；如何配置是违规惩处相应，认为违规行为对经管责任的危害是衡量处理处罚的真正标尺。宏观配置层面，我们讨论了处理处罚主体、处理处罚对象、处理处罚立法模式、处理处罚类型和位阶等问题。处理处罚微观配置主要涉及各类处理处罚在各类违规行为上的配置，包括处理处罚配置模式、处理处罚自由裁量权、针对各类违规行为的处理处罚规定等。

通过对审计年鉴数据的分析我们不难看出，目前我国审计处理处罚的效果并不理想。从审计处理处罚配置视角来分析，这一现状的背后存在着许多亟待解决的问题：审计处理处罚各主体的协同不善导致处理处罚效率低下，审计处理处罚忽视了对责任人这一对象的处罚等。希望本节构建的配置框架能够为审计处理处罚的进一步理论研究与实务操作带来启发。

第二节　行为审计处理处罚程序公正及其后果：理论框架和例证分析

行为审计对于发现的违规行为要做出处理处罚。审计处理处罚一方面发挥惩处功能，更为重要的另一方面是发挥预防功能。如何才能更好地发挥上述两方面的功能呢？这涉及审计处理处罚的模式、处理处罚的力度、处理处罚配置及处理处罚程序公正等许多因素。本节关注处理处罚程序公正及其对处理处罚效果的影响。

现有文献对审计处理处罚程序公正及其后果缺乏系统研究，本节借鉴法学和社会心理学理论，构建审计处理处罚程序公正及其后果的理论框架。

一、文献综述

根据本节的主题，相关的文献包括两方面：一是审计处理处罚程序公正及其后果相关文献；二是法学和社会心理学中的程序公正及其后果相关文献。

关于审计处理处罚程度公正及其后果，一些文献指出了审计处理处罚程序存在的问题，例如，审计组将审计职能和审计处理处罚职能集于一身；审计程序和规范有待进一步完善，甚至存在违法现象（王秀成，2004；马雅林，2004）；将审计组向审计机关提交审计报告前向被审计单位征求对审计报告的意见当成“告知”（蔡爱兰，2002；李芸屹，2010）。一些文献指出了审计处理处罚程序不当产生的负面后果，例如，审计程序失当，严重影响着审计质量的提高，审计风险很大（周生安，吕云松，2001）；程序不合规不合法，将形成审计执法过程中的瑕疵，导致行政复议中被撤销审计决定或在行政诉讼中败诉（王万江，2011）。还有一些文献从理论上分析审计机构内部分权对审计处理处罚的影响，审计机构通过内部分权，将审计立项权、审计查证权、审计审理权、审计执行权进行分割，发挥了审计规制俘获阻止的功能（贺庆华，2010；郑石桥，2012）。此外，国家审计署还颁布了审计处理处罚听证的规定（中华人民共和国国家审计署，2003）。

法学和社会心理学中关于程序公正或程序正义及其后果的相关文献很多，一些文献研究程序公正的本质、价值及模式等（罗尔斯，1988；肖建国，1999；虞宏达，2003；郝启秋，2004；尹宁，潘星容；2009）。另外，至少还存在两种研究路径：一种是以伦理原则、普世价值或宪法原则为出发点，从中演绎推理出若干基本要素或特征，作为衡量某个具体程序是否公正的指标，并对具体程序提出建议；另一种则是从当事人主观感受出发，运用社会心理学方法，研究人们在主观上对各种程序的公正判断和程序公正对公民态度、行为的影响及其心理机制（林晓婉，车宏生，张鹏，王蕾，2004；李昌盛，王彪，2012；Thibaut&Walker，1975；Tyler&Lind，1992；Tyler，2003；Hollander－Blumoff&Tyler，2008）。这些文献对于本节的研究有较大的启发价值。

总体来说，审计处理处罚程序公正及其后果还缺乏系统的理论框架，本节借鉴法学和社会心理学中的程序公正或程序正义及其后果的理论，提出一个审计处理处罚程序公正及其后果的理论框架。

二、行为审计处理处罚程序公正及其后果：理论框架

从理论层面来说，本节关注两个问题，第一，如何做到审计处理处罚程序公正？第二，审计处理处罚程序公正会产生什么后果？

（一）审计处理处罚程序公正的实现路径

程序公正是现代文明的基本要求，审计处理处罚也不例外。如何能做到审计处理处罚程序公正呢？对于这个问题，要从程序不公正的原因出发来分析。影响审计处理处罚程序不公正的原因无非是两个方面：一是审计机构内部出现了舞弊或错误，致命审计处理处罚程序不公正；二是没有充分尊重被审计单位的权利，致使审计处理处罚程序不公正。抑制上述两方面的因素，就能达到审计处理处罚程序公正。

1. 审计机构内部制衡与审计处理处罚程序公正

审计机构的权力可以分为审计立项权、审计查证权、审计处理处罚权、审计整改权（郑石桥，2012）。在许多情形上，审计机构内部的上述四种权力是由同一个部门来执行的。这种审计权力配置模式，使得一个部门对于审计的全过程都一目了然，审计的各个环节之间沟通较好。所以，这种模式下，审计效率较高。但是，在这种模式下，各种审计权力由一个部门行使，缺乏内部制衡，容易产生舞弊或错误。这些舞弊或错误大致有两种情形：一是将已经发现的违规行为不作为违规或不进行处理处罚；二是将性质模糊的行为作为违规行为进行处理处罚。

已经发现的违规行为不作为违规或不进行处理处罚，有两方面的原因：一是审计人员有意舞弊；二是审计人员由于各种原因而发生错误。在审计立项权、审计查证权、审计处理处罚权、审计整改权四位一体的情形下，一个部门的错误并没有其他部门的有效检查，一个部门的舞弊也没有其他部门的有效制衡（庄新民，2012）。

对于性质模糊的行为如何定性，可能受到审计绩效评价的影响，如果审计绩效主要是发现或处理处罚的违规问题金额，则审计人员在对审计发现定性时，可能会偏向于将性质模糊的行为定性为违规，并在此基础上进行处理处罚。审计人员的这种倾向性选择，可能会带来审计风险。在审计立

项权、审计查证权、审计处理处罚权、审计整改权四位一体的情形下，一个部门的这种倾向性选择并没有其他部门的有效检查或制衡。

为了避免上述舞弊、错误或倾向性选择的发生，需要在审计机构各部门之间形成制衡，一个部门的工作由其他部门进行检查并纠正不当行为。一般来说，与审计处理处罚特别相关的是审计查证权与审计处理处罚权，这两个审计权之间如果相互分离，就能形成审计处理处罚的制衡机制，行使审计调查权的部门通过系统的方法获得审计证据以鉴证被审计单位是否存在违规行为，并提出审计处理处罚建议；而行使审计处理处罚权的部门则在对上述鉴证结果审核的基础上，向审计机构领导提出审计处理处罚决定建议。这两个部门之间就形成了制衡机制，一个部门的错误或舞弊可能会被另外一个部门所发现和阻止。

当然，任何一个审计机构都存在一定的审计质量控制机制，如果这种控制是部门内部的复核为主，则与本节前面讨论的内部制衡有较大的差异，并不能有效地抑制审计人员特别是部门领导的错误或舞弊。如果这种控制是部门之间的监督为主，则与本节前面讨论的制衡具有同等意义。

2. 审计处理处罚听证与审计处理处罚程序公正

为了做到审计处理处罚程序公正，防止审计机构内部舞弊或错误是一个方面，更为重要的是要充分尊重被审计单位的权力。任何权力要做到公正行使，在作出对当事人不利的决定前，必须听取他的意见，这是自然公正原则的基本要求（刘勉义，1998）。一般来说，审计处理处罚都是对被审计单位不利的，所以，要做到公正，必须听取被审计单位的意见，从程序公正的视角出发，就要实行审计处理处罚听证。

审计处理处罚听证是指处理处罚机关在作出影响处理处罚决定前，就与该处理处罚决定有关的事实及基于此的法律适用问题，提供申述意见、提出证据的机会之程序。审计处理处罚听证制度的根本性质就在于被审计单位运用这些程序上的参与权利，进行“自卫”或“抵御”，以抵抗审计处理处罚机构的违法或不当行为，并缩小其与审计处理处罚机构地位不对等所造成的巨大反差。审计处理处罚听证是一种审查活动。听证主持人在被审计单位的参与下，通过被审计单位对审计人员所提供证据的质辩，也通过审计人员对被审计单位所提供证据的质辩，来审查审计证据的真实性和事实的客观性；通过审计人员和被审计单位对适用法律的质辩，来审查适用法律的准确性。这种审查，实质上是审查被审计单位是否违反了法律法规规章，是否应当受到相应的处理处罚。审计处理处罚听证就是对所提供审计证据进行去粗取精、去伪存真的加工活动，是对作为事实活动的取证及其法律适用的技术把关，其目的在于弄清事实，发现真相，其核心是质证，即“给予当事人就重要事实表示意见的机会”（叶必丰，1998）。

审计处理处罚听证包括一系列的制度，通知制度、公开制度、职能分离制度、回避制度、代理制度、申辩和质证制度、制作笔录制度等都是其重要内容。职能分离制度是听证的基本要求，自然正义规则要求，任何人都不能成为自己案件的法官，任何人的辩解都必须被公正地听取，本审计项目的实施人不能充当听证主持人，使被审计单位与本项目审计人员在听证主持人面前处于平等的法律地位。所以，审计处理处罚听证，必须由负责审计取证的其他机构来主持听证（叶必丰，1998）。申辩质证制度是听证制度的核心内容，它是被审计单位向审计处理处罚机构陈述意见、递交证据以及审计处理处罚机构听取意见和接纳证据的过程（杨海坤，1998）。代理制度是指被审计单位可以请他人代理自己参与听证，从而出现审计辩护律师。

（二）审计处理处罚程序公正的后果

以上从审计机构内部制衡和外部听证两个角度分析了审计处理处罚程序公正的路径，然而，程序公正是否真的具有价值呢？

一般认为，程序公正的价值有两个方面：一方面是客观价值，即程序公正自身所包含的功能和作用；另一方面是主观价值，即相关主体的认同和预期，反映了相关主体的价值判断和价值要求。程序公正的客观价值主要表现在程序公正对于相关行为的规范作用和对于相关主体的权益保障作用两方面。程序公正的主观价值，就是相关主体乃至社会对于程序公正认同与预期，反映了主体的价值评判和价值要求（郝启秋，2004）。

程序公正的客观价值不具有科学上的可验证性，在追问到底何谓程序上的“善”这个根本问题时，往往就陷入无法解释或循环论证的境地（李昌盛，王彪，2012）。根据 Tyler&Lind（1992）的研究，影响程序公正判断的核心要素包括：中立（neutrality）、尊重（respect）和信任（trust）。所以，程序公正的主观价值可能是程序公正后果的主要方面。

那么，就审计处理处罚来说，其程序公正的主观价值又是如何产生的呢？本节前面的文献综述指出，一些文献从当事人主观感受出发，运用社会心理学方法，研究人们在主观上对各种程序的公正判断和程序公正对公民态度、行为的影响及其心理机制（林晓婉，车宏生，张鹏，王蕾，2004；李昌盛，王彪，2012；Thibaut&Walker，1975；Tyler&Lind，1992；Tyler，2003；Hollander－Blumoff&Tyler，2008）。综合上述文献，程序公正的主观价值体现在，经历认为是公正的惩罚程序，将会对刑罚和适用刑罚的程序产生认同感，从而产生刑罚的威慑和改造效果，这将减少未来的犯罪；经历认为是不公正的惩罚和认为是不公正的惩罚程序，有可能导致对廉耻的淡漠、无知和对刑事法律甚至对法律整体的傲慢，这些将增加未来的犯罪（汪建成，谢安平，2002）。

这些文献的发现对研究审计处理处罚程序公正的主观价值具有很大的启发作用，借鉴上述这些文献的发现，审计处理处罚程序公正的主观价值产生机制大致如图 2 所示。

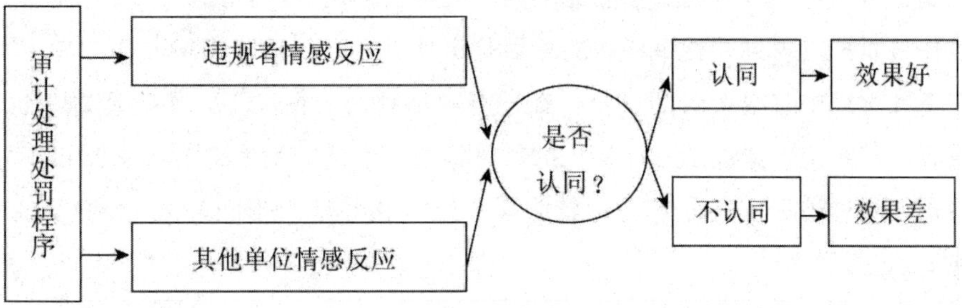

图 2　程序公正与效果

图 1 中，作为违规者的被审计单位经历认为是公正的审计处理处罚程序，将会对审计处理处罚产生认同感，从而发挥审计处理处罚的个别预防功能，这将产生较好的处理处罚效果，减少未来的违规行为；经历认为是不公正的审计处理处罚程序，有可能导致对违规行为的淡漠、无知和对法律法规规章的傲慢，这将产生较差的处理处罚效果，增加未来的违规行为。没有直接受到审计处理处罚的其他单位，对处理被审计单位的程序是否公正也会有自己的感受，这种感受也会影响审计处理处罚的一般预防功能之发挥，其作用机制与个别预防相同。

三、行为审计处理处罚程序公正及其后果：例证分析

本节以上提出了审计处理处罚程序公正的实现路径及其后果，然而，这些逻辑分析所得出的结论是否正确呢？由于数据所限，无法用经典的实证研究方法来检验。我们通过例证分析，以一定程度上验证上述理论逻推理。本节的三个案例：一个案例是由于有较好的内部制衡，审计处理处罚取得了较好的效果；一个案例是内部制衡缺乏，审计处理处罚出现了舞弊；另外一个是由于没有充分听取被审计单位的意见，导致审计结论不正确。

（一）湖南湘潭审计局审计权“四分离”取得显著成绩

2003年，湘潭市审计局尝试审计查证权与审理权（处理、处罚权）“两分离”改革，在此基础上，2006年，推行审计权“四分离”（审计计划管理，现场审计查证，审计报告审理，审计结论执行）组织模式的改革和试点，取得了明显的成效，据不完全统计，审计建议采纳率达到了80%以上，审计处理决定执行率达到了100%（郑石桥，2012）。

审计权“四分离”为什么能取得这样明显的成绩？其原因有两个方面：第一，通过审计机关内部的内部分权，形成了内部制衡，防止了审计处理处罚中的舞弊或错误，从而提高了审计处理处罚的公平公正性；第二，由于审计权“四分离”，被审计单位感知到了审计机关处理处罚的公平公正，对于审计处理处罚决定更加心服，所以，执行审计处理处罚决定、采纳审计建议的积极性提高。

（二）倒在自由裁量权上的审计科长

江苏省邳州市审计局固定资产投资审计科的三任科长，为了一己私利，与不法建筑商沆瀣一气，利用手中的权力，大搞权钱交易，邳州市人民法院以犯受贿罪分别判处三人有期徒刑。该案发生后，邳州市审计局高度重视，制定完善了审计进点前的廉洁从审告诫、进点时的廉洁从审承诺、在点中的审计公示、出点后的审计回访等制度。将审计项目进行全程分解、化整为零、流水化作业，形成相互制约机制，积极从源头预防此类问题的再次发生（庄新民，2012）。

为什么三任科长都出现舞弊？最根本的原因是审计机关内部缺陷制衡，作为固定资产投资审计科的科长，在审计过程中有很大的酌量权，在没有内部制衡的情况下，要进行舞弊也是有机会的。所以，正是没有内部制衡，造成了三任科长的舞弊得逞。当然，案发之后，邳州市审计局认识到了这个问题，将审计项目进行全程分解、化整为零、流水化作业，形成相互制约机制。可谓亡羊补牢，犹为未晚。

（三）A局“挪用”财政专项资金案例

2004年6月23日，某审计机关代表本级政府向同级人大做2003年度审计工作报告，报告中指出，1999年以来，A局动用B委员会专项资金1.31亿元，其中用于建设职工住宅小区1.09亿元。A局作为挤占挪用财政专项资金的典型例子被突出曝了光。A局不服，后来，由监察部门牵头组成联合调查组对该事项进行重新调查，结论是，这是一个体制造成的财务程序不妥的问题，不属于挤占挪用财政专项资金①。

为什么会出现这种结果呢？最根本的原因还是审计程序中没有充分听取补审计单位的意见。事

---

① 《人民日报》海外版，2004年7月6日。

实上，在这个过程中，A局多次将事项的细节向该审计机关做了陈述，但是，该审计机关并未改变对该事项的审计结论。原因是，负责审计A局和听取A局意见的是同一个审计组。试想一下，如果当时采取审计听证程序，由审计组之外的人来主持一个审计听证，由A局和审计组进行质辩，很有可能就不会形成后来的审计结论。所以，对于较为重大的审计处理处罚，如果能采取听证程序，对于预防不正确的审计决定，可能有较大的帮助。

总体来说，本节所分析的三个案例，与本节提出的理论框架之预期相一致。

四、结论和启示

行为审计对于发现的违规行为要做出处理处罚。本节借鉴法学和社会心理学理论，构建审计处理处罚程序公正及其后果的理论框架，涉及两个基本问题：审计处理处罚程序公正的实现路径，审计处理处罚程序公正的后果。

审计处理处罚程序公正的实现路径要从程序不公正的原因来分析。一般来说，影响审计处理处罚程序不公正的原因有两个：一是审计机构内部出现了舞弊或错误，致使审计处理处罚程序不公正；二是没有充分尊重被审计单位的权力，致使审计处理处罚程序不公正。抑制上述两方面的因素，就能达到审计处理处罚程序公正。根据上述原因，审计处理处罚程序公正的实现路径包括两个方面：一是通过审计机构内部分权制衡来实现审计处理处罚程序公正；二是通过审计处理处罚听证来实现审计处理处罚程序公正。

审计处理处罚程序公正的后果包括客观价值和主观价值，作为违规者的被审计单位经历认为是公正的审计处理处罚程序，将会对审计处理处罚产生认同感，从而发挥审计处理处罚的个别预防功能，经历认为是不公正的审计处理处罚程序，将产生较差的处理处罚效果。没有直接受到审计处理处罚的其他单位，对处理被审计单位的程序是否公正也会有自己的感受，这种感受也会影响审计处理处罚的一般预防功能之发挥。

湖南湘潭审计局审计权“四分离”取得显著成绩的原因有两个方面：一是通过审计机关内部的内部分权形成了内部制衡；二被审计单位感知到了审计机关处理处罚的公平公正，对于审计处理处罚决定和审计建议更加心服。江苏省邳州市审计局固定资产投资审计科的三任科长都出现舞弊，最根本的原因是审计机关内部缺陷制衡。某审计机关对A局的审计定性为什么不正确，最根本的原因是审计程序有瑕疵，没有充分听取被审计单位的意见。这三个案例与本节提出的理论框架相一致。

行为审计不是为审计而审计，其终极目标是抑制缺陷行为，而抑制缺陷行为的重要环节之一就是审计处理处罚。从某种意义上来说，审计处理处罚本身也不是目的，其根本的目的是通过审计处理处罚发挥一般预防和特殊预防作用。而这种作用的发挥，审计处理处罚程序本身是否公正，对处理处罚效果有重要影响。无疑，审计处理处罚机构在审计处理处罚过程中要发挥主要作用，但是，建立一定的制衡机制来抑制内部错误或舞弊，并充分听取被审计单位的意见，是我国审计机构需要认真对待的问题。然而，到目前为止，我国还没有公开披露的审计听证案例。呜呼！路漫漫其修远兮！

参考文献

1. 刘　强．审计处理权的界定［J］，中州审计，1996（1）：17－18。

2. 胡智强．论我国国家审计权的配置［J］，安徽大学法律评论，2009（1）：56－62。

3. 魏昌东．中国国家审计权属性与重构［J］，审计与经济研究，2010（3）：32－37。

4. 胡贵安．国家审计权法律配置的模式选择［J］，中国时代经济出版社，2012年12月。

5. 张宗乾．关于审计处理处罚依据的探讨［J］，中国审计信息与方法，2002（3）：42－43。

6. 郝　婷．准确把握执法主体资格依法行使审计处理处罚权，中国国家审计署官网，2010.3.11。

7. 程度平．审计机关何种情况下具备执法主体资格，中国审计网，2011.11.17。

8. 陈妙松．浅谈自由裁量权在审计问题定性处理中的合理运用，中国国家审计署官网，2010.12.28。

9. 谢开盛．论自由裁量权在审计定性和审计处罚中的合理运用［J］，审计与理财，2013（2）：28－29。

10. 王广庆．国家审计机关行使自由裁量权的问题及规制［J］，审计月刊，2013（11）：16－17。

11. 周光权．法定刑配置的合理性探讨－刑罚攀比及其抗制［J］，法律科学，1998（4）：43－48。

12. 周光权．法定刑研究－罪刑均衡的建构与实现［M］，中国方正出版社，2000年11月。

13. 邓文莉．刑罚配置论纲［M］，中国人民公安大学，2009年1月。

14. 蔡一军．刑罚配置论纲［D］，吉林大学博士学位论文，2009年6月。

15. 蔡一军．刑罚配置的基础理论研究［M］，中国法制出版社，2011年3月。

16. 魏柏峰．论刑罚配置的实现路径［J］，长春理工大学学报（社会科学版），2012（9）：30－32。

17. 欧锦雄．论经济犯罪数额的立法模式［J］，政治与法律，1998（5）：50－53。

18. 邓文莉．罚金刑配置模式之研究［J］，法学评论，2008（4）：154－160。

19. 万国海．论我国经济犯罪刑罚配置的完善［J］，政治与法律，2008（9）：36－41。

20. 刘宪权．论我国金融犯罪的刑罚配置［J］，政治与法律，2011（1）：10－18。

21. 董淑君．刑罚的要义［M］，人民出版社，2004年9月，第154页。

22. 黑格尔．法哲学原理［M］，范扬，张企泰译，商务印书馆，1996年，第103页。

23. 贝卡里亚．论犯罪与刑罚［M］，黄风译，中国大百科全书出版社，1993年，第68页。

24. 张宗乾．审计处理处罚的三个误区［J］，理财，1998（9）：11。

25. 陕西省审计厅课题组．审计机关处理处罚权主体资格问题研究［J］，现代审计与经济，2008（1）：12－13。

26. 马克昌．论刑罚的功能［J］，武汉大学学报（哲学社会科学版），1995（4）：46－52。

27. 邱兴隆．撩开刑罚的面纱一刑罚功能论［J］，法学研究，1998（6）：56—75。

28. 刘 军．该当与危险：新型刑罚目的对量刑的影响［J］，中国法学，2014（2）：222—234。

29. 孙建伟．国外经济刑法简介［J］，法学，1987（3）：44—46。

30. 李建华．关于制定经济刑法典的思考［J］，东疆学刊，2001（6）：62—64。

31. 李汉军．中国经济刑法的立法模式与思路［J］，南都学坛（人文社会科学学报），2010（6）：76—79。

32. 韩小莲．经济犯罪刑罚配置研究［D］，安徽大学硕士学位论文，2013年4月。

33. 王金滨．经济法规中可以规定刑罚［J］，政治与法律，1984（12）：46—47。

34. 欧锦雄．论经济犯罪数额的立法模式［J］，政治与法律，1998（5）：50—53。

35. 徐向华，郭清梅．行政处罚中罚款数额的设定方式一以上海市地方性法规为例［J］，法学研究，2006（6）：89—101。

36. 邓文莉．罚金刑配置模式之研究［J］，法学评论，2008（4）：154—160。

37. Sebba，L.，Some explorations in the scaling of penalties［J］，Journal of research in Crime and Delinquency，1978（XV）：247—262。

38. 司久贵．行政自由裁量权若干问题探讨［J］，行政法学研究，1998（2）：27—33。

39. 江必新．论司法自由裁量权［J］，法律适用，2006（11）：17—22。

40. 董玉庭，董进宇．刑事自由裁量权基本问题［J］，北方法学，2007（2）：49—57。

41. 辛建华．行政自由裁量权的规制［J］，法学研究，2009（5）：56—57。

42. 王锡锌．行政自由裁量权控制的四个模型一兼论中国行政自由裁量权控制模式的选择［J］，北大法律评论，2009（2）：311—328。

43. 余凌云．游走在规范与僵化之间一对金华行政裁量基准实践的思考［J］，清华法学，2008（3）：54—80。

44. 王秀成．解决审计处理难题，加强内部控制制度［J］，中国审计，2004（1）：81。

45. 马雅林．审计处理处罚要坚持“五防”［J］，中国审计，2004（9）：77。

46. 李芸屹．浅析我国审计处罚程序［J］，机械管理开发，2010（12）：153—155。

47. 蔡爱兰．析审计处罚程序［J］，审计与经济研究，2002（7）：30—31。

48. 周生安，吕云松．论审计处理处罚的准确运用［J］，四川会计，2001（10）：41—42。

49. 王万江．审计处理处罚存在的问题及对策建议［J］，审计与理财，2011（2）：33—34。

50. 贺庆华．审计职权“四分离”模式［M］，中国时代经济出版社，2010年7月。

51. 郑石桥．审计机关组织模式和审计效果一以规制俘获理论为研究视角［J］，审计与经济研究，2012（3）：26—32。

52. 中华人民共和国国家审计署．《审计机关审计听证的规定》，2003年1月23日。

53. 林晓婉，车宏生，张 鹏，王 蕾．程序公正及其心理机制［J］，心理科学进展2004，12（2）：264—272。

54. 李昌盛，王 彪．“程序公正感受”研究及其启示［J］，河北法学，2012（3）：60—68。

55. Tyler.，T. R.，Lind.，A.，A Relational Model of Authority in Groups［A］. M. Zan-

na. Advances in Experimental Social Psychology [C]. New York: Academic, 1992: 25.

56. Thibaut., J. W., Walker., L., Procedural Justice: A Psychological Analysis [M]. Hillsdale N. J.: Erlbaum, 1975.

57. Tyler., T. R., Procedural Justice, Legitimacy and the Effective Rule of Law [J]. Crime & Just., 2003, (283): 30.

58. Hollander－Blumoff. R., Tyler., T. R., Procedural Justice in Negotiation: Procedural Fairness, Outcome Acceptance and Integrative Potential [J]. Law & Soc. Inquiry, 2008, (33): 473.

59. 罗尔斯．正义论 [M]，何怀宏，译，中国社会科学出版社，1988。

60. 肖建国．程序公正的理念及其实现 [J]，法学研究，1999 (3)：3－21。

61. 虞宏达，章美林．程序公正的价值研究 [J]，行政与法，2003 (11)：83－86。

62. 郝启秋．序公正的价值与成本 [J]，安阳大学学报，2004 (9)：98－99。

63. 尹　宁，潘星容．程序公正的价值一兼议实体公正与程序公正冲突的解决 [J]，政法学刊，2009 (12)：52－56。

64. 庄新民．倒在自由裁量权上的审计科长一江苏省邳州市审计局固定资产投资审计科三任科长受贿案剖析 [N]，中国纪检监察报，2012 年 10 月 12 日。

65. 刘勉义．行政听证程序价值内涵研究 [J]，行政法学研究，1998 (1)：41－51。

66. 叶必丰．行政处罚听证的原则 [J]，河北法学，1998 (6)：6－9。

67. 杨海坤．关于行政听证制度若干问题的研讨 [J]，江苏社会科学，1998 (1)：74－81。

68. 汪建成，谢安平．论程序公正与刑罚效果 [J]，政法论坛（中国政法大学学报），2002 (2)：50－56。

第九章　行为审计整改

许多内容从方法论层面研究行为审计，本章阐述其中的行为审计整改，包括以下内容：行为审计决定实施机制：理论架构和例证分析；行为审计建议生产机制：理论框架和问卷数据分析；宏观审计建议实施机制：理论框架和例证分析；微观审计建议实施机制：理论框架和例证分析。

第一节　行为审计决定实施机制：理论架构和例证分析

政府审计领域的屡查屡犯已成为一种广为关注的社会现象。屡查屡犯的原因有多个方面，例如，现行法律法规特别是财政制度本身不合理，在经济活动中要遵守这些不合理的法律法规确实很困难，只能是屡查屡犯。再如，由于地方财力匮乏，造成有些被审计单位改变项目和挪用资金，处理时领导有于心不忍和给予保护的倾向。又如，非正式制度对审计处理处罚的影响。然而，还有许多的其他因素导致屡查屡犯。本节从审计决定实施机制的视角来分析屡查屡犯的原因。基本的逻辑是，屡查屡犯是审计决定实施机制失败的表现，审计决定执行效果主要由三个因素决定：一是责任划分是否清晰；二是责任划分是否正确；三是各责任主体是否履行自己的责任；各级委托人应该在审计决定执行中发挥主要作用。

本节致力于两个方面：一是提出行为审计决定实施机制的理论架构，明确提出，委托人应该在审计决定执行中发挥主要作用；二是以上述理论架构分析中国政府审计领域的屡查屡犯，并在此基础上，提出若干政策建议。

一、文献综述

审计机关审计难、处理难、落实审计决定难的问题普遍存在。因此，不少理论研究和实务工作者对审计处理进行了较多的规范性研究，包括审计处理的方法运用、审计处理难的原因分析等，提出了审计处理权进一步规范的具体措施和解决审计处理难的种种对策（孙富军，2001；庞明茂，2002；覃卫群，2003）。关于政府审计处理处罚的实证研究文献很少，宋常、胡家俊、陈宋生（2006）发现，经济越发达的地区，违纪金额越大，应缴违纪金额也越大，相应的已交金额越大这一现象。喻采平（2010）系统考察了政府审计效率的影响因素。郑石桥、尹平（2010）发现审计机关地位和审计处理执行效率出现悖论，解释这个悖论的原因是审计妥协，而审计妥协背后的制度性背景是行政模式＋双重领导型审计体制。郑石桥、和秀星、许莉（2011）从非正式制度的视角，建立一个制度冲突的理论架构来解释审计机关审计难、处理难、落实审计决定难的问题。

上述研究文献并没有从审计决定实施机制的角度来研究审计机关处理难、落实审计决定难的问题。本节从审计决定实施机制的视角来分析屡查屡犯的原因，提出政府审计决定实施机制的理论架构，并以上述理论架构分析中国政府审计领域的屡查屡犯。

二、审计决定实施机制和屡查屡犯：理论架构

（一）审计关系

审计是社会文明的产物，也是促进社会文明的制度安排。随着人类文明发展到一定的程度，出现了委托代理关系。委托代理关系极大地促进了社会分工和社会资源的优化使用，从而极大地促进了人类文明的进步。但是，委托代理关系存在三个问题：一是信息不对称，即代理人掌握的信息数量和质量高于委托人；二是激励不相容，即代理人和委托人的利益不完全一致，二者所追求的目标可能存在偏差；三是环境不确定，存在着许多委托人和代理人都控制不了的因素，这些因素与代理人的努力程度混合起来，影响最终的营运结果，从而委托人不容易区分代理人努力程度对最终营运结果的影响。正是由于上述三个问题的存在，使得代理人有可能背离委托人的利益，追求自己的利益，代理人的这种行为称为机会主义。也正因为如此，上述三个问题也称为机会主义的前提条件。委托人当然会预期到代理人的机会主义行为的可能性，从而会建立一个治理结构来应对代理人的机会主义行为。这个治理结构一般包括制衡机制、激励机制和问责机制。审计属于问责机制，它的主要功能是对代理人是否存在机会主义行为做出鉴证，也就是对代理人是否存在背离委托人和代理人之间的显性或隐性合约做出判断。当然，委托人还可以将其他权限赋予审计，从而在鉴证功能的基础上派生出其他功能，例如，赋予审计处理代理人机会主义行为的权力，这样一来，审计就具有了处理功能。

图 1 是中国政府审计关系图。人大本身是公众的代理人，政府是同级人大的代理人，但是，相对于具体的公共责任机构（包括政府机构及其所属单位，分为不同等级的预算单位）来说，政府又是委托人。政府将公共责任托付给一级预算单位，形成政府和一级预算单位之间的委托代理关系，在这个关系中，政府是委托人，一级预算单位是代理人。一级预算单位在内部再设置一些机构（称为二级预算单位），将公共责任进行再分解，从而形成一级预算单位和二级预算单位之间的委托代理关系，在这个关系中，一级预算单位成为委托人。同理，二级预算单位还可能会组建内部机构（称为三级预算单位），进行公共责任分解，从而出现二级预算单位和三级预算单位之间的委托代理关系，在这个关系中，二级预算单位是委托人，三级预算单位是代理人。对于中央政府来说，上述委托代理关系可能还会有更多的层级，从而形成委托代理关系链。

在上述委托代理关系链中，信息不对称、激励不相容和环境不确定都存在，所以，各级代理人都存在机会主义的可能性。为了应对各级代理的机会主义行为，不同等级的委托人会建立治理机制，包括制衡机制、激励机制和问责机制。中国政府审计属于问责机制，隶属于本级政府，属于行政系列，接受政府首长委托，对本级政府以下的各级代理人（包括一级预算单位、二级预算单位、三级预算单位甚至更低层级的预算单位，也包括下级政府）进行审计，并向本级政府首长报告审计结果。

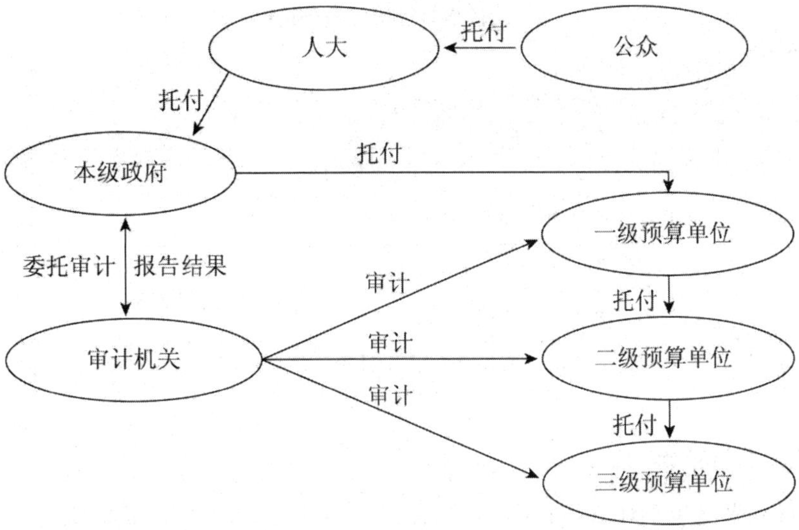

图 1　中国政府审计关系

（二）审计决定执行责任

《中华人民共和国审计法》第四十条第二款规定："对违反国家规定的财政收支、财务收支行为，依法应当给予处理、处罚的，在法定职权范围内作出处理、处罚的审计决定。"

从上述规定可以看出，法律已经赋予了政府审计处理处罚权，中国的政府审计不但要鉴证代理人是否存在机会主义行为，还需要在一定的职权范围内对查出的机会主义行为作出处理处罚。审计决定是对违规行为，依据关法律法规和财经纪律作出的处理、处罚决定，具有法律效力。从本质上来说，审计决定是对代理人机会主义行为的处理、处罚决定。

接下来的问题是，在图 1 所示的审计关系图中，审计关系的各方应该如何划分责任，从而使审计决定得到执行？

首先，代理人本身当然有责任执行审计决定，改正自己的机会主义行为。但是，在一定的条件下，如果没有外部压力，代理人本身执行审计决定的动力可能不够。

其次，审计机关在查出代理人机会主义行为的基础上作出了针对这些机会主义行为的处理、处罚决定，当然有责任跟踪审计决定的执行。但是，审计机关本身制约代理人的手段较少，跟踪审计决定的执行主要是了解决定执行的实际状况，如果代理人不执行审计决定，审计机关本身缺乏有效的手段。

最后，委托人最应该关心代理人是否执行审计决定。因为审计决定是对代理人机会主义行为的处理、处罚，而代理人机会主义行为从根本上来说，是损害了委托人的利益，所以，委托人对代理人是否执行审计决定应该最为关心。同时，委托人和代理人之间存在委托代理合约，委托人有许多手段来制约代理人，并且，这些手段是相对来说最为有效的手段。所以，从利益关联程度和手段有效程度来说，委托人应该在审计决定执行中发挥主要作用，承担主要责任。具体来说，上级预算单位有责任督促下级预算单位执行审计决定；政府有责任督促各级预算单位执行审计决定；人大有责任监督政府在执行审计决定方面发挥作用；公众有权知道审计决定执行状况。以上关于审计决定执行责任划分归纳起来如表 1 所示。

表 1　政府审计决定执行责任

责任主体	具体责任
公众	有权知道审计决定执行状况。
人大	监督政府在执行审计决定方面发挥作用。
政府（作为委托人）	督促各级预算单位执行审计决定。
预算单位（作为委托人）	督促下级预算单位执行审计决定。
预算单位（作为代理人）	执行审计决定，改正自己的机会主义行为。
审计机关	查出代理人机会主义行为，作出处理、处罚的审计决定，跟踪审计决定的执行。

（三）审计决定执行效果

审计决定执行效果是指审计决定得到实行执行的状况，这个执行状况主要由三个因素决定：一是责任划分是否清晰；二是责任划分是否正确；三是各责任主体是否履行自己的责任。如果责任划分不清晰，则各责任不明白自己在审计决定执行中应该承担什么责任，则审计决定的执行责任就会出现真空，影响审计决定执行效果。如果责任划分不正确，则审计决定的执行效果也会受到影响，有责任的主体如果没有相应的手段，则无法完成其责任。即使有正确且清晰的责任划分，如果责任主体推卸责任，或者根本就没有意识到自己在审计决定执行中有什么责任，则审计决定执行效果会受到较大的影响。上述三个方面的任何一方面出现，都会影响审计决定执行效果，如果多个方面同时出现，审计决定执行效果应会受到严重影响，屡查屡犯就会出现。

三、审计决定实施机制例证分析：美国 GAO 实施机制和中国审计决定实施机制

（一）美国 GAO 实施机制分析

美国 GAO 隶属于国会，严格意义上来说，GAO 并不作出什么审计决定。但是，GAO 的审计报告中，对于审计对象存在的具有重要性的违规（material noncompliance）会予以披露，并要求其改正。这种披露和要求都是针对违规（机会主义行为）的，所以，类似于我国政府审计的审计决定。GAO 审计要求的执行，主要来源于三方面的力量：一是委托人；二是被审计单位的主管部门；三是审计机关的后续跟踪。

美国国会是政府的委托人，也是 GAO 的委托人，美国国会对 GAO 提出的审计报告特别关注，对于较重要的审计报告要举行听证会，表 2 列出了近几年 GAO 向国会提供证词的次数，数据显示，国会对审计结果是非常重视的（审计署审计科研所，2012）。

表 2　GAO 向国会提供证词的次数

业绩指标	2006	2007	2008	2009	2010	2011 计划	2011 实际	2012 计划
证词（次）	240	276	298	203	192	200	174	180

另外，美国单一审计法案（Single Audit Act）要求，对于审计发现的具有重要性的违规（material noncompliance）要立即采取应对行动，资金使用单位必须将应对计划报告联邦相关部门或者说明不能或不需要采取行动的原因。这个规定表明，联邦相关部门有责任督促资金使用单位采取行

动来应对具有重要性的违规。

还有，The Yellow Book（也就是美国政府审计准则）要求审计人员与被审计单位沟通审计发现，必须实行后续跟踪审计以确保审计要求的有效实施。这个规定表明，GAO 要跟踪审计要求落实情况。

总体来说，美国 GAO 实施机制构造中，国会、联邦相关部门、GAO 及审计对象共同构成 GAO 的实施机制，GAO 在这个实施机制中并不承担主要责任，各级委托人是主要的责任者和督促者。GAO 的实施机制与本节前面提出的理论架构中所确定的有效实施机制基本相符。

（二）中国政府审计决定实施机制和屡查屡犯

《中华人民共和国审计法》第四十二条规定："被审计单位应当按照审计机关规定的期限和要求执行审计决定。对应当上缴的款项，被审计单位应当按照财政管理体制和国家有关规定缴入国库或者财政专户。审计决定需要有关主管机关、单位协助执行的，审计机关应当书面提请协助执行。"

上述规定表明，审计决定由审计机关作出后，主要是由被审计单位执行，审计机关还可以提请有关主管机关、单位协助执行。这些规定与本节前面提出的理论架构中所确定的有效实施机制有显著的差异。这些差异表现在四个方面：第一，政府作为被审计单位的委托人，同时也是审计机关的委托人，在审计决定实施过程中，没有具体的责任；第二，人大作为政府的委托人并没有督促政府落实审计决定的责任；第三，被审计单位的主管部门作为被审计单位的直接委托人，只是在审计机关提请时，才具有协助执行的责任；第四，并没有要求公开审计决定，从而，公众的知情权也受到限制。本节认为，《中华人民共和国审计法》对审计决定执行责任的界定，淡化了各级委托人的责任，将审计机关本身作为审计决定执行责任的主要承担者，而审计机关本身所拥有的手段又不够，从而出现审计决定执行不力，甚至屡查屡犯。

我国政府审计领域的屡查屡犯问题，从根本上来说，是制度设计问题。《中华人民共和国审计法》第四十二条的规定将审计机关置于审计决定的执行主角，将各级委托人置于协助者的位置。本节前面的理论分析表明，委托人最应该关心代理人是否执行审计决定。因为审计决定是对代理人机会主义行为的处理、处罚，而代理人机会主义行为从根本上来说，是损害了委托人的利益，所以，委托人对代理人是否执行审计决定应该最为关心。同时，委托人和代理人之间存在委托代理合约，委托人有许多手段来制约代理人，并且，这些手段是相对来说最为有效的手段。所以，从利益关联程度和手段有效程度来说，委托人应该在审计决定执行中发挥主要作用，承担主要责任。具体来说，上级预算单位有责任督促下级预算单位执行审计决定；政府有责任督促各级预算单位执行审计决定；人大有责任监督政府在执行审计决定方面发挥作用；公众有权知道审计决定执行状况。《中华人民共和国审计法》第四十二条的规定与上述理论预期相差甚远，所以，事实上，审计机关 是"独领风骚"地执行审计决定，各级委托人是"事不关己"，而审计机关本身又没有有力的执行手段，结果就是屡查屡犯。

四、结论和讨论

政府审计领域的屡查屡犯已成为一种广为关注的社会现象。屡查屡犯的原因很多。本节从审计决定实施机制的视角来分析屡查屡犯的原因。

审计属于问责机制，它的主要功能是对代理人是否存在机会主义行为做出鉴证。当然，委托人还可以将其他权限赋予审计，从而在鉴证功能的基础上派生出其他功能，例如，赋予审计机关处理代理人机会主义行为的权力。审计关系的各方在审计决定实施中承担不同的责任。代理人本身当然有责任执行审计决定，改正自己的机会主义行为；审计机关查出代理人机会主义行为后作出针对这些机会主义行为的处理、处罚决定，并跟踪审计决定的执行；委托人最应该关心代理人是否执行审计决定，应该在审计决定执行中发挥主要作用，承担主要责任。

审计决定执行效果是指审计决定得到实行执行的状况，这个执行状况主要由三个因素决定：一是责任划分是否清晰；二是责任划分是否正确；三是各责任主体是否履行自己的责任。上述三个方面的任何一方面出现，都会影响审计决定执行效果，如果多个方面同时出现，审计决定执行效果应会受到严重影响，屡查屡犯就会出现。

GAO 审计要求的执行，主要来源于三方面的力量：一是委托人；二是被审计单位的主管部门；三是审计机关的后续跟踪。国会（委托人）和联邦相关部门（被审计单位的主管部门）在 GAO 实施机制中发挥主体作用。我国的政府审计决定实施机制与有效实施机制有显著的差异，主要的问题是各级委托人没有发挥主要作用。我国政府审计领域的屡查屡犯问题，从根本上来说，是制度设计问题。审计机关“独领风骚”地执行审计决定，各级委托人“事不关己”，而审计机关本身又没有有力的执行手段，结果就是屡查屡犯。

如何优化我国政府审计决定实施机制呢？从理论上来说有两个路径：一是维持审计机关“独领风骚”的现状，但是，强化审计机关的执行手段，也就是说，从法律的角度，给予审计机关更多的权力，使得审计机关有能力强制被审计单位来执行审计决定；二是唤醒各位级委托人，让这些委托人在审计决定实施机制中发挥主角作用。本节主张采用第二条路径，也就是说，要让各级委托人来关心审计决定的执行，并在这个过程中发挥主要作用。这种选择有两个理由：第一，从理论逻辑来说，委托人应该最关心代理人的机会主义行为，所以，应该在审计决定执行过程中发挥主要作用，如果审计机关起主要作用，审计委托人不发挥作用，则有“皇帝不急太监急”之嫌；第二，委托人本身有许多制约代理人的手段，委托人督促代理人执行审计决定，代理人会更重视。具体来说，人大有责任监督政府在执行审计决定方面发挥作用；政府有责任督促各级预算单位执行审计决定；上级预算单位有责任督促下级预算单位执行审计决定；公众有权知道审计决定执行状况。

虽然政府审计领域的屡查屡犯已成为一种广为关注的社会现象。但是，我们也看到一些可喜的迹象。安徽省人民政府在 2007 年颁布《关于进一步加强审计整改工作的意见》，明文规定：建立审计整改报告制度，健全审计整改联动机制，落实审计整改责任追究制度，完善审计整改跟踪检查制度，实行审计整改公告制度。此后，甘肃、四川、江西、山东、重庆、江苏、湖北等省市也相继颁布了类似规定。更为可喜的是，2012 年 7 月 4 日，温家宝总理主持国务院常务会议，听取社保审计情况（http：//politics. people. com. cn/n/2012/0704/）。这些迹象表明，各级委托人已经有所行动。沿着这个方向，各级委托人在审计决定执行中将发挥越来越重要的作用。从而，审计决定的执行效果会越来越好。

第二节　行为审计建议生产机制：理论框架和问卷数据分析

审计建议是审计组在对被审计单位审计的基础上，针对所发现问题所提出的改进和完善的建议。政府审计发现的缺陷行为分为违规行为和瑕疵行为。一般来说，对于瑕疵行为是以审计建议的方式完成后续事宜，而对于违规行为，则一方面要处理处罚，同时，还要提出审计建议，以改进和完善制度。所以，一般来说，政府审计对于发现的违规行为和瑕疵行为都要提出审计建议。

不少的工作性研究文献涉及如何提出高质量的审计建议。然而，关于高质量审计建议生产的逻辑过程还是缺乏系统化的理论解释。本节借鉴知识交流理论和共享心智模式理论，构建高质量审计建议生产机制理论框架。

一、文献综述

根据本节的主题，文献综述主要关注如何提出高质量审计建议。根据文献检索的结果，涉及这个主题的主要是一些工作性研究，一些代表性观点包括：审计人员的政策水平、业务能力、审计角度及掌握相关知识、信息影响审计建议内容的正确性，审计建议要考虑被审计单位落实审计建议的条件（宋永惠，1994）；只有找出所发现问题的根本原因，才能提出有针对性的改进建议，审计建议要切实可行且符合成本效益原则（周宁，1995）；强化审计建议激励机制，激励审计人员千方百计做好审计建议（彭朝晖，1995）；审计建议要有针对性，就是针对审计发现的某一方面的问题进行深入细致的解剖，进而找出原因、提出建议（孙永飞，丁爱霞，1996）；审计建议要详简适当，不能过于具体从而取代被审计单位的管理职责（潘洪华，2002）；写好审计建议，需要倾听审计对象对问题的合理解释，听取审计对象的整改意见，吸收其合理的部分，要加大对审计建议的考评力度，激励审计人员在提出审计建议方面多下功夫（王跃坤，2005）；审计的建议不是针对问题和不足之处，而是综合分析问题产生的原因后提出的，以便被审计单位及时纠正，避免类似情况再次发生的改进建议，审计建议要有的放矢，审计建议要注重沟通和交流（刘正毓，2008）；写好的审计建议的关键是找准问题所在，审计建议要站在被审计单位的角度，提出切实可行的审计建议，审计建议要求审计人员具有较高的综合素质（李洪超，2010）。

综合上述文献，审计建议的针对性、审计建议的可行性和审计建议的提出方式是影响高质量审计建议的主要因素。但是，总体来说，关于高质量审计建议生产的逻辑过程还是缺乏系统化的理论解释。本节以知识交流理论和共享心智模式理论为基础，构建这个理论框架。

二、审计建议生产机制：理论框架

根据前面的文献综述，高质量的审计建议生产有三个基本条件：一是审计建议具有针对性，要求审计建议是在搞清楚缺陷行为的原因之基础上提出；二是审计建议具有可行性，要求考虑建议实施者是否具有实行建议的基本条件；三是以适当方式提出审计建议，要求以审计建议实施者能愉快接受的方式提出审计建议。所以，审计建议生产的逻辑过程如图 2 所示。

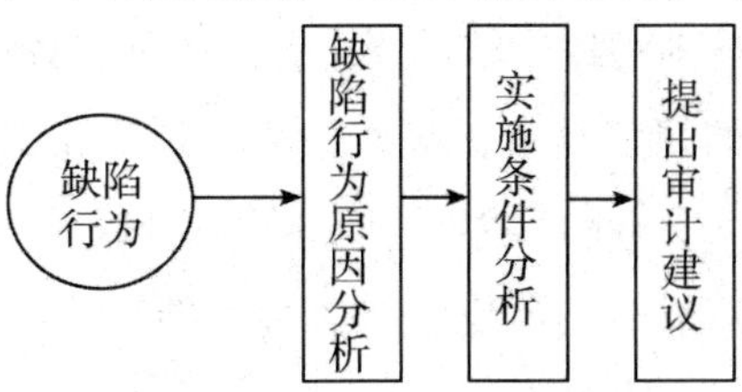

图 2　审计建议生产的逻辑过程

（一）缺陷行为原因分析

审计建议是因为缺陷行为而提出的，但是，要提出高质量的审计建议，必须搞清楚缺陷行为的原因，只有找出所发现问题的根本原因，才能提出有针对性的改进建议（周宁，1995；孙永飞，丁爱霞，1996；李洪超，2010）。然而，怎样才能搞清楚缺陷行为的产生原因呢？如果将缺陷行为的原因作为知识，则其分布情况如表3所示。

表3　缺陷行为原因的知识分布状况

项目		审计人	
		知道	不知道
被审计人	知道	A（我知你知）	C（你知我不知）
	不知道	B（我知你不知）	D（你我都不知）

表1显示，A、B、C三个区域存在知识学习，D区域是知识创造，它们都属于知识交流的范畴。如果要搞清楚缺陷行为的产生原因，审计人与被审计人之间的有效知识交流是前提。然而，怎么才能做到有效的知识交流呢？根据知识交流理论，交流者的知识背景和交流态度对知识交流效果有重要影响，其概念模型如图3所示（晋琳琳，李德煌，2012）。

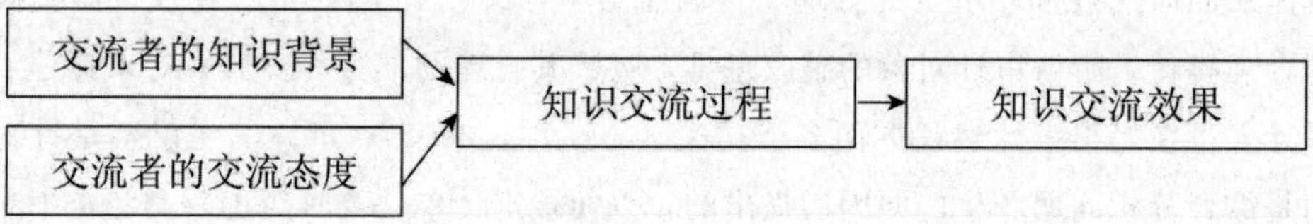

图3　知识交流的概念模型

图2显示，知识交流过程是知识交流效果的中介变量，交流者的知识背景和交流态度，首先会影响知识交流过程，然后，通过知识交流过程来影响知识交流效果。下面，我们用这个概念模型来分析缺陷行为原因的知识交流效果。

1. 交流者的知识背景与缺陷行为原因分析

知识交流是指知识载体进行知识的互动交流，是指知识生产者和知识接受者或者使用者之间的双向对话和交流（Mitton，Adair，McKenie，2007；姚伟，郭鹏，佟泽华，李耀昌，2011）。具有不同知识背景的人们彼此在交往互动过程中存在沟通障碍，人们愿意与那些有共同态度、观点和行为方式、社会和文化背景的人交流互动，相同的知识背景就类似人们相互沟通所需要的共同语言，是有效沟通的基础。(Josephine，2004)。

缺陷行为原因分析，事实上就是一个知识交流过程，这个过程涉及审计组成员之间的沟通，也涉及审计组与被审计单位相关人员的沟通。就需要交流的问题来说，缺陷行为原因是特定被审计单位的特定问题，对于被审计单位的情境具有依赖性，从而具有知识黏性（奎尔曼，2010）。在这种环境下，如果审计组不具备关于这个缺陷行为原因的背景知识，则无论是审计组内部还是审计组与被审计单位，知识交流都难以有效进行。所以，对于特定的审计项目来说，审计组作为一个整体，应该具有专业胜任能力。对于缺陷行为原来分析来说，专业胜任能力就是要求具有对缺陷行为产生原因进行分析的专业知识和经验，这无疑要求对缺陷行为相关问题具有较高的知识水平并具有一定的经验，能透彻了解和理解缺陷行为及其相关问题。当然，参加审计组的每个人都达到这种胜任能力是较为困难的，但是，审计组内部至少要有两位成员能达到上述水准。一方面，当审计组内部知识交流时，两个成员之间能进行有效的知识交流，如果没有两位成员具有类似的知识背景，则有效的知识交流难以得到；另一方面，审计组与被审计单位知识交流时，这两个成员能够与被审计单位进行有效的知识交流。当然，由于审计部门人员资源有限，而被审计单位又类型多样，有时难以建立一个对所有被审计单位都有专业胜任能力的审计组，此时，可以考虑聘用外部专家进入审计组。

2. 交流者的交流态度与缺陷行为原因分析

审计组具有与特定的缺陷行为原因分析相关的知识背景是重要的，但是，具有这种知识背景的审计人员，还必须具有一定的态度才能有效地开展知识交流。同时，审计组在与被审计单位进行知识交流时，被审计单位的态度也会影响知识交流效果。

缺陷行为原因分析过程，需要审计组与被审计单位的合作，从某种意义上来说，就是一个团队生产过程，这个团队既包括审计组成员，也包括被审计单位相关人员。这个团队生产过程如果能达到具有共享心智模型，则缺陷原因分析就能达到有效的目标。具有共享心智模型的团队在认知过程与工作过程中对问题的界定、对情景采取的反映以及对未来的预期表现出协调一致性，具有合作意愿，形成共同目标，团队成员相互协同、相互适应，从而团队效能较高。团队成员沟通、团队“搭便车”、团队信任是影响共享心智模型的三个重要因素，团队成员沟通得越好，就越有利于形成共享心智模型，团队成员“搭便车”行为越严重，越不利于形成共享心智模型，团队信任度越高，就越有利于形成共享心智模型（武欣，吴志明，2005）。根据上述三个因素：第一，审计组搞好内部沟通、搞好与被审计单位相关人员之间的沟通是重要的工作，特别是在沟通过程上，充分遵重被审计单位是非常重要的。第二，抑制团队中的“搭便车”行为也是很重要的。一方面，需要从激励机制上考虑审计人员的审计建议中的作用，激励审计人员在提出高审计建议方面多投入，而不是应付了事；另一方面，要充分调动被审计单位相关的积极性，使他们以积极的心态参与审计建议生产过程，避免他们以完全被动、应对了事的态度参加审计建议生产过程。第三，团队中要形成相互信任的氛围。审计组内部要相互信用，审计组要信任被审计单位相关人员，同时，被审计单位相关人员还需要信任审计组。当然，这些信任氛围的关键营造者是审计组负责人。

（二）实施条件分析

具有适宜的知识背景和共享心智模型的团队，对缺陷行为原因分析之后，抑制缺陷行为的措施也就具有了相当的基础。在许多情况下，这些措施可能很多，不同措施的效果可能有差异。审计组是否要提出效果最好的措施呢？并不一定如此，关键的问题，还要看被审计单位的实施条件。

审计建议的实施条件包括两方面的内容：一是实施审计建议的客观条件；二是实施审计建议的成本效益性。从客观条件来说，主要涉及实施审计建议的人财物及环境条件，如果不具备这些条件，则再好的审计建议也难以实施，例如，信息化能提高信息处理的及时性和准确性，然而，如果该单位暂时没有信息化人才，则提出这方面的建议，恐怕也难以得到实施。所以，现实生活中，审计建议实施存在三种情形：审计建议内容正确，且具备落实的客观条件，则落实建议的可能性极大；审计建议内容正确，且符合实际情况，但被审计位只具备部分落实建议的条件，则可能部分落实之；审计建议内容正确，被审计单位非主观不落实而属于客观不具备落实的条件，很可能不落实（宋永惠，1994）。从成本效益性来说，如果实施审计建议需要较大的投入，而其效益又不显著，则这种审计建议恐怕也难以实施（周宁，1995）。

所以，在缺陷行为原因分析之后，在各种可能的对策措施中如何选择，要分析被审计单位的人财物及环境条件，同时，还要分析不同对策措施的成本效益性，在此基础上，提出被审计单位具备条件且符合成本效益原则的审计建议。

（三）提出审计建议

高质量的审计建议，除了找准缺陷行为的原因并分析实施条件，还要以适宜的方式提出。这里的适宜方式，主要包括以下几方面：第一，详简适宜。一方面，不能过于详细，完全取代了建议采纳者的职能，毕竟审计人员对缺陷行为及其原因的了解只是在较短时间内形成的，相对来说，被审计单位对缺陷行为更了解，所以，如果过于详细，可能束缚被审计单位的行为，有时甚至带来负面后果。例如，其审计机关在对某酒精厂审计后提出了审计建议，建议该厂改变生产流程，并对部分生产工艺如何改造都有详细建议。该厂采纳了审计建议，为此投入了600多万元资金用于技改，由于多方面原因，改造后的生产状况仍然没有起色。企业损失近千万元（潘洪华，2002）。另一方面，也不能过于原则，如果审计建议过于原则，则这种建议是放之四海而皆准，被审计单位不得要领。例如，许多审计机关在预算执行审计报告中，都会提到“希望今后加强预算制度建设，强化预算执行力度”，这种建议不具有针对性，难以实施。第二，措辞恰当。审计建议不具有强制性，需要建议采纳者主观上能接受这些建议，所以，事实上，是审计组以书面形式与可能的建议采纳者之间进行沟通。措辞不恰当，可能会影响阅读者的接受程度。一般来说，批判性、指责性、命令式、居高临下式的措辞接受程度较低，而建设性、顾问性、商量式、平等式的措辞接受程度较高。第三，如果缺陷行为具有重大性或普通性，需要被审计单位之外的机构来采取行动，此时，审计建议就不是提交被审计单位，而是提交给相关的主管部门或主管领导，在这种情形下，为了突出审计建议，要有区别地将重要的审计建议在形式上从审计报告中分离出来，另行撰写。以审计建议书方式着重就审计事项提出有针对性的审计建议（周宁，1995）。

三、审计建议生产机制：问卷数据分析

本节以上从审计建议的针对性、审计建议的可行性和审计建议的提出方式三个方面分析了审计建议生产的逻辑过程，确定了生产过程的关键要素。然而，这种理论上的推导是否正确呢？我们提炼理论推导中确定的关键因素，进行问卷调查，以验证上述关键因素是否正确。

（一）问卷设计和调查

根据本节前面提出的理论框架，归纳高质量审计建议生产的关键要素，形成如下问卷调查项目：

1. 缺陷行为原因分析的关键成功因素

（1）交流者的知识背景

◇审计组应该对所涉及问题具有较高的知识水平并具有一定的经验，能透彻了解和理解所涉及问题（X1）。

（2）交流者的交流态度

◇审计组搞好内部沟通、搞好与被审计单位相关人员之间的沟通是重要的工作（X2）。

◇需要从激励机制上考虑激励审计人员在提出高审计建议方面多投入（X3）。

◇要充分调动被审计单位相关的积极性，使他们以积极的心态参与审计建议生产过程（X4）。

◇审计组内部要相互信用，审计组要信任被审计单位相关人员，同时，被审计单位相关人员还需要信任审计组（X5）。

2. 实施条件分析的关键成功因素

◇审计建议内容正确，且具备落实的客观条件，则落实建议的可能性极大（X6）。

◇审计建议内容正确，且符合实际情况，但被审计位只具备部分落实建议的条件，则可能部分落实之（X7）。

◇审计建议内容正确，被审计单位非主观不落实而属于客观不具备落实的条件，很可能不落实（X8）。

◇审计建议要符合成本效益原则（X9）。

3. 提出审计建议的关键成功因素

◇高质量的审计建议要详简适宜，不能过于详细，也不能过于原则（X10）。

◇批判性、指责性、命令式、居高临下式的措辞接受程度较低（X11）。

◇建设性、顾问性、商量式、平等式的措辞接受程度较高（X12）。

◇如果缺陷行为具有重大性或普通性，需要被审计单位之外的机构来采取行动，审计建议需要从审计报告中分离出来，另行撰写（X13）。

根据以上项目，采用五级利克特（likert）量度表设计调查问卷。调查对象是参加业务培训的审计机关的审计人员，发出问卷150份，收回有效问卷135份。样本量满足极限误差10%，置信度95%条件下的样本量要求。

（二）问卷数据分析

由于本节的问卷采用五级利克特量表，中位数是“3”，所以，如果所调查问题的分值与“3”有显著差异，则表明显著超过或低于平均水平。根据这个要求，本节采用的主要统计方法是比较均值中的单样本T检验，检验值为3，检验各项目的量值与“3”是否存在显著差异（95%置信区间）。描述性统计结果如表4所示，单样本T检验结果如表5所示。结果显示，所有关键要素的认同度都显著高于中位数是“3”，这表明本节提出的理论框架得到问卷调查的数据的支持。

表4　描述性统计

变量	N	均值	标准差	均值的标准误
X1	135	3.9444	.67377	.11230
X2	135	4.0000	.71714	.11952
X3	135	3.8056	.78629	.13105
X4	135	4.3611	.83333	.13889
X5	135	3.9722	.73625	.12271
X6	135	3.5556	.84327	.14055
X7	135	3.6389	.76168	.12695
X8	135	3.8333	.69693	.11616

续表

变量	N	均值	标准差	均值的标准误
X9	135	3.7222	.88192	.14699
X10	135	3.6389	.83333	.13889
X11	135	3.7222	.94449	.15742
X12	135	3.4444	1.05409	.17568
X13	135	3.6944	.88864	.14811

表 5 单个样本检验

变量	检验值=3				
	t	Sig.（双侧）	均值差值	差分的 95%置信区间	
				下限	下限
X1	8.410	.000	.94444	.7165	1.1724
X2	8.367	.000	1.00000	.7574	1.2426
X3	6.147	.000	.80556	.5395	1.0716
X4	9.800	.000	1.36111	1.0792	1.6431
X5	—.226	.042	—.02778	—.2769	.2213
X6	—3.162	.003	—.44444	—.7298	—.1591
X7	5.033	.000	.63889	.3812	.8966
X8	7.174	.000	.83333	.5975	1.0691
X9	4.914	.000	.72222	.4238	1.0206
X10	—2.600	.014	—.36111	—.6431	—.0792
X11	—1.765	.046	—.27778	—.5973	.0418
X12	—3.162	.003	—.55556	—.9122	—.1989
X13	4.689	.000	.69444	.3938	.9951

四、结论和启示

一般来说，行为审计对于发现的违规行为和瑕疵行为都要提出审计建议。本节借鉴知识交流理论和共享心智模式理论，构建高质量审计建议生产机制理论框架，分析高质量审计建议生产的关键成功因素，并用问卷数据检验这些因素的认同度。

高质量的审计建议生产有三个基本条件：一是审计建议具有针对性，要求审计建议是在搞清楚缺陷行为的原因之基础上提出；二是审计建议具有可行性，要求考虑建议实施者是否具有实行建议的基本条件；三是以适当方式提出审计建议，要求以审计建议实施者能愉快接受的方式提出审计建议。

根据本节的理论分析，高质量审计建议的主要关键成功因素包括：（1）缺陷行为原因分析的关键成功因素包括：审计组应该对所涉及问题具有较高的知识水平并具有一定的经验，能透彻了解和理解所涉及问题；审计组搞好内部沟通、搞好与被审计单位相关人员之间的沟通是重要的工作；需要从激励机制上考虑激励审计人员在提出审计建议方面多投入；要充分调动被审计单位相关的积极性，使他们以积极的心态参与审计建议生产过程；审计组内部要相互信任，审计组要信任被审计单位相关人员，同时，被审计单位相关人员还需要信任审计组。（2）实施条件分析的关键成功要素包括：审计建议内容正确，且具备落实的客观条件，则落实建议的可能性极大；审计建议内容正确，且符合实际情况，但被审计位只具备部分落实建议的条件，则可能部分落实之；审计建议内容正确，被审计单位非主观不落实而属于客观不具备落实的条件，很可能不落实；审计建议要符合成本效益原则。（3）提出审计建议的关键成功要素包括：高质量的审计建议要详简适宜，不能过于详细，也不能过于原则；批判性、指责性、命令式、居高临下式的措辞接受程度较低；建设性、顾问性、商量式、平等式的措辞接受程度较高；如果缺陷行为具有重大性或普通性，需要被审计单位之外的机构来采取行动，审计建议需要从审计报告中分离出来，另行撰写。上述从理论上推导的三方面的关键成功因素得到问卷调查的支持。

政府审计的终极目标是抑制缺陷行为，但是，这其中的一个关键问题就是提出高质量的审计建议，发挥抵御功能。如果不能有效地进行审计整改，则政府审计的社会价值会降低，如果屡查屡犯，缺陷行为赖以生存的体制、机制、制度不能得到改善，则从某种意义上来说，政府审计是浪费资源。缺陷行为屡查屡犯，一方面，可能是有好的审计建议没有得到采纳，这是审计建议实施机制问题；另一方面，可能是审计建议本身就质量不高。所以，重视审计整改，必须首先重视审计建议的质量。

第三节　宏观审计建议实施机制：理论框架和例证分析

审计建议分为两种类型：一是面向审计对象，这类建议一般是针对审计对象的业务营运及管理所存在的问题提出建议；二是面向政府或政府部门，这类建议一般是针对宏观管理中存在的体制或机制性问题提出的建议。本节关注面向政府或政府部门的审计建议，并称之为宏观审计建议。审计建议是建设性国家审计的重要要素，前总理温家宝在听取审计署工作汇报时曾说过："审计工作最重要的目的，就是通过审计发现问题、纠正错误、改进工作，特别是通过深化改革和制度建设，提高政府部门依法行政水平和企业的经营管理水平。"然而，现实生活中，我们观察到这样一些现象，从区域来看，宏观审计建议的提出和采纳具有地区差别，有些地区的宏观审计建议得到较好的采纳，并产生较好的效果，而另外一些地区的宏观审计建议则采纳率不高或者是效果不好；从宏观审计建议类型来看，有些宏观审计建议很快得到政府的采纳，而另外一些宏观审计建议则束之高阁。如此看来，宏观审计建议是否有效，需要一个良好的实施机制。本节拟建立有效的宏观审计建议实施机制的理论架构，基本的逻辑是，宏观审计建议涉及多方，并且由多个要素构成，有效的宏观审计建议实施机制要求审计机关、政府、主管部门、审计对象在各个机制中分工协作，如果责任不清或有些主体不履行责任，则审计建议实施机制缺乏效率。

一、文献综述

审计建议的实施是审计整改的一部分。关于审计整改有不少的研究文献（孙富军，2001；庞明茂，2001；覃卫群，2003；喻采平，2010；郑石桥，尹平，2010；郑石桥，和秀星，许莉，2011）。

然而，这些文献基本上都是研究微观审计整改，其中包括审计建议的实施。从宏观层面来说，关于专项审计调查的研究一定程度上与本节的主题相关。关于专项审计调查的研究主题包括：专项审计调查的意义、作用、特点、类型、组织方式、专项审计调查存在的问题及对策等（颜志敏，2005；王志楠，2006；林图，2008；颜志敏，2010；桂春荣，2011），这些主题中，涉及专项审计调查成果利用。大部分文献认为，专项审计调查审计建议一是要有针对性，对症下药，有的放矢；二是要有创新性，有一定的深度，注意提炼和推敲；三是要有实用性，审计建议应具有可操作性，不能搞空头理论，华而不实（石勉，2010）。从现状来看，专项审计调查成果存在成果利用不充分、利用渠道过于单一等问题，至于这其中的原因，主要是专项审计调查的选题不具有前瞻性、审计建议质量不高（天津市审计局课题组，2006；常汉生，2009；凌传芳，吴健，孙勇，唐艳芳，2010；王川军，2011）。总体来说，现有文献没有提出一个关于有效的宏观审计建议实施机制的系统化解释。本节的目的就是建立这样一个理论架构，并用案例来验证这个架构。

二、宏观审计建议实施机制：理论架构

（一）宏观审计建议实施的相关主体

宏观审计建议是审计机关面向政府或政府部门，针对宏观管理中存在的体制或机制性问题提出的建议。所以，一般来说，相关主体有四类：一是审计机关；二是主管部门；三是政府（主要是指政府首长，下同）；四是审计对象，也就是审计机关获取审计证据的具体单位。这四类主体的关系如图 4 所示。

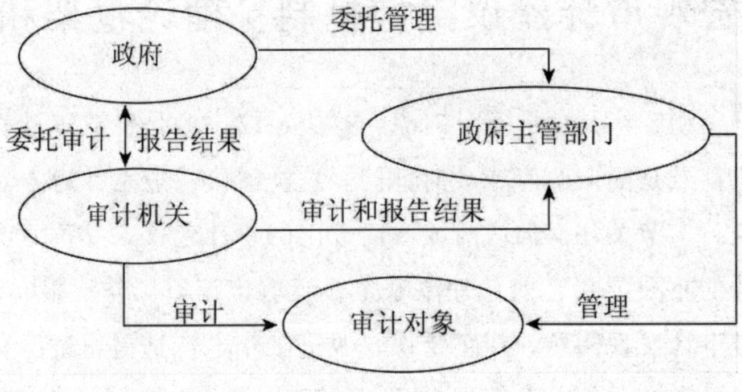

图 4　审计关系

在图 1 所示的关系，政府将宏观管理某一方面的事务托付给特定的部门，从而形成一定数量的宏观事务管理部门，也就是政府主管部门。从理论上来说，所有的宏观事务都应该有对应具体的政府部门，而每个政府部门都应该有特定的宏观管理职责。政府主管部门就其特定的宏观管理职责，对所有审计对象就该领域事项进行管理。作为微观组织的审计对象，使用公共资源，承担着特定的公共责任，履行特定的公共事务，都是政府的代理人。

审计机关接受政府委托，对审计对象（微观组织单位）进行审计，并将审计结果报告给政府。同时，将与特定政府主管部门相关的事项，报告给该主管部门。在某些情形下，审计机关也可以直接将政府主管部门作为审计对象，此时，审计机关也要将审计结果报告政府。所以，从委托代理关系来说，政府是委托人，审计机关是受政府委托对审计对象（包括政府主管部门）进行审计，审计机关完成审计后，将审计结果报告给政府这个委托人。

政府主管部门具有双重性。就与政府的关系来说，政府是委托人，政府主管部门是代理人，政

府主管部门是接受政府的托付具体管理某一方面的公共事务。就与微观组织单位的关系来说，政府主管部门是委托人，微观组织单位是代理人。

那么，在宏观审计建议实施机制中，上述各方应该发挥什么样的作用呢？首先，由于宏观审计建议是针对宏观领域体制、机制方面的问题而提出的建议，所以，作为微观组织单位的审计对象在这方面应该只是配合审计机关提供审计证据，在审计建议的实施是无能为力的。其次，作为委托人的政府，当然应该关心各级代理人存在的问题，所以，应该督导政府主管部门采纳审计建议，并且，对于一些跨部门的宏观问题，要亲自行动。具有双重身份的政府主管部门，应该是宏观审计建议实施的主体，当审计对象只是微观组织单位时，政府主管部门作为委托人，当然应该关心代理人存在的问题，所以，应该在审计建议实施过程中发挥主要作用；当政府主管部门本身作为审计对象时，作为代理人，当然应该改正自身的问题，所以，应该是宏观审计建议的主要行动者。

所以，总体来说，在图1所示的审计关系图中，在宏观审计建议实施机制中，政府主管部门是主角，政府是督导者，审计机关是建议的生产者，而审计对象只是配合审计取证。

（二）宏观审计建议实施机制构成

以上分析了宏观审计建议实施机制的相关主体。然而，各方应该如何行动呢？从逻辑上来说，宏观审计建议实施应该包括以下环节：第一，审计机关提出宏观审计建议，这就需要宏观审计建议的生产机制；第二，审计机关采取一定措施，保证提出的宏观审计建议是高质量的，这就需要宏观审计建议的质量机制；第三，审计机关将宏观审计建议提交给恰当的机构或岗位，这就需要宏观审计建议的沟通机制；第四，政府作为委托人，需要一定的方法来促使宏观审计建议得到实施，这就需要督导机制；第五，审计机关需要对提交的建议进行跟踪，这就产生宏观审计建议跟踪机制。上述四个环节组合起来，形成一个完成的宏观审计建议链，相应地，四种机制也就组合成宏观审计建议实施机制。

1. 生产机制

生产机制主要是产生宏观审计建议。一般来说，有三种情形：第一，通过实施专项审计调查项目，针对普遍性、倾向性的问题，对多个单位进行调查，在此基础上，针对普遍性、倾向性的问题提出建议；第二，政策评估，对现行实施中的某项或相关的几项政策效果进行评估，找出机制性、体制性的问题，并就此提出完善政策的建议；第三，对相关或类似的微观审计报告进行分析，发现普遍性、倾向性的问题，在此基础上，针对普遍性、倾向性的问题提出建议。当然，如果是政策评估或专项审计调查，还需要审计对象配合，需要这些单位按要求提供审计证据。

2. 质量机制

宏观审计建议的质量是宏观审计建议能否得到实施的最关键因素，质量不高的宏观审计建议，即使得到实施，也不会产生较好的结果，有时甚至产生负效果。所以，审计机关要采取措施保证宏观审计建议是高质量的。怎么保证呢？首先，我们分析什么是高质量的宏观审计建议。ISO质量认证体系规定，质量就是满足明确或隐含需要能力的特性总和。从审计建议质量来说，就是审计建议满足审计建议需求方的程度，由于宏观审计建议的需求方是政府或政府部门，所以，政府或政府部门对审计建议满意程度是判断宏观审计建议的质量标准。什么样的宏观审计建议会让政府或政府部门满意呢？一般来说，这类审计建议要具备以下两个特征：第一，必须是针对当前宏观领域的热点重点问题，通俗地说，这类问题主要有三种情形：一是当前党和政府工作的重点；二是人大重点关注的问题；三是人民群众普遍关心的问题。只要是针对这些问题提出宏观审计建议，政府或政府部门就会重视，从而采纳实施的可能性也就大。第二，审计建议抓住了热点重点问题的本质，分析清楚了问题的产生原因，审计建议具有较强的针对性，而不是泛泛而谈。

要使宏观审计建议具备上述两个特征，质量保证机制主要包括三个方面：第一，审计项目的选择必须选择党政领导关心的主要问题，必须选择人大关心的主要问题，必须选择人民群众关心的问题。第二，除了政策评估项目和已完成微观审计项目分析外，一般要选择专项审计调查方式，而不是项目审计方式。并且，专项审计调查也要聚焦调查主题，内容不要泛，要在针对性，围绕特定的调查主题，扩大调查范围。这样的调查结果，才能体现普遍性和倾向性。第三，审计建议一定是针对发现的问题提出，要对问题从定性、定量的角度调查清楚，泛泛而谈的建议，无法引起政府或政府部门的注意。

3. 沟通机制

有了高质量的审计建议，怎么才能让政府或政府部门采纳呢？沟通机制很重要。根据图 1 所示的审计关系，审计机关提出审计建议有多种路径，可能的沟通对象包括：政府主管部门、政府主管领导（宏观审计建议所涉及的事项的政府主管领导）、政府最高行政首长（一般是审计主管领导）。一般来说，宏观审计建议需要与政府主管部门沟通，但是，如果只是与政府主管部门沟通，则宏观审计建议的效果不一定会好。所以，必须与政府主管领导和政府最高行政首长沟通，需要考虑的是，如何与这些沟通。从逻辑上来说，与相关领导沟通有四种路径：路径一是直接报告政府最高行政首长；路径二是直接报告政府主管领导；路径三是先报告政府主管领导，然后报告政府最高行政首长；路径四是同时报告政府最高行政首长和政府主管领导。至于采用何种路径，要根据当地政府的政治环境，总体的目的是有利于宏观审计建议的采纳和实施。

4. 督导机制

督导机制是宏观审计建议采纳之后，用什么样的方式，使得政府或政府主管部门能够切实提出政策和措施，解释审计建议所提出的体制、机制性问题。一般来说，有两种方式可以较好地发挥作用。一是审计整改联席会议制度；二是政府督察。审计整改联席会议由政府最高行政首长牵头，政府办、纪检、组织、审计等部门为成员单位，一般每年定期召开数次，主要内容是交流、通报审计查出的问题以及审计整改检查情况；研究、解决审计整改工作中遇到的难点及重点问题；明确各成员单位依据各自职责开展审计整改督促落实工作责任；研究、制定有关审计整改工作的制度、规定；视情况组织有关部门对被审计单位联合开展重点督察。政府督察机构的职责是对政府重要会议做出的决定进行督办，对于重要的宏观审计建议，政府相关会议做出决定之后，如果能纳入政府督察事项，则后续落实就有了可靠的保障。

5. 跟踪机制

跟踪机制是指审计机关对宏观审计建议采纳及后续进展及结果进行动态了解。跟踪机制包括两部分内容：一是谁跟踪；二是跟踪什么。关于谁跟踪，审计机关有两种方式：一是业务部门跟踪，即也提出宏观审计建议的业务部门跟踪，这种方式的好处是对宏观审计建议最了解，便于与政府相关部门沟通，但是，业务部门可能又开展了新的业务项目，有时可能出现跟踪不及时、不到位；二是由审计整改部门（也可以是审理部门）跟踪，这种方式的好处是专门跟踪，但是，需要跟踪人员真正理解宏观审计建议。关于跟踪什么，一般来说包括三部分内容：第一，审计建议是否被采纳；第二，审计建议采纳之后，政府及相关部门，出台了政策法规；第三，这些政策法规实施之后，结果如何，是否解决了宏观审计建议所针对的体制、机制性问题。

以上的分析的宏观审计建议实施机制，具体落实到各责任主体，归纳起来如表 6 所示。

表 6　宏观审计建议实施机制责任分解

实施机制	责任主体			
	审计机关	本级政府	审计对象	主管部门
生产机制	通过专项审计调查、政策评估、微观审计项目分析，针对宏观领域的体制、机制性问题，提出建议。	确定政府关心的重点、热点问题。	配合审计机关，提供审计证据。	确定本部门管理领域的重点、热点问题。
质量机制	通过项目选择和过程控制，保证提出的宏观审计建议让政府或政府部门满意。			
沟通机制	宏观审计建议与政府主管部门进行沟通；根据当地政治环境，选择政府最高行政首长和政府主管领导的沟通路径。	接受宏观审计建议。		接受宏观审计建议。
督促机制	审计整改联席会议制度	主持审计整改联席会议制度，重要的宏观审计建议所形成的决定纳入政府督察事项。		审计整改联席会议制度。
跟踪机制	选择审计整改部门跟踪或业务部门跟踪，跟踪审计以下内容：建议是否被采纳；审计建议采纳之后，政府及相关部门，出台了政策法规；这些政策法规实施之后的效果。	提供相关信息。	提供相关信息。	提供相关信息。

（三）有效的宏观审计建议实施机制

有效的宏观审计建议实施机制，首先必须保证审计建议的高质量。在宏观审计建议高质量的前提下，审计建议实施机制是否有效，由三个因素决定：一是责任划分是否清晰；二是责任划分是否正确；三是各责任主体是否履行自己的责任。如果责任划分不清晰，则各责任不明白自己在审计建议实施中应该承担什么责任，则审计建议的执行责任就会出现真空，影响审计建议实施效果。如果责任划分不正确，则审计建议的执行效果也会受到影响，有责任的主体如果没有相应的手段，则无法完成其责任。即使有正确且清晰的责任划分，如果责任主体推卸责任，或者根本就没有意识到自己在审计建议实施中有什么责任，则审计建议实施效果会受到较大的影响。上述三个方面的任何一方面出现，都会影响审计建议实施效果，如果多个方面同时出现，审计建议实施效果应会受到严重影响。

三、宏观审计建议实施机制例证分析

本节提出了一个关于有效的宏观审计建议实施机制的理论架构。这个架构是基于理论推导的结果。然而，与现实是否一致呢？由于数据获取的困难，本节无法用纯实证的方法来检验上述理论架构。但是，可以通过案例来一定程度上验证上述理论架构。本节选择的案例是安徽铜陵市审计局开展的全覆盖审计。

（一）安徽铜陵市审计局全覆盖审计的基本情况①

每年年初，安徽铜陵市审计局就组织力量从财政、税务、机关经费管理、专项资金、政府投资、政府负债等多方面认真开展审前调研，除法定项目外，坚持全面审计、突出重点的方针，审计与调查并举，采取“专题为主、带动覆盖”的方法，每年都选择3～5个专题进行专项审计调查，横向到边、纵向到底、不留死角。通过这种方式，不但实现了市本级预算单位全覆盖，还通过专项审计，每年重点解决一两个突出问题。2009年以来，该局陆续以公务招待费、公务用车费用、公费出国（境）费用、经营性资产出租管理、执行津补贴制度情况、地方政府负债、预算安排给各部门的专项经费支出、政府性投资、民生工程资金等为主线，进行专题审计或审计调查，注重从宏观上、制度上提出审计建议，促进了财政管理制度改革。例如，公务用车费用调查，直接催生了全市市直机关公务用车货币化改革；公务招待费审计调查促使市委市政府2009年出台了严格招待费管理的办法，当年招待费同比下降16.4%。

（二）对安徽铜陵市审计局全覆盖审计的分析

本节前面已经指出，有效的宏观审计建议实施机制，首先必须保证审计建议的高质量。在宏观审计建议高质量的前提下，审计建议实施机制是否有效，由三个因素决定：一是责任划分是否清晰；二是责任划分是否正确；三是各责任主体是否履行自己的责任。安徽铜陵市审计局全覆盖审计之所以产生了较好的效果，其原因也是高质量审计建议的基础上，实施机制中有合理有效的分工协作。

首先，围绕党和政府关心的热点问题，每年都选择3～5个专题进行专项审计调查，横向到边、纵向到底、不留死角。通过这个方式进行的专项审计调查从项目选择起就为其高质量奠定了基础。同时，针对这个主题，采用全覆盖审计，横向到边、纵向到底、不留死角，使得专项审计调查得出的结论和提出的建议具有扎实的事实依赖，进一步确保了审计建议的质量。这种高质量的审计建议势必会引起党政领导的关注，并成为其决策的依据。例如，公务用车费用专项审计调查之后，时任市委姚玉舟在审计调查报告上批示“审计局提供材料为我们进一步加快推进公车改革提供了依据，参政的积极性高。对存在的问题也要很好地解决，以更顺利地推进车改”②。

其次，党政主要领导关注审计结果，并积极推进根据审计结果进行整改。例如，在党政主要领导的推动下，公务用车费用调查直接催生了全市市直机关公务用车货币化改革；公务招待费审计调查促使市委市政府出台了严格招待费管理的办法。

最后，党政各相关部门积极协调配合。通过开展全覆盖审计，不仅查错纠弊，而且注重从源头上预防问题的产生。注重坚持标本兼治、源头治理的方针，注意从宏观上、制度上提出审计建议，在党政主要领导推动下，党政各部门积极行动，根据审计结果进行整改，有关部门加强了管理、堵塞漏洞，规范了财政资金管理，促进了财政管理制度改革。

---

① 铜陵市人民政府办公室，铜陵市审计局全面推进财政审计“全覆盖”工作，政府信息公开（索取号：GA025010603201008004）。

② 同上。

四、结论和讨论

宏观审计建议是面向政府或政府部门，针对宏观管理中存在的体制或机制性问题提出的建议。本节建立有效的宏观审计建议实施机制的理论架构，并用安徽铜陵市审计局全覆盖审计案例来验证上述理论架构。

宏观审计建议相关主体有审计机关、政府、主管部门、审计对象，在有效的宏观审计建议实施机制中，政府主管部门是主角，政府是督导者，审计机关是建议的生产者，审计对象是配合者。宏观审计建议实施机制包括生产机制、质量机制、沟通机制、督导机制和跟踪机制，有效的宏观审计建议实施机制要求审计机关、政府、主管部门、审计对象在各个机制中分工协作，如果责任不清或有些主体不履行责任，则审计建议实施机制就缺乏效率。

安徽铜陵市审计局全覆盖审计之所以产生了较好的效果，其原因也是在高质量审计建议的基础上，实施机制中有合理有效的分工协作。在高质量的生产机制和质量机制中，围绕党政领导关注的重点、热点问题进行专项审计调查是高质量的基础，而党政主要领导的推动、相关部门的积极行动，是高质量审计建议得到实施的主要因素。

审计是为委托人服务的，政府审计要为国家治理服务，要站在国家治理的高度来思考审计问题。针对宏观管理中的热点、重点问题进行专项审计调查是政府审计服务国家治理的重要路径。然而，这个路径要产生好的效果，专项审计调查的选题是关键，专项审计调查的证据是否扎实是基础，只有具备了这些前提，党政主要领导才会积极推动，党政相关部门才会积极行动，宏观审计建议才会产生良好的效果。否则，审计机关可能会陷入“孤芳自赏”的尴尬境界。

第四节　微观审计建议实施机制：理论框架和例证分析

审计建议分为两种类型：一是面向审计对象，这类建议一般是针对审计对象的业务营运及管理所存在的问题提出建议；二是面向政府或政府部门，这类建议一般是针对宏观管理中存在的体制或机制性问题提出的建议。本节关注面向审计对象的审计建议，并称之为微观审计建议。审计建议是建设性国家审计的重要要素，温家宝总理在听取审计署工作汇报时曾说过：“审计工作最重要的目的，就是通过审计发现问题、纠正错误、改进工作，特别是通过深化改革和制度建设，提高政府部门依法行政水平和企业的经营管理水平。”然而，现实生活中，我们观察到不少的审计建议并没有被采纳或者是没有产生预期效果。如此看来，需要一个有效的实施机制来提出和实施微观审计建议。本节拟建立有效的微观审计建议实施机制的理论架构，基本的逻辑是，微观审计建议涉及多方，并且由多个要素构成，有效的微观审计建议实施机制要求相关各在实施机制中分工协作，如果责任不清或有些主体不履行责任，则审计建议实施机制缺乏效率。

一、文献综述

审计建议实施属于审计整改的一部分。针对审计整改，有不少的研究。研究的主题包括审计整改的意义、作用、流程、方法、存在问题及原因，以及优化审计整改的对策（王涛，2006；常秀娟，2008；曹润林，2008；吴琦，2010；骆勇，2011；李顺国，2011；赵光源，2011）。这类研究中，与审计建议实施相关的结论主要是关于审计建议采纳不高的原因及对策，主要的原因包括：审计建议质量不高；对审计建议实施的重要性认识不到位；审计建议实施过程中，相关各方责任不到位；法律法规对审计建议没有明文规定（陕西省审计厅法制处，2008；熊文辉，2011；吴岳，2012）。主要的优化对策包括：加大宣传力度；增加审计透明度；落实审计整改责任制；完善制度；建立审计整改联席会议制度；完善跟踪检查（毛天祥，2008；魏新华，2008；廖红川，2010；黄石市审计局，2011；熊文辉，2011；周锋，2012）。

从本质上来说，审计整改中的审计决定执行和审计建议实施具有显著差异，前者针对的是如何将审计机关作出的决定予以执行，应该具有强制性；后者涉及的是如何对待审计机关提出的建议，应该不具有强制性。正是由于这种区别，还有些文献专门研究审计建议。虽然数量不多，但研究主题集中，主要有三类：一是审计建议的作用，认为审计建议是审计建设性作用发挥的主要途径（杨高翔，苏维清，1998；安冬婕，2004）；二是审计建议实施存在的问题，主要是质量缺陷、法律缺陷、认识缺陷、力量缺陷（陈汉雄，2007；刘正毓，2008）；三是如何进一步促进审计建议的实施，主要包括：审计建议要有的放矢；审计建议要注重沟通和交流；审计后要积极开展审计回访和后续审计工作（刘正毓，2008；冯宁，2011）。

总体来说，现有文献对审计建议实施存在的问题及改进对策都有一定的涉及，并且，一些文献还从相关各方协作和制度建设的角度分析审计建议实施问题。这无疑都是一些有益的启示。然而，关于有效的审计建议实施机制，并没有一个系统化的理论架构。本节拟从责任划分的角度提出这个理论架构，并以案例验证这个架构。

二、审计建议实施机制：理论架构

（一）相关各方在审计建议实施中的角色定位

审计是社会文明的产物，也是促进社会文明的制度安排。随着人类文明发展到一定程度，出现了委托代理关系。委托代理关系极大地促进了社会分工和社会资源的优化使用，从而极大地促进了人类文明的进步。但是，委托代理关系存在信息不对称、激励不相容和环境不确定三个问题。信息不对称，即代理人掌握的信息数量和质量高于委托人；激励不相容，即代理人和委托人的利益不完全一致，二者所追求的目标可能存在偏差；环境不确定，存在着许多委托人和代理人都控制不了的因素，这些因素与代理人的努力程度混合起来，影响最终的营运结果，从而委托人不容易区分代理人努力程度对最终营运结果的影响。正是由于上述三个问题的存在，使得代理人有可能背离委托人的利益，追求自己的利益，代理人的这种行为称为机会主义。也正因为如此，上述三个问题也称为机会主义的前提条件。委托人当然会预期到代理人的机会主义行为的可能性，从而会建立一个治理结构来应对代理人的机会主义行为。这个治理结构一般包括制衡机制、激励机制和问责机制。审计属于问责机制，它的主要功能是对代理人是否存在机会主义行为做出鉴证，也就是对代理人是否存在背离委托人和代理人之间的显性或隐性合约做出判断。当然，委托人还可以将其他权限赋予审计，从而在鉴证功能的基础上派生出其他功能，例如，赋予审计处理代理人机会主义行为的权力，这样一来，审计就具有了处理功能。从建设性审计来说，审计不应该止于鉴证机会主义行为，还应该在抑制机会主义行为中发挥重要作用。推动审计建议的实施，就是一个重要的路径。

图5是中国政府审计关系图。人大本身是公众的代理人，政府是同级人大的代理人，但是，相对于具体的公共责任机构（包括政府机构及其所属单位，分为不同等级的预算单位）来说，政府又是委托人。政府将公共责任托付给一级预算单位，形成政府和一级预算单位之间的委托代理关系，在这个关系中，政府是委托人，一级预算单位是代理人。一级预算单位在内部再设置一些机构（称为二级预算单位），将公共责任进行再分解，从而形成一级预算单位和二级预算单位之间的委托代理关系，在这个关系中，一级预算单位成为委托人。同理，二级预算单位还可能会组建内部机构（称为三级预算单位），进行公共责任分解，从而出现二级预算单位和三级预算单位之间的委托代理关系，在这个关系中，二级预算单位是委托人，三级预算单位是代理人。对于中央政府来说，上述委托代理关系可能还会有更多的层级，从而形成委托代理关系链。

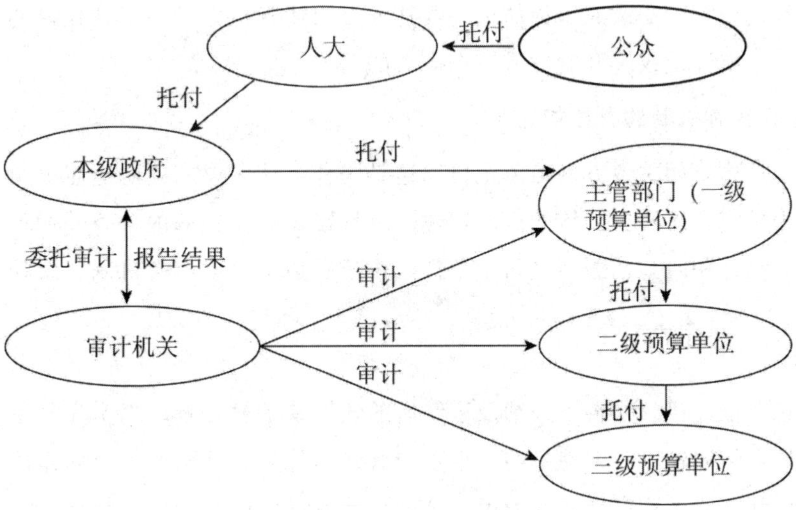

图5 中国政府审计关系

在上述委托代理关系链中，信息不对称、激励不相容和环境不确定都存在，所以，各级代理人都存在机会主义行为的可能性。为了应对各级代理人的机会主义行为，不同等级的委托人会建立治理机构，包括制衡机制、激励机制和问责机制。政府审计属于问责机制，中国政府审计隶属于本级政府，属于行政系列，接受政府首长委托，对本级政府以下的各级代理人（包括一级预算单位、二级预算单位、三级预算单位甚至更低层级的预算单位，也包括下级政府）进行审计，并向本级政府首长报告审计结果。

微观审计建议一般是针对公共责任机构业务营运及管理所存在的问题提出建议，一般来说，公共责任机构业务营运及管理所存在的问题也就是公共责任机构在履行其公共责任过程中的不足之处，本质上也是对委托人利益的背离，可以称为管理机会主义。现在的问题是，当审计机关发现了代理人的管理机会主义行为之后，对于如何解决代理人机会主义行为，相关各方应该如何进行责任分工？

第一，从作为审计对象的公共责任机构来说，本单位业务营运及管理存在问题，背离了委托人的利益，当然应该改进，这是责无旁贷的。

第二，作为审计机关，发现了公共责任机构的机会主义行为，并针对这种机会主义行为提出了审计建议，当然有责任将发现的问题及建议在与审计对象沟通的同时，报告给审计对象的委托人。同时，还要持续跟踪公共责任机构及其委托人的行动。

第三，如果审计对象不是政府主管部门，而是其下属的公共责任机构，作为委托人的主管部门，由于将公共责任的具体营运委托给了公共责任机构，不宜再强制性地要求公共责任机构在业务营运及管理上做什么，但是，当收到审计机关关于其下属单位的管理机会主义行为报告时，应该督导下属单位进行改进，一般可以采用两种方式：一是要求下属单位报告其改进情况，对于不能改进的，要求下属单位说明原因；二是查验下属单位整改报告的真实性。

第四，作为政府，是政府主管部门的委托人，一般不宜直接督导各公共责任机构，但是，可以从总体上来了解各公共责任机构对审计建议的采纳情况。一般可以采取审计整改报告的方式，要求各主管部门定期报告其属单位对审计建议的采纳情况。

第五，作为人大，是政府的委托人，一般不宜直接督导各政府主管部门，可以要求政府定期报告审计建议的提出、采纳及实施情况。

第六，作为社会公众，是政府审计的最终委托人，当然有权力了解审计建议的提出、采纳及实施情况，所以，建立审计建议公开制度是完全需要的。

（二）审计建议实施机制的具体构建

以上分析了审计建议相关各方的角色定位，这是一种审计建议实施的应然逻辑。然而，要使得这种应然逻辑成为现实，还需要具体的机制构建。审计建议的实施有两个条件：第一，高质量的审计建议；第二，有动力和压力。围绕这两个条件，构建质量机制、声誉机制、跟踪机制、督促机制和奖惩机制。

1. 质量机制

审计建议质量对审计建议是否被采纳及采纳后的效果有重要影响。事实充分说明，质量不高的审计建议被采纳的可能性较小，即使采纳，也不会有好的效果，甚至产生负面作用。那么，什么是高质量的审计建议呢？从微观审计建议来说，这种审计建议应该具有两个特征，第一，是针对特定问题而提出的建议，不是无的放矢、泛泛而谈；第二，针对问题的产生原因提出建议，而不针对问题本身提出建议。上述两方面结合起来，要求审计机关要找准问题，并且分析问题的产生原因，在此基础上，才能提出高质量的审计建议。特别需要说明的是，审计机关对审计对象的业务营运及管理的了解显然不如审计对象本身那样透切，所以，要避免过细致、具体的审计建议，而是针对问题的原因提出方向性、原则性的建议。另外，在审计建议正式确定之前，一般还要与被审计单位的相关业务骨干进行沟通，从某种程度上对审计建议进行确认。

2. 声誉机制

一般来说，每个单位、每个人都会顾及自己的声誉，声誉机制是声誉对人的决策及行为产生影响。从微观审计建议实施来说，声誉机制主要是信息公开，通过信息公开，对相关各方形成压力。主要有两种路径：第一，实行审计建议公开，采取适当的形式，审计机关将提出的审计建议予以公开。审计建议公开能发挥“双刃剑”功能，一方面，促使审计机关和审计人员提高业务素质，提升审计成果质量层次；另一方面，给审计对象造成压力，如果审计对象不对存在的问题进行改进，在社会上可能会产生负面影响（吴岳，2012）。第二，审计整改报告公开，各政府主管部门对其所属单位的审计整改情况定期报告给政府及同级审计机关，同级审计机关汇总后形成总的审计整改报告，审计机关将这种整改报告报送政府，并同时面向社会公开。这种整改报告的公开，对未能进行整改的审计对象及其主管部门形成压力。当然，对于无法整改的事宜，在整改报告中也予以说明，这就给审计建议的质量再次形成压力。

3. 跟踪机制

跟踪机制是指审计机关对微观审计建议采纳及后续进展及结果进行动态了解。跟踪机制包括两部分内容：一是谁跟踪；二是跟踪什么。关于谁跟踪，审计机关有两种方式：一是业务部门跟踪，即也提出宏观审计建议的业务部门跟踪，这种方式的好处是对微观审计建议最了解，便于与审计对象及相关部门沟通，但是，业务部门可能又开展了新的业务项目，有时可能出现跟踪不及时、不到位；二是由审计整改部门（也可以是审理部门）跟踪，这种方式的好处是专门跟踪，但是，需要跟踪人员真正理解宏观审计建议。关于跟踪什么，一般来说包括三部分内容：第一，审计建议是否被采纳；第二，审计建议采纳之后，审计具体做了什么；第三，审计建议实施之后，结果如何，是否解决了微观审计建议所针对的业务营运或管理问题。

审计机关对审计建议进行跟踪时，要树立正确的理念，那就是审计对象业务营运及管理中的问题是否解决，而不是审计对象是否遵守了审计机关提出的建议。在有些情形下，由于审计机关对审计对象的业务营运及管理了解不是很深刻，所以，发现的问题及提出的建议不一定正确，审计对象有可能不遵守审计建议，而是另辟蹊径来解决问题。此时，审计机关要有正确的态度，解决问题是关键，用谁的方法解决问题不重要。

4. 督促机制

督促机制是委托人用什么手段来促使审计对象采纳和实施审计建议。可靠的办法是审计整改联席会议制度。审计整改联席会议由政府最高行政首长牵头，相关部门为成员单位，一般每年定期召开数次，就微观审计建议来说，主要内容是交流、通报微观审计建议采纳及实施情况，并要求不采纳审计建议的单位及其主管部门做出说明。

5. 奖惩机制

审计建议的采纳及实施不具有强制性，所以，一般来说，不存在奖励或处罚的问题。但是，对于一些表现特别突出或特别恶劣的行为，政府或政府主管部门应该给予奖励或处罚。所以，也需要建立奖惩机制。奖惩对象包括审计机关、审计对象和政府主管部门。

以上的分析的微观审计建议实施机制，具体落实到各责任主体，归纳起来如表 7 所示。

表 7　微观审计建议实施机制责任分解

实施机制	责任主体					
	公众	人大	本级政府	审计机关	审计对象	政府主管部门
质量机制				针对特定问题而提出的建议，针对问题的产生原因提出建议	对审计建议进行确认	
跟踪机制				选择审计整改部门跟踪或业务部门跟踪，跟踪审计以下内容：审计建议是否被采纳；怎么采纳；效果如何？	提供相关信息	提供相关信息

续表

声誉机制	关注审计建议的采纳和整改	要求定期报告审计整改情况	要求定期报告审计整改情况	实行审计建议公开；审计整改报告公开	提供相关信息	提供相关信息
督促机制			主持审计整改联席会议制度	建立审计整改联席会议制度	列席审计整改联席会议	参与审计整改联席会议
奖惩机制			奖励表现特别突出或处罚特别恶劣的行为			奖励表现特别突出或处罚特别恶劣的行为

（三）有效的微观审计建议实施机制

有效的微观审计建议实施机制是指能产生高质量的审计建议，并且高质量的审计建议能得到审计对象的采纳和实施。总体来说，有效的微观审计建议实施机制就是在以审计建议为起点，能有效解决审计对象的机会主义行为之机制。这个机制是否有效，由三个因素决定：一是责任划分是否清晰；二是责任划分是否正确；三是各责任主体是否履行自己的责任。如果责任划分不清晰，则各责任不明白自己在审计建议实施中应该承担什么责任，则审计建议的执行责任就会出现真空，影响审计建议实施效果。如果责任划分不正确，则审计建议的执行效果也会受到影响，有责任的主体如果没有相应的手段，则无法完成其责任。即使有正确且清晰的责任划分，如果责任主体卸责，或者根本就没有意识到自己在审计建议实施中有什么责任，则审计建议实施效果会受到较大的影响。上述三个方面的任何一方面出现，都会影响审计建议实施效果，如果多个方面同时出现，审计建议实施效果应会受到严重影响。

三、微观审计建议实施机制例证分析

本节以上提出了一个关于有效的微观审计建议实施机制的理论架构。然而，这个架构是基于理论推导的结果。然而，与现实是否一致呢？由于数据获取的困难，本节无法用纯实证的方法来检验上述理论架构。但是，可以通过案例来一定程度上验证上述理论架构。本节选择的案例是广东省惠州市的审计整改①。

审计整改难这一长期困扰审计机关的难题在惠州市得到破解。“我们惠州如今不存在审计整改难的问题，而是担心审计能力和服务水平不高，所提的有针对性、建设性和前瞻性的意见建议还不够到位。”惠州市审计局负责人如是说。

广东省惠州市委市政府高度重视审计查出问题整改，市人大对审计查出问题整改全程监督，市

① 根据以下资料整理：毛天祥，惠州环环相扣审计整改机制成体系见成效，广东审计，2008（4）：40－43。谭国雄，广东惠州市建立环环相扣审计整改机制，http：//www.chinaacc.com/ new/552/553/564/2008/4/re368717715248002578－0.htm

审计局将督促整改落实作为审计服务全市经济社会发展大局第一要务，相关执纪执法部门通力协作，被审计单位认真落实审计查出问题整改，构筑起了以审计执法联席会议制度为龙头的政府、人大、执纪执法部门、整改单位以及社会力量参与的环环相扣的审计整改机制，形成了审计整改的强大合力，较好地解决了审计“整改难”问题。主要经验有以下五个方面：

(1) 政府对审计整改一抓到底。一是每年专题听取审计工作情况汇报并制定整改方案。市长亲自主持，全体副市长参加审计专题办公会，详细听取审计情况汇报，落实整改问题及其整改责任单位和整改目标要求，并按责任分工分解落实到各分管副市长，市长则亲自挂帅负总责，委托常务副市长在人大会议上表态在年底前整改落实到位。二是整合执纪执法部门力量建立审计执法联席会议制度。市政府于2004年年底，建立了由常务副市长牵头，市检察院、监察局、财政局、规划建设局、国资委、地税局、审计局、政府督察办等7家单位为成员的审计执法联席会议制度，每年固定由市政府召集执法联席会议。

(2) 人大对审计整改全程监督。一是市人大每年都专题听取审计工作情况报告并作出专门决议，必要时还就审计发现的单个重大问题作出单独决议。决议对审计整改提出明确要求。二是扩大新闻舆论和社会监督。为进一步督促政府扎实整改，市人大将审计工作报告印发给市人大代表，并将报告全文在《惠州日报》等主流媒体公开。通过扩大新闻舆论和社会监督，进一步营造审计整改强大舆论环境和监督氛围。三是每年年底再次召开专题会议听取审计整改情况报告。对年中审计报告所披露问题的整改落实情况逐项进行审查评议，并再次将整改情况报告在《惠州日报》等主流媒体全文公开，确保审计查出的每一个问题都有说法，对社会和群众都有交代。

(3) 执纪执法部门通力协作。市政府建立的审计执法联席会议制度，其实质是在市委、市政府领导下的全市审计执法组织协调机构，同时也是促进审计结果事项落实的议事机构。各成员单位以审计执法联席会议为纽带，充分发挥各自的职能优势，形成了对问题查处、责任追究、督察整改的完整“权力链”，有效提高了审计整改的权威性和效率效果。

(4) 审计机关将落实整改作为第一要务。成立审计督察室负责审计查出问题跟踪整改。督察室同时承担审计执法联席会议办公室职能，严格按审计执法联席会议要求制订好审计查出问题整改一览表，按审计发现问题、问题主体单位、整改牵头责任人、整改责任单位、整改时限和内容要求做出详细列表，方便操作和督察。

(5) 被审计单位严格按要求整改。在政府、人大、执纪执法部门、新闻舆论等的强力监督跟踪下，被审计单位对落实审计决定、意见建议高度重视，执行上严肃认真。一是做到了严格按整改进度要求报告整改进展情况。二是对确实因客观原因无法整改到位的，做到了按程序向市政府汇报请示，没有出现非经市政府批准擅自拖延或停止整改情况。三是更加注重制度机制层面的整改完善。

尽管惠州市经验是审计整改经验，并不是专门针对微观审计建议实施的。但是，微观审计建议实施是审计整改的一部分。惠州市经验基本具备本节理论架构中提出的有效的微观审计建议实施机制的特征，一是责任划分清晰，二是责任划分正确，三是各责任主体履行自己的责任。委托人、代理人和审计机关都履行了本应属于自己的职责，人大、政府、政府主管部门，在审计整改中都发挥了各自的作用，在这些相关主体的共同推动下，质量机制、跟踪机制、声誉机制、督促机制甚至奖惩机制得以建立，而正是在这个有效的实施机制组合下，作为代理人的审计对象才严格按要求整改。总体来说，广东惠州市的经验与本节提出的有效的微观审计建议实施机制的理论预期相符。

四、结论和启示

审计建议是建设性国家审计的重要路径。然而，现实生活中，我们观察到不少的审计建议并没有被采纳或者是没有产生预期效果。本节建立有效的微观审计建议实施机制的理论架构。微观审计建议是针对公共责任机构业务营运及管理所存在的问题提出建议。微观审计建议的实施有两个条件：第一，高质量的审计建议；第二，代理人有动力和压力。有效的微观审计建议实施机制，就是围绕这两个条件，构建由委托人、代理人和审计机关共同参与的质量机制、声誉机制、跟踪机制、督促机制和奖惩机制。质量机制是审计建议质量的保障机制，主要是审计机关负责。声誉机制主要是信息公开，通过信息公开，对相关各方形成压力。主要有行审计建议公开和审计整改报告公开二种路径，前者则审计机关负责，后者是审计机关和政府共同负责。跟踪机制是对微观审计建议采纳及后续进展及结果进行动态了解，主要由审计机关负责。督导机制是委托人用什么手段来促使审计对象采纳和实施审计建议。可靠的办法是审计整改联席会议制度。主要由政府负责，相关部门参与。审计机关最重要的职责是推动审计整改联席会议制度的建立。奖惩机制是对于一些在审计建立提出的实施中表现特别突出或特别恶劣的行为，给予奖励或处罚。主要由政府或政府主管部门负责。

广东省惠州市委市政府高度重视审计查出问题整改，市人大对审计查出问题整改全程监督，市审计局将督促整改落实作为审计服务全市经济社会发展大局第一要务，相关执纪执法部门通力协作，被审计单位认真落实审计查出问题整改，构筑起了以审计执法联席会议制度为龙头的政府、人大、执纪执法部门、整改单位以及社会力量参与的环环相扣的审计整改机制，形成了审计整改的强大合力，较好地解决了审计“整改难”问题。广东惠州市的经验与本节提出的有效的微观审计建议实施机制的理论预期相符。

审计建议是建设性国家审计的重要路径，然而，就现实来说，审计建议的质量不高、采纳率不高、采纳之后的效果与预期差异较大。这些问题的原因，归纳起来，就是未能建立本节所提出的有效的微观审计建议实施机制，并且最缺乏的是委托人行动不够。所以，今后的努力方向，一方面，是审计机关要努力提出审计建议的质量；另一方面，各类委托人要行动起来，切实关注代理人的机会主义行为。只有这样，代理人才会有压力、有积极性来实施审计建议。

参考文献

1. 孙富军．审计处理处罚应“四要”[J]，中国审计，2001（10）。

2. 庞明茂．审计处理处罚权的应用 [J]，审计理论与实践，2001（12）。

3. 覃卫群．浅谈审计处理处罚难的成因及其对策 [J]，中国审计，2003（15）。

4. 宋常，胡家俊，陈宋生．政府审计二十年来实践成果之经验研究 [J]，审计研究，2006（3）。

5. 喻采平．政府审计效率影响因素的实证研究 [J]，长沙理工大学学报（社会科学版），2010（5）。

6. 郑石桥，尹平．审计机关地位、审计妥协与审计处理执行效率 [J]，审计研究，2010（10）。

7. 郑石桥，和秀星，许莉．政府审计处理处罚中的非正式制度：一个制度冲突理论架构［J］，会计研究，2011（7）：86－92。

8. 审计署审计科研所．美国审计署《2011 年度绩效报告》简介［J］，国外审计动态，2012（4）：1－9。

9. 宋永惠．对审计建议应具有法律效力的质疑［J］，审计理论与实践，1994（1）：16。

10. 周　宁．改进内部审计建议方式的设想［J］，当代审计，1995（6）：35。

11. 彭朝晖．提高审计建议质量的几点思考［J］，财会通讯，1995（5）：21。

12. 孙永飞，丁爱霞．如何提高审计建议的质量［J］，山东审计，1996（3）：46。

13. 潘洪华．只做裁判不当教练——对审计意见书中审计建议的几点思考［J］，湖北审计，2002（10）：37。

14. 王跃坤．如何写好审计建议［J］，金融理论与实践，2005（3）：86－87。

15. 刘正毓．关于审计建议的思考［J］，审计月刊，2008（4）：20－21。

16. 李洪超．基层审计人员怎样提好审计建议［J］，现代商业，2010（17）：224。

17. 晋琳琳，李德煌．科研团队学科背景特征对创新绩效的影响——以知识交流共享与知识整合为中介变量［J］，科学学研究，2012（1）：111－123。

18. Mitton C，Adair C E，McKenie C，et al，Knowledge transfer and exchange：review and synghesis of the literature［J］．The Mibank Quarterly，2007，85（4）：729－768.

19. 姚　伟，郭　鹏，佟泽华，李耀昌．国外知识交流研究进展［J］，图书情况工作，2011（1）：112－116。

20. Josephine C L，Social context and social capital as enablers of knowledge intgration［J］，Journal of Knowledge Management，2004（8）：89－105.

21. 奎尔曼．颠覆：社会化媒体改变世界［M］，刘吉熙，译，人民邮电出版社，2010：118－119。

22. 武　欣，吴志明．团队共享心智模型的影响因素与效果［J］，心理学报，2005（4）：542－549。

23. 孙富军．审计处理处罚应“四要”［J］，中国审计，2001（10）。

24. 庞明茂．审计处理处罚权的应用［J］，审计理论与实践，2001（12）。

25. 覃卫群．浅谈审计处理处罚难的成因及其对策［J］，中国审计，2003（15）。

26. 喻采平．政府审计效率影响因素的实证研究［J］，长沙理工大学学报（社会科学版），2010（5）。

27. 颜志敏．开展专项审计调查应把握的几个重点［J］，审计月刊，2005（3）：31。

28. 王志楠．试析专项审计调查项目的四种组织方式［J］，审计月刊，2006（4）：15。

29. 林图．对专项审计调查相关问题的探讨［J］，商业会计，2008（11）：42－43。

30. 颜志敏．怎样搞好专项审计调查［J］，审计月刊，2010（10）：24－25。

31. 桂春荣．专项审计调查中的六大矛盾关系［J］，审计月刊，2011（6）：7－9。

32. 石　勉．对专项审计调查的思考［J］，武汉工程大学学报，2010（10）：28－32。

33. 天津市审计局课题组．关于开展专项审计调查的分析与思考［J］，审计研究，2006（5）：

3－10。

34. 常汉生．浅议地方政府实施专项审计调查存在的问题及建议［J］，商业文化，2009（4）：326。

35. 凌传芳，吴健，孙勇，唐艳芳．专项审计调查的困境与出路——基层审计机关开展专项审计调查实践的反思［J］，宿州学院学报，2010（9）：29－32。

36. 王川军．专项审计调查中存在的问题及对策研究［J］，审计月刊，2011（6）：17－18。

37. 王　涛．提高审计整改效果的几点建议［J］，审计月刊，2006（11）。

38. 常秀娟．浅谈审计整改［J］，河北企业，2008（12）。

39. 曹润林．审计整改难成因与对策的多视角分析［J］，地方财政研究，2008（2）。

40. 吴　琦．江西省财政审计注重“三创新、三结合”审计整改成效显著［J］，审计与理财，2010（12）。

41. 骆　勇，朱长伟．关于审计整改工作的几点思考［J］，西部财会，2011（4）。

42. 李顺国，向顺鹏．影响审计整改的因素分析和对策建议［J］，审计月刊，2011（5）。

43. 赵光源．抓好审计整改提升监督效能［J］，工业审计与会计，2011（5）。

44. 陕西审计厅法制处．略谈审计整改面临的问题和改进措施［J］，现代审计与经济，2008（2）。

45. 熊文辉．当前审计整改工作之我见［J］，审计与理财，2011（10）。

46. 吴　岳．加大审计公告力度破解审计整改难［J］，审计与理财，2012（2）。

47. 毛天祥．惠州环环相扣审计整改机制成体系见成效［J］，广东审计，2008（4）。

48. 魏新华．对审计整改的认识［J］，审计与理财，2008（8）。

49. 廖红川．关于加强审计整改工作的几点思考［J］，中国新技术新产品，2010（17）。

50. 黄石市审计局．构建审计整改机制提升审计整改实效［J］，审计月刊，2011（3）。

51. 周　锋．对建立审计整改工作操作规程的思考［J］，审计与理财，2012（1）。

52. 杨高翔，苏维清．一条审计建议促使收回资金2100多万元［J］，审计理论与实践，1998（8）。

53. 安冬婕．审计建议不容忽视［J］，陕西审计，2004（6）。

54. 陈汉雄．审计建议落实不力的现状及其原因［J］，中国审计，2007（16）。

55. 刘正毓．关于审计建议的思考［J］，审计月刊，2008（4）。

56. 冯　宁．写好审计建议应注意的几个问题［J］，现代审计与经济，2011（6）。

第二篇　制度审计基本理论

制度审计就是以制度为主题的审计，那么，这里的制度是什么呢？一般来说，内部控制制度是通过防范风险来达成组织目标的制度安排，然而，对于任何一个组织来说，除了防范风险，还有通过提高效率以达成组织目标的制度安排，这就是管理控制制度。所以，从逻辑上来说，应该有两类制度：一是内部控制制度；二是管理控制制度，二者统称为管理制度。为了制度的有效运行，内部控制制度和管理控制制度需要整合，所以，事实上，一个组织只有一套制度，这就是管理制度，对于这套制度，如果从防范风险的角度来看，就是内部控制制度，而从提高效率的角度来看，则就是管理控制制度。在整合制度前提下，内部控制鉴证、管理控制鉴证、管理制度鉴证、制度审计四者事实上是异曲同工的。也正是基于此，我们主要探究内部控制鉴证相关基本理论问题，这种探究得出的结论也适用于管理控制鉴证或管理制度鉴证。

作为制度审计的基本形态，内部控制鉴证已经成为内部审计部门的主要审计业务，外部审计师的业务中，内部控制审计也越来越具有重要地位。然而，关于内部控制鉴证的许多基本理论问题，还是处于碎片化的研究阶段，这种研究当然能探究某些个别问题，但是，可能出现不同的基本问题之间出现断裂，无法建立指导内部控制鉴证制度建立的系统理论。有鉴于此，本篇对内部控制鉴证基本问题进行了系统研究，拟建立一个较为系统的制度审计基本理论。

制度审计基本理论是对制度审计基本问题的系统探究，包括：第一，为什么需要制度审计？这个问题的解答就是制度审计需求理论。第二，什么是制度审计？这个问题的解答就是制度审计本质理论。第三，期望制度审计干什么？这个问题的解答就是制度审计目标理论。第四，谁来做制度审计？这个问题的解答就是制度审计主体理论。第五，制度审计是对谁进行审计？这个问题的解答就是制度审计客体理论。第六，制度审计是对什么进行审计？这个问题的解答就是制度审计内容理论。第七，如何实施制度审计？从制度审计基本理论角度，主要关注制度审计方法论层面的问题，这个问题的解答就是制度审计方法理论。第八，制度审计作为一个系统，与系统环境是什么关系？这个问题的解答就是制度审计环境理论。

基于上述八个基本问题，本篇的主要内容如下：

(1) 制度审计需求理论，阐述制度审计需求，主要内容包括：环境不确定性、人性假设和内部控制鉴证需求；内部控制强制鉴证和非强制鉴证：理论框架和例证分析。

（2）制度审计本质理论，阐述制度审计本质，主要内容包括：内部控制鉴证本质：基于个性和共性维度；内部控制审计性质：理论框架和例证分析。

（3）制度审计目标理论，阐述制度审计目标，主要内容包括：内部控制鉴证目标：理论框架和例证分析；内部控制鉴证目标保证程度：理论框架和例证分析。

（4）制度审计主体理论，阐述制度审计主体，主要内容包括：内部控制鉴证主体独立性：理论框架和例证分析；内部控制鉴证主体多样化：理论框架和例证分析；内部控制评价和内部控制审计的组合及效果：理论框架和例证分析；内部控制整合审计：理论框架和例证分析。

（5）制度审计客体理论，阐述制度审计客体，主要内容包括：内部控制鉴证客体：理论框架和例证分析；内部控制鉴证客体的博弈策略：理论框架和例证分析。

（6）制度审计内容理论，阐述制度审计内容，主要内容包括：内部控制鉴证内容：有效性还是缺陷性？内部控制鉴证内容的边界：理论框架和例证分析。

（7）制度审计方法理论：阐述制度审计中较为重要的方法之理论，主要内容包括：内部控制缺陷识别和认定：概念和逻辑框架；内部控制缺陷识别标准：理论框架和例证分析；内部控制缺陷认定标准：理论框架和例证分析；内部控制缺陷判断差异：基于管理层和外部审计师视角；内部控制鉴证取证模式：逻辑框架和例证分析。

（8）制度审计环境理论，阐述制度审计与环境的关系，主要内容包括：制度审计促进组织治理优化的路径：理论框架和例证分析；组织治理状况、制度审计和审计效率效果：理论框架和例证分析。

此外，由于涉及的审计理论问题很多，不宜将所有问题的文献综述都集中起来形成整体性的文献综述。本篇采取的办法是，文献综述在相关的研究主题中，没有统一的文献综述。这样的文献综述更有针对性，也更细致。

第十章　制度审计需求理论

本章阐述制度审计需求理论，主要内容包括：环境不确定性、人性假设和内部控制鉴证需求；内部控制强制鉴证和非强制鉴证：理论框架和例证分析。

第一节　环境不确定性、人性假设和内部控制鉴证需求

内部控制鉴证就是对内部是否存在缺陷的评价，包括内部鉴证（也称内部控制评估）和外部鉴证（也称内部控制审计）。目前，内部控制鉴证已经成为民间审计、内部审计和政府审计的重要业务。然而，内部控制鉴证的需求因素是什么呢？也就是说，为什么需要内部控制鉴证呢？现有文献涉及内部控制外部鉴证的需求，但是，主要是研究了内部控制鉴证信息披露的动机，然而，内部控制鉴证可以不披露，所以，内部控制鉴证的需求因素和内部控制鉴证信息披露的需求因素应该是不同的。本节以环境不确定性和人性假设为基础，研究内部控制鉴证的需求因素。

一、文献综述

内部鉴证的研究主题主要包括内部鉴证的需求因素、内部鉴证信息披露的影响因素及其后果（Peter et al，2003；Bronson et al，2006；Rogier&Knechel，2008；林斌，饶静，2009；方红星，孙翼，金韵韵，2009）、内部控制鉴证判断的一致性（Ashton，1974；Ashton&Brown，1980；Hamilton&Wright，1982；Tabor，1983；Wu，2011）及内部控制鉴证的一些技术问题（Mautz&Mini，1966；Smith，1972）。与本节直接相关的主题是内部鉴证的需求因素，本节主要关注这类文献。

对于内部控制外部鉴证的需求因素，现有文献主要确认了监管方式转换和投资者保护两类因素，一些文献认为，实施内部控制审计制度是市场监管的新抓手，各国监管机构对微观主体的监管重心，逐渐从事后被动监管转变为过程控制，从财务信息质量监管转变为财务信息质量保证体系的监管，实施企业内部控制审计，则是这一监管方式变革的重要组成部分（陈毓圭，2012）；另外一些文献认为，美国的《萨班斯一奥克斯利法案》第404条款要求，公司管理层评价并报告内部控制的有效性并且要求独立审计师对该报告进行审计，其主要原因是认为内部控制能为财务报告可能性提供合理保证，所以，内部控制外部鉴证可以保护投资者的利益，重建投资者对资本市场的信心（陈毓圭，2012；吴秋生，2010；杨瑞平，2010；胡继荣，徐飞，管小敏，2011；黄秋菊，2014）。

关于内部控制内部鉴证的需求因素，一般认为是为了完善、健全内部控制，对内部控制不健全的组织进行内部控制鉴证，可发现其薄弱环节，从而起到完善、健全的作用；而对于内部控制相对完善的组织，由于组织内外部条件和环境都在不断发生改变，控制风险的成因也在不断发生变化，内部控制的其他相关成分变化也从未停止，因而，就需要内部控制鉴证来为内部控制如何应对变化作出指导（曹宇，2011；李健，2011）。

上述文献对研究内部控制鉴证需求有一定的启发作用，然而，总体来说，关于内部控制鉴证的需求还是缺乏一个系统理论框架。本节以环境不确定性和人性假设为基础，构建这个理论框架。

二、内部控制鉴证需求：理论框架

关于内部控制鉴证的需求因素，需要回答三个基本问题：第一，为什么需要内部控制？第二，为什么需要内部控制鉴证？第三，内部控制鉴证为什么出现多样化？对于第一个问题，一般来说，内部控制是基于风险防范的需要，而风险又源于环境不确定性和人性假设，所以，环境不确定和人性假设是内部控制的引致因素。对于第二个问题，一般来说，正是由于内部控制可能存在缺陷，不能达到其预定目标，所以，需要对内部控制进行鉴证，而环境不确定和人性假设又是内部控制缺陷的引致因素。所以，总体来说，可以从环境不确定性和人性假设两个因素出发，解释为什么需要内部控制、为什么需要内部控制鉴证。对于第三个问题，主要原因是委托代理关系不同，从而出现不同的内部控制鉴证需求。上述框架如图1所示，实线部分是第一个基本问题，虚线部分是第二个和第三个基本问题。

（一）为什么需要内部控制？

COSO委员会2013版《内部控制整合框架》指出，内部控制是一套由企业的董事会、管理层及其他人员实施的程序，以合理确保有关运营、报告以及合规的目标得以实现。

2008年，财政部联合五部委颁布的《企业内部控制基本规范》指出，内部控制，是由企业董事会、监事会、经理层和全体员工实施的、旨在实现控制目标的过程。内部控制的目标是合理保证企业经营管理合法合规、资产安全、财务报告及相关信息真实完整，提高经营效率和效果，促进企业实现发展战略。

2012年，财政部颁布的《行政事业单位内部控制规范（试行)》指出，内部控制是指单位为实现控制目标，通过制定制度、实施措施和执行程序，对经济活动的风险进行防范和管控。单位内部控制的目标主要包括：合理保证单位经济活动合法合规、资产安全和使用有效、财务信息真实完整，有效防范舞弊和预防腐败，提高公共服务的效率和效果。

上述三个内部控制方面的权威规范，虽然表述方面不同，但共同的内核是，内部控制是组织内部为实现特定目标而建立的一个系统，这个系统为特定目标的达成提供支持或保证。然而，为什么需要建立这样一个系统来支持或保证目标的达成呢？其原因是，目标的达成存在不确定性，这些不确定性就称为风险，所以，内部控制是通过防范风险以支持或保证目标的达成。然而，不确定性为什么会产生呢？其原因是，存在一些因素影响目标的达成，这些因素称为风险因素，所以，内部控制首先要评估风险因素，包括识别风险因素、分析风险因素、确定风险应对策略，在此基础上，建立控制措施来应对这些风险因素。如果风险因素评估没有差错，应对这些风险因素的措施也是有效的，则风险因素对内部控制目标的影响就能得到有效抑制，从而，内部控制目标的达成就能得到支持或保证。

看来，内部控制的逻辑起点和关键是风险因素评估。那么，有哪些风险因素呢？2013版《内部控制整合框架》及《行政事业单位内部控制规范（试行）》并未对风险因素进行分类，《企业内部控制基本规范》将风险因素分为内部因素和外部因素，内部风险因素包括人力资源因素、管理因素、自主创新因素、财务因素、安全环保因素、其他内部因素，外部风险因素包括经济因素、法律因素、社会因素、科学技术因素、自然环境因素、其他外部因素。

然而，上述这些因素为什么会对内部控制目标的达成产生负面影响呢？根本的原因有两个：一是环境不确定性；二是人性假设。我们先来看环境不确定性。任何一个组织在确定其内部控制目标时，都会对影响内部控制目标的内部环境因素和外部环境因素有所评估，并以评估为基础来决定内部控制目标。在内部控制目标达成过程中，如果上述这些环境因素按预期的情况进行变化，则这些因素对内部控制目标的影响也就在预期之内。然而，上述这些环境因素完全可能与设定内部控制目标时的评估不一样（称为环境差异），从而出现环境不确定性或环境差异，这些环境不确定性或差异，对内部控制目标的达成形成非预期的影响，从而使得设定的内部控制目标之达成具有不确定性。环境不确定性或环境差异的产生有两个原因，一是设定内部控制目标时，对环境因素的评估存在遗漏，一些重大的环境因素没有包括进来；二是对环境因素的变动估计错误，环境因素的实际变动与估计的可能变动有重大差异。从某种意义上来说，内部控制目标是因变量，而环境因素是自变量，根据对自变量的估计，设定了因变量的目标，如果自变量不变，则因变量也不变，从而内部控制目标能达成；如果自变量发生了非预期变化，则因变量显然也会发生相应的偏离，从而内部控制目标的达成出现偏离。为此，需要建立内部控制系统，识别和评估这些环境因素的变化，并采取有效的控制措施。

我们再来看人性假设。如果说环境不确定性主要是影响内部控制目标达成的物的因素（当然，物是人操持的，也离不开人的影响），那么，人性假设则是影响内部控制目标达成的人的因素。人性假设是关于人性的设定，历史上出现过多种人性假设，例如，人性恶、人性善假设，经济人、社会人、复杂人假设等。我们认为，人性假设应该是现实生活中正常人在正常情形下表现出来的人性，这里有两个关键因素：一是正常人，也就是普通人，而不是社会中的特殊群众；二是正常情形下，不是特殊情形下。根据这两个限定条件，Williamson（1981）认为，一般来说，人性主要有两个方面：一是自利；二是有限理性。所谓自利是指人会计算、有创造性、能寻求自身利益最大化，表现为经济人。人出于自利之目的的并不一定会损害他人利益，相反，有可能增进他人利益。但是，自利也可能会带来对他人利益的损害。每个人由于自利的本能，在一定的条件下可能出现机会主义行为，此时的自利就可能损害他人的利益。有限理性（bounded rationality）认为人的行为是有意识的理性，但这种理性又是有限的，人并不能在任何情形下都做出最优选择（Simon，1955）。由于人是有限理性，所以，人可能出现次优行为或次优问题。特别需要说明的是，次优行为不同于Simon（1955）的次优选择，后者是指没有做出最优选择，而前者是指即使在当前的环境下，也没有做出最适宜的选择，还存在改进的潜力，其优秀程度低于次优选择。

那么，人性假设如何影响内部控制目标之达成呢？我们先来看自利。人的自利可能产生机会主义倾向，相关的人如果有了机会主义倾向，就会偏离组织目标甚至以牺牲组织目标为代价来追求个人目标，从而形成风险因素或影响组织目标达成。有机会主义倾向的人可能从两个路径形成风险因素或影响内部控制目标之达成，一是采取逆向行为，直接实施一些与控制目标要求相背离的行为，从而形成风险因素；二是卸责，主要是不作为，从而使得风险因素没有得到有效抑制。以《企业内部控制基本规范》确定的目标为例，内部控制的目标是合理保证企业经营管理合法合规、资产安全、财务报告及相关信息真实完整，提高经营效率和效果，促进企业实现发展战略。就合法合规目标来说，有机会主义倾向的人为了自己的利益可能会违规，这是逆向行为；也可能是对于违规行为的控制不力，从而使得违规行为泛滥，合规合法性目标难以达成，这是卸责。就资产安全目标来说，有机会主义倾向的人可能会挥霍组织资源以满足自己的需要，甚至采取舞弊行为来非法占有组织的资产，这是逆向行为；或者是赣对于相关资产的安全性不在意，任凭一些不安全因素的发生，这是卸责。就财务报告及相关信息真实完整目标来说，有机会主义倾向的人为了自己的利益可能会故意弄虚作假，这是逆向行为；也可能是对于信息真实完整的控制不力，这是卸责。就经营目标和战略目标来说，即使有机会主义倾向的人，一般也不会有意出现逆向行为，主要是卸责，表现为不努力工作，没有付出足够的精力和时间来实现这些目标。

我们再来看有限理性如何影响内部控制目标之达成。有限理性对内部控制目标达成的影响，主要路径是次优行为，也就是由于人的非故意行为产生错误或失误，从而造成了风险因素或影响内部控制目标的达成。以《企业内部控制基本规范》确定的目标为例，就合法合规目标来说，由于不知道相关法律法规或错误地理解了相关法律法规，可能出现违规行为；就资产安全来说，由于非故意行为，可能造成财产的损失浪费，或者由于非故意原因，让他人从本人负责的工作中获取了非法利益；就财务报告及相关信息真实完整目标来说，由于非故意原因，使得信息计算或加工错误或遗漏，或者由于非故意原因，让他人的弄虚作假行为得逞；就经营目标和战略目标来说，由于非故意原因，可能出现不当行为，从而对经营目标和战略目标出现负面影响，或者由于非故意原因，使得他人损害本组织经营目标和战略目标的行为得以实施。

以上分析了环境不确定性、人性假说、风险、内部控制之间的关系，总体来说，有如下结论：环境不确定性或环境差异对内部控制目标的达成形成非预期的影响，从而使得设定的内部控制目标之达成具有不确定性；人性的自利会产生机会主义行为，表现为逆向行为和卸责，通过机会主义行为形成风险因素或影响内部控制目标之达成；人性的有限理性会产生次优行为，出现非故意的错误或失误，从而造成风险因素或影响内部控制目标的达成；为了应对上述风险因素对内部控制目标的影响，需要建立内部控制系统。

（二）为什么需要内部控制鉴证？

以上讨论了内部控制的需求因素。然而，内部控制系统能否真的为控制目标的达成提供支持或保证呢？答案是不一定！其原因是，内部控制可能存在缺陷，由于内部控制缺陷的存在，其功能发挥受到限制，从而不能为内部控制目标的达成提供支持或保证。根据美国《管理层内部控制评价指引》和《第5号审计准则－与财务报告审计相结合的财务报告内部控制审计》以及我国的《企业内部控制评价指引》和《企业内部控制审计指引》，内部控制缺陷分为设计缺陷和执行缺陷，前者主要是指内部控制的结构和程序不完整，遗漏了一些必要的控制，或者控制设计不合理，从而导致即使控制按照设计执行了，但无法达到控制的目标；后者则是指一项控制虽然设计合理，但没有得到有效的执行，或者执行控制的员工没有得到合理的授权或资质，从而导致控制不能得到有效的执行。根据内部控制缺陷对控制目标达成的影响程度，内部控制缺陷分为重大缺陷、重要缺陷和一般缺陷。当存在重大缺陷，内部控制目标存在现实或潜在的重大偏离，内部控制整体无效；当存在重要缺陷时，内部控制目标存在现实或潜在的重要偏离，虽然内部控制整体仍然有效，但是，在某些方面可能是无效的；当存在一般缺陷时，内部控制目标会出现一些现实或潜在偏离，这些偏离不具有重大性或重要性，内部控制存在需要改进的瑕疵。

那么，内部控制缺陷为什么会存在呢？我们认为，内部控制缺陷同样源于环境不确定性和人性假设，其基本情况如表 1 所示。

表 1　环境不确定性、人性假设和内部控制缺陷

项目			缺陷类型	
			设计缺陷	执行缺陷
缺陷原因	人性假设	自利	√	√
		有限理性	√	√
	环境不确定性		√	√

注：√表示有这种情形。

下面，我们来具体分析缺陷原因如何引致缺陷。先来看自利与内部控制缺陷。自利主要表现为有意行为，自利人在设计内部控制时，一方面，可能故意将一些对自己有利的风险因素不予评估，或者是不设计控制措施，或者是设计的控制措施不足以应对这种风险；另一方面，自利人在设计内部控制时可能出现卸责，不认真进行内部控制评估和控制措施设计，从而使得风险评估和控制措施设计都存在缺陷。自利还会影响内部控制执行，自利人在执行内部控制时可能是选择性执行，凡是对自己有利的内部控制措施就执行，对自己不利的内部控制措施就不执行或执行不力；自利人还可能为了自己的利益凌驾内部控制，使得内部控制形同虚设；自利人在执行内部控制时还可能出现卸责，从而使得内部控制不能得到有效执行。

有限理性主要表现为非故意行为，其产生内部控制缺陷的路径与自利相似。一方面，有限理性人可能由于非故意原因，将一些重要的风险因素遗漏，或者是设计的控制措施不足以应对其拟应对的风险，这些都表现为风险暴露超过风险容忍度，并在此基础上产生了内部控制设计缺陷；另一方面，有限理性人在执行内部控制时，可能由于非故意原因，未能有效地执行内部控制，从而出现风险控制未能达成预定目标，产生内部控制执行缺陷。

环境不确定性会影响内部控制设计和执行。一方面，一般来说，风险评估和风险应对措施之设计都是以一定的环境条件为基础的，如果环境条件发生了变化，则风险可能发生变化，或者是风险应对措施需要发生变化。如果以不变就万变，则这种内部控制就难以达成其目标。所以，环境不确定性的存在可能使得原来设计的内部控制就适应新的环境，从而使得内部控制出现设计缺陷。另一方面，内部控制的执行也需要一定的环境条件，如果环境条件发生了变化，则原来执行的内部控制可能也难以有效执行，从而出现内部控制执行缺陷。例如，信息技术在内部控制中有广泛的应用，但是，如果操作这种信息技术内部控制的人员发生了变化，新来的人对相关信息技术不了解，则这种内部控制措施的有效执行就存在问题。

正是由于自利、有限理性、环境不确定性等因素的存在，内部控制可能存在缺陷，而这些缺陷的存在，就意味着内部控制目标可能出现重大、重要和一般偏离，这就损害了内部控制目标利益相关者的利益，这些利益相关者为了维护自己的利益，就产生了鉴证内部控制缺陷的需求，通过内部控制鉴证，及时地发现内部控制缺陷并使之得到弥补，从而为内部控制目标之达成奠定更加可靠的基础。

以上分析了自利、有限理性、环境不确定性、内部控制缺陷、内部控制鉴证之间的关系，总体来说，有如下结论：自利、有限理性、环境不确定性可能引致内部控制设计缺陷和执行缺陷，这些缺陷的存在可能损害内部控制目标利益相关者的利益，这些利益相关者为了维护自己的利益，就产生了鉴证内部控制缺陷的需求，通过内部控制鉴证，及时地发现内部控制缺陷并使之得到弥补，从而为内部控制目标之达成奠定更加可靠的基础。

（三）内部控制鉴证为什么出现多样化？

虽然是内部控制缺陷损害了利益相关者的利益，从而导致了内部控制鉴证需求。但是，从现实生活来看，内部控制鉴证出现了多样化，表现为两个方面：一方面，许多情形下，并没有出现内部控制鉴证；另一方面，内部控制鉴证出现了多种类型。这其中的原因是什么呢？

我们先来分析没有内部控制鉴证的情形。根据本节前面的分析，内部控制缺陷源于自利、有限理性和环境不确定性，一般来说，这些因素是普通存在的，所以，内部控制缺陷具有普通性，只是程度不同而已。由于内部控制缺陷具有普通性，所以，内部控制缺陷对内部控制目标利益相关者的利空影响也具有普通性。一些情形下没有内部控制鉴证，并不是这些情形下的内部控制不存在缺陷，而是存在内部控制缺陷，但是利益相关者并没有内部控制鉴证的需求。这其中的原因是什么呢？有两方面的原因：第一，内部控制鉴证是需要付出成本的，在有些情形下，内部控制鉴证可能不符合成本效益原则，由于成本效益的考虑，利益相关者选择不进行内部控制鉴证。第二，利益相关者不介意内部控制缺陷可能造成的利益损害，如果某组织的利益相关者对本组织的利益不很关注，或者是本组织的利益多寡与利益相关者的关联较弱，则利益相关者本身可能就不关注这个组织的目标达成情况，当然也不会介意支持或保证该组织目标达成的内部控制是否存在缺陷。

我们再来分析内部控制鉴证类型的多样化。从现实生活来看，内部控制鉴证有多种类型，内部鉴证包括自我鉴证和独立鉴证，外部鉴证当然是独立鉴证，也区分为注册会计师鉴证和政府审计鉴证，这其中的原因是什么呢？从根本上来说，内部控制鉴证类型多样化的原因是委托代理关系多样化和人性假设，一方面，不同类型的委托代理关系，产生不同的内部控制目标利益相关者，从而产生不同的内部控制鉴证需求，从而需要不同的内部控制鉴证主体来实施；另一方面，自利和有限理性也会导致不同鉴证主体实施的内部控制鉴证各利弊，从而需要不同内部控制鉴证的组合。下面，我们来具体分析委托代理关系、人性假设和内部控制鉴证类型多样化的关系。

一些文献将内部控制内部鉴证等同于内部控制自我鉴证，严格意义上来说，这是不正确的。内部控制内部鉴证区分为自我鉴证和内部独立鉴证两种情形，自我鉴证是内部控制当事人对自己实施的内部控制所进行的鉴证，而本组织内部与所鉴证内部控制无关的部门对内部控制所实施的鉴证就是内部独立鉴证。例如，财务部对本部门的内部控制的鉴证就是自我鉴证，而审计部对财务部的内部控制的鉴证就是内部独立鉴证。从内部控制鉴证需要角度来看，有两个基本问题需要回答：第一，为什么需要内部鉴证？第二，为什么自我鉴证和内部独立鉴证并存？

关于为什么需要内部鉴证，任何一个组织内部都存在委托代理关系，委托人和代理人之间存在激励不相容、信息不对称，再加上组织环境存在不确定性，自利的代理人完全有条件偏离委托人的期望，出现机会主义倾向，实施机会主义行为（Fama&Jensen，1983），为了应对代理人的机会主义行为，委托人会推动建立一整套治理机制，内部控制是其中的重要内容（郑石桥，陈丹萍，2011）。所以，内部控制是委托人抑制代理人机会主义行为，保障其利益不受损害的制度设计。正是基于此，委托人当然会关注内部控制是否存在缺陷，从而有内部控制鉴证需求。另外，即使代理人没有实施机会主义行为，但是，代理人也是有限理性的，这种有限理性也可能带来内部控制设计缺陷或执行缺陷，从而损害委托人的利益，所以，即使基于代理人的有限理性，委托人也会产生内部控制鉴证需求。

虽然如此，为什么自我鉴证和内部独立鉴证并存呢？自我鉴证与内部独立鉴证相比，由于对所鉴证的内部控制非常熟悉，所以，最有可能发现内部控制所存在的缺陷，并且，有利于后续整改。但是，如果内部控制缺陷是对当事人有利的缺陷或者报告这种缺陷对当事人带来负面影响，由于自利的原因，当事人可能不报告、不整改这种内部控制缺陷。所以，独立性内部控制鉴证的基本要求，要自我鉴证不具有独立性，所以，不能完全依赖自我鉴证，必须在自我鉴证的基础上，再实施内部独立鉴证。

以上分析了内部鉴证需求及其多样化的原因，下面，我们来分析外部鉴证需求及其多样化的原因。这里有两个基本问题需要回答：第一，为什么需要外部鉴证？第二，外部鉴证为什么区分为政府审计鉴证和注册会计师鉴证？

本节前面分析指出，内部控制鉴证源于内部控制利益相关者保护其自己利益的需求，内部控制外部鉴证需求源于在组织外部存在外部利益相关者。一般来说，任何一个组织都存在外部利益相关者，组织内部控制目标的达成状况会影响这些外部利益相关者的利益，所以，这也是自己的利益，这些外部利益相关者会有内部控制鉴证需求。然而，为什么不能直接依赖内部鉴证的结论呢？其原因是，内部鉴证是受到组织管理层控制的，而外部利益相关者和组织管理层是委托代理关系，激励不相容、信息不对称，再加上组织环境存在不确定性，由于管理层作为代理人同样可能出现机会主义行为，从而使得而提供的内部控制鉴证报告出现虚假，正是在这种背景下，不受组织管理层控制的外部独立机构所提供的内部控制鉴证恰好满足了外部利益相关者的需要。

然而，外部鉴证为什么区分为政府审计鉴证和注册会计师鉴证？其原因是委托代理关系不同，一般来说，任何一个组织都要使用一定的资源，而资源的来源无非是两种类型：一是来源于公共资源，个人不要求回报的供资也类似于公共资源，这种情形下形成的组织就是公共组织；二是资源来源于私人，这种情形下形成的组织就是私营组织。当然，有些组织的资源同时来源于两种渠道，此时，何种渠道为主，该组织就属于何种类型。无论是私营组织还是公共组织，其直接供资者与该组织的管理层形成委托代理关系，直接供资者是委托人，该组织的管理层是代理人。委托人基于其自身利益的保护，希望对其供资的组织之内部控制进行鉴证。对于特定的组织来说，对该组织的内部控制进行鉴证有两个选择：一是委托人自己建立专门机构来实施内部控制鉴证；二是从市场上购买该种鉴证服务。不同的组织有不同的选择，对于私营组织来说，由于该组织的委托人共同供资的只有该组织，如果建立一个专门机构来实施内部控制鉴证，可能不符合成本效益原则，相反，直接从市场上购买具有专业水平的注册会计师来实施内部控制鉴证成本会低于自己建立专门的机构，所以，私营组织的外部利益相关者，主要聘请注册会计师实施内部控制的外部鉴证。公共组织的供资者则不同，作为委托人或供资者可能给许多的公共组织提供了资源，是许多公共组织的委托人，此时，如果自己建立一个专门机构来对这些公共组织的内部控制进行鉴证，是符合成本效益原则，并且，如果这个专门机构主要从事对公共组织的内部控制鉴证，还可以发展出专业优势，从而更加显现效率效果，所以，政府审计机构鉴证公共组织的内部控制就出现了。

以上分析了委托代理关系、人性假设和内部控制鉴证类型多样化的关系，总体来说，有如下结论：由于成本效益原则制约或利益相关者不介意内部控制缺陷造成的利益损害，一些组织没有内部控制鉴证。内部控制是委托人抑制代理人机会主义行为、保障其利益不受损害的制度设计，同时，代理人的有限理性也可能带来内部控制缺陷，所以，在委托代理关系下，基于代理人的自利和有限理性，委托人会产生内部控制鉴证需求，而委托代理关系可以分为内部委托代理关系和外部委托代理关系，从而出现了内部鉴证和外部鉴证。外部鉴证有两种选择，委托人或者自己建立机构，或者从市场上聘请，出于成本效益的考虑，公共组织的委托人建立了政府审计机构来实施内部控制鉴证，而私营组织的委托人则从市场上聘请注册会计师来实施内部控制鉴证。

三、内部控制鉴证需求：美国企业的内部控制外部鉴证变迁分析

本节以上以环境不确定性、人性假设为基础，提出了一个内部控制鉴证需求的理论框架。理论的生命力基于其能解释现实世界中的真实现象。由于数据方面的限制，无法用数据来检验。同时，由于本节提出的内部控制鉴证需求理论框架涉及的问题较多，也无法用一个例证来说明所有的问题。本节以美国内部控制外部鉴证制度的变迁为例，用本节的理论框架来分析变迁的原因，以一定程度上验证本节的这部分理论。

一般来说，美国企业的内部控制外部鉴证大致经历了三个阶段：财务报表审计中的内部控制评价阶段；财务报告内部控制审核阶段；财务报告内部控制审计阶段（朱荣恩，应唯，袁敏，2003；张龙平，陈作习，宋浩，2009）。为什么会经历这样的变迁呢？下面，我们用本节提出的理论框架来解释这种变迁。

（一）财务报表审计中的内部控制评价阶段（20 世纪初至 20 世纪 60 年代）

1936 年，美国注册会计师协会在其发布的《独立注册会计师对财务报告审查》文告中，首次提出审计师在制定审计程序时，应考虑的一个重要因素就是审查企业的内部牵制和控制。1939 年，美国注册会计师协会的审计程序委员会公布了《审计程序文告第 1 号》，增加了对内部控制审查的内容，之后在发布的多个文件、法令中明确提出以内部控制为基础的审计程序。

严格说来，这个阶段并不存在内部控制鉴证，因为并不要求对内部控制发表意见，只是为了提高审计效率，在审计程序中考虑内部控制的作用，从而需要对内部控制进行审查。与本节主题相关的问题是，为什么这个阶段没有内部控制外部鉴证需求呢？并不是这个阶段的内部控制不存在缺陷，而是这个阶段的内部控制缺陷给外部利益相关者造成的损害还是显著的，并能引起外部利益相关者的关注，由于成本效益的考虑，外部利益相关者对内部控制进行鉴证的需求不强，所以，没有独立的外部内部控制鉴证。

（二）财务报告内部控制审核阶段（20 世纪 70 年代至 20 世纪 90 年代）

1978 年，美国科恩委员会（Cohen Commission）建议管理当局在披露财务报告时，提交一份关于内部控制系统的评价报告，说明管理当局对会计系统及其控制的评估，并要求注册会计师对该报告进行证明。1987 年，Treadway 委员会于在其报告中也提出了类似的建议。上述两个建立都未

被采纳。

1991 年，美国国会于 1991 年颁布《联邦储蓄保险公司改善法案》，第 36 节规定，资产总额在 5 亿美元以上的大银行必须评估并报告内控的有效性，同时要求注册会计师对管理层有关内控的声明进行验证。从此，内部控制审核作为独立的业务登台亮相。1993 年，为了规范注册会计师执行内部控制审核业务，AICPA 发布了 SSAE No. 2《财务报告内部控制的审核》，内部控制评估成为独立的审核业务。

为什么科恩委员会和 Treadway 委员会提出内部控制鉴证建立而又未被采纳？为什么《联邦储蓄保险公司改善法案》又作出独立审核内部控制的规定？

进入 20 世纪 70 年代以来，美国财务报告舞弊已经引起了社会的广泛关注，专门研究反财务报告欺诈的 Treadway 委员会成立，根据该委员会的研究，纳入研究范围的欺诈财务报告案例中约有 50%是因内控失效导致的，在其提出的防止欺诈实务指引框架中，设计和实施有效的内部控制是重要的措施。另外，1977 年实施的美国《反国外贿赂法案》，要求公司在保持健全会计记录的同时，设计、建立和保持有效的内部会计控制系统，以作为防范公司对外国政府官员进行非法的政治援助或贿赂的措施。可见，在这个阶段，相关各界已经认识到内部控制缺陷带来的损害，因此，希望在建立健全内部控制的同时，还实施内部控制外部鉴证。根据上述建议，SEC 希望以立法的形式来推动内部控制的外部鉴证。然而，这些建立并没有被采纳，原因较多，但是，主要的原因之一是认为内部控制外部鉴证成本达高。

然而，1991 年的《联邦储蓄保险公司改善法案》又为何作出独立审核内部控制的规定呢？这与当时的背景相关，20 世纪 80 年末以来，由于美国商业银行破产频发，引起民众对联邦存款保险公司命运的担忧。而商业银行的内部控制是其应对风险的重要措施。在这种背景下，内部控制外部鉴证的效益就更加突显，相关各方在权衡内部控制外部鉴证的成本效益时，就认为效益大于成本，从而商业银行内部控制外部鉴证作为独立业务在这种背景下出现了。由于这些商业银行是私营组织，并不是公共组织，所以，注册会计师是鉴证主体。

（三）财务报告内部控制审计阶段（21 世纪初至今）

2002 年 7 月，美国国会发布《萨班斯一奥克斯利法案》（SOX），其中第 302 款和第 404 款规定，公司首席执行官、首席财务官或类似职务者必须书面声明对内控设计和执行的有效性负责，并要求随定期报告一同对外披露管理层对财务报告内部控制的评价报告，该报告还须经负责公司定期报告审计的注册会计师的审计。

从而，上市公司内部控制外部审计作为一项独立业务就出现了。这里有两个问题需要回答：第一，为什么会出现这种业务？第二，为什么是这种业务是审计而不是审核？

在《萨班斯一奥克斯利法案》之前，已经有多个机构多次提议对公司内部控制进行外部鉴证，但是，都以成本效益原因未能得到实施。事实上，相关各方对内部控制外部鉴证的成本效益的权衡都是主观判断，并无客观的数据。21 世纪初，安然、世通等舞弊事件的发生，极大动摇了投资者对资本市场的信心，这些事件的发生，突显了内部控制缺陷给外部利益相关者带来的损害，从而，出突显现了内部控制外部鉴证的巨大价值，从而，相关各方认为，上市公司内部控制的外部鉴证符合成本效益原则，应该成为独立的业务。同时，将这种独立业务定性为审计，而不是类似于《联邦储蓄保险公司改善法案》中的审核，其原因是要求这种鉴证具有更高的保证程度。一般来说，审核提供的是有限保证意见，而审计提供的是合理保证意见。在《萨班斯—奥克斯利法案》立法的背景下，相关各方对内部控制外部鉴证寄予很高的希望，所以，也要求较高的保证程度。另外一个需要解释的问题是，由于美国上市公司基本上是私营组织，所以，这些公司的内部控制外部鉴证当然由注册会计师来实施。

以上根据本节提出的理论框架，分析了美国内部控制外部鉴证变迁的三个阶段，总体来说，本节提出的内部控制外部鉴证理论能解释美国内部控制外部鉴证的变迁。

四、结论和启示

关于内部控制鉴证的需求因素，需要回答三个基本问题：第一，为什么需要内部控制？第二，为什么需要内部控制鉴证？第三，内部控制鉴证为什么出现多样化？本节以环境不确定性和人性假设为基础，系统解答上述三个基本问题。

关于为什么需要内部控制，有如下结论：环境不确定性或环境差异对内部控制目标的达成形成非预期的影响，从而使得设定的内部控制目标之达成具有不确定性；人性的自利会产生机会主义行为，表现为逆向行为和卸责，通过机会主义行为形成风险因素或影响内部控制目标之达成；人性的有限理性会产生次优行为，出现非故意的错误或失误，从而造成风险因素或影响内部控制目标的达成；为了应对上述风险因素对内部控制目标的影响，需要建立内部控制系统。

关于为什么需要内部控制鉴证，有如下结论：自利、有限理性、环境不确定性可能引致内部控制设计缺陷和执行缺陷，这些缺陷的存在可能损害内部控制目标利益相关者的利益，这些利益相关者为了维护自己的利益，就产生了鉴证内部控制缺陷的需求，通过内部控制鉴证，及时地发现内部控制缺陷并使之得到弥补，从而为内部控制目标之达成奠定更加可靠的基础。

关于内部控制鉴证为什么出现多样化，有如下结论：由于成本效益原则制约或利益相关者不介意内部控制缺陷造成的利益损害，一些组织没有内部控制鉴证。内部控制是委托人抑制代理人机会主义行为、保障其利益不受损害的制度设计，同时，代理人的有限理性也可能带来内部控制缺陷，所以，在委托代理关系下，基于代理人的自利和有限理性，委托人会产生内部控制鉴证需求，而委托代理关系可以分为内部委托代理关系和外部委托代理关系，从而出现了内部鉴证和外部鉴证。外部鉴证有两种选择，委托人或者自己建立机构，或者从市场上聘请，由于成本效益的考虑，公共组织的委托人建立了政府审计机构来实施内部控制鉴证，而私营组织的委托人则从市场上聘请注册会计师来实施内部控制鉴证。

美国企业的内部控制外部鉴证大致经历财务报表审计中的内部控制评价、财务报告内部控制审核、财务报告内部控制审计三个阶段，本节提出的内部控制外部鉴证理论能解释美国内部控制外部鉴证的变迁。

根据本节的结论，鉴证需求是内部控制鉴证的动力，没有动力，内部控制鉴证就不会产生。目前，以我国以上市公司代表的公司企业已经初步有了内部控制鉴证制度（也许是制度移植的结果），而公共组织还未能建立这种制度，其重要原因是鉴证需求不强，需求不强的原因可能是没有人真正关心公共组织内部控制缺陷带来的损害，所以，政府作为公共组织的供资者，应该以成本效益原则为基础，通过立法的形式建立公共组织内部控制鉴证制度。

第二节　内部控制强制鉴证与非强制鉴证：理论框架和例证分析

一般认为，委托代理关系、环境不确定性、人性假设、成本效益原则等是内部控制鉴证的需求因素。然而，现实生活中内部控制鉴证却呈现多样化，其中，最突出的现象是内部控制鉴证有两种类型：一是强制鉴证，属于这个范围的组织必须按法律规定鉴证其内部控制；二是非强制鉴证，属于这个范围的组织，法律并未明文规定其是否要进行内部控制鉴证，是否鉴证，完全由利益相关者自行决定。既然，委托代理关系、环境不确定性、人性假设、成本效益原则是内部控制鉴证的需求因素，为什么会出现强制鉴证和非强制鉴证之区分呢？什么情形下会出现强制鉴证呢？什么情形下可以是非强制鉴证呢？上述这些问题可以归结为内部控制强制鉴证和非强制鉴证的需求因素。

现有文献未直接研究内部控制强制鉴证和非强制鉴证的需求因素，不过，一些文献研究内部控制鉴证报告自愿披露的动机、法定审计和自愿审计的影响因素。但是，内部控制鉴证报告自愿披露毕竟不同于内部控制自愿鉴证，可能有鉴证无披露；同时，公司财务报告审计也不是内部控制鉴证。本节以内部控制鉴证需求因素为基础，引入组织公众性程度，提出内部控制强制鉴证和非强制鉴证的理论框架。

一、文献综述

通过检索知网、springer、Google 学术、JSTOR、SSRN，未发现直接研究内部控制强制鉴证和非强制鉴证区分的文献，相关的文献包括两类：一是内部控制鉴证信息自愿披露；二是法定审计和自愿审计。

许多文献研究了内部控制信息披露质量的影响因素、内部控制信息披露的经济后果（张国清，2010），一些文献研究了内部控制信息自愿披露的原因，研究发现，信号传递理论对内部控制鉴证信息自愿披露有较强的解释力（方红星，戴捷敏，2012；施继坤，2013）。

法定审计是通过法律法规明文规定其审计周期或时点的审计，类似于本节的内部控制强制鉴证，某类审计成为法定审计的影响因素主要包括：公司的公众性，审计的必要性，审计效益与审计成本（刘燕，2005；郝自贤，2009）。自愿审计是没有强制情形下的审计，研究发现，自愿审计能降低代理成本（杜兴强，2014；颖斐，葛慧维，2014），并且，公司规模、公司成长性、股权结构、财务状况对自愿审计有显著影响（杜兴强，于竹丽，周泽将，2007；张天舒，黄俊，2010；简建辉，杨帆，2012）。

内部控制鉴证信息自愿披露影响因素、法定审计和自愿审计的影响因素之研究，对于内部控制强制鉴证和非强制鉴证的研究有一定的启发作用。然而，内部控制鉴证信息披露毕竟不是内部控制鉴证，公司财务报告审计也不是内部控制鉴证，所以，总体来说，关于内部控制强制鉴证和非强制鉴证，还是没有一个系统的理论框架。

二、内部控制强制鉴证与非强制鉴证：理论框架

内部控制鉴证就是对内部是否存在缺陷的评价，包括内部鉴证（也称内部控制评估）和外部鉴

证（也称内部控制审计），强制鉴证就是通过法律法规明文规定其鉴证周期或时点，而非强制鉴证就是没有这种明文规定。环境不确定性、人性假设引致内部控制鉴证需求，而成本效益原则制约了一些鉴证需求，形成内部控制鉴证的潜在需求。然而，这种潜在需求要成为现实需求，还要有行动者向组织的管理层明确发出内部控制鉴证的指令，并且，组织的管理层还能执行这个指令，如果没有这种行动者，则内部控制鉴证的潜在需求无法成为现实需求。而是否有行动者，与组织的公众性相关，当组织的公众性不高时，内部控制利益相关者可能成为行动者，内部控制鉴证是非强制的；当组织的公众性很高时，需要政府作为行动者，通过法律法规明文确定这种内部控制鉴证，强制鉴证出现了。上述情形如图1所示，本节主要关注图中实线部分，下面，我们具体分析这些变量之间的关系。

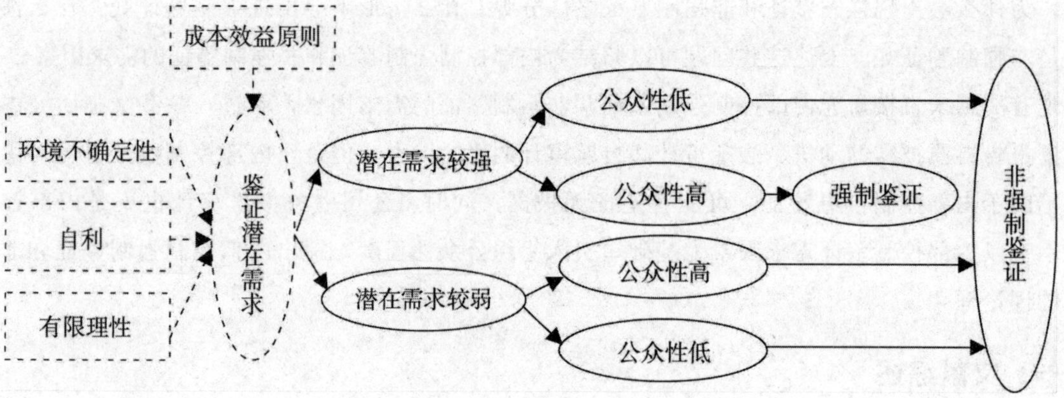

图1　研究框架

（一）内部控制鉴证潜在需求程度与鉴证类型

环境不确定性对内部控制目标的达成形成非预期的影响；人性的自利会通过逆向行为和卸责形成风险因素或影响内部控制目标之达成；人性的有限理性会出现非故意的错误或失误，从而造成风险因素或影响内部控制目标的达成；为了应对上述风险因素对内部控制目标的影响，需要建立内部控制系统；环境不确定性、自利、有限理性可能引致内部控制缺陷，内部控制利益相关者为了维护自己的利益，就产生了鉴证内部控制缺陷的需求；并不是所有的内部控制鉴证需求都得到满足，成本效益原则过滤了一些需求，最终形成内部控制鉴证的潜在需求（郑石桥，2015）。上述结论是图2虚线部分的概括，这不是本节的关注重点。

内部控制鉴证潜在需求有程度不同之区分，粗略地区分，可以分为需求较强和需求较弱两种情形。不同的需求程度是如何形成的呢？一般来说，鉴证需求与鉴证净效益相关，鉴证净效益越大，则内部控制利益相关者通过鉴证获得的利益越大，从而其内部控制鉴证需求也越强烈。鉴证净效益是鉴证收益与鉴证成本之差，鉴证收益是通过鉴证、弥合内部控制缺陷所避免的内部控制目标偏离给利益相关者带来的损失，而鉴证成本是内部控制鉴证所发生的成本，这些成本显然由内部控制利益相关者承担。内部控制缺陷越是严重，实施内部控制鉴证的收益越大，从而，内部控制鉴证净收益越大。而环境不确定性、自利、有限理性这些因素是风险及内部控制缺陷的引致因素，所以，环境不确定性程度越高、自利及有限理性程度越高，实施内部控制鉴证的效益越大。

很显然，内部控制鉴证潜在需求是内部控制鉴证类型的基础，在潜在需求弱的情形下，政府一般不宜介入其中，不会以立法的形式明确规定内部控制鉴证的周期或时点，此时，内部控制鉴证是非强制鉴证；只有在内潜在需求较强时，才有可能启动立法程序，内部控制强制鉴证才有可能出现；当然，潜在需求强，也可能不采用强制鉴证，而是非强制鉴证，这与组织公众性程度相关。

（二）组织的公众性程度与鉴证类型

内部控制鉴证的潜在需求要转换为现实需求，还需要有行动者，这个行动者要向组织的管理层明确发出内部控制鉴证的指令，并且，有办法使得组织的管理层执行这个指令，如果没有行动者，内部控制鉴证需求可能无法成为管理层的现实行动。而行动者是否会出现、谁会成为行动者，都与组织公众性程度相关。

组织公众性是指与组织利益相关者的多寡，如果组织利益相关者众多，则该组织就具有公众性，利益相关者越多，公众性程度越高。公众性主要体现以下几方面：第一，资源来源。提供资源者越多，该组织越是具有公众性。例如，上市公司，面向社会募集资本，所以，上市公司具有公众性；公共部门的资源来源于纳税人，所以，公共部门具有公众性；金融机构，面向社会吸收存款，许多人或机构成为金融机构的债权人，所以，这些金融机构具有公众性。第二，消费者众多，从而该组织具有公众性。例如，食品经营商，为社会提供食品，许多人消费这些食品，所以，这些食品经营商具有公众性；公共交通、公共娱乐经营商与许多消费相关，具有公众性。

组织具有公众性，表明其内部控制或某方面的内部控制利益者众多，从而，对于该组织的内部控制进行鉴证所产生的净收益也越大。然而，组织公众性带来的一个问题是，单个利益相关者在组织的利益并不大，个人角度的内部鉴证净收益与组织角度的内部控制鉴证净收益不同，单个利益相关者是否成为内部控制鉴证的行动者是基于其个人净收益，而不是组织净收益。如果作为行动者，发生的成本是其个人承担，而鉴证收益则是公众共享，所以，在这些背景下，理性的单个利益相关者在权衡利弊得失之后，会选择“搭便车”（奥尔逊，1995），没有人会成为行动者。在这种背景下，内部控制鉴证的潜在需求就难以成为现实需求。

这种均衡需要有外部力量来打破，这就是政府充当行动者，以法律法规的形式明文规定该类组织的内部控制鉴证，强制性鉴证就出现了。然而，法律法规是国之重器，法律法规的建立和实施都需要成本，所以，不能随意使用，只有当公众组织的内部控制鉴证潜在需求较强烈时，才可能出现。如果潜在需求不强烈，通过法律法规来实施强制鉴证，对于整个社会来说，可能是得不偿失。也就是说，政府充当行动者，是以社会角度的内部控制鉴证净收益收基础，这里的鉴证成本还要包括法律法规的建立和实施成本。如果社会角度的鉴证净收益大于零，则强制鉴证出现，否则，就只能维持非强制鉴证。

与公众性程度较高的组织相反，对于公众性程度不高的组织来说，虽然利益相关者数量不多，但是，可能出现较大的利益相关者，这些利益相关者与该组织的内部控制状况关联度较大，如果内部控制存在缺陷，则对其损害也较大。所以，这类利益相关者有激励成为行动者，向管理层发出内部控制鉴证的指令。那么，这类行动者是否有办法使得组织的管理层执行这类指令呢？一般来说，这类行动者要么是该组织的资源提供者（例如，股东或债权人），要么是该组织的主要客户，在一些情形下，管理层也是由这些行动者决定的，所以，组织的管理层必须重视这些行动者的意见。这种背景下的内部控制鉴证，无须政府干预，表现为非强制鉴证。

三、内部控制强制鉴证与非强制鉴证：中国上市公司内部控制外部鉴证分析

以上建立了内部控制强制鉴证和非强制鉴证需求因素的理论框架，下面，我们用这个理论框架来分析我国上市公司内部控制外部鉴证的变迁，以一定程度上验证这个框架。

我国内部控制鉴证大致可以分为三个阶段：一是作为财务报表审计的组成部分；二是作为独立的审核业务；三是作为独立的审计业务（郑石桥　等，2013）。在不同的阶段，分别出现了强制鉴证和非强制鉴证。

（一）作为财务报表审计的组成部分

1988 年 12 月，财政部颁布《注册会计师检查验证会计报表规则（试行）》，规定注册会计师应对委托人的内部报告和相互牵制相关的内部管理制度完善程度和有效性可靠检查。

1996 年 12 月财政部颁布《独立审计准则第 9 号－内部控制和审计风险》要求，在编制审计计划时，注册会计师应当了解被审计单位内部控制的设计和运行情况；注册会计师如拟信赖内部控制，应当实施符合性测试程序，以评估控制风险；初步评估的控制风险水平越低，注册会计师就应获取越多的关于内部控制设计合理和运行有效的证据①。

上述这些只是对如何进行内部控制鉴证的规定，在这个阶段，还没有法律法规明文规定上市公司的内部控制必须进行独立鉴证，内部控制鉴证还处于非强制鉴证阶段。其原因是，在这个阶段，上市公司内部控制缺陷给公众带来的损害还没有显著，公众还未能感受内部控制缺陷所带来的利益损失。因此，总体来说，内部控制鉴证的潜在需求不强。在这种背景下，政府干预也就没有出现。

（二）作为独立的审核业务

2002 年 2 月，中国注册会计师协会发布《内部控制审核指导意见》，对注册会计师就被审计单位管理当局与会计报表相关的内部控制有效性的认定进行审核，进而发表审核意见制定规范，正式确立了我国的内部控制审计制度。

2005 年 10 月，证监会发布《关于提高上市公司质量意见》的通知，要求上市公司对内部控制制度的完整性、合理性及实施的有效性进行定期检查和评估，同时要通过外部审计对公司的内部控制制度及公司评估报告进行核实评价。

2006 年 5 月，证监会发布《首次公开发股票并上市管理办法》，明确规定发行人的内部控制在所有重大方面是有效的，并有注册会计师出具无保留结论的内部控制鉴证报告。

2007 年 12 月，深交所发布的《关于做好上市公司年年度报告工作的通知》及上交所 2008 年 1 月发布的《关于做好上市公司年年度报告工作的通知》，都明确要求上市公司应按照证监会和本所的相关要求，对公司内部控制的有效性进行审议评估。同时鼓励有条件的公司聘请审计机构就公司财务报告内部控制情况做出评价意见，并披露内部控制的评估报告和审计机构的核实评价意见。

在这个阶段，由于上市公司财务舞弊多发，公众对内部控制缺陷与财务舞弊之间的关系有深入的认识，内部控制缺陷给利益相关者带来的损失已经逐渐显现，上市公司利益相关者对内部控制鉴证的需求逐渐强化。所以，负责上市公司监管的证监会注意到了公众的需求，对内部控制鉴证提出

① 2006 年 2 月，我国按国际接轨的原则重新修订《中国注册会计师审计准则》，全面引入风险导向审计，内部控制了解、控制测试成为财务报表审计的重要程序。

了更多的要求。然而，从全社会的角度来看，强制鉴证是否符合成本效益原则，还未能形成最终结论，对于美国的强制鉴证，还处于观望阶段。所以，这个阶段的内部控制鉴证还是非强制的，除了申请 IPO 的公司为了获准 IPO 会完全遵守证监会的要求外，其他情形下的内部控制鉴证并没有实质性启动。

（三）作为独立的审计业务

2008 年 6 月，颁布《企业内部控制基本规范》，进一步要求执行该规范的上市公司可聘请具有证券、期货业务资格的会计师事务所对内部控制的情况进行审计，并发表审计意见，并鼓励非上市的其他大中型企业施行。

2010 年 4 月，财政部等五部委颁布《企业内部控制配套指引》，其中包括《企业内部控制审计指引》，要求从 2011 年 1 月 1 日开始，在境内外同时上市的公司施行，从 2012 年 1 月 1 日开始，扩大到国内主板上市的公司。在此基础上，择机在中小板和创业板施行。同时，鼓励非上市的大中型企业执行。

这个阶段，内部控制缺陷对利益相关的损害进一步为公众所认识。并且，以美国为代表的许多发达国家，已经走上了内部控制强制鉴证之路。此时，从全社会的角度来看，强制鉴证符合成本效益原则，已经形成共识。所以，强制鉴证出现了。然而，到目前为止，上市公司内部控制强制鉴证只是出现在上市公司财务报告内部控制，对于非财务报告内部控制并没有强制鉴证。这其中的原因是，上市公司财务报告舞弊带来的危害已经有共识，对这类内部控制进行强制鉴证符合成本效益原则，而非财务报告内部控制缺陷的危害还没有充分显现，对其强制鉴证是否符合成本效益原则，还未形成共识。

然而，上市公司股东为什么不能作为内部控制鉴证的行动者，而需要政府来强制规定呢？这其中的原因是，上市公司是公众公司，小股东购买公司股份主要是基于投机的动机，所以，一般会选择"搭便车"，而大股东其本身参加公司管理，可能不排斥内部鉴证，但是，并不希望外部鉴证。所以，上市公司内部控制外部鉴证只能由政府来强制。

四、结论和启示

委托代理关系、环境不确定性、人性假设、成本效益原则是内部控制鉴证的需求因素。然而，现实生活中出现了强制鉴证和非强制鉴证，这其中的原因是什么？什么情形下会出现强制鉴证呢？什么情形下可以是非强制鉴证呢？上述这些问题可以归结为内部控制强制鉴证和非强制鉴证的需求因素。本节以内部控制鉴证需求因素为基础，引入组织公众性程度，提出内部控制强制鉴证和非强制鉴证的理论框架。

内部控制鉴证就是对内部是否存在缺陷的评价，强制鉴证就是通过法律法规明文规定其鉴证周期或时点，而非强制鉴证就是没有这种明文规定。环境不确定性、人性假设、成本效益原则共同形成内部控制鉴证的潜在需求。这种潜在需求要成为现实需求，还要有行动者。对于公众性程度较高的组织，单个利益相关者可能选择"搭便车"，需要政府干预，而政府干预也有成本，所以，只有在公众性组织的内部控制鉴证的潜在需求较高时，政府干预才会启动，从而出现内部控制强制鉴证。当组织的公众性不高时，内部控制利益相关者有激励成为行动者，内部控制鉴证不需要政府干预，是非强制的。本节提出的理论框架，能够解释中国上市公司内部控制鉴证之变迁。

本节的结论告诉我们，组织的公众性程度、内部控制缺陷严重程度是引致内部控制强制鉴证的主要因素，目前，我国许多公共组织的内部控制存在严重的缺陷，腐败、舞弊问题时有发生，带来严重的负面后果。对于这类公共组织，政府应该通过立法的形式，明文规定对其内部控制进行鉴证，可能是促进国家治理化的重要路径。

参考文献

1. Peter. M. C.，Ferguson. C.，Hall. J.，Auditor conservatism and voluntary disclosure: Evidence from the Year 2000 systems issue [J]. Accounting & Finance，2003 (43)：21—40.

2. Bronson，S. N.，Carcello，J. V.，Raghunandan. K.，Firm Characteristics and Voluntary Management Reports on Internal Control [J]. Auditing：A Journal of Practice & Theory，2006 (25)：25—39.

3. Rogier. D.，Knechel. W. R.，Economic Incentives for Voluntary Reporting on Internal Risk Management and Control Systems [J]. Auditing：A Journal of Practice & Theory，2008 (27)：35—66.

4. 林斌，饶　静．上市公司为什么自愿披露内部控制鉴证报告 [J]，会计研究，2009 (2)：45—52。

5. 方红星，孙　翼，金韵韵．公司特征、外部审计与内部控制信息的自愿披露 [J]，会计研究，2009 (10)：44—52。

6. Ashton，R. H. An experimental study of internal control judgments [J]，Journal of Accounting Research，Vol. 12，No. 1 (Spring，1974) 143—157.

7. Ashton，R. H.，Brown，P. R. Descritive modeling of auditor internal control judgments: replication and extension [J]，Journal of Accounting Research，Vol. 18，No. 1 (Spring，1980)，269—277.

8. Hamilton，R. E.，Wright，W. F. Internal control judgments and effecots of experience: replications and extensions [J]，Journal of Accounting Research，Vol. 20，No. 2，Part II (Autumn，1982)，756—765.

9. Tabor，R. H. Internal control evaluations and audit program revision：some additional evidence [J]，Journal of Accounting Research，Vol. 21，No. 1 (Spring，1983)，348—354.

10. Wu，G.，Preparers' control—risk assessments under alternative audit—review processes [J]，Accounting and Finance，JUL 2011，pp. 1—22.

11. Mautz，R. K，Mini，D. L.，Internal Control Evaluation and Audit Program Modification [J]，Accounting Review，Vol. 41 Issue 2，1966.

12. Smith，The Relationship of Internal Control Evaluation and Audit Sample Size [J]，Accounting Review，Vol. 47 Issue 2，1972.

13. 陈毓圭．充分认识内部控制审计制度重要意义将内部控制审计业务做好做实做到位——在企业内部控制审计业务培训班上的讲话 [J]，中国注册会计师，2012 (1)：12—15。

14. 吴秋生．内部控制审计有关问题探讨 [J]，中国注册会计师，2010 (4)：60—64。

15. 杨瑞平．内部控制审计有关问题探索 [J]，商业研究，2010 (4)：63—67。

16. 胡继荣，徐　飞，管小敏．风险导向下的财务报告内部控制审计研究 [J]，江西社会科学，2011 (12)：216—220。

17. 黄秋菊．对我国《企业内部控制审计指引》有关问题的探讨 [J]，中国注册会计师，2014 (3)：66—72。

18. 曹　宇．内部控制审计理论研究 [J]，经济视角，2011 (3)：79—80。

19. 李　健．内部控制审计理论研究 [J]，中国证券期货，2011 (01)：87—88。

20. Williamson，O. E. The modern corporation：origins，evolution，attributes [J]．Journal of Economics Literate，Vol. 19，No. 4 (Dec.，1981)，1537—1568.

21. Simon. H. A.，A Behavioral Model of Rational Choice [J]. The Quarterly Journal of Economics，1955，69，(1)：99—118.

22. Fama，E．F．，Jensen，M．C．Separation of Ownership and C ontrol [J]．Journal o f Law and Economics，1983，(6) ：3 01 - 325.

23. 郑石桥，陈丹萍．机会主义、问责机制和审计 [J]，中南财经政法大学学报，2011 (4)：129—134。

24. 朱荣恩，应　唯，袁　敏．美国财务报告内部控制评价的发展及对我国的启示，会计研究，2003 (8)：48—53。

25. 张龙平，陈作习，宋　浩．美国内部控制审计的制度变迁及其启示 [J]，会计研究，2009 (2)：75—80。

26. 张国清．自愿性内部控制审计的经济后果：基于审计延迟的经验研究 [J]，经济管理，2010 (6)：105—112。

27. 方红星，戴捷敏．公司动机、审计师声誉和自愿性内部控制鉴证报告—基于 A 股公司 2008—2009 年年报的经验研究 [J]，会计研究，2012 (2)：87—95。

28. 施继坤．自愿性内部控制审计披露与资本成本：理论分析与经验证据 [J]，东北财经大学博士学位论文，2013 年 6 月。

29. 刘　燕．论我国《公司法》法定审计模式的选择 [J]，会计研究，2005 (8)：25—29。

30. 郝自贤．公司财务会计报告法定审计制度的法理机理 [J]，中国注册会计师，2009 (2)：53—56。

31. 杜兴强．自愿审计、公司治理与代理成本 [J]，江西财经大学学报，2014 (3)：29—48。

32. 颖　斐，葛慧维．公司中期财务报告自愿审计的动机研究—基于代理冲突和独立董事制度视角 [J]，商业会计，2014 (7)：16—18。

33. 杜兴强，于竹丽，周泽将．中期财务报告自愿审计的初步经验证据—基于管理当局持股和第一大股东视角 [J]，当代财经，2007 (7)：108—112。

34. 张天舒，黄　俊．公司自愿审计行为的考察：原因与后果 [J]，中国会计评论，2010，(2)：147—160。

35. 简建辉，杨　帆．中期财务报告自愿审计的动机和市场反应分析－基于中国上市公司的经验数据［J］，审计研究，2012（2）：90－96。

36. 郑石桥．环境不确定性、人性假设和内部控制鉴证需求［Z］，南京审计学院审计科学院工作论文，2015。

37. 奥尔逊　著，陈郁　等译．集体行动的逻辑［M］，上海人民出版社，1995年4月。

38. 郑石桥，杨婧，赵珊，剧杰，内部控制学［M］，中国时代经济出版社，2013年1月。

第十一章 制度审计本质理论

本章阐述制度审计本质理论，包括：内部控制鉴证本质：基于个性和共性维度；内部控制审计性质：理论框架和例证分析。

第一节 内部控制鉴证本质：基于个性和共性维度

环境不确定性、人性自利、有限理性等导致了内部控制及其鉴证需求，不少的国家和地区还出现了内部控制强制鉴证。然而，内部控制鉴证的本质究竟是什么？现有文献还缺乏深入的研究。本节认为，不同类型的内部控制鉴证各有其个性，但是，它们之间应该存在共性，而这种共性，就是内部控制鉴证的本质。本节从个性和共性两个维度来探究内部控制鉴证的本质。

一、文献综述

检索知网、springer、Google 学术、JSTOR、SSRN，发现研究内部控制评价本质、内部控制审计本质、内部控制鉴证本质的学术文献很少。在研究内部控制评价、内部控制审计及内部控制鉴证的相关文献中，一些文献会提到相应的概念，例如，内部控制审计是会计师事务所接受委托，对特定日期财务报告内部控制的有效性进行审计，并发表审计意见（董凤莉，任国瑞，2011）；内部控制审计是指注册会计师接受客户委托对客户财务报告内部控制自我评估报告的真实性、合法性进行审计并发表意见（吴秋生，2010；杨瑞平，2010）。此外，一些权威的职业规范对内部控制评价、内部控制审核及内部控制审计等相关概念也有界定（PCAOB，2007；日本企业会计审议会，2007；财政部 等，2010）。

专门研究内部控制审计之本质的文献很少，周树大（1996）认为，内部控制审计的性质是指内部控制审计这一事物的根本特质，关注的是内部控制审计究竟是一种审计方式还是审计内容，他认为，从审计过程、审计理论依据、审计目标三方面来看，内部控制审计是一种审计方式，而不是审计内容。很显然，他将内部控制审计与制度基础审计等同起来了。

总体来说，关于内部控制鉴证之本质还缺乏相关的研究，本节将从个性和共性两个维度探究内部控制鉴证本质。

二、内部控制鉴证本质：个性维度

理论是现象的概括，我们来观察现实生活中的内部控制鉴证。先看美国的情况。一般来说，美国企业的内部控制鉴证大致经历了三个阶段：财务报表审计中的内部控制评价阶段；财务报告内部控制审核阶段；财务报告内部控制审计阶段（朱荣恩，应唯，袁敏，2003；张龙平，陈作习，宋浩，2009）。在财务报表审计中的内部控制评价阶段（20世纪初至20世纪60年代），财务报告内部控制评价作为财务报表审计程序的组成部分，对财务报告内部控制进行调查和测试，但并不要求对财务报告内部控制发表意见，所以，审计主题是财务信息，而不是财务报告内部控制。在财务报告内部控制审核阶段（20世纪70年代至20世纪90年代），将财务报告内部控制制度独立作为审计主题，对财务报告内部控制是否有效发表意见，但是，发表的是审核意见，而不是审计意见，保证水平未达到合理保证。在财务报告内部控制审计阶段（21世纪初至今），审计主题仍然是财务报告内部控制，但是，发表的是审计意见，保证水平是合理保证。无论是内部控制审核阶段，还是内部控制审计阶段，都要求上市公司的管理层对内部控制有效性进行评价，并出具评价报告。

我国企业的内部控制鉴证也经历了大致相似的发展历程，只是时间滞后些。2002年之前，内部控制鉴证是作为财务报表审计的组成部分；2002年到2008年，内部控制鉴证可以作为独立的审核业务；2008年之后，内部控制鉴证才作为独立的审计业务。同时，在内部控制审核和内部控制审计阶段，都要求管理层进行内部控制评价，并出具评价报告（郑石桥等，2013）。

上述内部控制鉴证的发展告诉我们，现实生活中，内部控制鉴证包括内部控制评价、内部控制审核、内部控制审计等多种形态，不同形态的内部控制鉴证应该各有个性。

（一）内部控制评价

美国、日本和中国三个国家的内部控制相关规范对内部控制评价的界定基本相同，认为内部控制评价一般是管理层负责的对本组织内部控制有效性的判断，区分为日常监控和独立评价，日常监控是指为了监督内部控制的有效性，内含于业务经营活动中对内部控制是否有效进行的判断；独立评价是独立于业务经营活动的视角，定期或临时进行的内部控制有效性判断，通常由管理层、董事会、监事、审计委员会、内部审计人员等来实施（PCAOB，2007；日本企业会计审议会，2007；财政部　等，2010）。

所以，内部控制评价是一种内部控制鉴证，但是，其个性特征是，评价者是管理层，是内部人，而不是外部人，评价意见是合理保证水平。

（二）内部控制审核

中国注册会计师协会于2002年发布的《内部控制审核指导意见》规定，内部控制审核（examination）是指注册会计师接受委托，就被审核单位管理当局对特定日期与会计报表相关的内部控制有效性的认定进行审核，并发表审核意见。

问题的关键是，内部控制审核与内部控制审计是否有区别呢？一种观点认为，内部控制审核在取证范围上同样是广泛的，保证程度为高水平，意见表述形式为积极式（李爽，吴溪，2003）。如果如此，则内部控制审核与内部控制审计并无实质性区别。

然而，也有人认为，美国内部控制审计经历作为会计报表审计的一部分、内部控制审核和内部审计审计三个阶段，充分说明内部控制在上市公司治理和资本市场监管中的作用越来越受到重视，广大投资者对内控信息及其鉴证工作提出了越来越高的期望，内部控制审核与内部控制审计的区别是，前者是有限保证业务，后者是合理保证业务（张龙平，陈作习，宋浩，2009；黄秋菊，2014）。如果如此，则内部控制审核在保证程度上低于内部控制审计，是一种独立的内部审计鉴证业务。由于保证程度不同，则审计证据及审计责任都会发生变化。我们认为，内部控制审核如果保证水平与内部控制审计无差异，是这种类型存在的必要性就值得怀疑，所以，从逻辑上来说，其保证水平应该不是合理保证。

所以，内部控制审核是一种内部控制鉴证，但是，其个性特征是，评价者是外部独立人，同时，鉴证意见的保证水平未达到合理保证。

（三）内部控制审计

美国、日本和中国三个国家的内部控制相关规范对内部控制审计的界定基本相同，认为内部控制审计通常是外部审计机关对某组织内部控制是否有效的判断（PCAOB，2007；日本企业会计审议会，2007；财政部　等，2010）。

然而，中国内部审计协会（2013）发布的《第2201号内部审计具体准则－内部控制审计》认为，内部控制审计是指内部审计机构对组织内部控制设计和运行的有效性进行的审查和评价活动。很显然，这里的内部控制审计就是PCAOB、日本企业会计审议会及财政部等界定的内部控制评价。

所以，内部控制审计是一种内部控制鉴证，但是，其个性特征是，评价者是外部独立人，同时，鉴证意见的达到合理保证水平。

综合上述权威职业规范，我们认为，内部机构实施的内部控制有效性判断就是内部控制评价，而外部审计机构实施的内部控制有效性判断，如果是有限保证程度，则是内部审核；如果是合理保证程度，则是内部控制审计。

三、内部控制鉴证本质：共性维度

内部控制鉴证虽然区分为多种形态，并且各有其个性，但是，它们都是对内部控制有效性的判断，所以，应该具有共性；同时，内部控制鉴证属于广义审计，所以，内部控制鉴证本质离不开审计一般的本质，是在审计一般本质的基础上，显现制度主题的特征，所以，内部控制鉴证本质要以审计一般的本质为基础，显现各种内部控制鉴证的共性特征。

（一）审计一般的本质

关于审计一般的本质有许多研究，主要观点有查账论（Mautz&Sharaf，1961；番场嘉一郎，1981；郭振乾，1995）、系统过程论（AAA，1972）、控制论（蔡春，2001）、经济监督论（杨纪琬，1983；阎金锷，1989）和免疫系统论（刘家义，2008，2009，2010，2012）。上述这些观点，都或多或少地具有某种类型审计的特征，查账论带有财务信息审计的特征，系统过程论带有民间审计和财务信息的特征，而经济监督论和免疫系统论则带有政府审计的特征。有鉴于此，从需要从各种各类审计的共性来认为审计一般的本质，我们认为，审计是以系统方法从行为和信息两个角度独立鉴证经管责任中的代理问题和次优问题并将结果传达给利益相关者的制度安排（郑石桥，2016）。

这一概念是高度概括的，核心内容是各种审计的共性，可以从以下几方面进行解析：

（1）审计源于是经管责任，虽然委托代理关系下不一定有审计，但是，审计离不开委托代理关系，正是要鉴证经管责任的履行情况，才产生了审计。

（2）审计内容是经管责任中的代理问题和次优问题。虽然审计要鉴证经管责任履行情况，但是，这种鉴证带有明显的倾向性，主要关注经管责任履行过程中是否存在由于自利而产生的代理问题以及由于有限理性而产生的次优问题。代理问题和次优问题可以归结为行为和信息两个方面。代理问题是源于自利，是故意而为，而次优问题是源于，是非故意而为，在一些情形下，故意和非故意难以区分，所以，根据它们的问题领域，区分为财务信息、非财务信息、具体行为、制度四类主题，而财务信息和非财务信息可以合并为信息，具体行为和制度可以合并为行为。审计就是围绕上述四类主题来开展的。

(3) 审计是有系统方法的制度安排。审计是一种制度安排，这种制度安排中包含审计自身的系统方法。

(4) 审计具有独立性。经管责任涉及多方面，审计不参与其鉴证的经管责任之履行，与经管责任本身没有利益关联，具有独立性。也正是由于这种独立性，审计才具有客观性。

很显然，内部控制鉴证属于制度审计，其本质不能离开上述审计本质，但是，又会更加显现制度审计的特征。

(二) 内部控制鉴证本质

我们将内部控制评价、内部控制审核、内部控制审计三者合并，称为内部控制鉴证，在此基础上，以审计一般本质为基础，将内部控制鉴证的共性本质概括如下：内部控制鉴证是以系统方法从制度角度独立鉴证经管责任中的缺陷制度并将结果传达给利益相关者的制度安排。这一概念是高度概括的，其核心内容是各种内部控制鉴证的共性，可以从以下几方面进行解析：

(1) 内部控制鉴证离不开经管责任。经管责任是委托代理关系中形成的代理人对委托人的责任，主要原则是最大善意行事。然而，由于人性假设，再加上信息不对称、激励不相容、环境不确定性等因素的存在，代理人完全有可能出现代理问题或次优问题，从而，代理人所建立和执行的内部控制体系可能存在缺陷，这些缺陷的存在当然对经管责任的履行具有负面影响。所以，需要对内部控制进行鉴证。

(2) 鉴证主题是制度。内部控制鉴证属于广义审计，任何审计都有审计主题，从技术逻辑来说，审计就是围绕审计主题获取证据，并对审计主题与既定标准之间的相符程度发表意见。内部控制鉴证主题是内部控制制度，属于制度主题，与行为主题、财务信息主题、非财务信息主题相并列。既然是制度主题，其审计取证模式、意见类型、审计责任都不同于其他主题。有一种观点认为，内部控制鉴证可以定性为基于责任方认定业务，而责任方认定就是非财务信息，所以，内部控制鉴证主题可能是非财务信息。这种观点似是而非，因为即使作为基于责任方认定业务，审计师还是需要获取证据来搞清楚内部控制的真实状况，其审计主题仍然离不开内部控制制度。当然，在这种情形下，管理层内部控制评价意见也是鉴证主题，属于非财务信息。属于双重审计主题，并不否定制度主题。

(3) 内部控制鉴证的核心内容是鉴证缺陷制度。由于制度缺陷对经管责任的履行存在负面影响，所以，为了更好地履行经管责任，必须通过内部控制鉴证来发现这些缺陷，如果不能发现缺陷，则当然无从弥补这些缺陷。与此相关的一个问题是，内部控制鉴证是否要关注运行良好的内部控制？从理论逻辑上来说，内部控制鉴证当然既要发现内部控制优势，也要发现内部控制缺陷，然而，根据最大善意原则，建立和实施说得好的内部控制应该是代理人应尽的职责，而内部控制缺陷则是代理人应该改进之处，所以，内部控制鉴证的核心内容定位为发现制度缺陷，而不是发现制度优势。

(4) 内部控制鉴证是一种有系统方法的制度安排。内部控制鉴证要取得良好的效果，必须有可靠的过程来保障，这种可靠的过程是以系统方法为基础的制度安排，主要体现在三个层面：第一，取证模式，这是系统方法的灵魂，统率鉴证程序的组合，例如，“从上到下　风险导向”是目前内部控制审计的主流取证模式；第二，鉴证步骤，这是内部控制鉴证各项工作的逻辑安排，并不是杂乱无章，各项工作之间按一定的逻辑关系顺序展开，例如，《内部控制评价指引》规定，管理层内部控制评价包括应该遵循以下步骤：制定评价工作方案，组成评价工作组，实施现场测试，认定控制缺陷，汇总评价结果，编报评价报告；第三，鉴证程序，也就是内部控制鉴证各步骤的具体操作技术，例如，《内部控制评价指引》规定，内部控制评价工作组实施现场测试时，可以综合运用个别访谈、调查问卷、专题讨论、穿行测试、实地查验、抽样和比较分析等方法。

(5) 内部控制鉴证结果要传达给利益相关者。内部控制鉴证的直接目的是发现制度缺陷，但是，最终目的是弥补制度缺陷，而无论内部审计师还是外部审计师，都是独立的鉴证者，不能或无力直接对缺陷制度进行整改。为此，必须将鉴证结果报告给有力量实施或推动实施整改的利益相关者。另一方面，作为鉴证客体的外部利益相关者，当然会关心鉴证客体是否存在制度缺陷，通过内部控制鉴证报告这种形式，将鉴证结果传达给这些利益相关者，满足了他们的这种信息需求。

四、结论

现实生活中，内部控制鉴证已经有多种形态，有些已经成为法定的强制鉴证，然而，内部控制鉴证的本质究竟是什么？现有文献还缺乏深入的研究。本节从个性和共性两个维度来探究内部控制鉴证的本质。

一般来说，内部控制鉴证包括内部控制评价、内部控制审核、内部控制审计等形态。内部控制评价的个性特征是，评价者是管理层，是内部人，而不是外部人，评价意见是合理保证水平。内部控制审核的个性特征是，评价者是外部独立人，同时，鉴证意见的保证水平未达到合理保证。内部控制审计的个性特征是，评价者是外部独立人，同时，鉴证意见的达到合理保证水平。

内部控制鉴证虽然区分为多种形态，并且各有其个性，但是，它们都是对内部控制有效性的判断，所以，应该具有共性；同时，内部控制鉴证属于广义审计，所以，内部控制鉴证本质离不开审计一般的本质，是在审计一般本质的基础上，显现制度主题的特征。以审计一般本质为基础，内部控制鉴证的共性本质如下：内部控制鉴证是以系统方法从制度角度独立鉴证经管责任中的缺陷制度并将结果传达给利益相关者的制度安排。

第二节　内部控制审计性质：理论框架和例证分析

外部审计师实施的内部控制审计究竟是属于直接报告业务还是基于责任方认定业务？其性质不同，审计主题也就不同，进而审计载体也就不同，审计取证模式也就不同，达成审计目标的路径也不同（李爽，吴溪，2002；李爽，吴溪，2003）。目前，美国等一些国家采用直接报告业务，而日本则采用基于责任方认定业务。这其中的原因究竟是什么？

现有文献讨论了内部控制鉴证业务性质[①]，有的主张采用直接报告业务，有的主张作为基于责任方认定业务。然而，关于内部控制业务性质的选择，还是缺乏一个系统的理论框架。本节从内部控制审计目标和审计相关成本两个维度出发，建立一个关于内部控制审计业务性质选择的理论框架。

一、文献综述

关于内部控制鉴证业务的性质，有三种观点：一些文献主张其性质是直接报告业务；有一些文献主张其为基于责任方认定业务；还有一些文献主张双重性质，本节将上述观点分别称为直接报告观、责任方认定观、双重业务观。

直接报告观的代表是刘明辉（2010）的观点，他认为，直接报告业务的审计主题内部控制制度，也就是行为或过程，基于责任方认定业务的审计主题是管理层内部控制评价报告，也就是信息，信息审计的实施成本高于行为或过程审计；尽管注册会计师主要是对信息进行审计，但对过程和行为的审计在审计出 现时就存在，内部控制审计就是对过程或行为的审计，这是审计在更高层次上的回归；管理层内部控制评价报告针对的是内部控制整体，而注册会计师关于内部控制有效性的审计意见主要针对财务报告内部控制，将内部控制定位为信息审计，会加大注册会计师的责任；定位为基于责任方认定业务，还可能出现令人迷惑的审计意见。基于上述原因，内部控制鉴证应该定位为直接报告业务。

责任方认定观主张内部控制鉴证主题是管理层内部控制评价报告（朱荣恩，应唯，袁敏，2003；谢晓燕，张心灵，陈秀芳，2009）。主要的理由包括：《企业内部控制评价指引》已经明确要求管理层对内部控制的有效性进行评价，并披露年度评价报告，具备将内部控制鉴证确定为信息审计的条件；历史上的注册会计师审计从来只是针对信息进行审计；相对行为或过程审计而言，信息审计具有更多的审计轨迹（刘明辉，2010）。

双重业务观认为，内部控制审计既是直接报告业务又是基于责任方认定业务。例如，根据萨班斯法第404条款及相关SEC规则的规定，从2004年11月15日结束的会计年度开始，担任在SEC登记上市的公司年报审计的审计人必须在其审计报告中发表以下3种审计意见：财务报表是否公允反映；管理层的财务报告内部控制评价报告是否真实；财务报告内部控制是否有效（Paul，2005）。

上述各种观点都有一定的道理，这也说明，内部控制鉴证业务性质并不存在唯一性，而是具有多样性。然而，现有文献并未提出一个多样性选择的理论框架，本节将致力于此。

二、内部控制审计业务性质选择：理论框架

（一）内部控制审计业务组合

内部控制审计是外部审计师对内部控制的鉴证，按其与财务报表审计的关系，可以区分为两种业务类型：一种是独立业务，这种内部控制审计与财务报表审计无关，是独立进行的，例如，申请IPO的公司，审计师对其内部控制发表的意见；另外一种是整合审计，这种内部控制审计是与财务报表审计同步实施的，例如，审计上市公司年报的同时，对其财务报告内部控制进行审计。一般来

---

① 内部控制鉴证比内部控制审计更多丰富，但在本节的主题下，在同等意义上使用二者并不影响本节的结论。

说，年度内部控制审计既可以是独立业务，也可以是整合审计，选择何种方式，主要是基于成本效益考虑。

然而，无论是独立业务，还是整合审计，都有一个内部控制审计业务性质问题，也就是审计主题选择问题。一般来说，有两种情形：一是直接审计内部控制，对内部控制有效性发表意见，在这种情形下，审计主题是内部控制制度，由于不涉及管理层内部控制评价报告，所以，这种审计业务是直接报告业务；二是审计管理层内部控制评价报告，对管理层内部控制评价报告的真实性发表意见，在这种情形下，审计主题是非财务定性信息，由于要对管理层内部控制报告发表意见，所以，这种审计业务是基于责任方认定业务。

所以，从审计业务类型来看，内部控制审计有整合审计和独立业务两种情形，而从审计业务性质来看，有直接报告业务和基于责任方认定业务两种情形，将审计业务类型和审计业务性质综合考虑，内部控制审计组合情形如表1所示，不同情形下，有不同的审计主题，而不同的审计主题会影响审计取证并进而影响审计意见类型。

表1 内部控制审计组合

项目		业务性质	
		直接报告业务	基于责任方认定业务
业务类型	独立业务	A1（内部控制制度）	B1（非财务定性信息）
	整合审计	A2（内部控制制度）	B2（非财务定性信息）

注：括号内是审计主题。

一般来说，审计业务是选择独立业务还是整合审计，主要是基于成本效益考虑，所以，就年度内部控制审计来说，大多数国家都选择了整合审计。本节重点关注审计业务性质，将内部控制审计作为直接报告业务或基于责任方认定业务，其原因是什么？

（二）影响内部控制审计业务性质的因素

内部控制审计是作为直接报告业务还是作为基于责任方认定业务，相关的影响因素包括两个方面：一是内部控制审计目标；二是成本效益原则（刘明辉，2010；李明辉，张艳，2010）。

对于上市公司来说，监管机构倡导实施内部控制审计的主要目标是促进上市公司优化其内部控制，为投资者利益提供基础性保障。所以，何种业务性质有利于促使上市公司切实提高其内部控制水平，则该种业务性质就是可以考虑的。从直接报告业务和基于责任方认定业务来说，促进上市公司提升内部控制水平的路径不同，我们分别来分析。

在直接报告业务情形下，审计师直接审计内部控制制度，一方面，能直接揭示上市公司内部控制缺陷，促进上市公司优化其内部控制，这个路径称为揭示路径；另一方面，上市公司知道审计师会直接审计其内部控制制度，并且，对于发现的重大缺陷，会向外界披露，为了避免这种坏消息的披露，上市公司要激励优化其内部控制，从某种意义上来说，审计师的审计发挥了威慑作用，这个路径称为威慑路径。

在基于责任方认定业务情形下，审计师审计的是管理层关于内部控制状况的认定，也就是要对管理层关于内部控制评价的结论发表意见。怎么才能发表意见呢？当然需要获取证据。总体来说，这些证据需要为管理层内部控制评价结论的真实性提供合理基础。为此，一方面，审计师需要检查管理层内部控制评价是否符合应该遵循的内部控制评价规范，在这种情形下，管理层应该更加认真地进行内部控制评价，从而有可能发现其内部控制缺陷，这当然有助于上市公司优化其内部控制（谢少敏，2010），这个路径称为评价路径；另一方面，也是更为重要的方面，审计师还要判断管理层内部控制认定是否与内部控制的真实状况相一致，这就需要管理层在相当程度上了解内部控制的真实状况，这时的审计主题已经转向内部控制制度了，所以，揭示路径和威慑路径应该同时能发挥作用。

综合上述分析，从实现内部控制审计目标来说，直接报告业务通过揭示路径和威慑路径发挥作用，而基于责任方认定业务则在揭示路径和威慑路径的基础上，还增加了评价路径。所以，基于责任方认定业务在审计目标达成方面优于直接报告业务。

然而，内部控制审计业务性质的确定还需要考虑成本。在直接报告业务下，审计师获取证据的主要目标是搞清楚上市公司内部控制真实状况；而在基于责任方认定业务下，审计师要搞清楚管理层内部控制评价结论是否与上市公司内部控制真实状况相关，一方面，要搞清楚上市公司内部控制的真实状况，另一方面，还要搞清楚管理层内部控制评价的状况，这无疑会增加审计取证工作，从而增加了审计相关成本。

上述关于不同业务性质的审计目标和成本效益分析归纳起来，如表 2 所示，总体来说，基于责任方认定业务更有利于促进内部控制水平的提升，但是，成本也会增加。具体如何选择，基于决策者对何种因素更加重视。

表 2　内部控制审计业务性质影响因素

<table>
<tr><th colspan="3" rowspan="2">项目</th><th colspan="2">内部控制审计业务性质</th></tr>
<tr><th>直接报告业务</th><th>基于责任方认定业务</th></tr>
<tr><td rowspan="5">影响因素</td><td rowspan="3">达成目标的路径</td><td>揭示路径</td><td>√</td><td>√</td></tr>
<tr><td>威慑路径</td><td>√</td><td>√</td></tr>
<tr><td>评价路径</td><td>×</td><td>√</td></tr>
<tr><td rowspan="2">审计成本</td><td>管理层内部控制评价状况</td><td>×</td><td>√</td></tr>
<tr><td>内部控制真实状况</td><td>√</td><td>√</td></tr>
</table>

注：√表示这种情形存在，×表示这种情形不存在。

（三）内部控制审计作为整合审计的业务性质选择

内部控制审计作为整合审计时，一般来说，此时的内部控制审计内容是财务报告内部控制，由于会计报表审计采用风险导向审计模式，审计师往往需要了解被审计单位的内部控制，并运用控制测试评价控制风险，最终确定检查风险的大小和重要性水平的高低，实施相应的实质性测试。在此过程中，对内部控制作出评价的目的主要是为实质性测试奠定基础，但是，其测试内容和程度与财务报告内部控制审计并无原则性差异（李爽，吴溪，2003）。所以，从某种程度上来说，如果会计报表审计采用综合审计策略，财务报告内部控制审计和风险导向审计模式下的了解和测试内部控制基本重合，所以，内部控制审计所需要获取的关于内部控制真实状况的证据并不会实质性增加审计相关成本。这就意味着，如果采用直接报告业务，则内部控制审计并不实质性增加审计相关成本（陈丽蓉，毛珊，2012），而采用基于责任方认定业务还增加获取管理层内部控制评价状况的证据，内部控制审计会实质性增加审计相关成本。

那么，整合审计状况下，内部控制审计业务性质如果定性呢？如果认为内部控制水平急需要提升，则宁愿增加一些成本，也要选择更能达成内部控制审计目标的基于责任方认定业务；如果不是如此，则可以选择直接报告业务；特别是，由于管理层内部控制评价已经增加了上市公司的成本，如果再实质性增加其审计费用，则可能导致上市公司成本显著增加，从而对成本更加关注，在这种背景下，监管机构可能宁愿降低一些效果，会选择成本较低的直接报告业务。

（四）内部控制审计作为独立业务的业务性质选择

当内部控制审计作为独立业务时，一般来说，此时的内部控制审计内容可能是全部内部控制，而不财务报告内部控制。无论是作为直接报告业务，还是作为基于责任方认定业务，都会实质性增加成本，而基于责任方认定业务增加的成本更多。同时，在基于责任方认定业务的情形下，责任方还需要很认真地开展内部控制评价，也会增加其成本。所以，采用基于责任方认定业务时，被审计单位的成本会显著高于直接报告业务。但是，由于责任方认真地开展内部控制评价，可能更能发现其内部控制缺陷，从而有利于提升其内部控制水平。所以，总体来说，如果认为内部控制水平急需要提升，则宁愿增加一些成本，也要选择更能达成内部控制审计目标的基于责任方认定业务，如果不是如此，则可以选择直接报告业务。

三、内部控制审计业务性质：美国和日本的例证分析

本节以上从内部控制目标之达成和审计相关成本两个维度，分析了内部控制审计业务性质的选择，提出了一个内部控制审计业务性质选择的理论框架，下面，我们用这个理论框架来美国上市公司内部控制审计业务性质的变迁和日本上市公司内部控制审计业务性质的选择，以一定程度上验证这个理论框架。

（一）美国上市公司内部控制审计业务性质的变迁

2002 年，《萨班斯－奥克斯利法案》获得通过，该法案的第 302 款及第 404 款规定，管理层应对企业内部控制系统的建立与维护负责，并应在企业年度报告中披露内部控制体系以及控制程序有效性的评价报告，还要求独立审计师对公司管理当局的财务报告内部控制的评价进行鉴证，并报告鉴证结果及披露审计意见。2004 年，为了使审计人员能够胜任对内部控制有效性进行评价，PCAOB 发布审计准则第 2 号《与财务报表审计结合进行的财务报告内部控制审计》。然而，PCAOB 于 2007 年发布审计准则第 5 号《与财务报表审计整合的财务报告内部控制审计》取代了 AS2。在如此之短的时间内，为什么要以 AS5 取代 AS2 呢？

AS2 提出财务报告内部控制审计目标是对管理层就企业财务报告内部控制有效性的评价发表意见。AS2 要求审计人员评价管理层应用于评价内部控制的程序方法的可靠性；复核和使用一些管理层、内部审计人员和其他人的评价过程中取得的测试结果；或自己进行测试，以形成独立意见。AS2 实施之后，内部控制相关成本大为增加。AS5 是对许多公司面临的成本和收益困境的必要的回应，几个主要的变化可以大量减少合规成本并且保持投资者的信心，其中，最重要的变化是不要求审计师对管理层内部控制评价程序的恰当性发表意见（郑石桥　等，2013）。

根据本节的理论框架，内部控制审计目标之达成和审计相关成本是影响内部控制审计业务定性的主要因素。在制定 AS2 时，安然事件等一些舞弊案例的影响令社会各界认为，上市公司内部控制

亟待加强，所以，监管机构宁愿增加一些审计相关成本，也要将内部控制审计定性为基于责任方认定业务[①]，在当时的背景下，内部控制审计目标之达成占有绝对优势地位，审计相关成本成为次要的考虑因素。然而，AS2 实行一些时期之后，内部控制相关成本显著增加，一方面，管理层要进行内部控制评价，CEO 和 CFO 整天忙于公司披露内部控制有效性，内部控制相关成本显著增加；另一方面，外部审计师为了控制自己的审计风险，进行过度审计，使得上市公司的成本也显著增加。在这种背景下，对 AS2 不满的呼声时有发生。在这种背景下，AS5 产生了，其根本性的变化是不再要求审计师对管理层内部控制评价程序的恰当性发表意见，将内部控制审计业务从基于责任方认定业务转换为直接报告业务，从而显著降低了上市公司内部控制相关成本。总体来说，本节提出的理论框架能够解释美国上市公司内部控制审计业务性质的变迁。

（二）日本上市公司内部控制审计业务性质的选择

日本企业会计审议会（2007）发布的《财务报告内部控制评价与审计准则》规定，上市公司内部控制审计以管理层内部控制评价结论为前提，而不采用审计师直接对内部控制进行验证的形式。承担财务报表审计的审计师，基于审计人员自身取得的审计证据进行判断，对管理层编制的内部控制报告是否依据一般公认合理的内部控制评价准则，在所有要点上是否适当表明内部控制有效性的评价结论发表意见（李明辉，张艳，2010）。

很显然，日本的这个准则将内部控制审计定性为基于责任方认定业务。然而，日本为什么会做出这种选择呢？我们认为，主要的原因可能是借鉴美国 AS2。需要特别注意的是，日本企业会计审议会发布的《财务报告内部控制评价与审计准则》的时间是 2007 年 2 月 15 日，而 PCAOB 发布 AS5 的时间是 2007 年 6 月 12 日，这两个时点说明，日本发布其审计准则时，AS5 还没有出现，美国执行的还是 AS2，而 AS2 是将内部控制审计定性为基于责任方认定业务，日本的准则可能是借鉴 AS2 的产物。当然，也有另外一种可能性，那就是日本在制定其准则进，已经知晓 AS2 的利弊，但是，认为日本上市公司的内部控制急需加强，所以，宁愿增加一些成本，也要选择将内部控制审计定性为基于责任方认定业务。总体来说，本节提出的理论框架能解释日本内部控制审计业务定性。

四、结论和启示

内部控制审计业务性质的选择实质上就是审计主题选择，有两种情形：一是以内部控制制度为审计主题，这是直接报告业务；二是以管理层内部控制评价报告为审计主题，这是基于责任方认定业务。业务性质不同，审计主题也就不同，进而审计载体也就不同，审计取证模式也就不同，达成审计目标的路径也不同。

本节从内部控制审计目标和审计相关成本两个维度出发，分析内部控制审计业务性质之选择，提出一个关于内部控制审计业务性质选择的理论框架；然后，用这个理论框架来分析美国上市公司内部控制审计业务性质之变迁及日本上市公司内部控制审计业务性质之选择。

内部控制审计目标和成本效益原则是影响内部控制审计业务性质选择的主要因素。直接报告业

---

① 有人认为，AS2 是双重业务定性，事实上，如果在基于责任方认定业务类型下，要求搞清楚上市公司内部控制的真实状况，则基于责任方认定业务实质上已经包含了直接报告业务的要求。

务从揭示路径和威慑路径达成审计目标，而基于责任方认定业务在此基础上还会增加评价路径，与此同时，会增加审计相关成本。如果认为内部控制水平急需要提升，则宁愿增加一些成本，也要选择更能达成内部控制审计目标的基于责任方认定业务，如果不是如此，则可以选择直接报告业务。

本节的发现告诉我们，内部控制审计业务定性并没有统一的方式，需要从内部控制审计目标和相关成本两个角度角度来综合考虑。选择基于责任方认定是强制审计目标，而选择直接报告业务是审计目标和审计相关成本兼顾。目前，我国不少的上市公司所谓的内部控制评价是徒有虚名，这其中的原因主要是管理层不重视，但是，不要求审计师对管理层内部控制评价报告发表意见也是重要原因，如果外部审计师要对管理层内部控制评价报告发表意见，则必然需要获取管理层内部控制评价的证据，或许可以促进管理层内部控制评价，并进而促进管理层提升内部控制水平。

参考文献

1. 董凤莉，任国瑞．财务报告内部控制审计要素及实施问题探讨 [J]，商业会计，2011 (12)：27－28。

2. 吴秋生．内部控制审计有关问题探讨 [J]，中国注册会计师，2010 (4)：60－64。

3. 杨瑞平．内部控制审计有关问题探索 [J]，商业研究，2010 (4)：63－67。

4. PCAOB. 第 5 号审计准则－与财务报告审计相结合的财务报告内部审计 [R]，2007 年。

5. 日本企业会计审议会．关于财务报告内部控制评价与审计准则以及财务报告内部控制评价与审计实施准则的制定（意见书）[R]，2007 年。

6. 财政部，证监会，审计署，银监会，保监会．企业内部控制评价指引 [R]，企业内部控制审计指引，2010 年。

7. 周树大．试论内部控制审计的性质 [J]，审计与经济研究，1996 (6)：19－21。

8. 朱荣恩，应　唯，袁　敏．美国财务报告内部控制评价的发展及对我国的启示 [J]，会计研究，2003 (8)：48－53。

9. 张龙平，陈作习，宋　浩．美国内部控制审计的制度变迁及其启示 [J]，会计研究，2009 (2)：75－80。

10. 郑石桥，杨婧，赵珊，剧杰．内部控制学 [M]，中国时代经济出版社，2013 年 1 月。

11. 李　爽，吴　溪．内部控制鉴证服务的若干争议与探讨 [J]，中国注册会计师，2003 (5)：8－11。

12. 黄秋菊．对我国《企业内部控制审计指引》有关问题的探讨 [J]，中国注册会计师，2014 (3)：66－72。

13. Mautz.，R. K.，Sharaf.，H. A.，The Philosophy of Auditing [M]，American Accounting Association，1961，P15.

14. 番场嘉一郎，主编．会计学大词典 [M]，湖北省会计学会，1981 年。

15. 郭振乾．关于研究审计定义的一封信 [J]，审计研究，1995 (1)：24。

16. AAA (American Accounting Association)，A Statement of Basic Auditing

Concepts，1972.

17. 蔡　春．审计理论结构研究［M］，东北财经大学出版社，2001年，第27—63页。

18. 杨纪琬．关于审计理论的若干问题［J］，审计通讯，1983（12）：17—23。

19. 阎金锷．审计定义探讨—兼论审计的性质、职能、对象、任务和作用［J］，审计研究，1989（2）：7—14。

20. 刘家义．以科学发展观为指导推动审计工作全面发展［J］，审计研究，2008（3）：3－9。

21. 刘家义．树立科学审计理念，发挥审计监督免疫系统职能［J］，求是杂志，2009（10）：28－30。

22. 刘家义．积极探索创新，努力健全完善中国特色社会主义审计理论体系［J］，审计研究，2010（1）：3－8。

23. 刘家义．论国家治理与国家审计［J］，中国社会科学出版社，2012（6）：60－72。

24. 郑石桥．审计理论研究：基础理论视角［M］，中国人民大学出版社，2016年7月。

25. 李　爽，吴　溪．内部控制鉴证服务的需求和供给：若干争议与探讨［J］，会计论坛，2002（2）：25－35。

26. 刘明辉．内部控制鉴证：争论与选择［J］，会计研究，2010（9）：43－50。

27. 谢晓燕，张心灵，陈秀芳．我国企业内部控制审计的现实选择－基于内部控制审计与财务报表审计关联的分析［J］，财会通讯，2009（3）：125－127。

28. Paul，J. W.，2005. Exploring PCAOB Auditing Standard 2：Audits of Internal Control［J］. CPA Journal，75（5）.

29. 李明辉，张　艳．上市公司内部控制审计若干问题之探讨－兼论我国内部控制鉴证指引的制定［J］，审计与经济研究，2010（3）：38－47。

30. 谢少敏．内部控制审计报告方式的理论分析［R］，中国会计学会审计专业委员会2010年学术年会论文集，2010年4月。

31. 陈丽蓉，毛　珊．内部控制审计对审计费用的影响研究－基于上市公司2008－2009年经验验证［J］，会计之友，2012（1）：84－89。

第十二章　制度审计目标理论

本章阐述制度审计目标理论，主要内容包括：内部控制鉴证目标：理论框架和例证分析；内部控制鉴证目标保证程度：理论框架和例证分析。

第一节　内部控制鉴证目标：理论框架和例证分析

内部控制鉴证目标是通过内部控制鉴证得到的结果，这是内部控制鉴证的基础性问题。现有文献主要从鉴证者的角度讨论内部控制鉴证目标，未能考虑利益相关者的鉴证目标。我们认为，内部控制鉴证目标是一个体系，既有利益相关者的目标，也有鉴证者的目标。同时，内部控制鉴证区分为内部控制评价、内部控制审核、内部控制审计，鉴证业务类型不同，鉴证目标和鉴证产品也不同。本节从相关主体和鉴证业务类型两个角度，将内部控制鉴证目标区分为终极目标和直接目标，在此基础上，分析内部控制鉴证目标体系。

一、文献综述

内部控制鉴证包括内部控制评价、内部控制审计和内部控制审核，鉴证目标也包括上述三类。

关于内部控制评价目标有三种观点，一种观点认为，内部控制评价的目标是促使企业切实加强内部控制体系的建设和执行（牛爱民，2009）；另一种观点认为，内部控制评价是对企业内部控制的再控制，所以，内部控制评价目标应当与内部控制目标相适应，内部控制评价目标的确定应当依据内部控制目标（戴文涛，王茜，谭有超，2013）；还有一种观点从宏观角度认为内部控制评价目标，认为内部控制评价目的有三个：评价企业内部控制质量，为政府以及资本市场监管部门了解企业内部控制状况，制定相关的法律法规提供客观依据；对上市公司形成强有力的声誉制约，激励企业努力提高内部控制质量，完善企业内部控制，保护投资者和其他利益相关者的权益；使企业了解内部控制状况，找出内部控制存在的薄弱环节，提高经营质量，为投资者提供投资依据，繁荣我国的资本市场（张先治，戴文涛，2011）。

关于内部控制审计目标，现有文献主要涉及财务报告内部控制审计目标，一种观点认为，财务报告内部控制审计目标与财务报告审计目标具有一致性，无论是财务报表审计，还是财务报告内部控制审计，其终极目标都是一样的（谢盛纹，2007）；内部控制审计和财务报表审计的共同目标都是为了向企业外部信息使用者提供决策有用的高质量的会计信息提供合理保证，提高对外公布的财务报表信息的质量（谢晓燕，张心灵，陈秀芳，2009）；内部控制审计的目的与财务报表审计的目的是相同的，都是为了合理保证财务报告的真实可靠，保证资本市场的秩序（韩丽荣，郑丽，周晓菲，2011）。另外一些观点则区分了财务报告内部控制审计目标和财务报告审计目标，但是，对财务报告内部控制审计目标的观点不同。多数文献认为，财务报告内部控制审计的目标是注册会计师对与财务报告相关内部控制的有效性发表独立审计意见（刘明辉，2010；董凤莉，任国瑞，2011；周曙光，2011）；有的文献则认为，财务报告内部控制审计的目标是就管理层对财务报告内部控制有效性所作的评估表示意见（张龙平，陈作习，2009）；还有的文献认为，上述两种观点都可行，只是在不同的选择下，审计主题不同，以内部控制报告为审计结论对象的间接报告方式审计，其目标是对经营者的内部控制有效性评价报告是否合法、公允进行评价。以内部控制为审计结论对象的间接报告方式审计，其目标是对企业的内部控制是否有效进行评价（谢少敏，2010）。

上述关于内部控制鉴证目标的研究具有较大的启发性，然而，现有研究并未区分不同相关主体的目标，所涉及的基本上是审计师的目标。本节从相关主体和内部控制鉴证业务类型两个维度来探究内部控制鉴证目标。

二、理论框架

（一）内部控制鉴证目标体系

内部控制鉴证属于广义审计，类似于审计目标，内部控制鉴证目标就是相关各方希望通过内部控制鉴证得到的结果。很显然，这种的相关各方至少包括：第一，内部控制鉴证的利益相关者希望得到的结果，例如，委托代理关系中的委托人、代理人、投资人、政府监管部门等，这些利益相关者希望通过内部控制鉴证得到什么结果；第二，鉴证者希望通过内部控制鉴证得到什么结果。

从逻辑上来说，利益相关者的鉴证目标是鉴证者鉴证目标的基础，前者类似于顾客需求，后者类似于产品供给，没有顾客需求，也就没有产品供给。同时，鉴证产品供给要满足鉴证产品需求，不能满足鉴证需求的鉴证产品是没有生命力的。所以，从某种意义上来说，鉴证产品需求是基础性的，具有终极意义，是内部控制鉴证的终极目标；而鉴证产品供给是回应性的，是适应鉴证需求而产生的，决定鉴证产品内容、鉴证产品定位和鉴证产品种类，是内部控制鉴证的直接目标。总体来说，直接目标决定鉴证产品，而终极目标是鉴证产品消费之后的结果。

根据内部控制鉴证的发展状况，一般来说，内部控制评价[①]、内部审计审核、内部控制审计是主要的鉴证业务类型，每种鉴证业务类型者有利益相关者和鉴证者，所以，都有终极目标和直接目标，组合起来，大致如表1所示，形成内部控制鉴证目标体系。

表1 内部控制鉴证目标体系

项目		鉴证目标	
		利益相关者的鉴证目标（终极目标）	鉴证者的鉴证目标（直接鉴证目标）
内部控制鉴证类型	内部控制评价	√	√
	内部控制审核	√	√
	内部控制审计	√	√

注：√表示有这种目标

① 管理层内部控制评价分为日常评价和独立评价，日常评价不具有独立性，不是本文意义上的内部控制鉴证。

（二）内部控制评价目标体系：终极目标

内部控制评价是各个组织的管理层主持的对本组织内部控制的评价，这种评价希望达到什么结果呢？这里的利益相关者主要包括三方面：外部利益相关者、管理层、内部单位负责人，他们各有自己的鉴证目标。

从外部利益相关者来说，内部控制缺陷会影响管理层履行其经管责任，对外部利益相关者的利益带来负面影响。为此外部利益相关者有抑制内部控制缺陷的需求，其中的一个重要渠道，就是希望管理层自己能主持对本组织的内部控制进行评价，及时地发现制度缺陷，并在此基础上进行整改。

从管理层来说，内部控制评价区分为组织层面内部控制和内部单位内部控制。由于管理层本身的有限理性，组织层面内部控制的设计和执行也可能存在缺陷，通过对这个层面的内部控制鉴证，可以发现这些缺陷，从而有利于管理层更好地履行其经管责任。组织内部的各单位，是管理层领导的下属单位，其负责人是管理层的代理人，由于有限理性、自利，再加上环境不确定性、信息不对称、激励不相容等因素的存在，内部单位的内部控制可能存在有意或无意的缺陷，这种缺陷当然会对管理层履行其经管责任不利，管理层当然希望及时地发现和整改这些内部控制缺陷。

从内部管理负责人来说，是管理层的代理人，如果他要最大善意地履行其经管责任，则完全有激励通过内部控制评价来发现内部控制缺陷。即使他领导的内部单位没有内部控制缺陷，通过内部控制评价也能表明这种情形，从某种意义上来说，这是一种信号传递，会增加管理层对其信任。

以上只是就一般情形而言，如果管理层或内部单位负责人由于自利而使得内部控制存在缺陷，而这种缺陷是有利于管理层或内部单位负责人，则他们会抵制内部控制评价。另外，如果管理层或内部单位负责人对本组织的内部控制高度自信，可能也会认为内部控制评价不符合成本效益原则，没有价值。

总体来说，内部控制评价的终极目标是抑制制度缺陷。

（三）内部控制评价目标体系：直接目标

内部评价机构希望通过内部控制评价得到什么结果呢？前已叙及，直接目标是终极目标的基础，直接目标是为终极目标提供鉴证产品，终极目标是使用鉴证产品之后产生的效果。那么，内部控制评价要提供什么样的产品才能满足利益相关者抑制制度缺陷的需求呢？这需要从产品内容、产品定位和产品种类三个维度来考虑，其大致情形如表 2 所示。

表 2　内部控制评价产品系列

产品定位		产品种类	产品内容	
			合规性	合理性（有效性）
建设性评价	批判性评价	评价报告	★	★
		评价决定	★	★
	评价建议		★	★
	评价整改报告		★	★

注：★表示可以有这种情形

下面，我们对表 2 中的内部控制评价产品做进一步的阐述。

（1）内部控制评价产品内容。内部控制评价可以从两个维度来展开，第一，评价内部控制的合理性，也就是对内部控制是否能达到其拟达到的目标，同时还符合成本效益原则，也如果在符合成本效益原则的前提下，能达成其拟达成的目标，则这种内部控制就是有效的，否则，就是存在缺陷的。这里的控制缺陷包括两方面的含义，其一，不能达成其拟达成的目标，其二，虽然能达成其拟达成的目标，但是，不符合成本效益原则。总体来说，内部控制合理性与内部控制有效性是从不同角度对内部控制状况的描述，合理性更加关注内部控制过程，而有效性更加关注内部控制结果，而过程是结果的基础，所以，内部控制合理性和有效性是异曲同工的，它们的对立面是内部控制缺陷。第二，评价内部控制合规性。内部控制的建立和实施要遵守组织外部相关的法规法律制度，如果违背了这些法律法规制度，则内部控制制度本身就是不合规，这种制度当然无从谈有效或合理。内部控制评价属于内部审计职责，所以，内部控制评价产品内容类似于审计目标的合规性和效益性（更恰当地说，这里的效益性应该是合理性，但是，一般来说，审计的直接目标通常界定为真实性、合法性和效益性）。

（2）内部控制评价产品定位。内部控制评价产品定位有两种选择，一是批判性评价，二是建设性评价。批判性评价定位下，主要关注两个问题，一是揭示内部控制缺陷；二是根据制度缺陷的责任程度，对一些责任人进行处理处罚。上述两个问题解决之后，相关责任人得到了处理处罚，但是，制度缺陷可以依然存在。为此，建设性评价就产生了。建设性评价就是在批判性评价的基础上，再做进一步的工作。第一，提出制度缺陷完善建议；第二，推动对制度缺陷产生的原因进行整改；第三，跟踪整改结果，彻实了解整改情况，并在此基础上提出整改报告。从理论上来说，内部控制评价产品定位可以选择批判性定位或建设性定位，但是，一般来说，为了实现内部控制评价的终极目标，需要评价者选择建设性定位。

（3）内部控制评价产品种类。从产品种类来说，内部控制评价产品包括评价报告、评价决定、评价建议和评价整改报告。评价报告的主要信息包括内部控制是否存在缺陷、存在何种缺陷、缺陷的原因、缺陷的责任人，评价决定主要是对内部控制缺陷责任单位和责任人的处理处罚决定，评价建议是对存在缺陷的内部控制制度进行优化的建议，评价整改报告是对制度缺陷整改情况的报告。上述内部控制评价产品种类的选择依赖于内部控制评价产品定位，一般来说，如果是批判性产品定位，则主要是评价报告和评价决定；而在建设性产品定位下，则评价建议和评价整改报告都有用武之地。

总体来说，从内部控制评价者来说，内部控制评价的目标是通过评价产品内容、产品定位和产品种类来满足利益相关者抑制制度缺陷的需求，产品内容包括内部控制有效性和合规性，产品定位包括批判性和建设性，产品种类包括评价报告、评价决定、评价建议和评价整改报告。

（四）内部控制审计或审核目标体系：终极目标

内部控制审计和内部控制审核都是外部独立机构实施的，前者是合理保证，后者是有限保证（张龙平，陈作习，宋浩，2009；黄秋菊，2014），所以，本节将二者合并起来分析。利益相关者希望通过内部控制审计或审核得到什么结果呢？这里的利益相关者包括外部利益相关者和内部利益相关者，各类利益相关者都有自己的期望。

我们先来看外部利益相关者。投资者或供资者是第一类外部利益相关者，他们投资或供资于某组织，成为该组织的委托人，与该组织的管理层形成委托代理关系，而作为代理人的管理层由于自利或有限理性，再加上环境不确定性、激励不相容、信息不对称，该组织的内部控制完全可能存在缺陷。该组织的内部控制是实现该组织目标的制度保障，如果该组织的内部控制存在缺陷，则该组织的目标之达成就失去制度保障。所以，投资者或供资者为了实现其投资或供资之目标，有激励抑制该组织的内部控制缺陷，通过外部机构对该组织的内部控制进行审计或审核，鉴证是否存在内部控制缺陷，是其中的重要手段。

除了投资者或供资者是外部利益相关者外，政府监管机构也是外部利益相关者或是外部相关利益相关者的代表。一方面，监管机构出于保护投资者或供资者的利益，希望该组织的内部控制是有效性；另一方面，监管机构还希望该组织能依法运行，而内部控制的一个重要目标就是为该组织的依法运行提供合理保证。上述两方面结合起来，监管机构完全有激励抑制该组织的内部控制缺陷，而通过外部机构对该组织的内部控制进行审计或审核是其中的重要路径。

对于内部控制审计或审核来说，内部利益相关者是操持该组织的管理层。一方面，由于有限理性，其设计和执行的内部控制可能存在缺陷，而这种缺陷会影响其最大善意履行经管责任，所以，管理层可能有激励通过外部机构来抑制其内部控制缺陷，而外部机构鉴证其内部控制是否存在缺陷是重要的手段。另一方面，如果管理层认为其内部控制不存在缺陷，通过外部机构的鉴证，会将这种结果传递给外部利益相关者，从而有利于增加管理层自身及其所操持的这个组织的信誉和美誉，所以，管理层并不排斥内部控制审计或审核。当然，如果管理层也可能由于对组织的内部控制过度自信或由于自利动机，排斥内部控制审计或审核。

总体来说，从外部和内部利益相关者来说，都有激励通过外部机构对内部控制进行鉴证，发现并整改内部控制缺陷，内部控制审计或审核的终极目标是抑制制度缺陷。

（五）内部控制审计或审核目标体系：直接目标

外部审计师在内部控制审计或审核中的目标称为直接目标，那么，外部审计师希望通过内部控制审计或审核得到什么结果呢？总体来说，就是提供令利益相关者满意的审计或审核产品。这需要从产品内容、产品定位和产品种类三个维度来考虑，其大致情形如表 3 所示。

表 3　内部控制审计或审核产品系列

<table>
<tr><th colspan="2" rowspan="2">产品定位</th><th rowspan="2">产品种类</th><th colspan="2">产品内容</th></tr>
<tr><th>合规性</th><th>合理性（有效性）</th></tr>
<tr><td rowspan="4">建设性审计或审核</td><td rowspan="2">批判性审计或审核</td><td>审计或审核报告</td><td>★</td><td>★</td></tr>
<tr><td>审计或审核决定</td><td>★</td><td>★</td></tr>
<tr><td colspan="2">审计或审核建议</td><td>★</td><td>★</td></tr>
<tr><td colspan="2">审计或审核整改报告</td><td>★</td><td>★</td></tr>
</table>

注：★表示可以有这种情形

下面，我们对表 3 中的内部控制审计或审核产品做进一步的阐述。

（1）内部控制审计或审核产品内容。关于内部控制状况，外部审计师给利益相关者提供哪些信息呢？一般来说，要包括两方面的信息，第一，由于内部控制缺陷的存在会影响利益相关者的利益，所以，利益相关者首先需要了解内部控制是否存在缺陷，也就是说，内部控制能否为其拟实现的目标提供合理的基础，这类目标称为合理性或有效性；第二，如果内部控制本身违背相关法律法规，也可能会损害利益相关者的利益，所以，利益相关者需要了解内部控制是否存在违法违规，这类目标称为合规性。

(2) 内部控制审计或审核产品定位。内部控制审计或审核产品产品定位有两种选择，一是批判性评价，二是建设性评价。批判性评价定位下，外部审计师主要是揭示内部控制缺陷。建设性评价就是在批判性评价的基础上，提出制度缺陷完善建议，跟踪整改结果，并在此基础上提出整改报告。从理论上来说，内部控制审计或审核产品定位可以选择批判性定位或建设性定位。但是，外部审计师类型会影响其内部控制审计或审核产品定位，一般来说，政府审计机关通常会选择建设性定位，而民间审计组织则要根据合约的规定来确定其定位，通常情形下，会选择批判性定位，即使选择建设性定位，跟踪整改结果并在此基础上提出整改报告的可能性也不大。

(3) 内部控制审计或审核产品种类。从产品种类来说，内部控制审计或审核产品包括审计或审核报告、审计或审核建议和审计或审核整改报告。审计或审核报告的主要信息包括内部控制是否存在缺陷、存在何种缺陷、缺陷的原因，审计或审核建议是对存在缺陷的内部控制制度进行优化的建议，审计或审核整改报告是对制度缺陷整改情况的报告。上述内部控制审计或审核产品种类的选择依赖于内部控制审计或审核产品定位，一般来说，如果是批判性产品定位，则主要是审计或审核报告；而在建设性产品定位下，则审计或审核建议和审计或审核整改报告都有用武之地。

总体来说，从外部审计师来说，内部控制审计或审核的目标是通过内部控制审计或审核产品内容、产品定位和产品种类来满足利益相关者抑制制度缺陷的需求，产品内容包括内部控制有效性和合规性，产品定位包括批判性和建设性，产品种类包括评价报告、评价建议和评价整改报告。

三、例证分析：我国权威规范对内部控制鉴证目标的规定

本节以上从内部控制鉴证业务类型和相关主体两个维度分析内部控制鉴证目标体系，下面，我们用这个理论框架来分析我国权威规范对内部控制鉴证目标的规定，以一定程度上验证本节的理论框架。

（一）内部控制评价

财政部、证监会、审计署、银监会、保监会发布的《企业内部控制评价指引》（财会〔2010〕11 号）规定，内部控制评价是指企业董事会或类似权力机构对内部控制的有效性进行全面评价、形成评价结论、出具评价报告的过程。

中国内部审计协会发布的《内部审计具体准则 2201－内部控制审计》（中国内部审计协会公告 2013 年第 1 号）规定，内部控制审计是内部审计机构对组织内部控制设计和运行的有效性进行的审查和评价活动。这里的控制审计，显然就是内部控制评价。

上述两个权威规范显示，内部控制评价目标是对内部控制有效性形成评价结论。本节前面指出，评价者的直接目标通过评价产品内容、评价产品定位和评价产品种类来实现，对内部控制有效性形成评价结论，属于评价产品内容中的有效性或合理性。

（二）内部控制审核

中国注册会计师协会发布的《内部控制审核指导意见》（会协［2002］41 号）第二条规定，内部控制审核，是指注册会计师接受委托，就被审核单位管理当局对特定日期与会计报表相关的内部

控制有效性的认定进行审核，并发表审核意见。似乎审计师是对管理层内部控制评价结论发表意见。然而，在审核报告范例中，却有如下范例："我们认为，贵公司按照×标准于×年×月×日在所有重大方面保持了与会计报表相关的有效的内容控制。"

上述内容显示，内部控制审核的目标是对特定日期会计报表相关的内部控制有效性发表意见，而不是对管理层内部控制认定发表意见。本节前面指出，外部审计师的直接目标通过审核产品内容、审核产品定位和审核产品种类来实现，对内部控制有效性形成审核结论，属于审核产品内容中的有效性或合理性。

（三）内部控制审计

财政部、证监会、审计署、银监会、保监会发布的《企业内部控制审计指引》（财会〔2010〕11号）规定，内部控制审计是指会计师事务所接受委托，对特定基准日内部控制设计与运行的有效性进行审计。

上述内容显示，内部控制审计目标是对内部控制有效性形成评价结论。本节前面指出，外部审计师的直接目标通过审计产品内容、审计产品定位和审计产品种类来实现，对内部控制有效性形成审计结论，属于审计产品内容中的有效性或合理性。

总体来说，我国权威规范界定的内部控制鉴证目标包括在本节提出的理论框架之中，但是，主要涉及内部控制鉴证直接目标，未涉及终极目标。

四、结论

内部控制鉴证目标是一个体系，既有利益相关者的目标，也有鉴证者的目标。本节从相关主体和鉴证业务类型两个角度，将内部控制鉴证目标区分为终极目标和直接目标，在此基础上，分析内部控制鉴证目标体系。

从相关主体来说，包括利益相关者和鉴证者，前者的目标称为终极目标，后者的目标称为直接目标。利益相关者的鉴证目标是鉴证者鉴证目标的基础，前者类似于顾客需求，后者类似于产品供给，鉴证产品需求是基础性的，具有终极意义，是内部控制鉴证的终极目标；而鉴证产品供给是回应性的，是适应鉴证需求而产生的，决定鉴证产品内容、鉴证产品定位和鉴证产品种类，是内部控制鉴证的直接目标。

从业务类型来说，内部控制鉴证包括内部控制评价、内部控制审计和内部控制审核，这三类鉴证有不同的利益相关者和鉴证者，从而有不同的终极目标和直接目标。

关于内部控制评价，从利益相关者来说，内部控制评价的终极目标是抑制制度缺陷。从内部控制评价者来说，内部控制评价的目标是通过评价产品内容、产品定位和产品种类来满足利益相关者抑制制度缺陷的需求，产品内容包括内部控制有效性和合规性，产品定位包括批判性和建设性，产品种类包括评价报告、评价决定、评价建议和评价整改报告。

关于内部控制审计或审核，从外部和内部利益相关者来说，都有激励通过外部机构对内部控制进行鉴证，发现并整改内部控制缺陷，内部控制审计或审核的终极目标是抑制制度缺陷。从外部审计师来说，内部控制审计或审核的目标是通过内部控制审计或审核产品内容、产品定位和产品种类来满足利益相关者抑制制度缺陷的需求，产品内部包括内部控制有效性和合规性，产品定位包括批判性和建设性，产品种类包括评价报告、评价建议和评价整改报告。

第二节　内部控制鉴证目标保证程度：理论框架和例证分析

内部控制鉴证目标区分为终极目标和直接目标，前者是利益相关者视角的目标，后者是鉴证者视角的目标。从直接目标来说，内部控制鉴证需要对内部控制有效性或缺陷性发表意见。然而，内部控制鉴证作为一种鉴证业务，其发表的意见可以有不同保证水平的选择，至少需要在合理保证和有限保证之间做出选择。更为重要的是，对于鉴证意见选择不同的保证水平，所需求的鉴证证据的证明力不同，鉴证者承担的责任也不同，鉴证意见保证程度对内部控制鉴证有全局性的影响。所以，在实施内部控制鉴证时，必须事先选择拟采用的鉴证意见保证程度。

那么，内部控制鉴证意见保证程度有哪些层级？对于特定的内部控制鉴证项目来说，在不同层级的保证水平中，如何进行选择呢？相关权威规范和现有研究文献对这些问题有一定的涉及，但是，总体来说，还缺乏一个系统的理论框架，本节拟建立这个理论框架。

一、文献综述

1997年8月国际会计师联合会（IFAC）下设的审计实务委员会（IAPC，国际审计与鉴证准则委员会IAASB的前身）发布《关于信息可信性的报告》（Reporting on the Credibility of information）的征求意见稿中提出了“保证水平连续体”（a continuum of levels of assurance）的概念。此征求意见稿一经发布，出现了不同的意见，有支持意见，有反对意见。支持意见认为，有必要对注册会计师为不同业务提供保证水平的差异进行区分。反对意见认为，“不同水平保证”概念在实务中很难操作，鉴证报告的使用者也不需要对其进行如此精确的区分，同时，鉴证报告也很难精确传达注册会计师所提供的保证水平。正是因为有不同的意见，IAPC于1999年3月发布《鉴证业务》（Assurance engagement）征求意见稿时，虽然保留了对鉴证业务保证水平进行区分的做法，但是仅将保证水平限定为合理保证（reasonable assurance）和有限保证（limited assurance）两种水平。此后，IAPC及IAASB发布的一系列相关征求意见稿及最终发布的文件，均采用了合理保证和有限保证的概念，世界各国也基本上采用这种方法（刘明辉，徐正刚，2006）。

关于如何选择合理保证和有限保证，有两种主要观点，一是“相互影响变量观”（Interaction of Variables View），二是“工作努力观”（Work Effort View）。相互影响变量观认为，鉴证对象特征、鉴证标准、鉴证程序、鉴证证据这些变量相互影响并共同决定鉴证意见保证程度；工作努力观认为，鉴证意见保证程度，首先要考虑鉴证报告使用者的需求，其次要考虑鉴证者所需要付出的努力程度（刘明辉，徐正刚，2006）。此外，也有文献认为，鉴证业务保证程度是需求与供给均衡的结果（鲁桂华，2000）。

还有一些文献分析了合理保证和有限保证的区别，认为二者的区别表现在多个方面，主要包括：鉴证目标；证据收集程序；鉴证证据多少；鉴证业务风险；鉴证对象信息可信性；责任大小；业务收费（刘明辉，徐正刚，2006）。

关于内部控制鉴证意见保证程度，主要涉及两个问题，一是现有的内部控制审核和内部控制审计究竟是何种保证程度，二是内部控制审计究竟应该选择何种保证程度。关于第一个问题，多数文献认为，内部控制审核是有限保证，而内部控制审计是合理保证（张龙平等，2009；何芹等，2015），然而，也有文献认为内部控制审核也是合理保证业务（李爽，吴溪，2003）。关于第二个问题，现有文献有两种观点，多数文献主张内部控制审计应该选择合理保证，其理由包括：鉴证业务环境决定了鉴证业务的需求和供给，注册会计师职业要想继续生存和获得长远发展，必须满足预期使用者对内部控制鉴证业务的需求；内部控制鉴证的保证程度要与财务报表审计的保证程度相一致；美国及其他一些发达国家都选择了合理保证（段敏，2010；王典，2011；王红军，杨琳琳，2011；邓美洁，吴国萍，2011）。也有一些文献不主张将内部控制审计作为合理保证业务，主要理由包括：从注册会计师角度，内部控制审计不像财务报表审计那样，CPA 可以准确地把握其范围、拥有全面相关的专业知识；从内部控制本身，内部控制不像财务报告能留下清晰的轨迹，可以为 CPA 留下足够的用以审计的高质量证据；从预期使用者方面，外部信息使用者更关注财务报表审计意见，花费相对高成本对内部控制发表合理保证意见于管理层来讲可能收益与成本不配比；内部控制审计缺少明确的衡量标准，缺乏必要的法律规范（段敏，2010；孔敏，2011）。

总体来说，现有文献为进一步研究内部控制鉴证意见保证程度之选择提供了较好的研究基础，然而，关于如何确定或选择内部控制鉴证意见保证程度还是缺乏一个系统化的理论框架，本节将致力于此。

二、理论框架

内部控制鉴证意见保证程度的理论框架涉及两个问题，一是鉴证意见保证程度的类型，二是如何选择不同类型的保证程度，我们分别来分析。

（一）内部控制鉴证意见保证程度的两种情形：合理保证与有限保证

审计认知是一种主观事实，是审计人员通过实施一定程序获知的、特定环境下的事实。内部控制鉴证也是一个认知过程，鉴证意见是这个认知过程的结论，那么，这个结论是否正确呢？从鉴证者来说，其内心必须有一个置信度，从表面来看，这个置信度表示鉴证者对鉴证意见的把握程度。但是，从实质来看，则表示鉴证者对鉴证对象真实状况的把握程度，如果鉴证者 100％地获知了鉴证对象的真相，则其鉴证意见置信度是 100％，如果没有 100％地了解了鉴证对象的真相，则鉴证意见置信度要低于 100％，从本质上来说，鉴证意见置信度表示的是鉴证者对鉴证对象的真相的内心确认度。由于鉴证报告使用者无法知道鉴证者内心的置信度，在鉴证报告使用者看来，这个置信度类似于鉴证者提供的保证程度，所以，一般称为鉴证意见保证程度。

从逻辑上来说，内部控制鉴证意见保证程度有许多选择，其变化区间从 0％到 100％，形成了不同保证水平的连续体。然而，内部控制鉴证意见毕竟是需要被他人采信的，低于一定水准和保证程度，使用者可能很难采信这种鉴证意见。所以，要想内部控制鉴证意见真正被他人采信，其保证程度必须达到一定的水准，低于这个水准，内部控制鉴证意见将没有社会价值。为了分析的方便，本节将这个水准称为临界水准。然而，高于临界水准的保证程度也有多种选择，可以简化为三种典型形态：有限保证、合理保证和绝对保证（absolute assurance）三种情形。上述各种类型保证程度的大致情形如图 1 所示。下面，我们来分析三种典型形态。

图1 内部控制鉴证意见保证程度连续体

绝对保证要求100%的置信度，其前提是，鉴证者对内部控制的真实状况有100%的正确了解。这种保证程度，无论是从技术上，还是价值上，都是不可取的。

从技术上来说，内部控制鉴证是一个归纳推理的过程，它的结论所涵盖的范围超出了其前提所涵盖的范围，因此在它的前提与结论之间只存在一定程度的概然性关系，从前提为真只能得出具有一定概然性的结论（谢盛纹，2006）。同时，鉴证证据所提供的证明力是“说服性”（persuasive）的，而非“结论性”（conclusive）的，说服性是指能够影响他人，使其相信或按照期望行动；结论性是指决定性的、无可置疑的。说服性证据能够尽可能地趋近真理，但与客观事实还是可能存在差异；结论性证据则反映了客观事实的实际情况，与客观存在的社会经验事实相一致（聂曼曼，2007）。正是由于内部控制鉴证具有归纳推理的属性，其证据的证明力是说服性的，所以，从技术上来说，内部控制鉴证对其鉴证意见是无法提供绝对保证的。

即使从技术上勉为其难，为内部控制鉴证提供具有结论性的鉴证证据，这种鉴证意见的绝对保证也是没有价值的。一方面，如果真要获得具有结论性证明力的鉴证证据，鉴证成本可能大幅度地增加，而这种增加甚至超过内部控制鉴证带来的收益，从而使得内部控制鉴证不符合成本效益原则；另一方面，从内部控制鉴证报告的使用者来说，其使用内部控制鉴证信息的目的是做出某种决策，而一般来说，对于决策相关信息并不要求最优，只要求满意（Simon，1955），所以，并不需要绝对保证水准的鉴证意见，只是需要具有满意水平的保证意见。

所以，总体来说，从技术上和价值上，绝对保证的内部控制鉴证意见都是不可取的。那么，可能的选择就是有限保证和合理保证。《中国注册会计师鉴证业务基本准则》第八条规定，鉴证业务的保证程度分为合理保证和有限保证。合理保证的鉴证业务将鉴证业务风险降至该业务环境下可接受的低水平，以此作为以积极方式提出结论的基础。有限保证的鉴证业务将鉴证业务风险降至该业务环境下可接受的水平，以此作为以消极方式提出结论的基础。

很显然，合理保证的保证水平高于有限保证，并且，前者以积极方式提出鉴证意见，而后者以消极方式提出鉴证意见。由于不同的保证程度还需要不同的证据来支持，并且会承担不同的责任。所以，合理保证和有限保证会给内部控制鉴证带来全局性的区别，主要体现在以下几方面（刘明辉，徐正刚，2006）：

（1）鉴证意见不同。合理保证鉴证业务要求将鉴证业务风险降至该业务环境下可接受的低水平，以此作为以积极方式提出结论的基础；有限保证的鉴证业务将鉴证业务风险降至该业务环境下可接受的水平，以此作为以消极方式提出结论的基础。

（2）可接受风险水准不同。合理保证要求将可接受风险降至该业务环境下可接受的低水平，而有限保证要求将可接受风险降至该业务环境下可接受的水平，前者的可接受风险低于后者。与此相适应，有限保证的可容忍检查风险就可能高于合理保证。

（3）鉴证程序不同。在合理保证的鉴证业务中，为了能够以积极方式提出结论，应当通过一个不断修正的、系统化的执业过程获取充分、适当的证据。与合理保证的鉴证业务相比，有限保证的鉴证业务在证据收集程序的性质、时间、范围等方面是有意识地加以限制的，所以，审计程序相对简约。

(4) 所需证据证明力不同。合理保证和有限保证都提供说明性证明力的鉴证证据，但是，由于前者的可容忍检查风险低，所以，需要的证明力更强些。

(5) 鉴证信息的价值不同。由于合理保证是以积极方式提供鉴定意见，而有限保证是以消极方式鉴证意见，两者的信息含量不同，前者多于后者。这种信息含量的不同，也决定了其社会价值的不同。

(6) 鉴证者责任大小不同。由于合理保证是以积极方式提供鉴定意见，而有限保证是以消极方式鉴证意见，前者的责任更容易确定，而后者的责任确定较为困难。所以，鉴证者在合理保证鉴证业务中承担的责任要大于在有限保证鉴证业务中承担的责任。

(7) 鉴证成本不同。由于上述各方面的不同，决定了鉴证者的工作努力程度不同，也决定了鉴证者承担的鉴证风险也不同，所以，鉴证成本也不同，并且，这种不同还会带来鉴证收费不同。

(二) 有限保证和合理保证的选择：供给与需求的均衡结果

根据本节前面的分析，内部控制鉴证意见保证程度有有限保证和合理保证两种选择，那么，对于特定的内部控制鉴证项目来说，选择何种保证程度呢？本节文献综述提到，主要有两种观点，一是相互影响变量观，二是工作努力观。

我们认为，工作努力观一方面考虑了鉴证报告使用者的需求，另一方面，考虑了鉴证者所需要付出的努力，事实上是同时考虑的鉴证的有效需求和供给能力，而相互影响变量观所考虑的相互影响的鉴证对象特征、鉴证标准、鉴证程序、鉴证证据，主要影响鉴证供给能力，所以，工作努力观涵盖了相互影响变量观的主要内容，只是后者给予这些变量以特别强调。也正是因为如此，IAASB于2005年1月发布的《鉴证业务的国际框架》中，所持的观点是以工作努力观为基础，兼顾了相互影响变量观（刘明辉，徐正刚，2006）。综合上述两种观点，内部控制鉴证意见保证程度应该是由有效需求和供给能力共同决定的，然而，影响有效需求和供给能力的因素又有许多，由于这些因素是决定鉴证意见保证程度的起源性因素，本节称它们为基础性因素。综上所述，鉴证意见保证程度的基础性因素、有效需求和供给能力及保证程度选择的关系如图2所示。下面，我们来具体分析图2中的各种关系。

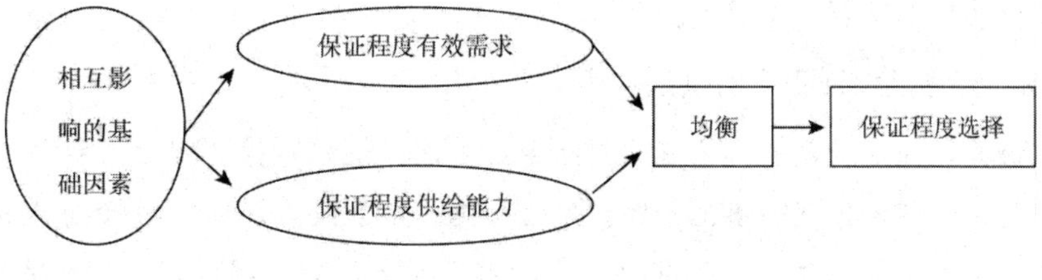

图2　内部控制鉴证意见保证程度的需求和供给

1. 相互影响的基础性因素

内部控制鉴证意见保证程度由需求和供给两方面共同决定，然而，影响其需求和供给的因素较多，这些因素一方面影响保证程度的需求和供给，另一方面，这些因素之间还相互影响，这些因素主要包括：鉴证对象特征，鉴证标准，鉴证程序，鉴证证据，鉴证成本，鉴证收益，鉴证风险。鉴证对象特征不同，其鉴证难度不同，从而影响鉴证意见保证程度的供给能力；鉴证是以鉴证标准为基础，鉴证标准清晰程度不同，鉴证结果的可靠性也不同，从而鉴证意见的保证程度也不同；鉴证证据主要来源于鉴证程序，这些程序的成熟度不同，其提供的鉴证证据证明力也不同，从而鉴证意见保证程度的供给能力也不同；鉴证意见是以鉴证证据为基础的，所获取的鉴证证据的数量和质量不同，鉴证意见的保证程度当然也不同；鉴证成本是鉴证过程中的耗费，鉴证成本一方面会影响鉴证意见保证程度的供给能力，另一方面，由于鉴证成本最终来源于鉴证业务委托人，所以，也会影响鉴证意见保证程度的有效需求；鉴证收益是通过鉴证得到的回报或实现的价值，这主要会影响鉴证业务委托人的鉴证意见保证程度之需求；鉴证风险是鉴证者发表错误意见之后需要承担的责任，主要会限制鉴证者提供过度程度的保证意见。上述这些因素，一方面，每个因素都会影响鉴证意见保证程度的有效需求或供给，另一方面，它们之间还相互影响。由于这些关系，使得内部控制鉴证意见保证程度的选择受到多种因素的共同影响。

2. 内部控制鉴证意见保证程度的有效需求

一般来说，内部控制鉴证委托人希望鉴证意见程度越高越好，但是，高程度的保证是需要高成本作为代价的，所以，作为理性人，委托人可能不一定在任何情形下都要求高程度的保证，而是要求适宜的保证程度，本节将这种意义上的鉴证业务保证程度之需求称为有效需求。内部控制鉴证保证程度的有效需求主要受到鉴证成本和鉴证收益的影响，鉴证成本越高，保证程度的需求越低；鉴证收益越大，保证程度的需求越高。作为理性人，内部控制鉴证业务委托人会通过比较鉴证成本和鉴证收益，确定其鉴证意见保证程度之需求，这种需求或者是合理保证，或者是有限保证。

当然，这里的鉴证成本和鉴证收益有不同的视角，包括微观视角和宏观视角，并且，在一些情形下，不同视角得出的结论可能不同。一般来说，内部控制鉴证业务委托可以区分为两种情形，一是强制鉴证，二是非强制鉴证，在强制鉴证情形下，相关的政府监管机构是统一的委托人，通过法律规定做出委托，这种情形下的鉴证成本和鉴证收益是宏观视角的，并不只是从某微观主体来考虑的鉴证成本或鉴证收益；在非强制鉴证情形下，特定微观主体是鉴证业务的委托人，该微观主体考虑的鉴证成本或鉴证收益是基于其自身的视角，一般不会考虑其他主体与鉴证相关的成本或收益。很显然，在有些情形下，从宏观视角来看，高保证程度的鉴证意见，其鉴证收益大于鉴证成本，但是，从特定微观主体来看，可能是鉴证成本大于鉴证收益，如果让该微观主体来选择，可能会放弃高保证程度的保证意见，而让政府监管机构来选择，由于其基于宏观视角，可能会选择高保证程度的保证意见，不同主体的选择出现了差异。

3. 内部控制鉴证意见保证程度的供给能力

内部控制鉴证意见保证程度的供给能力是指鉴证者能提供何种保证程度的鉴证意见。供给能力主要受鉴证对象特征、鉴证标准、鉴证程序、鉴证证据、鉴证成本、鉴证风险的影响。鉴证对象特征不同，鉴证供给能力不同，对于一些难以鉴证的鉴证对象，只能提供较低保证程度的鉴证意见，而对于较容易鉴证的对象，则可以提供高保证程度的鉴证意见。鉴证标准清晰程度不同，鉴证供给能力不同，标准越是清晰，越是能提供高保证程度的鉴证意见。鉴证程序成熟度不同，鉴证供给能力不同，鉴证程序不成熟的领域，只能提供较低保证程度的鉴证意见。鉴证证据来源于鉴证程序，但又具有相对独立性，鉴证证据数量越多、质量越高，越是支持保证程度高的鉴证意见。这里的鉴证成本主要是从鉴证者的角度来考虑，鉴证成本越高，其提高该鉴证的能力也就越弱，从而能提供的保证程度也就相应受到限制。鉴证风险对鉴证意见保证程度做出了限制，鉴证风险越高，鉴证者提供高保证程度鉴证意见的意愿就越低。

4. 内部控制鉴证意见保证程度的决定：供给能力与有效需求的均衡

在基础性因素的相互作用下，对于特定的内部控制鉴证项目来说，关于鉴证意见的保证程度，会形成相应的有效需求和供给能力，从逻辑上来说，可以分别区分为合理保证和有限保证，它们组合起来，大致情形如表 4 所示。

表 4　内部控制鉴证保证程度的均衡

项目		保证程度供给能力	
		合理保证	有限保证
保证程度有效需求	合理保证	1（R）	2（L）
	有限保证	3（L）	3（L）

注：括号内表示达成均衡的保证水平，R 表示合理保证，L 表示有限保证

表 4 中，逻辑上出现了四种情形，但是，从供求均衡出发，当二者不相等时，只能按二者中的较低水准达成均衡。情形 1 和情形 3，供给与需求相等，分别在合理保证和有限保证的水平上达成均衡；情形 2 中，有效需求是合理保证，而供给能力只能是有限保证，虽然存在有效需求，但是，没有供给能力，所以，只能在较低的水平上达成均衡；情形 3 中，有效需求是有限保证，而供给能力是合理保证，虽然存在供给能力，但是，没有有效需求，也只能在较低的水平上达成均衡。

三、例证分析

本节以上提出了一个关于内部控制鉴证意见保证程度选择的理论框架，理论的生命力在于其解释现实世界的能力。下面，我们用这个理论框架来分析我国相关的权威规范对内部控制鉴证意见保证程度的规范，以一定程度上验证本节这个理论框架。

（一）《企业内部控制评价指引》及《第 2201 号内部审计具体准则—内部控制审计》对内部控制评价意见保证程度的规范

财政部等（2010）颁布的《企业内部控制评价指引》第二十一条和第二十二条规定，内部控制评价报告应当披露内部控制有效性的结论。但是，并未明确规定以何种保证程度来披露内部控制有效性的结论。

中国内部审计协会（2013）颁布的《第 2201 号内部审计具体准则—内部控制审计》第二十四条规定，内部控制审计报告的内容，应当内部控制设计和运行有效性的审计结论、意见、建议等相关内容。但是，也并未明确规定以何种保证程度来形成内部控制有效性的审计结论。

这两个文献都是对管理层负责的内部控制评价的权威规范，都未明确规定评价意见的保证程度，其原因是什么？我们认为，可以从供给和需求两方面来分析。从供给方面来看，不同的组织，其内部进行内部控制评价的能力不同，从而只能提供与其评价能力相适应的鉴证意见保证程度，不能统一要求不同的组织建立一致的内部控制评价能力；从需求方面来看，不同的组织也不同，有的组织可能需要高保证程度的内部控制鉴证，而有的组织可能并不存在这种需求，不能统一要求不同的组织具有相同程度的内部控制鉴证要求。所以，无论是从供给，还是从需求来看，都不宜统一规定内部控制评价意见的保证程度。也正是因为如此，我国相关的权威规范并未明确规定以何种保证

程度来形成或披露内部控制有效性的结论，这就给予了各个组织的管理层相机决策的空间，由管理层根据本组织的内部控制鉴证意见保证程度的需求因素和供给能力自行确定。

（二）《企业内部控制审计指引》及其后续文献对审计意见保证程度的规范

财政部等（2010）颁布的《企业内部控制审计指引》第四条规定，注册会计师执行内部控制审计工作，应当获取充分、适当的证据，为发表内部控制审计意见提供合理保证。其后，中国注册会计师协会（2011）颁布的《企业内部控制审计指引实施意见》也明确确定，注册会计师确定的测试范围，应当足以使其获取充分、适当的审计证据，为基准日内部控制是否不存在重大缺陷提供合理保证。

这两个权威文献都明确规定，内部控制审计意见的保证程度是合理保证，其原因是什么？我们认为，主要有两方面的原因，第一，这种规定是以上市公司财务报告内部控制强制审计为背景的，在内部控制强制审计的背景下，上市公司监管部门是从整个社会视角来考虑内部控制审计意见保证程度，属于本节前面提到的宏观视角，从这个角度出发，内部控制审计意见保证程度要考虑广大投资者的利益，要考虑资本市场的效率，考虑这些需求因素，再基于上市公司财务报告虚假较为严重这个现实，选择合理保证这种高保证程度是符合宏观视角的成本效益原则的。第二，内部控制审计意见一般是需要对外公告的，审计意见使用者可能信赖这些意见做出其相关的决策，如果这种意见错误，则可能产生较为严重的影响，为此，必然要严格追究审计师的责任。将内部控制审计意见确定为合理保证，一方面有利于审计师实施更加严格的审计程序，获取更有证明力的审计证据，降低审计风险；另一方面，由于以积极方式发表审计意见，也更加便于追究审计责任，进而也促使审计师更加谨慎地履行职责。

四、结论和启示

内部控制鉴证作为一种鉴证业务，其发表的意见可以有不同保证水平的选择，不同保证水平所需求的鉴证证据的证明力不同，鉴证者承担的责任也不同，鉴证意见保证程度对内部控制鉴证有全局性的影响。本节提出内部控制鉴证意见保证程度的理论框架，包括两个问题，一是鉴证意见保证程度的类型，二是如何选择不同类型的保证程度。

内部控制鉴证意见保证程度区分为合理保证和有限保证，前者将鉴证风险降至该业务环境下可接受的低水平，以积极方式发表意见，后者将鉴证风险降至该业务环境下可接受的水平，以消极方式发表意见；内部控制鉴证意见保证程度的选择要基于保证程度有效需求和供给能力之间的均衡，取二者之低者；内部控制鉴证意见保证程度的有效需求和供给能力受到鉴证对象特征、鉴证标准、鉴证程序、鉴证证据、鉴证成本、鉴证收益、鉴证风险等基础性因素的影响，这些因素之间还相互影响。

本节的研究看似理论问题，其实具有重要的实践价值，对于内部控制鉴证意见保证程度之选择，要系统地考虑相关的基础性因素，在此基础上，才能做到供求均衡，内部控制鉴证才能更好地实现其直接目标，并为终极目标的实现奠定基础。

参考文献

1. 牛爱民．构建企业内部控制评价体系研究［J］，山东社会科学，2009（6）：132－134。

2. 戴文涛，王　茜，谭有超．企业内部控制评价概念框架构建［J］，财经问题研究，2013（2）：115－122。

3. 张先治，戴文涛．中国企业内部控制评价系统研究［J］，2011（1）：69－78。

4. 谢盛纹．PCAOB 财务报告内部控制审计准则具体实施中的问题［J］，会计之友，2007（9）：94－95。

5. 谢晓燕，张心灵，陈秀芳．我国企业内部控制审计的现实选择—基于内部控制审计与财务报表审计关联的分析［J］，财会通讯，2009（3）：125－127。

6. 韩丽荣，郑　丽，周晓菲．我国企业内部控制审计目标的理论分析及现实［J］，吉林大学社会科学学报，2011（9）：125－131。

7. 刘明辉．内部控制鉴证：争论与选择［J］，会计研究，2010（9）：43－50。

8. 董凤莉，任国瑞．财务报告内部控制审计要素及实施问题探讨［J］，商业会计，2011（12）：27－28。

9. 韩丽荣，郑　丽，周晓菲．我国企业内部控制审计目标的理论分析及现实［J］，吉林大学社会科学学报，2011（9）：125－131。

10. 周曙光．内部控制审计与财务报告审计比较研究［J］，商业会计，2011（12）：31－32。

11. 张龙平，陈作习．美国内部控制审计制度的理论分析及启示［J］，中南财经政法大学学报，2009（1）：89－94。

12. 谢少敏．内部控制审计报告方式的理论分析［R］，中国会计学会审计专业委员会 2010 年学术年会论文集，2010 年 4 月。

13. 张龙平，陈作习，宋　浩．美国内部控制审计的制度变迁及其启示［J］，会计研究，2009（2）：75－80。

14. 黄秋菊．对我国《企业内部控制审计指引》有关问题的探讨［J］，中国注册会计师，2014（3）：66－72。

15. 刘明辉，徐正刚．注册会计师鉴证业务中的保证概念［J］，财务与会计，2006（6）：55－57。

16. 鲁桂华．需求者均衡与审计意见的保证程度，审计理论与实践，2000（9）：51－52。

17. 张龙平，陈作习，宋　浩．美国内部控制审计的制度变迁及其启示［J］，会计研究，2009（2）：75－80。

18. 何芹，苏婷，王炎斌，余鸿慧．内部控制鉴证与内部控制审计：政策规定与实施现状［J］，中国注册会计师，2015（4）：49－56。

19. 李　爽，吴　溪．内部控制鉴证服务的若干争议与探讨［J］，中国注册会计师，2003（5）：8－11。

20. 段敏．内部控制鉴证业务的定位分析［J］，审计月刊，2010（12）：9－12。

21. 王典．浅谈内部控制鉴证业务的几个争议问题［J］，企业导报，2011（10）：143－144。

22. 王红军，杨琳琳．内部控制鉴证业务：争议与选择［J］，北方经济，2011（1）：90－91。

23. 邓美洁，吴国萍．美国内部控制审计制度及其对我国的启示［J］，税务与经济，2011（4）：69－72。

24. 孔敏．内部控制审计“合理保证”实现的探讨［J］，商业会计，2011（9）：15－16。

25. 谢盛纹．独立审计合理保证的理论剖析［J］，财政监督，2006（12）：56－57。

26. 聂曼曼．论审计证据的选择：说服性抑或结论性［J］，中南财经政法大学学报，2007（2）：91－95。

27. Simon. H. A.，A Behavioral Model of Rational Choice［J］. The Quarterly Journal of Economics，1955，69，(1)：99－118.

28. 财政部，证监会，审计署，银监会，保监会．关于印发企业内部控制配套指引的通知［S］，2010 年。

29. 中国内部审计协会．《第 2201 号内部审计具体准则－内部控制审计》［S］，2013 年。

30. 中国注册会计师协会．关于印发《企业内部控制审计指引实施意见》的通知［S］，2011。

第十三章　制度审计主体理论

本章阐述制度审计主体，主要内容包括：内部控制鉴证主体独立性：理论框架和例证分析；内部控制鉴证主体多样化：理论框架和例证分析；内部控制评价和内部控制审计的组合及效果：理论框架和例证分析；内部控制整合审计：理论框架和例证分析。

第一节　内部控制鉴证主体独立性：理论框架和例证分析

Mauts&Sharaf（1961）指出，“几乎不需要任何理由就可以认为独立性是审计学科的一块基石”。美国证券交易委员会（SEC）前主席阿瑟·利维特指出，“独立性是审计工作有价值的基础，它为思想、说话和行动提供真实的自由和空间”（阿瑟·莱维特，2002）。内部控制鉴证属于广义审计，鉴证独立性同样是内部控制鉴证的灵魂。然而，很少有文献直接研究内部控制鉴证独立性问题，虽然许多文献研究审计独立性，然而，也许正如Mauts&Sharaf所言，“几乎不需要任何理由就可以认为独立性是审计学科的一块基石”，很少有文献研究审计为什么需要独立性。

本节探究内部控制鉴证独立性的一个最基础问题一内部控制鉴证主体为什么需要具有独立性？本节的基本逻辑是，内部控制鉴证的社会价值需要具有客观公正的鉴证结果来支撑，客观公正的鉴证结果之基础是独立性，所以，从某种程度来说，独立性是鉴证的灵魂。

一、文献综述

通过检索知网、springer、Google学术、JSTOR、SSRN，很少有文献专门研究内部控制鉴证独立性。在审计领域，研究审计独立性的文献可谓汗牛充栋，然而，很少有文献研究审计为什么需要有独立性。

左锐、马晓慧（2014）分析了内部控制审计独立性的概念、影响因素及保证内部控制审计独立性的措施，然而，没有涉及内部控制审计需要独立性的原因。

英国学者Woolf指出，审计的概念与独立性的概念，如同一枚硬币的正反两面（袁凤林，2012），所以，许多文献研究审计独立性，研究主题涉及审计独立性的概念、影响因素及保证独立性的措施（Antle，1984；Bazerman&Morgan，1997；Taylor，2003；陈汉文，2012；郑石桥，2015）。这些研究主题中，与本节主题关联度较大是审计独立性的概念，代表性的观点包括：DeAngelo（1981）认为，独立性反映了审计人员抵制客户选择性披露压力的能力，独立性水平是在发现违约行为的条件下报告违约行为的条件概率；Magee&Tseng（1990）认为，独立性是审计人员的职业判断与其作出的报告决策的一致性，独立性水平反映了两者之间的一致性程度；AICPA职业道德委员会前主席 Higgins 对审计独立性进行了概括和提升，形成了目前接受程度最广泛的独立性二分法，即独立性实际包括两种即实质上的独立性和形式的独立性（陈汉文，2009）。

上述关于审计独立性特别是审计独立性概念的研究对本节的研究有较大的启发作用，然而，总体来说，关于内部控制鉴证独立性需求原因还是缺乏理论解释。本节将致力于提出这个理论框架。

二、内部控制鉴证主体独立性：理论框架

内部控制鉴证的社会价值是抑制内部控制缺陷，而抑制内部控制缺陷有二个前提，一是鉴证者能客观公正地报告内部控制缺陷，二是鉴证结果使用者能有效地使用鉴证结果。鉴证者客观公正地报告内部控制缺陷有两个前提条件，一是鉴证者的专业胜任能力，没有适当的专业胜任能力是无法发现内部控制缺陷的，二是鉴证者的独立性，没有独立性，就无法做到客观公正。鉴证结果使用者有效使用鉴证结果的影响因素较多，其中很重要的一个方面是使用者对鉴证独立性的判断，如果认为鉴证结果不具有独立性，则使用动力会大大降低。以上所述各变量之间的关系归纳起来如图 1 所示，这也就是本节的研究框架（虚线部分与本节主题无关）。下面，我们具体阐述这个框架。

（一）鉴证客观公正性、鉴证使用者预期与内部控制鉴证社会价值

内部控制鉴证的社会价值是抑制内部控制缺陷，而这种社会价值是通过鉴证使用者对鉴证结果的使用来实现的，如果没有鉴证结果的使用，则鉴证的社会价值无从实现。不同的鉴证使用者有不同的路径来使用鉴证结果，有的是直接采取行动，对内部控制缺陷进行整改；有的是督促内部控制当事人对内部控制缺陷进行整改；有的通过相关决策，给内部控制当事人给压力，促进这些当事人优化内部控制。然而，无论何种路径，其前提条件是鉴证结果真实地反映内部控制是否存在缺陷、何种何种程度的缺陷，如果鉴证结果歪曲了事实，则本来存在缺陷的内部控制会以不存在缺陷的面目出现在鉴证结果使用者前面，这样一来，该采取的行动可能没有采取，相关的决策也可能发生变化。一个最典型的例证是，研究发现，投资者会将内部控制缺陷作为股票价值估计的减值因素，如果不能真实地报告内部控制缺陷，则投资者可能做出错误的投资决策（Ogneva，Subramanyam&Raghunandan，2007）。所以，内部控制鉴证的客观公正性是其社会价值的基础。

然而，鉴证结果毕竟是由鉴证者之外的利益相关者来使用。即使鉴证结果是客观公正的，如果鉴证结果使用者预期鉴证结果是不公正的，则可能会影响其对鉴证结果的使用，从而不能采用相应的行动或决策；相反，即使鉴证结果是不公正的，如果使用者认为是其公正的，则也会使用这些鉴证结果，从而引致错误的行为或决策。所以，鉴证结果使用者对鉴证结果的预期是鉴证结果发挥其社会价值的基础。

总体来说，鉴证结果本身的客观公正性及鉴证结果使用者对这种客观公正性的预期是鉴证结果发挥社会价值的基础。

（二）鉴证独立性和鉴证客观公正性

既然鉴证结果的客观公正性是鉴证结果发挥社会价值的基础，那么，怎样才能得到客观公正的鉴证结果呢？这里有两个关键因素，一是鉴证者的专业胜任能力，没有适当的专业胜任能力是无法发现内部控制缺陷的，二是鉴证者的独立性，没有独立性，鉴证者可能不如实报告鉴证结果。根据

本节的主题，我们重点分析独立性对客观公正性的影响。客观公正性可以分解为客观性和公正性，客观性是指不歪曲事实，是以可靠的鉴证证据为基础形成判断；而公正性是在鉴证取证及判断过程中，不偏不倚，不有意地偏向任何一方，也不有意地想得到某种结果。如果专业胜任能力适宜，客观性和公正性结合起来，就是真实地反映了内部控制的状况。那么，怎样才能做到不歪曲事实并且不偏不倚呢？一个基础性的条件是鉴证者与内部控制当事人没有利益联系。一般来说，人是理性的，做任何事情都会有一定的利弊权衡，在正常情形下，只有为了自己的利益才会愿意承担一定的成本。对于内部控制鉴证者来说，如果歪曲事实或者有意偏向某一方，甚至刻意得到某种鉴证结果，无疑是承担了风险，而这种风险如果被一些利益相关者知晓，则鉴证者要承担负面后果。在这种背景下，如果鉴证者与内部控制当事人没有利益关联，则不会愿意承担这种风险。如果没有利益驱动，则鉴证者在鉴证取证和做出鉴证判断时就会客观公正。所以，独立性（不存在利益关联是其核心内含）是客观公正性的基础。

（三）鉴证独立性和鉴证使用者预期

内部控制鉴证的客观公正是鉴证结果发挥社会价值的基础，而鉴证结果只有通过利益相关者的使用才会产生价值，而使用者对于内部控制鉴证的客观公正会有一个预期，如果认为鉴证结果不具有客观公正性，则可能不会有效地使用鉴证结果，只有在预期鉴证结果是客观公正时才有可能有效地使用鉴证结果。

那么，什么因素会影响使用者对鉴证结果客观公正性的预期呢？一般来说，最基础性的因素是鉴证者的独立性。在鉴证结果使用者看来，如果鉴证者不具有独立性，而与内部控制当事人存在利益联系，鉴证结果可能偏向内部控制当事人，从而可能有所偏倚甚至歪曲事实，只有在鉴证者具有独立性时才有可能得到客观公正的鉴证结果。

接下来的问题是，鉴证结果使用者如何判断鉴证者的独立性呢？AICPA 职业道德委员会前主席 Higgins 于 1962 年，对审计独立性进行了概括和提升，形成了目前接受程度最广泛的独立性二分法，即独立性实际包括两种即实质上的独立性和形式上的独立性。形式上的独立是指审计人必须与被审计单位或个人没有任何特殊的利益关系，使得一个理性且掌握充分信息的人在权衡所有相关事实和情况后，认为鉴证者没有损害诚信原则、客观公正原则和职业怀疑态度；实质上的独立性是指一种精神状态、一种自信心以及在判断时不依赖和屈从外界的压力和影响，诚信行事，遵循客观公正原则，保持职业怀疑态度（陈汉文，2009；中国注册会计师协会，2011）。由于实质上的独立发生在鉴证者的内心世界，外人无从知晓，所以，鉴证结果使用者无从根据实质上的独立来判断内部控制鉴证者是否独立，只能根据形式上的独立来判断鉴证者是否具有独立性。不同的鉴证结果使用者可能从不同的角度来观察形式上的独立性，例如，组织上是否独立、经济上是否独立、人员上是否独立、工作上是否独立，都可能成为形式上的观察维度，但是，无论何种维度，其核心内容都利益关联，如果从形式上来判断，不存在利益联系，则就具有形式上的独立性，如果存在利益关联，则就不具有形式上的独立性。所以，总体来说，鉴证者与内部控制当事人不存在利益关联，是鉴证结果使用者判断鉴证独立性的基础。

三、内部控制鉴证主体独立性：权威规范对内部控制鉴证独立性的要求

本节前面的分析显示，内部控制鉴证独立性是其社会价值的基础。而独立性的保持需要从实质

和形式两个方面来实施，实质上的独立主要通过职业道德和相关准则来要求，而形式上的独立则除了做出原则性的要求外，还可以做出一些明文规定。那么，这些理论预期与现实生活是否相符呢？下面，我们对我国权威规范关于内部控制鉴证独立性的要求做一简要梳理，看这些要求与本节理论预期是否一致，以一定程度上验证本节的理论框架。

（一）管理咨询和内部控制审计的分离要求

财政部、证监会、审计署、银监会、保监会于2010年颁布的《内部控制评价指引》第十四条规定，企业可以委托中介机构实施内部控制评价。为企业提供内部控制审计服务的会计师事务所，不得同时为同一企业提供内部控制评价服务。

这一规定表明，内部控制咨询和内部控制审计必须分离，不能由同一中介机构来实施。这其中的原因是保持内部控制审计的独立性。因为，如果实施内部控制咨询的中介机构再来承担内部控制审计，从两方面影响内部控制审计独立性，一方面，内部控制咨询肯定会有咨询收入，如果这种收入大到一定程度，可能会影响内部控制审计的独立性；另一方面，内部咨询之后再审计，相当于自己审计自己所咨询过的内部控制，具有自我审计的特征，不具有独立性。

（二）自我评价和独立评价并存的必要性

财政部、证监会、审计署、银监会、保监会于2008年联合颁布的《企业内部控制基本规范》第四十四条规定，企业应当根据本规范及其配套办法，制定内部控制监督制度，明确内部审计机构（或经授权的其他监督机构）和其他内部机构在内部监督中的职责权限，规范内部监督的程序、方法和要求。财政部、证监会、审计署、银监会、保监会于2010年颁布的《企业内部控制评价指引》第十七条规定，企业在日常监督、专项监督和年度评价工作中，应当充分发挥内部控制评价工作组的作用；第十九条规定，企业内部控制评价部门应当编制内部控制缺陷认定汇总表，结合日常监督和专项监督发现的内部控制缺陷及其持续改进情况，对内部控制缺陷及其成因、表现形式和影响程度进行综合分析和全面复核，提出认定意见，并以适当的形式向董事会、监事会或者经理层报告。

上述规定表明，企业内部所实施的内部控制鉴证包括日常监督、专项监督和年度评价三种类型，这其中的原因是什么呢？主要是基于独立性的要求。日常鉴证是由内部控制当事人对自己实施的内部控制所做的鉴证，这种鉴证的优势是，鉴证者对所鉴证的内部控制最了解，最具有专业胜任能力，然而，如果内部控制中存在对自己有利的内部控制缺陷，或者是这些内部控制就是鉴证者本身建立起来的，则这种鉴证就不具有自己性。与此相反，专项监督和年度评价是企业内部的专门机构（例如，内部审计部门）对内部控制所进行的鉴证，是独立鉴证，相对于日常鉴证而言，这种独立鉴证具有独立性。

（三）在内部控制评价的基础上实施内部控制审计的必要性

财政部、证监会、审计署、银监会、保监会于2010年颁布的《企业内部控制评价指引》第二十五条规定，企业内部控制审计报告应当与内部控制评价报告同时对外披露或报送。财政部、证监会、审计署、银监会、保监会于2010年颁布的《企业内部控制审计指引》第二条规定，本指引所称内部控制审计，是指会计师事务所接受委托，对特定基准日内部控制设计与运行的有效性进行审计；第三条规定，建立健全和有效实施内部控制，评价内部控制的有效性是企业董事会的责任。按照本指引的要求，在实施审计工作的基础上对内部控制的有效性发表审计意见，是注册会计师的责任。

上述规定表明，在内部控制评价的基础上，还要实施内部控制审计。这其中的原因是什么呢？主要是基于独立性的要求。内部控制评价是企业自己组织的，由董事会或类似的权力机构负责，虽然这种评价也包括日常监督、专项监督和年度评价，并且专项监督和年度评价是由企业内部的独立机构实施的，具有一定的独立性，但是，这种独立性是相对而言的，并没有独立于企业的董事会，所以，相对于董事会来说，内部控制评价不具有独立性，也正是因为如此，在董事会负责的内部控制评价的基础上，还要实行由外部中介机构负责的内部控制审计。

总体来说，对内部控制鉴证相关权威规范的梳理表明，这些规范对内部控制鉴证独立性做出了明确要求，这与本节的理论预期是一致的。

四、结论和启示

内部控制鉴证独立性其社会价值的基础，是内部控制鉴证的灵魂。然而，很少有文献研究内部控制鉴证为什么需要独立性。

内部控制鉴证的社会价值是抑制内部控制缺陷，而抑制内部控制缺陷有二个前提，一是鉴证者能客观公正地报告内部控制缺陷，二是鉴证结果使用者能有效地使用鉴证结果。鉴证者客观公正地报告内部控制缺陷有两个前提条件，一是鉴证者的专业胜任能力，没有适当的专业胜任能力是无法发现内部控制缺陷的，二是鉴证者的独立性，没有独立性，就无法做到客观公正。鉴证结果使用者有效使用鉴证结果的影响因素较多，其中很重要的一个方面是使用者对鉴证独立性的判断，如果认为鉴证结果不具有独立性，则使用动力会大大降低。所以，内部控制鉴证独立性通过客观公正性及鉴证结果使用者对客观公正性的判断来影响内部控制鉴证的社会价值，独立性是其社会价值的基础。

对内部控制鉴证相关权威规范的梳理表明，这些规范对内部控制鉴证独立性做出了明确要求，这与本节的理论预期是一致的。

独立性是审计的灵魂，本节的研究表明，独立性同样是内部控制鉴证的灵魂，保持应有的独立性，为其客观公正奠定基础，是通过内部控制鉴证来抑制内部控制缺陷的前提。

第二节　内部控制鉴证主体多样化：理论框架和例证分析

内部控制鉴证总是要由一定的主体来实施，不同主体实施的内部控制鉴证，其独立性不同，成本不同，效果也会不同。所以，内部控制鉴证主体的确定是内部控制鉴证的基础性总和。从现实世界来看，民间审计、内部审计、政府审计三者都有内部控制鉴证业务，为什么会出现鉴证主体多样化呢？现有相关文献涉及内部控制鉴证主体的类型和不同鉴证主体的选择，然而，关于为什么会出现内部控制鉴证主体多样化，没有一个理论解释。

本节从委托代理关系多样化、交易成本和独立性要求三个维度来分析内部控制鉴证主体多样化，以建立一个内部控制鉴证主体多样化的理论框架。

一、文献综述

少量文献研究内部控制鉴证主体，研究主题主要涉及两个方面，一是内部控制鉴证主体的类型，二是不同鉴证主体的选择。

关于内部控制鉴证主体的类型，多数文献都认为鉴证主体分为外部鉴证主体和内部鉴证主体，内部鉴证主体又有多种类型，王立勇、张秋生（2004）认为，内部控制评价主体包括注册会计师和内部审计部门，根据我国的实际情况，应该更加重视由内部审计部门实施的侧重于内部管理的内部控制评价，而不是以外部鉴证为目的的内部控制评价。何芹（2005）认为，内部控制评价主体有多种，外部评价注册会计师审计的内部控制审计和内部控制审核，以及内部审计人员的内部控制评价和管理人员的内部自我评估，不同主体的内部控制评价在评价目标、评价范围、典型方法、评价内容、工作程序等方面存在差异。王怡然（2011）认为，不同目的的内部控制评价其责任主体不同：管理目的的内部控制评价应当由管理层负责，治理目的的内部控制评价应当由治理层负责，对外披露目的的内部控制评价应当由管理层负责，治理层应当聘请注册会计师对披露目的的内部控制评价报告进行审计。王宏（2012）认为，内部控制的有效性和评价主体的完善程度有很大关系。设计得再完美、再有效的内部控制，必须以良好的评价主体目标作保证，才能发挥其应有作用。从公司治理层面来看，股东是企业风险的承担者，他们最关心企业能否为其带来保值和增值，而促使企业实现股东财富最大化的关键因素之一就是有效的内部控制，从这点来说，股东应该是真正意义上的内部控制评价者，但基于股东自身条件及成本等因素的制约，股东通过委托代理授权于董事会和监事会，使其成为名义上的评价者。

关于不同鉴证主体的选择，陈海清（2002）认为，注册会计师和内部审计人员是内部控制评审的两个不同主体，由于内部审计人员执行的内部控制评审相对于注册会计师执行的内部控制评审具有优势，因此内部审计人员应作为内部控制评审的主要主体。赵宇凌（2008）认为，成本和质量是影响内部控制鉴证主体和财务报表审计主体是否需要分离的因素。杨海琴、刘文丽（2011）、魏东兵（2012）认为，内部控制评价主体包括内部审计、董事会或监事会、中介机构、政府监管部门，内部控制评价主体设置对内部控制评价独立性、专业性、有效性有重要意见，选择内部控制评价主体时需要关注内部控制评价主体的独立性、权威性、专业胜任能力和信息获取能力。此外，张继勋、周 冉（2012）采用实验研究方法，检验了不同主体关于内部控制的有效评价意见、信息错报风险对个体投资者感知财务信息可靠性的影响。

总体来说，现有文献描述了内部控制鉴证主体多样化，并且分析了影响内部控制鉴证主体选择的一些因素。然而，关于为什么会出现内部控制鉴证主体多样化却没有理论解释。

二、内部控制鉴证主体多样化：理论框架

现有生活中，内部控制鉴证有多种鉴证主体，内部审计、民间审计和政府审计都有内部控制鉴证业务，这其中的原因是什么？我们认为，基本的原因源于三个方面，一是委托代理关系的类型不同，二是内部控制鉴证这种交易的特征不同所决定的交易成本，三是鉴证独立性的考虑。从委托代理关系类型来说，可以区分为公共部门委托代理关系和私营部门委托代理关系，不同的审计主体在不同的委托代理关系中对内部控制进行鉴证。从交易特征来说，内部控制鉴证在不同情形下具有不

同的特征，主要显现为资产专用性和交易经常性两个维度，不同的交易特征会影响交易成本，从而影响内部控制鉴证者的选择。从鉴证独立性来说，鉴证者必须独立于被鉴证者，从而，区分外部鉴证主体和内部鉴证主体。正是由于委托代理关系的多种类型、交易特征和鉴证独立性的要求，使得内部控制鉴证主体呈现多样化。上述三方面对鉴证主体多样化的影响大致如图 2 所示。下面，我们来具体分析。

（一）委托代理关系类型与内部控制鉴证主体多样化

委托代理关系是指这样一种鲜明或隐含的契约，根据这个契约，一个或多个行为主体（委托人）为另一些行为主体（代理人）提供资源并要求这些代理人为委托人提供服务，同时，根据代理人提供的数量和质量支付相应的报酬。委托代理关系是人类社会的基本政治经济关系，由于部门类型不同、委托人在组织外部或组织内部，所以，具有多种形态，大致情形如表 1 所示。

表 1　委托代理关系类型

项目		委托人在组织内部或外部	
		组织外部	组织内部
部门类型	公共部门	★	★
	私营部门	★	★
	第三部门	★	★

注：★表示有这种类型的委托代理关系

表 1 显示，委托代理关系有六种类型，在每种类型的委托代理关系中，内部控制都是治理代理问题和次优问题的重要制度设计，都可能存在鉴证需求。然而，不同类型的委托代理关系下，内部控制鉴证者可能存在差异。

对于公共部门来说，当委托人在组织外部，委托人关注公共部门的内部控制，有内部控制鉴证需求。然而，由谁来鉴证呢？一般来说，委托人有两个选择，一是自己的审计机关来实施内部控制鉴证，这就产生了政府审计机关的内部控制鉴证；二是从市场上购买内部控制鉴证服务，这就产生了民间审计机构实施的内部控制鉴证，也称为政府审计业务外包。究竟是建立政府审计机关来鉴证内部控制，还是从市场上购买这种鉴证服务，依赖于内部控制鉴证业务的交易成本，而交易成本是由交易特征决定的，我们将于随后的内容中分析。当委托人在组织内部时，委托人同样有两种选择，一是建立自己的审计机构来实施内部控制鉴证，这就产生了内部审计机构的内部控制鉴证；二是从市场上购买内部控制鉴证服务，这就产生了民间审计机构实施的内部控制鉴证，也称为内部控制鉴证业务外包。对于组织内部的委托人来说，究竟是建立内部审计机构还是业务外包，同样是由鉴证业务的交易成本决定的。

对于私营部门来说，当委托人在组织外部，由于某私营机构的委托人一般不会共同出资建立存在很多的机构，所以，基于交易成本的考虑，外部委托人通常从市场上购买内部控制鉴证服务，民间审计机构是主要的提供者。当委托人在组织内部时，委托人同样有两种选择，一是建立自己的审计机构来实施内部控制鉴证，这就产生了内部审计机构的内部控制鉴证；二是从市场上购买内部控制鉴证服务，这就产生了内部控制鉴证业务外包，鉴证主体是民间审计机构。对于组织内部的委托人来说，究竟是建立内部审计机构还是业务外包，同样是由鉴证业务的交易成本决定的。

对于第三部门来说，具有公共部门的特征，但是，某一机构的资源提供者通常不会建立很多的第三部门机构，所以，基于交易成本的考虑，外部委托人通常不会建立自己的审计机构，而是从市场上购买内部控制鉴证服务，这就产生的民间审计机构的内部控制鉴证。当然，在某些情形下，由于第三部门的供资者或委托人对其供资的机构并不进行监管，所以，并不关注特定第三部门机构的内部控制，在这种情形下，政府作为公共服务的提供者，有责任对这类第三部门机构进行鉴证，这就可能产生政府审计机关对第三部门机构的内部控制进行鉴证。至于第三部门机构的内部委托人，对其下属的内部控制可能存在鉴证需求，在这种情形下，是建立专门的内部审计还从市场上购买鉴证服务，是由于交易成本决定的。

所以，总体来说，不同部门的内部控制鉴证主体可能不同，外部委托人和内部委托人的内部控制鉴证需求可能由不同的主体来实施，正是由于委托代理关系的多样化，一定程度上导致了内部控制鉴证主体的多样化。

（二）内部控制鉴证成本与内部控制鉴证主体多样化

本节前面的分析提到，委托人是建立自己的审计机构还是从外部购买民间审计的内部控制鉴证服务，交易成本是一个重要因素，何种运行方式的交易成本低，就选择何种方式。由内部控制鉴证作为一种交易，其交易成本主要是由交易运行结构决定，由交易运行结构是由特征所决定的（郑石桥，2015）。对于交易特征可以从多个维度来分析，从内部控制鉴证主体选择来说，相关的交易特征是资产专用性和交易经常性。资产专用性是指内部控制鉴证是否需要针对于该组织的专门化的知识，一般来说，任何一个组织的内部控制都是适应本组织的风险特征和控制环境而建立的，所以，都具有一定的资产专用性，但是，不同组织之间的内部控制还是存在一定的共性，著名的COSO内部控制框架就是这种共性的体现。所以，从资产专用性来说，一般情形下，由于内部控制既有共性，也有个性，并不能对内部控制鉴证主体的选择形成决定性影响。交易特征的另一个方面是交易经常性，也就是具有特定性的内部控制鉴证业务量的大小，如果经常性的内部控制鉴证业务量较少，则委托人一般不宜于建立自己的审计机构，私营部门和第三部门的外部委托人就属于这种情形，规模较小的组织内部委托人购买民间审计的内部控制鉴证业务也属于这种情形；如果经常性的内部控制鉴证业务量较多，则委托人可以考虑建立自己的审计机构来实施内部控制鉴证，公共部门的委托人建立政府审计机关、具有一定规模的组织内部委托人建立自己的内部审计机构，都属于这种情形。

总体来说，将内部控制鉴证视同一类交易，由交易特征所决定的交易成本不同，使得这种交易的运行方式多样化，进而使得内部控制鉴证主体多样化。

（三）内部控制鉴证独立性与内部控制鉴证主体多样化

除了委托代理关系类型和内部控制鉴证成本影响鉴证主体多样化之外，内部控制鉴证独立性还影响鉴证主体多样化。很显然，当委托人在组织外部时，由于内部审计机构是该组织管理层的下属，所以，外部委托人不能依赖内部审计机构的内部控制鉴证结果，而需要外部机构来实行内部控制外部，这就产生了外部主体实施的内部控制鉴证。对于一些大型组织来说，上一层级的管理者作为委托人，需要了解下一层级单位的内部控制状况，不能依赖下一层级的内部审计机构所实施的内部控制鉴证结果，因为这种鉴证不具有独立性，这就出现了组织内部的多层级的内部控制鉴证主体。

总体来说，正是由于内部控制鉴证独立性的要求，使得内部控制鉴证主体多样化。

三、内部控制鉴证主体多样化：权威文献所界定的多样化内部控制鉴证主体

本节以上从委托代理关系多样化、交易成本和独立性三个维度分析了内部控制鉴证主体多样化的原因，建立了一个关于内部控制鉴证主体多样的理论框架。下面，我们梳理我国相关的权威规范对内部控制鉴证主体的规定，看是否存在多样化，以一定程度上验证这个理论框架。

（一）内部控制内部鉴证主体多样化

财政部、证监会、审计署、银监会、保监会于2008年联合颁布的《企业内部控制基本规范》第四十四条规定，企业应当根据本规范及其配套办法，制定内部控制监督制度，明确内部审计机构（或经授权的其他监督机构）和其他内部机构在内部监督中的职责权限，规范内部监督的程序、方法和要求。

财政部、证监会、审计署、银监会、保监会于2010年颁布的《内部控制评价指引》第十四条规定，企业可以委托中介机构实施内部控制评价。为企业提供内部控制审计服务的会计师事务所，不得同时为同一企业提供内部控制评价服务。

中国内部审计协会2013年颁布的《第2201号内部审计具体准则一内部控制审计》第二条规定，内部控制审计是指内部审计机构对组织内部部控制设计和运行的有效性进行的审查和评价活动。第三条规定，本准则适用于各类组织的内部审计机构从事的内部控制审计活动。其他组织或者人员接受委托，承办或者参与内部审计业务，也应当遵守本准则。

财政部于2013年颁布《行政事业单位内部控制规范（试行）》第六十三条规定，单位负责人应当指定专门部门或专人负责对单位内部控制的有效性进行评价并出具单位内部控制自我评价报告。

上述四个权威规范的规定表明，内部控制的内部鉴证主体有两种情形，一是内部审计机构（或经授权的其他监督机构）来实施，二是委托中介机构实施内部控制评价，鉴证主体出现多样化。

（二）内部控制外部鉴证主体多样化

财政部、证监会、审计署、银监会、保监会于2010年颁布的《企业内部控制审计指引》第二条规定，本指引所称内部控制审计，是指会计师事务所接受委托，对特定基准日内部控制设计与运行的有效性进行审计；第三条规定，建立健全和有效实施内部控制，评价内部控制的有效性是企业董事会的责任。按照本指引的要求，在实施审计工作的基础上对内部控制的有效性发表审计意见，是注册会计师的责任。

财政部于2013年颁布《行政事业单位内部控制规范（试行）》第六十四条规定，国务院财政部门及其派出机构和县级以上地方各级人民政府财政部门应当对单位内部控制的建立和实施情况进行监督检查，有针对性地提出检查意见和建议，并督促单位进行整改。国务院审计机关及其派出机构和县级以上地方各级人民政府审计机关对单位进行审计时，应当调查了解单位内部控制建立和实施的有效性，揭示相关内部控制的缺陷，有针对性地提出审计处理意见和建议，并督促单位进行整改。

上述两个权威规范的规定表明，内部控制外部鉴证主体也是多样化，包括会计师事务所、政府审计机关和财政部门。

总体来说，我国的内部控制鉴证相关权威规范的鉴证主体的规定具有多样化，这与本节的理论

预期相一致。

四、结论和启示

从现实世界来看，民间审计、内部审计、政府审计三者都有内部控制鉴证业务，为什么会出现鉴证主体多样化呢？本节从委托代理关系多样化、交易成本和独立性要求三个维度来分析内部控制鉴证主体多样化，以建立一个内部控制鉴证主体多样化的理论框架。

公共部门、私营部门和第三部门的委托代理关系不同，基于外部委托代理关系和内部委托代理关系的内部控制鉴证需求也不同，正是由于委托代理关系的多样化，一定程度上导致了内部控制鉴证主体的多样化；将内部控制鉴证视同一类交易，由交易特征所决定的交易成本不同，使得这种交易的运行方式多样化，进而使得内部控制鉴证主体多样化；由于内部控制鉴证独立性的要求，使得内部控制鉴证主体区分为内部鉴证主体和外部鉴证主体，还可能出现内部鉴证主体多层级化。

我国的内部控制鉴证相关权威规范的鉴证主体的规定具有多样化，这与本节的理论预期相一致。

内部控制鉴证主体多样化启示我们，不同鉴证主体有不同的适宜条件，如果不理解这些适宜条件，可能对内部控制鉴证主体做出错误的选择，进而会影响内部鉴证的效果。

第三节　内部控制评价和内部控制审计的组合及效果：理论框架和例证分析

从内部控制鉴证者来说，区分为管理层内部控制评价和外部审计师内部控制审计①，现实生活中，内部控制评价和内部控制审计出现了多种组合，有的是管理层内部控制评价和外部审计师内部控制审计共存，有的只有管理层内部控制评价，而没有外部审计师鉴证，这些不同的组合对内部控制会产生什么影响？

现有文献没有直接研究内部控制评价和内部控制审计的组合及其后果，但是，有些文献研究内部审计和外部审计的关系，还有些文献研究公司内部治理和外部治理的关系，这些研究结论对于本节的主题有一定的启发作用。本节借鉴这些研究成果，探究内部控制评价和内部控制审计的组合及其后果。

一、文献综述

检索知网、springer、Google 学术、JSTOR、SSRN，很少有研究内部控制外部鉴证和内部鉴证关系的文献。相关的文献有两类，一是研究内部审计与外部审计关系的文献，二是研究公司外部治理与内部治理关系的文献。

直接研究内部控制外部鉴证和内部鉴证关系的文献，吴永民、杨娜（2010）认为，外部评价既

---

① 事实上，还有外部审计师实施的内部控制审核，由于它与内部控制审计只是保证程度有些差异，在本节的主题下，将二者合一。

可以对内部评估进行鉴证，促进其不断完善，也可以在实施时借助企业内部评估的方法、评估结果。

关于内部审计与外部审计的关系，国际、国内的内部审计相关准则都要求二者协调。国际内部审计师协会（IIA）《国际内部审计专业实务框架》实务公告指出，首席审计执行官应当与相关确认和咨询服务的其他内外部提供方共享信息、相互协调。中国内部审计协会发布的《第 2302 号内部审计具体准则一与外部审计的协调》要求，内部审计应做好与外部审计的协调工作。就相关研究性文献来说，几乎都认同内部审计与外部审计之间的协调与配合，只是表述方面不同，例如，内部审计和外部审计相互配合支持，可以使审计制度更好地发挥作用（竹德操，1999）；内部审计和外部审计可以建立共享信息、相互配合、共同协作的关系（张瑞彩，2007）；外部审计利用内部审计的工作成果（各种信息资料）及人力资源，内部审计利用外部审计的信息资料及智力资本（傅黎瑛，2008）；内部审计与外部审计之间积极有效的协作有助于提高公司治理质量（杨宏霞，2009）；内部审计与外部审计的协调是改善公司治理的最佳方法（孙昕，2009）；内部审计和外部审计不能孤立地各自发挥作用，更多地是需要相互协调和共同发挥作用（孙新婷，孙青霞，2011）。

关于公司内部治理和外部治理的关系，西方学者很少研究公司内部治理和外部治理的关系，其原因是，自由竞争的、完备的市场体系（产品/要素市场、经理市场、并购市场、控制权市场、资本市场和金融市场）是他们展开讨论的前提，外部治理对他们而言是不言而喻的（任冷，1999）。国内有一定数量的文献研究公司内部治理和外部治理有关系，几乎一致地认为，公司内部治理和外部治理存在互补与协同，只是在表述方式上略有区别，例如，如果没有外部市场的竞争机制所产生的间接治理机制以及所提供的有关实施治理的充分信息，内部治理不能单独发挥作用（任冷，1999）；公司外部治理机制与内部治理机制之间存在着一定的关联，这种关联通常被概括为替代和协同两种关系（马海霞，2005）；为了实现特定的公司治理目标，一个可行的方案是将不同公司治理机制整合，通过不同机制之间的相互补充、相互配合以达到最优的治理效果（郑志刚，2006）；产品市场竞争与公司治理之间存在显著互补关系（谭云清，2008）；政策环境、行业竞争环境和政府干预等外部环境对内部治理机制的运行有重要影响（余耀东，李景勃，2010）；产品市场竞争越激烈，公司内部治理水平越高（张晓璐，2013）。

上述文献启示我们，内部控制评价和内部控制审计应该具有关联性，然而，这种关联性究竟是什么，上述文献并未涉及。

二、内部控制外部鉴证和内部鉴证的组合及基后果：理论框架

现实世界中，从鉴证者的角度出发，内部控制鉴证分为两种类型，一是管理层负责的内部控制鉴证，称为内部控制评价；二是外部审计师负责的内部控制鉴证，称为内部控制审计。对于任何特定组织来说，二者都可以存在，也可以都不存在，也可以只存在二者之一，它们的逻辑组合如表 2 所示。

表 2　内部控制评价和内部控制审计的逻辑组合

项目		内部控制审计	
		无	有
内部控制评价	无	A	B
	有	C	D

表 2 的组合显示，从外部鉴证者和内部鉴证者组合的角度，内部控制鉴证出现了四种情形。但是，根据内部控制审计相关规范的要求，内部控制审计是以内部控制评价为基础的，所以，组合 B 在现实世界是不存在的。组合 A 是内部控制评价和内部控制审计都不存在，现实世界中确实存在这种情形，但与本节的主题无关。所以，本节要分析的是组合 C 和组合 D 及其差异所带来的后果。

（一）组合 C（内部控制评价存在但内部控制审计不存在）的效果

组合 C 是只有内部控制评价，而没有内部控制审计。具体来说，有二种情形，第一种情形是有内部控制评价但没有披露内部控制评价报告，这种情形下的内部控制评价是源于真实需求，管理层希望通过内部控制评价来发现内部控制缺陷，为内部控制持续有效地运行提供合理保障。所以，这种情形下的内部控制评价能切实提升内部控制水平。现实生活中，许多单位的内部审计部门以内部控制评价为主要业务类型，国际内部审计协会将内部审计的内容界定为治理、控制和风险管理过程，都属于这种情形。这种情形下的内部控制评价履行的是内部控制五大要素中的监视功能，通过定期或不定期的方式，对本单位的内部控制各要素的设计及运行有效性进行评价，目的是及时地发现缺陷并进行整改，为内部控制目标之达成提供合理的过程保障。

第二种情形是对外披露了内部控制评价报告，这又区分为三种类型，一是本单位的内部控制水平较高，本单位将内部控制评价结果作为一个信号对外披露，以彰显本单位的优势，这种情形下的内部控制评价报告对外披露是“景上添花”，并不影响内部控制评价的本来效果；二是本单位的内部控制水平并不高，仅仅是将内部控制评价结果作为一个“好消息”对外披露，这种情形下的内部控制评价可能是以内部控制评价报告形式上的完美为目标，并不能真实地促进内部控制水平的提高；三是迫于同业或同行压力，因为其他单位都披露了内部控制评价报告，如果本单位不披露这种报告，害怕被外部利益相关者解读为本单位内部控制不好，迫于这种压力，本单位也需要披露内部控制评价报告，在这种情形下，本单位不一定真的进行内部控制评价，可能只有内部控制评价报告，而没有真正进行过内部控制评价或者是粗枝大叶的评价，这种内部控制评价报告并不能对内部控制优化发生实质性作用。现实生活中，上述三种类型都是存在的。特别是，后面两种类型较多，许多上市公司披露了控制评价报告，但是，并没有相应的内部控制评价工作底稿，其披露的内部控制评价报告也没有信息含量，这显然是仅仅将内部控制评价报告作为一种信号来传递，对内部控制本身不发挥实质性作用。

总体来说，有内部控制评价而不披露内部控制评价报告，这种内部控制评价是基于真实需求，能有效地促进本单位的内部控制优化；而对外披露内部控制评价时，其目的可能并不“纯洁”，很有可能只是信号传递的手段，不一定能促进内部控制优化。

（二）组合 D（内部控制评价和内部控制审计同时存在）的效果

根据本节前面的分析，内部控制评价有四种类型，而内部控制审计结果也有对外披露和不对外披露两种情形，二者也存在八种组合，如表 2 所示。

表 3　不同类型的内部控制评价和内部控制审计组合

项目		内部控制审计	
		对外披露	不对外披露
内部控制评价	不对外披露	D_{11}	D_{21}
	“景上添花”型披露	D_{12}	D_{22}
	“好消息”型披露	D_{13}	D_{23}
	“同业压力”型披露	D_{14}	D_{24}

关于内部控制审计，有两点基础性规定，第一，从逻辑上来说，内部控制审计既可以定性为基于责任方认定业务，也可以确定为直接报告业务，但是，除了日本是兼顾这两种业务定性外，其他各国基本上都是定性为直接报告业务（PCAOB，2007；日本企业会计审议会，2007），所以，业务定性上来说，管理层内部控制评价报告的质量高低，对内部控制审计并无实质性影响；第二，无论是定性为何种性质的业务，注册会计师对内部控制发表了意见，总是要对其审计意见承担职业责任并进而承担法律责任的，所以，一般来说，注册会计师有激励控制自己的内部控制审计风险。

正是由于上述两点基础性规定，决定了内部控制审计有如下重要特征：第一，内部控制审计并不实质性依赖内部控制评价，如果被审计单位内部控制评价没有实质性内容，可能会增加注册会计师的工作量，并不会影响其最终评价结论；第二，注册会计师由于自身利益的需要，有控制内部控制审计风险的激励，所以，遵守相关准则，获取充分可靠的审计证据，并以此为基础发表审计意见。

也正是由于内部控制审计具有以上重要特征，奠定了内部控制审计的重要作用，第一，内部控制审计能以合理保证发现内部控制重大缺陷，从而有利于内部控制优化。由于内部控制重大缺陷直接决定审计意见，所以，能否以合理保证发现内部控制重大缺陷，直接决定审计意见是否正确，所以，注册会计师为了控制审计风险，通过精心设计审计程序，能以合理保证发现内部控制重大缺陷，从而促进内部控制优化。表 2 中的 D_{11} 至 D_{24} 在这八种情形下，注册会计师都会如此。第二，内部控制审计能促进内部控制评价，从而有利于内部控制优化。表 2 中的 D_{11} D_{12} D_{21} D_{22} 这四种情形下，管理层均存在控制评价的真实需求，管理层通过其自身的内部控制评价能促进其内部控制优化，在这些情形下，注册会计师的内部控制审计或许能发现其内部控制评价的不足，弥补其评价缺陷，从而进一步提升管理层内部控制评价水平，进而发现内部控制评价的积极作用。但是，表 2 中的 D_{13} D_{14} D_{23} D_{24} 则不同，在这些情形下，管理层并无内部控制评价的真实需求，其内部控制评价报告并无信息含量，在不少的情形下，管理层根本就没有进行内部控制评价，只是出具了内部控制评价报告而已，更有甚者，其内部控制评价报告也是注册会计师代为起草的（根笔者观察，不少由同一会计师事务所审计的上市公司，其内部控制评价报告高度雷同，这些公司的内部控制评价报告很可能是会计师事务所代为起草的），在这些情形下，如果没有内部控制审计，这种所谓的内部控制评价对内部控制无实质性作用。但是，如果有内部控制审计，并且还要求内部控制审计以管理层内部控制评价为基础，这就意味着，管理层的内部控制评价将面临注册会计师的审计，管理层为了应对这种审计，将在一定程度上认真开展内部控制评价，从而使得徒有虚名的内部控制评价有一定的实质性内容，从而在一定程度上可能发现内部控制缺陷，从而促进内部控制水平的提升。如果这种注册会计师对管理层内部控制评价的审计是持续的，则管理层内部控制评价的水平也能持续改进，从而对内部控制水平的提升也能持续地发挥作用。

总体来说，一方面，注册会计师由于其自身审计风险防范的目的，能以合理保证发现内部控制重大缺陷，从而促进内部控制优化；另一方面，通过内部控制审计，能促进管理层内部控制评价水平的提升，进而促进内部控制优化。

三、内部控制外部鉴证和内部鉴证的组合及其后果：中小板和创业板上市公司内部控制评价质量分析

本节以上分析了内部控制鉴证不同组合下的鉴证效果，下面，我们用这个理论框架来分析我国上市公司内部控制评价报告披露质量，以一定程度上验证本节提出的理论框架。

（一）内部控制评价质量差异

从2011年开始，迪博企业风险管理技术有限公司按年度编制上市公司内部控制白皮书，全面披露上一年度上市公司内部控制评价和内部控制审计相关信息。我们以《中国上市公司2014年内部控制白皮书》（迪博企业风险管理技术有限公司，2014）和《中国上市公司2015年内部控制白皮书》（迪博企业风险管理技术有限公司，2015）的相关信息，看主板、中小板和创业板上市公司的内部控制评价质量。

1.2013年内部控制评价质量差异

根据《中国上市公司2014年内部控制白皮书》，2013年，主板、中小板和创业板上市公司的内部控制评价质量呈现如下差异：

（1）披露内部控制重大缺陷和重要缺陷的比例：主板公司为3.82%，中小板公司为2.37%，创业板公司为2.11%。

（2）主板上市公司内部控制评价报告披露的规范性远高于中小板与创业板。主板上市公司内部控制评价报告采用“规范的格式”的比例达89.4%，远高于中小板和创业板公司；且主板中96.6%的公司都披露了内部控制评价范围，也远高于中小板及创业板；主板中92.3%的公司披露了内部控制缺陷认定标准，也比中小板和创业板高。

2.2014年内部控制评价质量差异

（1）中小板、创业板上市公司内部控制评价报告披露比例略高。

（2）中小板、创业板上市公司内部控制评价报告披露的规范性却明显低于主板上市公司，非规范报告披露比例分别为21.95%、39.38%，是主板上市公司的3.42倍、6.14倍。

（二）质量差异的原因分析

综合2013年和2014年两年的内部控制评价相关信息，与主板上市公司相比，中小板和创业板上市公司内部控制评价报告披露比例高、不规范比例高、重大缺陷及重要缺陷的比例低，根据这些信息，似乎中小板和创业板上市公司更愿意进行内部控制评价，其内部控制质量也更高，然而，这似乎有逻辑上的问题。既然如此，为什么内部控制评价信息披露质量低呢？

我们分析，这其中的原因是，中小板和创业板上市公司的内部控制评价信息披露存在“水分”，

其背后的原因是，这些公司披露内部控制评价报告，主要属于“好消息”型披露和“同行压力”型披露，并未真正认真地开展内部控制评价，这些内部控制评价报告只是信号传递的手段，对上市公司的内部控制并不发生实质性作用。

那么，中小板和创业板上市公司为什么能这样做呢？这其中的制度原因是，根据财政部等发布《企业内部控制配套指引的通知》、财政部、证监会发布的《关于2012年主板上市公司分类分批实施企业内部控制规范体系的通知》，不同类型上市公司全面实施内部控制规范体系的时间要求不同，对于中小板和创业板上市公司全面实施内部控制规范体系并无明确的时间要求。根据这个制度规定，不少的中小板和创业板上市公司只有内部控制评价，而没有内部控制审计，其内部控制评价报告披露属于自愿披露。由于没有内部控制审计的制约和促进作用，所以，中小板和创业板上市公司内部控制评价并未有效地发挥其促进内部控制优化的作用。这与本节理论预期相一致。

四、结论和启示

内部控制鉴证包括管理层内部控制评价和外部审计师内部控制审计，许多情形下，是二者并存，有些情形下，只有内部控制评价，本节探索这些不同的组合情形对内部控制会产生什么影响。

有内部控制评价而不披露内部控制评价报告，这种内部控制评价是基于真实需求，能有效地促进本单位的内部控制优化；而对外披露内部控制评价时，其目的可能并不“纯洁”，很有可能只是信号传递的手段，不一定能促进内部控制优化。

内部控制审计能有效地促进内部控制优化，一方面，注册会计师由于其自身审计风险防范的目的，能以合理保证发现内部控制重大缺陷，从而促进内部控制优化；另一方面，通过内部控制审计，能促进管理层内部控制评价水平的提升，进而促进内部控制优化。

我国中小板和创业板上市公司内部控制评价质量明显低于主板公司的主要原因是这些公司在许多情形下是内部控制评价信息自愿披露，并没有强制性的内部控制审计，内部控制审计对内部控制评价的约束和促进作用并不存在。

本节的结论启示我们，对于不同主体实施的内部控制鉴证需要有整体认识，以信息披露为目的的内部控制评价需要得到监管，以避免内部控制评价成为纯粹的信号传递手段，而内部控制审计则能有效地促进内部控制质量的提升，所以，应该大力推进。

第四节　内部控制整合审计：理论框架和例证分析

美国《萨班斯一奥克斯利法案》404条款要求，公司管理层评价并报告内部控制的有效性，并且要求独立审计师对该报告进行审计。从此之后，对于上市公司来说，就出现了两种审计，一是财务报告审计，一是财务报告内部控制审计。然而，这二种审计是否由同一审计师来承担呢？从理论上来说，有两种可能性，一是由同一审计师承担，称为整合审计；二是分别由不同的审计师承担。目前，整合审计是主流模式。那么，为什么整合审计会成为主流模式呢？现有文献已经注意到整合审计对审计效率和审计质量的影响，但是，并没有解释清楚整合审计对它们的作用机理。本节通过引入中介变量，分析整合审计与审计效率、审计质量之间的关系，以探究整合审计对审计效率和审计质量之影响的作用机理。

一、文献综述

关于内部控制整合审计，有不少的研究文献。从现有文献来看，鲜有反对整合审计的文献，基本上都是支持整合审计。许多文献从整合审计的必要性和可行性两个方面，分析采用整合审计的原因，总体来说，主要有以下原因：财务报告审计和财务报告内部控制审计相互依赖，一种审计无法离开另外一种审计而存在；整合审计能提高审计效率，降低审计成本；两种审计具有许多共性，审计目标具有共同性，业务类型相同，审计方法相同且有所改进；两种审计工作存在重合，审计结果可以互相利用、互相支持，以提高审计质量（Goldstein，2004；谢盛纹，2007；CAQ，2009；谢晓燕，张龙平，李晓红，2009；Akresh，2010；刘明辉，2010；王美英，郑小荣，2010；董凤莉，任国瑞，2011；徐亚辉，2011；黄波兰，2014；王静，2014）。

上述这些文献对于认知整合审计模式的采用原因有较大的启发。然而，关于整合审计模式的选择原因还是缺乏一个理论框架。本节从审计效率和审计质量两个维度来分析整合审计模式的选择原因，力图建立一个关于整合审计模式选择的理论框架。

二、整合审计、审计效率和审计质量：理论框架

财务报告审计与财务报告内部控制审计由同一审计师审计之后，会产生一些直接后果，第一，财务报告审计和财务报告内部控制审计之间会发生知识互溢；第二，由于从同一客户获得了更多的业务，审计师对客户的依赖性会增加；第三，审计师法律责任增加，由于对同一客户要求同时发表财务报告审计意见和财务报告内部控制审计意见，审计师法律责任增加。正是这些直接后果，会影响审计师的行为，这些审计行为最终影响审计效率和审计质量。而审计效率的提高又会影响审计成本和审计费用。上述关系大致如图 3 所示。图中的“+”表示发生有利影响，“−”表示发生不利影响。下面，我们来详细分析这个框架。

（一）整合审计的直接后果：知识互溢、客户依赖性、审计责任

知识溢出效应（Spillover Effect），是指一个组织在进行某项活动时所获得的知识，不仅会对该项活动产生预期的效果，而且会对本组织的其他活动产生影响（郭嘉仪，2012）。对于整合审计来说，财务报告审计中获得的知识，对财务报告内部控制审计也产生影响，这是财务报告审计的知识溢出效应（Parkash&Venable，1993）。同时，财务报告内部控制审计获得的知识，对财务报告审计也产生影响，这是财务报告内部控制审计的知识溢出效应。在整合审计模式下，由于财务报告审计和财务报告内部控制审计是同一审计师承担，所以，财务报告审计和财务报告内部控制审计能相互发生知识溢出效应，从而出现知识互溢。具体来说，财务报告审计和财务报告内部控制审计有不少的审计程序、审计证据和审计判断产生重合、互补和相互印证，在整合审计模式下，这些重合、互补和相互印证的审计程序、审计证据和审计判断，就是知识互溢的媒介。

整合审计在知识互溢的同时，审计师对客户的依赖性也会有所增加，这种依赖性称为客户重要性，就是特定审计客户对会计师事务所或注册会计师的重要程度，从会计师事务所角度来说，也即是会计师事务所对该客户的经济依赖程度。一般来说，从某一特定客户获得的审计收费越多，该客户对审计师越是重要，从而，审计师对该客户的依赖性也就越大。在整合审计模式下，审计师同时

从客户获得财务报告审计和财务报告内部控制审计的双项收费，显然，会增加审计师对该客户的依赖性。当然，如果某审计师的客户主要是上市公司，在所有上市公司都实行整合审计的情形下，则来源于特定客户的收入比例并不会有显著变化。但是，一般来说，审计师的客户可能是多元化的，同时发生同比例变化的可能性较少。所以，总体来说，整合审计对增加审计师对特定客户的依赖性，但是，这种增加并不大。

审计责任是审计师由于发表错误审计意见所带来的法律责任。在整合审计模式下，审计师要对特定客户出具两个审计报告，发表两个审计意见，原来是对一个审计意见承担法律责任，现在要对两个意见承担法律责任。所以，总体来说，对于特定的客户来说，审计师的法律责任是增加了。

很显然，整合审计模式所产生的这些直接后果会影响审计师的行为，通过审计师行为的变化，对审计效率和审计质量产生影响，审计效率的变化又进而影响审计成本和审计费用。下面，我们来分析这些影响是如何产生的。

（二）整合审计与审计效率、审计成本、审计费用

无论是财务报告审计，还是财务报告内部控制审计，其终极目标是一样的，都是确保高质量财务信息，为此，404（b）条款要求不能将财务报告内部控制审计视为一个孤立的业务。财务报告审计中，审计师必须获得对被审计单位财务报告内部控制的了解，并对之进行风险评估，以确定随后需要进一步执行的审计程序，而对于财务报告内部控制审计来说，了解被审计单位财务报告内部控制并对其进行测试，这是其核心内容。所以，财务报告审计和财务报告内部控制审计这二者所涉工作之间的关系是知识互溢的，你中有我、我中有你、互为影响、紧密联系，审计程序、审计证据和审计判断之间发生重合、互补和相互印证。正是由于这些重合、互补和相互印证，相对于非整合审计来说，在整合审计模式下，财务报告审计和财务报告内部控制审计的工作量都得到减少了，审计效率都得到提高（谢盛纹，2007；张龙平，陈作习，2009；王美英，郑小荣，2010；董凤莉，任国瑞，2011；黄波兰，2014；王静，2014）。

那么，审计效率的提高对审计成本和审计费用会发生何种影响呢？我们先来看审计成本。审计成本包括审计师的成本和被审计单位的成本。从审计师成本来说，由于审计效率提高，工作量有一定的减少，所以，审计资源耗费会减少，审计成本会降低。对于被审计单位来说，其直接发生的成本主要是配合审计师审计时耗费的资源，由于审计师工作量减少，所以，被审计审计配合的工作量也会有所减少，从而降低被审计单位的配合成本（李明辉，张艳，2010）。

但是，被审计单位支付给审计师的审计费用是否会因为审计效率提高而降低呢？这里的关键因素是，审计师是否会与被审计单位分享因为审计效率提高而带来的审计师成本节约。如果有分享，则被审计单位支付的审计费用也会减少；如果审计师独享其成本节约，则被审计单位支付的审计费用不会降低。倪小雅、张龙平（2015）发现，整合审计未能显著降低审计收费。胡本源、徐丞宬（2015）研究发现，只有在审计市场竞争程度较高时，整合审计产生的知识溢出效应才能导致财务报表审计费用的降低；没有发现整合审计导致内部控制审计费用降低的证据。这些实证研究结果说明，审计师只有在审计市场竞争程度较高时，才会与被审计单位分享整合审计因提高效率而带来的审计成本降低，否则，不会分享。所以，总体来说，整合审计并不一定能带来审计费用的降低。

（三）整合审计与审计质量

倪小雅、张龙平（2015）发现，整合审计能提高审计质量。然而，这种审计质量的提高是如何

发生的呢？审计质量和审计独立性是一枚钱币的两面，DeAngelo（1981）认为，独立性是在发现违约行为的条件下报告违约行为的条件概率，Magee&Tseng（1990）认为，独立性是审计人员的职业判断与其作出的报告决策的一致性。所以，审计质量一方面依赖于审计证据的质量，另一方面，也依赖于审计师能否按真实愿意来发表审计意见。整合审计正是勇冠通过知识互溢、客户依赖性、审计责任三个路径来影响审计证据质量和发表真实审计意见的愿意，进而影响审计质量。具体来说，第一，整合审计产生知识互溢，这种背景下，审计程序、审计证据和审计判断之间发生互补和相互印证，从而能提升审计证据的质量，进而改进审计质量。第二，整合审计会增加审计师对特定客户的依赖程度，进而一定程度上会影响审计师按真实愿意发表审计意见的可能性，审计独立性受到一定的负面影响，从而会降低审计质量。然而，本节前面已经指出，整合审计带来的客户依赖性增加虽然存在，但并不显著，所以，由于这种依赖性增加带来的审计质量降低也不会显著。第三，在整合审计模式下，审计法律责任增加，这种法律责任的增加会使得审计师更加谨慎对待审计证据和审计职业判断，也更加重视审计风险的控制，从而有利于提升审计质量（CAQ，2009）。所以，整合审计通过知识互溢和审计责任增加对审计质量发生正面影响，而由于增加客户依赖性，则对审计质量发生一定的负面影响。但是，总体来说，整合审计会提高审计质量。倪小雅、张龙平（2015）、胡本源、徐丞宬（2015）的实证研究发现都支持上述结论。

三、整合审计、审计效率和审计质量：例证分析

本节以上从知识互溢、客户依赖性、审计责任三个路径分析了整合审计对审计效率和审计质量的影响，总体来说，整合审计能提高审计效率和审计质量。那么，上述理论逻辑是否正确呢？理论的生命力在于解释现实世界。我们通过分析现实世界中的内部控制审计重要现象，以一定程度上验证上述理论框架。

（一）国外的情况

目前，发达国家明确要求进行财务报告内部控制审计的主要是美国和日本，欧盟、加拿大和英国未强制要求进行内部控制审计。美国要求由同一家会计师事务所对财务报告内部控制与财务报表进行整合审计，而日本则要求从计划审计工作、实施审计程序获取审计证据、评价审计证据的充分性和适当性，直到发表审计意见的整个过程中，将两种审计作为一个整体来进行，由同一个注册会计师来主导实施（张庆龙，2011；何芹，2012）。

美国和日本为什么做选择整合审计模式呢？我们认为，其主要原因是源于整合审计在提高审计效率的同时，还能提高审计质量。同时，由于这两个国家的审计市场具有竞争性，通过这种竞争性，整合审计还能降低上市公司的审计费用。

（二）我国的情况

《企业内部控制审计指引》第五条规定，注册会计师可以单独进行内部控制审计，也可将内部控制审计与财务报表审计整合进行。根据这个规定，财务报告内部控制审计是单独审计，还是整合审计，都是可以的。那么，实现生活中是怎样的情形呢？

李补喜、贺梦琪（2014）以2012年年报为样本，研究内部控制审计费用影响因素，共有2489家上市公司，未披露2012年度内部控制审计费用的公司1784家，数据缺失的公司33家，最终样本为672家，最终样本中，采用整合审计的657家，占样本公司的97.8%，对内部控制单独审计的

15 家，占样本公司的 2.2%。倪小雅、张龙平（2015）研究整合审计对审计质量和审计费用的影响，其样本分布如下：2012 年样本企业 930 家，采用整合审计的 910 家，占样本企业的 97.85%，对内部控制单独审计的 20 家，占样本企业的 2.15%；2013 年样本企业 1134 家，采用整合审计的 1102 家，占样本企业的 97.18%，对内部控制单独审计的 32 家，占样本企业的 2.82%。

上述两组数据显示，整合审计是我国上市公司内部控制审计的绝对主流模式。我们认为，这其中的原因，还是源于整合审计既能提高审计效率，同时还能提高审计质量，并且，在审计市场具有竞争性时，还能降低上市公司的审计费用。

总体来说，无论是美国、日本的上市公司内部控制审计，还是我国的上市公司内部控制审计，都采用了整合审计模式，这与本节的理论预期相一致。

四、结论和启示

整合审计就是财务报告内部控制审计和财务报告审计由同一审计师来承担。目前，整合审计是主流模式。那么，为什么整合审计会成为主流模式呢？本节通过引入中介变量，分析整合审计与审计效率、审计质量之间的关系，以探究整合审计对审计效率和审计质量之影响的作用机理。

财务报告审计与财务报告内部控制审计由同一审计师审计之后，会产生一些直接后果，第一，财务报告审计和财务报告内部控制审计之间会发生知识互溢；第二，审计师对客户的依赖性会增加；第三，由于对同一客户要求同时发表财务报告审计意见和财务报告内部控制审计意见，审计师法律责任增加。正是这些直接后果，会影响审计师的行为，这些审计行为最终影响审计效率和审计质量。而审计效率的提高又会影响审计成本和审计费用。知识互溢会提高审计效率，进而降低审计成本，还可能带来被审计单位审计费用降低；对客户依赖性增加会对审计质量产生负面影响，而知识互溢、审计师法律责任增加会提高审计质量，综合来说，审计质量会提高。总体来说，整合审计既能提高审计效率、降低审计成本，还能提高审计质量。

本节的研究看似理论探讨，然则有较大的实践意义。既然整合审计有如此之优势，关键的问题是如何实施整合审计，一方面，在整合中将知识互溢真理充分展现，充分彰显审计程序、审计证据和审计判断之间的互补和相互印证，力戒重复。另一方面，还要推动审计市场竞争，使得整合审计的收益由审计师和被审计单位共同分享，激励被审计单位选择整合审计的积极性。

参考文献

1. Mauts，R. K.，Sharaf，H. A.，The Philosophy of Auditing [R]，AmericanAccounting Association，1961.

2. 阿瑟·莱维特，李为等译．独立性是审计的灵魂 [J]，证券市场导报，2002（8）：72－76。

3. 左　锐，马晓慧．关于内部控制审计独立性的几点思考 [J]，商业会计，2014（9）：18－19。

4. 袁凤林．审计独立性研究述评 [J]，生产力研究，2012（2）：238－241。

5. Antle. R，Auditor Independence [J]，Journal of Accounting Research ，Vol. 22 No. 1

Spring，1－19，1984.

6. Bazerman，M. H.，Morgan，K. P.，The Impossibility of Auditor Independence [J]．Sloan Management Review（summer）：89－94，1997.

7. Taylor，M. H.，A Proposed Framework Emphasizing Auditor Reliability Over Auditor Independence [J]．Accounting Horizons，September，2003.

8. 陈汉文．实证审计理论 [M]，中国人民大学出版社，2012 年 12 月。

9. 郑石桥．独立性、审计主题和审计主体多样化 [J]，会计之友，2015（2）：127－133。

10. DeAngelo，L. Auditor Independence，Lowballing，and Disclosure Regulation [J]．Journal of Accounting & Economics，August：113－127，1981.

11. Magee，R. P. Tseng，M. C.，Audit Pricing and Independence [J]．The Accounting Review，65：315－336，1990.

12. 陈汉文．审计理论，机械工业出版社 [M]，2009 年 4 月。

13. Ogneva，M，Subramanyam，K，R.，Raghunandan，K.，Internal Control Weakness and Cost of Equity：Evidence from SOX Section404Disclosures [J]．The Accounting Review，Vol. 82，No. 5，2007，pp. 1255－1297.

14. 中国注册会计师协会．审计（2011 年度全国注册会计师统一考试辅导教材）[M]，经济科学出版社，2011 年 3 月。

15. 王立勇，张秋生．对我国现行内部控制评价主体定位的研究 [J]，北京交通大学学报（社会科学版），2004（12）：45－49。

16. 何芹．不同主体对内部控制的评价 [J]，财会月刊，2005（10）：49－51。

17. 王怡然．内部控制评价责任主体探讨 [J]，会计之友，2011（6）：44－46。

18. 王　宏．论企业内部控制评价的主体及内容 [J]，江西社会科学，2012（3）：186－189。

19. 陈海清．内部控制评审主体研究 [J]，审计与经济研究，2002（11）：9－11。

20. 赵宇凌．内部控制鉴证主体的选择 [J]，会计师，2008（11）：34－36。

21. 杨海琴，刘文丽．基于层次分析法的内部控制评价主体模型分析 [J]，中国集体经济，2011（2）：97－98。

22. 魏东兵．关于内部控制评价主体的思考 [J]，现代商业，2012（14）：270－271。

23. 张继勋，周　冉．内部控制评价主体、信息错报风险与个体投资者的信息可靠性感知 [J]，审计与经济研究，2012（11）：92－98。

24. 郑石桥．交易成本、审计主题和政府审计业务外包 [J]，会计之友，2015（7）：130－136。

25. 吴永民，杨　娜．论内部控制的自我评估与外部审计鉴证 [J]，财会月刊，2010（9）：67－69。

26. 竹德操．论内部审计的十大关系 [J]，上海会计，1996（5）：29－32。

27. 张瑞彩．浅谈内部审计与外部审计的异同 [J]，商业经济，2007（10）：50－51。

28. 傅黎瑛．企业内部审计与外部审计相互依赖的决定因素研究 [J]，财经问题研究，2008（3）：95－100。

29. 杨宏霞．企业内部审计与外部审计相互协作研究［D］，兰州商学院硕士学位论文，2009年6月。

30. 孙昕．内部审计与外部审计的协调才是改善公司治理的最佳方法［D］，天津财经大学硕士学位论文，2009年5月。

31. 孙新婷，孙青霞．试论内部审计与外部审计的协作－基于公司治理的视角［J］，会计之友，2011（11）：74－75。

32. 任　冷．公司治理的内部机制和外部机制［J］，南开经济研究，1999（3）：20－24。

33. 马海霞．公司外部治理机制的构建－中国公司治理机制构建的突破点［J］，新疆师范大学学报（哲学社会科学版），2005（12）：158－161。

34. 郑志刚．外部控制、内部治理与整合－公司治理机制理论研究文献综述［J］，南大商学评论，2006（6）：74－101。

35. 谭云清．产品市场竞争与公司治理有效性：理论与实证研究［D］，上海交通大学博士学位论文，2008年。

36. 余耀东，李景勃．企业外部治理环境对内部治理机制的影响－基于结构方程模型的实证研究［J］，贵州大学学报（社会科学版），2010（9）：20－29。

37. 张晓璐．产品市场竞争与公司内部治理交互关系研究［D］，天津大学硕士学位论文，2013年11月。

38. PCAOB. 第5号审计准则－与财务报告审计相结合的财务报告内部审计［R］，2007年。

39. 日本企业会计审议会．关于财务报告内部控制评价与审计准则以及财务报告内部控制评价与审计实施准则的制定（意见书）［R］，2007年。

40. 迪博企业风险管理技术有限公司．中国上市公司2014年内部控制白皮书［R］，证券时报/2014年/6月/5日/第A07版。

41. 迪博企业风险管理技术有限公司．中国上市公司2015年内部控制白皮书［R］，中国证券报2015－06－09。

42. Goldstein. S. M.，PCAOB Issues Auditing Standard on Internal Control over Financial Reporting［J］. Bank Accounting &Finance，2004，8，P33.

43. 谢盛纹．PCAOB财务报告内部控制审计准则具体实施中的问题［J］，会计之友，2007（9）：94－95。

44. CAQ（Center for Audit Quality），Lessons learned：performing an audit of internal control in an integrated audit. www. thecaq. org，2009.

45. 谢晓燕，张龙平，李晓红．我国上市公司整合审计研究［J］，会计研究，2009（9）：88－94。

46. Akresh. A. D.，A Risk Model to Opine on Internal Control［J］. Accounting Horizons，2010，24，P65.

47. 刘明辉．内部控制鉴证：争论与选择［J］，会计研究，2010（9）：43－50。

48. 王美英，郑小荣．对内部控制审计与财务报表审计整合的思考［J］，财务与会计，2010（7）：66－67。

49. 董凤莉，任国瑞．财务报告内部控制审计要素及实施问题探讨 [J]，商业会计，2011 (12)：27－28。

50. 徐亚辉．财务报表审计和内部控制审计整合研究 [J]，商业会计，2011 (10)：6－7。

51. 黄波兰．财务报表审计与内部控制审计的整合流程研究 [J]，中国内部审计，2014 (10)：82－85。

52. 王静．基于经济学视角的整合审计研究 [J]，中国内部审计，2014 (8)：83－85。

53. 郭嘉仪．知识溢出理论的研究进展与述评，技术经济与管理研究 [J]，2012 (3)：25－29。

54. Parkash，M.，Venable，C. F. Auditee incentives for auditor independence：the case of nonaudit services [J]．The Accounting Review，Vol. 68，No. 1 (Jan.，1993)，113－133.

55. 张龙平 陈作习．财务报告内部控制审计与财务报表审计的整合研究（上）[J]，审计月刊，2009 (5)：10－12。

56. 李明辉，张艳．上市公司内部控制审计若干问题之探讨－兼论我国内部控制鉴证指引的制定 [J]，审计与经济研究，2010 (3)：38－47。

57. 倪小雅，张龙平．整合审计、审计质量与审计收费 [J]，华东经济管理，2015 (5)：113－117。

58. 胡本源，徐丞崴．整合审计、审计费用与审计质量 [J]，会计之友，2015 (2)：119－126。

59. DeAngelo，L. Auditor Independence，Lowballing，and Disclosure Regulation [J]．Journal of Accounting & Economics，August：113－ 127，1981.

60. Magee，R. P. Tseng，M. C.，Audit Pricing and Independence [J]．The Accounting Review，65：315－ 336，1990.

61. 张庆龙．中、美、日内部控制审计规范比较分析 [J]，财务与会计，2011 (2)：55－56。

62. 何芹．内部控制与财务报表整合审计的再思考－兼谈财务报表审计准则与内部控制审计指引的比较 [J]，中国注册会计师，2012 (4)：86－90。

63. 李补喜，贺梦琪．内部控制审计费用影响因素探析－基于我国上市公司的数据检验 [J]，经济问题，2014 (9)：88－93。

第十四章　制度审计客体理论

本章阐述制度审计客体，主要内容包括：内部控制鉴证客体：理论框架和例证分析；内部控制鉴证客体的博弈策略：理论框架和例证分析。

第一节　内部控制鉴证客体：理论框架和例证分析

内部控制鉴证客体涉及鉴证谁，也就是对谁的内部控制进行鉴证，例如，上市公司可以作为内部控制鉴证客体，一个行政单位可以作为内部控制鉴证客体，某公司的某项业务相关的内部控制也可以作为独立的内部控制鉴证客体，甚至一个重要的岗位也作为内部控制鉴证客体。那么，内部控制鉴证客体选择是否具有规律呢？究竟按什么原则来选择内部控制鉴证客体呢？现有文献未涉及这个问题，本节从内部控制系统完整性和成本效益原则两个角度，提出内部控制鉴证客体选择的一个理论框架。

一、文献综述

一些文献研究内部控制主体。从本质上来说，内部控制主体应该是内部控制鉴证的客体，但是，这些文献主要是研究不同主体在建立和实施内部控制方面的责任分工（李明辉，2003；吴小红，2004；张庆龙，2012），并未从内部控制鉴证的角度来研究内部控制主体，与本节的研究主题关联不大。

一些文献涉及内部控制鉴证对象和评价客体。孙文刚（2009）认为，内部控制鉴证对象大体可分为四种：内部控制、管理层对内部控制的评估报告、财务报告内部控制、管理层对财务报告内部控制的评估报告。一些文献认为，内部控制评价客体含两个方面：一方面是对内部控制的设计进行评价，另一方面是对内部控制执行进行评价（李越，樊子君，胡菊彩，2013）。很显然，这里的内部控制鉴证对象或评价客体，事实上是内部控制鉴证范围，而不是内部控制鉴证客体。

有的文献认为，为了评价内部控制的有效性，还需要对内部控制的主体素质和品行进行评价，例如，由监事会、审计委员会和内部审计部门分别对董事会、管理层、下级部门和其他人员进行评价与监督（董美霞，2010）。很显然，这里虽然涉及内部控制主体的评价，但是，并不研究谁能作为内部控制鉴证客体，与本节的研究主题关联不大。

有的文献认为，不同层次的管理者所控制的对象不一样，所以，所评价的客体也是有所区别的，基于管理视角的内部控制评价主体可以划分为高层管理者、中层管理者、基层管理者三种类型，其所评价客体应该是内部控制整体、经营控制、作业控制（池国华，2010）。很显然，这里的评价客体，所涉及的主要是评价范围。

所以，总体来说，关于内部控制鉴证客体的选择，尚未有文献涉及。本节拟建立一个关于内部控制鉴证客体选择的理论框架。

二、理论框架

内部控制鉴证客体事实上是内部控制的建立和实施者，也就是内部控制主体。然而，内部控制主体可以有不同的层级，例如，一个公司整体是一个内部控制主体，公司内部的一个部门中一个内部控制主体，某部门的一个岗位也是一个内部控制主体。内部控制鉴证选择的理论框架所要回答的是如何选择内部控制鉴证客体，主要涉及两个问题，一是内部控制鉴证客体的可能情形，二是在这些可能情形中，哪些情形存在内部控制鉴证的可能性。前者涉及具有内部控制完整性的可能情形，后者涉及从多种可能情形中选择内部控制鉴证客体的原则－成本效益原则。

（一）可能的内部控制鉴证客体－内部控制体系具体完整性的可能情形

要对某客体的内部控制进行鉴证，一个基础性的条件是该客体存在一个完整的内部控制体系，如果没有完整的内部控制体系，则内部控制鉴证就无法得出有意义的结论。例如，对内部制衡机制进行鉴证，如果不能确定具体范围，则该制衡机制可能难以确定其控制目标，进而也难以确定其控制客体，当然也难以对其有效性发表意见。一般来说，完整的内部控制系统有四个要素：控制目标，控制主体，控制客体，控制措施。控制目标涉及通过内部控制所希望得到的结果，例如，财产安全、业务经济合规合法、信息真实完整、经营效率效果等都是控制目标。控制主体是谁来控制，也就是控制的实施者。控制客体是对什么进行控制，是内部措施的直接标的物，一般来说，业务经营活动、资产、信息，甚至人都是内部控制的客体。控制措施包括两个方面，一是风险评估，二是风险应对，这里的风险是影响内部控制目标达成的负面因素，要达成控制目标，首先要找到这个因素并对其进行评估，在此基础上，再用一些措施来应对或控制这些因素，通过这个过程，内部控制目标就有可能达成。上述四个要素组成一个具有实施功能的内部控制系统（郑石桥等，2013）。

一般来说，从纵向看，任何一个组织的不同层级都可能具有完整的内部控制系统。整个组织具有完整的内部控制系统，组织内部的单位也具有完整的内部控制系统，甚至一些重要的岗位也具有完整的内部控制系统。同时，从横向看，针对不同类型事项的内部控制也可能具有完整性，例如，会计控制、统计控制、营销内部控制、人力资源内部控制、资产内部控制、资金内部控制等等，其本身都具有完整性。所以，内部控制可以从空间范围和内容范围两个维度来认知，完整的内部控制也就存在多种情形，其大致情形如表 1 所示。

表 1　内部控制具有完整性的情形

项目		空间范围				
		同类单位	特定单位	特定单位的某内部机构	特定事项	特定人
内容范围	全部内部控制	A1√	A2√	A3√	A4√	A5√
	部分内部控制	B1√	B2√	B3√	B4√	B5√

注：√表示这种情形下的内部控制系统具有完整性

从空间范围来说，内部控制鉴证客体有多种情形，同类单位可以作为内部控制鉴证客体，例如，科研经费管理制度，可以将所有的高等学校作为内部控制鉴证客体；特定单位可以作为内部控制鉴证客体，例如，内部审计部门做内部控制评估，就是以单位作为整体作为内部控制鉴证客体；特定单位的某内部机构可以作为内部控制鉴证客体，例如，内部审计部门选择某内部机构，对该内部机构的内部控制进行评估；特定事项相关的内部控制也可以作为内部控制鉴证客体，例如，采购内部控制就可以独立作为内部控制鉴证客体，工程项目内部控制也可能成为独立的内部控制鉴证客体；特定人相关的内部控制也可以作为内部控制鉴证客体，例如，领导干部经济责任审计，其所主管的领域，内部控制状况也是其履行经济管理责任的重要内容。

从内容范围内部，在特定的空间范围内部，可以选择该空间范围内的全部内部控制进行鉴证，例如，内部审计部门对子公司的内部控制进行鉴证，可以对该子公司的全部内部控制进行鉴证；也可以选择该空间范围内的部分内部控制进行鉴证，例如，外部审计师对上市公司的内部控制审计，目前，主要关注财务报告内部控制，并不是全部内部控制。

（二）现实的内部控制鉴证客体一符合成本效益原则的鉴证客体

表 1 显示，许多情形下，内部控制系统都具有完整性。那么，是否要对所有情形的内部控制都要进行鉴证呢？回答是否定的，只有符合成本效益原则的情形，才会成为内部控制鉴证客体。

这里的成本效益原则，就是通过内部控制鉴证获得的收益大于内部控制鉴证的成本。对于某可能的内部控制鉴证客体来说，只有其鉴证收益大于鉴证成本，这种客体才可能成为现实的内部控制鉴证客体，这种意义的鉴证客体才是真正可能得到实施的鉴证客体。

虽然如此，这里的成本效益至少涉及三个主体：内部控制鉴证委托人、内部控制鉴证主体、内部控制鉴证客体，这里的相关成本效益究竟是站在谁的立场来考虑的？

上述三个主体的情形有较大的差异。对于内部控制鉴证主体来说，一般来说，内部控制鉴证委托人要么通过预算的方式为其配置资源，要么通过付费的方式为其提供财务资源，正常情形下，内部控制鉴证主体通过不同方式获得的收益会大于鉴证成本。所以，对于内部控制鉴证主体来说，不涉及成本效益问题。

内部控制鉴证委托人和内部控制鉴证客体的地位不同，一般来说，二者之间存在某些委托代理关系，内部控制鉴证客体是代理人，而内部控制鉴证委托人是委托人，在这种关系中，委托人一般处于较为主导的地位，其可以决定是否其代理人的内部控制进行鉴证，由于代理人所领导组织的最终利益也影响委托人的利益，所以，委托人在权衡其利弊得失时，也会较大程度上将代理人领导组织的整体利益也考虑进去。如此一来，从内部控制鉴证来说，委托人的成本效益更具有全局性，并且，处于主导地位。所以，在成本效益涉及的三个主体中，委托人立场的成本效益是选择内部控制鉴证客体的基准。

那么，委托人立场的内部控制鉴证成本效益又受哪些因素的影响呢？我们先来看鉴证成本。内部控制鉴证成本包括两个方面，一是委托人直接发生的成本，包括委托人为内部控制鉴证主体配置资源及鉴证过程上，委托人发生的相关成本；二是内部控制鉴证客体发生的相关成本，包括支付给内部控制鉴证主体的支出、鉴证过程中该客体直接发生的支出。由于鉴证客体所领导组织的最终利益与鉴证委托人相关，所以，委托人会将上述两方面的成本都考虑进去。一般来说，内部控制鉴证成本与所鉴证的内部控制本身的特征相关，内部控制越是复杂，内部控制鉴证主体对其进行所需要付出的资源越多，并且，发生鉴证错误的可能性也越大，从而鉴证风险也越大。由于这些原因，内部控制鉴证客体需要内部控制鉴证委托人提供的资源也就越多。内部控制的复杂性影响鉴证风险，同时，内部控制鉴证法律责任的规定也会影响鉴证风险，法律责任越是严格，内部控制鉴证风险也就越大，而为了应对这种增大的风险，一方面，内部控制鉴证主体可能做越多的细致工作，从而增加鉴证成本；另一方面，为了弥补增加的鉴证风险，鉴证主体可能要求增加其报酬，对匹配其增加的风险承担责任。所以，总体来说，内部控制复杂程度及内部控制鉴证法律责任会影响内部控制鉴证成本，内部控制越是复杂、鉴证法律责任越大，内部控制鉴证成本越高。

我们再来看内部控制鉴证收益。总体来说，内部控制鉴证收益主要来源于避免内部控制缺陷所带来的损失，正是由于内部控制鉴证发现了内部控制缺陷，从而避免了这种缺陷可能带来的潜在损失。所以，从这种意义上来说，内部控制鉴证收益来源于所避免的内部控制缺陷带来的潜在损失，这种潜在损失越大，内部控制鉴证收益也就越大。

那么，内部控制缺陷潜在损失又受哪些因素的影响呢？一般来说，主要有两个因素，一是内部控制缺陷的严重程度，二是内部控制缺陷的影响广度。内部控制缺陷一般区分为重大缺陷、重要缺陷和一般缺陷，缺陷越是严重，对于特定的利益相关者来说，该带来的潜在损失越大。所以，内部控制缺陷越是严重，及时发现了该缺陷，能避免的潜在损失也就越大，从而内部控制鉴证收益也就越大。内部控制缺陷的影响广度是指与特定内部控制缺陷一旦发生，可能要涉及的利益相关者，涉及的利益相关者越多，其影响广度就越大，进而这种内部控制缺陷的潜在损失也就得到扩大。所以，内部控制影响广度越大，及时发现了该缺陷，能避免的潜在损失也就越大，从而内部控制鉴证收益也就越大。

综合上述内部控制鉴证成本和收益，基于成本效益原则的内部控制鉴证客体选择有如下结论：内部控制复杂程度及内部控制鉴证法律责任会影响内部控制鉴证成本，内部控制越是复杂、鉴证法律责任越大，内部控制鉴证成本越高；内部控制缺陷严重程度和影响广度影响内部控制鉴证收益，内部控制缺陷越是严重、影响广度越大，通过鉴证发现该缺陷能避免的潜在损失也就越大，从而内部控制鉴证收益也就越大。

三、例证分析

2002 年 7 月，美国国会发布《萨班斯—奥克斯利法案》(SOX)，其中 302 和 404 条款要求随定期报告一同对外披露管理层对财务报告内部控制的评价报告，该报告还需经负责公司定期报告审计的注册会计师的审计。有此之后，许多国家也做出了类似的规定。从而，世界范围内，内部控制鉴证进入了一个全新的时代，上市公司成为法定的强制性内部控制鉴证客体，内部控制评价和内部控制审计成为常规审计业务。

这里有两个问题与本节的主题相关，第一，为什么在此之前没有这种强制性规定？第二，为什么只是财务报告内部控制，而不是全部内部控制？

关于第一个问题，根据本节的理论框架，在此之前，在监管部门看来，上市公司内部控制强制鉴证不符合成本效益原则，而通过安然事件之后，监管部门认为，对上市公司实行强制性内部控制鉴证已经符合成本效益原则。具体来说，美国上市公司财务报告舞弊已经是困扰监管部门及利益相关者多年的问题，在许多的应对方案中，内部控制是其中之一。但是，安然事件的严重程度及其影响之广，使得监管部门认识到，内部控制在防范财务舞弊中的作用非常之大，如果能通过内部控制鉴证及时发现这些缺陷，其所能避免的潜在损失也很大，从而其鉴证也很大。强制性鉴证符合成本效益原则。

关于第二个问题，财务报告内部控制缺陷如果存在，造成财务信息虚假，而财务信息虚假的影响面较广，所以，其潜在损失也大。这也说明，如果能避免这种损失，其鉴证收益也就越大。另一个方面，非财务报告内部控制较为复杂，其鉴证的主观判断很多，鉴证成本较高，从而会影响其鉴证的成本效益。

综合上述分析，选择对上市公司的财务报告内部控制实行强制性鉴证符合成本效益原则，这与本节的理论框架相一致。

四、结论

内部控制鉴证客体涉及对谁的内部控制进行鉴证。现有文献未涉及这个问题，本节从内部控制系统完整性和成本效益原则两个角度，提出内部控制鉴证客体选择的一个理论框架。

要对某客体的内部控制进行鉴证，一个基础性的条件是该客体存在一个完整的内部控制体系，包括控制目标、控制主体、控制客体、控制措施。从纵向来看，内部控制鉴证客体包括多种情形：同类单位、特定单位、特定单位的内部控制机构、特定事项相关内部控制、特定人或特定岗位相关内部控制；从横向来看，内部控制鉴证客体可以区分为全部内部控制和部分内部控制。上述纵横联合起来，具有完整的内部控制系统的可能内部控制鉴证客体具有多种情形。

然而，可能的内部控制鉴证客体要成为现实的内部控制鉴证客体，必须符合委托人立场的成本效益原则，内部控制复杂程度及内部控制鉴证法律责任影响内部控制鉴证成本，内部控制越是复杂、鉴证法律责任越大，内部控制鉴证成本越高；内部控制缺陷严重程度和影响广度影响内部控制鉴证收益，内部控制缺陷越是严重、影响广度越大，通过鉴证发现该缺陷能避免的潜在损失也就越大，从而内部控制鉴证收益也就越大。

第二节　内部控制鉴证客体的博弈策略：理论框架和例证分析

内部控制鉴证的效率效果无疑会受到鉴证客体的影响，鉴证客体的态度或策略不同[①]，鉴证的效率甚至效果会不同。观察现实生活，内部控制鉴证客体对待内部控制鉴证的策略大致有三种类型，一是消极应对，二是积极配合，三是中立态度。内部控制鉴证客体作为理性人，其选择某种策略，应该是基于其本身的利弊得失之后得出的选择。

然而，问题的关键是，哪些因素会影响内部控制鉴证客体对于内部控制鉴证的策略。现有文献未直接涉及这个问题。本节以博弈论为基础，从影响内部控制鉴证客体与内部控制鉴证相关的成本和收益来分析其对待内部控制鉴证的策略。

一、文献综述

根据文献检索结果，未发现直接研究内部控制鉴证客体的策略之文献。与此相关的文献是以博弈论为基础的审计研究文献。

政府审计、内部审计和民间审计都有一些以博弈论为基础的研究文献。在政府审计领域，相关的研究文献较少，鲁桂华（2003）发现，审计处罚强度与审计覆盖率之间存在替代关系；邹蕾（2007）发现，加大处罚力度，在一定程度上会起到节约成本提高效率的作用；曹军，王芳（2010）发现，发现激励机制与监督约束机制对保证审计人员提交高质量的审计报告起着重要作用；高雷（2011）发现，审计方、被审计方、上级部门三方的行为倾向明显有着混合博弈的行为动机和特征；郑石桥（2012）发现，审计频度和审计处罚之间存在一定的替代关系。在民间审计领域，相关的研究文献较多，主要涉及两个主题，一是审计合谋（叶炜，2006；龚启辉，刘桂良，2006），二是审计风险控制（李嘉明，孙志华，2005；赵保卿，朱蝉飞，2009）。内部审计领域，也有一些采用博弈论的文献，研究主题主要围绕如何发挥内部审计的作用，赵保卿、毕新雨（2012）采用博弈论分析上市公司内部审计监督过程，探索阻碍内部审计发挥作用的因素；陈艳娇（2012）发现，内部审计激励和惩戒制度、内部审计人员专业能力、外部监管力量和处罚力度、内部审计的独立性和客观性、内部审计文化能提升内部审计增值功能。

上述研究对于本节的研究具有较大的启发价值。然而，关于内部控制鉴证客体对内部控制鉴证的策略并没有相关的研究，本节以博弈论为基础，探究其策略。

二、理论框架

人类社会中，任何人做事都是在人与人的相关关联中完成的，同时，还要受到许多条件因素的限制。如何在这种复杂的条件因素及人际关系中做出有利于自己的决策，是人类决策的基本问题，博弈论是人类做出这种决策方法论，其核心理念就要根据权变条件因素来选择自己的行动方案，做

---

① 内部控制鉴证客体也就是审计客体或被审计单位，源于与其他系列文章的一致性，本节称为内部控制鉴证客体，但二者的含义相等。

到利益最大或损失最小。内部控制鉴证客体对内部控制鉴证的策略也是如此，需要内部控制鉴证客体根据相关因素，选择自己的行动方案。

（一）内部控制鉴证客体的博弈相关因素

内部控制鉴证客体在选择策略时，其最终目标应该是通过通过内部控制鉴证或不鉴证实现利益最大化或损失最小化。由于许多因素会影响这一目标的达成，这些因素并不是内部控制鉴证客体自己能控制的，一些因素是由相关主体控制的，内部控制鉴证客体需要根据这些机关条件因素的变化来做出自己的行动方案选择。所以，从这种意义上来说，博弈化的方法适合研究内部控制鉴证客体的策略选择。

内部控制鉴证客体要实现内部控制鉴证相关利益最大化或损失最小化，需要考虑的权变因素包括：

（1）内部控制鉴证委托人决定对内部控制进行鉴证的概率（用 γ 表示）。如果不鉴证，而本单位的内部控制没有缺陷，则内部控制相关的好消息不能传播；如果不鉴证，而本单位的内部控制有缺陷，则相关的坏消息也不会传播；如果鉴证，而本单位的内部控制没有缺陷，则相关的内部控制好消息能传播；如果鉴证，而本单位内部控制有缺陷，则相关的内部控制坏消息也会传播。同时，是否鉴证，还会影响内部控制鉴证成本是否发生以及相关的内部控制缺陷是否能及时发现，并进而影响缺陷相关的损失能否避免。鉴证概率 γ 会影响内部控制鉴证客体的内部控制鉴证相关得失，而 γ 本身处于不确定状态。

（2）内部控制鉴证客体的内部控制存在缺陷的概率（用 ξ 表示）。如果存在缺陷，通过内部控制鉴证发现了这种缺陷，一方面会有利于及时防范由于该缺陷所带来的损失，另一方面会由于该缺陷的对外披露给本单位带来负面影响。如果存在缺陷，但是没有内部控制鉴证，则情形恰恰相反，虽然没有因为缺陷对外披露带来的负面影响，但是，缺陷的存在可能给本单位带来损失。如果没有缺陷，也没有内部控制鉴证，则内部控制相关的好消息也没有传播，当然也不会发生鉴证成本；如果鉴证了，则相关的好消息能得到传播，但是，却发生了鉴证成本。所以，内部控制存在缺陷的概率 ξ 会影响内部控制鉴证客体的内部控制鉴证相关得失，而 ξ 本身处于不确定状态。

（3）内部控制鉴证给鉴证客体带来的鉴证成本（用 A 表示）。内部控制鉴证需要内部控制鉴证客体提供资料，许多情形下，还可能需要支付费用，这会带来成本。同时，内部控制鉴证还或多或少地影响鉴证客体的工作，从而也带来一定的成本。这些鉴证成本，如果不鉴证就不会发生，如果鉴证了，就会发生，依赖于概率 γ，具有不确定性。

（4）内部控制鉴证给鉴证客体带来的负面影响价值（用 B 表示）。如果鉴证内部控制时发现有缺陷，并且将这种缺陷对外披露，则鉴证客体的这种坏消息被外部利益相关者知悉，可能会影响这些利益相关者的决策，很多情形下，甚至会改变这些决策，这要么改变鉴证客体的经营环境，要么增加其交易成本，都会对鉴证客体产生负面影响。当然，这种负面影响是否会发生，一方面依赖于内部控制存在缺陷的概率 ξ，另一方面还依赖于内部控制鉴证的概率 γ，具有不确定性。当然，也有一种可能，内部控制虽然存在缺陷，但是，内部控制鉴证并没有发现这种缺陷，从而不会产生这种鉴证带来的负面影响。这种情形很可能是内部控制鉴证失败，为了不使本节的博弈分析过于复杂，本节不考虑内部控制鉴证失败，其他情形也类似处理。

（5）内部控制鉴证给鉴证客体带来的信号传递价值（用 C 表示）。如果本单位内部控制没有缺陷，通过鉴证后发布内部控制鉴证报告，将这种好消息传递给外部利益相关者，可能会给本单位带来正面影响，本节称之为信号传递价值。相反，即使本单位内部控制没有缺陷，但是，没有实行内部控制鉴证，从而这种好消息也就没有传递给外部利益相关者，信号传递价值丧失。所以，C 依赖于 γ。

（6）内部控制缺陷给鉴证客体带来的损失价值（用 D 表示）。如果本单位的内部控制有缺陷，但是，并没有实行内部控制鉴证，则这种内部控制缺陷很可能给本单位带来损失，潜在的内部控制缺陷可能成为现实的缺陷。当然，这种情形下，内部控制缺陷对外披露给本单位带来的负面影响可能不会发生。相反，如果对内部控制进行了鉴证，则会及时地发现缺陷，从而避免因这种缺陷带来的损失。但是，如果对外披露，则可能会给鉴证客体带来负面影响。同时，还会发生鉴证成本。所以，D C 依赖于 γ。

综合上述各种权变因素的分析，内部控制鉴证客体与内部控制鉴证相关的净收益如（1）式所示：

鉴证净收益（R）$=f(\gamma, \xi, A, B, C, D)$　　（1）

（二）内部控制鉴证客体的鉴证净收益分析

根据以上分析的内部控制鉴证客体的鉴证博弈相关因素，从内部控制鉴证客体角度来看，博弈情形及不同情形下的鉴证净收益函数如表 2 所示。

表 2　内部控制鉴证客体博弈情形及鉴证净收益函数

项目		是否有缺陷	
		有缺陷的概率 ξ	无缺陷的概率（$1-\xi$）
是否鉴证	鉴证 γ	$D-(B+A)$	$C-A-B$
	不鉴证（$1-\gamma$）	$-D$	0

不同情形下的鉴证净收益分析如下：

R_1 的表示鉴证客体以概率 ξ 存在内部控制缺陷时，通过内部控制鉴证能获得的净收益，R_{11} 表示鉴证时的净收益，R_{12} 表示不鉴证时的净收益。

$R_{11}=D-A-B=D-(B+A)$

$R_{12}=0-D=-D$

$R_1=(D-(B+A))\gamma+(-D(1-\gamma))=D\gamma-(B+A))\gamma-D+D\gamma$

$=2D\gamma-(B+A))\gamma-D=(2\gamma-1)D-(B+A))\gamma$

R_2 的表示鉴证客体以概率（$1-\xi$）不存在内部控制缺陷时，通过内部控制鉴证能获得的净收益，R_{21} 表示鉴证时的净收益，R_{22} 表示不鉴证时的净收益。

$R_{21}=0+C-A-B=C-A-B$

$R_{22}=0+0-0-0=0$

$R_2=(C-A-B)\gamma+0(1-\gamma)=(C-A-B)\gamma$

R 表示鉴证客体与内部控制鉴证相关的净收益总额

$R=R_1+R_2=((2\gamma-1)D-(B+A))\gamma)\xi+((C-A-B)\gamma)(1-\xi)$

$=2\gamma D\xi - D\xi - B\gamma\xi - A\gamma\xi + C\gamma - A\gamma - B\gamma - C\gamma\xi + A\gamma\xi + B\gamma\xi$

$=2\gamma D\xi - D\xi + C\gamma - C\gamma\xi - A\gamma - B\gamma$　（2）

（三）内部控制鉴证客体的策略选择

博弈策略就是选择使得自己内部控制鉴证净收益最大化的策略。为此，对于等式（2），以 γ 作为自变量，求 R 的极值，得到：

$2D\xi + C - C\xi - A - B = 0$

根据上述等式，分别计算 ABCD 的取值，

$A = 2D\xi + (1-\xi)C - B$

$B = 2D\xi + (1-\xi)C - A$

$C = (A + B - 2D\xi) / (1-\xi)$

$D = (A + B + C\xi - C) / (2\xi)$

根据上述取值，鉴证客体的内部控制鉴证策略表述如下：

（1）给定其他条件不变，当内部控制鉴证给鉴证客体带来的鉴证成本 A 小于｛$2D\xi + (1-\xi)C - B$｝时，内部控制鉴证能带来正值净收益，鉴证客体会积极支持内部控制鉴证，否则就会消极应付内部控制鉴证；

（2）给定其他条件不变，当表示内部控制鉴证给鉴证客体带来的负面影响价值 B 小于｛$2D\xi + (1-\xi)C - A$｝时，内部控制鉴证能带来正值净收益，鉴证客体会积极支持内部控制鉴证，否则就会消极应付内部控制鉴证；

（3）给定其他条件不变，表示内部控制鉴证给鉴证客体带来的信号传递价值 C 大于｛$(A + B - 2D\xi) / (1-\xi)$｝时，鉴证客体会积极支持内部控制鉴证，否则就会消极应付内部控制鉴证；

（4）给定其他条件不变，内部控制缺陷给鉴证客体带来的损失价值 D 小于｛$(A + B + C\xi - C) / (2\xi)$｝时，内部控制鉴证能带来正值净收益，鉴证客体会积极支持内部控制鉴证，否则就会消极应付内部控制鉴证。

很显然，ξABCD 之间高度相关，并没有一个纯粹战略纳什均衡，任何一个变量的变化，都会影响其策略的选择。

三、例证分析

本节以上采用博弈论方法分析以内部控制鉴证客体对待内部控制鉴证的策略。下面，我们通过我国上市公司内部控制评价信息披露来看这些公司对待内部控制评价的态度，以进一步说明内部控制鉴证客体的策略。

（一）我国上市公司内部控制评价信息披露情况

根据《中国上市公司 2014 年内部控制白皮书》（迪博企业风险管理技术有限公司，2014），2013 年年报，2336 家披露了内部控制评价报告的上市公司中，按照“规范的格式”披露的为 1762 家，占比 75.43%；按照“以前的格式”披露的 339 家，占比 14.51%；按照“其他的格式”披露的 235 家，占比 10.06%，这些数据说明，尚有 24.57%的上市公司的内部控制信息披露不规范。

根据《中国上市公司 2015 年内部控制白皮书》（迪博企业风险管理技术有限公司，2015），2014 年年报，2586 家上市公司披露了内部控制评价报告，其中，2088 家上市公司按照规范的格式

披露了内部控制评价报告。这说明，有498家的内部控制评价披露不规范，占披露企业的19.26%。另外，32.10%的上市公司披露的内部控制缺陷信息不完整、可用性差。

（二）原因分析

内部控制报告信息披露是对内部控制评价的最终阶段，通过其信息披露，能显现其对待内部控制评价的态度。总体来说，通过内部控制评价信息披露，显现上市公司对待内部控制评价的态度不同，主要有两种情形，一是认真对待，不少的上市公司属于这种情形；二是应付了事，例如，2013年年报中，有24.57%的上市公司属于这种情形，2014年年报中，19.26%的上市公司属于这种情形。

那么，为什么不同的上市公司对待内部控制评价的态度会不同呢？根据本节前面的博弈论分析结果，上市公司要根据其与内部控制评价相关的利弊得失，在此基础上，选择对待内部控制评价的策略。如果内部控制评价净收益大于零，则可能选择认真对待的策略；如果内部控制评价净收益小于零，则可能选择应付了事的策略。

四、结论和启示

内部控制鉴证是鉴证主体和客体互动的过程，内部控制鉴证客体的态度或策略无疑会影响鉴证的效率甚至效果。本节以博弈论方法来分析内部控制鉴证客体的可能策略，并通过分析我国上市公司对待内部控制评价的态度以进一步验证博弈分析的结论。

内部控制鉴证客体在选择策略时，其最终目标应该是通过内部控制鉴证或不鉴证实现利益最大化或损失最小化。而影响这一目标达成的权变因素较多，主要包括：内部控制鉴证委托人决定对内部控制进行鉴证的概率；内部控制鉴证客体的内部控制存在缺陷的概率；内部控制鉴证给鉴证客体带来的鉴证成本；内部控制鉴证给鉴证客体带来的负面影响价值；内部控制鉴证给鉴证客体带来的信号传递价值；内部控制缺陷给鉴证客体带来的损失价值。

内部控制鉴证客体会根据上述权变因素的状况，选择自己对待内部控制鉴证的策略，主要策略类型包括积极支持和消极应付。

根据我国上市公司内部控制评价信息披露情况分析，上市公司对待内部控制评价基本上也有认真对待和应付了事两种策略。

本节的结论启示我们，内部控制鉴证要真的有效率效果，内部控制鉴证客体的配合是前提条件，委托人和监管部门应该通过制度设计，改变内部控制鉴证客体的利弊得失，从而改变这些单位对待内部控制鉴证的策略。

参考文献

1. 李明辉．论内部控制的责任主体［J］，审计理论与实践，2003（2）：17－19。

2. 吴小红．从主体关系看内部控制［J］，商业研究，2004（9）：9－11。

3. 张庆龙．政府部门内部控制的主体、客体与构建原则［J］，中国内部审计，2012（6）：22－25。

4. 孙文刚．内部控制鉴证的对象与内容［J］，会计之友，2009（1）：24—25。

5. 李　越，樊子君，胡菊彩．内部控制评价研究的最新进展［J］，财务与会计，2013（11）：25—27。

6. 董美霞．增强企业内部控制评价效果的思考—基于《企业内部控制评价指引（征求意见稿）》［J］，审计与经济研究，2010（1）：73—80。

7. 池国华．基于管理视角的企业内部控制评价系统模式［J］，会计研究，2010（10）：55—61。

8. 郑石桥，杨　婧，赵　珊，剧　杰．内部控制学［M］，中国时代经济出版社，2013 年。

9. 鲁桂华．审计处罚强度与审计覆盖率之间的替代关系及其政策含义［J］，审计研究，2003（3）：55—57。

10. 邹　蕾．审计监督的博弈与图解分析［J］，价值工程，2007（6）：138—140。

11. 曹　军，王　芳．政府审计部门激励与监督机制研究［J］，财会通讯，2010（10）：125—127。

12. 高　雷．中国国家审计的三方博弈理论研究［J］，江苏社会科学，2011（2）：100—103。

13. 郑石桥．审计频度、审计处罚和审计效果［J］，会计之友，2012（2）：9—15。

14. 叶　炜．审计合谋的成因分析与治理对策［J］，经济体制改革，2006（2）：131—135。

15. 龚启辉，刘桂良．审计合谋的治理：来自审计收费模型的风险博弈分析［J］，审计研究，2006（4）：68—71。

16. 李嘉明，孙志华．审计风险的博弈分析［J］，管理工程学报，2005（4）：118—122。

17. 赵保卿，朱蝉飞．注册会计师审计质量控制的博弈分析［J］，会计研究，2009（4）：87—93。

18. 赵保卿，毕新雨．上市公司内部审计监督博弈分析［J］，财经论丛，2012（11）：72—79。

19. 陈艳娇．基于博弈分析的内部审计增值研究［J］，学海，2012（3）：63—68。

20. 迪博企业风险管理技术有限公司．中国上市公司 2014 年内部控制白皮书［R］，证券时报/2014 年/6 月/5 日/第 A07 版。

21. 迪博企业风险管理技术有限公司．中国上市公司 2015 年内部控制白皮书［R］，中国证券报 2015—06—09。

第十五章　制度审计内容理论

本章阐述制度审计内容，主要内容包括：内部控制鉴证内容：有效性还是缺陷性？内部控制鉴证内容的边界：理论框架和例证分析。

第一节　内部控制鉴证内容：有效性还是缺陷性？

内部控制鉴证内容主要关注鉴证什么，不同的鉴证内容选择会影响内部控制鉴证目标的最终达成，也会影响内部控制鉴证的取证模式及鉴证意见的形成，甚至还会影响鉴证责任。所以，内部控制鉴证内容是内部控制鉴证的一个基础性问题。

根据现有研究文献，关于内部控制鉴证内容有多种观点，主流观点是内部控制有效性。本节认为，内部控制鉴证内容应该以内部控制鉴证目标为基础，由于种种原因，内部控制有效性可能难以鉴证，根据内部控制鉴证实务和权威规范的精神实质，内部控制鉴证内容应该是内部控制缺陷性，而不是有效性。

一、文献综述

内部控制鉴证内容主要关注鉴证什么。根据内部控制鉴证相关权威规范及研究文献，形成了多种观点，可以区分为“一性论”、“二性论”和“三性论”。

“一性论”认为，内部控制鉴证内容是内部控制某一方面的属性，许多的内部控制鉴证相关权威规范及研究文献主张，内部控制鉴证的内容是内部控制有效性（COSO－IC，1994，2013；COSO－RM，2004；INTOSAI，1997，2004；GAO，2014；财政部等，2010；谢盛纹，2007；陈汉文，张宜霞，2008；张颖，郑洪涛，2010；钟玮，2011；姚刚，2013），这是内部控制鉴证内容的主流观点。另有一些文献认为，内部控制鉴证内容是内部控制效率性（林钟高，徐虹，2009；李连华，唐国平，2012）。还有一些观点认为，内部控制鉴证内容是内部控制可靠性（Cushing，1974；Bodnar，1975；徐志强，2003）。

“二性论”认为，内部控制鉴证内容是内部控制某二方面的属性，具体包括：内部控制的健全性、有效性（刘祝高，1998；戴春友，2009）；内部控制的健全性、执行性（燕丽征，2001）；内部控制的健全性和有效性（段光明，2006）；内部控制的有效性、经济性（杨有红，2009）。

“三性论”认为，内部控制鉴证内容是内部控制某三方面的属性，具体包括：内部控制的健全性、合理性、有效性（董晓军，2007；吴明芳，2010）；内部控制的完整性、合理性和有效性（李爽，吴溪，2003；王宏，2012）。

上述这些研究文献及内部控制鉴证相关的权威规范对内部控制鉴证内容的规定或探讨对认知内部控制鉴证内容有较大的启发。然而，本节认为，内部控制鉴证内容，一方面要具有可鉴证性，另一方面要服务内部控制鉴证目标的需要。根据这两个原则，内部控制鉴证内容应该是内部控制缺陷性。

二、内部控制鉴证内容是内部控制缺陷性：理论框架

内部控制鉴证内容主要涉及鉴证什么，本节首先分析内部控制鉴证内容的选择原则；然后，用这些原则来分析内部控制鉴证内容的几种可能性，明确内部控制鉴证内容是内部控制缺陷性；在此基础上，分析内部控制缺陷性的涵义。

（一）内部控制鉴证内容的选择原则

本节前面的文献综述表明，关于内部控制鉴证内容多种选择：内部控制效率性，内部控制可靠性，内部控制有效性。那么，究竟如何选择呢？我们认为，内部控制鉴证内容的选择应该基于两项原则，一是服从内部控制鉴证目标，二是可鉴证性。

我们先来看第一个原则。内部控制鉴证内容和内部控制鉴证目标存在相互影响，一方面，内部控制鉴证内容会影响内部控制鉴证目标之达成；另一方面，内部控制鉴证内容是为内部控制鉴证目标服务的，一定的内部控制鉴证目标要求与之相适应的内部控制鉴证内容。综合来说，内部控制鉴证内容服从于内部控制鉴证目标。那么，内部控制鉴证目标是什么呢？由于本节的主题是内部控制鉴证内容，所以，这里不展开讨论①。一般来说，内部控制鉴证目标是一个体系，从相关主体来说，包括利益相关者和鉴证者，前者的目标是终极目标，后者的目标是直接目标。从业务类型来说，内部控制鉴证包括内部控制评价、内部控制审计和内部控制审核，这三类鉴证有不同的利益相关者和鉴证者，从而有不同的终极目标和直接目标。关于内部控制评价，从利益相关者来说，终极目标是抑制制度缺陷；从评价者来说，直接目标是通过评价产品来满足利益相关者抑制制度缺陷的需求。关于内部控制审计或审核，从利益相关者来说，终极目标是抑制制度缺陷；从外部审计师来说，直接目标是通过内部控制审计或审核产品满足利益相关者抑制制度缺陷的需求。内部控制鉴证内容应该围绕上述内部控制鉴证目标来确定。

我们再来看第二个原则。内部控制鉴证内容需要具有可鉴证性，如果对选择的内部控制鉴证内容无法进行鉴证，则当然也无法得出鉴证结果。如果非要以这种内部为基础来进行鉴证，可能出现内容变换，鉴证结果所对应的内容并不是拟鉴证的内容。例如，一些实证研究文献研究内部控制缺陷的影响因素，对于内部控制缺陷这个变量，用政府监管部门的处理处罚为计量，这种方法计量出来的内部控制缺陷，显然不是严格意义上的内部控制缺陷，只能是"已经受到监管部门处理处罚的内部控制缺陷"，而"没有受到监管部门处理处罚的内部控制缺陷"并没有包括在这种计量中，这显然是内部控制缺陷的变换。

所以，总体来说，内部控制鉴证内容一方面要服从于内部控制鉴证目标，另一方面要具有可鉴

① 关于内部控制鉴证目标，本人另有专文论述：《内部控制鉴证目标：理论框架和例证分析》。

证性。

（二）内部控制鉴证内容的几种可能性

关于内部控制鉴证内容，根据现有文献归纳，大致有三种情形：内部控制效率，内部控制可靠性，内部控制有效性。我们分别来分析其作为内部控制鉴证内容的可行性。

一些文献认为，内部控制的核心是内部控制效率性（林钟高，徐虹，2009），所以，内部控制鉴证内容应该是内部控制效率。李连华、唐国平（2012）认为，内部控制效率是内部控制在设计和执行过程中所表现出来的控制成效的集合，与有效性（effectiveness）相比，效率（efficiency）概念更适合用于内部控制评价，内部控制评价应该以效率为核心概念来建立自己的理论体系和开发相应的评价工具，因为效率是一个量的比较概念，以此为基础进行内部控制的效果评价，可以提高评价的准确性，增加评价结论的信息含量。舒伟、曹健、左锐（2015）认为，内部控制有效性通过内部控制效率来实现，一方面可以通过延缓或阻止内控熵增来实现，另一方面可以增加内部控制系统整体的负熵值来实现。

我们认为，以效率性来鉴证内部控制是不合适的。效率性是指组织经营活动过程中投入资源与产出成果之间的对比关系，如果要鉴证内部控制效率性，就是要搞清楚内部控制的投入资源和产出成果。第一，内部控制效率性难以鉴证。对于内部控制来说，无论是投入资源，还是产出成本，都很难确定。由于内部控制是与组织的管理体系融于一体，许多情形下，无法区分哪些是内部控制，哪些不是内部控制。既然很难区分内部控制与管理体系，当然也就很难区分内部控制的资源投入和产出成果。一些实证研究文献将管理成本作为内部控制成本，这显然是扩大了内部控制的范围，但是，要将管理成本区分为内部控制成本和非内部控制成本是难以做到的。第二，即使在有些情形下，能计量内部控制资源投入和产出成果，按投入产出对比关系来评价内部控制也是不合适的。一般来说，内部控制投入存在边际效益递减，当一个单位的内部控制较差时，较少的投入也会有较大的产出；而当一个组织的内部控制达到一定的程度时，内部控制投入的边际产出会降低，从而投入产出比也会下降。用投入产出比只能反映内部控制水平不同阶段的投入产出情况，并不能反映内部控制的整体水平，因为这个内部控制整体水平是内部控制累计投入的结果，而不仅仅是增加投入的结果。第三，内部控制效率性与内部控制鉴证目标有一定的距离。尽管内部控制鉴证目标可以从不同的主体来考虑，但是，总体来说，是通过发现制度缺陷来抑制制度缺陷。所以，中心问题是内部控制缺陷，而不是内部控制效率。基于以上原因，我们认为，以效率性来鉴证内部控制是不合适的。

一些文献认为，内部控制鉴证的核心问题是内部控制可靠性（reliability）。内部控制可靠性评估，一方面可以为优化内部控制设计提供基础，另一方面，可以用于审计程序设计，知道了内部控制的可靠程度，为实质性测试设计提供了基础（Cushing，1974；Bodnar，1975）。一些文献还研究了内部控制可靠性的判断或模拟模型（徐志强，2003；郑石桥，裴育，2006）。

我们认为，以可靠性来评价来鉴证内部控制也是不合适的。其原因有两个方面，第一，可靠性难以鉴证。可靠性是在一定时间内、在一定条件下，系统无故障地执行指定功能的能力或可能性，可通过可靠度、失效率、平均无故障间隔等来评价其可靠性。就内部控制来说，其可靠度、失效率、平均无故障间隔，是从不同的角度来描述内部控制可靠性，但是，这些变量，都难以计量。以资产安全目标为例，内部控制维护资产安全的功能是否具有可靠性呢？可能通过其维护资产安全的可靠度、失效率、平均无故障间隔这些不同的角度来计量。无论从何种角度来计量，其前提条件是知道资产安全的真实状况，如果不知道资产安全的真实状况，可靠度、失效率、平均无故障间隔都无法计量。从现实来说，资产安全的真实状况可能无法知晓，人们只能知晓已经发现的资产不安全事项，对于未发现的资产不安全事项是不知道的。例如，对于贪污行为，未发现前是不知晓的，只有发现后才知道这种行为，如果一直未能发现，则一直不知道这种行为。很显然，我们不能将“不知道”作为“未发生”。第二，鉴证内部控制可靠性与内部控制鉴证目标有一定的偏离。内部控制鉴证目标是通过发现内部控制缺陷来抑制内部控制缺陷，主要关注的是内部控制缺陷，而不是内部控制可靠性。

关于内部控制鉴证内容的主流观点认为，内部控制鉴证内容是内部控制有效性或效果性，内部控制相关权威文献持这种观点，大量的学术文献也持这种观点。

从权威文献来说，国外的权威文献，例如，COSO－IC（1994，2013），COSO－RM（2004），INTOSAI（1997，2004），GAO（2014）都使用了“Internal Control Effectiveness”，并且认为，需要从内部控制目标达成程度来判断内部控制有效性（An effective internal control system provides reasonable assurance that the organization will achieve its objectives）。国内相关的权威文献也是如此，《企业内部控制评价指引》第二条规定，内部控制评价是指企业董事会或类似权力机构对内部控制的有效性进行全面评价、形成评价结论、出具评价报告的过程。《企业内部控制审计指引》第二条规定，内部控制审计是指会计师事务所接受委托，对特定基准日内部控制设计与运行的有效性进行审计（财政部等，2010）。

从学术文献来说，很多文献涉及内部控制有效性的内涵和计量。关于内部控制的内涵，有结果观和过程观，多数学术文献都认为，内部控制的有效性是指内部控制为相关目标的实现提供的保证程度或水平（朱彩婕，张代宝，2007；陈汉文，张宜霞，2008；郑石桥等，2009；张颖，郑洪涛，2010；姚刚，2013），这属于结果观。但是，也有些文献从过程过来认识内部控制有效性，杨洁（2011）认为，内部控制有效性是以持续监督为基础、完成内部控制制度计划和达到计划结果的程度，以PDCA循环理论为基础，内部控制有效性包括内部控制设计、内部控制执行、内部控制检查和内部控制改进四个方面。内部控制有效性两个方面，一是内部控制制度本身的有效性，二是在执行过程中的有效性（穆叶赛尔·木衣提，李小燕，2010）。

关于内部控制有效性计量有计量模型和计量指标两种情形。一些文献提出了内部控制有效性计量模式，Brewer&List（2004）提出用 the time of detection（TD）、The time that the damage caused by the event is fixed（TF）、The time limit after which（TW）来测量内部控制有效性，Ramos（2004）提出，利用横轴表示实体内部控制重要的目标、纵轴表示内部控制五个可靠性水平的二维法来评价内部控制有效性的模型。关于内部控制有效性计量指标，主要是一些实证研究文献使用不同的变量来计量内部控制有效性，主要有四种思路，一是通过分析业务流程，找出每个关键控制点，对每一控制点的主要控制措施的有效性进行测试，根据测试结果对整体内部控制有效性进行评价（戴彦，2006）；二是以内部控制要素为评价对象，对内部控制要素是否存在以及运行效果进行评价（骆良彬，王河流，2008）；三是围绕内部控制目标实现程度，根据目标选取评价指标，建立综合评价指标（Leone，2007）；四是将自愿披露的内部控制缺陷和审计师对内部控制报告的审核意见等作为内部控制有效性的评价指标（Botosan，1997）。

那么，内部控制有效性是否适合作为内部控制鉴证内容呢？我们认为，尽管内部控制权威文献和许多的学术文献都持这种观点，但是，内部控制有效性还是不宜作为内部控制鉴证内容，其原因如下：第一，内部控制有效性的过程观，并未能提出计量方法，事实上，也不能只是从内部控制过程来计量内部控制有效性，因为过程毕竟是为结果服务的，同时，结果可能还受到一些过程之外的因素的影响。第二，各种实证研究中提出的内部控制有效性计量指标，只是根据文章所涉及主题及数据的可得性来提出替代变量，这些变量可能涉及内部控制有效性的某些方面，但是，并不能从整体上替代内部控制有效性。

第三，内部控制有效性是难以鉴证的。因为效果性或有效性是指系统实际取得成果与预期取得成果之间的对比关系，主要关注的是既定目标的实现程度。根据这个定义，要鉴证内部控制有效性，必须有两个前提条件，一是搞清楚内部控制各项目标的预期情况，二是搞清楚内部控制各项目标的真实情况。只有搞清楚上述两方面的情况之后，将内部控制目标的真实情况与预期情况进行比较，就可以确定其目标达成情况了。然而，上述两方面的情况能否搞清楚呢？由于目标的预期情况是预告设定的，所以，预先给各项内部控制目标设定一个目标值，这是不存在困难的。问题是，要搞清楚这些目标的真实达成状况，就不一定了（李宇立，2013）。

以我国的内部控制权威规范为例，《企业内部控制基本规范》第三条规定，内部控制的目标是合理保证企业经营管理合法合规、资产安全、财务报告及相关信息真实完整，提高经营效率和效果，促进企业实现发展战略。《行政事业单位内部控制规范（试行)》第四条规定，单位内部控制的目标主要包括：合理保证单位经济活动合法合规、资产安全和使用有效、财务信息真实完整，有效防范舞弊和预防腐败，提高公共服务的效率和效果。上述这些目标中，经营效率和效果、发展战略、公共服务的效率和效果都可能体现为一些量化指标，而这些指标是可以根据一些数据计算出来的，所以，对于这些目标来说，可以通过内部控制目标的达成状况与目标值之间的比较来确定相关内部控制的有效性。但是，这里要特别注意的是，这些目标除了受到内部控制系统的影响外，还受到许多外部因素的影响，在一些情形下，这些外部因素甚至是主要因素，所以，通过这些目标的达成状况来判断内部控制有效性是存在问题的。除了上述目标之外的其他目标，经营管理或经济活动合法合规、资产安全和使用有效、财务报告及相关信息真实完整、有效防范舞弊和预防腐败，这些目标的真实状况可能是难以知晓的，反映这些目标达成状况的前提是要了解有多少偏离目标的“已经发生的偏离事项”，不能将“已经发现的偏离事项”作为“已经发生的事项”，而通常情形下，人们只是知道“已经发现的偏离事项”，不知道究竟有多少“已经发生的偏离事项”。例如，某内部单位统计信息虚假，这显然是影响了信息真实完整目标，但是，如果该弄虚作假行为没有被发现，则其对信息真实完整目标的影响也就无法计量。

综合上述三方面的原因，我们认为，内部控制有效性不宜作为内部控制鉴证内容。

通过本节前面的分析，根据服从内部控制鉴证目标和可鉴证性两个原则，内部控制效率性、内部控制可靠性、内部控制有效性都不适宜作为内部控制鉴证内容。那么，内部控制鉴证内容是什么呢？我们认为，内部控制鉴证内容是内部控制缺陷性（deficiency)。其理由如下：第一，内部控制缺陷性与内部控制鉴证目标具有良好的对应关系。内部控制鉴证目标就是通过发现内部控制缺陷来抑制内部控制缺陷，将内部控制鉴证内容确定为内部控制缺陷，就直接服务于内部控制鉴证目标了。第二，内部控制缺陷性具有可鉴证性。其基本思路是寻找内部控制过程中的缺陷，并分析这些缺陷对内部控制目标已发生或潜在的影响程度，确定缺陷严重程度，在此基础上，对内部控制整体有效性形成结论。关于内部控制缺陷的鉴证思路相关内容较多，由于本节的主题，这里不展开讨论，本人另有专文讨论①。随后内容中，将展开分析内部控制缺陷和缺陷性的涵义。

（三）内部控制缺陷和缺陷性的涵义

从功能上来看，内部控制是为其目标提供适宜的保证程度，如果没有达到拟提供的保证程度，就是内部控制目标偏离，这种偏离就是内部控制缺陷。那么，内部控制为什么不能为目标之达成提供其拟提供的保证程度呢？也就是说，为什么会出现内部控制目标偏离呢？其原因是没有有效地抑制对内部控制目标有负面影响的风险因素，也就是说，存在超过容忍度的风险暴露。所以，从这个意义上来说，内部控制缺陷也就是超过容忍度的风险暴露（risk exposure）。从内部控制目标偏离来认知的内部控制缺陷是结果视角，从风险暴露来认知的内部控制缺陷是过程视角，二者具有因果关系，正是因为有超过容忍度的风险暴露，内部控制目标才有偏离。但是，二者之间的关系并不是简单的线性关系，而是呈现复杂的非线性关系，主要体现在以下两个方面：

第一，风险暴露对目标偏离的影响有或有性（contingency）和时滞性。虽然风险因素会影响内部控制目标之达成，但是，这种影响呈现或有性，只是一种可能，并不一定会发生，即使发生，也不是时时刻刻都发生，所以，风险暴露造成内部控制目标偏离具有或有性。也正是因为这个原因，已经存在的内部控制缺陷，可能表明有超出可容忍的风险暴露，但是，如果风险因素并没有真正发生，则这种风险暴露给内部控制目标偏离只是形成潜在影响，虽然在当期没有发生，但是，也许在今后会发生，这种影响具有时滞性。正是因为风险暴露对目标偏离的影响有或有性和时滞性，鉴证内部控制缺陷就不能只考虑已经发生的目标偏离，还要考虑风险暴露可能形成的潜在偏离。

第二，风险暴露之外的因素也可能影响内部控制目标偏离。内部控制目标有多种，总体来说，可以分为合规合法性目标、资产安全性目标、信息真实完整性目标、业务经营目标、战略目标，这些目标中，前三个目标，内部控制要为其提供合理保证，而业务经营目标和战略目标，内部控制并不能为其提供合理保证，其原因是，前面三个目标受内部控制之外的因素影响较少，其成败主要是由内部控制来决定，而业务经营目标和战略目标除了受内部控制的影响之外，还受到两类影响的因素，一是组织内部的管理控制系统的影响，二是外部因素的影响。有不少的情形下，管理控制系统和外部因素的影响可能还大于内部控制系统的影响。正是由于这个原因，业务经营目标和战略目标偏离，不一定是内部控制有缺陷。所以，对于不同的内部控制目标，其目标偏离的原因不同，风险暴露在其中的作用也不同，不能简单地根据目标偏离来判断内部控制缺陷。正是这个原因，在判断内部控制缺陷时，对于不同的内部控制目标要有不同的偏离容忍度，业务经营目标和战略目标偏离容忍度要高些。

以上分析了内部控制缺陷，那么什么是内部控制缺陷性呢？内部控制缺陷性是指内部控制缺陷所造成的内部控制目标偏离程度，也就是内部控制缺陷程度。由于不同组织的规模不同，对于内部控制缺陷的不能只是从规模上来认知，而还要从程度上认知，既知道总体规模，又知道对目标的影响程度，二者结合起来，对内部控制缺陷及其整体状况就有了全面的认知。所以，对内部控制整体的鉴证意见，要以缺陷性为基础来形成。

---

① 关于内部控制缺陷鉴证思路，本人另有专文论述：《内部控制缺陷认定和分类：逻辑框架和例证分析》。

最后，为了进一步认清内部控制缺陷性，我们还需要分析内部控制有效性和内部控制缺陷性的关系。一般来说，内部控制有效性是从内部控制目标达成程度来衡量，如果内部控制提供了其拟提供的保证程度，则认为内部控制是有效的。而内部控制缺陷性恰恰是内部控制目标偏离程度，如果偏离程度超出了可容忍范围，则认为内部控制是存在缺陷的。内部控制有效性和缺陷性之间的关系如图1所示。

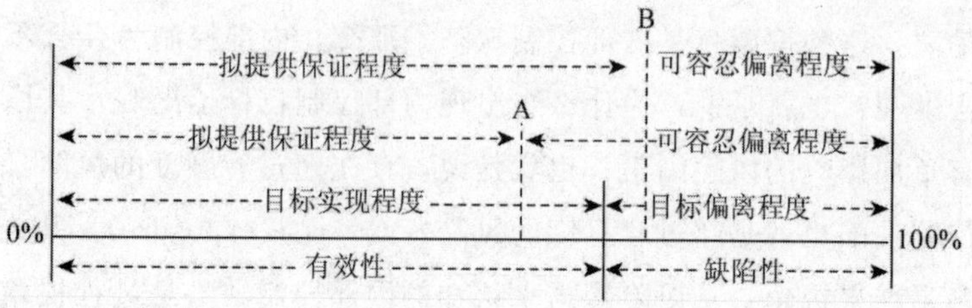

图1　内部控制有效性与缺陷性的关系

图1中，横线表示内部控制目标的达成程度从0%至100%这个区间，已经达成的内部控制目标就是有效性，而未能达成的内部控制目标就是缺陷性。然而，对于内部控制的鉴证意见，要依赖A点的位置而定，A点表示拟达成的内部控制目标，也就是拟提供的保证程度，也就是拟容忍的最大偏离程度。如果A点位于图中所示位置，表示实际偏离小于可容忍偏离，或者是实际提供的保证程度高于拟提供的保证程度，则内部控制是有效的。如果A点向右位移，越过有效性和缺陷性的分界线至B点，则实际偏离大于可容忍偏离，或者是实际提供的保证程度低于拟提供的保证程度，则内部控制是存在缺陷的。

虽然说内部控制有效性和缺陷性是互补关系，但是，并不能说内部控制鉴证内容选择有效性或缺陷性都是可以的，其原因是，由于无法知道有些内部控制目标的真实达成状况，所以，有效性不具有可鉴证性。相反，内部控制缺陷性则具有可鉴证性，所以，可能通过缺陷性来鉴证内部控制有效性，从100%减去内部控制缺陷性就是有效性（陈汉文，张宜霞，2008；杨有红，李宇立，2011），所以，对内部控制整体有效性发表形成意见，并不意味着内部控制鉴证内容是内部控制有效性，而是通过鉴证内部控制缺陷性，根据内部控制有效性和缺陷性关系，得出有效性，其鉴证内容还是内部控制缺陷性。

三、内部控制鉴证内容是内部控制缺陷性：权威规范相关内容分析

本节以上根据内部控制鉴证内容选择的目标服从原则和可鉴证原则，分析了各种可能的内部控制鉴证内容，最后得出的结论是，内部控制缺陷性是内部控制鉴证内容。下面，我们分析我国内部控制鉴证权威规范对内部控制鉴证内容的规定，以验证上面的理论逻辑分析。

目前，关于内部控制鉴证的权威规范有三个，分别是《企业内部控制评价指引》《企业内部控制审计指引》《企业内部控制审计指引实施意见》，由于《企业内部控制审计指引实施意见》是依据《企业内部控制审计指引实施意见》制定的，所以，本节仅仅分析《企业内部控制评价指引》《企业内部控制审计指引》。

（一）《企业内部控制评价指引》规定的内部控制评价内容

《企业内部控制评价指引》第二条规定，内部控制评价是指企业董事会或类似权力机构对内部

控制的有效性进行全面评价、形成评价结论、出具评价报告的过程。根据这个规定，似乎内部控制评价的内容是内部控制的有效性。然而，根据其后面的内容，并非如此。第十二条规定，内部控制评价一般包括以下步骤：制订评价工作方案、组成评价工作组、实施现场测试、认定控制缺陷、汇总评价结果、编报评价报告等环节。第十六条规定，内部控制缺陷包括设计缺陷和运行缺陷，对内部控制缺陷的认定，应当以日常监督和专项监督为基础，结合年度内部控制评价，由内部控制评价部门进行综合分析后提出认定意见，按照规定的权限和程序进行审核后予以最终认定。从这些规定可以看出，内部控制评价的中心内容是内部控制缺陷。可见，根据《企业内部控制评价指引》的精神实质，是从100%减去内部控制缺陷性对有效性发表意见，内部控制评价的内容是内部控制缺陷性。

（二）《企业内部控制审计指引》规定的内部控制审计内容

《企业内部控制审计指引》第二条规定，内部控制审计是指会计师事务所接受委托，对特定基准日内部控制设计与运行的有效性进行审计。第十四条规定，注册会计师应当测试内部控制设计与运行的有效性。根据上述规定，似乎内部控制审计的审计内容是内部控制有效性。然而，《企业内部控制审计指引》的精神实质并非如此。第二十条规定，内部控制缺陷按其成因分为设计缺陷和运行缺陷，按其影响程度分为重大缺陷、重要缺陷和一般缺陷。注册会计师应当评价其识别的各项内部控制缺陷的严重程度，以确定这些缺陷单独或组合起来，是否构成重大缺陷。第三十条规定，注册会计师认为财务报告内部控制存在一项或多项重大缺陷的，除非审计范围受到限制，应当对财务报告内部控制发表否定意见。根据这些条款的规定，注册会计师是根据内部控制缺陷的严重程度来确定内部控制有效性的意见，存在重大缺陷，是发表否定意见的前提，这里的否定意见，就是内部控制无效，而不存在重大缺陷，则是内部控制有效的前提。所以，这里的精神实质，还是从100%减去内部控制缺陷性来对有效性发表意见，内部控制审计的审计内容是内部控制缺陷性。

综合上述《企业内部控制评价指引》和《企业内部控制审计指引》，我们认为，我国内部控制权威规范所规定的内部控制鉴证内容是内部控制缺陷性，这与本节的理论逻辑分析结论相一致。

四、结论和启示

内部控制鉴证内容主要关注鉴证什么，是内部控制鉴证的一个基础性问题。内部控制鉴证内容，一方面要具有可鉴证性，另一方面要服务内部控制鉴证目标的需要。根据这些原则，本节分析内部控制鉴证内容的可能情形，并最终认为内部控制鉴证内容是内部控制缺陷性。

关于内部控制鉴证内容的可能情形有四种：内部控制效率，内部控制可靠性，内部控制有效性，内部控制缺陷性。以效率性来鉴证内部控制是不合适的。其原因是，第一，内部控制效率性难以鉴证。第二，即使在有些情形下，能计量内部控制资源投入和产出成果，按投入产出对比关系来评价内部控制也是不合适的。第三，内部控制效率性与内部控制鉴证目标有一定的距离。以可靠性来评价来鉴证内部控制也是不合适的。其原因有两个方面，第一，可靠性难以鉴证。第二，鉴证内部控制可靠性与内部控制鉴证目标有一定的偏离。关于内部控制鉴证内容的主流观点认为，内部控制鉴证内容是内部控制有效性或效果性，本节认为，内部控制有效性还是不宜作为内部控制鉴证内容，其原因是内部控制有效性难以鉴证。

内部控制缺陷是内部控制目标偏离或超过容忍度的风险暴露，与内部控制鉴证目标高度相关，并且具有可鉴证性，所以，是内部控制鉴证内容。现行内部控制鉴证权威规范，是通过鉴证内部控制缺陷性，根据内部控制有效性和缺陷性的互补关系，得出有效性，其鉴证内容是内部控制缺陷性。

本节的研究看似理论探讨，其结论具有较大的实践意义。既然内部控制鉴证内容是缺陷性，如何寻找缺陷、如何判断缺陷、如何对缺陷进行分级，就是内部控制鉴证的核心。如何寻找缺陷涉及内部控制鉴证的取证模式和程序，而如何判断缺陷、如何对缺陷进行分级涉及内部控制缺陷认定和分级，从某种意义上来说，内部控制鉴证就是一个寻找缺陷并对缺陷进行分级的过程，将内部控制缺陷性作为内部控制鉴证内容，抓住了内部控制鉴证的真谛。

第二节　内部控制鉴证内容的边界：理论框架和例证分析

内部控制鉴证是通过鉴证内部控制缺陷性，根据内部控制有效性和缺陷性的互补关系，确定内部控制有效性，所以，内部控制鉴证内容是内部控制缺陷性[①]。然而，这里的内部控制缺陷性究竟是定位于某一时点还是某一时期？是定位于全部内部控制还是财务报告内部控制？上述这些问题界定了内部控制缺陷性的边界。而这个边界的确定为内部控制鉴证的全过程奠定了基础，也是内部控制鉴证责任的基础。

现有文献对这些问题有一定的研究，出现多种观点。本节在这些观点的基础上，从内部控制鉴证目标、内控制鉴证需求、内部控制鉴证可行性出发，提出关于内部控制鉴证内容之边界的一个理论框架。

一、文献综述

内部控制鉴证内容的边界主要涉及两个问题，一是时间边界，也就是内部控制鉴证是针对于特定时期的内部控制，还是针对特定时点的内部控制；二是范围边界，也就是内部控制鉴证是针对全部内部控制，还是针对财务报告内部。关于上述两个边界，有不同的观点。

关于时间边界，有三种观点，时期观认为，内部控制鉴证是针对特定时期的内部控制，鉴证意见是关于整个期间的内部控制是否有效（吴水澎，陈汉文，邵贤弟，2000；潘秀丽，2001；陈关亭，杨芳，2003；李明辉，张艳，2010）；时点观认为，内部控制鉴证是针对特定时点的内部控制，鉴证意见是关于该特定时点的内部控制是否有效（李爽，吴溪，2003）；结合观认为，内部控制鉴证的取证应该覆盖一个特定时期，但是，发表鉴证意见只能针对特定时点（Paul，2005；刘明辉，何敬，2009；刘明辉，2010）。

关于范围边界，主要是围绕注册会计师实施的内部控制审计的范围，同样有三种观点，一种观点认为，注册会计师只能审计财务报告内部控制，对财务报告内部控制发表意见（张龙平，陈作习，宋浩，2009；谢晓燕，张心灵，陈秀芳，2009；刘玉廷，2010；杨志国，2010；韩丽荣，郑

① 正是由于内部控制有效性和内部控制缺陷性的这种互补关系，有效性和缺陷性互为对立面或补充，本节按习惯交互使用“有效性”和“缺陷性”，只是二者表达的内涵相反。

丽，周晓菲，2011），本节称为财务报告观；另外一种观点认为，注册会计师应该审计全部内部控制，对全部内部控制发表意见，而不应该只是财务报告内部控制（吴水澎，陈汉文，邵贤弟，2000；潘秀丽，2001；陈关亭，杨芳，2003；孙文刚，2009；白华，高立，2011），本节称为全部观；还有一种观点认为，注册会计师以财务报告内部控制审计为主，但是，对于审计过程中发现的非财务报告内部控制重要缺陷，要予以关注（刘明辉，2010；李明辉，张艳，2010），本节称为兼顾观。

上述这些观点对于我们认识内部控制鉴证内容的边界有很大的启发，本节在这些观点的基础上，从内部控制鉴证目标、内部控制鉴证需求和内部控制鉴证可行性出发，提出关于内部控制鉴证内容之边界的理论框架。

二、内部控制鉴证内容的时间边界和范围边界：理论框架

内部控制鉴证内容是内部控制缺陷性，然而，这里的内部控制缺陷性却有一个边界问题，究竟是定位于某一时点还是某一时期？是定位于全部内部控制还是财务报告内部控制？并且，一般来说，上述两个维度的问题要同时考虑。所以，内部控制缺陷性边界就呈现多种组合，大致如表 1 所示。那么，在多种组合中，究竟如何选择呢？

表 1　内部控制鉴证内容的组合

项目		时间边界	
		特定期间	特定时点
范围边界	全部内部控制	★	★
	财务报告内部控制	★	★

注：★表示可能的组合

（一）时间边界—是特定期间还是特定时点？

关于时间边界，有时期观、时点观、结合观，不同观点各有其理由。

时期观的主要理由如下：某一时点有效的内部控制并不能说明它能保证年度财务报告的可靠性，也不能保证企业在整个期间内守法经营；内部控制与财务报表审计整合进行，应当与财务报告所覆盖的期间相一致；预期使用者希望内部控制鉴证是对特定期间内部控制的有效性发表意见（吴水澎，陈汉文，邵贤弟，2000；潘秀丽，2001；陈关亭，杨芳，2003；李明辉，张艳，2010）。

时点观的主要理由包括：很多控制在运行后是无迹可查的，审计程序往往只能获取时点的证据，当然也就只能针对该时点内部控制的有效性发表意见；内部控制鉴证服务的目标和功能是有限的，财务报告的可靠性、遵循法规以及保证经营效率与效果等目标并不能过分依赖于内部控制的外部鉴证来完成，更多的责任仍在于企业管理当局建立健全内部控制并努力实现其有效执行；对整个年度的内部控制做出测试和评价，其成本是极其高昂的，也无法实现；内部控制审计相当于体检，只能对某一时点内部控制是否存在重大缺陷发表意见；与 PCAOB－AS5 的要求一致（李爽，吴溪，2003）。

结合观认为，在确定内部控制鉴证的时间范围时，应考虑鉴证业务委托人、被鉴证单位和审计师三方的相互作用。内部控制审计中的审计轨迹、审计证据和审计成本都不允许注册会计师对一个较长期间的内部控制的有效性发表意见。所以，需要从三方的互动中寻求平衡，平衡的结果是，从

程序上要求注册会计师应在特定期间对内部控制了解和有限测试，从结果上要求注册会计师针对特定时点的内部控制的有效性发表意见（刘明辉，2010）。

我们认为，内部控制鉴证需要就内部控制状态得出结论，而内部控制状态是是动态的，在一个时期的不同时点，其状况可能发生变化，所以，状态只能是时点状态，而不可能是时期状态，从内部控制鉴证可行性出发，总体来说，只能就时点得出鉴证结论，而不能就时期得出鉴证结论。例如，某钢铁企业的原料管理系统，2011 年，采用定期盘存制，通过期末盘点来确定本期消耗，由于钢铁原料的特征，依靠人们进行的期末盘点不可靠，所以，通过期末盘点来确定的本期消耗也不可靠。2012 年 3 月，在 2011 年年报告审计时，注册会计师认为，该公司原料管理系统存在重大缺陷，财务报告内部控制整体无效，对 2011 年财务报告内部控制发表否定性意见。由于这个否定性意见，2012 年 6 月，该公司对原料管理系统进行改进，增加了加料计量系统，通过这个加料计量系统，能较可靠地确定原料消耗量，所以，其原料管理系统从实地盘存制改为永续盘存制。该项改造工作于 2012 年 8 月 15 日完成。2013 年 3 月，在审计 2012 年年报时，注册会计师认为，该项改造有效，该公司的原料管理系统不再存在缺陷。在上述案例中，该公司原料管理系统的时点状况是：2012 年 8 月 15 日之前，存在重大缺陷；2012 年 8 月 15 日之后，不存在缺陷。那么，如果说，内部控制要以时期为基础来发表意见，注册会计师如何发表意见？就 2012 年来说，该公司原料管理系统有两种状况，一种是存在重大缺陷，一种是不存在缺陷。很显然，无法就整个时期的内部控制状况发表意见，只能就控制的时点状况发表意见，一般来说，这个时间状况应该是最近的时点。

然而，以时间为基础发表鉴证意见，并不意味着只收集时点证据。从内部控制鉴证目标来说，其最终目标是通过发现内部控制缺陷来抑制内部控制缺陷。为了实现这个鉴证目标，内部控制鉴证的威慑作用要覆盖整个时期，所以，其审计取证要覆盖整个时期，通过审计取证，对内部控制发挥动态移动的威慑作用，通过这些证据所获得的内部控制状态也是动态移动的，发表审计意见时，只是针对动态移动的最终时点。所以，此时的内部控制状况是动态移动的累计状况，也就是鉴证委托人、被鉴证单位和审计师三方动态博弈的累计状况。

所以，从内部控制鉴证目标来说，内部控制鉴证的审计取证要覆盖整个时期，获取内部控制的动态移动状况；从内部控制鉴证可行性出发，只能就内部控制动态移动的累计状况发表意见。

与此相关的另外一个问题是，既然内部控制鉴证的审计取证要覆盖整个时期，那么，审计密度如何确定呢？例如，一个年度有 365 天，需要在这个期间的哪些时点、多少时点获取审计证据呢？这涉及审计的时间范围，一般应由审计师根据内部控制鉴证需求和职业判断来确定，也可以由审计师与被鉴证单位商定，属于审计合约和审计方案的一部分（Arens，Randal&Beasley，2011）。

总体来说，关于内部控制鉴证内容的时间边界，有如下结论：从内部控制鉴证目标出发，内部控制鉴证取证应该覆盖特定时期；这些证据表明内部控制在该时期的动态移动状况，从内部控制鉴证可行性出发，内部控制鉴证结论只能是内部控制在该时期动态移动的累计状况，也就是该时期的期末状况。

（二）范围边界一是全部内部控制还是财务报告内部控制？

关于范围边界，有财务报告观、全部观和兼顾观，不同观点各有其理由。

财务报告观的主要理由包括：将内部控制的目标集中在财务报告可靠性上，更有利于保护广大投资者利益；SEC 认为，SOX 法案 404 条款中内部控制的核心是针对财务报告的；即使将内部控制审计的边界定为财务报告内部控制这一比较狭窄的范围，也会给上市公司增加大量的报告义务和成本负担；从历史上看，注册会计师对内部控制的检查或鉴证的范围从来只是针对财务报告内部控制；目前，美国、日本和加拿大等国家均要求注册会计师就财务报告内部控制发表意见，尚无一例要求对内部控制整体发表意见；对财务报告含相关信息的内部控制之外的其他内部控制，注册会计师目前可能因专业能力限制而不能执行提供合理保证的审计业务；只对财务报告内部控制进行审计，有利于规避注册会计师的责任（张龙平，陈作习，宋浩，2009；谢晓燕，张心灵，陈秀芳，2009；刘玉廷，2010；杨志国，2010；韩丽荣，郑丽，周晓菲，2011）。

全部观的主要理由有：利益相关者关注的不只是财务报告目标，除了财务报告目标外，他们还关注合规目标、资产安全目标、经营目标和战略目标；管理层内部控制评价报告是针对内部控制整体而不是仅限于财务报告内部控制；多数内部控制的政策和程序并非仅针对报告目标而设计，很难明确划分财务报告内部控制，无论是横向分离还是纵向分离，都无法从内部控制系统中分离出一个所谓的财务报告内部控制系统（吴水澎，陈汉文，邵贤弟，2000；潘秀丽，2001；陈关亭，杨芳，2003；孙文刚，2009；白华，高立，2011）。

兼顾观认为，内部控制审计范围必须考虑注册会计师的执业水平与能力，必须考虑制度的实施成本。从理论上说，既然称之为内部控制审计，其审计对象应涵盖内部控制整体。但内部控制审计这种制度安排，必须立足于国情，必须考虑企业的接受程度和承受能力，必须考虑注册会计师的执业水平与能力，必须考虑制度的实施成本。将内部控制审计的内容边界仅限于财务报告内部控制，尽管能满足监管机构的要求，但无法满足其他利益关系人的要求。只有将两者兼顾起来，即以企业财务报告内部控制为主体，同时兼顾非财务报告内部控制，才是我国现阶段的现实选择。注册会计师应当对财务报告内部控制发表审计意见，并对审计过程中注意到的非财务报告内部控制的重大缺陷，在审计报告中增加“非财务报告内部控制重大缺陷描述段”予以披露。

我们认为，内部控制鉴证是针对全部内部控制，还是财务报告内部控制，或是其他某部分内部控制，主要决定于内部控制鉴证需求和鉴证能力，只要有鉴证需求，并且还有鉴证能力，则内部控制无论是整体还是其中的一部分，都可以作为鉴证范围。例如，一些单位还进行廉政内部控制评估，这种评估就是针对与廉政相关的内部控制；也有一些单位进行舞弊风险评估，这种评估针对的就是与舞弊相关的内部控制。不少单位的内部审计部门对本单位的内部控制进行评估，针对的就是全部内部控制。所以，内部控制鉴证的范围边界本身没有谁优谁劣的问题，是内部控制鉴证需求和鉴证能力的均衡。

然而，从内部控制鉴证可行性角度来看，内部控制鉴证则需要按不同的内部控制目标分别进行，不能将不同的内部控制目标作为一个整体，就内部控制整体发表意见，只能就内部控制各目标分别发表鉴证意见。下面，我们来详细分析这个问题。

不同的内部控制权威规范所界定的内部控制目标稍有差异，以我国《企业内部控制基本规范》为例，第三条规定，内部控制的目标是合理保证企业经营管理合法合规、资产安全、财务报告及相关信息真实完整，提高经营效率和效果，促进企业实现发展战略。很显然，对于不同的内部控制目标，内部控制提供的保证程度不同，从另一方面来说，也就是可容忍风险暴露程度不同。对于合法合规目标、资产安全目标、信息真实完整目标，提供的是合理保证，允许的可容忍风险暴露程度很低；对于经营目标，其保证程度是“提高”，保证程度较低，对于战略目标，保证程度是“促进”，很显然，这两个目标的保证程度较低，允许的可容忍风险暴露程度较高。为什么会有这种的程度不同之规定呢？主要的原因是，对于合法合规目标、资产安全目标、信息真实完整目标来说，内部影响因素也存在，但是，内部控制系统能有效地应对内外因素，而经营目标和战略目标则不然，许多外部因素是内部控制系统无法有效应对甚至无能为力的，对于这些目标，内部控制系统只能发挥一定的作用，并不能保证其达到某种状态（陈汉文，张宜霞，2008）。我国的《行政事业单位内部控制规范（试行）》确定的内部控制目标也是如此，第四条规定，单位内部控制的目标主要包括：合理保证单位经济活动合法合规、资产安全和使用有效、财务信息真实完整，有效防范舞弊和预防腐败，提高公共服务的效率和效果。对于合法合规目标、资产安全和使用有效目标、财务信息真实完整，内部控制能提供合理保证，允许的可容忍风险暴露程度较低；而防范舞弊和预防腐败目标、公共服务的效率和效果目标，受到许多外部因素的影响，内部控制系统无法有效应对甚至无能为力的，所以，保证程度较低，允许的可容忍风险暴露程度较高。

既然不同的内部控制目标，允许的可容忍风险暴露程度不同，很显然，内部控制缺陷性也就呈现差异，对于同一企业或行政事业单位来说，可能是某些方面的内部控制目标风险暴露程度低于可容忍程度，内部控制不存在重大缺陷，该目标相关的内部控制是有效性；而在此同时，另外一些方面的内部控制目标则是风险暴露程度高于可容忍程度，内部控制存在重大缺陷，该目标相关的内部控制是无效的。但是，内部控制作为一个整体，则无法形成是否有效的结论。当然，现实生活是复杂的，在有些情形下，内部控制的所有目标都不存在重大缺陷，所以，可以认为内部控制是整体有效的。但是，这并不能解决不同目标出现不同情形时如何形成整体结论的问题。

总体来说，关于内部控制鉴证内容的范围边界，有如下结论：内部控制鉴证内部是鉴证需求和鉴证能力的均衡，既可以鉴证全部内部控制，也可以只选择某一部分内部控制；但是，由于内部控制对于不同的内部控制目标提供的保证程度不同，影响内部控制目标的外部因素不同，内部控制鉴证只能就不同的内部控制目标分别形成鉴证结论，内部控制作为一个整体难以形成鉴证结论。

三、内部控制鉴证内容的时间边界和范围边界：相关权威规范分析

本节以上提出了一个关于内部控制鉴证内容边界的理论框架，下面，我们用这个理论框架来分析我国的内部控制鉴证相关权威规范的规定，从一定程度上验证这个理论框架。

（一）内部控制鉴证内容的时间边界

《企业内部控制评价指引》第二十六条规定，企业应当以 12 月 31 日作为年度内部控制评价报告的基准日。根据这个规定，内部控制评价是对特定时点的内部控制状况形成评价意见。但是，第十三条规定，企业内部控制评价部门应当拟订评价工作方案，明确评价范围、工作任务、人员组织、进度安排和费用预算等相关内容，报经董事会或其授权机构审批后实施。第十六条规定，企业对内部控制缺陷的认定，应当以日常监督和专项监督为基础，结合年度内部控制评价，由内部控制评价部门进行综合分析后提出认定意见，按照规定的权限和程序进行审核后予以最终认定。根据这两条的规定，内部控制评价获取的审计证据，并不只是针对 12 月 31 日这个特定时点，而是分布于全年的不同时点。

《企业内部控制审计指引》第二条规定，内部控制审计是指会计师事务所接受委托，对特定基准日内部控制设计与运行的有效性进行审计。根据这个规定，内部控制审计只是对特定基准日内部

控制状况发表意见。然而，第十七条规定，注册会计师在确定测试的时间安排时，应当在下列两个因素之间作出平衡，以获取充分、适当的证据：尽量在接近企业内部控制自我评价基准日实施测试；实施的测试需要涵盖足够长的期间。根据这项规定，内部控制审计证据并不只是反映基准日内部控制状况，而是要涵盖足够长的期间。

总体来说，《企业内部控制评价指引》和《企业内部控制审计指引》要求对特定时点的内部控制状况形成结论，但是，关于内部控制状况的证据获取并不只是限于这个特定时点的内部控制状况，而是扩展到这个时期的多个时点。这与本节的理论框架相一致。

（二）内部控制鉴证内容的范围边界

关于内部控制鉴证内容的范围边界，我们相关的权威规范有三种情形：一是全部内部控制，二是财务报告内部控制，三是财务报告内部控制兼顾非财务报告内部控制。

1. 内部控制鉴证内容是全部内部控制

2001 年 4 月，中国证监会发布的《上市公司发行新股招股说明书》第 59 条规定，发行人应披露管理层对内部控制制度的完整性、合理性及有效性的自我评估意见，同时应披露注册会计师关于发行人内部控制制度评价报告的结论性意见。

2010 年，财政部等部委发布的《企业内部控制评价指引》第五条规定，企业应当围绕内部环境、风险评估、控制活动、信息与沟通、内部监督等要素，确定内部控制评价的具体内容，对内部控制设计与运行情况进行全面评价。

2013 年，中国内部审计师协会发布的《第 2201 号内部审计具体准则－内部控制审计》

第八条规定，内部控制审计按其范围划分，分为全面内部控制审计和专项内部控制审计。全面内部控制审计，是针对组织所有业务活动的内部控制，包括内部环境、风险评估、控制活动、信息与沟通、内部监督五个要素所进行的全面审计。专项内部控制审计，是针对组织内部控制的某个要素、某项业务活动或者业务活动某些环节的内部控制所进行的审计。

2. 内部控制鉴证内容是财务报告内部控制

2002 年 2 月，中国注册会计师协会发布的《内部控制审核指导意见》规定，注册会计师接受委托，就被审核单位管理当局对特定日期与会计报表相关的内部控制有效性的认定进行审核，并发表审核意见。

3. 内部控制鉴证内容是财务报告内部控制兼顾非财务报告内部控制

2010 年财政部等部委发布的《企业内部控制审计指引》第四条规定，注册会计师应当对财务报告内部控制的有效性发表审计意见，并对内部控制审计过程中注意到的非财务报告内部控制的重大缺陷，在内部控制审计报告中增加“非财务报告内部控制重大缺陷描述段”予以披露。

根据这些不同的内部控制鉴证范围之规定，我们有三点启示，第一，内部控制鉴证内容的范围具有多种性，并不是只有一种选择，既可以是全部内部控制，也可能是财务报告内部控制甚至其他某部分内部控制。第二，当内部控制鉴证内容是全部内部控制时，有两种情形，一是 IPO 时，二管理层内部控制评价时，这两种情形都不存在不同的内部控制目标会有不同的鉴证结论的情形。在 IPO 时，投资者对企业要进行全面了解，不能容忍内部控制的某些方面存在重大缺陷，所以，所有的内部控制目标的鉴证结论都是有效的。在管理层内部控制评价时，管理层的主要目的是发现缺陷并推进整改，所以，是否有一个关于内部控制整体有效性的意见并不重要。正是由于这些原因，本节理论分析中剖析的不同方面的内部控制有效性不同，从而难以对内部控制整体形成结论的情形不会发生。所以，可以对内部控制整体作为鉴证内容。第三，当内部控制鉴证内容是财务报告内部控制时，这种情形下一般是对外披露内部控制鉴证结论，注册会计师要承担严格的法律责任，同时，还要考虑鉴证成本，并且，要求对发现的非财务报告内部控制重大缺陷也予以披露。

总体来说，我国内部控制鉴证相关规范对内部控制鉴证内容的范围的规定具有多种性，这与本节的理论框架相一致。

四、结论和启示

内部控制鉴证内容是内部控制缺陷性，首先鉴证内部控制缺陷，然后，根据内部控制有效性和缺陷性的互补关系，确定内部控制有效性。然而，内部控制缺陷性究竟是定位于某一时点还是某一时期？是定位于全部内部控制还是财务报告内部控制？本节从内部控制鉴证目标、内控制鉴证需求、内部控制鉴证可行性出发，提出关于内部控制鉴证内容之边界的一个理论框架。

关于内部控制鉴证内容的时间边界，从内部控制鉴证目标出发，内部控制鉴证取证应该覆盖特定时期；这些证据表明内部控制在该时期的动态移动状况，从内部控制鉴证可行性出发，内部控制鉴证结论只能是内部控制在该时期动态移动的累计状况，也就是该时期的期末状况。

关于内部控制鉴证内容的范围边界，内部控制鉴证内部是鉴证需求和鉴证能力的均衡，既可以鉴证全部内部控制，也可以只选择某一部分内部控制；但是，由于内部控制对于不同的内部控制目标提供的保证程度不同，影响内部控制目标的外部因素不同，内部控制鉴证只能就不同的内部控制目标分别形成鉴证结论，内部控制作为一个整体难以形成鉴证结论。

本节的研究看似理论探索，其实有较大的实践意义，从时间上来说，虽然是对时点的内部控制状况形成结论，但是，事实上是一个时期的动态累计，鉴证证据需要覆盖该时期的多个时点；从范围来说，具有多种选择，是内部控制鉴证需求和鉴证能力的均衡。正是由于这种特征，使得内部控制鉴证作为制度审计，具有了审计属性，需要按审计思维来实施。

参考文献

1. COSO（Committee of Sponsoring Organizations of the Treadway Commission），Internal control— Integrated Framework，1994.

2. COSO（Committee of Sponsoring Organizations of the Treadway Commission），Internal control— Integrated Framework，2013.

3. COSO（Committee of Sponsoring Organizations of the Treadway Commission），Enterprise Risk Management —Integrated Framework，2004.

4. INTOSAI（The International Organisation of Supreme Attestation Institutions ），Guidance for Reporting on the Effectiveness of Internal Controls：SAI Experiences In Implementing and Evaluating Internal Controls，1997.

5. INTOSAI (The International Organisation of Supreme Attestation Institutions), Guidelines for Internal Control Standards for public sector, 2004.

6. GAO (United States Government Accountability Office), Standards for Internal Control in the Federal Government, September 2014.

7. 财政部，证监会，审计署，银监会，保监会．关于印发企业内部控制配套指引的通知，2010。

8. 谢盛纹．《萨班斯法案》下的内部控制审计内容与方法［J］，财政监督，2007（3）：62－64。

9. 陈汉文，张宜霞．企业内部控制的有效性及其评价方法［J］，审计研究，2008（3）：48－54。

10. 郑石桥，徐国强，邓柯，王建军．内部控制结构类型、影响因素及效果研究［J］，审计研究，2009（1）：81－86。

11. 张颖，郑洪涛．我国企业内部控制有效性及其影响因素的调查与分析［J］，审计研究，2010（1）：75－81。

12. 钟玮．我国企业内部控制有效性研究［D］，财政部科研所博士学位论文，2011年。

13. 姚刚．内部控制审计论［M］，中国财政经济出版社，2013年10月。

14. 林钟高，徐虹．分工、控制权配置与内部控制效率研究［J］，会计研究，2009（3）：64－71。

15. 李连华，唐国平．内部控制效率：理论框架与测度评价［J］，会计研究，2012（5）：16－21＋93。

16. Cushing, B. E. A mathematical approach to the analysis and design of internal control systems, The Accounting Review, Vol. 49, No. 1 (Jan., 1974), 24－41.

17. Bodnar, G.. Reliability modeling of internal control systems, The Accounting Review, Vol. 50, No. 4 (Oct., 1975), 747－757.

18. 徐志强．简论内部控制可靠性判断模型［J］，审计理论与实践，2003（1）：44－45。

19. 刘祝高．商业银行内部控制评审的主要内容和评审方法［J］，中国审计信息与方法，1999（8）：27－28。

20. 戴春友．人民银行内部控制审计的内容、程序和方法探讨［J］，金融经济，2009（2）：72－74。

21. 燕丽征．对内部控制制度评审的内容和标准［J］，陕西审计，2001（1）：31。

22. 段光明．企业内部控制评估的要求与内容［J］，财政监督，2006（11）：46－47。

23. 杨有红．内部控制评价的目的与内容［J］，首席财务官，2009（2）：17。

24. 董晓军．企业内部控制审计的内容与方法［J］，审计月刊，2007（11）：32－33。

25. 吴明芳．对高校内部控制审计评价内容及指标体系的探讨［J］，无锡职业技术学院，2010（4）：66－68。

26. 李爽，吴溪．内部控制鉴证服务的若干争议与探讨［J］，中国注册会计师，2003（5）：8－11。

27. 王宏．论企业内部控制评价的主体及内容［J］，江西社会科学，2012（3）：186－189。

28. 舒伟，曹健，左锐．内部控制有效性机理研究－基于熵与耗散结构理论的解释［J］，西安财经学院学报，2015（4）：28－33。

29. 郑石桥，裴育．内部控制判断一致性和内部控制可靠性模拟的文献综述［J］，审计与经济研究，2006（1）：44－48。

30. 朱彩婕，张代宝．内部控制有效性问题探讨［J］，山东经济，2007（9）：45－47。

31. 杨洁．基于 PDCA 循环的内部控制有效性综合评价［J］，会计研究，2011（4）：82－87。

32. 穆叶赛尔·木衣提，李小燕．企业内部控制有效性评价方法述评［J］，山西财经大学学报，2010（11）：183－184。

33. Brewer，D.，List，W. Measuting the effectiveness of an internal control system［J］，Journal of corporate finace，2004，(7)：209－233.

34. Ramos.，M. How to comply with Sarban－Oxley Section 404［M］，John Wiley&Sons，Inc，2004.

35. 戴彦．企业内部控制评价体系的构建－基于 A 省电网公司的案例研究［J］，会计研究，2006（1）：69－76。

36. 骆良彬，王河流．基于 AHP 的上市公司内部控制质量模糊评价［J］，审计研究，2008（6）：84－90。

37. Leone，J. A. Factors Related to Internal Control Disclosure：A Discussion of Ashbaugh，Collins，and Kinney（2007）and Doyle，Ge，and McVay（2007）［J］. Journal of Accounting and Economics，2007，44（1－2）：224－237.

38. Botosan，C. A. Disclosure Level and the Cost of Equity Capital［J］. The Accounting Review，1997，72（3）：323－349.

39. 李宇立．内部控制缺陷研究－理论分析和经验证据［M］，中国财政经济出版社，2013 年 5 月。

40. 杨有红，李宇立．内部控制缺陷的识别、认定与报告［J］，会计研究，2011（3）：76－80。

41. 吴水澎，陈汉文，邵贤弟．企业内部控制理论发展与启示［J］，会计研究，2000（5）：2－8。

42. 潘秀丽．对内部控制若干问题研究［J］，会计研究，2001（6）：22－25。

43. 陈关亭，杨芳．上市公司内部控制报告调查研究［J］，审计理论与实践，2003（7）：24－26。

44. 孙文刚．内部控制鉴证的对象与内容－兼评《企业内部控制鉴证指引（征求意见稿）》［J］，会计之友，2009（1）：24－25。

45. 白华，高立．财务报告内部控制：一个悖论［J］，会计研究，2011（3）：68－75。

46. 张龙平，陈作习，宋浩．美国内部控制审计的制度变迁及其启示［J］，会计研究，2009（2）：75－80。

47. 谢晓燕，张心灵，陈秀芳．我国企业内部控制审计的现实选择－基于内部控制审计与财务报表审计关联的分析［J］，财会通讯，2009（3）：125－127。

48. 刘玉廷．全面提升企业经营管理水平的重要举措－《企业内部控制配套指引》解读［J］，会计研究，2010（5）：3－16。

49. 杨志国．内控审计指引让财报更靠谱［N］，中国证券报，2010年8月12日。

50. 韩丽荣，郑丽，周晓菲．我国企业内部控制审计目标的理论分析及现实［J］，吉林大学社会科学学报，2011（9）：125－131。

51. 刘明辉．内部控制鉴证：争论与选择［J］，会计研究，2010（9）：43－50。

52. 李明辉，张艳．上市公司内部控制审计若干问题之探讨－兼论我国内部控制鉴证指引的制定［J］，审计与经济研究，2010（3）：38－47。

53. 李爽，吴溪．内部控制鉴证服务的若干争议与探讨［J］，中国注册会计师，2003（5）：8－11。

54. Paul，J. W.，2005. Exploring PCAOB Auditing Standard 2：Audits of Internal Control［J］. CPA Journal，75（5），p22.

55. 刘明辉，何敬．内部控制鉴证的时点与时期之争［J］，中国注册会计师，2009（8）：31－33。

56. Arens A. A.，Randal J. E.，and Beasley M. S.，（2011）. Auditing And Assurance Services：An Integrated Approach［M］. 14th Edition. Prentice－Hall，Inc.

57. 陈汉文，张宜霞．企业内部控制的有效性及其评价方法［J］，审计研究，2008（3）：48－54。

第十六章　制度审计方法理论

本章阐述制度审计中较为重要的方法之理论，主要内容包括：内部控制缺陷识别和认定：概念和逻辑框架；内部控制缺陷识别标准：理论框架和例证分析；内部控制缺陷认定标准：理论框架和例证分析；内部控制缺陷判断差异：基于管理层和外部审计师视角；内部控制鉴证取证模式：逻辑框架和例证分析。

第一节　内部控制缺陷识别和认定：概念和逻辑框架

内部控制鉴证对于优化内部控制、提升组织的管理水平和促进资本市场效率具有重要的作用。内部控制鉴证内容是内部控制缺陷，在鉴证内部控制缺陷的基础上，通过内部控制缺陷性与有效性的互补关系，确定内部控制有效性。从某种意义上来说，内部控制鉴证就是寻找内部控制缺陷并对内部控制缺陷进行等级划分的过程，一般来说，寻找内部控制缺陷称为内部控制缺陷识别，而对内部控制缺陷进行等级划分则称为内部控制缺陷认定。目前，从内部控制鉴证实务来看，内部控制缺陷识别和认定已经成为内部控制评价或审计的重大挑战之一（刘玉廷，2010）。

围绕内部控制缺陷识别和认定，有大量的工作性研究文献，也有一定数量的学术性研究文献，还有一些权威规范的规定。然而，目前仍然存在三个主要问题，一是相关概念混乱，二是逻辑框架缺乏，三是相关标准缺乏。本节认为，概念是基础，概念不清楚，无法构建逻辑框架；而逻辑框架不清楚，则无法进行制度构建和实施鉴证行动。基于此，本节致力于内部控制缺陷识别和认定的相关概念及逻辑框架。由于篇幅所限，本节不涉及相关标准。

一、文献综述

内部控制缺陷有许多研究文献，根据本节的主题，我们主要关注两类文献，一是内部控制缺陷相关概念，二是内部控制缺陷识别和认定的逻辑步骤。

关于内部控制缺陷相关概念，国外的一些权威规范涉及内部控制缺陷、内部控制重大缺陷、内部控制重要缺陷、内部控制一般缺陷、内部控制局限性（COSO－IC，1994；2013；COSO－RM，2004；PCAOB，2007；日本企业会计审议会，2007）。国内的相关权威规范涉及上述这些概念。就学术研究文献来说，根据白华、高立（2011）及曹丹、董佳宇（2014）的文献综述，国外文献很少研究内部控制缺陷相关概念。国内的不少文献研究内部控制缺陷的概念，一般认为，内部控制缺陷是内部控制过程存在的缺点或不足，这种缺点或不足直接导致了内部控制无法为控制目标的实现提供合理保证（杨有红，李宇立，2011；刘建伟，郑瞳，2012；田娟，余玉苗，2012；李宇立，2013）。一些文献还研究了内部控制缺陷与内部控制局限性的关系，认为二者的共性是都会导致内部控制目标受阻，但是，二者存在本质区别，不能将内部控制局限性确认为内部控制缺陷（杨有红，李宇立，2011；田娟，余玉苗，2012）。还有一些文献分析了内部控制缺陷性和有效性的关系，认为二者是互补关系，从100%减去内部控制缺陷性就是有效性（陈汉文，张宜霞，2008；杨有红，李宇立，2011）。

关于内部控制缺陷识别和认定的逻辑步骤，美国PCAOB－AS5及日本《关于财务报告内部控制评价与审计准则以及财务报告控制评价与审计实施准则的制定（意见书）》都选择"从上到下，风险导向"这种风险基础法作为主流方法。也有一些学术文献研究不同模式的效率（Morrill，Morrill&Kopp，2012；Zheng，Patel&Evans，2015）。国内文献也有一些研究内部控制缺陷识别和认定的逻辑步骤，南京大学会计与财务研究院课题组（2010）提出了基于内部控制要素的内部控制评价基本框架及模式。王惠芳（2011）认为，内控缺陷规范标准应采用规则式与原则式相结合的制定思路。李宇立（2012）认为，缺陷的识别与认定是一个过程，包含三个步骤。首先，确定风险偏好和风险容忍度；其次，将单位层面的风险容忍度"自上而下"地在各层级分配；最后，将敞口风险与对应的风险容忍度进行对比。廖高玲（2013）提出了原则式与规则式互补的框架。李丹平（2013）提出基于目标导向的内部控制缺陷认定，将内部控制缺陷分为已经造成了内部控制目标偏离的内部控制缺陷和潜在的尚未造成内部控制目标偏离的内部控制缺陷，通过结果评价和过程评价，认定内部控制缺陷。

上述这些权威规范和研究文献，对于我们认知内部控制缺陷识别和认定有较大的启发，然而，关于内部控制缺陷识别和认定，仍然存在三个问题：一是相关概念混乱，二是逻辑框架缺乏，三是相关标准缺乏。本节将致力于前两个问题。

二、内部控制缺陷识别和认定的相关概念之厘清

（一）内部控制缺陷识别和内部控制缺陷认定

内部控制缺陷识别和内部控制缺陷认定的概念没有明确界定。从逻辑上来说，内部控制鉴证包括两个步骤，一是寻找内部控制缺陷，二是对已经找到的内部控制缺陷划分等级。本节将前者称为内部控制缺陷识别，后者称为内部控制缺陷认定。上述两个步骤存在重大差异。然而，很多文献将上述两个步骤混为一谈。

财政部等颁布的《企业内部控制基本规范》第四十五条规定，企业应当制定内部控制缺陷认定标准，对监督过程中发现的内部控制缺陷，应当分析缺陷的性质和产生的原因，提出整改方案，采取适当的形式及时向董事会、监事会或者经理层报告。中国内部审计协会《第2201号内部审计具体准则一内部控制审计》第二十二条规定，内部审计人员应当根据获取的证据，对内部控制缺陷进行初步认定，并按照其性质和影响程度分为重大缺陷、重要缺陷和一般缺陷。这里的内部控制缺陷认定，无法区分是指对寻找到的内部控制缺陷之确认，还是对内部控制缺陷划分等级。笔者推测，应该是两方面的含义都有。

财政部等颁布的《企业内部控制评价指引》第十七条规定，内部控制评价工作组应当根据现场

测试获取的证据，对内部控制缺陷进行初步认定，并按其影响程度分为重大缺陷、重要缺陷和一般缺陷。很显然，这里的内部控制缺陷认定是指对内部控制缺陷划分等级，并未包括对寻找到的内部控制缺陷之确认。纵观《企业内部控制评价指引》，找不到关于对寻找到的内部控制缺陷之确认的相关规定。笔者推测，应该是将内部控制缺陷识别作为内部控制缺陷认定处理了。

财政部等颁布的《企业内部控制审计指引》第二十条规定，注册会计师应当评价其识别的各项内部控制缺陷的严重程度，以确定这些缺陷单独或组合起来，是否构成重大缺陷。中国注册会计师协会颁布的《企业内部控制审计指引实施意见》规定，注册会计师要对内部控制缺陷进行评价，以划分为不同等级。很显然，这里的缺陷评价，就是对内部控制缺陷划分等级。

通过对上述这些权威规范的描述，不难发现，现有权威规范并未区分内部控制缺陷识别和内部控制缺陷认定，而是笼统地作为内部控制缺陷认定，而对于内部控制缺陷认定也未统一的名称，有的规范中称为内部控制缺陷评价。

我们认为，确认一种状态是不是内部控制缺陷，对已经确认的内部控制缺陷进行等级划分，这是两项有重要区别的审计工作，其依赖的审计标准不同，使用的审计程序也不同，完全不能将二者混为一谈。为此，本节将寻找内部控制缺陷这一过程称为内部控制缺陷识别，对已经识别的内部控制缺陷划分等级这一过程称为内部控制缺陷认定，它们依赖的标准不同，采用的技术方法不同，但是，共同组成内部控制鉴证的核心内容。

（二）内部控制缺陷及其与相关概念的关系

内部控制缺陷及其与相关概念之间的关系并未明确界定。与内部控制相近的概念有三个，一是内部控制偏差，二是内部控制局限性，三是内部控制例外事项。只有将它们四者联系起来分析，才能厘清楚内部控制缺陷的实质。

关于内部控制缺陷，COSO－IC 和 COSO－RM 的定义是，已经察觉的、潜在或实际的缺点，抑或通过强化措施能够带来目标实现更大可能性的机会。PCAOB－AS5 从财务报告内部控制缺陷角度指出，当控制的设计或运行不能使管理层或员工在履行其日常职责的过程上防止或及时发现错误，那么，财务报告内部控制就存在缺陷。同时，COSO－IC 和 COSO－RM 都使用了内部控制局限性这个概念，还列举了局限性的典型表现：决策过程中可能出现错误判断；执行过程中可能出现的错误或过失；因勾结串通或管理层越权而失效；制约于控制带来的收益与执行控制成本之间的权衡。

我国《企业内部控制基本规范》《企业内部控制评价指引》《第 2201 号内部审计具体准则－内部控制审计》《企业内部控制审计指引》均使用了内部控制缺陷这个概念，但是，没有界定这个概念。《企业内部控制基本规范》《企业内部控制评价指引》《第 2201 号内部审计具体准则－内部控制审计》没有使用内部控制局限性这个概念，《企业内部控制审计指引》要求有内部控制审计报告中说明内部控制局限性，但是，并没有明确界定这个概念。可见，在我国的相关权威规范中，并未严格区分内部控制缺陷和内部控制局限性。

一些学术文献涉及内部控制缺陷和内部控制局限性的区别，主要体现在：内部控制缺陷是内部控制设计者在设计过程中未意识到的缺点，以及内部控制执行过程中不按设计意图运行而产生运行结果偏差的可能；内部控制局限性则是设计者在设计过程中事先预留的风险敞口，以及运行过程中按照设计意图运行也无法实现控制目标的可能（杨有红，李宇立，2011；田娟，余玉苗，2012）。

至于内部控制偏差、内部控制例外事项，几乎所有的相关权威规范都没有涉及，只是在一些会计师事务所的操作指南和上市公司的内部控制评价指引中有一些规定①。

本节认为，内部控制偏差、内部控制缺陷、内部控制局限性、内部控制例外事项存在重大差异，正确区分它们，是内部控制缺陷识别的前提，它们之间的关系如图 1 所示。

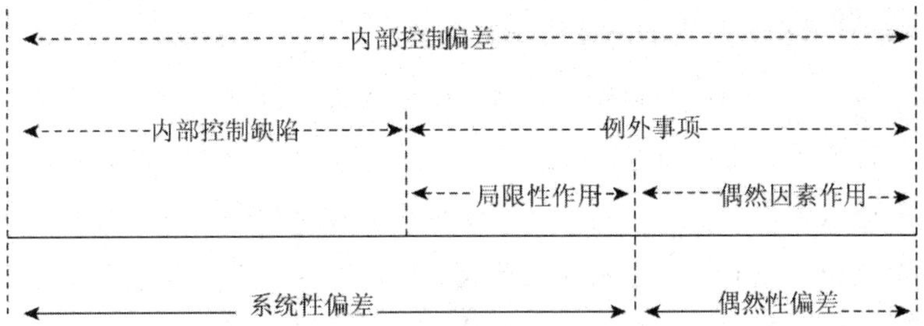

图 1　内部控制缺陷相关概念的关系

内部控制偏差是对内部控制应然状况的偏差，而这种偏差又分为两种情形，一是由于偶然性因素的作用而产生的，称为偶然性偏差；二是由于系统性因素的作用而产生的，称为系统性偏差。这两种偏差的重要区别时，偶然性偏差完全是由于偶然因素造成的，并不是内部控制系统本身的原因而产生的，一般来说，不会重复发生。例如，某人因为家庭纠纷而心情不好，导致内部控制失误，因为极端天气，导致某机器不能有效运行，这些只是极为偶然的情形下发生的内部控制偏差，并不能表明内部控制系统以后还会发生同样的偏差。系统性偏差是由于内部控制系统本身的原因而产生的，并且只要条件具备，还可能重复发生。例如，某岗位存在不相容职能，致使该岗位员工贪污，只要该岗位职能不变，则该岗位还可能发生贪污行为，所以，系统性偏差表明内部控制系统本身存在瑕疵，这种系统性偏差称为内部控制瑕疵，只要这种瑕疵没有得到修复，以后还可能继续发生内部控制偏差。

系统性偏差表明内部控制存在瑕疵，但是，内部控制瑕疵又分为两种类型，一是内部控制缺陷，二是内部控制局限性。这二者的共性是，它们都会导致内部控制目标偏离，所以，从结果视角来看，二者无区别。但是，内部控制局限性是源于成本效益原则的考虑，在某些情形下，明知有风险暴露，但是，如果对该风险进行控制，则不符合成本效益原则，所以，有意识地放任这些风险。而内部控制缺陷则不同，它并不是有意识的风险暴露，从制度设计来说，对这些风险进行控制是符合成本效益原则的，之所以形成风险暴露，要么是未能识别到这些风险，要么是设计的应对措施不足以应对这些风险，要么设计的应对措施没有得到有效执行，总之，是对于本该应对的风险未能有效地应对。正是从这个意义上，有些文献认为，正是由于内部控制局限性的存在，所以，内部控制目标不能绝对保证，而正是内部控制缺陷的存在，使得内部控制拟提供的保证程度未能达成（杨有红，李宇立，2011；田娟，余玉苗，2012）。

至此为止，内部控制偏差可以区分为三种类型，一是内部控制缺陷，二是内部控制局限性，三是偶然因素造成的内部控制偏差，前两者组成内部控制瑕疵。很显然，内部控制局限性造成的偏差、偶然因素造成的内部控制偏差，无法通过内部控制鉴证来提升优化其水平并进而达到抑制其偏

① 参见《中石油内部控制测试规范》。

差的目的，都界定为内部控制例外事项，内部控制鉴证只能针对内部控制缺陷，正确地厘清它们之间的关系，是有效地识别内部控制缺陷的前提。

三、内部控制缺陷识别和认定的逻辑框架

（一）内部控制缺陷识别和认定的总体逻辑框架

内部控制鉴证的内容是内部控制缺陷性，从逻辑上来说，内部控制鉴证包括三个步骤，一是寻找内部控制缺陷，一般称为内部控制缺陷识别；二是对于已经识别的内部控制缺陷进行等级分类，一般称为内部控制缺陷认定；三是在此基础上，根据内部控制缺陷性和有效性的互补关系，确定内部控制有效性，一般来说，只有内部控制存在重大缺陷时，才能确定其整体无效果。当然，内部控制缺陷识别和内部控制缺陷认定，本身还有许多的步骤。大致来说，内部控制缺陷识别和认定的总体逻辑过程如图 2 所示。下面，分别阐述图 2 中的内部控制缺陷识别和缺陷认定。

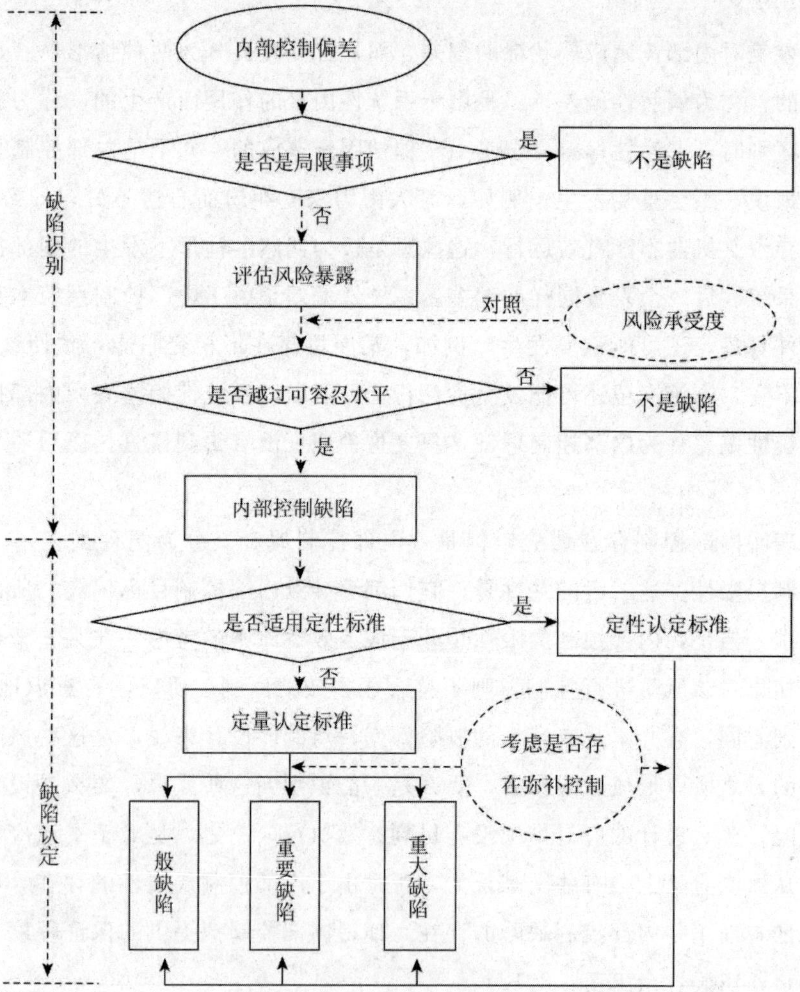

图 2　内部控制缺陷识别和认定的总体逻辑框架

（二）内部控制缺陷识别的逻辑框架

内部控制缺陷识别就是寻找并确认内部控制缺陷，根据图 2 所示，内部控制缺陷识别首先是通过审计程序来寻找内部控制偏差。一般来说，寻找内部控制偏差有两种模式，一是风险基础法（risk－based audit approach)，也称为原则导向法，其特点是从“风险”到“控制”；二是控制基础

法（control—based audit approach），也称为规则导向法，还称为详细评价法，其特点是“控制”到“风险”（Morrill，Morrill&Kopp，2012；姚刚，2013；Zheng，Patel&Evans，2015）。美国的PCAOB— AS5、日本《关于财务报告内部控制评价与审计准则以及财务报告控制评价与审计实施准则的制定（意见书）》及我国的内部控制审计准则都选择“从上到下，风险导向”这种风险基础法作为主流方法。

对于识别的内部控制偏差，要将其区分为内部控制缺陷和内部控制例外事项。对于确认的内部控制缺陷，要评估其风险暴露。风险暴露是指风险与应对措施之差异，它源于控制措施不足以应对其拟应对的风险。风险暴露有三个原因：一是未能有效地识别风险，致使有的风险没有设计应对措施；二是设计的控制措施不足以应对其拟应对的风险，三是设计的内部控制措施未能得到有效执行，所以，不能有效地应对其拟应对的风险。内部控制基本要素的任何一方面存在缺陷，都可能导致上述三个原因的产生的。例如，风险评估要素存在缺陷，致使一些重要的风险未能识别；控制活动或控制环境或信息与沟通设计不当或执行不力，致使风险未能得到有效应对；内部监视失败，致使内部控制系统未能有效地运行，从而风险未能得到有效应对。

对于确认的内部控制缺陷进行风险暴露评估，要区分不同的内部控制目标分别进行。因为内部控制目标有多种，任何一个组织对于不同的控制目标会有不同的风险承受度（图3所示），同时，任何一个内部控制缺陷对于不同的内部控制目标会有不同的影响，如果不区分内部控制目标，无法确定风险暴露。

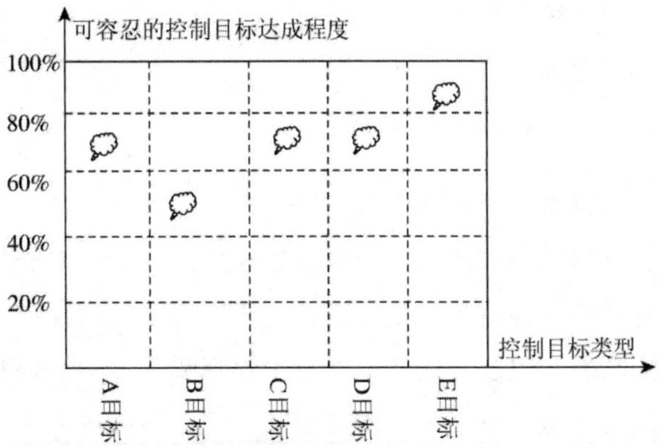

图3 内部控制缺陷性框架

内部控制缺陷风险暴露评估要区分现实缺陷和潜在缺陷分别评估，现实缺陷是指已经对内部控制目标形成影响的缺陷，潜在缺陷指还未对内部控制目标形成影响的缺陷。现实缺陷按从样本推断总体的方法，根据对样本的影响来推断这种缺陷对总体的可能影响。潜在缺陷要估计两个方面，一是影响发生的可能性，二是一旦发生，其影响程度。这两方面结合起来，就是潜在影响的期望值。很显然，这二者都具有主观判断，但是，潜在缺陷的主观判断成分更大（李宇立，2013）。风险暴露评估要兼顾内部控制过程和结果，有定性和定量的许多技术方法，限于篇幅，这里不展开讨论。

以每个内部控制目标为基础进行风险暴露评估之后，要将评估的风险暴露与该目标的风险承受度相比较，确定超过可容忍的风险暴露，一般来说，它们三者之间有如下关系：

超过可容忍的风险暴露（OR_i）＝风险暴露评估值（ER_i）－风险承受度（AR_i）

这里的i表示第i项内部控制目标，如果OR_i小于零，则不必确认为内部控制缺陷，只有当

OR_i 大于零时，才确认为内部控制缺陷（李宇立，2012；李宇立，2013）。

另外，KPMG（2009）的调查发现，只有极少数的公司对风险偏好进行了定义和沟通，仅 25% 的公司对风险偏好有正式的阐述，对于绝大多数的公司而言，并没定义和沟通有风险偏好，风险偏好与风险承受度是异曲同工的，没有风险偏好的确定，当然也无从谈风险承受度的确定。所以，对于大多数企业来说，OR_i 的确定具有挑战性。

（三）内部控制缺陷认定的逻辑框架

对于已经确认的内部控制缺陷，要对其划分等级，这就是内部控制缺陷认定。美国 PCAOB－AS5、日本《关于财务报告内部控制评价与审计准则以及财务报告控制评价与审计实施准则的制定（意见书）》及我国《内部控制评价指引》《内部控制审计指引》都将内部控制缺陷严重程度划分为三个等级：重大缺陷，重要缺陷，一般缺陷。由于内部控制缺陷要分控制目标来识别，其认定自然也要按不同的内部控制目标来进行。所以，以我国《企业内部控制基本规范》所确定的内部控制目标为基础，内部控制缺陷认定的基本情形如表 1 所示。

表 1　内部控制缺陷认定基本情形

项目		内部控制目标类型				
		行为目标	资产目标	信息目标	经营目标	战略目标
内部控制目标偏离程度	重大偏离	★	★	★	★	★
	重要偏离	☆	☆	☆	☆	☆
	一般偏离	◇	◇	◇	◇	◇

注：★表示重大缺陷，☆表示重要缺陷，◇表示一般缺陷

问题的关键是，如何将内部控制缺陷认定为不同等级呢？国内外的相关权威规范都要求审计师自行确定内部控制缺陷认定标准。我们认为，内部控制缺陷认定的核心是风险暴露评估，而风险暴露评估又有定性评估和定量评估两种情形。定性评估主要适用于对内部控制目标有影响，但是，又难以通过量化的方式来确定其影响程度，或者虽然能主观判断其影响，但是，这种判断的主观成分太大，以至于不具有合理的可靠性。对于这些内部控制缺陷，要通过不断的经验积累，采用例举的方式来确定其缺陷等级。例如，财政部颁布的《企业内部控制审计指引》第二十二条规定，下列迹象表明内部控制可能存在重大缺陷：注册会计师发现董事、监事和高级管理人员舞弊；企业更正已经公布的财务报表；注册会计师发现当期财务报表存在重大错报，而内部控制在运行过程中未能发现该错报；企业审计委员会和内部审计机构对内部控制的监督无效。定量评估主要适用于能量化风险暴露的内部控制缺陷，认定的基本思想是根据超过可容忍的风险暴露（OR_i）程度，一般将这种超过程度划分为三个等级，按超过程度，分别确定为重大缺陷、重要缺陷、一般缺陷。当然，无论是定性认定，还是定量认定，都需要确定缺陷认定标准。定性标准和定量标准制定也涉及许多问题，由于篇幅所限，这里不展开讨论。

虽然内部控制缺陷风险暴露有定性评估和定量评估，但是，他们的使用具有逻辑顺序，首先是判断是否属于定性评估范围，如果是，则按定性标准进行认定；如果不适用于定性评估，则按定量标准进行认定。事实也是如此，研究发现，在美上市公司的许多重大缺陷是根据内部控制审计准则指出的表明公司内部控制可能存在重大缺陷的重要迹象来认定的，其他的则通过重大缺陷的定义来

认定（陈武朝，2012）。

四、结论和启示

内部控制鉴证的核心内容是内部控制缺陷识别和认定，围绕内部控制缺陷识别和认定，有一些相关的规范权威和大量的研究性文献。然而，目前仍然存在三个主要问题，一是相关概念混乱，二是逻辑框架缺乏，三是相关标准缺乏。本节认为关注前两个问题。

从本质上来说，内部控制缺陷是超过可容忍的风险暴露，是由于过程缺陷而导致的结果偏差，它与内部控制局限性、内部控制例外事项、内部控制偏差这些概念，既有联系，也有区别。内部控制缺陷识别是寻找和确认内部控制缺陷，首先是通过风险基础法或控制基础法寻找内部控制偏差，然后从偏差剔除例外事项，识别出需要进行风险暴露评估的内部控制缺陷，在此基础上，分别不同的内部控制目标，通过定量或定性方法评估内部控制缺陷的风险暴露，将特定内部控制目标的风险暴露评估结果与事先确定的相应控制目标的风险承受度相比较，确认内部控制缺陷。内部控制缺陷认定是将确认的内部控制缺陷分为不同的等级，需要将确认的内部控制缺陷分为两类，一类通过定性将其划分为不同等级，一类通过定量标准划分将其为不同等级。

本节的结论启示我们，内部控制缺陷认识和认定是一个复杂的系统工程，这一过程中需要很多的职业判断，也面临很多的选择，主观成分较多。为此，一方面需要从业人员具有较高的职业素养，需要对被审计单位的内部控制有深刻的理解，更需要对内部控制鉴证相关权威规范的要义有深刻的把握；另一方面，相关职业组织要尽可能颁布一些职业指引，将成功的经验提供给大家分享；同时，还要加强监管，防止滥用职业判断，将内部控制鉴证形式化。

第二节　内部控制缺陷识别标准：理论框架和案例分析

内部控制鉴证主要是寻找缺陷并对缺陷进行等级划分，前者称为缺陷识别，后者称为缺陷认定。无论是缺陷识别，还是缺陷认定，都需要标准，并需要用不同的标准，本节关注前者。缺陷识别标准是判断特定事项是否是缺陷的标准，同样的事项，选择不同的评价标准，会得出不同的评价结论，所以，适宜的缺陷识别标准是内部控制鉴证最重要的要素之一，没有适宜的评价标准，就没有实质意义上的内部控制鉴证，有时甚至比没有内部控制鉴证更糟糕（王光远，1996）。

关于内部控制缺陷识别标准有一些研究，但总体上还不够深入，不过，有一点共识，认为内部控制缺陷识别标准具有多样性，并不存在放之四海而皆准的识别标准。然而，如何在多样的可供选择标准中选择适用的识别标准并未得到研究。

本节从过程视角来认识内部控制缺陷识别标准，以内部控制缺陷识别标准多样性为前提，研究内部控制缺陷识别标准之选择。

一、文献综述

根据本节的主题，相关的文献包括两部分，一是管理审计标准相关研究，二是内部控制鉴证标准相关研究①。

关于管理审计标准的研究主要涉及管理审计标准的重要性及如何确定管理审计标准。关于管理审计标准的重要性，Santocki（1983）分别于1974年和1982年对管理审计做了两次调查，结果显示，在制约管理审计发展的八个因素中，缺乏审计标准是第一位的因素。Vinten（1991）曾专门对英美两国的管理审计作了比较研究，他的结论是，英国的管理审计落后于美国管理审计的主要原因是英国的管理不像美国那样采用正式且固定的程序，从而不像美国那样更多地强调标准控制。王光远（1996）指出，审计准则和评价标准是管理审计走向科学与规范的标志，没有合理的评价标准就等于没有实质意义的管理审计，有时甚至比没有管理审计还要糟糕；审计准则和评价标准是建设管理审计科学的关键。

关于如何确定管理审计标准，Emmanuel&Otlty（1985）指出，实践中没有一种不变的、普遍适用的管理原则可供所有组织的管理者遵循，各个组织必须因地制宜，及时有效地对环境做出反映。只有这样，才能实现有效管理。根据这种思路，评价标准必须能反映出组织在管理过程中的因地制宜的能力和效果。Reenbaum（1987）指出，管理过程评价标准由以下几个方面组成：得到认可的管理惯例；由职业组织所颁发的法规和准则；遵守法律的情况；同行业公司间的比较。郑石桥（2001，2011）提出管理过程评价模式分为定性评价模式和定量评价模式，定性评价模式主要有质量认证模式、内部控制模式、企业升级模式和标准化模式；定量评价模式主要有工作流技术模式，平衡计分卡模式。

内部控制鉴证标准相关研究，一些文献主张从内部控制结果来建立内部控制评价标准，不同的文献提出了不同的评价指标体系（周春喜，2002；张先治，戴文涛，2011）。另外一些文献主张采用COSO《内部控制整体框架》《企业风险管理框架》《企业内部控制规范》等权威规范作为内部控制标准（张龙平，陈作习，2009；谢晓燕，程富，2010）。还有一些文献认为，由于各经济组织的具体情况不同，内部控制的管理模式及控制系统也不尽一致。因此，如果用一把尺子和审计标准来评价一个单位、一个行业的内部控制是否健全和有效，是比较困难的（王文娣，2003）。

上述文献综述显示，管理审计标准和内部控制鉴证标准的研究还未深入，但是，有一点是共识，这就是管理审计和内部控制鉴证标准具有多样性，并不存在放之四海而皆准的审计标准。既然如此，如何选择审计标准就成为非常重要的问题。而恰恰这个问题缺乏相关研究。另外，从内部控制结果来评价内部控制的一个重要问题是，潜在的内部控制缺陷可能还没有形成负面结果，如果只是从结果来评价内部控制，事实上是不考虑内部控制潜在缺陷。基于此，本节主张从过程视角来建立瑕疵行为审计标准，以瑕疵行为审计标准多样性为前提，研究审计标准之选择。

二、内部控制缺陷识别标准体系及其选择：理论框架

（一）内部控制缺陷识别的鉴证标准和鉴证准则体系

内部控制缺陷识别标准是判断特定事项是否是缺陷的标准，而缺陷判断是一个过程，在这个过程中，每个步骤都需要做出判断，审计师在做出相应的判断时，需要信赖一定的标准，同时，其本

① 管理制度审计是管理审计的重要内容，所以，从这种意义上来说，管理审计也属于内部控制鉴证，但是，基于传统习惯，在文献综述中仍然将二者分开。

身的判断行为也需要有一定的规范，所以，整个过程中，需要建立两种规范，一是审计师做出判断的信赖，这就是审计标准，在内部控制鉴证中，也就是鉴证标准；二是审计师行为规范，也就审计程序和方法的规范，也称为审计准则，在内部控制鉴证中，也就是鉴证准则。所以，对于内部控制缺陷识别来说，鉴证标准和鉴证准则是一个体系，在主要的判断阶段，都有相应的标准。一般来说，内部控制缺陷识别的逻辑过程大致如图 4 所示。

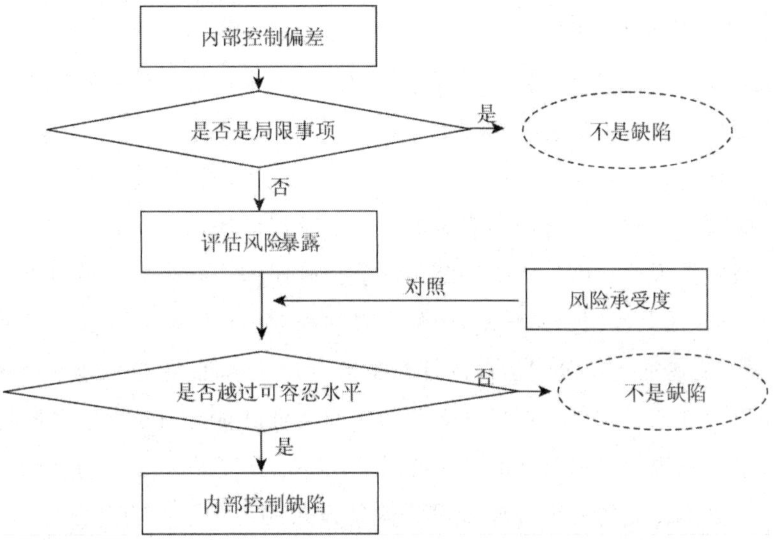

图 4　内部控制缺陷识别的逻辑框架

首先是识别内部控制偏差，特定事项是否属于内部控制偏差，如果是，属于何种偏差，这需要判断标准，而如何判断，需要有行为规范，前者是鉴证标准，后者是鉴证准则；其次，对于系统性的内部控制偏差，需要再判断，区分为内部控制缺陷和内部控制局限性，这需要鉴证标准，也需要鉴证准则；第三，对于确认的内部控制缺陷，需要评估其风险暴露，这需要风险暴露的评估准则；最后，需要将评估的风险暴露结果与风险承受度相比较，这需要风险承受度标准，也需要规范审计师对比行为的鉴证准则。

所以，总体来说，内部控制缺陷识别过程中，既有鉴证标准，也有鉴证准则，这些标准作为一个体系，贯穿于内部控制缺陷识别的各主要阶段，其基本情况如表 2 所示。根据本节的主题，下面，我们主要讨论相应的鉴证标准，不涉及鉴证准则。

表 2　内部控制缺陷识别的鉴证标准和鉴证准则

逻辑阶段	需要的鉴证标准	需要的鉴证准则
1. 识别内部控制偏差	偏差识别标准	偏差识别程序和方法规范
2. 区分为内部控制缺陷和内部控制局限性	缺陷与局限性划分标准	缺陷与局限性划分的程序和方法规范
3. 评估缺陷风险暴露	不需要	缺陷风险暴露评估的程序和方法规范
4. 将评估的缺陷风险暴露与风险承受度相比较	风险承受度标准	将评估的风险暴露结果与风险承受度相比较的程序和方法规范

（二）内部控制偏差识别标准及其选择

内部控制偏差是对内部控制应然状况的偏差，既然如此，内部控制的应然状态就是内部控制偏差的识别标准，凡是与应然状态不一致的，就是偏差。那么，内部控制的应然状态应该是什么样呢？这需要区分两种偏差，一是内部控制设计偏差，二是内部控制执行偏差，相应地，也有不同的识别标准。

1. 内部控制设计偏差识别标准

就内部控制设计偏差来说，其偏差识别标准是指设计的内部控制应该达到的应然状态。一般来说，内部控制的应然状态之标准具有四种情形：

第一，相关的法律法规和强制性规范－强制性标准。一些法律法规或强制性规范对内部控制的一些方面做出了明文规定，对于这些明文规定的偏差就是违规违法，所以，内部控制设计凡是违背了相关的法律法规或缺性规范，则肯定要判断为内部控制偏差，并在后续的判断中，确定为内部控制缺陷。例如，《中华人民共和国公司法》《中华人民共和国会计法》对相关内部控制的规定属于法律性规定，《上海证券交易所上市公司治理内部控制指引》《深圳证券交易所中小板上市公司规范运作指引》都属于强制性规范，对于这些权威规范的违背，可以直接判断为内部控制偏差。

第二，行业内部控制规范－相对标准。一些行业组织制定了适用于本行业的内部控制规范，这些内部控制规范是根据本行业的业务经营及其风险特点来制定的，具有较强的行业针对性，并且，对于本行业的内部控制惯例也会包括在这种行业规范之中。例如，巴塞尔银行监管委员会颁布的《银行系统的内部控制框架》及中国银监会颁布的《商业银行市场风险管理指引》《固定资产贷款管理暂行办法》《流动资金贷款管理暂行办法》和《个人贷款管理暂行办法》《项目融资业务指引》《商业银行流动性风险管理指引》《商业银行操作风险管理指引》《商业银行合规风险管理指引》《商业银行内部控制指引》是银行业内部控制行业规范，证监会颁布的《证券公司内部控制指引》是证券业内部控制行业规范，保监会颁布的《保险公司内部控制基本准则》是保险业内部控制行业规范，财政部颁布的《电力行业内部控制操作指南》是电力行业内部控制行业规范，财政部颁布的《石油石化行业内部控制操作指南》是石油石化行业内部控制规范。

行业规范体现了行业特征，所以，一般来说，特定组织的内部控制设计如果与行业内部控制规范不同，有很大可能是内部控制偏差。但是，即使是同一行业的组织，由于其特定的环境条件不同，在内部控制方面也可能具有一定的差异性，从而也可能需要偏差行业内部控制规范，在这些情形对行业内部控制规范的偏差，就不宜确定为偏差。总体来说，用行业内部控制规范作为标准来判断内部控制偏差具有较强但非绝对的适用性，是相对标准。此外，行业内部控制规范的行业范围要适宜，不能是过于广泛的行业，而是应该具有相同或类似业务经营及风险特征的组织之集合，例如，制造业各企业具有不同的业务，也有不同的风险特征，所以，不宜作为一个行业，而其中的石油石化企业则可以作为一个行业。

第三，通用内部控制规范－参考标准。这是对于所有的组织都适用的内部控制应然标准。就国际上来说，COSO－IC（1994），COSO－RM（2004），COSO－IC（2013），是各种组织通用性的内部控制偏差识别标准；INTOSAI（2004）颁布的《公共部门内部控制指引》是公共部门通用的内部控制偏差识别标准。就国内来说，财政部等（2008，2010）颁布的《企业内部控制规范》及相应的应用指引是企业内部控制偏差识别的通用标准；国有资产监督管理委员会（2006）颁布的《中央企业全面风险管理指引》是中央企业内部控制偏差识别的通用标准；财政部（2012）颁布的《行政事业单位内部控制规范（试行）》是行政事业单位内部控制偏差识别的通用标准（张龙平，陈作习，2009；谢晓燕，程富，2010）。

用通用内部控制规范来识别内部控制偏差需要谨慎地进行理性判别。从本质上来说，内部控制是风险评估和风险应对的体系，对于特定的组织来说，必须因地制宜。然而，由于通用标准具有广泛的适用性，所以，其针对性相对较弱，对于特定的组织而言，与通用内部控制规范不一致，并不一定就是偏差，需要从风险与控制的对应关系来判断其是否属于偏差。所以，通用内部控制规范只是判断内部控制偏差的参考标准或逻辑起点，不应该作为绝对标准（Emmanuel&Otlty，1985；王文娣，2003）。

第四，控制与风险的匹配性一绝对标准。内部控制是为其目标提供保障的系统，如果没有提供其拟提供的保障程度，则就是内部控制失败，也就是内部控制缺陷。那么，内部控制是如何提供保障的呢？基本逻辑是寻找风险和应对风险，所以，从本质上来说，内部控制缺陷就是风险暴露超过可容忍的程度，所以，识别内部控制缺陷，首先要识别风险暴露，虽然风险暴露不一定是内部控制缺陷，但是，内部控制缺陷肯定存在风险暴露。正是从这个意义出发，内部控制偏差识别的基本逻辑是判断控制与风险之间的匹配性，凡是二者不匹配的，就是内部控制偏差。从逻辑上来说，控制与风险之间不匹配有三种情形，一是风险未能识别，所以，针对该风险也就没有必要的控制；第二，风险已经识别，但是，即使在考虑其他措施的弥补之后，设计的控制仍然不足以应对该风险；第三，设计的控制措施超出了其所应对的风险。前两种情形属于控制不足，后一种情形是控制过度，它们都属于内部控制偏差。

从本质上来说，任何情形下的内部控制偏差判断都是指控制与风险不匹配，所以，从这个意义上来说，这种内部控制偏差认定标准具有普通适用性，具有绝对标准的性质。但是，由于这种标准具有很强的主观性，一般来说，只有其他标准不存在的情形下，才采用这种标准。从另外一个角度来说，通用内部控制规范、行业内部控制规范、法律法规是对一定范围内的风险与控制之间的匹配关系的经验总结，遵守了这些规范，也就做到了风险与控制的匹配，也就不属于偏差；违背了这些规范，也就没有做到风险与控制的匹配，也就发生内部控制偏差。正是由于不同的偏差识别标准具有不同的适用性，所以，内部控制偏差识别标准的使用有如下顺序：法律法规和强制性规范一行业内部控制规范一通用内部控制规范一控制与风险的匹配性。通过上述步骤之后所确定的内部控制偏差，表示该组织的内部控制设计与应然状态之间存在差距，这种差距也就是内部控制设计瑕疵。

2. 内部控制偏差执行识别标准

内部控制执行偏差识别有两个问题，一是判断是否发生偏差，二是分析偏差发生的原因，并在此基础上，将偏差分为系统性偏差和偶然性偏差。

判断偏差是否发生，其识别标准是特定组织的内部控制制度，凡是没有得到正确执行的内部控制，对于该组织来说，都属于内部控制执行偏差。

然而，内部控制鉴证的目的是发现缺陷并通过整改来优化内部控制，对于不能优化的内部控制偏差需要排除。一般来说，内部控制执行偏差有两种情形，一是由于偶然性因素的作用而产生的，称为偶然性偏差；二是由于系统性因素的作用而产生的，称为系统性偏差。偶然性偏差纯粹是偶然原因造成的，并不表示内部控制执行有瑕疵，当然也无法通过整改来优化。系统性偏差表示内部控制执行有瑕疵，可以通过整改来优化，当然，是否要整改，还要考虑成本效益原则。

那么，区分内部控制执行瑕疵（也就是系统性偏差）和偶然性内部控制偏差的标准是什么呢？一般来说，是否具有合理的重发性是判断偶然偏差与执行瑕疵的分水岭，如果具有合理的重发性，则表明这种执行偏差还可能会经常性，这是内部控制执行瑕疵；相反，如果不具有合理的重发性，则该执行偏差再性的可能性很少，完全是由于一些偶然因素所引发的，不是执行瑕疵。一般来说，在下列情形下，内部控制执行偏差具有重发性，一是专业胜任能力不够，对所执行的内部控制不理解或不具备执行该控制的专业能力；二是责任心不够，即专业胜任能力足够，但是，对于所执行的内部控制不认真负责，粗枝大叶，甚至玩忽职守。上述这些情形都会以合理的可能性导致内部控制执行偏差重复发生。

（三）内部控制缺陷与局限性划分标准

经过内部控制偏差识别，识别出了内部控制偏差，在这些偏差中剔除了偶然性偏差，剩下的偏差就是需要关注的内部控制瑕疵，包括内部控制设计瑕疵和内部控制执行瑕疵。

然而，内部控制瑕疵并不一定就是内部控制缺陷，还需要将内部控制设计瑕疵划分为内部控制缺陷和内部控制局限性，从而，也就需要一个划分标准。本节前面已经指出，内部控制偏差识别标准有四种情形，不同情形下，内部控制缺陷与内部控制局限性的划分标准不同。

当采用法律法规和强制性规范作为内部控制偏差识别标准时，一般来说，法律法规和强制性规范本身应该已经考虑了内部控制局限性，所以，这类标准提出的内部控制要求是宽容了内部控制局限性之后的要求，在这种情形下的内部控制瑕疵，都应该界定为内部控制缺陷。

当采用行业内部控制规范作为内部控制偏差识别标准时，一般来说，行业内部控制规范是对行业内部控制成功经验的总结，应该考虑了内部控制局限性，所以，这种情形下的内部控制瑕疵都是内部控制缺陷。

当采用通用内部控制规范作为内部控制偏差识别标准时，并没有清晰的判断标准，还需要有大量的主观判断。同样，当采用控制与风险的匹配性作为内部控制偏差识别标准时，根本就没有显性的判断标准，只是根据风险与控制之间匹配来判断。所以，在上述两种情形下，需要将内部控制瑕疵再区分为内部控制缺陷和内部控制局限性。

内部控制是为其目标实现而建立的一个系统，但是，这个系统并不为内部控制目标的实现提供绝对保证，这主要有两方面的原因，一是有些外部因素对目标的影响是无法有效应对的；二是对于能有效应对的因素，由于成本效益的考虑，也不能通过设计和执行控制措施来应对，这两方面共同表现为内部控制局限性。所以，判断内部控制局限性有两个标准，第一，对于未能应对的风险，该组织是否有能力来有效应对？如果没有这种能力，则判断为内部控制局限性。第二，对于该组织有能力应对的风险，如果采取更有力的应对措施，是否符合成本效益原则？如果不符合成本效益原则，则判断为内部控制局限性，如果符合成本效益原则，而该组织在内部控制设计中没有设计有效的应对措施，则属于内部控制缺陷。

（四）风险承受度标准

根据一定的标准，将内部控制瑕疵划分为内部控制局限性和内部控制缺陷之后，对于内部控制缺陷要进行风险暴露评估，这种过程并不需要信赖什么判断标准，但需要对评估程序和方法进行规范，这表现为内部控制鉴证准则，而不是内部控制鉴证标准。然而，风险暴露评估之后，需要将评估的风险暴露值与可容忍的风险承受度进行比较，这里的可容忍的风险承受度就是内部控制缺陷鉴证的标准之一。

风险承受度标准应该是一个标准体系，首先，不同的控制目标会有不同的风险承受度，其原因是，不同的目标，外部因素对其影响程度不同，有些目标主要受到组织内部因素的因素，而有些因素则受到组织外部因素的影响较大，很显然，内部控制系统对不同情形的目标所能提供的保障程度不同，从而需要不同的风险容忍度。其次，内部控制是一个分层级的体系，组织作为一个整体是内部控制主体，组织内部的某一业务模块、组织内部的某一部门、组织内部的每个岗位，都是内部控制主体，每个层级的内部控制主体都有内部控制目标，不同的层级的内部控制目标体系，都应该有风险容忍度。所以，目标体系和控制主体组合起来，形成了风险承受度标准体系，如表 3 所示。

表 3　风险承受度标准体系

项目		目标体系				
		行为目标	财产目标	信息目标	经营目标	战略目标
控制主体体系	组织整体	★	★	★	★	★
	业务模块	★	★	★	★	★
	内部单位	★	★	★	★	★
	……	★	★	★	★	★
	岗位	★	★	★	★	★

注：★表示可能需要建立这种情形的风险承受度标准

三、内部控制缺陷识别标准及其选择：例证分析

本节以上从理论上分析了内部控制缺陷识别标准体系及其选择，理论的生命在于其解释现实世界的能力，下面，我们用本节提出的理论框架来分析几个相关的经典例证，以一定程度上验证本节的理论框架。

（一）中国石油天然气股份有限公司内部控制缺陷识别

1. 相关文本规定

中国石油天然气股份有限公司（简称中石油）制定了《中石油内部控制测试规范》，在该规范中，将发现的内部控制例外事项区分为三种类型：设计层面文本规范性、设计层面非文本规范性、执行层面。

设计层面文本规范性例外事项包括：已有的控制没有在流程图、风险控制文档中进行描述；风险控制文档描述不符合四要素要求；其他。

设计层面非文本规范性例外事项包括：应有的控制不存在或不完善；不相容岗位未进行分离；已有的控制没有要求必要的实施证据；已有的控制缺乏必要的制度或程序文件以及制度或程序文件不完善。

执行层面的例外事项包括：已有的控制在实际中没有执行；其他。

对于执行层面的例外事项的识别要经历以下程序：确定描述的控制在实际工作中是否得到执行以及执行中的控制在风险控制分析文档中是否得到描述、是否留下事实证据；确定例外事项能否代

表总体以及追加测试是否仍存在。

2. 分析

很显然，设计层面文本规范性、设计层面非文本规范性都属于内部控制设计缺陷，设计层面文本规范性关注是制度文本形式方面的缺陷，而设计层面非文本规范性关注的是制度文本实质方面的缺陷，前者根据中石油自己的文本形式方面的规定进行判断，后者则主要根据控制与风险的匹配性进行判断，“应有的控制不存在或不完善；不相容岗位未进行分离”都是控制不足以应对风险，这属于本节理论框架中提出的“绝对标准”。

执行层面的例外事项的判断，首先要“确定描述的控制在实际工作中是否得到执行以及执行中的控制在风险控制分析文档中是否得到描述、是否留下事实证据”，关注的是执行的内部控制和制度文本规定的内部控制是否一致，这里的判断标准是制度文本规定的内部控制。其次，对于识别的例外事项，要“确定例外事项能否代表总体以及追加测试是否仍存在”，这里的实质是要区分能代表总体的例外事项和不能代表总体的例外事项，能代表总体的例外事项作为内部控制缺陷，不能代表总体的例外事项不作为内部控制缺陷。这是的例外事项类似于本节理论框架中的“内部控制偏差”，这里的能代表总体的例外事项类似于本节理论框架中的“系统性偏差”，而不能代表总体的例外事项类似于本节的“偶然性偏差”。

所以，总体来说，本节提出的理论框架可以解释中石油内部控制缺陷识别的相关规定。

（二）我国相关的权威规范对内部控制缺陷识别标准的规定

财政部等（2008）颁布的《企业内部控制基本规范》第十条规定，接受企业委托从事内部控制审计的会计师事务所，应当根据本规范及其配套办法和相关执业准则，对企业内部控制的有效性进行审计，出具审计报告。财政部等（2010）颁布的《企业内部控制审计指引》，中国注册会计师协会（2011）颁布的《企业内部控制审计指引实施意见》，都有类似精神。

这些权威规范对内部控制审计的缺陷判断标准做出了规定，采用的是通用标准，所以，只能是参考标准。

财政部等（2010）颁布的《企业内部控制评价指引》第五条规定，企业应当根据《企业内部控制基本规范》、应用指引以及本企业的内部控制制度，围绕内部环境、风险评估、控制活动、信息与沟通、内部监督等要素，确定内部控制评价的具体内容，对内部控制设计与运行情况进行全面评价。中国内部审计协会（2013）颁布的《第 2201 号内部审计具体准则－内部控制审计》第九条也有类似规定。

这些权威规范对内部控制评价的缺陷判断标准做出了规定，内部控制设计缺陷的判断标准是《企业内部控制基本规范》、应用指引，采用的是通用标准，只能是参考标准；内部控制执行缺陷的判断标准是本企业的内部控制制度。

总体来说，我国的内部控制鉴证相关权威规范对内部控制缺陷识别基本上都采用了通用标准，一些规范还区分了内部控制设计缺陷识别标准和执行缺陷识别标准。本节的理论框架来解释这些规定。

四、结论和启示

内部控制缺陷识别标准是判断特定事项是否是缺陷的标准，同样的事项，选择不同的评价标准，会得出不同的评价结论。本节从过程视角来认识内部控制缺陷识别标准，以内部控制缺陷识别标准多样性为前提，研究内部控制缺陷识别标准及其选择。

由于内部控制缺陷判断有多个逻辑步骤，所以，内部控制缺陷识别标准也存在于多个步骤，包括：内部控制偏差识别标准，内部控制缺陷与内部控制局限性划分标准，风险承受度标准。内部控制偏差识别标准包括内部控制设计偏差识别标准和执行偏差识别标准，内部控制设计偏差识别标准有四种情形：相关的法律法规和强制性规范—强制标准；行业内部控制规范—相对标准；通用内部控制规范—参考标准；控制与风险的匹配性—绝对标准。内部控制执行偏差识别标准一是该组织的内部控制制度，二是判断内部控制偶然偏差的合理可重复性原则。内部控制缺陷与内部控制局限性划分标准主要基于成本效益原则，符合成本效益原则的内部控制瑕疵是内部控制局限性，不是缺陷。风险承受度标准需要按控制主体和控制目标联合考虑，形成一个体系。

本节的研究启示我们，内部控制鉴证决不是一个单纯的程序性工作，在这个程序性工作中充满着职业判断，而判断控制与风险是否匹配是这个过程的实质，脱离这个实质，形式主义的内部控制鉴证可能没有多少实质性意义，内部控制缺陷识别要"实质重于形式"。

第三节　内部控制缺陷认定标准：理论框架和例证分析

内部控制鉴证的核心内容是内部控制缺陷寻找和缺陷分级，前者称为缺陷识别，后者称为缺陷认定。无论是缺陷识别，还是缺陷认定，都需要依据或标准，本节关注内部控制缺陷认定标准。内部控制缺陷认定是将缺陷分为不同的等级，如果有重大缺陷，则内部控制整体无效，所以，内部控制缺陷认定是内部控制鉴证的最关键步骤之一。然而，"内部控制缺陷认定，特别是非财务报告内部控制缺陷的认定，是企业内部控制评价工作中面临的重大挑战之一"（刘玉廷，2010）。这个挑战的关键问题，是缺陷具有可操作性的内部控制缺陷认定标准。所以，可以说，内部控制缺陷认定标准是重大挑战中的关键问题（Bedard&Granham，2011）。

从国内外颁布的相关权威规范来说，对内部控制缺陷认定标准并没有明确的规范，只是规定由企业自行制定认定标准。从学术研究来说，虽然有些文献涉及内部控制缺陷认定标准，但是，总体来说，数量很少，研究不深入，更没有系统的理论框架。

本节认为，内部控制缺陷认定就是根据缺陷风险暴露造成的内部控制目标偏离程度的分级，以这个认识为出发点，提出不同内部控制目标的缺陷认定定性标准和定量标准体系。

一、文献综述

无论是国内，还是国外，内部控制缺陷认定标准的相关研究较少，这少量的研究文献涉及的主题也较多。一致认可缺陷认定标准对于内部控制鉴证的重要，是缺陷认定的重大挑战（刘玉廷，2010）；一致认可，目标的偏离程度反映了缺陷的严重程度（李宇立，2012；田娟，余玉苗，2012）。一些文献认为，内部控制缺陷认定标准应该包括：内部控制缺陷的分类标准，内部控制缺陷分类方法，内部控制缺陷认定标准变更理由，内部控制整体有效性判断标准，内部缺陷认定权及认定标准制定权（杨有红，李宇立，2011；丁友刚，王永超，2015）。

关于内部控制缺陷的分类，多数文献认可重大缺陷、重要缺陷和一般缺陷的分类方法。（杨有红，李宇立，2011；丁友刚，王永超，2013；彭凡，2015）。但是，也有一些文献认为，对于外部审计师来说，区分重要缺陷和一般缺陷，没有实质意义，反而会增加企业成本（王惠芳，2011；田娟，余玉苗，2012）。此外，还有一些实证研究文献，根据其研究主题的需要，对内部控制缺陷做出了不同的分类（Ge&McVay，2005；Doyle，Ge&McVay，2006；Hammersley，Myers&Shakespeare，2007）。

关于如何制定缺陷认定标准，一致认可内部控制缺陷认定标准区分为定性标准和定量标准两类。大部分文献主张一个缺陷只使用一个标准（田娟，余玉苗，2012），而有些文献主张对于特定的缺陷可以同时使用定性标准和定量标准（杨有红，李宇立，2011；王惠芳，2011；彭凡，2015）。对于定量标准，多数文献主张从“可能性”和“导致后果”两个维度进行量化，并主张借鉴财务报表审计中的重要性水平（王惠芳，2011；杨有红，李宇立，2011；赖一锋，2012；丁友刚，王永超，2013）。此外，还有一些文献根据我国上市公司内部控制评价报告，研究了上市公司内部控制缺陷认定标准的现状（丁友刚，王永超，2013）。

上述这些文献对于我们研究内部控制缺陷认定标准有一定的启发作用，然而，尚未涉及内部控制缺陷认定需要按不同的目标分别制定，也未将内部控制缺陷风险暴露与缺陷认定有机地联系起来。本节认为，内部控制缺陷认定就是根据缺陷风险暴露造成的内部控制目标偏离程度来对缺陷的分级，以这个认识为出发点，提出不同内部控制目标的缺陷认定定性标准和定量标准体系。

二、内部控制缺陷认定标准：理论框架

内部控制缺陷认定标准就是确定内部控制缺陷等级的标准，涉及两个基本问题，一是内部控制缺陷究竟分为哪些等级，二是如何对既定的内部控制缺陷进行等级划分。从理论上对上述两个基本问题的阐述，就是本节的理论框架。

（一）内部控制缺陷等级划分和认定标准体系

内部控制缺陷等级的划分涉及两个基本问题，一是按什么样的对象来划分缺陷等级，二是缺陷分为多少等级。

关于按什么样的对象来划分缺陷等级，从本质上来说，内部控制是为实现特定目标而建立的一个保障系统，这个系统是否有缺陷，需要从其提供的保障程度来判断，如果不能提供其拟提供的保障程度，则就是内部控制缺陷。从这个意义出发，内部控制缺陷是与内部控制目标相关系的，不能脱离特定的内部控制目标来讨论内部控制缺陷。对于内部控制目标，现有的权威规范有不同的规定，COSO－IC（1994）确立了行为合规合法、财务信息真实完整、经营效率效果三大目标，COSO－IC（2013）确定了行为合规合法、财务信息及非财务信息真实完整、经营效率效果三大目标，财政部等（2008）颁布的《企业内部控制基本规范》确定了行为合规合法、财产安全、财务信息及相关信息真实完整、经营效率效果、发展战略五大目标。很显然，《企业内部控制基本规范》界定的目标最为广泛。无论内部控制目标是宽还是窄，不同的目标，都会有不同的可容忍偏离，从而有不同的风险承受度，从而也会在不同的可容忍偏离程度上识别和认定内部控制缺陷。所以，需要分别目标来划分内部控制缺陷等级。对于发现的每一个缺陷，需要就其所影响的内部控制目标为认定其缺陷等级。

关于缺陷分为多少等级，一般来说，缺陷等级信赖于缺陷严重程度，而缺陷严重程度应该根据缺陷所导致的内部控制目标偏离程度来确定（李宇立，2012）。现有的内部控制鉴证相关权威规范基本上都将内部控制缺陷分为三个等级，PCAOB（2004）发布 AS2 时，将内部控制缺陷划分为控制缺陷（control deficiency）、显著缺陷（significant deficiency）和实质性缺陷（material weakness），PCAOB（2007）发布 AS5 时，将内部控制缺陷划分为非重要缺陷（inconsequential deficiency）、显著缺陷（significant deficiency）和实质性缺陷（material weakness），财政部等（2010）颁布的《企业内部控制评价指引》基本借鉴了 AS5 的分类，将内部控制缺陷分为一般缺陷、重要缺陷和重大缺陷。我国虽然和美国采用了不同的措词，但是，基本采用了相同的定义，表达了相同的实质，并且便于在中国话语体系中理解。

当然，实务中也有不同的做法，例如，日本目前将内部控制缺陷划分为重大缺陷和一般缺陷两类（日本企业会计审议会，2007；田娟，余玉苗，2012）。也有一些学术文献主张不要区分重要缺陷和一般缺陷。例如，王惠芳（2011）认为，对于公司内部控制缺陷，考虑到定量化难的问题，应该取消一般缺陷和重要缺陷之分，只分为一般内部控制缺陷和重大内部控制缺陷。田娟、余玉苗（2012）认为，对于重要缺陷和一般缺陷并不要求企业进行披露，注册会计师也并不对企业内部控制存在的重要缺陷和一般缺陷发表审计意见，同时，区分重要缺陷和一般缺陷不仅会增加企业操作的难度，还会增加企业的成本。

我们认为，内部控制缺陷认定的等级划分需要根据其认定目标，等级划分要服务于缺陷认定目标。基于此，我们认为，注册会计师实施内部控制审计时，可能只区分重大缺陷和非重大缺陷，而组织内部进行内部控制评价时，需要区分重大缺陷、重要缺陷和一般缺陷。其原因如下：第一，注册会计师对内部控制进行审计的目的是确定内部控制有效性，对于许多内部控制目标来说，内部控制有效性难以确定，而是通过内部控制有效性与内部控制缺陷性的互补关系来确定，内部控制有效性＝100％－内部控制缺陷性，根据现有的权威规范，这里的缺陷性主要关注重大缺陷。至于重要缺陷和一般缺陷，并没有纳入内部有效性的考量之中。所以，对于注册会计师的缺陷认定目标来说，是否要区分重要缺陷和一般缺陷，并不影响其缺陷认定目标之达成。第二，组织内部进行内部控制评价，其主要目的是要查找内部控制缺陷并进行整改，而内部控制整改是需要有整改能力的主体来实施，组织内部不同层级的管理层，由于其权力不同，能推动的内部控制缺陷整改也不同，所以，需要将根据内部控制缺陷的严重程度，将内部控制缺陷报告给不同的管理层级，由不同层级分别实施内部控制缺陷整改。基于此，重大缺陷由组织最有权力的机构－董事会来实施整改，重要缺陷由经理层负责整改，而一般缺陷则由缺陷所在部门负责整改。区分了重要缺陷和一般缺陷，也就便于经理层和部门领导在内部控制整改方面的分工。

以上分析了内部控制缺陷认定的对象和缺陷等级，上述两方面综合起来，就形成了内部控制缺陷体系，由于不同目标、不同等级的缺陷都需要分别确定认定标准，这也就形成了内部控制缺陷认定标准体系，如表 4 所示。

表 4　内部控制缺陷体系和缺陷认定标准体系

项目		内部控制目标类型				
		行为目标	资产目标	信息目标	经营目标	战略目标
内部控制目标偏离程度	重大偏离	★	★	★	★	★
	重要偏离	☆	☆	☆	☆	☆
	一般偏离	◇	◇	◇	◇	◇

注：★表示重大缺陷，☆表示重要缺陷，◇表示一般缺陷

（二）既定缺陷等级认定的逻辑步骤

内部控制缺陷认定标准涉及两个基本问题，一是内部控制缺陷等级，二是既定的内部控制缺陷进行等级划分。本节前面已经阐述了第一个问题。现在，我们来讨论第二个问题。

将既定的内部控制缺陷划分为某一缺陷等级，首先涉及的是缺陷等级认定的逻辑步骤。一般来说，内部控制缺陷是风险暴露超过了可容忍风险的内部控制瑕疵，所以，缺陷认定是以风险暴露评估值为基础的①，而内部控制缺陷风险暴露评估需要分别定性和定量两种情形来进行，凡是能定量评估的，要考虑定量评估；难以定量的，则可以考虑定性评估。这里的定性或定量不是指评估方法，因为定性方法要转为定量方法并不困难，而是指能否将内部控制缺陷形成的影响真正地用量化指标刻画，并且这种刻画与内部控制目标具有一致性。

现实世界是复杂的，许多内部控制缺陷可能难以进行定量评估，只能使用定性评估，所以，缺陷等级认定首先要判断是适用定量认定，还是定性认定。一般来说，内部控制缺陷风险暴露评估方法已经决定了其适用的认定标准，凡是采用定性方法进行风险暴露评估的，就要采用定性认定标准；凡是采用定量性方法进行风险暴露评估的，就要采用定量认定标准。

选择好缺陷认定适用标准之后，第二步就是将内部控制缺陷风险暴露评估值与缺陷认定标准进行对照，以确定缺陷等级。一般来说，组织内部进行内部控制评估时，无论是定性认定，还是定量认定，都需要划分为重大缺陷、重要缺陷和一般缺陷；而外部审计师则可以不区分重要缺陷和一般缺陷。当然，这里的前提是缺陷风险暴露评估与内部控制缺陷认定标准使用同样的方法体系来计量缺陷风险暴露，所以，从某种意义上来说，内部控制缺陷认定标准也就是内部控制缺陷风险暴露等级划分标准。

以上所述内部控制缺陷认定逻辑步骤归纳起来，如图 5 所示。

（三）缺陷认定的定性标准

内部控制缺陷认定信赖于缺陷认定标准，我们先来讨论定性标准。定性标准是根据缺陷性质来量度其风险暴露并进行划分内部控制缺陷等级，这里的缺陷性质一般应考虑以下因素：是否违法，是否违规，是否涉嫌犯罪，是否对本组织造成负面影响，是否对本组织造成广泛的影响。根据上述各方面的性质，将内部控制缺陷划分为不同等级。一般来说，凡是涉嫌犯罪或受到政府监管机构处罚的；对本组织造成重大负面影响的；对本组织造成广泛的影响；这些情形都应该确定为重大

① 内部控制缺陷风险暴露评估是一个重要问题，限于本文的主题，这里不展开讨论。

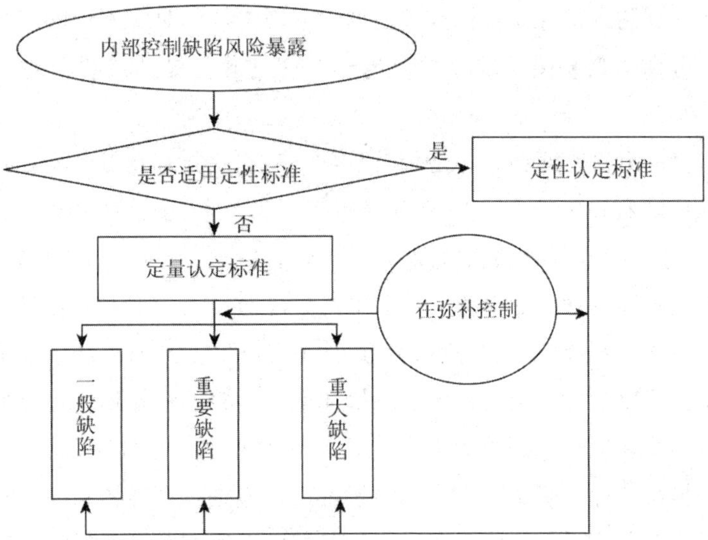

图 5 内部控制缺陷认定的逻辑框架

缺陷。

定性标准当然要按不同的内部控制目标分别制定，同样的内部控制缺陷，对不同的目标会形成不同的影响，所以，需要分别制定认定标准。在既定的内部控制目标下，由于定性标准难以量化，所以，主要适用于难以量化的内部控制缺陷，对于这类缺陷，一般采用清单列示的方法，也就是说，对于特定内部控制目标下，哪些缺陷属于何种等级的缺陷，可以采用清单列示的方法。

不少的权威机构制定的内部控制鉴证相关规范对财务报告内部控制重大缺陷都采用了清单列示的方法，PCAOB（2004，2007）制定内部控制审计准则时列示了重要缺陷和重大缺陷的“明显征兆”（Bedard&Granham，2011），财政部等（2010）颁布的《企业内部控制审计指引》第二十二条列示了表明财务报告内部控制可能存在重大缺陷的迹象，主要包括：

注册会计师发现董事、监事和高级管理人员舞弊；企业更正已经公布的财务报表；注册会计师发现当期财务报表存在重大错报，而内部控制在运行过程中未能发现该错报；企业审计委员会和内部审计机构对内部控制的监督无效。

外部机构对缺陷认定主要关注重大缺陷，而组织内部的缺陷认定标准还要区分重要缺陷和一般缺陷，在清单列示时，也要分别列出。例如，万科企业股份有限公司就采用清单列示的方法建立了其财务报告内部控制缺陷认定的定性标准如下①：（1）重大缺陷：公司会计报表、财务报告及信息披露等方面发生重大违规事件；公司审计委员会和内部审计机构未能有效发挥监督职能；注册会计师对公司财务报表出具无保留意见之外的其他三种意见审计报告；（2）重要缺陷：公司会计报表、财务报告编制不完全符合企业会计准则和披露要求，导致财务报表出现重要错报；公司以前年度公告的财务报告出现重要错报需要进行追溯调整；（3）一般缺陷：未构成重大缺陷、重要缺陷标准的其他内部控制缺陷。

（四）缺陷认定的定量标准

在剔除了纳入定性认定的缺陷之后，对于其影响能量化的内部控制缺陷，要按定量标准来进行

① 资料来源：《万科企业股份有限公司 2014 年度内部控制评价报告》。

缺陷认定。很显然，不同的内部控制目标有不同的影响因素，同时，不同的目标也会有不同的偏离容忍度，所以，需要分别制定缺陷认定标准。当然，这里的前提是该缺陷的风险暴露也是量化评估的。

缺陷认定标准定量的方法有两种，一是相对数，二是绝对数。一般来说，缺陷等级刻画的是缺陷对内部控制目标的影响程度，所以，用相对数来表示可能较为合适。同时，不同组织的规模不同，用相对数来表示，也便于不同组织之间的相互比较。但是，在一定特殊情形下，例如，该目标的数额特别巨大，某缺陷即使形成的偏离数量的绝对数已经很大，但是，由于目标的数额巨大，缺陷形成的偏离数量依然并不形成较大的份额，在这种情形下，如果再不将该缺陷作为重大缺陷，就不符合常理，此时，就可以考虑以绝对数作为定量标准。还有一种情形也可能使用绝对数标准，例如，外部法律法规对某些事项有明确的数额规定，达到这些规定数额时，就可以认定为重大缺陷。例如，行为目标中，排污指标有明文规定，如果超过这个规定，可能招致违规违法，此时，该排污指标就可能采用绝对数额。除了上述特殊情形，一般都要采用相对数来制定缺陷定量标准。

虽然不同的权威规范对内部控制目标界定不同，但是，财政部等（2008）年颁布的《企业内部控制基本规范》所界定的目标最为广泛，包括行为目标、资产目标、信息目标、经营目标和战略目标，这些不同的目标，缺陷认定标准，需要分别这些目标来制定。

行为目标关注业务经营管理活动是否符合相关法律法规，一般要求提供合理保证。一般来说，任何一个组织，要确保其业务经营管理活动完全合规合法可能难以做到，而必须容忍一定的偏离，但是，超过这个容忍度的偏离就形成了缺陷，超过的程度不同，缺陷严重程度也不同。表5是根据审计署审计结果公告计算的部分中央部门预算执行审计发现的违规率，该表显示，不同部门的预算执行违规率不同，最高的达到85.88%，最低的是0.29%，很显然，其相关的内部控制缺陷的严重程度不同，例如，是否可以考虑，违规率不高于10%，为一般缺陷；不低于10%，但不高于20%，为重要缺陷；高于20%为重大缺陷。当然，行为目标也可以考虑绝对量标准，违规行为的数量超过一定规模的，确定为重大缺陷。

表5　2013年中央部门预算执行审计数据（部分）

单位	审计金额（万元）	违规金额（万元）	违规率（%）
财政部	419176.77	18.42＋1199.74	0.29
科技部	2384860.97	24463.54＋3568.08	1.17
民政部	112400.13	2823.93＋1323.17	3.69
教育部	1759160.59	45385.84＋28346.33	4.19
工业和信息化部	971761.72	58606.57＋7945.15	6.85
发展改革委	93599.49	9356.72＋3992.61	14.26
住房城乡建设部	96958.20	599.79＋17678.06	18.85
卫生计生委	608432.71	24738.19＋193225.75	35.82
林业局	635439.95	43779.87＋239152.40	44.52
食品药品监管总局	53209.62	44317.68＋1380	85.88

注：违规金额＝本部违规金额＋下属单位违规金额；违规率＝违规金额/审计金额

资产目标关注资产安全，主要涉及资产被非法占有、非法使用，或者是损失浪费，特定的内部控制缺陷对上述方面形成的影响金额可以按相对数来划分成不同的等级，也可能考虑采用绝对数标准，例如，将造成资产非法占有、非法使用超过一定金额的缺陷作为重大缺陷；将造成资产损失超过一定金额的缺陷作为重大缺陷；将资产挥霍浪费超过一定金额的缺陷作为重大缺陷。

信息目标关注信息的真实完整，既有财务信息真实完整，也有非财务信息真实完整。就财务信息来说，目前主要以财务报表审计的重要性水平为基础，采用相对数方法确定财务报告内部控制缺陷认定标准，一般来说，缺陷影响金额达到重要性水平一定比例的，确定为重大缺陷；低于这个比例，但是高于一定比例的确定为重要缺陷；低于重要缺陷比例的为一般缺陷。例如，北京银行股份公司确定的财务报告内部控制缺陷认定定量标准如下：重大缺陷：缺陷导致的误报金额已经接近甚至超过重要性水平；重要缺陷：缺陷导致的误报金额已接近或达到重要性水平的5%－50%；一般缺陷：缺陷导致的误报金额低于重要性水平的5%①。许多上市公司都制定了类似的财务报告内部控制缺陷定量认定标准。

至于非财务信息内部控制缺陷的定量认定标准，也应该确定每类非财务信息的重要性水平，也就是可容忍最大错报，在此基础上，按这个重要性水平的不同比例，分别确定一般缺陷、重要缺陷和重大缺陷。当然，对于一些非财务信息，可能确定绝对数额作为认定标准。

经营目标和战略通常可以表示为一些量化指标，经营目标和战略目标相关的内部控制为这些目标提供的保障程度较低，对于能够量化的相关内部控制缺陷，不能按目标偏离度来确定，可以按缺陷影响数额占已经达成目标的比例来确定，无论目标达成程度如何，目标已经达成数额是可能确定的，从而确定确定内部控制缺陷影响数额占目标达成数额的比例，根据这个比例，可以将缺陷划分为不同的等级。当然，由于经营目标和战略目标通常会是一个指标体系，内部控制缺陷定量认定标准只能在这个指标体系中选择是关键的若干指标，根据这些指标的影响程度，综合考虑确定。

（五）内部控制缺陷认定权配置

内部控制缺陷认定并不根据认定标准来机械应用的过程，在这个过程中充满职业判断。同时，内部控制缺陷认定具有重大意义，一方面内部控制缺陷如果确定为重大缺陷，则该组织的内部控制就认定为整体无效，这个信息一旦披露，无疑对该组织有重要的负面影响；另一方面，内部控制缺陷认定之后，要按不同层级来进行缺陷整改，缺陷严格程度决定负责整改的管理层级。所以，无论是组织内部实施的内部控制评价，还是外部审计师实施的内部控制审计，对内部控制缺陷认定都极为重视，对缺陷认定的权力都有慎重的配置。所以，从这个意义来说，内部控制缺陷认定标准中，也应该包括缺陷认定权的配置之规定。

对于组织内部实施的内部控制评价来说，重大缺陷要组织的最高管理层级负责整改，并且，这种缺陷如果出现，组织最高管理层应该承担直接责任，所以，这种缺陷的最终认定权应该属于组织最高管理层。但是，为了避免组织最高管理层自我宽容，一般可以由最高管理层中不负责内部控制建设的机构负责，例如，审计委员会或监事会等。至于重要缺陷和一般缺陷，一般可以由内部控制评价部门负责认定。

对于外部审计师来说，如果将客户的内部控制缺陷认定为重大缺陷，则该客户的内部控制整体

---

① 资料来源：《北京银行股份有限公司2012年度内部控制评价报告》。

无效，这种结果披露出来，对于该客户无疑是重大的负面消息。所以，外部审计师要慎重对待这种认定。虽然根据相关的内部控制审计准则获取审计证据之后，要客观地形成审计意见，但是，由于内部控制审计取证中有职业判断，根据审计证据做出审计判断也具有较大的主观成分，不同的审计人员可能做出不同的判断，因此，为了避免判断出现较大的偏颇，一方面需要强调审计组内部的讨论，另一方面，也需要通过审计质量保障体系，对审计组的工作进行审慎复核，对于审计组初步认定的重大缺陷，至少要经过负责该审计业务的合伙人或负责人审核，对于一些重要的客户，还需要经过审计机构的高层业务会议来审定。

三、内部控制缺陷认定标准：中国上市公司缺陷认定标准基本情况

本节以上从理论上提出了以多目标为基础的内部控制缺陷定量和定性认定标准体系，理论的生命力在于其解释现实世界的能力。下面，我们来看看我国上市公司内部控制缺陷认定标准基本情况，以一定程度上验证本节提出的理论框架。

由于我国上市公司内部控制鉴证处于不断的进步之中，其内部控制缺陷认定标准也在变化之中，我们截取两个横断面，一是 2011 年，二是 2014 年。

2010 年是内部控制报告报告强制披露的第一年，63 家境内外同时上市的公司实行强制披露，2011 年是第二年，沪深 A 股主板上市国有企业实行强制披露，该年度，沪深 A 股主板上市公司，共有 896 家公司披露了 2011 年内部控制评价报告，其中披露了缺陷认定标准的 151 个家，占 896 家公司的 16.9%。尽管各个公司的内部控制缺陷认定标准在形式和内容上存在较大不同，但是，总体上可以分为定性标准和定量标准，不同内部控制目标及不同标准的基本情况如表 6 所示。

表 6　上市公司内部控制缺陷认定标准类型

项目		财务报告内部控制缺陷		非财务报告内部控制缺陷	
		定量标准	定性标准	定量标准	定性标准
缺陷认定标准类型	第一类	√	√	√	√
	第二类	√	√	×	√
	第三类	√	×	√	√
	第四类	√	×	×	√
	第五类	×	√	×	√
	第六类	√	√	×	×

注：√表示有这种认定标准，×表示没有这种认定标准

151 家样本公司中，有 126 家公司采用了定量标准，基本上都是针对财务报告内部控制，除去 1 家公司用评分法进行定量分析外，其他 125 家公司都是借用财务报表审计中的重要性水平，将内部控制缺陷划分为重大缺陷、重要缺陷和一般缺陷，具体方法有基准指标百分比法、绝对金额法、百分比法和绝对金额法相结合的方法。151 家样本公司中，有 142 家公司披露了内部控制缺陷认定的定性标准，基本上都采用清单列示法，列出了重大缺陷的迹象（丁友刚，王永超，2013；丁友刚，王永超，2015）。

2014 年度，2141 家上市公司披露了内部控制缺陷认定标准，445 家上市公司未披露内部控制缺

陷认定标准。在披露了内部控制缺陷认定标准的上市公司中，1963 家上市公司披露了完整的报务报告内部控制和非报务报告内部控制缺陷定性及定量认定标准，占披露缺陷认定公司的 91.68%，178 家上市公司未披露完整的内部控制缺陷认定标准①。

上述两个时点截面显示，第一，上市公司区分财务报告内部控制和非财务报告内部控制制定缺陷认定标准，这表明，按不同内部控制目标制定缺陷认定标准，已经成为上市公司的现实行为；第二，尽管不同公司的具体标准不同，但是，总体来说，大多数上市公司的缺陷认定标准包括定量标准和定性标准。这些现实行为与本节理论框架完全一致。

四、结论和启示

内部控制鉴证的核心内容是内部控制缺陷寻找和缺陷分级，前者称为缺陷识别，后者称为缺陷认定，本节关注后者的认定标准。内部控制缺陷认定就缺陷等级分级，其本质是对缺陷风险暴露造成的内部控制目标偏离程度的等级划分，内部控制缺陷认定标准是缺陷等级分类标准，它涉及两个基本问题，一是缺陷分为多少级，二是如何分级。

关于缺陷分为多少级，由于不同因素对不同内部控制目标的影响程度不同，不同内部控制目标具有不同的可容忍偏离，所以，缺陷认定标准是一个体系，主要包括：行为目标相关缺陷认定标准，资产目标相关缺陷认定标准，信息目标相关缺陷认定标准，经营目标相关缺陷认定标准，战略目标相关缺陷认定标准。每个目标下，根据缺陷所导致的内部控制目标偏离程度，将缺陷分为一般缺陷、重要缺陷和重大缺陷。

关于如何分级，内部控制缺陷认定标准有定性标准和定量标准，前者主要考虑缺陷的性质所形成的风险暴露，一般难以量化，后者主要考虑缺陷影响内部控制目标的可能性和后果所形成的风险暴露，可以量化，二者都根据风险暴露影响目标的程度来认定缺陷等级。

本节的研究显示，内部控制缺陷认定是一个充满职业判断的过程，企图建立一个统一的内部控制缺陷认定标准是很困难的，有时甚至会适得其反。但是，如果内部控制鉴证结果需要对外披露时，应该同时披露缺陷认定标准，减少鉴证结果使用者的信息不对称。同时，这种披露，也能一定程度上抑制管理层和审计师的机会主义行为。目前，上市公司内部控制报告报告中对缺陷认定标准相关信息披露不够，外部审计师基本上不披露其缺陷认定标准，这种状况，需要引起监管部门的注意。

第四节 内部控制缺陷判断差异：基于管理层和外部审计师视角

内部控制鉴证包括管理层内部控制评价和外部审计师的内部控制审计，二者都需要对内部控制有效性发表意见，然而，二者的鉴证意见是否会一致呢？观察国内外上市公司披露的内部控制评价报告和内部控制审计报告，大多数情形下，管理层和外部审计师的鉴证意见是一致的，然而，也有一些上市公司的内部控制鉴证意见存在差异，甚至完全相反，例如，有的公司管理层的鉴证意见是

① 资料来源：中国上市公司 2014 年内部控制白皮书，证券时报，2014 年 06 月 05 日。

内部控制整体有效，而外部审计师的意见是内部控制整体无效。

面对这些现象，人们自然要问，管理层和外部审计师的内部控制鉴证意见为什么会出现差异？现有研究文献没有直接涉及这个问题，本节以内部控制鉴证核心内容为基础，提出一个解释管理层和外部审计师内部控制鉴证意见差异的理论框架，并用这个理论框架来解释我国上市公司的内部控制鉴证意见差异。

一、文献综述

不少文献研究审计师对内部控制缺陷的判断是否具有一致性，研究结论存在分歧（Ashton，1974；Tabor，983；Meixner&Welker，1988；Libby&Libby，1989；Wu，2011；郑石桥，裴育，2006；张继勋，刘成立，杨明增，2006）。

关于外部审计师和管理层对内部控制缺陷的判断是否具有一致性，缺乏直接研究。有少量文献的研究与该主题有一定的关系，Hardy&Reeve（2000）发现，MIS管理人员和审计师对不同EPD内部控制措施的重要性认识具有较高的一致性；Earley，Hoffman&Joe（2008）发现，管理层对内部缺陷的认定会显著影响外部审计人员的内部控制缺陷评定；Wolfe，Mauldin&Diaz（2009）、张莉（2011）发现，管理层沟通策略会影响审计师对控制内部控制缺陷的认定；Bedard&Graham（2011）发现，管理层内部控制评估对缺陷的等级评价要低于外部审计人员；陈凌云、李宇立（2010）认为，在企业内部控制评价中，管理层与审计师之间存在相互博弈，成本效益原则是该博弈的约束条件。

总体来说，关于外部审计师和管理层对内部控制缺陷的判断是否具有一致性，尚未得到研究，本节拟提出一个解释二者差异的理论框架，并用这个理论框架来解释我国上市公司的内部控制鉴证意见差异。

二、管理层和外部审计师的内部控制缺陷判断差异：理论框架

（一）内部控制鉴证核心内容：缺陷识别和缺陷认定

内部控制鉴证就是对内部控制有效性的判断。从概念上来说，内部控制有效性是指其提供了拟提供的保证程度，衡量内部控制有效性可以通过实际达成的控制目标和期望的控制目标之间的对比来确定。然而，在许多情形下，内部控制目标的实际达成状况是无法获知的，例如，资产安全目标，知道其实际达成状况的前提是确切知道本期究竟发生了多少资产不安全事件，然而，人们只能知道已经发现的资产不安全事件，对于已经发生但尚不知道的不安全事件，是难以知道的。正是如此，也就难以知道资产安全目标的真实达成状况。所以，也就无法根据资产安全目标的实际达成状况与期望的目标之比来确定内部控制的有效性。合规合法性目标、信息真实完整目标也存在这种状况。

内部控制鉴证要判断内部控制有效性，而内部控制有效性本身又无法衡量，怎么办？解决的办法是评估内部控制缺陷，根据内部控制缺陷性与内部控制有效性的互补关系来确定内部控制有效性，从100%减去内部控制缺陷性就是有效性（陈汉文，张宜霞，2008；杨有红，李宇立，2011）。所以，内部控制有效性判断就转化为内部控制缺陷性判断，所以，内部控制鉴证的核心内容就是寻找内部控制缺陷并对缺陷进行等级划分，寻找内部控制缺陷的过程称为内部控制缺陷识别，而对内

部控制缺陷划分等级的过程称为内部控制缺陷认定。无论是内部控制缺陷识别，还是内部控制缺陷认定，外部审计师和管理层都可能产生差异，而这种差异产生的原因，既有判断者个人特质差异方面的原因，也有利益关联方面的原因，其大致情形如图 6 所示。

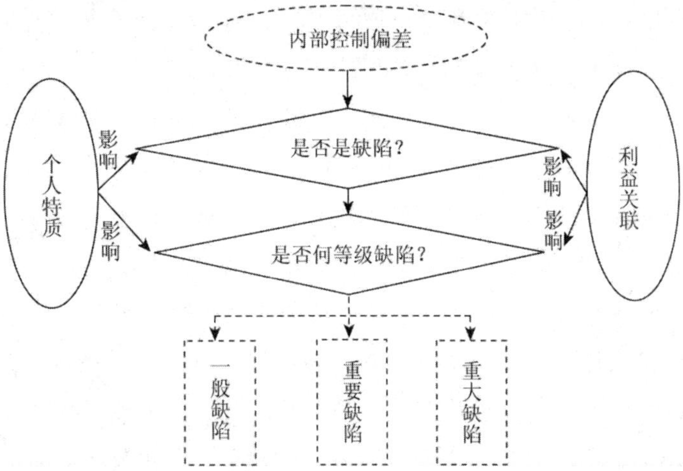

图 6　个人特征、鉴证目标和内部控制缺陷鉴证差异

(二) 内部控制缺陷识别和认定差异的产生原因：个人特质和利益关联

内部控制缺陷判断包括内部控制缺陷识别和认定，首先是判断既定的内部控制偏差是否属于内部控制缺陷，在此基础上，如果是缺陷，再判断其属于何种等级的缺陷。基于同样的内部控制偏差事实，管理层和外部审计师的缺陷判断可能不同，其组合大致情形如表 7 所示。

表 7　管理层和外部审计师的缺陷判断严重程度组合

项目		管理层判断	
		严重	不严重
外部审计师判断	严重	A	B
	不严重	C	D

从表 1 看来，组合 A 和 D，管理层和外部审计师对内部控制缺陷判断是一致，没有差异；组合 C 和 B 是二者的判断出现了差异。然而，组合 C 是否真的会出现呢？也就是说，当外部审计师认为内部控制缺陷不严重时，管理层是否会认为内部控制缺陷严重呢？从理论上来说，这种情形可能发生，但是，从现实生活来说，由于内部控制缺陷对外披露会产生负面后果，所以，如果需要管理层和外部审计师同时对缺陷做出判断，情形 C 一般不会出现。所以，总体来说，内部控制缺陷判断差异主要是情形 B，即外部审计师判断的缺陷严重程度高于管理层的判断。

为什么管理层和外部审计师会产生判断差异？我们认为，可能的原因有两类，一是个人特质差异，不同的人由于其个人特质不同，对于同样的事实会有不同的认识；二是利益关联方面的原因，缺陷判断结果对于不同的利益相关者会产生不同的影响，而正是这种不同的利益后果，会影响管理层和外部审计师的缺陷判断。许多研究发现，特定组织的情景因素也会影响内部控制缺陷判断（Libby，Artman&Willingham，1985）。但是，一般来说，对于特定的内部控制偏差，与其相关的情景因素，对于管理层和外部审计师可能并无显著差异，这些情景因素应该同时影响管理层和外部审计师的判断，所以，二者产生判断差异的主要原因应该是个人特质和利益关联，而不是情景因素。一些文献将影响内部控制判断的影响因素分为主体因素、任务因素和环境因素（郑卓如，郑石桥，2013），本节的情景因素包括任务因素和环境因素，而个人特质和利益关联都属于主体因素，它们与判断者本身相关。下面，我们来具体分析这两方面的原因。

许多研究发现审计师个人特质影响其内部控制判断，Hamilton&Wright（1982）发现，审计师工作经验影响其内部控制判断；Nanni（1984）发现，审计师职位、工作年限、内部控制评估经验，对内部控制评估结果都有显著影响；Borthick，Curtis&Sriram（2006）发现，审计师是否具有内部控制相关知识，影响其内部控制判断。事实上，在认知心理学看来，内部控制缺陷判断过程可以看作是一个心理过程，在这个过程中，缺陷判断是审计师通过辨别、比较，对内部控制偏差及相关内容所作的分析、评估、鉴定过程，是一个复杂的心理过程，审计师凭借自身知识和经验做出判断，这决定了缺陷判断具有较强的主观色彩，审计师的知识、经验、性格、习惯、心态、品质等因素都会带到缺陷判断中去，从而影响缺陷判断的结果（张继勋，付宏琳，2010；杨明增，张继勋，2010）。例如，对于同样的内部控制偏差，具有悲观性格特质的人，对其风险损失期望值的估计可能较大；而具有乐观性格特质的人，则估计的风险损失期望值可能小于前者的估计。正是由于二者对风险损失期望值的估计不同，从而对缺陷判断也可能做出不同的结论。

除了个人特质方面的差异之外，管理层和外部审计师的缺陷判断差异，还有另外一个重要的原因，这就是利益关联度不同。Tabor（1983）认为，审计师内部控制判断会与随后的判断后果联系起来。所以，内部控制判断的后果会影响审计师的内部控制判断。事实上，内部控制缺陷判断会有相关后果，而管理层和外部审计师具有不同的相关后果，正是这些不同的相关后果，使得管理层和外部审计师的内部缺陷判断出现差异。

对于外部审计师来说，内部控制缺陷判断有宽容和严厉两种策略，选择宽容策略时，更有可能出现内部控制鉴证意见错误，由于外部审计师需要对其发表的内部控制鉴证意见承担责任，所以，宽容策略可能招致职业责任、法律责任、经济损失或行政处理处罚；严厉策略可能有利于外部审计师保护自身，但是，可能影响与客户的关系，甚至丧失这个客户。外部审计师必须在客户保持和审计风险之间做出均衡，多数情形下，外部审计师会偏向审计风险防范，从而选择严厉策略。一些文献发现，审计师声誉越高，越是不愿意出具标准意见的内部控制审计报告（方红星，戴捷敏，2012；卢晓宇，梁成，2014），这也从另外一个方面说明，外部审计师对内部控制缺陷判断选择严厉策略。

对于管理层来说，内部控制缺陷判断一般会带来负面后果，首先，内部控制缺陷特别是重大缺陷的存在，表明管理层职责履行存在瑕疵，这是管理层的绩效污点；其次，如果内部控制缺陷对外披露，外部利益相关者会作为“坏消息”，从而对本组织产生负面后果，例如，有的研究发现，内部控制重大缺陷披露之后，公司的举债成本会升高（Dhaliwal etal，2011）；McMullen etal（1996）发现，存在财务问题的公司披露内部控制报告的比例没有达到平均水平，其主要目的是避免公司的内部控制缺陷为外部知晓。正是为了避免控制缺陷带来的负面后果，管理层倾向于采用宽容策略，在内部控制缺陷判断时，倾向于将缺陷作为非缺陷，将严重缺陷作为不严重的缺陷。Bedard&Graham（2011）发现，管理层内部控制评估对缺陷的等级评价要低于外部审计人员，一定程度上应证了管理层的这种系统性偏向。

上述分析表明，正是由于内部控制缺陷会给管理层带来负面后果，对外部审计师来说是利大于弊，所以，管理层一般采取宽容策略，而外部审计师一般采取严厉策略，二者很可能出现判断差异。

（三）内部控制缺陷识别和认定差异的机理：标准差异和认知差异

本节以上分析表明，个人特质和利益联系会使得管理层和外部审计师的缺陷判断出现差异。然而，这种差异究竟是如何产生的呢？下面，我们来分析其产生机理。

内部控制缺陷判断需要根据一定的判断标准做出判断，所以，对于特定的内部控制偏差产生的缺陷判断差异可能源于两个路径，一是判断标准不同，二是对内部控制偏差本身的认知不同，本节将前者称为标准差异，后者称为认知差异。而这两种差异产生的原因都是由于个人特质和利益关联不同，缺陷判断差异原因和路径大致情形如图 7 所示。下面，我们来分析缺陷判断差异的两个产生路径。

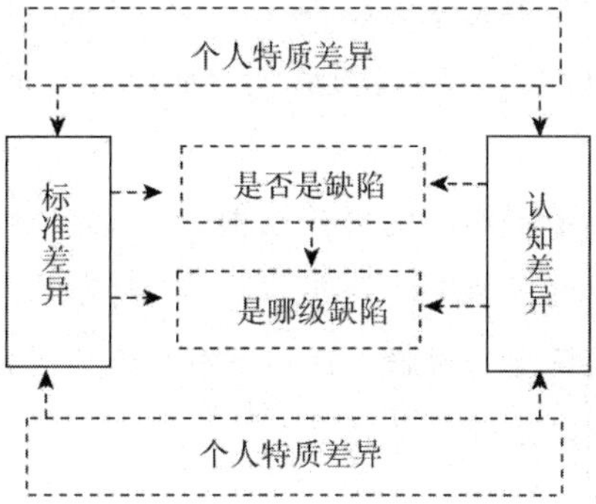

图 7　缺陷判断差异的原因和路径

内部控制缺陷判断有两类标准，一是缺陷识别标准，是判断内部控制偏差是否是缺陷的标准，二是缺陷认定标准，是判断既定的内部控制缺陷是何种等级的标准。

内部控制缺陷识别标准主要是将内部控制偏差分成三种情形：内部控制缺陷、内部控制局限性、偶然性例外事项。一般来说，这三者在概念方面是有区分的，但是，对于特定的内部控制偏差来说，究竟是属于三种中的何种，则需要有一个区分标准。由于管理层和外部审计师基于其各自的利益考虑（也可能还会受到个人特质因素的影响），在确定内部控制缺陷识别标准时，会有不同的策略，管理层倾向于宽容，而外部审计师倾向于严厉，这就可能使得二者的缺陷识别标准存在宽严程度不同。

同样的差异也可能出现在内部控制缺陷认定标准，这个标准是根据缺陷产生的风险暴露将缺陷划分为不同等级的分级依据，由于管理层倾向于宽容，而外部审计师倾向于严厉，对于相同的风险暴露，管理层可能划分为不严重的缺陷等级，而外部审计师则可能划分为严重的缺陷等级，二者的认定标准出现差异。

以上分析显示，正是由于缺陷识别标准和认定标准不同，同样的内部控制偏差，管理层可能判断为内部控制局限性或偶然性例外事项，而外部审计师可能判断为内部控制缺陷；对于同样的内部控制缺陷，管理层认定的缺陷严重程度可能低于外部审计师。由于判断标准不同，管理层和外部审计师对内部控制缺陷判断出现了差异。

即使内部控制缺陷判断标准相同，内部控制缺陷判断差异还有另外一个路径，这就是认知差异。认知差异不是因为判断标准不同，对于相同的内部偏差基本事实，由于认知因素的影响，使得管理层和外部审计师对内部控制缺陷判断产生差异。当然，影响认知差异的主要原因是认知者个人特质差异以及他们与内部控制缺陷的利益联系不同。

在内部控制缺陷识别阶段，需要区分内部控制缺陷、内部控制局限性、偶然性例外事项，内部控制缺陷和内部控制局限性属于系统性偏差，而偶然性例外事项属于偶然因素的作用而产生的，对于特定的内部控制偏差来说，究竟是偶然性因素所致，还是系统性缺陷所至，可能有不同的认知；对于系统性偏差，还要区分内部控制局限性和内部控制缺陷，局限性是基于成本效益的考虑而主动容忍的内部控制瑕疵，而内部控制缺陷则不然，是制度设计或执行的错误或失误，在这种判断中，可能产生不同的认知，从而产生判断差异。

对于既定的内部控制缺陷还要划分等级，而等级划分的关键是缺陷产生的风险暴露，而风险暴露的评估需要考虑风险因素发生的可能性及发生以后的后果，在许多情形下，这两方面的评估都具有很大的主观成分，这就极有可能产生不同的认知，从而对于同样的内部控制缺陷划分为不同的等级。

以上分析显示，正是由于对于同样的内部控制偏差可能有不同的认知，同样的内部控制偏差，管理层可能判断为内部控制局限性或偶然性例外事项，而外部审计师可能判断为内部控制缺陷；对于同样的内部控制缺陷，管理层认定的缺陷严重程度可能低于外部审计师。由于认知不同，管理层和外部审计师对内部控制缺陷判断出现了差异。

三、管理层和外部审计师的内部控制缺陷判断差异：例证分析

本节以上提出了管理层和外部审计师的内部控制缺陷判断差异的理论框架，理论的生命力在于解释现实世界。从我国上市公司内部控制鉴证来看，一方面是出现了管理层和外部审计师的鉴证意见差异，另一方面，出现这些鉴证意见的主要原因是对于同样的内部控制偏差，管理层和外部审计师有不同的认识。这与本节的理论框架相一致。

（一）内部控制缺陷判断差异的基本情况

根据迪博企业风险管理技术有限公司（2013）发布的《中国上市公司2013年内部控制白皮书》，2012年年度报告中，贵糖股份（000833）和天津磁卡（600800）的内部控制审计意见为否定意见，但其内部控制评价结论为有效。迪博企业风险管理技术有限公司（2014）发布的《中国上市公司2014年内部控制白皮书》，2013年年度报告中，有4家公司的内部控制评价结论与内部控制审计意见存在显著差异：北大荒，其内部控制审计意见为否定意见，但内部控制评价结论为整体有效；泰达股份，其内部控制审计意见为否定意见，但内部控制评价结论为整体有效；ST霞客，其内部控制审计意见为保留意见，内部控制评价结论为整体有效；青鸟华光，其内部控制审计意见为无法表示意见，内部控制评价结论为整体有效。迪博企业风险管理技术有限公司（2015）发布的《中国上市公司2015年内部控制白皮书》，2014年年度报告中，共有17家上市公司内部控制评价报告与注册会计师出具的内部控制审计报告存在重大不一致。

上述数据表明，上市公司管理层和外部审计师对内部控制缺陷判断存在差异，已经成为现实，

并且数量越来越多。

（二）鉴证意见完全相反的原因分析

限于篇幅，我们不能对上述每个公司进行分析，只是对最早出现鉴证意见完全相反的贵糖股份和天津磁卡做一简要分析。

1. 贵糖股份

致同会计师事务所出具的《广西贵糖（集团）股份有限公司 2012 年度内部控制审计报告》声称，贵糖股份蔗渣、原煤等大宗原材料的成本核算基础薄弱，部分暂估入账的大宗原材料缺少原始凭证，影响该等存货的发出成本结转与期末计价的正确性，与此相关的财务报告内部控制运行失效。贵糖股份发布的《公司监事会对公司内部控制自我评价的意见》声称，在本年内主动地持续清理和消除导致财务报告重大错报的因素，有效防止在本次评价基准日可能存在导致企业严重偏离控制目标的控制缺陷；在年末盘点资产中主动地彻底清查各项存货资产、固定资产、债权及债务，以保证账实相符，合理运用会计稳健性原则，保证存货资产在现有盘存测算方法的精确度条件下不出现财务报告重大错报。

贵糖股份蔗渣、原煤等大宗原材料属于量大值低，在制糖行业中，许多公司采用定期盘存方法，这种方法对原材料的消耗计量不及时、不准确。因此，可以说是存货管理的一个瑕疵，然而，这种瑕疵究竟是否属于内部控制局限性，还是内部控制缺陷呢？很显然，致同会计师事务所认为是内部控制缺陷，事实上，这种做法，在制糖行业具有一定的普通性，这就说明，并不能排除这种瑕疵是基于成本效益考虑之后的选择，具有内部控制局限性的特征。

当然，贵糖股份在应用行业惯例的同时，也存在管理问题，存货的期末盘点没有严格认真，对于账实差异未能及时确认。但是，某一年度未能及时调整账实差异，是否就意味着今后也不能调整账实差异呢？也就是说，这究竟属于系统性偏差，还是偶然性偏差，管理层和外部审计师有不同的认识。同时，贵糖股份对存货管理进行了整改，包括建立了新的盘存测算方法、年末进行了认真的盘点，然而，这种整改措施是否能弥补已经存在的内部控制缺陷，管理层和外部审计师有不同的认识。

2. 天津磁卡

2012 年度内部控制审计，华寅五洲会计师事务所认为，天津磁卡内部控制存在以下五方面的缺陷：虽建立了公司间按月对账制度，但该制度未得到有效执行，导致往来账户长期、经常出现差异而未被发现，在结账环节，未合理确定本期应计提的坏账准备；未建立投资业务的会计系统控制，未能及时、准确地确认投资收益及合理计提减值准备；天津磁卡在编制财务报告前，未组织固定资产盘点，存货盘点结果也未能及时进行账务处理；缺乏有效的销售业务会计系统控制，存在未发货而提前确认销售收入、未确认成本；已发货、满足收入确认条件而未确认收入成本的现象；未建立期末财务报告流程控制制度，财务报表编制流程过程中，各种数据的输入、处理及输出未见相关控制复核，未见管理层人员参与期末财务报告流程，重要子公司历年的审计调整事项均未做账务处理，未见管理层及治理层人员对期末报告流程进行监控。

根据上述五方面的缺陷，出具了否定意见的审计报告。很显然，对上述五个方面的缺陷风险暴露需要进行两类评估，一是每类缺陷的风险暴露；二是在这些缺陷同时存在的情况下，它们组合起来对风险暴露会形成何种程度的放大。而这两方面的风险暴露评估，特别是缺陷组合对风险暴露的放大，是具有很大的主观成分，管理层和外部审计师可能有不同的认识。外部审计师形成了否定性意见，而天津磁卡在同期披露的内部控制自评报告中承认公司确实存在一些内部控制缺陷，但认为其在财务内部控制整体有效。

四、结论和启示

根据现行规定，上市公司需要同时进行管理层内部控制评价和外部审计师内部控制审计，二者都需要对内部控制有效性发表意见，然而，却出现了二者对内部控制有效性所发表的意见不一致，有的甚至完全相反。本节以内部控制鉴证核心内容为基础，提出一个解释管理层和外部审计师内部控制鉴证意见差异的理论框架。

内部控制鉴证就是对内部控制有效性的判断。然而，内部控制有效性本身又无法衡量，解决的办法是评估内部控制缺陷，根据内部控制缺陷性与内部控制有效性的互补关系来确定内部控制有效性。所以，内部控制鉴证的核心内容就是寻找内部控制缺陷并对缺陷进行等级划分，前者称为内部控制缺陷识别，后者称为内部控制缺陷认定。

无论是内部控制缺陷识别，还是内部控制缺陷认定，外部审计师和管理层都可能产生差异，而这种差异产生的原因，既有判断者个人特质差异方面的原因，也有利益关联方面的原因。内部控制缺陷判断过程可以看作是一个心理过程，审计师的知识、经验、性格、习惯、心态、品质等因素都会带到缺陷判断中去，从而影响缺陷判断的结果。内部控制判断的后果会影响审计师的内部控制判断，对于内部控制缺陷，管理层和外部审计师具有不同的相关后果，这使得管理层和外部审计师的内部缺陷判断不同的策略，管理层通常倾向于宽容策略，而外部审计师通常倾向于严厉策略。

内部控制缺陷判断需要根据一定的判断标准做出判断，所以，对于特定的内部控制偏差产生的缺陷判断差异可能源于两个路径，一是判断标准不同，二是对内部控制偏差本身的认知不同，前者是标准差异，后者是认知差异。正是由于缺陷识别标准和认定标准不同，同样的内部控制偏差，管理层可能判断为内部控制局限性或偶然性例外事项，而外部审计师可能判断为内部控制缺陷；对于同样的内部控制缺陷，管理层认定的缺陷严重程度可能低于外部审计师。由于判断标准不同，管理层和外部审计师对内部控制缺陷判断出现了差异。认知差异与标准差异基本类似，同样的内部控制偏差，由于认知不同，管理层和外部审计师的内部控制缺陷判断也会出现上述差异。

本节的研究启示我们，管理层和外部审计师的内部控制缺陷判断差异产生原因是个人特质和利益联系，而这两方面的原因都难以消除，所以，总体来说，内部控制缺陷判断差异难以消除。但是，由于其通过标准差异和认知差异两个路径来产生判断差异，所以，可以通过两个路径来一定程度上抑制二者的缺陷判断差异。首先，虽然管理层和外部审计师会分别制定自己的缺陷识别和认知标准，但是，二者应该就这些标准进行沟通，以避免不必要的标准差异。例如，外部审计师可能对于特定行业的了解不如客户，客户可能将同行业的缺陷判断标准提供给外部审计师参考，对于有分歧的事项，可以通过专题讨论的方式推进相互理解。其次，无论是管理层，还是外部审计师，对于其各自的内部控制缺陷判断，都要在内部进行充分的讨论，以抑制完全是由于个人特质不同而产生的判断差异。同时，管理层和外部审计师之间也需要对缺陷判断相关的主观估计事项进行充分的沟通，以抑制个人特质导致的认知差异。

第五节 内部控制鉴证取证模式：逻辑框架和案例分析

内部控制鉴证属于制度审计，其鉴证主题是内部控制制度，本节探究内部控制鉴证取证模式。关于以制度为主题的鉴证，在鉴证发展史上有两类直接相关事宜，一是管理鉴证，二是内部控制鉴证（包括内部控制评估或评价）。管理鉴证孕育于20世纪30年代，但是，至今为止，并没有成为主流鉴证业务，作为其核心内容的内部控制鉴证却异军突起（王光远，2004）。内部控制鉴证的鉴证取证存在许多有待研究的问题（郑卓如，郑石桥，2013）。在管理鉴证和内部控制鉴证的诸多问题中，鉴证取证模式是最重要的问题之一。相关文献对于这个问题并没有系统的研究，本节研究内部控制鉴证取证模式的逻辑框架。

一、文献综述

就本节关注的内部控制鉴证取证模式，相关研究主要涉及管理审计取证和内部控制审计取证。

关于管理审计取证的研究，主要关注两类问题，一是管理审计模式，二是管理审计取证技术。一般认为，管理审计模式应该是实现特定的审计目标所采取的管理审计策略、方式和方法的总称，它规定了管理审计取证工作的切入点，规定了管理审计人员在实施管理审计工作时，从何处入手、如何入手、何时入手等问题。至于管理审计模式究竟是什么，有不同的认为，主要的观点有：二分法、三分法、四分法、五分法、六分法（郑石桥，2012）。

关于内部控制审计取证的研究，主要关注内部控制评估技术，研究内容涉及数学方法在内部控制审计中的应用（Nichols，1987）、内部控制审计中的统计抽样方法（Ham，Loesll & Smieliauska，2010）、内部控制审计记录方法（Bierstaker，Janvrin&Lowe，2008）、内部控制审计风险模型等（Akresh，2010）、内部控制审计业务的选择等（谢少敏，2010）。

总体来说，关于内部控制鉴证取证模式还缺乏系统的研究。本节从鉴证标的、鉴证命题和鉴证程序三个层面构建内部控制鉴证取证模式的逻辑框架。

二、内部控制鉴证取证模式：逻辑框架

内部控制鉴证的鉴证主题是约束具体行为的制度，鉴证目标是制度的合规性和合理性[①]。在既定的鉴证目标和鉴证主题下，内部控制鉴证取证模式涉及三个主要问题：第一，鉴证标的，也就是鉴证实施的直接标的物之确定；第二，针对特定的鉴证标的，具体的鉴证目标是什么，也就是确定针对特定鉴证标的之鉴证命题；第三，如何证明每一个具体的鉴证命题，也就是确定和实施鉴证程序。

（一）内部控制鉴证取证：鉴证标的

鉴证标的是鉴证实施的直接标的物，也就是鉴证的靶子。内部控制鉴证的主题是约束行为的制度，其鉴证标的是制度的再分类。一般来说，制度可以分为两类，一类是对所有具体行为都有约束

① 这里的合理性也可以理解为内部控制的有效性。

力，一般称为整体层面的制度；二是针对特定具体行为的制度，一般称为业务层面的制度。

对于整体层面的制度，其鉴证标的应该是制度要素，也就是制度中界定的主要事项，一般是以制度章节为划分标准，例如，公司章程是一个整体层面的制度，在章程中对于股东会、董事会、监事会、经理层的权责分别进行了界定，股东会、董事会、监事会、经理层都可以单独作为鉴证标的。

对于业务层面的制度，一般会按业务类型来组织，所以，通常以业务流程中的关键环节作为鉴证标的。例如，预算制度一般会规范预算编制、预算执行、预算调整、决算等环节，这些环节都可以单独作为鉴证标的。

当然，在一些情形下，如果制度较为庞大，上述鉴证标的可以进行多层级的划分，一直要划分到具有相对清晰的鉴证总体和鉴证个体时，才能得到可实施的鉴证标的。如果对鉴证标的的划分过于粗略，则鉴证总体中包括的鉴证个体可能具有较大的差异，这会影响鉴证载体的选择，也会影响鉴证程序的有效实施。

鉴证标的确定之后，围绕每个标的，还要确定其鉴证总体和鉴证个体。制度标的个体，也就是鉴证个体，是该制度标的约束的每个特定行为，而全部特定行为之集合，就形成该内部控制鉴证标的之鉴证总体。特别要注意的是，鉴证总体和鉴证个体是以标的为对象确定的，不同的标的不宜混合起来形成鉴证总体，每个内部控制鉴证标的，都要形成自己的鉴证总体和鉴证个体。例如，预算执行制度和预算调整制度，约束不同的预算行为，需要分别形成鉴证标的来判断其合规性和合理性，如果将二者混合起来形成一个鉴证标的，则不同属性的预算执行行为就在一个总体中，不宜于内部控制鉴证的有效开展。

鉴证总体和鉴证个体确定之后，还需要进一步确定鉴证载体。鉴证载体是关于鉴证个体的记载或记忆，它们是鉴证活动的直接实施对象，表现为资料、实物和人。一般来说，制度标的载体有四种形式：一是书面的规章制度，这些规章制度表明制度设计情形；二是制度相关的实物措施，这是实施制度的实物手段，例如，内部控制措施中的实物控制手段就属于这种情形；三是制度执行过程中形成的相关记录，表明制度执行情况及其效果，也包括制度评估记录和报告；四是相关人员形成的制度相关记忆，包括制度的设计健全性和执行符合性的看法或记忆。一般来说，来源于不同载体的鉴证证据，其证明力不同。

一般来说，鉴证载体分为三种情形：一是有系统载体且有原始记录支持；二是有系统载体但无原始记录支持；三是无系统记录。对于一般的被鉴证单位来说，制度管理都已经达到一定的程度，各种形式的内部控制鉴证载体组合起来，应该能形成一个系统且有原始记录支持的载体。

（二）内部控制鉴证取证：鉴证命题

鉴证命题是可以被定义并观察的现象，是鉴证目标在鉴证标的上的落实，也就是针对特定的鉴证标的需要获取证据来证明的事项，也称为具体鉴证目标。

内部控制鉴证的鉴证目标是制度合规性和合理性，也可分解为合规性、健全性和遵循性。合规性是指制度是符合既定标准的（这里的既定标准主要是外部机构颁布的相关法律法规及规章），如果存在不符合既定标准的制度，则该命题是伪；健全性是指制度是合理的，不存在重大缺陷，如果存在重大缺陷，则该命题是伪；遵循性是指制度得到了有效的执行，在执行中不存在重大缺陷，如果执行中存在重大缺陷，则该命题是伪。

上述各项鉴证目标落实到具体的鉴证标的，就形成了该鉴证标的需要获取鉴证证据来证明的事项，也就是该鉴证标的需要鉴证证据来验证的鉴证命题。如果某个命题获取了相应的鉴证证据，则该命题就得到了证明，如果某鉴证标的的全部鉴证命题都得到了证明，则该鉴证标的就得到了鉴证。如果某鉴证主题的全部鉴证标的都得到了鉴证，则该鉴证主题的鉴证目标就达到了。

（三）内部控制鉴证取证：鉴证程序

鉴证程序就是从鉴证载体中，为每个鉴证命题获取鉴证证据的技术方法。鉴证程序的实际实施对象是鉴证载体，由于鉴证载体不同，鉴证程序的选择也不同。前已叙及，一般来说，对于内部控制鉴证，应该能形成一个有系统且有原始记录支持的载体。在这种情形下，鉴证取证一般采用命题论证型鉴证取证模式，鉴证取证过程一般包括二个步骤：风险评估；制度测试。初看起来，与风险导向模式下的会计报表审计程序类似。但是，就其实质内容来看，二者存在较大差异。

1. 风险评估

这里的风险是制度风险，也就是制度不能达到其目标的可能性，例如，内部控制无效的可能性。一般来说，制度要达到其目标，需要具有两个属性，一是合规性，也就是符合外部权威机构颁布的相关法律法规和规章；二是合理性，也就是制度不存在显著的缺陷或瑕疵，也称为有效性。而制度风险之产生，要么是制度明显违反外部权威机构颁布的相关法律法规和规章；要么是存在显著的缺陷或瑕疵。所以，制度风险就是制度违规及存在缺陷或瑕疵的可能性。

风险评估是以一定的审计风险模型为基础，对相关风险进行评价。目前，关于内部控制鉴证的鉴证风险模型还没有相关研究，关于内部控制鉴证风险模型有少数文献涉及。Akresh（2010）认为，内部控制审计是审计财务报告的生成过程，而财务审计是审计内部控制过程的产出，所以，二者应该有不同的风险模型。他们认为，内部控制鉴证风险是内部控制中有重大缺陷，而审计人员未能发现，这一风险可以分解为固有风险、控制设计和执行风险、控制运行效果风险。雷英、吴建友（2011）借鉴上述文献，提出了财务报告内部控制审计风险模型，赵宇（2012）也提出了类型的内部控制审计风险模型。受上述文献的启发，本节提出内部控制鉴证风险模型如公式（1）所示：

$$IAR = IR \times IDIR \times IDR \quad (1)$$

公式（1）中，IAR（Internal control attestation Risk）表示内部控制鉴证风险，是对于内部控制鉴证发表错误鉴证意见的可能性，主要是指当制度存在重大缺陷（包括违规，下同）时，鉴证意见认为不存在重大缺陷；IR（Inherent Risk）表示固有风险，是在没有制度的情形下，制度目标不能达成的可能性；IDIR（Institution Design and Implementation Risk）表示制度不能达成制度目标的可能性，也就是制度存在重大缺陷的可能性，事实上，也就是制度失败的可能性；IDR（Institution Detection Risk）表示制度测试风险，是指审计人员不能发现已经存在的制度重大缺陷的可能性。

需要说明的是，这里沿用财务报表审计风险模型采用的乘数方式，正如谢荣、吴建友（2004）指出，财务报表审计风险模型本身不是乘数关系，而只是用乘数方式作为观念的指导，内部控制鉴证风险模型各要素也不是乘数关系，只是各要素以乘数方式表示，作为概念框架。

根据内部控制鉴证风险模型，内部控制鉴证的风险评估要做四项工作：第一，确定内部控制鉴证风险（IAR），也就选择可接受的内部控制鉴证风险水平。一般来说，依赖内部控制鉴证结果的利益相关者越多、制度越是重要，可接受的内部控制鉴证风险水平越低。第二，评估固有风险

(IR)，也就是评估在没有制度的情形下，制度目标不能达成的可能性；第三，评估制度失败风险(IDIR)，也就是评估制度设计及执行是否存在重大缺陷；第四，根据上述各步骤的结果，确定可容忍的制度制度测试风险水平（IDR)。当然，在上述风险评估中，也可以将固有风险和制度失败风险合并评估。

上述风险评估要在两个层面开展，一是整体层面，也就是以制度整体作为评估对象进行风险评估，这个层面的风险评估主要用于鉴证总体计划或鉴证策略的制定；二是鉴证标的层面，以每个鉴证标的为对象进行风险评估，这个层面的风险评估主要用于针对鉴证标的的鉴证方案或具体鉴证计划的制定。

2. 制度测试

制度测试是以鉴证标的层面的风险评估为基础，为每个鉴证标的确定具体鉴证方案并实施。这里的制度测试，类似于风险导向财务报表审计中的控制测试，鉴证方案主要涉及针对特定鉴证标的的鉴证程序的性质、时间和范围。内部控制鉴证程序的性质，主要是指选择何种类型的鉴证程序来进行控制测试，主要考虑因素是可容忍的制度制度测试风险和鉴证载体的具体情形；内部控制鉴证程序的时间，主要是指鉴证程序的实施时间及鉴证证据所涵盖的时期，主要考虑因素是可容忍的制度制度测试风险及制度的实施特征；内部控制鉴证程序的范围，主要是指鉴证样本的规模，主要考虑因素是可容忍的制度制度测试风险。

一般来说，由于有系统化的鉴证载体且有原始记录支持，在实施所有的鉴证程序之后，能够获得充分适当的鉴证证据，以支持发表合理保证的鉴证意见。但是，由于内部控制鉴证中对于缺陷的判断涉及大量的主观判断，鉴证人、被鉴证单位及利益相关者对缺陷标准的认识可能不同，从而，鉴证意见的可接受程度会受到影响。

归纳起来，在有系统化的鉴证载体且有原始记录支持，内部控制鉴证的鉴证取证逻辑框架如图8所示。

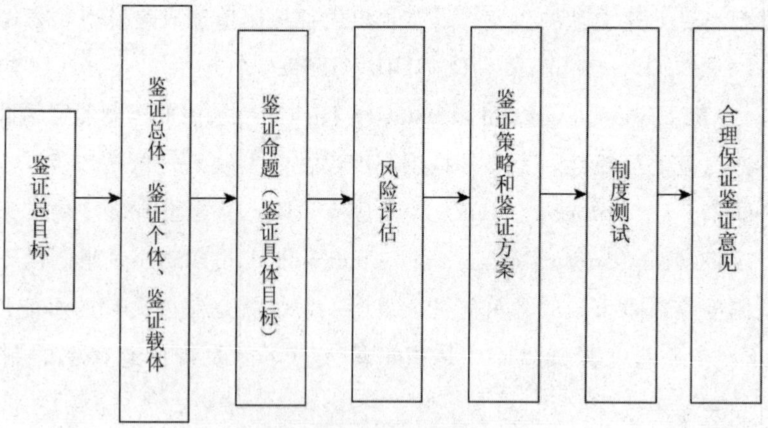

图8　内部控制鉴证取证模式的逻辑框架

三、内部控制鉴证取证模式：我国内部控制审计取证模式分析

本节从鉴证标的、鉴证命题和鉴证程序三个层面，提出了一个内部控制鉴证取证模式的逻辑框架。然而，这个框架是否正确呢？我们用这个框架来分析财政部和中国注册会计师协会等权威机构颁布的《内部控制审计指引》和《内部控制审计指引应用指南》对内部控制审计取证的规定，看权

威机构的对内部控制审计取证的规定与本节的逻辑框架是否具有一致性，通过这个分析，一定程度上验证本节的逻辑框架。

从逻辑上来说，内部控制审计可以按直接报告业务来实施，也可以按基于责任方认定业务来实施，不同业务属性下，审计主题不同，审计标的也不同，从而审计取证也不同。目前，除了日本等少数国家外，大多数国家都将内部控制审计作为直接报告业务，此时，内部控制本身是审计主题。本节按直接报告业务来分析内部控制审计取证。

（一）内部控制审计标的

内部控制审计标的是内部控制审计的实施对象，由于内部控制是一个庞大的体系，所以，其审计标的具有层级性。根据《内部控制审计指引》和《内部控制审计指引应用指南》，按自上而下的方式进行内部控制审计，以制造为例，归纳起来，审计标的及其总体和个体如表8所示。

表8 内部控制审计标的、审计总体和审计个体（以制造业为例）

一级审计标的	二级审计标的	三级审计标的（可实施的标的）	可实施审计标的总体	可实施审计标的个体
整体层面的内部控制	风险评估	1. 风险识别 2. 风险分析 3. 风险应对策略	1. 全部风险识别 2. 全部风险分析 3. 全部风险应对策略	1. 每个风险识别 2. 每个风险分析 3. 每个风险应对策略
	控制环境	1. 组织治理 2. 组织结构 3. 人力资源政策 4. 组织文化	1. 全部组织治理事项 2. 全部组织结构事项 3. 全部人力资源政策事项 4. 全部组织文化事项	1. 单个组织治理事项 2. 单个组织结构事项 3. 单个人力资源政策事项 4. 单个组织文化事项
	信息与沟通	1. 信息系统 2. 信息技术应用 3. 专门的信息系统	1. 全部信息系统事项 2. 全部信息技术应用事项 3. 全部专门的信息系统事项	1. 单个信息系统事项 2. 单个信息技术应用事项 3. 单个专门的信息系统事项
	控制监视	1. 自我监视 2. 独立监视	1. 全部自我监视事项 2. 全部独立监视事项	1. 单个自我监视事项 2. 单个独立监视事项
业务层面内部控制	销售与收款循环	1. 销售关键环节控制 2. 收款关键环节控制	1. 全部销售业务之控制 2. 全部收款业务之控制	1. 每笔销售业务之控制 2. 每笔收款业务之控制
	采购与付款循环	1. 采购关键环节控制 2. 付款关键环节控制	1. 全部采购业务之控制 2. 全部付款业务之控制	1. 每笔采购业务之控制 2. 每笔付款业务之控制
	筹资与投资循环	1. 筹资关键环节控制 2. 投资关键环节控制	1. 全部筹资业务之控制 2. 全部投资业务之控制	1. 每笔筹资业务之控制 2. 每笔投资业务之控制
	生产与服务循环	1. 生产关键环节控制 2. 存货关键环节的控制	1. 全部生产业务之控制 2. 全部存货业务之控制	1. 每笔生产业务之控制 2. 每笔存货业务之控制
	货币资金	1. 银行存款关键环节的控制 2. 现金关键环节的控制	1. 全部银行存款业务之控制 2. 全部现金业务之控制	1. 每笔银行存款业务之控制 2. 每笔现金业务之控制

审计标的确定之后，还需要确定审计载体，没有审计载体，获取审计证据就很困难。内部控制

审计载体是被审计单位对内部控制活动之记载或记忆，是内部控制审计活动直接实施的资料、实物和人。一般来说，这些标的有四种形式：一是书面的内部控制制度，这些制度表明内部控制设计情形；二是内部控制相关的实物措施，这是以实物手段建立起来的控制；三是内部控制执行过程中形成的相关记录，表明内部控制执行情况；四是相关人员形成的内部控制相关记忆。对于内部控制总体和个体，都可以从上述相关的审计载体中找到相关信息。上述四个方面的载体，组合起来，应该能支持内部控制审计取证。当然，从不同载体获取的审计证据，其证明力存在差异。

（二）内部控制审计命题

内部控制审计命题是内部控制审计目标在内部审计审计标的上的落实，也就是针对特定的内部控制审计标的需要获取证据来证明的事项，也称为内部控制具体审计目标。

一般认为，内部控制审计目标是鉴证内部控制有效性，也就是对内部控制目标之达成的保证程度，凡是能按既定保证程度达成目标的，内部控制就是有效，否则就是无效。实际操作中，从内部控制有效性的对立面来实施，也就是寻找内部控制缺陷，凡是存在重大缺陷的，内部控制就是无效。如何确认内部控制缺陷呢？根据《内部控制审计指引》和《内部控制审计指引应用指南》，内部控制缺陷主要体现为二个方面，一是内部控制设计缺陷，包括内部控制制度设计明显违反相关法律法规，或者是内部控制制度设计不足以防范其拟防范的风险；二是内部控制执行缺陷，主要是设计的内部控制未能得到有效执行。当然，内部控制的判断离不开内部控制目标，不同的内部控制目标选择，会有不同的内部控制缺陷判定结果。例如，《内部控制审计指引》和《内部控制审计指引应用指南》主要关注财务报告内部控制，在这种定位下，其内部控制目标主要是财务信息真实完整性，凡是不能达成这个目标的，就是内部控制缺陷。

内部控制审计命题就是将上述设计缺陷和执行缺陷落实到每个审计标的，确定每个审计标的的具体审计目标，以制度业为例，归纳起来，内部控制审计命题如表 9 所示。

表 9　内部控制审计标的和审计命题（以制造业为例）

一级审计标的	二级审计标的	三级审计标的（可实施的标的）	审计命题（具体审计目标）
整体层面的内部控制	风险评估	1. 风险识别 2. 风险分析 3. 风险应对策略	1. 风险识别的设计及执行是否存在缺陷 2. 风险分析的设计及执行是否存在缺陷 3. 风险应对策略的设计及执行是否存在缺陷
	控制环境	1. 组织治理 2. 组织结构 3. 人力资源政策 4. 组织文化	1. 组织治理的设计及执行是否存在缺陷 2. 组织结构的设计及执行是否存在缺陷 3. 人力资源政策的设计及执行是否存在缺陷 4. 组织文化的设计及执行是否存在缺陷
	信息与沟通	1. 信息系统 2. 信息技术应用 3. 专门的信息系统	1. 信息系统的设计及执行是否存在缺陷 2. 信息技术应用的设计及执行是否存在缺陷 3. 专门的信息系统的设计及执行是否存在缺陷
	控制监视	1. 自我监视 2. 独立监视	1. 自我监视的设计及执行是否存在缺陷 2. 独立监视的设计及执行是否存在缺陷

业务层面内部控制	销售与收款循环	1. 销售关键环节控制 2. 收款关键环节控制	1. 销售关键环节控制的设计及执行是否存在缺陷 2. 收款关键环节控制的设计及执行是否存在缺陷
	采购与付款循环	1. 采购关键环节控制 2. 付款关键环节控制	1. 采购关键环节控制的设计及执行是否存在缺陷 2. 付款关键环节控制的设计及执行是否存在缺陷
	筹资与投资循环	1. 筹资关键环节控制 2. 投资关键环节控制	1. 筹资关键环节控制的设计及执行是否存在缺陷 2. 投资关键环节控制的设计及执行是否存在缺陷
	生产与服务循环	1. 生产关键环节控制 2. 存货关键环节控制	1. 生产关键环节控制的设计及执行是否存在缺陷 2. 存货关键环节控制的设计及执行是否存在缺陷
	货币资金	1. 银行存款关键环节控制 2. 现金关键环节控制	1. 银行存款关键环节控制的设计及执行是否存在缺陷 2. 现金关键环节控制的设计及执行是否存在缺陷

（三）内部控制审计程序

审计命题确定之后，需要选择审计程序来获取审计证据。根据《内部控制审计指引》和《内部控制审计指引应用指南》，内部控制审计程序包括：计划审计工作，实施审计工作，内部控制缺陷评价，完成审计工作，出具审计报告，共六个步骤。

审计取证主要涉及计划审计工作和实施审计工作这两个步骤。计划审计工作主要内容包括：审计业务约定书；审计项目组；计划审计工作所需要评价的事项；重要性水平；识别重大账户、重大列报和相关认定；识别重大业务流程；了解企业内部控制评价及利用他人的工作；审计计划。这些工作中，计划审计工作所需要评价的事项，重要性水平，识别重大账户、重大列报和相关认定，识别重大业务流程，了解企业内部控制评价及利用他人的工作，都是风险评估；而审计计划就是根据风险评估的结果制订审计总体计划（或称为总体审计策略）和具体审计计划（或称为审计方案）。

实施审计工作主要内容包括：评估企业层面控制，识别业务层面控制，选择拟测试的控制，测试内部控制，评价控制偏差。这些内容共同组成制度测试。

总体来说，《内部控制审计指引》和《内部控制审计指引应用指南》规范的内部审计取证，与本节前面提出的内部控制鉴证取证逻辑框架具有一致性。

四、结论和启示

本节从鉴证标的、鉴证命题和鉴证程序三个层面探究内部控制鉴证取证模式的逻辑框架。在既定的鉴证目标和鉴证主题下，内部控制鉴证取证模式涉及三个主要问题：第一，鉴证标的，也就是鉴证实施的直接标的物之确定；第二，针对特定的鉴证标的，具体的鉴证目标是什么，也就是确定针对特定鉴证标的之鉴证命题；第三，如何证明每一个具体的鉴证命题，也就是确定和实施鉴证程序。

鉴证标的是鉴证实施的直接标的物，也就是鉴证的靶子。内部控制鉴证标的是制度的再分类。一般分为两类，一类是对所有具体行为都有约束力，一般称为整体层面的制度；二是针对特定具体行为的制度，一般称为业务层面的制度。对于整体层面的制度，其鉴证标的应该是制度要素，也就是制度中界定的主要事项。对于业务层面的制度，一般会按业务类型来组织，所以，通常以业务流程中的关键环节作为鉴证标的。如果制度较为庞大，上述鉴证标的可以进行多层级的划分，一直要划分到具有相对清晰的鉴证总体和鉴证个体时，才能得到可实施的鉴证标的。制度标的个体，也就是鉴证个体，是该制度标的约束的每个特定行为，而全部特定行为之集合，就形成该内部控制鉴证标的之鉴证总体。制度标的载体有四种形式：一是书面的规章制度；二是制度相关的实物措施；三是制度执行过程中形成的相关记录；四是相关人员形成的制度相关记忆。一般来说，各种形式的内部控制鉴证载体组合起来，应该能形成一个系统且有原始记录支持的载体。

内部控制鉴证命题是内部控制鉴证目标在鉴证标的上的落实，也称为制度具体鉴证目标。内部控制鉴证的鉴证目标是制度合规性和合理性，也可分解为合规性、健全性和遵循性。上述各项鉴证目标落实到具体的鉴证标的，就形成了该鉴证标的需要鉴证证据来验证的鉴证命题。

由于内部控制鉴证一般存在一个系统且有原始记录支持的载体，鉴证取证一般采用命题论证型鉴证取证模式，鉴证取证过程一般包括风险评估和制度测试两个步骤。

这里的风险是制度风险，也就是制度不能达到其目标的可能性，表现为制度违规及存在缺陷或瑕疵的可能性。内部控制鉴证风险模型如公式（2）所示：

$$IAR = IR \times IDIR \times IDR \quad (2)$$

公式（2）中，IAR 表示内部控制鉴证风险，是指当制度存在重大缺陷时，鉴证意见认为不存在重大缺陷；IR 表示固有风险，是在没有制度的情形下，制度目标不能达成的可能性；IDIR 表示制度存在重大缺陷的可能性；IDR 表示制度测试风险，指鉴证人员不能发现已经存在的制度重大缺陷的可能性。风险评估要在两个层面开展，一是整体层面，也就是以制度整体作为评估对象进行风险评估，这个层面的风险评估主要用于鉴证总体计划或鉴证策略的制定；二是鉴证标的层面，以每个鉴证标的为对象进行风险评估，这个层面的风险评估主要用于针对鉴证标的的鉴证方案或具体鉴证计划的制订。

制度测试是以鉴证标的层面的风险评估为基础，为每个鉴证标的确定具体鉴证方案并实施。主要涉及针对特定鉴证标的的鉴证程序的性质、时间和范围。

一般来说，由于有系统化的鉴证载体且有原始记录支持，在实施所有的鉴证程序之后，能够获得充分适当的鉴证证据，以支持发表合理保证的鉴证意见。

财政部和中国注册会计师协会等权威机构颁布的《内部控制审计指引》和《内部控制审计指引应用指南》对内部控制审计取证的规定，与本节的逻辑框架具有一致性。

我国的内部审计和政府审计强调对体制、机制和制度的合理性进行判断，并在此基础上提出审计建议，以促进体制、机制和制度的优化，这个方面是正确的，然而，如何获取充分适当的审计证据来支持审计人员的体制、机制和制度的判断，并没有得到重视。本节的研究显示，内部控制鉴证取证有其独特性，为了内部控制鉴证的切实有效，必须探究内部控制鉴证取证的特征和规律，总结制度鉴证的最佳实务，在此基础上，制定内部控制鉴证准则。

参考文献

1. 刘玉廷．全面提升企业经营管理水平的重要举措－《企业内部控制配套指引》解读［J］，会计研究，2010（5）：3－16。

2. COSO (Committee of Sponsoring Organizations of the Treadway Commission), Internal control— Integrated Framework, 1994.

3. COSO (Committee of Sponsoring Organizations of the Treadway Commission), Internal control— Integrated Framework, 2013.

4. COSO (Committee of Sponsoring Organizations of the Treadway Commission), Enterprise Risk Management —Integrated Framework, 2004.

5. PCAOB. 第5号审计准则—与财务报告审计相结合的财务报告内部审计 [R], 2007年。

6. 日本企业会计审议会. 关于财务报告内部控制评价与审计准则以及财务报告内部控制评价与审计实施准则的制定（意见书）[R], 2007年。

7. 白华，高立. 内部控制缺陷实证研究的最新进展：一个文献综述 [J], 财会通讯, 2011 (5): 111—114。

8. 曹丹，董佳宇. 内部控制缺陷研究—基于国外实施研究动态文献综述 [J], 时代金融, 2014 (10): 194—197。

9. 杨有红，李宇立. 内部控制缺陷的识别、认定与报告 [J], 会计研究, 2011 (3): 76—80。

10. 刘建伟，郑瞳. 内部控制缺陷概念、分类与认定 [J], 财会月刊, 2012 (12): 74—75。

11. 田娟，余玉苗. 内部控制缺陷识别与认定中存在的问题与对策 [J], 管理世界, 2012 (6): 180—181。

12. 李宇立. 内部控制缺陷研究—理论分析和经验证据 [M], 中国财政经济出版社, 2013年5月。

13. 陈汉文，张宜霞. 企业内部控制的有效性及其评价方法 [J], 审计研究, 2008 (3): 48—54。

14. Morrill, J. B., Morrill, C. K. and Kopp, L. S., Internal Control Assessment and Interference Effects [J], Behavioral Research in Accounting, Vol. 24 No. 1, pp. 73—90.

15. Zheng, B, Z., Patel, C., Evans. E., An Experimental Examimation of Juegments of Chinese Professional Auditors in Evaluation Internal Control Systems [J], Corporate Ownership & Control, Volume 12, Issue 4 Summer 2015, pp. 791—806.

16. 南京大学会计与财务研究院课题组. 论中国企业内部控制评价制度的现实模式—基于112个企业案例的研究 [J], 会计研究, 2010 (6): 51—62。

17. 王惠芳. 内部控制缺陷认定：现状、困境及基本框架重构 [J], 会计研究, 2011 (8): 61—67。

18. 李宇立. 内部控制缺陷识别与认定的技术路线—基于管理层视角的分析 [J], 中南财经政法大学学报, 2012 (3): 113—119。

19. 廖高玲. 企业内部控制缺陷认定框架设计 [J], 会计师, 2013 (7): 60—61。

20. 李丹平. 目标导向的内部控制缺陷认定研究 [D], 暨南大学硕士学位论文, 2013年。

21. 姚刚. 内部控制审计论 [M], 中国财政经济出版社 [M], 2013年10月。

22. 李宇立. 内部控制缺陷识别与认定的技术路线—基于管理层视角的分析 [J], 中南财经政法大学学报, 2012 (3): 113—119。

23. KPMG，Understanding and Articulating Risk Appetite [R]. P4，2009.

24. 陈武朝．在美上市公司内部控制重大缺陷认定、披露及对我国企业的借鉴 [J]，审计研究，2012 (1)：103－109。

25. 王光远．管理审计理论 [M]，中国人民大学出版社，1996，P126。

26. Santocki.，J.，Management Audit：A Job for the Accountant? [J]，Management Accounting (London) (Jan，1983)，pp. 35－37.

27. Vinten.，G.，Internal Audit in Persrective：A US/UK Comparison [J]，Internal Audit (Spring，1991)，pp. 3－9.

28. Emmanuel.，C.，Otlty.，D.，Accounting for Management Control [M]，Van Norstrand Reinhold Co Ltd，1985，pp. 27－28.

29. Reenbaum.，H. G.，Management Auditing as a Regulatory Tool [M]，Praeger Publisher，1987，P31.

30. 郑石桥．管理审计评价标准研究 [D]，上海财经大学博士论文，2001 年 9 月。

31. 郑石桥．管理审计评价标准建立模式探讨 [J]，中国内部审计，2011 (1)：32－35。

32. 周春喜．内部会计控制评价指标体系及其评价 [J]，审计研究，2002 (1)：56－59。

33. 张先治，戴文涛．中国企业内部控制评价系统研究 [J]，审计研究，2011 (1)：69－78。

34. 张龙平，陈作习．财务报告内部控制评价标准研究 [J]，审计月刊，2009 (2)：35－37。

35. 谢晓燕，程富．内部控制评价标准：比较与改进－基于外部审计的视角 [J]，财会通讯，2010 (3)：62－65。

36. 王文娣．内部控制审计的评价标准 [J]，审计研究，2003 (6)：27。

37. COSO (Committee of Sponsoring Organizations of the Treadway Commission)，Internal control－ Integrated Framework [R]，1994.

38. COSO (Committee of Sponsoring Organizations of the Treadway Commission)，Internal control－ Integrated Framework [R]，2013.

39. COSO (Committee of Sponsoring Organizations of the Treadway Commission)，Enterprise Risk Management －Integrated Framework [R]，2004.

40. INTOSAI (The International Organisation of Supreme Attestation Institutions)，Guidelines for Internal Control Standards for Public Sector [R]，2004.

41. 财政部，证监会，审计署，银监会．保监会关于印发《企业内部控制基本规范》的通知 [S]，2008 年。

42. 财政部，证监会，审计署，银监会，保监会．关于印发企业内部控制配套指引的通知 [S]，2010 年。

43. 国有资产监督管理委员会．关于印发《中央企业全面风险管理指引》的通知 [S]，2006 年。

44. 财政部．关于印发《行政事业单位内部控制规范（试行）》的通知 [S]，2012 年。

45. 中国注册会计师协会．关于印发《企业内部控制审计指引实施意见》的通知 [S]，2011 年。

46. 中国内部审计协会.《第 2201 号内部审计具体准则一内部控制审计》[S]，2013 年。

47. 刘玉廷.全面提升企业经营管理水平的重要举措一《企业内部控制配套指引》解读 [J]，会计研究，2010（5）：3—16。

48. Bedard，J.，L. Granham. 2011. Detection and Severity Classification of Sarbanes—Oxley Section 404 Internal Control Deficiencies [J]. The Accounting Review，86（3）: pp. 825—855.

49. 李宇立.内部控制缺陷识别与认定的技术路线—基于管理层视角的分析 [J]，中南财经政法大学学报，2012（3）：113—119。

50. 丁友刚，王永超.内部控制缺陷认定标准及其制定和披露研究 [J]，财务与会计，2015（6）：70—72。

51. 杨有红，李宇立.内部控制缺陷的识别、认定与报告 [J]，会计研究，2011（3）：76—80。

52. 王惠芳.内部控制缺陷认定：现状、困境及基本框架重构 [J]，会计研究，2011（8）：61—67。

53. 田娟，余玉苗.内部控制缺陷识别与认定中存在的问题与对策 [J]，管理世界，2012（6）：180—181。

54. 彭凡.内部控制缺陷认定的难点及对策 [J]，审计与理财，2015（7）：55—56。

55. Ge，W.，McVay，S.，2005，The Disclosure of Material Weaknesses in Internal Control after the Arbanes—Oxley Act，Accounting Horizons，19（3）：137—158.

56. Doyle，J.，Ge，W.，McVay.，S.，2006，Determinants of Weaknesses in Internal Control over Financial Reporting，SSRN Working Paper.

57. Hammersley，J. S.，Myers，L. A.，Shakespeare，C.，2007，Market Reactions to the Disclosure of Internal Control Weaknesses and to the Characteristics of those Weaknesses under Section 302 of the Sarbanes Oxley Act of 2002，SSRNWorking Paper.

58. 赖一锋.企业内部控制缺陷认定标准及实践方法探析 [N]，中国会计报/2012 年/3 月/9 日/第 015 版。

59. 丁友刚，王永超.上市公司内部控制缺陷认定标准研究 [J]，会计研究，2013（12）：79—85。

60. COSO（Committee of Sponsoring Organizations of the Treadway Commission），Internal control— Integrated Framework [R]，1994.

61. COSO（Committee of Sponsoring Organizations of the Treadway Commission），Internal control— Integrated Framework [R]，2013.

62. 财政部，证监会，审计署，银监会.保监会关于印发《企业内部控制基本规范》的通知 [S]，2008 年。

63. PCAOB. 第 2 号审计准则一对与财务报表审计相关联的财务报告内部控制制度的审计 [R]，2004 年。

64. PCAOB. 第 5 号审计准则一与财务报告审计相结合的财务报告内部审计 [R]，2007 年。

65. 财政部，证监会，审计署，银监会，保监会．关于印发企业内部控制配套指引的通知 [S]，2010年。

66. 日本企业会计审议会．关于财务报告内部控制评价与审计准则以及财务报告内部控制评价与审计实施准则的制定（意见书）[R]，2007年。

67. 郑石桥，裴育．关于内部控制判断一致性和内部控制可靠性模拟的文献综述 [J]，审计与经济研究，2006（1）：44－48。

68. 张继勋，刘成立，杨明增．中国审计判断质量的实验研究 [J]，南开管理评论，2006（6）：45－49，73。

69. 张莉．关于内部控制缺陷判断一致性的审计实验 [J]，财会月刊，2011（11）：71－73。

70. 陈凌云，李宇立．企业内部控制评价：基于管理层和审计师的博弈分析，当代财经，2010（1）：27－33。

71. 陈汉文，张宜霞．企业内部控制的有效性及其评价方法 [J]，审计研究，2008（3）：48－54。

72. 杨有红，李宇立．内部控制缺陷的识别、认定与报告 [J]，会计研究，2011（3）：76－80。

73. 郑卓如，郑石桥．内部控制评估：文献综述和未来研究方向 [J]，会计之友，2013（3）：22－27。

74. 张继勋，付宏琳．经验、任务性质与审计判断质量 [J]，审计研究，2008（03）：70－75。

75. 杨明增，张继勋．审计判断偏误及其研究 [J]，中国注册会计师，2010（02）：53－57。

76. 方红星，戴捷敏．公司动机、审计师声誉和自愿性内部控制鉴证报告－基于A股公司2008－2009年年报的经验研究 [J]，会计研究，2012（2）：87－95。

77. 卢晓宇，梁成．自愿性内部控制审计报告披露的影响因素探究 [J]，中国注册会计师，2014（2）：83－87。

78. 迪博企业风险管理技术有限公司．中国上市公司2013年内部控制白皮书 [R]，证券时报，2013－06－26。

79. 迪博企业风险管理技术有限公司．中国上市公司2014年内部控制白皮书 [R]，根据2014年内部控制白皮书，证券时报，2014年/6月/5日/第A07版。

80. 迪博企业风险管理技术有限公司．中国上市公司2015年内部控制白皮书 [R]，中国证券报2015－06－09。

81. Ashton，R. H. An experimental study of internal control judgments，Journal of Accounting Research，Vol. 12，No. 1 (Spring，1974) pp. 143－157.

82. Bedard，J. C.，Graham，L.，Detection and Severity Classi? cations of Sarbanes－Oxley Section 404 Internal Control De? ciencies，Accounting Review，Vol. 86，No. 3，2011，pp. 825－855.

83. Borthick，A. F.，Curtis，M. B.，Sriram，R. S.，Accelerating the acquisition of knowledge structure to improve performance in internal control reviews，Accounting，Organizations and Society 31 (2006) pp. 323－342.

84. Dhaliwal, D., Hogan, C., Trezevant, R., Wilkns, M., 2011, Internal Control Disclosures, Monitoring, and the Cost of Debt, The Accounting Review, 86 (4), pp. 1131—1156.

85. Earley, C. E., Hoffman, V. B., Joe, J. R., Reducing Management's Influence on Auditors' Judgments: An Experimental Investigation of SOX 404 Assessments, Accounting Review, Vol. 83, No. 6, 2008, pp. 1461—1485.

86. Hardy, C., Reeve, R. A study of the internal control structure for electronic data interchange system using the analytic hierarchy process. Accounting and Finance 40 (2000) 191—210.

87. Hamilton, R. E., Wright, W. F. Internal control judgments and effecots of experience: replications and extensions, Journal of Accounting Research, Vol. 20, No. 2, Part II (Autumn, 1982), pp. 756—765.

88. Libby, R., Libby, P. A. Expert measurement and mechanical combination in control reliance decision, The Accounting Review, Vol. 64, No. 4 (Oct., 1989), pp. 729—747.

89. Libby, R., Artman, J. T., Willingham, J. J. Process susceptibility, control risk, and audit planning. The Accounting Review, Vol. 60, No. 2 (Apr., 1985), pp. 212—230.

90. Meixner, W. F., Welker, R. B., Judgment consensus and auditor experience: an examination of organizational relations, Accounting Review, Vol. LXIII, No. 3, July 1988.

91. McMullen, D. A., Reghunandan, K., and Rama, D. V., Internal Control Reports and Financial Reporting Problems, Accounting Horizons, 1996 (10): pp. 67—75.

92. Nanni, A. J., An exploration of the mediating effects of auditor experience and positon in internal accounting control evaluation. Accounting, Organizations and Society, Vol. 9, No. 2, pp. 149— 163, 1984.

93. Tabor, R. H. Internal control evaluations and audit program revision: some additional evidence, Journal of Accounting Research, Vol. 21, No. 1 (Spring, 1983), pp. 348—354.

94. Wu, G., Preparers' control—risk assessments under alternative audit—review processes, Accounting and Finance, JUL 2011, pp. 1—22.

95. Wolfe, C. J., Mauldin, E. G., Diaz, M. C. (2009), Concede or Deny: Do Management Persuasion Tactics Affect Auditor Evaluation of Internal Control Deviations? The Accounting Review, Vol. 84, No. 6, pp. 2013—2037.

96. 王光远. 受托管理责任与管理审计 [M], 中国时代经济出版社, 2004年。

97. 郑卓如, 郑石桥. 内部控制评估: 文献综述和未来研究方向 [J], 会计之友, 2013 (3): 22—27。

98. 郑石桥, 主编. 管理审计方法 [M], 东北财经大学出版社, 2012年6月。

99. Nichols, D. R. A model of auditors preliminary evaluation of internal control from audit data [J], The Accounting Review, Vol. 62, No. 1 (Jan., 1987), pp. 183—190.

100. Ham, J., Loesll, D., Smieliauska, W., A note on the neutrality of internal control institutions in audit practice [J], Contemporary Accounting Research Vol. 2 No. 2, 2010, pp. 301—317.

101. Bierstaker，J.，Janvrin，D.，Lowe，D.J.，An examination of factors associated with the type and number of internal control documentation formats [J]，Advances in Accounting，Volume 23，31－48，2008.

102. Akresh，A.D.，A Risk Model to Opine on Internal Control [J]，Accounting Horizons，Vol.24，No.1，2010，pp. 65－78.

103. 谢少敏．内部控制审计报告方式的理论分析 [C]，中国会计学会审计专业委员会 2010 年学术年会论文集，2010 年。

104. 雷　英，吴建友．内部控制审计风险模型研究 [J]，审计研究，2011 (1)：79－83。

105. 赵宇．浅析企业内部控制审计风险 [J]，中国商贸，2012 (36)：83－84。

106. 谢　荣，吴建友．现代风险导向审计理论研究与实务发展 [J]，会计研究，2004 (4)：47－51。

第十七章　制度审计环境理论

本章阐述制度审计与环境的关系，主要内容包括：制度审计促进组织治理优化的路径：理论框架和例证分析；组织治理状况、制度审计和审计效率效果：理论框架和例证分析。

第一节　制度审计促进组织治理优化的路径：理论框架和例证分析

审计与审计环境相互影响，制度审计也是如此。制度审计的需求因素来源于鉴证环境，然而，制度审计也能通过其社会价值的发挥来影响鉴证环境，这种影响的路径可能有多种，影响的领域也可能从不同的视角来观察。在这些影响中，其中一个重要的方面是促进被审计单位的组织治理优化。

现有文献涉及内部控制鉴证促进组织治理优化[①]，然而，关于制度审计如何促进组织治理优化还是缺陷一个理论框架，本节致力于此。

一、文献综述

许多文献研究审计与组织之间的关系，主要关注审计对组织治理的影响、组织治理对审计的相关影响（刘运国，胡丽艳，2005；傅黎瑛，2006；陈信元，夏立军，林志伟，2009；时现，陈骏，王睿，2011；郑石桥，2012）。然而，未发现直接研究制度审计促进组织治理优化的文献，相关文献包括两类：一是内部控控制鉴证促进内部控制优化；二是建设性审计。

关于内部控制鉴证促进内部控制优化，一般认为，内部控制鉴证是内部控制有效运行的重要保障，内部控制有效运行需要恰当的监督，内部审计监督是内部控制的内部监督要素，外部审计是内部控制的外部监督机制，通过监督活动，不仅便于评价内部控制系统的有效性，还可以发现内部控制中存在的缺陷，对于已经发现的内部控制的缺陷及时上报给相关机构和人员，便于其及时改进，从而最大限度降低风险对利益相关者的损害（郎正清，2006；张庆龙，2012；李甘霖，张庆龙，2012）。

关于建设性审计，研究文献不多，比较共识的认识是，建设性审计不只是查找违规问题，更为

---

① 内部控制鉴证是制度审计的典型形态，本节在同等意义上使用“制度审计”和“内部控制鉴证”，同等意义上使用“内部控制”和“制度”，它们可能有些差异，但同等意义使用这并不影响本节的主题思想。

重要的是，从违规问题中寻找原因，找到体制、机制、制度、管理方面的原因，通过对这些原因的整改，达到类似问题再重犯的目的，为此，建设性审计要非常重视审计整改（陈尘肇，2008；刘英来，2008；张立民，靳思昌，2011；郑石桥，安杰，高文强，2013；郑石桥，吴春梅，2013）。

总体来说，上述这些文献对本节的研究主题有一定的启发作用，然而，关于制度审计促进组织治理优化的路径还是缺乏直接研究。本节拟提出一个理论框架，并用这个框架分析两个经典例证。

二、制度审计促进组织治理优化的路径：理论框架

（一）行为审计促进组织治理优化的路径：总体框架

任何一个组织治理都表现为一套制度体系，组织治理优化表现为制度体系的优化，这种优化包括两个方面：一是制度设计优化，制度本身的理念、程序、方法等适宜其拟运行的环境，没有设计缺陷；二是执行优化，没有缺陷的制度得到了正确、持续的执行。上述两方面的优化是密切相关且缺一不可。如果没有制度设计优化，存在缺陷的制度如果得到持续的执行，则可能出现规则悖反，对制度本身的目标产生负面影响，所以，制度设计优化是组织治理优化的基础。但是，即使再完美的制度设计，如果不能正确执行或者得不到持续执行，则该制度的效力也无法发挥，组织治理也难以达到优化的状态。所以，制度设计优化和制度执行优化联合起来，奠定了组织治理优化的基础。

广义行为审计的最终目标是抑制缺陷行为，有两个审计路径：一是直接对具体行为进行审计，称为交易审计路径；二是对约束具体行为的制度进行审计，称为制度审计路径（White&Hollingsworth，1999）。事实上，交易审计也有两种情形：一种是鉴证缺陷行为，不寻找缺陷行为产生的制度原因，这种交易审计通过直接审计具体行为，找出缺陷行为，也能起到抑制缺陷的作用，这是严格意义上的交易审计。交易审计还有另外一种情形，这种交易审计在鉴证缺陷行为的基础上，再寻找缺陷行为产生的制度原因，通过缺陷行为追踪到缺陷制度，并在此基础上对缺陷制度进行整改，以达到优化制度并抑制缺陷行为的目标，这种情形的交易审计，事实上，已经具有一定的制度审计属性，是交易审计和制度审计的结合。所以，总体来说，广义行为审计有三种路径，其中制度审计的混合性质的交易审计能促进被审计单位制度或组织治理优化，而纯粹的交易审计能抑制缺陷行为但不能直接促进组织治理优化，大致情形如图1所示。本节的主题是制度审计及混合性质的交易审计如何促进组织治理优化，主要关注制度审计和混合性的交易审计，也就是图中的实线标识部分。

（二）制度审计促进组织治理优化的路径

组织治理优化需要制度设计优化和制度执行优化的联合作用，制度审计能同时促进制度设计和制度执行之优化，从而推进组织治理优化。其作用路径有三个逻辑步骤：一是发现内部控制缺陷；二是报告内部控制缺陷；三是推进内部控制缺陷整改。

发现内部控制缺陷包括内部控制设计缺陷和内部控制执行制度，前者指内部控制本身不健全，后者指内部控制没有得到正确执行或没有得到持续执行。发现内部控制控制要实施两方面的审计程序：一是了解内部控制，通过审阅、询问、观察、穿行测试等了解内部控制设计和执行情况；二是在此基础上，通过问卷调查、穿行测试等方法确认对内部控制的了解是否正确，并确认内部控制的执行情况，一般称为控制测试。通过内部控制了解和控制测试这两个程序，能发现一些内部控制偏差事项，对这些偏差事项进行分析，剔除区分例外事项、内部控制局限性，其余的就确认为内部控

制缺陷。

报告内部控制缺陷是审计师需要将发现的内部控制缺陷向一定的主体进行报告。因为内部控制鉴证并不为鉴证而鉴证，其根本目的是对缺陷进行整改。很显然，审计师本身无法完成内部控制缺陷整改任务，所以，需要将发现的缺陷报告向有能力组织整改的主体。一般来说，任何一个组织都会有某种程度的分权管理，内部控制整改能力与分权相一致，不同层级的管理主体，其内部控制整改能力也不同。为此，需要对内部控制缺陷进行等级划分，一般称为内部控制缺陷认定。审计师按一定的定性标准和定量标准，将内部控制缺陷划分为一般缺陷、重要缺陷和重大缺陷之后，分别报告给相应的领导层级，重大缺陷要报告给被审计单位的最高领导层。

不同层级的领导获知内部控制缺陷之后，审计师还需要推进内部控制缺陷整改。这种推动主要表现在两个方面：一是跟踪整改过程和结果，对于未能整改的内部控制缺陷继续报告，以引起相应的领导层重视内部控制整改；二是在整改过程中充当顾问，为内部控制缺陷整改出谋划策，例如，提出内部控制缺陷整改建议，在整改过程中提供咨询服务等。此外，对于内部控制执行方面的缺陷以及严重的内部控制设计缺陷，还可以推进对直接责任人进行责任追究，以发挥惩戒作用。

（三）混合性质的交易审计促进组织治理优化的路径

混合性质的交易审计是兼有交易审计和制度审计双重审计，当然，其起点是交易，通过交易审计，发现缺陷行为，进而追踪行为的原因，这就找到了制度方面的缺陷。这种审计路径下，有两类审计发现：一是缺陷行为；二是制度缺陷。其优化组织治理的作用路径有三个逻辑步骤：一是发现缺陷行为；二是发现制度缺陷；三是推进制度缺陷整改。

发现缺陷行为是通过一定的审计程序找出被审计单位的违规行为和瑕疵行为，主要实施三方面的审计程序，一是风险评估程序，通过了解被审计单位及相关情况，实施各种分析性程序，对被审计单位及其相关交易、交易相关的内部控制有初步的了解，确定下一步的审计重点和审计策略，设计进一步的审计程序；在此基础上，进行控制测试，以确认约束相关交易的内部控制的可信赖程度，为实质性审计程序的选择奠定基础；最后，以风险评估和控制测试为基础，确定实质性程序的性质、范围、时间，实施这些审计程序，发现缺陷行为。

通过缺陷行为寻找并报告制度缺陷是第二个逻辑步骤。对于交易审计来说，发现缺陷行为之后，就意味着审计工作基本结束。但是，对于混合性质的交易审计来说，发现缺陷行为只是其目标之一，通过寻找缺陷行为产生的原因，找到制度缺陷，是其另外一个重要目标。从某种意义上来说，缺陷行为是审计师寻找制度缺陷的线索，审计师需要追踪这个线索，找到体制、机制、制度方面的缺陷。同样，对于找到的制度缺陷，也要进行等级划分，不同程度的缺陷制度需要不同层级的领导层来组织整改，所以，对于制度缺陷需要进行两方面的分类：一是性质分类，一般分为体制机制缺陷和制度整改两类，体制机制缺陷是外部相关主体制定的法律法规存在的缺陷，一般来说，被审计单位对于这种缺陷的整改是无能为力的，所以，这种缺陷需要报告给相关的外部主体；二是等级分类，也称为内部控制缺陷认定，一般是按定性标准或定量标准，划分为重大缺陷、重要缺陷和一般缺陷，缺陷等级不同，报告送达的领导层级也不同。

推进制度缺陷整改是第三个逻辑步骤。与制度审计路径类似，审计师可以跟踪整改过程和结果，还在整改过程中充当顾问。然而，由于这种审计路径是通过缺陷行为来追踪制度缺陷的，而缺陷行为一般有直接责任人，所以，更加有利于对相关责任人的处理处罚，而通过对缺陷行为直接责任人的处理处罚，能更加发挥惩戒作用，从而有利于制度缺陷的整改。

以上分析了促进组织治理优化的两种审计路径，比较而言，制度由于直接面向制度，能更有效地发现制度缺陷，而混合性质的交易审计是通过缺陷行为来追踪制度缺陷，对于潜在的制度缺陷，可能难以发现。但是，正是由于混合性质的交易审计是通过缺陷行为来追踪制度缺陷，所以，这种路径发现的制度缺陷具有针对性和现实性，能够引起相关主体的重视。再者，由于是以缺陷行为的存在为前提，对于缺陷行为直接责任人还可以进行处理处罚，其惩戒作用更大，从而有利于缺陷制度的整改。还有，这种路径下，实质上是兼顾了制度审计和具体行为审计两类审计主题，其审计目标也可以更加广泛。所以，总体来说，两种审计路径各有利弊，需要根据一些权变因素来决定其选择。

三、制度审计促进组织治理优化的路径：例证分析

本节以上从理论上分析了制度审计和混合性质的交易审计如何促进被审计单位的组织治理优化，理论上生命力在于其解释现实世界的能力。下面，我们用这个理论框架来分析现实世界中的两个典型例证，以一定程度上验证这个理论框架。

（一）内部控制评估成为内部审计的主要业务

目前，内部审计的主要审计内容是风险管理、控制和治理过程，这显然是制度审计，然而，IIA对内部审计内容的界定并不是一直如此，而是有一个变迁的过程，其大致情况如表1所示（郑石桥，2012）。

表1　IIA界定的内部审计内容和目标

职责说明书或标准	内部审计内容	内部审计目标
SRIANo. 1	会计、财务及其他业务活动	向管理部门提供防护性和建设性服务
SRIANo. 2	会计、财务及其他业务活动	向管理部门提供服务
SRIANo. 3	业务活动	向管理部门提供服务
SRIANo. 4	业务活动	向管理部门提供服务
SRIANo. 5	组织活动	向组织提供服务
SRIANo. 6	组织活动	向为组织提供服务
SPPI	风险管理、控制和治理	增加价值和改善组织的运营，帮助组织实现其目标
IPPF	风险管理、控制和治理	增加价值和改善组织的运营，帮助组织实现其目标

表1显示，就审计内容来说，SRIANo. 1和SRIANo. 2界定为会计、财务及其他业务活动，SRIANo. 3和SRIANo. 4界定为业务活动，SPPI和IPPF界定为风险管理、控制和治理过程。从审计路径来说，各类活动都属于交易，所以，其审计路径是交易审计；风险管理、控制和治理属于制度，其审计路径是制度审计。内部审计发生这种变迁的原因是什么呢？从审计目标可以看出，在

SPPI 和 IPPF 阶段，审计目标是增加价值和改善组织的运营，帮助组织实现其目标，其核心内涵就是优化组织治理以达成组织目标，正是由于要优化组织治理，所以，审计内容才变迁到制度，审计路径才变迁到制度审计，这与本节的理论预期相一致。

（二）我国政府审计促进体制、机制和制度完善

我国处于制度转轨、经济转型、社会转型时期，整体来说，国家治理还未能实现现代化，在这个过程中有大量的制度变迁，所以，各种违规行为还较多，在这种背景下，针对这些违规行为的审计理所当然就成为主要的审计主题。所以，从某种意义来说，中国的政府审计就是行为审计。然而，就审计路径来说，根据《中华人民共和国国家审计准则》，并不是严格意义上的交易审计路径，而是在交易审计的基础上，兼有制度审计路径的内涵，主张“立足建设性，坚持批判性”，对于发现的问题，一般需要追踪其原因，查找体制、机制和制度方面的缺陷，并在此基础上提出优化制度的建议。在这个审计路径选择下，我国政府审计几乎在每个项目中都会提出完善体制、机制和制度的审计建议，根不完全统计，2008 年以来，仅通过经济责任审计，就向各级党委、政府提交报告和信息 32 万多篇，提出审计建议 51 万多条，促进健全完善制度 2 万多项。由此可见，我国国家审计在促进国家治理优化方面发挥了重要作用（张通，2014）。通过双重性质审计路径，促进国家治理的优化，这符合本节的理论预期。

四、结论和启示

审计环境会影响制度审计，制度审计通过其社会价值的发挥也会影响鉴证环境，这种影响的路径可能有多种，影响的领域也可能从不同的视角来观察，本节关注其中一个重要的方面，这就是制度审计促进被审计单位的组织治理优化的路径。

组织治理是一套制度体系，包括制度设计和制度执行，组织治理优化表现为制度体系设计优化和执行优化。审计从两个路径来促进组织治理优化：一是制度审计路径；二是兼有制度审计的交易审计路径，这种路径称为混合性质的交易审计路径。制度审计的审计主题是制度，通过发现和整改制度缺陷来推进组织治理优化，有三个逻辑步骤：一是发现内部控制缺陷；二是报告内部控制缺陷；三是推进内部控制缺陷整改；混合性质的交易审计兼有交易审计和制度审计双重审计，通过交易审计，发现缺陷行为，进而追踪缺陷行为的原因，找到制度缺陷，在此基础上，推动缺陷整改，其优化组织治理的作用路径有三个逻辑步骤：一是发现缺陷行为；二是发现并报告制度缺陷；三是推进制度缺陷整改。

本节分析了制度审计及混合性质的交易审计促进组织治理优化的路径，本节的研究启示我们，审计发挥作用的路径有多种，不同的审计路径有不同的审计主题，而不同的审计主题会有不同的审计取证模式，进而会有不同的审计程序选择，可能也会有不同的审计效果。所以，虽然是“条条道路通罗马”，但是，不同的路径也有不同的效率和效果，需要根据相关的权变来选择。

第二节　组织治理状况、制度审计和审计效率效果：理论框架和例证分析

制度审计一方面影响审计环境，同时，也会受到审计环境的影响。制度审计属于广义行为审计

的一部分，在广义行为审计看来，行为是特定的自然人或组织对其经管责任履行具有重要影响的作为或不作为，包括违规行为和瑕疵行为。广义行为有两类，一是具体行为，二是制度，前者是自然人或组织的具体行为或不作为，也称为交易；后者是约束具体行为的制度。广义行为审计的终极目标是抑制缺陷行为（包括违规行为和瑕疵行为），从审计路径来说，有两种选择，一是直接审计具体行为，二是审计约束行为的制度。从本质上来说，审计具体行为和审计制度具有一致性。因为，如果约束具体行为的制度是合规、合理的，并且得到有效的执行，那么，在这些制度约束下的具体行为也就不存在缺陷。所以，寻找制度缺陷和寻找具体行为缺陷具有同等意义（White&Hollingsworth，1999；郑石桥，宋夏云，2014）。然而，这两种审计路径的效率效果却不同，对制度进行审计的效率效果并不一定总是高于对具体行为进行审计的效率效果，而是受到一些相关因素的影响。

现有文献没有涉及广义行为审计不同路径的影响因素，本节以提高审计效率效果为出发点，从组织治理出发，分析不同审计路径对审计效率效果的影响。

一、文献综述

根据本节的主题，文献综述主要关注审计效率效果相关文献，这些文献大致分为两类，一是审计效率效果的内涵；二是影响审计效率效果的影响因素。

关于审计效率的内涵，有两种代表性的观点，一种观点以谢志华为代表，主张审计效率是审计投入产出关系，另外一种观点以冯均科为代表，主张从审计绩效的角度来认识审计效率。谢志华（1999，2003，2008）、谢志华、崔学刚（2006）认为，如何以是短的时间和最少的成本履行审计责任，这就是审计效率。审计效率就是要在较短的时间内以较少的人、财、物的投入取得一定误差范围内的审计结论。提高审计效率表现在两个方面：一是以最少的审计投入获得最大的审计产出，也就是以最少的人力、财力、物力的投入获得最大的审计覆盖面；二是以最少的审计投入获得最佳的审计质量，也就是以最少的人力财力物力的投入使得社会经济运行中的错弊降到最低程度。冯均科（2008）认为，审计效率是审计绩效的组成部分，就政府审计机关来说，可以从以下方面进行评价：审计覆盖面、违纪降低率、人均审计项目数、单位审计时间使用经费数、同一审计对象再度审计时间节约率、审计建议采纳率、万元经费支持审计时间数等。除了上述两种代表性的观点外，还有一些文献采用实证方法研究某些类审计主体的审计效率，此时，完全是根据文章的研究主题来量度审计效率，例如，用审计质量来量度审计效率（周中胜，2008）；根据一些政府审计投入产出指标，采用数据包络分析确定审计单位技术效率，用其来表示审计效率（喻采平，2010）；用政府审计处理处罚决定执行率来量度审计效率（郑石桥，尹平，2010）；用审计延迟（指会计期末到审计报告日之间的时间长度）来量度审计效率在（李明辉，刘笑霞，2012）。

关于审计效率的影响因素，许多文献认为，审计模式、审计程序、审计技术方法对审计效率有重要影响（胡春元，2001；吴玉心，胡玉明，2004；谢志华，1999；谢志华，2003；谢志华，崔学刚，2006；谢志华，2008；聂新军，张立民，2008），审计风险控制也是影响审计效率的重要因素（谢志华，1999；谢志华，2003；谢志华，崔学刚，2006；谢志华，2008）。此外，一直实证研究类文献，也发现一些因素对其所界定的审计效率有影响，例如，周中胜（2008）发现，公司治理质量影响外部独立审计效率；喻采平（2010）发现，审计任务强度、审计执行力度及审计处罚力度与政府审计效率成正相关关系；郑石桥、尹平（2010）发现，审计妥协影响审计效率；李明辉、刘笑霞（2012）发现，会计师事务所合并能提高审计效率。

关于审计效果的内涵，一般认为，审计效果是审计最终目标的达成程度，就政府审计来说，其审计效果主要体现为违规行为的抑制程度（许召来，李宣东，鲁照印，2001；李文样，2007；侯志华，2008；聂新军，张立民，2008；郑石桥，2012）。

关于审计效果的影响因素也有一些文献涉及，总体来说，这些影响因素可以分为三个方面：一是审计组织自身的因素，例如，审计机构法律形式、审计机构内部组织模式、审计频度、审计处理处罚力度等；二是审计环境因素，例如，政府干预、非正式制度、财政状况、利益相关文行为愿意和能力等；被审计单位的因素，例如，被审计单位地位、行业类型、公众关注度等（许召来，李宣东，鲁照印，2001；李文样，2007；叶虹，2012；郑石桥，马新智，2015）。

总体来说，现有文献一定程度上区别审计效率和审计效果，这些文献为我们认知审计效率效果及其影响因素有较大的启发作用，但是，关于审计效率的概念还是存在不同观点，关于组织治理、审计路径如何审计效率效果没有得到关注，本节将致力于此。

二、组织治理、审计路径和审计效率效果：理论框架

（一）概念界定

在讨论理论框架之前，需要界定审计效率和审计效果。本节前面的文献综述显示，对于审计效率有不同的理解。审计效率不同于审计效果，审计效果就是审计产生的最终结果，也就是审计目标的达成程度（郑石桥，2012），而审计效率是审计本身的投入产出比率，例如，在审计质量不变的前提下，完成特定审计项目的时间、资源等减少，则审计效率就提高了；相反，如果时间、资源等增加，则审计效率就降低了。而审计效果则不同，它体现的是审计目标的达成程度，达成程度高，则审计效果就好，否则，就是审计效果不好，例如，通过多年的审计，查出的违规问题越来越多，这只能说审计产出越来越多，但是，不能说效果越来越好，而是审计失灵（冯均科，2008）。

审计效率和审计效果有密切的关系，一般来说，审计效率是审计效果的基础，缺乏一定的审计效率，难以达到较好的审计效果。相反，有好的审计效率，不一定能有好的审计效果，因为审计效率相当于审计机构产生出审计产品，而审计效果是在审计机构的推动下，利益相关者消费审计产品之后产生的效果，而利益相关者是否消费审计产品、如何消费审计产品、审计产品是否存在期望差等都是审计机构难以控制的，所以，一般来说，审计效率主要由审计机构和被审计单位的相关因素所影响，而审计效果还受到委托人等利益相关者的影响，对于审计机构来说，其控制审计效果的能力要大大低于其控制审计效率的能力。

基于此，本节区别审计效率和审计效果，研究被审计单位的组织治理状况及审计机构选择的审计路径如何影响审计效率和审计效果。

（二）组织治理状况和审计路径的组合情形

无论何种审计，一个共同的要求是在控制审计风险的前提下提高审计效率效果，为了将审计风险降低到可接受程度，在不同的审计路径下，消费的审计资源不同，从而审计效率效果不同，所以，审计路径是审计效率效果的基础。影响审计效率效果的因素很多，例如，审计人员专业水平、被审计单位合作态度、审计目标等，本节关注被审计单位的组织治理状况和审计路径对审计效率效

果的联合影响，不同的组织治理状况下，选择适宜的审计路径是审计效率效果的前提，如果选择的审计路径与该组织的治理状况不匹配，则可能降低审计效率效果。组织治理状况、审计路径和审计效率效果的大致关系如图1所示，这也是本节的研究框架。

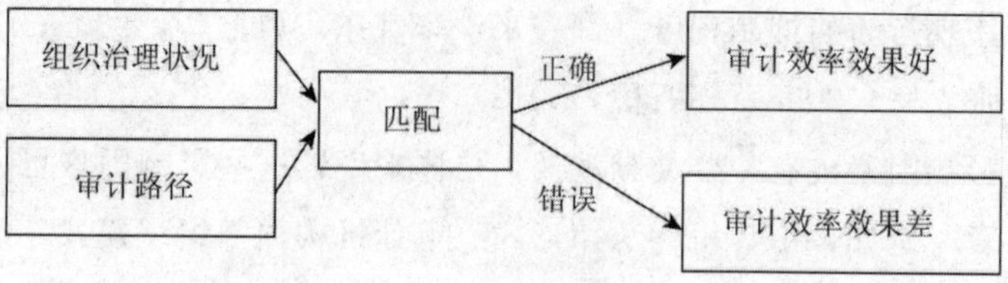

图1　组织治理、审计路径和审计效率效果

治理不同于管理，更不同于统治，它不只是依赖于从上而下的行政权威，而是依靠相关主体的互动。全球治理委员会于1995年对治理有如下界定：治理是经营管理事务的诸多方式的总和，它是使相互冲突或不同的利益得以调和并且采取联合行动的持续的过程，它有四个特征：治理不是一套规则条例，也不是一种活动，而是一个过程；治理的建立不以支配为基础，而以调和为基础；治理同时涉及公、私部门；治理并不意味着一种正式制度，而确实有赖于持续的相互作用（俞可平，2000）。

组织就是一个机构，我国称为单位，组织治理就是该机构的利益相关者，为媾和相关主体利益、达成系统目的所采取的契约、指导、控制等所有方法措施制度化的过程。组织治理的最终目的实现组织目标，它主要表现为一套制度体系，主要是正式制度，也包括一些非正式制度。这些制度通过规范该组织内部的各项具体行为来为组织目标之达成提供制度保障，组织各利益相关者的各种具体行为都要遵守该制度体系的要求，所以，制度体系和具体行为是一枚钱币的两面，具体行为是组织达成目标的一切作为或不作为，而制度体系是这些履行这些具体行为时必须遵守的规范。一般来说，如果制度体系是适宜的，则按这些制度体系来履行具体行为是组织目标达成的基础，如果违背这些制度体系，则组织目标难以达成。

制度体系通过两个路径为组织目标之达成奠定基础，一是为具体行为选择适宜的方法，为具体行为的高效率奠定基础；二是抑制不适宜的具体行为，也就是抑制缺陷行为（包括违规行为、瑕疵行为），这风险防范奠定基础。防范风险和提高效率具有异曲同工之妙，风险防范好了，对目标达成有负面影响的因素也就抑制了，低效率行为也就难以发生了，效率自然也就高了。从另一方面来说，如果各种行为都是高效率了，则说明违规行为、瑕疵行为也就少了，风险自然也就低了。

组织治理状况就是组织治理体系对效率的保障作用发挥状况以及对缺陷行为的抑制程度，也称为组织治理有效性，可以区分为有效程度高和有效程度低两种情形。有效程度高是指效率得到了有效保证、风险得到了有效防范，其显然，组织目标的达成程度也较高；有效程度低是指效率没有得到有效保证、风险没有得到有效防范，其显然，组织目标的达成程度也较低。

审计的最终目标是抑制缺陷行为，通过揭示缺陷行为、推进缺陷行为处理和相关治理的完善，使缺陷行为得到有效抑制，从而促进组织目标的达成。审计目标的实现有两个路径可供选择，一是直接审计具体行为，直接揭示缺陷行为，并对缺陷行为进行处理处罚，并推进相关体制、机制和制度的优化，由于具体行为就是组织内部一项项具体的活动，也称为交易，所以，这种路径称为交易审计路径；二是不直接审计具体行为，而是审计构建组织治理的制度体系，因为制度体系是约束具体行为的，通过健全制度体系，并使制度体系得到有效执行，同样能达到约束缺陷行为的目的。

交易审计路径是直接以揭示缺陷行为为目的的路径，其直接审计目的是揭示缺陷行为。由于现代任何机构的内部控制都有一定的水准，所以，即使是交易审计路径，也不能完全脱离内部控制。也需要对被审计单位的内部控制进行一定程度的了解和评价，在此基础上，实施实质性程序，包括实质性分析程序和细节测试。通过实质性程序，发表并报告缺陷行为，通过对缺陷行为责任人的处理处罚和推进缺陷行为相关制度的整改来达到抑制缺陷行为的目的，其审计效率表现为发现和报告缺陷行为及缺陷制度，而审计效果表现为缺陷行为抑制程度。

度路径是直接以揭示制度缺陷为目的的路径，其直接审计目的是揭示制度缺陷。为此，需要了解被审计单位的内部控制①，并对选择一些内部控制进行控制测试，通过控制测试发现和报告内部控制缺陷，并在此基础上推进内部控制缺陷的整改来优化内部控制，进而抑制缺陷行为，其审计效率表现为发现和报告缺陷行为及缺陷制度，而审计效果表现为缺陷行为抑制程度。上述两个路径的大致逻辑步骤如图 2 所示。问题的关键是，何种路径的审计效率效果好？

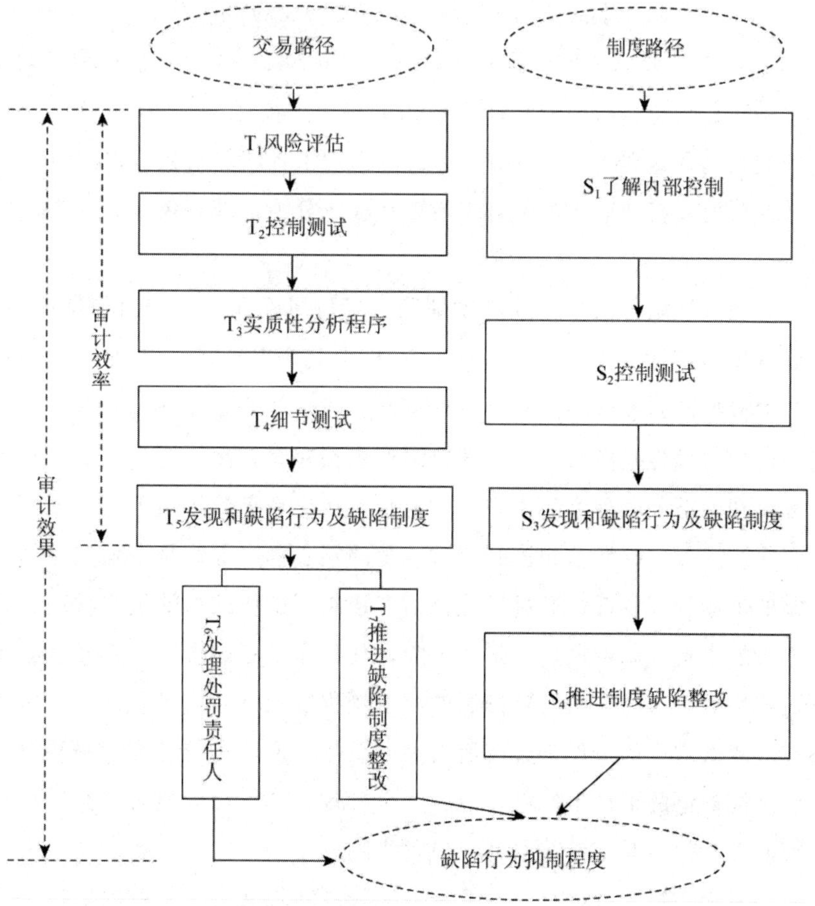

图 2　审计路径框架基本逻辑步骤

很显然，上述两种路径的目标相同，但是，由于其路径不同，审计取证模式也不同，其审计效率效果也不同。当然，影响审计效率效果的因素很多，本节关注的是组织治理状况和审计路径联合

① 本节在同等意义上使用“组织治理”、“制度体系”、“内部控制”。

起来，对审计效率效果有何影响。根据前面分析的组织治理状况及审计路径，二者的组合情形如表2所示。由于组织治理状况和审计路径的联合审计，表2所示的四种情形，其各自的审计效率和审计效果会各不相同。

表2　组织治理和审计路径的组合情形

项目		组织治理状况	
		有效性高	有效性低
审计路径	交易审计路径	A	C
	制度路径	B	D

（三）组织治理状况与审计路径对审计效率的联合影响

我们以图形的面积大小概约地表示审计效率，面积越大，审计效率越低。根据图1，交易审计路径的审计效率（$T_{效率}$）$=T_1+T_2+T_3+T_4+T_5$，制度路径的审计效率（$S_{效率}$）$=S_1+S_2+S_3$，如果$S_{效率}<T_{效率}$，则制度审计效率高于交易审计效率；如果$S_{效率}>T_{效率}$，制度审计效率低于交易审计效率。那么，这个不等式究竟会出现何种情形？如果只是纯粹讨论这两种路径对审计效率的影响，可能无法得出正确的结论，这需要联系被审计单位的组织治理状况来分析它们的联合影响。

为了简化本节的分析，将被审计单位组织治理状况区分为治理有效性高和治理有效性低两种情形（见表2）。

交易审计路径是通过缺陷行为来追踪制度缺陷，经过风险评估、控制测试、实质性分析程序、细节测试这些审计程序，审计工作量是$T_{效率}=T_1+T_2+T_3+T_4+T_5$，制度路径是直接寻找内部控制缺陷，经过了解内部控制、控制测试两个审计程序，审计工作量是$S_{效率}=S_1+S_2+S_3$。在交易审计路径下，当组织治理有效性较高时，对内部控制的依赖程序较高，通过风险评估和控制测试，能减少实质性分析程序和细节测试程序的工作量，但是，在交易审计路径下，实质性分析程序和细节测试程序是核心程序，通过风险评估和控制测试减少的核心程序工作是有限的。当组织治理有效性较低，对内部控制的依赖程度较低，通过风险评估和控制测试所减少的核心程序工作量更少。在这种情形下，当然不可能进行控制测试，但是，风险评估程序是必须履行的，而这个程序中对内部控制的了解也是不可省略的。所以，当内部控制的可依赖程度较低时，可以活动控制测试，但是，实质性分析程序和细节测试程序的工作量会有所增加。总体来说，在交易审计路径下，无论内部控制是否值得依赖，两种情形下的审计工作量，也就是审计效率，不会有显著差异。所以，对于交易审计路径来说，组织治理有效性对审计效率并无显著影响。

在制度审计路径下，当组织治理有效性分别处于较高和较低时，了解内部控制这个审计程序的工作量会有较大的差异，但是，控制测试工作量会有较大的差异，内部控制可依赖程度较高时，控制测试工作量大为减少；而内部控制可依赖程度较低时，需要进行控制测试的内部控制会大为增加。不同组织治理状况下的审计效率会有显著差异。

综合上述分析，我们发现，组织治理状况对交易审计路径的审计效率影响不大，但是，当组织治理有效性较高时，制度审计路径的审计效率会大为提高。所以，总体来说，当组织治理有效性较低时，采用交易审计路径或制度审计路径无显著差异；但是，当组织治理有效性较高时，采用制度审计路径的审计效率高于交易审计路径的审计效率。

当然，就发现制度缺陷来说，交易审计路径还有一个瑕疵，因为是从缺陷行为追踪到制度缺陷，对于尚未产生缺陷行为的潜在内部控制缺陷可能难以发现。这也会影响交易审计路径的审计效率。

（四）组织治理状况与审计路径对审计效果的联合影响

我们以图形的面积大小概约地表示审计效果，面积越大，审计效果越好。制度路径的审计效果（$S_{效果}$）$=S_4$，交易审计路径的审计效率（$T_{效果}$）$=T_6+T_7$。如果 $S_{效果}<T_{效果}$，则说明交易审计路径的审计效果好于制度审计路径的审计效果；如果 $S_{效果}>T_{效果}$，则说明制度审计路径的审计效果好于交易审计路径的审计效果。问题的关键是，何种情形下会出现何种不等式？如果只是纯粹讨论这两种路径对审计效果的影响，可能无法得出正确的结论，这需要联系被审计单位的组织治理状况来分析它们的联合影响。

为了分析方便，将被审计单位组织治理状况区分为治理有效性高和治理有效性低两种情形（见表 2）。

审计效率是审计效果的前提，在发现和报告内部控制缺陷的基础上，需要有些后续行动，才能达到抑制缺陷行为的目的，这就是审计效果。在组织治理有效性较低时，内部控制的建立和实施都存在困难，所以，需要以较大的推动力，才能使得内部控制缺陷得到整改。在交易审计路径下，一方面对缺陷行为责任人进行处理处罚，另一方面又对缺陷制度进行整改，对责任人的处理处罚有助于推进缺陷制度整改。在制度审计路径下，一般不存在对责任人的处理处罚，只是缺陷制度整改，其力度当然会小于交易审计路径下的双管齐下。所以，当组织治理有效性较低时，在缺陷制度整改方面，交易审计路径可能优于制度审计路径，也就是说，前者的审计效果可能好于后者。当组织治理有效性较高时，内部控制的建立和实施都不存在困难，即使没有对责任人的处理处罚，内部控制整改也能得到有效进行，此时，不同路径的审计效果可能无显著差异。

综上所述，我们发现，在审计效率既定的前提下，当组织治理有效性较低时，交易审计的审计效果可能好于制度审计路径；而当组织治理有效性较高时，不同审计路径的审计效果可能无显著差异。

三、组织治理、审计路径和审计效率效果：例证分析

本节以上建立了一个关于审计路径和被审计单位组织治理状况对审计效率效果之联合影响的理论框架，理论的生命力在于解释现实世界，下面，我们用这个理论框架来分析现实世界中的典型审计路径选择，在一定程度上验证这个理论框架。

（一）财务信息审计取证模式变迁

财务信息审计取证模式经历了账项基础审计、制度基础审计和风险导向审计这些不同的发展阶段，就审计路径来说，账项基础审计直接面向交易、余额和列报，属于交易审计路径，而制度基础审计和风险导向审计并不直接面向交易、余额和列报，而是首先面向约束这些交易、余额和列报的内部控制，属于制度审计路径（胡春元，2001；陈毓圭，2004；谢荣，吴建友，2004）。很显然，在控制审计风险的同时，从账项基础审计到制度基础审计和风险导向审计，审计效率得到了提高，也就是说，就财务信息审计来说，制度审计路径的审计效率高于交易审计路径。既然如此，为什么

在此之前会有账项基础审计？其原因有是被审计单位的组织治理状况发生了变化，在账项基础审计时代，被审计单位的组织治理有效性较低，内部控制的可信赖程度较低，这这种情形下，交易审计路径的审计效率高于制度审计路径。当被审计单位的管理水平提高到一定程度之后，其组织治理有效性程度得到提高，内部控制可信赖程度提高，在这种背景下，制度审计路径的审计效率高于交易审计路径，所以，制度基础审计和风险导向审计就取代了账项基础审计。所以，总体来说，财务信息审计模式的变迁正是审计路径适用被审计单位组织治理状况而发生的变化。当然，财务信息审计不是行为审计，其审计取证模式的变迁也符合本节的理论预期，这说明不同审计主题的审计路径也存在一定的共性。

（二）我国政府审计的审计路径

我国处于制度转轨、经济转型、社会转型时期，在这个过程中有大量的制度变迁，从整体来说，国家治理还未能实现现代化，“牛栏关猫，进出自由”的现象还屡见不鲜，所以，各种违规行为还较多，在这种背景下，针对这些违规行为的审计自然成为主要的审计主题。所以，从某种意义上来说，中国的政府审计就是行为审计。就审计路径来说，根据《中华人民共和国国家审计准则》，主要是交易审计路径，也兼有一定的制度审计路径。这其中的原因是什么呢？本节前面的理论分析表明，当组织治理有效性较低时，采用交易审计路径或制度审计路径无显著差异；在审计效率既定的前提下，当组织治理有效性较低时，交易审计的审计效果可能好于制度审计路径。我国政府审计选择交易审计路径，正是由于被审计单位的组织治理有效性普通较低，制度缺陷较多，制度的执行性较差，在这种背景下，与制度审计路径相比，选择交易审计路径，既不会降低审计效率，还有助于提高审计效率。所以，交易审计路径成为我国政府审计的理性选择。这与本节的理论预期相一致。

四、结论和启示

制度审计一方面影响审计环境，同时，还受到审计环境的影响。审计环境包括的内容很多，本节关注被审计单位的组织治理状况对制度审计路径效率效果的影响。广义行为审计的终极目标是抑制缺陷行为，从审计路径来说，有两种选择，一是直接审计具体行为，称为交易审计路径；二是审计约束行为的制度，称为制度审计路径。制度审计路径的效率效果并不总是好于交易审计，不同审计路径下的审计效率效果受到被审计单位组织治理状况的影响，当组织治理有效性较低时，采用交易审计路径或制度审计路径无显著差异，当组织治理有效性较高时，采用制度审计路径的审计效率高于交易审计路径的审计效率；在审计效率既定的前提下，当组织治理有效性较低时，交易审计的审计效果可能好于制度审计路径，而当组织治理有效性较高时，不同审计路径的审计效果可能无显著差异。被审计单位组织治理状况影响制度审计路径的效率和效果。

本节的研究结论再次验证了一个普通真理——任何事情都要具体问题具体分析。当今世界，制度审计路径已经成为发达国家政府审计机关开展行为审计的主流模式，而对于发展中国家来说，当其被审计单位的组织治理并未达到较高的有效性，如果盲目借鉴这种制度审计路径，则审计效率效果都会受到影响；相反，当审计管辖范围的组织，其治理状况已经在相当的水准，此时，如果还固守交易审计路径，则对审计效率效果会有负面影响。审计路径要跟着组织治理状况走。

参考文献

1. 刘运国，胡丽艳．公司治理结构对内部审计的影响 一基于 A 市公交企业的案例分析，审计研究，2005 (5)：49—54。

2. 傅黎瑛．公司治理的重要基石：治理型内部审计，当代财经，2006 (5)：119—122。

3. 陈信元，夏立军，林志伟．独立审计为什么没能发挥公司治理功能—基于“盛润股份”连续十五年获得“非标”意见的分析，财经研究，2009 (7)：63—75。

4. 时现，陈骏，王睿．公司治理模式、治理水平与内部审计—来自亚太地区的调查证据，会计研究，2011 (11)：83—88。

5. 郑石桥．组织治理、机会主义和内部审计 [J]，中国内部审计，2012 (1)：24—31。

6. 郎正清．加强我国政府部门内部控制有效性的探讨 [J]，审计月刊，2006 (6)：26。

7. 张庆龙．审计监督与政府部门内部控制的有效运行 [J]，中国内部审计，2012 (8)：27—29。

8. 李甘霖，张庆龙．政府审计监督与政府部门内部控制 [J]，中国内部审计，2012 (12)：32—35。

9. 陈尘肇．国家审计如何发挥建设性作用 [J]，审计研究，2008 (4)：14—15。

10. 刘英来．国家审计如何发挥建设性作用研讨会综述 [J]，审计研究，2008 (3)：17—19。

11. 张立民，靳思昌．审计与组织学习：国家审计建设性作用视角的分析 [J]，审计研究，2011 (3)：31—35。

12. 郑石桥，安杰，高文强．建设性审计论纲—兼论中国特色社会主义国家审计理论架构 [J]，审计与经济研究，2013 (4)：13—22。

13. 郑石桥，吴春梅．审计建设性作用影响因素研究—来自基层审计机关的问卷调查 [J]，财政监督，2013 (5)：14—17。

14. White, F., Hollingsworth, K., Audit, Accountability and Government [M], Clarendon Press, 1999.

15. 张通．解读经济责任审计实施细则，新华财经 [Z]，2014 年 07 月 29 日。

16. White, F., Hollingsworth, K., Audit, Accountability and Government [M], Clarendon Press, 1999.

17. 郑石桥，宋夏云．行为审计和信息审计的比较—兼论审计学的发展 [J]，当代财经，2014 (12)：109—117。

18. 谢志华．论审计的逻辑线索 [J]，审计研究，1999 (2)：14—18。

19. 谢志华．审计效率与审计组织形式的选择 [J]，北京工商大学学报（社会科学版），2003 (7)：40—42.

20. 谢志华．审计变迁的趋势目标、主体和方法 [J]，审计研究，2008 (5)：21—24。

21. 谢志华，崔学刚．风险导向审计机理与运用 [J]，会计研究，2006 (7)：15—20。

22. 冯均科．审计失灵：国家审计“负绩效”的根源［J］，审计与经济研究，2008（5）：5－10。

23. 周中胜．公司治理质量与外部独立审计效率［J］，财经论丛，2008（9）：69－75。

24. 喻采平．政府审计效率影响因素的实证研究［J］，长沙理工大学学报（社会科学版），2010（5）：18－25。

郑石桥，25. 尹平．审计机关地位、审计妥协与审计处理执行效率［J］，审计研究，2010（10）：53－58。

26. 李明辉，刘笑霞．会计师事务所合并能提高审计效率吗？——基于审计延迟视角的经验证据［J］，经济管理，2012（5）：131－140。

27. 胡春元．风险基础审计［M］，东北财经大学出版，2001年。

28. 吴玉心，胡玉明．对审计模式与审计质量问题的再思考［J］，当代财经，2004（12）：114－117。

29. 聂新军，张立民．审计效率、审计效果与审计业务流程再造［J］，现代管理科学，2008（8）：31－33。

30. 许召来，李宣东，鲁照印．探讨离任审计模式提高离任审计效果［J］，煤碳经济研究，2001（1）：55－57。

31. 李文样．做好沟通工作提高审计效果和效率［J］，上海国资本，2007（2）：56－57。

32. 侯志华．突出四个重点，审计效果明显［J］，审计月刊，2008（6）：29。

33. 郑石桥．审计机关组织模式和审计效果－以规制俘获理论为研究视角［J］，审计与经济研究，2012（3）：26－32。

34. 叶虹．浅析提高部门预算执行审计效果的途径［J］，重庆社会主义学院学报，2012（4）：95－96。

35. 郑石桥，马新智．行为审计效率效果及其原因实证研究［M］，中国言实出版社，2015年6月。

36. 郑石桥．审计频度、审计处罚和审计效果［J］，会计之友，2012（2）：9－15。

37. 俞可平．治理与善治［M］，社会科学文献出版社，2000，P270－271。

38. 陈毓圭．对风险导向审计方法的由来及其发展的认识［J］，会计研究，2004（2）：58－63。

39. 谢　荣，吴建友．现代风险导向审计理论研究与实务发展［J］，会计研究，2004（4）：47－51。

第三篇 财务信息审计基本理论

财务信息审计是以财务信息为主题的审计，财务信息审计基本理论是对财务信息审计基本问题的系统探究，包括：第一，为什么需要财务信息审计？这个问题的解答就是财务信息审计需求理论。第二，什么是财务信息审计？这个问题的解答就是财务信息审计本质理论。第三，期望财务信息审计干什么？这个问题的解答就是财务信息审计目标理论。第四，谁来做财务信息审计？这个问题的解答就是财务信息审计主体理论。第五，财务信息审计是对谁进行审计？这个问题的解答就是财务信息审计客体理论。第六，财务信息审计是对什么进行审计？这个问题的解答就是财务信息审计内容理论。第七，如何实施财务信息审计？从财务信息审计基本理论角度，主要关注财务信息审计方法论层面的问题，这个问题的解答就是财务信息审计方法理论。第八，财务信息审计作为一个系统，与系统环境是什么关系？这个问题的解答就是财务信息审计环境理论。

基于上述八个基本问题，本篇的主要内容如下：

(1) 财务信息审计需求理论，阐述财务信息审计需求，主要内容包括：财务信息审计需求：理论框架和经验证据综述；组织规模、内部审计隶属关系与财务信息内部审计需求：理论框架和经验证据。

(2) 财务信息审计本质理论，阐述财务信息审计本质，主要内容包括：财务信息鉴证本质：共性与个性。

(3) 财务信息审计目标理论，阐述财务信息审计目标，主要内容包括：多层次的财务信息鉴证目标：理论框架。

(4) 财务信息审计主体理论，阐述财务信息审计主体，主要内容包括：财务信息审计主体多样化：理论框架和例证分析；上市公司财务报表法定审计之委托权：理论框架和例证分析。

(5) 财务信息审计客体理论，阐述财务信息审计客体，主要内容包括：财务信息审计客体多样化：共性与个性；公司财务报告法定审计模式：理论框架和例证分析。

(6) 财务信息审计内容理论，阐述财务信息审计内容，主要内容包括：多层级的财务信息审计内容体系；财务信息审计中对舞弊及违反法规行为的责任：理论基础和逻辑框架；持续经营审计：逻辑框架。

(7) 财务信息审计方法理论：阐述财务信息审计中较为重要的方法之理论，主要内容包括：财务信息审计证据：逻辑框架；财务信息审计过程：概念框架；财务信息审计取证模式：理论框架和主要模式分析；财务信息审计重要性：逻辑框架；财务信息审计风险：逻辑框架。

（8）财务信息审计环境理论，阐述财务信息审计与环境的关系，主要内容包括：财务信息审计促进组织治理优化的路径；财务信息审计报告传播：过程、效果及其影响因素；信息化社会的财务信息审计：一个文献综述。

另外，由于涉及的财务信息审计基本理论问题很多，不宜将所有问题的文献综述都集中起来形成整体性的文献综述。本篇采取的办法是，文献综述在相关的研究主题中，没有统一的文献综述。这样的文献综述更有针对性，也更细致。

第十八章　财务信息审计需求理论

本章研究财务信息审计需求理论，主要内容包括：财务信息审计需求：理论框架和经验证据综述；组织规模、内部审计隶属关系与财务信息内部审计需求：理论框架和经验证据。

第一节　财务信息审计需求：理论框架和经验证据综述

财务会计是通用商业语言，而这种通用商业语言传递的信息就是财务信息。财务信息在相关决策、经管责任及契约履行等方面都发挥重要的作用，是组织治理的基础，是降低交易成本的有效手段。然而，财务信息的质量是其发挥上述作用的前提，缺乏质量的财务信息，恰恰会妨碍其发挥上述作用，甚至从反方向发挥作用。所以，财务信息质量保障机制是财务信息发挥作用的基础性机制。

财务信息审计是其质量保障机制的重要组成内容，然而，现实世界却呈现差异化，许多的财务信息并没有审计，而有些财务信息则经历多次审计。为什么都是财务信息，有些不需要审计，有些则成为审计重点？这就涉及财务信息审计需求理论。从现有文献来看，对财务信息审计需求的研究很多，形成了代理理论、信息含量理论、信号传递理论、保险理论这四种代理性的观点。然而，有两个方面需要进一步深化研究：第一，不能局限于上市公司，要以更加广泛的背景来研究更加广泛的财务信息审计需求；第二，要寻找四种主流理论之间的关联，建立一个具有逻辑一致性的理论框架。本节在财务信息审计四种主流理论的基础上，致力于上述两个问题。

一、文献综述

目前，关于财务信息审计需求的研究文献很多，总体来说，形成了代理理论、信息含量理论、信号传递理论、保险理论这四种代理性的观点。

代理理论认为，由于预期到股东与经理人之间的代理冲突，外部利益相关者会以不同的方式进行自我保护，例如，投资者对公司股票定价打折，债权人要求更高的利息，这些都会提高公司的融资成本或交易成本。为此，公司具有建立一定监督机制以抑制公司代理问题的动机，外部利益相关者当然更有这种动机，聘请外部审计师对财务信息进行审计是其中的一个方式（Watts，1977；Chow，1982；Watts &Zimmerman，1983；Watts & Zimmerman，1986；Abdel－Khalik，1993；Barefield，Gaver & O' keefe，1993；王艳艳，陈汉文，于李胜，2006）。

信号传递理论认为，财务信息审计就是一个信号，公司可以决定审计或者选择不审计，如果选择了审计，就是向市场传递了信号；如果审计，可以选择聘请大的或者小的会计师事务所，如果选择了大的会计师事务所，就是向市场传递了信号。通过财务信息审计传递的信号被利益相关者解读之后，会有助于其形成对公司有利的决策（Datar，Felthman & Hughes，1991；薛祖云，陈靖，陈汉文，2004）。

信息含量理论认为，利益相关者需要以财务信息为基础做出相关决策，而财务信息审计增加了财务信息的可信性，在实质上降低了财务信息风险，进而增加了其决策有用性（Titman&Truman，1986）。

保险理论认为，审计兼具信息价值和保险价值，财务信息使用者除了寄希望于审计师通过鉴证机制在实质上降低财务信息风险之外，还可以通过风险转移机制将其所面临的财务信息风险全部或者部分地转移给审计师（Wallace，1987；Dye，1993；Menon&Williams，1994；章雁，黄美玉，2014）。

上述四种理论从不同的视角对财务信息审计的需求有较深刻的认知，然而，仍然有两个方面需要进一步深化研究，第一，绝大部分文献是以上市公司为背景，然而，财务信息审计需求并不局限于上市公司，所以，需要一个更加具有广泛性的理论框架来解释更加广泛的财务信息审计需求；第二，既然都是财务信息审计需求理论，上述四种理论之间是否存在某种关联？本节在财务信息审计四种主流理论的基础上，致力于上述两个问题。

二、理论框架

财务信息在相关决策、经管责任及契约履行中具有重要作用，是组织治理的基础。正是因为财务信息如此重要，它们的质量就变得非常重要。然而，由于有意或无意的原因，财务信息的质量可能出现问题，基于利益冲突的有意操纵和基于有限理性的无意错误，都可能产生财务信息质量问题。为此，必须建立财务信息质量保障机制，财务信息审计是这个机制的重要要素之一。上述关系如图 1 所示。

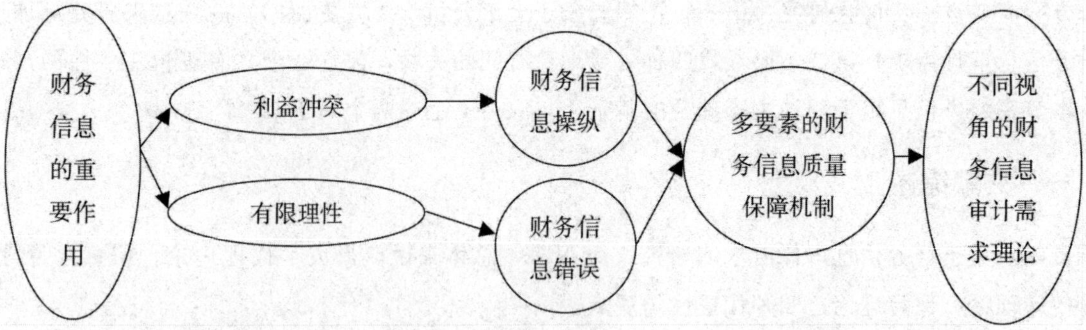

图 1　利益冲突、有限理性和财务信息审计需求

（一）财务信息的重要作用

财务信息是以货币计量的信息，主要是定量信息，也有少量的定性信息。就信息的主体范围来说，有企业财务信息、政府机构财务信息、民间非营利组织财务信息、个人财务信息、年度财务报

告（年度财务决算）、中期财务报告、财务报告组成部分、纳税申报表等是财务信息的载体。

关于财务信息的作用，有经管责任观和决策有用观两种主流观点，经管责任观认为，财务信息要以恰当的形式有效反映和报告资源代理人的经管责任及其履行情况，以利于委托人评价代理人的经管绩效，并决定其相关的报酬及后续合约。决策有用观认为，财务信息系统的根本目标就是向信息的利益相关者提供对他们进行决策有用的信息，财务信息使用者置于会计系统的中心，会计信息系统应该随着社会经济环境的变化不断改善和提高会计信息的质量，尽可能满足报表使用者的需要。此外，还有人认为，财务信息在许多契约的履行中也发挥重要作用，例如，纳税、银行贷款、资本筹资、企业并购等（葛家澍，林志军，2006；胡玉明，2002；曾道荣，周达勇，2009）。

我们认为，虽然根据不同观点构建的会计信息系统会有所差异，但是，不宜过分强调这些观点之间的差异，经管责任观也可以作为一种典型的决策情形，是委托人和代理人情形下的决策；而财务信息在许多契约履行中的作用，也可以视同契约履行中相关事项的决策。

正是由于财务信息具有上述重要作用，财务信息本质的质量就显得至关重要。然而，一方面，由于利益冲突，财务信息可能被有意操纵；另一方面，由于有限理性，财务信息可能出现错误。上述两方面都会使得财务信息的质量可能出现问题，从而制约基础作用的发挥。下面，我们来具体分析这两方面的质量问题。

（二）委托代理关系、利益冲突与财务信息操纵

一般认为，财务信息操纵源于委托代理关系，在委托代理关系中，代理人向委托人提供相关的财务信息（当然，也可能包括一些非财务信息），委托人根据这些财务信息，一方面，会评价代理人经管责任履行情况；另一方面，也会做出一些相关的决策。由于委托人做出的这些决策与代理人利益直接相关，所以，代理人为了自己的利益会对这些财务信息进行操纵，一方面，尽量在现行的信息生产和报告规则中选择对自己有利的程序方法；另一方面，还可能进行业务操纵，以粉饰财务信息；更有甚者，直接对财务信息进行弄虚作假。在许多情形下，代理人具有对财务信息进行上述操纵的可能性，第一，代理人与委托人之间存在信息不对称，代理人知道的许多信息，委托人不知道，代理人具有操纵的条件；第二，激励不相容，代理人的利益与委托人的利益不完全一致，代理人具有操纵的动机。

正是由于上述这种原因，代理人提供给委托人的信息可能是被操纵之后的，并不能反映财务信息拟反映的真实情况。然而，按照这种逻辑，从委托代理关系来解释财务信息操纵，需要特别两点：第一，这里的委托代理关系要做广义的理解，不能只局限于资源两权分离相关的委托代理关系，资源两权分离相关的委托代理关系固然可能出现财务信息操纵，但是，其他类型的委托代理关系，也可能出现财务信息操纵。例如，供应商与客户、税务机关与纳税人、债权人与债务人、潜在投资者与公司管理层，它们都是委托代理关系，客户、税务机关、债权人、潜在投资者都是委托人，供应商、纳税人、债务人、公司管理层都是代理人，这些委托代理关系的共同特征是，代理人具有信息优势，委托人信赖代理人提供的信息，所以，委托代理关系是指交易双方的关系，具有信息优势的一方就是代理人，具有信息的劣势的一方就是委托人（Jensen&Meckling，1976；Pratt&Zeckhauser，1985；张维迎，1996；郑石桥，2013）。第二，存在委托代理关系只是操纵财务信息的必要条件，但是，并不是充分必要条件，即使存在委托代理关系，代理人也不一定会出现财务信息操纵，在许多情形下，代理人并不操纵财务信息。例如，即使没有审计，许多公司的财务

报表也不虚假。那么，何种情形下，代理人才会操纵财务信息呢？我们认为，只有财务信息与代理人利益休戚相关，而真实的财务信息会给代理人带来不利后果时，代理人才会操纵财务信息，简而言之，只有因为财务信息给代理人与委托人之间带来利益冲突时，代理人才会操纵财务信息。所以，美国会计学会《基本审计概念公告》中明确阐述审计动因时，特别强调利益冲突，一是利益冲突产生对公正第三方的需求；二是当利益冲突达到一定程度后对冲突对方产生的防范需求（郑石桥，2013）。当然，尽管我们强调，只有存在利益冲突的委托代理关系才会出现财务信息操纵，从制度经济学的术语来说，激励不相容是普通存在的，所以，一般来说，绝大多数的委托代理关系中，利益冲突是存在的。所以，委托代理关系下，普通存在财务信息操纵的可能性。综上所述，代理人对财务信息的操纵是源于委托代理关系下的利益冲突。

（三）有限理性与财务信息错误

财务信息被操纵之后，财务信息不能反映其拟反映的真实情形。然而，财务信息错误也是财务信息不能反映其拟反映的真实情形，偏离了客观事物的本来面目。财务信息操纵是基于代理人利益冲突而产生的有意行为，而财务信息错误并不是有意行为，而是源于人的有限理性而产生的错误。

哈耶克在《自由秩序原理》指出，毋庸置疑，理性乃是人类所拥有的最为珍贵的禀赋。然而，人并不是完全理性的，现实生活中作为管理者或决策者中的人是介于完全理性与完全非理性之间的有限理性的管理人，是有限理性的，正是由于人类的有限理性，人们不可能追求最优决策，而只能追求满意决策（Simon，1955；西蒙，2002）。

从财务信息生产和报告来说，有限理性可能使得财务信息的生产和报告出现不真实、不完整，但是，这里的财务信息不真实，是行为人的错误所导致，而不是故意弄虚作假；这里的财务信息不完整，是行为人的错误或疏忽所致，不是故意为之（郑石桥，2015）。无论如何，与财务信息操纵相比，财务信息错误是由于人类的有限理性所致，不是故意行为。

（四）多要素的财务信息质量保障机制

无论是财务信息操纵，还是财务信息错误，其共同特征都是财务信息不能反映其拟反映的真实情形。并且，在许多情形下，难以区分是故意的操纵还是无意的错误，所以，一般将二者合并，称为财务信息错弊。本节前面已经指出，财务信息在相关决策、经管责任及契约履行中具有重要作用，抑制财务信息错弊是财务信息发挥作用的基础性前提，其基本的思路是构建财务信息质量保障机制。那么，如何构建呢？曾经一个时期，会计信息质量是社会关注的重要问题，许多文献研究会计信息质量的保障机制（赵小鹏，赵兴福，向彩柏，1998；谭劲松，丘步晖，林静容，2000；谢荣富，胡晓明，2004；李岩岩，2006；王治国，2007；郜进兴，林启云，吴溪，2009）。综观这些文献提出的保障机制，除了提高会计人员素质和改变会计人员管理体制之外，其他的保障机制无外乎会计信息的制衡和监督，而制衡和监督又区分为外部和内部。基于这些文献的研究，本节提出财务信息质量保障机制的总体框架如图 2 所示。下面，我们来具体阐述这个框架。

1. 内部保障机制：内部制衡和内部监督

代理人所管理的机构内部要建立财务信息质量保障机制。由于各种原因，代理人可能有激励其内部建立财务信息质量保障机制，一方面，代理人本身也要使用财务信息，需要对信息质量进行保障；另一方面，外部相关者是理性人，如果代理人没有信息质量保障机制，会对其相关决策中考虑这种因素，从而做出不利于代理人的相关决策，代理人当然会预期到这一点，为了避免外部利益相

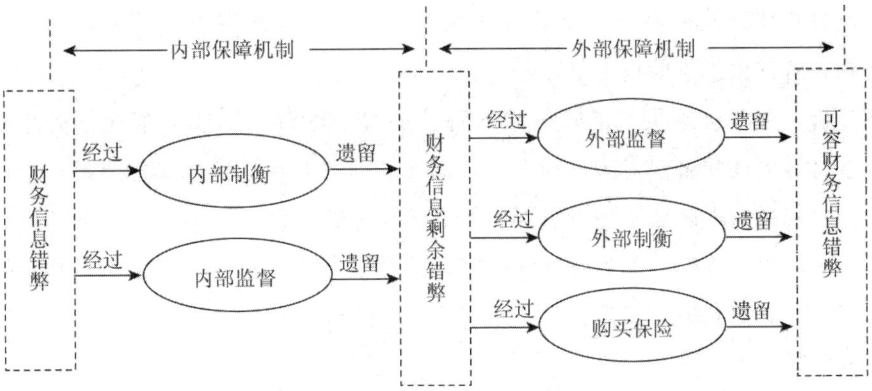

图 2　财务信息质量保障机制

关者做出对自己不利的决策，有激励建立信息保障机制。

代理人在其管理的机构内部建立的财务信息质量保障机制，有两种类型：一是内部制衡机制；二是内部监督机制。内部制衡机制是在财务信息的生产过程中增加一些措施，以保障财务信息的质量，例如，不同财务信息之间的数据相核对、不同岗位之间的相互牵制；而监督机制是财务信息生产流程之外所增加的检查程序，例如，内部审计部门实施的财务信息审计。内部制衡机制的效果较好，但是成本较高，而内部监督机制的效果可能稍差，但是成本较低。内部制衡机制和内部监督机制可以同时并存，也可以二者择一，此时，一般要选择制衡机制。

2. 外部保障机制：外部制衡、外部监督和购买保险

财务信息质量保障不能只是信赖内部保障机制，还必须有一定的外部保障机制。其原因是基于以下两点：第一，财务信息错弊经过内部保障机制之后，其错弊程度有些降低，但是，可能还存在超过可容忍程度的错弊，需要外部保障机制进一步予以抑制；第二，在许多情形下，外部利益相关者可能怀疑代理人所控制的内部保障机制是否真的能发挥作用，为了消除代理人的这种疑惑，需要建立相对独立于代理人的外部质量保障机制。

财务信息的外部质量保障机制包括外部制衡、外部监督和外部保险。外部制衡是在代理人的财务信息生产过程中加入外部力量控制的环节，这些环节是代理人财务信息生产过程的固有环节，代理人的财务信息生产不可能脱离这些环节。通过外部力量来控制这些环节，一定程度上抑制代理人的财务信息错弊。例如，一些地方实行村居会计代理，由乡镇设立会计代理中心，代理村居处理会计事务，这就较大程度上抑制了村居干部在财务信息方面的错弊。还有一些地区，对一些单位实行会计委派制，也具有外部制衡的性质。外部监督是外部力量对代理人已经完成的财务信息进行监督，以抑制其错弊。例如，外部审计显然是财务信息的外部监督；国家财政部门对一些国有单位的会计信息进行检查，也属于外部监督（郜进兴，林启云，吴溪，2009）；税务机关对纳税人财务信息的稽查也属于外部监督。购买保险也是一种外部保障机制，财务报表保险制度（ Financial Statement Insurance，FSI）是指审计委托人不再直接聘请会计师事务所对财务报表进行审计，而是向保险公司投保财务报表保险，由保险公司聘请会计师事务所对投保的单位进行报表审计，FSI“割断”会计师事务所对被单位单位的依赖，根据风险评估结果决定承保金额和保险费率，如果财务报表错弊给利益相关者损失，由保险公司负责向利益相关者进行赔偿（Ronen，2002）。

很显然，外部制衡、外部监督和购买保险这三类保障机制的效果不同，各自的成本也不同。外

部制衡与外部监督相比，外部制衡成本较高，效果也较好。三种机制中，购买保险的成本可能最高，其对利益相关者的保护可能也最好。

以上分别分析了财务信息质量保障机制的各个要素，然而，质量保障机制是各要素的有机组合，需要各要素之间协调配合。对于代理人来说，并不一定需要上述全部各要素，而是在多种要素中进行选择，并对选择出来的要素进行组合。例如，如果财务信息并不涉及外部利益相关者，则外部保障机制的必要性就在降低；如果有保险机制，则对于外部利益相关者来说，其他保障机制的必要性也就大为降低。总体来说，保障机制的组合要遵守成本效益原则，也就是在保障财务信息质量的前提下，降低保障成本。

（五）财务信息审计需求：不同视角的财务信息审计需求理论

以上分析了财务信息质量保障机制，那么，财务信息审计处于何种地位呢？解释财务信息审计需求的代理理论、信息含量理论、信号传递理论、保险理论与财务信息质量保障机制是什么关系呢？

代理理论认为，财务信息代理问题会损害委托人的利益，进而委托人会进行自我保护，进而可能对增加代理人的交易成本，从而委托人和代理人都有激励通过审计来抑制财务信息代理问题。财务信息审计无论是作为内部监督机制，还是作为外部监督机制，都能抑制财务信息代理问题，都符合代理理论的理论逻辑。

信息含量理论认为，财务信息审计增加了财务信息的可信性，在实质上降低了财务信息风险，进而增加了其决策有用性，也就是说，财务信息审计能增加财务信息的信息含量。财务信息审计无论是作为内部监督机制，还是外部监督机制，都能一定程度上发挥抑制财务信息错弊的作用，从而增加财务信息的可信性，这与信息含量理论的理论逻辑相一致。

信号传递理论认为，财务信息审计就是一个信号，是否审计及选择何种水准的审计师，实质上是向利益相关者传递了某种信号。那么，这是什么样的信号呢？在财务信息质量保障机制中，如果选择了审计，则表明代理人有意愿抑制财务信息错弊；如果同时选择了内部审计和外部审计现时并存，则表明代理人抑制财务信息错弊的意愿强烈；如果选择了高水准的审计师，也表明代理人抑制财务信息错弊的意愿很强烈。上述这些抑制财务信息错弊的意愿，一方面，表明了其抑制财务信息代理问题的意愿；另一方面，也表明其财务信息可信性，所以，信号传递理论与代理理论、信息含量理论具有一致性。

保险理论认为，财务信息使用者除了寄希望于审计师通过鉴证机制在实质上降低财务信息风险之外，还可以通过风险转移机制将其所面临的财务信息风险全部或者部分地转移给审计师，审计兼具信息价值和保险价值。Wallace（1987）认为，审计保险价值的存在必须同时满足两个前提条件，一是信息使用者具有向审计师提起民事诉讼的权利；二是审计师具有相应的赔偿能力，以使受害人能够获得相应补偿。在各国现行的财务信息审计制度中，上述两个条件是基本具备的，所以，财务信息审计能发挥保险机制的作用，被审计单位支付审计费用，就类似于缴纳了保险费用，如果其发表了错误的审计意见，则审计报告使用者可以从审计师这里获得损害赔偿。

总体来说，四种主流的财务信息审计需求理论都能从财务信息质量保障机制中找到其相应的要素，具有与信息质量保障机制相一致的理论框架。

三、经验证据综述

关于财务信息审计需求，本节的理论框架表达了两方面的含义，第一，财务信息审计是财务信息质量保障机制中重要但并非必需的要素，可以装置于内部监督、外部监督或外部保险，也可以没有。第二，对于装置于财务信息质量保障机制中的财务信息审计之需求，可以从不同角度进行解释，主要的理论有代理理论、信息含量理论、信号传递理论和保险理论。那么，上述结论是否正确呢？我们通过一些经验证据来验证。

（一）财务信息审计是财务信息质量保障机制的重要但并非必需的要素：财务信息审计需求的差异化

现实世界中，财务信息审计是否存在、如何存在，具有差异化的需求特征。例如，一些组织的财务信息既没有内部审计，也没有外部审计；一些组织的财务信息只有外部，没有内部审计；一些财务组织的财务信息，既有内部审计，也有外部审计；就财务信息外部审计来说，有些是只有年报审计，有些是中报审计和年度审计同时并存。总体来说，财务信息审计需求呈现了差异化。这其中的原因是什么？本节的理论框架可以对这种差异化给予解释。根据本节的理论框架，首先，财务信息错弊是源于有限理性和委托代理关系下的利益冲突，如果没有委托代理关系，或者是某委托代理关系下不存在与财务信息相关的利益冲突（也包括委托人不介意代理人损害其利益的行为），则财务信息操纵的可能性大大降低，从而对财务信息审计的需求也会大大降低。其次，即使需要建立财务信息质量保障机制来应对财务信息错弊，由于这个机制包括多种可选择的要素，财务信息审计只是其中之一，基于成本效益的考虑，最终的结果可能并不包括财务信息审计。即使选择了财务信息审计，也有两种选择，一是装置于内部监督机制，从而形成内部审计；二是装置于外部监督机制，从而形成外部审计，基于成本效益考虑，可能出现不同的选择。总体来说，正是由于财务信息审计是财务信息质量保障机制的重要但并非必需的要素，由于成本效益的考虑，财务信息审计需求可能出现差异化（郑石桥，陈丹萍，2011）。

（二）四种主流理论的经验研究结论

不少实证研究文献对财务信息需求理论进行了检验（陈汉文，2012），没有必要再重复这些检验来验证本节的理论框架，所以，只是对一些有代理性的研究结论进行综述，以提供经验证据。

1. 代理理论的经验检验

（1）国外的相关研究。代理问题分为两类：一是债权人与经理人之间的代理问题，二是股东与经理人之间的代理问题。关于债权人与经理人之间的代理问题，Chow（1982）发现，企业自有接受审计的可能性随着企业债务比率和以会计数据为基础的债务契约的数量增加而提高。关于股东与经理人之间的代理问题，有不少的研究文献。Tauringana&Clarke（2000）发现，经理人持股比较越小，企业越有可能接受自愿审计；企业规模越大，越有可能接受自愿审计。Carey，Simnett&Tanewski（2000）以家族企业为观察对象，结果发现，非家族成员管理层和占董事会比例越大，企业越有可能接受自愿审计。

（2）国内的相关研究。曾颖、叶康涛（2005）发现，代理成本较高的上市公司更有可能聘请高质量的外部审计师，以降低代理成本，提高公司市场价值。韩洪灵、陈汉文（2008）发现，我国上市公司的股权结构及其控制权安排对外部审计需求的治理效应产生了显著的影响。刘斌等（2008）

发现，债务代理成本越高、盈利能力越强的公司越愿意自愿进行中报审计。邹炼（2010）发现，上市公司的代理成本、资产负债率与自愿中报审计需求动机显著正相关。况学文（2011）发现，董事会性别多元化对高质量外部审计需求的促进作用仅仅局限于管理者权力较弱的治理环境，而当管理者权力较强时，董事会性别多元化对高质量外部审计需求的促进效应完全弱化。杜兴强（2014）发现，半年报自愿审计的确显著降低了上市公司管理当局与股东之间的代理成本。

2. 信息含量理论的经验检验

（1）国外的相关研究。Chen et al（2000）发现，市场对非标准审计意见做出负面反应。此外，根据陈汉文（2012）的文献综述，还有不少的文献都有类似的结论：审计意见具有决策有用性（Shanl et al（1977；Finnerty&Oliver，1981；Firth，1978；Chow&Rice，1982；Elliot，1982；Dodd et al，1984；Dopuch et al，1986）。

（2）国内的相关研究。陈梅花（2001）认为，股市不规范，市场对“审计意见”没有真正需求时，审计意见可能没有信息含量。陈欣等（2008）发现，自愿审计公司的中报显示更低的非正常应计利润。张天舒、黄俊（2010）发现，上市公司自愿实施的中期财务报告审计降低了公司盈余管理的水平。

3. 信号传递理论的经验检验

（1）国外的相关研究。Beatty（1989）发现，那些选择大的会计师事务所作为IPO审计师的公司的股票，其上市首日的投资收益率较低，这说明IPO公司能通过聘请大的会计师事务所提高股票发行价格。Datar et al（1991）发现，客户聘请的会计师事务所类型能影响股东权益比率。Simunic&Stein（1987）发现，“八大”会计师事务所的客户大都规模大且经营风险小。这说明客户所选择的会计师事务所的类型是一种信号。

（2）国内相关研究。孙铮、曹宇（2004）发现，国有股、法人股及境内个人股股东促进上市公司选择高质量审计的动力较小；境外法人股及境外个人股股东为了维护自身的利益很积极地对上市公司进行监督，促使上市公司管理人员去选择高质量的注册会计师。王艳艳、陈汉文、于李胜（2006）发现，代理冲突严重的企业有动机选择高质量审计，向市场传递信号，以吸引潜在的投资者，并且在我国对高质量审计的需求与企业的股权集中度之间呈正相关关系，且随股权集中度的提高，审计质量需求会加剧，支持了审计需求的壕沟效应。于竹丽、杜兴强、周泽将（2009）发现，许多公司自愿审计更多来自信号传递。陈楚涵（2013）发现，财务信息质量越高的慈善组织越有动力通过对外披露年度审计报告向慈善市场传递其优质的信息。

4. 保险理论的经验检验

（1）国外的相关研究。Menon&Williams（1994）基于20世纪90年代初Laventhol&Horwath会计师事务所（简称L&H）倒闭案研究审计的保险价值。L&H倒闭清算之后，它的许多合伙人实际已经宣布个人破产或者面临巨额债务，因此，他们假设，即使事后能证明L&H在过去的审计中存在问题，但是，L&H已经清算，并且其合伙人也已经丧失赔偿能力，所以，信息使用者很难从L&H及其合伙人处获得补偿。因此，L&H客户的股票价格会下降。同时，在L&H的客户中，越是有可能卷入诉讼的公司，股票价格下降会大。这些假设都得到了经验数据的支持。当然，Barber et al（1995）对这一研究有不同意见，他们同样以L&H作为研究事件，但是，他们认为，这一事件导致的市场反应，并不是 Menon&Williams（1994）认为的那样，是因为信息使用者没有机会索取赔偿款导致股票价格下降，而是因为审计同时具有保险价值和鉴证价值，对于 L&H 来说，其清算之前已经陷入财务困境，为了应付财务困境，可能降低了审计质量，从而导致审计的鉴证价值降低，进而影响股票价格降低。O，Railly et al（2000）通过实验研究，排除了审计鉴证价值的影响，发现证券分析师在股票定价时，当信息使用者具有向审计师提起诉讼权利时的定价要高于不具有诉讼权利时的定价，这说明在股票定价的过程中考虑了审计的保险价值。

（2）国内的相关研究。伍丽娜、郑晓博、岳衡（2010）以最高法院《关于审理证券市场因虚假陈述引发的民事赔偿案例的若干规定》的颁布为事件窗口进行检验，发现上市公司股票在短时间窗口内的累计超额回报率与公司的审计特征及其他诉讼因素显著相关，这说明我国资本市场的投资者认识到审计的损害赔偿责任制度，审计已经具有一定的保险价值。章雁、黄美玉（2014）以最高人民法院《关于审理涉及会计师事务所在审计业务活动中民事侵权赔偿案件的若干规定》的颁布为事件窗口进行实证检验，发现审计客户股票的十日累计超额收益率与审计单位是否由“四大”进行审计、是否获得“标准”审计意见、所承受的系统风险等因素显著相关，这说明中国资本市场上审计需求保险假说大致成立，审计已能为投资者提供一种保险的功能。

四、结论

财务信息在相关决策、经管责任及契约履行等方面都发挥重要的作用。然而，由于人的有限理性，财务信息可能出现错误，由于委托代理关系下的利益冲突，财务信息可能出现操纵，二者合并为财务信息错弊。为了应对财务信息错弊，代理人和利益相关者有激励建立财务信息质量保障机制，财务信息审计是这个机制的重要但并非必需的要素，对于财务信息质量保障机制中的财务信息审计之需求，可以从不同角度进行解释，从而出现不同的财务信息审计需求理论。国内外的实证研究文献及差异化财务信息审计需求现实，已经为这些理论提供了经验证据。

第二节 组织规模、内部审计隶属关系和财务信息内部审计需求：理论框架和经验证据

丰富的内部审计实践告诉我们，不同的组织，其开展的内部审计业务类型不同，特别是，财务信息审计在审计业务类型中的地位不同。这些差别说明，财务信息内部审计存在需求差异。那么，产生这些差异的原因是什么？也就是说，财务信息内部审计需求的因素有哪些？本节关注其中的两个因素：一是组织规模；二是内部审计隶属关系。

一、文献综述

不少的文献涉及内部审计业务类型，例如，著名的索耶《现代内部审计》将内部审计业务分为财务审计、绩效审计、合规性审计等，根据对实务部门的问卷调查，内部审计部门的主要业务集中在财务信息审计、经济责任审计、工程审计、内控审计四大类业务（陈艳娇，2012）。

然而，为什么不同的企业，其内部审计业务定位会不同？郑石桥（2012）认为，问责的内容决

定内部审计业务类型。除此之外，并无直接的相关研究。关于企业规模是否会影响内部审计业务类型定位，尚无直接的相关研究。尽管认识到内部审计是受总会计师领导，还是受总经理领导、受董事会领导，在独立性、权威性、审计范围、审计作用、报告对象等方面可能存在差异（刘洋，2009）。但是，关于内部审计隶属关系是否会影响内部审计业务类型定位，尚无直接的相关学术研究。

本节探究组织规模和内部审计隶属关系是否会影响其内部审计业务定位，特别关注这些因素是否会影响其财务信息内部审计之需求。

二、理论分析和研究设计

（一）组织规模对内部审计业务类型定位的影响

内部审计业务类型定位是指内部审计在组织内部究竟干什么。所以，也可以理解为内部审计业务类型分布。一般来说，内部审计业务类型可以分为：财务审计①、经济责任审计、专项审计、投资项目审计、经济效益审计、内部控制审计、物资采购审计、合规审计、风险审计、舞弊审计、IT审计、其他审计（时现，毛勇，2008）。

关于企业规模是否会影响内部审计业务类型定位，尚无直接的相关研究。但是，西方企业内部审计业务类型的发展可以提供一些启示。

西方国家内部审计涉及的领域非常广泛，内容相当深入。已广泛开展了战略审计、经营审计、投资效益审计、营销审计、物资采购审计、生产技术审计、产品审计、研究与开发审计、人力资源管理审计、后勤服务系统效率审计、信息系统设计与运行审计等。国际内部审计师协会《内部审计实务标准》在总结全球最佳内部审计实务的基础上提出：内部审计是一种独立、客观的保证工作和咨询活动，它的目的是为机构增加价值并提高机构的运作效率，内部审计的工作范围包括应用系统化、规范化的方法来评价和改进风险管理、控制和治理体系的充分性、有效性及履行分派职责的质量，以合理确保这些程序按预期进行，使机构的目的和目标得以实现，并为改善机构的运营状况提供建议以实现高效率有成效的运作（陶莉，2006；李光辉，2008）。

内部审计从传统的防护性审计发展到建设性审计，代表着内部审计的发展方向。所以，企业规模越大，内部审计的水平应该越高，应该越是重视建设性审计（吕先倍，1998）。企业规模越大，业务经营和管理的国际化水平应该越高，对西方企业内部审计业务类型的上述变化也可能越是了解。同时，引致西方企业内部审计业务类型发生上述变化一定有一些原因，这些原因在我国的国有企业中也可能存在，企业规模越大，这些因素存在的可能性也越大。基于以上分析，我们提出假设1：企业规模对内部审计业务类型定位有系统影响。

（二）内部审计隶属关系对内部审计业务类型定位的影响

尽管认识到内部审计是受总会计师领导还受总经理领导、受董事会领导，在独立性、权威性、审计范围、审计作用、报告对象等方面可能存在差异（刘洋，2009）。但是，关于内部审计隶属关系是否会影响内部审计业务类型定位，尚无直接的相关学术研究。不过，一些问卷调查结果可以提供一些启示。

---

① 本节同等意义上使用“财务审计”与“财务信息审计”。

IIA Research Foundation（2003）对 GAIN[①] 成员的 CEA 进行了问卷调查，数据分析发现：（1）内部审计的隶属关系如表 1 所示，77%以上向 CEO、董事长或审计委员会报告工作，但是，也有相当比例（17%）向 CFO 报告工作。（2）内部审计的工作内容，如表 2 所示。从表中可以看出，高层管理者及审计委员会对内部审计工作的不同方面给予的重要性程度是不同的。由此也可以推断，内部审计的隶属关系不同，其工作重点也会不同。

表 1　内部审计隶属关系

报告层级	比例（%）
审计委员会	55
CEO	12
董事长	10
CFO	17
主计长（controller）	2
法律顾客	1
其他	3
合计	100

表 2　高层管理者及审计委员会对内部审计工作的重要性评价

内部审计工作内容	重要性程度（用%表示）		重要性程度比较
	高层管理者 M	审计委员会 A	
公司政策和程序的符合性	79	80	几乎相同
确认、监视和报告风险	72	85	A>M
检验风险性的会计领域（例如，会计估计、关联交易、表外交易）	37	52	A>M
检验和报告内部控制的质量	89	92	几乎相同
评估营运活动并确认营运改善方法	72	42	A<M
监视关键营运活动	39	29	A<M
评估外部审计的质量	11	14	几乎相同
复核对外报告目的会计政策选择	8	12	几乎相同
评估与组织中关键领域计算机系统相关的风险及相关控制	72	78	几乎相同
检验全球经营以确定对政策和程序的遵守情况	42	47	几乎相同
监视道德准则遵守情况	50	62	A>M

① *Global Auditing Information Network (GAIN)*, Quality Auditing Services, Institute of Internal Auditors, Altamonte Springs, USA. The GAIN universe database contained data on over 500 organizations, largely US－based private sector bodies。

关于我国企业的内部审计隶属关系和业务类型定位，时现、毛勇（2008）将内部审计业务类型可以分为：财务审计、经济责任审计、专项审计、投资项目审计、经营审计、内部控制审计、物资采购审计、合规审计、风险审计、舞弊审计、IT 审计、其他审计。同时，他们将内部审计隶属关系分为董事会、监事会、总经理或副总经理、总会计师、合署，根据对国有企业的问卷调查，内部审计隶属关系如表 3 所示，业务类型如表 4 所示。这个结果虽然没有显现不同隶属关系对内部审计业务类型的影响，但是，它告诉我们，我国的国有企业内部审计隶属关系和审计业务类型也呈现多样化，而两种多样化之间可能存在某种关系。

表 3　内部审计隶属关系

报告层级	比例（%）
董事会	19.98
监事会	3.53
总经理	42.02
总会计师或财务总监	20.83
合署	13.64
合计	100

表 4　内部审计业务类型定位

业务类型	比例（%）
财务审计	23.7
经济责任审计	20.21
专项审计	11.4
投资审计	10.97
经营审计	8.41
内部控制审计	8.37
采购审计	5.61
合规审计	3.77
其他审计	3.13
风险审计	2.60
舞弊审计	1.36
IT 审计	0.47
合计	100

基于以上分析，我们提出假设 2：内部审计隶属关系对内部审计业务定位有系统影响。

三、研究设计

本节提出了两个假设，检验不同假设的数据和变量有区别，需要分别设计。

（一）检验假设1的变量和样本

1. 变量设计

根据本节的研究假设，有两个变量：企业规模和内部审计业务类型定位。关于企业规模，在问卷调查时，用资产总额表示，由于本节主要采用方差分析，所以，在统计分析时，将企业按资产总额进行排序，根据排序结果，将企业规模分成五个等级，分别用1至5表示，1表示规模最小的企业，5表示规模最大的企业，其余类推。

内部审计业务类型定位用不同审计类型的项目占全部审计项目数量的比例表示，全部审计项目的比例合计是100%。该数据由问卷填写者在填写问卷时直接填入。

2. 样本选择和数据收集

本节的数据来自中国内部审计协会所属内部审计发展研究中心和南京审计学院国际审计学院组织的国有企业内部审计问卷调查数据。收回全部有效问卷1024份，由于许多问卷数据不全，本节相关的有效问卷186份。由于分析的具体问题不同，这186份问卷也未能用于全部问题的统计分析。

（二）检验假设2的变量和样本

1. 变量设计

根据本节的研究假设，有两个变量：内部审计隶属关系和内部审计业务类型。内部审计隶属关系，按时现、毛勇（2008）的方法，区分为董事会、监事会、总经理或副总经理、总会计师、合署，分别用5至1表示，5表示董事会领导，1表示合署，其余类推。内部审计业务类型定位，按时现、毛勇（2008）的方法，用不同审计类型的项目占全部审计项目数量的比例表示，全部审计项目的比例合计是100%。

2. 样本选择和数据收集

本节的数据来自中国内部审计协会所属内部审计发展研究中心和南京审计学院国际审计学院组织的国有企业内部审计问卷调查数据。收回有效问卷1024份，由于许多问卷数据不全，本节相关的问卷182份。由于分析的具体问题不同，这182份问卷也未能用于全部问题的统计分析。

四、统计分析

（一）企业规模对内部审计业务类型的影响

假设1预期，企业规模对内部审计业务类型有系统影响。我们分别来分析不同规模下，不同审计业务的比例或重要性是否存在显著差异。

1. 企业规模与财务审计

企业规模对财务审计重要性的影响描述性结果如表5所示。方差分析的结果是F=5.913，Sig=.000，结果表明，不同规模下的企业，财务审计业务的比例有显著差异。进一步的多重比较结果如表6所示，结果显示，企业规模越大，财务审计的重要性越低。

表 5　企业规模与财务审计比例（描述性结果）

企业规模分组	N	均值	标准差	标准误	均值的 95％置信区间		极小值	极大值
					下限	上限		
1.00	34	38.2497	22.39168	3.84014	30.4369	46.0625	4.08	80.00
2.00	35	33.4766	18.41230	3.11225	27.1517	39.8014	4.37	86.00
3.00	34	32.4729	22.90985	3.92901	24.4793	40.4666	3.10	100.00
4.00	35	21.6523	19.80751	3.34808	14.8482	28.4564	.27	91.00
5.00	35	18.8794	15.98884	2.70261	13.3871	24.3718	.88	65.00
总数	173	28.8720	21.14678	1.60776	25.6985	32.0455	.27	100.00

表 6　企业规模与财务审计比例（多重比较）

(I) X	(J) X	均值差（I—J）	标准误	显著性	95％ 置信区间	
					下限	上限
1.00	2.00	4.77313	4.82396	.324	—4.7503	14.2965
	3.00	5.77676	4.85879	.236	—3.8154	15.3689
	4.00	16.59742*	4.82396	.001	7.0740	26.1208
	5.00	19.37028*	4.82396	.000	9.8469	28.8937
2.00	1.00	—4.77313	4.82396	.324	—14.2965	4.7503
	3.00	1.00363	4.82396	.835	—8.5198	10.5270
	4.00	11.82429*	4.78887	.015	2.3702	21.2784
	5.00	14.59714*	4.78887	.003	5.1430	24.0513
3.00	1.00	—5.77676	4.85879	.236	—15.3689	3.8154
	2.00	—1.00363	4.82396	.835	—10.5270	8.5198
	4.00	10.82066*	4.82396	.026	1.2973	20.3440
	5.00	13.59351*	4.82396	.005	4.0701	23.1169
4.00	1.00	—16.59742*	4.82396	.001	—26.1208	—7.0740
	2.00	—11.82429*	4.78887	.015	—21.2784	—2.3702
	3.00	—10.82066*	4.82396	.026	—20.3440	—1.2973
	5.00	2.77286	4.78887	.563	—6.6813	12.2270
5.00	1.00	—19.37028*	4.82396	.000	—28.8937	—9.8469
	2.00	—14.59714*	4.78887	.003	—24.0513	—5.1430
	3.00	—13.59351*	4.82396	.005	—23.1169	—4.0701
	4.00	—2.77286	4.78887	.563	—12.2270	6.6813

注：*. 均值差的显著性水平为 0.05。

2. 企业规模与风险审计

企业规模对风险审计重要性的影响描述性结果如表 7 所示。方差分析的结果是 F＝1.910，Sig＝

.123，结果表明，不同规模下的企业，风险审计的重要性无显著差异。

表7 企业规模与风险审计（描述性结果）

企业规模分组	N	均值	标准差	标准误	均值的95%置信区间		极小值	极大值
					下限	上限		
1.00	8	15.0000	16.63902	5.88278	1.0894	28.9106	2.00	50.00
2.00	11	7.6818	9.53486	2.87487	1.2762	14.0874	1.00	35.00
3.00	7	3.9357	3.22422	1.21864	.9538	6.9176	1.00	10.00
4.00	15	7.0520	5.92215	1.52909	3.7724	10.3316	.22	21.00
5.00	16	5.8056	6.33383	1.58346	2.4306	9.1807	.50	22.00
总数	57	7.5565	9.05374	1.19920	5.1542	9.9588	.22	50.00

3. 企业规模与内部控制审计

企业规模对内部控制审计重要性的影响描述性结果如表8所示。方差分析的结果是F=.178，Sig=.949，结果表明，不同规模下的企业，内部控制审计的重要性无显著差异。

表8 企业规模与内部控制审计（描述性结果）

企业规模分组	N	均值	标准差	标准误	均值的95%置信区间		极小值	极大值
					下限	上限		
1.00	22	15.3559	12.81922	2.73307	9.6722	21.0396	3.00	50.00
2.00	28	12.9475	10.09048	1.90692	9.0348	16.8602	2.00	42.86
3.00	23	12.6970	10.04844	2.09524	8.3517	17.0422	2.78	40.00
4.00	22	12.6568	13.56127	2.89127	6.6441	18.6695	.10	60.00
5.00	30	12.4830	18.46762	3.37171	5.5871	19.3789	.50	79.24
总数	125	13.1626	13.41209	1.19961	10.7883	15.5370	.10	79.24

4. 企业规模与经济效益审计

企业规模对经济效益审计重要性的影响描述性结果如表9所示。方差分析的结果是F=.555，Sig=.695，结果表明，不同规模下的企业，经济效益审计的重要性无显著差异。

表9 企业规模与经济效益审计（描述性结果）

企业规模分组	N	均值	标准差	标准误	均值的95%置信区间		极小值	极大值
					下限	上限		
1.00	19	18.7916	16.60919	3.81041	10.7862	26.7970	2.00	71.00
2.00	21	13.4662	10.56965	2.30649	8.6549	18.2774	3.00	48.00
3.00	22	18.1368	15.45473	3.29496	11.2846	24.9891	2.46	55.00
4.00	20	16.0080	18.55903	4.14992	7.3221	24.6939	.13	73.30
5.00	25	13.6704	14.45296	2.89059	7.7045	19.6363	.50	67.10
总数	107	15.8950	15.13811	1.46346	12.9935	18.7964	.13	73.30

5. 企业规模与投资审计

企业规模对投资审计重要性的影响描述性结果如表 10 所示。方差分析的结果是 F=2.006，Sig=.106，结果表明，不同规模下的企业，投资审计的重要性无显著差异。

表 10　企业规模与投资审计（描述性结果）

企业规模分组	N	均值	标准差	标准误	均值的 95%置信区间		极小值	极大值
					下限	上限		
1.00	18	10.8889	7.58395	1.78755	7.1175	14.6603	2.00	30.00
2.00	12	14.5000	11.43758	3.30174	7.2329	21.7671	2.00	34.00
3.00	15	8.3747	6.82059	1.76107	4.5975	12.1518	.82	20.00
4.00	8	22.5775	25.27879	8.93740	1.4439	43.7111	5.00	82.05
5.00	8	10.2938	10.97089	3.87880	1.1219	19.4656	.70	34.28
总数	61	12.4359	12.63912	1.61827	9.1989	15.6729	.70	82.05

6. 企业规模与经济责任审计

企业规模对经济责任审计重要性的影响描述性结果如表 11 所示。方差分析的结果是 F=.534，Sig=.711，结果表明，不同规模下的企业，经济责任审计的重要性无显著差异。

表 11　企业规模与经济责任审计（描述性结果）

企业规模分组	N	均值	标准差	标准误	均值的 95%置信区间		极小值	极大值
					下限	上限		
1.00	26	25.0542	21.29981	4.17724	16.4511	33.6574	1.00	80.00
2.00	34	21.3591	16.10516	2.76201	15.7398	26.9785	1.50	90.00
3.00	34	22.5182	19.14178	3.28279	15.8394	29.1971	2.00	90.00
4.00	29	18.1859	18.21120	3.38174	11.2587	25.1130	.37	65.00
5.00	36	21.5294	14.78620	2.46437	16.5265	26.5324	1.49	60.00
总数	159	21.6710	17.71959	1.40525	18.8955	24.4465	.37	90.00

7. 企业规模与专项审计

企业规模对专项审计重要性的影响描述性结果如表 12 所示。方差分析的结果是 F=.980，Sig=.420，结果表明，不同规模下的企业，专项审计的重要性无显著差异。

表 12　企业规模与专项审计（描述性结果）

企业规模分组	N	均值	标准差	标准误	均值的 95%置信区间		极小值	极大值
					下限	上限		
1.00	26	13.1369	11.37472	2.23077	8.5426	17.7313	2.00	50.00
2.00	29	13.8517	10.99262	2.04128	9.6704	18.0331	1.00	50.00
3.00	31	15.2019	10.87775	1.95370	11.2119	19.1919	1.60	44.00

续表

企业规模分组	N	均值	标准差	标准误	均值的 95%置信区间		极小值	极大值
					下限	上限		
4.00	36	16.4856	15.74120	2.62353	11.1595	21.8116	1.00	70.00
5.00	30	10.8307	10.54740	1.92568	6.8922	14.7691	.70	56.00
总数	152	14.0324	12.24876	.99351	12.0694	15.9953	.70	70.00

上述七种审计业务类型的方差分析，只有财务审计的重要性，在不同企业规模下，呈现出显著差异，规模越大的企业，财务审计的重要性越低。其他种类类型审计的重要性，与企业规模无关。这个结果，与假设 1 预期不符合。

（二）内部审计隶属关系对内部审计业务类型定位的影响

本节的假设预期，内部审计隶属关系对内部审计业务类型有系统影响。我们分别分析不同的隶属关系下，各种类型审计业务的重要性是否存在显著差异。

1. 内部审计隶属关系与财务审计

内部审计隶属关系对财务审计重要性的影响描述性结果如表 13 所示。方差分析的结果是 F=.543，Sig=.704，这个结果表明，内部审计不同隶属关系的企业，财务审计的重要性无显著差异。

表 13　内部审计隶属关系与财务审计（描述性结果）

隶属关系分组	N	均值	标准差	标准误	均值的 95%置信区间		极小值	极大值
					下限	上限		
1.00	20	24.6925	17.32124	3.87315	16.5859	32.7991	4.37	70.00
2.00	34	28.9059	16.25395	2.78753	23.2346	34.5772	5.00	65.00
3.00	89	30.0734	21.58418	2.28792	25.5266	34.6201	.27	91.00
4.00	4	18.0000	11.69045	5.84523	-.6021	36.6021	6.00	29.00
5.00	35	28.3949	25.24186	4.26665	19.7240	37.0657	.54	100.00
总数	182	28.6758	20.81764	1.54311	25.6310	31.7206	.27	100.00

2. 内部审计隶属关系与舞弊审计

内部审计隶属关系对舞弊审计重要性的影响描述性结果如表 14 所示。方差分析的结果是 F=.769，Sig=.560，结果表明，内部审计不同隶属关系的企业，舞弊审计的重要性无显著差异。当然，由于样本量很少，这个结论不具有现实意义。

表 14 内部审计隶属关系与舞弊审计（描述性结果）

隶属关系分组	N	均值	标准差	标准误	均值的 95%置信区间		极小值	极大值
					下限	上限		
1.00	2	3.2550	2.46780	1.74500	−18.9173	25.4273	1.51	5.00
2.00	5	15.8000	19.51154	8.72582	−8.4268	40.0268	5.00	50.00
3.00	8	6.8750	6.35694	2.24752	1.5605	12.1895	1.00	20.00
4.00	1	5.0000	.	.	.	.	5.00	5.00
5.00	6	8.7333	4.90170	2.00111	3.5893	13.8774	5.00	17.40
总数	22	8.9959	10.42355	2.22231	4.3744	13.6175	1.00	50.00

3. 内部审计隶属关系与合规审计

内部审计隶属关系对合规审计重要性的影响描述性结果如表 15 所示。方差分析的结果是 F=.679，Sig=.614，结果表明，内部审计不同隶属关系的企业，合规审计的重要性无显著差异。当然，由于样本量很少，这个结论不具有现实意义。

表 15 内部审计隶属关系与合规审计（描述性结果）

隶属关系分组	N	均值	标准差	标准误	均值的 95%置信区间		极小值	极大值
					下限	上限		
1.00	7	12.2857	9.30438	3.51672	3.6806	20.8908	1.00	25.00
2.00	4	7.7500	6.07591	3.03795	−1.9181	17.4181	1.00	15.00
3.00	8	6.8750	6.35694	2.24752	1.5605	12.1895	1.00	20.00
4.00	1	5.0000	.	.	.	.	5.00	5.00
5.00	6	8.7333	4.90170	2.00111	3.5893	13.8774	5.00	17.40
总数	26	8.8231	6.83153	1.33977	6.0638	11.5824	1.00	25.00

4. 内部审计隶属关系与风险审计

内部审计隶属关系对风险审计重要性的影响描述性结果如表 16 所示。方差分析的结果是 F=1.047，Sig=.379，结果表明，内部审计不同隶属关系的企业，风险审计的重要性无显著差异。当然，由于样本量很少，这个结论不具有现实意义。

表 16 内部审计隶属关系与风险审计（描述性结果）

隶属关系分组	N	均值	标准差	标准误	均值的 95%置信区间		极小值	极大值
					下限	上限		
1.00	4	4.2900	4.28935	2.14468	−2.5353	11.1153	.22	10.00
2.00	13	11.8423	14.23197	3.94724	3.2420	20.4426	.65	50.00

续表

隶属关系分组	N	均值	标准差	标准误	均值的95%置信区间		极小值	极大值
					下限	上限		
3.00	28	7.9936	11.43249	2.16054	3.5605	12.4266	1.00	54.00
5.00	16	5.5275	3.98363	.99591	3.4048	7.6502	.50	15.00
总数	61	7.9241	10.48588	1.34258	5.2385	10.6097	.22	54.00

5. 内部审计隶属关系与内部控制审计

内部审计隶属关系对内部控制审计重要性的影响描述性结果如表17所示。方差分析的结果是F＝2.090，Sig＝.086，结果表明，内部审计不同隶属关系的企业，内部控制审计的重要性有显著差异。进一步的多重比较如表18所示，结果表明，在总会计师和董事会领导下的内部审计部门，对内部控制审计的重视程度显著高于其他类型的隶属关系。

表17　内部审计隶属关系与内部控制审计（描述性结果）

隶属关系分组	N	均值	标准差	标准误	均值的95%置信区间		极小值	极大值
					下限	上限		
1.00	11	11.3809	13.91859	4.19661	2.0303	20.7315	1.80	50.00
2.00	26	17.5465	16.31092	3.19884	10.9584	24.1347	1.00	62.70
3.00	65	11.3468	9.29576	1.15300	9.0434	13.6501	.10	40.00
4.00	3	6.6000	4.88672	2.82135	−5.5393	18.7393	1.00	10.00
5.00	29	18.6300	20.03196	3.71984	11.0103	26.2497	.50	79.24
总数	134	14.0225	14.26080	1.23195	11.5857	16.4592	.10	79.24

表18　内部审计隶属关系与内部控制审计（多重比较）

(I) X	(J) X	均值差（I−J）	标准误	显著性	95% 置信区间	
					下限	上限
1.00	2.00	−6.16563	5.04731	.224	−16.1519	3.8206
	3.00	.03414	4.57505	.994	−9.0177	9.0860
	4.00	4.78091	9.14006	.602	−13.3029	22.8647
	5.00	−7.24909	4.96909	.147	−17.0806	2.5824
2.00	1.00	6.16563	5.04731	.224	−3.8206	16.1519
	3.00	6.19977	3.25626	.059	−.2428	12.6424
	4.00	10.94654	8.55645	.203	−5.9826	27.8757
	5.00	−1.08346	3.78999	.775	−8.5820	6.4151

续表

(I) X	(J) X	均值差 (I－J)	标准误	显著性	95％置信区间	
					下限	上限
3.00	1.00	－.03414	4.57505	.994	－9.0860	9.0177
	2.00	－6.19977	3.25626	.059	－12.6424	.2428
	4.00	4.74677	8.28665	.568	－11.6486	21.1421
	5.00	－7.28323*	3.13365	.022	－13.4832	－1.0832
4.00	1.00	－4.78091	9.14006	.602	－22.8647	13.3029
	2.00	－10.94654	8.55645	.203	－27.8757	5.9826
	3.00	－4.74677	8.28665	.568	－21.1421	11.6486
	5.00	－12.03000	8.51054	.160	－28.8683	4.8083
5.00	1.00	7.24909	4.96909	.147	－2.5824	17.0806
	2.00	1.08346	3.78999	.775	－6.4151	8.5820
	3.00	7.28323*	3.13365	.022	1.0832	13.4832
	4.00	12.03000	8.51054	.160	－4.8083	28.8683

注：*. 均值差的显著性水平为 0.05。

6. 内部审计隶属关系与经营审计

内部审计隶属关系对经营审计重要性的影响描述性结果如表 19 所示。方差分析的结果是 F＝2.416，Sig＝.053，结果表明，内部审计不同隶属关系的企业，经营审计的重要性有显著差异。进一步的多重比较如表 20 所示，隶属于监事会的只有 4 个企业，不具有现实意义。不考虑监事会领导这个类型，其他隶属关系下，领导层级越低，经营审计的重要性越高。

表 19　内部审计隶属关系与经营审计（描述性结果）

隶属关系分组	N	均值	标准差	标准误	均值的 95％置信区间		极小值	极大值
					下限	上限		
1.00	12	25.1475	20.59083	5.94406	12.0647	38.2303	.13	73.30
2.00	19	17.1100	9.88929	2.26876	12.3435	21.8765	3.15	31.00
3.00	47	16.0232	14.68749	2.14239	11.7108	20.3356	.15	67.10
4.00	4	24.2500	31.43644	15.71822	－25.7724	74.2724	4.00	71.00
5.00	30	11.0270	10.62449	1.93976	7.0598	14.9942	.50	55.00
总数	112	16.1407	14.89458	1.40741	13.3518	18.9296	.13	73.30

表 20　内部审计隶属关系与经营审计（多重比较）

(I) X	(J) X	均值差 (I-J)	标准误	显著性	95% 置信区间	
					下限	上限
1.00	2.00	8.03750	5.35720	.136	-2.5825	18.6575
	3.00	9.12431	4.69906	.055	-.1910	18.4396
	4.00	.89750	8.38811	.915	-15.7309	17.5259
	5.00	14.12050*	4.96247	.005	4.2830	23.9580
2.00	1.00	-8.03750	5.35720	.136	-18.6575	2.5825
	3.00	1.08681	3.94976	.784	-6.7431	8.9167
	4.00	-7.14000	7.99248	.374	-22.9842	8.7042
	5.00	6.08300	4.25976	.156	-2.3615	14.5275
3.00	1.00	-9.12431	4.69906	.055	-18.4396	.1910
	2.00	-1.08681	3.94976	.784	-8.9167	6.7431
	4.00	-8.22681	7.56712	.279	-23.2277	6.7741
	5.00	4.99619	3.39516	.144	-1.7343	11.7267
4.00	1.00	-.89750	8.38811	.915	-17.5259	15.7309
	2.00	7.14000	7.99248	.374	-8.7042	22.9842
	3.00	8.22681	7.56712	.279	-6.7741	23.2277
	5.00	13.22300	7.73345	.090	-2.1077	28.5537
5.00	1.00	-14.12050*	4.96247	.005	-23.9580	-4.2830
	2.00	-6.08300	4.25976	.156	-14.5275	2.3615
	3.00	-4.99619	3.39516	.144	-11.7267	1.7343
	4.00	-13.22300	7.73345	.090	-28.5537	2.1077

注：*. 均值差的显著性水平为 0.05。

7. 内部审计隶属关系与投资审计

内部审计隶属关系与投资审计的影响描述性结果如表 21 所示。方差分析的结果是 F=1.107，Sig=.357，结果表明，内部审计不同隶属关系的企业，投资审计的重要性无显著差异。

表 21　内部审计隶属关系与投资审计（描述性结果）

隶属关系分组	N	均值	标准差	标准误	均值的 95%置信区间		极小值	极大值
					下限	上限		
1.00	11	19.1309	15.50480	4.67487	8.7146	29.5472	4.17	46.00
2.00	21	13.9252	15.29704	3.33809	6.9621	20.8884	.05	50.00
3.00	51	13.9845	11.48556	1.60830	10.7541	17.2149	1.00	67.40
4.00	4	25.8500	40.90424	20.45212	-39.2378	90.9378	2.00	87.00
5.00	24	18.4313	12.60911	2.57382	13.1069	23.7556	2.50	44.20
总数	111	15.8723	14.55075	1.38110	13.1353	18.6093	.05	87.00

8. 内部审计隶属关系与采购审计

内部审计隶属关系与采购审计的影响描述性结果如表 22 所示。方差分析的结果是 F=.529，Sig=.715，结果表明，内部审计不同隶属关系的企业，采购审计的重要性无显著差异。当然，由于样本量很少，这个结论不具有现实意义。

表 22　内部审计隶属关系与采购审计（描述性结果）

隶属关系分组	N	均值	标准差	标准误	均值的 95%置信区间		极小值	极大值
					下限	上限		
1.00	7	16.3457	12.15094	4.59262	5.1080	27.5835	2.00	34.28
2.00	12	12.6667	8.24989	2.38154	7.4249	17.9084	1.00	30.00
3.00	32	12.6053	15.13083	2.67478	7.1501	18.0606	.70	82.05
4.00	3	9.2667	9.48754	5.47763	−14.3017	32.8350	2.00	20.00
5.00	11	8.1818	6.88212	2.07504	3.5583	12.8053	1.00	20.00
总数	65	12.1168	12.32157	1.52830	9.0636	15.1699	.70	82.05

9. 内部审计隶属关系与经济责任审计

内部审计隶属关系与经济责任审计的影响描述性结果如表 23 所示。方差分析的结果是 F=1.717，Sig=.149，结果表明，内部审计不同隶属关系的企业，经济责任审计的重要性无显著差异。

表 23　内部审计隶属关系与经济责任审计（描述性结果）

隶属关系分组	N	均值	标准差	标准误	均值的 95%置信区间		极小值	极大值
					下限	上限		
1.00	15	22.5740	13.77721	3.55726	14.9444	30.2036	4.45	47.00
2.00	34	21.7835	17.97431	3.08257	15.5120	28.0551	4.00	90.00
3.00	84	23.4290	19.25567	2.10097	19.2503	27.6078	.37	90.00
4.00	6	15.7000	12.82108	5.23418	2.2451	29.1549	2.20	37.00
5.00	30	14.3527	11.62563	2.12254	10.0116	18.6937	1.49	50.00
总数	169	21.1365	17.40275	1.33867	18.4937	23.7793	.37	90.00

10. 内部审计隶属关系与专项审计

内部审计隶属关系与专项责任审计的影响描述性结果如表 24 所示。方差分析的结果是 F=.967,Sig=.428，结果表明，内部审计不同隶属关系的企业，专项审计的重要性无显著差异。

表 24 内部审计隶属关系与专项审计（描述性结果）

隶属关系分组	N	均值	标准差	标准误	均值的 95％置信区间		极小值	极大值
					下限	上限		
1.00	16	19.1206	17.35543	4.33886	9.8726	28.3687	1.72	50.00
2.00	35	14.2740	13.97237	2.36176	9.4743	19.0737	.65	70.00
3.00	74	12.8609	9.67770	1.12501	10.6188	15.1031	.70	44.90
4.00	6	11.3333	9.93311	4.05518	.9092	21.7575	1.00	30.00
5.00	29	13.6841	12.00375	2.22904	9.1182	18.2501	1.00	50.00
总数	160	13.8879	12.04877	.95254	12.0067	15.7692	.65	70.00

上述内部审计隶属关系与各种审计业务类型重要性的关系分析表明，在总会计师和董事会领导下的内部审计部门，对内部控制审计的重视程度显著高于其他类型的隶属关系；不考虑监事会领导这个类型，其他隶属关系下，领导层级越低，经营审计的重要性越低；内部审计隶属关系对其他各种审计业务的重要性无显著。

五、结论和讨论

（一）组织规模对内部审计业务类型定位的影响

根据国有企业问卷调查的数据分析有如下发现，在不同企业规模下，财务审计重要性呈现出显著差异，规模越大的企业，财务审计的重要性越低，其他种类审计业务的重要性与企业规模无关。规模越大的企业，其财务审计的重要性越低，可能的原因是，企业规模越大，业务经营和管理的国际化水平越高，对西方企业内部审计业务类型的转型可能越是了解。同时，引致西方企业内部审计业务类型转型的一些原因，在我国的国有大企业中也可能存在，企业规模越大，这些因素存在的可能性也越大。基于以上原因，规模越大的企业，财务信息审计的需求强弱。

（二）内部审计隶属关系对内部审计业务类型定位的影响

根据国有企业问卷调查的数据分析，内部审计隶属关系对内部审计业务类型定位的关系有三种情形：第一种情形，二者之间存在系统关系，属于这种情形的有内部控制审计和经营审计，在总会计师和董事会领导下的内部审计部门，对内部控制审计的重视程度显著高于其他类型的隶属关系；内部审计的领导层级越低，经营审计的重要性越高；第二种情形，内部审计隶属关系对内部审计业务类型定位无显著关系，财务审计、投资审计、经济责任审计和专项审计属于这种类型；第三种情形，统计结论显示二者无系统关系，但是，样本量太小，这种结论不具有现实意义，属于这种情形的审计类型包括：舞弊审计、合规审计、采购审计和风险审计。

关于第一种情形中内部审计隶属关系对内部控制审计的影响，董事会重视内部控制审计这是全世界内部审计发展的大趋势（Selin&McMnmee，1999；Paape，Schffe&Snoep，2003），本节的结果表明，我国的内部审计也具有这种趋势。至于总会计师领导下的内部审计部门重视内部控制审计，这可能是与内部控制本身的起源有关，内部控制起源于会计，与会计领域有着天然的密切联系，总会计师重视内部控制是其职业本能。关于第一种情形中内部审计隶属关系对经营审计的影响，隶属的层级越低，越是可能关注具体业务经营领域中的问题，从而越是重视业务经营审计。

关于第二种情形，内部审计隶属关系对财务审计、投资审计、经济责任审计和专项审计的重要性无显著影响，这些审计类型是我国的传统审计项目，在政府审计部门及职业组织的推动下，国有企业的内部审计出现相互之间的借鉴（余金树，1999；陶莉，2006；李光辉，2008），所以，无论什么样的隶属关系，都可能会从事这些审计业务，从而使得这些业务与隶属关系无显著关系。

本节告诉我们，我国国有企业的传统审计业务由于相互借鉴的结果，这种审计业务类型的重要性不受内部审计隶属关系的影响，而内部控制审计和经营审计这些现代审计业务，则受内部审计隶属关系的系统影响。所以，内部审计要从传统向现代转型，首先需要适宜的内部审计隶属关系，否则，这种转型是难以实现的。

参考文献

1. Watts，R. L.，Corporate financial statements：a product of the market and political processes [J]，Australian Joural of Management，1977 (3)：53－75.

2. Chow，C. W.，1982，The Demand for External Auditing：Size，Debt and Ownership Influences [J]，The Accounting Review，Vol. 57，pp. 272－291.

3. Watts R. L. and Zimmerman J. L.，1983，Agency Problems，Auditing and the Theory of the Firm：Some Evidence [J]，Journal of Law and Economics，Vol. XXVI，pp. 613－634.

4. Watts R. L. and Zimmerman J. L.，1986，Positive Accounting theory [M]，Prentice－Hall Inc.

5. Abdel－Khalik，A.，1993，"Why Do Private Companies Demand Auditing? The Case for Loss Control" [J]，Journal of Accounting，Auditing and Finance Vol. 8，pp. 31－52.

6. Barefield，R.，Gaver J.，and O'Keefe T.，1993，Additional Evidence on the Economics of Attest：Extending Results from the Audit Market to the Market for Compilations and Reviews [J]，Auditing：A Journal of Practice and Theory，Vol. 12，pp. 74－87.

7. 王艳艳，陈汉文，于李胜．代理冲突与高质量审计需求－来自中国上市公司的经验数据[J]，经济科学，2006 (2)：72－82。

8. Datar S. M.，G. A. Felthman，& J. S. Hughes，1991，The Role of Audits and Audit Quality in Valuing New Issues，Jour nal of A ccounting and Economics，14 (1)：3－49.

9. Titman，S，and B. Truman，Information Quality and the Valuation of New I ssue，Journal of A ccounting and Economics，Volume 8，Issue 2，June 1986，pp. 159 - 172.

10. 薛祖云，陈靖，陈汉文．审计需求：传统解释与保险假说 [J]．审计研究，2004 (5)：20－25。

11. Wallace. W. A. 1987，The Economic Role of The Audit in Free and Regulated Markets：A Review [J]，Research in Accounting Regulation，vol. 1，pp. 7－34.

12. Dye，R. A.，1993，AuditingStandards，LegalLiability，and Auditor Wealth [J]．Journal of Political Economy，Vol. 101，pp. 887－914.

13. Menon, K., Williams, D., The Insurance Hypothesis and Market Price [J], the Accounting Review, 1994 (69), pp. 327—342.

14. 章雁，黄美玉．审计需求保险假说成立吗？—来自中国资本市场的经验证据 [J]，商业研究，2014 (1)：117—125。

15. 葛家澍，林志军．现代西方会计理论 [M]，厦门大学出版社，2006 年版。

16. 胡玉明．事项会计：受托责任观与决策有用观的统一——兼论网络时代的会计发展方向 [J]，外国经济与管理，2002 (3)：36—42。

17. 曾道荣，周达勇．经济学视角下的会计目标：融合观点的一种论述 [J]，财会通讯，2009 (10)：16—19。

18. Jensen, M. C., Meckling, W. H., Theory of the firm: managerial behavior, agency costs and ownership structure [J]. Journal of Financial Economics, 1976 (3): 305—360.

19. Pratt J., Zeckhauser. R. Principals and agents. The Structure of business [M]. Boston: Harvard University Press, 1985.

20. 张维迎．博弈论与信息经济学 [M]，上海人民出版社，上海三联书店，1996：401.

21. 郑石桥．委托代理关系类型、机会主义和民间审计 [J]，会计之友，2013 (10)：88—92。

22. Simon. H. A., A Behavioral Model of Rational Choice [J]. The Quarterly Journal of Economics, 1955, 69, (1)。

23. 西蒙．理性选择行为模型 [M]，《西蒙选集》，首都经贸大学出版社，2002 年。

24. 郑石桥．有限理性、次优问题和审计 [J]，中国石油审计，2015 年第 1 期。

25. 赵小鹏，赵兴福，向彩柏．构筑社会主义市场经济下会计信息质量的保障机制 [J]，财务与会计，1998 (3)：10—11。

26. 谭劲松，丘步晖，林静容．提高会计信息质量的经济学思考 [J]，会计研究，2000 (6)：14—20。

27. 谢荣富，胡晓明．会计信息质量保障机制的构建 [J]，江苏商论，2004 (10)：132—134。

28. 李岩岩．我国会计信息质量保障体系研究 [D]，安徽大学硕士学位论文，2006 年 4 月。

29. 王治国．会计信息质量宏观保障体系研究 [D]，江西财经大学硕士学位论文，2007 年 6 月。

30. 郜进兴，林启云，吴溪．会计信息质量检查：十年回顾 [J]，会计研究，2009 (1)：27—35。

31. Ronen, J., Post—Enron Reform: Financial Statement Insurance, and GAAP Revisited [J]. Stanford Journal of Law, Business and Finance, 2002, Vol. 8: 1, pp. 1—30.

32. 郑石桥，陈丹萍．机会主义、问责机制和审计 [J]，中南财经政法大学学报，2011 (4)：129—134。

33. 陈汉文．实证审计理论研究，中国人民大学出版社 [M]，第 2—17 页，2012 年。

34. Tauringana, V., Clarke, S., the demand for external aduiting: managerial share ownership, size, geraing and influence [J]. Managerial Auditing Journal, 2000, 15 (4): 160—168。

35. Carey, P., Simnett, S., Tanewski, G., Voluntary demand for internal and external

auditing by family business [J]. Auditing: A Journal of Pratice & Theory, 2000, 1970, 19: 37—50.

36. 曾颖，叶康涛. 股权结构 代理成本与外部审计需求 [J]，会计研究，2005 (10)：63—69。

37. 韩洪灵，陈汉文. 公司治理机制与高质量外部审计需求—来自中国审计市场的经验证据 [J]，财贸经济，2008 (1)：61—66。

38. 刘斌，王杏芬，何莉，李嘉明. 自愿中报审计的需求动机、会计信息质量与经济后果—来自中国上市公司 2002—2006 的经验证据 [J]，经济科学，2008 (3)：97—108。

39. 邹炼. 我国上市公司自愿中报审计的实证研究—基于 A 股制造业的经验证据，新疆财经大学硕士学位论文 [M]，2010 年 5 月。

40. 况学文，陈俊. 董事会性别多元化、管理者权力与审计需求 [J]，南开管理评论，2011 (6)：48—56。

41. 杜兴强. 自愿审计、公司治理与代理成本 [J]，江西财经大学学报，2014 (3)：29—48。

42. Chen, C. J. P., Su, X., and Zhan, R., an emerging market's reation to initial modified audit opinions: evidence from shangshai stock exchange [J]. Contemporary Accounting Research, 2000, 17 (3): 429—455.

43. 陈梅花. 审计意见信息含量研究—来自中国证券市场的实证证据，上海财经大学博士学位论文，2001 年 10 月。

44. 陈欣，胡奕明，王静，马玲. 自愿中报审计能减少盈余管理吗？—基于自选择模型的实证分析 [J]，审计研究，2008 (4)：34—43。

45. 张天舒，黄俊. 公司自愿审计行为的考察：原因与后果 [J]，中国会计评论，2010，(2)：147—160。

46. Betty. A., Auditor reputation and the pricing of initial public offerings [J]. The Accounting Review, 1989, 64 (October): 693—709.

47. Simunic, D., Stein., M., product differentiation in auditing: auditor choice in the market foe unseasoned new issues, The Canadian Certified General Accountants Research Foundation, 1987.

48. 孙铮，曹宇. 股权结构与审计需求 [J]，审计研究，2004 (3)：7—14。

49. 于竹丽，杜兴强，周泽将. 中国资本市场 A 股自愿性半年报审计的动因研究—基于代理理论和公司治理的视角 [J]，当代会计评论，2009 (12)：79—112。

50. 陈楚涵. 慈善组织为何自愿披露年度审计报告探析—基于信号传递理论的实证研究 [J]，中国总会计师，2013 (7)：72—75。

51. Barber, W. R., Kumar, K. R., Verghese, T., client security price reaction to Laventhol & Horwath bankruptcy [J], Journal of Accounting Research, 1995, 33 (2): 385—395。

52. O' Raillly, D. M., Leitch, R. A., Tuttlw, B., AN empricial test of the insurance hypothesis in auditing, Working paper, 2000.

53. 伍丽娜，郑晓博，岳衡. 审计赔偿责任与投资者保护—审计保险假说在新兴资本市场上的检验 [J]，管理世界，2010 (3)：32—43。

54. 章雁，黄美玉．审计需求保险假说成立吗？一来自中国资本市场的经验证据［J］，商业研究，2014（1）：117－125。

55. 陈艳娇．内部审计业务分类研究一基于问卷调查的分析［J］，经济研究参考，2012（65）：87－92。

56. 郑石桥．公共问责机制和政府内部审计：理论框架和案例分析［J］，会计之友，2012（7）：16－21。

57. 刘洋．我国内部审计的现状与展望［J］，经营管理者，2009（13）：205。

58. 时现，毛勇．08’中国国有企业内部审计发展研究报告［M］，中国时代经济出版社，2008，P23。

59. 吕先倍．从西方内部审计的历史看我国当前的内部审计问题［J］，财会通讯，1998（7）：15－16。

60. 余金树．从资产所有者角度谈内部审计制度的建立［J］，财会月刊，1999（3）：43。

61. 李光辉．国有企业内部审计浅析［J］，河北企业，2008（10）：54－55。

62. 陶莉．中外内部审计比较［J］，江苏商论，2006（2）：131－133。

63. IIA Research Foundation，internal audit reporting relationships：serving two masters［R］，2003。

64. Paape，L.，Schffe，J.，Snoep，P.，The relationship between the internal audit functional and corporate governance in the EU－a survey［J］，Internal Journal of Auditing，7：247－262（2003）。

65. Selin，G.，McMnmee，D.，The risk management and internal auditing relationship：developing And validating a model［J］，Internal Journal of Auditing，3：159－174（1999）。

第十九章　财务信息审计本质理论和目标理论

本章涉及两个主题，一是财务信息审计本质理论，二是财务信息审计目标理论，主要内容包括：财务信息鉴证本质：共性与个性；多层次的财务信息鉴证目标：理论框架。

第一节　财务信息鉴证本质：共性与个性

财务信息鉴证本质涉及什么是财务信息鉴证的问题，从生活来看，财务信息鉴证有多种形式，有财务信息审计，也有财务信息审阅[①]，有对历史财务信息的鉴证，也有对未来财务信息的鉴证。各种不同的财务信息鉴证的共同本质是什么？各自的独特本质又是什么？现有文献并没有提供系统化的解释。本节拟提出这个理论框架，分析财务信息鉴证的共性和个性。

一、文献综述

关于审计本质的研究文献很多，并形成了多种观点，总体来说，关于审计本质的主要理论观点有查账论（Mautz&Sharaf，1961；王文彬，1981）、系统过程论（AAA，1972；尚德尔，1992）、控制论（蔡春，2001）、经济监督论（杨纪琬，1983；张以宽，1983；阎金锷，1989）和免疫系统论（刘家义，2008，2009，2010，2010）。

上述理论中，并不是专门研究财务信息鉴证的本质，但是，查账论、系统过程论是以财务信息鉴证为背景的，所以，这两种观点对于我们认知财务信息鉴证本质有较大的启发。但是，即使在这两种理论观点中，也未能区分不同保证程度的财务信息鉴证。

本节以查账论、系统过程论为基础，将财务信息鉴证区分为财务信息审计和财务信息审阅，分析它们的共性和个性。

二、理论框架

审计类型很多，财务信息审计只是其中之一，所以，财务信息本质离不开审计一般的本质。对审计一般的本质认识存在多种观点，本节认为，审计一般的本质是以系统方法从行为和信息两个角

① 还有一种鉴证是“财务信息审核”，“财务信息审核”也是提供有限保证，所以，与“财务信息审阅”实质性相同。

度独立鉴证经管责任中的代理问题和次优问题并将结果传达给利益相关者的制度安排（郑石桥，2015）。财务信息审计本质当然离不开这个本质，但是，由于其外延缩小，所以，可以赋予其更特定的内涵。根据审计一般的本质，财务信息鉴证是以系统方法从财务信息角度独立鉴证经管责任中的代理问题和次优问题并将结果传达给利益相关者的制度安排。

由于对鉴证意见的保证程度不同，现实生活中出现了财务信息审计和财务信息审阅；对于鉴证的财务信息不同，现实生活中出现了历史财务信息鉴证和预测财务信息鉴证，它们组合起来，大致如表1所示。那么，各种类型的财务信息鉴证究竟有哪些共性和个性。

表1 财务信息鉴证体系

项目		鉴证类型	
		审计	审阅
财务信息类型	历史财务信息	√	√
	预测财务信息	×	√

注：√表示有这种组合，×表示没有这种组合

（一）共性：鉴证财务信息与既定标准之间的相符程度

1972年美国会计学会发布被誉为审计理论发展的第二座里程碑的《审计基本概念公告》（A Statement of Basic Auditing Concepts），该公告对审计的定义是："An audit is a systematic process of objectively obtaining an devaluating evidence regarding assertions aboute conomic actions and e-vents to ascertain the degree of correspondence between the seassertions and established criteria, and communicating the results to interested users"（AAA，1972）。

这个定义基本上是站在财务鉴证角度来确定的，是所有财务信息鉴证的共性。需要从以下几方面来理解：

（1）经济活动和事项的认定。经济活动和事项是被审计单位自己通过会计确认、计量、记录和报告，形成一个完整的财务信息系统。

（2）既定标准。虽然经济活动和事项是被审计单位自己完成，但是，被审计自己并不能任意生产财务信息，而是要按一定的规则来生产财务信息，这里的规则主要是外部权威机构颁布的会计准则或会计制度。

（3）收集和评估证据。证据是审计人员用来确定被审计单位财务信息是否公允的各种形式的凭据。收集充分、有力的审计证据是审计工作的核心。从一定意义上说，审计就是有目的、有计划地收集、鉴定、综合和利用审计证据的过程。

（4）经济活动和事项的认定与既定标准的相符程度。收集和评估证据之后，需要对经济活动和事项的认定与既定标准的相符程度进行判断。这里的判断，事实上就是判断是否有违规会计准则或会计制度的财务信息生产行为，如果有，同称为会计错报金额。但是，财务信息鉴证并不是不能容忍任何程度的会计错报，只有超过一定程度之后的会计错报，才会影响会计信息的公允性。

（5）传递结果。财务信息审计不是为审计而审计，所以，审计师必须以一定的方式将审计意见传达给利益相关者。

上述概念及解释，归纳起来，形成了财务信息鉴证的共性，如图1所示①。

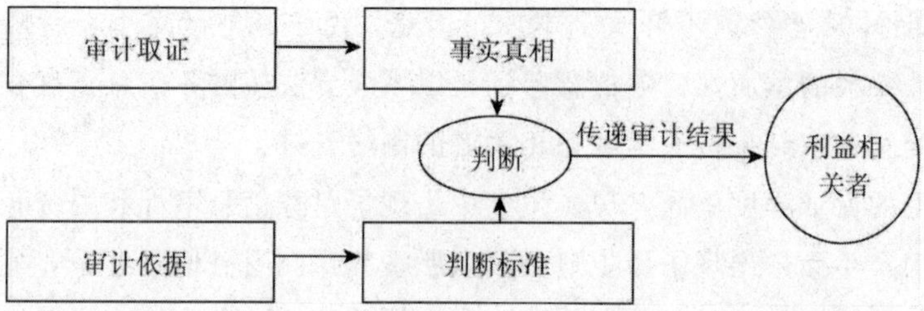

图1 财务信息鉴证的共性

然而，本节前面指出，财务信息审计是以系统方法从行财务信息角度独立鉴证经管责任中的代理问题和次优问题并将结果传达给利益相关者的制度安排。这个概念与AAA（1972）的概念是什么关系呢？

这里的代理问题和次优问题就是偏离既定标准的财务信息生产行为，财务信息方面的代理问题是被审计单位有意操纵财务信息生产，偏离既定的财务信息生产规则（也就是会计准则或会计制度），财务信息方面的次优问题是无意而产生的财务信息错误。所以，这个概念与AAA（1972）的概念完全一致，只是AAA（1972）更加偏重财务信息审计的技术逻辑。

（二）个性：保证程度不同

财务信息鉴证都是鉴证财务信息与既定标准之间的相符程度，但是，由于对鉴证意见的保证程度不同，出现了财务信息审计和财务信息审阅，前者提供合理保证，后者提高有限保证。根据《中国注册会计师鉴证业务基本准则》的规定，合理保证的鉴证业务的目标是注册会计师将鉴证业务风险降至该业务环境下可接受的低水平，以此作为以积极方式提出结论的基础。如在历史财务信息审计中，要求注册会计师将审计风险降至可接受的低水平，对审计后的历史财务信息提供高水平保证（合理保证），在审计报告中对历史财务信息采用积极方式提出结论。这种业务属于合理保证的鉴证业务。有限保证的鉴证业务的目标是注册会计师将鉴证业务风险降至该业务环境下可接受的水平，以此作为以消极方式提出结论的基础。如在历史财务信息审阅中，要求注册会计师将审阅风险降至该业务环境下可接受的水平（高于历史财务信息审计中可接受的低水平），对审阅后的历史财务信息提供低于高水平的保证（有限保证），在审阅报告中对历史财务信息采用消极方式提出结论。这种业务属于有限保证的鉴证业务。

与此相关的二个理论问题是，第一，为什么会出现不同的保证程度之需求？第二，不同的保证程度会带来什么后果？

我们先来看第一个问题。财务信息鉴证意见之所以，出现合理保证和有限保证之区分，应该是基于鉴证供给能力和鉴证供求两方面的原因。从鉴证供给能力来说，不同的财务信息有不同的特征，这些特征将影响两个方面，一是影响按照既定标准对鉴证对象进行评价或计量的准确性；二是影响证据的说服力。例如，现实生活中，对预测财务信息只有审阅，没有审计，这其中的原因是，对未来财务信息的预测有较大的主观成分，即使存在既定标准，其评价或计量的准确性也是存在较大不确定性的。从鉴证需求来说，委托人是理性人，一方面，财务信息鉴证是有花费的，财务信息审计的花费显著高于财务信息审阅；另一方面，两者提供的审计意见保证程度不同，也就是产生的

① 这里的“事实真相”是“审计事实”真相，而不是“客观事实”真相。

效果不同，一般来说，相对于财务信息审阅来说，财务信息审计更具有信息含量。况且，财务信息鉴证只是财务信息质量保障机制的重要而非必须的要素，如果机制中的其他能以更低的成本发挥作用，则对财务信息鉴证意见的保证程度之需求也会降低。委托人会比较上述成本与效益，在此基础上，做出自己的选择。当然，这里的委托人也可能是政府监管机构，它从社会成本效益的角度，通过法令的形式规定财务信息审计和审阅的适用情形。

关于第二个问题，不同的保证程度会带来什么后果？由于鉴证意见保证程度体现于鉴证的最终产品中，这种最终产品的不同，一方面会影响产品的生产过程，也就是对财务信息鉴证的全过程产生影响；另一方面，还会影响鉴证者对鉴证意见的法律责任。我们分别来阐述。

从财务信息鉴证全过程来说，其核心内容是鉴证程序的性质、时间和范围，由于保证程度不同，所以，需要的鉴证证据的证明力也不同，进而影响审计程序的性质、时间和范围。一般来说，财务信息审阅的审阅程序相对要简单些，而财务信息审计的审计相对要复杂严格些，《中国注册会计师审阅准则第 2101 号—财务报表审阅》第六条规定，注册会计师应当主要通过询问和分析程序获取充分、适当的证据，作为得出审阅结论的基础。这种鉴证程序的不同，其所提供的鉴证证据的证明力也不同。

从鉴证者对鉴证意见的法律责任来说，由于财务信息审计是以积极方式提出结论，而财务信息审阅是以消极方式提出结论，不同情形下的法律责任之判断存在较大的差别。当以积极方式提出结论时，如果出现了与审计意见的事实，则审计师很有可能要承担法律责任；当以消极方式提出结论时，审计意见并有明确态度，即使出现财务信息虚假，在确定审计师是否有责任可能还较为困难。因为审计师表达的意见是未发现影响财务报表的重大错报，并没有说财务报表不存在重大错报，而以积极方式提出结论时，审计师已经明确表示会计报表是公允的，既然是公允的，就不应该存在重大错报。当然，现实生活是复杂的，从专业的角度来说，判断审计师是否要承担责任的标准是其是否遵守了相关的审计准则，鉴证意见的保证程度并不影响其法律责任。但是，第一，审计准则给审计师留下了很大的职业判断空间，是否遵守了审计准则，有时候也不是很容易判断；第二，当涉及到法律诉讼时，律师和法官并不是审计专业人士，他们的判断可能与职业审计师的认为有差别。也正是由于这些原因，财务信息审计的法律责任更大于财务信息审阅。

三、结论

财务信息鉴证是以系统方法从财务信息角度独立鉴证经管责任中的代理问题和次优问题并将结果传达给利益相关者的制度安排，区分为财务信息审计和财务信息审阅。从共性角度来说，二者都鉴证财务信息与既定标准之间的相符程度；从个性来说，二者的保证程度不同，财务信息审计是合理保证发表意见，可以有如下定义：财务信息审计是以系统方法从财务信息角度以合理保证独立鉴证经管责任中的代理问题和次优问题并将结果传达给利益相关者的制度安排；而财务信息审阅是以有限保证发表意见，可以有如下定义：财务信息审阅是以系统方法从财务信息角度以有限保证独立鉴证经管责任中的代理问题和次优问题并将结果传达给利益相关者的制度安排。

第二节 多层次的财务信息鉴证目标：理论框架

财务信息鉴证目标涉及人们希望财务信息鉴证干什么，一般来说，包括利益相关者的希望和审计师的希望，由于这种鉴证是源于利益相关的希望，没有这种希望，也就没有审计师的希望，所以，从这个角度出发，将利益相关者的这种希望称为终极目标，而将审计师的这种希望称为直接目标。财务信息鉴证目标决定了财务信息鉴证的最终产出及其效果，在财务信息鉴证体系中有着重要的作用。现有文献确定财务信息审计的目标是会计报表公允性，这无疑是财务信息鉴证的重要目标，但是，财务信息鉴证还包括其他一些目标。本节以公允性目标为基础[①]，拓展财务信息鉴证目标，提出一个关于财务信息鉴证目标的理论框架。

一、文献综述

从一般意义上讨论审计目标的文献很多（蔡春，1996；林炳发，1997；秦荣生，2001）；讨论不同审计主体之审计目标的文献也不少（蔡春，1996；宋夏云，2006；《中国特色社会主义审计理论研究》课题组，2013）。然而，直接研究财务信息审计或财务审计之目标的文献却很少。但是，由于民间审计传统意义上主要从事财务信息审计，所以，研究民间审计目标的文献主要是以财务信息审计为背景来研究的，所以，民间审计目标的研究较大程度上代表财务信息审计目标的研究。

关于民间审计目标的主流观点较为统一，认为其目标是鉴证会计报表的公允性，所不同的是表述方式，主要的具体表述方式包括：公允性，真实性，合法性和公允性，公允合法性（孙立新，2008）。关于财务信息审计目标的分歧在于财务信息审计目标与舞弊的关系程度。总体来说，现有文献并不排除审计师的财务信息审计中对舞弊的揭示责任，但是，一种观点认为，财务信息审计目标中应该包括对被审计单位舞弊的揭示（李君，2003；胡春元，2003）；另外一种观点认为，财务信息审计目标中只是揭示被审计单位重大舞弊（刘慧芬，2006）。

上述文献综述显示，现有文献确定财务信息审计的目标是会计报表公允性。这无疑是符合财务信息审计现象的，但是，财务信息鉴证即使是鉴证体系的组成部分，而鉴证体系的目标是一个体系，所以，财务信息鉴证目标也有可能是一个体系，本节探究这个目标体系。

二、财务信息鉴证目标体系

（一）财务信息鉴证终极目标：利益相关者的目标

财务信息鉴证的终极目标不同于财务信息鉴证的需求因素，前者涉及利益相关者希望财务信息发挥什么功能作用，后者涉及为什么需要财务信息鉴证。

利益相关者希望财务信息鉴证发挥什么功能作用呢？总体来说，是希望财务信息鉴证能抑制财务信息方面的代理问题和次优问题。然而，怎么发挥这种功能作用呢？从财务信息鉴证的本质出发，其共性是鉴证财务信息与既定标准之间的相符程度，所以，通过系统方法将财务信息生产的真

① 就财务信息鉴证来说，本节同等意义上使用公允性和真实性；同等意义上使用会计信息与财务信息。

实情况与财务信息生产的既定标准进行比较，确定它们之间的相符程度，将发现的超出可容忍程度的偏离传达给利益相关者。通过这个过程，能发挥对财务信息错弊的事前威慑和事后提示功能，从而发挥对财务信息代理问题和次优问题的抑制作用。

然而，审计的功能不仅仅是鉴证，还有评价和监督，财务信息鉴证也如此。评价是在鉴证的基础上，将真实的结果与一定的标杆进行比较，以确定真实结果的等级，例如，如果对于盈利水平，可以将鉴证之后的某特定鉴证客体的盈利水平与一定的标杆进行比较，以确定鉴证客体的这种盈利水平是处于何种等级。盈利水平可以如此，其他许多的财务信息也可以如此。监督是在鉴证的基础上，对财务信息错弊进行纠正，并对于责任人给予责任追究。当然，这种审计功能是需要财务信息鉴证委托人赋予审计师这种权力的。

财务信息鉴证的利益相关者可能较多，既包括财务信息鉴证的委托人，也可能还包括非委托人但属于这种鉴证信息的使用者，他们对财务信息鉴证功能作用的希望可能不同。同时，发挥财务信息鉴证的功能作用还需要付出成本，由于不同的利益相关者从鉴证结论的获益不同，所以，其愿意付出的成本也不同。正是由于上述复杂的原因，现实生活中，财务信息鉴证所发挥的功能作用就出现差异化。有的财务信息鉴证只是发表鉴证意见，有的还需要对财务信息所表示的财务绩效等级发表意见，在有些情形下，还可能追究责任，政府审计就是如此。

（二）财务信息鉴证直接目标：审计师的目标

无论终极目标需要什么的功能作用来达成，其实际载体是财务信息鉴证产品。所以，从逻辑上来说，审计师的目标是提供利益相关者需要的鉴证产品。这是些什么样的鉴证产品呢？其大致情形如表 2 所示。下面，我们来阐述表 2 中列示的鉴证产品。

表 2 财务信息鉴证产品系列

<table>
<tr><th colspan="2" rowspan="2">鉴证产品定位</th><th rowspan="2">鉴证产品种类</th><th colspan="2">鉴证产品内容</th></tr>
<tr><th>真实性</th><th>合理性</th></tr>
<tr><td rowspan="4">建设性性鉴证</td><td rowspan="2">批判性鉴证</td><td>鉴证报告</td><td>√</td><td>√</td></tr>
<tr><td>鉴证决定</td><td>√</td><td>√</td></tr>
<tr><td colspan="2">管理建议书</td><td>√</td><td>×</td></tr>
<tr><td colspan="2">整改报告</td><td>×</td><td>√</td></tr>
</table>

注：√表示可能有这种情形，×表示没有这种情形

（1）鉴证产品种类和产品内容。鉴证产品包括鉴证报告、鉴证决定、管理建议书和整改报告，不同产品的内容不同。鉴证产品内容是鉴证报告所要表达的核心内容，对于财务信息鉴证来说，其产品内容一般包括真实性和公允性。真实性主要表示财务信息的生产与其既定的生产标准相一致；而合理性则是指在真实性的基础上，财务绩效表示的财务绩效处于何种水平或何种等级。两种产品内容中，真实性产品是基础性产品，未经过真实性鉴证的财务信息，直接进行评价，可能诱导内务信息舞弊。鉴证报告是对财务信息真实性的书面表达，当需要发挥评价功能时，财务绩效的等级也通过鉴证报告来表达。鉴证决定是鉴证过程中，发现的财务信息错弊的责任追究的书面文件，一般来说，不适宜于财务信息评价功能。管理建议书是对鉴证过程中，发现的财务信息错弊及其原因如何进行整改提出的建议。整改报告是对财务信息及其原因的整改情况进行检查之后的书面报告。

（2）鉴证产品定位。上述各种内容的鉴证产品，并不一定都会有需求，它是由鉴证产品定位所决定的。一般来说，财务信息鉴证产品有两种定位，一是批判定位，这种定位下，主要是揭示财务信息错弊或者还包括责任追究；二是建设性定位，这种定位下，除了包括批判性定位下的内容外，还包括对财务信息提出如何整改的管理建议书，也可能还包括事后的整改验收。

当然，表2中是审计师可能生产的财务信息鉴证产品清单，审计师最终生产什么产品，还是要以满足利益相关者的终极目标之需要以及审计师的生产能力来确定。

三、财务信息真实性鉴证目标的进一步解析

财务信息鉴证产品的真实性和合理性中，真实性是基础，下面，我们对真实发目标做进一步的分析。

（一）财务信息真实性的含义

理解财务信息真实性审计的前提理解财务信息真实性。然而，会计信息真实性的含义，虽然已有大量文献讨论，但仍未有定论。一种观点认为，真实性就是客观性，而客观性就是与事实相符（康均，卢海平，2010）。这种观点的理论基础是Hicks（1946）“真实收益”概念，认为收益是“一个人在周末保持同周初同样富裕的情况下，该周内他所能消费的最大价值”。不少著名的会计学家都不同程度上赞成这种观点（谢德仁，2000）。然而，不赞成这种观点有也不少。AAA（1936）就指出，会计本质上不是一个计价过程，而是将历史成本分配……给当前及以后的财务年度。Ijiri（1978）指出，真实收益在不确定和不完备的市场上是一个无用的概念，而且它没有考虑不同利益集团的不同信息需要。

我们认为，会计信息不可能做到与客观事实相符，其原因包括：第一，会计信息通过对交易或者事项的确认和计量来完成，这种确认建立在权责发生制基础之上，需要区分本期和非本期，从而进行跨期摊配，而这种跨期摊配的具体方法有很多，不同方法会得出不同结果。第二，就计量来说，需要确定计量属性和计量方法，而计量属性和计量方法都有多种选择，即使是公允价值计量也是如此。第三，某些会计方法中含有估计的因素，即使不存在故意，不同的人可能估计结果不同。总体来说，由于多种原因，对于同样的交易或者事项，可能确认计量出不同的会计数据（刘长立，1999）。在不同的会计数据中，哪个是与客观事实相符的呢？无法判断！正是因为如此，美国等许多国家及国际组织的财务会计准则中并不强调会计信息性，而是强调可靠性。

那么，究竟什么是会计信息真实性呢？亨德里克森在其名著《会计理论》中列举了使用命会计上“真实”的三种情形：（1）会计上的真实用来指与事实相符。这里的事实一般解释为客观、可验证的数据。（2）真实这个词在用于资产和费用计量时使用，指财务报表只有所揭示资产的现行价值以及由于价值变动所发生利得和损失时才显出真实。（3）真实也一般被认为是其认定符合适用的公认会计原则（埃尔登·S·亨德里克森，1987；丁满清，1990）。

正是因为如此，我国《企业会计准则－基本准则》第十二条规定，企业应当以实际发生的交易或者事项为依据进行会计确认、计量和报告，如实反映符合确认和计量要求的各项会计要素及其他相关信息，保证会计信息真实可靠，内容完整。

综上所述，从本质上来说，会计信息真实性是指对交易或者事项的确认、计量和报告符合相关会计准则或制度的要求。由于会计信息的非唯一性，使得会计信息不宜于用真实性来表述，而可靠

性所表示的意思也真实性拟要求表示的意思还有区别，所以，一般认为，用公允性来取代真实性更为合适。

（二）财务信息真实性鉴证的含义

对于财务信息真实性鉴证也有不同的理解，一种观点认为，真实性鉴证就是鉴证会计信息的真实性，也就是确认凭证、账簿 、报表等载体资料所反映的会计信息同资产、负债、损益等财务活动的客观实际状况是否相符（阎金锷，1998；潘克勤，2000）。也有一种观点认为，既然会计信息真实性本身都是指会计信息真实性对交易或者事项的确认、计量和报告符合相关会计准则或制度的要求，那么，其真实性鉴证自然也就是确认审计客体对交易或者事项的确认、计量和报告是否符合相关会计准则或制度的要求（余春宏，吴秋生，2000）。

我们认为，后者更有道理。但是，会计信息鉴证可能还不止于此。美国注册会计师协会颁布的《审计准则说明书第 5 号》认为，如果审计师认为会计信息是公允性，意味着会计信息具有以下特征：(1）所选择和运用的会计准则得到普遍接受；(2）会计准则切合实际情形；(3）财务报告，包括其注释的内容，反映了影响使用、理解和揭示财务报告的所有重大事项；(4）财务报告中反映的信息已作合理分类、汇总；(5）财务报告在可接受限定范围内对财务状况、经营成果和财务状况之变化所作的表达反映了基本事实与交易。

请注意，这里出现了“可接受限定范围”和“基本事实与交易”，这就说明，即使出现一些偏离会计准则的事项，只要在“可接受限定范围”内，并用反映了“基本事实与交易”，也可以发表会计信息是公允的这种意见。这里的“可接受限定范围”也就是后来审计中的重要性。也正是因为如此，美国等许多国家的审计职业界将公允性审计目标与公认会计原则相联系，而我国审计界的会计信息真实性审计强调会计准则和有关财务会计法规的遵守。

有人认为，既然会计信息真实性审计是强调会计信息是否遵守会计准则和有关财务会计法规，那么，事实上也就是合规性审计。这个观点，从表面来看，似乎有道理，其实不然。一是在许多国家，会计准则并不是法律法规；二是会计准则是在最能反映会计信息拟反映情况的最佳实务，所以，正确地使用了会计准则，也就是在尽可能的情形下，已经反映了拟反映的情况，所以，是真实的。

财务信息真实性鉴证还有一个问题，就是对于发表的鉴证意见提供何种保证程度，也就是鉴证意见的置信度问题。合理保证是将鉴证业务风险降至该业务环境下可接受的低水平，以此作为以积极方式提出结论的基础。有限保证的鉴证业务的目标是将鉴证业务风险降至该业务环境下可接受的水平，以此作为以消极方式提出结论的基础。鉴证意见保证程度与鉴证风险是一枚钱币的两面，100％减去鉴证风险，就是鉴证意见保证程度。不同的保证程度，鉴证意见的信息含量不同。

（三）财务信息真实性审计是否包括查找舞弊和违法？

财务信息鉴证的鉴证主题是财务信息，民间审计经历了多个发展阶段，在不同时期，其审计主题不同、影响审计目标的权变因素不同，从而目标不同。

20 世纪 30 年代以前，以查错防弊为主要审计目标。在这个阶段，审计主题是管理人员的行为，审计目标是揭露舞弊，也就是鉴证管理人员是否存在违法违规行为，这里的查错防弊审计目标也属于一般意义上的合规合法性审计目标。

20 世纪 30 年代到 80 年代，以验证财务报表的真实公允性为。在这一阶段，审计主题是财务报表，也就是信息，审计目标是真实公允性。

1988年AICPA发布第53、54号《审计准则说明书》开始起到现在。查错防弊和验证财务报表的真实公允性并重。在这个阶段，以财务报表为代表的信息继续是重要的审计主题，与这相一致，真实性仍然是主要的审计目标。然而，这一阶段的"查错防弊"是否意味着行为又重新成为重要的审计主题呢？与之相关的合规合法性又成为重要的审计目标呢？根据相关准则的分析，并不能得出这样的结论。因为，此时的"查错防弊"不是20世纪30年代以前"查错防弊"所特指的管理人员在业务经营过程中有无舞弊行为，而是特指财务报表中的错误和舞弊。AICPA发布的53号《审计准则说明书》和我国的相关审计准则中都体现了这种意思。

AICPA发布的53号《审计准则说明书》指出"审计人员必须评价舞弊和差错可能引起财务报表严重失实的风险，并依据这种评价设计审计程序，以合理地保证揭露对财务报表有重大影响的舞弊和差错"。很显然，这里关注的是"以合理地保证揭露对财务报表有重大影响的舞弊和差错"，并不是一般意义上的舞弊和差错。

《中国注册会计师审计准则第1141号－财务报表审计中与舞弊相关的责任》第九条指出，"本准则的规定旨在帮助注册会计师识别和评估舞弊导致的重大错报风险，以及设计用以发现这类错报的审计程序。"《中国注册会计师审计准则第1142号－财务报表审计中对法律法规的考虑》第五条指出，"本准则旨在帮助注册会计师识别由于违反法律法规导致的财务报表重大错报。注册会计师没有责任防止被审计单位违反法律法规行为，也不能期望其发现所有的违反法律法规行为。"很显然，我国的上述两个准则都表明，注册会计师主要关注与财务报表重大错报相关的舞弊和违反法律法规行为，并不是要以这些行为作为审计主题，审计主题仍然是会计报表。

综上所述，财务信息鉴证中所关注的舞弊及违法是影响财务信息公允性的舞弊及违法，而不是一般意义的舞弊及违法，审计目标仍然是财务信息的真实性或公允性。

（四）真实性审计目标的分解：具体审计目标

财务信息鉴证的目标是财务信息的真实性，那么怎么鉴证这种真实性呢？从技术逻辑来说，需要对财务信息真实性进行分解，然后分别获取证据，再做出判断。这也就是所谓的命题论证式取证模式（郑石桥，2015）。对财务信息真实性所做的分解称为管理层认定，以此为基础确定的需要获取证据的维度称为具体审计目标。

1. 管理层认定

管理层认定是指管理层对财务报表组成要素的确认、计量、列报作出的明确或隐含的表达。管理层对财务报表各组成要素均作出了认定，审计师的审计工作就是要确定管理层的认定是否恰当（中国注册会计师协会，2011）。管理层认定具体包括：（1）与各类交易和事项相关的认定：发生，完整性，准确性，截至，分类；（2）与期末账户余额相关的认定：存在，权利和义务，完整性，计价和分摊；（3）与列报相关的认定：发生及权利和义务，完整性，分类和可理解性，准确性和计价。

2. 具体审计目标

具体审计目标是以管理层认定为基础，确定的财务信息鉴证所需要获取证据来证明的维度，并以此作为评估重大错报风险以及设计和实施进一步审计程序的基础（中国注册会计师协会，2011）。具体审计目标包括：（1）与各类交易和事项相关的审计目标：发生，完整性，准确性，截止，分类；(2) 与期末账户余额相关的审计目标：存在，权利和义务，完整性，计价和分摊；(3) 与列报相关的审计目标：发生及权利和义务，完整性，分类和可理解性，准确性和计价。

四、结论

财务信息鉴证目标涉及人们希望财务信息鉴证干什么，现有文献确定财务信息审计的目标是会计报表公允性，本节以公允性目标为基础，拓展财务信息鉴证目标，提出一个关于财务信息鉴证目标的理论框架。总体来说，包括利益相关者的终极目标和审计师的直接目标。就终极目标来说，不同的利益相关有可能有不同的鉴证目标。就直接目标来说，可以从多个维度形成鉴证目标体系，就鉴证产品内容来说，包括真实性和合理性；就鉴证产品种类来说，包括鉴证报告、鉴证决定、管理建议书和整改报告；就鉴证产品定位来说，包括批判性定位和建设性定位。就真实性目标来说，其本质是确认审计客体对交易或者事项的确认、计量和报告是否符合相关会计准则或制度的要求，也称为公允性鉴证；其鉴证意见保证程度分为合理保证鉴证和有限保证；真实性或公允性鉴证目标可以分解为具体鉴证目标；具体审计目标包括：与各类交易和事项相关的审计目标；与期末账户余额相关的审计目标；与列报相关的审计目标。

参考文献

1. Mautz.，R. K.，Sharaf.，H. A.，The Philosophy of Auditing [M]，American Accounting Association，1961，P15.

2. 王文彬 . 关于审计的若干问题 [J]，上海会计，1981 (6)：5－10。

3. AAA (American Accounting Association)，A Statement of Basic Auditing Concepts，1972.

4. 尚德尔 . C. W.，审计理论 [M]，中国财政经济出版社，1992 年，2－4。

5. 蔡　春 . 审计理论结构研究，东北财经大学出版社，2001 年，第 27—63 页。

6. 杨纪琬 . 关于审计理论的若干问题 [J]，审计通讯，1983 (12)：17—23。

7. 张以宽 . 论社会主义审计的特征 [J]，审计通讯，1983 (12)：24—29。

8. 阎金锷 . 审计定义探讨—兼论审计的性质、职能、对象、任务和作用 [J]，审计研究，1989 (2)：7—14。

9. 刘家义 . 以科学发展观为指导推动审计工作全面发展 [J]，审计研究，2008 (3)：3－9。

10. 刘家义，树立科学审计理念，发挥审计监督免疫系统职能 [J]，求是杂志，2009 (10)：28－30。

11. 刘家义 . 积极探索创新，努力健全完善中国特色社会主义审计理论体系 [J]，审计研究，2010 (1)：3－8。

12. 刘家义 . 论国家治理与国家审计 [J]，中国社会科学，2012 (6)：60－72。

13. 郑石桥，审计理论研究：基础理论视角，中国人民大学出版社，2015 年 9 月。

14. 蔡　春 . 论内部审计的功能、目标及其实现条件 [J]，审计研究，1996 (1)：41－43。

15. 林炳发．审计目标研究［J］，财会月刊，1997（11）：29－30。

16. 秦荣生．论审计与受托经济责任的关系［J］，当代经济研究，2001（9）：6－13。

17. 宋夏云．国家审计目标及实现机制研究［D］，上海财经大学博士学位论文，2006年。

18.《中国特色社会主义审计理论研究》课题组．国家审计目标研究［J］，审计研究，2013（6）：3－11。

19. 孙立新．对注册会计师审计目标的再认识［J］，中国乡镇企业会计，2008（9）：156－157。

20. 李君．查找舞弊是注册会计师永恒的审计目标［J］，北京工商大学学报（社会科学版），2003（1）：55－57。

21. 胡春元．注册会计师审计目标的新发展［J］，中国审计，2003（7）：51－55。

22. 刘慧芬．二元审计目标的确立及其保障［J］，审计月刊，2006（5）：36－37。

23. 康均，卢海平．会计信息真实性辨析［J］，中南财经政法大学学报，2010（3）：124－127。

24. Hicks，J.，1945，Value and Capital，2nd edition［M］. Oxford ：Oxford University Press.

25. 谢德仁．会计信息的真实性与会计规则制定权合约安排［J］，经济研究，2000（5）：47－51。

26. American Accounting Association（AAA），1936，A Tentative Statement of Accounting Principles Underlying Corporate Financial Statements［R］，The Accounting Review，June.

27. Ijiri，Y.，1978，Cash Flow Accounting and Its Structure［J］，Journal of Accounting，Auditing and Finance，Summer，pp. 331－348.

28. 刘长立．会计信息真实性探究［J］，当代经济研究，1999（4）：62－64。

29. 埃尔登·S. 亨德里克森．会计理论［M］，王澹如，陈今池，译，立信会计出版社，1987年。

30. 丁满清．论会计资料的真实性［J］，会计研究，1990（10）：35－39。

31. 阎金锷．关于真实性审计的思考［J］，山东审计，1998（9）：9－11。

32. 潘克勤．对真实性审计几个理论问题的认识［J］，经济经纬，2000（2）：82－84。

33. 余春宏，吴秋生．论重要性原则与会计报表真实性审计［J］，山西财经大学学报，2000（2）：76－78。

34. 郑石桥．审计理论研究：基础理论视角［M］，中国人民大学出版社，2015年。

35. 郑石桥．审计主题、审计取证模式和审计意见［J］，会计之友，2015（6）：125－133。

36. 中国注册会计师协会．审计（2011年度注册会计师全国统一考试辅导教材）［M］，经济科学出版社，2011年。

第二十章 财务信息审计主体理论

本章研究财务信息审计主体理论，主要内容包括：财务信息审计主体多样化：理论框架和例证分析；上市公司财务报表法定审计之委托权：理论框架和例证分析。

第一节 财务信息审计主体多样化：理论框架和例证分析

财务信息审计主体涉及谁来审计的问题。现实生活中，财务信息审计主体出现了多样化，有内部审计主体，有外部审计主体，而外部审计主体还区分为民间审计组织和政府审计机关，还有内部审计业务外包。财务信息审计主体多样化的原因是什么？现有文献对内部审计业务外包有一定的研究，然而，对于财务信息审计主体多元化，没有一个系统化的理论框架。本节以交易成本理论为基础，分析财务信息审计主体多样化。

一、文献综述

少量文献涉及审计主体多样化，一些文献认为，由于财产所有权和经营权两者关系的复杂变化，为适应不同的经济环境和要求，出现了审计主体多样化（谢志华，2008；刘静，2014）。郑石桥（2015）以交易成本理论为基础，结合审计独立性和审计主题，提出一个审计主体多样化的理论框架。此外，还有一些文献涉及一些特殊情形下的审计主体选择，例如，环境审计主体、社会责任审计主体、经济责任审计主体、国有企业审计主体等的选择（李雪，邵金鹏，2004；周晓惠，许永池，2011；姚爱科，2007；余玉苗，1999）。审计业务外包的研究也与本节的主题有一定的关联（王光远，瞿曲，2005；郑石桥，2015）。

总体来说，关于财务信息主体多样化，还是没有一个系统化的理论框架。本节以委托代理关系类型和交易成本理论为基础，分析财务信息审计主体多样化，拟建立这个理论框架。

二、理论框架

财务信息审计源于以资源为基础的委托代理关系，而委托代理关系具有多种类型，一般来说，从其赖以产生的资源可以分为公共委托代理关系和私营委托代理关系；从委托人类型可以分为原始委托代理关系和内部委托代理关系。上述两种分类结合起来，委托代理关系的大致情形如表1所示。

表 1　委托代理关系类型

项目		资源类型	
		公共委托代理关系	私营委托代理关系
委托人类型	外部委托代理关系	A	B
	内部委托代理关系	C	D

由于委托代理关系不同，财务信息相关的利益相关者不同，他们对财务信息审计的需求也不同；同时，不同的委托代理关系下，财务信息质量保障机制的构建也可能不同。正是因为这些不同，可能导致财务信息审计主体多样化。

（一）外部委托代理关系类型与财务信息外部审计主体多样化

外部委托代理关系是委托人在本组织之外，这是原始意义上的委托代理关系，具体又因为委托人委托给代理人的资源来源不同，区分为公共委托代理关系和私营委托代理关系。不同的委托代理关系下，财务信息审计需求可能不同，即使都存在审计需求，对于审计主体的选择可能不同。

从是否需要财务信息来说，财务信息审计是这个财务信息质量保障机制中重要但并非必须的要素，可以装置于内部监督、外部监督或外部保险，也可以没有。无论何种委托代理关系，都可能出现财务信息审计需求。但是，由于不同的代理关系下，相关利益对委托人的激励密度不同，从而财务信息审计需求也不同。在公共委托代理关系中，由于其委托人本身也是更高层级委托代理关系中的代理人，其本身也存在激励相容等问题，所以，其本身对于财务信息质量的要求可能低于私营委托代理关系中的代理人，在有些情形下，可能就没有财务信息审计需求，从而也就是不存在财务信息审计。在私营委托代理关系中，如果资源来源很集中，由与此委托代理关系的利益激励密度就很高，委托人监督代理人的意愿也就很强烈，这种情形下，审计需求也就强烈，从而出现财务信息审计。

即使存在财务信息审计需求，不同代理关系下，委托人对审计主体的选择也可能出现差异。对于公共代理关系来说，委托人一般是公共机构，而一个公共机构下属可能有许多的独立公共机构，在这种情形下，该公共机构自行设立一个审计机关对这些下属的独立机构进行审计，是符合成本效益原则，主要基于两点原则：第一，审计业务需求具有足够的数量。由是下属独立机构较多，对这些机构的审计需求结合起来，审计业务量就足够多；第二，审计业务量具有足够的稳定性。由于这些独立机构都通过一定的立法程序才能设立的，其负责的公共事务也不能随意改变，并且也很少存在竞争失败的问题，所以，其审计需求量也具有相对稳定性。用交易成本经济学的术语，就是这些交易特征，决定了业务自营成本低于外购成本（Williamson，1981；1984；1991）。但是，如果该公共机构下属的独立机构不足够多，其审计需求形成的审计业务量也就不足够有规模，此时，就不宜自行设立审计机关，而宜于从市场上聘请专业的会计师事务所进行审计。

对于私营代理关系来说，一般来说，一个委托人提供资源的独立机构数量不会太多（不包括企业集团，它属于内部委托代理关系），委托人如果自己建立一个审计机构来对财务信息进行审计，则审计业务量很少，不符合成本效益原则。所以，可能从市场上聘请专业的会计师事务所进行审计，这就符合成本效益原则。用交易成本经济学的术语，就是这些交易特征，决定了业务外购成本低于外购成本（Williamson，1981；1984；1991）。

综上所述，外部委托代理关系类型不同，财务信息审计主体可能不同，在公共委托代理关系下，如果审计业务量有足够规模和稳定性，委托人宜于采取自营方式，自行建立审计机关，否则，就要采取外包方式，聘请会计师事务所；在私营委托代理关系下，一般适宜于采取外包方式，聘请会计师事务所。

（二）内部委托代理关系与财务信息内部审计主体多样化

内部委托代理关系是委托人在本组织之内，这是衍生意义上的委托代理关系，这里的委托人，本身又是更为层级委托代理关系中的代理人。但是，无论如何，这里的委托人本身是本组织的一个成员。内部委托代理关系因为委托人委托给代理人的资源来源不同，区分为公共委托代理关系和私营委托代理关系。内部公共委托代理关系，例如，独立的政府机构，其内部又分为不同的部门和层级，上一层级是下一层级的委托人。私营委托代理关系下，例如，一个企业集团的母公司和子公司的关系，总公司和分公司的公司，公司内部不同层级之间的关系，都属于委托代理关系。

内部委托代理关系是否会影响财务信息审计主体多样化呢？首先，从是否需要内部审计来说，关键是财务信息质量保障机制中，财务信息审计是如何定位的，对于大多数的公共机构来说，外部监督包括审计是法定的，其内部审计的需求可能相对较弱；对于私营组织来说，许多情形下，其财务信息的外部监督力量较弱，所以，可能存在较强的内部监督需求。当然，这些讨论是以规模基本相似为基础，如果私营组织的规模较小，则委托人的直接监督可能很大程度上替代了专门监督的需求。其次，当存在内部审计需求时，是否一定要自行设立内部审计机构呢？这里的关键不是委托代理关系的类型，而是交易成本，在既定的审计业务量下，如果设立审计机构的成本大于支付给会计师事务的费用，则可以考虑不设立内部审计机构，或者是虽然设立了内部审计，但是，审计业务执行者全部外包，内部审计机构只是审计业务的外包管理机构；如果设立审计机构的成本小于支付给会计师事务的费用，就可以考虑自行设立内部审计机构。当然，我们这里讨论的只是财务信息审计，对于任何一个组织来说，可能还要与其他审计业务类型结合起来考虑。

综上所述，内部委托代理关系类型不同，对财务信息审计主体无显著影响，关键因素是交易成本，如果设立审计机构的成本大于支付给会计师事务的费用，则可以考虑审计业务外包，不设立内部审计机构，或者是设立管理型内部审计机构；如果设立审计机构的成本小于支付给会计师事务的费用，就可以考虑自行设立内部审计机构。

三、例证分析

本节以上基于委托代理关系类型和交易成本理论，从理论上分析了财务信息审计主体多样化问题。理论的生命力在于解释现实，现实是否与本节的理论框架相一致呢？下面，我们通过一些例证来一定程度上验证上述理论框架。

（一）财务信息外部审计主体多样化例证

世界上已有190多个国家（地区）建立了适合自己的国家审计制度（沈建文，郑石桥，2012），几乎可以说是所有的国家（地区）都采取了政府机构（广义政府，下同）财务信息审计自营的方式。当然，政府审计机关的组建方式各不相同，总体来说，审计体制大致分为4种情形：审计机关隶属于立法部门、审计机关属于司法系列、审计机关属于行政系列、审计机关不隶属于任何权力部门（沈建文，郑石桥，2012）。

根据本节的理论框架，在公共委托代理关系下，一般情况下，审计业务量有足够规模和稳定性，委托人宜于采取自营方式，自行建立审计机关。尽管有些政府审计机关将财务信息审计业务外包，但是，大多数的政府审计机关是自行完成政府机构的财务信息审计。这与本节的理论预期相一致。当然，一些政府审计机关将审计业务外包，但是，这并不否定委托人建立了自己的专门审计机关。

从世界范围来说，对于公司的财务信息外部审计，各国都曾面临全面强制审计还是部分强制审计的取舍，最终都选择了部分强制审计的模式（刘燕，2005；郑石桥，施然，2015），并且强制审计的审计机构，最终都选择了独立执业的会计师执掌公司法定审计的模式（刘燕，2000；丁丁，2007；郝自贤，2008）。

在私营委托代理关系下，一般适宜于采取外包方式，聘请会计师事务所。公司作为私营委托代理关系的典型，其财务信息外部审计都是由外部的会计师事务所来完成。这与本节的理论预期相一致。

（二）财务信息内部审计主体主体多样化例证

不少的组织没有内部审计机构，也有很多的组织在其内部建立了专门的内部审计机构，一些没有建立内部审计机构的组织，实行了内部审计业务外包，建立了内部审计部门的机构也有一些将部分内部审计业务外包。Kusel，Schull&Oxner（1997）发布的调查报告显示，21%的美国公司和31%的加拿大公司都至少外包了部分内部审计职能，未推行外包的公司中，有32.4%的美国公司和36%的加拿大公司表示有意在未来外包内部审计职能。Krishnan&Zhou（1998）的调查发现，财富100强公司有50%以上外包了相当部分的内部审计职能。温瑶（2014）根据2012年上市公司治理自查报告，从942家公司随机抽样215家公司作为样本，发现有102家公司有不同程度的内部审计业务外包，占样本公司的47.4%。

根据本节的理论框架，财务信息内部审计业务可以由委托人自己建立专门机构来完成，这就出现了内部审计部门；也应以业务外包，由外部会计师事务所来完成，此时，要么没有内部审计机构，要么是管理型的内部审计机构；还可以将部分业务外包。这些理论预期与本节以上提供的内部审计业务外包调查情况基本相一致。

四、结论

财务信息审计主体涉及谁来审计的问题。现实生活中，财务信息审计主体出现了多样化。本节从委托代理关系多样化出发，以交易成本理论为基础，提出一个关于财务信息审计主体多样化的理论框架。外部委托代理关系类型影响财务信息审计主体选择，在私营委托代理关系下，一般适宜于采取外包方式，聘请会计师事务所；在公共委托代理关系下，一般情况下，审计业务量有足够规模和稳定性，委托人宜于采取自营方式，自行建立审计机关，特殊情况下，采取外包方式，聘请会计师事务所。内部委托代理关系类型对财务信息审计主体无显著影响，关键因素是交易成本，如果设立审计机构的成本大于支付给会计师事务的费用，则会出现审计业务外包，不设立内部审计机构或者设立管理型内部审计机构；如果设立审计机构的成本小于支付给会计师事务的费用，就会出现自行设立内部审计机构。

第二节 上市公司财务报表法定审计之委托权：理论框架和例证分析

从世界范围来说，对于上市公司的财务信息外部审计，各国都选择了由外部审计师实施的强制审计的模式（刘燕，2005；刘燕，2000；丁丁，2007；郝自贤，2008）。然而，这种强制审计，在很多情形下，是上市公司的管理层或控股股东所操纵，事实上成了自己聘请外部审计师对自己进行审计，外部审计师的独立性受到很大的损害。针对这一问题，有不少的研究文献，并提出了多种解决方案。本节认为，制度成本是一切制度设计及运行的前提，在多种方案中，完善现行的独立董事制度应该是最具有可行性的解决方案。

一、文献综述

关于如何解决控股股东或管理层操纵外部审计师选择的问题，现有研究文献提出了四类解决方案。一是由相关的政府部门或相关机构来选择外部审计师。王松华（2004）指出，由证券交易所或证监会或企业监管部门或履行社会监督职责的企业外部机构招标委托。于颖（2004）提出，证监会下设立"审计监督管理委员会"，由其代表企业所有者行使审计委托权。周竹梅（2006）从公共产品、外部性和交易费用三方面论证了建立政府委托模式的必要性。汪俊秀（2007）提出，在中国证监会下设立审计委员会统一管理上市公司财务报表审计的新的审计委托模式。蒋尧明、谢周勇（2008）提出，由中国证监会与中国注册会计师协会成立的联合机构－上市公司审计管理服务中心作为委托人是一种科学的委托模式。李建军（2008）认为，税务机关作为特殊的公共部门，令其作为会计信息审计的委托人在独立性、激励和实践上更具优势。张文斌（2008）认为，在证券监管部门下设立专门的审计监督委员会作为审计代理委托人。毛玉、李江涛、于维辕（2011）提出应采取国家审计委托模式。张薇（2009）认为，中注协作为第三方是较为合理的。

二是由证券交易所来选择外部审计师。蒋尧明、郑佳军（2005）提出，将上市公司的审计委托权从上市公司转移到证券交易所行使，证券交易所在充分考虑会计师事务所执业质量、执业能力和执业记录等因素的基础上，采用公开招标的方式，决定会计师事务所的聘用。

三是成立专门的机构来选择外部审计师。冯均科（2005）提出应建立民间组织"上市公司公众监督委员会"行使注册会计师选聘权。凌翠平（2012）提出，注册会计师法定业务由专门机构统一受理委托、公开招标、阳光监督，以提高注册会计师和事务所的独立审计地位。

四是完善现行制度。朱星文（2005）认为，完善董事责任追究制度是解决高质量审计不足的有效途径。罗斌元（2007）认为，以独立董事为基础的上市公司外部审计委员会制度将有助于解决这个问题。由独立董事负责并和上市公司的主要债权人、中小股东等组建上市公司外部审计委员会，委员会限制甚至取消上市公司大股东的发言权。亓亮、房巧玲（2010）提出，外部审计委员会作为审计委托方。白华、肖玉莹（2011）认为，第三方审计委托模式不可取，应在现有审计委托模式的基础上通过加强公司治理和诚信建设来应对存在的问题。

本节认为，制度成本是一切制度设计及运行的前提，在多种方案中，完善现行的独立董事制度应该是最具有可行性的解决方案。

二、理论框架

(一) 上市公司财务信息外部审计之委托权－投资者的权利

几乎所有的国家，都通过法律规定，对上市公司财务信息进行外部审计。也就是说，上市公司财务信息审计是法定审计。然而，由谁来选择审计师呢？也就是说，上市公司财务信息审计委托权应该配置给谁呢？

有一种观点认为，财务信息审计源于审计需求，所以，审计委托权应该赋予外部审计需求者（袁国辉，2003）。那么，上市公司的外部审计需求者有哪些呢？一般来说，投资者、潜在投资者、债权人、政府监督部门、客户、供应商、工会等都可能使用财务信息，都是财务信息外部审计需求者。当他们中的某些信息使用者需要其特定的财务信息时，完全可以与上市公司单独商定，提出其审计需求。然而，本节这里要讨论的是法定审计，即不区分特定使用者的财务信息外部审计之委托权。

很显然，审计委托人只能在外部需求者中选择，并且只有三种路径，一是人众多的外部需求者组成联合委托人，二是政府委托，三是从众多的外部需求者中确定一个作为单一委托人。我们分别来分析各种路径的可行性。

联合委托人需要外部审计需求者联合行动，在许多情形下，联合行动可能出现两个问题，一是联合行动困难，从而提高了交易成本；二是行动者可能出现“搭便车”，从而使得联合行动失败（袁国辉，2003）。正是由于上述原因，使得联合委托人这个路径难以有效。

有人认为，既然联合行动困难，并且上市公司财务信息外部审计具有公共产品的性质，能否由政府来作为联合行动的代理人，由政府在选择外部审计师（周竹梅，2006）。我们认为，对于特定上市公司的财务信息进行审计，虽然这种审计的使用范围较多，具有一定意义的公共产品性质，但是，并不是完全意义的公共产品，也不适宜于政府来干预。同时，政府人也是人，由于信息不对称及激励相容问题，政府人并不一定优于市场人，在市场失败之处，政府也很可能失败。

单一委托人需要从众多的外部审计需求者中确定一类作为外部审计委托人，确定谁呢？要按利益关联度来确定，谁与财务信息外部审计的利益关联度最大，外部审计委托人就应该赋予谁。一方面，财务信息外部审计需求源于在资源为基础的委托代理关系，投资者、潜在投资者、债权人、政府监督部门、客户、供应商、工会都与上市公司形成了委托代理关系，在这些委托代理关系中，最基本的委托代理关系是投资者与上市公司之间的委托代理关系，这是上市公司得到形成的基础，没有投资者，也就没有上市公司，当然也就不可能有其他各种类型的委托代理关系。另一方面，在上市公司的各类外部审计需求者中，从与财务信息的利益关联度来说，投资者的是剩余收益享有者，其利益是在其他利益相关的利益得到满足之后才能享有的，如果公司出现问题，他们是损失的最终承担者（白华，赵迎春，2010）。综上述，投资者与上市公司的利益关联度最为密切。既然如此，上市公司财务信息审计委托权应该赋予投资者，也就是股东①。

至此为此，关于上市公司财务信息外部审计委托权，有如下结论：投资者与上市公司之间的委托代理关系是最基础性的委托代理关系，投资者是上市公司的剩余收益享有者，所以，投资者与上

① 本节在同等意义上使用“投资者”和“股东”，只是按习惯在不同情形下使用不同词汇。

市公司财务信息外部审计利益关联最为密切，上市公司财务信息审计委托权应该赋予投资者。其他的利益相关者，如果有特殊的财务信息审计需求，可以与上市公司单独商定，不享有一般意义上的财务信息外部审计委托权。

（二）不同股权结构下的上市公司财务信息外部审计之委托权

上市公司财务信息外部审计委托权赋予股东，而上市公司的股东又有许多，不同的股权结构下，股东的行为方式不同，从而对上市公司财务信息外部审计委托权的有效行使产生重要影响。上市公司的股东结构类型有不同的分类方法，根据本节的主题，我们主要关注是否存在控股股东，如果存在控股股东，其是否参与上市公司的实际营运。根据这一原则，我国上市公司股权结构大致可以分为以下三种情形：控股股东存在，且不参加实际营运；控股股东存在，且参与实际营运；没有控股股东。不同的股权结构下，代理问题问题的类型不同（聂长海，姜秀华，杜煊君，2003；朱红军，汪辉，2004；李源，2005），而这种不同，又会影响财务信息外部审计师的委托。

1. 控股股东存在，且不参加实际营运

上市公司有控股股东，但是，控股股东与参与上市公司的实际营运，控股股东与上市公司的管理层之间形成经典意义的委托代理关系，控股股东是委托人，管理层是代理人。在这种情形下，控股股东完全有激励委托外部审计师对上市公司的财务信息进行审计。一方面，控股股东不受管理层控制，可以按其意愿委托外部审计师；另一方面，控股股东与上市公司利益关联最大，一般不会采取“搭便车”行为；同时，外部审计师不受管理层控制，其独立性具有基础。所以，上市公司在这种股东结构下，其财务信息外部审计委托是经典意义上的外部审计，并不存在困境。我国上市公司中，许多国有控股的企业，国家作为一个法律意义上的所有者，当然无法参与上市公司的实际营运，由上市公司之外的国有资产管理机构来委托外部审计师就属于这种情形。

2. 控股股东存在，且参加实际营运

当控股股东存在且参与实际营运时，控股股东与管理层合二为一，在这种情形下，如果再由股东来委托外部审计师，事实上已经是控股股东自己委托审计师来审计自己，外部审计师的独立性受到很大的损害。在这种情形下，上市公司的股东已经分裂为两个阵营，一是控股股东，二是小股东。控股股东操纵了上市公司，并且很有可能损害小股东的利益。在控股股东与小股东之间事实上已经形成委托代理关系，控股股东是代理人，小股东是委托人，控股股东本身已经不存在基于约束其财务信息代理问题的真实审计需求，但是，小股东存在基于约束控股股东代理财务信息代理问题的真实审计需求。所以，在这种情形下，财务信息外部审计之委托权应该赋予小股东。

但是，对于特定的小股东来说，其在上市公司的利益有限，不一定有意愿参与外部审计师选择，很有可能采取“搭便车”行为。如此，则外部审计师的选择最终还是由控股股东所操纵，财务信息外部审计事实上也演化成控股股东操纵下的自我审计，外部审计师独立性没有基础。怎么解决这个问题？解决的方法是营造一个代理小股东利益的机构，由这个代表小股东的利益来行使外部审计师的选择权。这个代表机构究竟如何营造，将在随后内容中讨论。

3. 没有控股股东

当没有控股股东时，上市公司完全为管理层所操纵。在这种情形下，由于众多的小股东会采取“搭便车”行为，由股东来选拔外部审计师，事实上是管理层选择外部审计师，财务信息外部审计事实上成为管理层自己聘请外部审计师对自己进行审计，外部审计师的独立性完全没有基础。在这种股权结构下，上市公司的主要矛盾是管理层与众多的小股东之间的矛盾，管理层是代理人，众多的小股东是委托人。从理论上来说，股东与管理层之间形成了经典的委托代理关系，股东有激励委托外部审计师对管理层编制的财务报表进行审计。但是，问题的关键是，这里的股东是众多的小股东，股东作为一个整体是上市公司的最大利益关联者，但是，对于每个特定的股东来说，其在上市公司的利益并不大，采取“搭便车”策略是一种理性选择。如果所有的小股东都这样考虑问题，则股东作为一个整体，已经没有行动能力，更谈不上集体行动了。怎么解决这个问题？解决问题的办法同样是营造一个机构来代表众多的小股东，通过这个机构来代表小股东选择外部审计师。

至此为止，关于不同股权结构下的上市公司财务信息外部审计之委托权，有如下结论：当控股股东不参与实际营运时，由控股股东选择外部审计师；当控股股东参与实际营运，或者没有控股股东时，由小股东的代表机构选择外部审计师。

（三）小股东利益的代表—独立董事及其领导下的审计委员会

通过本节的理论分析，我们发现，营造一个代表小股东利益的机构，是解决外部审计师选择的关键。事实上，上市公司治理的许多问题都具有类似情况，例如，股利分配、投资决策、资本变动、关联交易等都存在类似于外部审计选择的困难，要么是控股股东操纵，要么是管理层操纵，他们都可能损害小股东的利益。为了应对这些不利于小股东利益的情形，必须营造一个机构来代表小股东利益。

这个机构如何营造呢？小股东有许多方面的利益需要保护，从制度成本出发，不宜营造过多的代表机构分别代表小股东不同方面的利益，而宜于将小股东的一个由一个机构来代表。这个机构就是独立董事及其领导下的审计委员会。

独立董事制度最早起源于20世纪30年代的美国，美国于1940年颁布的《投资公司法》规定，投资公司的董事会成员中应该有不少于40％的独立人士。独立董事制度设计目的在于防止控制股东及管理层对公司的控制。1976年颁布一条新的法例，要求国内每家上市公司在不迟于1978年6月30日以前设立并维持一个专门的独立董事组成的审计委员会。据调查，美国公司1000强中，独立董事占80％以上。

2001年，中国证券监督管理委员会颁布《关于在上市公司建立独立董事制度的指导意见》，这标志着独立董事制度在我国的正式建立。该文件指出，独立董事尤其要关注中小股东的合法权益不受损害，不受上市公司主要股东、实际控制人、或者其他与上市公司存在利害关系的单位或个人的影响。随后，2002年，中国证监会又颁布了《上市公司治理准则》，建议上市公司设立审计、战略、提名、薪酬考核等专门委员会，并且要求由独立董事领导审计委员会。目前，几乎所有的上市公司都建立了独立董事制度，并且都建立了由独立董事领导的审计委员会。

当然，营造了小股东利益的代表，并不表明这个机构就能真正地如制度设计所期望的那样来运行。目前，我国独立董事制度还存在较多的问题，不少上市公司的独立董事，既不“独立”，也不“董事”（白华，肖玉莹，2011）。但是，这是另外一个问题，只是表明现行的独立董事制度不完善，并不表明营造一个机构来代表小股东利益是错误的方向，独立董事责任的履行及其追究是弥合现行审计委托关系缺陷的主流方向（朱星文，2005；白华，肖玉莹，2011）。

至此为止，关于小股东的代表机构有如下结论：独立董事及其领导下的审计委员会是小股东利益的代表机构。

三、例证分析：我国的相关法律规定

本节以上分析了上市公司财务信息外部审计师之委托权，基本的结论是，这种委托权应该属于股东，同时，应该由独立董事及其领导下的审计委员会代表小股东行使其外部审计师选择权。下面，我们来看看我国的相关法律规定。

《中华人民共和国公司法》第一百六十九条规定，公司聘用、解聘承办公司审计业务的会计师事务所，依照公司章程的规定，由股东会、股东大会或者董事会决定。公司股东会、股东大会或者董事会就解聘会计师事务所进行表决时，应当允许会计师事务所陈述意见。

这个法条的规定表明，聘用、解聘承办公司审计业务的会计师事务所是股东会、股东大会或者董事会的权力。这与本节的理论预期基本一致。当然，根据这个法条，公司也可以选择由董事会来决定会计师事务所的聘请，这是现行制度的缺陷。

中国证券监督管理委员会2002年颁布的《上市公司治理准则》，该准则第五十二条规定，上市公司董事会设立审计委员会，审计委员会的主要职责包括：提议聘请或更换外部审计机构；监督公司的内部审计制度及其实施；负责内部审计与外部审计之间的沟通；审核公司的财务信息及其披露；审查公司的内部控制制度。

根据这个规定，上市公司无论是何种机构决定换外部审计机构，但是，由独立董事领导的审计委员会是提议机构，股东会、股东大会或者董事会外部审计机构的聘请或更换决定是基于审计委员会的提议。审计委员会在外部审计机构的选择中发挥重要作用。这与本节的理论预期相一致。

四、结论

从世界范围来说，对于上市公司的财务信息外部审计，各国都选择了由外部审计师实施的强制审计的模式。然而，在很多情形下，这种强制审计被上市公司的管理层或控股股东所操纵，外部审计师的独立性受到很大的损害。本节提出关于上市公司财务信息外部审计师之委托权的理论框架，然后，用这个框架来分析我国现行的相关法律规定。

投资者与上市公司之间的委托代理关系是最基础性的委托代理关系，投资者是上市公司的剩余收益享有者，所以，投资者与上市公司财务信息外部审计利益关联最为密切，上市公司财务信息审计委托权应该赋予投资者。虽然如此，在不同的股权结构下，财务信息外部审计之委托权的配置应该不同，当控股股东不参与实际营运时，由控股股东选择外部审计师；当控股股东参与实际营运，或者没有控股股东时，由小股东的代表机构选择外部审计师。独立董事及其领导下的审计委员会是小股东利益的代表机构。

参考文献

1. 谢志华．审计变迁的趋势：目标、主体和方法 [J]，审计研究，2008 (5)：21－24。

2. 刘 静．试论我国三种审计主体对经济发展的不同影响 [J]，税务与经济，2014 (2)：

68－72。

3. 郑石桥．独立性、审计主题和审计主体多样化，会计之友，2015（2）：127－133。

4. 李雪，邵金鹏．发挥注册会计师在环境审计中的作用［J］，中国人口、资源与环境，2004（4）：134－136。

5. 周晓惠，许永池．构建我国社会责任审计的双主体联合审计模式［J］，财会月刊，2011（2）：65－66。

6. 姚爱科．企业领导人员经济责任审计主体探析［J］，财会通讯，2007（6）：52－54。

7. 佘玉苗．论我国国有企业审计主体模式的选择［J］，审计研究，1999（5）：10－14。

8. 王光远，瞿曲．内部审计外包：述评与展望［J］，审计研究，2005（2）：11－19。

9. 郑石桥．交易成本、审计主题和政府审计业务外包［J］，会计之友，2015（7）：130－136。

10. Williamson，O. E. The modern corporation：origins，evolution，attributes. Journal of Economics Literate，Vol. 19，No. 4（Dec.，1981），1537－1568.

11. Williamson，O. E. Corporate Governance. The Yale Law Journal，Vol. 93，No. 7（Jan.，1984），1197－1230.

12. Williamson，O. E. Comparative economic organization：the analysis of discrete structural alternatives. Administrative Science Quarterly，36（1991）：269－296.

13. 沈建文，郑石桥．问责机制、锚定路径和国家审计体制差异：理论架构和案例分析［J］，经济体制改革，2012（4）：131－135。

14. 刘　燕．论我国《公司法》法定审计模式的选择［J］，会计研究，2005（8）：25－29。

15. 郑石桥，施然．法定审计与选择性审计的区分：理论框架和例证分析，会计之友，2015（17）：133－136。

16. 刘　燕．国外注册会计师发展历程的法律视角［J］，中国注册会计师，2000（7）：23－26。

17. 丁　丁．欧盟统一的法定审计制度：挑战与改革［J］，河北法学，2007（12）：168－172。

18. 郝自贤．公司财务会计报告法定审计制度研究－以我国公司法为主线［J］，中国政法大学硕士学位论文，2008年3月。

19. Kusel，J.，Schull，R.，Oxner，T. H.（1997）. What audit directors disclose about outsourcing［Z］. http：//www. theiia. org/ iia.

20. Krishnan，M.，N. Zhou（1998）. Incentives in outsourcing internal auditing［Z］. Working Paper，University of Minnesota.

21. 温瑶．我国上市公司内部审计外包的现状浅析［J］，金融经济，2014（24）：214－216。

22. 刘燕．论我国《公司法》法定审计模式的选择［J］，会计研究，2005（8）：25－29。

23. 刘燕．国外注册会计师发展历程的法律视角［J］，中国注册会计师，2000（7）：23－26。

24. 丁丁．欧盟统一的法定审计制度：挑战与改革［J］，河北法学，2007（12）：168－172。

25. 郝自贤．公司财务会计报告法定审计制度研究－以我国公司法为主线［J］，中国政法大学硕士学位论文，2008年3月。

26. 王松华．变革财务报表审计委托及付费方式的思考［J］，安徽农业大学学报（社会科学版)，2004（1)：66—69。

27. 于颖．构建新的财务报表审计委托制度的思考［J]，财经问题研究，2004（5)：66—68。

28. 周竹梅．上市公司审计的政府委托模式初探［J]，会计之友，2006（1)：57—58。

29. 汪俊秀．上市公司审计委托关系的重构—加强审计独立性的路径［J]，审计与经济研究，2007（1)：49—51。

30. 蒋尧明，谢周勇．上市公司审计代位委托：提高审计独立性的途径［J]，财会通讯，2008（5)：59—61。

31. 李建军．公共品视角下的审计委托模式研究［J]，税务与经济，2008（5)：35—38。

32. 张文斌．关于上市公司审计委托模式研究［J]，财会通讯，2008（7)：97—103。

33. 毛玉，李江涛，于维辕．上市公司审计委托模式创新：国家审计委托模式［J]，财会月刊，2011（2)：75—78。

34. 张薇．基于审计合谋治理的“选聘分离”审计委托模式研究［J]，财经问题研究，2009（12)：105—108。

35. 蒋尧明，郑佳军．改革现行审计委托模式的思考—兼论证券交易所招投标制度的设计［J]，财经问题研究，2005（7)：72—78。

36. 冯均科．审计委托人制度改革的重新思考［J]，开发研究，2005（5)：37—39。

37. 凌翠平．关于我国上市公司审计委托模式的重构研究［J]，企业导报，2012（6)：102—103。

38. 朱星文．董事责任及其追究：现行审计委托关系缺陷的弥合［J]，审计研究，2005（5)：55—59。

39. 罗斌元．创新审计委托模式遏制造假动机—浅谈建立上市公司外部审计委员会制度［J]，金融会计，2007（3)：39—42。

40. 亓亮，房巧玲．基于审计服务需求传递机制视角的上市公司审计委托权定位再思考，中国注册会计师，2010（7)：39—44。

41. 白华，肖玉莹．注册会计师审计委托模式：理论争论与现实选择［J]，财经科学，2011（2)：108—115。

42. 袁国辉．上市公司审计委托权定位研究［J]，中国注册会计师，2003（9)：21—25。

43. 白华，赵迎春．国资委统一委托审计：理论基础与改进措施［J]，审计研究，2010（6)：100—104。

44. 聂长海，姜秀华，杜煊君．“一股独大”悖论：中国证券市场的经验证据［J]，中国工业经济，2003（6)：46—52。

45. 朱红军，汪辉．股权制衡可以改善公司治理吗？—宏智科技控制权之争的案例研究［J]，管理世界，2004（10)：114—123。

46. 李源．不同股权结构下的委托代理问题：理论与中国的现实［J]，广东社会科学，2005（6)：47—52。

第二十一章　财务信息审计客体理论

本章研究财务信息审计客体理论，主要内容包括：财务信息审计客体多样化：共性与个性；公司财务报告法定审计模式：理论框架和例证分析。

第一节　财务信息审计客体多样化：共性与个性

作为审计的基本要素，审计客体的确定是审计过程的重要环节，财务信息审计也不例外。现实生活中，财务信息审计客体呈现多样化的局面，既有不同的组织作为审计客体，也有个人成为财务信息审计客体。这众多的财务信息审计客体是否具有某种共性？其个性又是什么？现有文献没有探究这些问题。本节拟在这些方面做些努力。

一、文献综述

关于审计客体的研究文献不多，然而，具有高度的共识，下列问题都达成了一致性的认识：审计客体是经管责任的代理人或履行者；自然人可以作为审计客体；组织群体可以作为审计客体；审计客体会策略性地应对审计（徐雪林，郭长水，2005；冯均科，2009；王会金，王素梅，2009；杨婧，熊琴琴，2013；吴焕亮，汤全荣，1990；王志楠，2006；鲁桂华，2003；马曙光，2005）。然而，也许是过于显而易见，财务信息审计客体倒是缺乏相关的直接研究。本节在上述共识的基础上，集聚到财务信息审计，探究其审计客体的共性和个性。

二、财务信息审计客体的共性和个性

财务信息审计客体涉及审计谁的问题。现实世界中，财务信息审计客体呈现多样化的状况，然而，这些多样化的背后一定存在某些共性。我们首先来探究财务信息审计客体的共性，在此基础上，再分析其个性。

（一）共性：报告主体及外部利益相关者的存在

任何一个机构或个人，要成为财务信息审计客体，必须两个条件，一是该机构或个人是财务信息报告主体，二是存在与该报告主体财务信息具有利益关联的外部机构或个人，本节将前者称为报告主体，二者称为外部利益相关者。

1. 财务信息报告主体

财务信息审计客体是必须拥有财务信息的机构或个人，没有财务信息，也就无法成为财务信息报告主体，从而也就无法成为财务信息审计客体。这似乎是很浅显的道理。然而，在现实生活中，财务信息报告主体并不一定都是很明显的。例如，一个特定的纳税人是否是财务信息报告主体？一个组织的内部某一单位是否是财务信息报告主体？一项专项资金是否是财务信息报告主体？政府作为一个整体，是否是财务信息报告主体？这些情形都应该是财务信息报告主体，但是，并不是显现的报告主体，需要识别。

我们认为，识别财务信息报告主体有两个原则，一是该主体有相对完成的财务信息，不同的主体可以有不同的财务信息，但是，对于特定的报告主体来说，其财务信息应该是相对完整的。二是具有可辨别的独立的委托代理关系，财务信息审计离不开委托代理关系，所以，这里的财务信息会与一定的委托代理关系相联系，与委托代理无关的财务信息当然存在，但是，这种财务信息与财务信息审计无关。

2. 财务信息外部利益相关者

除了报告主体外，还必须有外部利益相关者。如果报告主体所生产的财务信息，对外部任何主体都没有关联，这就说明，报告主体的财务信息无论真实或虚假，都不会影响外部任何人的利益，在这种情形下，财务信息外部审计也就没有意义。所以，要作为财务信息审计客体，必须是报告主体所报告的财务信息会影响外部利益相关者的利益，没有这种利益相关者的存在，外部审计也就没有价值。更进一步，外部利益相关者必须是真正关心自己的利益，如果外部利益相关者对自己的利益不关心，当然也就可能不关心财务信息是否虚假，进而也就无财务信息审计需求。

综上所述，存在外部利益相关者的独立财务信息报告主体是财务信息审计客体。

（二）个性：报告主体、外部利益相关者及财务信息内容各不相同

存在外部利益相关者的独立财务信息报告主体具有多种类型，表 1 列出了其基本情形。这些情形都可能是财务信息审计客体，它们都是独立的财务信息报告主体，并且都可能存在财务信息外部利益相关者。然而，除了上述共性，它们还都具有自己的个性。

表 1　财务信息审计客体多样化

项目			财务信息报告主体						
			单位组织						个人
			企业	政府组织	社会非营利组织	农村集体经济组织	内部单位	专项资金	
财务信息内容	历史财务信息	全部财务信息	√	√	√	√	√	√	√
		部分财务信息	√	√	√	√	√	√	√
	预测财务信息	全部财务信息	√	√	√	√	√	√	√
		部分财务信息	√	√	√	√	√	√	√

财务信息内容可以从时间维度和范围维度分别考察。从财务信息的时间维度来说，一方面，可以区分为历史财务信息和预测财务信息，前者是指对已经发生的交易所确认、计量、记录和报告所

产生的财务信息；后者是对未来事项进行预测所产生的财务信息。无论是历史财务信息，还是预测财务信息，都可能会影响外部利益相关者的利益。从财务信息的范围来说，有两种情形，一是关于该报告主体的全部财务信息，二是关于该报告主体的某一特定方面的财务信息。

从财务信息报告主体来说，财务信息审计客体更加多样化。一方面，可以区分为单位组织和个人，前者是特定的机构作为财务信息报告主体，后者指特定的个人作为财务信息主体。

特定的机构作为财务信息报告主体这已经是现实生活中的普通现象。绝大多数机构都具有以资源为基础的委托代理关系，都需要编制完成的财务报告，从而也就成为财务信息审计客体。一个企业组织是一个独立的财务信息报告主体；一个政府组织是一个财务信息报告；任何一个社会非营利组织，也必须向供资人公布财务信息，也是独立的财务信息报告主体；农村集体经济组织，有独立的财产和清晰可确指的集体资产所有者，形成独立的财务信息报告主体；任何一个组织内部的单位都有明确的上级单位，这个内部单位与上级单位之间形成委托代理关系，如果该内部组织有可确指的财产，则也可以形成独立的财务信息报告主体；专项资金可以作为一个管理单元而存在，在这种意义上，可以成为独立的会计主体，从而成为独立的财务信息审计客体。

特定的个人也可以成为财务信息审计客体。例如，个人作为纳税人，纳税机关与纳税人形成委托代理关系，纳税人是代理人，税务机关是委托人，税务机关可以将纳税人作为财务信息审计客体进行财务信息审计。又如，在经济责任中，如果关注领导干部的某一方面的财务信息（例如，业务招待费用，出国费用），就可以针对该方面的财务信息进行审计，在这种情形下，该领导干部事实上成为特定的财务信息报告主体。

另外一个很显然的个性特征是，不同的财务信息报告主体下，财务信息的内容不同，外部利益相关者不同。企业组织、政府组织、社会非营利组织、农村集体经济组织、组织内部审计、专项资金及个人的财务信息之内容显然不同。同时，这种财务信息所赖以产生的委托代理关系的类型也不同，其特定的外部利益相关者也存在重大差异。正是这些差别，使得财务信息审计客体呈现多样化和差异化。

三、结论

财务信息审计客体涉及审计谁的问题。现实世界中，财务信息审计客体呈现多样化的状况，本节探究财务信息审计客体的共性和个性。就共性来说，一是必须有财务信息报告主体，二是必须有财务信息外部利益相关者。存在外部利益相关者的独立财务信息报告主体是财务信息审计客体。就个性来说，体现在多个方面，第一，从时间维度来说，可以区分为历史财务信息和预测财务信息；第二，从财务信息的范围来说，可以区分为全部财务信息和部分财务信息；第三，不同的财务信息报告主体下，财务信息所赖以产生的委托代理关系的类型也不同，其特定的外部利益相关者也存在重大差异。

第二节　财务报告法定审计模式：理论框架和例证分析

财务信息审计客体有两种类型，一种类型是由法律法规做出明文规定，要求该类公司的财务报告由专业的会计师事务所进行审计；另一种类型是法律法规并没有明文要求该类公司的财务报告要由专业的会计师事务所进行审计，这种公司的财务报告，是否审计，由公司自行决定。一般来说，前者称为法定审计，后者称为自愿审计或选择性审计。

如果将注册会计师对公司年度公司财务会计报告独立审计的法律规定称为法定审计制度，接下来的问题是，为什么会有这种规定？这种规定又有哪些模式？现有文献对这些文献有一定的涉及。本节拟建立法定审计的理论框架。

一、文献综述

关于财务信息法定审计的研究文献较少，主要涉及两个问题，一是法定审计的影响因素，二是法定审计的模式。

关于法定审计的影响因素，刘燕（2005）认为，公司法必须合理确定法定审计的范围，需要考虑的因素包括：公司的公众性，审计的必要性，审计的成本。郝自贤（2009）认为，影响法定审计模式选择的因素是复杂的，但审计效益与审计成本的最优配比无疑是选择的根本理念。

关于法定审计模式，从强制审计范围来看，区分为全部强制审计和部分强制审计，各国公司法最终都选择了独立执业的会计师执掌公司法定审计的模式（刘燕，2000，2005）。从立法模式来看，区分为商法模式、公司法模式、证券法模式（白晓红，2003）。

上述这些研究，对我们进一步研究财务报告法定审计模式有一定的启示，本节拟提出财务信息法定审计的理论框架，并用这个框架来分析我国的财务报告法定审计制度。

二、理论框架

财务报告法定审计理论框架涉及两个基本理论问题，一是法定模式的类型，二是法定审计范围的确定原则，前者关注的是如何实施法定审计，后者关注的是对谁实施法定审计。

（一）财务报告法定审计模式的类型

财务报告法定审计模式涉及的第一个问题是对哪些公司的财务报告实行法定审计。一般来说，有两种模式，一是全部公司，无论是否是上市公司，只要是公司，其年度财务报告就列入法定审计，这种模式称为全部强制模式；二是对一部分公司的年度财务报告进行法定审计，未列入法定审计范围的公司，其年度财务报告是否要由外部审计师进行审计，完全由公司章程自行规定，这种模式称为部分强制模式（刘燕，2000）。部分强制模式又有两种情形，一是按公司规模，区分强制审计和非强制审计，凡是公司规模达到一定程度的，无论是否是上市公司，都作为法定审计范围；二是按是否上市，凡是上市公司，都列入法定审计，非上市公司，则是选择性的。总体来说，在全部强制模式下，所有的公司都要接受法定审计，而在部分强制模式下，只是一部分公司接受法定审计。

财务报告法定审计模式涉及的第二个问题是由何种法律来确定法定审计。由于各国的习惯不同，对于法定审计的范围在不同的法律中予以规定。一般来说，有三种模式：商法模式、公司法模式、证券法模式（白晓红，2003）。

商法模式是在《商法》中对法定审计的公司范围做出规定。德国、日本、法国等国家实行这种模式。在这些国家，银行等债权人是公司资金主要的供给者，因此，银行、贷款人、其他债权人更加关心公司财务状况、经营业绩以及未来前景。法律规定，他们可以直接从公司取得所需财务信息，因此对公司信息公开与否并不十分关心，一般公众对公司也没有迫切的财务信息需求。所以，这些国家一般在《商法》中对法定审计范围作出明文规定，并且一般会选择部分强制模式。当然，从逻辑上来说，也可以采取全部强制模式。

公司法模式是在《公司法》中对法定审计的公司范围做出明文规定。英国、新加坡、印度、澳大利亚、马来西亚等国家实行这种模式。采取这种模式的国家，资本市场有一定的发展水平，但是，对于法定审计的公司范围并不依据是否上市而定，一些非上市公司也可能列入法定审计范围。从逻辑上来说，这种模式既可以采取全部强制模式，也可以采取部分强制模式。

证券法模式是在《证券法》中明确规定法定审计的公司范围。美国 1933 年的《证券法》和 1934 年的《证券交易法》正式确立了注册会计师审计制度。采取这种模式的国家，一般是资本市场非常发达，资本市场是大多数公司筹资的主要渠道。由于是在《证券法》中规定法定审计的范围，所以，法定审计的公司不会涉及非上市公司，只能是部分强制模式。

以上法定审计模式的两个问题联合起来，法定审计模式的基本情形如表 2 所示。

表 2　财务报告法定审计模式

项目		强制范围	
		全部强制模式	部分强制模式
立法模式	商法模式	√	√
	公司法模式	√	√
	证券法模式	×	√

注：√表示可能有这种情形，×表示没有这种情形

（二）法定审计范围的确定原则

根据什么样的原则来决定法定审计的范围呢？这其中的基本原则是社会视角的成本效益。财务信息外部审计作为一种信息质量保障机制，一方面能发挥财务信息质量的保障作用，从而带来社会效益；另一方面，财务信息外部审计也是需要花费成本的，这种成本最终由被审计的公司来承担。一个公司，是否要纳入法定审计范围，其主要的决策原则应该是审计效益大于审计成本，只有这种，财务信息审计才能增加社会价值。

财务信息外部审计的成本较为容易估计，但是，财务信息外部审计的效益却难以估计，一方面，财务信息的外部利益相关者范围较广，哪些人会使用财务信息、如何使用财务信息，都需要主观推测；另一方面，外部利益相关者使用财务信息之后究竟会产生什么效果，难以估计。所以，总体来说，财务信息外部审计的成本效益之比较具有较大的主观成分。根据各国家的实践经验，一般来说，是基于以下三个标准来估计其成本效益，并在此基础上确定法定审计的范围：第一，公司规模，一般来说，公司规模越大，对外部的影响也就越大，这种公司的财务信息的外部利益相关者也就越多，对其年度报告进行审计的社会效益也就越大；第二，股权结构，一般来说，公司的股东越多，其外部利益相关者也就越大，此时，对其年度财务报告进行审计，所产生的社会效益也就越大；第三，业务经营性质，业务经营活动涉及的客户或供应商越多，表明这种公司的影响也就越大，对于这种公司的年度财务报告进行审计，所产生的社会效益也就越大。由于审计成本是容易估计的，估计某类公司年度财务报告审计的成本效益就转换成对上述三个方面进行估计，根据上述三方面的估计，确定年度财务报告法定审计范围。根据以上分析，本节将财务报告法定审计范围归纳如表 3 所示。

表 3 财务报告法定审计范围

项目		法定审计与选择性审计	
		法定审计	选择性审计
影响因素	公司规模	公司超过一定规模	公司小于一定规模
	股权结构	股权分散到一定程度	股权分散未达到一定程度
	业务经营性质	客户或供应商广泛到一定程度	客户或供应商未广泛到一定程度

三、例证分析

本节以上从理论逻辑上分析公司财务报告法定审计的模式和范围，下面，我们用这些理论逻辑来分析我国关于公司财务报告法定的相关规定，以一定程度上验证上述理论逻辑。

《中华人民共和国公司法》第一百六十四条规定，公司应当在每一会计年度终了时编制财务会计报告，并依法经会计师事务所审计。

这里的关键是“并依法经会计师事务所审计”如何理解？究竟是全部公司的年度财务报告都要经会计师事务所审计，还是“依法”需要经会计师事务所审计的公司才实行法定审计。如果是前者，则我国实行的是全部强制模式，如果是后者，则我国实行的是部分强制模式。

一种意见认为，“并依法经会计师事务所审计”应该理解为“全面法定”，主要理由是：在我们国家法律条文中“依法”二字使用频率很高，通常只是一般意义上的要求，如果立法本意要求依据有关法律关于法定审计的规定的话，从立法技术上而言，应当予以写明。（中国注册会计师协会，2006）

另一种意见认为，“并依法经会计师事务所审计”是指除公司法之外的其他法律有明文规定需要经会计师事务所审计的公司才列入法定审计的范围。如果这样理解，则《中华人民共和国公司法》第一百六十四条并未确定公司法定审计的范围，而是承认其他法律规定的法定审计范围。例如，《股票发行与交易管理暂行条例》规定了上市公司作为法定审计范围，《外资企业法实施细则》规定了外部企业作为法定审计范围。此外，还有一些类似的法规做出了类似的规定。

我们同意部分强制审计的理解。其理由如下：第一，目前，全世界范围内，很少有国家实行全面强制审计。英国最先在 1900 年开始全面强制审计，但是，研究发现，对于中小企业来说，强制性会计信息披露及审计对于小企业成本过高而收益有限（Freedman&Godwin，1993），所以，最终还是在 1994 年对微型公司给予了审计豁免，放弃了全面强制模式。英国是如此，其他国家的中小企业都面临同样的问题，我国并不具备实行全部强制审计的特别环境。第二，从现实来看，我国目前只有上市公司、外商投资企业和部分国有企业实行了强制审计制度，并未实行全部强制审计。如果《中华人民共和国公司法》第一百六十四条规定的是全面强制审计，则实践中为什么未执行这个法条呢？

事实上，从本节理论逻辑来分析，我国也适宜部分强制审计。根据本节的理论框架，财务信息审计的成效效益决定是否要实行强制审计，而决定其成本效益的主要因素是公司规模、股权结构和业务经营性质（表 2），对于一些规模不大、股权由少数人持有、业务经管涉及的供应商或客户人数不多的公司，对其实行财务信息审计可能是效益小于成本，在这种情形下，是否要实行年度财务报告审计，应该由公司股东自行决定，而不宜由法律法规来强制规定。我国绝大多数的民营企业都属于这种情形，对这些企业进行强制审计，其社会效益并不大。所以，《中华人民共和国公司法》第一百六十四条规定“依法经会计师事务所审计”，由其他法律法规规定强制审计的情形，公司法本身并未规定何种公司要实行强制审计，这是一种明智的选择。

四、结论

财务信息审计客体区分为法定审计和自愿审计。为什么会有法定审计？法定审计又有哪些模式？本节拟建立上述问题的理论框架。

确定法定审计范围的基本原则是社会视角的成本效益。财务信息外部审计的成本效益之估计具有较大的主观成分，通常根据公司规模、股权结构和业务经营性质来确定年度财务报告法定审计范围。公司规模越大，对其年度报告进行法定审计的社会效益也就越大；公司的股东越多，对其年度财务报告进行审计所产生的社会效益也就越大；业务经营活动涉及的客户或供应商越多，对于这种公司的年度财务报告进行审计，所产生的社会效益也就越大。

财务报告法定审计有不同的模式，从公司范围来说，有全部强制模式和部分强制模式；从立法方式来看，有三种模式：商法模式、公司法模式、证券法模式。

我国目前实行的法定审计模式是部分强制制度，这符合社会视角的成本效益原则。

参考文献

1. 徐雪林，郭长水．经济责任审计对象研究［J］，审计研究，2005（4）：80—83。

2. 冯均科．国家审计问责客体的探讨［J］，财会研究，2009（10）：66—68。

3. 王会金，王素梅．建立健全政府审计问责机制研究［J］，财经科学，2009（1）：119—124。

4. 杨　婧，熊琴琴．基于经济问责的国家审计对象研究［J］，财会通讯，2013（5）：73—74。

5. 吴焕亮，汤全荣．试论审计对象的有关问题［J］，财会通讯，1990（5）：29—30。

6. 王志楠．试析专项审计调查项目的四种组织方式［J］，审计月刊，2006（4）：15。

7. 鲁桂华．审计处罚强度与审计覆盖率之间的替代关系及其政策含义［J］，审计研究，2003（3）：55—57。

8. 马曙光．博弈均衡与中国政府审计制度变迁［J］，审计研究，2005（5）。

9. 刘　燕．论我国《公司法》法定审计模式的选择［J］，会计研究，2005（8）：25—29。

10. 郝自贤．公司财务会计报告法定审计制度的法理机理［J］，中国注册会计师，2009（2）：53—56。

11. 刘燕．国外注册会计师发展历程的法律视角［J］，中国注册会计师，2000（7）：23—26。

12. 刘燕．我国公司法定审计的基本定位［J］，金融法苑，2005（3）：64—73。

13. 白晓红．法定独立审计制度的3种模式［J］，中国注册会计师，2003（12）：44—47。

14. 中国注册会计师协会．关于企业年度财务会计报告法定审计制度有关问题的研究［Z］，二OO六年十一月二十七日。

15. Freedman&Godwin. 1993. The Statutory Audit and the Micro Company— An Empirical Investigation. [1993] J. B. L. 105. A ccounting Simplification: A Consultative Document.

第二十二章　财务信息审计内容理论

本章研究财务信息审计内容理论，主要内容包括：多层级的财务信息审计内容体系；财务信息审计中对舞弊及违反法规行为的责任：理论基础和逻辑框架；持续经营审计：逻辑框架。

第一节　多层级的财务信息审计内容体系

财务信息审计内容涉及审计什么。很显然，财务信息审计的审计内容是财务信息[①]。然而，财务信息包括的内容极其丰富，如果要对其进行审计，必须建立一个可以承载审计程序的标的体系，这个标的体系也就是财务信息审计内容的分类框架。本节以交易或事项、余额、列报为框架，从审计视角，梳理财务信息审计内容体系。

一、文献综述

一般认为，财务信息审计是以检查核实账目、凭证、财物、债务、结算关系等客观事物为手段，目标在于证明财务报表所综合的会计事项是否正确无误，证明财务报表所反映的财务状况及其变化、经营成果及其分配，从而判明财务报表是否可以依赖，财务信息审计内容是财务信息（娄尔行，1984；范开诚，2001；王会金，2002）。

然而，财务信息究竟包括哪些内容呢？特别地，从审计视角来看，财务信息是否存在一个逻辑体系呢？针对这个问题，一些文献研究了管理层认定（孙俊英，董秀琴，1998；谢盛纹，2005）。除此之外，缺乏相关的学术研究。然而，权威的审计实务教材中，提出了一个以交易或事项、余额、列报为框架的财务信息框架体系体系，并且将这个分类体系贯穿到各类交易循环审计中（中国注册会计师协会，2011）。本节以此为基础，从财务信息审计视角出发，梳理财务信息审计内容的框架体系。

二、理论框架

（一）财务信息审计内容体系的总体框架

财务信息是对经济活动确认、计量、记录和报告所产生的货币计量信息，从其内容来说，包括

① 本节同等意义上使用“会计信息”和“财务信息”，同等意义上使用“财务信息审计”和“财务审计”。

经营成果信息、财务状况信息、财务状况变动信息。财务信息内容的这些分类方法，对于财务信息的使用者来说，可能有较大的价值。但是，从财务信息审计视角出发，需要从可验证的角度对财务信息进行分类，需要这种分类为其审计证据的获取提供一个逻辑框架。

从这种目的出发，一般将财务信息标的分为三类：交易或事项，余额，列报。在此基础上，每类标的之信息，再区分为不同的认定。财务信息审计就是将这些认定转换为需要证据来支持的审计命题，围绕这些命题来获取审计证据，通过对这些命题的证明或证伪，从具体到抽象，最终形成关于会计报表整体公允性的审计意见。所以，交易或事项、余额、列报三类标的的相关认定，以及以此为基础转换的需要证明的审计命题，是从审计视角对财务信息内容的分类框架，其基本情况如表1和表2所示。

表1　历史财务信息的管理层认定

<table>
<tr><th colspan="2">项目</th><th>明示或隐含的认定</th></tr>
<tr><td rowspan="3">信息标的</td><td>交易或事项</td><td>发生，完整性，准确性，截止，分类</td></tr>
<tr><td>余额</td><td>存在，权利和义务，完整性，计价和分摊</td></tr>
<tr><td>列报</td><td>发生及权利和义务，完整性，分类和可理解性，准确性和计价</td></tr>
</table>

表2　历史财务信息需要论证的命题（具体审计目标）

<table>
<tr><th colspan="2">项目</th><th>需要论证的审计命题（具体审计目标）</th></tr>
<tr><td rowspan="3">信息标的</td><td>交易或事项</td><td>发生，完整性，准确性，截止，分类</td></tr>
<tr><td>余额</td><td>存在，权利和义务，完整性，计价和分摊</td></tr>
<tr><td>列报</td><td>发生及权利和义务，完整性，分类和可理解性，准确性和计价</td></tr>
</table>

这里的管理层认定（assertion）是管理层对财务报表组成要素或财务信息标的（包括交易或事项、余额、列报）的确认、计量、列报作出的明确或隐含的信息表达。管理层对财务报表各组成要素或财务信息标的均作出了认定，审计师的审计工作就是要确定管理层的认定是否恰当。不同的财务信息标的，管理层做出了不同的明确或隐含的信息表达，所以，认定不同。审计师的工作就是证明或证伪这些管理层认定，所以，其工作逻辑是将这些认定转换为需要审计证据来支持的审计命题（也称为具体审计目标），通过对这些命题的证明或证伪，形成对管理层认定的判断，最终形成关于财务信息整体公允性的审计意见。

（二）交易与事项的认定及审计命题

交易是财务信息被审计单位与其他主体之间发生的经济活动，例如，采购活动、销售活动、收款活动、付款活动、对外投资活动等，它是会计信息确认、计量的主要内容，这些经济活动发生之后，一般会有一些外来的原始凭证，这些外来原始凭证会记录经济活动的主要要素，会计确认、计量都是以这些外来原始凭证上的相关信息为基础的，并以会计分录的形式成记帐凭证。通过这个过程，经济活动正式进入会计信息系统。

事项是财务信息被审计单位内部发生的经济活动，这些经济活动与外部主体无关，只是在被审计单位内部各部门或内部各单位之间发生，例如，材料出库、成品入库、固定资产折旧或报废等，事项发生之后，一般也会有原始凭证，但是，这些原始凭证，通常是被审计单位内部自制的，对于这些事项的会计确认、计量，通常是以这些自制的原始凭证为依据，并以会计分录的形式完成，通过这些会计分录，事项相关的财务信息正式进入会计信息系统。

交易和事项都是已经发生的经济活动，都是资源或资产的使用，都是一种资源或资产转换为另外一种资源或资产，除了交易的对方主体有区别外，其他很多方面具有很大的共性。所以，交易和事项具有基本相同的认定。这些认定包括：

(1) 发生：记录的交易和事项已发生且与被审计单位有关。这个认定表明，财务信息中记录的交易或事项不是虚构的，并且，已经记录的交易或事项是被审计单位的交易或事项，而不是其他主体的交易或事项。如果记录的交易或事项确实是发生了，则交易或事项的相关财务信息就是真实的。

(2) 完整性：所有应当记录的交易和事项均已记录。这个认定表明，所以已经发生的交易或事项都已经进入会计信息系统，没有遗漏。如果有遗漏，则会计信息对交易或事项的记录就不具有完整性。

(3) 准确性：与交易和事项有关的金额及其他数据已恰当记录。这个认定表明，对交易或事项的记录，金额及其他数据没有错误，没有错误地计量和确认交易或事项。

(4) 截止：交易和事项已记录于正确的会计期间。这个认定表明，没有将交易或事项记录于错误的会计期间，交易或事项在不同会计期间的划分是正确的，不存在提前或推迟确认交易或事项。通过这个认定，表达了各个会计期间正确划分的信息。

(5) 分类：交易和事项已记录于恰当的账户。这个认定表明，对于通过会计分录将交易或事项正式确认进行会计信息系统时，对交易或事项的分类没有错误。因为会计账户本身就是一个交易或事项的分类体系，进入不同的账户，就意味着做出了不同的分类，而分类正确，就意味着使用的账户正确。

被审计单位管理层通过上述五方面的认定，对交易或事项相关的财务信息做出了明确或隐含的信息表达，与交易或事项相关的审计，就是要证明或证伪这些认定是否正确。为此，需要将上述交易或事项认定转换为一些需要证明的审计命题，这些命题也称为具体审计目标。就交易或事项相关认定来说，需要证明的审计命题包括：

(1) 发生：记录的交易和事项已发生且与被审计单位有关。审计需要证明的命题是，管理层是否把那些不曾发生的项目计入财务信息系统，所以，审计需要获取证据，证明已记录的交易或事项是真实的。

(2) 完整性：所有应当记录的交易和事项均已记录。审计需要证明的命题是，管理层是否有意或无意遗漏了一些交易或事项，将一些交易或事项没有记入会计信息系统，所以，审计需要获取证据，证明所有已发生的交易或事项确实都已经记入会计信息系统。

(3) 准确性：与交易或事项有关的金额及其他数据已恰当记录。审计需要证明的命题是，管理层已经用正确的金额确认和计量了交易或事项，也就是说，已经确认的交易或事项，其金额没有错误。为此，必须获取证据，以证明已记录的交易或事项是按正确金额反映的。

(4) 截止：交易和事项已记录于正确的会计期间。审计需要证明的命题是，会计信息系统将交易或事项已经确认于正确的会计期间，既没有提前，也没有推迟。为此，审计必须获取证据，以证明接近于资产负债表日的交易或事项是记录于恰当的期间。

(5) 分类：交易和事项已记录于恰当的账户。审计需要证明的命题是，管理层对已经将交易或事项确认于正确的账户，而没有错误地使用账户。为此，审计必须获取证据，以证明被审计单位记录的交易或事项经过适当的分类。

（三）余额的认定及审计命题

余额是账户的累计发生额或余额，交易或事项的确认和计量是余额的基础，如果对于交易或事项的确认、计量错误，则余额也是错误的。然而，交易或事项确认、计量正确，余额本身也可能存在错误，余额有自己独特的信息含量，表现为有增量信息含量的余额认定。

（1）存在：记录的资产、负债和所有者权益是存在的。这个认定表明，余额表明的资产确实是存在，不存在有账面无实物的资产；余额表明的负债确实是存在的，无虚构的债务；余额表明的所有者权益是确实存在的，不存在虚构。

（2）权利和义务：记录的资产由被审计单位拥有或控制，记录的负债是被审计单位应当履行的偿还义务。这个认定表明，资产确实是被审计单位的资产，符合资产的确认标准，不存在将其他单位的资产作为被审计单位的资产；负债确实是被审计单位应该履行的责任，不存在将其他单位的责任作为被审计单位的责任。也就是说，资产确实是被审计单位的责任，而负债确实是被审计单位的义务。

（3）完整性：所有应当记录的资产、负债和所有者权益均已记录。这个认定表明，对于被审计单位来说，所有的资产、所有的负债及所有的所有者权益都已经记录进入会计信息系统，在会计信息系统之外，再没有需要确认的资产、负债和所有者权益，也应就说，没有遗漏。

（4）计价和分摊：资产、负债和所有者权益以恰当的金额包括在账户余额中，与之相关的计价或分摊调整已恰当记录。这个认定表明，资产、负债和所有者权益及其明细分类已经按恰当的金额在账户中予以确认和记录，没有计算错误。

对于余额认定的审计，就是要获取证据，以证明上述余额认定的各个方面是正确的。为此，需要将这个认定转换为需要证明或证伪的审计命题，通过对这些审计命题的证明，形成关于余额的审计结论。一般来说，需要证明的余额相关的审计命题包括：

（1）存在：记录的资产、负债和所有者权益是存在的。需要证明的审计命题是，资产确实是存在的，负债确定是存在的，所有者权益确实是存在的。这些，审计需要获取证据，以证明账户余额记录的金额确实是存在，或者有实物存在，或者有具有法律效力的权益或义务凭证存在。

（2）权利和义务：记录的资产由被审计单位拥有或控制，记录的负债是被审计单位应当履行的偿还义务。需要证明的审计命题是，资产确实是被审计单位的资产，而不是他人的资产，负债确定是被审计单位的现时义务，而不是他人的义务。为此，必须获取审计证据，以证明资产归属于被审计单位、负债属于被审计单位的义务。

（3）完整性：所有应当记录的资产、负债和所有者权益均已记录。需要证明的审计命题是，被审计单位所有的资产、所有的负债、所有的所有者权益都已经记录进入会计信息系统，在这个系统之外，不存在属于被审计单位的资产、负债和所有者权益。为此，必须获取审计证据，以证明已存在的资产、负债和所有者权益均已记录。

（4）计价和分摊：资产、负债和所有者权益以恰当的金额包括在账户余额中，与之相关的计价或分摊调整已恰当记录。需要证明的审计命题是，余额的金额计算没有错误，一方面，交易或事项记录于账户时没有错误；另一方面，针对余额的调整金额没有错误，且已恰当记录。为此，必须获取证据，以证明资产、负债和所有者权益以恰当的金额包括在账户中。

（四）列报的认定及审计命题

列报就是会计信息在会计报表中的表达与披露，这些会计信息，主要来源于账户余额，是将账户余额信息以一定的方式呈现在会计报表上。交易或事项的认定信息、余额的认定信息，是列报认定信息的基础，如果前二者有错误，则列报认定信息也会发生错误。但是，前者的正确，并不能保证列报认定信息的正确性，它有自己的信息含量。一般来说，列报认定包括以下几个方面：

（1）发生及权利和义务：披露的交易或事项和其他情况已发生，且与被审计单位有关。这个认定表明，会计报表中披露的交易或事项是已经发生的，披露的资产是确实存在的，披露的负债被审计单位确定具有现时义务的。

（2）完整性：所有应当包括在财务报表中的披露均已包括。这个认定表明，所有的交易或事项都已经在会计报表中披露，所有的资产、负债及所有者权益均已经在会计报表中披露。在会计报表中，在已经披露的交易或事项之外，不存在应披露而未披露的资产；在已经披露的负债之外，不存在应披露而未披露的负债；在已经披露的所有者权益之外，不存在应披露而未披露的所有者权益。

（3）分类和可理解性：财务信息已被恰当地列报和描述，且披露内容表述清楚。这个认定表明，交易或事项已经在恰当的会计报表项目予以披露，各类账户余额也已经列示在恰当的会计报表项目中，不存在将交易或事项以及账户余额列示在错误的会计报表项目上这类问题。同时，这个信息列示在会计报表时，是已经按可理解的方式列示了，不存在难以理解的问题。

（4）准确性和计价：财务信息和其他信息已公允披露，且金额恰当。这个认定表明，列示在会计报表的财务信息及其他信息没有计算错误，它们可以与相关的余额及交易或事项认定的相关信息相核对。

管理层关于财务信息列报的上述认定，有些是明确表达的，有些是隐含表达的。财务信息审计就是要验证上述认定是否正确。为此，需要将上述列报认定转换为一些可证明的审计命题，通过对这些审计命题的证明，来形成关于列报认定的审计意见。一般来说，列报认定需要转换为以下需要证明的审计命题：

（1）发生及权利和义务：披露的交易或事项和其他情况已发生，且与被审计单位有关。需要证明的审计命题是，交易或事项没有虚构，余额没有虚构。为此，必须获取审计证据，以证明未将没有发生的交易、事项或与被审计单位无关的交易和事项包括在财务报表中，也没有将不存在的余额包括在财务报表中。

（2）完整性：所有应当包括在财务报表中的披露均已包括。需要证明的审计命题是，所有应该包括在会计报表予以披露的事项都已经披露了，除此之外，不存在交易或事项，也不存在余额。为此，必须获取审计证据，以证明不存在应当披露的交易或事项或余额没有包括在财务报表中。

（3）分类和可理解性：财务信息已被恰当地列报和描述，且披露内容表述清楚。需要证明的审计命题是，交易或事项、账户余额相关的信息已经列示在恰当的会计报表项目，没有张冠李戴。为此，必须获取审计证据，以证明不存在将交易或事项认定信息及余额认定信息错误地列示在财务报表中。

（4）准确性和计价：财务信息和其他信息已公允披露，且金额恰当。需要证明的审计命题是，会计报表表达或披露的信息，其金额是正确的。为此，必须获取证据，以证明会计报表中表达或披露的会计信息，其金额没有错误。

三、结论

显而易见，财务信息审计内容是财务信息。然而，财务信息包括的内容极其丰富，如果要对其进行审计，必须建立一个可以承载审计程序的标的体系。本节以交易或事项、余额、列报为框架，从审计视角，梳理财务信息审计内容体系。

从审计视角来看，财务信息内容是一个多层级的体系，首先，财务信息区分为交易或事项信息、余额信息和列报信息；其次，上述三类信息，还可以区分为不同认定的信息，交易或事项的认定信息包括：发生，完整性，准确性，截止，分类；余额的认定信息包括：存在，权利和义务，完整性，计价和分摊；列报的认定信息包括：发生及权利和义务，完整性，分类和可理解性，准确性和计价。财务信息审计，(也称为具体审计目标)，围绕这些审计命题来获取审计证据，根据审计证据形成审计意见。

第二节　财务信息审计中对舞弊及违反法规行为的责任：理论基础和逻辑框架

财务信息审计中，审计师如果未能发现被审计单位的舞弊行为，或者，未能发现被审计单位的违反法规行为，审计师是否要承担责任？财务信息审计中，审计师如果关注了舞弊和违反法规行为，是否意味着财务信息审计包括多个审计主题？这些既是重要的理论话语，更具有重要的实际意义。现有文献特别是一些职业组织的权威文献，对这些问题都有所涉猎，然而，并没有一个系统化的理论框架。本节从理论基本和逻辑框架两个方面来构建上述问题的理论框架。

一、制度背景和文献综述

财务报表审计中[①]，审计师是否要查找舞弊，相关的审计准则经历了不同的发展阶段，同时，也有一些相关的学术研究。财务报表审计中，审计师是否要查找违反法规行为，缺乏相关的研究。

在美国，舞弊相关审计准则经历了四个发展阶段，不同的阶段，审计师对舞弊的审计责任不同(张龙平，王泽霞，2003；周赟，2005)。

(1) 第一阶段 (SAS No. 1 至 SAS No. 16)。AICPA 在 1972 年发布 SAS No. 1“审计准则和程序汇编”中明确规定：揭露舞弊行为不是注册会计师的审计目的；不能依赖常规的财务报表审计来确保揭露舞弊行为。20 世纪 70 年代后，美国连续发生几起重大舞弊案，公众明显不满意注册会计师财务报表审计中不承担对舞弊的审计责任，加上政府监管部门的压力，AICPA 被迫作出反应，于 1977 年 1 月发布 SAS No. 16“独立审计师检查错误和舞弊的责任”取代 SAS No. 1 的有关规定，明确注册会计师对舞弊负有审计责任，但是，措辞含糊。

(2) 第二阶段 (SAS No. 16 至 SAS No. 53)。SAS No. 16 措辞含糊，只一般要求计划审计以发现对报表有重大影响的错误和舞弊，并没有提供审计舞弊的详细指南，因此，运用该准则审计舞弊

① 本节同等意义上使用“财务信息审计”、“财务报表审计”、“会计报表审计”。

的效果并不明显，仍不能满足公众的要求。AICPA于1988年4月SAS No.53“审计师检查和报告错误和舞弊的责任”取代SAS No.16，明显扩大注册会计师的责任，要求所设计的审计程序应能为查出报表的重大错误与舞弊提供“合理保证”。

（3）第三阶段（SAS No.53至SAS No.82）。1997年2月，AICPA又正式发布了替代SAS No.53的SAS No.82“财务报表审计中对舞弊的关注”，为审计师有效地承担和履行舞弊审计责任提供了更充分的操作指南。

（4）第四阶段（SAS No.82至SAS No.99）。在第82号施行的5年多时间里，又不断发生一些世界著名公司特大财务欺诈及审计失败案件，令美国政府及公众极度不满。在此恶劣环境和紧急情况下，AICPA于2002年10月发布其标题未作丝毫改动的新准则SAS No.99“财务报表审计中对舞弊的关注”，以取代SAS No.82。SAS No.99提出了新的舞弊风险评价模式，即将重点放在舞弊产生的根源下。要求审计人员根据经营风险的分析结果、舞弊环境和对管理当局的评价结果，可掌握舞弊的压力、机会和借口，进而进行风险评估。

根据美国的相关审计准则，到SAS No.99此止，在财务报表审计中，注册会计师应该以合理保证发现对报表有重大影响的舞弊，并不是一般意义上的舞弊。Auditor' s focus should be on activities causing financial statements to be materially misstated，not all fraud。

事实上，国际审计与鉴证准则委员会2004年发布的ISA240《审计师在财务报表审计中对于舞弊的责任》的规定与SAS No.99基本相同，the auditor is concerned with fraud that causes a material misstatement in the financial statements（IAASB，2004）。

相关的学术研究不多，但是，基本观点相同，认为注册会计师行业作为一个整体不应当回避自己发现舞弊的责任，区别只是在于这些责任的界定程度和职业胜任程度，基本上都认同对影响财务报表且具有重要性的舞弊承担审计责任（莫茨，夏拉夫，1990；陈毓圭，2010；张龙平，王泽霞，2003；连宏彬，2004；周赟，2005）。

本节以上述制度背景和相关研究为基础，梳理财务信息审计中审计师对舞弊和违反法规行为的审计责任，提出其理论基础和逻辑框架。

二、财务信息审计中审计师对舞弊和违反法规行为的责任：理论基础和逻辑框架

（一）财务信息审计中对舞弊的责任：理论基础和逻辑框架

财务信息审计中，审计师对舞弊究竟应该担当何种责任？在历史上、在国内外，都曾经有过热烈的讨论，即使在今天，都仍然在一定范围内存有不同的认识（陈毓圭，2010）。总体来说，职业界的初始态度是拒绝承担责任，后来，在社会各界的压力之下，态度逐步有所转变，并且开始以积极的态度承担责任。那么，审计师对舞弊承担责任的理论基础是什么？如何承担责任？这些问题还缺乏系统的理论分析。

1. 审计师对舞弊承担责任的理论基础

审计在财务信息审计是否要对舞弊承担责任，也就是说，是否要将舞弊作为审计内容，应该基于两方面的考虑，一是审计供求的均衡，二是符合成本效益原则。

审计师究竟应该审计什么，首先应该是审计需求和审计供给的均衡，一方面，审计师要满足审计需求，如果一味地为了规避自己的责任，而置审计需求于不顾，则社会各界会出现审计期望差，

这种期望差的长期存在，会侵蚀审计的社会价值；另一方面，审计师还要从审计能力出发，不能超越审计能力来提供审计服务。所以，总体来说，审计师应该在自己的能力范围内，尽量满足社会各界之审计需求。就舞弊审计来说，一方面，社会各界有广泛的需求，强烈要求审计师在会计报表审计中关注舞弊；另一方面，审计界经过较长期的积累，也有一定的舞弊审计经验和技术。所以，审计师应该承担一些舞弊审计责任。

审计需求和审计供给的均衡是审计承担舞弊责任的一个方面，另一个方面是舞弊审计的成本效益。即使是审计需求和审计供给达到了均衡，如果不符合成本效益原则，这审计师也不应该承担舞弊审计责任。在财务信息审计中，审计师如果要承担舞弊审计责任，肯定会增加审计程序，从而会增加审计成本，这种审计成本的增加肯定也会带来一些收益，就是一些舞弊被查出来，一些舞弊因为预期到审计会查出而没有发生。问题的关键是，舞弊审计成本只有小于其发生的收益，这种制度安排才是有效率的，否则，就是无效率的制度安排。对于舞弊审计来说，有些舞弊是精心策划的，采用一般的审计程序可能难以查出这类舞弊，只有采取非常有针对性的审计程序才有可能查出精心策划的舞弊，并且，这还具有较大的不确定性，所以，如果要以较高的保证程度来查出精心策划的舞弊，很大程度上可能需要增加审计成本，这种增加并不一定总是符合成本效益原则。所以，由于舞弊审计成本效益原则的限制，审计师承担的舞弊审计责任应该在合理的范围，而不是没有限制的。

2. 审计师对舞弊承担责任的逻辑框架

在供求均衡和成本效益原则下，审计师在财务信息审计中如何承担舞弊审计责任呢？这涉及三个问题：对何种类型的舞弊承担责任？对何种程度的舞弊承担责任？以何种程度承担责任？上述三个问题的解决，就形成了审计师对舞弊承担责任的逻辑框架。

（1）对何种类型的舞弊承担责任？审计师并不需要对所有的舞弊都承担责任，而要只关注与财务报表有关的舞弊，对于与财务报表无关的舞弊，审计师不用采取任何审计程序，如图1所示。

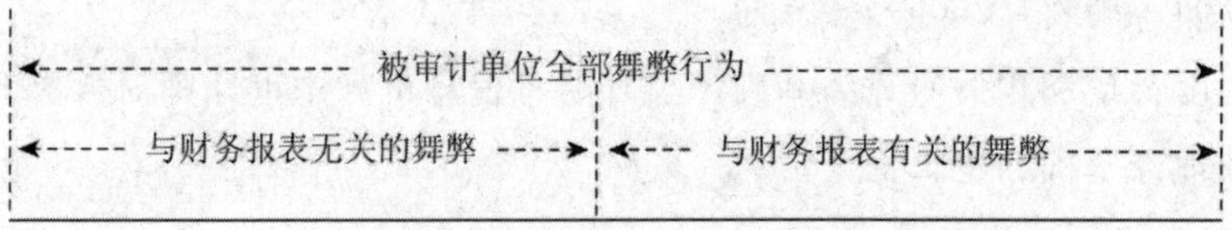

图1 审计师与舞弊类型

与财务报表有关的舞弊，是指这种舞弊会影响交易或事项、余额及列报的相关认定，从而影响会计信息的舞弊。这种舞弊有两种类型，一是直接针对会计信息的舞弊，二是针对交易或事项或资产的舞弊，并且通过会计处理来粉饰其舞弊行为。无论如何，与财务报表有关的舞弊，直接或间接地影响了会计信息，这种舞弊如果没有查出，可能形成对会计信息的错误审计意见。另一类舞弊是与财务报表无关，这种舞弊的存在，并不影响会计信息的质量，也不需要通过会计处理来粉饰其舞弊行为。例如，员工伪造履历而获得更高层级的岗位，企业伪造绩效而获得客户的订单等。

在财务信息审计中，审计师应该只承担与财务报表有关的舞弊审计责任，不承担与财务报表无关的舞弊审计责任。其原因包括：第一，从技术能力来说，审计师对于与财务报表无关的舞弊，还不存在足够的专业性能力，对于这类舞弊，纵然有审计需求，审计师也没有供给能力；第二，从成本效益原则来说，对于与财务报表无关的舞弊，如果审计师要承担责任，则需要很大程度上增加审计成本，并且，即使如此，也不一定能以某种保证程度查出这类舞弊。所以，总体来说，基于审计需求均衡和成本效益原则，审计师只宜对与财务报表相关的舞弊承担责任。

（2）对何种程度的舞弊承担责任？即使是与财务报表有关舞弊，审计师也应该区别对应，只关注具有重要性的舞弊，对于不具有重要性的舞弊，审计师不承担责任，如图 2 所示。

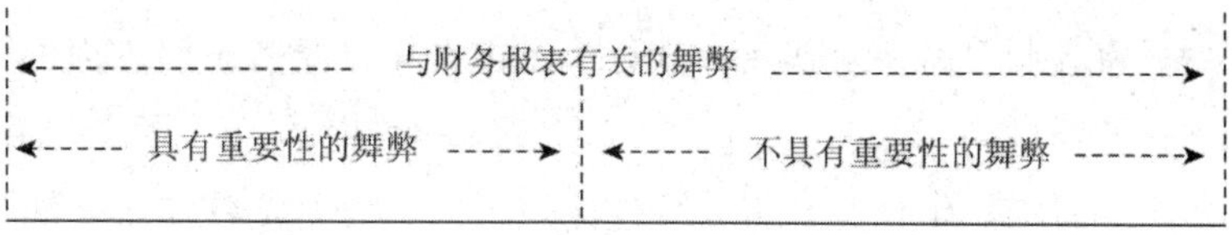

图 2　审计师与舞弊程度

财务信息审计关注财务信息的公允性，这就意味着，财务信息审计是可以容忍一定程度之内的财务信息错误，所以，财务信息审计程序的设计是贯穿了重要性原则。与财务报表相关的舞弊也有责任情形，一是舞弊引起的财务信息错误具有重要性，二是舞弊引起的财务信息错误不具有重要性，对于前者，审计师理应以一定的保证程度查出，而对于后者，如果要求审计师以一定的保证程度查出，则其审计程序的性质、时间和范围要做较大的变化，会较大幅度增加审计成本。所以，与财务报表有关的舞弊，如果其引起的错误金额不具有重要性，则这种舞弊如果审计师的责任，则不符合成本效益原则。

（3）以何种程度承担责任？即使具有重要性的财务报表相关之舞弊，审计师是否要以绝对把握查出来呢？也不是，审计师只能以与其审计意见相一致的保证程度查出与财务报表相关且具有重要性的舞弊，如图 3 所示。

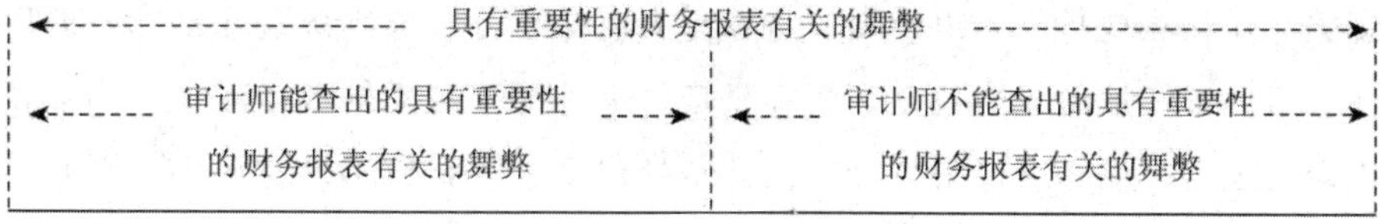

图 3　审计师查出舞弊的保证程度

其原因如下：审计师是在财务信息审计中承担查找舞弊的责任，所以，其对于查找舞弊的保证程度，不应该高于其对财务信息发表意见的保证程度。一般来说，审计师对财务信息发表意见的保证程度有两种，一是合理保证，在财务报表审计下，一般采用这种保证程度；二是有限保证，在财务报表审阅下，一般采用这种保证程度。审计师在财务信息鉴证中，对于舞弊的责任，其保证程度不应该高于其对财务信息发表意见的保证程度。在财务报表审阅中，对于相关的具有重要性的舞弊，只能以有限保证的程度查出，不能以合理保证的程度查出。在财务报表审计中，对于相关的具有重要性的舞弊，只能以合理保证的程度查出，不能绝对保证查出这些舞弊。如果对舞弊的保证程度高于其发表财务信息鉴证意见的保证程度，无疑会要求针对舞弊设计更多的专门审计程序，舞弊审计的成全财务信息审计的重点，这不符合成本效益原则。

总体来说，关于财务信息审计中对舞弊的责任有如下结论：财务信息审计中，审计师要根据供求均衡和成本效益原则来承担舞弊审计责任，基于这个基础，审计师要以与财务信息意见相同的保证程度对具有重要性的财务报表有关的舞弊承担责任。

（二）财务信息审计中对违反法规行为的责任

被审计单位的违反法规行为，是指被审计单位有意或无意地违反会计准则和相关会计制度之外的法律法规的行为。在财务信息审计中，审计师是否要对违反法规行为承担责任？如果是，又如何承担责任？

1. 财务信息审计中对违反法规行为的责任：理论基础

财务信息审计中，审计师是否要对违反法规行为承担责任，要基于两方面的考虑，一是审计供求，二是审计的成本效益原则。

从审计需求来说，一方面，审计师是否要关注法规行为，要看审计需求，如果利益相关者并不需要审计师在财务信息审计中关注违反法规行为，则审计师当然也就无须关注违反法规行为；另一方面，如果利益相关者有强烈的审计需求，要求审计师关注违反法规行为，而审计师无视这种审计需求，则会损害审计的社会价值。所以，审计师是否要关注违反法规行为，其逻辑起点是利益相关者是否存在这种需求。审计需求是一个方面，审计师是否具备这种能力，是另外一个关键方面，即使有审计需求，如果审计职业界并没有这种技术能力，则审计师当然也就无法超越其能力来满足利益相关者的需求。总体来说，审计需求和审计供给的均衡是审计师是否要承担违反法规行为审计责任的一个基本原则。

即使是供给均衡的，审计师在财务信息审计中是否要关注违反法规行为，还有一个重要的制约因素，这就是成本效益原则。任何社会制度安排，如果不符合成本效益原则，这种制度终究难以存续，审计师对违反法规行为的责任也不例外。如果审计师花费了巨大的成本来关注违反法规行为，而发现或抑制的违反法规行为又很少，则审计师对违反法规行为的关注就不符合成本效益原则；相反，如果审计师以一定的成本能有效地发现或抑制违反法规行为，由于审计师本身的责任问题，审计师却不愿意关注违反法规行为，审计师的这种行为也是不符合成本效益原则的。所以，这里的成本效益是从社会角度来考量的成本效益，而不只是从审计师来考虑的成本效益。当然，要使得这种制度安排真正得到运行，也必须使得审计师从其本身角度也符合成本效益原则，否则，审计师没有行动意愿，制度难以真正实施。

综合上述分析，基于供求均衡和成本效益原则，在财务信息审计中，审计师有必要对一定的违反法规行为承担审计责任。

2. 财务信息审计中对违反法规行为的责任：逻辑框架

在财务信息审计中，审计师有必要对一定的违反法规行为承担审计责任。那么，对哪些违反法规行为承担责任？如何承担责任？这涉及三个问题：对何种类型的违反法规行为承担责任？对何种程度的违反法规行为承担责任？以何种程度承担责任？上述三个问题的解决，就形成了审计师对违反法规行为承担责任的逻辑框架。

（1）对何种类型的违反法规行为承担责任？被审计单位的违反法规行为区分为两种类型，一是财务报表无关的违反法规行为，二是与财务报表有关的违反法规行为，审计师只关注后者，如图 4 所示。

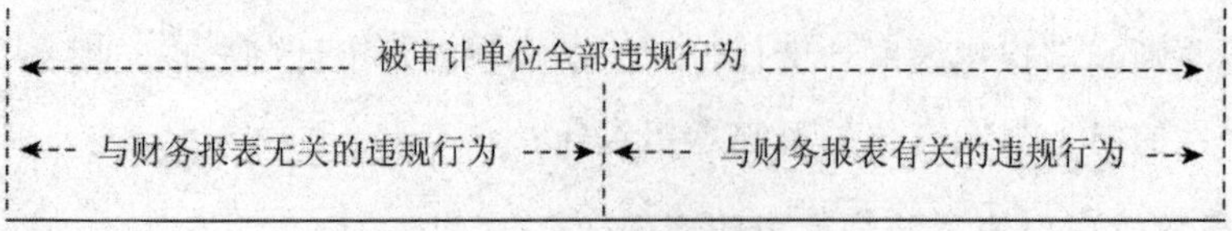

图 4　审计师与违规行为

判断违反法规行为是否与财务报表有关，需要从两个方面来考虑，一是已经发生的影响，例如，已经发生的罚款等对财务信息的影响；二是违反法规行为的潜在财务后果，例如，因罚款、没收违法所得、封存财产、强制停业及诉讼等导致的潜在财务后果。一般来说，审计师发现的违反法规行为，可能先于相关的监管部门，所以，需要特别考虑违反法规行为的潜在财务后果，而不是已经发生的财务后果。从这种角度出发，绝大多数的违反法规行为，都可能存在潜在的财务后果，从而要纳入审计师的责任范围。当然，如果将与财务报表无关的违反法规行为也纳入审计师的关注范围，对于某些违反法规行为，审计师也许可以有所作为，但是，整体来说，可能不符合成本效益原则。相反，如果对影响财务报表的违反法规行为不纳入审计师的关注范围，则意味着由于违反法规行为引起的会计信息不公允未纳入审计师关注的范围，也显然偏离了审计期望，更是不符合成本效益原则。所以，从供求均衡和成本效益原则出发，在财务信息审计中，审计师要关注与财务报表有关的违反法规行为。

(2) 对何种程度的违反法规行为承担责任？虽然审计师要关注与财务报表相关的违反法规行为，然而，审计师进行财务信息审计的目标是对财务信息的公允性发表意见，这就意味着，即使对于财务信息本身，审计师也是容忍不具有重要性的错误金额。既然如此，审计师对违反法规行为的关注也就不是没有限制的，而是只关注对财务报表具有重要性的违反法规行为，某违反法规行为即使有财务后果，如果这种财务后果对财务信息的影响不具有重要性，审计师也可以不关注这种违反法规行为（图 5)。

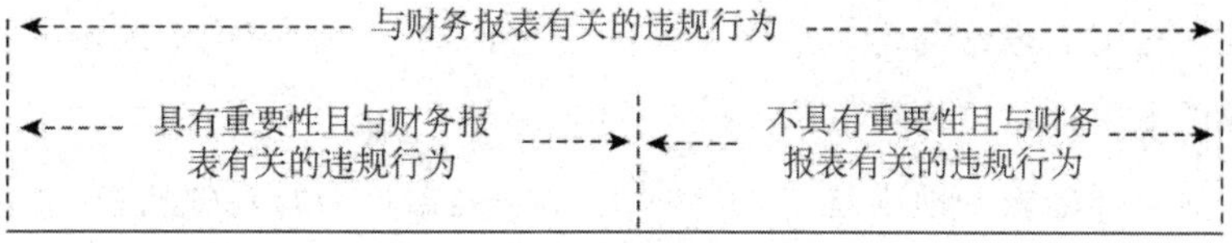

图 5 审计师与违规行为

这种选择是符合成本效益原则，如果要求审计师对于所有的影响具有财务后果的违反法规行为，无论其金额大小，都要关注，则审计师可能要增加不少的审计程序，这些审计程序增加之后，可能只会发现一些小额的违反法规行为，这不一定符合成本效益原则。

(3) 以何种程度承担责任？既使是具有重要性的违反法规行为，审计师也没有责任全部予以揭示。审计师对违反法规行为揭示的保证程度只能与其发表的财务信息鉴证意见的保证程度相一致，不能超过鉴证意见的保证程度。前已述及，审计师对财务信息鉴证的意见，有合理保证和有限保证两种保证程度，超越鉴证意见保证程度的违反法规行为关注，有两种情形，一是在财务信息审计中，要求对违反法规行为以绝对把握揭示，这可能要求增加很多审计程度，并且还不一定能做出绝对揭示，所以，不符合成本效益原则；二是有财务信息审阅中，要求以合理保证揭示违反法规行为，这可能要求在正常的审阅程序之外增加不少的专门审计程序，特别针对违反法规行为，这很有可能不符合成本效益原则。所以，总体来说，审计师只能以与其财务信息鉴证意见相同的保证程度来揭示违反法规行为（图 6)。

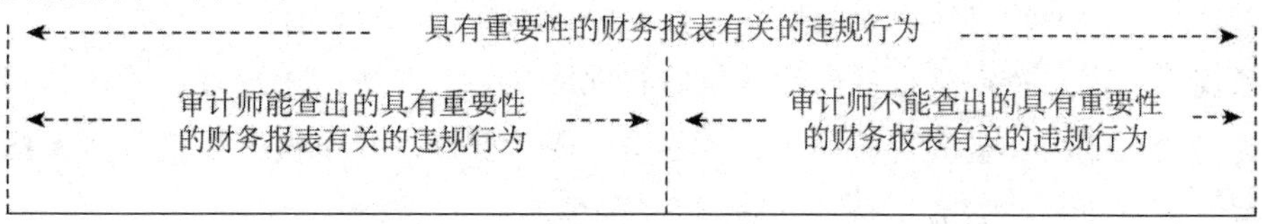

图 6 审计师查出违规行为的保证程度

总体来说，关于财务信息审计中对违反法规行为的责任有如下结论：财务信息审计中，审计师要根据供求均衡和成本效益原则来承担违反法规行为审计责任，基于这个基础，审计师要以与财务信息鉴证意见相同的保证程度对具有重要性的财务报表有关的违反法规行为承担责任。

（三）财务信息审计的审计主题

以上分析了财务信息审计中审计师对舞弊和违反法规行为应该承担的责任，分析的结论是，审计师应该以与财务信息鉴证意见相同的保证程度对具有重要性的财务报表有关的舞弊和违反法规行为承担责任。这个结论是否表明，财务信息审计中有三个主题，一是财务信息，二是舞弊行为，三是违反法规行为。

审计主题是审计师发表审计意见的标的或对象。我们认为，财务信息审计还是只有一个审计主题，这就是财务信息，舞弊行为和违反法规行为并不构成财务信息审计主题，其原因是，审计师并不专门关注舞弊行为和违反法规行为，只是从财务信息的角度来关注与财务信息相关的舞弊行为和违反法规行为，审计师关注舞弊行为和违反法规行为的目的是关注财务信息，审计师并不对舞弊行为和违反法规行为发表意见，只对财务信息发表意见。

三、例证分析：中国注册会计师协会相关准则的规定及其分析

本节以上提出了关于财务信息审计中，审计师对舞弊及违反法规行为之审计责任的理论框架，包括理论基础和逻辑框架，理论的生命在于其解释力。下面，我们用这个理论框架来分析我国的相关准则，以一定程度上验证这个理论框架。

（一）《中国注册会计师审计准则第 1141 号－财务报表审计中对舞弊的考虑》

第六条规定，舞弊是指被审计单位的管理层、治理层、员工或第三方使用欺骗手段获取不当或非法利益的故意行为。舞弊是一个宽泛的法律概念，但本准则并不要求注册会计师对舞弊是否已经发生作出法律意义上的判定，只要求关注导致财务报表发生重大错报的舞弊。

解释：根据本条的规定，财务报表审计中，注册会计师只关注导致财务报表发生重大错报的舞弊，这里有两层含义，第一，注册会计师不关注与财务报表无关的舞弊；第二，即使是与财务报表相关的舞弊，也只关注可能导致重大错报的舞弊，不关注只能导致财务报表非重大错报的舞弊。

第七条规定，下列两类故意错报与财务报表审计相关：对财务信息作出虚假报告导致的错报；侵占资产导致的错报。

解释：本条是对能导致财务报表错报的舞弊的进一步分类，分为两类，一是财务信息作出虚假报告，二是侵占资产。

第九条规定，对财务信息作出虚假报告通常表现为：对财务报表所依据的会计记录或相关文件记录的操纵、伪造或篡改；对交易、事项或其他重要信息在财务报表中的不真实表达或故意遗漏；对与确认、计量、分类或列报有关的会计政策和会计估计的故意误用。

解释：本条是对财务信息作出虚假报告这种舞弊行为的进一步解释。

第十一条规定，侵占资产是指被审计单位的管理层或员工非法占用被审计单位的资产，其手段主要包括：贪污收入款项；盗取货币资金、实物资产或无形资产；使被审计单位对虚构的商品或劳务付款；将被审计单位资产挪为私用。

解释：本条是对侵占资产这种舞弊行为的进一步解释。

第十六条规定，注册会计师有责任按照中国注册会计师审计准则的规定实施审计工作，获取财务报表在整体上不存在重大错报的合理保证，无论该错报是由于舞弊还是错误导致。

解释：根据本条的规定，即使对于能导致财务报表重大错报的舞弊，注册会计师也只是以合理保证予以揭示，并不是绝对保证能揭示这类舞弊。

综上所述，本节的理论框架能解释《中国注册会计师审计准则第 1141 号－财务报表审计中对舞弊的考虑》的相关条款。

（二）《中国注册会计师审计准则第 1142 号－财务报表审计中对法律法规的考虑》

第三条规定，本准则所称违反法规行为，是指被审计单位有意或无意地违反会计准则和相关会计制度之外的法律法规的行为。

解释：本条是对违反法规行为的界定，将财务信息作出虚假报告这类舞弊行为排除在违规法规行为之外，以避免将财务信息舞弊作为违反法规行为。

第四条规定，在设计和实施审计程序以及评价和报告审计结果时，注册会计师应当充分关注被审计单位违反法规行为可能对财务报表产生重大影响。

解释：根据本条的规定，注册会计师只关注对财务报表产生重大影响的违反法规行为，不关注不影响财务报表或虽有影响但其影响不具有重要性的违反法规行为。

第十二条规定，在计划审计工作时，注册会计师应当总体了解适用于被审计单位及其所处行业的法律法规，以及被审计单位如何遵守这些法律法规。

解释：根据本条的要求，注册会计师应该对被审计单位需要遵守的法律法规及其遵守情况有个总体了解。其原因是，一般来说，任何违反法规行为，如果其严重性达到一定程度，都可能产生负面的财务后果，都可能影响财务报表。

第十五条规定，在获得总体了解后，注册会计师应当实施下列进一步审计程序，以有助于识别被审计单位在编制财务报表时应当考虑的违反法规行为：向管理层询问被审计单位是否遵守了适用于被审计单位及其行业的法律法规；检查被审计单位与许可证颁发机构或监管机构的往来函件。

解释：根据本条的规定，注册会计师要实施的审计程序，以识别被审计单位在编制财务报表时应当考虑的违反法规行为。

第十六条规定，对影响财务报表重大金额和披露的法律法规，注册会计师应当获取被审计单位遵守这些法律法规的充分、适当的审计证据。

解释：根据本条的要求，对于影响财务报表重大金额和披露的法律法规，注册会计师应该设计和执行专门的审计程序，以获取充分、适当的审计证据。

第十七条规定，除实施本准则第十五条和第十六条规定的审计程序以外，注册会计师不需对被审计单位遵守法律法规情况实施其他审计程序，因为实施其他审计程序超出了财务报表的审计范围。

解释：根据本条的规定，除了识别被审计单位在编制财务报表时应当考虑的违反法规行为，以及对于影响财务报表重大金额和披露的法律法规而设计和执行专门的审计程序外，注册会计师不需要实施其他审计程序，因为其他审计程序与财务报表无关。也就是说，注册会计师只关注影响财务报表重大金额和披露的法律法规是否有违背。

第二十三条规定，在评价违反法规行为对财务报表可能产生的影响时，注册会计师应当考虑：因罚款、没收违法所得、封存财产、强制停业及诉讼等导致的潜在财务后果；潜在财务后果是否需要披露；潜在财务后果是否严重，以至于影响到财务报表的公允反映。

解释：本条是规定如何评价违反法规行为的财务后果及其对财务报表的影响。

综上所述，本节的理论框架能解释《中国注册会计师审计准则第1142号－财务报表审计中对法律法规的考虑》的相关条款。

四、结论和启示

财务信息审计中，审计师是否要审计被审计单位的舞弊？是否要审计被审计单位的违反法规行为？如果审计师关注了舞弊和违反法规行为，是否意味着财务信息审计包括多个审计主题？本节系统地解释上述问题，并用本节提出的理论框架解释我国注册会计师审计的相关规定。

财务信息审计中，审计师要根据审计供求均衡和成本效益原则来承担舞弊和违反法规行为的审计责任，基于这个基础，审计师要以与财务信息鉴证意见相同的保证程度对具有重要性的财务报表有关的舞弊和违反法规行为承担审计责任。在财务信息审计中，审计师的审计内容包括财务信息、舞弊和违反法规行为，但是，审计师只是关注与财务信息相关的舞弊和违反法规行为，审计师关注舞弊和违反法规行为的目的是关注财务信息公允性，审计师并不对舞弊和违反法规行为发表意见，只对财务信息发表意见，财务信息审计的主题依然是财务信息。

本节的研究启示我们，一方面，审计师要承担其力所能及的责任，积极地揭示对财务报表有重要性影响的舞弊和违反法规行为；另一方面，社会各界要有社会成本效益观，要理解审计职业界的技术能力及相关的成本效益，不对审计职业界提出过高的要求。当然，审计技术是变化的，社会环境及其对审计的需求也是变化的，从而会导致舞弊及违反法规行为的审计成本效益也发生变化，从而，审计师应该承担的责任也要发生变化。

第三节　持续经营审计：逻辑框架

财务信息审计的总目标是财务报告的公允性，而持续经营（Going Concern）是财务信息公允的基础，所以，持续经营审计是财务信息审计的必要内容。然而，由于规避职业责任及审计难度的考虑，审计职业界曾经回避将持续经营作为财务信息的内容，而利益相关者则希望审计师关注持续经营问题。所以，围绕持续经营审计问题有不少的相关研究，涉及持续经营审计的职业判断质量及持续经营审计意见的经济后果，这些研究总体上肯定了持续经营审计的必要性及社会价值。本节关注持续经营审计的一些更基础性的问题，在财务信息审计中，审计师是否要审计被审计单位的持续经营问题？如果要审计持续经营问题，如何审计？从逻辑上对上述问题进行阐述，形成关于持续经营审计的逻辑框架。

一、文献综述

由于持续经营对财务信息公允性的基础性影响，围绕持续经营审计有不少的研究文献，将持续经营问题作为财务信息审计的组成内容已经是共识（李爽，吴溪，2002；秦荣生，2003；冯萌，蒋卫平，2003），现有文献的研究主要围绕两个问题，一是审计师如何形成持续经营问题审计意见，二是持续经营审计意见的经济后果。

关于审计师如何形成持续经营问题审计意见的研究涉及两个问题，一是审计师如何根据重大疑虑事项形成审计意见，二是审计师的审计意见是否会有差异性。前者主要研究不同的重大疑虑事项与不同审计意见类型之间的关系，一些文献根据重大疑虑事项建立了审计意见类型预测模型（Mutchler，1985；1986；Nicholas，Robert & Richard，1987；Timothy & Richard，1991；Nogler，1995；Behn，Pany & Riley，1999；Lori&Michael，2001；Jennifer，2003；姜静青，李延喜，2007；张晓岚，李强，吴勋，2007；刘学华，徐荣华，2008；胡继荣，王耀明，2009）；后者主要研究审计师能否形成一致性的持续经营审计意见，研究发现，由于相关审计准则的模糊性及持续经营审计意见形成过程中的大量主观判断，审计师对持续经营问题的判断及如何体现在审计意见中，都具有差异性，同样的持续经营状况，可能会有不同的持续经营判断，同样的持续经营问题，可能会有不同的审计意见类型（LaSalle，994；张晓岚等，2006；张晓岚，张文杰，鲁晓岚，2006；林钟高，章铁生，苏延春，2009；于艳，2010；刘学华，2010；吴佳，2011；张俊瑞等，2014；周冬华，康华，赵玉洁，2015）。

关于持续经营审计意见的经济后果，几乎一致地认为，不利的持续经营审计意见对被审计单位有负面影响，市场能区分不同严厉程度的持续经营审计意见（Firth，978；Webb&ilkins，2000；黄秋敏，张天西，2009；厉国威，廖义刚，韩洪灵，2010；宋琛，张俊瑞，程子健，2012；王扬，2012；胡大力，王新玥，2014）。

上述文献对我们探究持续经营审计有较大的启发。本节从逻辑框架的角度，关注持续经营审计的一些更基础性的问题：在财务信息审计中，审计师是否要审计被审计单位的持续经营问题？如果要审计持续经营问题，如何审计？

二、持续经营审计：逻辑框架

持续经营审计涉及的问题较多，本节作为逻辑框架，主要勾画两类问题，第一，在财务信息审计中，审计师是否要审计被审计单位的持续经营问题？第二，如果要审计持续经营问题，如何审计？关于如何审计持续经营问题，又包括三个问题，一是如何关注持续经营问题，二是如何形成关于判断持续经营问题的判断，三是如何表达对持续经营问题的判断。所以，总括起来，本节关于持续经营审计的逻辑框架包括四部分内容：审计师是否要审计持续经营问题？审计师如何关注持续经营问题？审计师如何形成持续经营问题的判断？审计师如何表达持续经营问题的判断？

（一）审计师是否要审计持续经营问题？

持续经营是指会计主体在可预见的未来能持续经营下去，它是会计确认和计量的基础性条件，会计主体能否持续经营，对会计事项的确认和计量有重大影响（葛家澍，1996；陈朝辉，1997；亨德里克森，2013）。所以，从理论上来说，持续经营的应用是否合适，是财务信息是否公允的前提。财务信息审计要鉴证财务信息的公允性，如果不考虑会计主体的持续经营问题，而要对财务信息是否公允发达意见，这事实上是难以做到的。所以，对会计主体的持续经营进行判断，本应是财务信息审计的应有内容。然而，由于持续经营判断的复杂性，审计职业界从规避审计责任出发，一直在财务信息审计中回避持续经营问题的审计责任，将持续经营问题排除在财务信息审计之外。然而，对于许多的利益相关者来说，会计主体能否持续经营对他们的利益影响很大，也是他们做出相关决策的重要基础，所以，一直希望审计师关注会计主体的持续经营问题。这就出现了财务信息审计期望差，一方面，利益相关者对持续经营审计有需求，另一方面，审计职业界不愿意提供这种产品。

具有真实需求的审计期望差不可能一直存在，在社会各界特别是司法界对相关审计诉讼案件之判决的推动下，审计职业界终于接受了持续经营审计，美国审计职业界在20世纪30年代便开始以持续经营意见的形式披露包括持续经营不确定性在内的不确定性事项，并最早制定了关于持续经营审计准则，目前有效的准则是1988年颁布的“审计师对被审计单位持续经营能力的考虑”（SAS No. 59）。目前，世界各主要国家都接受了持续经营审计，并制定了相关的准则，国际审计实务委员会（International Auditing Practices Committee）也制定了持续经营审计准则，目前有效的准则是2000年12月31日起生效的“持续经营”（ISA No. 570），中国注册会计师协会于1999年首次发布了《独立审计具体准则第17号－持续经营》，目前有效的准则是2006年2月修订的《中国注册会计师审计准则第1324号－持续经营》。持续经营审计已经成为各国普通接受的做法（张晓岚 等，2006；厉国威，廖义刚，韩洪灵，2010）。

然而，持续经营审计究竟是独立的审计业务，还是财务信息审计的一部分？我们认为，持续经营审计是财务信息审计的一部分，而不是独立的审计业务，其原因如下：第一，财务信息审计离不开持续经营问题的判断，财务信息审计的总目标是鉴证财务信息的公允性，而要实现这一目标，需要采用论题论证式取证模式，验证交易、余额、列报认定的正确性，而这些认定的形成是有一定的条件的，其中，是否持续经营是最重要的条件之一，适用条件错误，认定就错误，所以，要验证各项认定是否正确，首先要判断认定赖以进行的前提条件－持续经营，是否正确。第二，离开财务信息的公允性，也无法对持续经营形成判断。尽管影响持续经营的因素较多，但是，财务信息是判断会计主体是否存在持续经营问题的最重要信息来源，Mutchler（1985，1986）采用专家访谈和问卷调查等方法对在持续经营审计判断中的影响因素进行了研究，被调查的注册会计师认为，除了年度经营预测信息披露不完全外，审计判断所需的大部分信息都已包含在财务报告中。大量的研究成果也支持了这一观点（Nicholas，Robert&Richard，1987；Timothy&Richard，1991；Lori&Michael，2001；Jennifer，2003）。既然持续经营的判断离不开财务信息，所以，要判断持续经营问题，可靠的财务信息也是重要前提，根据虚假的财务信息，对持续经营可能会形成错误的判断。既然如此，持续经营的判断也就难以独立成为一种专门审计业务－持续经营审计。所以，持续经营审计，也就是财务信息审计中对持续经营问题的判断并以适当方式表达这种判断意见。

正是因为如此，各国的审计准则都将持续经营审计作为财务信息的必要内容予以规定，《中国注册会计师审计准则第1324号－持续经营》第十一条规定，注册会计师的责任是考虑管理层在编制财务报表时运用持续经营假设的适当性，并考虑是否存在需要在财务报表中披露的有关持续经营能力的重大不确定性。

综上所述，关于审计师是否要审计持续经营问题，有如下结论：持续经营假设是财务信息是否公允的基础，持续经营审计是财务信息审计的必要内容，不是独立的审计业务，也难以形成独立的审计业务。

（二）审计师如何关注持续经营问题？

既然财务信息审计中，审计师要将持续经营问题作为必要的审计内容，接下来的问题是，审计师如何关注持续经营问题呢？

1. 审计师需要在审计的全过程关注持续经营问题

从理论上来说，既然持续经营问题是财务信息审计的必要内容，与财务信息审计的其他内容没有区别，甚至其重要性还要高于其他内容，那么，审计师就应该在审计的全过程中关注持续经营问题，对持续经营问题保持应有的职业谨慎。在接受业务委托、计划审计工作、实施风险评估、进一步的审计程序及完成审计工作时都要关注持续经营问题，形成相关的审计证据，并且以这些证据为基础，形成对持续经营的判断。

正是因为如此，各国审计准则都要求在财务信息审计的全过程关注持续经营问题。美国的 SAS No. 59 要求，在编制审计计划、实施审计程序时应充分关注可能导致对被审计单位持续经营能力产生重大疑虑的事项或情况，并要求在审计报告中明确描述这些重大疑虑事项，以支持审计结论。《中国注册会计师审计准则第 1324 号—持续经营》第四条规定，在计划和实施审计程序以及评价其结果时，注册会计师应当考虑管理层在编制财务报表时运用持续经营假设的适当性；第十三条规定，在整个审计过程中，注册会计师应当始终关注可能导致对持续经营能力产生重大疑虑的事项或情况以及相关经营风险。从整个准则的内容来看，实质上就是对财务信息审计各阶段如何关注持续经营问题的规定。

需要特别注意的是，一些文献指出，“注册会计师执行审计工作时，不必专门为辨别企业持续经营假设而设计一整套审计程序”（冯萌，蒋卫平，2003），这并不是说审计师不要设计专门针对持续经营问题的审计程序，而是指要将持续经营问题与财务信息审计的其他内容同样看待，在风险评估中关注持续经营风险，根据持续经营风险的评估结果来设计针对持续经营问题的进一步审计程序，这里的审计程序是具有针对性的，只是持续经营问题的审计是作为财务信息审计总体的一部分，而不是独立的内容。

2. 审计师需要关注的持续经营重大疑虑事项

审计师需要在整个审计过程关注被审计单位的持续经营问题，然而，能导致持续经营问题的因素很多，研究发现，不管什么因素导致的非持续经营，很少无前期迹象或征兆出现，有人将这些前期迹象或征兆称之为红旗（Red Flag）或警讯（Warning Signal），持续经营相关审计准则一般称为持续经营重大疑虑事项（田利军，2004）。重大疑虑事项的提出有两方面的作用，一是有利于指导审计师在审计的全过程关注持续经营问题，类似于规则导向的审计准则；二是有利于限定审计师的责任范围，由于持续经营问题的原因很多，如果采用原则导向，则审计师的责任范围较广，在列举重大疑虑事项后，审计师的责任范围就相对限定了，从某种意义来说，对重大疑虑事项列举式的规则导向准则，给审计师提供了一个保护范围。当然，在具体审计业务中，审计师可以超出列举的重大疑虑事项来关注持续经营问题。

有了重大疑虑事项清单之后，审计师对持续经营问题的关注就聚焦为对重大疑虑事项的关注，根据对重大疑虑事项及应对计划的相关证据，判断被审计单位是否存在持续经营问题及对持续经营问题的披露是否充分，并以此为基础来确定审计意见的类型。《中国注册会计师审计准则第 1324 号—持续经营》第三十条规定，注册会计师应当根据获取的审计证据，确定可能导致对持续经营能力产生重大疑虑的事项或情况是否存在重大不确定性。

既然重大疑虑事项如此重要，那么有哪些重大疑虑事项呢？虽然不同国家的审计准则有不同的规定，但是，总体来说，具有实质性的趋同。表 3 归纳了美国、中国及国际审计准则对重大疑虑事项的规定。

表 3　审计准则对重大疑虑事项的规定

美国的 SAS No. 59	中国注册会计师审计准则第 1324 号	国际审计准则 ISA No. 570
消极趋势： 1. 再次发生经营亏损 2. 经营资本缺乏 3. 经营活动产生的现金流量净额为负 其他可能性财务困境的迹象： 1. 不发行贷款或类似协议 2. 债务重组 3. 不遵守法定的资本要求，需要寻找新的资金来源或筹措资金的方法 4. 处置重要资产 内存原因： 1. 经营中断或其他人力资源短缺 2. 过分依赖一个特殊项目的成功 3. 非经济的长期承诺事项需要重大调整经营方式 客观事件： 1. 法律诉讼、法律制裁或类似事件 2. 重要特权、许可权、专利权的丧失 3. 丧失重要客户或供应商 4. 大灾难	财务方面： 1. 无法偿还到期债务 2. 无法偿还即将到期且难以展期的借款 3. 无法继续履行重大借款合同中的有关条款 4. 存在大额的逾期未缴税金 5. 累计经营性亏损数额巨大 6. 过度依赖短期借款筹资 7. 无法获得供应商的正常商业信用 8. 难以获得开发必要新产品或进行必要投资所需资金 9. 资不抵债 10. 营运资金出现负数 11. 经营活动产生的现金流量净额为负数 12. 大股东长期占用巨额资金 13. 重要子公司无法持续经营且未进行处理 14. 存在大量长期未作处理的不良资产 15. 存在因对外巨额担保等或有事项引发的或有负债 经营方面： 1. 关键管理人员离职且无人替代 2. 主导产品不符合国家产业政策 3. 失去主要市场、特许权或主要供应商 4. 人力资源或重要原材料短缺 其他方面： 1. 严重违反有关法律法规或政策 2. 异常原因导致停工、停产 3. 有关法律法规或政策的变化可能造成重大不利影响 4. 经营期限即将到期且无意继续经营 5. 投资者未履行协议、合同、章程规定的义务，并有可能造成重大不利影响 6. 因自然灾害、战争等不可抗力因素遭受严重损失	财务方面： 1. 资不抵债 2. 无法续借或偿还即将到期的借款；过度依赖短期借款筹措长期资金 3. 债务人和其他债权人收回资金支持的迹象 4. 历史或预测会计报表显示，经营活动产生的现金流量净额为负 5. 关键财务比率为负 6. 产生现金流入的资产发生重大经营亏损或贬值 7. 拖欠分配红利或中止分红 8. 无法偿还到期债务 9. 无法继续发行借款合同中的有关条款 10. 与供应商之间的交易方式从信用付款变为现金付款 11. 难以获得开发必要新产品或进行必要投资的所需资金 经营方面： 1. 关键管理人员离职且无人替代 2. 失去主要市场、特许权或主要供应商 3. 人力资源或重要原材料短缺 其他方面： 1. 不遵守法规或政策要求 2. 未决诉讼或调整活动，如果成功，产生的结果不能令人满意 3. 有关法规或政策变化对经济实体的不利影响

综上所述，关于审计师如何关注持续经营问题，有如下结论：审计师需要在审计的全过程关注持续经营问题，对于持续经营问题的关注，以审计准则规定的重大疑虑事项为重点。

（三）审计师如何形成持续经营问题的判断？

审计师在全过程中关注被审计单位的持续经营问题，重点是关注重大疑虑事项及其应对计划，那么，如何根据重大疑虑事项的相关情形来形成对持续经营问题的判断呢？我们假设审计师已经搞清楚了重大疑虑事项的相关情形，在此基础上，我们讨论两个问题，第一，审计师如何根据重大疑虑事项的相关情形形成持续经营判断？第二，审计师的判断是否具有差异性？

1. 审计师如何根据重大疑虑事项的相关情形形成持续经营判断？

审计师根据重大疑虑事项的相关情形形成持续经营判断，是一个思维过程，也是一个决策过程，更是一个职业判断过程，相关的准则难以做出规则性规定。

一般来说，重大疑虑事项的相关情形是判断的基础，注册会计师会充分考虑重大疑虑事项的性质和可能涉及的金额大小，在此基础上，做出合理的专业判断。总体来说，需要从重大疑虑事项的性质和金额两个方面进行判断，所以，有定量判断和定性判断两种情形。

现有文献对定性判断的研究很少，例如，行业特性（如经营性质、政府的管制）、企业的特征（如规模、存续时间、是否上市）、管理能力（如是否制订正确的计划、管理技巧上有无缺陷、是否存在管理舞弊）、社会声誉（如新闻媒介的评论）、或有事项和外部环境（如竞争状况、环境风险）等因素，虽然难以可靠地量化，但是，它们会影响持续经营（陈朝辉，1997）。然而，审计师如何根据定性因素来判断持续经营，依然是一个“黑箱”。

对定量判断有较多的研究，形成了不同的判断模型。从判断模型依赖的主要指标来说，判断模型区分为基于财务指标的预测模型和综合评判模型，前者以财务指标为主，后者以财务指标和非财务指标相结合（陈朝辉，1997），虽然有些研究表明，非财务指标对持续经营的判断具有信息增量（张晓岚，李强，吴勋，2007），但是，多数文献发现，财务指标是判断持续经营问题的主要信息来源（Mutchler，1985，1986；Nicholas，Robert&Richard，1987；Timothy&Richard，1991；Lori&Michael，2001；Jennifer，2003；胡继荣，王耀明，2009）。根据模型所用概率统计方法的不同，持续经营判断模型可分成多元线性判别模型、多元概率比（Probit）模型、多元逻辑回归（Logistic）模型、人工神经网络模型等（张晓岚，张文杰，张超，2006）。在各种定量判断模型的基础上，国外甚至还出现了持续经营审计判断专家系统（张晓岚，张超，张文杰，2007）。

2. 审计师的判断是否具有差异性？

无论是定性判断，还是定量判断，审计师对于持续经营问题的判断是否具有差异性呢？也就是说，基于同样的重大疑虑事项，不同的审计师能否得出相同的判断结论呢？我们认为，审计师对持续经营问题的判断可能出现差异化，其原因如下：第一，由于相关的审计准则的模糊性，持续经营问题主要依赖于审计师的职业判断。虽然各国的持续经营相关审计准则都列举了重大疑虑事项，然而，这些事项单独或联合到什么程度，被审计单位才出现持续经营问题呢？相关的审计准则并没有明确规定。《中国注册会计师审计准则第1324号—持续经营》使用了一些程度化的量词，例如，重大、大额、巨大、过度、大量、主要、严重，等等。但是，如何确定重大疑虑事项已经达到上述程度化量词所描述的程度，并无规则性指引。所以，尽管相关的审计准则已经列举了重大疑虑事项的清单，但是，要根据这些重大疑虑事项的相关情形，来判断持续经营问题，但是主要依赖审计师的职业判断。第二，既然持续经营问题主要依赖审计师的职业判断，而职业判断受到很多因素的影响，一方面是动机因素，另一方面是认知因素，由于这些因素的影响，持续经营问题的判断可能出现差异。从动机因素来说，审计师可能由于其自身利益的考虑，在职业判断中出现肯定性或否定性倾向，而这些倾向，最终会影响其判断结果（彭桃英，李良师，李岚，2009；朱朝晖，2013）。从认知因素来说，由于一些个人特质，可能会影响审计师对持续经营问题的判断，例如，张继勋、孙岩、孙鹏（2008）发现，在知识结构中以管理知识为主的人员与以财务知识为主的人员在持续经营判断中存在明显差异，且前者的判断绩效好于后者，且在判断过程中被试使用的管理信息明显多于财务信息。

以上从逻辑上分析了持续经营判断可能出现差异，事实上，一些调查报告和研究文献也发现了持续经营判断的差异性。就调查报告来说，中国注册会计师协会的调查发现，在涉及持续经营问题的审计报告中，一些上市公司的持续经营能力及其披露并不存在显著差异的情况下，注册会计师的审计意见类型却差异很大，致使社会质疑审计报告的鉴证性和有用性（姜静青，李延喜，2007）。就研究文献来说，张晓岚等（2006）将选定的重大疑虑事项转换为可定量化的指标，通过统计分析方法检验判断指标与审计意见的关系，分析审计意见的差异情况，结果显示，注册会计师以重大疑虑事项为主要判断证据实施的审计判断存在显著差异。张晓岚、张文杰、鲁晓岚（2006）发现，在同一审计意见类型中，上市公司的持续经营能力存在明显差异；上市公司持续经营能力上并不存在显著差异，但注册会计师却出具了不同类型的审计意见，表明注册会计师在持续经营审计判断中存在严重偏误。

综上所述，关于审计师如何形成持续经营问题的判断，有如下结论：审计师根据重大疑虑事项相关情形，以职业判断为基础，采用定性和定量的方法形成持续经营判断，不同的审计师可能出现判断差异。

（四）审计师如何表达对持续经营问题的判断？

审计师根据重大疑虑事项相关情形对持续经营做出判断，判断结果可能出现三种情形，一是不存在持续经营问题，二是不能持续经营，三是持续经营存在重大不确定性。很显然，如果不存在持续经营问题，审计师的后续处理很简单。当不能持续经营或持续经营存在重大不确定性时，审计师该如何表达这种判断？

1. 审计师会权衡相关因素

从理论上来说，审计师表达其对被审计单位持续经营问题的判断似乎很简单，根据持续经营问题对会计信息公允性的影响及被审计单位对持续经营问题的披露情况确定相应的审计意见类型，将持续经营判断结果体现在审计意见类型中。然而，事情远非如此简单。如何将不利的持续经营判断结果体现在审计意见中，审计师由于其自身利益的考虑，要综合权衡各方面的因素，最后确定表达方面（刘学华，徐荣华，2008）。一般来说，审计师会考虑以下因素：第一，不利的持续经营判断结果披露之后对被审计单位的后果。对企业持续经营问题出具非标准审计报告后，利益相关者可能出现过度反应，例如，采取收缩信用、不予贷款或改变交易条件等措施，会更加速企业财务状况的恶化，所以，这是审计报告本身而非企业的生产经营情况，可能导致企业真的不能持续经营，出现“自我实现预测效果”（秦荣生，2003）。由于这个原因，审计师会慎重考虑是否出具持续经营非标准审计意见。第二，审计师自身的利益。是否出具持续经营非标准审计意见对审计师也会影响审计师本身的利益，一方面，如果被审计单位存在持续经营问题，如果在后续的审计意见中不考虑这个因素，则一旦被审计单位真的出现清算，审计师可能受到审计失败的诉讼，所以，为了规避审计风险，审计师对持续经营问题不能视而不见；另一方面，如果审计师如果出具了持续经营非标准审计意见，被审计单位肯定会不满意，这可能导致审计师被解雇，从而影响审计师的利益。

正是由于持续经营非标准审计意见涉及被审计单位及审计师的利益，再加上持续经营判断本身的不确定性或差异性，有人怀疑注册会计师能否发表恰当的持续经营不确定性审计意见（LaSalle，1994；吴佳，2011）。尽管如此，审计师出于自身利益的考虑，需要在以下问题上做出选择：第一，对于不利的持续经营问题，是明确表达还是隐含表达？第二，如果选择明确表达，选择何种审计意见来表达？

2. 明确表达与隐含表达的选择

明确表达与隐含表达的区别是，前者的审计报告中出现了“持续经营问题”这些字眼，而后者虽然传达了持续经营问题的一些信息，但是，在审计报告中没有出现“持续经营问题”这些字眼。通常的做法是采用带强调事项的无保留意见，在无保留意见段之后增加强调事项段提及持续经营问题（邵瑞庆，崔丽娟，2006）。很显然，审计师选择隐含表达，一方面是减轻对被审计单位的不利影响；另一方面，也是由于自身保护，既披露了持续经营问题的相关信息，减轻了以后可能的诉讼风险，另一方面，又减轻了被审计单位的不满意程度，降低了被解雇的可能性（刘学华，徐荣华，2008）。刘学华（2010）发现，独立性越高的审计师，越倾向于出具明确表达的持续经营有重大疑虑审计意见；而胜任能力强的审计师，并没有比胜任能力弱的审计师更倾向于出具明确表达的持续经营有重大疑虑审计意见。

当然，采用隐含表达是规避审计准则的行为，甚至违背了持续经营相关审计准则的要求，但是，由于审计准则本身给审计师留下了较大的职业判断空间，审计师采用隐含表达还是有一定的机会。现实生活中，一些审计师选择了隐含表达方式（李爽，吴溪，2003；邵瑞庆，崔丽娟，2006）。

3. 审计意见类型的选择

当选择明确表达方式时，审计师需要决定选择以何种审计意见类型来表达其对被审计单位持续经营问题的判断。需要说明的是，持续经营问题作为财务信息审计的必要内容，并不需要单独发表审计意见，而是要根据其财务报表公允性的影响体现在财务报表审计的整体意见中。很显然，这里的基础性因素是被审计单位持续经营问题对财务报表公允性的影响程度。

根据《中国注册会计师审计准则第 1501 号－审计报告》和《中国注册会计师审计准则第 1502 号－非标准审计报告》，财务信息审计意见类型有五种类型：标准的无保留意见，带强调事项段的无保留意见，保留意见，否定意见，无法表示意见。假定其他因素不变，审计师要根据其对被审计单位持续经营问题的判断来确定财务信息审计意见类型，一般来说，持续经营问题的严重程度与审计意见的严厉程度具有正相关性。一些研究文献也得出了类型的结论：当会计主体出现持续经营的不确定性时，出具何种类型的审计意见有一定的主观性（刘月平，2000）；随着公司持续经营能力不确定性程度的提高，注册会计师越容易出具严厉程度高的审计意见（林钟高，章铁生，苏延春，2009）；审计师的持续经营审计意见与破产的可能性显著相关（王扬，2012）。

各国的相关审计准则对持续经营审计意见类型也有一些规定，《中国注册会计师审计准则第

1324号－持续经营》第八章对不同持续经营问题及其披露情形下财务信息审计意见的类型做出了明文规定。然而，即使有这些规定，审计师仍然有较大的职业判断空间，持续经营审计意见仍然可能出现较大的差异性。王扬（2012）发现，实践中普通运用强调事项段来代替意见段等以较轻的审计意见来报告，是审计师维护与客户关系的主要手段。根据中国注册会计师协会对上市公司审计报告非标准意见的分析报告，发现大多数涉及持续经营能力问题的审计报告类型是无保留意见加强调段，或是以保留意见提及持续经营（于艳，2010）。审计师的这种“避重就轻”行为，一方面是基于“自我实现预测效果”的考虑；另一方面，也是基于审计师风险规避和与被审计单位关系的考虑。同时，相关准则也给审计师留下了职业判断空间。

综上所述，关于审计师如何表达对持续经营问题的判断，有如下结论：持续经营审计意见会影响被审计单位及审计师的利益，审计师会权衡各种因素后选择持续经营问题的表达方式及财务信息审计意见类型，表达方式有明确表达和隐含表达，审计意见类型与持续经营问题的严重程度相关，但会出现差异性。

三、结论和启示

审计是一个充满职业判断的过程，持续经营审计中的职业判断成分更大，所以，审计结果也呈现更大的差异性。第一，是否存在重大疑虑事项需要职业判断，并且，不同的审计师会出现判断差异；第二，基于已经确认的重大疑虑事项，是否存在持续经营问题，需要较大的职业判断，并且，这种判断会具有差异性；第三，基于持续经营问题的判断，如何将非商业性结果体现到审计意见中，具有多种选择，并且，不同的审计师会出现差异性选择。

正是由于持续经营审计的主观判断特色及判断结果的差异性，社会各界特别是利益相关者可能会质疑持续经营审计质量。当然，一些审计师也可能利用持续经营审计的上述特征来“操纵”审计质量。所以，一方面，需要在可能的范围内，继续优化持续经营审计相关准则，以抑制审计师的“操纵”行为；另一方面，也要加强沟通，让审计报告使用者明白，持续经营审计意见充满职业判断，不要视作唯一的结果，在使用这种审计意见时要保持谨慎。

参考文献

1. 娄尔行．试论管理审计［J］，财经研究，1984（1）：52－56。

2. 范开诚．绩效审计与财务审计的比较研究［J］审计月刊，2001（7）：4－6。

3. 王会金．现代企业财务审计的特征与工作定位［J］，当代财经，2002（6）：78－79。

4. 孙俊英，董秀琴．管理当局的财务报表认定－一个应引起重视的基本概念［J］，广东审计，1998（4）：17－19。

5. 谢盛纹．管理当局认定概念的发展与启迪［J］，审计月刊，2005（10）：8－9。

6. 中国注册会计师协会．审计（2011年度注册会计师全国统一考试辅导教材）［M］，经济科学出版社，2011年3月。

7. 张龙平，王泽霞．美国舞弊审计准则的制度变迁及其启示［J］，会计研究，2003（4）：

61－64。

8. 周赟．对我国注册会计师承担舞弊审计责任的思考［J］，商业研究，2005（15）：129－131。

9. IAASB，International Standard on Auditing 240（revised），Auditor's Responsibility to Consider Fraud in An Audit of Financial Statements［R］，2004，WWW. IFAC，ORG.

10. 罗伯特·K. 莫茨，侯赛因·A. 夏拉夫．审计理论结构［M］，中国商业出版社，1990年，P154。

11. 陈毓圭．中国注册会计师行业对发现舞弊责任的认识和担当［J］，中国注册会计师，2010（9）：20－23。

12. 连宏彬．评国际舞弊审计新准则及其借鉴［J］，财会通讯，2004（7）：87－89。

13. 李爽，吴溪．制度因素与独立审计质量－来自持续经营不确定性审计意见的经验证据，中国注册会计师，2002（6）：29－34。

14. 秦荣生．对注册会计师关注企业持续经营能力的若干思考，中国注册会计师，2003（8）：21－25。

15. 冯萌，蒋卫平．财务报告审计与持续经营假设：争议与探讨，财务与会计，2003（9）：44－46。

16. Mutchler.，F. J.，A Multivariate Analysis of the Auditor's Going Concern Opinion Decision［J］，Journal of Accounting Research，1985，（3）：668－682.

17. Mutchler.，F. J.，Empirical Evidence Regarding the Auditor's Going Concern Opinion Decision［J］. Auditing：A Journal of P ractice&Theory，1986（3）：148－163.

18. Nicholas.，D，Robert.，W. H.，Richard.，W. L.，Predicting Audit Qualifications with Financial and Market Variables［J］. The Accounting Review，1987（3）：431－454.

19. Timothy.，B. B.，Richard.，H. T.，Empirical Analysis of the Audit Uncertainty Qualifications［J］. Journal of Accounting Research，1991，29（2）：350－370.

20. Nogler，G. E.，The Resolution of Auditor's Going Concern Opinion，Auditing：A Journal of Pratice &Theory，1995，14（2）：54－73。

21. Behn.，B. K.，Pany.，K.，Riley.，R.，SAS No. 59：Going Concern Evidence［J］. The CPA Journal，1999，（7）：59－80.

22. Lori.，M. H.，Michael.，S. W.，The Incremental Information Content of SAS-No. 59Going Concern Opinions. Journal of Accounting Research，2001，38（1）：209－219.

23. Jennifer.，C. I.，An Empirical Investigation of Determinants of Audit Reports in the UK［J］. Journal of Business Finance Accounting，2003，30（7）：975－1015.

24. 姜静青，李延喜．持续经营假设对审计意见的影响－源自沪深股市的实证研究，大连理工大学学报（社会科学版），2007（6）：20－24。

25. 张晓岚，李强，吴勋．持续经营审计判断的改进：经营效率证据的引入，会计研究，2007（1）：66－73。

26. 刘学华，徐荣华．持续经营有重大疑虑审计意见表达方式实证研究，云南财经大学学报，

2008（6）：110－115。

27. 胡继荣，王耀明．论 CPA 不确定性审计意见预测－基于重大疑虑事项的持续经营［J］，会计研究，2009（6）：81－87。

28. LaSalle，R. E. Independence and the Auditors Going Concern Reporting Decision. TheAuditors Report，1994，（Fall）．

29. 张晓岚，张文杰，张超，何莉娜．“重大疑虑事项”为审计判断证据的差异性研究－《中国注册会计师审计准则第 1324 号－持续经营》实施效果预测，当代经济科学，2006（4）：96－104。

30. 张晓岚，张文杰，鲁晓岚．上市公司持续经营审计判断差异评价，中南财经政法大学学报，2006（6）：124－129。

31. 林钟高，章铁生，苏延春．审计职业判断、持续经营不确定性及其质量检验［J］，税务与经济，2009（6）：34－46。

32. 于艳．持续经营审计判断质量的影响因素分析－基于两阶段持续经营审计决策过程，财会研究，2010（23）：38－40。

33. 刘学华．独立性、胜任能力与持续经营有重大疑虑审计意见的表达方式，中国注册会计师，2010（12）：47－56。

34. 吴佳．持续经营不确定性审计意见的信息含量研究，2011（5）：127－128。

35. 张俊瑞，刘彬，程子健，汪方军．上市公司对外担保与持续经营不确定性审计意见关系研究——来自沪深主板市场股的经验证据，审计研究，2014（1）：62－70。

36. 周冬华，康华，赵玉洁．内部人交易与持续经营审计意见－来自财务困境类上市公司的经验证据，审计研究，2015（2）：97－105。

37. Firth.，M，Qualified Audit Reports：The Impact on Investment Decisions［J］．The Accounting Review，1978（3）：642－650.

38. Webb.，L. M.，Wilkins.，M. S，The incremental information content of SAS NO. 59 going concern opinions［J］．JournalofAccounting Research，2000（3）8：209－219.

39. 黄秋敏，张天西．首次持续经营不确定性审计意见信息含量研究［J］，审计与经济研究，2009（11）：25－33。

40. 厉国威，廖义刚，韩洪灵．持续经营不确定性审计意见的增量决策有用性研究－来自财务困境公司的经验证据，中国工业经济，2010（2）：150－160。

41. 宋琛，张俊瑞，程子健．持续经营不确定性审计意见与管理层业绩预告行为，山西财经大学学报，2012（11）：106－114。

42. 王扬．持续经营视角下的审计质量研究－基于破产重整上市公司的实证研究，当代经济研究，2012（4）：51－57。

43. 胡大力，王新玥．持续经营审计意见的信息含量，税务与经济，2014（5）：35－40。

44. 葛家澍主笔．市场经济条件下会计基本理论与方法研究［M］，中国财政经济出版社，1996 年。

45. 埃尔登·S·亨德里克森著，王澹如，陈今池编译．会计理论［M］，立信会计出版社，

2013年。

46. 陈朝辉．论持续经营不确定性 [J]，会计研究，1997 (7)：15—22。

47. 田利军．持续经营能力的判断与审计意见类型 [J]，审计与经济研究，2004 (9)：24—26。

48. 张晓岚，张文杰，张超．持续经营审计判断模型研究：回顾与前瞻 [J]，审计与经济研究，2006 (5)：27—31。

49. 张晓岚，张超，张文杰．持续经营审计判断专家系统：国外研究述评 [J]，中国管理信息化，2007 (1)：61—65。

50. 彭桃英，李良师，李岚．审计判断中的时近效和肯定性倾向—基于持续经营能力判断的实验研究 [J]，会计研究，2009 (1)：66—72。

51. 朱朝晖．是认知因素还是动机因素影响了审计人员对证据的态度？—以持续经营能力判断为例 [J]，应用心理学，2013 (2)：171—176。

52. 张继勋，孙岩，孙鹏．知识结构、持续经营与审计判断绩效 [J]，当代财经，2008 (10)：117—120。

53. 邵瑞庆，崔丽娟．对我国上市公司持续经营不确定性审计意见的分析 [J]，审计与经济研究，2006 (3)：27—31。

54. 刘月平．会计主体持续经营的不确定性与审计意见类型 [J]，上海会计，2000 (6)：57—59。

第二十三章　财务信息审计方法理论（上）

财务信息审计方法论层面的理论问题较多，本章和下章均研究方法论理论，本章的主要内容包括：财务信息审计证据：逻辑框架；财务信息审计过程：概念框架；财务信息审计取证模式：理论框架和主要模式分析。

第一节　财务信息审计证据：逻辑框架

假如我们要使自己的信念强于偶然或心理的感觉，那么，就应以证据为依据（莫茨，夏拉夫，1990）。财务信息审计的核心就是根据审计证据对财务信息的公允性发表审计意见，审计证据是审计目标和审计意见之间的中介，在财务信息审计中发挥核心作用。正是由于财务信息审计证据的重要性，关于财务信息审计证据有不少的研究。本节关注财务信息审计证据的一些更基础性的问题，包括：什么是审计证据？需要何种证据力的审计证据？如何获取审计证据？如何根据审计证据形成审计意见？

一、文献综述

由于审计证据的重要性，关于审计证据有不少的研究文献，研究主题涉及审计证据的概念、审计证据的获取、审计证据评价、审计证据的组合、审计证据与审计意见的关系。

关于审计证据的概念，主要有事实观、资料观、信息观、依据观（莫茨，夏拉夫，1990；王文彬，林钟高，1992；张建军，1997；Arens，Elder & Beasley，2003；三泽一，1987）。

关于审计证据的获取，主要研究审计取证模式及其影响因素和获取特定审计证据或针对特定问题的审计程序（胡春元，2001；谢荣，吴建友，2004；谢志华，2008；陈伟，Robin Q，刘思峰，2008；张晓伟，谢强，陈伟，2009；陈圣磊，陈耿，薛晖，2010）。

关于审计证据的评价，主要涉及审计证据充分性、适当性评价，以及审计证据判断的方法和偏差（Mock&Wright，1993；Chewing，Pany&Wheeler，1989）。

关于审计证据组合，主要是D－S证据理论的基本概念与原理以及这种理论的具体应用（Dutta，Srivastava，1993；谢盛纹，2007；陈圣磊，陈耿，薛晖，2010）。

关于审计证据与审计意见的关系，主要涉及审计意见决策过程及审计证据与审计意见类型的关系（Toba，1975；Gibbs，1977；Kissnger，1977；Smieliauskas&Smith，1996）。

上述这些文献对审计证据的研究有较广泛的主题，并且，有些主题的研究还相当深入。这些研究为我们认知审计证据提供了良好的基础。本节从审计理论的角度关注财务信息审计证据，主要分析和阐述财务信息审计证据的逻辑框架。

二、什么是审计证据？

什么是审计证据涉及审计证据的本质，而要理解和把握审计证据的本质，涉及两个问题，一是审计证据的定义，二是审计证据如何发挥证明作用。

（一）审计证据的定义

关于审计证据的定义，有多种观点，主要的观点包括事实观、资料观、信息观、依据观。事实观认为，审计证据是用作审计证明的事实，是相信另一种事实存在或不存在的理由的当然事实（王文彬，林钟高，1992；张建军，1997）。资料观认为，审计证据就是审计证明所用的资料。美国AICPA颁布的第一号审计准则公告第320条界定的审计证据就是这种观点，该准则认为：审计证据是审计人员在审计过程中运用各种方法所获取的、用以证实或否定客户财务报表表达公允性，形成审计意见基础的一切资料。信息观认为，审计证据就是审计证明所用的信息，著名的阿伦斯审计学认为，审计证据是审计人员用来确定被审信息是否按既定标准表达的信息（Arens，Elder & Beasley，2003）。依据观认为，审计证据是审计证明的依据，日本学者三泽一认为，审计证据就是为了表达审计意见所必须具备的依据（三泽一，1987）。

我们认为，资料观、信息观、依据观并无实质性区别，资料观强调了审计证据的外在形式，信息观强调了审计证据的内在内容，资料的内容就是信息。依据观强调了审计证据的作用，而真正能作为依据的，还是信息。所以，总体来说，资料观、信息观、依据观可以统一于信息观。《中国注册会计师审计准则第1301号－审计证据》采用了信息观，将审计证据界定为注册会计师为了得出审计结论和形成审计意见而使用的信息。

接下来的问题是，为什么权威准则没有采用事实观？这里的原因在于对"事实"的理解。从审计的角度来说，有两种"事实"，一是"客观事实"，二是"审计事实"。"客观事实"是事实的本来面目，是绝对真理，与客观实在具有完全的一致性。而"审计事实"则是一种主观事实，是审计人员通过实施一定程序获知的、特定环境下的事实。"审计事实"与"客观事实"存在着密切联系，它是"客观事实"的衍生物，是对这类"客观事实"的模拟，是"客观事实"在审计中的反映（谢盛纹，2006；聂曼曼，2007）。一般来说，在许多情形下，审计人员无法搞清楚"客观事实"，例如，时过境迁之后，存货的真实情况是无法搞清楚的，抽样审计根据样本对总体的推断也可能存在误差。所以，如果事实观强调的是"客观事实"，则是对审计提出了无法实现的要求，这种证据观当然无法被权威准则所接受。如果事实观强调的是"审计事实"，则这种事实也记录在审计工作底稿中，体现为信息，这与信息观并无实质性的区别。

综上所述，关于审计证据的定义，信息观较为恰当，财务信息审计证据是审计师为了对财务信息审计目标形成审计结论和审计意见所依据的信息。

（二）审计证据发挥证明作用的逻辑过程

既然审计证据是对审计目标形成审计结论和审计意见所依据的信息，那么，审计师是如何依据审计证据来形成审计结论和审计意见呢？也就是说，审计证据是如何发挥其证明作用呢？

就财务信息审计来说，主要采用命题论证取证模式，基本的逻辑过程包括以下步骤：第一，将审计目标分解为审计命题，也就是具体审计目标。一般来说，要以交易、余额、列报（包括披露，下同）为对象，确定管理层认定，根据管理层认定，确定需要证明的审计命题，这些命题，也就是需要获取审计证据来证明的事项，也就是具体审计目标。当然，这是的关键是审计命题与审计目标的关系，如果要实现审计目标，必须是审计命题的集合能包容审计目标，如果审计命题的集合不能包容审计目标，则审计目标仍然不能实现。也正是因为如此，以管理层认定为基础的审计命题也一直在发展变化。第二，根据审计命题来设计审计方案，以获取证明该命题所需要的审计证据，这里的关键有两个问题，一是判断证明某命题所需要的审计证据的证明力，二是根据证明力的要求，确定审计程序的性质、时间和范围。第三，实施审计方案，获取能提供所需要证明力的审计证据，并根据这些审计证据，形成审计结论和审计意见（谢盛纹，2007）。

所以，审计证据发挥证明作用的逻辑过程是，先证明每个具体的审计命题，而通过对具体审计命题的证明，形成对整个财务报表公允性的证明。

三、需要何种证据力的审计证据?

审计证据通过对审计命题的证明来达到对财务报表公允性的证明，那么，什么是审计证据的证明力？对审计命题的证明究竟需要何种程度的证明力才能对审计命题做出结论呢？

（一）审计证据的证明力

一般来说，对审计证据证明力的要求是充分、适当，《中国注册会计师审计准则第 1301 号－审计证据》规定，注册会计师的目标是，通过恰当的方式设计和实施审计程序，获取充分、适当的审计证据，以得出合理的结论，作为形成审计意见的基础。

审计证据的充分是指审计证据数量的最低要求，充分并不是说证据数量越多越好，受审计成本限制，审计师应把需要足够数量的审计证据控制在最低限度。审计证据适当可以分解为审计证据相关、可靠、合法，审计证据相关是指证据与需要证明的审计命题之间有逻辑上的联系，能够证明审计命题的真伪；审计证据可靠是指审计证据反映审计命题真实状况的程度，不同形式、不同来源以及不同时间的审计证据可靠程度不同；审计证据合法是指审计证据的形成过程、收集方式和手段要符合法定程序（张以宽，1998）。

（二）对审计证据证明力程度的选择

审计证据的证明力表现为充分和适当，然而，无论是充分，还是适当，都有一个程度化的问题，例如，是100%的充分、100%的适当，还是可以低于100%的充分或适当，如果可以有低于100%，那么，可以低到何种程度？这些问题可以归纳为审计证据证明力程度的选择。换言之，也就是审计师要以何种确定程度来形成审计结论和审计意见。

首先，审计师不能以100%的保证程度来形成审计结论和审计意见，这有两个原因，第一，从审计技术本身来说，对于许多审计命题，无法以100%的保证程度来形成审计结论，例如，次年3月审计以前年度会计报表，该年度年末的资产的真实状况已经无法以100%的把握来验证；第二，即使有些命题可以以100%的把握来验证，社会也不需要这么100%保证程度的验证，因为这样做的成本太高，不符合成本效益原则。

其次，审计师不能太低的保证程度。因为太低的保证程度，审计意见具有很大的不确定性，利益相关者无法使用审计意见，从而财务信息审计也就失去其社会价值。

所以，总体来说，审计师需要以非绝对但又较高的保证程度来发表审计意见，区分为合理保证和有限保证（谢盛纹，2007）。合理保证是将审计风险降至该业务环境下可接受的低水平，以此作为以积极方式提出结论的基础，有限保证是将审计风险降至该业务环境下可接受的水平，以此作为以消极方式提出结论的基础。

审计证据是审计意见的基础，审计意见的保证程度决定了审计证明的证明力程度，与非绝对但又较高的保证程度相适应的审计证据证明力程度是说服性的（persuasive），而不是结论性的（conclusive）。也就是说，审计师只要根据说服性的审计证据就可以形成审计结论和审计意见，而不必依赖结论性的审计证据才能形成审计结论和审计意见。说服性证据是指审计人员获取的与客观事实可能存在一定差异的证据，反映的是审计事实，能够影响他人，使其相信或按照期望行动；结论性证据是指审计人员的获取与客观事实相符合的证据，反映的是客观事实，是决定性的、无可置疑的。

接下来的问题是，审计师如何判断审计证据是否达到说服性水平？事实上，审计师的审计过程类似于法官的自由心证过程，在审计过程中，审计师通过对审计证据的不断积累，不断增加审计师对审计命题的信心，当达到排除合理怀疑时，审计师就已经从心理上说服了自己，就有信心形成审计结论和审计意见了。所以，可以认为，排除合理怀疑的证明力水平就是说服力水平（谢盛纹，2007）。

既然如此，由于不同的审计师可能会有不同的排除合理怀疑之水平要求，所以，审计证据的证明力水平要求可能会存在差异。然而，审计的最终成果毕竟要让利益相关者来使用，如果不同的审计师的审计过程差异很大，基本依赖于职业判断，则审计的价值会完全依赖于审计师的声誉，审计作为一个整体的社会价值会大为降低。所以，客观上需要对审计证据证明力水平有一个要求。同时，由于财务信息审计已经有较长的历史了，在这个过程中，也形成了一些良好的实务和理论，对这些实务和理论，对审计取证做出一些规定，就形成了对排除合理怀疑水平的客观要求，使得审计师自由心证的心理过程有一个约束性的客观保证（谢盛纹，2006）。

综上所述，关于需要何种证据力的审计证据，有如下结论：审计证据证明力表现为适当性和充分性，上述两方面都需要达到排除合理怀疑的程度，从本质上来说，何时达到这种程度是审计师的自由心证，但是，审计准则对这个过程形成了约束。

四、如何获取审计证据?

为了排除合理怀疑，审计师需要获取审计证据，并且，通过审计证据的积累，形成对审计命题的判断信心。然而，审计师如何获取审计证据呢？从理论层面来说，涉及两个问题，一是获取审计证据的逻辑过程，二是获取审计证据的方法。

（一）获取审计证据的逻辑过程

从逻辑上来说，审计证据的获取贯穿于审计的全过程，在审计计划阶段，通过审计总体计划和审计方案（包括审计具体计划），以审计命题为基础，策划针对每个审计命题所需要的审计证据，从某种意义上来说，审计计划过程就是如何获取充分、适当审计证据的策划和安排。当然，不同的审计取证模式和审计程序下，审计方案会有区别。在审计实施阶段，审计师根据审计方案来获取审计证据。同时，根据了解到的新情况，如果认为原来的审计方案不能获取充分、适当的审计证据，可能还会对原来的审计方案进行调整，以保障审计证据的充分、适当。在审计完成阶段，一方面要评价审计证据的充分性和适当性，如果审计师还未能对某些审计命题排除合理怀疑，就需要增加一些审计证据；另一方面，还会获取一些补充性的审计证据，这些证据也许不一定针对特定的审计命题，可能与多个审计命题相关。同时，还可能会要求被审计单位对一些事项的会计处理进行调整，通过这些调整，审计师对这些调整事项也要形成审计证据，在形成其排除命题怀疑证据的一部分。

（二）获取审计证据的方法

虽然审计获取审计证据贯穿于审计的全过程，但是，还有两个具体的问题：一是审计取证的思路，二是审计取证的技术，我们将前者称为审计取证模式，后者称为审计程序。

就财务信息审计来说，审计取证模式经历了账项基础审计、制度基础审计、传统风险导向审计和现代风险导向审计，不同取证模式的取证思路不同，其审计效率和效果也不同，当然，其适用环境条件也不同（胡春元，2001；谢荣，吴建友，2004；谢志华，2008）。

财务信息审计程序是获取审计证据的具体技术方法，一般来说，主要包括审阅、监盘、观察、询问、函证、重新执行、重新计算、分析性程序，这些审计程序按一定的逻辑组合起来，就形成审计取证模式（中国注册会计师协会，2011）。

五、如何根据审计证据形成审计意见？

财务信息审计采取的审计取证模式是命题论证式，这种取证模式的基本逻辑是将大命题分解为小命题，小命题的集合组成大命题，通过对小命题的证明来获取对大命题的证明。

就财务信息审计来说，在审计阶段通过审计目标分解为交易、余额、列报的审计命题，策划和安排了审计证据的获取方案；在审计实施阶段，通过实施和调整审计方案，获取了审计证据；在审计完成阶段，评价了审计证据，并补充了一些审计证据。

然而，审计目标是对财务报表公允性发表意见，审计师需要根据审计证据形成审计意见。审计师针对财务报表的审计意见是如何形成呢？

一般来说，要经历由下到上的三个逻辑步骤（刘国常，1994），第一，针对每个审计命题形成审计结论，这些审计命题一般是以特定的交易、余额、列报为载体，每个交易、余额、列报可能有多个审计命题，每个审计命题都需要充分、适当的审计证据，以排除合理怀疑；第二，针对每个交易、余额、列报形成审计结论，由于针对每个审计命题形成了审计结论，某个交易、余额、列报相关的所有命题结论组合起来，就形成了关于该交易、余额、列报的审计结论；第三，根据交易、余额、列报的审计结论，形成会计报表整体的审计意见，会计报表是由交易、余额、列报组成的，根据交易、余额、列报的审计结论，就能形成会计报表整体的审计意见。当然，上述逻辑过程中，每个步骤都有审计证据的充分、适当之判断问题。

六、结论和启示

财务信息审计取证是财务信息审计的核心要素，贯穿财务信息审计始终，本节关注财务信息审计证据的几个基础性问题，形成财务信息审计证据的逻辑框架，主要的结论包括：第一，财务信息审计过程是一个命题证明过程，先证明单个的命题，形成审计结论，在此基础上，获取对财务报表整体公允性的证明，形成审计意见，而审计证据是审计师形成审计结论和审计意见所依据的信息；第二，审计证据的证明力表现为充分性和适当性，它们都需要达到排除合理怀疑的程度，何时达到这种程度是审计师的自由心证，但是，审计准则对这个过程形成了约束；第三，审计证据的获取贯穿于审计的全过程，审计取证模式和审计程序是这个过程的具体实现。

本节的研究启示我们，财务信息审计证据的获取、评价及其使用是一个充满职业判断的自由心证过程，一方面，要强化职业道德，使得审计师审慎应用职业判断；另一方面，要总结良好实务，优化审计准则，以指导和约束审计师在审计证据方面的职业判断。

第二节 财务信息审计过程：概念框架

对于审计师来说，财务信息审计的主要目标是财务信息的公允性发表意见[①]，审计师要达成这一目标，必须做实施一系列的审计活动，这些审计活动组成财务信息审计过程，将这个过程中的关键概念提炼出来，财务信息审计过程就是由这种概念组成的概念框架，并且，由于财务信息审计过程是由相互关联的审计活动组成的，所以，以此为基础提炼出的审计概念也是相互关系的，这些概念共同组成一个实施财务信息审计目标的概念框架。现有文献对财务信息审计概念框架有一定的研究，但是缺乏系统的理论框架。本节构建由财务信息审计概念框架的性质、作用和内容组成的理论框架。

一、文献综述

关于财务信息审计概念框架的研究主要涉及两个主题，一是财务信息审计概念框架的内容，二是财务信息审计概念框架的作用。

关于财务信息审计概念框架的内容，国外有两种代表性的观点，一是莫茨、夏拉夫（1990）认为，财务审计概念包括五个：审计证据，应有的审计关注，公允表达，独立性，道德行为；二是英国汤姆·李在其著作《公司审计》中将审计概念分为两类行为方面的概念和技术方面的概念，前者包括：胜任能力，独立性，审计责任和审计谨慎；后者包括：公允表达，审计证据。国内一些学者也提出了财务审计概念框架的内容，林钟高（1995）、王文彬、林钟高（1995）将财务审计概念分为三类：一般准则中的审计概念，外勤准则中的审计概念，报告准则中的审计概念。沈征（1998）认为，审计概念体系应该包括以下十个：受托责任，审计独立性，合理职业谨慎，职业道德行为，审计法律责任，公允表达，审计证据，审计意见，审计重要性，审计风险。曹建新（2010）从政府审计的角度出发，将审计概念分为动因模块、实施模块和反馈模块三大模块。

关于财务信息审计概念框架的作用，现有研究文献有较大的共识，认为财务审计概念框架可以指导审计准则的制定，并可以解释新概念、规范新现象、解决新问题，并为审计人员进行职业判断提供前瞻性理论依据（任咏恒，1996；沈征，1998；詹原瑞，李雪，2004；甘亚蓉，2006）。

现有文献对于财务信息审计概念的认识已经有一定的深度，但是，关于财务信息审计概念框架

① 本节同等意义上使用“财务信息审计”与“财务审计”。

的性质、作用和内容，还是缺乏一个系统化的理论框架，本节拟在这方面做些努力。

二、财务信息审计概念框架：性质、作用和内容

（一）财务信息审计概念框架的性质

财务信息审计概念框架的性质，主要涉及概念框架与财务信息审计理论结构的关系。财务信息审计理论结构是关于财务信息审计基本问题的系统阐述，主要包括：财务信息审计需求理论，财务信息审计本质理论，财务信息审计目标理论，财务信息审计主体理论，财务信息审计客体理论，财务信息审计内容理论，财务信息审计方法理论，财务信息审计环境理论。

上述财务信息审计基本理论中，财务信息审计方法理论只是其中的组成部分之一，财务信息审计过程的概念框架只是财务信息审计方法理论的组成部分。不少研究财务审计理论结构的文献，都将财务审计概念作为财务审计理论结构的组成部分，表 1 列出了国外学者的观点（蔡春，2001），表 2 列出了国内学者的观点（康大林，孙翠，2009）。

表 1　审计理论结构要素及相互关系

模式名称	模式内容	人物及提出时间
莫氏模式	哲学基础－假设－概念－应用标准－实际应用	莫兹和夏拉夫，1962
安氏模式	目标－标准－概念－假设－技术－方法－过程	安德森，1977
李氏模式	本质与目标－假设－概念	汤姆·李，1984
弗氏模式	本质与目标－假设－概念－标准	弗林特，1988

表 2　审计理论结构要素及相互关系（国内观点）

代表人物	著作	要素内容
萧英达	比较审计学	审计目标－审计假设－审计概念
汤云为	审计理论研究	审计假设－审计概念－审计准则
王文彬，林钟高	审计基础理论	审计目标－审计假设－审计概念－审计原则
徐政旦	审计研究前沿	审计本质－审计目标－审计假设－审计概念－审计准则－审计程序方法－审计报告
谢荣	高级审计理论与实务	审计目标－审计假设－审计概念－审计规范－审计基本方法－审计报告－审计责任

表 1 和表 2 显示两个重要的信息，第一，不少的文献（包括权威文献），都将财务审计概念框架作为财务审计理论结构的组成部分，所以，可以认为，财务审计概念框架不同于财务审计理论结构，前者只是后者的组成部分（葛家澍，2006）；第二，财务审计概念框架基本上是位于审计目标和审计假设之后，是在审计假设的基础上，实现审计目标的过程。所以，财务审计概念框架是关于如何达成审计目标的审计过程的概念提炼或观念总结。

财务信息审计概念框架作为审计过程的观念总结，是由一系列的概念组成的，这些概念之间是什么关系呢？由于审计概念是对审计活动的提炼，而财务信息审计作为一个系统过程，其各项审计

活动之间也就存在必然的联系，正是审计活动之间的这种必然联系，也就决定了以这种审计活动为源泉的审计概念之间也是有机关联的，所以，财务信息审计概念之间是统一于审计目标的，是相互关系的，它们组合起来，就从概念上形成财务信息审计目标的实现过程。

到此为止，关于财务信息审计概念框架的性质，有如下结论：财务信息审计概念框架是对财务信息审计过程的概念总结，由一系列统一于审计目标且相互关系的概念组成，属于财务信息审计理论中的方法论理论。

（二）财务信息审计概念框架的作用

财务信息审计概念框架有什么作用呢？或者说，为什么要建立一个财务信息审计概念框架呢？美国财务会计概念框架的作用，有较大的启发作用，从美国 FASB 的文献来看，财务会计概念框架主要有两方面的作用，一是用来考虑各种准则备选方案的优点的共同基础和基本推理，指导 FASB 发表新的会计准则，也就是成为制定会计准则的基础；二是可用于评估现有的准则并在缺乏权威文告时作为解决会计新问题的指南（刘峰，黄正健，2002；葛家澍，2005；李玉环，2005；葛家澍，2006）。

借鉴财务会计概念框架的作用，并考察财务信息审计的发展，本节认为，财务信息审计概念框架的作用也是两个方面，一是作为评估和发展财务信息审计的基础，二是在缺乏准则的情形下，作为解决实务问题的指南，如图 1 所示。下面，我们详细分析这两方面的作用。

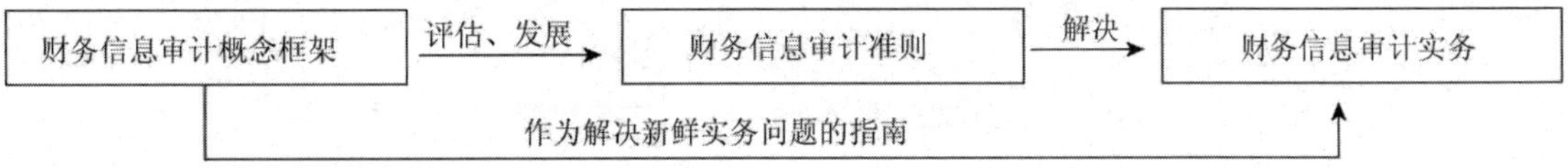

图 1　概念框架的作用

1. 财务信息审计概念框架作为评估、发展财务信息审计准则的基础

财务信息审计准则是财务信息审计的操作性规定，这些操作性规定可能很多，因此，财务信息审计准则可能是一个体系，这个体系内部的各个具体的财务信息审计准则是针对特定的财务信息审计操作问题。然而，这些审计准则具有做到相互贯通，并且相互协调一致，不能出现相互矛盾。怎么才能做到这种贯通和协调呢？其手段是建立一个共同的概念框架，这个概念框架是财务信息审计过程的关键事项的观念总结，是财务信息审计过程的共同话语体系，依据这个概念框架，大家对于财务信息审计过程的重要事项，就出现不同的认识或表述。所以，财务信息审计概念框架是财务信息审计准则的基础。有了这个基础，可以从两个方面来促进财务信息审计准则的建议，一是评估审计准则的不同备选方案，凡是与既定审计概念框架理念不同的审计准则方案，就是要淘汰的方案，以确保各项审计准则的贯通和协调；二是发展新的审计准则，当出现一些新的财务信息审计问题需要解决时，就需要提出新的财务信息审计准则，而新的准则之提出，其逻辑起点就是财务信息审计概念框架，在这个起点上，提出新的准则方案，这样就能做到新的准则与现有准则的贯通和协调。

2. 财务信息审计概念框架作为解决新鲜实务问题的指南

当出现一些新鲜的实务问题时，相关的审计准则的出台可能需要一个过程；并且在一些情形下，并不是所有的审计问题都会建立具体的审计准则来明文规范，而是由审计师自行用职业判断来解释。上述情形下，并没有已经颁布的审计准则来规范审计行为，此时，审计师就应该根据财务信息概念框架的思想或要义来做出自己的选择，财务信息概念框架成了约束审计师行为的规范，事实上发挥了审计准则的作用。当然，对于财务信息审计概念的这种作用不宜过于夸大，只是在特定时期、特定情形下适用，不能成为普通现象，否则，财务信息审计准则就没有必要存在了。另外，财务信息审计概念框架是概念性的，既然如此，对于同样的事项，可能出现不同的理解或解释，如果主要信赖概念框架来解决实务问题，则具体的解释方案可能出现较大的差异化。

到此为止，关于财务信息审计概念框架的作用，有如下结论：财务信息审计概念框架是财务信息审计准则的概念基础，一方面可以用于评估和发展财务信息审计准则，另一方面还可能作为解决没有准则可遵循的新鲜实务问题的指南。

（三）财务信息审计概念框架的内容

财务信息审计概念框架是对财务信息审计过程的观念总结，是以概念的形式对审计过程形成一个话语体系，所以，财务信息审计概念框架究竟包括哪些概念，应当是由其财务信息审计的技术逻辑所决定的。一般来说，财务信息审计的技术逻辑如图 2 所示，包括四个阶段，一是确定审计项目，二是选择该项适宜的审计依据，或称为审计标准；三是获取审计证据，以搞清楚事实真相①；四是将事实真相与审计依据进行对照，以确定二者的相符程度，形成审计结论，并以书面形式向利益相关者报告这种结论。

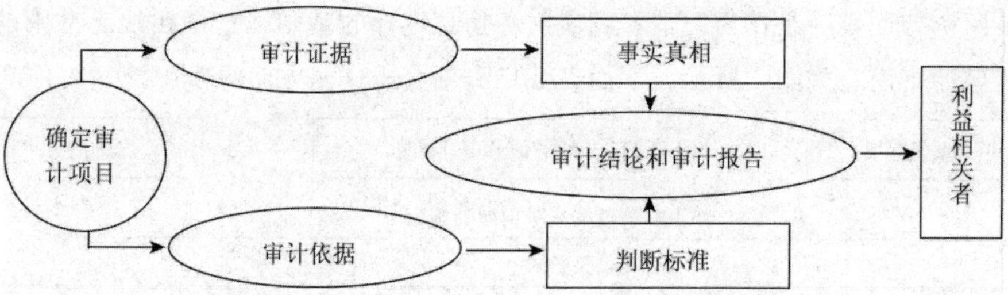

图 2　财务信息审计的技术逻辑

在这种技术逻辑下，各个阶段都有其特定的审计活动，会形成本阶段特有的审计概念。同时，各个阶段还有一些共性的要求，这些共性的要求就形成各阶段共有的审计概念。所以，财务信息审计概念分为两种类型，一是适用于特定阶段的审计概念，二是适用于所有阶段的审计概念，一般称为通用审计概念。

目前，全世界范围内，财务信息审计的技术逻辑都是以风险导向审计模式为基础，所以，其技术逻辑有很大的共性，所以，财务信息审计概念框架也呈现较大的共性；但是，各个国家还有自己的一些特色，所以，财务信息审计概念框架也有国家特色。就中国来说，《中国注册会计师鉴证业务基本准则》和《中国注册会计师审计准则第 1101 号—财务报表审计的目标和一般原则》是财务信息审计的最权威准则，这些准则是依据中国的财务信息审计概念框架来制定的，换言之，这些准则中体现了中国的财务信息审计概念框架的内容。根据这个思想，本节将《中国注册会计师鉴证业务基本准则》和《中国注册会计师审计准则第 1101 号—财务报表审计的目标和一般原则》体现的财务信息审计概念框架的内容归纳如表 3 所示。

① 这里的“事实真相”是“审计事实”，而不是“客观事实”。

表 3　财务信息审计概念框架的内容

审计的逻辑过程	本过程特有概念	通用概念
确定审计项目	责任方，预期使用者，基于责任方认定业务，直接报告业务，审计假设，业务环境，管理责任，审计责任	独立性，职业判断，道德行为
确定审计依据	审计标准，既定标准，商定标准	独立性，职业判断，道德行为
获取审计证据	审计假设，审计证据，审计记录，审计程序，重要性，审计风险，应有的职业关注，职业怀疑态度	独立性，职业判断，道德行为
审计结论和审计报告	审计意见，合理保证，有限保证，审计重要性，公允表达，审计风险	独立性，职业判断，道德行为

到此为止，关于财务信息审计概念框架的内容有如下结论：财务信息审计概念的内容依据于财务信息审计的技术逻辑，一般分为两种类型，一是各审计阶段特有的概念，二是各审计阶段通用的概念。前者的内容较多，不同阶段有不同的概念；后者包括独立性、职业判断和道德行为。

三、结论和启示

财务信息审计是由一系列的审计活动组成的，对于这种审计活动及其相互关系的总结，就是审计过程的概念框架。本节探究这个概念框架的性质、作用和内容。

关于财务信息审计概念框架的性质，财务信息审计概念框架是对财务信息审计过程的概念总结，由一系列统一于审计目标且相互关系的概念组成，属于财务信息审计理论中的方法论理论。关于财务信息审计概念框架的作用，财务信息审计概念框架是财务信息审计准则的概念基础，一方面可以用于评估和发展财务信息审计准则，另一方面还可能作为解决没有准则可遵循的新鲜实务问题的指南。关于财务信息审计概念框架的内容，财务信息审计概念的内容依据于财务信息审计的技术逻辑，一般分为两种类型，一是各审计阶段特有的概念，二是各审计阶段通用的概念。后者包括独立性、职业判断和道德行为。前者的内容较多，不同阶段有不同的概念，确定审计项目阶段的审计概念包括：责任方，预期使用者，基于责任方认定业务，直接报告业务，审计假设，业务环境，管理责任，审计责任；确定审计依据阶段的概念包括：审计标准，既定标准，商定标准；获取审计证据阶段的概念包括：审计假设，审计证据，审计记录，审计程序，重要性，审计风险，应有的职业关注，职业怀疑态度；审计结论和审计报告阶段的概念包括：审计意见，合理保证，有限保证，审计重要性，公允表达，审计风险。

本节的研究启示我们，财务信息审计概念框架的发展成熟状况，也就是财务信息审计准则的发展成熟状况，进而也就是财务信息审计实务的发展成熟状况。所以，要提高财务信息审计实务水平，势必要有一整套财务信息审计准则，而这种审计准则又信赖于高质量的财务信息审计概念框架。所以，发展高质量的财务信息审计概念框架，是发展高质量财务信息审计的基础性工程。

第三节　财务信息审计取证模式：理论框架和主要模式分析

财务信息审计的核心内容是获取审计证据，以搞清楚各认定的真实状况，并在此基础上发表审计意见。如何获取审计证据的基础性问题是选择审计取证模式。至今为此，财务信息审计取证经历了多种审计取证模式，不同的审计取证模式都有其适宜的环境条件，在不同的审计取证模式下，审计风险的控制效果不同，审计效率也不同。现有文献对财务信息取证模式有不少的研究，主要涉及财务信息审计取证模式的类型及影响因素。然而，关于财务信息审计取证模式的一些基础性问题，还是缺乏一个理论框架。本节拟在这方面做些努力。

一、文献综述

关于财务信息审计取证模式有不少的研究文献，主要涉及两方面的问题：一是财务信息审计取证模式的类型；二是财务信息审计取证模式变迁的原因。

关于财务信息审计取证模式的类型，多数文献认为，财务信息审计取证模式主要包括四种类型：账项基础审计、制度基础审计、传统风险导向审计、现代风险导向审计，并且是顺序经历的（胡春元，2001；陈毓圭，2004；常勋，黄京菁，2004；谢荣，吴建友，2004；陈志强，2006；王冲，谢雅璐，2009；谢盛纹，2009）。但是，也有一些文献提出了其他类型的财务信息审计取证模式。例如，一些文献提出了分析基础审计取证模式，认为分析基础审计作为现代审计的一种取证模式，与原有的三种取证模式（账项基础审计、制度基础审计和风险基础审计）相比，克服了它们的共同缺陷，即从“部分→整体”收集证据的模式，采用从“整体→部分→整体”的取证模式，既可以提高审计工作效率，也能较好地保证审计质量（刘兵，李雯婧，2002；刘兵，王雅，2004）。还有一些文献分析了信息化环境下的审计取证，提出了数据式审计模式（石爱中，孙俭，2005；李春青，2007；董伯坤，2007；李瑛玫，2007；李瑛玫，姜振寰，乔淑丽，2008）。

关于财务信息审计取证模式的变迁原因，有不少的研究文献，这些文献研究的财务信息审计取证模式变迁原因大致可以分为两种类型：一是审计取证模式各要素之间的相互影响；二是社会经济环境对审计取证模式各要素的影响。关于审计取证模式要素之间的相互影响，王光远（1992）认为，内部控制健全、统计科学的发展，制约审计测试思想的演进。谢志华（1997，2008）认为，审计方法的变迁是由提高审计效率与避免或降低审计风险的要求决定的。石爱中、孙俭（2005）认为，审计对象的信息化程度改变了审计模式。王冲、谢雅璐（2009）认为，审计取证模式是审计师在收益－成本－风险之间权衡抉择的结果。关于社会经济环境，陈毓圭（2004）认为，审计师为了实现审计目标，一直随着审计环境的变化调整着审计方法。谢荣、吴建友（2004）认为，多样的、急剧变化的内外部社会环境改变了审计模式。

上述文献为我们认识财务信息审计取证模式奠定了良好的基础。然而，关于财务信息审计取证模式还有一些基础性的问题需要深入研究：财务信息审计取证模式由哪些要素构成？这些要素是如何相互影响的？这些要素的具体内容是什么？本节拟研究上述问题，建立一个关于财务信息审计取证模式的理论框架。

二、财务信息审计取证模式的要素框架、相互关系及要素内容

财务信息审计取证涉及多个要素，由于各要素的具体内容及组合方式不同，形成不同的审计取证模式。关于财务信息审计取证模式的理论框架主要涉及三个问题：第一，财务信息审计取证模式由哪些要素构成？第二，各要素之间是什么关系？第三，各要素的具体内容是什么？财务信息审计取证模式的不同，正是由于上述三方面变化的结果。财务信息审计取证模式发展到今天，有些要素发生了变化，而有些要素则基本保持不变，正是这种变与不变，使得不同时代的财务信息审计取证模式既有一定的共性，也呈现出较大的个性。下面，我们详细阐述上述三方面的问题。

（一）财务信息审计取证模式的构成要素及相互关系

财务信息审计取证模式的构成要素，可以从不同的层级来分析，从最宏观的层级来说，财务信息审计取证模式涉及四个要素：财务信息审计取证模式的基本要求，财务信息审计目标，财务信息审计内容，财务信息审计技术方法及其组合。

财务信息审计取证模式的基本要求是指财务信息审计取证模式作为一种人类实践活动，社会及审计师对这种实践活动有什么要求，如果没有要求，则表明社会及审计师对不同的审计取证模式是无差异的，如果如此，则财务信息审计取证模式的发展也就很大程度上失去了推进的动力。所以，社会及审计师一定会对审计取证模式有所要求，这种要求主要表现为在控制审计风险的前提下，审计取证活动具有效率性。财务信息审计目标表明希望通过审计师的财务信息审计活动得到的结果，例如，是希望鉴证财务信息公允性，还是希望查出财务信息中的舞弊或错误。财务信息审计内容是审计什么，一般来说，在既定的审计主题下，财务信息审计内容包括审计标的、审计命题和审计载体，交易、余额、列报是审计标的，其相关认定转换为审计命题，上述这些认定信息可能存在于不同的审计载体。财务信息审计技术方法及其组合是获取审计证据的具体技术方法及各种方法的之间的关系。

上述四方面的内容是紧密关联的，首先，财务信息审计取证模式的基本要求制约审计取证方法的选择，正是由于追求审计风险和审计效率的均衡，需要在不同的取证技术方法中进行选择，不同的技术方法及其组合不同，审计风险及审计效率也不同。其次，财务信息审计目标制约审计取证方法，审计目标不同，需要获取的审计证据也不同，而审计证据的这种不同，会引致审计取证技术方法的不同。最后，财务信息审计内容制约审计取证方法。审计内容包括三方面：一是审计标的，二是审计命题，三是审计载体。审计标的不同，审计取证技术方法会不同；不同的审计命题，也需要不同的的取证技术方法。即使审计标的相同、审计命题相同，如果审计载体不同，则审计取证技术方法也会有重大差异。

所以，总体来说，财务信息取证模式的四要素中，审计取证技术方法受其他三要素的制约，它们之间的关系如图3所示。财务信息审计取证模式的变迁，主要表现为审计取证技术方法及其组合的变迁，而这种审计取证模式的变迁，其直接引致因素主要是财务信息审计取证模式的基本要求、财务信息审计目标、财务信息审计内容。当然，引致这三要素的变化还有复杂的社会经济因素，前面的文献综述显示，不少的文献涉及这方面的研究，本节不详细讨论这方面的内容。另外，社会经济环境的变化也会直接引致审计技术方法的变化。

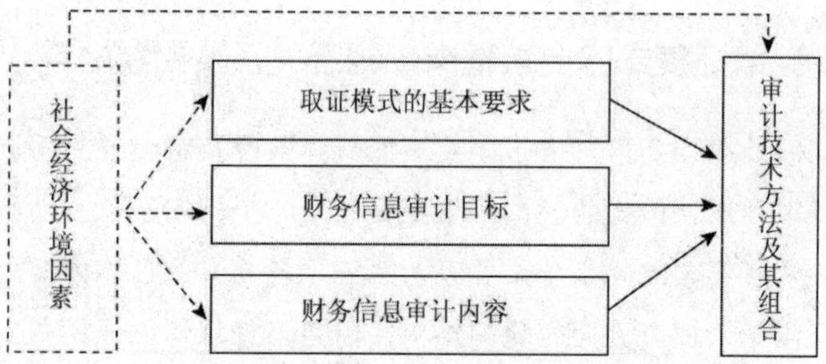

图3 财务信息审计取证要素及其关系

（二）财务信息审计取证模式的基本要求及其对审计取证技术方法的影响

财务信息审计取证作为一种人类活动，必须遵循人类活动的普通要求，这就是采用现行条件下最适宜的方法来完成的既定的任务。从本质上来说，就是要寻找现行环境下最有效率、最经济的方法来完成审计取证活动，包括审计取证的具体技术方法的选择及不同技术方法在方法体系中的使用顺序及地位。但是，审计活动又是一种特殊的人类活动，审计师必须对审计意见承担责任，如果审计师发表错误的审计意见，就产生审计风险，而审计风险很有可能给审计师及利益相关者带来损失。为此，审计师必须有效地控制审计风险。这种审计风险的控制势必影响审计取证的策略、技术方法及其组合。所以，总体来说，财务信息取证模式要求，一方面，要有效地控制审计风险，另一方面，要采取当前环境下最有效率的取证技术方法及其组合。正是在这种要求下，财务信息审计取证模式发生了多次变迁，审计方法的变迁是由提高审计效率与避免或降低审计风险的要求决定的，在审计方法的历史演变中，贯穿其中并起决定作用的是审计风险和审计效率的相互作用（谢志华，1997，2008）；审计方法历史演进的动因是基于提高审计效率和质量的需要，是基于规避审计风险和责任的需要（赵保柳，任晨煌，2003）；每一次审计模式的演进背后都是审计师在收益－成本－风险之间权衡抉择的结果，对于收益、成本和风险的预期，会直接影响到注册会计师的审计方法和审计范围，并直接推动着审计模式的演进和变化（王冲，谢雅璐，2009）。

正是基于上述要求，在财务信息审计取证模式四要素中，当审计目标或审计内容发生变化时，需要及时地根据审计目标或审计内容的变化来变更审计取证技术方法，如果审计取证技术方法保持不变，则可能产生两方面的问题：一是可能产生审计风险，因为不同的审计目标或审计内容要求的审计证据可能会有区别，如果审计目标或审计内容发生了变化，而审计技术方法不同，则很有可能这些技术方法获取的审计证据不支持新的审计目标或审计内容，从而产生审计风险；二是降低审计效率，不同的审计目标或审计内容需要不同的审计证据，也许原来的技术方法也能获取所需要的审计证据，但是，其获取审计证据的工作效率可能不如其他技术方法。正是由于上述原因，将财务信息审计目标或审计内容发生变化时，社会及审计师需要从审计风险和审计效率两个角度来审视，是否需要对原有的审计技术方法进行改进，以得到在新的审计目标或审计内容下，更加有效的审计风险控制和更加高效率的审计技术方法及其组合。

综上所述，财务信息审计取证的基本要求是在有效控制审计风险的前提下，提高审计效率。正是因为这个基本要求，当财务信息审计目标或财务信息审计内容发生变化时，审计技术方法及其组合需要发生相应的变化，审计取证模式发生变迁。

（三）财务信息审计目标及其对审计取证技术方法的影响

一般来说，审计直接目标是鉴证由于机会主义倾向导致的代理问题和有限理性导致的次优问题。对于财务信息审计来说，其代理问题表现为财务信息方面的故意弄虚作假或粉饰，包括舞弊和违反法规行为；其次优问题表现财务信息错误。当然，在许多情形下，难以区分有意的代理问题和无意的次优问题。同时，无论是代理问题，还是次优问题，都有一个严重程度的问题，有些问题较为严重，会影响会计信息的公允性，具有重要性；而有些问题并不严重，即使这些问题存在，也并不影响会计信息的公允性。正是由于上述多种复杂性，使得财务信息审计目标具有多种选择性，其大致情形如表4所示。

表4　财务信息审计目标的可能选择

<table>
<tr><td colspan="2" rowspan="3">项目</td><td colspan="5">代理问题或次优问题类型</td></tr>
<tr><td rowspan="2">会计错误</td><td colspan="2">舞弊</td><td colspan="2">违反法规行为</td></tr>
<tr><td>与财务报告有关</td><td>与财务报告无关</td><td>与财务报告有关</td><td>与财务报告无关</td></tr>
<tr><td rowspan="2">问题严重程度</td><td>全部问题</td><td>A</td><td>B</td><td>C</td><td>D</td><td>E</td></tr>
<tr><td>具有重要性的问题</td><td>F</td><td>G</td><td>H</td><td>I</td><td>J</td></tr>
</table>

根据表4的信息，财务信息审计目标有多种选择，例如，主要的可能性包括：第一，(A+B+C+D+E)组合，在这种财务信息审计目标定位下，全部会计错误、全部舞弊、全部违反法规行为都要纳入审计目标，这无疑要求最广泛的审计证据，进而也会要求最严格的审计技术方法及其组合。第二，(F+G+H+I+J)组合，在这种财务信息审计目标定位下，审计师只是关注具有重要性的会计错误、舞弊和违反法规行为，其要求的审计证据及相应的审计技术方法及其组合，较之(A+B+C+D+E)组合，具有松弛性。第三，(F+G+I)组合，在这种财务信息审计目标定位下，审计师只是关注具有重要性的会计错误，对于舞弊和违反法规行为，只是关注与财务报表相关且具有重要性的，与前面的两种组合相比，其审计证据要求大为降低，进而，审计取证的技术方法及其组合也会大为改变。

以上列举了三种可能的财务信息审计目标，从表4来看，还有其他多种可能的财务信息审计目标。总体来说，不同的财务信息审计目标选择，会有不同的审计证据要求，进而会有不同的审计技术方法及其组合。

事实上，从财务信息审计目标角度影响财务信息审计取证技术方法的还有一个因素，这就是审计意见保证程度。在表4中，无论选择何种审计目标，都要发表审计意见，而审计意见可以以不同的保证程度来发表，通常分为合理保证和有限保证两种程度。在不同的保证程度下，所需要的审计证据的证明力不同，而正是这种证明力不同，会影响获取审计证据的技术方法及其组合，当要求以合理保证发表审计意见时，要求的审计证据证明力更强，要求的审计技术方法及其组合也就更加严密。

综上所述，财务信息审计目标的内容有多种选择，审计意见有多种保证程度，由于目标内容和保证程度的不同，要求的审计证据的证明力不同，进而要求不同的审计技术方法及其组合。

（四）财务信息审计内容及其对审计取证技术方法的影响

一般来说，审计内容包括四个维度：审计主题，审计标的，审计命题，审计载体。上述审计内容的不同，相应的审计技术方法及其组合当然也会发生变化。财务信息审计当然也不例外。就审计主题，财务信息审计的审计主题是财务信息。然而，在有些审计目标下，可能还会增加一些辅助性的审计主题。例如，根据表 4 列示的财务信息审计目标，情形 C、情形 H，要关注与财务报告无关的舞弊，情形 E、情形 J 要关注与财务报告无关的违反法规行为，在这四种情形下，审计主题都有所变化，涉及舞弊行为和违反法规行为，属于行为审计，其审计主题是行为。很显然，不同的审计主题选择，会有不同的审计载体，进而会要求不同的审计取证技术方法及其组合。

审计标的是审计的靶子，财务信息审计的标的包括交易或事项、余额、列报，上述不同的标的，审计技术方法及其组合有差异，例如，对于余额可以进行监盘，而交易或事项就难以采用这种审计程序；对于交易或事项，可以与内部控制测试结合起来，实行两重目的测试，余额和列报则一般难以采用两重目的测试。当然，财务信息审计的标的总体上是基本稳定的，都是交易或事项、余额、列报，但是，主要的财务报表有资产负债表、利益表，对于不同报表的重视程度不同，则财务信息审计标的的重要性会发生变化，如果重视资产负债表，则余额和列报是重要的审计标的，从而，与此相关的审计技术方法及其组合也就凸显重要性；如果重视利益表，则交易或事项的重要性就提高，与交易或事项相关的审计技术方法及其组合也就凸显其重要性。所以，审计标的决定审计技术方法及其组合。

审计命题是审计师需要获取证据来证明的事项。就财务信息审计来说，审计命题来源于管理层认定（assertion），是管理层认定的转换。管理层认定是管理层对财务报表组成要素或财务信息标的（包括交易或事项、余额、列报）的确认、计量、列报做出的明确或隐含的信息表达。审计师的审计工作就是要确定管理层的认定是否恰当。交易或事项的认定信息包括：发生，完整性，准确性，截止，分类；余额的认定信息包括：存在，权利和义务，完整性，计价和分摊；列报的认定信息包括：发生及权利和义务，完整性，分类和可理解性，准确性和计价。财务信息审计，就将上述认定转换为需要证明的审计命题，围绕这些审计命题来获取审计证据。很显然，不同的认定转换为不同的审计命题，而要证明不同的审计命题，需要不同的审计证据，不同的审计证据，需要不同的审计技术方法及其组合来获取。所以，审计命题决定审计技术方法及其组合。

审计载体是审计标的及其认定信息的存储形式，主要有两种存储形式：一是纸质数据；二是电子数据。当然，就财务信息来说，电子数据可以转换为纸质数据。所以，对于电子数据有两种审计思路，一是穿过计算机，二是绕过计算机。很显然，如果采取绕过计算机的方法，则电子数据又回到了纸质数据，二者的审计技术方法及其组合无差异。但是，从审计效率来说，纸质数据是高效率的审计路径，所以，为了实现财务信息审计取证模式的基本要求，必须在有效控制审计风险的前提下，提高审计效率，所以，穿过计算机应该是主要的审计路径。既然如此，这种路径下的审计技术方法及其组合，与纸质数据下的审计技术方法及其组合就会有很大的差异。所以，审计载体决定审计技术方法及其组合。

（五）财务信息审计技术方法及其组合

财务信息审计技术方法及其组合包括三个问题：一是审计策略；二是审计程序的性质；三是不同审计程序的地位。上述三个方面，任何一个方面发生变化，财务信息审计取证模式都会发生变化。财务信息审计取证模式的基本要求、财务信息审计目标、财务信息审计内容对财务信息审计技术方法及其组合的影响，最终都体现在审计策略、审计程序的性质、不同审计程序的地位这三个方面。

审计策略主要是获取审计证据的路径，主要有四种策略：一是进行错弊风险评估且依赖内部控制；二是进行错弊风险评估但不依赖内部控制；三是不进行错弊风险评估且不依赖内部控制，四是不进行错弊风险评估但依赖内部控制。不同的审计策略下，审计程序的类型不同，当进行错弊风险评估且依赖内部控制时，审计程序包括错弊风险评估程序、控制测试程序、实质性测试程序这三类程序。如果进行错弊风险评估但不依赖内部控制，则审计程序只由错弊风险评估程序、实质性测试程序组成。如果不进行错弊风险评估且不依赖内部控制，则审计程序只有实质性测试。如果不进行错弊风险评估且依赖内部控制，则审计程序由控制测试和实质性测试组成。此外，还有一种情形，就是有正式的风险评估且拟依赖内部控制，但是经过对内部控制的了解，发现内部控制不值得依赖。以上所述的五种审计策略如表 5 所示。

表 5　不同审计策略下的审计程序类型

项目		是否进行错弊风险评估		是否依赖内部控制		实质性测试
		是	否	是	否	
审计策略	路径 1	×	√	×	√	√
	路径 2	√	×	×	√	√
	路径 3	√	×	√	×	√
	路径 4	×	×	√	×	√
	路径 5	√	×	×	×	√

注：√表示选择这种类型的审计程序，表示不选择这种类型的审计程序。

那么，为什么会有不同的审计策略呢？其根本的原因是审计取证模式的基本要求，这就是在有效控制审计风险的前提下，提高审计效率。正是基于对审计风险的有效控制，对审计效率的追求，才出现了多种审计策略，不同的审计策略适宜于不同的环境条件，在一种环境条件下有效率的审计策略并不一定在其他环境条件下是有效率的，所以，需要适宜于不同环境条件的审计策略。

审计程序的性质是获取审计证据的具体技术方法，一般来说，有八种基本的审计程序，包括：审阅、监盘、观察、询问、函证、重新执行、重新计算、分析性程序。这种审计程序也是逐步发展起来的，并不是一开始就有这些方法，并且，随着审计的发展，可能还会有新的审计程序出现。更为重要的是，这种审计程序的具体操作和应用方法也在不断地发展，例如，分析性程序，已经从财务信息分析发展到非财务信息分析以及财务信息与非财务信息的关联分析，具体的分析技术还要不断地发展。审计程序的性质当然受到审计目标、审计标的、审计命题、审计载体的影响，当然还受到审计风险控制和审计效率的影响，正是这些因素的变化，使得不同情形下需要不同性质的审计程序，这是审计方案设计的重要内容。

审计程序有多种，在不同的环境条件下，不同审计程序的地位不同。例如，如果不进行错弊风险评估，则分析性程序的作用就不大；如果不进行控制测试，则重新执行这种审计程序就基本上无用武之地。如果审计目标包括全部舞弊，则审阅法就较为重要。如果审计载体是纸质数据，为了提高审计效率，则抽样审计就较为重要；相反，如果审计载体是电子数据，则是否采用抽样审计对审计效率并无重要影响。当然，在电子数据环境下，对于电子数据本身赖以产生的信息系统之测试就显得非常重要，所以，控制测试这种审计程序的重要性就凸显。所以，审计取证基本要求、审计目标、审计内容都可能会影响不同审计程序的重要性。

综上所述，财务信息审计技术方法及其组合包括审计策略、审计程序的性质、不同审计程序的地位，这三个方面都是由审计取证模式的基本要求、审计目标和审计内容所决定的。

三、不同财务信息审计取证模式的要素分析

本节以上提出了一个关于财务信息审计取证模式的理论框架，理论的生命力在于解释现实。下面，我们用这个理论框架来分析财务信息审计取证模式的变迁，以一定程度上验证本节的理论框架。

一般认为，财务信息审计取证模式经历了账项基础审计、制度基础审计、传统风险导向审计、现代风险导向审计、数据式审计五个阶段，不同的文献分析了这种变迁的经济社会原因（陈毓圭，2004；谢荣，吴建友，2004；石爱中，孙俭，2005）。我们不再重复这种角度的分析，而是从财务信息审计取证模式各要素的变化来分析取证模式的变迁。

（一）账项基础审计取证模式的要素分析

1. 审计取证模式的基本要求

账项基础审计取证模式下，审计师对于审计质量非常关注，查出管理层的舞弊或错误是审计师关注的焦点，能否查出管理层舞弊或错误，很大意义上表明审计质量的高低。在审计质量和审计效率的均衡中，审计师当然会关注审计效率，但是，审计质量在审计师心目中的地位更高，当二者有矛盾时，审计师会宁愿牺牲审计效率来换取审计质量。所以，总体来说，在账项基础审计取证模式下，审计师当然也关注审计效率，但审计质量更为重要。本节的理论框架指出，财务信息审计取证模式的基本要求在控制审计风险的前提下，提高审计效率。审计质量和审计风险是一枚钱币的两面，失去审计质量，就是审计风险，所以，关注审计质量，也就是控制审计风险。

2. 审计目标

在账项基础审计取证模式下，审计师关心管理层舞弊或错误，一般来说，所关注的舞弊或错误主要是与财务报告有关的，与财务报告无关的舞弊或错误，如果纳入审计目标，不符合成本效益原则，审计师也无法承担这种责任。根据表 4 列出的财务信息审计目标的可能选择，在账项基础审计取证模式下，审计目标是（A+B+D）组合，这种组合下，包括审计师要关注全部会计错误、与财务报告相关的全部舞弊、与财务报告相关的全部违反法规行为，审计师只对已经发现的错弊或错误发表意见，并不对财务整体发表意见。

3. 审计内容

账项基础审计取证模式下，审计师的审计主题是财务信息，尽管也关注舞弊和违反法规行为，但是，只是关注与财务报告相关的舞弊和违反法规行为，对于与财务报告无关的舞弊和违反法规行为，并不需要设计专门的审计程序，所以，就审计主题来说，仍然是财务信息，而不是舞弊和违反法规行为。账项基础审计取证模式下，审计标的是交易、余额、列报，由于要关注会计错误、管理层舞弊和违反法规行为，所以，交易是最重要的审计标的。审计命题是交易相关认定、余额相关认定和列报相关认定，这些认定在其他审计取证模式下并不重要变化，只是由于其审计目标不同，重点关注的认定可能不同。在账项基础审计取证模式下，审计载体一般是纸质的会计凭证、会计账

簿、会计报表及相关资料。

4. 审计技术方法及其组合

账项基础审计取证模式下，审计师并不依赖被审计单位的内部控制，一般也不进行正式的风险评估（审计师也许有主观推测），而是直接进行实质性测试，其审计程序的基本类型是实质性测试，从表5列出的审计策略来说，是选择了路径1。就审计程序的性质来说，主要采用审阅、监盘、观察、询问、函证、重新计算。在上述审计程序中，审阅和重新计算是最重要的方法。

（二）制度基础审计取证模式的要素分析

1. 审计取证模式的基本要求

制度基础审计模式的重要特征是以内部控制评价为基础的抽样审计，通过内部控制评价，确定审计重点，并进而确定样本量，这些工作的核心是提高审计效率。制度基础审计模式与账项基础审计相比的一个重要区别是审计重点的选择，而选择审计重点的重要目的之一是提高审计效率。当然，在制度基础审计模式下，审计质量依然是要确认的前提，因为审计失败就会招致诉讼，进而是声誉的损失和财产损失。

2. 审计目标

在制度基础审计模式下，审计师的审计目标是对财务报表的公允性发表意见。在表4列示的审计目标中，制度基础审计模式下的审计目标是（F+G+I）组合，审计师关注具有重要性的会计错误、与财务报表相关且具有重要性的舞弊和违反法规行为，对于不重要性的舞弊和违反法规行为不关注，对于与财务报告无关的舞弊和违反法规行为不关注。同时，审计师要对财务报告整体公允性发表意见。

3. 审计内容

在制度基础审计模式下，财务信息审计主题依然是财务信息，关注与财务报告相关且具有重要性的舞弊和违反法规行为，并不意味着要将舞弊和违反法规行为作为审计主题，只是从财务信息的视角来关注这些问题。审计标的依然是交易、余额、列报，但是，由于关注财务报告的整体公允性，所以，上述三类审计标的具有同等重要性。审计命题依然是通过各类交易认定、余额认定和列报认定转换而来，由于要关注财务报告的整体公允性，各类认定具有同等重要性。审计载体主要是纸质的会计凭证、会计账簿、会计报表及相关资料。

4. 审计技术方法及其组合

从严格意义上来说，制度基础审计的审计策略中并不包括正式的错弊风险评估，但是，对于被审计单位的内部控制是依重的，通过评估被审计单位的内部控制，寻找审计重点，并确定抽样审计的样本量。在表5列示的审计路径中，制度基础审计是选择了路径4，从审计程序的类组合来说，是控制测试和实质性测试的组合。从审计程序的性质来说，主要采用审阅、监盘、观察、询问、函证、重新执行、重新计算。在上述审计程序中，重新执行是重要的方法。

（三）传统风险导向审计取证模式的要求分析

1. 审计取证模式的基本要求

传统风险导向审计模式的产生背景是审计诉讼爆炸，社会各界针对审计师的诉讼急剧增长，审计收费的很大一部分用于诉讼费用。在这种背景下，如何控制审计风险成为审计职业界生死攸关的问题。传统风险导向审计模式的基本思路就是如何将审计风险降低到审计师可以接受的范围。但是，即使在这种背景下，审计师依然没有放弃对审计效率的追求，毕竟审计活动是要讲求成本效益原则的，在控制审计风险的前提下，能以高效率的方式方法完成审计取证，依然是审计师的不懈追求。

2. 审计目标

传统风险导向审计模式下，审计目标与制度基础审计基本相同，审计师关注具有重要性的会计错误、与财务报表相关且具有重要性的舞弊和违反法规行为，要对财务报告的公允性发表意见，是表 4 中的（F+G+I）组合。

3. 审计内容

传统风险导向审计模式下，审计主题、审计标的、审计命题、审计载体与制度基础模式相同，财务信息审计主题依然是财务信息，舞弊和违反法规行为并没有成为独立意义上的审计主题，审计标的依然是交易、余额、列报，审计命题依然是通过各类交易认定、余额认定和列报认定转换而来，审计载体依然是纸质的会计凭证、会计账簿、会计报表及相关资料。

4. 审计技术方法及其组合

传统风险导向审计模式的审计策略与制度基础审计有较大的差异，这种审计取证模式是正式的错弊风险评估，并且，将错弊风险分解为固有风险和控制风险，并且，由于固有风险评估较为复杂，一般都将固有风险评定为最高，也就是相当于 100%，在这个基础上，错弊风险评估的重点是控制风险。在这种审计策略下，传统风险导向审计模式对内部控制最为依重，控制测试是其最为重要的审计程序之一。从审计程度的类型来说，这种模式下的审计程序有二种情形：一是拟依赖内部控制且内部控制真的值得依赖，此时，审计程序由风险评估程序、控制测试程序和实质性程序组成，这种情形是表 5 中的路径 3；二是拟依赖内部控制但内部控制不值得依赖，此时，审计程序由风险评估程序和实质性程序组成，这种情形是表 5 中的路径 5。从审计程序的性质来说，主要采用审阅、监盘、观察、询问、函证、重新执行、重新计算、分析性程序。在上述审计程序中，各种程序的重要性并无显著差异。

（四）现代风险导向审计取证模式的要素分析

1. 审计取证模式的基本要求

传统风险导向审计模式要控制审计风险，但是，其效果并不能令人满意，所以，现代风险导向审计模式就产生了。这种模式产生的基因就就是有效地控制审计风险。但是，并不意味着这种模式并不关注审计效率。从某种意义来说，审计师并不是追求对审计风险的绝对控制，只是将审计风险降低到其可以接受的程度，这其中的重要原因就是对审计效率的追求。从本质上来说，在这种审计取证模式下，只要能将审计风险降低到可接受程度，一切都要以审计效率为选择标准。总体来说，现代风险导向审计取证模式依然要贯穿风险和效率的均衡。

2. 审计目标

现代风险导向审计取证模式的审计目标与传统风险导向审计并无区别，审计师关注具有重要性的会计错误、与财务报表相关且具有重要性的舞弊和违反法规行为，要对财务报告的公允性发表意见，是表 4 中的（F+G+I）组合。

3. 审计内容

现代风险导向审计模式下，审计主题、审计标的、审计命题、审计载体与传统风险导向审计模式相同，财务信息审计主题依然是财务信息，舞弊和违反法规行为并没有成为独立意义上的审计主题，审计标的依然是交易、余额、列报，审计命题依然是通过各类交易认定、余额认定和列报认定转换而来，审计载体依然是纸质的会计凭证、会计账簿、会计报表及相关资料。

4. 审计技术方法及其组合

现代风险导向审计模式与传统风险导向审计模式一样，都有正式的风险评估程序，然而，二者的风险评价程序不同。传统风险导向审计将固定风险直接评定为100%，从而将风险评估的重心转移到控制风险评估，这事实上是放弃了固有风险评估。现代风险导向审计并没有放弃评估内部控制对错弊风险的影响，但是，更加重视固有风险因素对错弊风险的影响，从经营风险评估开始，进而深入到错弊风险。所以，从审计策略来说，虽然也是表5中的路径3，与传统风险导向审计的路径相同，但是，风险评价程序不同，从审计程序的类型来说，这种取证模式的审计程序是错弊风险评估和实质性程序的组合。从审计程序的性质来说，主要采用审阅、监盘、观察、询问、函证、重新执行、重新计算、分析性程序。在上述审计程序中，分析性程序最为重要。

（五）数据式审计取证模式的要素分析

1. 审计取证模式的基本要求

数据式审计是电子数据背景下的风险导向审计取证模式。这种模式当然会关注审计风险控制，但是，由于网络技术和计算机技术的应用，审计取证的效率大为提高，其主要特征是穿过计算机。为什么要穿过计算机，而不是绕过计算机，核心的问题是审计效率。在电子数据背景下，完全可以采用绕过计算机的方法，将电子审计载体转换为纸质审计载体，从而按手工背景下的现代风险导向审计模式来实施审计取证。然而，从提高审计效率的角度出发，直接面向电子数据获取审计证据，可能更有效率，所以，一般采用穿过计算机的模式。总体来说，数据式审计是在控制审计风险的前提下，追求审计效率的审计取证模式。

2. 审计目标

从审计目标来说，数据式审计与现代风险导向审计模式相同，审计师关注具有重要性的会计错误、与财务报表相关且具有重要性的舞弊和违反法规行为，要对财务报告的公允性发表意见，是表4中的（F+G+I）组合。

3. 审计内容

数据式审计模式下，审计主题、审计标的、审计命题与现代风险导向审计模式相同，财务信息审计主题依然是财务信息，舞弊和违反法规行为并没有成为独立意义上的审计主题，审计标的依然是交易、余额、列报，审计命题依然是通过各类交易认定、余额认定和列报认定转换而来。但是，数据式审计模式下的审计载体是电子数据，不是纸质载体，这与其他各种审计取证模式都不同。正是这种审计载体的不同，引致审计技术方法及其组合都有较大的变化。

4. 审计技术方法及其组合

就审计策略来说，数据式审计模式与现代风险审计导向相同，属于表5中的程序3，都有正式的错弊风险评估程序，都依赖内部控制。但是，这里的内部控制除了常规的内部控制之外，还增加了信息系统本身的内部控制，所以，内部控制评估也相应增加了这方面的内容。从审计程序的类型来说，包括错弊风险评估程序、信息系统内部控制评估程序和实质性审计程序。从审计程序的性质来说，主要采用审阅、监盘、观察、询问、函证、重新执行、重新计算、分析性程序、信息系统测试、数据迁移、数据整理。在上述审计程序中，审阅、监盘、观察、询问、函证、重新执行与现代风险导向审计模式无显著差异。重新计算这种审计程序可以大量使用，重要性显著提高。分析性程序成为最重要的审计程序，并且，其具体的技术方法也极大地得以丰富，除了常规的分析方法外，一些需要大量计量的数据分析技术都有应用的基础。信息系统测试、数据迁移、数据整理是数据式审计模式下的新程序，其他各类审计取证模式都没有这些审计程序。另外，由于计算机的强大功能，在数据式审计模式下，抽样审计的重要性大为降低，对交易、余额、列报都可以实施详细审计，而不一定要依赖抽样审计，这并不会显著降低审计效率。

总体来说，本节关于财务信息审计取证模式的理论框架，能够分析财务信息审计取证的各种模式，并能显现它们之间的差异。

四、结论和启示

财务信息审计的核心内容是获取审计证据，如何获取审计证据的基础性问题是选择审计取证模式。财务信息审计取证有多种模式，不同模式的审计风险的控制效果及审计效率不同。

财务信息审计取证模式涉及四个要素：审计取证模式的基本要求、审计目标、审计内容、审计技术方法及其组合。财务信息审计取证的基本要求是有效控制审计风险的前提下，提高审计效率。正是因为这个基本要求，当财务信息审计目标或财务信息审计内容发生变化时，审计技术方法及其组合需要发生相应的变化，审计取证模式发生变迁。财务信息审计目标的内容有多种选择，审计意见有多种保证程度，由于目标内容和保证程度的不同，要求的审计证据的证明力不同，进而要求不同的审计技术方法及其组合。在财务信息这个既定的审计主题下，财务信息审计内容包括审计标的、审计命题和审计载体。不同的审计主题选择，会有不同的审计载体，进而会要求不同的审计取证技术方法及其组合。审计标的、审计命题、审计载体决定审计技术方法及其组合。财务信息审计技术方法及其组合包括三个问题：一是审计策略；二是审计程序的性质，三是不同审计程序的地位；财务信息审计取证模式的基本要求、财务信息审计目标、财务信息审计内容对财务信息审计技术方法及其组合的影响，最终都体现在审计策略、审计程序的性质、不同审计程序的地位这三个方面。

本节的研究启示有三点重要启示：第一，社会经济环境会影响财务信息审计取证模式的基本要求、审计目标、审计内容、审计技术方法及其组合，但是，主要的作用路径并不是社会经济环境直接影响审计技术方法及其组合，而是通过影响审计取证模式要素，通过这些要素再影响审计技术方法及其组合，所以，社会经济环境对审计技术方法及其组合的影响是间接的，其直接影响对象是审计目标、审计内容。所以，审计系统的各要素之间是相互影响的。第二，审计取证模式的构成要素是相互关联的复杂系统，而追求审计风险和审计效率之间的均衡是审计取证变迁的内在动力。在当代环境下，被审计单位的财务信息基本上已经电子化，所以，数据式审计模式应该是最有效率的审计取证模式，然而，这种取证模式还有许多问题需要置于审计整体系统来研究，不能就审计取证论审计取证，必须将审计目标及其保证程度、审计内容等联系起来，才能发展出科学有效的数据式审计模式。第三，尽管财务信息审计取证模式有多种，但是，其组成要素是基本稳定的，并且，这些要素中，一些因素基本稳定，而另外一些因素则具有动态性，财务信息审计取证模式要素呈现出变与不变组合特征。

参考文献

1. 罗伯特·K. 莫茨，侯赛因·A. 夏拉夫. 审计理论结构 [M]，中国商业出版社，1990 年。

2. 王文彬，林钟高. 审计证据学综论 [M]，上海三联书店，1992 年。

3. 张建军. 审计概念体系研究 [M]，中国财政经济出版社，1997 年。

4. Arens，A. A.，Elder，R. J.，Beasley，M. S.，2003. Auditing and Assurance Service：an integrated approach（9th）[M]，Printice Hall，p. 164.

5. 三泽一著，文硕译. 审计学 [M]，中国商业出版社，1987 年。

6. 胡春元. 风险基础审计 [M]，东北财经大学出版社 [M]，2001 年。

7. 谢荣，吴建友. 现代风险导向审计理论研究与实务发展 [J]，会计研究，2004（4）：47－51。

8. 谢志华. 审计变迁的趋势：目标、主体和方法 [J]，审计研究，2008（5）：21－24。

9. 张晓伟，谢强，陈伟. 基于划分和孤立点检测的审计证据获取研究 [J]，计算机应用研究，2009，26（7）：2495－2498。

10. 陈伟，Robin Q，刘思峰. 一种基于数据匹配技术的审计证据获取方法 [J]，计算机科学，2008，35（8）：183－187.

11. 陈圣磊，陈耿，薛晖. D－S 证据理论在审计证据融合中的应用研究 [J]，计算机工程与应用，2010，46（36）：23－25。

12. Mock，T. J. &Wright，A. 1993. An Explanatory Study of Auditor Evidential Planning Judgements [J]，Auditing：a Jurnal of Pratice and Theory，12：pp. 39－61.

13. Chewing，G.，Pany，K. &Wheeler，S. 1989. Auditor Reporting Decision Involing Accounting Principles Changes：Some Evidence on Materiality Threholds [J]，Journal of Accounting Research，27：pp. 78－96.

14. Dutta，S. K.，Srivastava，R. P.，1993. Aggreation of evidence in auditing：a likelihood perspective [J]，Auditing：a journal of pratice and theory，vol. 12，supplyment：pp. 137－160.

15. 谢盛纹. 审计证据理论研究 [M]，西南财经大学出版社，2007 年。

16. Toba，Y. 1975. A General Theory of Evidence as The Conceptual Foudation in Auditing Theory [J]，the Accounting Review，Jan：pp. 7－24.

17. Gibbs，T. E. 1977. A General Theory of Evidence as The Conceptual Foudation in Auditing Theory：a Aomment [J]，the Accounting Review，July：pp. 751－755.

18. Kissnger，J. N. 1977. A General Theory of Evidence as The Conceptual Foudation in Audi-

ting Theory：Some Comments and Extensions [J]，the Accounting Review，April：pp. 322－339.

19. Smieliauskas，W. &Smith，L. 1996. A Theory of Evidence Based on Audit Assertion [J]，Contemporary Accounting Research，Spring：pp. 407－426.

20. 谢盛纹．论审计证据的证明标准 [J]，当代财经，2006 (8)：113－117。

21. 聂曼曼．论审计证据的选择：说服性抑或结论性 [J]，中南财经政法大学学报，2007 (2)：91－96。

22. 张以宽．审计证据论 [J]，审计研究，1998 (3)：1－9。

23. 中国注册会计师协会．审计/2011 年度注册会计师全国统一考试辅导教材 [M]，经济科学出版社，2011 年。

24. 刘国常．论审计证据充分性和有效性的判断 [J]，审计理论与实践，1994 (3)：19－20。

25. 王文彬，林钟高．论审计概念体系——研究《独立审计基本准则》的若干概念 [J]，财经理论与实践，1995 (4)：39－45。

26. 林钟高．论审计概念体系——研究《独立审计基本准则》(征求意见稿) 的若干概念 [J]，注册会计师通讯，1995 (6)：16－23。

27. 沈征．审计概念体系的构建初探 [J]，现代财经，1998 (3)：42－47。

28. 曹建新．基于“免疫系统论”的政府审计概念框架分析 [J]，财会月刊，2010 (7)：74－76。

29. 任咏恒．审计理论概念：制定审计准则的基础 [J]，中国审计，1996 (3)：30－31。

30. 詹原瑞，李雪．论审计概念体系的构建 [J]，西南交通大学学报 (社会科学版)，2004 (3)：41－45。

31. 甘亚蓉．审计概念体系新探讨 [J]，科技资讯，2006 (32)：245－246。

32. 蔡　春．审计理论结构研究 [M]，东北财经大学出版社，2001。

33. 康大林，孙翠．不变的本质与变化的环境——审计理论结构研究新论 [J]，现代商业，2009 (4)：27。

34. 葛家澍．关于财务会计概念框架的几个问题 [J]，中国农业会计，2006 (7)：4－8。

35. 刘峰，黄正健．财务会计概念结构：一个供给与需求的分析框架 [J]，中山大学学报 (社会科学版)，2002 (2)：117－124。

36. 葛家澍．实质重于形式欲速则不达——分两步走制定中国的财务会计概念框架 [J]，会计研究，2005 (6)：3－9。

37. 李玉环．我国财务会计概念框架若干问题的研究 [J]，会计论坛，2005 (1)：10－17。

38. 陈毓圭．对风险导向审计方法的由来及其发展的认识 [J]，会计研究，2004 (2)：58－63。

39. 常勋，黄京菁．从审计模式的演进看风险导向审计 [J]，财会通讯，2004 (7)：10－13。

40. 陈志强．从审计模式及其思想的演进辨析风险导向审计应有的内涵 [J]，审计研究，2006 (3)：69－74。

41. 王冲，谢雅璐．审计模式演进的经济学分析 [J]，中国注册会计师，2009 (6)：37－40。

42. 谢盛纹．风险导向审计模式的整合与改进 [J]，当代财经，2009 (11)：123－129。

43. 刘兵，李雯婧．论审计取证模式的发展演变——兼论分析审计模式的确立［J］，鲁行经院学报，2002（4）：86－88。

44. 刘兵，王雅．分析基础审计取证模式的探讨［J］，山东经济，2004（9）：116－118。

45. 石爱中，孙俭．初释数据式审计模式［J］，审计研究，2005（4）：3－6。

46. 李春青．数据式审计模式下的数据处理策略［J］，财会月刊，2007（8）：95。

47. 董伯坤．预算执行的数据式审计模式探索［J］，审计研究，2007（6）：16－20。

48. 李瑛玫，王春利．信息化环境下审计导向模式探析［J］，财会通讯，2007（5）：18－20。

49. 李瑛玫，姜振寰，乔淑丽．论信息化环境下的风险导向审计模式［J］，生产力研究，2008（8）：143－145。

50. 王光远．审计测试理论评介［J］，经济评论，1992（6）：80－83。

51. 谢志华．论审计方法体系［J］，审计研究，1997（5）：9－13。

52. 赵保柳，任晨煌．审计方法的历央演进及具动因［J］，北京工商大学学报（社会科学版），2003（3）：30－33。

第二十四章 财务信息审计方法理论（下）

财务信息审计方法论层面的理论问题较多，前章和本章均研究方法论理论，本章的主要内容包括：财务信息审计重要性：逻辑框架；财务信息审计风险：逻辑框架。

第一节 财务信息审计重要性：逻辑框架

财务信息审计的总目标是鉴证财务报告的公允性，审计重要性（Audit Materiality）与财务信息公允性密不可分，是判断公允性的标准，从而也成为财务信息审计的重要构件[①]，能否恰当地理解和应用审计重要性成为制约审计效率、控制审计风险的重要因素（王信平，2011）。现实生活中，一些审计人员重要性意识淡漠，无视其存在或视而不见，很少用科学的方法来确定重要性水平（段兴民，封铁英，2003），一些重大的审计失败与审计重要性水平运用不当也不无关联，安达信对合理确定重要性水平的忽略，为安达信最终的审计失败埋下了伏笔（黄世忠，2003）。

基于审计重要性在财务信息审计中的重要地位，围绕它有不少的规范研究和实证研究，前者主要涉及审计重要性的概念及其应用；后者主要涉及审计重要性水平的判定标准、影响审计师重要性水平判断的因素及审计师对重要性水平的判断质量。本节从更基础的角度来探究审计重要性，通过对审计重要性一些基础性问题的阐述，构建审计重要性的逻辑框架，主要涉及三个基本问题：第一，什么是财务信息审计重要性？第二，财务信息审计重要性有什么用途？第三，财务信息审计中，如何应用重要性？

一、文献综述

审计重要性在20世纪初就出现在审计学著作中，在20世纪50年代，与内部控制、抽样审计技术紧密结合，形成制度基础审计的主要构件，极大地促进了审计效率的提高。与此同时，审计重要性的相关研究也开始出现（毛敏，张龙平，2009）。然而，以科学方法研究审计重要性的文献则是20世纪70年代才出现于美国，这些研究聚焦在审计重要性水平的判定标准和影响审计师重要性水平判断的因素方面，主要的研究结论是，不可能有统一的判定标准、重要性的判断因经验和公司

① 如无特别说明，本节在同意意义上使用“财务审计”“财务信息审计”“财务报告审计”；在同意意义上使用“审计重要性”“财务信息审计重要性”；如无特别说明，“重要性”就是指“财务信息审计重要性”。

类型而异（Messier，1983；Messier，Martinov－Bennie & Eilifsen，2005；Carpenter & Dirsmith，1992；Blokdijk et al.，2003；Costigan & Simon，1995）。

国内也有不少文献研究审计重要性，主要涉及审计重要性的概念、审计重要性与会计重要性的关系、审计重要性与审计风险、审计效率、审计成本的关系、审计重要性如何应用等方面（尤家荣，1997；潘博，1999；于亦铭，2000；朱锦余，2002；段兴民，封铁英，2003；方宝璋，2004；段兴民，张连起，陈晓明，2004；谢盛纹，2007；毛敏，2009），也有少量的文献采用实证方法研究审计重要性，主要涉及审计重要水平判断的质量、审计重要性水平与审计意见类型的关系、影响审计重要性水平判断的因素（王英姿，2002；王霞，徐晓东，2009；毛敏，2009；毛敏，2013）。

上述这些研究为我们认知及应用审计重要性提供了重要的基础，本节从更基础的角度来探究审计重要性，通过对审计重要性一些基础性问题的阐述，构建审计重要性的逻辑框架。

二、什么是财务信息审计重要性?

关于什么是财务信息审计重要性，本节讨论四个问题：审计重要性的概念，审计重要性的类型，审计重要性的特征，审计重要性与会计重要性的关系。

（一）审计重要性的概念

《中国注册会计师审计准则第1221号——计划和执行审计工作时的重要性》规定，如果合理预期错报（包括漏报）单独或汇总起来可能影响财务报表使用者依据财务报表做出的经济决策，则通常认为错报是重大的。美国公众公司会计监督委员会（PCAOB）要求审计师在对财务报表进行审计的过程中，根据一般公认会计原则（GAAP）对重要性的界定来判断财务报表的整体内容是否因有重要的事项存在而影响了它的公允表达，而GAAP对重要性的界定是：在具体环境下会计信息出现错报、漏报的程度，上述错报或漏报很可能会影响或改变依赖该会计信息的理性个人的判断（张学军，刘诚，2014）。事实上，国际审计准则、美国财务会计概念公告、中国注册会计师独立审计准则及其他国家的相关准则，关于审计重要性概念的叙述，尽管在文字表述上有些差异，但其基本含义一致，都是指被审计单位会计报表中能影响使用者决策的数据资料错报、漏报（段兴民，封铁英，2003）。

学术界对审计重要性的理解也具有高度共识。对于财务信息审计来说，审计重要性是指会计报表中存在的导致会计信息使用者改变其决策的错误程度，如果会计报表中存在的错误能够使会计信息使用者改变其原来的决策，这种错误即为重要错误（尤家荣，1997）；如果财务报表中的错报会影响有理性的报表使用者的决策，则该项错报就是重要的，如果一项错报单独或连同其他错报可能影响财务报表使用者依据财务报表做出的经济决策，则该项错报是重大的（赵海侠，2010）。

（二）审计重要性的类型

在相同内涵的基础上，审计重要性具有丰富的外延，呈现出多种类型。从判断标准来说，重要性包括数量重要性和性质重要性。在数量方面要考虑错报的金额大小，性质方面则要注重错报的性质。数量重要性是基于哲学的量变质变规律，任何一个事物的发展都有一个从量变到质变的过程，当量的积累达到一定程度，就会发生质变，数量重要性这时会产生质变的临界点，所以，也称为重要性水平（段兴民，封铁英，2003）。然而，在有些情况下，某些金额的错报从数量上看并不重要，可是从性质上考虑则可能是重要的（例如，已经连续亏损二年，第三年是小额亏损，通过不当会计处理，使得小额亏损成为小额盈利，从而改变了盈利方向），对于这类财务报表信息的错报，不能从数量上判断是否重要，应从性质上考虑其是否重要，这就出现了性质重要性（赵海侠，2010）。

尽管审计重要性区分为数量重要性和性质重要性，但是，审计师对二者的关注程度不同，《中国注册会计师审计准则第 1221 号——计划和执行审计工作时的重要性》规定，尽管设计审计程序以发现仅因其性质而可能被评价为重大的错报并不可行，但是注册会计师在评价未更正错报对财务报表的影响时，不仅要考虑错报金额的大小，还要考虑错报的性质以及错报发生的特定环境。这个规定表明，审计师在计划和执行审计程序时，以关注数量重要性为主，在评价未更正错报对财务报表的影响时，需要考虑性质重要性。

接下来，我们分析数量重要性——重要性水平及其类型。重要性水平是重要性概念的量化或重要性的具体数额，是审计师可以接受的最大差错数额，会计报表中低于重要性水平的错误漏报不会对审计意见产生重大的误导性影响，审计师可以忽略或接受这些误漏报数额；如果误漏报数额超出重要性水平，审计师就要考虑如何发表审计意见（潘博，1999）。重要性水平又可以分为多种类型，从重要性水平的相关主体来说，分为客观重要性水平和估计重要性水平，客观重要性水平也称为实际重要性水平，是指相对于每一被审计会计报表而客观存在的，将会影响大多数报表使用者的理性判断或决策的重要水平，具有客观性和不可确知性两个显著特点。估计重要性水平是审计师在计划审计工作、实行审计程序和评价审计结果时使用的重要性水平，是基于审计师自己的估计。一般来说，只有当估计重要性水平接近客观重要性水平时，审计风险才会较低；若估计重要性水平高于客观重要性水平，则审计风险增大；若估计重要性水平低于客观重要性水平，则会导致审计效率降低。由于报表使用者及其所进行的决策的多样性，客观重要性水平无法取得（谢盛纹，1999；刘蕾，张武标，2005）。

由于客观重要性水平具有不知性，在审计工作中，主要是估计重要性水平在发挥作用。而估计重要性水平本身又包括多种类型。《中国注册会计师审计准则第 1221 号——计划和执行审计工作时的重要性》将重要性水平划分为财务报表整体层级和特定交易类别、账户余额和披露层级，财务报表整体层级重要性水平是必须要确定，对于交易类别、账户余额和披露层级是否要确定重要性水平并无强制要求，只有当存在一个或多个特定类别的交易、账户余额和披露，其发生的错报金额合理预期可能影响财务报表使用者依据财务报表做出的经济决策时，注册会计师才需要为其确定相应的重要性水平（陈波，杨欣，2011）。同时，《中国注册会计师审计准则第 1221 号一计划和执行审计工作时的重要性》要求在计划和执行审计工作时使用重要性，而《中国注册会计师审计准则第 1251 号——评价审计过程中识别出的错报》要求在评价审计结果时考虑重要性，并且，这三个阶段的审计重要性水平有联系且有区别，所以，审计重要性水平在不同的审计阶段具有区别，分别表现为计划重要性水平、实际执行重要性水平、评价重要性水平。上述审计准则所界定的重要性水平，归纳起来如表 1 所示。

表 1　估计重要性水平的类型

项目		不同审计阶段的重要性水平		
		计划重要性水平	实际执行重要性水平	评价重要性水平
不同归属对象的重要性水平	财务报表整体层级	★	★	★
	交易、余额和披露层级	◆	◆	◆

注：★表示必须有这种重要性水平，◆表示可能有也可能没有这种重要性水平。

（三）审计重要性的特征

为了深入理解审计重要性，还需要把握审计重要性的特征。一般认为，审计重要性具有模糊性、系统性、相对性、可变性等特征，也正是因为这些特征，使得审计师在使用审计重要性理充满职业判断，并且呈现差异性（段兴民，封铁英，2003）。

（1）模糊性。虽然审计重要性是客观存在的，并且区分为客观重要性和估计重要性，但是，客观重要性是不可知的，审计师使用的是估计重要性，由于影响重要性的因素很多，不同的审计师对影响因素会有不同的认知，并且审计师在估计重要性时还有自己的利益动机，所以，不同的审计师对审计重要性会有不同的估计，从而使得估计重要不具有唯一性，而具有模糊性。

（2）系统性。审计重要性具有多个层级，从重要性的归属对象来说，区分两个层级，一是财务报表整体重要性水平，二是交易、余额和披露层级，甚至还可能区分交易、余额和披露的不同认定来确定其各自的重要性水平。同时，不同层级的重要性密切关联，在一些情形下，可以将整体重要性分配到交易、余额、披露层级。从审计过程来说，审计计划、审计实施和审计结果评价过程要使用不同的重要性水平，但是，这些不同的重要性水平具有密切关系。所以，总体来说，即使是审计重要性水平，也具有多个相互关联的层级，这些不同的层级共同形成一个系统。

（3）相对性。审计重要性需要根据特定的被审计单位的特定相关因素来考虑，不同的被审计单位可能具有不同的重要性，甚至同一被审计单位在不同的时期，其重要性也不同，不存在放之四海而皆准的重要性水平，所以，审计重要性具有相对性。

（4）可变性。由于影响审计重要性的因素较多，并且，各个因素本身还可能存在不确定性，所以，综合考虑各个相关因素来估计重要性时，很多情形下，可能是一个区间，而不是一个绝对的数值，审计师需要在区间内进行选择，不同的审计师即使是同一审计师在不同时点的选择可能不同，从而使得审计重要性水平具有可变性。

（四）审计重要性与会计重要性的关系

与审计重要性概念相关的另外一个问题是，审计重要性与会计重要性的关系。一般来说，审计重要性和会计重要性具有实质性的异曲同工，但是，也存在一些差异。

我们先来看相同之处。会计重要性的出现主要是从提供会计信息的成本效益方面考虑。如果对一切会计事项不分轻重主次和繁简详略，采取一样的会计处理方法，必将增加许多不必要的工作量，却不一定能带来额外收益，所以，对不重要的信息可以简化处理。会计重要性就是会计主体在处理会计业务时所设定的一个取舍标准，其精髓是，凡是高于这个标准的，必须严格进行会计处理，而低于这个标准的，可以简化处理。这样处理会计信息，既降低了会计信息处理成本，也不影响会计信息使用者对会计信息的需求（郑建友，1997；谢盛纹，2007；傅宏宇，2007；毛敏，2009）。很显然，会计重要性的确定也是会计主体从会计信息使用者的角度所进行的判断，这种判断也可能出现偏离会计使用者的情况。

财务信息审计目标是鉴证财务信息是否在所有重大方面公允，而判断公允与否的标准是是否存在重大错漏报，这里的重大错漏报就是具有重要性的错漏报，也就是具有会计重要性的错漏报。正因为如此，美国公众公司会计监督委员会（PCAOB）发布的《执行审计时的风险和重要性》直接要求审计师根据公认会计原则（GAAP）对会计重要性的界定来判断会计报表的公允性。

但是，审计师能否直接将会计主体所确定的会计重要性作为审计重要性呢？我们认为，不能直接将会计主体确定的会计重要性作为审计重要性，其原因如下：第一，会计重要性是被审计单位自己确定的，审计师可能并不知道会计重要性的具体情况，需要根据自己掌握的相关情况，再次进行职业判断以确定审计重要性，所以，审计师确定的审计重要性与被审计单位自己确定的会计重要性可能存在差异；第二，即使是被审计单位将其确定的会计重要性相关情况告知审计师，审计师也需要重新判断这些会计重要性是否合理，如果认为这些会计重要性过于宽松，审计师可能要确定更加严格的审计重要性，并可能要求被审计单位修改其会计重要性；第三，会计报表要满足多种他用者的需要，一般来说，会计主体不可能为不同的会计信息使用者编制不同的会计报表，所以，会计重要性要考虑不同使用者的需要，而审计则不同，在一些特定情形下，如果财务信息审计只是为特定的利益相关者服务，则审计重要性要针对该特定利益相关者来确定，从而不同于会计重要性（郑建友，1997；张金松，2007）。

综上所述，关于什么是财务信息审计重要性，有如下结论：审计重要性是指审计师判断被审计单位会计报表中能影响理性使用者决策的会计信息错漏报的标准。审计重要性具有多种类型，从判断标准来说，重要性包括数量重要性和性质重要性。重要性水平是数量重要性的具体数额，分为多种类型，从相关主体来说，分为客观重要性水平和估计重要性水平。估计重要性水平本身又包括多种类型，按归属对象，分为财务报表整体层级和特定交易类别、账户余额和披露层级；按审计的不同阶段，分为计划重要性水平、实际执行重要性水平、评价重要性水平。审计重要性具有模糊性、系统性、相对性、可变性等特征。审计重要性和会计重要性都要从会计信息使用者的角度来判断，都是判断会计信息公允性的标准，具有实质性的异曲同工，但是，审计师不能直接使用会计重要性作为审计重要性，而需要另行判断。

三、财务信息审计重要性有什么用途?

以上讨论了什么是财务信息审计重要性，然而，财务信息审计中，审计重要性究竟有什么作用呢？换言之，财务信息审计中，为什么要使用审计重要性？对于这个问题，我们从三个角度来分析：审计重要性与审计目标，审计重要性与审计效率，审计重要性与审计风险。

（一）审计重要性与审计目标

财务信息审计目标是鉴证财务信息的公允性，事实上，也就是鉴证财务信息中是否具有重要性的错漏报，如果存在具有重要性的错漏报，则财务信息是不公允的，如果不存在具有重要性的错漏报，则财务信息是公允的。所以，这里的关键是寻找具有重要性的错漏报，而特定的错漏报是否具有重要性，需要一个判断标准，这个标准就是审计重要性。有人也许会认为，由于会计主体在加工会计信息时也考虑了会计重要性，审计师无须单独确定审计重要性，可以将会计重要性作为判断标准，只要不存在具有会计重要性的错漏报，会计信息就是公允的。这种观点似是而非！

首先，会计重要性是一种会计估计，而财务信息审计需要对会计信息进行鉴证，其中就包括对会计估计进行再评价，如果不对会计估计进行再评价，而直接接受这种估计，则从根本上就偏离了财务信息的鉴证功能。所以，审计师为更好实现其财务信息审计目标，需要对财务信息的重要性确定自己的判断标准，这就是审计重要性。

其次，从二者的关系来说，有三种情况，第一种情形，审计师经过评价后，认为会计主体确定的会计重要性是合理的，从而接受了会计重要性，审计重要性与会计重要性合二为一；第二种情形，审计师经过评价后，认为会计重要性过于宽松，要求被审计单位修改会计重要性，被审计单位按审计师的要求修改了，则审计重要性与会计重要性合二为一；第三种情形，审计师经过评价后，认为会计重要性过于宽松，要求被审计单位修改会计重要性，被审计单位拒绝按审计师的要求修改了，审计师会根据审计重要性而不是会计重要性来判断会计信息的公允性，并进而确定审计意见类型，审计重要性与会计重要性分道扬镳。所以，审计师为了实现审计目标，必须独立确定审计重要性。

（二）审计重要性与审计效率

审计重要性是实现财务信息审计目标的必有要素，同时，还会影响审计效率和审计风险，我们先来分析审计重要性对审计效率的影响。

审计重要性是判断会计信息错漏报是否具有重要的标准，某些会计信息错漏报，即使存在，也不影响财务信息的公允性，所以，对于这些会计信息的审计程序就可能简化，在极端的情形下，甚至可以忽略。所以，审计重要性为财务信息审计选择审计重点提供了指南，凡是具有重要性的会计信息，作为重点；凡是不具有重要性的会计信息，可以简化审计程序。这样一来，相对于没有重点的审计方式，这种审计方式就提高了审计效率。一般来说，审计重要性水平越高，可以简化审计程序的范围就越广，从而审计效率就越高，反之亦然。由于审计效率与审计成本具有同一性，审计效率越低，审计成本也就越高，反之亦然。所以，审计效率与审计重要性之间的关系，也就是审计成本与审计重要性之间的关系（辛金国，许宁宁，2005）。

（三）审计重要性与审计风险

审计重要性并不只是能提高审计效率，使用不当，也可能带来审计风险，甚至影响财务信息审计的社会价值（王信平，2011；陈武南，2015）。关于审计重要性与审计风险的关系，初看起来，似乎很简单，二者是反向关系，审计重要性水平越高，审计风险越低（中国注册会计师协会，2011）。然而，由于对审计重要性及审计风险的不同理解，一些文献质疑上述观点（于亦铭，2000；蔡艳艳，2000；朱锦余，2002；段兴民，封铁英，2003；方宝璋，2004）。

事实上，基于不同的审计重要性及审计风险，二者的关系当然会有不同。在审计风险的各要素中，审计师只能评估会计信息错报风险，不能改变这些风险，所以，它们与审计重要性无关，而审计师可控制的可接受审计风险、检查风险、最终审计风险都与审计重要性相关，并且可能出现不同情形。就审计重要性来说，包括客观重要性水平和估计重要性水平，而估计重要性水平在不同的审计阶段还不同，这些不同的审计重要性与审计风险的关系可能不同。综合上述各种审计风险及各种审计重要性，可能的匹配关系如表2所示，不同组合情形下，审计重要性与审计风险的关系可能不同。

表2　审计重要性与审计风险的组合情形

项目		审计重要性水平			
		客观重要性水平	估计重要性水平		
			计划重要性水平	执行重要性水平	评价重要性水平
审计风险	可接受审计风险	组合A1	组合B1	组合C1	组合D1
	检查风险	组合A2	组合B2	组合C2	组合D2
	最终审计风险	组合A3	组合B3	组合C3	组合D3

我们先来看组合 A。就 A1 和 A2 来说，客观重要性水平越高，表示会计信息使用者可容忍的错漏程度越高，此时，审计师确定的可接受审计风险当然也会越高，在错弊风险既定的前提下，审计师所确定的检查风险当然也就越高。但是，就 A3 来说，客观重要性水平越高，审计师最终面临诉讼的可能性越低，从而其最终审计风险也就越低。

就组合 B1、C1、D1 来说，在错报风险既定的情形下，可接受审计风险越低，越是要求严密的审计程序，所以，计划重要性水平、执行重要性水平、评价重要性水平越低，反之亦然。就组合 B2、C2、D2 来说，在错报风险既定的前提下，可接受审计风险与检查风险是同方向变化，所以，检查风险与计划重要性水平、执行重要性水平、评价重要性水平之间也具有同向关系。就组合 B3、C3、D3 来说，计划重要性水平越高，执行重要性水平也可能越高，从而导致评价重要性水平也越高，进而导致最终审计风险也越高，反之亦然。所以，计划重要性水平、执行重要性水平、评价重要性水平与最终风险之间具有正向关系。

综上所述，关于财务信息审计重要性有什么用途，有如下结论：财务信息审计重要性是实现审计目标的必要构件，恰当应用审计重要性，能提高审计效率、降低审计风险，不恰当应用审计重要性，会降低审计效率、增加审计风险。

四、如何应用财务信息审计重要性?

关于如何应用财务信息审计重要性，我国相关的准则包括《中国注册会计师审计准则第 1221 号一计划和执行审计工作时的重要性》《中国注册会计师审计准则第 1251 号——评价审计过程中识别出的错报》《中国注册会计师审计准则第 1501 号——对财务报表形成审计意见和出具审计报告》《中国注册会计师审计准则第 1502 号 ——在审计报告中发表非无保留意见》，纵观这些准则，涉及财务信息审计的全过程，所以，我们分别阐述财务信息审计不同阶段对重要性的应用。

（一）财务信息审计计划阶段如何应用重要性?

在审计计划阶段，审计师要对审计重要性进行估计，以确定计划重要性水平。一般来说，需要从两个层级来确定计划重要性水平，一是财务报表整体层面，二是交易、余额和披露层面，我们分别来阐述。

1. 财务报表整体层面重要性水平的确定

首先，财务报表整体层面重要性水平要站在会计信息使用者的角度来确定。会计信息是否公允，要从会计信息使用者的角度来判断，不能站在审计师的角度来判断，所以，审计重要性要站在会计信息使用者的角度来确定。然而，问题的关键是，会计信息使用者具有广泛性，并且，不同的使用者可能还有不同的重要性标准，审计师并不知道各类会计信息使用者的重要性标准，也就是说，客观重要性标准是不可知的。在这种背景下，审计师如何确定重要性水平？从逻辑上来说，有两种情形：一是财务信息审计是有特定目的的，审计报告的使用者是特定的，在这种情形下，审计师需要站在该特定使用者的角度来估计重要性水平；二是财务信息审计不具有特定目的，是面向广泛的财务信息使用者的，在这种情形下，审计师要考虑各类使用者的重要性水平，从中选择较为稳健的重要性水平。

其次，如何估计重要性水平？一般来说，主流方法是基于一些经验数据，考虑一些相关因素，选择一定的基准数据和一定的比率来确定财务报表整体层面的重要性水平。这里的关键是，能否找到通用的方法？1975 年，FASB 发行了名为《重要性的确定标准》(*Criteria for Determining Materiality*) 的讨论备忘录，试图建立重要性标准，让这一标准适用于各种环境下的不同项目 (FASB，1975)。后来的研究发现，不可能制定出能够囊括一个经验丰富人员判断所涉各种情形的一般重要性标准，各类研究得到的共识是，重要性的判断与运用需要运用个人判断。为此，FASB 不得不调整其原初设定的目标，并将之纳入其财务会计理论体系，作为第二号财务会计概念公告一会计信息质量特征的一部分（谢盛纹，2007)。此外，也有一些文献研究审计重要性预测模型，希望通过一些相关指标来预测重要性水平，例如，Moriarity&Barron (1976) 以资产总额、净资产、营业收入、净利润为基础，建立了一个重要水平的判断模型。然而，由于重要性水平相关因素的复杂性和权变性，预测模型始终未能成为主流方法。

最后，重要性水平的确定是否具有一致性？也就是说，即使对于类似的情形，审计师能否估计相似的重要性水平？本节前面的文献综述指出，就国外的研究来说，研究表明，重要性的判断因经验和公司类型而异。就国内的研究来说，王英姿 (2002) 发现，注册会计师在职业判断方面，特别在重要性水平方面存在较大的差异；毛敏 (2009) 发现，有经验者审计师对重要性水平的共识显著高于经验较少的审计师，这说明经验影响审计师对重要性水平判断的一致性。ByungT. Ro (1982) 的研究表明，即使是针对一个既定决策者在简单条件下的决策，也不可能就一个会计项目确定一个唯一固定的重要性标准，其原因是，因为一个人的偏好与福利是变化的，重要性判断在使用者、提供者之间是不一致的，决策问题也是异质的。

2. 交易、余额和披露层面重要性水平的确定

首先，是否一定要确定交易、余额和披露层面的重要性水平？《中国注册会计师审计准则第 1221 号一计划和执行审计工作时的重要性》规定，在制定总体审计策略时，注册会计师应当确定财务报表整体的重要性。根据被审计单位的特定情况，如果存在一个或多个特定类别的交易、账户余额或披露，其发生的错报金额虽然低于财务报表整体的重要性，但合理预期可能影响财务报表使用者依据财务报表做出的经济决策，注册会计师还应当确定适用于这些交易、账户余额或披露的一个或多个重要性水平。

这个规定表明，审计师必须确定财务报表整体的重要性，但是，对于交易、余额和披露层面的重要性水平并无强制要求，只是对于特定的交易、余额和披露，要确定其重要性水平，而对除此之外的交易、余额和披露不一定要求确定重要性水平。当然，由于交易、余额和披露层面的重要性水平直接影响运用到该项目的审计程序的性质、时间和范围，所以，在审计实务中，一般需要确定这个层面的重要性水平（丁天方，邓川，2005)。

那么，哪些是特定交易、余额和披露呢？一般认为，根据被审计单位的特定情况，下列因素可能表明存在一个或多个特定类型的交易、余额和披露，其发生的错报金额虽然低于财务报表整体的重要性，但是合理预期将影响财务报表使用者依据财务报表的经济决策：法律法规或适用的财务报告编制基础是否影响财务报表使用者对特定项目（例如，关联交易、管理层和治理层的薪酬）计量或披露的预期；与被审计单位所处行业相关的关键性披露（例如，制药企业的研究与开发成本）；财务报表使用者是否特别关注财务报表中单独披露的特定方面（中国注册会计师协会，2011)。

其次，如果审计师选择要确定交易、余额和披露层面的重要性水平，如何确定呢？有两种方法，一是不分配的方法，二是分配的方法（潘博，1999)。不分配的方法是将会计报表项目视同独

立的审计项目，根据其相关的特定情形，单独确定其重要性水平。而分配的方法，一般是将财务报表整体层面重要性水平按一定的方法分别在资产负债表项目和利润表项目中进行分配，主流方法是差别比率法，也有一些文献研究了德尔菲法、AHP法等在重要性水平分配中的应用（丁天方，邓川，2005；管军，叶运峰，2009），总体来说，差别比率法是主要方法。

（二）财务信息审计实施阶段如何应用重要性？

第一，什么是实际执行重要性？实际执行重要性是指注册会计师确定的低于财务报表整体重要性的一个或多个金额，旨在将未更正和未发现错报的合计数超过财务报表整体重要性的可能性降至适当的低水平。如果适用，实际执行的重要性还指注册会计师确定的低于某类交易、账户余额或披露的重要性水平的一个或多个金额。通常，实际执行重要性水平是计划重要性水平的一定比例确定，IAASB指南给出的参考比例是60%～85%，不少会计师事务所的比例是50%～75%。所以，实际执行重要性水平通常是计划整体重要性水平的一定比例，如果对交易、账户余额或披露层级确定了计划重要性水平，也按其相应的重要性水平的一定比例确定交易、账户余额或披露层级的实际执行重要性水平。

第二，既然有了计划重要性水平，为什么还要有实际执行重要性水平？一方面，从财务报表整体层面的重要性水平来说，如果按计划重要性水平来实施审计工作，可能忽视这样一个事实，即单项非重大错报的汇总数可能导致财务报表出现重大错报，此外，还没有考虑可能存在的未发现错报。确定实际执行的重要性水平，旨在将财务报表中未更正和未发现错报的汇总数超过财务报表整体计划重要性的可能性降到适当的低水平。另一方面，确定交易、账户余额或披露层级的实际执行重要性水平，旨在将这些交易、账户余额或披露层级中未更正与未发现错报的汇总数超过其计划重要性水平的可能性降到适当的低水平。

第三，审计实施阶段，如何应用实际执行重要性水平？审计实施是以审计方案为前提的，审计实施就是执行审计方案，所以，实际执行的重要性水平主要体现在审计方案中。《中国注册会计师审计准则第1221号—计划和执行审计工作时的重要性》第七条规定，注册会计师需要对认为重大的错报金额做出判断，做出的判断为下列方面提供基础：确定风险评估程序的性质、时间安排和范围；识别和评估重大错报风险；确定进一步审计程序的性质、时间安排和范围。第十一条规定，注册会计师应当确定实际执行的重要性，以评估重大错报风险并确定进一步审计程序的性质、时间安排和范围。纵观审计准则的上述规定，都是要求将实际执行重要性水平体现到风险评估程序及进一步的审计程序之中，影响程序程序的性质、时间安排和范围（余春宏，吴秋，2000；刘安兵，2012）。

第四，在审计实施阶段，随着掌握的相关情况越来越多，审计师要判断是否要修改计划阶段确定的计划重要性水平及相应的实际执行重要性水平。如果在审计过程中获知了某项信息，而该信息可能导致审计师确定与原来不同的财务报表整体重要性或者特定类别的交易、账户余额或披露的一个或多个重要性水平（如适用），审计师应当予以修改。如果认为运用低于最初确定的财务报表整体的重要性和特定类别的交易、账户余额或披露的一个或多个重要性水平（如适用）是适当的，审计师应当确定是否有必要修改实际执行的重要性，并确定进一步审计程序的性质、时间安排和范围是否仍然适当。当然，如果认为运用高于最初确定的重要性水平是合适的，也可以修改简化尚未执行的审计程序。

（三）财务信息审计评价阶段如何应用重要性？

第一，在审计评价阶段，对被审计单位的相关情况已经全面掌握，对审计重要性的判断也最为可靠，所以，此时要对重要性水平重新做一次评估，以确定作为最终确定审计意见类型的重要性水平，这里所确定的重要性水平是最终的重要性水平，由于是在审计阶段使用，也称为评价重要性水平。《中国注册会计师审计准则第 1251 号——评价审计过程中识别出的错报》第十一条规定，在评价未更正错报的影响之前，注册会计师应当重新评估按照《中国注册会计师审计准则第 1221 号——计划和执行审计工作时的重要性》的规定确定的重要性，以根据被审计单位的实际财务结果确认其是否仍然适当。

第二，要考虑性质重要性。《中国注册会计师审计准则第 1221 号一计划和执行审计工作时的重要性》规定，尽管设计审计程序以发现仅因其性质而可能被评价为重大的错报并不可行，但是注册会计师在评价未更正错报对财务报表的影响时，不仅要考虑错报金额的大小，还要考虑错报的性质以及错报发生的特定环境。根据这个规定，在计划阶段和实施阶段，审计师难以针对性质重要性来设计有针对性的审计程序，但是，在审计评价阶段，根据已经掌握的审计证据，要考虑性质重要性对财务信息公允性的影响，并要体现在审计意见类型之中。

第三，将数量重要性和性质重要性判断体现在审计意见类型中。《中国注册会计师审计准则第 1251 号一评价审计过程中识别出的错报》《中国注册会计师审计准则第 1501 号——对财务报表形成审计意见和出具审计报告》《中国注册会计师审计准则第 1502 号——在审计报告中发表非无保留意见》对如何将数量重要性和性质重要性判断体现在审计意见中做出了相关的规定，简而言之，大致有三种情形：（1）错报的金额或性质不重要：当财务报表中有错报，但是没有超过评价重要性水平，则错报就被认为是不重要的，发表无保留意见就是恰当的；（2）与交易、余额和披露相关的错报，其金额或性质重要但不至于影响整个财务报表，就可以发表保留意见；（3）错报的金额或性质超过整体评价重要性水平，需要根据情况发表否定意见或是无法表示意见（赵海侠，2010）。

第四，审计师根据审计重要性确定的审计意见类型可能存在差异性，也就是说，即使是相似的错报和相似的审计重要性标准，审计师给出的审计意见类型可能不同。王英姿（2002）发现，同一审计意见类型内的不同事务所对重要性水平判断存在一定差异；对于存在类似事项的会计报表，由于经由不同注册会计师审计，可能出具不同意见类型的审计报告。王霞、徐晓东（2009）发现，重要性水平影响审计意见的类型，超过重要性水平的错误更容易被出具非标意见，而规模大的事务所在执行审计业务时更是如此。这说明不同的事务所有差异。审计师基于相似的审计重要性对审计意见类型的决策差异，主要源于两方面的原因：一是审计冲突，审计师如果严格遵循执业准则，披露企业存在的问题，可能会丧失客户及相应的业务收入，如果在遵循执业准则方面做出让步或者严重违背执业准则，则可能受到行业监管部门的处罚以及民事诉讼，审计师会权衡利弊。二是执业准则的明晰程度，由于审计重要性受到许多因素的影响，并且具有权变性和动态性，所以，相关的审计准则难以做出规则性规定，审计师的职业判断有很大的空间，这为审计师的机会主义行为提供了可能性。

综上所述，关于如何应用财务信息审计重要性，有如下结论：审计师需要在审计全过程应用审计重要性，将计划重要性水平、执行重要性水平体现在审计策略、审计方案之中，将评价重要性水平（包括数量重要性和性质重要性）体现在审计意见类型之中。

五、结论和启示

审计重要性是财务信息审计的重要构件，本节阐述了由三个基础性问题构建的逻辑框架，我们的主要结论是，第一，审计重要性是实现审计目标的必要构件，并且，虽然审计重要性与会计重要性密切相关，但是，审计师不能直接将会计重要性作为审计重要性；第二，审计重要性是一个体系，既有不同层级的重要性，也有不同阶段的重要性，还有不同类型的重要性；第三，审计重要性与审计效率、审计风险密切相关，应用恰当，能提高审计效率、降低审计风险，否则，会降低审计效率、增加审计风险；第四，审计师需要在审计全过程应用审计重要性，将计划重要性水平、执行重要性水平体现在审计策略、审计方案之中，将评价重要性（包括数量重要性和性质重要性）体现在审计意见类型之中；第五，审计重要性的应用充满职业判断，很有可能出现差异化，一方面，性质重要性及数量化的重要性水平的判断可能出现差异化，另一方面，用审计重要性来评价错报对财务报表公允性的影响并进而确定审计意见类型，也可能出现差异化。

本节的结论告诉我们，要真正有效地应用审计重要性，一方面需要总结良好的实务经验，尽量提供可靠的指南；另一方面，还需要加强监管，抑制审计师机会主义地应用审计重要性；同时，还需要审计师清醒地认识到审计重要性与审计风险、审计效率之间的关系。

第二节　财务信息审计风险：逻辑框架

毕马威会计师事务所审计与鉴证研究中心主任 Bell 博士和伊利诺伊大学香槟分校会计系主任 Solomon 教授指出，在财务信息审计中应用风险评估至少有 100 年的历史了（王咏梅，吴建友，2005）。随着审计取证模式的不断变迁，在现代风险导向审计模式下，审计风险评估及其控制成为财务信息审计的核心构件，并且，从某种意义上，已经成为审计职业及审计师成败的关键因素。

由于审计风险及其控制在财务信息审计中的重要性，围绕这些问题有不少的研究文献，研究主题涉及审计风险的概念、审计风险模型、审计风险评估、审计风险的产生原因及其防范、审计风险对审计行为的影响等。本节从更基础的视角探究财务信息审计风险的相关问题，为认知和控制财务信息审计风险提供一个逻辑框架，包括以下问题：什么是财务信息审计风险？财务信息审计风险是如何产生的？如何控制财务信息审计风险？

一、文献综述

由于审计风险及其控制是现代财务信息审计的核心构件，围绕它有不少的研究文献，从研究主题来说，主要涉及审计风险的概念、审计风险模型、审计风险评估、审计风险的产生原因及其防范、审计风险对审计行为的影响等（戴佳君，张奇峰，2009）。

关于审计风险的概念有多种观点，归纳起来，主要有三层次论、广义风险和狭义风险论、不当意见论和损失可能论（谢志华，1990；吴联生，1995；阎金锷，刘力云，1998；徐政旦，胡春元，1999；刘开瑞，宣关星，2002；谢荣，2003；朱小平，叶友，2003；秦荣生，2005；谢盛纹，2006）。还有一些文献研究了审计风险的特征（阎金锷，刘力云，1998；徐政旦，胡春元，1999；

顾建平，2008）。

关于审计风险模型，不少的文献分析美国注册会计师协会1983年发布的第47号审计准则公告《审计业务中的审计风险和重要性》中的审计风险模型（审计风险＝固有风险×控制风险×检查风险）的缺陷，并提出了改进建议（Cushing & Loebbecke，1983；Kinney，1989；Sennetti，1990；胡春元，2001；张楚堂，2001；朱锦余，2001；周家才，2002；谢荣，2003；高晓春，李鸿斌，高振宾，2003；陈志强，2005；逄翼，2007；蒋毓翔，2008；张立民，马卓坤，2008）。还有一些文献研究了国际审计与鉴证准则委员会2003年颁布的国际审计准则中的新审计风险模型（审计风险＝重大错报风险×检查风险）的应用（张龙平，聂曼曼，2005；王大力，Turley，2005；顾晓安，2006；王风华，2007；王泽霞，姚力其，2007）。

审计风险评估是风险导向审计的关键，一些文献研究了审计风险的评估程序，还有一些文献研究了审计风险及其子项的评估技术（谢荣，郑石桥，1999；Dusenbury，Reimers & Wheeler，2000；Messier & Austen，2000；曹筱春，宋夏云，仇丹虹，2003；Low，2004；姚力其，2006；陈雪梅，石勇，2010；杨晶晶，苗连琦，2014）。

关于审计风险的产生原因及其防范有不少的研究，归纳起来，审计风险的原因可以分为三类：社会经济等审计环境方面的原因，审计客体和审计内容方面的原因，审计主体和审计方法方面的原因，一些文献还基于对审计风险的上述原因分析，提出了有针对性的措施（Balachandran & Nagerajan，1987；Nelson，Ronen & White，1988；翟后文，1994；鲁平，刘峰，段兴民，1998；胡继荣，张麒，2000；王宝庆，2002；谢荣，2003；余玉苗，刘颖斐，2003；徐咏梅，李建忠，2012；王强军，2014）。

关于审计风险对审计行为的影响，主要关注审计风险对审计定价、审计意见类型、审计师投入等方面的影响（Waller，1993；Houston，Peters&Pratt，1999；李爽，吴溪，2003；张继勋，陈颖，吴璇，2005；李明辉，郭梦岚，2010；郑莹，2011；周红，李莫愁，2013；胡南薇，胡汶文，2014）。

上述这些文献对认知和审计风险有很大的启发，本节从更基础的视角探究财务信息审计风险的相关问题，为认知和控制财务信息审计风险提供一个逻辑框架。

二、什么是财务信息审计风险?

财务信息审计风险就是与财务信息审计相关的风险，认知财务信息审计风险当然离不开对风险的认知，所以，我们首先讨论风险的本质，然后介绍和评述财务信息审计风险的主要观点，进而分析财务信息审计风险的特征。

（一）风险的本质：既定目标未能达成而可能带来的损失

根据现有文献，关于风险，有四种观点，一是认为风险是损失性的可能性；二是认为风险是损失的不确定性；三是认为风险是实际结果与预期结果的偏离；四是认为风险是实际结果偏离预期结果的概率（刘钧，2008）。上述四种观点，前面两种观点可以归纳为损失论，后两者可以归纳为目标偏离论。损失论强调风险会带来损失，一种观点强调损失的可能性，另一种观点强调损失的不确定性，事实上，可能性本来就具有不确定性，二者并无实质性差异。目标偏离论强调风险是目标的偏离，一种观点只强调偏离，另一种观点强调偏离的概率，偏离当然不是绝对的，是以一定的概率发生的，所以，目标偏离论的两种观点并无实质性差异。

问题的关键是，损失论与目标偏离论是否兼容呢？我们认为，二者具有兼容性，目标偏离论强调了风险的原因，而损失论强调了结果，正是因为目标偏离了，才会有损失，如果目标达成了，损失也就不会有。所以，损失论和目标偏离论是异曲同工的。既然如此，就需要从目标和损失两个维度来认知风险，首先，风险表现为既定的目标没有达成，如果达成了目标，也就不会有风险；其次，正是因为既定的目标没有达成，与此目标相关的特定主体可能会发生损失。

（二）财务信息审计风险主要观点：不当意见论和损失可能论

目前，关于财务信息审计风险的本质，有不同的认识，主要的观点有两种，一是不当意见论，二是损失可能论（朱小平，叶友，2003）。

1. 不当意见论

不当意见论认为，审计风险是指审计师对存有重大错报的财务报表进行审计后认为该重大错报并不存在，从而发表与事实不符的审计意见的可能性。或者表述为，审计风险是指当会计报表存在重大错报与漏报时，审计师针对会计报表而发布的不恰当审计意见的可能性。许多审计准则持这种观点，美国注册会计师协会（AICPA）于 1983 年发布的《美国审计准则说明第 47 号》（*SAS No.*47）规定，审计风险是审计师无意地对含有重要错误的财务报表没有适当修正审计意见的风险；《国际审计准则第 6 号：风险评估和内部控制》中规定，审计风险是指审计师对含有重要错误的财务报表表示不恰当审计意见的风险。

我们认为，不当意见论有两个缺陷，一是对审计风险的类型考虑不周全，二是对审计主体类型考虑不周全。

关于对审计风险的类型考虑不周全，从逻辑上来分析，审计意见有多种类型，表 3 描述了审计意见的四种情形，当财务信息真的公允，而审计意见也确定为公允时，审计意见正确；当财务信息真的不公允，而审计意见也确定为不公允时，审计意见同样正确；当财务信息不公允，而审计意见认为财务信息公允，这就发生误受险（β风险），审计意见错误；当财务信息公允，而审计意见认为财务信息不公允，就发生误拒险（α风险），审计意见同样错误。

表 3　审计意见的四种情形

项目		财务信息是否真的公允	
		公允	不公允
审计意见表明财务信息是否公允	公允	正确	误受险（β风险）
	不公允	误拒险（α风险）	正确

α风险：客观上是正确的东西判断为错误的并给予否定；

β风险：客观上是错误的东西判断为正确的而加以肯定。

上述四种审计意见中，不当审计意见包括误受险（β风险）和误拒险（α风险），它们都属于审计风险（徐政旦，胡春元，1999；谢荣，2003），所以，《蒙哥马利审计学》指出，审计风险包括两个方面：一是审计师认为是公允的财务报表，但实际上是错误的；二是审计师认为是错误的财务报表，但实际上是公允的（杰里·D. 沙利文等，1989）。

不当意见论只是关注到误受险（β风险），而没有考虑误拒险（α风险），这是其逻辑上的缺陷。

也许有人会认为，误拒险（α 风险）只是理论逻辑上的推导，实际审计生活中不可能出现这种类型的审计意见。从财务报表作为一个整体来说，最终的审计意见需要与被审计意见沟通，所以，作为最终发表的审计意见不会出现这种情形。但是，在审计取证过程中，由于样本规模不当或抽样方法不当，误拒险（α 风险）完全可能发生，这种审计风险发生之后，无非是增加样本量或改变抽样方法等，这些都会降低审计效率；另外，这种审计风险发生之后，还会损害审计师的声誉，这也是重要的不利影响（徐政旦，胡春元，1999）。

关于对审计主体类型考虑不周全，根据本节前面对风险本质的分析，风险是既定目标未能达成而可能带来的损失，从文字表述来看，不当意见论只是关注到审计目标没有达成。一般来说，财务信息审计目标主要是鉴证财务信息的公允性，财务信息不公允，而审计意见认为其公允，发表了错误的审计意见，当然没有达成其审计目标。这无疑是审计目标没有达成。然而，从相关准则产生背景来看，审计职业界正是因为审计风险给职业界带来了重大损失，职业界才开始重视审计风险。所以，不当意见论当然不会不考虑不当审计意见带来的损失。但是，为什么不当意见论没有强调不当意见论带来的损失呢？其原因是，注册会计师对其审计意见承担法律责任已经是不争之事实，发表了不恰当的审计意见，当然会承担责任，而承担责任的后果就是带来损失。所以，对于注册会计师行业来说，不当意见带来损失是显而易见的事实，无须在审计风险概念中强调。但是，当我们将注册会计师背景的审计风险概念应用到民间审计或内部审计时，就会发现这个概念有缺陷，因为在民间审计或内部审计，发表错误的审计意见并不一定有法律责任，从而也不一定有赔偿责任。当然，民间审计职业组织发布的审计准则只考虑民间审计主体，也是无可厚非的。也正是因为这一点，学术界普遍不认可不当意见论，因为学术界希望有适用范围广的审计风险概念。

2. 损失可能论

损失可能论认为，审计风险是指由于财务信息审计给审计主体带来损失的可能性。这是学术界对审计风险的主流观点，具体又有多种表述方式。谢志华（1990，2000）认为，审计风险是指在审计业务过程中，由于各种难以或无法预料，或者无法控制的审计缺陷，使审计结论与实际状况相偏离，以致审计组织将蒙受丧失审计信誉，承担审计责任的损失的可能性。谢荣（2003）认为，审计风险是指审计师经过对企业的财务报表进行审查后、对财务报表的公允性发表了不恰当的审计意见而可能导致的行政责任、民事责任和刑事责任风险。秦荣生（2005）认为，审计风险是指被审计单位会计报表存在重大错报或漏报，而审计师审计后发表不恰当审计意见的可能性。吴联生（1995）认为，审计风险是指在审计活动中由于各方面因素的影响而造成损失的可能性。阎金锷、刘力云（1998）认为，审计风险是指审计主体遭受损失或不利的可能性。徐政旦和胡春元（1999）认为，审计风险不仅包括审计过程的缺陷导致审计结果与实际不相符而产生损失或责任的风险，而且包括经营失败可能导致公司无力偿债或倒闭所可能对审计师或审计机构产生影响的营业风险。

从损失可能论的不同表述中，可以看出，这种观点的显著特点是具有广泛的适用性，并不局限于民间审计从事的财务信息审计，各种审计主体从事的财务信息审计的审计风险都适用这个概念，这也是学术研究的特征。但是，从具体内容来说，损失可能论又有两种类型：一类观点强调不恰当的审计意见与损失的关系，认为这种损失是由不同审计意见引致的（谢志华，1990；谢荣，2003；秦荣生，2005）；另一类观点只强调财务信息审计可能带来的损失，并不强调这种损失是由不当审计意见引致的（吴联生，1995；阎金锷，刘力云，1998；徐政旦，胡春元，1999），前者可以称为狭义审计风险论，后者称为广义审计风险论（胡春元，1998，2001）。

无论何种类型的损失可能论，都符合风险的本质，同时关注了结果及其原因，既强调了审计风险的结果是损失，又从一定的角度强调了这种损失的原因。区别在于，狭义审计风险论强调损失的原因是源于审计失败（也就是发表了错误的审计意见），广义审计风险论强调的原因更加广泛，即使没有审计失败，也可能有损失。看来，狭义审计风险论和广义审计风险论的区别在于对审计风险的原因有不同的认识。那么，二者谁更有道理呢？问题的关键在于，对于审计主体来说，审计失败与审计风险究竟是什么关系。首先，审计失败是否一定会招致损失呢？其次，没有审计失败，是否会招致损失呢？下面，我们来具体分析这两个问题。

审计失败是否一定会招致损失呢？答案似乎很简单，审计失败一定会招致损失。然而，现实生活中一些审计现象，使问题变得复杂。例如，不少的上市公司对财务报表进行重述，这说明已经公告的财务报表具有重要性错报，进而推论，当时审计该报表的审计师发表了错误的审计意见，出现了审计失败。然而，观察到审计现象时，审计这些报表的审计师并没有发生损失。又如，一些内部审计机构和政府审计机构，对会计报表进行审计，发表了错误的审计意见，并没有人追究这些审计机构的责任。这些例子说明，即使存在审计失败，审计主体也并不一定会有损失。我们认为，事实上，这些审计主体也有损失，只是这些损失与一般意义上的经济损失不同而已。对于重述财务报表的情形来说，一方面，审计师的声誉会受到损失，这种损失可能使其失去一些优良的被审计单位，从而发生经济损失；另一方面，如果有利益相关者根据重述前的报表做出了决策，并因为这种决策发生了损失，审计师很有可能产生损失。对于内部审计和政府审计机构来说，目前的主要损失体现在审计师的声誉方面，同时，也可能影响审计机构的主管者对审计机构的看法，进而影响审计师在组织中的地位，从而也可能发生经济上的得失。所以，总体来说，审计失败一定会招致损失，只是损失的形式多样。

没有审计失败，是否会招致损失呢？有一种观点认为，由于“深口袋”政策，即使没有审计失败，审计师也可能招致损失，审计师虽然为被审计单位提供了正确的审计报告，但由于被审计单位关系方面的原因而受到伤害蒙受损失（胡春元，2001）。无过错，无责任，这是基本的法律原则，审计师出具了正确的审计报告，没有审计失败，而要承担责任，这似乎是违背了基本的法律原则。事实真的如此吗？我们认为，问题并不如此简单，关键在于对审计失败的认识不同。

由于财务信息审计充满职业判断，在审计过程中的许多决策或选择并没有明确的规定，需要审计师根据其职业判断来决定。而这些决策或选择直接影响审计成败，更为重要的是，同样的审计事项，不同的审计师可能出现不同的选择，根据现行准则，在许多情形下，难以评价何种决策或选择是正确的或错误的。正是由于审计过程的职业判断性，使得审计失败的评价也是出现了不同的评判，审计师认为没有审计失败，甚至审计职业界也认为没有审计失败，利益相关者和司法界可能认为存在审计失败，审计师有过错，既然有过错，就应该承担责任。所以，从本质上来说，审计师的损失还是因为利益相关者和司法界认定的审计失败而导致的，虽然这种审计失败并不为审计师所认可。总体来说，没有审计失败，就不会招致损失。

根据上述分析，如果利益相关者和司法界认定的审计失败也作为审计失败，则广义审计风险论和狭义审计风险论就具有一致性。

（三）财务信息审计风险的特征

关于财务信息审计风险的特征，具有较高的共识，一般认为，具有客观性、普通性、潜在性、非故意性、可控性等特征（胡春元，1998；阎金锷，刘力云，1998；徐政旦，胡春元，1999）。各特征的含义如下：（1）审计风险的客观性：由于现代审计采用抽样方法，根据样本推断总体，所以，只能以一定的保证程度形成审计意见，审计风险难以完全消除；（2）审计风险的普通性：审计过程充满职业判断，审计活动的每个环节几乎都需要在职业判断的基础上做出选择，所以，每个环节都可能出现审计决策或选择错误，从而导致审计风险；（3）审计风险的潜在性：审计失败不一定会被发现，所以，审计师偏离客观事实的行为并不一定会造成不良后果，具有潜在性；（4）审计风险的非故意性：审计风险不是审计师的故意行为，而是无意中接受了审计风险，审计师本身也不存在审计风险。如果是审计师的故意行为，则就是审计舞弊，不是审计风险；（5）审计风险的可控性：审计风险源于审计过程失败，而审计过程是审计师完成的，所以，审计师可以全过程实施风险控制，以将审计风险降低到可接受的程度。

综合上述分析，关于什么是财务信息审计风险，有如下结论：财务信息审计风险的本质有不当意见论和损失可能论两种主流观点，不当意见论认为，审计风险是审计师发表了错误的审计意见，包括误受险和误拒险；损失可能论认为，审计风险是审计失败招致损失的可能性，这里的审计失败既包括审计职业界认同的审计失败，也包括利益相关者和司法界认定的审计失败。由于民间审计要对其审计意见承担责任，所以，对于民间审计来说，不当意见论和损失可能论具有一致性。无论如何认识审计风险的本质，都认同审计风险具有客观性、普通性、潜在性、非故意性、可控性等特征。

三、财务信息审计风险是如何产生的？

根据本节前面的分析，审计风险源于审计失败，而审计失败包括两种：一是审计师认同的审计失败，本节称为狭义的审计失败；二是审计师甚至审计职业界不认同，但是利益相关者和司法界认定的审计失败，本节称为广义的审计失败[①]。审计风险的产生，就是因为上述两种审计失败。然而，上述两种类型的审计失败为什么会发生呢？

（一）狭义审计失败的原因

审计风险正式成为财务信息审计的核心构件是始于风险导向审计，所以，我们分析狭义审计失败的原因也就主要基于风险导向审计。

风险导向审计的基本思想体现于审计风险模型，传统风险导向审计的审计风险模型是美国注册会计师协会1983年发布的第47号审计准则公告《审计业务中的审计风险和重要性》中确定的，表达式为：审计风险＝固有风险×控制风险×检查风险；现代风险导向审计的审计风险模型是国际审计与鉴证准则委员会2003年颁布的国际审计准则中确定的，表达式为：审计风险＝重大错报风险×检查风险。这两种审计风险模型都可能导致审计失败。

我们先来分析传统风险导向审计。本节前面的文献综述指出，关于传统风险导向审计模型的缺

① 从严格意义来说，审计舞弊也是审计失败，由于审计风险是非故意行为，而审计舞弊是故意行为，所以，本节界定的审计失败不包括审计舞弊。

陷，已经有不少的文献做了研究，正是这些缺陷的存在，可能导致传统风险导向审计的失败。根据审计风险模型，传统风险导向审计模型可能在三个方面失败：

第一，确定了不恰当的可接受审计风险。一般来说，可接受审计风险越低，审计效率越低，而可接受的审计风险越高，则审计效率越高。审计师基于提高审计效率的考虑，总是想在将审计风险控制在可接受范围的情形下，提高审计效率。在这种倾向下，如果审计师对被审计单位的相关情况了解不到位，完全有可能确定超出被审计单位应该有的可接受审计风险，从而导致过高的检查风险，进而导致审计失败。

第二，风险评估不恰当。在传统风险导向审计模型中，固有风险和控制风险分别评估，由于固有风险评估较为复杂，一些审计师直接将固有风险评定为高等级，在此基础上，将风险评估的重点放在控制风险评估。这种的结果是，审计师将风险评估聚焦在被审计单位内部，聚焦在财务报表相关的内部控制，而在许多情况下，会计信息错弊并不是财务报告内部控制存在缺陷，并且，管理层会凌驾于内部控制之上，也就是说，内部控制对员工舞弊也许有作用，对管理层舞弊的作用是非常有限的。同时，被审计单位在会计信息舞弊，可能是源于外部原因导致的经营失败，会计信息错弊的重要路径是经营失败导致会计信息舞弊的动机，而财务报告内部控制对这种动机驱动下的舞弊的抑制作用有限。所以，聚焦控制风险评估，可能导致的会计信息错弊风险的错误认知，进而导致检查风险不当，从而发生审计失败。

第三，即使审计师在可接受审计风险及固有风险和控制风险评估方面没有不当，进而恰当地确定了检查风险，而检查风险是需要通过审计程序来实施的，审计程序通过其性质、时间和范围实现与检查风险的匹配，如果匹配不当，其结果就是实施的审计程序并不能将检查风险降低到计划的水平，从而终极审计风险也就超出了可接受审计风险，这也是审计失败。

在现代风险导向审计下，改变了审计风险模型，可以将评估固有风险和控制风险合并评估，较大程度解决了传统风险导向审计下的风险评估缺陷，但是，也带来新的问题，在 2005 年上海国家会计学院举办的现代风险导向审计论坛上，Turley 教授直言不讳："将风险（因素）与财务报表数字联系起来……审计师评估风险的专门技术以及培训与人员配备问题……这些问题提供了未来实务研究的对象。"（王大力，Turley，2005）。如何将风险因素与具体认定层次的重大错报相联系，需要很大程度的职业判断（顾晓安，2006）。同时，在现代风险导向审计下，可接受审计风险不恰当、审计程序与检查风险不匹配，这些审计失败同样可能发生。

接下来的问题是，上述三方面的失败为什么会发生？本节前面的文献综述指出，不少的文献研究了审计风险的产生原因及其控制，归纳起来，这些原因主要有三个方面：社会经济等审计环境方面的原因，审计客体和审计内容方面的原因，审计主体和审计方法方面的原因。事实也正是如此，从社会经济环境来说，社会变得越来越复杂、动态、信息化，这一方面会影响被审计单位的业务营运方式方法及经营成败，另一方面作为审计环境因素，会影响被审计单位及利益相关者对审计的希望。从审计客体和审计内容来说，审计客体规模越来越大，经营的业务越来越多元化、复杂化、动态化，同时，财务信息涉及的内容也越来越广泛，例如，持续经营问题、违反法律行为、环境问题、信息系统等逐步进入财务信息审计的内容。就审计主体和审计方法来说，随着审计环境及审计客体等方面的变化，需要新的审计技术方法，进而也需要审计师的职业素质和职业操守随之相应地改变，如果不能适应这些变化，就可能出现执业不当。总之，上述三方面的原因，都可能导致审计失败。

（二）广义审计失败的原因

广义审计失败当然包括狭义审计失败，但是，它扩展了审计失败，将审计师甚至审计职业界不认可而利益相关者和司法界认定的审计失败也作为审计失败，本节从后者意义上来分析广义审计失败的原因。

广义审计失败的产生有两个原因，第一，被审计单位的利益相关者遭受损失，进而产生法律诉讼，在“深口袋”政策下，审计师成为被告或被告之一。出现这种情形，一般是被审计单位陷入了经营困境，利益相关者的权益受到了损害，而被审计单位本身可能难以满足利益相关者的权益要求。在这种背景下，审计师也可能成为利益相关者索取权益的“深口袋”。第二，司法界对审计职业判断有不同认识。审计师陷入诉讼之后，如果能证明审计师没有过错，根据无过错就无责任原则，审计师也就没有损失。然而，问题的关键在于，审计师是否有过错，司法界有自己的认识，而且这种认识可能与审计师甚至审计职业界的认识不同，审计师甚至审计职业界认为无过错之处，司法界可能认为有过错，这就使得审计师蒙受损失。正是从这个意义上，有一种观点认为，仅仅因为从业审计职业，都可能带来风险，这种风险称为营业风险（徐政旦，胡春元，1999）。

综上所述，关于财务信息审计风险是如何产生的，有如下结论：财务信息审计风险源于狭义审计失败和广义审计失败；狭义审计失败源于确定不恰当的可接受审计风险、不恰当的风险评估、审计程序与检查风险的不匹配，而上述三方面的失败又源于审计环境、审计客体和审计主体；广义审计失败源于司法界与审计界对审计过错的认识不同。

四、如何控制财务信息审计风险？

根据本节前面的分析，审计风险源于狭义审计失败和广义审计失败，既然如此，控制审计风险也需要从这两个角度来实施。

（一）狭义审计失败的控制

根据本节前面的分析，狭义审计失败发生在三个领域：确定不恰当的可接受审计风险、不恰当的风险评估、审计程序与检查风险的不匹配，而这个失败发生的根源是审计环境、审计客体和审计主体。就审计师角度的审计风险防范来说，审计师对审计环境和审计客体方面的原因是没有太多控制力的，主要方式是加强沟通，避免误会。审计组织控制审计风险的主要着力点应该是审计主体方面，在审计组织内部采取一些措施，避免审计过错，恰当地应用审计准则，主要方法有以下几个方面：

第一，审计师业务素质。审计师业务素质不高是审计过错的重要原因，要恰当地应用审计准则，必须正确地理解审计准则，并能根据被审计单位的具体情况，恰当地做出决策或选择，这些都需要审计师的业务素质为支撑。也正因为如此，各国的审计准则对审计师的业务素质都非常重视，除了职业资格准入以外，还特别强调后续教育。

第二，审计职业操守。审计师业务素质为恰当地应用审计准则提供了基础性条件，但是，如果审计师缺乏应有的职业操守，则再好的业务素质也难以发挥作用，有时甚至走向相反方向。审计师的独立性、应有的职业谨慎、勤勉尽责等职业操守是审计师恰当地应用审计准则的前提条件。也正因为如此，各国的审计职业组织都非常重视审计职业操守，颁布专门的职业道德准则，对审计职业操守予以规范。

第三，质量控制。审计组织除了强调审计业务素质和职业操守外，还要加强质量控制，以预防和检查审计师对审计准则的不恰当应用，同时，由于各层级的审计师都可能出现不恰当地应用审计准则，所以，审计质量控制一般需要分层级进行。正因为如此，各国的审计职业组织都非常重视审计质量控制，建立了独立的质量控制准则。

（二）广义审计失败的控制

根据本节前面的分析，广义审计失败是审计师陷入司法诉讼后，司法界对审计失败的认识与审计师甚至审计职业不同。既然如此，广义审计失败的控制应该从两方面来进行，一是避免陷入司法诉讼，二是缩小对审计失败的认识差距。

关于避免陷入司法诉讼，主要的措施是慎重选择被审计单位，避免与不诚实或法律诉讼可能性较大的被审计单位发生业务关系。一般来说，如果被审计单位本身不损害利益者相关的利益，不发生法律诉讼，审计师陷入司法诉讼的可能性也就小，如果被审计单位的经营失败，进而财务失败，甚至违法经营，在这种情形下，被审计单位的利益相关者很可能蒙受损失，而这些利益相关者挽回或降低损失的重要路径就是对审计师实行“深口袋”政策，如果审计师不与这类被审计单位打交道，当然也就从根本上避免了“深口袋”政策。

关于缩小对审计失败的认识差距，主要是加强沟通，避免相关各方对审计的不恰当理解。主要的沟通对象有三个方面：一是在初步业务活动中与被审计单位沟通，让被审计单位正确地理解财务信息审计，避免误会；二是与利益相关者沟通，避免他们对财务信息审计有不当的期望；三是与司法界沟通，让他们理解审计过程的特征，避免他们对审计过错的不恰当认定，当然，这种沟通，除了陷入诉讼的审计师外，审计职业界有计划地与司法界进行沟通，可能是更为有效的路径。

综上所述，关于如何控制财务信息审计风险，有如下结论：控制审计风险主要是控制审计失败，需要从狭义审计失败和广义审计失败两个角度来实施，控制狭义审计失败的措施主要包括审计师业务素质、审计职业操守和质量控制；控制广义审计失败的措施，一是慎重选择被审计单位，二是加强与相关各方的沟通，避免他们对审计的不恰当理解。

五、结论和启示

审计风险及其控制是财务信息审计的重要构件，本节阐述相关的三个基础性问题，形成财务信息审计风险及其控制的逻辑框架，主要的结论包括：第一，尽管对审计风险有不同的认识，但是，审计风险的本质是由于审计失败而招致损失的可能性，没有审计失败，就没有审计风险；第二，审计风险源于审计失败，这里的审计失败包括两种类型，一是审计师和审计职业界认可的审计失败，也就是未能恰当地应用审计准则；二是审计师甚至审计职业界不认可，但是利益相关者和司法界认定的审计失败，前者是狭义的审计失败，后者是广义的审计失败，这两类审计失败的产生原因不同，前者的原因包括审计环境、审计主体和审计客体，后者的原因主要是认知因素；第三，控制审计风险，就是要控制狭义审计失败和广义审计失败，控制狭义审计失败的措施主要包括审计师业务素质、审计职业操守和质量控制；控制广义审计失败的措施，一是慎重选择被审计单位，二是加强与相关各方的沟通，避免他们对审计的不恰当理解。

本节的研究结论启示我们，控制审计风险是一项复杂的系统工程，既需要各个审计师在审计过程中努力控制对审计准则的不恰当应用；也需要审计职业界整体行动，加强与各界的沟通，避免社会各界特别是司法界对审计的误会；当然，更需要优化审计准则，给审计师以更有用的指导。

参考文献

1. 王信平．重要性水平与审计报告价值［J］，财会月刊，2011（8）：34。

2. 段兴民，封铁英．从新的角度把握审计重要性［J］，审计与经济研究，2003（5）：10－13。

3. 黄世忠．安达信对世界通信公司审计失败原因剖析［J］，中国注册会计师，2003（6）：45－47。

4. Messier.，W. F.，The effect of experience and firm type of materiality disclosure judgments［J］．Journal of Accounting Research，1983，21（2）：611－618.

5. Messier.，W. F.，Martinov－Bennie.，N.，Eilifsen. A.，A review and integration of empirical research on materiality：Two decades later［J］．A uditing：A Jo urnal of Practice & Theory，2005，24：153－187.

6. Carpenter.，B. W.，Dirsmith.，M. W.，Early debt extinguishment transactions and auditor ateriality judgments：A bounded rationality perspective［J］．Accounting，Organizations and Society，1992，17（8）：709－740.

7. Blokdijk.，H.，Drieenhuizen.，F.，Simunic.，D. A.，et al.，Factors affecting auditor s' assessments of planning materiality［J］．A uditing：A Journal of Practice & Theory，2003，22（2）：297－307.

8. Costigan.，M. L.，Simon.，D. T.，Auditor materiality judgment and consistency modifications：Further evidence from SFASNo. 96［J］．Advances in Accounting，1995，（13）：207－222.

9. 尤家荣．论重要性在审计过程中的运用［J］，财经研究，1997（5）：59－64。

10. 潘博．"审计重要性"实际应用的若干策略研究（上）［J］，审计研究，1999（2）：27－30。

11. 于亦铭．论审计风险与审计重要性的关系［J］，审计研究，2000（4）：63－65。

12. 朱锦余．审计重要性与审计风险、审计证据的关系及其图解［J］，内蒙古财经学院学报，2002（1）：70－74。

13. 方宝璋．试论审计重要性水平［J］，审计研究，2004（4）：19－23。

14. 段兴民，张连起，陈晓明．审计重要性水平/中国注册会计师执业实务丛书［M］，上海财经大学出版社，2004年。

15. 谢盛纹．重要性概念及其运用：过去与未来［J］，会计研究，2007（2）：11－17。

16. 王英姿．审计职业判断差异研究——一项关于上市公司2000年年报的案例分析［J］，审计研究，2002（2）：27－31。

17. 王霞，徐晓东．审计重要性水平、事务所规模与审计意见［J］，财经研究，2009（1）：37－48。

18. 毛敏．重要性判断、审计经验与绩效考察［J］，中央财经大学学报，2009（12）：91－96。

19. 毛敏．重要性审计程序研究：战略视角、量化模型及认知心理［M］，中国财富出版社，2013年。

20. 张学军，刘诚．财务报表审计“重要性”概念辨析［J］，财会月刊，2014（2）：63－64。

21. 赵海侠．不同重要性水平条件下审计意见类型的确定［J］，财会月刊，2010（3）：51－52。

22. 谢盛纹．关于审计重要性的一点思考［J］，四川会计，1999（1）：34－35。

23. 刘蕾，张武标．对开展我国审计重要性水平实证研究的思考［J］，企业经济，2005（2）：104－105。

24. 陈波，杨欣．审计重要性水平的界定与运用探析——基于新审计准则［J］，财务与会计，2011（11）：57－59。

25. 郑建友．论会计与审计中的“重要性”概念［J］，湖北审计，1997（7）：28－30。

26. 傅宏宇．审计重要性标准习惯性表述的分析与改进［J］，审计与经济研究，2007（5）：31－35。

27. 毛敏．审计重要性与会计、法律重要性的概念辨析［J］，财会月刊，2009（11）：43－44。

28. 张金松．会计重要性与审计重要性的比较研究［J］，东北财经大学学报，2007（3）：29－31。

29. 辛金国，许宁宁．论独立审计最优估计重要性水平的解［J］，财会月刊，2005（10）：61－62。

30. 中国注册会计师协会．审计/2011年度注册会计师全国统一考试辅导教材［M］，经济科学出版社，2011年。

31. 陈武南．浅谈审计风险评价与重要性水平判断［J］，中国注册会计师，2015（2）：86－88。

32. 蔡艳艳．重要性与审计风险关系的再认识［J］，财会研究，2000（5）：56－57。

33. 毛敏，张龙平．审计重要性概念的内涵与本质辨析［J］，财会月刊，2009（7）：40－41。

34. FASB，Discussion Memorandum：Criteria for Determining Materiality，1975.

35. Moriarity.，S.，Barron.，F.. H.，Modeling the Materiality Judgement of Auditor Parters［J］，Journal of Accounting Research，1976（autumn）：320－341.

36. Byung T. Ro，1982. An Analytical Approach to Accounting Materiality，Journal of Business Finance&Accounting（September，1982），397－412.

37. 丁天方，邓川．德尔菲法在审计重要性水平分配中的运用［J］，财会通讯，2005（6）：53－54。

38. 管军，叶运峰．基于AHP法的审计重要性水平分配问题研究［J］，财会通讯，2009（11）：96－97。

39. 余春宏，吴秋．论重要性原则与会计报表真实性审计［J］，山西财经大学学报，2000（2）：76－78。

40. 刘安兵．审计重要性的变化及其对审计工作的影响［J］，中国注册会计师，2012（5）：104－107。

41. 王咏梅，吴建友．现代风险导向审计发展及运用研究 [J]，审计研究，2005 (6)：51—55。

42. 戴佳君，张奇峰．审计风险研究综述 [J]，上海立信会计学院学报，2009 (6)：68—75。

43. 谢志华．审计管理 [M]，中国商业出版社，1990。

44. 吴联生，社会审计风险及其责任关系分析 [J]，审计研究，1995 (5)：38—41。

45. 阎金锷，刘力云．审计风险及其应用的探讨 [J]，财会通讯，1998 (9)：3—7。

46. 徐政旦，胡春元．论民间审计风险 [J]，审计研究资料，1999 (1)：7—13。

47. 刘开瑞，宣关星．审计风险研究 [J]，当代经济科学，2002 (9)：83—88。

48. 谢荣．论审计风险的产生原因、模式演变和控制措施 [J]，审计研究，2003 (4)：24—29。

49. 朱小平，叶友．"审计风险"概念体系的比较与辨析 [J]，审计与经济研究，2003 (9)：11—15。

50. 秦荣生．审计风险探源：信息不对称 [J]，审计研究，2005 (5)：6—11。

51. 谢盛纹．审计证据、审计风险与合理保证：一个哲学视角的分析框架 [J]，审计研究，2006 (3)：64—68。

52. 顾建平．换一个角度谈亩计风险 [J]，中国注册会计师，2008 (2)：63—64。

53. Cushing，B. E.，Loebbecke，J. K.，Analytical Approaches to Audit Risk：A Survey and Analysis [J]，Auditing：A Juornal of Pratice and Theory，1983，fall：23—41.

54. Kinney，W. R.，Achieved Audit risk and Audit Outcome Space [J]，Auditing：A Juornal of Pratice and Theory，1989，(supplement)：67—84.

55. Sennetti，J. T.，Towards a More Consistent Model for Audit Risk [J]，Auditing：A Juornal of Pratice and Theory，1990，Spring：103—112.

56. 胡春元．风险基础审计 [M]，东北财经大学出版社，2001 年。

57. 张楚堂．论审计风险的概念 [J]，审计研究，2001 (2)：48—50。

58. 朱锦余．审计风险及其模型新探——从实务角度的考察 [J]，山西财经大学学报，2001 (12)：80—83。

59. 周家才．试论审计风险概念及审计风险模型的重建 [J]，财经问题研究，2002 (6)：64—67。

60. 高晓春，李鸿斌，高振宾．从信息学角度重建审计风险模型 [J]，审计与经济研究，2003 (7)：19—23。

61. 陈志强．从审计风险模型的改进论风险导向审计的战略调整 [J]，审计研究，2005 (2)：78—81。

62. 逄翼．基于审计风险模型的审计风险要素分析 [J]，管理现代化，2007 (2)：34—36。

63. 蒋毓翔．审计风险概念及其模型重构 [J]，财会通讯，2008 (5)：36—37。

64. 张立民，马卓坤．论审计风险的概念界定与体系构建 [J]，中国注册会计师，2008 (9)：58—60。

65. 张龙平，聂曼曼．试论新审计风险模型的理论进步与运用 [J]，审计研究，2005 (4)：

26－33。

66. 王大力，Turley. 现代风险导向审计和审计准则的英国经验 [Z]，中国会计师视野，http：//www. esnai. com/career/PrintDoc. aspNewsID＝19579&uchecked＝true，2005 年。

67. 顾晓安．基于业务循环的审计风险评估专家系统研究 [J]，会计研究，2006 (4)：23－29。

68. 王风华．期望审计风险的模糊综合评价 [J]，中国管理信息化，2007 (1)：73－75。

69. 王泽霞，姚力其．国际四大会计师事务所审计风险评估模式比较研究 [J]，会计之友，2007 (11)：76－78。

70. 谢荣，郑石桥．略论审计实施阶段的风险控制 [J]，审计与经济研究，1999 (1)：3－7。

71. Dusenbury，R. B.，Reimers，J. L.，Wheeler，S. W.，The Audit Risk Model：An Empirical Test for Conditioned Dependencies Among Assessed Component Risks [J]，Auditing：A Juornal of Pratice and Theory，2000，19 (2)：105－117.

72. Messier，W. F.，Austen，L. A.，Inherent risk and control risk assessments：evidence on the effect of pervasivw and specific risk factors [J]，Auditing：A Juornal of Pratice and Theory，2000，19 (2)：119－131.

73. 曹筱春，宋夏云，仇丹虹．审计风险模型的应用研究 [J]，江西社会科学，2003 (9)：129－130。

74. Low，Kin－Yew，The Effects of Industry Specialization on Audit Risk Assessments and Audit－planning Decisions [J]，Accounting Review，2004，79 (1)：201－219.

75. 姚力其．传统和现代风险导向审计风险评估策略比较研究 [J]，审计与经济研究，2006 (7)：16－19。

76. 陈雪梅，石勇．基于模糊层次分析法的审计风险评价模型研究 [J]，财会通讯，2010 (1)：104－105。

77. 杨晶晶，苗连琦．审计师的自我效能感、群体决策与审计风险评估 [J]，中国注册会计师，2014 (4)：82－90。

78. Balachandran，B. V.，Nagerajan，N. J.，Imperfect information，insurance，and auditor legal liability [J]，Comtemporary Accounting Research，1987，3：281－301.

79. Nelson，J.，Ronen，J.，White，L.，Legal liabilities and the market for auditing services [J]，Journal fo Accounting and Finance，1988，3：255－295.

80. 翟后文．论审计风险及其控制 [J]，北京商学院学报，1994 (5)：55－58。

81. 鲁平，刘峰，段兴民．审计风险控制的基本模式研究 [J]，西安交通大学学报（社会科学版），1998 (6)：33－38。

82. 胡继荣，张麒．论社会审计风险评估 [J]，审计研究，2000 (3)：58－61。

83. 王宝庆．我国民间审计风险的七大因素分析 [J]，中国审计，2002 (6)：73－74。

84. 余玉苗，刘颖斐．论隐性和显性的 CPA 审计风险及其控制 [J]，财务与会计，2003 (2)：47－48。

85. 徐咏梅，李建忠．浅议注册会计师审计风险 [J]，宁夏社会科学，2012 (1)：49－51。

86. 王强军．浅析审计风险及其防范［J］，中国注册会计师，2014（1）：121－123。

87. Waller，W. S.，Auditor Assessment of Inherent and Control Risk in Field Settings［J］，The Accounting Review，1993，68（4）：783－803.

88. Houston，R. W.，Peters，M. F.，Pratt，J. H.，The Audit Risk Model，Business Risk and Audit－Planning Decisions［J］，The Accounting Review，1999，74（3）：281－298.

89. 李爽，吴溪．中国证券市场中的审计报告行为——监管视角与经验证据［J］，中国财政经济出版社，2003 年。

90. 张继勋，陈颖，吴璇．风险因素对我国上市公司审计收费影响的分析——沪市 2003 年报数据［J］，审计研究，2005（4）：34－38。

91. 李明辉，郭梦岚．注册会计师真的关注审计风险了吗——基于审计定价视角的经验证据［J］，当代经济科学，2010（7）：109－117。

92. 郑莹．审计风险对审计费用影响的实证分析——基于 2008 年深沪两市的经验证据［J］，会计之友，2011（7）：100－102。

93. 周红，李莫愁．审计准则、审计风险与客户组合［J］，中国注册会计师，2013（6）：88－93。

94. 胡南薇，陈汉文．客户重要性、审计风险与审计报告决策［J］，中央财经大学学报，2014（6）：52－59。

95. 刘钧．风险管理概论［M］，清华大学出版社，2008 年。

96. 杰里·D. 沙利文 等．蒙哥马利审计学［M］，中国商业出版社，1989。

97. 谢志华．审计职业判断、审计风险与审计责任［J］，审计研究，2000（6）：42－47。

98. 胡春元．论审计风险［J］，当代经济科学，1998（3）：83－88。

第二十五章　财务信息审计环境理论

本章研究财务信息审计环境理论，主要内容包括：财务信息审计报告传播：过程、效果及其影响因素；信息化社会的财务信息审计：一个文献综述。

第一节　财务信息审计报告传播：过程、效果及其影响因素

审计报告是财务信息审计的最终产品，财务信息审计的最终价值之发挥，要依赖于其最终产品由消费者来消费。财务信息审计产品被消费的过程，也就是其影响审计环境的过程。财务信息审计影响审计环境的主要路径是发布审计报告，通过审计报告增加或改变利益相关者对被审计单位的认知，并以这种认知为基础，利益相关者可能改变其对被审计单位的相关情感或行为。那么，这一过程是如何发生的？其效果受到何种因素的影响？特别是，审计报告本身的一些特征是否会影响审计报告的传播效果？现有文献对这些问题有一定的涉猎，但是，缺乏一个系统的理论框架。本文认为，上市公司通过审计师发布财务信息审计报告的行为，具有大众传播的性质，因此，本文以大众传播理论为基础，提出一个上市公司财务信息审计报告传播效果的理论框架。

一、文献综述

不少的文献都发现上市公司审计报告能影响其使用者的决策，然而，其机理是什么？这种影响究竟是如何发生的呢？

一些文献发现，上市公司对审计师有所选择（孙铮，曹宇，2004；曾颖，叶康涛，2005；王艳艳，陈汉文，于李胜，2006；韩洪灵，陈汉文，2008）；不同的审计师提供的审计报告，其经济后果不同（Beatty，1989；李连军，薛云奎，2007；王兵，辛清泉，杨德明，2009；王帆，张龙平，2012）。这些发现说明审计师选择会影响审计报告和意见的价值。

另有一些文献发现，审计报告的内容变化甚至格式及表述方式的变化会影响审计报告使用者的感知。这些发现说明不同的审计报告内容甚至格式都会影响审计报告和审计意见的价值（Kelly&Mohrweis，1989；Innes，Brown&Hatherly，1997；Christensen，Glover&Wolfe，2014；张继勋，韩冬梅，2014；张继勋，贺超，韩冬梅，2015；Bailey，Bylinski&Shields，1983）。

还有一些文献发现，在证券市场不规范的环境下，投资者并不关注审计意见（陈梅花，2001），而在证券市场得到改进之后，则审计意见具有信息含量（宋常，恽碧琰，2005；郭志勇，2008）。

这些发现说明，审计报告赖以进行的环境对审计报告的环境也有重要影响。

上述这些文献对我们认知财务信息审计报告如何发挥其社会价值（也就是如何发挥对审计环境的影响）具有较大的启发价值。然而，上市公司财务信息审计报告究竟是如何影响使用者的？其过程是什么？效果是什么？效果受到哪些因素的影响？这些重要的问题，还是缺乏一个理论框架。本文认为，上市公司通过审计师向利益相关者发布财务信息审计报告这一行为具有大众传播的性质（何红渠，贺雪迎，2000），基于此，本文以大众传播理论为基础，构建财务信息审计报告传播的理论框架。

二、财务信息审计报告传播过程及其效果影响因素：基于大众传播学的理论框架

（一）财务信息审计报告传播过程

一般来说，传播可以分为三种：人际传播、组织传播和大众传播。大众传播是指传播人通过公开的传播媒介向传播对象传播信息的方式，并且有如下主要特征：第一，信息传播媒介是公开的，例如，报刊、电视、广播、网络等，这样便于信息的传播和接受；第二，传播对象数量庞大，分布广泛，没有正式的组织，并且互不知晓；第三，传播人对大量的或某一类特定的传播对象所传输的信息是无差异的（陈龙，1997；胡正荣，1997；郭庆光，1999）。

根据大众传播的上述特征，上市公司向利益相关者发布财务信息审计报告，显然属于大众传播行为。首先，上市公司作为审计报告发布者，是通过公开的媒体向广泛的利益相关者传播其财务信息，符合大众传播的定义；其次，这一过程也具有大众传播的主要特征，一是审计报告是公开传播的，其传播媒体包括鉴证监管机构指定的报纸和网络区域，任何人都可以接受看到这些审计报告；二是可能关注审计报告的利益相关者数量庞大，以投资者、潜在的投资者为主，这些利益相关者之间并没有正式的组织或联系，并且大多数情形下是互不知晓的；三是上市公司通常公告一个审计报告，并没有为不同的传播对象提供不同的审计报告，所以，上市公司是为大量的传播对象提供了无差异的信息。正是由于上市公司向利益相关者发布财务信息审计报告，具有大众传播的上述典型特征，所以，从本质上来说，这一过程也就是大众传播过程。

接下来的问题是，从大众传播的视角来看，上市公司财务信息审计报告传播过程是如何发生的呢？其效果如何？其效果受到哪些因素的影响？我们先来看传播过程。

一般来说，大众传播过程是从信息发出到产生效果的各环节、各步骤的组合，而传播模式就是用简明、易懂的方式对传播过程进行的一种描述和解释。所以，传播过程和传播模式具有同一性，传播模式是传播过程的描述和解释（毛微昭，1994）。

关于大众传播模式，有多种观点，主要的传播模式有多种类型，但是，主流的观点是拉斯韦尔的“5W”模式（丹尼斯·麦奎尔，1989；毛微昭，1994），本文用这个模式来解释上市公司财务信息审计报告传播过程。1948 年，哈罗德·拉斯韦尔（Harold D. Lasswell）在其《传播在社会中的结构与功能》一文中提出的传播过程如图 1 所示，这一过程的主要内容包括：“谁”，就是传播者，在传播过程中担负着信息的收集、加工和传递的任务；“说什么”，是指传播的信息内容，它是由一组有意义的符号组成的信息组合；“渠道”，是信息传递所必须经过的中介或借助的物质载体；“对谁”，就是传播对象，是所有信息接受者如读者、听众、观众等的总称，它是传播的最终对象和目的地；“效果”，是信息到达传播对象后在其认知、情感、行为各层面所引起的反应（拉斯韦尔，

2003；商海波，2008）。由于每个过程的关键词都以“W”开始，所以，称为“5W”模式。根据拉斯韦尔的“5W”模式，大众传播过程由传播者、传播内容、传播手段、传播对象、传播效果等五个因素构成（沃纳·赛佛林，詹姆斯·坦卡得，2000；夏吉英，2008）。

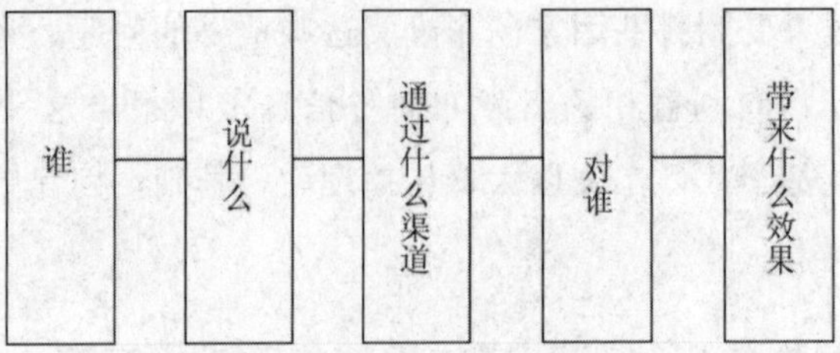

图 1　拉斯韦尔的“5W”模式

上市公司财务信息报告作为一个大众传播过程，也应该包括上述传播五要素。传播者，财务信息审计报告是审计师的最终产品，由审计师签名盖章，所以，审计师应该是主要的传播者。传播内容，也就是审计报告及其格式和内容。传播手段，包括网络、报纸及其他公众媒体。传播对象，包括投资者、潜在的投资者及其他利益相关者，可以概括为利益相关者。传播效果，包括利益者对上市公司的认知、情感和行为。事实上，财务信息审计报告对上市公司利益相关者发生传播效果也有一个过程，这个过程是关注审计报告、理解审计报告，并在此基础上形成对上市公司的认知，进而以认知为基础形成的对上市公司的情感或采取相关行动。总体来说，上市公司财务信息审计报告传播过程包括以下六个步骤（见图 2）：审计师通过上市公司发布审计报告，利益相关者关注审计报告，利益相关者理解审计报告，利益相关者认知上市公司，利益相关者形成情感，利益相关者选择行动。

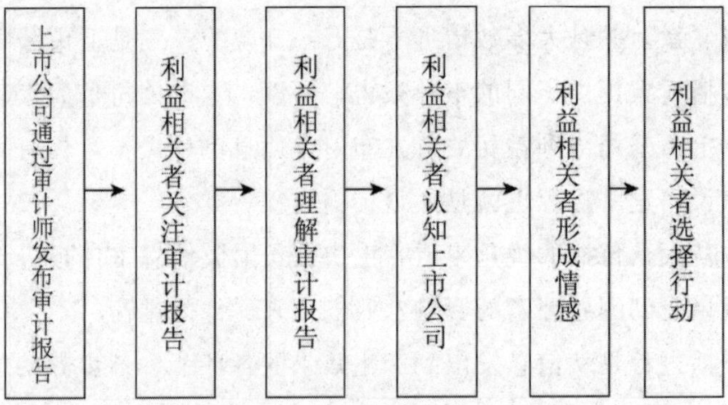

图 2　财务信息审计报告传播过程

（二）财务信息审计报告传播效果

以上我们分析了财务信息审计报告的传播过程，接下来，我们探究其传播效果及影响因素。我们先来看传播效果。一般认为，传播效果是信息到达传播对象后在其认知、情感、行为各层面所引起的反应（胡正荣，1997；拉斯韦尔，2003；周葆华，2005；薛洪娟，2011；刘雪明，魏景容，2015）。财务信息审计报告传播效果也不例外，也应该包括利益相关者对上市公司的认知、情感和行为，不过，每个方面都有丰富的内涵，并且相互关联，其大致情形如图 3 所示。

关于利益相关者对上市公司的认知，财务信息审计主要是基于责任方认定业务，所以，审计报

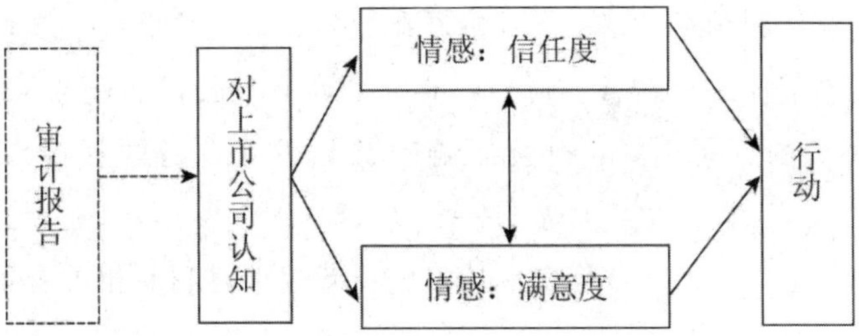

图 3 财务信息审计报告传播效果

告是与上市公司财务报告共同为利益相关者提供信息，这些信息包括经营成果、财务状况及其变动、持续经营问题等；同时，审计报告也可能有些直接报告内容，例如，发现的舞弊、违反法规行为、管理层未披露的持续经营问题等。利益相关者通过这些信息，增加了对上市公司的认知。

利益相关者对上市公司的情感是以认知为基础的，这种情感，主要表现为两个方面：一是利益相关者对上市公司是否信任；二是利益相关者对上市公司是否满意。如果上市公司提供的财务信息是真实的，一般来说，利益相关者就会信任上市公司，如果信息披露缺乏真实性，则利益相关者就会失去对上市公司的信息。这种信任与否，很大程度上由审计意见类型来决定。在标准审计意见情形下，利益相关者对上市公司信任度较高，而非标准审计意见则会降低利益相关者对上市公司的信任度。

利益相关者对上市公司情感的另外一个方面是是否满意。毕竟利益相关者是要从上市公司获取利益的，信息真实披露只是利益相关者的基础性要求，更高的要求是，上市公司能为利益相关者创造更多的价值，这就需要上市公司有良好的表现。一般来说，利益相关者会将上市公司的绩效与一定的标杆进行比较，以判断其绩效处于何种水准，在此基础上确定其对上市公司的满意度。这里的标杆有多种情形，不同的利益相关者可能会有不同的选择，例如，投资者或潜在投资者可能更加关注其盈利水平，而债权人可能关注其流动性，在财务数据为基础的契约方可能关注与契约相关的财务数据。此外，如果上市公司存在舞弊、违反法规行为、持续经营存在问题，这些都会降低利益相关者对上市公司的满意度。

利益相关者与上市公司的两种情形是密切相关的，信任是基础，没有信任也就无从谈满意。所以，真实披露是财务信息审计报告传播的基础性效果。但是，仅有信任是不够的，利益相关者最终是需要上市公司为其创造价值的，所以，满意与否是财务信息审计报告传播的高层级效果，也是上市公司财务信息审计报告传播追求的最终效果。

财务信息审计报告传播效果的最后一个方面是利益相关者的行动。很显然，利益相关者的行动不是盲目的，是以情感为基础的，也就是通常所谓的“没有无缘无故的爱，也没有无缘无故的恨”，利益相关者会基于其对上市公司的信任度和满意度做出自己的行动选择。一般来说，利益相关者可以区分为潜在的利益相关者和现有的利益相关者，不同类型的利益相关者，其行动方式可能不同。对于潜在的利益相关者来说，如果对上市公司不信任或不满意，则可能中止其本身拟建立的与上市公司的业务关联，例如，潜在的投资者不购买公司发行的证券，潜在的债权人不给公司借债，潜在的供应商不再以商业信用的方式为公司供货，甚至重要的管理人员放弃进入公司的打算，等等。相反，如果潜在的利益相关者对上市公司满意，则可能会积极与上市公司建立上述各种业务关联，从潜在的利益相关者成为现实的利益相关者。对于已经与上市公司建立业务关联的现有的利益相关者来说，如果对上市公司信任和满意，则可能维持现在业务关联，甚至进一步扩大与上市公司的业务关联；如果对上市公司不信任或不满意，则有可能减少与上市公司的业务关联甚至中止业务关联。很显然，各类利益相关者的行动选择，既会影响利益相关者自身的利益，也会影响上市公司的利益。

通过以上分析可知，上市公司财务信息审计报告传播效果对利益相关者很重要性，同样，由于利益相关者会采取的行动对上市公司会产生重要影响，所以，财务信息审计报告传播效果对上市公司也同样重要。正因为如此，所以，上市公司必须高度重视财务信息审计报告传播效果。那么，其传播效果受到哪些因素影响呢？

（三）财务信息审计报告传播效果影响因素

不少的文献研究大众传播效果的影响因素，形成了不少的学术观点。但是，一般认为，根据拉斯韦尔的“5W”模式，影响大众传播效果的主要因素包括：传播者、传播媒介、传播技巧、传播内容、传播对象、传播环境，它们的大致情形如图 4 所示（谷云龙，赵仙泉，2001；夏吉英，2008；李英田，2008；张敬婕，2009；尧雪莲，2009；张政法，2014；刘雪明，魏景容，2015）。

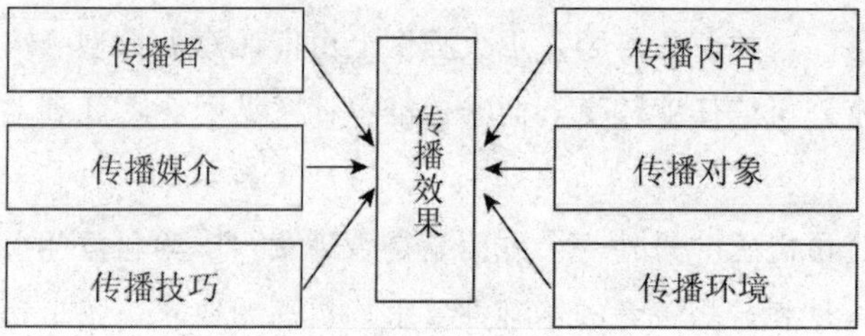

图 4　大众传播效果的影响因素

上市公司财务信息审计报告传播效果的影响因素也不例外，下面，我们就从上述六个方面来分析它们对传播效果的影响。

关于财务信息审计报告传播者对传播效果的影响，传播者会影响传播效果，即使是同样的信息，由不同的传播者来传播，传播者对其接受程度不同，进而产生不同的传播效果，因为传播对象要根据传播者来判断信息的真伪及其价值。审计师是财务信息报告传播者，不同的审计师具有不同的声誉，利益相关者对于不同的审计师传播的审计报告会给予不同的信任。所以，审计师声誉会影响审计报告的传播效果。当然，审计师声誉可能表现在多个方面，例如，就会计师事务所来说，其规模、法律形式、在某一行业的专业化程度、原来的业绩等都可能成为人们判断审计师声誉的尺度。

关于财务信息审计报告传播媒介对传播效果的影响，大众传播需要大众关注到所传播的信息，而不同的传播媒介下，大众关注到传播信息的难易程度不同，如果大众难以关注或获取所传播的信息，则传播效果肯定受到负面影响。对于财务信息审计报告来说，在手工背景下，主要是通过报刊这种媒体来传播；在网络社会，网络也成为主要的传播媒体。所以，要提高传播效果，从传播媒体的角度来说，一般要选择报刊和网络结合进行。当然，一般来说，证券监督管理机构来指定财务信息审计报告的传播媒体，一般是指定的报刊和网站。为了提高传播效果，上市公司可以选择在这些指定的报刊和网站之外，再选择一些有影响力的媒体再刊登相关内容。

关于财务信息审计报告传播技巧对传播效果的影响，传播技巧是为了达到传播效果所采用的策略方法。就财务信息审计报告传播来说，当然也存在传播技巧。例如，审计报告的格式会影响传播效果，审计意见究竟放在审计报告的何处？置于审计报告的最前面还是审计报告的后面，是否会影响审计报告使用者的认知？又如，审计报告的语言，有通俗的语言与用专业化的语言相比，是否会影响审计报告使用者的认知。上述这些问题，都有一些文献进行了深入的研究，并且得到肯定性的结论（Bailey，Bylinski&Shields，1983）。

关于财务信息审计报告传播内容对传播效果的影响，传播内容对传播效果的影响包括两方面的含义，一是不同的信息，其传播效果可能不同；二是传播内容的多少对传播效果的影响。就财务信息审计报告来说，其传播的内容范围是固定的，不同审计报告的区别是传播内容的多少。一般来说，在一定的范围内，传播内容丰富，越是有利于加深传播对象的认知。所以，在财务信息审计报告信息内容不超载的前提下，其包括的内容增加，应该会增加利益相关者对上市公司的认知。例如，随着财务信息审计报告的逐步标准化，审计报告传播的内容退化为简单的“是与否”的二元结构，增加利益相关者认知上市公司的作用限制。

关于财务信息审计报告传播对象对传播效果的影响，传播对象自身的属性对传播效果有重要的影响，即便是同一个传播者，运用同一种方法传达相同内容的信息，在不同的传播对象那里，引起的反应可能不同。传播对象的人口统计学属性、人格、性格特点、个人过去的经验等都会作为人们接触媒介或信息之际的既有倾向或背景，规定着他们对媒介或信息的兴趣、感情、态度和看法，进而对传播效果产生重要的影响。对于财务信息审计报告传播来说，传播对象包括多种类型，例如，投资者、潜在的投资者、债权人、供应商、客户、重要员工等，这些传播对象显然具有不同的属性，这些属性会作为传播者接受财务信息审计报告的既有倾向或背景，并进而影响传播效果。所以，财务信息审计报告传播要以一定的传播对象为背景，分析传播对象的特征，并在此基础上选择适宜的传播内容、传播技巧等，以提高传播效果。

财务信息审计报告传播环境对传播效果的影响，传播环境是指存在于传播活动周围所特有的情况和条件的总和，传播活动必然要以某种形式处于一定的环境之中，而一定的环境因素也必然要以某种方式影响、规定、制约着人类的传播活动。就财务信息审计报告传播来说，传播环境主要是影响人们接受财务信息审计报告的内在需求，内在需求不同，对财务信息审计报告的关注、理解所做出的努力也就不同（见图 2），进而对上市公司的认知也就不同，例如，在证券市场不规范的情形下，审计意见与股票估值没有关联，在这种情形下，投资者对投入审计报告关注、理解这些方面的努力程度也就会降低。

（四）财务信息审计报告改进对传播效果的影响

本文以上分析了财务信息审计报告各传播要素对传播效果的影响，下面，我们对财务信息审计报告内容的变化将如何影响传播效果做较深入的分析。

20 世纪 40 年代之前，审计报告是非标准格式的，从 20 世纪 40 年代开始，审计报告向标准格式审计报告演变。审计报告的同质化及其关键用语的技术化与晦涩性，使得使用者在阅读审计报告时放弃对审计报告仔细阅读与理解，只关心审计报告意见的类型与事务所名称，这样使审计报告沦为事务所声誉的象征（Technical Committee of IOSCO，2009；张琼，2012）。2008 年全球金融危机加速推动了审计报告的改革进程。金融危机后，投资者对金融机构在经济危机前披露的不满转换成对现行审计报告模式的质疑：“在金融危机中，审计师去哪里了？审计师的责任是什么？公司如此接近于破产边缘，审计师为何没有在审计报告中提到持续经营问题？如果审计师不提持续经营或针对他们在这些机构中看到的财务和会计问题不向投资者发出其他信号是正确的话，现行的审计报告模式的相关性和有用性又怎么说？”（唐建华，2015）。

在这种背景下，国际以及一些国家准则制定机构和监管机构，如国际审计与鉴证准则理事会（IAASB）、美国公众公司会计监督委员会（PCAOB）、英国财务报告委员会（UKFRC）、欧洲委员会等都在着手改进审计报告模式，以增进审计报告的信息价值和审计工作的透明度（张革，2014）。IAASB 通过调查发现，标准审计报告已难以满足当今时代信息使用者的需要，突出的问题表现在以下几方面：未能准确地诠释管理层和审计师各自的职责以及审计师对其他信息的责任；晦涩的专业术语无法确切地表达报告要传递的信息，降低其可理解性和利用效果；审计报告所承载的信息极为有限，内容过于狭窄，缺少使用者关注的对决策有用的其他信息。在调查研究的基础上，IAASB 于 2011 年 5 月发布《提高审计报告的价值：探索改变的方法》（征求意见稿），提出了审计报告的改进方案；于 2013 年 7 月就国际审计报告准则及相关审计准则的修订（制定）草案公开征求各方意见，涉及一项新的国际审计准则的制定和若干项国际审计准则的修订；于 2015 年 1 月 15 日发布了新制定（修订）的相关审计准则文本，适用于会计期间截至日为 2016 年 12 月 15 日及之后的财务报表审计工作（张革，2014；唐建华，2015）。

缩小“审计期望差”及“信息差”是本次审计报告改进的根本动因（张琼，2012）。“审计期望差”是指使用者对审计师和财务报表审计的期望与审计的现实状况之间的差距。“信息差”是指制定明智的投资和信托决策所需的信息和通过公司的已审计财务报表或其他公开渠道可以获得的信息存在的差距。针对上述问题，审计报告改进包括三方面：一是增加审计透明度，增加关键审计事项的介绍；二是增加信息含量，除了披露标准审计意见外，还要披露其他信息；三是改进了审计报告的格式（唐建华，2015）。

关键审计事项是审计师认为对财务报告使用者理解报告和审计工作至关重要的事项，审计师需要指出在审计中是如何处理这些事项的。关键审计事项从与治理层沟通的事项中产生，这些事项主要指审计师在审计过程中投入较大的、从定性或定量角度考虑影响较大的、审计师比较纠结的、与管理层和治理层沟通较多的、构成事务所内部咨询和项目质量控制复核重点内容的事项。增加关键审计事项的介绍，增加了审计过程的透明度，也更加有利于审计报告使用者认知被审计单位。

增加信息含量，是指在财务报表总体公允性审计意见之外，还增加一些审计意见：强化审计师对持续经营方面的责任；要求在审计报告中增加“其他信息”段，明确说明审计师对包含在年报中“其他信息”的责任，“其他信息”是指除已审计财务报表和审计报告之外，包含在企业年报的其他财务或非财务信息，包括管理层分析与讨论、主席致辞、公司治理报告、内部控制与风险报告等。如果审计师确定其他信息存在未更正的重大错报，应当在审计报告中予以说明。

审计报告格式的改进，将审计意见段置前；改进对审计师责任和审计关键特征的描述，并允许将其部分内容移至审计报告附录或链接至适当的网站。

IAASB 对审计报告的上述改进，希望产生什么效果呢？IAASB 认为，希望的效果是，促进审计质量的提高，重振审计工作，有利于社会公众恢复对审计相关性的信心（张革，2014；唐建华，2015）。根据本文的理论框架，IAASB 对审计报告的改进，可以归结为两方面：一是审计报告传播内容，包括增加审计透明度和增加信息含量这两方面的改进；二是审计报告传播技巧，主要是审计报告格式的改进。这些改进，都是财务信息审计报告传播要素的改进，对其财务信息审计报告传播效果将产生显著的正面影响。

三、财务信息审计报告传播效果影响因素：实证研究结论综述

本文以上将上市公司发布财务信息审计报告作为一种大众传播，阐述了其传播过程，并重点分析了其传播效果及影响因素。然而，这些理论推导是否正确呢？在影响传播效果的六大因素中，传播媒介和传播对象这两个因素对财务信息审计报告传播效果的影响，由于数据所限，尚无相关的经验证据。但是，一些文献从不同的视角研究了传播者、传播内容、传播技巧、传播环境对财务信息审计报告传播效果的影响，本文对这些文献的研究结论做一简要综述，以作为本文理论框架的实证证据。

（一）财务信息审计报告传播者对传播效果的影响

根据本文的理论框架，审计师作为财务信息审计报告的传播者，其声誉越好，传播的可信度也就越好，传播效果越好，从而传播对象对上市公司的情感也就越好，进而会采取一些有利于上市公司的行为。当然，声誉越好的审计师，其审计收费也越高，上市公司会权衡高质量审计师的利弊，在一些情形下，选择高质量审计师，在另外一些情形下，不做这种选择。这里的利弊权衡，关键的因素之一是希望的传播效果。

相关的实证研究文献有两类：一是上市公司对审计师有所选择；二是不同的审计师提供的审计报告，有不同的经济后果。关于上市公司对审计师的选择，孙铮、曹宇（2004）发现，当存在境外法人股及境外个人股股东时，上市公司管理层倾向选择高质量的注册会计师。曾颖、叶康涛（2005）发现，代理成本较高的上市公司更有可能聘请高质量的外部审计师。王艳艳、陈汉文、于李胜（2006）发现，代理冲突严重的企业有动机选择高质量审计师，以吸引潜在的投资者，并且随股权集中度的提高，审计质量需求增加会加剧。韩洪灵、陈汉文（2008）发现，我国上市公司的股权结构及其控制权安排对高质量外部审计需求有显著影响。关于不同审计师的不同经济后果，一些研究表明审计师声誉有助于提高 IPO、降低诉讼成本、加强债务融资、促进公司业绩（Beatty，1989；李连军，薛云奎，2007；王兵，辛清泉，杨德明，2009；王帆，张龙平，2012）。

（二）财务信息审计报告传播内容对传播效果的影响

财务信息审计报告是标准审计报告，具有固定的内容。一些文献研究增加标准审计报告中的内容对投资者感知的影响，增加的内容包括审计工作的范围、性质和局限性、管理层责任及审计人员责任陈述等。Kelly&Mohrweis（1989）发现，审计报告增加“管理层责任和审计师责任”和“在所有重大方面”等内容，没有引起投资者感知的审计人员责任的变化，但改进了投资者和银行职员对管理层责任等的理解。Innes、Brown&Hatherly（1997）研究发现，英国的 SAS600 要求的扩展审计报告，其中包括了审计师责任和管理层责任，投资者感知到其更加有用。Christensen、Glover&Wolfe（2014）研究发现，收到增加披露公允价值估计重要审计事项标准审计报告的投资者，更可能改变他们自己的投资决策；如果增加提供关于重要审计事项的解决说明，投资者的决策会出现反转。Cohn（2013）指出，在改进的标准审计报告中披露重要审计事项，意味着审计报告具有了更多的信息含量，从而增加了审计报告对投资者和其他使用者的相关性和有用性。张继勋、韩冬梅（2014）发现，与现行的标准审计报告相比，对改进的标准审计报告，个体投资者感知的审计

报告的相关性、有用性更强。张继勋、贺超、韩冬梅（2015）发现，在审计之后被发现重大错报的情况下，与现行标准审计报告相比，在标准审计报告中披露重要审计事项，减轻了投资者感知的审计人员的责任；在改进的审计报告模式下，相对于标准审计报告中披露的重要事项与之后被发现的重大错报不一致情况，在标准审计报告中披露的重要事项与之后被发现重大错报一致的情况下，投资者感知的审计人员的责任更小。

（三）财务信息审计报告传播技巧对传播效果的影响

传播技巧包括内容很多，财务信息审计报告的格式及语言表达方式也属于传播技巧，它们的变化也可能影响传播效果。Bailey，Bylinski&Shields（1983）研究发现，改变审计报告的格式、语言和内容影响使用者对审计报告价值的感知。

（四）财务信息审计报告传播环境对传播效果的影响

陈梅花（2001）研究审计意见的信息含量，验证审计意见类型是否会影响投资者的决策，根据1995－1999年非标准审计意见公司的混合样本的回归数据和分年度的回归数据分析发现，审计意见在多元回归模型中并非重要的解释变量，标准无保留审计意见对市场的负面作用不显著，市场不能识别不同类型的审计意见。针对这个结果，通过对散户组、大户组和机构投资者组的问卷调查表明，年报中披露的审计意见对投资者的决策影响不大。投资者为什么不太在意审计意见？陈梅花（2001）认为，证券市场不规范的情形下，纵使审计意见本身再可靠也无济于事。市场对“审计意见”没有真正需求时，审计意见也就没有信息含量。

陈梅花（2001）的研究表明，证券市场不规范的情形下，审计意见也就没有信息含量。根据本文的理论框架，就是财务信息审计报告传播没有实质性效果。而导致没有实质性效果的主要原因就是传播环境——证券市场不规范。当然，陈梅花（2001）的样本是1995－1999年，从那以后，我国的证券市场不断规范，不少的实证研究发现，审计意见已经有了信息含量（宋常，恽碧琰，2005；郭志勇，2008），这也从另外一个角度说明，传播环境得到改进，传播效果也得到改进。

四、结论和启示

不少的文献都发现上市公司审计报告能影响其使用者的决策，然而，上市公司财务信息审计报告究竟是如何影响使用者的？其过程是什么？效果是什么？效果受到哪些因素的影响？这些重要的问题，还是缺乏一个理论框架。本文认为，上市公司通过审计师向利益相关者发布财务信息审计报告这一行为具有大众传播的性质，因此，本文以大众传播理论为基础，构建财务信息审计报告传播的理论框架，并对相关的实证研究结论进行综述，以一定程度上验证本文的理论框架。

上市公司通过审计师发布财务信息审计报告的行为，具有大众传播的性质，本文分析其传播过程、传播效果及其影响因素。传播过程包括六个步骤：上市公司通过审计师发布审计报告，利益相关者关注审计报告，利益相关者理解审计报告，利益相关者认知上市公司，利益相关者形成情感，利益相关者选择行动。传播效果由利益相关者对上市公司认知、情感和行动组成。影响财务信息审计报告传播效果的因素包括传播者、传播媒介、传播技巧、传播内容、传播对象、传播环境，不少的实证研究结论验证上述因素对财务信息审计报告传播效果的影响。

本文的研究证明，财务信息审计要真正发挥其影响社会的终极价值，需要有一个系统的考虑，审计师、审计报告内容及格式、审计报告发布媒体、资本市场的规范化、利益相关者可能的信息需求，这些方面都会影响财务信息审计的终极价值。IAASB 及其他组织倡导的审计报告内容改进，对于财务信息审计终极价值的发挥有积极作用，同时，对于影响传播效果的其他传播因素，也可以在适当时机下考虑改进。

第二节　信息化社会的财务信息审计：一个文献综述

审计作为一个系统，与审计环境之间存在交换，一方面，审计系统受到其环境的影响；另一方面，审计也会影响其环境。财务信息审计也不例外，与其审计环境之间同样存在交换。本文关注审计环境对财务信息审计的影响。许多文献研究了审计环境对财务信息审计的影响，在人类社会的不同发展阶段，财务信息审计有不同的特征，这些特征的形成，很大程度上是源于审计环境。

目前，人类社会已经进入信息化社会，信息及信息技术在社会经济中发挥主要作用。所以，本文主要关注信息技术这个环境因素对财务信息审计的影响。当然，信息技术本身也包括许多因素，关于计算机、互联网、信息化这些传统的信息技术对财务信息审计的影响已经有很多的研究，并且审计实践中已经有丰富的应用（姜玉泉，文巨峰，陈大峰，2004；李玲，刘汝卓，2010）。本文对几种新型信息技术（XBRL、大数据、云计算）对财务信息审计的影响做一个简要的综述，以期从总体上勾画财务信息审计在环境因素推动下的未来发展。

一、XBRL 与财务信息审计：文献综述

（一）XBRL 财务报告及其对审计的影响

XBRL（Extensible Business Reporting Language）是于 XML 语言专门用于财务信息处理的信息技术，通过对数据进行特定的统一识别和分类，直接为使用者或其他软件所读取及进一步处理，实现一次录入、多次使用，通过信息标准化过程来节约交易成本。XBRL 具有如下特征：（1）技术的开放性。XBRL 具有良好的开放性，应用 XBRL 可以在互联网上进行任意数据的查询和交换，有利于数据共享，提高了财务信息的获取效率。（2）软件的跨平台性。XBRL 消除了软件不兼容的问题，在不同的操作系统（如 Windows、Unix 和 Linux）下，XBRL 可以直接使用。同时，XBRL 克服了 PDF、Word、Excel 等单一的数据格式难以相互转换的缺陷，可以方便地进行多种数据格式的转换，并能够及时获取信息。（3）数据的实时性。XBRL 处理数据的实时性和结构化使得投资者或分析者随时随地可以查看相关的财务数据，并进行数据挖掘、比较和分析（Debreceny&Gray，2001；年仁德，2008）。

XBRL 财务信息系统，其特点在于根据会计准则，将财务信息内容分解成不同的数据元（data elements），再根据信息技术规则对数据元（data elements）赋予唯一的数据标记，从而形成标准化规范（张天西，2006）。由于 XBRL 的技术特征，基于 XBRL 的财务信息实行“一次输入，通行全球”，“快速搜索，准确定位”，“自由取得，免费共享”，财务报告“内容全面，实时报送”（潘琰，林琳，2007；姜彤彤，2007）。

那么，XBRL 财务信息系统对财务信息审计有什么影响呢？不少的文献涉及这个问题，归纳起来，有如下影响：（1）XBRL 进一步扩大了审计内容。由于 XBRL 技术本身的问题，需要审计师对

XBRL 实例文档是否与 XBRL 技术规范相一致、是否符合 XBRL 分类标准、特定的数据元素是否映射到已发布的财务报表中提供验证。当 XBRL 的应用深入到会计主体账簿系统和交易系统后，审计师需要开拓新的认证服务领域，认证 XBRL 信息系统本身的安全性、可靠性，XBRL 信息系统的审计将成为审计鉴证服务的重心。(2) XBRL 的应用可以提高审计效率。XBRL 的运用，可以减少审计师数据录入和转换的时间，并且更加方便实施分析性程序，有利于提高分析性程序的速度和准确性。(3) XBRL 促进了审计取证模式的网络化。XBRL 统一了网络数据定义与格式，有关数据可以准确地在不同操作系统、不同数据库、不同软件之间传输和交换，从而使包括审计师在内的信息使用者可以迅速地获取信息、便捷地使用信息，使运用网络进行审计成为可能。(4) 最终实现对实时信息系统的连续审计。采用了 XBRL 以后，会计信息便可以进行实时报告，在实时会计系统下，许多财务信息和审计证据只能以电子形式获得，而且联机的实时数据处理使很多经济业务在发生时没有留下任何的手工凭证，这些改变需要执行新的审计程序来完成审计任务——需要审计师对被审计单位的财务信息进行连续的鉴证，这就是连续审计（Rezaee，Elam&Sharbatoghlie，2001；姜玉泉，丁国勇，施永香，2004；张天西，高锦萍，2007；姜彤彤，2007；于书翠，2013）。

针对 XBRL 对财务信息审计的上述影响，在 XBRL 环境下，财务信息审计如何应对呢？这要看 XBRL 与传统财务报告的关系，二者的关系不同，财务信息审计环境不同，从而审计应对方式也不同。一般来说，XBRL 财务报告有三种实现模式：一是通过 ERP 系统到标准电子文档再到一个 XBRL 的转换器，就是在 ERP 系统之外，外挂一个转换器把里面的财务数据通过转换器转换成 XBRL 的一些标准文档；二是在 ERP 系统里面内置一个适配器；三是通过手工输入（徐少春，2010）。因此，XBRL 财务报告有两种模式，一是 XBRL 财务报告与传统财务报告并存，一般称为间接模式或并存模式，这种模式下，会计主体的会计信息系统本身或 ERP 系统产生各种财务报表，并以电子文档的形式存在，如 Excel 表格或 Word 文档。当需要 XBRL 报表时，可以通过 XBRL 格式转换器进行转换，转换过程中会依照相应的分类标准和实例文档要求完成，最后形成 XBRL 文档。二是 XBRL 财务报告取代传统财务报告，一般称为直接模式或替代模式，在这种模式下，会计主体的会计信息系统集成 XBRL 适配器，在进行财务信息处理过程中，直接按照 XBRL 规范来完成报表数据的处理，并能够实时输出 XBRL 文档（董黎明，2006；聂萍，熊笑凡，2011；高锦萍，2011）。

（二）并存模式下的审计框架

间接模式或并存模式下，XBRL 财务报告和传统财务报告，这将是目前甚至未来很长时间内的态势。在这种审计环境下，对 XBRL 财务报告的审计是以已审计的传统财务报告为基础进行的，即已经对传统财务报告的公允性进行了审计，审计师只需对 XBRL 财务报告是否真实恰当地描述了传统财务报告提供合理保证，审计师的基本职责就是确定被审计单位管理层对其 XBRL 财务报告的认定是否恰当。如何认定呢？国内外有一些文献研究了这个问题（Boritz&No，2004；Plumlee&Plumlee，2008；高锦萍，2011；陈维良，2011）。

传统财务报告转换为 XBRL 财务报告，由于 XBRL 的技术特征，可能的错误主要表现在：XBRL 分类标准使用或选择的恰当性；拓展分类的恰当性；XBRL 财务报告和传统电子版本的一致性，包括标记的真实性和完整性；信息生产过程控制的有效性等。

管理层的认定主要包括三个层次：关于 XBRL 财务报告中商业事实的认定；关于 XBRL 财务报

告中元素映射（标记）的认定；关于 XBRL 财务报告中元素拓展的认定。审计师要以上述认定为基础，确定具体审计目标和审计程序。

1. XBRL 财务报告中商业事实的认定、具体审计目标及审计程序

商业事实的认定就是对“事项”或“数据单元”的认定，此类认定对应的具体审计目标就是 XBRL 财务报告中商业事实是可靠的，具体又包括完整性、存在性和准确性，不同认定的审计不同。(1) 完整性：XBRL 财务报告将传统已审计财务报告中的所有相关商业事实包括进来。审计程序：将传统已审计财务报告的所有项目为起点，追踪至 XBRL 财务报告，检查传统已审计财务报告中的所有商业事实均被标记。(2) 存在性：XBRL 财务报告中披露的商业事实确实是被审计单位存在的或已发生的。审计程序：以 XBRL 财务报告的所有项目为起点，追踪至传统已审计财务报告，以检查 XBRL 财务报告标记的商业事实是不是传统财务报告中所披露的。(3) 准确性：XBRL 财务报告中元素值和元素属性与传统财务报告一致。审计程序：从 XBRL 财务报告追踪至传统已审计财务报告，以检查 XBRL 财务报告中所有的被标记元素的值及相应的属性值是否与传统财务报告相同。

2. XBRL 财务报告中有关元素映射的认定、具体审计目标及审计程序

与元素映射的认定对应的具体审计目标就是 XBRL 财务报告中的元素标记是可靠的。具体又分为良好格式、有效性、恰当描述，不同的认定有不同的审计程序。(1) 良好格式：XBRL 财务报告对传统已审计报告中商业事实标记时，遵守了 XML 语法规则。审计程序：通过评价软件产生的错误信息来验证良构性，也可以使用经核准的 XBRL 软件来验证实例文档的良构性。(2) 有效性：XBRL 财务报告对传统已审计报告中商业事实标记遵守了 XBRL 分类标准架构或 XBRL 技术规范的要求。审计程序：通过评价软件产生的错误信息来验证有效性，也可以使用经核准的 XBRL 有效性扫描软件来验证实例文档的有效性。(3) 恰当描述：XBRL 财务报告选择恰当的 XBRL 元素来标记传统财务报表中描述的商业事实。审计程序：从 XBRL 财务报告追踪至传统已审计财务报告，来检查 XBRL 财务报告中的各个元素是否遵循了通用分类标准的定义，恰当地描述了传统财务报告的事实。

3. XBRL 财务报告中关于元素拓展的认定、具体审计目标及审计程序

该类认定对应的具体目标就是 XBRL 财务报告中元素拓展是可靠的，具体包括四个方面：恰当的分类标准、有效的分类拓展、恰当的拓展元素、恰当的链接库。(1) 恰当的分类标准：编制 XBRL 财务报告时选择了恰当的 XBRL 分类标准，也就是 XBRL 财务报告标记传统已审计财务报告中的商业事实时所采用的分类标准是通用分类标准。审计程序：通过比较 XBRL 财务报告中应用的可发现分类标准与通用分类标准，来检查所使用的分类标准是否恰当。(2) 有效的分类拓展：编制者在拓展 XBRL 分类时遵守了 XML 或 XBRL 的语言规则，也就是 XBRL 财务报告中采用的 XBRL 分类拓展遵循了 XML 和 XBRL 的所有规则。审计程序：通过评价软件中产生的错误信息来验证拓展分类的有效性，也可以运用经核准的 XBRL 处理软件来验证拓展分类的有效性。(3) 恰当的拓展元素：在 XBRL 财务报告拓展分类中所有新元素的引入是恰当的。审计程序：通过分析 XBRL 拓展分类中的新元素来验证它们的定义是否恰当，以及它们是否是必要存在的元素。(4) 恰当的链接库：XBRL 财务拓展分类中的链接库是恰当的。审计程序：分析 XBRL 拓展分类链接库中新的或变动的内容（arcs）来验证它们的定义是恰当的。

以上所述的管理层认定、具体审计目标和审计程序之间的关系，归纳起来如图 5 所示（高锦萍，2011）。

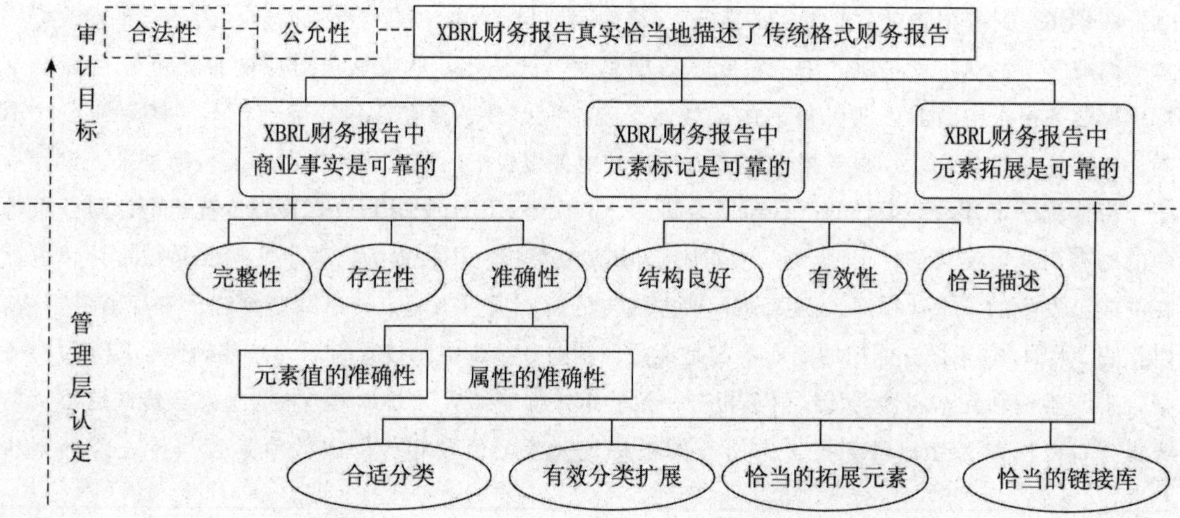

图 5　并存环境下 XBRL 财务报告审计目标与管理层认定的关系结构图

（三）替代模式下的审计框架

替代模式下，传统财务报告不再存在，传统审计要与 XBRL 审计融为一体。

1. 管理层认定与审计目标

当会计主体的事项系统、内部控制系统和会计核算系统均按 XBRL 技术规范开发相应的分类标准后，会计主体的数据便能真正实现一次输入、多方多次共享，XBRL 财务报告将替代传统财务报告，事项基础的实时会计真正成为可能（Sorter，1969）。在这种审计环境下，XBRL 财务报告的审计目标是公允性，与传统财务报告审计目标相同。管理层认定分为两个层次：一是关于 XBRL 财务报告中财务信息的认定，该层次的认定主要分为两方面：一方面是与各类交易和事项相关的认定；另一方面是与期末账户余额相关的认定。这两类认定的具体类型，与传统财务报告相同。二是关于 XBRL 实例文档的认定，具体包括实例文档中元素映射（标记）的认定和元素拓展的认定，该层次的认定类似于并存模式下的相关认定。就管理层认定来说，替代模式下的认定融合了传统财务报告认定及 XBRL 财务报告特有认定，所以，其具体审计目标也融合了传统财务报告具体审计目标及 XBRL 财务报告特有的具体审计目标，总体来说，就是验证上述各具体认定的正确性。

2. 重大错报风险评估和风险应对

替代环境下，审计师的主要任务就是确定被审计单位管理层关于财务信息的认定及 XBRL 实例文档水平的认定是否恰当。为此，要识别和评估上述认定是否存在重大错报，并根据评估的结果采取相应的应对措施。主要的审计程序包括：（1）控制测试。对基于 XBRL 的各交易循环系统、会计核算系统、报告系统等层面进行控制测试，测试 XBRL 系统的安全性、系统处理过程的准确性和稳定性等。（2）实质性测试。通过分析性程序，结合观察、检查、询问和重新执行等程序对管理层相关认定进行细节测试。

此外，在替代模式下，实时会计成为现实，连续审计（Continuous Auditing，CA）也就成为必须，Rezaee（2001）认为，连续审计是收集电子化审计证据来证明无纸化实时会计系统下财务报表是否公允表达的电子审计过程。SEC、IIA 和 AICPA 先后公开表明将对基于 IT 技术的连续审计模式的大力提倡。一些文献研究了连续审计的模式构建（年仁德，2008；李九斤，邵强，王玉翠，2010；聂萍，熊笑凡，2011）。

二、大数据与财务信息审计：文献综述

（一）大数据及其对数据分析的影响

关于什么是大数据（big data），有不同的表述。互联网数据中心（IDC）认为是大数据信息爆炸时代产生的海量数据，以及与之相关的技术发展与创新（胡雄伟，张宝林，李抵飞，2013）。在 *Science* 杂志的专刊中，大数据的定义是“代表着人类认知过程的进步，数据集的规模是无法在可容忍的时间内用目前的技术、方法和理论去获取、管理、处理的数据”（涂新莉，刘波，林伟伟，2014）。尽管表述方式不同，大家公认，大数据是指数据量的大小超出了传统意义上的数据尺度，一般的软件工具难以捕捉、存储、管理和分析的数据，大数据具有 4V 特点：（1）大量化（Volume）：数据量的规模很大及快速增长；（2）多样化（Variety）：数据多样性，例如，网络日志、社交媒体、互联网搜索、手机通话记录及传感器网络等数据类型；（3）快速化（Velocity）：数据被高速创建和移动；（4）价值化（Value）：存在单一数据的价值并不大，但将相关数据聚集在一起，就会有很高的商业价值（胡雄伟，张宝林，李抵飞，2013；涂新莉，刘波，林伟伟，2014）。

大数据对经济社会的影响是巨大的，哈佛大学社会学教授加里·金说：“这是一场革命，庞大的数据资源使得各个领域开始了量化进程，无论学术界、商界还是政府，所有领域都将开始这种进程。”（秦荣生，2014a）对数据分析来说，大数据时代，不仅改变了传统的数据采集、处理和应用技术与方法，还促使人们思维方式的改变。大数据的精髓在于促使人们在采集、处理和使用数据时思维的转变，这些转变将改变人们理解和研究社会经济现象的技术和方法，就数据分析来说，大数据时代将发生以下变化：不依赖抽样分析，而可以采集和处理事物整体的全部数据；不再热衷于追求数据的精确度，而是追求利用数据的效率；人们难以寻求事物直接的因果关系，而是深入认识和利用事物的相关关系（秦荣生，2014a，2014b）。

（二）大数据对财务信息审计的影响

财务信息审计当然离不开数据分析，所以，大数据对财务信息审计将产生重要的影响。秦荣生（2014a）认为，大数据对审计将产生如下几方面的影响：大数据、云计算技术促进持续审计方式的发展；大数据、云计算技术促进总体审计模式的应用；大数据、云计算技术促进审计成果的综合应用；大数据、云计算技术促进相关关系证据的应用；大数据、云计算技术促进高效数据审计的发展；大数据、云计算技术促进大数据审计师的发展。丁淑芹（2015）认为，大数据将带来审计的如下变革：审计对象变革；审计风险变革；审计证据变革；审计方法变革；审计报告变革。杨丽、王涛（2015）认为，大数据背景下，审计工作将突出数据先行的理念，通过数据分析组对海量数据进行多维度、多层次的分析，建立审计数据分析模型和方法体系。韩强（2015）分析了大数据背景下，审计工作将面临的问题，主要包括：传统审计技术方法的不足；传统的审计组织和管理方式落后。在大数据时代，如何评价数据载体的可靠性，都是大数据时代审计工作的新内容。鲁清仿、梁子慧（2015）从审计范围、风险评估程序理念、进一步审计程序以及审计证据四个方面研究了大数据对风险导向审计的影响，在大数据时代，审计范围由最小数据集扩展到大数据；风险评估程序的

理念由“实验科学范式”转变到“数据密集型科学范式”；进一步审计程序由以传统统计理论为基础拓展到大数据分析；同时，大数据破除了审计证据收集的技术与成本效益限制。

三、云计算与财务信息审计：文献综述

（一）云计算及其特征

对云计算（cloud computing）的定义有多种说法，现阶段广为接受的是美国国家标准技术研究院（NIST）2009 年关于云计算的定义：“云计算是一种按使用量付费的模式，这种模式提供可用的、便捷的、按需的网络访问，进入可配置的计算资源共享池（资源包括网络、服务器、存储、应用软件、服务等），这些资源能够被快速提供，只需投入很少的管理工作，或与服务供应商进行很少的交互。”

云计算的特征主要表现为：第一，云计算是一种计算模式，具有时间和网络存储的功能。第二，云计算是一条接入路径，通过广泛接入网络以获取计算能力，通过标准机制进行访问。第三，云计算是一个资源池，云计算服务提供商的计算资源，通过多租户模式为不同用户提供服务，并根据用户的需求动态提供不同的物理的或虚拟的资源。第四，云计算是一系列伸缩技术，在信息化和互联网环境下的计算规模可以快速扩大或缩小，计算能力可以快速、弹性获得。第五，云计算是一项可计量的服务，云计算资源的使用情况可以通过云计算系统检测、控制、计量，以自动控制和优化资源使用（Michael Mille，2009；秦荣生，2013；2014）。

Armbrust 等（2010）认为，使用云计算主要具有以下优点：可提供动态变化的计算环境；数据存储能力强大；减少成本；具有强大、高效的数据处理能力；能够提供专业、高效和相对安全的数据存储。

（二）云计算给审计带来的机遇和挑战

云计算的上述特征及优点，对财务信息审计既带来机遇，也带来挑战。一些文献涉及这类问题。秦荣生（2013）认为，云计算对商业模式的颠覆性创新和对会计业务的重大影响，将催生大量的审计业务。当越来越多的企业采用云计算服务时，作为提供鉴证服务的审计，面临着严峻的挑战，主要包括：评审云计算内部控制所面临的挑战；建设云审计平台所面临的挑战；实施信息安全审计所面临的挑战；搜集审计证据所面临的挑战；实施审计程序所面临的挑战。

陈淑芳、李将敏（2014）认为，云审计给注册会计师审计带来以下机遇：云审计节省了注册会计师审计的时间，提高了审计工作的效率；云审计破除了注册会计师审计空间和时间上的障碍，提高了审计工作的灵活性；云审计实现了审计软件的兼容，提高了审计工作的可比性；云审计增强了中小事务所的竞争力，提高了审计工作的客观性。同时，也给云审计给注册会计师审计带来的挑战：（1）审计线索方面：云审计模式下，被审计单位的会计信息基本上都是在云计算环境下完成，数据经过互联网存储、运行、计算和交付，最后形成的是电子形式的审计证据，这些审计证据具有高度的自动化和数字化，改变了传统的会计信息生成和传递过程。（2）审计技术方面：云计算的环境下，由于审计线索的不可见性、网格性、流动性等特点，审计人员必须应用新型技术，依赖云审计专家系统的帮助，使用云环境下的数据挖掘技术、比较分析技术、转换技术获取充分适当的审计证据，使审计质量得到保证。（3）审计内容方面：审计的对象已不再是会计报表和其他资料，而是原始资料来源的可靠性和系统功能的安全性。具体而言，云审计内容应包括如下几个方面：云系统

内部控制与管理功能，以验证数据信息的真实性、合法性以及可靠性；构成云系统的硬件设备及软件系统；云服务供应商；数据加密和网络隔离等网络安全防护措施的有效性；云系统中的网络银行、认证机构等机构组织的真实可靠性；人员组织及内部控制系统。

徐贵丽（2014）认为，云计算具有快速伸缩性、灵活性、可计量性、按需提供服务、丰富资源池等特点，这些特点使其正在成为产业增长最快的领域，并逐渐改变了产业传统的商业模式，进而给云审计到来，而这种云审计给审计带来机遇和挑战。云审计带来的机遇包括：云审计可以节约审计时间；云审计可以打破审计地点的限制；云审计可以实现审计软件相兼容；云审计可以提高审计的客观性；云审计可以实现审计过程中的实时交流以及审计项目质量控制。云审计带来的挑战包括：云审计对信息安全的挑战；云审计对内部控制评价的挑战；云审计对搜集审计证据的挑战；云审计对审计技术方法的挑战。

（三）云审计的概念

文峰（2011）认为，云审计就是将云计算的概念和技术手段运用到审计中去，是利用互联网的云计算概念，通过数据的云存储，使得各种审计资源（参与审计的人员、程序和相关的硬件设备）通过云审计来协同，从而为审计人员提供更富有效率，更科学的审计过程。在这个过程中，审计人员无须关注采用何种计算机程序，也无须关注数据的存储、共享和工作时效性问题，审计人员唯一需要关注的就是审计任务本身。在云审计过程中，数据和程序都在“云”之中，项目小组成员也可以天南海北而不一定要坐在一起，甚至项目小组成员都不一定来自于同一个会计师事务所，所有的工作协同和数据共享通过云技术来实现。

徐贵丽（2014）认为，云审计就是将云计算的概念和技术手段运用到审计工作中去。云计算具有快速伸缩性、灵活性、可计量性、按需提供服务、丰富资源池等特点，这些特点使其正在成为产业增长最快的领域，并逐渐改变了产业传统的商业模式。

陈淑芳、李将敏（2014）认为，云计算＋审计＝云审计，云审计是指通过云计算平台，将审计数据存储在云端并转换为数据语言，审计人员可以通过“云”来协同工作，以达到最优化的配置和利用审计资源、促进信息交流和资源共享目的的一种审计模式。

魏祥健（2015）认为，云审计是审计在云端的一个系统集合，它至少应包括三个方面的内容：一是依托第三方服务商提供的或专业建设的 云计算基础平台，对审计数据进行采集、存储、传输，并保障数据的安全；二是利用云计算专业技术对审计数据进行处理，实现审计手段智能化；三是审计资源通过云来协同，实现审计工作业务协同，促进信息共享及沟通。

（四）云审计的实现模式

不少的文献研究云审计的实现模式。文峰（2011）、陈淑芳、李将敏（2014）认为，云审计模式的审计过程可以概括为：一个或者一群注册会计师在接受被审计单位的审计委托后，由他们挑选确定项目负责人并将被审计单位的数据信息上传到云端（可理解为互联网），项目各成员按照一定的分工完成各自的任务，最后交由项目负责人完成数据信息的整合和审计结果的出具。

陈伟、Wally Smieliauskas（2012）研究了云计算环境下的联网审计实现方法，云计算技术的发展为开展联网审计提供了以下机遇：云计算技术在一定程度上可以降低联网审计的实施与运行成本；云计算技术的应用使得研究云计算环境下的联网审计成为必然；政府信息化建设为开展云计算环境下的联网审计提供了机遇；用云计算技术能更好地满足联网审计环境下海量数据分析的需要。

利用上述机遇，云计算环境下的联网审计实现方法要基于被审计单位和审计单位对云平台的使用情况，大致有三种情形：被审计单位使用云平台，审计单位使用云平台，审计单位和被审计单位都使用云平台，不同情形下，联网审计的实现方法不同。

张艳玲（2013）提出了审计私有云模式建设构想，云计算基础设施模式可以分为公有云、私有云和混合云。私有云相对于公有云和混合云具有以下优势：能对数据安全性提供有效控制；提供更高的服务质量；不影响现有 IT 管理的流程；部署方式灵活。基于上述优点，审计应该采取私有云。审计私有云是以云的基本架构为基础，以云计算技术为保障，以审计业务需求为核心而构建的审计云平台，从而实现各类审计信息的数字化，促进信息的交流与共享，使审计资源得到充分优化利用。审计人员可以按照自己的时间、方式进行审计，无须关注使用何种计算机程序、也无须关注数据的存储、共享和工作时效性问题，唯一需要关注的就是审计任务本身。审计私有云所包含的业务流程可以分为两方面，分别是审计资源的加载、分析、存储、分发以及审计业务的请求、应答。从审计业务角度，可以将审计私有云划分为审计数据云和审计分析云。审计数据云和审计分析云都遵循云的基本层次划分，是审计私有云的有机组成部分。

牛艳芳、薛岩、孟祥雨（2014）分析了云计算环境下的审计业务模式变革，IT 支持下的审计业务模式演变经历了四个阶段：现场审计作业模式、联网审计模式、数字化平台审计模式和云计算审计模式。云计算环境下的审计业务流程的关键步骤就围绕大数据的采集、管理、分析和共享产生。云计算环境下的审计数据采集方式有三种：一次性采集，联网采集，其他方式。云计算环境下的审计数据管理有两个重点，一是数据标准化，二是数据使用管理。云计算环境下的审计数据分析有三个特征："样本＝总体"的观点；注重数据间的相关关系分析；注重非结构化数据的审计分析。

魏祥健（2014）研究了云平台架构下的协同审计模式，传统的审计模式为各审计机关分别建设审计系统，一对一开展现场或联网审计工作。这种审计模式使每个审计机关都独立地工作且都需要配置独立的硬件资源和软件资源，使得审计成本居高不下，审计资源共享程度不高，审计效率难以提高。随着云计算的产生与发展，各种审计资源通过云来协同，各级审计机关硬件资源、软件资源、服务共享的云审计公共服务平台，最终实现审计业务协同，包括协同数据采集、协同数据分析、协同数据存储。

四、结论

本文以上对几种新型信息技术各自对财务信息审计的影响做了个简要的综述。事实上，这些新型信息技术是交互起来对财务信息审计产生影响（文峰，2011；秦荣生，2014a）。总体来说，这些环境因素直接影响财务信息审计的两个方面，一是审计什么，也就是审计内容；二是怎么审计，也就是审计技术方法。关于审计内容，首先，原来的审计载体发生了革命性的变化；其次，增加了一些传统环境中不存在的审计内容，例如，信息生产过程本身的可靠性，正是由于审计内容这个基本问题发生了变化，审计技术方法也随之发生了革命性的变化，虽然财务信息审计这个主题没有变化，但是，其载体发生了变化，其生产过程发生了变化，所以，审计技术方法也要随之发生变化。除了审计内容、审计技术方法外，财务信息审计的基本问题还有审计动因、审计本质、审计目标、审计主体、审计客体等，这些基本问题的变迁有两个特征，一是相互影响，二是都受到审计环境的影响。可以预期，随着 XBRL、大数据、云计算等新型信息技术的进一步发展，一方面会对财务信息审计各个基本问题发生全面的影响；另一方面，财务信息审计各基本问题之间也会相互影响。正是在这些影响的推动下，未来的财务信息审计将进一步发生革命性的变化。

参考文献

1. 孙铮，曹宇．股权结构与审计需求［J］，审计研究，2004（3）：7－14。

2. 曾颖，叶康涛．股权结构、代理成本与外部审计需求［J］，会计研究，2005（10）：63－69。

3. 王艳艳，陈汉文，于李胜．代理冲突与高质量审计需求——来自中国上市公司的经验数据［J］，经济科学，2006（2）：72－82。

4. 韩洪灵，陈汉文．公司治理机制与高质量外部审计需求－来自中国审计市场的经验证据［J］，财贸经济，2008（1）：61－66。

5. Beatty，R.，Auditor Reputation and the Priceing of Intial Public Offering［J］，The Accounting Review，1989，（4）：693－709.

6. 李连军，薛云奎．中国证券市场审计师声誉溢价与审计质量的经验研究［J］，中国会计评论，2007（11）：401－413。

7. 王兵，辛清泉，杨德明．审计师声誉影响股票定价吗？——来自 IPO 定价市场化的证据［J］，会计研究，2009（11）：73－96。

8. 王帆，张龙平．审计师声誉研究：述评与展望［J］，会计研究，2012（11）：74－78。

9. Kelly，A.，Moheweis，L. C.，Bankers and Investor Perceptions of Audtor Role in Financial Statement Reporting：The Impact of SAS No. 58［J］，Auditing：A Journal of Pratice and Theory，1989，（9）：87－97.

10. Innes，J.，Browm，T.，Hatherly，D.，The Expandrd Audit Report－A Research Study Within The Development of SAS600［J］，Accounting，Auditing and Accountability Journal，1997，10（5）：702－717.

11. Christensen，B. E.，Glover，S. M.，Wolfe，C. J.，Do Critical Audit Matter Paragrphs in The Audit Report Change Nonprofessional Invester Decision to Invest?［J］，Auditing：A Journal of Pratice and Theory，2014，33（4）：71－93.

12. Cohn，M.，PCAOB Proposes to Change Auditor Reporting Model［J］，Accounting Today（August，2013），http. www. accounting today. com / news / PCAOB - proposes －change auditor reporting - model －67721 －1. html.

13. 张继勋，韩冬梅．标准审计报告改进与投资者感知的相关性、有用性及投资决策——一项实验证据［J］，审计研究，2014（3）：51－59。

14. 张继勋，贺超，韩冬梅．标准审计报告改进与投资者感知的审计人员责任——一项实验证据［J］，审计研究，2015（3）：56－63。

15. Bailey，III，K. E.，Bylinski，J. H.，Shields，M. D.，Effects of Audit Report Wording

Changes in the Perceived Message [J], Journal of Accounting Research, 1983, 21 (2): 355—70.

16. 陈梅花．审计意见信息含量研究——来自中国证券市场的实证证据［D］，上海财经大学博士学位论文，2001年10月。

17. 宋常，恽碧琰．上市公司首次披露的非标准审计意见信息含量研究［J］，审计研究，2005（1）：32—40。

18. 郭志勇．非标准审计意见的信息含量研究［J］，中国注册会计师，2008（7）：68—72。

19. 何红渠，贺雪迎．大众传播报告——探讨一种未来的财务报告模式，湖南财政与会计，2000（12）：17—19。

20. 陈龙．大众传播学［M］，苏州大学出版社，1997。

21. 胡正荣．传播学总论［M］，北京广播学院出版社，1997。

22. 郭庆光．传播学教程［M］，中国人民大学出版社，1999。

23. 毛微昭．大众传播基本模式的发展轨迹与趋势［J］，浙江广播电视高等专科学校学报，1994（2）：22—28。

24. 丹尼斯·麦奎尔，著，祝建华，武伟，译．大众传播模式论［M］，上海译文出版社，1989。

25. 拉斯韦尔（Harold D. Lasswell）．社会传播的结构与功能，谢金丈译，载张国良主编《20世纪传播学经典文本》［M］，复旦大学出版社，2003，第205页。

26. 商海波．拉斯韦尔模式探源［J］，国际街闻界，2008（10）：37—40。

27. 沃纳·赛佛林，詹姆斯·坦卡得，著，郭镇之等，译．传播理论［M］，华夏出版社，2000。

28. 夏吉英．从“五W模式”看影响广告语言传播效果的因素［J］，消费导刊，2008（6）：56—57。

29. 周葆华．大众传播效果研究的历史考察［D］，复旦大学博士学位论文，2005年4月。

30. 薛洪娟．社会主义核心价值体系传播效果形成过程探析［J］，福建农林大学学报（哲学社会科学版），2011（14）：64—67。

31. 刘雪明，魏景容．廉政政策传播效果的影响因素及衡量维度［J］，行政论坛，2015（4）：48—51。

32. 谷云龙，赵仙泉．论影响新闻传播效果的障碍因素［J］，理论前沿，2001（24）：12—13。

33. 李英田．大众传播规律与社会主义意识形态建设［J］，思想理论教育，2008（9）：15—20。

34. 张敬婕．决定传播效果的是传播内容本身——从《互联网医疗保健信息服务管理办法》谈起［N］，中国妇女报，2009—07—14。

35. 尧雪莲．报纸广告传播效果制约因素研究［J］，东南传播，2009（12）：67—70。

36. 张政法．大众传播影响力实现路径的多维解析［J］，现代传播，2014（5）：27—31。

37. 张琼．IAASB审计报告改革的背景、内容及启示［J］，中国注册会计师，2012（12）：77—81。

38. 唐建华．国际审计与鉴证准则理事会审计报告改革评析［J］，审计研究，2015（1）：

60—66。

39. Technical Committee of IOSCO，Auditor Communication，Consulation Paper [Z]，2009.

40. 张革，IAASB审计报告改革及影响展望 [J]，中国注册会计师，2014 (7)：97—100。

41. 姜玉泉，文巨峰，陈大峰．网络环境下计算机审计 [J]，江海学刊，2004 (6)：194—197。

42. 李玲，刘汝卓．计算机数据审计 [M]，清华大学出版社，2010年7月。

43. Debreceny R.，Gray，L.，The Production and the use of Semanticallly Rich Accounting Report on the Internet：XML and XBRL [J]，International Journal of Accounting Inmformation Systems，2001，2 (1)：47—74.

44. 年仁德．XBRL对连续审计的影响 [J]，中国管理信息化，2008 (6)：72—74。

45. 张天西．网络财务报告——论XBRL理论框架及技术 [M]，复旦大学出版社，2006。

46. 潘琰，林琳．公司报告模式再造：基于XBRL与Web服务的柔性报告模式 [J]，会计研究，2007 (5)：80—87。

47. 姜彤彤．XBRL对审计的影响及对策 [J]，中国内部审计，2007 (4)：32—33。

48. Rezaee，Z.，Elam，R.，Sharbatoghlie. A.，Continuous Auditing：The Audit of the Future [J]，Managerial Auditing Journal，2001，16 (3)：231—257.

49. 姜玉泉，丁国勇，施永香．XBRL对审计的影响及其对策 [J]，审计与经济研究，2004 (7)：30—32。

50. 张天西，高锦萍．XBRL对审计的影响研究 [J]，当代财经，2007 (6)：101—104。

51. 于书翠．XBRL应用对审计的影响及应用前景分析 [J]，中南财经政法大学学报，2013 (2)：15—18。

52. 徐少春．XBRL格式财务报告的三种实现模式 [N]，中国会计报，2010—10—29。

53. 董黎明．XBRL报表信息供给实现模式及其面临的审计问题分析 [J]，郑州航空工业管理学院学报（社会科学版)，2006 (6)：147—149。

54. 聂萍，熊笑凡．XBRL披露及其审计鉴证研究现状与展望 [J]，上海立信会计学院学报，2011 (4)：9—15。

55. 高锦萍．XBRL财务报告审计模型及实现机制：一种框架研究 [J]，审计研究，2011 (3)：74—80。

56. Boritz.，J. E.，No.，W. G. 2004. Assurance Reporting for XML－Based Information Services：XARL (Extensible Assurance Reporting Language) [J]，Canadian Accounting Perspectives，Feb：207 —233.

57. Plumlee.，R.，D，Plumlee.，M. A.，2008. Assurance on XBRL for Financial Reporting [J]，Accounting Horizons，3 ：353—368.

58. 陈维良．XBRL网络财务报告审计鉴证研究综述：一个研究框架 [J]，财会月刊，2011 (12)：61—63。

59. Sorter.，G. H.，An Events Approach to Basic Accounting Theory [J]，The Accounting Review，1969，(1)：12 —19.

60. 李九斤，邵强，王玉翠．基于事项会计和 XBRL 技术构建新型网络财务报告模式 [J]，财会月刊，2010（11）：53－54。

61. 胡雄伟，张宝林，李抵飞．大数据研究与应用综述（上）［J]，标准科学，2013（9）：29－35。

62. 涂新莉，刘波，林伟伟．大数据研究综述 [J]，计算机应用研究，2014（6）：1612－1623。

63. 秦荣生．大数据、云计算技术对审计的影响研究 [J]，审计研究，2014a，(6)：23－28。

64. 秦荣生．大数据时代的会计、审计发展趋势 [J]，会计之友，2014b，(32)：81－84。

65. 丁淑芹．大数据环境下审计变革研究 [J]，财会通讯，2015（22）：106－108。

66. 杨丽，王涛．"大数据"背景下如何开展部门预算执行审计 [J]，审计月刊，2015（3）：37－38。

67. 韩强．大数据背景下开展数据式审计的思考 [J]，郑州师范教育，2015（7）：94－96。

68. 鲁清仿，梁子慧．大数据对风险导向审计影响的研究 [J]，河南师范大学学报（哲学社会科学版），2015（3）：55－58。

69. Michael Mille. 云计算 [M]，姜进磊，译，机械工业出版社，2009。

70. 秦荣生．云计算的发展及其对会计、审计的挑战 [J]，当代财经，2013（1）：111－117。

71. Armbrust M，Fox A，Griffith R et al. 2010. A view of cloud computing [J]．Communications of the ACM，53（4）：50－58.

72. 陈淑芳，李将敏．云计算对我国注册会计师审计的影响 [J]，财务与会计，2014（6）：66－67。

73. 徐贵丽．云审计：机遇、挑战与发展趋势 [J]，中国注册会计师，2014（3）：109－112。

74. 文峰．云计算与云审计——关于未来审计的概念与框架的一些思考 [J]，中国注册会计师，2011（2）：98－103。

75. 魏祥健．云审计——概念与系统框架 [J]，财会月刊，2015（13）：62－65。

76. 陈伟．Wally Smieliauskas，云计算环境下的联网审计实现方法探析 [J]，审计研究，2012（3）：37－44。

77. 张艳玲．基于云计算技术的审计私有云模式建设构想 [J]，中国注册会计师，2013（10）：120－123。

78. 牛艳芳，薛岩，孟祥雨．云计算环境下的审计业务模式变革研究 [J]，南京审计学院学报，2014（4）：95－103。

79. 魏祥健．云平台架构下的协同审计模式研究 [J]，审计研究，2014（6）：29－35。

80. 文峰．物联网对云审计的影响 [J]，中国注册会计师，2011（4）：89－91。

第四篇　非财务信息审计基本理论

一般来说，非财务信息也就是财务报表之外的量化信息，也称为非财务计量信息。作为一类审计主题，包括的范围很广，并且，对于大部分的这类信息，主要是鉴证，而不是审计，其保证程度不同。严格地说，审计是鉴证的一种类型。然而，习惯上，可以将审计作广义的理解，将鉴证也作为审计的一种。有鉴于此，本篇的名称是“非财务信息鉴证基本理论”，但是各章的标题使用“审计”，这是广义的审计。

由于非财务信息类型很多，本篇关注其中的几种主要类型，研究这些非财务信息审计的基础性问题，形成这些非财务信息审计的基本理论框架。基于上述考虑，本篇包括以下内容：

（1）非财务计量信息审计取证模式，阐述非财务信息审计取证的四种主要模式。

（2）统计信息审计基本理论框架，从理论逻辑上分析统计信息审计的基础性问题。

（3）非财务计量自然资源信息审计基本理论框架，从理论逻辑上分析非财务计量自然资源信息审计的基础性问题。

（4）非财务计量环境信息审计基本理论框架，从理论逻辑上分析非财务计量环境信息审计的基础性问题。

（5）非财务计量工程项目信息审计基本理论框架，从理论逻辑上分析非财务计量工程项目信息审计的基础性问题。

（6）非财务计量绩效信息审计基本理论框架，从理论逻辑上分析非财务计量绩效信息审计的基础性问题。

（7）非财务计量社会责任信息审计基本理论框架，从理论逻辑上分析非财务计量社会责任信息审计的基础性问题。

此外，由于涉及的审计理论问题很多，不宜将所有问题的文献综述都集中起来形成整体性的文献综述。本篇采取的办法是，文献综述在相关的研究主题中，没有统一的文献综述。这样的文献综述更有针对性，也更细致。

第二十六章　非财务计量信息审计取证模式

信息不对称是制约经济运行方式和经济效率的基本问题（逯东等，2012）。随着科技和社会变革的加速，财务信息越来越显现其局限性，非财务信息越来越重要。在很多情形下，非财务信息已经成为财务信息的先导（Ittner，Larcler，1998；Banker，Potter，Srinivasan，2000）。随着大数据时代的到来，非财务信息的地位更加突显，甚至成为大数据时代的主流（维克托·迈尔一舍恩伯格，肯尼思·库克耶，2013）。

然而，与之相伴随的一个重要问题是，这些信息的真实性已经成为制约非财务信息价值甚至大数据时代的关键瓶颈之一。现有文献从审计、统计和大数据的角度对非财务信息真实性审计有一定的涉及，但是，非财务信息审计取证模式还缺乏相关的直接研究。本章以信息支撑载体和信息生产流程为基础，提出非财务信息审计取证的四种模式，构建非财务信息审计取证模式的理论框架。

第一节　文献综述

现有文献从审计、统计和大数据的角度对非财务信息真实性审计有一定的涉及。从审计角度对非财务信息审计的涉及，管理职业界、政府审计界、内部审计界和民间审计界共同推动着管理审计和绩效审计的发展，从管理审计和绩效审计的角度扩展了审计鉴证功能，涉及非财务信息审计（Clarke，1968；王光远，1996；郑石桥，2012）；另外一些文献则从资源环境审计的角度涉及了非财务信息审计（刘达朱，王本强，陈基湘，2002；李雪，杨智慧，王健姝，2002）；还有文献提出，运用审计对统计报表的真实性进行认定并表示意见，为社会经济统计引进审计机制，以便将虚假的统计数据杜绝在源头（李大金，1994）。此外，各类审计主体的审计准则都从利用外部专家服务这个角度对非财务信息审计做出了规定[①]。

从统计角度涉及非财务信息审计主要有两个维度，一是统计数据失真的原因，二是统计数据质量评估。关于统计数据失真的原因，一些文献认为，导致统计数据失真的原因是多方面的，但主要包括：道德因素、技术因素和制度因素；政绩考核体系不完善引发统计造假；垂直监管缺失使统计造假成为可能；违法成本低难以形成有效的制约；公开透明不够导致社会监督难以形成（庞皓，

① 例如，《中华人民共和国国家审计准则》第七十四条；《中国注册会计师审计准则第1421号一利用专家的工作》；《第2304号内部审计具体准则一利用外部专家服务》。

2002；宫向明，2013）。还有一些文献从统计体制的角度分析统计数据失真的原因，体制方面的原因主要包括：统计工作的独立性差，统计数据的抗干扰能力弱，统计信息的真实性受到威胁；各级政府统计的工作任务职责不清、整体工作效益低下，统计调查方法不尽科学；政府综合统计与各部门统计关系不顺，多头向下、重复调查、报表多乱、数出多门的现象较为严重（杨金生，2003）。关于统计数据质量评估，主要研究可分为五个方面：一是指标分析评估方法，如对那些存在必定特定关系的指标进行检查，如出现反常，则必定有错；二是基于指标相关性的评估方法，如运用回归分析、主成分分析等计量方法对数据质量进行评估（刘孝新，胡先红，朱慧明，1997；孟连，王小鲁，2000；杨海山，2001；阙里，钟笑寒，2005；钟晓君，李兴绪，2005）；三是基于统计分布的异常值检验；四是基于探索性数据分析的异常值检验（傅德印，2001）；五是数据质量控制体制改进方法（傅德印，刘晓梅，1994；常宁，2004）。

从大数据的角度涉及非财务信息审计，一些文献指出，大数据存在的最严重问题之一是其有滚雪球式的错误或浮夸，大数据真实性是大数据的前提或基础（末信，2013；朱晓明，2014）。一些文献提出了大数据浮夸的解决之道：大数据并不能代替严谨的科学试验得到的数据，这两者之间需要互补，而且要使算法更符合实际情况（轶名，2014）。

总体来说，一些文献从审计、统计和大数据角度涉及了非财务信息审计，但是，关于非财务信息审计取证模式还是缺乏相关研究。本章以信息支撑载体和信息生产流程为基础，构建非财务信息审计取证模式的理论框架。

第二节　非财务信息审计取证模式的理论框架和例证分析

一、非财务信息审计取证模式：理论框架

（一）非财务信息取证模式的总体框架

审计模式是审计取证的策略。如何获取审计证据，首先要考虑的是证据的来源，来源不同，获取证据的策略也不同。所以，非财务信息审计取证模式，首先要考虑的是是否存在支撑非财务信息的载体，非财务信息产生于这些支撑载体，当然也可以从这些支撑载体中来获取证据以证明非财务信息是否真实。总体来说，可以区分为两种情形：一是存在支撑载体，非财务信息产生于这些支撑载体，所以，可以从这些载体中获取证据非财务信息是否真实；二是不存在支撑载体，或者是有一部分支撑载体，但是，不具有系统性，这种情形下，当然也就无法从支撑载体中获取证据来证明非财务信息的真实性。

当存在支撑载体时，其载体又有两种情形，第一种情形是支撑载体是非实物，主要是纸质或电子数据，这种情形下，可以将非财务信息真实性进行分解，确定更加具体的一些命题，围绕这些具体命题的证明来收集证据，所以，这种取证模式称为命题论证模式。第二种情形是支撑载体是实物，非财务信息产生于这些实物，这种情形下，如果符合成本效益原则，可以通过非财务信息原来的生产方法，重新生产非财务信息，在绝大多数情形下，需要委托专业机构来完成非财务信息的重新生产，所以，这种取证模式称为专业机构模式。

当不存在支撑载体时，无法从载体中获取证据来证明非财务信息的真实性。此时，取证策略转为考虑信息生产流程，一般来说，过程是结果的保证，如果信息生产过程可靠，则信息本身也可能是可靠的。非财务信息生产流程又分为两种情形：第一种情形是有持续可靠的生产流程，数据流程本身可以保证信息的真实性，这种情形下，可能通过评估非财务信息生产流程是否可靠来判断非财务信息是否真实，此时，非财务信息审计转为制度审计，要围绕数据流程来获取证据，这种取证模式称为数据流程模式；第二种情形是非财务信息生产流程本身无法保证信息的真实性，这种情形下，无法通过数据流程来判断数据质量，此时的取证策略就改为从数据之间的逻辑关系来判断数据质量，这种取证模式称为数据分析模式。

所以，总体来说，非财务信息审计有四种取证模式：命题论证模式、专业机构模式、数据流程模式、数据分析模式，归纳起来如图 1 所示。

一般来说，审计取证模式包括审计标的、审计命题和审计取证程序这些核心要素（郑石桥，2014）。下面，我们从上述三个方面，对各种取证模式进行较为详细的分析，并在此基础上，讨论不同审计取证模式的选择。

（二）命题论证模式

命题论证模式适用于非财务信息存在纸质或电子数据载体（也不排除有少量实物载体，下同），其基本思路是将非财务信息真实性审计总目标进行分解，确定更加具体的一些命题或具体审计目标，围绕这些命题或具体审计目标的证明来收集证据。

审计标的是审计实施的直接标的物，也就是审计的靶子。在命题论证模式下，审计标的是特定非财务信息的构成分类，例如，对于产量这个非财务信息，可以将其分解为不同产品的产量，而不同产品的产量还可以再分解为每个生产班的产量，甚至还可以再分解为每台生产设备的产量等，而这些分解之后的审计标的，都有明确的审计载体，可能通过验证这些载体的真实性来验证产品的真实性，相当于将产量这个非财务信息，分解成为不同产品的产量、不同生产班的产量、不同设备的产量，通过验证更具体的分解项来验证上位层级的分解项，最终验证产量的真实性。当然，也可以将支撑产量信息的一些信息载体作为审计标的，此时，台班生产记录、班组生产日报、产品入库单等就成为审计标的，不过，它们只是形式上的载体，而实质性的载体则是不同产品的产量、不同生产班的产量、不同设备的产量。财务信息审计标的分为交易、余额和列报三类，当然，交易也有许多种，余额和列报也是如何，所以，形成了一个周延的财务信息审计标的体系。对于非财务信息审计来说，不同的非财务信息，从理论上来说，可以建立一个非财务信息审计标的体系，只是由于目前的研究水平所限，还无法提出一个具有周延性的标的体系。例如，前面提到的产量信息审计，不同产品的产量、不同生产班的产量、不同设备的产量都是审计标的，但是，这个体系无法推广到其他非财务信息审计。所以，非财务信息标的体系之研究，是非财务信息审计取证的重要方向。

审计标的确定之后，接下来的问题就是确定审计总体和个体。每个审计标的都有总体和个体，个体是审计标的的最基础组成单位，而总体则是某审计标的的全部个体。由于审计标的有不同的层级，所以，审计总体也有不同的层级。例如，前面提到的产量信息审计，不同产品的产量、不同生产班的产量、不同设备的产量都存在各自的审计总体，每一种产品是一个审计总体，每个生产班是一个审计总体，每一台生产设备也是一个审计总体。组成审计总体的个体就是审计个体。

审计总体和个体确定之后，接下来的问题就是确定每个审计总体的审计命题或具体审计目标。命题是可以被定义并观察的现象，审计命题具有两方面的含义：第一，它是审计目标的分解，所以，也可以称为具体审计目标；第二，它必须与一定的审计总体相联系，所以，也就是针对特定的审计总体需要获取证据来证明的命题。一般来说，非财务信息审计各类审计总体的审计命题包括发生性、完整性、准确性、截止、分类。发生性是审计载体中已经记录的事项是真实的；完整性是所有事项都已经确实在审计载体中记录了；准确性是指审计载体中对事项相关数据的记录是正确的；截止是指审计载体将事项记录于恰当的期间；分类是指在审计载体中的事项确实属于该事项，没有张冠李戴。例如，前面提到的产量信息审计，每一种产品是一个审计总体，每个生产班是一个审计总体，每一台生产设备也是一个审计总体，针对这些审计总体可能确定的审计命题包括：发生性是审计载体中已经记录的产量是真实的；完整性是所有产量都已经确实在审计载体中记录了；准确性是指审计载体中对产量相关数据的记录是正确的；截止是指审计载体将产量记录于恰当的期间；分类是指在审计载体中的产量确实属于该总体，没有张冠李戴。

在审计标的（包括审计总体、审计个体）、审计命题确定之后，接下来的问题是选择审计程序。这包括两个层级的选择，一是选择审计策略，二是具体审计程序的选择。当存在系统的审计载体时，一般来说，审计程序有三类：风险评估程序，控制测试，实质性测试。审计策略就是对上述三类审计程序的组合策略，一般来说，风险评估是必须履行的，组合策略的差异在于对控制测试的选择。一般来说，有两种组合策略，一是综合策略，二是实质性策略，综合策略是在控制测试的基础上再设计实质性测试，而实质性策略则是不信赖控制测试，在风险评估的基础上，直接实施实质性测试。至于具体审计程序的选择，主要是以审计策略为前提，确定具体审计程序的性质、范围和时间，一般来说，当存在系统的审计载体时，非财务信息审计可以采用审阅、询问、监盘、观察、调查、重新计算、重新执行、分析性程序等审计程序来获取审计证据。

总体来说，当存在纸质或电子数据载体时，非财务信息审计取证可以借鉴财务信息审计，但是，在审计标的和审计命题方面存在差异。

（三）专业机构模式

专业机构模式适用于非财务信息存在实物支撑载体，其基本思路是通过非财务信息原来的生产方法，重新生产非财务信息，在绝大多数情形下，需要委托专业机构来完成非财务信息的重新生产。

非财务信息审计标的包括实质上的标的和形式上的标的，就实质上的标的来说，专业机构模式与论题论证模式并无区别，只是在形式上的标的方面，二者存在重大差异，专业机构模式的审计形式标的（也就是审计载体）主要是实物，非财务信息就来源于这些实物。许多非财务信息属于这些情形，例如，期末存货、资源信息、环境信息等。

就审计命题来说，专业机构模式与命题论证模式存在一些差异，命题论证模式的审计命题一般分为发生性、完整性、准确性、截止、分类。而在专业机构模式下，主要关注非财务信息重新生产时的状况，所以，主要关注准确性，也就是指非财务信息对审计实物载体的某属性的描述是正确的。

至于审计取证程序，在专业机构模式下，主要是由审计机构委托专业机构来完成，是以专业机构的意见作为审计证据。但是，为了保证审计证据的质量，审计机构也需要实施一些审计程序，各类审计主体的审计准则中，对于如何利用外部专家的工作，都有规定。

《中国注册会计师审计准则第 1421 号一利用专家的工作》第六条规定，在确定是否需要利用专家的工作时，注册会计师应当考虑下列因素：项目组成员对所涉及事项具有的知识和经验，根据所涉及事项的性质、复杂程度和重要性确定的重大错报风险，预期获取的其他审计证据的数量和质量；第七条规定，在计划利用专家的工作时，注册会计师应当评价专家的专业胜任能力；第八条规定，注册会计师应当评价专家的客观性；第十条规定，注册会计师应当获取充分、适当的审计证据，以确信专家的工作范围可以满足审计的需要；第十二条规定，在将专家工作结果作为审计证据时，注册会计师应当评价专家工作的适当性。

《第 2304 号内部审计具体准则一利用外部专家服务》第九条规定，内部审计机构聘请外部专家时，应当对外部专家的独立性、客观性进行评价；第十条规定，在聘请外部专家时，内部审计机构应当对外部专家的专业胜任能力进行评价；第十二条规定，内部审计机构在利用外部专家服务结果作为审计证据时，应当评价其相关性、可靠性和充分性。

《中华人民共和国国家审计准则》第七十四条规定，审计组在分配审计资源时，应当为重要审计事项分派有经验的审计人员和安排充足的审计时间，并评估特定审计事项是否需要利用外部专家的工作。这个准则强调了利用专家工作之前的评估。

（四）数据流程模式

当不存在支撑载体时，无法从载体中获取证据来验证非财务信息的真实性。此时，如果信息生产过程可靠，可能通过评估非财务信息生产流程是否可靠来判断非财务信息是否真实，此时，非财务信息审计转为制度审计，要围绕数据流程来获取证据。

就审计标的来说，在数据流程模式下，审计标的是数据生产流程，也就是制度。对于制度审计标的，目前还没有一个通用的分类体系。例如，能否从数据生产环节不同，将审计标的分为数据输入、数据处理和数据输出三种标的，每种标的再分为数据风险和风险控制两个方面，从而形成两个层级的六种审计标的。

就审计命题来说，制度审计的命题分解为合规性、健全性和遵循性。合规性是指非财务信息生产制度是符合既定标准的（这里的既定标准主要是外部机构颁布的非财务信息生产相关法律法规及规章）；健全性是指非财务信息生产制度是合理的，不存在重大缺陷；遵循性是指非财务信息生产制度得到了有效的执行，在执行中不存在重大缺陷。

就审计取证程序来说，手工数据生产流程和信息化数据生产流程有较大的差异。在手工数据生产流程下，审计取证过程一般包括风险评估和制度测试二个步骤。这里的风险是制度风险，也就是制度不能保障数据真实性的可能性，一般可以分解为固有风险、控制设计和执行风险、控制运行效果风险（雷英，吴建友，2011）。制度测试是以审计标的层面的风险评估为基础，为每个审计标的确定具体审计方案并实施，主要涉及针对特定审计标的的审计程序的性质、时间和范围。在信息化数据生产流程下，既可以采用面向系统的方法，例如，测试数据法、集成测试法、平行模拟法、程序跟踪法等；也可以采用信息系统评估技术，例如，控制矩阵、风险矩阵、层次分析法等（陈伟，张金城，2008；刘汝焯，2008）。

（五）数据分析模式

当不存在支撑载体时，并且非财务信息生产流程本身无法保证信息的真实性，此时的取证思路就改为从数据之间的逻辑关系来判断数据质量。

就审计标的来说，数据分析模式下，实质的审计标的是非财务数据的再分类所形成的体系，而形式上的审计标的就是非财务数据及相关数据载体。但是，由于没有系统的支撑载体，所以，审计载体是不完整的，这就决定了此时没有清晰的审计总体范围。审计取证只能就可能获得的审计载体来实施。例如，居民人均收入信息审计，审计标的可以分解为人口和收入两个项目，由于没有系统的人口和收入的原始记录系统，无法采用命题论证模式来获取审计证据，如果选择数据关系的方法来判断数据质量，则此时的审计标的就是能找到的人口和收入数据及相关数据（例如，居民存款、居民不动产、居民股权等数据）。

就审计命题来说，数据分析模式与命题论证模式类似，总体来说，审计命题一般分为发生性、完整性、准确性、截止、分类。但是，由于受到审计载体限制，并不一定能为上述全部命题找到审计证据。

就审计取证程序来说，数据分析模式的取证思路是从数据之间的逻辑关系来判断数据质量。判断数据之间逻辑关系的分析方法有多种，主要的方法包括数据质量评估、多维数据分析、数据挖掘、探索性因子分析、文本挖掘等，这些方法从不同的角度来判断非财务信息是否存在逻辑矛盾。

（六）不同审计取证模式下的选择

根据本章前面的分析，命题论证模式、专业机构模式、数据流程模式、数据分析模式是非财务信息审计的四种模式，命题论证模式适用于非财务信息存在纸质或电子数据载体；专业机构模式适用于非财务信息存在实物支撑载体；当不存在支撑载体时，如果信息生产过程可靠，则采用数据流程模式；当不存在支撑载体时，并且非财务信息生产流程本身无法保证信息的真实性，则采用数据分析模式。

这四种模式之间是否真的存在不可跨越的界限呢？显然不是，不存在支撑载体的两种取证模式，显然也可以用于存在纸质或电子数据载体时的审计取证。当存在纸质或电子数据载体时，数据流程模式和数据分析模式都可以采用。事实上，数据分析模式在任何情形下都可以采用。

既然有些审计取证模式可能用于多种情形，那么，如何选择审计取证模式呢？这主要由审计意见类型所决定，有限保证审计意见和合理保证审计意见下，审计取证模式的选择不同。如果只要求发表有限保证审计意见，也就是说，只就已经发现的事实发表意见，不对审计总体发表意见，这种情形下，选择审计取证模式的主要考虑因素是审计效率。一般来说，数据分析模式是效率最高的审计取证模式，所以，其他各种模式的应用范围可能被数据分析模式取代。如果要求发表合理保证审计意见，并不只是对已经发现的事实发表意见，而是要对审计总体发表意见，此时，选择审计取证模式的主要考虑因素是审计责任，也就是审计证据能否支持对审计总体发表意见，命题论证模式、专业机构模式、数据流程模式有了用武之地。数据分析模式由于不一定能穷尽可能的主要数据关联，所以，并不支持发表合理保证审计意见。需要说明的是，命题论证取证模式下也有数据分析，一般称为分析性程序，但是，采用分析性程序进行数据分析，只是命题论证取证模式的手段之一，并不等同于数据分析取证模式。以上所述非财务信息取证模式选择，归纳起来，如图 2 所示。

二、非财务信息审计取证模式：中国政府审计取证技术创新分析

本章以信息支撑载体和信息生产流程为基础，提出非财务信息审计取证的四种模式及其选择，构建了非财务信息审计取证模式的理论框架。然而，这个理论框架是否正确呢？由于研究主题和数据所限，无法用数据来验证这个理论框架。理论的生命力在于能解释现实，本章提出的四种审计取证模式，在实现审计生活中都是存在。然而，我们希望从另外一个角度来进一步验证本章提出的理论框架，这就是用这个理论框架来分析中国政府审计取证技术创新案例，审计署审计科研所对近几年来的审计技术创新进行了总结，编辑《审计技术创新案例选编》，其中，与非财务信息审计信息密切关联的是固定资产投资审计和资源环保审计，我们按本章提出的四种取证模式，对这两类审计业务的取证技术创新进行归纳，以一定程度上证明本章提出的非财务信息取证模式的理论框架是否正确。

固定资产投资审计的技术创新，归纳如表1所示，资源环保审计的技术创新归纳如表2所示。表1和表2的数据显示，我国政府审计技术创新，主要涉及专业机构模式和数据分析模式，很少涉及命题论证模式和数据流程模式。这其中的原因有两个方面：第一，由于我国政府审计主要发表有限保证审计意见，所以，要选择效率较高的审计取证模式，命题论证模式是支持发表合理审计意见的，但是，其相对效率较低，所以，非财务信息审计，命题论证取证模式的创新需求较弱；第二，数据流程模式要求流程能对数据真实性提供保障，目前，就政府审计范围来说，通过数据生产流程能对数据真实性提供保障的情形还较少，所以，这种情形的审计技术创新也难以出现。总体来说，由于我国的审计意见需求及非财务数据生产状况的影响，我国政府审计的非财务信息审计技术创新，主要采用专业机构模式和数据分析模式，较少涉及命题论证模式和数据流程模式。

表1　固定资产投资审计技术创新

技术创新名称	审计取证模式
GPS技术加快审计步伐	专业机构模式
政府投资联网审计系统	数据分析模式
AUTOCAD技术在棚户区改造项目中的灵活应用	专业机构模式
室外工程工程量复核技术	专业机构模式
谷歌地球和GPS在政府投资交通项目审计中的应用	专业机构模式
基于项目全过程造价控制的工程审计信息管理系统	不涉及审计取证
路面钻孔取芯机在道路工程审计中的应用	专业机构模式
测深仪与GPS结合在河道疏浚工程审计中的应用	专业机构模式
GPS RTK测量技术在工程审计中的应用	专业机构模式
用火眼金睛审计隐蔽工程	数据分析模式
探地雷达在工程审计中的应用	专业机构模式
巧用地理信息系统破解拆迁谜局	专业机构模式
现代化测量设备及计算机软件在公路建设项目跟踪审计中的应用	专业机构模式
GPS在固定资产投资审计中的应用	专业机构模式

续表

技术创新名称	审计取证模式
激光测距仪结合GPS及谷歌地球进行工程量的审核	专业机构模式
WEBGIS技术在审计中的应用	专业机构模式
GPS技术在投资审计中的应用	专业机构模式
利用车辆计速功能审核公路路面工程量	专业机构模式
巧用招投标活动参与人员信息查询系统查处串标行为	不涉及审计取证
GIS技术在平原造林工程审计中的应用	专业机构模式
征迁补偿登记软件应用于拆迁补偿审计	数据分析模式
巧用GPS和谷歌地球进行工程计量	专业机构模式
GPS技术和地理信息系统在征地审计过程中的综合应用	数据分析模式
海上测量技术在港口航道水下地形的应用	数据分析模式
征地拆迁情况的结构化审计技术	数据分析模式
钻芯取样法在审计业务中的应用	专业机构模式
谷歌地球在道路工程审计中的应用	专业机构模式
利用地质雷达无损检测技术破解隧道工程质量审计难题	专业机构模式
运用航摄数字测量图形分析技术实现对大型复杂土石方工程审计	专业机构模式
利用混凝土强度检测技术对建设工程施工质量审计的技术方法	专业机构模式
建设投资审计分析系统	数据分析模式
GPS测量技术在工程建设项目审计中的应用	专业机构模式
地籍成图软件三角网法土石方计算技术	专业机构模式
应用数显回弹仪和钢筋探测仪等专业仪器揭露工程存在的问题	专业机构模式
苗木价格信息审计应用系统	数据分析模式
利用谷歌地球和GPS卫星定位测量技术核实土方工程量	专业机构模式
利用地质雷达检测和地震波检测技术进行铁路路基检测	专业机构模式
谷歌地球和GPS在草原围栏审计中的应用	专业机构模式
利用钢筋位置测定仪等检测设备探索投资审计新路	专业机构模式
利用钢筋位置扫描仪等对建筑工程质量进行审计	专业机构模式
手持GNSS测量设备在投资审计中的应用	专业机构模式
利用AUTOCAD及边坡设计专用软件对边坡工程进行综合分析	专业机构模式
高速公路绩效审计计算机评价指标体系	数据分析模式
地质雷达检测技术在隧道工程审计中的应用	专业机构模式
新式检测仪器的使用创新	专业机构模式
承载板和弯沉仪在固定资产投资审计中的新突破	专业机构模式
材料质量检测技术	专业机构模式
巧用EXCELL表格快速计算排水工程土方	不涉及取证模式

续表

技术创新名称	审计取证模式
用审核软件进行工程造价审计	数据分析模式
地质雷达技术在高速公路审计中的应用	专业机构模式
利用保护层厚度检测仪检测钢筋数量	专业机构模式
GPS、CASS在工程决算审计中的应用	专业机构模式
政府投资项目审计数字化管理平台	不涉及取证模式

表2 资源环保审计技术创新

技术创新名称	审计取证模式
3S技术在农业与资源环保审计中项目中的应用	专业机构模式
GPS技术与图层叠加技术相结合在土地资源审计项目的应用	专业机构模式
利用地理信息系统软件开展国土审计	专业机构模式
“三位一体”定位测量技术审计违法违规围填海问题	专业机构模式
将国土部门ArcGis软件和GPS定位相结合的土地资源审计技术	专业机构模式
GIS技术在资源环保审计中的创新及应用	专业机构模式
图像重合比对技术在资源环境保护审计领域的推广和应用	专业机构模式
环保专业检测设备技术在环境审计中的应用	专业机构模式
基于全过程监管数字网络的环保审计技术创新	数据分析模式
基于环境影响评价的污染型项目工程分析技术的环境审计技术创新	专业机构模式
利用在线审计技术助力土地管理审计	数据分析模式
基于资源能源节约利用支出类三款科目审计的节能汽车推广财政补助资金申报审核软件的开发	数据分析模式

三、结论和讨论

信息不对称是制约经济运行方式和经济效率的基本问题，随着大数据时代的到来，非财务信息的地位更加突显，甚至成为大数据时代的主流。与之相伴随的一个重要问题是，非财务信息的真实性已经成为制约其价值甚至大数据时代的关键瓶颈之一。审计具有鉴证功能，能对非财务信息的真实性进行鉴证。

本章以信息支撑载体和信息生产流程为基础，提出非财务信息审计取证的四种模式，构建非财务信息审计取证模式的理论框架，并用这个理论来分析中国政府审计技术创新，在一定程度上验证这个理论框架。

非财务信息审计取证有命题论证模式、专业机构模式、数据流程模式、数据分析模式。命题论证模式适用于非财务信息存在纸质或电子数据载体；专业机构模式适用于非财务信息存在实物支撑载体；当不存在支撑载体时，如果信息生产过程可靠，则采用数据流程模式；当不存在支撑载体时，并且非财务信息生产流程本身无法保证信息的真实性，则采用数据分析模式。但是，审计意见类型会制约审计取证模式的选择，如果只要求发表有限保证审计意见，其他各种模式的应用范围可能被数据分析模式取代；如果要求发表合理保证审计意见，命题论证模式、专业机构模式、数据流程模式有了用武之地，数据分析模式不支持发表合理保证审计意见。

中国政府审计所从事的固定资产投资审计和资源环保审计具有较多的非财务信息审计内容，最近几年的技术创新能够用本章提出的四种审计取证模式来归纳，这一定程度上表明本章提出的非财务信息取证模式的理论框架具有正确性。

目前，审计实务界对非财务信息有不同的态度，有的采用一定的方法进行验证，但是，不发表意见；有的不进行任何验证，直接相信这些信息；有的将非财务信息置之度外。我们认为，需要从审计价值和审计风险的高度来认识非财务信息审计。如果一味地将非财务信息置之度外，则审计价值会大大降低，毕竟非财务信息越来越重要，审计界如果长期将之置之度外，审计的社会价值无疑会受到质疑，最穷会有其他制度安排来取代审计制度功能。如果采用一定的方法进行验证，但是，不发表意见，由于信息使用者不知道这种验证结果，无法增加非财务信息的价值，审计的社会价值也没有发挥。如果不进行任何验证，直接相信这些信息，则审计风险很大。所以，从审计价值和审计风险出发，非财务信息审计需要大力发展。可行的路径是，从统计、审计和大数据三个角度，对非财务信息审计实务进行总结和概括，在此基础上，形成非财务信息审计理论、方法和准则。

参考文献

1. 逯东，孙岩，杨丹．会计信息与资源配置效率研究述评 [J]，会计研究，2012 (6)：19－24。

2. Ittner，C. D.，Larcler，D. F.，Are Non－financial Measure Leading Indicators of Financial Performance? An Analysis of Customer Satisfaction [J]，Journal of Accounting Research，Vol. 36 (1998)，1－35.

3. Banker，D. D.，Potter，G.，Srinivasan，D.，An Empirical Investigation of an Incentive Plan that Includes Non－financial Performance Measures [J]，The Accounting Review，Vol. 75，No. 1，Jan 2000，pp. 65－92.

4. 维克托·迈尔－舍恩伯格．肯尼思·库克耶·大数据时代 [M]，浙江人民出版社，2013 年 1 月。

5. Clarke，R. W.，Extension of CPA’s Attest Function in Corporate Annual Reports [J]，The Accounting Review，1968 (October)：769－776。

6. 王光远．管理审计理论 [M]，中国人民大学出版社，1996 年 9 月。

7. 郑石桥．管理审计方法 [M]，东北财经大学出版社，2012 年 6 月。

8. 李大金．关于统计报表审计的构想 [J]，上海统计，1994 (5)：31－32。

9. 庞　皓．从“不做假账”说起－保证统计数据质量的制度建设 [J]，四川省情，2002 (12)：11－13。

10. 宫向明．从云南陆良统计弄虚作假看统计数据质量之提升 [J]，现代经济信息杂志，2013

(18)：469。

11. 刘达朱，王本强，陈基湘．政府环境审计的现状、发展趋势和技术方法［J］，审计研究，2002（6）：17－23。

12. 李　雪，杨智慧，王健姝．环境审计研究：回顾与评价［J］，审计研究，2002（4）：53－57。

13. 杨金生．对我国现行统计体制的探讨［J］，内蒙古统计，2003（1）：66－67。

14. 刘孝新，胡先红，朱慧明．事后预测及反常结果判断法在数据质量评估中的应用［J］，统计与决策，1997（2）：69－71。

15. 孟　连，王小鲁．对中国经济增长统计数据可信度的估计［J］，经济研究，2000（10）：3－13。

16. 杨海山．统计数据质量评估组合模型［J］，统计与决策，2001（7）：6－7。

17. 阙　里，钟笑寒．中国地区 GDP 增长统计的真实性检验［J］，数量经济技术经济研究，2005（4）：3－12。

18. 钟晓君，李兴绪．地方经济增长数据质量诊断－以云南省为例［J］，时代金融，2011（5）：59－60。

19. 傅德印．利用控索性数据分析法对统计汇总数据进行质量控制的尝试［J］，数理统计与管理，2001（1）：12－16。

20. 傅德印，刘晓梅．贯彻国际标准，建立健全统计数据质量管理与保证体系［J］，统计研究，1994（6）：47－50。

21. 常　宁．IMF 的数据质量评估框架及启示同［J］，统计研究，2004（1）：27－30。

22. 末　信．云中的大数据：数据速度、数据量、种类、真实性［Z］，2013 年 9 月 14 日，http：//www. ithov. com。

23. 朱晓明．大数据的前提是数据真实性，“2013 互联网金融年度论坛”的演讲［Z］，2014 年 1 月 21 日，新浪财经。

24. 轶　名．当心大数据时代下的浮夸陷阱［N］，中国青年报，2014 年 11 月 18 日。

25. 郑石桥．审计主题、审计取证模式和审计意见［Z］，南京审计学院审计科学研究院，工作论文 WP010，2014。

26. 雷　英，吴建友．内部控制审计风险模型研究［J］，审计研究，2011（1）：79－83。

27. 陈　伟，张金城．计算机辅助审计原理及应用［M］，清华大学出版社，2008 年。

28. 刘汝焯．信息环境下的计算机审计方式［J］，审计与经济研究，2008（1）：14－19。

第二十七章　统计信息审计基本理论框架

统计信息失真已经成为社会各界广为关注的问题，并且具有国际性（孟连，王小鲁，2003；杨宁昱，2010）。统计信息失真一方面会使弄虚作假者获益，甚至滋长“数字出官员，官员出数字”，损害社会公正、公平；另一方面，会影响依据这些信息做出的决策，从而影响资源配置及使用效率效果（庞皓，2002；穆易，2003）。针对统计信息失真，有不少的研究文献，涉及统计信息失真的原因、识别及应对策略（赵学刚，王学斌，刘康兵，2011）。在应对统计信息失真的各种策略中，审计是其中的机制之一，实践中一些政府审计机关已经涉足统计信息审计①，少量文献也涉及统计信息审计研究（李大金，1994）。然而，关于统计信息审计的一些基础性的问题还未得到研究，本章拟对这些基础性问题做一探索，提出统计信息审计基本理论框架。

第一节　文献综述

统计信息失真有不少的研究文献，除了描述统计信息失真的状况及危害之外，这些文献涉及的主题包括三个方面，一是统计信息失真的原因，二是统计信息失真的识别，三是应对统计信息失真的策略。关于统计信息失真的原因，主要归纳为道德因素、技术因素和制度因素，道德因素指当事人受利益驱动，故意编造假数据；技术因素主要指统计的方法制度和手段方面存在的缺陷；制度因素指涉及统计的法律法规、统计的管理体制等存在缺陷（庞皓，2002；杨金生，2003；许涤龙，叶少波，2009）。关于统计信息失真的识别，主要是从统计数据质量的角度来开展，主要方法有四种：指标分析评估方法，基于指标相关性的评估方法，基于统计分布的异常值检验，基于探索性数据分析的异常值检验（刘孝新，胡先红，朱慧明，1997；孟连，王小鲁，2000；杨海山，2001；阙里，钟笑寒，2005；钟晓君，李兴绪，2011；傅德印，2001）。关于统计信息失真的应对策略，不少的文献提出有应对措施，归纳起来，主要建议在统计调查方法、统计体制、统计协调、防范制度、统计法建设、考核机制、统计队伍和统计基础、统计质量评估等方面进行深入改革和完善（李成瑞，1994；《统计数字质量研究》课题组，1995；傅德印，刘晓梅，1994；常宁，2004）。

与本章的主题特别相关的是，在应对统计信息失真的策略中，少量文献提出了对统计信息进行审计的建议。一种意见主张，由注册会计师对统计报表的真实性进行认定并表示意见，以便将虚假

① 河北省审计厅已经将政府统计数据纳入经济责任审计内容（http：//www.hebaudit.gov.cn/h/c/i/335050）。

的统计数据杜绝在源头，统计报表审计的一般目的包括真实性和完整性，审计方法主要包括询问、核证、追查、分析、复核（李大金，1994）。另外一种意见主张，如同对会计数据进行监督的审计机关一样，建立专门的统计数据质量评估机构，专职负责对我国统计数据质量的评估与管理，这个机构中的人员构成应当具备相应的专业性和代表性（常宁，2004；许涤龙，龙海跃，2013）。

上述这些研究，对我们探索统计信息失真有较大的启发，然而，关于统计信息审计的基础性问题尚未得到研究，本章拟对这些进行理论探索，在此基础上，提出统计信息审计基本理论框架。

第二节 基本理论框架

一、统计信息审计需求

统计信息审计需求源于统计信息失真，没有统计信息失真，也就没有统计信息审计需求。然而，统计信息为什么会失真？审计为什么会成为应对统计信息失真的机制？这两个问题，是探究统计信息审计需求的两个基础性问题。

统计信息失真与人性假设密切相关。一般来说，正常情形下的一般人有两个显著的人性特征，一是自利，二是有限理性。自利，就会算计自己的利益得失，选择对自己有利的方案，从而在委托代理关系中出现代理问题。有限理性，就是一般人可能会犯错误，出现失误，从而出现次优问题。就统计信息来说，由于统计信息作为重要的资源是有价值的，用虚报数字可以营造虚假业绩，从而获得更多的报酬或更好的职位，或者为本单位获取更多利益并进而为本人带来好处，因而，虚假数据也就成为某些人获取利益的一种手段（庞皓，2002）。现实生活中，各级政府有绩效考核，政府对企事业单位有绩效考评，各单位内部也有绩效考核，在各种绩效考核中，许多是统计指标，这些指标的完成情况，直接关系到被考核单位及单位负责人的利益甚至职位升迁，所以，这些统计指标完全有可能被操纵。例如，某年度，全国统计执法大检查共查出统计违法行为 6 万多件，其中虚报、瞒报、伪造、篡改统计资料的占 56.7%，出现问题的指标大多与政绩有关，越是领导关心的统计数字，就可能越不准（王金海，1998；孟连，王小鲁，2000）。

以上是人性自利引致的统计信息失真，这是故意的弄虚作假。此外，还有非故意的统计信息失真，主要有两方面的原因，一是技术方法存在缺陷，例如，数据取得的方案和方法、数据计算方法、数据传输方式、数据调整的方法技术等；二是统计制度存在缺陷，例如，各级政府统计的工作任务职责不清，政府综合统计与各部门统计关系不顺，多头向下、生复调查、报表多乱、数出多门等（杨金生，2003）。由于技术方法和统计制度的缺陷导致的统计信息失真，不是故意行为，是源于人的有限理性。

现实生活中的人是自利和有限理性同时具备，所以，统计信息的代理问题和次优问题同时存在，在许多情形下，难以区分统计信息失真是由于自利还是由于有限理性而导致的。所以，治理统计信息失真，需要综合考虑这两类原因。一般来说，统计信息失真的治理机制包括三大类，一是制衡机制，二是监督机制，三是公开透明机制。制衡机制是在统计信息的生产过程中，增加一些控制措施，预防或发现统计信息失真，例如，统计机构自身对统计数据的审核，以及上级统计机构对下级统计机构所报送统计数据的审核，都属于统计数据生产过程中的纠错机制，一些单位采用计算机对统计数据进行以下审核，字符型数据审核、数值型数据审核，主要审核调查数据的性质；层级表审核、汇总表审核两种，主要审核调查表属性；必要审核和确认审核，这是以审核调查表属性而划分的；表内审核、表间审核、表种审核三种，这是以审核涉及范围而划分的（戴艳玲，2010）。上述各种审核，都是统计信息失真的制衡机制。监督机制是在统计信息生产流程之外设计一些措施，对统计信息进行检查，例如，统计执法检查就是典型的监督机制。公开透明机制，是将统计信息公开，接受社会监督，这本质上也是属于监督机制，但是，这种监督机制是非专业性的，不同于其他的监督机制，这种监督主要通过声誉机制发挥作用。

接下来的问题是，审计为什么会成为应对统计信息失真的机制？审计的技术本质是围绕特定主题获取证据，与既定标准之间进行对照，判断特定主题对既定标准的遵守情况，并形成意见。所以，审计可以成为应对统计信息失真的机制。主要的作用路径有两个，一是作为监督机制的组成部分，在统计信息内部制衡的基础上，与其他监督机制协调，对统计信息进行鉴证，就是通过系统方法获取证据，判断统计信息生产与既定判断之间的相符程度，并形成意见，这属于信息审计；二是对统计信息生产的相关制度进行评价，找出相关制度的缺陷，为统计信息的真实性提供制度保障。当然，后者已经属于制度审计，本章主要从信息审计的角度探索统计信息审计。考虑到审计机制之后，统计信息失真的治理机制包括制衡机制、审计机制、其他监督机制（审计之外的监督机制，例如，统计执法检查）、公开透明机制。上述四类机制，都需要花费成本，同时，不同机制的治理效果也在区别，对于统计信息失真的治理，需要综合考虑治理成本和治理效果，在此基础上，对上述四类机制做出选择，形成治理机制的组合。一般来说，制衡机制是基础性的机制，其他机制都是选择性的，在一定的环境下，如果审计机制能以适当的成本，发挥比其他机制更好的效果，则统计信息审计就成为有效需求。

二、统计信息审计本质

统计信息审计本质涉及两个问题，一是统计信息审计的概念，二是统计信息审计的功能。关于统计信息审计的概念，很显然，它离不开审计一般的概念，但是，在审计一般概念的基础上，应该有自己特有的内涵。一般认为，审计是以系统方法从行为和信息两个角度独立鉴证经管责任中的代理问题和次优问题并将结果传达给利益相关者的制度安排（郑石桥，2015）。根据这个概念，我们认为，统计信息审计可以定义如下：统计信息审计是以系统方法独立鉴证经管责任相关的统计信息中的代理问题和次优问题并将结果传达给利益相关者的制度安排。

这个概念在审计一般概念的基础上，特别强调了以下统计信息审计特有的内涵：第一，统计信息审计的审计对象是经管责任相关的统计信息，只有在经管责任相关的统计信息中，才存在利益冲突，统计信息的提供者才可能因为自利而操纵统计信息，否则，就不存在审计需求，那当然也就无统计信息审计；第二，对经管责任中的统计信息，审计师主要关注其中的代理问题和次优问题，由于在许多情形下，代理问题和次优问题难以区分，所以，审计师通常将二者综合考虑，关注统计信息错报，包括有意的操纵和无意的错误；第三，审计师要鉴证统计信息与既定标准之间的相符程度，这些标准也就是关于统计信息生产的相关规定。

统计信息审计本质的另外一个方面是统计信息审计的功能。我们认为，审计的鉴证、评价、监督在统计信息审计中都可以得到应用。就鉴证功能来说，审计师需要采用一定的方法，判断统计信息是否按相关的统计信息生产规定来生产，对统计信息生产与这些规定之间的相符程度做出判断，发现偏离统计信息生产规定的统计信息，具体表现为统计信息错报、漏报。就评价功能来说，审计师可以将统计信息表征的绩效与一定的标杆进行比较，以判断这些绩效与标杆相比之后所处的水准，作为判断绩效水平的重要依据。就监督功能来说，如果获得授权，审计师可以对违规统计信息生产相关规定的被审计单位进行处理处罚，以发挥个别预防和一般预防的目的，抑制统计信息虚假的再度发生。当然，上述三种功能只是统计信息审计可能的功能，是否能成为现实的审计功能，还要与审计委托人的需求相一致，只有存在需求的功能，才能成为现实的功能。

三、统计信息审计目标

审计目标涉及层面，一是终极目标，这是审计委托人和利益相关者的目标，二是直接目标，这是审计师在审计工作中的目标。就统计信息审计来说，审计委托人和利益相关者选择审计，是在综合考虑各种治理机制成本效果的基础上，将审计作为统计信息失真治理的机制之一，希望通过这些治理机制抑制统计信息失真，对审计的希望也是如此。所以，就终极审计目标来说，统计信息审计是抑制统计信息失真。要实现审计委托人和利益相关者的目标，要通过审计师的产品来实现，所以，对于审计师来说，直接目标是生产让审计委托人和利益相关者满意的审计产品，就统计信息审计来说，审计师的审计产品包括鉴证产品、评价产品和监督产品，鉴证产品的主要内容是对统计信息是否真实（也就是是否符合相关的生产规定，或是否偏离限定标准）的鉴证，这种产品通常以统计信息审计报告的形式出现（李大金，1994）；评价产品的主要内容是统计信息表征的绩效与标杆比照的结果，通过以评价报告的形式出现；监督产品的主要内容是对统计信息违反相关生产规定这类问题的揭示及相关的处理处罚决定，通常以审计决定的形式出现。当然，审计师的上述产品不一定都会出现，这通常由审计委托人和利益相关者的需求决定。

四、统计信息审计客体

统计信息审计客体是指对谁的统计信息进行审计。一般来说，凡是在经管责任中的代理人都要向委托人提供经管责任履行报告，其中就包括统计信息，所以，向委托人提供统计信息的经管责任承担者都有可能接受审计，都是统计信息审计客体，具体包括五种类型。

第一，各级政府。各级政府都处于经管责任之中，都需要向委托人提供经管责任履行报告，其中就包括统计信息。就中央政府来说，全国人民是其委托人，全国人大可以代表全国人民行使委托人的职能。中央政府一般会设置专职的统计机构，这个机构负责整个国家的综合统计工作，全国性的统计信息由其提供，通常以国家统计报表的形式出现。所以，中央政府需要作为审计客体。在单一制国家，各级地方政府有两个委托人，一是本级人民，通过由本级立法机构来代表，二是上级政府。联邦制国家的地方政府，只有一个委托人，就是本级公民，通常由立法机构来代表。地方政府要向编制地方统计报表，向两个委托人报告经管责任履行情况，所以，各级地方政府都需要作为审计客体。

第二，各政府部门。各级政府都会设置一些政府部门，政府本身成为这些部门的委托人，这些部门是政府的代理人，承担经管责任。作为经管责任的承担者，需要向政府提供经管责任履行报告，通常以部门统计报表的形式出现，这其中就包括统计信息。这些部门都需要作为审计客体。

第三，企事业单位。企事业单位都有股东或供资者，企事业单位与股东或供资者之间形成委托代理关系，前者是委托人，后者是代理人，企事业单位需要向委托人提供经管责任履行报告，这其中就包括统计信息，这些信息也就是经管责任履行的绩效信息。所以，一方面，从企事业单位与股东或供资者之间的委托代理关系来说，需要作为统计信息审计客体；另一方面，企事业单位作为社会经济活动主体，都是基层单位填报，都需要向政府部门提供基层单位统计报表，由于以这种形式提供的统计报表也可能与企事业单位的利益相关，所以，也存在利益冲突的可能性，企事业单位可能提供失真的统计信息，所以，从这个意义上来说，企事业单位也需要作为统计信息审计客体。

第四，建设项目单位。对于一些规模较大的建设单位，要作为单独的管理单位甚至法人单位，所以，建设项目单位类似于企事业单位，也存在股东或供资者，也是经管责任的承担者。从这个意义上来说，也需要作为统计信息审计客体；也是基层单位填报，需要向政府部门提供基层单位统计报表，这些信息也与建设单位利益相关，也可能存在利益冲突，从而可能出现统计信息失真，从而也需要作为统计信息审计客体。

第五，分级管理的单位内部组织。具有一定规模的企事业单位、政府部门，一般都需要实行分级管理，从而会形成多层级的单位内部组织，这些内部组织与上级组织之间形成委托代理关系，内部组织是经管责任的承担者，需要向其上级组织（也就是委托人）提供经管责任履行报告，这其中就包括统计信息。所以，这些内部组织也可能成为统计信息审计客体。

五、统计信息审计内容

统计信息是非财务信息，所以，统计信息审计的审计主题是非财务信息，然而，非财务信息的范围很广，就统计信息审计来说，按填报单位不同，分为基层统计报表、综合统计报表和内部统计报表。基层统计报表是由基层企事业单位和建设项目单位填报的报表，综合统计报表是由政府或政府部门根据基层报表逐级汇总填报的报表，内部统计报表是由分级管理的单位内部组织向上级组织报送的统计报表。上述各类统计报表所提供的信息，都是统计信息，都属于非财务信息主题，都可能成为统计信息审计内容。

当然，各类统计报表所提供的统计信息是否最终能成为统计信息审计内容，还依赖于另外两个信息，一是委托人的审计需求，只有委托人认为这种统计信息需要审计时，才能成为审计内容；二是审计技术，即使委托人有审计需求，如果审计技术还无法实现，这种统计信息也不可能成为审计内容，只有审计技术能实现的统计信息，才可能成为审计内容。当然，统计信息审计技术是不断进步的，所以，能纳入统计信息审计内容的统计信息会越来越广泛。

六、统计信息审计主体

统计信息审计主体是指由谁来审计统计信息，包括审计机构和审计人员。无论是审计机构还是审计人员，都要具有独立性，主要是指统计信息审计机构和审计人员不受统计信息审计的制约，否则，审计机构和审计人员难以做到客观公正。

根据这一原则，政府审计机关、民间审计组织、内部审计机构都可能成为统计信息审计机构，具体分析如下。

第一，政府审计机关。各级政府、各政府部门、国有企事业单位、国有建设项目单位，这些单位承担的都是公共经管责任，其统计报表的内容中都包括公共经管责任履行情况，都应该由政府审计机关来审计。为了保证审计的独立性，各政府部门、国有企事业单位、国有建设项目单位可以由本级政府审计机关审计，但是，当政府审计客体时，通常要由上级政府的审计机关来审计，中央政府本身的统计报表通常应该由立法机构领导的审计机构来审计。

第二，民间审计组织。由于民间审计组织是接受委托之后才能对审计客体进行审计，所以，从理论上来说，各级统计信息审计客体都可能接受民间审计机构的审计。但是，从权威性来说，民间审计通常审计私营机构，私营企事业单位、私营建设项目单位都由民间审计机构来审计。竞争性的国有企事业单位，也可以视同私营企事业单位，由民间审计机关审计。当然，并不排除民间审计组织接受委托，对上述范围之外的审计客体进行审计。

第三，内部审计机构。分级管理的单位内部组织是内部审计机构的审计范围，在内部审计业务外包的情形下，民间审计也可以作为这些内部组织的审计机构。

此外，需要讨论的一个问题是，各级政府统计机关能否作为统计信息审计主体？据报道，希腊政府在提供给欧盟统计局的统计数据上做手脚，以掩盖其财政状况严重程度。知情人士透露，如果希腊统计局2009年的数据真的存在漏洞，从这个角度看来整个对于希腊政府的财政援助计划都是不合理的。正是虚假的数据导致了错误的决策！基于这个教训，欧盟于2010年7月26日通过新法规，赋予欧盟统计局审计成员国统计数据的权力，以避免希腊数据造假事件再次发生。在此之前，欧盟统计局只是负责整理成员国上报的统计数据，并将这些数据提交给欧盟委员会等以供决策之用（杨宁昱，2010）。

从欧盟的这个立法来看，欧盟统计局已经成为统计信息审计主体。然而，政府统计机关是否真的能成为统计信息审计主体呢？我们认为，从专业胜任能力来说，政府统计机关当然可以审计统计信息。但是，只有能独立于被审计事项的，才能成为统计信息审计机构，否则，就不能作为审计主体。就欧盟统计局来说，其独立于各成员国，对各国的统计信息具有独立性，所以，可以成为统计信息审计主体。但是，对于我国的政府统计机关来说，本级政府的许多统计指标是根据下级政府的统计指标汇总出来的，这个统计指标，很大程度上是本级政府的绩效指标，而本级政府是领导本级统计机关的，所以，我国的政府统计机关不宜作为统计信息审计主体。

关于统计信息审计主体的另外一个问题是专业胜任能力。很显然，政府审计机关、民间审计组织、内部审计机构现行的专业胜任能力都不足以胜任统计信息审计，但是，专业胜任是可以建立的，假以时日，如果统计信息审计成为有效审计需求，则各类审计机构完全有可能建立统计信息审计的专业胜任能力。

七、统计信息审计方法

统计信息审计方法是指怎么审计，这个问题涉及的内容很多，从基本理论的视角出发，我们这里仅讨论统计信息审计取证模式。非财务信息审计取证有多种，对于统计信息来说，可能的审计取证模式有三种（郑石桥，2014）。

（1）命题论证模式。这种取证模式的基本思路是将统计信息真实性分解为一些更加具体的审计命题，围绕这些命题设计审计方案，获取审计证据，通过对具体命题的论证获得对总命题—统计信息真实性的证明。例如，李大金（1994）认为，统计信息真实性可以分解为以下具体审计目标，包括总体合理性：审计师在对统计报表列示的各项指标进行审查以前，应收集与各指标相关的信息，对各指标列示数据进行总体评估确定总体合理性；存在或发生：对于存量，审计师应对其在统计报表日是否存在进行认定；对于流量，审计师应对其在统计期内是否发生进行认定；完整性：即在统计报表日各统计指标所应包含的存量或流量是否都包含在统计数据内。

命题论证模式适用于统计信息存在完整的信息链这种情形，可以从上一层级的统计信息追索到下一层级的统计信息，例如，从综合统计报表跟踪到基层统计报表，从基层统计报表跟踪到相应的统计台帐，从统计台帐再跟踪于业务数据原始记录，一些业务数据原始记录还可以跟踪到实物或人员，通过这个完整的信息链，验证具体审计命题，通过具体审计命题的验证，使总命题得到证明。当然，如果统计信息不具备这样完整的信息链，则不能采取这种取证模式。

（2）数据流程模式。这种取证模式的基本思路是，过程是结果的保证，如果统计信息生产过程值得依赖，则这个过程产生的统计信息也值得依赖。为了保证统计信息质量，不少的组织建立了统计质量评估制度，例如，国际货币基金组织（IMF）建立了由综合框架和专项框架组成的数据质量评估框架（Data Quality Assessment Framework），通过这个框架对统计数据质量进行定性评估（常宁，2004），欧盟建立了三个层级的统计数据质量评估框架，该框架结构的第一层级分为三个大的类别：机构环境、统计程序和统计产出；第二层级为第一层级三个类别中各应遵循的原则，共15项；第三层级为各种质量保证的做法（许涤龙，龙海跃，2013）。数据流程模式主要适用于不存在完整的统计信息链，而流程又有可能值得依赖的情形。

（3）数据分析模式。数据分析模式的基本思路是通过数据之间的关系来判断统计信息是否存在失真。本章文献综述中提到的指标分析评估方法、基于指标相关性的评估方法、基于统计分布的异常值检验、基于探索性数据分析的异常值检验都属于数据分析模式。

一般来说，当不存在完整的统计信息链，并且统计信息生产流程本身无法保证信息的真实性，数据分析模式就比较合适。当然，这种取证模式只能判断统计信息是否存在疑点，本身并不能证明统计信息失真，所以，只能发表有限保证审计意见。另外，即使存在完整的统计信息链或者是数据流程可能值得信赖，如果审计委托人只是关注统计信息是否存在疑点，也可以不采用命题论证模式和数据流程模式，而直接采用数据分析模式。特别是在大数据环境下，如果审计人不需要精确的结论，只关注数据关系，则数据分析模式可能成为统计信息的主流取证模式。

八、统计信息审计环境

统计信息审计环境理论包括两个问题，一是审计环境如何影响统计信息审计，二是统计信息审计如何影响审计环境。关于前者，审计环境通常有两个路径影响统计信息审计，一是影响人们对统计信息审计的认识，二是影响统计信息审计实务。从对统计信息审计的认识来说，不同的政治经济环境可能影响统计信息的重要性，例如，在我国，统计信息是各级领导的重要绩效指标，领导会很关心这些指标，所以，人们可能会很容易认同对这些指标进行审计的必要性。从审计环境对统计信息审计实务的影响来说，许多环境因素会影响统计信息审计实务如何开展，例如，在大数据时代，数据分析模式可能成为统计信息取证的主流模式，如果没有大数据，则这种模式的应用范围就会窄小。又如，如果统计数据的生产流程不规范，则数据流程模式也就无法采用。

统计信息审计对审计环境也有重要影响，这种影响主要有两种路径，一是揭示路径，二是威胁路径。揭示路径是通过统计信息审计揭示出统计信息失真，在此基础上，相关的责任人和责任单位得到处理处罚，通过这种处理处罚发挥个别预防和一般预防的作用，从而对统计信息失真产生抑制作用。威胁路径是指统计报表单位在策划统计信息操纵时，会考虑到统计信息审计是否会发现其统计信息操纵，以及发现以后的后果，通过这些问题的权衡，如果感觉操纵统计信息的负面后果较为严重，则可能放弃操纵统计信息的想法。揭示路径和威胁路径共同抑制了统计信息失真，这就有可能提升科学决策的水平、公平地评价各级管理人员或领导的绩效，从而提升资源配置效率效果。

统计信息失真已经成为社会各界广为关注的问题，统计信息审计是应对统计信息失真的机制之一，本章探索统计信息审计的几个基础性问题，提出统计信息审计基本理论框架。

从统计信息审计需求来说，由于人性自利和有限理性，导致统计信息失真，为了应对这种失真，通常需要建立由制衡机制、监督机制和公开透明机制组成的治理机制，统计信息审计属于其中的监督机制。

从统计信息审计本质来说，统计信息审计是以系统方法独立鉴证经管责任相关的统计信息中的代理问题和次优问题并将结果传达给利益相关者的制度安排。审计的鉴证、评价、监督在统计信息审计中都可以得到应用。

从统计信息审计目标来说，终极目标是抑制统计信息失真，直接目标是生产统计信息鉴证产品、评价产品和监督产品，鉴证产品的主要内容是对统计信息是否真实的鉴证。

从统计信息审计客体来说，向委托人提供统计信息的经管责任承担者都是统计信息审计客体，具体包括各级政府、各政府部门、企事业单位、建设项目单位、分级管理的单位内部组织。

从统计信息审计内容来说，审计主题是非财务信息，按填报单位不同，分为基层统计报表、综合统计报表和内部统计报表。

从统计信息审计主体来说，独立性是基本原则，专业胜任能力是重要要求。政府审计机关、民间审计组织、内部审计机构都可能成为统计信息审计机构。在具有独立性的前提下，各级政府统计机关也可以作为统计信息审计主体。

从统计信息审计方法来说，主要的审计取证模式有三种：命题论证模式、数据流程模式、数据分析模式。

从统计信息审计环境来说，一方面，审计环境会影响统计信息审计；另一方面，统计信息审计会影响审计环境。

本章的研究告诉我们，统计信息审计具有较大的社会价值，特别是在我国当前的社会经济环境下，其价值更大。但是，统计信息审计本身是一个系统，其基本要素涉及面较广，建立和实施统计信息需要系统考虑各相关要素，只有这样，统计信息审计才能真正发挥其社会价值。

参考文献

1. 孟连，王小鲁．对中国经济增长统计数据可信度的估计［J］，经济研究，2000（10）：

3－13。

2. 杨宁昱．为防数据造假欧盟收审计权 [N]，新华每日电讯/2010 年/7 月/27 日/第 005 版。

3. 庞皓．从“不做假账”说起一保证统计数据质量的制度建设 [J]，四川省情，2002 (12)：11－13。

4. 穆易．“数字出官”探源 [J]，中国经济快讯，2003 年第 47 期。

5. 赵学刚，王学斌，刘康兵．中国政府统计数据质量研究——一个文献综述 [J]，经济评论，2011 (1)：145－154。

6. 李大金．关于统计报表审计的构想 [J]，上海统计，1994 (5)：31－32。

7. 杨金生．对我国现行统计体制的探讨 [J]，内蒙古统计，2003 (1)：66－67。

8. 许涤龙，叶少波．政府统计数据质量及其提高对策研究 [J]，湖湘论坛，2009 (6)：92－95。

9. 刘孝新，胡先红，朱慧明．事后预测及反常结果判断法在数据质量评估中的应用 [J]，统计与决策，1997 (2)：69－71。

10. 杨海山．统计数据质量评估组合模型 [J]，统计与决策，2001 (7)：6－7。

11. 阙里，钟笑寒．中国地区 GDP 增长统计的真实性检验 [J]，数量经济技术经济研究，2005 (4)：3－12。

12. 钟晓君，李兴绪．地方经济增长数据质量诊断一以云南省为例 [J]，时代金融，2011 (5)：59－60。

13. 傅德印．利用控索性数据分析法对统计汇总数据进行质量控制的尝试 [J]，数理统计与管理，2001 (1)：12－16。

14. 李成瑞．关于统计改革的几个问题 [J]，经济研究，1994 (9)：38－42。

15.《统计数字质量研究》课题组．在新旧体制转换过程中如何保证统计数字的准确性和及时性 [J]，统计研究，1995 (2)：35 －38。

16. 傅德印，刘晓梅．贯彻国际标准，建立健全统计数据质量管理与保证体系 [J]，统计研究，1994 (6)：47－50。

17. 常宁．IMF 的数据质量评估框架及启示同 [J]，统计研究，2004 (1)：27－30。

18. 许涤龙，龙海跃．欧盟数据质量评估框架及其对我国的启示 [J]，统计与决策，2013 (8)：4－7。

19. 王金海．更准、更快、更全：调正统计“晴雨表”，人民日报，1998 年 4 月 26 日。

20. 戴艳玲．完善统计数据审核的对策，中国城市经济，2010 (9)：8。

21. 郑石桥．审计理论研究：基础理论视角，中国人民大学出版社，2016 年。

22. 杨宁昱．为防数据造假欧盟收审计权，新华每日电讯/2010 年/7 月/27 日/第 005 版。

23. 郑石桥．非财务信息审计取证模式：理论框架和例证分析，南京审计大学审计科学研究院工作论文，WP005，2014 年 10 月。

第二十八章　非财务计量自然资源信息审计基本理论框架

土地、水、森林、草原、矿产等自然资源，是经济社会发展的基础。由于自然资源问题的重要性和紧迫性相联系，相应的治理机制也越来越多，自然资源审计是其中之一，美国、加拿大等国家从20世纪70年代就开展了不同形式的自然资源审计，INTOSAI（international Organization of Supreme Audit Institutions）还成立了专门的工作小组。我国仅以占世界7%的土地、9%的耕地、6%的水资源、4%的森林承载了世界22%的人口，资源、环境与社会经济发展之间的矛盾更为尖锐（耿建新，胡天雨，刘祝君，2015），中国共产党十八届三中全会，提出"探索编制自然资源资产负债表，对领导干部实行自然资源资产离任审计，建立生态环境损害责任终身追究制"。

与自然资源审计实践相伴随，自然资源审计的相关研究也得以开展。从自然资源审计实践和理论研究来看，自然资源审计包括的内容较广泛，涵盖的审计主题包括自然资源财务信息、非财务计量自然资源信息、自然资源相关行为和自然资源相关制度。现有文献缺乏关于非财务计量自然资源信息审计基础性问题的系统研究，本章通过对这些基础性问题的系统探究，提出非财务计量自然资源信息审计的基本理论框架①。

第一节　文献综述

自然资源审计有不少的研究文献，一些机构还组织专门的研讨会，研究主题涉及自然资源审计的若干基础性问题，包括审计动因、审计目标、审计主体、审计范围、审计内容、审计方式方法、审计准则等（张宏亮，刘恋，曹丽娟，2014；蔡春，毕铭悦，2014）。一般认为，自然资源审计包括自然资源财务审计、自然资源合规审计和自然资源绩效审计（INTOSAI，1997；WGEA，2002）。

自然资源绩效审计包括对自然资源绩效信息的审计，这些绩效信息包括非财务计量的自然资源信息。一些文献提出，由于利益驱动，这些非财务计量的自然资源信息很可能被操纵，所以，需要对这些信息进行审计，一些文献还讨论了这些信息的审计方法（张宏亮，王秀华，2007；李成艾，孟祥霞，周学军，2011；赵梅，2014；黄溶冰，赵谦，2015）。

① 自然资源审计包括内容较广泛，非财务计量自然资源信息审计只是其中的内容之一，所以，本文探讨的审计基本理论不是自然资源审计的基本理论，而只是其中的非财务计量自然资源信息审计的基本理论。

现有文献虽然确认了非财务计量自然资源信息的审计需求，有些文献还涉及审计方法，然而，总体来说，关于非财务计量自然资源信息审计的基础性问题尚缺乏系统研究。本章拟致力于此，从理论上分析非财务计量自然资源信息审计的基础性问题，提出非财务计量自然资源信息基本理论框架。

第二节　基本理论框架

一、非财务计量自然资源信息审计需求

从某种意义上来说，自然资源是大自然赋予全人类的资源，由于人类社会存在国家，所以，有些自然无国界，属于全世界人民所有，而许多的自然资源有国界，属于某一国的人民所有。然而，自然资源的管理、使用并不是全体人民，而是一部分人，这样一来，自然资源的所有者和自然资源的管理及使用者之间就形成了委托代理关系。在这种委托代理关系中，人民作为所有者是委托人，而自然资源的管理及使用者是代理人，在许多情形下，自然资源的管理及使用者还区分不同的层级，例如，中央政府和地方政府之间及不同层级的地方政府之间，从而出现委托代理链。处于这个链条中的代理人，在正常情形下都会具有自利和有限理性这两大类人性特征，在信息不对称和环境不确定的情形下，代理人有可能产生机会主义行为，也可能发生次优行为，从而出现代理问题和次优问题，正是这些问题，导致自然资源问题，甚至危及人类的可持续发展。就中国来说，一方面自然资源稀缺，人均淡水资源拥有 2113M^3/人，仅占世界平均人均淡水资源的 1/3；我国人均耕地为 1.43 亩/人，不足世界平均水平的 40%；我国矿产人均仅为世界平均水平的 58%；我国森林人均量仅为世界平均水平的 1/5（陆亚洲，1994）；另一方面，资源利用效率低，据《世界能源统计回顾 2011》数据显示，就单位 GDP 能耗，2011 年度中国 GDP 能耗是日本的 4.39 倍、德国的 4.18 倍、美国的 2.38 倍、印度的 1.07 倍。① 同时，长期以来，中国官员的晋升概率与地区经济增长存在很强的正相关关系，这种过分关注 GDP 的晋升锦标赛模式，使得各级党政领导干部逐渐形成以牺牲资源、环境为代价，谋取地区经济增长的路径依赖。所以，中国的资源环境问题已经十分严峻（黄溶冰，赵谦，2015）。

在严重的资源环境问题中，非财务计量自然资源信息失真是其中的重要方面。由于人性自利和有限理性，自然资源管理和使用者提供的自然资源信息失真，通过这些失真的自然资源信息，获取利益，例如，就森林资源来说，对于采伐森林资源，采伐的实际数据远多于报告的数量；对于植树造林，则报告的造林面积远多于实际造林面积，无疑，这种的信息失真有利益驱动下的故意操纵（周国相，1994），其他的自然资源也存在类似的问题。

针对严重的自然资源问题，相应的治理机制也逐步建立起来，《中华人民共和国宪法》第九条规定，矿藏、水流、森林、山岭、草原、荒地、滩涂等自然资源，都属于国家所有，即全民所有；由法律规定属于集体所有的森林和山岭、草原、荒地、滩涂除外。国家保障自然资源的合理利用，

① 根据《BP 世界能源统计 2011》各国能源消费数据计算所得。

保护珍贵的动物和植物。禁止任何组织或者个人用任何手段侵占或者破坏自然资源。同时，还针对不同的自然资源，颁布了专门的法律，例如，先后颁布了《中华人民共和国矿产资源法》《中华人民共和国土地管理法》《中华人民共和国水法》《中华人民共和国森林法》《中华人民共和国草原法》《中华人民共和国环境保护法》等，此外，还有许多的行政规章。通过上述法律法规，建立了自然资源治理机制，其中包括非财务计量自然资源信息失真的治理机制，审计是其中的治理机制之一。

审计成为治理非财务计量自然资源信息失真的机制之一，与审计的技术特征相关。非财务计量自然资源信息属于统计信息，都有规定的计算方法和程序，如果信息报告人遵守了这些计算方法和程序，一般就认为自然资源信息不存在失真，如果严重偏离了这些计算方法和程序，就认为自然资源信息失真（曾五一，王开科，许永洪，2014）。从技术特征来说，审计恰恰就能对特定事项与既定标准之间的一致性发表意见，就非财务计量自然资源信息来说，特定事项就是非财务计量自然资源信息，既定标准就是关于这些信息的计算方法和程序之规定，审计可以采用系统方法，围绕非财务计量自然资源信息收集证据，对这些信息是否存在失真形成判断。当然，审计成为治理非财务计量自然资源信息失真的机制只是一种可能的需求，是否真正得以成为现实机制，还要依赖于委托人对不同治理机制的治理成本和效果的综合考虑，如果审计机制的治理成本低且效果好，则审计就会从可能的需求成为现实需求。

二、非财务计量自然资源信息审计本质

非财务计量自然资源信息审计本质是指什么是非财务计量自然资源信息审计本质，很显然，它离不开审计一般，也离不开自然资源审计，具有审计一般的属性，属于自然资源审计的一部分。一般认为，审计是以系统方法从行为和信息两个角度独立鉴证经管责任中的代理问题和次优问题并将结果传达给利益相关者的制度安排（郑石桥，2015），自然资源审计也应该具有上述本质特征，只是在此基础上，增加了自己特有的本质属性，根据这个原则，我们认为，自然资源审计可以表述如下：自然资源审计是以系统方法从行为和信息两个角度独立鉴证自然资源经管责任中的代理问题和次优问题并将结果传达给利益相关者的制度安排。这个概念将自然资源审计的对象限定到自然资源经管责任，自然资源审计是将审计一般应用到自然资源经管责任，或者说，是审计一般在自然资源经管责任中的体现，当然，由于审计范围的不同，自然资源审计也会呈现自己的一些特征，例如，审计客体、审计主体、审计取证、审计报告等。一般来说，审计一般的审计主题包括财务信息、非财务信息、行为、制度，自然资源审计是对自然资源经管责任作为审计对象的审计，其审计主题同样包括上述四个方面：自然资源财务信息、非财务计量自然资源信息、自然资源相关行为和自然资源相关制度。

非财务计量自然资源信息审计属于自然资源审计的主题之一，根据自然资源审计的定义，我们认为，非财务计量自然资源信息审计可以表述如下：非财务计量自然资源信息审计是以系统方法独立鉴证自然资源经管责任相关的非财务计量信息中的代理问题和次优问题并将结果传达给利益相关者的制度安排。这个定义，进一步限定了审计对象的范围，从自然资源经管责任收缩到自然资源经管责任相关的非财务计量信息，关注问题的角度仍然是代理问题和次优问题。当然，这里的代理问题和次优问题是与非财务计量自然资源信息相关的，不是一般意义上的代理问题和次优问题，综合表现为非财务计量自然资源信息失真，包括由于自利而产生的有意操纵，以及有限理性而产生的无

意错误。

非财务计量自然资源信息审计本质还有一个涵义，就是其审计功能。一般认为，审计具有鉴证、评价和监督三个功能，对于非财务计量自然资源信息审计来说，上述三大功能可以同时具备。就鉴证来说，前已述及，可以采用系统方法，围绕非财务计量自然资源信息收集证据，判断其与既定标准之间的一致性，这已经体现了鉴证的本质内涵。就评价来说，一些非财务计量自然资源信息体现了代理人的自然资源经管责任履行情况，如果能找到恰当的绩效标杆（例如，工作计划，具有可比性的同类单位），可以将鉴证后的自然资源经管责任绩效信息与这些标杆进行比较，以确定代理人自然资源经管责任绩效的等级。就监督而言，对于发现的非财务计量自然资源信息失真，如果委托人授权，审计机构可以对直接责任人或责任单位进行处理处罚。所以，总体来说，非财务计量自然资源信息审计可以具有鉴证、评价和监督三大功能。当然，这三大功能能否成为实现功能，依赖于委托人的需求和决定，委托人会根据其自身的利弊得失做出选择，但是，无论如何，鉴证功能是基础性，不具有选择性。

三、非财务计量自然资源信息审计目标

一般来说，审计目标区分为终极目标和直接目标，前者是审计委托人的目标，后者是审计人的目标。就非财务计量自然资源信息审计来说，审计委托人授权或委托审计机构对非财务信息进行审计是要支付费用或支出成本的，是将审计作为治理非财务计量自然资源信息失真的机制，审计机制与其他的治理机制组合起来，其最终目标是抑制非财务计量自然资源信息中的代理问题和次优问题，也就是非财务计量自然资源信息失真。通过审计，如果非财务计量自然资源信息失真越来越少，则委托人的目标就达成了。

对于审计师来说，在非财务计量自然资源信息中，其直接目标是提供审计委托人满意的审计产品，这些审计产品包括鉴证产品、评价产品和监督产品。非财务计量自然资源信息鉴证产品的主要内容是鉴证非财务计量自然资源信息是否存在代理问题和次优问题，也就是是否存在失真，也可以称为信息的真实性，通常以审计鉴证报告的形式出现。评价产品是在非财务计量自然资源信息表征代理人自然资源经管责任履行绩效的情形下，将鉴证后的信息与一定的标杆进行比较之后得出的绩效等级结论，通常以评价报告的形式出现。监督产品是指将代理人在非财务计量自然资源信息方面存在失真的情形下，委托人授权审计师对直接责任人或责任单位做出的处理处罚，通常以审计决定的形式出现。上述三种审计产品中，鉴证产品是基础性的，不具有可选择性，而评价产品和监督产品是否出现，由委托人的需求所决定。

四、非财务计量自然资源信息审计客体

一般来说，审计客体是委托代理关系中的代理人，是经管责任的承担者（郑石桥，2015）。非财务计量自然资源信息审计也不例外，其审计客体是自然资源信息经管责任的承担者。由于我国的自然资源是国有，然后通过法律程序交付一定的单位来使用，所以，自然资源信息委托代理关系也区分为两种情形，一是政府层面的委托代理关系，二是单位内部的委托代理关系。这两种情形下的审计客体不同。

就政府层面的委托代理关系来说，由于我国是单一制国家，上级政府对下级政府具有较大的领

导作用。在不考虑上级政府的情形下，就某一层级的政府来说，自然资源委托代理关系及其审计客体如图1所示。

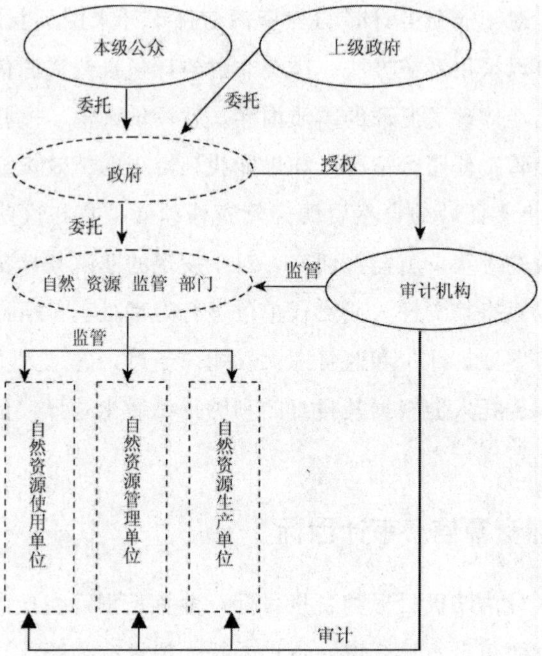

图1 政府层面的自然资源审计客体

在图1中，可能的审计客体是虚线表示。自然资源监督部门是本级政府的代理人，而自然资源使用单位、自然资源管理单位、自然资源生产单位，在政府自然资源监督部门的监管下，履行各自的与自然资源相关的活动，上述四类单位都是自然资源经管责任的承担者，都要提供某些非财务计量自然资源信息，都有可能成为非财务计量自然资源信息审计客体。那么，政府本身是否要成为非财务计量自然资源信息审计客体呢？首先，各级政府都是本级公众的代理人，所以，也存在自然资源经管责任报告问题，也应该成为审计客体，但是，此时的审计主体可能就不能是本级政府本身建立的审计机构；其次，在单一制国家中，各层级政府之间也存在委托代理关系，下级政府是上级政府的代理人，所以，从这个意义上来说，下级政府也有责任向上级政府报告自然资源经管责任履行情况，所以，也要成为非财务计量自然资源信息审计客体。

至于单位内部的自然资源委托代理关系及其审计客体，主要存在于自然资源使用单位、自然资源管理单位、自然资源生产单位，如果这些单位实行分级管理，则其内部也形成了自然资源委托代理关系，从而下级单位有责任向上级单位报告其承担的自然资源经管责任履行情况，这其中就包括非财务计量自然资源信息，所以，这些下级单位也成为审计客体。

五、非财务计量自然资源信息审计内容

非财务计量自然资源信息审计内容是自然资源实物量统计与核算信息，包括两类信息，一是自然资源的数量、质量现状及利用情况，二是自然资源各分类实物存量和增减流量统计与核算信息，按照《中国自然资源手册》，自然资源资产分为土地资源资产、矿产资源资产、能源资源资产、水资源资产、气候资源资产、森林资源资产、草地资源资产、海洋资源资产和其他资源资产等九大类

资产，这些自然资源都分别有各自的实物量统计与核算信息（吴优，曹克瑜，1998），归纳起来，非财务计量自然资源信息审计内容如表 1 所示。

表 1　非财务计量自然资源信息审计内容

自然资源类型	信息内容	
	数量、质量现状及利用情况	分类实物存量和增减流量
土地资源资产	★	★
矿产资源资产	★	★
能源资源资产	★	★
水资源资产	★	★
气候资源资产	★	★
森林资源资产	★	★
草地资源资产	★	★
海洋资源资产	★	★
其他资源资产	★	★

注：★表示有这种审计内容

当然，自然资源实物量统计与核算信息会有一定的核算体系，1993 年联合国统计司建立了与 SNA 相一致的、可系统地核算环境资源存量和资本流量的框架，即综合环境与经济核算体系（System of Integrated Environmental and Economic Accounting，SEEA－1993）。2003 年，联合国修订了 SEEA－1993，修改后版本简称 SEEA－2003，这个版本详细说明了自然资源的物理量、混合环境一经济账户及其估价方法（Bartelmus，2007）。2012 年，SEEA 中心框架（简称 SEEA－2012）应运而生，该框架增加了环境退化及相关措施和评估方法的讨论（UN，EU，FAO，2014）。一些国家还颁布了自然资源会计准则，澳大利亚颁布实施了水会计准则，以物理流量为计量单位，采用复式记账法，由水报告主体定期编制三张水会计报表，即水资产和水负债表、水资产和水负债变动表（损益表）和水流量表，通过这些表格来描述、计量、记录和报告重要地区水资源的增减变动（陈波，杨世忠，2015）。中国共产党十八届三中全会，提出要探索编制自然资源资产负债表，这里的自然资源资产负债表是关于自然资源的信息系统，按实物量编制的自然资源资产负债表提供的信息就是非财务计量信息。

六、非财务计量自然资源信息审计主体

审计主体的基本要求有两个方面，一是独立性，二是专业胜任能力。由于专业胜任能力是动态的，现时没有的专业胜任能力，假以时日，是可以建立的，所以，从长远来看，专业胜任能力并不是实质性审计主体的实质性条件。所以，我们主要从独立性角度来讨论非财务计量自然资源信息审计主体。

对独立性有不同的理解，一种观点认为，独立性是审计师独立于审计客体，另一种观点认为，审计师要同时独立于审计客体和审计委托人。

在非财务计量自然资源信息审计中，政府审计、民间审计和内部审计都可以成为审计主体，但是，不同情形的独立性不同。

对于政府审计来说，图1所示的审计客体中，政府审计能独立于自然资源监管部门、自然资源使用单位、自然资源管理单位和自然资源生产单位，但是，不能独立于本级政府，所以，一般情形下，除了本级政府之外的审计客体，本级政府审计机关都具有独立性，当于本级政府作为审计客体时，一般要由上级政府审计机关作为审计主体。当然，由于我国是单一制国家，各级地方政府都处于国有自然资源委托代理链中，对于上级政府是代理人，对于下级政府是委托人，由于这种双重身份，本级政府可能基于本地区的利益而干扰本级政府审计机关对本级政府下属单位的自然资源相关审计客体的审计，从而使得本级政府审计机关独立性受到损害，在这种情形下，如果由上级政府审计机关作为审计主体，就更具有独立性。

对于民间审计机构来说，是接受业务委托，对一定的审计客体进行审计，所以，从理论上来说，对于所有的审计客体都可以进行审计。但是，从传统习惯及审计权威性来说，在非财务计量自然资源信息审计客体中，民间审计适宜作为自然资源使用单位、自然资源管理单位和自然资源生产单位的审计主体。在某些情形下，民间审计还可以接受业务委托，对内部审计范围的审计客体进行审计。需要说明的是，这里的民间审计是广义的，包括具有非财务计量自然资源信息审计专业胜任能力和资质的各种中介机构。

内部审计组织来说，其审计客体是本单位内部实行分级管理的下级单位，如果自然资源监管部门、自然资源使用单位、自然资源管理单位和自然资源生产单位实行分级管理，并建立了内部审计制度，则这些单位内部的下属单位都是其内部审计组织的审计范围。

总体来说，不同情形下的非财务计量自然资源信息审计主体归纳如表2所示。

表2　非财务计量自然资源信息审计主体

审计客体	审计主体		
	政府审计	民间审计	内部审计
政府	上级审计机关	×	×
自然资源监管部门	本级政府审计机关为主，上级审计机关为辅	×	×
自然资源使用单位	本级政府审计机关为主，上级审计机关为辅	接受委托作为审计主体	×
自然资源管理单位	本级政府审计机关为主，上级审计机关为辅	接受委托作为审计主体	×
自然资源生产单位	本级政府审计机关为主，上级审计机关为辅	接受委托作为审计主体	×
实行分级管理的内部单位	×	接受委托作为审计主体	根据内部审计制度，作为审计主体

关于非财务计量自然资源信息审计主体，最后要讨论的问题是，自然资源监管部门能否作为非财务计量自然资源信息审计主体？一种观点认为，自然资源监管部门可以结合其监督工作，一方面

可以作为下级政府非财务计量自然资源信息的审计主体；另一方面，对于受到监督的本级政府下属的自然资源使用单位、自然资源管理单位、自然资源生产单位，完全可以作为这些单位的非财务计量自然资源信息审计主体。从专业胜任能力来说，自然资源监管部门完全可以作为这些单位的审计主体。然而，审计主体的另一个重要条件是独立性，所以，自然资源监管部门能否作为审计主体的关键在于其能否保持独立性。我们认为，在许多情形下，可能并不具有独立性，就本级政府来说，自然资源使用单位、自然资源管理单位、自然资源生产单位的自然资源信息，如果汇集起来，可能就表明自然资源监管部门的绩效，如果上述单位操纵自然资源信息，结果是粉饰了自然资源监管部门的绩效，从而就会失去审计所要求的独立性；当然，如果上述单位操纵自然资源信息，结果是损害了自然资源监管部门的绩效，这种情形下，审计所要求的独立性并没有损害。但是，事先并不知道这些单位会如何操纵自然资源信息，所以，总体来说，就本级政府来说，自然资源监管部门不宜作为审计主体。就下级政府来说，在许多情形下，上级政府自然资源绩效是下级政府自然资源绩效的汇集，如果下级政府操纵自然资源信息，其结果是有利于本级政府自然资源绩效，自然资源监管部门就失去监管独立性；如果下级政府操纵的结果是损害于上级政府自然资源绩效，则独立性并未受到损害。但是，事先并不知道下级政府如何操纵自然资源信息，所以，总体来说，自然资源监管部门不宜作为下级政府自然资源信息的审计主体。更为重要的是，自然资源监管部门还负责执行甚至制定自然资源相关政策，而自然资源信息很大程度上可能表明这些政策的绩效，自然资源监管部门对于这类信息无疑不具有独立性。

七、非财务计量自然资源信息审计方法

审计方法包括的内容很丰富，从基本审计理论的角度出发，我们这里仅讨论其中的审计取证模式。非财务信息审计取证包括命题论证模式、数据流程模式、数据分析模式和专业测量模式（郑石桥，2014），对于非财务计量自然资源信息审计来说，各种模式都有可能应用。

（1）命题论证模式。会计报表审计采用的是命题论证模式，这种模式的特点是将审计总命题（也就是审计总目标，即会计信息真实性或公允性）分解为各种具体命题（也就是具体审计目标），围绕具体命题获取证据，通过具体命题的证明来证明总命题。这种取证模式的前提是存在可追踪的信息链，例如，从会计报表追踪到会计账簿，从会计账簿追踪到记账凭证，从记帐凭证追踪到原始凭证，原始凭证追踪到实物、交易对方或当事人，等等。在某些情形下，某些非财务计量自然资源信息也具备完整的信息链，此时，也可以采用命题论证模式。例如，澳大利亚政府部门制定并颁布实施了水审计准则，它借鉴了财务会计报告的审计准则，把水审计的保证作用分为合理保证和有限保证两种类型，对审计目标、职业怀疑和职业判断、审计计划及重要性、理解水会计报告主体和环境，以及确认、评估重大错报风险、对评估的重大错报风险进行反映并实施进一步审计程序、期后事项的审计、审计质量控制、形成审计意见、审计报告的格式和内容等做了具体详细的规定（陈波，杨世忠，2015）。

（2）数据流程模式。当信息本身无法鉴证时，如果信息产生的过程是值得信赖的，则信息本身也就具有可信赖的基础。一些非财务计量自然资源信息本身未能形成完整的信息链，从而不具有可追踪性，此时，如果这些信息的产生流程是可以评估的，当评估结果是流程值得信赖时，根据这个流程产生的信息也就值得信赖；当然，如果流程评估的结果是不值得信赖，则不能就此推断其产生

的信息也不值得信赖，而是无法表示意见。

（3）数据分析模式。非财务计量自然资源信息之间，非财务计量自然资源信息与其他信息之间，可能具有某些逻辑关系，数据分析模式通过各种方法，验证非财务计量自然资源信息的逻辑关系，通过逻辑关系是否存在来判断非财务计量自然资源信息是否失真。当非财务计量自然资源信息逻辑关系存在时，可以判断非财务计量自然资源信息基本值得依赖；当非财务计量自然资源信息逻辑关系不存在时，要作为疑点进行追踪，如果追踪发现了具体的失真事件，就可以做出结论，如果追踪未能发现具体的失真事件，则是无法表示意见。

（4）专业测量模式。许多非财务计量自然资源信息是对自然资源物理量的表征，在许多情形下，可以通过具有专业胜任能力的机构或人士对自然资源物理量进行测量，以验证这些信息的真实性。例如，对于森林资源、土地资源，可以通过航测的方法确定其数量。当然，这种取证模式的成本较高，并且，具有一定的时间要求。

上述四种模式中，不同取证模式所支持的审计意见保证程度不同。一般来说，命题论证模式和专业测量模式支持合理保证审计意见，而数据流程模式和数据分析模式支持有限保证审计意见。如果审计委托人只要求有限保证审计意见，则数据分析模式具有广泛的适用性，特别是在大数据时代，其审计成本低、效率高。

八、非财务计量自然资源信息审计环境

审计环境理论关注两个问题，一是审计环境如何影响审计，二是审计如何影响审计环境，非财务计量自然资源信息审计也不例外。从审计环境对其影响来说，一方面会影响非财务计量自然资源信息审计实务；另一方面会影响其相关的审计理念。就前者来说，重要的路径之一是审计环境影响其审计取证模式的选择，例如，没有地理信息系统的产生，就不可能有航测等技术在非财务计量自然资源信息审计中的作用；就后者来说，审计环境会影响人们对非财务计量自然资源信息审计的认识，例如，中国共产党十八届三中全会之前，人们并没有将自然资源审计作为很重要的事项，但是，当中国共产党十八届三中全会提出对领导干部实行自然资源资产离任审计之后，社会各界对自然资源审计的认识发生了重大变化，现在的问题已经不是是否要审计，而是如何审计，政府环境对自然资源审计发生了重要的影响。

关于非财务计量自然资源信息审计如何影响审计环境，总的路径是通过审计终极目标的达成，抑制非财务计量自然资源信息审计失真。通过信息失真的减少，进而促进自然资源信息使用、管理、生产及监管行为的优化，提高自然资源的使用效率和效果。

由于人性自利和有限理性，非财务计量自然资源信息可能失真，审计是治理机制之一。本章从理论上分析非财务计量自然资源信息审计的几个基础性问题，提出非财务计量自然资源信息审计基本理论框架。

从审计需求来说，由于人性自利和有限理性，导致严格的自然资源问题，非财务计量自然资源信息可能失真是这种问题的内容之一，也是这种问题的原因之一。由于审计特征的技术属性，非财务计量自然资源信息审计成为应对非财务计量自然资源信息失真的机制之一。

从审计本质来说，非财务计量自然资源信息审计是以系统方法独立鉴证自然资源经管责任相关的非财务计量信息中的代理问题和次优问题并将结果传达给利益相关者的制度安排，可以同时具有

鉴证、评价和监督的三大功能。

从审计目标来说，最终目标是抑制非财务计量自然资源信息中的代理问题和次优问题，也就是非财务计量自然资源信息失真；直接目标是提供审计委托人满意的审计产品，这些审计产品包括鉴证产品、评价产品和监督产品。

从审计客体来说，自然资源信息经管责任的承担者都是非财务计量自然资源信息审计客体，包括政府、自然资源监督部门、自然资源使用单位、自然资源管理单位和自然资源生产单位。

从审计内容来说，是自然资源实物量统计与核算信息，包括两类信息，一是自然资源的数量、质量现状及利用情况，二是自然资源各分类实物存量和增减流量统计与核算信息。

从审计主体来说，政府审计机关是国有自然资源经管责任承担者的主要审计主体，民间审计机构接受委托可以对任何审计客体进行审计，内部审计组织对单位内部的自然资源经管责任承担者进行审计。

从审计方法来说，命题论证模式、数据流程模式、数据分析模式和专业测量模式都有可能应用，命题论证模式和专业测量模式支持合理保证审计意见，而数据流程模式和数据分析模式支持有限保证审计意见。

从审计环境来说，一方面，审计环境通过审计实务和审计理念两个路径影响非财务计量自然资源信息审计；另一方面，这种审计也通过其审计产品的使用，作用于审计环境，影响自然资源使用的效率和效果。

本章的研究启示我们，包括非财务计量自然资源信息在内的自然资源审计是应对自然资源问题的重要机制，而要真正建构这种审计机制，并且使其发挥作用，必须系统思考，协调考虑相关的审计制度元素。

参考文献

1. 耿建新，胡天雨，刘祝君．我国国家资产负债表与自然资源资产负债表的编制与运用初探一以 SNA2008 和 SEEA2012 为线索的分析［J］，会计研究，2015（1）：15－24。

2. 张宏亮，刘恋，曹丽娟．自然资源资产离任审计专题研讨会综述［J］，审计研究，2014（5）：58－62。

3. 蔡春，毕铭悦．关于自然资源资产离任审计的理论思考［J］，审计研究，2014（5）：3－9。

4. INTOSAI（international Organization of Supreme Audit Institutions），Natural Resources Accounting［S］，1997.

5. WGEA（Working Group on Environmental Audit in INTOSAI），审计署农业资源环保司译，从环境视角进行审计活动的指南（草案）［S］，2002。

6. 张宏亮，王秀华．我国政府自然资产审计理论框架的构建［J］，财会月刊，2007（2）：47－49。

7. 李成艾，孟祥霞，周学军．创新型水资源审计模式研究一基于宁波市的审计实践［J］，财会研究，2011（7）：64－67。

8. 赵梅．领导干部自然资源资产离任审计评价体系的构建［J］，中国审计，2014（3）：25－26。

9. 陆亚洲．我国自然资源利用现状和对策［J］，自然资源，1994（6）：1－7。

10. 黄溶冰，赵谦．自然资源资产负债表编制与审计的探讨［J］，审计研究，2015（1）：37－43。

11. 周国相．对森林资源审计的探讨［J］，林业科技情报，1994（1）：56－57。

12. 曾五一，王开科，许永洪．统计数据质量基本概念研究［J］，经济统计学（季刊），2014（1）：42－47。

13. 郑石桥．审计理论研究：基础理论视角［M］，中国人民大学出版社，2016年。

14. 吴优，曹克瑜．对自然资源与环境核算问题的思考［J］，统计研究，1998（2）：59－64。

15. Bartelmus P. SEEA－2003：Accounting for Sustainable Development?［J］Ecological Economics，2007，61（4）：613－616. UN，EU，FAO et al. System of Environmental－EconomicAccounting 2012：Central Framework［S］. New York：United Nations，2014.

16. 陈波，杨世忠．会计理论和制度在自然资源管理中的系统应用－澳大利亚水会计准则研究及其对我国的启示［J］，会计研究，2015（2）：13－19。

17. 郑石桥．非财务计量信息审计取证模式：理论框架和例证分析［Z］，南京审计大学审计科学研究院工作论文，WP005，2014年。

第二十九章　非财务计量环境信息审计基本理论框架

人类来源于大自然，人类活动又对大自然产生重要的影响，由于环境产权界定的困难，随着人类经济社会的发展，人与环境的矛盾日益突出，生态环境状况堪忧。就我国来说，由于长期以来的GDP导向下的粗放型经济增长模式，严峻的环境形势已经严重制约我国经济社会的可持续发展。为了应对日益严重的环境问题，人类社会提出了各种治理机制，这些机制有基于个人的，有基于单位的，有基于地区的，有基于国家的，还有基于全球的。在众多的环境治理机制中，环境审计是其中之一[①]，从环境经济行为合规性、环境制度健全性、环境信息真实性等路径治理环境问题。

由于环境问题的重要性和紧迫性，作为环境问题治理机制之一的环境审计也有不少的研究。非财务计量环境信息是环境信息的重要内容，是研判环境形势、预测变化趋势、评价治污效果以及解决紧迫环境问题的科学基础，少量文献涉及到这种信息的真实性审计。然而，关于非财务计量环境信息审计的一些基础性问题还缺乏系统化的理论框架，这些问题包括非财务计量环境信息审计需求、非财务计量环境信息审计本质、非财务计量环境信息审计目标、非财务计量环境信息审计客体、非财务计量环境信息审计内容、非财务计量环境信息审计主体、非财务计量环境信息审计方法、非财务计量环境信息审计环境。本章拟以审计一般的基础理论为出发点，对上述问题做一系统的阐述。

第一节　文献综述

根据本章的主题，文献综述主要涉及环境信息失真及其治理。一般来说，环境责任主体包括政府和环境影响单位（主要是企事业单位），各类环境责任主体都要披露环境信息，都可能存在环境信息失真问题。环境信息失真的原因大体有五类。一是绩效观，当环境信息用于绩效考核时，被考核单位或个人为了美化自己的绩效，领导人干预篡改环境信息。二是利益驱动，排污单位为降低处理成本，逃脱相关收费及惩罚，操纵环境信息，致使环境信息失真。三是环境信息相关技术存在缺陷，即使没有人为操纵的动机，在一些情形下，由于监测技术本身存在的问题，环境信息也可能存在失真。四是环境信息相关的管理体制存在问题，一是环境信息生产者归环境责任主体管辖，所以，环境责任主体可以指挥环境信息生产者更改环境信息；二是环境信息与许多部门相关，部门之

① 本文在同等意义上使用“环境审计”和“环境责任审计”。

间的协调配合存在问题，致使环境信息不一致甚至失真。针对环境信息失真问题，不少的文献提出应对措施，归纳起来，主要的措施包括：完善环境信息质量监控机制；引入第三方环境监测；环境统计实行垂直管理等（乐涛，沈雪华，郁松，2001；邱琼，2004；邓志强，罗新星，2007；陈默，2007；周军，万小卓，2009；王湜，2011；朱秀霞，刘长翠，2011；刘彩红，马文锋，2012；施艳，2014；齐添，2015；张亮，周宏春，2015）。

此外，还有大量文献研究企业环境信息披露和政府环境信息披露。关于企业环境信息披露，主要研究企业环境信息披露水平的影响因素，发现的主要因素包括行业敏感性、公司规模、财务状况、股票市场表现、外部管制以及公司治理等（Cormier& Magnan，1999；Cormier& Gordon，2001；沈洪涛，2007；王立彦，2008；黄珺，周春娜，2012；毕茜，顾立盟，张济建，2015）。也有一些文献指出，企业环境信息披露数量虽然不断增加，但信息质量并不高（Campbell，2004）。关于政府环境信息披露，主要研究政府环境信息披露的意义、现状、问题及对策（刘萍，陈雅芝，2010；李爱年，刘爱良，2010；鞠昌华，赵洪波，2013；张建伟，2015）。

环境审计作为治理环境问题的机制之一，得到了广泛的重视。1992 年，INTOSAI（The International Standards of Supreme Audit Institutions）成立了环境审计委员会，1995 年，INTOSAI 在开罗召开第十五届大会，发表了以“环境审计”为主题的《开罗宣言》，从此以后，环境审计迅速发展（惠胜利，1997）。在环境审计的诸多内容中，一些文献提出，环境信息应该作为环境审计的内容（刘达朱，王本强，陈基湘，2002；李雪，杨智慧，王健姝，2002）。

总体来说，作为环境信息的重要内容，非财务计量环境信息审计的一些基础性问题还缺乏深入的研究，没有系统化的理论框架。

第二节　基本理论框架

环境审计包括的内容有多个方面，环境信息是其中的一个方面，环境信息可以区分为财务计量环境信息和非财务计量环境信息，本章关注后者。同时，对于非财务计量环境信息审计，可以有不同的研究视角，本章探究非财务计量环境信息审计的基础性问题，这些问题包括：为什么会有非财务计量环境信息审计——审计需求？什么是非财务计量环境信息审计——审计本质？希望非财务计量环境信息审计干什么——审计目标？非财务计量环境信息审计是对谁审计——审计客体？非财务计量环境信息审计的审计内容是什么——审计内容？非财务计量环境信息审计是谁来审计——审计主体？非财务计量环境信息审计如何审计——审计方法？非财务计量环境信息审计与审计环境是什么关系——审计环境？通过对上述问题的探究，形成非财务计量环境信息审计基本理论框架。

一、非财务计量环境信息审计需求

审计需求关注为什么会有审计。环境是大气、水、土壤、植物、动物、微生物等物质因素组成的生存条件，在很大意义上，人类与环境相关的行为都具有外部性（卢现祥，2002），所以，环境具有公共产品的性质。正是环境的这个特征，公众是环境的所有者，但是，公众本身没有集体行动能力，需要一个代表公众利益的机构来行使其环境所有权，从一国范围或地区来说，这个代表当然就是政府[①]。所以，在一国或地区范围内，公众和政府之间形成环境责任委托代理关系，公众是委托人，政府是代理人，政府成为公众环境责任承担者。政府作为公众的环境责任的代理人，会做两方面的工作，一方面，授权或允许环境影响主体[②]发生环境相关行为，并且建立一些环境相关的法律法规和方针政策，规范环境影响主体的环境相关行为，从而形成与环境影响主体之间的委托代理关系，政府是委托人，而环境影响主体是代理人，这些代理人要按委托人的要求发生环境影响行为；另一方面，政府会建立一些专门的机构来对环境事项进行监管，以监督环境影响主体的环境相关行为是否符合环境相关的法律法规及方针政策。从而，政府与环保规制部门之间形成委托代理关系，政府是委托人，环保规制部门是代理人。上述环境影响主体和环保规制部门作为政府委托或授权环境责任的代理人，也成为环境责任承担者。同时，由于环保规制部门在很大意义上代表政府，其监管对象就是环境影响主体，所以，环保规制部门与环境影响主体之间也形成委托代理关系，环保规制部门是委托人，而环境影响主体是代理人（杨洁等，2004；孙自保等，2012；薛红燕等，2013）。

在多层级的环境责任委托代理关系中，由于信息不对称、激励不相容和环境不确定性，各类环境责任主体都可能出现代理问题和次优问题。信息不对称是指委托人在环境责任委托代理关系中具有信息劣势，代理人掌握的许多环境相关信息是委托人所不掌握的。激励不相容是环境责任委托人与环境责任代理人在环境相关的目标或利益方面具有差异，特别是由于环境产权不清晰，环境行为具有较大的外部性，委托人和代理人之间的激励不相容更容易发生。环境不确定性是指影响环境状况的因素很多，很大程度上无法根据环境状况的结果来判断环境责任承担者的努力程度。正是由于上述因素的存在，各类环境责任承担者的代理问题和次优问题就会出现。代理问题是基于自利而有意为之，而次优问题是由于有限理性而无意导致的，但是，在表现形式上，二者相互交织，主要体现在三个方面：一是发生违规行为，也就是违规环境相关的法律法规和方针政策；二是制度缺陷，也就是所建立的约束环境相关的制度存在缺陷；三是信息失真，包括环境相关的财务信息及非财务计量环境信息与真实状况存在差距，前者如货币计量的环境会计信息失真，后者如非财务计量环境质量信息失真等（朱秀霞，刘长翠，2011）[③]。

为了应对环境责任承担者的环境代理问题和次优问题，环境治理机制也就建立起来了，这个机制包括制衡机制、激励机制、监督机制、信息公开透明机制等，环境审计是环境治理机制的重要要素。一般来说，环境审计包括四个方面：一是环境行为审计，主要关注环境相关经济行为是否符合相关的法律法规及方针政策，也称为环境合规审计；二是环境制度审计，主要关注各环境责任承担者的环境相关管理制度是否符合相关的法律法规，是否存在可以改进的缺陷；三是货币计量的环境会计信息审计，关注这些信息是否真实；四是非财务计量环境信息审计，关注这些信息是否真实。环境审计及其上述四方面的内容，既可能同时有需求，也可能只是对某些方面有需求，究竟会有哪些方面的需求，需要从环境治理机制的整体构造来考虑，其基本原则是成本效益性原则，在治理效果相同的情形下，何种治理机制的成本低，何种机制就会成为有效需求。

---

① 这是的政府指广义政府，包括立法、行政和司法机构，而不是行政权意义上的政府。

② 这里的环境影响主体是指对环境发生影响的单位或个人。

③ 由于环境信息已经纳入政府绩效考核，并且与企业的经济利益密切相关，环境信息失真问题已经很严重，由于本文的主题所限，这里不展开讨论。

所以，总体来说，环境审计是治理环境责任承担者的环境代理问题和次优问题而产生的，非财务计量环境信息审计是环境审计的组成部分，在存在审计需求且符合成本效益原则时，就会成为有效审计需求，成为现实的环境信息治理机制。

二、非财务计量环境信息审计本质

审计本质关注审计是什么。非财务计量环境信息审计本质当然离不开审计一般本质，更离不开环境审计本质。审计一般本质是各类审计的共性本质，一般认为，审计是以系统方法从行为和信息两个角度独立鉴证经管责任中的代理问题和次优问题并将结果传达给利益相关者的制度安排（郑石桥，2015）。环境审计当然具有审计一般的本质，但是，由于其产生于环境责任委托代理关系中，依赖于环境责任，所以，其内涵应该更加具体，可以表述如下：环境审计是以系统方法从行为和信息两个角度独立鉴证环境责任履行中的代理问题和次优问题并将结果传达给利益相关者的制度安排。这里的特殊之处是将审计一般的经管责任限定到环境责任。至于环境审计的代理问题和次优问题，本章前面已经指出，包括违规行为、制度缺陷、环境财务信息失真、非财务计量环境信息失真，这四方面的问题也就形成四类审计主题，围绕这些主题，分别形成环境合规性审计、环境制度审计、环境财务信息审计、非财务计量环境信息审计。

非财务计量环境信息审计是环境审计的内容之一，就其本质，可以表述如下：非财务计量环境信息审计是以系统方法独立鉴证环境责任相关的非财务计量环境信息的代理问题和次优问题并将结果传达给利益相关者的制度安排。这里的特殊之处将环境审计中的环境责任限定到环境责任相关的非财务计量环境信息，这种内涵的限定，也就确定了其清晰的外延是非财务计量环境信息，包括非财务计量环境信息错报和漏报，前者是由于舞弊或失误造成信息错误，后者是由于舞弊或失误造成信息未报。

审计本质的另一方面的内容是审计功能，非财务计量环境信息审计也不例外。一般来说，审计具有鉴证、评价和监督三大功能，非财务计量环境信息审计可以同时具备上述三大功能。第一，非财务计量环境信息审计的基础性要求是按系统方法判断非财务计量环境信息是否存在失真，这种要求体现了鉴证功能。第二，在许多情形下，非财务计量环境信息体现的是环境责任承担者的环境绩效，在鉴证的基础上，可以将环境绩效信息与一定的标杆进行比照，以判断环境绩效处于何种水平，例如，将地市空气质量、水质量等指标进行排名，可以表明各城市在这方面的绩效，将减排量与减排要求进行比较，可以表明减排绩效水平。第三，如果审计机构获得授权，对于发现的非财务计量环境信息问题可以对直接责任者进行处理处罚，则审计也就具有了监督的功能。所以，从理论上来说，非财务计量环境信息审计可以具有鉴证、评价和监督三种功能，具体何种功能会成为现实，需要从环境问题治理机制的整体构造来考虑。

三、非财务计量环境信息审计目标

审计目标关注希望审计干什么。一般来说，审计目标区分为终极目标和直接目标，前者是审计委托人的目标，后果是审计机构的目标。非财务计量环境信息审计也不例外，同样具有上述两类目标。

就终极目标来说，非财务计量环境信息审计委托人是将这种审计作为其治理环境信息失真的机制之一，而建立环境信息治理机制的目的当然是治理环境信息失真，审计作为这个治理机制的要素之一，委托人当然也期望其在治理环境信息失真中发挥作用。所以，非财务计量环境信息审计的终极目标是治理非财务计量环境信息失真，也就是抑制非财务计量环境信息的代理问题和次优问题。判断非财务计量环境信息审计终极目标是否达成，主要的标准是非财务计量环境信息失真是否得到抑制。

就直接目标来说，体现在审计机构的非财务计量环境信息审计具体业务之中，而具体审计项目的目标，是对鉴证、评价和监督这些审计功能发挥所得出的审计产品的希望。从某种意义上来说，审计机构的目标是生产让审计委托人满意的审计产品，包括鉴证产品、评价产品和监督产品。就非财务计量环境信息审计来说，其鉴证产品主要关注非财务计量环境信息是否真实，也称为真实性目标，通常以审计鉴证报告的形式出现。评价产品是指当非财务计量环境信息是环境责任承担者的绩效指标时，将鉴证之后真实的环境信息与适宜的标杆进行比照，以确定环境绩效的等级，以判断环境责任承担者的绩效是否存在改进机会，也称为合理性或绩效性目标，通过以审计评价报告的形式出现。监督产品是指环境责任承担者的环境信息存在失真的情形下，审计委托人授权审计机构对直接责任者做出的处理处罚，通常以审计决定的形式出现。非财务计量环境信息审计的上述三种产品中，鉴证产品是基础性的，不具有可选择性，而评价产品和监督产品是否出现，由环境信息治理的整体构造所决定。

四、非财务计量环境信息审计客体

审计客体关注对谁审计。一般来说，审计客体是经管责任承担者，也就是具有代理人身份的责任承担者。就非财务计量环境信息审计来说，其审计客体应该是各类非财务计量环境信息报告主体，一般来说，也就是环境责任承担者。结合本章前面对环境责任委托代理关系的分析，环境责任审计客体如图 2 所示，这些审计客体就是环境责任审计客体，由于这些客体一般情形下都要报告环境信息，所以，都是非财务计量环境信息审计客体，用虚线表示。

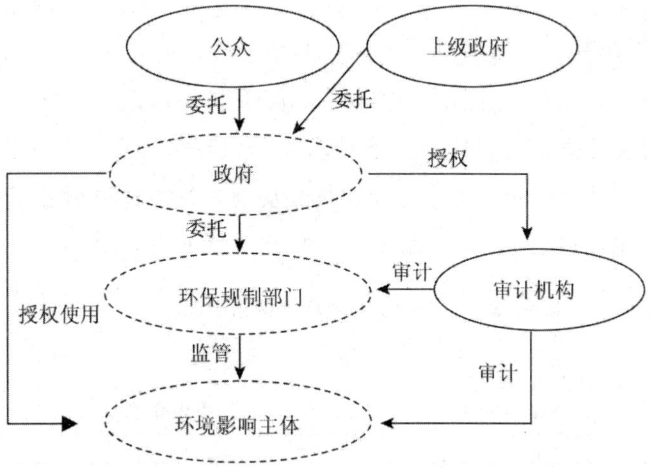

图 2 环境责任审计客体

图 1 中，政府作为非财务计量环境信息审计客体的原因是，政府是公众的代理人，是环境责任的承担者之一，其环境责任履行情况如何，当然应该向公众报告，其环境责任履行报告中必然包括非财务计量环境信息，从而需要作为审计客体。当然，此时的审计主体应该是独立于本级政府的。对于单一制国家来说，上级政府与下级政府之间还存在委托代理关系，下级政府是上级政府的代理人，环境责任也是如此。所以，下级政府作为代理人也需要向上级政府报告环境责任履行情况，这

其中必然包括非财务计量环境信息，从而也需要作为审计客体。此时的审计主体，应该是上级政府的审计机关或其委托或授权的其他审计主体。

环保规制部门作为本级政府的环境事务管理部门，是本级政府的代理人，需要向本级政府报告其环境责任履行情况，其中必然包括非财务计量环境信息，从而也需要作为审计客体。就我国来说，政府环境监管部门涉及环保、农林、水利、海洋、卫生等多个部门，这些部门各自履行着相应的环境保护监督和管理职责，并且报告其环境责任履行情况，都应该是非财务计量环境信息审计客体。

环境影响主体是指对环境发生影响的单位或个人，从理论上来说，环境影响主体都可能成为环境责任审计客体。但是，由于环境规制是需要成本的，基于成本效益考虑，环境影响主体分为两类，一类是环境影响重点主体，另一类是环境影响一般主体，环境信息披露的重点是前者，一般要实行环境信息强制披露，后者实施环境信息自愿披露。对于实行环境信息自愿披露的主体，披露主体当然可以自愿委托审计机构进行审计，而实行环境信息强制披露的主体，一般要实行一定的环境信息质量保障制度，环境信息审计可能是其中的重要机制。

以上是基于政府环境责任对非财务计量环境信息审计客体的分析。在许多情形下，一些环境影响主体以及环保规制部门，其内部实行分级管理，在这种情形下，这些组织内部也形成了环境责任委托代理关系，上级机构是委托人，下级机构是代理人。此时，下级机构作为上级机构的代理人，也需要向上级机构报告其环境责任履行情况，这其中必然包括非财务计量环境信息，从而也成为审计客体。

五、非财务计量环境信息审计内容

审计内容关注审计什么。环境信息具有信息量大、离散程度高、信息源广、各种信息处理方式很不一致等特征，所以，环境信息的内容较为复杂。根据《奥胡斯公约》，环境信息是指包括环境、生物多样性（含转基因生物）的状况和对环境发生或可能发生影响的因子在内的一切信息（李爱年，刘爱良，2010）。我国涉及环境信息内容的相关法律法规或规则也不少，主要包括《中华人民共和国环境保护法》《中华人民共和国清洁生产促进法》《环境信息公开办法（试行）》《国家重点监控企业自行监测及信息公开办法（试行）》《企业事业单位环境信息公开办法》《上海证券交易所上市公司环境信息披露指引》等。根据上述法律法规和规则，各类环境信息报告的类型、报告主体和报告内容大致如表1所示，这也是非财务计量环境信息审计的主要内容。

表1　非财务计量环境信息审计内容

报告名称	报告主体（环境责任承担者）	报告的主要内容
环境状况公报	各级政府	环境质量指标
环境统计年报（综合）	环保行政主管部门	环境质量指标、污染物排放指标、废物处理指标
环境统计年报（专业）	农林、水利、海洋、卫生等专业部门	环境质量指标、污染物排放指标、废物处理指标
环境监测报告（区分各专业）	环境监测机构	环境质量指标、污染物排放指标、废物处理指标
重点单位环境自行监测报告	环境影响重点主体	污染物排放指标、废物处理指标
环境责任报告（自愿披露）	企事业单位	环境质量指标、污染物排放指标、废物处理指标

六、非财务计量环境信息审计主体

审计主体关注谁来审计。对于审计主体，有两个基本要求，一是能否保持独立性，二是专业胜任能力。由于专业胜任能力是可以建立的，所以，从长期来看，对于审计主体的实质性要求是独立性。

根据独立性原则，可能的非财务计量环境信息审计主体如下：第一，政府审计机关。在图 1 所示的审计客体中，某一层级的政府审计机关，对于本层级政府建立的环境规制部门、环境影响主体，都能保持独立性，所以，可以作为这些环境责任承担者的审计主体。但是，对于本级政府，由于是本级政府审计机关的上级单位，相当于本级政府审计机关的委托人，本级政府审计机关无法保持独立性，所以，需要上级政府审计机关作为审计主体；第二，内部审计组织。对于审计组织所属科层同级及下级的各类环境责任承担者都能保持独立性，能作为这些环境责任承担者的审计客体，但是，对于其所属科层的领导不能保持独立性，需要本科层组织之外的审计主体；第三，民间审计机构。民间审计是接受委托从事审计业务，所以，原则上，除了对审计业务委托人不能保持独立性之外，对于其他审计客体才能保持独立性，所以，从独立性来说，民间审计可以作为各类环境责任承担者的审计主体。但是，从惯例来说，对于政府机构，通常由政府审计机关实行审计，民间审计主要是接受委托，审计环境影响主体。当然，这里的民间审计包括具有专业胜任能力的各类环境影响评价机构。

关于非财务计量环境信息审计主体，需要讨论的问题是，环保规制部门能否作为环境信息审计主体？从专业胜任能力来说，环保规制部门完全有能力作为环境信息审计主体。所以，我们主要从独立性角度来分析环保规制部门能否作为环境信息审计主体。环保规制部门如果作为审计主体，可能的情形有三种，一是作为企事业单位环境信息的审计主体，二是作为本级政府其他各相关部门环境信息的审计主体，三是作为下级政府环境信息的审计主体。从表面来看，环保规制部门似乎对这些单位都能保持独立性。然而，深入分析，这种独立性是存在缺陷的。首先，环保规制部门作为本级政府环保行政主管部门，企事业单位环境信息、本级政府其他各相关部门环境信息、下级政府环境信息，从某种程度上都是环保行政主管部门的环境责任履行绩效信息，这些环境责任单位的环境信息表明的环境绩效越好，环保行政主管部门的绩效也就越好，现实生活中，许多环保行政主管部门对环境责任单位的环境信息弄虚作假行为采取不作为的态度，很大程度上就是这个原因。其次，环保行政主管部门对其他环境责任承担者实行环境规制，在规制过程上，有被俘获的可能性，由独立于环保行政主管部门的审计机构对环境责任承担者的环境信息进行审计，可以一定程度上遏制这种俘获。当然，环保行政主管部门不能作为环境信息审计主体，并不排除其在工作中对环境信息进行审核，但是，这是作为环境信息质量保障机制的组成部分，不宜视为环境信息审计。

归纳起来，以上所述非财务计量自然资源信息审计主体如表 2 所示。

表2　非财务计量自然资源信息审计主体

审计客体	审计主体		
	政府审计	中介机构	内部审计
政府	上级审计机关	×	×
环保规制部门	本级政府审计机关为主，上级审计机关为辅	×	×
环境影响主体	本级政府审计机关为主，上级审计机关为辅	接受委托作为审计主体	×
实行分级管理的内部单位	×	接受委托作为审计主体	根据内部审计制度，作为审计主体

七、非财务计量环境信息审计方法

审计方法关注怎么审计，从基本理论层面，不讨论具体的技术方法，主要关注审计取证模式。一般来说，审计取证模式有命题论证模式、数据流程模式、数据分析模式和专业测量模式（郑石桥，2014）。就非财务计量环境信息审计来说，上述四种模式都有可能采用。

命题论证模式是将审计目标分解为具体命题（也就是具体审计目标），围绕具体命题来收集证据，通过对具体命题的证明来取得对审计目标的证明。这种模式的前提是存在完整的信息链，从上一层级的信息可以追踪到下一层级。对于非财务计量环境信息来说，在许多情形下，存在这种完整的信息链，环境综合统计报表可以追踪到相关专业部门和环境影响主体的报表，而这些报表主体的信息又可能追踪到环境统计台账，进而可以追踪到原始记录。通过命题论证模式，可以对环境信息发表合理保证审计意见。

数据流程模式是通过验证数据产生流程来验证信息可靠性的方法，一般是在不存在完整的信息链，但是数据生产流程值得依赖时，采用这种取证模式。对于非财务计量环境信息来说，在有些情形下，不存在完整的信息链，但信息产生本身是自动化的或是第三方产生的，如果经过验证，这个信息生产过程没有被操纵或与第三方不存在合谋，则可以推断，该流程产生的信息也是值得依赖的。一般来说，通过这种取证模式获得的审计证据，通常以发表有限保证审计意见较为合适。

数据分析模式是通过相关信息之间存在的逻辑关系来验证数据的可靠性。对于非财务计量环境信息来说，不少的信息之间存在逻辑关系，通过验证数据之间的逻辑关系是否存在，较大程度上可以判断数据的可靠性，例如，通过生产量与排污量之间的关系，可以验证排污量信息是否可靠。数据分析模式具有广泛的适用性，特别是在大数据背景下，这种取证模式更加具有效率。但是，这种取证模式获取的审计证据，只能支持发表有限保证审计意见，不支持发表合理保证审计意见。

专业测量模式是由具有专业胜任能力的人员和机构，通过专业测量的方式来获取审计证据。对于非财务计量环境信息来说，由专业人员通过现场测量的方式来获取环境数据，并将这些数据与环境责任承担者生产的数据相比较，以判断环境信息的真实性。这种方式获取审计证据的证明力较强，支持发表合理保证审计意见。但是，有两个缺陷，一是成本较高，二是需要现场测量条件，当不具有现场测量条件时，这种方法无法采用。

由于上述四种取证模式各有利弊，通常需要结合起来使用，例如，通过数据分析模式发现疑点，然后采用其他模式来追踪疑点，这种结合可能更能提高环境信息审计的效率和效果。

八、非财务计量环境信息审计环境

审计环境理论讨论审计与其环境之间的关系，一般认为，审计环境通过审计理念和审计实务两个路径影响审计，而审计则通过其终极目标影响审计环境（郑石桥，2015），非财务计量环境信息审计也不例外。

就审计环境对非财务计量环境信息审计的影响来说，一方面，环境审计的理念是在一定的外部因素推动下动态变化的，在较长的时期中，由于环境产权难以界定，再加上 GDP 导向的经济增长模式，包括非财务计量环境信息在内的环境审计并未得到真正的重视。党的十八大以来，生态文明真正得到重视，对领导干部生态环境责任追究制度真正得到启动，此时，环境审计理念也就真正深入人心；另一方面，外部条件还与环境审计理念一起，共同推动审计实务的发展，中国政府环境责任审计每一次制度安排的变化，都是相关利益集团利益调整或力量对比均衡的结果，而政府环境责任的界定在这种变迁过程中发挥着重要的引领作用（钱忠好，任慧莉，2014）。此外，审计环境还影响非财务计量环境信息审计的方法，在不同的技术条件下，审计取证方法可能不同。例如，在太湖水环境审计中，对水葫芦控制性种养审计，采用 GPS 测量技术，对匡围种养面积和种养区域内水葫芦覆盖度进行了专业测量（江苏省审计厅课题组，2011），如果没有 GPS 测量技术，这种专业测量模式自然也就无法应用。

就非财务计量环境信息审计对审计环境的影响来说，审计机构提供的是鉴证产品、评价产品和监督产品，这些审计产品被相关部门和个人使用，发挥对环境代理问题和次优问题的治理效果，进而抑制或减少环境责任履行中的代理问题和次优问题。在此基础上，各环境责任承担者都能有效地履行其环境责任，从而，环境的可持续发展也就有了基础。

非财务计量环境信息审计是治理环境信息失真的机制之一，本章从理论上分析其基础性问题，提出非财务计量环境信息审计基本理论框架。

关于审计需求，由于自利和有限理性，再加上环境产权界定的困难，环境责任承担者可能出现环境代理问题和次优问题，环境审计是治理机制之一，非财务计量环境信息审计是环境审计的组成部分。

关于审计本质，非财务计量环境信息审计是以系统方法独立鉴证环境责任相关的非财务计量环境信息的代理问题和次优问题并将结果传达给利益相关者的制度安排。可以同时具有鉴证、评价和监督三大审计功能。

关于审计目标，非财务计量环境信息审计的终极目标是治理非财务计量环境信息失真，也就是抑制非财务计量环境信息的代理问题的次优问题。就直接目标来说，是生产让审计委托人满意的审计产品，包括鉴证产品、评价产品和监督产品。

关于审计客体，非财务计量环境信息审计客体是各类非财务计量环境信息报告主体，也就是环境责任承担者包括政府、环保规制部门、环境影响主体及内部实行分级管理的环境责任单位。

关于审计内容，非财务计量环境信息审计内容主要是各环境责任承担者生产的非财务计量环境信息，包括环境质量指标、污染物排放指标、废物处理指标。

关于审计主体，实质性要求是独立性，根据独立性原则，非财务计量环境信息审计主体包括政府审计机关、中介机构和内部审计组织。

关于审计方法，命题论证模式、数据流程模式、数据分析模式和专业测量模式在非财务计量环境信息审计中都有可能采用。

关于审计与其环境之间的关系，一方面，审计环境通过审计理念和审计实务两个路径影响非财务计量环境信息审计；另一方面，非财务计量环境信息审计通过其终极目标的实现影响审计环境。

本章的研究启示我们，非财务计量环境信息审计是治理环境的重要机制，但是，这个机制要真正发挥作用，必须协调考虑其各基本要素。如果缺乏系统观念，只抓住若干审计要素，则非财务计量环境信息审计可能难以作为一个系统来发挥其治理功能。

参考文献

1. 乐涛，沈雪华，郁松．环境监测站体制改革及市场化运作设想 [J]，环境监测管理与技术，2001 (6)：7—9。

2. 邱琼．我国环境统计发展历程及存在的问题 [J]，中国统计，2004 (11)：9—10。

3. 邓志强，罗新星．环境信息失真的“三分法”：一个理论框架 [J]，情报杂志，2007 (11)：73—75。

4. 陈默．我国环境统计改革思路 [J]，中国统计，2007 (12)：8—10。

5. 周军，万小卓．当前环境统计工作体制问题初探 [J]，科技创新导报，2009 (15)：178。

6. 王湜．浅谈环境监测数据质量的可信度研究 [J]，科技创新导报，2011 (35)：122—123。

7. 朱秀霞，刘长翠．环境责任审计初探 [J]，中国发展，2011 (10)：7—13。

8. 刘彩红，马文锋．浅议如何提高环境统计数据质量 [J]，改革与开放，2012 (16)：53—55。

9. 施艳．探讨如何提高环境统计数据的质量 [J]，资源节约和环保，2014 (2)：88。

10. 齐添．环境信息公开有法可依　数据真实性待考 [N]，中国经济导报/2015年/1月/17日/第C01版。

11. 张亮，周宏春．多措并举解决环境数据失真问题 [N]，光明日报，2015—08—19。

12. Cormier，D.，M. Magnan. Corporate Environmental Disclosure Strategies：Determinants，Costs and Benefits [J]．Journal of Accounting，Auditing and Finance，1999，14 (4)：429—452.

13. Cormier D.，Gordon I. M.．An Examination of Social and Environmental Reporting Strategies [J]．Accounting Auditing & Accountability Journal，2001，14 (5)：587—616.

14. 沈洪涛．公司特征与公司社会责任信息披露—来自我国上市公司的经验证据 [J]，会计研究，2007 (3)：9—16。

15. 王立彦．可持续发展与社会责任报告该传递什么信息［J］，财务与会计，2008（5）：20—23。

16. 黄珺，周春娜．股权结构、管理层行为对环境信息披露影响的实证研究—来自沪市重污染行业的经验证据［J］，中国软科学，2012（1）：133—143。

17. 毕茜，顾立盟，张济建．传统文化、环境制度与企业环境信息披露［J］，会计研究，2015（3）：12—19。

18. Campbell.，D.，A Longitudinal and Cross—sectional Analysis of Environmental Disclosure in UK Companies — a Research Note［J］. The British Accounting Review，2004，36：107—117.

19. 刘萍，陈雅芝．公众环境知情权的保障与政府环境信息公开［J］，青海社会科学，2010（2）：183—186。

20. 李爱年，刘爱良．后《奥胡斯公约》中环境信息公开制度及对我国的启示［J］，湖南师范大学社会科学学报，2010（2）：54—58。

21. 鞠昌华，赵洪波．环境信息公开：现状、问题及对策［J］，中州学刊，2013（9）：172—176。

22. 张建伟．论环境信息公开［J］，河南社会科学，2015（3）：29—36。

23. 惠胜利．试论我国的环境责任审计［J］，审计月刊，1997（11）：18—19。

24. 刘达朱，王本强，陈基湘．政府环境审计的现状、发展趋势和技术方法［J］，审计研究，2002（6）：17—23。

25. 李雪，杨智慧，王健姝．环境审计研究：回顾与评价［J］，审计研究，2002（4）：53—57。

26. 卢现祥．环境、外部性与产权［J］，经济评论，2002（4）：70—74。

27. 杨洁，毕军，周鲸波，赵霖平．从委托代理理论谈中国的环境影响评价制度［J］，环境污染与防治，2004（8）：304—307。

28. 孙自保，宋连久，李萍，孙前路．基于委托代理关系的 logistic 生态补偿效用函数分析［J］，长春理工大学学报（社会科学版），2012（10）：79—81。

29. 薛红燕，王怡，孙菲，孙裔德．基于多层委托—代理关系的环境规制研究［J］，运筹与管理，2013（12）：249—255。

30. 朱秀霞，刘长翠．环境责任审计初探［J］，中国发展，2011（10）：7—13。

31. 郑石桥．审计理论研究：基础理论视角［M］，中国人民大学出版社，2016 年。

32. 郑石桥．非财务计量信息审计取证模式：理论框架和例证分析［Z］，南京审计大学审计科学研究院工作论文，WP005，2014 年。

33. 钱忠好，任慧莉．中国政府环境责任审计改革：制度变迁及其内在逻辑［J］，南京社会科学，2014（3）：87—94。

34. 江苏省审计厅课题组．从江苏实践看环境责任审计［J］，环境经济，2011（8）：37—42。

第三十章 非财务计量工程项目信息审计基本理论框架

工程项目是多主体参与的经济活动，涉及多种委托代理关系，不同的主体有不同的利益诉求。然而，无论如何，工程项目相关的信息是各主体的利益得到实现之基础。一般来说，工程项目信息可以区分为财务计量信息和非财务计量信息，在许多情形下，非财务计量信息是财务计量信息的基础。所以，从某种意义来说，非财务计量工程信息对于工程项目相关各主体的利益有重要的意义。也正是因为如此，工程项目利益相关者有激励操纵甚至虚构非财务计量工程信息，从而出现非财务计量工程信息虚假。为此，工程项目利益相关者，各自为了自己的利益，会建立一些应对机制来治理非财务计量工程信息虚假，工程项目审计是应对机制的重要组成要素之一①。

关于工程项目审计有不少的研究文献，其中的一些文献涉及到非财务计量工程信息审计，但是，总体来说，非财务计量工程信息审计的一些基础性问题还缺乏系统化的理论框架。本章从工程投资者的视角，对非财务计量工程项目信息审计的基础性问题进行理论探究，建构非财务计量工程项目信息审计基本理论框架。

第一节 文献综述

工程项目审计包括的内容较多，主要包括工程量、工程造价、工程管理、工程质量、工程绩效、工程财务收支及工程财务报表这些内容（时现，2015），上述这些内容，涉及行为、制度、财务信息和非财务信息这四类审计主题。就非财务计量工程项目信息而言，主要涉及工程量、工程造价、工程质量、工程绩效这四方面的内容，工程量审计一般作为工程造价的组成部分。关于工程造价审计，有不少的研究文献，主要研究工程造价审计的必要性、审计方法、审计风险及存在的问题等（傅亚铨，2004；李跃水，王延树，2005；高红玲，2005；田华，2012；张文武，2008；杨翠萍，代伟，2010；周建平，蔡珉，2011；公彦德，徐庆阳，2012）。关于工程质量审计，研究文献不多，主要研究工程质量审计的必要性、审计内容和审计方法（郑敏，陈韶君，柏露萍，审计研究，2010；郝云松，2011；白崇明，2012）。关于工程绩效审计，主要研究工程绩效审计评价指标体系及评价方法（时现，2003；唐建民，2010；刘爱东，赵金玲，2010）。

总体来说，关于非财务计量工程项目信息审计的基础性问题，尚缺乏系统化的理论框架。本章

① 本章在同等意义上使用“工程审计”、“工程项目审计”、“建设项目审计”、“投资审计”、“固定资产投资审计”。

从工程投资者的视角，从理论逻辑上分析这些基础性问题，构建非财务计量工程项目信息审计基本理论框架。

第二节　基本理论框架

工程项目审计包括的内容多个方面，工程项目信息是其中的一个方面，工程项目信息可以区分为财务计量工程项目信息和非财务计量工程项目信息，本章关注后者。同时，对于非财务计量工程项目信息审计，可以有不同的研究视角，本章从工程投资者视角，探究非财务计量工程项目信息审计的基础性问题，这些问题包括：为什么会有非财务计量工程项目信息审计一审计需求？什么是非财务计量工程项目信息审计一审计本质？希望非财务计量工程项目信息审计干什么一审计目标？非财务计量工程项目信息审计是对谁审计一审计客体？非财务计量工程项目信息审计的审计内容是什么一审计内容？非财务计量工程项目信息审计是谁来审计一审计主体？非财务计量工程项目信息审计如何审计一审计方法？非财务计量工程项目信息审计与审计环境是什么关系一审计环境？通过对上述问题的探究，形成非财务计量工程项目信息审计基本理论框架。

一、非财务计量工程项目信息审计需求

审计需求关注为什么会有审计，非财务计量工程项目信息审计也不例外。工程项目以建筑物或构筑物为目标产出物，需要支付一定的费用、按照一定的程序、在一定的时间内完成，并应符合质量要求，是一个复杂的系统工程。就利益相关者来说，工程项目涉及三类主体：一是投资者，二是项目管理者，三是项目实施者。项目投资者为工程项目提供资金，可以是国有资金，也可以是非国有资金。项目管理者负责工程项目全过程的组织管理，一般称为建设单位。项目实施者在建设单位的组织下，具体实施工程项目，一般包括勘察设计单位、施工单位、工程监理单位①。事实上，项目投资者与建设单位形成委托代理关系，项目投资者是委托人，建设单位是代理人；建设单位与勘察设计单位、施工单位、工程监理单位之间也形成委托代理关系，建设单位是委托人，而勘察设计单位、施工单位、工程监理单位是代理人（李善波，李跃水，吴坚生，2012）。

那么，在工程项目的上述委托代理关系中，代理人能否按委托人的希望来履行其职责呢？由于人性自利和有限理性，再加上信息不对称和激励不相容，代理人很有可能偏离委托人的利益，从而出现机会主义行为和次优行为。建设单位具有委托人和代理人双重身份，作为委托人也可能出现因为人性自利和有限理性，从而出现机会主义行为。工程腐败、工程造价虚假、工程质量不合格都是机会主义行为和次优行为导致的典型问题（狄小华，冀莹，2012；宋伟，徐小庆，2013）。一般来说，无论是委托人还是代理人的机会主义行为和次优行为，总体来说，可能区分为四类类型：一是行为违规，也就是工程相关行为违犯法律法规或合约；二是管理制度缺陷，也就是工程相关的管理制度存在设计缺陷或没有得到有效执行；三是财务信息虚假，也就是工程相关的财务信息失真；四

① 事实上，还有一些政府部门也参与工程项目治理，由于这些机构不涉及工程项目的利益，所以，这里没有列出这些单位。

是非财务计量信息虚假，也就是工程相关的非财务信息失真。上述四类问题是相互关联的，并且，各利益相关者都有可能发生。

为了应对工程项目利益相关者的机会主义行为和次优行为，高效且合作地完成工程项目，并且保证工程质量，就需要建立一定的行为规则来规范各利益相关者的行为，这些规则可以称为工程项目治理框架，主要包括：项目法人责任制、工程造价管理体制、工程质量监督体制、工程招投标制、工程监理制、工程项目审计等（刘瑞波，1995；王敏，王卓甫，2007；戚安邦，孙贤伟，2000；毛义华，舒晓华，2002；刘应宗，郭汉丁，孟俊娜，2002；殷红春，黄宜平，2006）。

工程项目审计是应对工程相关利益相关者机会主义行为和次优行为的治理机制之一，一般包括工程合规审计、工程制度审计、工程财务审计、非财务计量工程项目信息审计。非财务计量工程项目信息失真既可能源于利益相关者的自利，从而产生信息弄虚作假；也可能源于利益相关者的有限理性，从而产生信息错误。然而，在许多情形下，无法区分有意的弄虚作假和无意的信息错误，所以，通常需要合并起来进行治理。非财务计量工程项目信息审计是治理机制之一，这种机制最终是否出现，还是基于治理信息虚假的各种机制的组合方案，如果非财务计量工程项目信息审计具有成本效益性，则该机制就会出现在应对非财务计量工程项目信息失真的机制中。

二、非财务计量工程项目信息审计本质

审计本质关注审计是什么，非财务计量工程项目信息审计本质也不例外。非财务计量工程项目信息审计属于工程项目审计，所以，其本质不能离开工程项目审计本质，而是在工程项目审计本质的基础性，增加特有的内涵，从而显现自己的特有本质。所以，我们先来分析工程项目审计的本质，然后再分析非财务计量工程项目信息审计的本质。

工程项目审计本质当然离不开审计一般的本质，是在审计一般本质的基础上，增加工程项目审计的特有内涵，从而显现工程项目审计的特有本质。一般认为，审计是以系统方法从行为和信息两个角度独立鉴证经管责任中的代理问题和次优问题并将结果传达给利益相关者的制度安排（郑石桥，2015）。将审计一般的这个本质，限定于工程项目审计的特定范围，工程项目审计本质可以表述如下：工程项目审计是以系统方法从行为和信息两个角度独立鉴证工程项目经管责任中的代理问题和次优问题并将结果传达给利益相关者的制度安排。这里的特有内涵是工程项目经管责任中的代理问题和次优问题，一方面，这是经管责任不是一般意义上的经管责任，而是工程项目特有的经管责任，包括建设单位对工程投资者的经管责任，也包括勘察设计单位、施工单位、工程监理单位对建设单位的经管责任；另一方面，这里的代理问题和次优问题是工程项目领域特有的，不是一般意义上的代理问题和次优问题，涉及行为、制度、财务信息和非财务信息这四类审计主题，相应地，工程项目审计也包括工程合规审计、工程制度审计、工程财务审计、非财务计量工程项目信息审计。工程合规审计主要关注工程相关财务收支及管理行为是否符合法律法规及合约；工程制度审计主要关注工程管理相关制度是否存在缺陷、是否得到有效执行；工程财务审计主要关注工程相关的会计报表数据是否真实；而非财务计量工程项目信息审计主要关注非财务计量工程项目的信息是否真实。上述四种工程项目审计业务，并不一定会同时出现，一方面，基于委托人的需求，如果委托人对于某方面的问题关注程度不高，则该方面的审计也就不会出现；另一方面，即使委托人关注某些方面的问题，而应对这些问题的治理机制包括多种类型，最终选择哪些治理机制，是基于成本效

益的权衡，并不一定会选择审计机制，只有当审计机制符合成本效益原则的，才会出现，所以，审计机制是用来应对工程相关的机会主义行为和次优行为，不但具有合理的可能性，而且还不一定具有确定性，并且还受到其他治理机制有效性等一些权变因素的影响。

而非财务计量工程项目信息审计属于工程项目审计，其本质当然离不开工程项目审计的本质，而是将增加非财务计量工程项目信息的特有内涵，从而显现其特有本质特征。根据工程项目审计本质，对于非财务计量工程项目信息审计本质，可以表述如下：非财务计量工程项目信息审计是以系统方法独立鉴证工程经管责任相关的非财务计量信息中的代理问题和次优问题并将结果传达给利益相关者的制度安排。这里的特殊之处是将缩小了工程项目经管责任中的代理问题和次优问题的范围，从而显现了非财务计量工程项目信息审计的特有内涵，而本质内涵的这种限定，也就确定了非财务计量工程项目信息审计的外延一关注非财务计量工程项目信息是否真实，既包括由于自利导致的非财务计量工程项目信息有意的弄虚作假，也包括由于有限理性导致的非财务计量工程项目信息无意错误。

审计本质的另一个维度是审计功能，非财务计量工程项目信息审计也不例外。一般来说，审计具有鉴证、评价和监督三大功能，非财务计量工程项目信息审计也可以具有上述三大功能。就鉴证功能来说，主要是判断非财务计量工程项目信息与生产这些信息的规定之间是否存在重大差异，这是非财务计量工程项目信息审计本质应有的含义，所以，鉴证是非财务计量工程项目信息审计的基础性功能。评价是在鉴证的基础上，将信息表征的绩效与适宜的标杆进行比较，以判断绩效的水准。对于非财务计量工程项目信息审计来说，许多非财务计量工程项目信息就是表征工程绩效的，可以与适宜的标杆进行比较，以确定工程绩效水准。监督主要强调对违规问题的处理处罚，只要审计委托人或法律给审计人授权，审计人当然可以对发现的非财务计量工程项目信息失真责任人进行处理处罚。所以，非财务计量工程项目信息审计完全可以具有监督功能。

三、非财务计量工程项目信息审计目标

审计目标关注希望审计干什么，非财务计量工程项目信息审计也不例外。一般来说，审计目标区分为终极目标和直接目标，前者是审计委托人的目标，后者是审计人的目标。

就终极目标来说，委托人委托或授权审计人进行非财务计量工程项目信息审计，不是为审计而审计，而是将审计作为治理非财务计量工程项目信息失真的机制之一，而建立治理机制的目的就是预防发现非财务计量工程项目信息失真，进而抑制非财务计量工程项目信息失真。所以，从审计委托人来说，当然希望非财务计量工程项目信息审计能发挥抑制非财务计量工程项目信息失真的作用，这是这种审计的终极目标。

就直接目标来说，审计人是为审计委托人服务的，总体来说，审计人的目标是生产让审计委托人满意的审计产品，委托人通过使用这些审计产品，实现其终极目标。一般来说，非财务计量工程项目信息审计包括审计报告、审计评价报告和审计决定。审计报告是审计鉴证产品，主要内容是非财务计量工程项目信息是否真实，也可以称为真实性目标；审计评价报告是审计评价产品，主要内容是工程项目绩效与适宜标杆相比较的结果，也可以称为合理性目标；审计决定主要内容是对非财务计量工程项目信息失真相关责任人和责任单位的处理处罚决定。上述三种审计产品，如果要让审计委托人满意，一方面，产品内容要让审计委托人满意，如果委托人需要的产品内容没有，则委托

人当然无法通过这种产品的消费来实现其终极目标；另一方面，审计产品要达到较高的质量，没有质量保证的审计产品，审计委托人即使消费了这些审计产品，也难以实现其终极目标。当然，就非财务计量工程项目信息审计产品来说，不一定要单独作为独立的审计产品出现，它可以作为工程项目审计产品的组成部分出现，但是，其包括的产品内容并不改变。

四、非财务计量工程项目信息审计客体

审计客体关注审计谁，非财务计量工程项目信息审计也不例外。一般来说，审计客体应该是经管责任承担者。根据这一原则，非财务计量工程项目审计客体应该是非财务计量工程项目信息责任承担者，这些信息责任承担者处于工程项目委托代理关系之中，生产一定的非财务计量工程项目信息，并且，在许多情形下，这些工程项目信息与其自身的利益高度相关，也与其他主体的利益相关，由于自利或有限理性，这些工程项目信息可能失真，所以，这些工程项目信息的生产者都要作为审计客体，其大致情形如图 1 所示。

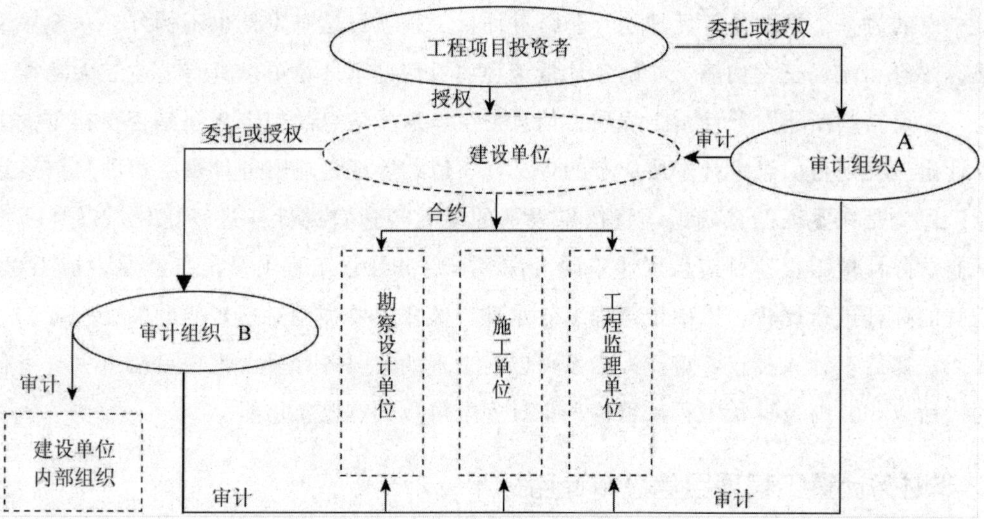

图 1　工程项目委托代理关系及审计客体

由于工程项目存在多层级的委托代理关系，所以，审计机制可以在不同的层级建立，从而出现不同的审计客体。当工程项目投资者建立审计机制时，建设单位作为工程项目投资者的代理人，当然地成为审计客体，另外一类审计客体是勘察设计单位、施工单位、工程监理单位。如果建设单位建立审计机制，则其审计客体包括两部分：一是建设单位的内部组织，二是勘察设计单位、施工单位、工程监理单位。

问题的关键在于，勘察设计单位、施工单位、工程监理单位能否作为审计客体？当建设单位建立审计机制时，勘察设计单位、施工单位、工程监理单位与建设单位是合约关系，能否作为建设单位建立的审计机制的审计客体呢？从法律意义上来说，如果双方的合约没有约定，一方不能把另一方作为审计客体，只有合约中有约定时，一方才能委托或授权审计机构对他方进行审计。同样道理，当工程项目投资者建立审计机制时，如果建设单位与勘察设计单位、施工单位、工程监理单位的合约中约定了要接受工程项目投资者的审计，则这些单位也就成为审计客体。但是，如果工程项目投资主要来源于国有资金，而国有资金需要接受政府审计是有法律规定的，那么，对于国有资金投资项目来说，即使建设单位与勘察设计单位、施工单位、工程监理单位的合约中没有约定审计事

项，根据法律规定，这些单位也要接受政府审计机关或其委托的审计机构的审计。

所以，总体来说，非财务计量工程项目审计客体是非财务计量工程项目信息责任承担者，建设单位及其内部组织是审计客体，根据合约或法律规定，勘察设计单位、施工单位、工程监理单位也是审计客体。

五、非财务计量工程项目信息审计内容

审计内容关注审计什么，非财务计量工程项目信息审计也不例外。工程项目信息包括的内容很多，例如，从工程项目管理的角度来看，劳资信息、合同信息、物资装备信息、安全信息、质量信息、生产信息、技术信息、成本信息、资金信息同，都是工程项目信息。从工程经管责任履行来看，与各利益主体密切相关的信息包括工程量、工程造价、工程质量、工程绩效、会计报表这些信息。本章研究的非财务计量工程项目信息主要是指工程量、工程造价、工程质量、工程绩效。

工程量也就是工程的实物数量，是以物理计量单位或自然计量单位所表示各个分项或子分项工程和构配件的数量，一般按权威确定的《工程量计算规则》计算。无论工程造价采用何种管理体制，工程量都是工程造价的基础，也是各利益相关者实现自身利益的基础。所以，工程量审计是非财务计量工程项目信息审计的核心内容。

工程造价就是工程的建造价格，由于建造阶段不同、建造主体不同，工程造价有多种类型，主要体现为工程预算、竣工结算、竣工决算。工程预算是工程施工前，对拟建房屋及其附属工程所需要的物化劳动和活劳动的消耗事先加以计算，确定工程项目所需的全部费用。在不同的造价管理体制下，工程预算的编制方法不同。竣工结算是工程项目定工之后，建设单位应该支付给施工单位的全部工程价款，是工程项目的施工成本，主要用于与施工单位的结算，是站在施工单位立场的工程造价。竣工决算是在竣工结算的基础上，再加上建设单位自身发生的开支，确定工程项目的全口径造价，主要表现为交付使用资产表，形成资产明细、规格、数量、金额。竣工决算直接决定支付给施工单位的款项，所以，相关各方都非常重视它，然而，其组成部分包括工程量和工程单价，所以，就审计内容来说，可以分解为工程量审计和工程单价审计。

工程质量是指在国家现行的有关法律、法规、技术标准、设计文件和合同中，对工程的安全、适用、经济、环保、美观等特性的综合要求。工程质量审计包括两部分内容：一是设计文件和合同对工程的安全、适用、经济、环保、美观等特性的综合要求与有关法律、法规、技术标准是否相符；二是施工单位是否按设计文件和合同对工程的安全、适用、经济、环保、美观等特性的综合要求施工。就实质性内容来说，上述两方面综合表现为两个方面：一是工程物料投入是否符合既定标准，也就是说是否存在偷工减料或以次充好；二是安全、适用、经济、环保、美观等方面的质量指标是否符合既定标准（郑敏，陈韶君，柏露萍，2010；白崇明，2012）。

工程项目绩效包括两部分内容：一是工程项目建设绩效，二是工程项目运行绩效（时现，2003；唐建民，2010；刘爱东，2010）。工程项目建设绩效工程项目建设本身的绩效，包括工程成本、工程质量、工程工期、建设环境影响等，这些信息的审计与工程量审计、工程造价审计、工程质量审计等密切相关，并且有不少的重合。工程项目运行绩效指工程项目投入运行之后，是否达到其预期目标，主要是体现为一些表征工程功能的指标，这些指标在工程设计文件中都已经确定，工程项目运行绩效审计就是鉴证这些工程功能指标的真实性，并与设计文件进行对照，以确定工程建

设的预期目标之达成程度。

当然，上述非财务计量工程项目信息审计内容是就总体而论，并不一定在每个工程项目审计中全部出现，就特定的工程项目来说，委托人可能只要求对其中某些方面的非财务计量工程项目信息进行审计。

六、非财务计量工程项目信息审计主体

审计主体涉及谁来审计，非财务计量工程项目信息审计也不例外。审计主体的关键问题有两个：一是独立性，二是专业胜任能力。从长期来看，专业胜任能力是可以建立的，所以，审计主体选择的实质性条件是独立性。

就非财务计量工程项目信息审计来说，对于政府投资的项目，政府审计机关无疑可以作为审计主体，对各类审计客体进行审计。政府审计机关也可以委托中介机构对各类审计客体进行审计。对于非政府投资项目来说，投资者对建设单位进行审计，可以是投资者自己建设的内部审计机构，也可以是投资者委托的中介机构。根据合约，如果投资者及建设单位可以对勘察设计单位、施工单位、工程监理单位进行审计，则投资者及建设单位委托中介机构作为审计主体是没有问题的。

然而，投资者及建设单位自己建立的内部审计机构能否作为勘察设计单位、施工单位、工程监理单位的审计主体呢？就审计独立性来说，投资者及建设单位自己建立的内部审计机构能够独立于勘察设计单位、施工单位、工程监理单位，但是，投资者及建设单位有其特定的利益，勘察设计单位、施工单位、工程监理单位也有其特定的利益，并且，在不少的情形下，这些单位之间的利益是零和博弈，勘察设计单位、施工单位、工程监理单位利益与投资者及建设单位的利益至为消长，投资者及建设单位自己建立的内部审计机构显然不能独立于投资者及建设单位，如果由这种机构来审计勘察设计单位、施工单位、工程监理单位，审计独立性缺乏基础。当然，即便是这样，由于工程相关的法律法规较为详细，审计依据较为清晰，在这种情形下，审计人员如果以审计证据为基础做出审计结论，则也不一定能损害审计客体的利益。所以，审计依据的清晰性可以较大程度上弥补审计独立性的缺失。

七、非财务计量工程项目信息审计方法

审计方法涉及怎么审计，在审计基本理论层面，主要关注审计取证模式，非财务计量工程项目信息审计也不例外。从审计取证模式来说，一般包括命题论证模式、数据流程模式、数据分析模式和专业测量模式（郑石桥，2014），就非财务计量工程项目信息审计来说，上述四种模式都有可能采用。

命题论证模式将审计取证视同命题论证过程，将需要证实的审计问题作为审计命题，将大命题分解为小命题，围绕小命题来审计证据，通过对小命题的证明来验证大命题的真伪。在非财务计量工程项目信息审计中，有些情形下，存在完整的信息链，可以从上层级的信息追踪到下一层级的信息，直到最原始的记录，在这种情形下，就可以采用命题论证取证模式。例如，在工程质量审计中，关注商品混凝土投入量，如果是外购的，可以从施工记录中商品混凝土的投入记录追踪到商品混凝土的购入合同，进而追踪到发票，进而追踪到发票付款记录，通过整个追踪过程，就能验证商品混凝土投入的数量。

数据流程模式的逻辑是，可靠的过程是数据质量的保证，如果数据产生过程值得信赖，则数据本身也就值得信赖。就非财务计量工程项目信息审计来说，如果某些数据是由第三方生产的，并且，这些第三方从独立性和专业性胜任能力都值得信赖，这种情形下，由第三方产生的数据也就值得信赖。例如，在工程监理机构具有专业胜任能力且能良好地履行其职责的情形下，其提供的信息就值得信赖。

数据分析模式是通过数据之间的关系来判断数据是否存在失真。就非财务计量工程项目信息审计来说，不少的数据之间存在逻辑关系，责任方提供的数据不存在预期的逻辑关系，则很大程度上，其数据可能存在失真。例如，工程质量审计中，可以通过工程结算账、分包结算账、物质采购账和财务会计账和工程管理文档这些记录中的工程物料量，对工程物料投入情况进行检查，验证是否按设计投入工程物料。其原因是，工程结算账、分包结算账、物质采购账、财务会计账、工程管理文档中的物料数量具有逻辑关系，如果这种关系不存在，则物料投入量可能存在失真。

在非财务计量工程项目信息审计中，数据分析模式还有另外一种特殊情形，就是重新计算。当发现责任方提供的数据存在较严重的逻辑偏差或判断其存在较严重的操纵数据动机时，可以按权威机构确定的方法，对一些非财务计量工程项目信息进行重新计算，将计算结果与责任方提出的数据进行比照，以确定责任方数据的失真程度。当然，采用这种方法的前提是，双方对计算方法不存在重大分歧，并且，对于计算结果可以容忍一定的偏离。

专业测量模式是采用专业手段，对一些数据进行实地测量，重新数据，将测量得到的数据与责任方提供的数据进行比照，以判断责任方数据的真实程度。例如，在工程量审计中，经常使用实地检测方法来验证工程量究竟是多少；在工程质量审计中，可以用实体检测方法来检测建设工程是否满足国家标准或设计要求，判断是否存在工程质量缺陷（郝云松，2011）。

八、非财务计量工程项目信息审计环境

审计环境理论涉及审计与环境的相互关系，包括审计环境如何影响审计以及审计如何影响审计环境，非财务计量工程项目信息审计也不例外。

就审计环境对审计的影响来说：一方面，非财务计量工程项目信息审计是否会作为重要的审计内容会受到审计环境的影响，工程项目审计的内容包括工程合规审计、工程制度审计、工程财务审计和非财务计量工程项目信息审计，不同的审计环境下，对上述四类审计业务的需求程度进而重视程度也不同；另一方面，非财务计量工程项目信息审计本身又包括多项内容，例如，工程量、工程造价、工程质量、工程绩效，不同的审计环境下，对上述不同的内容也会有不同的需求程度；另外，审计环境对非财务计量工程项目信息审计方法会产生重要影响，不同的基础信息下，审计取证模式不同，同时的科学技术环境下，能用于非财务计量工程项目信息审计取证的技术方法也不同，例如，用GPS测量土方工程量，在这种技术产生以前，是不可想象的。

就审计对审计环境的影响来说，主要路径是通过使用审计产品来发生对利益相关方的影响，进而改变利益相关方的行为。主要有三个路径：一是威慑路径，一些本身打算对非财务计量工程项目信息弄虚作假的单位，由于非财务计量工程项目信息审计的存在，这些单位放弃了这种企图，审计发挥了威慑功能；二是揭示路径，通过审计，揭示非财务计量工程项目信息失真，使得原来打算通过信息操纵的单位没有得到其预期的利益，甚至还招致损失，从而发现了一般预防和个别预防的作

用，审计发挥了揭示功能；三是抵御路径，通过审计，发现非财务计量工程项目信息相关的制度缺陷，推动这些缺陷得到整改，为避免以后重复发生信息失真奠定了基础，审计发挥了抵御功能。

非财务计量工程项目信息审计是治理工程项目信息失真的机制之一，本章从理论上分析其基础性问题，提出非财务计量工程项目信息审计基本理论框架。

关于审计需求，由于自利和有限理性，工程项目相关的利益主体可能出现机会主义行为和次优行为，其中包括非财务计量工程项目信息失真。为了应对机会主义行为和次优行为，需要建立一个治理框架，审计是应对非财务计量工程项目信息失真的机制之一。

关于审计本质，非财务计量工程项目信息审计是以系统方法独立鉴证工程经管责任相关的非财务计量信息中的代理问题和次优问题并将结果传达给利益相关者的制度安排。

关于审计目标，非财务计量工程项目信息审计的终极目标是抑制非财务计量工程项目信息失真，直接目标是生产让审计委托人满意的审计产品，包括审计报告、审计评价报告和审计决定。

关于审计客体，非财务计量工程项目信息审计客体是非财务计量工程项目信息的责任承担者，包括建设单位及其内部组织、勘察设计单位、施工单位、工程监理单位。

关于审计内容，非财务计量工程项目信息主要是指工程量、工程造价、工程质量、工程绩效。

关于审计主体，基于独立性要求，政府审计机关和中介机构是非财务计量工程项目信息的审计客体。在审计依据清晰的情形下，投资者及建设单位自己建立的内部审计机构也可以作为勘察设计单位、施工单位、工程监理单位的审计主体。

关于审计方法，命题论证模式、数据流程模式、数据分析模式和专业测量模式在非财务计量工程项目信息审计中都有可能采用。

关于审计环境，一方面，审计环境通过审计需求、审计重点、审计技术等多个路径影响非财务计量工程项目信息审计；另一方面，非财务计量工程项目信息审计通过威慑、揭示和抵御三个路径发挥功能作用，进而影响审计环境。

工程领域是我国腐败问题最严重的领域之一，工程项目审计是我国重要的审计业务类型，但是，关于工程项目审计的基础性问题缺乏深入系统的研究，理论研究的这种状况，使得工程项目审计在许多情形下成为他人工作的复核，也没有找准工程项目审计在工程治理框架的定位。本章的研究启示我们，需要从工程治理整体框架中来考虑工程项目审计，对于工程项目审计也需要区分不同审计主题，只有这样，工程项目审计才能真正地发展成为有理论、有操作框架的审计学。

参考文献

1. 时现．主编，建设项目审计 [M]，中国时代经济出版社，2015 年。

2. 傅亚铨．工程造价真实性审计仍需加强 [J]，中国审计，2004 (3)：72。

3. 李跃水，王延树．当前工程量清单计价中几个问题的剖析 [J]，建筑经济，2005 (10)：69－74。

4. 高红玲．工程量清单计价模式下建设工程造价审计 [J]，财会研究，2005 (9)：62－63。

5. 田华．工程造价审计的实施［J］，中国内部审计，2012（5）：64—65。

6. 张文武．浅谈工程造价审计风险［J］，财会研究，2008（3）：70—71。

7. 杨翠萍，代伟．工程量清单计价规范下工程审计的难点与对策分析［J］，煤碳工程，2010（2）：124—125。

8. 周建平，蔡珉．工程造价审计中存在的问题与对策［J］，会计之友，2011（2）：71—72。

9. 公彦德，徐庆阳．建设项目跟踪审计利益共赢的思维转变及方法设计［J］，建筑经济，2012（8）：56—59。

10. 郑敏，陈韶君，柏露萍．工程质量审计的逻辑起点和实务框架研究［J］. 审计研究，2010（10）：30—33。

11. 郝云松．对投资建设项目工程质量审计的若干思考［J］，审计研究，2011（6）：26—30。

12. 白崇明．工程物料投入检查方法在工程质量审计中的应用研究［J］，建筑经济，2012（10）：47—51。

13. 时现．关于公共工程投资绩效审计的思考［J］，审计与经济研究，2003（6）：28—31。

14. 唐建民．我国公共投资工程绩效审计指标评价体系构建［J］，会计之友，2010（9）：110—112。

15. 刘爱东，赵金玲．政府投资公共工程绩效审计评价指标研究—来自问卷调查的经验证据［J］，审计与经济研究，2010（5）：31—38。

16. 李善波，李跃水，吴坚生．政府投资项目代理模式的契约结构与风险探讨［J］，建筑经济，2012（7）：9—13。

17. 狄小华，冀莹．工程腐败：形成机理与防治思路［J］，理论探索，2012（4）：48—51。

18. 宋伟，徐小庆．工程建设领域腐败特点的实证研究—基于60个典型案例的分析［J］，河南社会科学，2013（5）：9—13。

19. 刘瑞波．我国建设项目管理体制的回顾及改革设想［J］，工程经济，1995（2）：20—21。

20. 王敏，王卓甫．建设工程项目管理体制的制度变迁研究［J］，建筑经济，2007（4）：5—7。

21. 戚安邦，孙贤伟．国际工程造价管理体制的比较研究［J］，南开管理评论，2000（3）：56—60。

22. 毛义华，舒晓华．中外建设工程造价计价模式的比较研究［J］，数量经济技术经济研究，2002（8）：117—121。

23. 刘应宗，郭汉丁，孟俊娜．我国政府建设工程质量监督工作的转变［J］，建筑经济，2002（2）：17—19。

24. 殷红春，黄宜平．多任务委托工程监理激励机制设计［J］，现代财经，2006（9）：43—46。

25. 郑石桥．审计理论研究：基础理论视角［M］，中国人民大学出版社，2016年。

26. 郑石桥．非财务计量信息审计取证模式：理论框架和例证分析［Z］，南京审计大学审计科学研究院工作论文，WP005，2014年。

第三十一章　非财务计量绩效信息审计基本理论框架

委托代理关系是人类社会文明孕育的有效制度安排，是文明社会大多数活动的运行架构。在委托代理关系下，委托人如何激励代理人是合约的核心内容之一。然而，无论激励机制如何设计，代理人的绩效都是激励的基础。同时，代理人的绩效还是其付出努力程度的表征，也是委托人所托付事项的实现基础。所以，在委托代理合约中，代理人的绩效是关键要素（Holmstrom，1979；Fama，1980；张维迎，1995；Baker，2000；张跃平，刘荆敏，2003）。正是由于代理人绩效如此重要，代理人会积极操纵绩效信息，从而出现绩效信息失真。例如，现实生活中的“数字出官、官出数字”及上市公司财务报表造假都是典型的绩效信息失真。为了应对绩效信息失真，出现了一些有针对性的治理机制，包括绩效信息审计在内的绩效审计是其中之一（Rivenbark&Pizzarella，2002）[①]。关于绩效审计有不少研究，然而，关于非财务计量绩效信息审计的一些基础性问题还没有系统化的理论框架。本章从理论逻辑上分析非财务计量绩效信息审计的基础性问题，构建非财务计量绩效信息审计基本理论框架。

第一节　文献综述

非财务计量绩效信息审计的研究包括在绩效审计的相关文献之中，包括两类：一是审计职业组织的绩效审计指南，二是研究性文献。

关于审计职业组织的绩效审计指南，有国际组织发布的，也有一些国家发布的。最高审计组织国际组织发表的《利马宣言—审计规则指南》中有绩效的内容，还专门发布了《关于绩效审计，公营企业审计和审计质量的总声明》和《绩效审计指南》。一些国家也发布了绩效审计指南，例如，GAO发布的《美国政府审计准则》有绩效的专门章节。国内也有些审计机构发布了绩效审计指南，例如，常州市审计局发布了《绩效审计操作指南（试行）》。审计职业组织发布的绩效审计指南涉及到非财务计量绩效信息审计的方法。

关于研究性文献，主要涉及绩效审计的概念、影响因素、方法、绩效评价指标、绩效评价标准等（刘家义，1985；赵彩霞，张立民，曹丽梅，2010；王丹宇，2006；施青军，2008；李璐，2010；欧阳华生，余宇新，2009；Hepworth，1995；Barzelay，1997；Pollit，1999），还有一些文

① 绩效信息审计不同于绩效审计，只是绩效的一部分，绩效信息本身又包括财务绩效信息和非财务计量绩效信息。

献研究特定领域的绩效审计，例如：环境绩效、投资项目绩效、高校绩效等（刘爱东，赵金玲，2010；薛芬 郑垂勇，2011；徐泓，曲婧，2012）；也有少量文献研究绩效审计理论问题（王会金，易仁萍，2007；郑石桥，2013）。

总体来说，关于绩效审计的一些基础性问题还缺乏系统研究，关于非财务计量绩效信息审计更是如此，本章拟探究这些基础性问题，提出非财务计量绩效信息审计基本理论框架。

第二节　基本理论框架

本章探究非财务计量绩效信息审计的基础性问题，这些问题包括：为什么会有非财务计量绩效信息审计一审计需求？什么是非财务计量绩效信息审计一审计本质？希望非财务计量绩效信息审计干什么一审计目标？非财务计量绩效信息审计是对谁审计一审计客体？非财务计量绩效信息审计的审计内容是什么一审计内容？非财务计量绩效信息审计是谁来审计一审计主体？非财务计量绩效信息审计如何审计一审计方法？非财务计量绩效信息审计与审计环境是什么关系一审计环境？通过对上述问题的探究，形成非财务计量绩效信息审计基本理论框架。

一、非财务计量绩效信息审计需求

审计需求关注什么审计，非财务计量绩效信息审计需求也不例外。一般来说，委托代理关系有三种类型：一是公共部门委托代理关系；二是私营部门委托代理关系，上述两种委托代理关系都是原始意义的委托代理关系；三是组织内部的委托代理关系①。这三种委托代理关系下，都存在信息不对称、激励不相容和环境不确定的问题，因此，代理人都可能产生机会主义行为。为了治理代理人的机会主义行为需要设计一些应对机制，其中，信息报告制度是重要的机制之一。信息报告制度要求代理人向委托人真实地披露与经管责任相关的信息，这些信息主要包括两方面的内容：一是资源使用情况，二是责任目标完成情况。由于代理人的资源是委托人提供的，所以，委托人会关注资源使用情况。委托人将资源交给代理人，一定是希望代理完成特定的事项，这就表现为代理人责任目标，委托人当然会关注这些目标的完成情况。一般来说，非财务计量绩效信息审计是以非财务计量的视角表征代理人责任目标完成的量化信息。

代理人在报告上述信息时，完全有可能操纵信息，甚至弄虚作假，也可能由于非故意的错误导致信息失真。其原因如下：第一，由于绩效信息是委托人激励代理人的基础，同时，这些信息在很大程度上还表征代理人的努力程度，所以，在自利动机的驱动下，代理人具有操纵绩效信息的积极性。由于信息不对称的存在，代理人有信息优势，在这种情形下，代理人具有操纵绩效信息的可能性。由于上述积极性和可能性的存在，代理人作为信息责任方，提供的信息可能存在故意的舞弊。第二，绩效信息是由人加工生产出来的，而人是有理性的，在信息生产过程中可能出现错误。上述绩效信息舞弊和绩效信息错误，共同形成绩效信息的失真。

委托人作为理性人会预料到代理人的上述绩效信息失真，为了治理代理人的绩效信息失真，委

① 除了公共部门和公营部门外，有人认为，还有第三部门，由于第三部门的公共性，本文将其作为公共部门。

托人会推动建立一些治理机制来应对绩效信息失真，信息审计是其中的机制之一。关于财务资源使用状况相关的信息是财务信息，关于绩效信息审计是作为绩效审计的一部分，非财务计量绩效信息审计也是属于绩效审计的一部分，主要关注这类信息是否失真。当然，非财务计量绩效信息审计只是治理非财务计量绩效信息失真的机制之一，委托人最终采用何种治理机制或治理机制的组合是由成本效益决定的，一方面要达到治理效果，另一方面还会考虑治理成本，非财务计量绩效信息审计如果符合成本效益原则，则会成为委托人选择治理非财务计量绩效信息失真的机制或其中之一。

二、非财务计量绩效信息审计本质

审计本质关注审计是什么，非财务计量绩效信息审计本质也不例外。非财务计量工程项目信息审计属于绩效审计，所以，其本质不能离开绩效审计本质，我们先分析绩效审计本质，然后再分析非财务计量绩效信息审计的本质。

一般认为，审计是以系统方法从行为和信息两个角度独立鉴证经管责任中的代理问题和次优问题并将结果传达给利益相关者的制度安排（郑石桥，2015）。以此为出发点，绩效审计是以系统方法从行为和信息两个角度独立鉴证经管责任相关绩效中的代理问题和次优问题并将结果传达给利益相关者的制度安排。与审计一般相比较，这里强调了经管责任相关绩效，而不是一般意义上的经管责任，很显然，其内涵更加特指，所以，其外延也就更加收敛。即使如此，对经管责任相关绩效的理解也有不同的观点，主要有两种观点：一种观点认为，这里的绩效主要是指关于经济性、效率性和效果性相关的信息，绩效审计一方面关于这些信息的真实性，另一方面，将这些信息与既定的标杆进行比较，以确定绩效水平，这种观点称为狭义绩效审计观，很显然，这种绩效审计观只承认真实性和效益性绩效审计；另一种观点认为，这里的绩效除了包括经济性、效率性和效果性相关的信息外，还包括行为是否合规，绩效审计还要关注责任人的相关行为是否符合既定标准，这种观点称为广义绩效审计观，很显然，这种绩效审计观同时承认绩效审计的真实性、效益性和合规性（郑石桥，2012；2013）。

无论采用何种绩效审计观，都离不开绩效信息审计，非财务计量绩效信息审计属于绩效信息审计，其本质可以表述为：非财务计量绩效信息审计是以系统方法独立鉴证经管责任相关非财务计量绩效信息中的代理问题和次优问题并将结果传达给利益相关者的制度安排。这里强调的是经管责任相关非财务计量绩效信息，收敛了这种审计的内涵和外延，其范围域限定在经管责任相关非财务计量绩效信息。

审计本质的另一个维度是审计功能。一般来说，审计具有鉴证、评价和监督三大功能，非财务计量绩效信息审计也不例外。鉴证就是判断特定主题与既定标准之间的一致性，非财务计量绩效信息审计本质本身就包括这种含义，所以，鉴证是非财务计量绩效信息审计的基本功能。评价是在鉴证的基础上，将绩效与一定的标杆进行比较，以判断绩效水准，在许多情形上，委托人需要将代理人的绩效与一定的标杆进行比较，以确定代理人的绩效水平，如果授权审计人来履行这种职能，非财务计量绩效信息审计就有了评价功能。监督就是对发现偏离责任者进行处理处罚，如果委托人授权审计人对责任人进行处理处罚，从技术逻辑来说，并不存在障碍，所以，非财务计量绩效信息审计可以具有监督功能。

三、非财务计量绩效信息审计目标

审计目标是指希望审计干什么，非财务计量绩效信息审计目标也不例外。一般来说，审计目标区分为终极目标和直接目标。就终极目标来说，是指审计委托人期望通过非财务计量绩效信息审计干什么或得到什么。根据前面的分析，我们知道，在委托代理关系中，为了应对非财务计量绩效信息失真，委托人推动建立一些有针对性的治理机制，希望通过这个机制来抑制非财务计量绩效信息失真，非财务计量绩效信息审计是这些治理机制的组成要素。所以，审计委托人希望非财务计量绩效信息审计在抑制信息失真方面发挥作用，具体来说，就是希望审计能抑制非财务计量绩效信息失真（郑石桥，2013）。

就直接目标来说，是审计人希望通过非财务计量绩效信息审计干什么或得到什么。总体来说，审计人当然的目标是生产当审计委托人满意的审计产品，履行好委托人的审计委托或授权。一般来说，非财务计量绩效信息审计产品有三种类型：一是审计鉴证产品；二是审计评价产品；三是审计处理处罚产品。审计鉴证产品是关注非财务计量绩效信息是否真实，一般以审计报告的形式出现；审计评价产品是将鉴证后的非财务计量绩效与适宜的绩效标杆进行比较，以判断责任方绩效水平，一般绩效评价报告的形式出现；审计处理处罚产品关注非财务计量绩效信息偏离责任人的惩处，一般以审计决定的形式出现。上述审计产品只是产品清单，最终究竟生产什么审计产品是由委托人决定的需求决定。

当然，直接目标是终极目标的基础，没有直接目标的达成，终极目标也就没有基础。另一方面，直接目标要以终极目标为导向，根据终极目标的需求来确定直接目标，也就是根据消费者的需求来确定生产什么产品。

四、非财务计量绩效信息审计客体

审计客体关注审计谁，非财务计量绩效信息审计客体也不例外。由于委托代理关系具有广泛性，所以，代理人绩效信息也具有广泛性，由此，非财务计量绩效信息审计客体也具有广泛性。本章前面指出，委托代理关系包括公共部门委托代理关系、私营部门委托代理关系和组织内部委托代理关系，这种三种委托代理关系下的代理人，都是绩效信息审计客体，当然也都是非财务计量绩效信息审计客体。

在公共部门委托代理关系中，审计客体是公共责任承担者。政府的委托人是公众，在单一制国家，上级政府也是下级委托人①。对于政府部门、政府事业组织来说，本级政府是委托人。对于非政府的 NGO 来说，供资者是委托人。代理人的绩效信息包括两部分：一是资源及其使用状况；二是公共责任完成情况。一般来说，资源及其使用情况体现在财务报告中，而公共责任完成情况则体现在各类绩效报告中。这里的公共责任有多种情况，可以是一个单位或部门的职责，也可以是一个项目的实施，还可能是一项政策的执行，也可以是一类公共资源的管理，所以，公共部门的绩效审计分为：单位（部门）绩效审计、项目绩效审计、政策绩效审计、资源绩效审计，上述四方面的绩效审计都包括非财务计量绩效信息审计。

① 这里的政府是广义政府，包括立法、行政、司法机构。

私营公共部门委托代理关系主要是私营企业，股东是委托人，管理层是代理人。管理层的绩效信息包括两部分：一是资源及其使用情况，主要体现在财务报告中，针对这种信息报告，有专门的财务审计；二是经营绩效，包括财务成果、营运绩效、核心竞争力、可持续发展等方面的成果，这些绩效中，财务成果来源于财务报告，其他各类绩效信息基本上都是非财务计量绩效信息，需要有专门的非财务计量绩效信息审计来鉴证其真实性。一般来说，股东是将企业作为一个整体来关注的。在一定特定情形下，股东也可能关注某些特定的项目，例如，大型工程项目、重要的科研项目，所以，这些情形下，项目也可能成为绩效审计的特定客体。

公共部门和私营部门都有内部组织层级，所以，都存在内部委托代理关系，上级是委托人，下级是代理人。上级将一定的资源交付下级，并要求下级完成特定的职责，下级要向上级报告资源及其使用状况，更要报告其职责履行情况，非财务计量绩效信息主要体现在职责履行情况中。在一些特殊情形下，上级关于下级实施的特定项目，这类项目的绩效信息也就成为报告内容。

以上所述的各类非财务计量绩效信息审计客体，归纳起来如表1所示。

表1　非财务计量绩效信息审计客体

委托代理关系类型	审计客体负责人	审计客体具体存在形态
公共委托代理关系	公共责任承担者	单位：政府、政府部门、事业单位、NGO等
		单个项目
		单项政策
		一类资源
私营委托代理关系	企业管理层	企业整体
		重大项目：工程项目、科研项目等
组织内部委托代理关系	内部单位负责人	单位：内部具有独立职能的组织
		重大项目：工程项目、科研项目等

五、非财务计量绩效信息审计内容

审计内容关注审计什么，非财务计量绩效信息审计内容也不例外。一般来说，非财务计量绩效信息审计客体不同，其承担的经管责任内容也不同，所以，其绩效信息审计内容也不同。根据本章前面的分析（见表1），绩效信息审计客体包括以下主要情形：单位绩效、工程项目绩效、科研项目绩效、政策绩效、资源绩效。不同情形下的绩效信息不同，从而审计内容也不同。

（1）单位绩效信息审计内容：单位绩效包括的范围很广，凡是具有独立职能的组织都应该报告其职能履行情况，从而都具有非财务计量绩效信息。在公共委托代理关系中，一级政府、一个政府部门、一个政府事业单位、一个NGO组织，都具有独立的职能，都应该报告其职能履行绩效，都会有非财务计量绩效信息。当然，由于不同单位的职能不同，其绩效信息也不同，进而其非财务计量绩效信息内容也不同。例如，高等学校的绩效指标与医院不同，从而，其非财务计量绩效信息内容也不同。另外，即使是同一单位，在不同时期，委托人对其绩效的关注重点也可能不同，从而导致非财务计量绩效信息内容不同。例如，对于各级地方政府，以前的绩效考核中并不关注资源环境绩效，中国共产党“十八大”以来，生态文明提到了重要的日程，所以，各级政府的绩效指标中，资源环境绩效成为重要内容，进而，这方面的非财务计量绩效信息也就成为政府审计重要内容。

（2）工程项目绩效信息审计内容：工程项目绩效分为两个阶段：一是建设绩效，二是营运绩效。建设绩效包括建设成本、建设质量、建设工期、建设环境影响等，不同的项目在上述各方面的权重可能有些区别。营运绩效一般是工程项目的设计功能实现情况，主要体现为一些非财务计算指标，不同的工程项目，其功能指标差异较大。

（3）科研项目绩效信息审计内容：科研项目绩效主要关注科研成果及效果，科研成果是科研的直接产出，而效果则是科研成果使用后的产出。很显然，不同的科研项目，成果和效果的指标不同。

（4）政策绩效信息审计内容：政策绩效主要关注政策事实和价值两个维度，事实维度是指政策目标达成情况，一般体现为一些量化指标；价值维度指政策产生的影响，这些影响是以价值判断为基础的，也可能体现为一些量化指标，其中包括非财务计量绩效信息。

（5）资源绩效信息审计内容：这里的资源是指为特定目标而设定的具有专门用途的资源，资源绩效是指其特定目标达成情况，一般也体现为一些量化指标非财务计量绩效信息。

六、非财务计量绩效信息审计主体

审计主体关注谁来审计，非财务计量绩效信息审计主体也不例外。审计主体的要求包括独立性和专业胜任能力，由于专业胜任能力是可以建立的，所以，从根本上来说，对审计主体的唯一要求是独立性。当然，在保持独立性的前提下，还要考虑成本效益原则。根据这两个原则，在不同的委托代理关系中，审计主体有不同的选择。

在公共委托代理关系中，当政府本身作为审计客体时，其审计主体只能是上级政府建立的审计机关，或者是在同级政府分权的制衡下，本级政府的一种权力通过其设立的审计机关连结另一种权力进行审计。当政府部门或事业单位作为审计客体时，本级政府设立的审计机关或上级政府审计机关都具有独立性，都可以成为审计主体，究竟选择何种审计主体，要从成本效益原则来考量。至于单个项目、单项政策、一类资源的绩效信息审计，由这些事项负责的机构来确定其审计主体选择，基本类似于上述政府本身、政府部门或事业单位的审计主体之选择。至于NGO组织，其审计主体两种情形：一是供资者积极参与NGO组织治理，此时，可以由供资者选择审计主体，可以委托民间审计组织来审计，也可以申请政府审计机关来审计；二是供资者基本不参与NGO组织治理，此时，政府审计机关应该积极地参与其中，作为审计主体。当然，当政府审计机关作为审计主体时，也可以采取业务外包的方式，委托民间审计组织来实施，这并不改变政府审计机关作为审计主体的事实。

在私营委托代理关系中，对于企业管理层的审计，股东一般会委托民间审计组织来实施。当然，如果股东投资了许多企业，也可以建立自己的审计机构来对接受投资的企业进行审计。究竟选择何种审计主体，股东会基于其成本效益考虑而做出理性选择。

有单位内部委托代理关系中，审计客体是单位内部组织，其审计主体有两种选择：一是建立内部审计机构；二是委托民间审计机构，选拔何种审计主体，单位最高领导层会根据成本效益原则做出选择。

非财务计量绩效信息审计主体的选择中，一个需要讨论的问题是，绩效考核部门能否作为审计主体？从独立性来说，在许多情形下，绩效考核部门可能不具有应有的独立性，此时，就不宜作为审计主体。例如，在公共委托代理关系中，一些指标是层层加码确定的，下级绩效指标可能是上级绩效的基础，没有下级指标的操纵，上级绩效可以难以完成，在这种情形下，上级绩效考核部门就难以保持独立性，从而也就不能作为这些绩效指标的审计主体。当然，如果绩效考核部门能保持应有的独立性，从专业胜任能力来说，绩效考核部门应该是没有问题的，如果还符合成本效益原则，则绩效考核部门是可以作为绩效信息审计主体的。

七、非财务计量绩效信息审计方法

审计方法涉及怎么审计，非财务计量绩效信息审计也不例外。从审计基本理论视角出发，这里仅关注审计取证模式。一般来说，审计取证模式包括命题论证模式、数据流程模式、数据分析模式和专业测量模式（郑石桥，2014），上述四种模式在非财务计量绩效信息审计中都有可能采用。

命题论证模式是在存在完整信息链的情形下，为了验证上一层级的信息，可以追踪支持其形成的下一层级信息，通过层层追踪，最后使得最高层级的信息得到验证。这个追踪过程，类似于将大命题分解为小命题，通过小命题的证明来获取对大命题的证明。一些非财务计量绩效信息存在完整的信息链，可以采到这种取证模式。例如，为了验证如果产品的销售量，可以跟踪到不同客户的销售量，不同客户的销售量可以追踪到销售发票，销售发票还可以追踪到出库单和运货单，而出库单还可以通过存货明细帐追踪到入库单，进而追踪到生产记录，运货单还可以追踪到运费支付记录。当然，命题论证模式的审计程序较为复杂，审计成本较高，但是，通过这种取证模式获取的审计证据，可以支持审计师发表合理保证审计意见。

数据流程模式是在不存在完整的信息链，但是数据流程本身可以鉴证的情形下采用的审计取证模式。在一些情形下，数据是闭环产生的，不受到人的干扰，如果经过评估，认为数据生产流程值得依赖，则其生产的数据当然也就值得依赖。例如，为了改善公共服务的质量，英国于1991年颁布的“citizen's charter initiative 法案”要求英格兰及威尔士审计委员会负责开发公共服务绩效评价指标，并定期公布经过审计后的这类绩效数据。由于这些绩效指标大多数是非财务指标，这些审计机关采用的工作方法是，不对数据本身进行审计，而是对数据产生流程进行审计，并公布对这些流程的审计结果（Bowermna，1995）。一般来说，由于数据流程模式本身并没有验证数据，数据流程的可靠性只是数据质量的数据证据，所以，这种取证模式通常支持审计师发表有限保证审计意见。

数据分析模式是通过数据之间的逻辑关系来验证数据是否存在失真。许多的非财务计量绩效数据与一些数据存在某种可验证的逻辑关系，如果责任方提供的数据不存在这些逻辑关系，则很有可能是这些数据存在失真。例如，产量与用电量之间存在逻辑关系，作为绩效指标的产量如果有较大幅度增长，而用电量却没有增长，这就存在两种可能：一是该单位出现了节电技术；二是产量数据失真，如果没有采用节电技术，则产量数据就是虚假。当然，数据分析模式的分析方法很多，特别是在大数据背景下，可以用于数据分析的相关数据很多，从而使得这种审计取证模式具有较为广泛的适用性。但是，一般来说，这种数据发现的只是可能的疑点，是否真的存在失真，还需要进一步的验证。即使对疑点核实之后存在数据失真，通常也不能肯定是否还有其他类型的数据疑点，所以，通常只支持审计师发表有限保证审计意见。

专业测量模式是通过现场测量的方式来获取数据，将获取的数据与责任方提供的数据进行比较，以判断责任方数据的可靠性。这种取证模式有两个关键：一是现场测量以获取数据，一定要保证专业性，并且，专业测量的方法要与责任方相一致；二是当发现测量的数据与责任方提供的数据存在偏离时，如果判断这种偏离，因为数据受到一些权为因素的影响，在不同时点测量得到的数据可能存在差异，如何确定合理的差异是问题的关键。例如，环境责任绩效指标可以采取专业测量的方式来验证，但是，不同时点测量的数据可能存在差异，要判断责任方提供的环境绩效数据是否存在失真，就要合理确定可容忍的偏离范围。

八、非财务计量绩效信息审计环境

在基本理论层面，审计环境理论关注两个问题：一是审计环境如何影响审计；二是审计如何影响审计环境，非财务计量绩效信息审计也不例外。

从审计环境对审计的影响来说，非财务计量绩效信息审计从两个路径影响审计：一是影响审计需求，不同的审计环境下，对非财务计量绩效信息是否存在审计需求及何种非财务计量绩效信息是审计重点，存在重要影响。例如，现在非常重要的资源环境责任信息审计，在以前并没有得到重视，发生这种变化的原因是资源环境问题的严峻性；二是影响审计技术方法，在不同的审计环境下，能用于非财务计量绩效信息审计的技术方法也不同，例如，在专业测量模式用到的测量技术就受到科学技术环境的影响。

从审计对审计环境的影响来说，非财务计量绩效信息审计主要通过审计产品来影响审计环境。非财务计量绩效信息审计产品包括鉴证产品、评价产品和处理处罚产品，这些审计产品通过委托人及利益相关者的使用，会影响代理人及利益相关者的行为，进而影响非财务计量绩效信息质量，进而影响委托代理关系下的经管责任之履行，进而影响公共责任的履行及企业的营运。

非财务计量绩效信息审计是治理绩效信息失真的机制之一，本章从理论上分析其基础性问题，提出非财务计量绩效信息审计基本理论框架。

关于审计需求，由于自利和有限理性，非财务计量绩效信息可能出现失真，为了应对这种信息失真，委托人会推动建立信息治理机制，非财务计量绩效信息是其中之一。

关于审计本质，非财务计量绩效信息审计是以系统方法独立鉴证经管责任相关非财务计量绩效信息中的代理问题和次优问题并将结果传达给利益相关者的制度安排，可能具有鉴证、评价和监督三大功能。

关于审计目标，非财务计量绩效信息审计的终极目标是抑制非财务计量绩效信息失真，直接目标是生产审计委托人满意的审计产品，包括鉴证产品、评价产品和处理处罚产品。

关于审计客体，公共部门委托代理关系、私营部门委托代理关系和组织内部委托代理关系中的代理人，都是非财务计量绩效信息责任方，从而都是审计客体。

关于审计内容，代理人绩效信息包括单位绩效信息、工程项目绩效信息、科研项目绩效信息、政策绩效信息、资源绩效信息，上述信息中都包括非财务计量绩效信息。

关于审计主体，非财务计量绩效信息主体包括政府审计机关、民间审计机构和内部审计组织，委托人会根据独立性和成本效益原则选拔审计主体。

关于审计方法，命题论证模式、数据流程模式、数据分析模式和专业测量模式在非财务计量绩效信息审计中都有可能采用。

关于审计环境与审计的关系：一方面，审计环境通过审计需求和审计技术方法两个路径来影响非财务计量绩效信息审计；另一方面，非财务计量绩效信息审计通过审计产品使用所发挥的效果来影响审计环境。

本章的研究启示我们，非财务计量绩效信息审计是一个系统，而系统功能的发挥在很大程度上依赖于系统各要素之间的协调配合。在建立和实施非财务计量绩效信息审计制度时，要以系统观点，就事论事、缺乏系统思考建立的审计制度可能不能发挥其预期的功能。

参考文献

1. Holmstrom, B. Moral Hazard and Observability [J], Bell Journal of Economics, 1979, (10), pp. 74 -91.

2. Fama, E. Agency Problem and the Theory of the Firm [J], Journal of Political Economy, 1980 (88), pp. 288 -307.

3. 张维迎. 企业的企业家－契约理论 [M], 上海三联书店、上海人民出版社, 1995 年。

4. Baker, G., The Use of Performance Measures in Incentive Contracting [J], American E-conomic Review, 2000, 90 (2): 415－420.

5. 张跃平, 刘荆敏. 委托－代理激励理论实证研究综述 [J], 经济学动态, 2003, (6): 74－78。

6. Rivenbark., W., Pizzarella., C., Auditing Performance Data in Local Government [J], Public Performance & Management Review, Vol. 25, No. 4 (Jun., 2002), pp. 413－420.

7. 刘家义. 经济效益审计的基本方法 [M], 四川科学技术出版社, 1985 年。

8. 赵彩霞, 张立民, 曹丽梅. 制度环境对政府绩效审计发展的影响研究 [J], 2010 (4): 22－28。

9. 王丹宇. 政府绩效审计方法及其应用研究 [J], 社科纵横, 2006 (11): 45－47。

10. 施青军. 政府绩效审计方法论析 [J], 中国行政管理, 2008 (2): 30－32。

11. 李璐. 美国政府绩效审计方法的变迁及启示 [J], 中南财经政法大学学报, 2010 (6): 51－54。

12. 欧阳华生, 余宇新. 政府绩效审计制度变迁需求影响因素效应实证分析－国际经验证据与中国符合性检验 [J], 财经论丛, 2009 (7): 82－89。

13. Hepworth N. P. 1995. The Role of Performance Audit [J]. Public Money & Management (10): 39－42.

14. Barzelay M. 1997. Central Audit Institutions and Performance Auditing: A Comparative Analysis of Organizational Strategies in the O ECD [J]. Governance: An International Journal of Policy and Administration (3): 235－260.

15. Pollitt, C. Performance or compliance－performance audit and public management in five

countries [M], Oxford University Press, 1999.

16. 刘爱东，赵金玲．政府投资公共工程绩效审计评价指标研究－来自问卷调查的经验证据 [J]，审计与经济研究，2010（5）：31－38。

17. 薛芬，郑垂勇．部门预算执行绩效审计模式 [J]，学海，2011（6）：115－114。

18. 徐泓，曲婧．自然资源绩效审计的目标、内容和评价指标体系初探 [J]，审计研究，2012（2）：14－19。

19. 王会金，易仁萍．试论政府绩效审计的若干理论问题 [J]，审计研究，2007（1）：47－50。

20. 郑石桥．审计业务架构和绩效审计基本要素 [J]，中国审计，2013（18）：26－28。

21. 郑石桥．审计理论研究：基础理论视角 [M]，中国人民大学出版社，2016 年。

22. 郑石桥．主编，绩效审计方法 [M]，东北财经大学出版社，2012 年。

23. 郑石桥．非财务计量信息审计取证模式：理论框架和例证分析 [Z]，南京审计大学审计科学研究院工作论文，WP005，2014 年。

24. Bowermna. ,M. Auditing performance indicators: the role of the commission in the citizen, s charter initiative [J], Financial Accountability & Management, 11 (2) . May 1995, 0267－4424.

第三十二章　非财务计量社会责任信息审计基本理论框架

任何一个组织都有其目标，必须围绕其组织目标来开展各种活动，一般意义上的委托代理关系就是为实现组织目标而建立的。然而，任何一个组织都应该以有利于社会的方式来实现其组织目标，从而应该承担高于其组织目标的社会义务，对社会负责任，这就产生了组织的社会责任，从这个意义上来说，任何一个组织都应该是社会责任承担者。随着环境恶化、资源枯源以及劳工保护等问题日益严峻，社会责任已成为备受社会各界关注的热点。

组织作为社会责任承担者，在许多情形下，需要披露其社会责任履行情况，这其中就包括非财务计量社会责任信息。由于自利及有限理性，社会责任承担者披露的社会责任信息可能失真，为了治理这些信息失真，需要建立治理机制，包括非财务计量社会责任信息审计在内的社会责任审计是其中之一[①]。关于社会责任审计有很多的研究，然而，关于非财务计量社会责任信息审计的一些基础性问题缺乏系统性的理论框架，本章拟提出这个理论框架。

第一节　文献综述

关于社会责任、社会责任会计、社会责任审计有不少的研究（陈宏辉，贾生华，2003；沈洪涛，宋献中，许洁莹，2010；姜虹，2009）。与本章主题直接相关的研究文献是社会责任报告审计的基础性问题研究，国内外有不少的文献涉及这些问题。

一些实证研究文献涉及到社会责任报告审计的动机和后果。关于社会责任报告鉴证动机，一些文献借鉴财务报告审计动机理论，从代理理论、信号传递理论的角度，检验了社会责任报告鉴证动机，在验证这些理论的同时，还发现了一些影响社会责任报告鉴证的权变因素，当然，这些权变因素也可能是影响代理成本和信号传递的潜在因素（Park&Brorson，2005；Simnett，Vanstraelen&Chua，2009；沈洪涛，王立彦，万拓，2011；戴慧婷，秦信任，2012；李正，官峰，李增泉，2013）。关于社会责任报告鉴证的后果，一些文献发现，这种鉴证能提升使用者对社会责任信息的信任度（Hodge，Subramaniam&Stewart，2009），还有一些文献发现，社会责任报告鉴证意见具有正向的市场反应（李正，李增泉，2012；阳秋林，毕立华，李冬生，2013），然而，也有文献发现，不同的鉴证水平或鉴证提供者并不会显著影响使用者对社会责任信息的信任程度（Hodge，

① 审计是鉴证的一种类型，然而，在习惯上，广义的审计包括鉴证，本文在广义上使用审计。

Subramaniam&Stewart，2009）。

一些规范性研究文献涉及到社会责任审计的本质、目标、主体、内容等。关于社会责任审计本质，日本审计学家三泽一认为，社会责任审计是一种检查企业履行社会责任情况的审计，桑托基（J·Santockj）认为，社会审计是对产生社会影响的企业活动的某些有意义的和可确定的领域进行系统的评价和报告，一种观点认为，社会责任审计是审计人员运用一定的方法对政府和企业所应履行的社会责任情况进行审查、分析和评价的过程（陆建桥，1993；余玉苗，1996），还有一种观点认为，企业社会责任审计是对公司的道德，社会和环境影响进行确认、计量和报告的标准化程序（Johnson，2001）。

关于社会责任审计目标，一些文献认为，审计目标是提高社会责任报告的完整性和可靠性，或者是监督、鉴证和评价相关经济活动的真实性、合法性、效益性（袁广达，2002；Adams&Evans，2004；张庆龙，陈凌云，2012）；一些文献认为，审计的最终目标是督促企业更好地履行其社会责任（周晓惠，许永池，2011）。

关于社会责任审计主体，多数文献主张各种审计主体都可以参与，不少文献强调了政府审计的重要地位，一些文献还研究了审计主体选择的影响因素及后果（陆建桥，1993；余玉苗，1996；阳秋林，李冬生，2004；阳秋林，2005；黄溶冰，王跃堂，200；方堃，2009；周晓惠，许永池，2011）。

关于社会责任审计内容，有两种分类方法：一是从责任对象分类，区分为对股东责任、对消费者责任、对员工责任、对政府责任、对一般公众责任等；二是从责任维度分类，区分为经济责任、法律责任、伦理责任、自愿捐赠责任等（Carroll，1979；陆建桥，1993；余玉苗，1996；阳秋林，李冬生，2004；阳秋林，2005；曹树青，2006）。

此外，还有一些文献涉及到社会责任报告审计的现状及审计程序，在审计一般程序的基础上，分析了社会责任报告审计的特殊程序（叶陈刚，武剑锋，卢虹，2013；何丽梅，张海燕，张苗，2014）。

上述文献显示，关于社会责任报告审计的大多数基础性问题都有一定的研究，然而，这些研究是“碎片化”的，并且还有一些基础性问题没有文献涉及，同时，并没有专门针对非财务计量社会责任信息审计的相关研究。本章在梳理上述文献的基础上，聚焦非财务计量社会责任信息审计，对其基础性问题进行系统的理论逻辑分析，提出非财务计量社会责任信息审计基本理论框架。

第二节 基本理论框架

本章探究非财务计量社会责任信息审计的基础性问题，这些问题包括：为什么会有非财务计量社会责任信息审计一审计需求？什么是非财务计量社会责任信息审计一审计本质？希望非财务计量社会责任信息审计干什么一审计目标？非财务计量社会责任信息审计是对谁审计一审计客体？非财务计量社会责任信息审计的审计内容是什么一审计内容？非财务计量社会责任信息审计是谁来审计一审计主体？非财务计量社会责任信息审计如何审计一审计方法？非财务计量社会责任信息审计与审计环境是什么关系一审计环境？通过对上述问题的探究，形成非财务计量社会责任信息审计基本理论框架。

一、非财务计量社会责任信息审计需求

审计需求关注会为什么会有审计，非财务计量社会责任信息审计需求也不例外。外部性是客观存在的，任何组织的活动都会对利益相关者产生非契约性的影响，从某种意义来说，组织与利益相关者之间形成了委托代理关系，利益相关者是委托人，而组织是利益相关者利益的代理人，是社会责任承担者。组织行为可能产生两类外部性：一是正外部性（positive externality）；二是负外部性（negative externality）。前者是组织的活动使利益相关者受益，而受益者无须花费代价，后者是组织的活动使利益相关者受损，而造成负外部性的组织却没有为此承担成本。组织如果只是关注其组织目标，则有激励减少正外部性，而增加负外部性。但是，如果组织作为社会责任承担者，承担高于其组织目标的社会义务，则应该增加能产生外部性的活动，并且控制能产生负外部性的活动。

组织作为社会责任承担者，要向社会特别是利益相关者报告其对利益相关者的非契约性影响，也就是社会责任履行情况，这就产生了社会责任报告。那么，这种社会责任报告是否需要审计呢？本章前面的文献综述指出，一些文献基于代理理论和信号传递理论对社会责任报告审计动因进行了检验（Park&Brorson，2005；Simnett，Vanstraelen&Chua，2009；沈洪涛，王立彦，万拓，2011；戴慧婷，秦信任，2012；李正，官峰，李增泉，2013），这里再做些解释。在代理理论看来，组织在披露社会责任信息时，由于自利，再加上激励不相容和信息不对称，完全有可能操纵或粉饰社会责任信息，从而出现社会责任信息失真，利益相关者作为理性人当然会预期到这种失真的可能性，所以，会质疑社会责任报告的完整性和可信度（O’Dwyer，2011），由此产生了社会责任信息代理成本。这种代理成本有时可能非常高，使得社会责任报告完全没有价值。为了降低社会责任信息代理成本，需要一个独立的第三方对社会责任报告进行鉴证，这就是社会责任信息审计，非财务计量社会责任信息审计是其中的组成部分。以上是从代理理论视角来解释审计需求，信号传递理论也能解释非财务计量社会责任信息审计。在许多情况下，组织披露其社会责任信息是向外界传递某种信号，为了增加这种信号的可信度，由审计师对社会责任信息进行审计，这种情形下的审计是社会责任信息可信赖的信号。

当然，组织降低社会责任代理成本的机制有多种选择，社会责任信息审计也只是其中之一；组织向外部传递其履行社会责任的信号也有多种方式，社会责任信息审计也只是其中之一。在较多的选择机制或方式中，组织会基于不同机制或方式的成本效益来做出选择。所以，组织对社会责任信息审计的需求具有一定的权变性，而不是必然性。

二、非财务计量社会责任信息审计本质

审计本质关注什么是审计，探讨审计本质有两个维度，一是概念，二是功能，非财务计量社会责任信息审计本质也不例外。

关于审计概念，本章前面的文献综述指出，一些文献研究了社会责任审计本质（陆建桥，1993；余玉苗，1996；Johnson，2001）。我们认为，非财务计量社会责任信息审计本质离不开社会责任审计本质，而社会责任审计本质离不开审计一般本质。

一般认为，审计是以系统方法从行为和信息两个角度独立鉴证经管责任中的代理问题和次优问

题并将结果传达给利益相关者的制度安排（郑石桥，2015）。根据这个审计本质，社会责任审计本质可以表述如下：社会责任审计是以系统方法从行为和信息两个角度独立鉴证社会责任履行中的代理问题和次优问题并将结果传达给利益相关者的制度安排。这里强调的是社会责任履行，而不是一般意义上的经管责任。社会责任履行中的代理问题和次优问题包括多种类型，一般分为财务信息、非财务信息、行为、制度四类类型，相应地，社会责任审计也包括上述四类。非财务计量社会责任信息就是以其中的非财务信息作为审计主题的审计类型，其本质是在社会责任审计本质的基础上，将其内涵限定到非财务计量的社会责任信息，可以表述如下：非财务计量社会责任信息审计是以系统方法独立鉴证社会责任履行相关非财务计量信息中的代理问题和次优问题并将结果传达给利益相关者的制度安排。这里强调的是非财务计量社会责任信息中的代理问题和次优问题，也就是非财务计量社会责任信息的错误和舞弊，这种审计的主要功能是判断非财务计量社会责任信息是否存在失真。

审计本质的另一个维度是审计功能。一般认为，审计具有鉴证、评价和监督三大功能。我们认为，非财务计量社会责任信息审计也可以具有上述三大功能。就鉴证功能来说，非财务计量社会责任信息审计就是要判断非财务计量社会责任信息是否存在失真，鉴证是这个概念中的应有之义，所以，鉴证是非财务计量社会责任信息审计的基本功能。就评价功能来说，在许多情况下，非财务计量社会责任信息表征责任方（也就是社会责任信息披露者或社会责任承担者，下同）的社会责任绩效，审计师完全可以将鉴证后的非财务计量社会责任信息与一定的标杆进行对照，以判断责任方社会责任绩效所处的水位，所以，非财务计量社会责任信息审计可以具有评价功能。监督功能强调的是处理处罚，在社会责任信息自愿披露的情形下，可能难以对责任方进行处理处罚，在社会责任信息强制披露的情形下，审计委托人可以授权审计师对操纵非财务计量社会责任信息的责任方进行处理处罚，所以，从理论上来说，不排除非财务计量社会责任信息审计具有监督功能。

三、非财务计量社会责任信息审计目标

审计目标是希望审计干什么，也就是人们希望通过审计得到什么结果，非财务计量社会责任信息审计目标也不例外。这里的人们可能有四种：一是利益相关者；二是审计委托人；三是责任方；四是审计师。这四者统称为非财务计量社会责任信息审计关系人，上述四者中，审计委托人一般区分两种情形，一是代表利益相关者，此时，其目标与利益相关者重合；二是代表责任方，此时，其目标与责任方重合。所以，审计目标有差别的是利益相关者、责任方和审计师。

从利益相关者来说，当然希望通过责任方的外部性获得好处，所以，这类审计关系人希望通过非财务计量社会责任信息审计来抑制责任方的非财务计量社会责任信息失真，进而促进责任方更好地履行其社会责任（周晓惠，许永池，2011）。

就责任方来说，有不同的动机下，其审计目标有区别。在代理理论下，责任方希望通过非财务计量社会责任信息审计来降低非财务计量社会责任信息相关的代理成本；在信号传递理论下，责任方希望通过非财务计量社会责任信息审计来传递其“好信息”，让利益相关者对其更有信心。无论是降低非财务计量社会责任信息代理成本，还是让利益相关者对其更有信心，都希望优化责任方的生存环境，利益相关者采取更加合作的态度，有益于组织的长期目标达成。一般文献也发现，组织承担社会责任与长期绩效有正相关性（于晓红，武文静，2014）。

从审计师的角度来说，其目标当然是生产当审计委托人满意的审计产品，这些产品包括鉴证产品、评价产品和处理处罚产品。鉴证产品的主要内容是判断非财务计量社会责任信息是否真实，通常以审计报告的形式出现；评价产品的主要内容是将表征社会责任绩效的非财务计量社会责任信息与一定的标杆进行对照，以判断责任方社会责任绩效的水准，通常以审计评价报告的形式出现；监督产品的主要内容是对非财务计量社会责任信息中的违规行为进行处理处罚，通常以审计决定的形式出现。当然，上述审计产品不一定单独出现，它有可能与其他类型审计业务的审计产品融于一体。

四、非财务计量社会责任信息审计客体

审计客体关注对谁审计，非财务计量社会责任信息审计客体也不例外。现有文献主要强调企业的社会责任。事实上，在组织目标的追求过程中，任何组织的行为都可能产生外部性，从而都应该承担社会责任，所以，从逻辑上来说，任何组织甚至个人都是社会责任承担者，从而都是审计客体。然而，审计是一种有实施成本的制度安排，要考虑这种制度的成本效益。所以，通常是具有一定规模并且披露社会责任信息的组织才存在真实的有效审计需求，这些组织才能真正成为非财务计量社会责任信息审计客体。一般来说，包括以下两类组织：一是具有一定规模的企业，企业除了实现其目标外，还要承担社会贡献、产品安全与服务、人力资源、资源环境、社区及其他等方面的社会责任，当企业需要报告上述社会责任履行信息时，就成为非财务计量社会责任信息审计客体；二是具有一定规模的政府机构、事业单位及 NGO，这些非企业组织除了履行其公共责任，也要承担社会贡献、人力资源、资源环境、社区及其他等方面的社会责任，当这些非企业组织需要报告上述社会责任履行信息时，也就成为了非财务计量社会责任信息审计客体。从深层意义来说，由于政府机构、事业单位及 NGO 这些非企业组织履行的是公共责任，其全部职责都可以理解为社会责任，这些非企业组织的全部绩效信息都可以理解为社会责任信息，所以，从这个意义来说，这些非企业组织当然是非财务计量社会责任信息的审计客体。

五、非财务计量社会责任信息审计内容

审计内容关注审计什么，非财务计量社会责任信息审计内容也不例外。关于企业社会责任的内容，有不同的研究视角。一种观点从责任对象的角度来研究社会责任内容，一般认为，社会责任应包括对股东、债权人、职工、客户、消费者、供应商、社区、一般公众等利益相关方所应承担的责任（Freeman&Reed，1983）。我国学者李正、向锐（2007）将社会责任信息分为六类：环境问题类、员工问题类 、社区问题类、一般社会问题类 、消费者类、其他类；另一种观点从责任维度的角度来研究社会内容，有多种观点，美国全国会计师协会（NAA）在 1974 年发表研究报告中，将社会责任信息分为四类：社区参与、人力资源、自然资源和环境、产品与服务。Carroll（1979）认为，社会责任包括经济责任、法律责任、伦理责任、自愿捐赠责任。经济责任，作为企业来讲就是创造价值以回报股东；法律责任就是要奉公守法，遵章纳税；伦理责任就是企业要有良知；自愿捐赠责任也就是慈善责任，是企业最高的境界，感恩社会、感恩国家。Trotman&Bradley（1981）将社会责任信息分为六类：环境、能源、人力资源、产品、社区参与、其他。

我们认为，对企业社会责任的内容需要同时从上述两个视角来揭示，责任对象揭示了对谁承担

社会责任，而责任维度揭示了究竟承担什么责任。由于与企业相关的利益相关者较多，并且，企业对于不同的利益相关者可能有不同的社会责任，所以，需要针对不同的责任对象来披露其社会责任履行情况。将上述责任对象和责任维度结合起来，企业社会责任信息内容框架如表 1 所示，非财务计量社会责任信息是其中的主要内容。

表 1　企业社会责任信息内容框架

项目		责任维度			
		经济责任	法律责任	伦理责任	自愿捐赠责任
责任对象	股东	★	★	★	★
	债权人	★	★	★	★
	职工	★	★	★	★
	客户和消费者	★	★	★	★
	供应商	★	★	★	★
	社区	★	★	★	★
	一般公众	★	★	★	★
	资源环境	★	★	★	★
	其他	★	★	★	★

注：★表示可能有这种社会责任

以上讨论的是企业社会责任信息的内容。对于政府机构、事业单位和 NGO 这些非企业组织来说，其责任对象和责任维度可能都不同于企业，就责任对象来说，一般可以区分为服务对象、职工、供应商、社区、一般公众、资源环境、债权人、其他等，与企业相比，责任对象中没有股东，并且将客户和消费者改为服务对象；就责任维度来说，一般可以区分为公共服务责任、法律责任、伦理责任和自愿捐赠责任，与企业相比，将经济责任改为公共服务责任。根据上述两个方面，也能构成类似于企业社会责任信息内容框架的非企业组织社会责任信息内容框架，非财务计量社会责任信息同样是其中的主要内容。

六、非财务计量社会责任信息审计主体

审计主体关注谁来审计，非财务计量社会责任信息审计主体也不例外。目前，只有法国、瑞典、丹麦等少数国家对社会责任报告实行强制审计（阳秋林，郭丹，2014），大多数国家对社会责任报告实行自愿审计。由于这个原因，社会责任报告的审计主体较为复杂，政府审计机关、会计师事务所、认证机构、行业协会、研究机构、内部审计机构都在进行社会责任报告审计（Simnett，Vanstraelen&Chua，2009；何丽梅，张海燕，张苗，2014）。

从专业胜任能力来说，上述机构应该都没有问题。但是，审计主体的关键问题是独立性，只有能保持独立性的机构才能作为社会责任审计主体。

如果是一个大型组织的内部单位向其上级组织提交的社会责任报告，则该大型组织自己建立的内部审计机构对内部单位具有独立性，可以作为内部社会责任报告的审计主体。但是，如果是该大型组织自身的社会责任报告，则该内部审计机构就失去独立性，只能由外部机构来审计。

当企业或非企业组织需要对外披露其社会责任报告时，外部机构对这些报告进行审计，这些外部机构能否保持独立性有两个关键问题：一是由谁来选聘外部机构；二是外部机构本身是否对审计结论承担法律责任。我们先来分析第一个问题。由于社会责任的责任对象较为广泛，具体的责任对象与企业或非企业组织之间并无清晰的合约，所以，社会责任委托代理关系是多委托人，在这种情形下，社会责任关系的委托人本身并不具备委托审计师的能力，所以，社会责任关系的委托人一般不能成为审计关系的委托人。在这种情形下，一般是由需要披露社会责任信息的企业或非企业组织自行选聘外部机构对其社会责任报告进行审计，审计委托人和被审计单位合二为一，从某种意义上有些管理层"自我审计"的意味，很类似于股权高度分散的上市公司的会计报表审计。如何破解这种"自我审计"的困局呢？上市公司的做法是由董事会下属的审计委员会来负责审计师聘请事宜，而审计委员会主要同独立董事组成，这个委员会相对独立于管理层，所以，这种制度安排为审计师能保持独立性奠定了一定的基础。同此类似，社会责任报告审计的审计师选聘也具有由独立于管理层的机构来负责，从而为审计师能保持独立性奠定一定的基础。在实践中，一些企业或非企业组织成立了社会责任委员会（钟宏武，张唐槟，2010），如果这个委员会主要由外部人士组成，并且由这个机构来选聘社会责任报告的审计师，则一定程度上为审计师的独立性奠定了基础。

要保持独立性，由谁来选聘审计师是一个方面。另一个方面是审计师能否对审计结论承担法律责任。对于社会责任审计来说，即使由独立于管理层的社会责任委员会来选聘审计师，而这个委员会在很大程度上可能是企业或非企业组织的管理层建立起来的，其本身的独立性就有缺陷。所以，不能完全指望这个委员会来保障审计师的独立性。这些，需要审计师自身重视独立性。怎么能做到呢？可行的办法是让审计师对其审计意见承担法律责任，如果审计意见错误，则承担相应的法律责任。在这种制度安排下，审计师就能较大程度保持客观公正，抵制管理层的压力。而审计师要承担法律责任，需要对其组织形式和资本投入有一定的要求，凡是不符合这些要求的，都不能成为社会责任报告的审计师。根据这个标准，行业协会和一些科研机构可能就无法承担法律责任，从而不宜作为审计师。

七、非财务计量社会责任信息审计方法

审计方法关注怎么审计，在审计基理论层面，主要关注审计取证模式，非财务计量社会责任信息审计如何审计方法也不例外。

目前，关于社会责任审计的相关准则不少，国外有国际审计与鉴证准则委员会（IAASB）发布的 ISAE3000、英国社会和伦理责任研究组织（Institute for Social and Ethical Accountability）颁布的 AA1000、全球报告发布者发布的 G4 标准，国内有 CAS3101（中国注册会计师其他鉴证业务准则第 3101：历史财务信息审计或审阅以外的鉴证业务），国内一些行业协会还颁布了鉴证准则，例如，《中国纺织服装企业社会责任报告验证准则》（阳秋林，郭丹，2014）。这些准则的主体内容是对社会责任报告鉴证程序的规定，其中包括对非财务计量社会责任信息鉴证程序的规定。纵观这些鉴证准则，对于非财务计量社会责任信息鉴证，其体现的取证模式主要是命题论证模式，一定程度上也体现了审计取证的其他三类模式：数据流程模式、数据分析模式和专业测量模式（郑石桥，2014）。

命题论证模式的基本逻辑是信息跟踪，从上一层级的信息跟踪到下一层级的信息，通过层层跟

踪，验证最高层级信息的真实性，这种跟踪过程，类似于将大命题分解为小命题进行证明。这种层层跟踪的核心是，对于支持社会责任报告的原始信息也要跟踪其支持信息，而不只是直接相信原始信息。例如，人力资源审计中，对员工的劳动时间，可以从社会责任报告跟踪到考勤记录，并进而跟踪到薪酬支付，并且，在此基础上，可以抽样跟踪到员工个人，通过这些跟踪，就能验证员工的劳动时间。现行实务中，一些鉴证机构对社会责任报告的数据准确性的鉴证，只是将报告中的数据与企业相关原始文件进行对比，并没有对原始文件数据本身的可靠性进行鉴证，这种鉴证方法虽然可以归纳为命题论证模式，但是对相关原始文件中的数据进行跟踪，鉴证风险很大（何丽梅，张海燕，张苗，2014）。

数据流程模式的基本逻辑是，如果数据生产流程值得信赖，则这些数据本身也就值得信赖。所以，对于有些社会责任数据，其数据本身难以验证或虽然能验证但不符合成本效益原则，但是其生产流程具有较高的可靠性，对于这类数据首先对数据流程进行评估，如果数据流程值得信赖，就直接判断数据本身也值得信赖。例如，有些环境数据是由第三方提供的，在这种情形下，审计师评估第三方独立性和专业胜任能力，如果评估结果是第三方的独立性和专业胜任能力都是值得信赖，则可以推断其提供的环境数据值得信赖。

数据分析模式的基本逻辑是通过数据之间的逻辑关系来判断数据是否值得信赖，如果预期的数据逻辑关系不存在，则认定数据疑点，在此基础上，进一步验证数据的可靠性。社会责任信息特别是非财务计量社会责任信息，许多都存在数据逻辑关系，通过验证这些逻辑关系，能找出数据疑点，对于这些疑点进行进一步地跟踪，可以验证数据的可靠性。例如，通过机器生产能力与产量之间的关系，能一定程度上验证生产时间，从而验证员工作业时间；通过机器单位能耗与用电量的关系也能验证机器的开工时间，从而验证员工的作业时间。

专业测量模式的基本逻辑是现场测量以获取数据，将这种数据与责任方提供的数据进行比较，再判断责任方提供数据的可靠性。一些资源环境数据可以采用这种取证模式。

八、非财务计量社会责任信息审计环境

审计环境理论关注审计与环境之间的关系，非财务计量社会责任信息审计的审计环境理念也不例外。一方面，审计环境通过一些路径影响非财务计量社会责任信息审计，例如，审计环境会影响人们对非财务计量社会责任信息审计的认识，进而影响审计需求及审计重点，审计环境还会影响非财务计量社会责任信息审计的具体技术手段等。另一方面，非财务计量社会责任信息审计通过其审计产品的使用，也会对审计环境发生影响。毕竟人们不是为审计而审计，审计的最终目的是通过审计产品来影响人们的行为，而人们的行为一旦因审计而发生改变，审计对其环境的影响也就发生了。

非财务计量社会责任信息审计是治理社会责任信息失真的机制之一，本章从理论上分析其基础性问题，提出非财务计量社会责任信息审计基本理论框架。

关于审计需求，组织作为社会责任承担者，为降低其社会责任代理成本或向外部传递其履行社会责任的信号，建立了多种机制，非财务计量社会责任信息审计是其中的之一。

关于审计本质，非财务计量社会责任信息审计是以系统方法独立鉴证社会责任履行相关非财务

计量信息中的代理问题和次优问题并将结果传达给利益相关者的制度安排，可以具有鉴证、评价和监督三大功能。

关于审计目标，利益相关者希望通过非财务计量社会责任信息审计来抑制责任方的非财务计量社会责任信息失真，责任方希望非财务计量社会责任信息审计传递“好信息”，审计师的目标是生产当审计委托人满意的审计产品，包括鉴证产品、评价产品和处理处罚产品。

关于审计客体，非财务计量社会责任信息报告者都是可能的审计客体，包括具有一定的规模的企业、政府机构、事业单位和NGO。

关于审计内容，需要从社会责任对象和责任维度结合起来构建社会责任信息框架，这种框架中包括非财务计量社会责任信息审计内容，不同的责任对象、不同的责任维度，责任数据的具体内容不同。

关于审计主体，许多机构具有专业胜任能力，其中，能保持独立性的机构可以成为非财务计量社会责任信息审计主体，由于社会责任关系中缺乏可确指的责任对象来充当审计委托人，审计主体的独立性主要依赖于审计主体的选聘机制及审计主体自身对其审计意见具有承担法律责任的能力。

关于审计方法，非财务计量社会责任信息鉴证的主流模式是命题论证模式，数据流程模式、数据分析模式和专业测量模式也有用武之地。

关于审计环境与审计的关系：一方面，审计环境通过审计需求、审计技术方法等路径影响非财务计量社会责任信息审计；另一方面，非财务计量社会责任信息审计通过其审计产品的使用来改变人们的行为，进而影响审计环境。

本章的研究启示我们，非财务计量社会责任信息审计本身是一个系统，要想这种审计制度得以有效运行，必须协调考虑其相关各要素，片面关注其中的某些要素，这个审计制度的功能可能难以有效地发挥。

参考文献

1. 陈宏辉，贾生华．企业社会责任观的演进与发展：基于综合性社会契约的理解 [J]，中国工业经济，2003 (12)：85－92。

2. 沈洪涛，宋献中．许洁莹．我国社会责任会计研究：回顾与展望 [J]，财经科学，2010 (4)：102－108。

3. 姜虹．国外企业社会责任审计研究述评与启示 [J]，审计研究，2009 (3)：33－37。

4. Park.，J，Brorson.，T. Experiences of and views on third party assurance of corporate environmental and sustainability reports [J]. Journal of Cleaner Production，2005，13 (10－11)：1095－1106.

5. Simnett.，R.，Vanstraelen.，A.，Chua.，W. F. Assurance on sustainability reports：an international comparison [J]. Accounting Review，2009，84 (3)：937 －967.

6. 沈洪涛，王立彦，万拓．社会责任报告及鉴证能否传递有效信号？一基于企业声誉理论的分析 [J]，审计研究．2011 (4)：87－93。

7. 戴慧婷，秦信任．企业社会责任报告鉴证影响因素研究［J］，财会月刊，2012（9）：17－21。

8. 李正，官峰，李增泉．企业社会责任报告鉴证活动影响因素研究－来自我国上市公司的经验证据［J］，审计研究，2013（3）：102－112。

9. Hodge.，K.，Subramaniam.，N.，Stewart.，J. Assurance of sustainability reports：impact on report users' confidence and perceptions of information credibility［J］. Australian Accounting Review，2009，19（3）：178－194.

10. 李正，李增泉．企业社会责任报告鉴证意见是否具有信息含量－来自我国上市公司的经验证据［J］，审计研究，2012（1）：78－86。

11. 阳秋林，毕立华，李冬生．基于事件研究法的社会责任报告鉴证的市场反应研究［J］，国际商务财会，2013（3）：70－73。

12. 陆建桥．关于建立我国社会责任审计的探讨［J］，财经问题研究，1993（12）：49－52。

13. 余玉苗．论西方国家的企业社会责任审计［J］，审计与经济研究，1996（1）：13－15。

14. Johnson.，H. H. 2001. Corporate social audits—this time around［J］，Business Horizons，May/Jan. Vol44，Issue3. P29－37.

15. 袁广达．企业环境信息审计研究［J］，审计与经济研究，2002（5）：7－10。

16. Adams.，C. A.，Evans.，R. 2004，Accountability，Completeness，Credibility and the Audit Expectation Gap［J］，Journal of Corporate Citizenship（Summer），Issue14. P97－115.

17. 张庆龙，陈凌云．上市公司社会责任审计的理论建构与实践问题探索［J］，南京审计学院学报，2012（3）：60－68。

18. 周晓惠，许永池．构建我国社会责任审计的双主体联合审计模式［J］，财会月刊，2011（2）：65－66。

19. 阳秋林，李冬生．建立中国企业社会责任审计的构想［J］，审计与经济研究，2004（6）：11－13。

20. 阳秋林．论我国社会责任审计［J］，财会通讯，2005（2）：90－92。

21. 黄溶冰，王跃堂．和谐社会中企业社会责任的审计治理与实现［J］，华东经济管理，2008（11）：20－23。

22. 方堃．关于社会责任审计的思考［J］，审计研究，2009（3）：38－40。

23. Carroll，A. B，1979，A three－dimensional conceptual model of corporate performance［J］. Academy of Management Review. Vol. 4，No. 4：497－505.

24. 曹树青．特定社会责任－企业社会责任审计的主要内容［J］. 前沿，2006（12）：169－171。

25. 陈刚，武剑锋，卢虹．中央企业社会责任审计机制研究［J］，财会学习，2013（9）：36－41。

26. 何丽梅，张海燕，张苗．企业社会责任报告鉴证内容及方式研究［J］，中国注册会计师，2014（12）：63－67。

27. O' Dwyer.，B. The case of sustainability assurance：constructing a new assurance service

[J]. Contemporary Accounting Research，2011，28（4）：1230－1266.

28. 郑石桥. 审计理论研究：基础理论视角 [M]，中国人民大学出版社，2016年。

29. 于晓红，武文静. 公司治理、社会责任与企业价值研究 [J]，当代经济研究，2014（5）：74－78。

30. Freeman.，R. E.，Reed，D. L.，1983，Stockholders and stakeholders：A new perspective on corporate governance [J]. California Management Review，Vol. 25（3）：88－106.

31. 李正，向锐. 中国企业社会责任信息披露的内容界定、计量方法和现状研究 [J]，会计研究，2007（7）：3－11。

32. NAA，1974，Committee on accounting for corporate social performance [J]. Management Accounting. Vol. 56 No. 3：59－60.

33. Trotman，K. T.，Bradley，G. W. 1981，Associations between social responsibility disclosure and characteristics of companies [J]. Accounting，Organizations and Society，Vol. 6 No. 4：355－362.

34. 阳秋林，郭丹. 企业社会责任报告审计鉴证文献综述 [J]，财会月刊，2014（11）：61－64。

35. 钟宏武，张唐槟. 中央企业社会责任工作现状与问题研究 [J]，企业文明，2010（4）：33－35。

36. 郑石桥. 非财务计量信息审计取证模式：理论框架和例证分析 [Z]，南京审计大学审计科学研究院工作论文，WP005，2014年。